U0676710

本著作系国家社科基金项目

（2001 年立项，批准号：0182ZX046）

汝　信　主编／彭立勋　李鹏程　副主编

A HISTORY OF
WESTERN AESTHETICS

西方美学史

第三卷

十九世纪美学

李鹏程　王柯平　周国平　著

中国社会科学出版社

图书在版编目(CIP)数据

西方美学史(第三卷)十九世纪美学/汝信主编. — 北京:
中国社会科学出版社,2008.1
ISBN 978-7-5004-6661-1

Ⅰ.西…　Ⅱ.李…　Ⅲ.美学史—西方国家—19世纪
Ⅳ.B83-095

中国版本图书馆 CIP 数据核字(2007)第 203903 号

责任编辑　黄德志
责任校对　李小冰
封面设计　奇文云海
技术编辑　郑以京　戴　宽

出版发行　**中国社会科学出版社**
社　　址　北京鼓楼西大街甲 158 号　　邮　编　100720
电　　话　010—84029450(邮购)
网　　址　http://www.csspw.cn
经　　销　新华书店
印　　刷　君升印刷厂　　　　　　　　装　订　广增装订厂
版　　次　2008 年 1 月第 1 版　　　　印　次　2008 年 1 月第 1 次印刷
开　　本　640×960　1/16
印　　张　66.75　　　　　　　　　　插　页　8
字　　数　928 千字
定　　价　72.00 元

凡购买中国社会科学出版社图书,如有质量问题请与本社发行部联系调换
版权所有　侵权必究

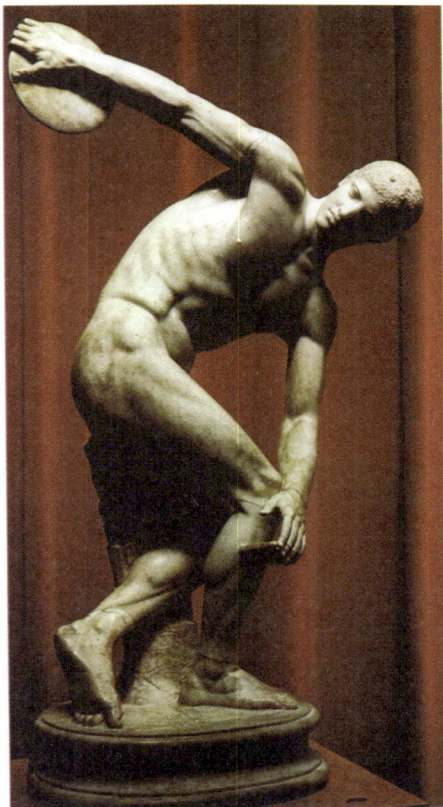

康德被尊为"近代美学之父",指出审美的一个明显特征就是"无利害而生愉快"。古希腊雕塑:《掷铁饼者》,公元前5世纪罗马复制品

黑格尔把艺术分为象征型艺术(建筑),古典型艺术(雕塑)和浪漫型艺术,把浪漫型艺术又分为绘画、音乐和诗。勒·柯布西耶:《朗香教堂》,建筑,1950-1954年

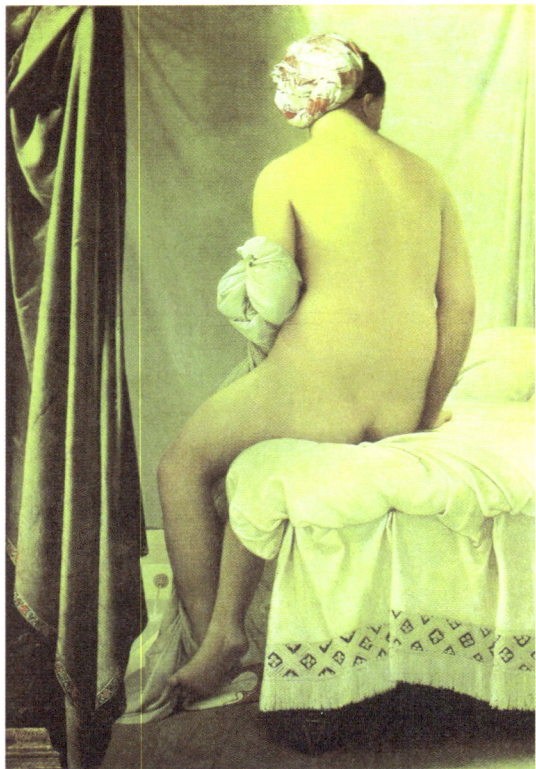

黑格尔认为"美是绝对理念的感性显现"。安格尔:《温泉浴女》, 油画, 1808 年

车尔尼雪夫斯基认为自然美高于艺术美。卡拉瓦乔,《一篮水果》, 油画, 1596 年

◀┃ 歌德像

席勒认为"要使感性的人成为理性的人,唯一的途径是先使他成为审美的人",他认为艺术教育,不但可以救治社会弊病,而且还可以拯救全人类,让大家一起走向理想的社会。波提切利:《维纳斯的诞生》(局部),油画,约1480年

◀ 青年叔本华像

▶ 尼采最喜爱的画家
是拉斐尔，他认为拉
斐尔能够把自己道
路上的困难"sub-
limieren"（德语"升
华"）。拉斐尔：《圣
母的婚礼》，油画，
1504 年

朗格认为"艺术是有意的自我欺骗"。米罗:《月光下的女人与鸟》,油画,1949年

威廉·华兹华斯在瑞达尔山(Rydal)的别墅,英国

德拉克罗瓦:《自由女神引导
人民》,油画,1831 年

卡莱尔对想
象力极为推
崇。布莱克(英
国浪漫主义
代表画家):
《神创造亚
当》,水彩,
1795 年

奥格斯特·罗丹：巴尔扎克（裸体练习）；青铜；73×30×36公分；西元1893年；现存巴黎罗丹美术馆。

雨果关于美与丑的论述影响了他的文学创作。罗丹：《巴尔扎克》（裸体练习），雕塑，1893 年。应该采用什么方式表现一位伟大作家呢？罗丹的巴尔扎克像曾经引起极大争论

罗斯金的美学思想深刻地影响了英国 19 世纪中期拉斐尔前派的艺术风格。罗塞蒂（拉斐尔前派的代表画家）：《天使来报》，油画，1850 年

莫里斯提出真正的艺术必须是"为人民所创造，又为人民服务的，对于创造者和使用者来说都是一种乐趣"。他呼吁艺术家关注普通人，把艺术想象力用在日用品上。典型的工艺美术运动风格的室内设计，壁纸由莫里斯设计，椅子由莫里斯公司出品。

王尔德像

▲ 罗丹:《永恒的爱》,雕塑,1899 年

▼ 凡·高:《欧凡斯山下的村落》,油画,1890 年

▲| 塞尚:《沐浴的女人们》,油画,1900—1905 年

▲ 高更：《我们从哪里来？我们是谁？我们到哪里去？》，油画，1897 年

目　　录

第二编　德意志文学美学和其他流派

第三编　19 世纪的英国与法国的美学

德意志观念论哲学家的
美学及其影响

导　　论

一　解题

我们认为 19 世纪西方美学史，主要地应该包括三个部分的内容：19 世纪德意志观念论哲学家的美学、19 世纪德意志浪漫主义等美学流派、19 世纪英国和法国美学。我们在本书中把这三部分内容分为三编。

通观 19 世纪德意志美学，我们可以看到，从启蒙运动以来，德意志美学思想中就一直存在着两种潮流：理性主义的哲学潮流和浪漫主义的文学艺术潮流。这两种潮流是互相对立、互相缠绕又互相影响的。为了叙述的方便，本卷的第一编就集中阐释理性主义哲学潮流的美学：我们把它称之为"德意志观念论哲学家的美学及其影响"。"影响"有正反两方面的内容，既包括继承，又包括对它的反对性批判。在第二编，我们则主要阐述浪漫主义美学潮流、意志论美学潮流以及其他重要的美学流派。

本编名为"德意志观念论哲学家的美学及其影响"。意指德意志近代经典哲学（即人们通常所说的"德意志古典哲学"）的几位大师康德、谢林和黑格尔的美学思想。还包括了这些大师的思想影响所涉及的德意志本身以及欧洲思想界对他们的观念论美学思想的继承和反对。

对于本编所阐释的内容的如此命名，在此我们要做一些预先的解释，以便于读者阅读。

（一）关于"德意志"与德国。"德意志"是一个语言和文化的民族概念，它的范围大于现在的"德国"，包括奥地利、瑞士和第二次世界大战以前德意志民族在中欧和波罗的海沿岸的那些生活区域。所以，我们在本书中所涉及的 18 世纪后半叶到 19 世纪的思想家，并不一定都出生和活动在现在德国的范围内；同时，他们的思想也在德意志的总体范围内而并非现在的"德国"的疆界范围内的地方被接受和传播。这种情况与"德意志"民族思想家 18 世纪末到 19 世纪的活动范围有关，而并不只与德国的现有疆界有关。故此，我们把我们所要论述的思想称为"德意志思想"，而不用"德国思想"这个概念。

（二）关于"观念论"。同时，有人会说，既然研究的是"德意志古典哲学家"（或者"德国古典哲学家"）的美学思想，为什么不能按照"德意志古典"的话语逻辑把这些思想称为"德意志古典美学"（或者"德国古典美学"）呢？我们之所以不这样称呼它，首先是因为关于"德国古典哲学"（或者"德意志古典哲学"）这个译名，国内译界和研究界在近年来进行了不少的探讨，不少研究者（包括本编的作者）认为，把称谓上述哲学家的哲学思想的那个形容词"klassisch"翻译为"古典的"似乎并不确切。因为虽然这些思想"典"的意义是不容置疑的，但因它们的时代是在近代而并不"古"老，若以"古"称之，似不达意。它们与歌德很重视的那个"古典的"概念并不是一回事；所以，这个"klassisch"被译为"经典的"似比较妥当。在此基础上，如果根据"德意志经典哲学"这个术语把我们的研究对象称为"德意志经典哲学的美学"，虽然并不为错，但这个术语，在 19 世纪以至 20 世纪直到当今的德意志的美学史研究界较为少见，故我们在研究德意志学术的时候，似应以遵循德意志学术界本身的基本学术规范为宜。根据上述两种情况，我们立足于对研究对象的内容的理解，把它们称为"德意志观念论哲学家的美学"。当然这个术语是否很贴切，包括这个中文的"观念"的"观"字是否合适，也还是可以继续研究的。

二　德意志观念论哲学导致的西方美学史的"哥白尼革命"及其效应

大家知道，"美学"作为术语起源于德意志。在"美学"这一术语的创始人——德意志的教授鲍姆加登（Baumgarten）那里，美学与逻辑学相对，是指人凭借低级认识能力来认识感性事物并提升人的低级认识能力到"完善"的实践科学。在这个意义上，"美学"即"感性学"。这个感性，仍然是人的"经验感知"的性质。也可以说，鲍姆加登所力求建立的是一门经验感性的"逻辑学"，这个逻辑学同一切经验科学一样，是以对象的性质为依据、为转移的。但是，德意志观念论哲学家的美学思想，虽然继承了其关于"美学"作为"感性学"的文化学术传统，仍然以"感性"范畴为中心来展开论述，但对鲍姆加登的"美学"概念，却是进行了一个本质性的改造。这个改造对于西方美学史的意义，有如德意志观念论哲学对整个西方哲学史一样，是一次伟大的"哥白尼革命"。这个改造主要表现在如下方面：

第一，它已经不是研究客体知识的"科学"，而成为研究主体性情感的"观念"学说。

第二，它所谈的"感性"，不是"经验感性"，而已经是"先验感性"或者主体性的"理念"。

第三，从而，它所谈论的"美"的概念，已经不是客体事物的属性，而是人关于客体事物的主体性表象的一种"观念"。

第四，所以，美学已经不再如此前那样被包括在知识论的学问之中，而是关于人的生存论的哲学学说。说到底，是一种文化哲学的学说。

尽管在康德、谢林和黑格尔那里，对观念（理念）的表述各不相同，而且，他们对观念在形而上学层面的主体性质或者客体性质的看法也差别很大，但他们都反对把美简单地看作经验客体对象的固有属性。

在康德那里，美被作为人的"审美能力"在自然对象物上的"表象"能力的体现。这种审美能力就是先验的判断力，或者先验感性能力。而判断力是康德哲学的一个重要概念，它贯穿于康德哲学的三大批判之中。康德美学所涉及的主体性合目的性的先验判断力，同客体性的合目的性判断力合起来，充当康德的知性判断力和（道德习俗的）理性判断力之间的过渡桥梁。就康德的三大批判统而言之，判断力（包括审美判断力）是康德哲学中具有"打通"全部体系的中介环节的作用。所以，在这个意义上我们可以说，"判断力"（审美的判断力和目的论的判断力）是康德整个哲学动力学的基地和核心。因而，读懂康德美学，应该说是读懂康德哲学的奠基性功底。故此我们也可以说，康德美学是"哲学"；只有读懂康德的前两个批判，以读哲学的心劲来读这个第三批判，才能真正读懂康德美学。所以，从一般的艺术研究和审美研究的功用性目的来读康德美学的人们，也只有暂时地抛却一般意义上的艺术和审美的研究功利性，而进入康德哲学，才能在最后读出康德哲学的"以先验美学为中介"的高深的艺术味道和审美趣味。

谢林美学也是先验论的，但它与康德美学的先验性不同。谢林美学被称为"艺术哲学"。在谢林看来，艺术哲学并不属于人们通常所说的理性的哲学体系，而是有自己的意义：或者说，艺术哲学是整个（广义）哲学体系的"拱顶石"；或者说，在广义哲学的体系中，艺术哲学同理性哲学是两个不同的（子）哲学，它们是向着"绝对者"皈依的、具有同等价值的两条不同的哲学道路；或者说，前者（作为关于美的哲学）比后者（作为关于真的哲学）更能够接近于"绝对者"。谢林甚至把他的艺术哲学称为"宇宙哲学"。这是谢林的美学，也同时就是谢林的哲学。谢林的艺术哲学是绝对者把理念"分赋予"（或者"分有于"）具体之物之中的"构造"及其过程。神话在其中起到了"中介之物"的作用。在这里，谢林把整个人类精神客体化为

"绝对者"的"流溢"。

黑格尔把美学看作他的绝对理念的哲学总框架中的应然之物，并具体地把美和艺术看作绝对理念在其能动性自我展开（发展）过程中达到其最高层次——绝对精神——之后的一个高级环节，但这高级精神又必然地"牵扯到""感性"：美是绝对理念的"感性显现"，即美作为高级的绝对精神，它需要以感性形式把自身"开显"出来。

在了解德意志观念论哲学家的美学的上述基本内容的基础上，我们应该对观念论大师们之间的相互关系以及对他们的思想作实事求是的理解和评价。这是一个关系到对德意志观念论哲学家的美学的总体看法的问题。在我们中国学术界，在很长一段时间内，黑格尔哲学一直被称为德意志经典的观念论哲学的最高峰（因而也是终结），对它的研究也最多；康德哲学虽然被作为德意志经典思想的起点，但长期以来，对它的贬斥多于对它的意义的认真揭示；谢林哲学在大多数情况下都被只从对谢林在柏林时期的政治身份的评判为基本判定，以黑格尔对谢林的反对为理据，突出了其消极的方面，而对其整个一生学术思想的意义重视不够。而且，为满足在方法论上的黑格尔式的过程论和三段论，谢林总是被看作一个无足轻重的"过渡"环节。总之，似乎坐标系的原点就只能是黑格尔。黑格尔对康德和谢林的评判，似乎就是评价标准。但到了今天，从学术史的当时事实看来，康德和谢林同黑格尔一样，都各有自己的思想特点，有其值得深思的闪光之点和缺陷。如果只从"以黑格尔为中心、为标准"的角度来阐释德意志观念论哲学思想，就必然有与学术史的事实不符合的不公正性和片面性。正是在这个意义上，我们说，研究和阐释德意观念论美学，必须进一步地阅读和思考康德、谢林和黑格尔的各自的哲学体系，探索美学在他们的哲学体系中的具体位置和实际功能意义，在此基础上，再阐释这些观念论哲学家的思想之间的传承或者相互影响的关系，并在重点进行文本研究的时候，也关注历史评论研究，把两个方面结合起来，从总体上贯彻"实事求是"的研究态度。这是本书力求进行的一种探索。

本编除了阐释康德、谢林和黑格尔三人的美学思想而外，还对观念论哲学的美学思想的一些主要的继承者和反对者的美学思想进行阐释。这里涉及的人物主要有：作为黑格尔的继承者的费舍尔和罗森克朗茨，作为黑格尔的反对者的费尔巴哈；作为康德的继承者和批评者的赫尔曼·柯亨；被称为"最后一位拟定形而上学体系的德意志人"和"唯心主义尾声"的爱德华·哈特曼（他把观念论美学的思想同叔本华的悲观主义的意志论美学思想结合起来，形成一种"无意识美学"）；把莱布尼茨的单子论同斯宾诺莎的泛神论相结合形成有自己特色的美学的洛采；以及早年深受黑格尔影响而后来则追求对黑格尔的美学观念的突破的丹麦思想家克尔凯郭尔。

当然也可以说，全部19世纪德意志美学，都被笼罩着一层德意志观念论哲学影响的光辉。这样说并不为过。但从学术史的历史渊源情况来看，本编所论述的对德意志观念论哲学家的美学的继承和反对，主要论述有较明显学派关系的那些思想家。其余的德意志19世纪美学思想，我们将在本卷第二编进行阐述。

本编有专门一章（第五章）论述德意志观念论哲学家的美学在19世纪俄罗斯所产生的思想影响。我们在这里只打算论述当时受德国影响巨大的两位最杰出的俄国美学思想家：别林斯基和车尔尼雪夫斯基。俄国在欧洲的崛起是和俄国社会在某种程度上的"西化"紧密相关联的。同样俄国美学向现代形态的发展也是与它受西方、特别是德意志哲学的美学思想的影响密切相关联的。这是世界美学史上一个很独特的现象。俄国在世界现代化理念以欧洲为中心进行扩散的历史进程中，为我们提供了很多值得深思的思想资料：一方面在它的思想史中包含了很大一部分西方思想的"效果史"；另一方面也包含了对西欧思想的评论史。在美学领域也是这样。也正是在这种方法论的意义上，我们把别林斯基和车尔尼雪夫斯基的美学思想纳入我们的西方美学史的研究视域之中。

三　德意志观念论哲学家的美学与本
时代的文化史、思想史和社会史

从西方学术史的传统来看，美学是一门哲学学科。但从当代中国人的学术观念来说，似乎美学应该更多地联系（甚至于根植）于文学和艺术；从而，似乎其每一阶段的历史必然同该时代文学艺术的历史状况最为相关。然而，考察 19 世纪德意志观念论哲学家的美学，我们则应该对此"常识"作一历史的校正。

与德意志观念论哲学家的美学密切相关的，当然首先是德意志的观念论哲学。这是因为德意志观念论哲学家都把美学看作自己的哲学体系的"基本内容"，而不是把美学看作其哲学思想向文学艺术领域的应用。因而，在他们那里，美学并不是其基本哲学体系之外的"分支学科"，也并不只是文学艺术思想的元理论。这一点同 19 世纪其他民族的很多美学以及 20 世纪大多数美学有根本的差异。所以，要学习和研究德意志观念论美学，从其思想的"临近度"即"学术谱系"的"亲缘"关系来说，首先就要学习和研究德意志观念论哲学。而暂时放弃关于"美学的文学艺术背景"的常识性的惯性想象。

如前面我们已经强调的，对于德意志观念论哲学家的美学思想，我们首先必须从哲学的角度去研究，也就是说，必须把它们作为当时的各个思想家的哲学体系的"有机的"（不可分割的）组成部分去看待。而不能首先只从文学理论或者艺术理论（哪怕是看作文学艺术的形而上学的元理论）的角度去看待。只有这样，我们才能够明白，文学艺术中所包含的审美思想（理念）在德意志观念论思想家的心目中的"哲学"位置。与此相关的问题是：如果因为他们的美学著作"太抽象"，在学习和研究中舍弃掉对它们的哲学的阐释、论证和推导，只专注并着力"挑拣"他们的"晦涩的"哲学著作中关于文学艺术的具体论述和结论，甚至只对其中的关于文学艺术的举例感兴趣，那就进入不了这些思想家的美学境界。那种认为在阐述他们的美学思想的时候讲哲学是"不必要"的看法，就不可能真正懂得他们那些本来就是"作为哲学"的美学，从而就只能记诵他们著作中那些明显而直接地关于美和审美的各种术语或者某些结论的条文，而这样的阅读和研究，其结果就只能是"舍本求末"，导致对表面词句的"教条主义"的僵死学习和"研究"。例如，我们阅读康德的美学，就应该明白这个"第三批判"与前两个批判（"第一批判"、"第二批判"）之间的关系，应该明白第三批判中"审美判断力批判"与"目的论判断力批判"的关系，应该明白在审美判断力批判中的"分析学"与"辩证法"的双重建构与《纯粹理性批判》中的同样的双重建构在逻辑上的同一性关系，应该明白康德在描述两个"感性"（"经验感性"和"先验感性"）的关系及区别时所用的那些"区分性概念"：例如"快适"、"愉悦"、"愉快"、"快乐"等等的区别与联系；例如"感觉"与"情感"的区分和联系；例如区分上述诸概念在理念的三大区域（知性、智性［理性］和判断力）中的不同归属，例如区分经验感性、欲求和情感三者的关系，以及"认识能力"（Erkenntnisvermögen）与"一般认识力量"（Erkenntniskräfte überhaupt）的根本区别，等等。如果不能把这些哲学概念以及它们之间的区别与关系搞清楚，我认为，对康德美学思想的理解就会出现离原意较大的偏差。所以，应该再一次强调地指出，从观念论哲学的美学的根本性质上来说，它们本身"就是"哲学。因而，在阅读和研究它们的时候，美学家就是哲学家，研究美学就是在研究"哲学"。在康德那里情况是这样，在谢林和黑格尔那里，情况也同样是这样。如果没有阅读和研究德意志观念论哲学的兴趣和决心，对它的美学的阅读和研究就是不可能的。为此，我们就应该对德意志观念论哲学有一个基本的了解。

德意志观念论哲学是德意志民族在 18 世纪下半叶和 19 世纪这一历史时代特有的精神思想财富。追溯其文化史渊源，可以前涉到德意志 16 世纪的宗教改革思想家马丁·路德（1483—

1546）的"个人主体的信仰学说"，即基督新教的"因信称义"说。其后莱布尼茨（1646—1716）的"单子论"强调"个体的独立自主性"、"内在意识"、"思想自由"和"预定和谐的目的论"，所有这些，都对18世纪德国启蒙运动发生了重大的影响。而莱布尼茨的学生沃尔夫（1679—1754）把演绎和推理的理性逻辑方法万能化，开启了后来的德意志观念论哲学的形式主义的普遍思维方式的先河。而托马修斯（1655—1728）的人文主义启蒙思想和莱辛（1729—1781）的理性主义，以及与观念论哲学家同时代的魏玛四杰（维兰德、赫尔德、歌德和席勒）也都以他们的各有特色的哲学和人文思想（及其文学表现），都不同程度地影响了观念论哲学家中的某一些人或者某一个人的思想发展。当然，如上所述，德意志精神中的另外一条线索——情感论的即浪漫主义的线索（如从哈曼、雅可比到狂飙突进运动的情感主义），也不时对理性主义的观念论形成冲击，使得观念论哲学家们的思想体系中都或多或少地在不同深度上和不同程度上包含着对情感和意志的承认，并在精神的意识深层为情感和意志保留一块区域。这种情况在康德和黑格尔那里表现得比较少但比较深沉，而在费希特和谢林那里（尤其是在后者那里）表现得比较突出。所以，我们可以清楚地看出，德意志观念论哲学是对18世纪德意志民族精神的一个重要文化赋向——理性主义的继承和推进，但同时，它也受到这个民族从近代早期以来与理性主义同时共在的另外一个重要的文化赋向——对情感和意志的推崇（非理性主义）——的影响。因而在这个时代，德意志观念论哲学家都或者力图在理性的框架内，调和理性与情感和意志的关系，调和理性想象力和情感想象力的关系，或者像谢林那样，把对这种关系的调和推向对整体生活（生命）原型的设定。① 在这

---

① 参见 Windelband，W.：*Die Philosopie im Deutschen Geistesleben des 19. Jahrhunderts，Fünf Vorlesungen*，Tübingen：Verlag Von J. C. B. Mohr（Paul Siebeck），1909。［威廉·文德尔班：《19世纪德意志精神生活中的哲学。五次大课讲演》，图宾根，J. C. B. 莫尔出版社（保尔·西柏克出版社）1909年版。］其第一讲为"美学的和哲学的体系的形成"。

里，我们应该把德意志观念论哲学的意义，尤其是它的美学意义，从哲学与文学的相互激荡和相互渗透的关系上来加以审视，才能对那个时代的哲学、从而美学的历史得到一个从比较全面的文化史高度的背景中的理解。

在这里还应该从社会思想史的角度理解德意志观念论哲学家的美学在当时的精神建构中具有的社会功能。从欧洲社会历史发展的大框架来看，德意志民族在 18 世纪下半叶至 19 世纪上半叶这段历史时期的社会政治经济情况是比较落后的。弗里德里希大帝的"开明专制"使得学者和文学艺术家有一些相对自由的思想条件，但在政治方面，与西欧的近代化发展形势相比，德意志各邦国仍然都普遍地处于封建专制体制之中。在这种条件下，如恩格斯后来所说，政治领域"荆棘丛生"，人们很难涉足其中，于是反对宗教（即教会体制）的斗争成为人们力图推动社会发展的主要的斗争领域。[①] 而对宗教的反对，当时的德意志思想界主要的原则不是政治经济的革命或者改革，而是文艺复兴和启蒙运动的伟大成果——人文主义。在高扬人文主义反对宗教的具体斗争中，主要的方式被归结为人自身的"精神教化"和思想修养，其主要的内容，就是开发人的内在心灵世界的卓越的理性和丰富的情感。因而，"理性"和"情感"成为当时社会进步的关键词，而并不只是观念论哲学和美学的专业术语。在当时的德意志进步思想家那里，这两个词甚至具有至高无上的地位。而美学作为理性的最高的代表的哲学关于情感和理想的学说，在当时的情况下，就成为最具有吸引力和说服力的思想武器，同时也就成为人本身必然应该具备的人性修养。从这种对当时的社会功能结构的阐释中我们就可以看出美学在当时与社会的"特殊"关系。正如席勒在《审美教育书简》中所揭示的，这种观念论哲学家的美学，并不是在一般的历史时代所理解的一般的文学艺术鉴赏

---

① 参见恩格斯《路德维希·费尔巴哈和德国古典哲学的终结》，载于《马克思恩格斯选集》第 4 卷，人民出版社 1972 年版，第 217 页。

理论，其意义远在文学艺术的学术层面之上。其目的在于促进人的德性，从而使人为自己缔造理想而完美的人生。正因为这样，德意志观念论美学家甚至把美学（审美教育）看成改造当时在欧洲社会发展中落伍的德意志国家的具体的直接方案。席勒在《审美教育书简》第 27 封信中写道："动力国家只能使社会成为可能，因为它是以自然来抑制自然；伦理国家只能使社会成为（道德的）必然，因为它使个别意志服务于普遍意志；唯有审美国家能使社会成为现实，因为它是通过个体的天性来实现整体的意志……只有美才能赋予人合群的性格，只有审美趣味才能把和谐带入社会"。① 席勒认为只有建立审美国家这样的理性社会，人才能解决当时现实存在的社会问题。而在第 2 封信中，席勒表述了他心目中美学（审美教育）与政治的直接关系："人们在经验中要解决的政治问题必须假道美学问题，因为正是通过美人们才可以走向自由。"② 我们今天研究这一段美学史，应该从中得到两点启示：第一，根据当时德意志的思想实际来看待美学在那个时代被观念论哲学家赋予其改造社会和政治国家的意义的情况，我们才能理解"那一段美学"按照历史本来面目来看所潜在包涵的"改造"人心、从而改造社会和国家的意图的历史特点，尽管这在今天的人们看来那种想法是多么不合时宜；第二，虽然我们不赞成德意志观念论哲学家的那些在今天看来过于绝对化和简单化的提法，但这并不妨碍我们在现时代的思考基地上，对德意志观念论哲学存在的那个时代的美学被赋予社会历史意义的理由，作一种当代化的思想反思：美学作为教化性的人文知识，它如果真正被人们、被一个民族所重视，他们如果真能"自觉地"通过自我的审美教育的习得而改造自己的生存习性（道德习俗，die Sitten），从而改变和提升社会大多数人们的精神状态（die Geistigkeit），即我们今天所说的提高国民素质和民族

---

① 席勒：《审美教育书简》，冯志、范大灿译，北京大学出版社 1985 年版，第152 页。

② 同上书，第 14 页。

精神素质，那么，它确实具有的作为一种积极的文化力量的功能，恐怕是任何一个处于"现代性"积聚和发展过程中的社会和民族都不得不承认和不得不重视的。

四 关于本编内容建构合乎编名概念的逻辑性说明

（一）第一编作为"德意志观念论哲学家的美学"，但没有关于观念论哲学大家费希特（1762—1814）的内容。这并不是我们的疏忽或者遗漏，而是因为在费希特本人的哲学体系中，基本上没有把美学作为其主要内容的组成部分。但费希特的强烈的主体主义观念论的基本概念——"我"（Ich）——对德意志浪漫派的影响很大。鉴于此种情况，我们将在第二编阐述 19 世纪德意志浪漫主义美学的时候，在与浪漫主义相关的维度上，对费希特的观念论哲学进行说明和研究。

（二）在德意志 18 世纪末至 19 世纪初的民族精神大师中，席勒是一个很有思想个性的文化人物。他在 18 世纪 80 年代初期，就成名为剧作家（1782 年他创作的话剧《强盗》在曼海姆公演引起巨大轰动）。从这种情况来看，席勒无疑是文学家而不是哲学家。所以，我们没有把席勒归入德意志观念论哲学家的行列，同时也就没有在本编中阐述他的美学思想。但是必须给读者说明的是：席勒是康德的观念论哲学及其美学的最早的深入研究者和承接者。席勒从康德哲学的大视角对康德美学有整体性的和精到的理解，并且，在康德的旨趣方向上发展了康德的精神内在论、主体自由论、关于主体情感和意志的观念，发展了关于美的道德教化功能的理念，甚至提出美的政治功能的论断，可以认为，席勒把康德判断力批判中许多没有说得很清楚的话都说得很清楚了，使判断力批判趋向于同实践理性批判的结合。在这些方面，席勒的哲学思想属于观念论，这是不能不予以充分强调的。但因为他的文学家而非哲学家的"身份"，他的思想在很多方面超越于哲学领域，故我们把他留待在第二编中进行研究和阐释。

（三）"德意志观念论哲学家的美学"这个概念中的"哲学家"的概念，应该是指18世纪末到19世纪初的德意志观念论哲学的几位大师。因为只有他们才是"德意志观念论哲学"的奠基者和开拓者。在他们之后的也有一些在"观念论哲学"领域劳作的哲学家，但这些哲学家缺乏大气度的创造性思想成果，尽管他们对观念论哲学的美学在一定程度上有所变异，但基本思想都不出观念论哲学大师的窠臼，因而，他们都应该被看作是观念论哲学的继承者。在本编中，我们力图区分"创建"与"继承"的差异，因而对于后者的美学思想，我们在指出其在语言、方法和风格等等方面的特点的同时，主要地从他们的"捍卫"、保守、"重复"以及"整理"等功能上来论述学派和思想流派的历史性。

（四）德意志观念论美学作为一段学术思想的历史，已经远离我们200年左右。但它并不是一段僵死的历史，而是对着我们的阅读和研究开放着的。它给我们留下的思想社会学的表面印象，是那些处于难世的有责任感的聪慧学者强调在自我意识和内在精神领域内力图通过自我玄思和自我教化来拯救人性、社会以至国家的似乎并无行动价值的"虚弱无力"的"说教"。从这个意义上来说，它似乎是一段不足取的思想教训。但是，如果从思想家对人的内在意识和精神的复杂性和深刻性的如此"理性地""钻研"、"解析"以及"辩证"的研究态度及其有如此丰富而卓越的思想成果的情况来看，我们不得不由衷地对德意志观念论哲学的这些伟大思想家给予钦佩和赞叹的敬意。他们的"观念论的哲学美学"是人类学术思想史上的一笔永恒的宝贵财富。它启发我们要重视对人的精神境界和内心世界的更为深入和详尽的研究、探索和批判。在这个哲学美学的方向上，它的典范作用和深入的学术内涵，还有待于我们在人类生存的新的历史境况下，不断地进行继续挖掘。

19世纪德意志观念论哲学的美学思想，是西方美学史上最重要的文化遗产篇章。从现代性思想史的学统来看，可以说它是最典范的现代性思想文化样式。几位德意志哲学家在如此集中的几十年时间内，给人类提供了如此丰富而深刻的理性思想，这种现象在人类思想史和美学史上的其他民族和其他时代，确实是很罕见的。因而，把 19 世纪德意志观念论哲学家的美学思想看作西方美学史上的一朵几乎是空前绝后、无与伦比的奇妍大花朵，并不为过。

但是，德意志观念论哲学家的美学，正如其思想框架——观念论哲学——那样，由于它把观念的能动力量推到了几乎极致的地步，过高翱翔的思想雄鹰在空气稀薄的极高处会因此失去空气的浮力而在筋疲力尽之后必然跌入尘埃。德意志观念论美学随同观念论哲学在经历了半个多世纪的荣耀之后走向极致，而最后被费尔巴哈归于尘世。接下来的尽管仍然有观念论哲学的美学的继续，但它们已经不再是前进了的新时代的思想主流，而此时美学的主流则变换为其他的、与发展了的时代精神相吻合的新的思想流派。关于 19 世纪 30 年代之后的德意志美学，我们将在本卷第二编中进行较为详尽的研究和论述。

第一章　康德的先验美学

第一节　康德生平及其学术事业

一　康德的生平

伊曼努尔·康德（Kant，Immanuel）1724 年 1 月 22 日生于当时德国东普鲁士的寇尼斯堡（今俄罗斯国的加里宁格勒）。他的父亲是一个手工业者——马鞍匠，这个家庭笃信虔信派的教义。康德少年时期受教育于本城的弗里德里希公学，上的是拉丁文班。在这里，他得到了良好的人文和自然科学的教育，养成了热爱科学和哲学的旨趣。

康德于 1740 年（16 岁时）进入寇尼斯堡大学读书。在大学里，他深受牛顿学说和沃尔夫哲学体系的影响，喜欢学习物理学、数学等自然科学，还学习地理学、哲学和神学。同时，他热爱欧洲古典学术文献，有用拉丁文娴熟地进行写作的能力。康德于 1745 年（21 岁）从寇尼斯堡大学毕业，毕业论文是用拉丁文写的。

大学毕业后，康德即开始了他在寇尼斯堡做家庭教师的教学生活，他曾先后在三个家庭执教（其中两家是当地的贵族）。在 8 年多的供职过程中，康德在教书之余，利用主人家里有大量藏书的条件，孜孜不倦地进行自然科学和哲学研究，在这一段时间，他获得了丰硕的学术知识。1747 年康德发表了他的第一部著作《论生活力的真实的评价》。1755 年 3 月康德发表了研究自然科学史和天文学的著作《自然通史和天体理论》。当年 4 月 17 日，31 岁的康德向寇尼斯堡大学申请进行硕士学位答辩，他以题为《论火》的论文，获得硕士学位。接着，他又以题为《对形而上学认识论基本原理的新解释》的论文，获得以编外讲师在大学授课的资格，并以此资格获得在寇尼斯堡王家图书馆任助理馆员的职位。

据记载，康德在1757年4月10日，曾进行关于他的论文《单子论物理学》的学术答辩。在1758年复活节，他曾进行关于《对运动和静止两个概念的新解释》的讲演。1759年10月又作过关于《试对乐观主义作若干考察》的讲演。1762年他发表了《对三段论的四个格式的诡辩性的证明》的论文，并于当年阅读卢梭的《爱弥儿》和《民约论》，使他深受卢梭的自由观念的影响。在1763年康德曾写作《对上帝存在的唯一可能的根据的证明》和《把负数概念引入人生哲学的尝试》两篇论文。

1764年，康德写作《对优美的与崇高的情感的考察》，他从艺术心理学的角度、而不是像后来那样从批判哲学的角度，研究优美与崇高。

当年，康德还响应柏林科学院悬赏征文活动而写作了《对自然神论和道德学的明显原则的研究》。1768年，康德写作了《论空间方位区分的基本根据》。这篇论文是他研究空间概念的力作。

在经过15年的研究和教学工作经历后，康德在1770年3月（46岁时）以题为《论感性世界与知性世界的形式和原则》的论文申请教授资格，通过后他被授予"逻辑学和形而上学"教授职称。从此以后，康德一直在寇尼斯堡大学教书，他讲授的课程主要有数学、物理学、逻辑学、形而上学、伦理学、地理学、人类学和自然神学等等。

其后，康德在他的教授生涯中，70年代出版了一系列的学术著作。其主要的著述活动及其成果包括：1770年至1771年写作《纯粹理性批判》；1775年发表《论人种的差异》。

80年代是康德思想的全盛期。1781年5月，他的第一批判——《纯粹理性批判》——问世。1783年，他发表《未来形而上学导论》，对《纯粹理性批判》中的精要思想作了系统阐述并作了一些补充说明。同年他还写了对舒尔茨所著《道德学入门》一书的评论。1784 年 11 月，康德写了阐述他世界主义思想的著作《根据世界公民的观点编写世界史的设想》，系统提出了他主张的消除国家而构建世界大同的观点。当年 12 月，康德对启蒙运动的意义作了精辟的论述，写成了《什么是启蒙?》一文。这篇论文至今是人们研究启蒙运动思想史的最主要的文献之一。1785 年康德的历史观在他对当时的历史哲学家赫尔德的研究中得到了表达。当年 1 月和 11 月，他写作了两篇评论赫尔德的书《人类历史哲学思想》的论文，提出了自己关于历史哲学的观点。当年 4 月，康德发表了《道德形而上学基础》一书，提出了系统地研究道德形而上学和进行纯粹实践理性批判的思路，可以把它看作写作《实践理性批判》的准备。此年 11 月康德写了《论人种概念的确定》，1786 年 1 月又写了《对人类历史起源的推测》，表现了他对人类学和人类历史的很大兴趣。这一年康德主要研究自然哲学和自然法问题。春天他写了《自然科学的形而上学原理》，9 月，对胡弗兰德的《自然法的原则》进行评论。这一年是康德事业上得到较多认可的一年，当年夏天，他被任命为寇尼斯堡大学校长，年底又被柏林科学院聘任为院外成员。1787 年他的《纯粹理性批判》再版，1788 年 1 月康德发表了《论目的论原理在哲学中的运用》，该文可被看作《实践理性批判》的先声。紧接着在当年年初，《实践理性批判》完稿。当年夏天，康德第二次被任命为校长。1790 年，第三批判——《判断力批判》——出版。这标志着康德批判哲学体系的构建工作的完成。《纯粹理性批判》出了第三版。

在其后康德在世的 14 年中，最重要的人生事件有两个方面。一个是他对宗教的研究以及这个研究与普鲁士国家当局的冲突；另一个是康德对世界主义和人类永久和平的强调。

1791 年 9 月，康德写了《神正论的所有哲学尝试归于失败》的论文，1792 年 4 月写了《论人的劣根性》，1793 年春发表了

《论理性范围内的宗教》，开始以其宗教观点与官方和教会发生冲突。次年又对该书进行了修订再版，该书用自然神论和人类道德精神的观点解释宗教，深受当时进步人士的欢迎，该书很快成为德国知识界讨论的一本热门读物。但这本书也立即就引起教会和政府的不满和批评。1794年6月康德还写了《论万物的终结》。上述这些著作和论文都包含了被教会和政府当局认为是"亵渎"宗教的观点。虽然当年7月28日康德被选为彼得堡科学院院士，但这一荣誉并不能抵消两个月后（10月1日）国王发敕令对他的宗教观点的斥责的严重事件。普鲁士国王在敕令中对康德提出了警告，要求他不要再违背新教神学的正统观点；如果违反就将予以严惩。康德不得不对国王作出承诺，保证今后在讲课和著述中不再表述自己的自然神论和道德宗教的观点。国王在1797年去世后，康德认为上述承诺已经终止，但他也并未发表更有新意的反新教正统神学言论。

康德晚年热心于倡导世界永久和平。1795年发表了《论永久和平》，次年再版；1797年7月又发表了《在哲学上缔结永久和平条约的宣告》。这些著作至今被西方学界所重视。

也就是在普鲁士国王弗里德里希·威廉去世的当年（1797年），康德辞去大学教授的职务，6月14日，寇尼斯堡的大学生们纪念康德学术活动五十周年，欢送康德离职退休。此后他几乎不再参加社会活动和学术活动。1798年4月4日康德被选为意大利锡也纳科学院院士。这是他一生事业的最后一个荣誉。

1804年2月12日上午11时康德逝世。享年80岁。

康德一生极端勤奋，一直在努力工作，并严格遵守时间。他生活单调，讲求规律，每天定时作息。他的一成不变的散步时间甚至成为当地人们核对钟表的依据。这种常人很难做到的生活安排使他能够保持紧张的教学工作和研究工作同时进行，并获得丰硕成果。

康德在获得教授职位后，在研究和教学上表现出了自己的风格：研究写书力求详细，而大学讲课则力求通俗易懂，要通过给学生传授知识激发学生和自己创造性思考的能力。

康德在担任大学教授的年代，恰逢法国大革命。因此，他对卢梭的著作很有研究。康德赞同法国大革命而反对封建等级制和继承权，但他的这种立场是以学者的极其谨小慎微的态度和极其抽象的哲学论证方式表达出来的。

18 世纪 90 年代是康德思想对欧洲影响很大的时期。当时的欧洲知识界人士普遍阅读、议论并研究康德哲学。康德著作的法文译本于 1795 年就在法国出现。

可以说康德对西方学术的影响和对世界思想界的影响在其身后是隽永的。

二　康德学术的最初理路：前批判时期

康德的生活方式简单、单调，且一直生活在寇尼斯堡这座城市。他没有亲身参加过当时欧洲一些重大的实际社会运动，因而人们会猜想，他可能是对同时代历史事件不关心、不了解的"局外人"。然而，实际上康德的学术研究工作以其十分深入的方式与欧洲当时的社会历史和现实中发生和存在的几乎所有重大思想问题都紧密地联系在一起。他对当时欧洲人关心的那些最主要的现实问题，几乎都以哲学的方式作出了自己的回答，表明了自己的看法，提出了许多新的思想方式和崭新观点，在哲学的高度上改变了当时欧洲知识界的流行思潮的思维模式。在这个意义上说，康德是当时欧洲启蒙运动的最重要的思想家之一。为此，人们也像康德自己所认为的那样，他实现了当时欧洲哲学和根本思想方式上的"哥白尼革命"。

后来的研究者一致公认，康德思想史可以划分为两个时期："前批判时期"和"批判时期"。这种划分大体以 1770 年前后为界。

康德后期哲学思想（反映在他的著作中）一以贯之的标志就是"批判"。康德认为，任何哲学研究都必须建立在批判的基础上，即批判地研究已有哲学关于人的认识能力和知识可能性的学说的基础上，其中包括对同时代他人提出的认识能力和知识可能性的观点的批判。而在 1770 年以前，康德的哲学研究并不具有这种特点。

在 1770 年获得教授职称之前，康德主要研究自然科学及其哲学问题，也研究人性论和人的情感问题。这一时期被后来研究康德生平和思想史的学者称为"前批判时期"。

康德精通他那个时代的自然科学的几乎所有学科的知识。他的天文学、生物学、自然地理学、物理学和人类学的知识都十分丰富。他的自然哲学著作广博地引用了各门自然科学的知识，及其当时的最新研究成果。他遵循的主要哲学思想是牛顿的机械论学说和万有引力法则。他在这一时期也仍然处于当时欧洲思想界关于"人的力量无限"和"人的认识能力无限"的哲学设定之中。

康德思想的前批判时期的最早文献是他于 1746 年写的著作《关于正确评价活力的思想》（1747 年出版）。在前批判时期中，18 世纪 50 年代是康德自然科学研究学术成果最为丰富卓著的时期：1754 年，他发表了论潮汐的著作，在其中他提出了潮汐由于与地球的摩擦力而使得地球自转减慢的假说；1755 年，他发表了著名的《自然通史与天体论》，在其中，他论述了河外星系存在的可能性，提出了"星云"学说，把太阳系的起源解释成为螺旋状星云运动的结果。在前批判时期，康德对自然哲学、特别是宇宙论问题进行了深入的研究。康德对于宇宙论的研究，成为西方自然哲学史在近代的最宝贵的财富。在前批判时期，康德的主导思想还是机械论的物质实在论和认识万能论，具有强烈的法国唯物主义思想倾向。但同时，康德写作于这一时期的主要哲学著作，例如写于 1755 年的《对形而上学认识的基础原理的新解释》和写于 1759 年的《试论乐观主义》表明，他的哲学思想深受莱布尼茨—沃尔夫理性主义的影响，但同时康德提出要区别"认识的基础"和"存在的基础"的不同。这表明他已经开始超越莱布尼茨—沃尔夫体系。还应该指出的是，在这一时期，康德的研究还包含着一些对机械论进行限定的思想要素。康德虽然认为非生物的世界存在服从机械论的自然法则，但他认为生物界（生命存在）是不能用机械论进行解释的，他指出，企图"用力学的原因完全清楚地说明一棵野草或一个幼虫的产生"是不中用的。康德进而研究了关于有机体合目的性构造的起源问题，这与他后来的美学思想有很重要的关系。应该认为，上述这些思想或者思想要素，对康德后来的先验哲学（包括美学）的形成和发展有一定的前导意义。

到 1760 年前后，康德的研究兴趣发生了一个较大的转变。在接触到英国经验主义哲学家（例如休谟、洛克和夏夫兹博里等人）的著作后，他开始对人性研究发生兴趣。同时，他被法国哲学家卢梭研究人类感情的著作所吸引。可以说，从 1760 年前后到 1770 年前后这十年左右的时间，是康德的学术研究从自然哲学领域向人类思想研究领域转变的过渡时期。1762 年，在继承《对形而上学认识的基础原理的新解释》中提出的认识与存在的区分的基础上，康德在《三段论法四格的诡辩》的小册子中，提出了对"判断"的一种新的理解。认为所有逻辑形式的实现都有赖于判断方式的形成。只有通过判断，人们才能赋予对象概念以清晰的形式逻辑的内容特征；所以，那种不能从对概念的分析中推导出因果关系的认识，就是一类特殊的认识。所以，在逻辑的根据中，就不一定包含着实在的根据；而后者是另外一类根据。据此，康德提出了关于事物有两类根据的思想："逻辑的根据"是人们通过分析概念及其在判断中的特征获得的；而"存在的根据"则是依据因果关系得出的。1763年，康德在其论文《试将负数概念引入哲学》中，用负数的存在来证明存在的根据与逻辑的根据的区别。康德从"逻辑的否定"与"存在的否定"二者的不同谈起，他指出，逻辑的否定就是简单的取消；但存在的否定不是取消，而是"实在的对立性"的被认识。康德认为，这种情况在自然界、人的心理状态、情感世界都大量存在。例如高低、大小、苦乐、善恶、美丑、爱恨等等。康德断言，只通过逻辑分析、只根据同一律，就能得出与一事物有关的他物的必然存在："雨不是根据同一律由风确定的"。这种观点表明，康德并不把逻辑分析的认识能力绝对化，而认为，关于存在的实际因果关系的知识，是靠逻辑分析和其判断所不能达到的。在 1766 年淋漓尽致地批判通灵术迷信的论文《视灵者的幻想》中，康德已经把人的理性可能认识的领域限定在现象界。他认为，关于精神本质的学说，只有在否定的意义上才能成立，正是由于确定了理解的界限，我们才能够确信，自然界的各种现象及其规律，就是我们可以认识的全部东西。即使在这个时候，我们也不能对生命原则作肯定性思维，因为我们的感觉系统中没有任何关于它的材料，因而生命原则自身，在这时也仍然不过是一种假设。进一步，康德在 1768 年写了《区分空间方位的基本根据》的论著，在这部作品中他指出，空间的定向不能通过逻辑抽象从事物的空间关系中推演出来，空间概念不是一种被纯粹思维的逻辑结构，而是感知宇宙中的一切事物及其一切关系的普遍基础，是使其他概念成为可能的一个基本概念。但同时，康德在这篇论文中也对空间做了来自认识主体的规定，认为空间也是一个"概念"。然而直到这时，康德基本上仍然是把空间作为一种客观实在来论述。应该说，这篇论文表明，康德此时虽然已经在开始力图突破机械论唯物主义和笛卡尔、莱布尼茨—沃尔夫理性主义的限制，但其基本思想倾向仍然没有超越 18 世纪欧洲风行的英法唯物主义的总体框架，尽管康德本人强调在 18 世纪 60年代他受英国哲学家休谟的不疑论思想的影响是他自己实现向批判哲学时期前进的关键一步。在《未来形而上学导论》中，康德曾写道："我坦率地承认，正是大卫·休谟的提示在多年前首先打破了我的独断论的迷梦，并且在思辨哲学的研究上给我指出了一个完全不同的方向。"①

---

① 康德：《未来形而上学导论》，庞景仁译，商务印书馆 1982 年重印本，第 9页。

至此我们简述了康德的生平、著作以及他的前批判时期的思想。而康德具有"哥白尼革命"意义的先验知识学和道德哲学的基本思想，我们将在论述《审美判断力批判》的时候一并进行比较性的和关系性的阐明。所有这些情况，对于我们研究康德的美学具有预备性知识的意义。

第二节　审美判断力批判在康德哲学中的位置[①]

康德把人的一般心理机能分为三种：认识、情感（愉快及不愉快）和欲求，即通常所说的知、情、意三方面。认识与知性相关，欲求与理性相关，情感与判断力相关。这三种机能具有各自的先验原理和应用场所：认识的先验原理是合规律性，应用于自然；情感的先验原理是合目的性，应用于艺术；欲求的先验原理为最后目的，属于自由的范畴。这样，人的主体机能、先验原理和应用场所就构成了一个完整统一的体系。康德在《判断力批判》中把人的判断力分为两种：一种是确定判断力，即辨别某一特殊事物是否属于某种概念或规律，也就是将普遍规律和范畴用于个别事物的判断能力；另一种是反思判断力，如审美判断力，是一种关系性的判断能力。确定判断力具有构成性，例如，知性运用范畴构成某种知识；而反思判断力则具有调节功能，即调节人的心灵的能力，它既不提供概念，也不追求道德的完美，只涉及愉快和不愉快的情感，因而是一

---

① 本章所引康德《判断力批判》文本德文版为：IMMANUEL KANTS WERKE, V；S. 233—568；Kritik der Urtheilskraft, Herausgegeben Von Otto Buek, Verlag Dr. H. A. Gerstenberg, Hildesheim, 1973。［伊曼努尔·康德著作，第五卷，第233—568页：判断力批判。奥托·毕尤克编辑，H. A. 盖尔施腾堡博士出版社，黑尔德斯海姆，1973年版。］注释简写为 IKW, V（康德著作，第五卷）。S. 234，即"第234页"。

种情感判断即审美判断。审美判断既不同于认识判断，也不同于道德判断，但它的调节机能的功能又可以把两者连接起来。因为认识判断和道德判断都离不开感性、知性和理性的参与，都要通过想象力把直观与概念以及规律联系起来，而审美判断则是想象力与知性的自由游戏，所以康德把审美判断作为连接认识判断和道德判断的纽带。总之，康德的这三部著作合在一起构成了批判哲学的完整体系。在这个哲学体系中，他的美学思想又是一个严密细致、庞杂深奥的科学体系，主要集中在《判断力批判》一书之中，但同时又是他的整个哲学体系中一个不可缺少的组成部分。因此，若要理解康德的美学理论，就必须先了解他的哲学体系，然后才能认识其美学思想在整个哲学体系中的位置。

在西方美学史上被称之为"康德美学"的东西，主要就是康德《判断力批判》一书的"第一部分"——审美判断力批判——的内容。

人们普遍认为，与美学史上的许多美学家的情况非常不同，康德的美学不是康德哲学体系以外的一个独立的美学体系，也不是康德对人们的文学艺术活动及其产品、影响等的理论研究。康德美学就是哲学，是康德哲学体系的一个有机的、不可分割的组成部分。明确这一点，对于我们学习和研究康德美学有重大意义。其意义首要地在于要看到：要把握康德美学，必须把它当作哲学来研究；当作康德哲学的一个组成部分来研究；言外之意也就是说，要知道甚至熟知康德的整个哲学的思路和脉络以及它的基本内容，我们才能真正学得康德美学。与此相对的一点，我们对于康德美学的研究应该着重于美的感觉的形而上学，而不该对它与文学和艺术的直接关系有太多的期待。

在明确了康德美学的这种特点之后，我们为了把握它、阐述它，就应该进入对它的文本的阅读和理解之中。

一　《判断力批判》的缘起

康德研究美学，不是直接地为了解决与人对自然美的欣赏态度以及与艺术和文学的美感有关的理论问题，而是出于他构建自己的独特的理性主义哲学体系的完整性的需要。这一点康德在写于 1790 年的《判断力批判》一书的"序言"中讲得很清楚。

康德先从对自己的哲学体系的几个概念的解释入手来谈自己的研究意图。

首先是关于"纯粹理性"。什么叫纯粹理性？康德说，纯粹理性就是"出自先天原则的认识能力"①。那么什么叫"纯粹理性批判"呢？他写道，对这个出自先天原则的认识能力的"可能性和界限所作的一般研究"。当然，康德继续说明，在其第一部著作即《纯粹理性批判》中，所理解的纯粹理性即这种"出自先天原则"的认识能力，只是在其"理论运用中的"理性，当时还没有把纯粹理性作为"实践理性"及其所具有的特殊原则来进行研究。因而，在第一批判中，批判就只是"指向"先天"认识事物的能力"；即讨论的是认识能力，而没有讨论诸如"愉快和不愉快的情感"② 或者"欲求能力"③。而且，只根据认识能力的先天原则讨论"知性"，当时就没有讨论同样也是认识能力的"判断力"和"理性"。在第一批判中康德这样做的原因是：他认为，只有知性才能够对认识提供"构成性的"④ 先天原则，而其他任何别的认识能力都不可能。据此康德在第一批判中对所有自以为可以达到真理知识的认识能力进行了批判（审查），最终结果是：只有知性经受起了这种审查，它"先天地"就是自然法则，就是诸现象的整体。而其他的纯粹概念（andere reine Begriffe），都按照"理念"（die Ideen）的思路来设定自己

---

① IKW，V，S. 235.
② 德文原文为：Gefühls der Lust und Unlust。
③ 德文原文为：Begehrungsvermögens。
④ 德文原文为：konstitutive Erkenntnisprinzipien。

的发展。而理念的思路，并不只是以理论的方式认识真理（达到知识）的思路。所以，这种思路夸大了人的理论认识的能力，也就是说，在理念的广阔维度上，人的理论认识的能力被说成似乎是无限的。康德认为这是一种"过于乐观的热情"①。在这里，理念犯了一个错误：把人的理性能力与认识能力等同并视其为无限能力。但康德并不否定理念的作用和意义。他认为，理念是一种校准性原则（regulative Prinzipien），它对于人获得正确的思想成果有两方面的意义：一方面，它们能够限制知性的虚假的自我膨胀，使知性明白，如果知性要夸大自己的理性作用，认为自己能够认识一切理性对象，那就是一种僭越（Anmaßungen）。因为理念的存在说明理性不只是知性，还有其他理性能力、认识能力存在；另一方面，理念的存在能够在知性实际上永远达不到的思想领域内，用世界的完整性的意义来引导知性发挥自己的能力，并为一切知识向着最终意图的发展起促进作用。

　　康德强调地指出，从先天的构成性原则的意义上来看，知性的领地是在认识能力的领域内，这是知性的独特功能；而实践理性的领地是在欲求能力的领域内。在《纯粹理性批判》和《实践理性批判》中，康德已经对上述两个领域的情况进行了研究。

　　那么，人类的先验的纯粹理性是不是就只由知性和实践理性这两个部分构成呢？康德认为不是这样的。他说，人类还有一种先天的纯粹理性能力，那就是"判断力"。判断力就是介乎于知性能力和欲求能力之间的一种理性能力，其能力的特征就是形成和持有"愉快和不愉快的情感"的能力。

　　判断力到底是什么？它有什么基本特点？判断力的先天原则是什么？这些先天原则是构成性的还是校准性的？而愉快和不愉快的情感是不是介于认识能力和欲求能力之间？这种情感能力是否被赋有判断力的先天原则呢？解决这些问题，就是要对判断力本身（作为一种认识能力）进行批判。这正是康德写作《判断

---

　　①　IKW，Ⅴ，S.235.

力批判》的旨要。

康德认为，对判断力的批判，是对纯粹理性进行批判的一个必要任务。他说，因为纯粹理性作为一种能力就是根据先天原则进行判断的能力。那么，人的判断力又是怎样的呢？为要说明判断力，康德认为就必须进行判断力批判，即对判断力进行批判。康德说：对于纯粹理性来说，"如果不把判断力的批判……作为自己的一个特殊部分来讨论的话，它就会是不完整的"。判断力作为认识能力的组成部分，它自身也提出了应该对自身进行批判的要求。虽然判断力的各个先天原则并不独立地构建纯粹哲学体系中类似于理论哲学或者实践哲学那样的部分，但是，如果只完成了对纯粹的理论理性的批判和对纯粹的实践理性的批判，而不对判断力进行批判，那么，对纯粹理性的批判就是不完整的。因为在康德看来，纯粹理性是由纯粹理论理性、纯粹实践理性和判断力三个部分组成的。

康德认为，判断力的诸原则，是依附于知性的先天原则或者实践理性的先天原则的。至少在当时人们能够认识到的是这样。康德进一步指出，如果想建构关于判断力的独立的形而上学的话（他认为在"有一天"完全做到这一点是可能的），那么，就必须找到不依赖于经验的原则基础。不然，任何关于判断力的形而上学体系的建构是不可能的，即使建构了也会倒塌。但康德提醒说，要找到判断力的先天原则并不是一件容易的事，"必定会伴随着巨大的困难"。同时，它们也不应该被从先天概念中推导出来。因为概念属于知性，而判断力在一定意义上只是对知性的应用。康德认为，判断力总是在"指称"着知性概念，而并不是要通过这个概念来认识事物，这概念仅仅使判断力成为有规则的，但这规则并不是那种要让判断力与之相适应的客体性的规则。也就是说，判断力需要概念之所指，判断力与其所指的关系也是有规则的，但这里所说的规则，并不是经验规则，同时，概念之所指在判断力这里，并不是经验客体，而是另外一种东西。

康德所指的这种东西，就是审美（先验感受）的对象。判断力的这种规则就是判断力所进行的先验感受的（ästhetisch，审美的）判断的规则，这些规则表示着判断力对（审美）对象（自然中美的事物与崇高的事物、艺术中美的事物与崇高的事物）以先验感受的方式进行评判的能力。康德认为："对判断力的这些评判中的某种原则的批判性研究，是对这种能力的一个批判的最重要的部分。"

康德指出，这种评判不可能单独"认识"事物，因为这种评判只隶属于认识能力而不是"认识"能力。但这种评判可以证明：按照某种先天原则，认识能力与"愉快或者不愉快的情感"有直接的关系，而这种先天原则并不与作为欲求能力的根据的原则相同。

康德进一步对判断力的另外一种功能作了解释：在自然界的大全逻辑中，存在着并不能够被知性概念所理解和解释的合规律的情况，也存在着判断力能够获得关于自然物与不可知的物自体之间的关系的判断原则的情况（判断力常常把这种原则"知识化"，并"作为""自然知识"来应用），这种种情况虽然也对实践理性有积极的启发，但这些情况与"愉快和不愉快的情感"并没有直接关系。康德认为这是研究判断力的另外一个应该划分出来的特殊部门。这个部门与研究审美判断力的部门是不一样的。康德在这里指的应该是目的论判断力。

可见在康德的思路中，判断力被他区分为两个部分：一个部分是审美判断力，而另外一个部分是目的论判断力。

康德特别指出，他对审美判断力的研究，"不是为了陶冶和培养趣味……而只是出于先验的意图来进行的。"[1] 可见康德的美学研究与以席勒为代表的德意志美育教化主义的研究是不能相提并论的。如我们前面所说，康德的美学是康德先验哲学体系的一个有机组成部分。正是由于康德美学的这种性质，康德认为就必须按照先验哲学的思路来严格地进行论证。这种工作的难度决

---

① 　IKW，V，S. 238.

定了康德的这一研究确实是探索性的。所以康德自己也认为，在研究中可能会出现不能完全避免的模糊性；但只要能够正确地指出判断力的先验原则，并对其加以清楚地说明就可以了。

康德在他的《判断力批判》的序言的最后说："在学理的探究中，对判断力来说并没有特殊的部分，因为就判断力而言，有用的是批判，而不是理论。"也就是说，康德的美学研究是一种寻根究底的劳作，而并不很重视对其理论体系的构建。康德同时提醒人们，研究判断力的大的思想框架，仍然是哲学被划分为理论哲学与实践哲学的传统，与此相应，纯粹哲学也被划分为自然形而上学和习俗道德（der Sitten）形而上学①。

二　哲学的划分与一般的哲学领地

康德在《判断力批判》的导言中，详尽地阐述了他的审美判断力批判所基于的先验哲学体系的基本框架。

康德提出了"哲学的划分"问题。所谓哲学的划分，指的就是哲学作为一个完整的思想理论体系，其内部的构成部分。

哲学在通常的情况下（wie gewöhnlich）被划分为理论哲学和实践哲学。这种划分是根据哲学对事物进行"理性认识"（Vernunfterkenntnis）的各种原则来进行的，而不是如逻辑学那样依据一般思维形式的原则。康德指出，哲学的这种划分所依据的客体概念，实际上是科学划分的概念。其特点是理性知识原则之间的区分和相互对峙的存在（Entgegense—tzung）。从康德的这个提示我们可以明显地看出，这种区分和相对性，从根本上导致哲学科学化的危机。

随后康德马上指出，也有同时遵从两类概念的客体对象，而且这两类概念正好来自两种很不相同的原则。也就是说，可以从两种不同的概念的原则来考察同一个客体对象。对它作出不同的判断。这两类不同的概念就是："自然"和"自由"。自然概念

---

① IKW，V，S. 238.

根据先天原则可能形成理论知识，而自由概念对于知识原则来说则作为否定性原则起作用，这就是前面所说的相互对峙的原则。相反，对于意志规定来说，自由就形成为扩展着的原理，这些原理被称为实践的原理。

所以，康德认为，哲学据此划分为在原则上完全不同的两个部分：一个是自然哲学，即哲学的理论部分，它是知性根据自然概念所作的理论立法；另一个是道德哲学，即哲学的实践部分，也就是实践哲学，它就是理性根据自由概念所作的实践立法。

康德指出，意志作为一种欲求能力，是人世的"本性的原因"（Naturursachen）之一。一切由于意志而可能（或者必然）的东西，就是实践上可能（或者必然）的东西。这样的东西的因果性是"概念的"，而物理的因果性的可能性（或者必然性）与此是有区别的，因为物理因果性不是由概念所规定的：在无生命的物质那里，其因果性是机械因果性；而在动物那里，其因果性是本能因果性。

进一步对于实践来说．如果其原因性概念是一个自然概念，则这实践是技术实践；与其相对，如果实践的原因性概念是一个自由概念，那么这实践就是道德实践。前一类实践的原则是自然学说，它在实质上当然仍然是属于理论哲学；而后一类实践的原则，作为道德实践的学说，它当然就属于实践哲学。康德说，尽管技术上的实践原则也可能包括熟练的技巧和明智的原则，它们能够对人和人的意志施加影响，但由于这些原则基于自然概念，所以，它们仍然属于理论哲学，是对理论哲学的补充。同时康德认为，经济学、幸福学说都只是一些"熟巧规则"，即技术上的实践规则，它们都只是按照自然概念的因果性产生自己的结果，故它们都不能够属于实践哲学的范围之内。

康德说，与上述情况不同，

那些完全建立在自由概念之上，同时完全排除意志由自然而来的规定根据的、道德上实践的规范，则构成了规范的一种完全特殊的方式：它们也像自然所服从的那些规则一样，不折不扣地叫作规律，并且和哲学的理论部分并列而完全独立地为自己要求一个另外的部分，名叫实践哲学。①

康德强调地指出，只有那些依据超感性的自由概念所借助的形式规律，而不是依据以感性为条件的自然概念而成为可知的原则，才是道德上实践的。它们的特点是不与任何目的和意图发生先行的关系。

根据上述的规定，康德认为，先天概念所具有的应用范围，就是我们的认识能力根据原则来进行运用的范围，也就是哲学借助于这种运用所能达到的范围。而先天概念的对象，就是这些概念的知识对象。先天概念必然要和这些对象发生关系。这种发生关系的意图，一些是实际上可以有能力达到的，一些则是无能力达到的。据此，先天概念与对象间的关系根据是否有关系能力的原则形成了差异，并可以根据这种差异对其进行划分。

康德说，概念只要与对象发生关系，不论概念是否能够达到对对象的知识，都可以说概念具有自己的（对象性的）立法"领地"。这个领地中能够被认识的部分，就是表明概念的认识能力的"基地"。经验概念虽然有自己的基地（这基地就在自然中、在一切感官对象之中），但它们不具有立法能力，因而没有它们的领地。因为它们是被合法地产生出来的；在它们之上的规则都是经验性的、偶然的。

康德指出，人类的全部认识能力有两个领地。即自然概念的领地和自由概念的领地。哲学据此两个不同的领地而被划分为理论哲学和实践哲学。而哲学的基地却只能是经验对象的总和。这些经验对象都被看作单纯的现象。

康德对两个领地的立法权的不同进行了进一步的论述。他说：

---

① IKW，V，S. 241.

> 通过自然概念来立法是由知性进行的并且是理论性的。
> 通过自由概念来立法是由理性造成的并且只是实践性的。①

应该看到，如康德所说，对于同一个"经验基地"来说，知性和理性在它之上拥有两种不同的立法原则。而且它们二者的立法原则是并存不悖的，"不允许一方损害另一方"②，互不影响。然而，这两个在它们的立法中并不互相冲突的领地，在经验的感官世界中，却互相牵制而不能构成一体。康德认为，这是因为：一方面，从自然概念来说，它虽然可以通过感官经验在直观中设想它的对象，但这对象并不是物自体本身，而只能是其现象；另一方面，自由概念虽然设想一个物自体作为自己的对象，但这对象并不在直观之中。综合这两方面来看，它们二者都没有可能获得自己的真实对象（应该是物自体）的真实的"知识"。它们二者的一个（自然概念）是由于不能达到物自体，另一个（自由概念）是由于不能形成直观的（经验）知识。康德写道：

> 那个物自体就应该是超感官之物，③ 我们虽然必须用关于这个超感官之物的理念来解释那一切经验对象的可能性，但却永远不能把这个理念本身提升和扩展为一种知识。

也就是说，人类的认识能力是不能以知识的方式达到物自体本身的。物自体存在的领域，就是超感官之物的领域。康德认为，在这个领域，人们不可能找到知性概念和理性概念的任何基地。为了理性的理论运用和实践运用，人们应该"用理念"占领这个领域，但是这些理念所具有的，只是实践的实在性，而这些实在性是由人们与自由概念的规律的关系所提供的；而人的理论知识

---

① IKW，V，S. 243.

② Ibid.

③ Ibid.

是达不到这个超感官之物的领域的。

这样，康德给人们摆出的是两个领域，一个是知性概念能够形成理论的现象领域，另一个是自由概念所力图设想的物自体的领域；在这两个领域之间，"固定下来了一道不可估量的鸿沟"，"好像这是两个各不相同的世界"。

然而，康德认为，这两个世界也是有关系的：尽管自然概念的领地不能对自由概念的领地发生任何作用，但自由概念的领地对自然概念的领地有一定的影响：自由概念总是要把自己提出的目的应用于感官世界，并力图在这个领域中实现。

根据这样的逻辑，康德指出，自由的这种要求，使得自然概念的领域可以被设想为："自然界的形式的合规律性"，应该是与"自由概念希望在自然界实现的目的"这二者之间存在着某种协调关系。从这种协调关系可以推断出：

　　　　必定有自然界以之为基础的那个超感官之物与自由概念在实践上所包含的东西相统一的某种根据。[1]

这个根据的概念，虽然不能对这根据在理论上和实践上说出任何东西，但它却表明，在这两个不同的思想领域之间，必定有某种可能被称为"过渡"的思维方式。

三　判断力批判的哲学功用以及判断力的性质

康德指出，对认识能力的判断，本身并不涉及到客体，而只涉及到形成的学说与形成这个学说的认识能力是否相称的程度。这种判断必定要超越这些学说的界限，以便评价它们的合法性，从而以便能够把它们限定在合法的界限之内。也就是说，这种批判虽然并不进入哲学（及其划分），并不适合于理论的运用，也不适合于实践的运用；但它进行一般的纯粹认识能力的批判，这

———————

① IKW，V，S.244.

批判是很重要的，它超越于（理论的和实践的）哲学之上的。

在这里，康德对哲学及其划分进行了进一步的强调。他说，自然概念含有一切先天的理论知识根据，它基于"知性立法"；而自由概念含有一切在感性上无条件的先天实践规范的根据，它基于"理性立法"。这两种立法有一个共同的特点，就是：按照逻辑形式，它们能够应用于任何来源的各种原则；同时它们又各具个性：它们都是具有独特性的立法，不能互相代替。这就是哲学被划分为两个部分的原因。

综合上述两段的内容，我们就可以看出，既然必定存在着高于认识能力且又限定认识能力的判断力（第一段），同时这判断力又不能属于哲学的两个部分的任何一个（第二段），那么，判断力就是哲学的两部分之间的中间环节：

> 在上述认识能力的家族内，却还有一个处于知性和理性之间的中间环节。它就是判断力。①

作为知性与理性的中间环节，判断力并没有自己独特的先天立法，但康德认为，判断力可以先天地具有自己所特有的"寻求规律的原则"，哪怕是主体的原则。这样的原则没有任何对象领域作为自己的领地，但它具有使自己有效地发挥作用的基地。

康德指出，人的心灵有三种能力（机能），认识能力、愉快和不愉快的情感、欲求能力。愉快和不愉快的情感就是判断力起作用的领域。这种从心灵机能来看判断力，比单从认识能力的"家族亲缘关系"看得更清楚。康德说，在认识能力和欲求能力之间，包含的是愉快的情感；这正好与在知性和理性之间包含的是判断力相应。

再从欲求能力方面来看。判断力自身包含着一个先天的（认识能力）原则，而且欲求能力必然与愉快和不愉快的情感是

---

① IKW，V，S. 245.

结合着的，所以，判断力就使从纯粹认识能力向欲求能力的过渡，即从自然概念向自由概念的过渡成为可能。

据此康德得出了自己的结论：

> 所以，即使哲学只能划分为两个主要的部分，即理论哲学和实践哲学；即使我们关于判断力的独特原则所可能说出的一切在哲学中都必须算作理论的部分，即算作按照自然概念的理性认识；然而，必须在构筑那个体系之前为了使它可能而对这一切作出决断的这个纯粹理性批判却是由三部分组成的：纯粹知性批判，纯粹判断力批判和纯粹理性批判，这些能力之所以被称为纯粹的，是因为它们是先天地立法的。①

可见，康德明确认为，判断力批判是把他所说的哲学的两个部分（即作为理论哲学的纯粹知性批判和作为实践哲学的实践理性批判）"结合为一个整体的手段"。

康德这样看重判断力批判的作用，是我们应该予以充分强调和认真理解的。

那么，判断力到底因为具有什么样的功能，使得它能够起到把批判哲学的前两个批判结合为一体的作用呢？

康德对这一问题进行了研究。

首先，康德对判断力的内在规定性进行了细致的分析。

他写道，"一般判断力"（Urteilskraft überhaupt）就是把特殊之物思考（归类）为"在普遍之物之下"（即归属于普遍之物）的能力。

这种归类的思考能力又有两种情况：

第一种一般判断力，就是在普遍的框架已经存在的情况下，把特殊归纳到这个框架之中，使这个特殊成为一般的属概念。康

---

① IKW，V，S. 247.

德认为，这种归纳能力是一种先天的判断能力。这种判断能力被称为"规定的判断力"，即进行着规定的判断力。

第二种一般判断力，就是特殊之物虽然被给予了，但缺乏一般之物的普遍框架。判断力的任务就是去发现（finden）一般之物的普遍框架。这种判断能力就是"反思的判断力"，即进行反思的判断力。①

关于（进行）规定的判断，康德指出，那种使事物从属于普遍先验规律的判断力，就是知性判断力。因为在这里先验规律是预先就给定的。康德认为，尽管自然界千变万化，一些事物的情况，在我们的知性眼光看来似乎还是偶然的；但实际上，它们是有规律的，只不过这些规律、它们的多样性的统一，还没有被我们认识，而认识它们只不过是迟早的事；它们对于我们来说肯定是必然性的。

关于（进行）反思的判断，康德指出，要把自然界的特殊的经验事实"上升"（aufzu—steigen）到普遍，首先需要一个"原则"（Prinzip）。康德指出，这是一条先验的原则。由于普遍的自然规律在我们的知性中有其根据，所以知性把这些自然规律颁布给自然（虽然只是按照作为自然的自然这一普遍概念）。也就是说，知性在对自然的认识中，在其自身已经存在着内在的关于自然的规律。那么，当我们把一些经验事物作为个别特殊事物要对它们形成反思判断的时候，我们思想中的内在的先验原则就进行内在的反思，如它在以前把特殊事物纳入普遍事物概念所作的那样，使新的特殊事物也服从已有的内在普遍概念，形成一个"形式上的"统一性。这就是形成反思判断的过程。这一判断所达到的效果就是：要被反思判断的事物'好像'也是依据已有的经验的知性原则的。② 康德明确指出，这样进行的反思判断，只是思维的一种内在的"反思"原则，而不是说要像知性一贯

① 参见 IKW，V，S. 248。
② Ibid.，S. 248—249.

所做的那样，通过这个判断把要被进行反思判断的事物纳入经验的知性范畴，成为知识。

根据反思判断的这种依据于知性原则而又不被归结于知性范畴的特点，康德形成了自己的目的论学说的思想起点。康德在这里十分清楚地说明了他在《判断力批判》中的两个关键词："目的"（Zweck）与"合目的性"（Zweckmäßigkeit）。

什么叫目的？康德说，如果一个客体包含着它的现实性的根据，这个客体就叫目的。

什么叫合目的性？康德说，如果一个事物与其他事物只有按照目的才能协调一致的性状，就叫做该事物的形式的合目的性。

根据上述这两个概念，康德指出，根据处于普遍经验规律之下的自然事物的形式而言，"判断力的原则"就是"处于多样性之中的自然的合目的性"①。

康德强调，"自然的合目的性"作为一个先天概念，它只是反思性的，只是对判断力的思想能力的一种表示；也就是说，这个概念是知性能力不可能达到的。但这种反思能力只能就经验规律给出的现象性联结来反思自然。也就是说，它把自然不是思想为因果性的链条，而是思想为合目的性的联结。康德同时也指出，尽管实践的合目的性是与自然的合目的性类比而形成的，但实践的合目的性（比如道德的合目的性和艺术的合目的性）与自然的合目的性也是截然不同的。

康德认为，自然的形式的合目的性，是判断力的一个先验原则。就自然事物而言，所谓先验原则就是先天普遍条件的原则，即在这个原则下，事物才能成为人们知识的一般客体。而对客体在先天条件原则的基础上能够被进一步规定的原则，就是形而上学的原则。康德指出，那种指示事物的变化必定有一个原因的原则是先验原则；那种指示事物的变化必定有一个外部原因的原则就是形而上学的原则。与此相应的是，康德认为处于其经验的规

---

①　参见 IKW，V，S. 249。

律的多样性之中的自然的合目的性是先验原则；而在自由意志的规定性的理念中思考的实践的合目的性，则是一个形而上学的原则。这两种原则都不是经验的，都是先天的。

康德进一步通过论述判断力的准则来说明自然合目的性的原则的先验性。他认为，判断力准则（Maximen der Urteilskraft）为以先天的方式进行的自然研究奠定基础。这些判断力准则实际上针对的是经验的可能性即知识的可能性问题，它们（准则）一般就是关于知识和自然界的性状的格言。这些判断力准则虽然是从人的认识能力中"闪现出来的"（henvor—leuchtet），但它们都不是经验性的，因而是先验的原则。康德对此进行了详细陈述。他说，人们首先从经验可能性找到的是具有必然性的"普遍规律"。这些普遍规律是思考自然的基础。而同时，这些普遍规律是以"范畴"为其基础的。如果人们把这些规律应用于感性直观，那么，在这些规律之中，判断力就是进行归摄规定的，即进行规定的判断力。但在谈论自然合目的性的时候，人们就必须就自然的单纯性经验的规律，思考无限多样的经验性规律的可能性。这最终导致人们对自然统一性和经验统一性的可能性的思考。在这种情况下，判断力为本身的运用就要设定一个先天原则：

> 处于特殊的、经验性的自然规律中的、被人的洞见视为偶然之物的东西，包含着一个我们并未从其基础上加以论证的、但是可以被思考的有规律的统一性；这个统一性处于这样一种联结中，即把多样性的经验联结为一个自在的可能经验。①

这样，在知性看来是一个个偶然的东西，在判断力看来却成为联结在一起的（统一的）某种具有目的的、合目的性事物。所以，

---

① IKW，V，S. 252.

康德指出，自然的合目的性概念，既不是一个自然概念，也不是一个自由概念。它只不过是人们依据经验而对经验进行彻底的关联性思考时，对自然对象进行反思所采取的"唯一的"一种思想方式①。据此，康德强调了"判断力的主体原则"：在对单纯经验性规律进行反思的时候，人们找到了一种系统的统一性，但这种统一性人们没有能力深入地看，也没有能力证明。

康德认为，从对无限多样性的经验世界的主体知觉中形成一个关联性的经验，这是先天知性的一种能力。这种能力就是主体对自然事物以"类和种的从属关系"进行把握，并在这些类和种之间形成某种"过渡"原则。没有这种普遍性的自然规律，人们就不可能根据类推原则达到对合目的性的设定。实际上，这种经验的差异序列的系统性，是判断力从自然与人们的认识能力的协调中为自己对自然进行反思而设定的。在知性认为是偶然的地方，判断力却把合目的性赋予了自然。康德认为，判断力对合目的性的"主体性"地设定，实际上是人们能够把自然看成"秩序"和"系统"的前提。康德写道：

> 如果没有这个预设，我们就不会有遵从经验规律的自然秩序，也就不会有任何线索来引导我们按照其多样性来处理这些规律的经验，以及对这些经验进行的研究。②

所以康德认为，对于自然的可能性来说，判断力也有一个先天原则。但这原则不是知性用来揭示自然的自在规律的，即不是给自然立法；而是判断力在其主体性的（自我）反观（Rücksicht）中为反思自然而给自己设定的原则。

康德指出，寻找自然的普遍规律和秩序，虽然是知性的意图所追求的，但知性不可能达到这一点；知性不可能给自然颁布任

---

① IKW，V，S. 253.

② Ibid，S. 254.

何普遍规律，不可能把原则的统一性带进自然之中。因而，这就是判断力的任务；它必然把知性所追求的目的赋予自然。

　　而且，康德认为，知性追求普遍规律和目的的每个意图（Absicht），都和"愉快的情感"结合着（mit dem Gefühle der Lust）。康德说：

　　　　如果这意图实现的条件是一个先天的表象，比如在这里就是一个反思判断力的一般原则，那么愉快的情感也就通过一个先天根据而被规定，并被视为对每个人都有效的①。

这种情况表明，反思判断力仅仅是通过客体与认识能力的关系而被设定的，它并不涉及欲求能力，因而，它与"自然的实践的合目的性"相区别。

　　康德还反证说，既然人们找不到在知性范围内的"按照普遍自然概念（范畴）的规律"能够通过"与知觉的吻合"在人们心中产生愉快的情感，可见愉快的情感是判断力的性质。康德同时指出，而发现异质的、不同的自然规律的一致性时，即超越普遍自然概念的规律时，就会有一个"十分明显的愉快"，甚至于"一种惊奇"。这就要求人们在对自然的评判中注意到自然对人们的知性的合目的性的东西。即需要一种把知性范围内的已经作为知识的自然规律纳入到更高一层的规律中的意图，这种意图导致一种主体所认为的自然与人的知性相一致的偶然性，而这偶然性就是判断力所展示的人的精神感到愉快的境地。与此相反，一种使自然与人们的反思性判断相冲突的情况，则使人们产生"厌恶"的表象。

　　在这里，通过对判断力的功能的肯定，康德对人类知性的意义有一个客观"简单化"的归结。他写道：

---

　　①　IKW，V，S.256.

如果我们对自然的内部认识得越深，或者说，如果我们越是把自然与外在于我们的、现今尚不知道的那些部分作比较，我们就会发现自然的原则越是简单，而且自然的经验规律的表面上的异质性就越是清楚，我们的经验就会继续前进。[①]

虽然应该对认识能力（即知性）的合理运用规定边界，但在经验领域中（im empirischen Felde）是不能有"边界规定"的。这就是判断力的要求：按照自然对我们认识能力的"合适性原则"（nach dem Prinzip der Angemessenheit）行事。

四 自然的合目的性及其审美表象与逻辑表象

康德为了进一步阐明自己关于"合目的性"的哲学思想，他区分了客体事物的表象的两种情况。

第一种情况：凡是主观的表象，即构成表象与主体的关系的情况，即只是主体地对客体进行表达的东西，就是该表象的审美性状（ästhetische Bschaffenheit）；

第二种情况：凡是表象中对客体进行规定、以规定性描述形成对客体的知识的东西，就是该表象的逻辑有效性。

康德在此也指出，在主体表象的范围内，也有一些表象，例如空间（作为主体直观的可能性的先天形式）和感性器官的感觉（作为主体作为物体的外部感觉），虽然在一定意义上也都是主体性的，但它们的功用是对客体进行规定，因而赋予客体以知识，对形成客体的逻辑有效性起作用。故而不是审美性状。

康德说，只有在表象中不能成为任何客体知识的那种主体的东西，就是"与这表象结合着的愉快或不愉快"。因为这些东西并不能促进我们对表象对象的认识从而形成对被表象客体的任何

———————

① IKW，V，S. 257.

知识。这样一来，表象对象就只是直接与主体的愉快的情感相结合，这就是被表象的对象的合目的性的性状。也就是说，这表象本身就是合目的性的审美对象。这是康德的一种先验分类逻辑。但在实际上是否有这种合目的性的表象呢？

这样的表象是有的。康德举例说，如果主体对一个客体对象的形式（而不是其内容）进行直观的单纯领会（mit der bloßen Auffassung，apprehensio），而并不涉及对这个客体对象的认识（形成知识、概念），且有愉快的感觉的话，那么，这个表象就不与客体有关，而只与主体有关。这时，主体的愉快所表达的，就是客体对主体进行的反思判断中的有效的认识能力的契合性；从客体方面而言，就是客体的主观形式的合目的性。一个这样的判断，就是对客体的合目的性的审美判断。这种判断的对象的被主体化了的形式，就是引起愉快的感觉的根据。这愉快并不是"这一个"判断者的特性，而是所有判断者的共同感觉。能够引起判断者的如此感觉的对象，就被称为"美的"对象（具有美的特质的对象）。而引起这种美的感觉的愉快（一种普遍有效的愉快）的体验，或者说进行判断的能力，就是"鉴赏"。由于审美鉴赏的愉快只与一般反思的对象形式有关，而与对象的概念无关，所以，这种愉快就只是判断力在主体内部的经验性运用的合规律性，即"想象力与知性的统一"。这是一种偶然的协调一致，因而就产生出这个对象对于主体的认识能力的合目的性的表象。它不是一个经验性的概念，而是一种愉快的情感，这种情感又与客体表象的客体性原则（谓词原则）相联系，因而它是对每个人都有效的。康德写道：

　　虽然在鉴赏判断中愉快依赖于某个经验表象，而且并不能先天地与概念相联结……但概念愉快是这个判断的"规定的基础"，之所以如此，仅仅是由于人们意识到，愉快就是基于反思之上的，并基于反思与一般客体知识的协和一致的普遍的、也仅仅是主体的条件之上的，对于这种愉快来说，客体形式就是合目的性的。[①]

正因为此，康德指出，对鉴赏判断力的批判必然是"从属性的"，它从属于一个批判，但并不是任何一个批判的内容本身。因为判断力批判的原则既不是知性的一条认识的原则，也不是意志的一条欲求的（实践的）原则。所以，鉴赏判断原则并不是先天进行规定的原则。但是，康德认为，反思客体事物（自然事物和艺术品）的形式所获得的愉快感受，不仅标示出根据主体那里的自然概念而处于与反思判断力的关系之中的客体的合目的性，而且反过来也标示出主体在按照对象的形式、甚至于按照（根据于自由概念的）无形式对对象进行观照的情况下的合目的性[②]。康德指出，这样一来，审美判断的内容就包含了两个区域：一个是鉴赏判断，它与"美"有关（auf das Schöne）；另一个区域是"出于某种精神情感的判断"，它与"崇高"有关（auf das Erhabene）。与这种划分相关，康德说，审美判断力的批判就应该分为两个相应的部分。

　　上面就是康德对自然合目的性的审美表象的论述。

　　接下来康德论述自然合目的性的逻辑表象。

　　康德写道，在经验对象上，可以表象出两种不同的合目的性：一种是出自单纯主体原因的合目的性；另一种是出自客体原因的合目的性。

　　前一种主体性的合目的性，是一种先于概念而对对象进行的领会，在这种领会中，主体把对象的形式与那种将直观和概念结合为"一般知识"的认识能力协和一致；这种合目的性的表象是基于对事物的愉快感觉之上的。

　　而后一种客体性的合目的性，是按照客体事物的一个先行概念（这概念包含着事物形式的根据），使对象形式与该事物本身

---

① IKW, V, S. 260.

② 参见 IKW, V, S. 261。

的可能性协和一致。这种合目的性由于并不把客体的形式联系于主体在把握这种形式时的认识能力，而是联系到已经给予的关于对象的规定性知识，或曰确定性知识。这就使得它同对事物是否有愉快的感觉没有任何关系。而是与对它进行评判的知性有关。

在把对象看作知识表象的情况下，我们是在把目的概念加给自然以便对自然的产物进行评判。在这种情况下，康德说，判断力的工作就在于在展示（exhibitio）被应用为知识的对象[①]，即为概念提供一个个"直观"。这时，不管这种提供是以艺术的形式来进行，还是以技术的形式来进行，其性质就在于使自然物的"自然目的"得到表现。

根据上述情况，康德认为，我们就可以把"自然的优美性"（Naturschönheit）看作对形式的、（单纯主体性的）"合目的性"的概念表述；而把"自然目的"（Naturzwecke）看作对一个实在的、客体性的合目的性的概念表述。[②] 对于自然的优美性，我们是通过鉴赏（美学式地、借助于愉快的情感）来判断的；而对于自然目的，我们则是通过知性和理性（逻辑地、按照概念）来判断的。

这两种不同的判断方式就构成了判断力批判的两个不同部分。一个是"审美判断力的批判"；而另一个是"目的论判断力的批判"。前一个判断力就是通过愉快和不愉快的情感对形式的合目的性（即主体性的合目的性）进行判断的能力；而后一个判断力就是通过知性和理性对自然的实在的合目的性（客体性的合目的性）进行判断的能力。

康德解释说，在判断力批判中，对审美判断力的批判是"本质"的（wesentlich）。因为只有在这种判断力中，才包含有判断力自身对自然进行反思的基础原则，这原则就是被我们所认识的自然的特殊经验规律对于我们的认识能力的"形式的合目

[①]　参见 IKW，Ⅴ，S. 262。

[②]　Ibid.

的性"。如果没有它，知性就不可能在自然中存在（…sich der Verstand in sie nicht finden könnte[①]）；换一个说法，必定存在着"自然的客体性的目的"，也就是说，必定存在着这样一些事物，它们作为"自然目的"可能地存在着。对这种情况，甚至不可能给予任何先验的陈述，也确实不能够从作为普遍经验对象和特殊经验对象的自然的概念中获得明了的理解。[②] 康德指出，只有在审美的鉴赏判断中，人们才能通过情感知道哪些对象（其形式）适合于人的认识能力；而在目的论判断中，人的认识虽然能够确定地指出某物与自然目的的关系，但并不能够解释"为何"能够把目的赋予自然。

康德从此得出结论说：

> 审美判断力是按照一条规则、而不是按照概念对事物作出判断的一种特殊能力。[③]

而目的论判断力则只是一般的反思性判断力，它通常是按照概念、而对一些自然对象则按照单纯反思的特殊原则进行判断的判断力。它构成判断力批判的一个特殊的部分。

与此不同，审美判断力却对认识客体对象"毫无贡献"，它只涉及对主体及其认识能力的批判。

康德说，进行这样的批判，是"一切哲学的基础课"[④]。可以看出，康德把对主体认识能力的研究放到哲学研究的第一位。

在获得了这个"基础课"的知识之后，康德回过头来对知性、理性和判断力三者的关系进行总结性阐述：

康德说，知性对于作为感觉对象的客体的自然进行"先天

---

① IKW，V，S. 262.

② 参见 IKW，V，S. 262—263。

③ IKW，V，S. 263.

④ Ibid.，S. 264.

立法”；（道德）理性对于作为主体身上的超感官之物的自由及其自身的原因性进行"先天立法"。前者的功用是为了达到对自然的理论知识；而后者的功用是为了达到对"无条件实践"的知识。

由于上述这种情况，知性立法的自然领地与理性立法的自由领地都分别有自己的独特的基本规律，因而超感性之物与诸现象之间形成的鸿沟，就使这两个领地完全分离开来。这二者之间似乎是没有桥梁可循的。但是如果对二者关系进行进一步的考察就会发现，如康德指出的，如果说自由概念及其实践规则的因果性在自然的领地中找不到论证的根据，同时感性之物也无法规定主体那里的超感性之物的话，那么，反过来看，自由规律在现实的世界上对感性之物发生着作用：由于存在"合目的性的原理"，自然感性之物的形式与自由的规律相吻合，并按照自由的规律而形成和变化。康德认为，按照自由概念而来的效果就是"终极目的"（Endzweck），它（或者它在感性世界中的现象）是实存的，与此有关，这种终极目的可能性的条件在主体（作为自然感性存在物，即作为人）的"本性"中是已经被预设了的。于是，康德写道：

> 先天地预设了这种情况的东西，即那并不考虑实践之物的东西，就是判断力。它在自然概念和自由概念之间给出了中介概念，这概念以可能的方式，形成了从纯粹理论理性向纯粹实践理性的过渡，从前者的合规律性向后者的终极目的的过渡；这个过渡是由于自然的合目的性概念的被运用而形成的。这样一来，那个实际上只能是处于自然之中的、并与自然规律相协和的终极目的可能性就被认识。①

康德据此认为，知性通过它为自然进行先天立法的可能性，证

---

① IKW，V，S. 265.

明自然只是被我们作为现象来认识，而同时也就表明了自然有一个超感性的根基，但这个根基是完全未被规定的。判断力用判断自然的特殊规律的方法，来判断自然的先天原则，从而判断力就为自然的超感性根基获得了由理智能力（durch intellektuelle Vermögen）来进行规定的可规定性；同时，理性也以其先天的实践规律为这同一个根基给予规定。于是，如康德所说，判断力就可能地造就了从自然概念的领地向自由概念的领地的过渡。

在《判断力批判》的导言的最后，康德对他的哲学体系中的三种能力和三个部分进行了总括说明。

康德说，认识能力、愉快和不愉快的情感和欲求能力三者都是高级别的能力，它们都是自律的。分别来考察这三种能力，康德展示给我们的是：

认识能力就是对自然的理论认识能力，认识能力的状况就是知性，知性就是包含着先天构成性原则的能力；

愉快和不愉快的情感是判断力的能力，它与欲求能力及其实践概念以及感觉无关；

欲求能力就是理性，它不借助于任何愉快，它是实践的，它规定终极目的，这最终目的引导着客体上的"纯粹理智的愉悦"（das reine intellektuelle Wohlgefallen）与自身同在。

康德进一步指出，判断力关于"自然的合目的性"的概念属于自然概念；它只是认识能力的调整性原则（regulatives Prinzip des Erkenntnisvermögens）。但同时，对某些引起自然合目的性概念（自然的和艺术的）的对象进行判断的原则，则是构成性原则。因为这种判断原则构成愉快和不愉快的情感的表象。

所以，在自然的合目的性概念之中，判断力的调整性原则与构成性原则是二位一体的。判断力的调整性原则在自然合目的性的理念层面，调整纯粹知性与纯粹（道德）理性的关系，更多地是使得纯粹理性的道德欲求原则在自然的理论知识客体上的实践原则表象为自由成为可能，即使得二者成为适应的（tauglich）；而构成性原则则在自然合目的性的理念层面，使上述的"适应"作为一种"认识能力的协调"而联结起来，并被归结于自己的"愉快的基础"（der Grund der Lust），这种"愉快"作为判断力的基本属性，它就成为知性和理性的中介，就使判断力把知性和理性、把自然概念的领地和自由概念的领地联系起来了。

在明白了判断力的"桥梁"作用后，值得引起深思的还有两点：

（一）康德说："这种联结同时促进着心灵对道德感的感受"（……diese zugleich die Emp-fänglichkeit des fur das moralische Gefühl befördert ①）。也就是说，审美判断力在自然合目的性的理念层面不但用自己的调整性原则使知性与理性相适应而联结，从而导致自己的构成性原则彰显了"愉快"这个根基性的表象能力，而且，这种适应的联结促进着道德理性能力。康德就这样强调和肯定了审美判断力对心灵的道德教化作用。

（二）康德把"诸认识能力依原则活动的自发性"（Die Spontaneität im Spiele der Erkennt-nisvermögen②）作为阐释判断力的桥梁作用的前提，表现了他对人作为主体的精神活动的自主性的强调。也就是说，判断力作为知性和理性之间的桥梁作用的发挥，要有一个前提条件。这条件就是人的思想的自发性。而自发性所包含的规定就是活跃性和自律性。从而也就使我们明白，判断力的活动往往是与知性、道德理性活动同时活跃地发生的。只有在这种同时活跃的基础上，判断力的名副其实的中介作用才能够真正体现出来，审美的情感活动与目的论的逻辑追求才能卓有成效。从而，知识和道德的被促进就更是自不待言的了。

这就是康德运用精细的内在超越的思想方法论所精心建构的一个自觉完整的三大批判的哲学体系留给人们的基本启示。

---

① IKW，V，S. 266.

② Ibid.

在这里，哲学的划分、自然合目的性、审美判断力与目的论判断力的各自特点、判断力的中介作用、康德对这个体系的完整性的追求，都是我们在研究康德美学时应该持久、反复回味的思想基础。

第三节　美的分析学

为了在进入对康德美学的基础思想部分的研究之前，我们首先应该概观一下康德《判断力批判》的正文的文本结构。

康德《判断力批判》的正文分为两个大部分：第一大部分是"审美判断力批判"，第二大部分是"目的论判断力批判"。

作为对康德美学思想的研究，我们主要研究的是这部著作的第一大部分，即"审美判断力批判"。这个部分就是康德先验美学的基本的和主要的内容。

在"审美判断力批判"这个大题目下，康德仿照他的前两个《批判》的结构模式，设置了两章内容：第一章"审美判断力的分析学"和第二章"审美判断力的辩证法"。

第一章又被分为三个小部分，前两个部分都叫做"卷"。第一卷是"美的东西的分析学"，第二卷是"崇高的东西的分析学"，第三个小部分是"审美判断力的演绎"。

为清楚地阐述康德美学的要点，我们把这三个小部分分别作为本书稿的三个"节"（第四、五、六节）加以阐述，并在其后紧接着的第七节中阐述"审美判断力的辩证法"。

下面就让我们进入对康德的"美的东西的分析学"的研究。

首先还是要看看这一部分的康德文本的结构框架。

康德把他的"美的分析学"（die Analytik des Schönen）分为四个特性（das Moment）来论述：

第一个特性：按照质来看的鉴赏判断；

第二个特性：按照量来看的鉴赏判断；

第三个特性：按在其自身中被观察到的与目的的"关系"

来看的鉴赏判断；

第四个特性：按照"对'对象'愉悦"的模态来看的鉴赏判断。

其次，为了进入研究，我们首先还必须对康德在研究开始时的思路的起点所应用的研究"方法论"进行把握。只有这样，我们才能顺着康德的思路对他的思想进行一步步地追随式的领会和考察，从而才能对其进行"原本性地"阐述。

我们一开始就面临着这样三个问题：

第一，康德的研究对象是什么？

第二，康德的分析学为什么要分成四个特点？

第三，作为"美的东西的分析学"的起点的"鉴赏判断"是什么？为什么要以它作为研究的起点？

关于第一个问题。我们从康德的文本可以清楚地看出，康德的研究对象是"某物"（etwas）。所以，"das Schöne"[1] 应该是"美的东西"或者"美的事物"，而不是抽象的"美"（die Schönheit）。

关于第二个问题。康德把对美的东西的"鉴赏"作为主体（鉴赏者）的能力来研究。这四个特点就是对四个概念（范畴）的研究。第一个概念就是"质"；第二个是"量"，第三个是"关系"，第四个是"模态'（Modalität）。这四个概念（范畴）就是康德在《纯粹理性批判》（第一批判）的"先验逻辑"的"先验分析学"的"概念分析学"中所说的纯粹知性概念（或范畴）。这是因为，如康德所说，根据判断的逻辑功能，"在鉴赏判断中总还是含有对知性的某种关系"[2]。同时，康德认为，对"美的东西"进行"先验感性的"（"美学式的"）[3] 判断，首先考虑的是"质"（Qualität）。所以，尽管他在对美的东西进行分

---

① IKW，V，S. 271.

② 见 IKW，V，S. 271，注 1。

③ 康德用的德文原词是"ästhetisch"。该词与"Ästhetik"（美学，先验感性学）属于同根词。国内现在一般翻译为"美学的"、"审美的"。但我认为该词的实际意义是康德所说的"先验感性的"。——作者注

析时运用了纯粹理性批判的四个先验概念作为分析的逻辑方法，但在分析顺序上却首先分析的是"质"而不是纯粹理性批判中被放在先验概念第一位的"量"。

关于第三个问题。康德之所以把"鉴赏判断"作为他的研究的起点，就是因为在康德看来，鉴赏（力）其实就是审美判断力；"鉴赏"就是对美的事物的判断能力，是对审美判断力的具体化：把先验的审美判断力与具体的对象相联系起来，判断力就是具体的鉴赏力。为了把一个对象称之为"美的"（schön）而需要的那个东西，就是鉴赏判断的分析所必须揭示的。可见，康德美学研究的核心，就是在把先验的审美判断力与具体对象联系起来后，揭示对象是否能够（或者不能）被称为美的必要条件。

一　按质来看的鉴赏判断

明白了这三个前提性问题之后，我们就进入康德的"美的东西分析学"的第一个特点：按质来看的鉴赏判断。

康德指出，为了分辨某物是不是"美的"，我们就应该用我们的想象力来考察该物，看它是否让主体（我们）产生愉快或者不愉快的情感（das Gefühl der Lust oder Unlust），而不是用知性去"认识"这个客体。

康德强调，鉴赏判断决不是"认识"判断；不是"逻辑的"；相反，它只能是主体的。它不是要去认识客体，而是体验主体感受。人们在鉴赏判断中体验到愉快或者不愉快的情感，而这种情感"完全没有标明客体中的任何东西"；相反，在这种情感中"主体是像它被这表象刺激起来那样感觉着自身"。① 这时候，对象客体的表象在愉快和不愉快的情感中是紧紧关联于主体的，即表象在情感上是主体情感的表象，"关联于主体的生命感"。也就是说，鉴赏是主体（鉴赏者）的生命感的表现。

---

① IKW，V，S. 272.

　　康德继续指出，规定鉴赏判断的那个对对象的愉悦（das Wohlgefallen）是并不带有功利（Interesse）的。也就是说，鉴赏判断对于客体表象并没有功利的欲求。康德认为，当我们在鉴赏某物时，我们只是要判断这物是不是"美的"；而并不要知道它对人有什么实际的功利和实存的好处。Interesse 这个词，表示的就是"实存关系"（inter-esse）。反过来说，人们在以实用的功利的观点看待某物时，只是表现出实存的物质欲求，而决不可能是鉴赏。康德举例说，易洛魁酋长喜欢巴黎的小吃店，卢梭憎恨华丽的宫殿，这都和鉴赏无关，而都是与一定的功利（物质享受和道德评价）联系在一起的。康德说，关于美的判断只要混杂着丝毫的功利，那这"鉴赏判断"就是很褊狭的，就不是纯粹的鉴赏判断；人们必须一点也不关心与事物（对象）的实存关系，而对其实存采取"无所谓"的态度，他才能在鉴赏中充当公正的仲裁人。

　　康德指出，对对象是否美的评价，其实是在评价自己心中的事物的表象。可见鉴赏是主体的一种内在的自我精神活动，这种活动并不是主体与对象的实存关系，主体在鉴赏中并不依赖于对象的实存性。所以，鉴赏与人对对象的物质需求和实践的道德需求都无关。

　　接下来，康德对人的感官活动的心理机制进行了仔细的分析。我们只有明白这个分析以及各类感觉的功能以及它们之间的关系，才能清楚地理解康德关于"鉴赏无功利"的原理。

　　康德解释说，有一种"快适"（Angenehm）感，它就是使感官处于"感觉"状态（…den Sinnen in der Empfindung gefällt）[①]。在这里，"感觉"具有双重意义：一方面，感觉（Empfinfdung）即一种"愉快"（Lust），就是一切形式的"愉悦"（Wohlgefallen）；另一方面，"快适"的各个种类：妩媚、可爱、好看、使人喜欢等等，都可以既被作为感官印象，又被作为意志原理，还

---

　　① 　IKW，V，S. 274.

可以被作为被单纯反思的直观形式来看待。如果混淆了这种区分，似乎快适的上述各种不同原因和形式的效能，都可以被与愉快（Lust）情感的效能同样看待了。康德认为，实际上，快适的愉悦是功利性的，不能与鉴赏判断所获得的愉快相提并论。

康德强调，当我们把愉快或不愉快（Lust oder Unlust）的情感（Gefühls）的规定称之为感觉（Empfindung）的时候，这与我们把通过那个属于认识能力的接受性的感官所得来的事物的"表象"称为感觉的情况完全不同。在后一种情况下，表象是客体的知识表象；而在前一种情况下，表象则是主体自身的表象，既不被用于认识客体，也不被用于通过他物来"认识"主体。

为了不使阐释被误解，康德决定使用情感（Gefühl）这个词来称呼只是停留在主体自身的、而并不构成任何客体对象的表象的鉴赏活动的心理状态。康德举例说，当人说"草地是绿色的"时候，这是一个对客体的感觉（zur objektiven Embfindung），是导致知识的知性判断，它是一种对客体对象的"知觉"（Wahrnehmung）；而当人们说"草地的绿色使人快适"的时候，这个判断却表达的是主体的感觉，在其中并没有知性对象被表象，而表达的是人的"情感"（Gefühl）。在这时，对象是被作为使人愉悦（Wohlgefallen）的客体而被人观看的。

康德更明确地说，当人得出的判断是"快适"的时候，这表达了人对对象的功利态度。这时，人的感觉激起了自己对这个对象的欲望（Begierde）。而"愉悦"则是另外一回事：愉悦不是预设对象的单纯的（实存性的）判断，而是预设"客体对象"的实存性与人自己的（被这个客体所刺激而形成的）一种内在状态的关系。"快适"所表达的是对象不只"吸引人"（gefällt），而且使人"快乐"（Vergnügen）。而从这欢喜就甚至产生出"偏好"（Neigung）来。所以，康德认为，"快适"并不包含对于客体"本生性状"（Beschaffenheit）的任何判断，甚至于从快适的感受可以发展到只追求"享受"（Genießen）。

总之，康德把快适感看作是对客体的感性享受。他强调，如果只是追求这种享受，就是一种功利的态度，这就不是一种鉴赏（审美）的态度。

康德接着指出，对于善的愉悦，也是与功利联系着的，因而也不是一种鉴赏（审美）的态度。

康德认为，善是理性的工具（手段），它以单纯概念吸引人。他指出了两种善：

一种可以被称为"手段善"或者"工具善"。这种善指的是：人们把一些东西称之为（对某物）是"善的"，也即"有用的"；这些东西仅仅是作为手段（工具）吸引人的。

除此之外，还有另外一种善，即"自在善"（an sich gut），它以"自为的方式"（für sich）吸引人。

这两种善都包含着"目的"概念，因而，也就是包含着理性与意愿（Wollen）的关系。即包含着对一个客体的现实存在或者对一个行为的现实存在的功利性的兴趣。

康德说，要认为某物是"善的"，就首先要知道此物是一个什么样的东西。也就是说，必须有对此物的"知识"（关于这个对象的概念）。

但如果要认为一个东西是"美的"，则不需要关于这个东西的概念，只要觉得它的表象是"美的"就行了。康德举例说，花朵、任意的绘画、无意图地相互缠绕着枝条的卷叶状条形图案，等等，它们都没有任何含意，不依赖于任何被规定的概念，但它们却吸引人，让人喜欢。可见，对美的东西的愉悦，必然依赖于对一个对象的"反思"（Reflektion），这反思导向任意一个无规定的概念。愉悦因此而有别于"快适"，而快适完全是以感觉为基础的。

康德在强调了知性判断和审美判断的区别之后又很快指出，让人"快适"的感性的东西与善之事物在很多情况下看起来似乎是一样的，很容易混淆。人们一般都说，一切快乐（Vergnügen），尤其是持久的快乐就是"善的"；善人就是持久快乐的人。但实际上，康德说，这两个概念是绝对不能互换的。

因为：让人感到快适，这是人的感官的直接感觉；而说到善的愉悦（由于善被分为两类）就总会首先遇到一个问题，那使人愉悦的是工具（手段）善，还是目的善？而对快适的判断就没有这个问题。

康德进一步对善与快适的区分进行说明：人们在日常生活中，就知道善与快适的区别。例如一道可口的"佳馔"，人们只会认为它是快适的，而不会认为它是"善的"。另如身体"健康"，它是让人快适的，这相对于人摆脱疾病的痛苦来说无疑是善，但在更高的理性层面，它是否是善，则要看这健康的身体要干什么，即要追寻他的"目的"：如果他从事的是善事，当然身体的健康就是善；但如果健康的身体去做的是坏事，那就不是善了。再说"幸福"，有人说生活中最大量的"快适"（Annehmlichkeit）就是最高的善。康德并不同意这一点。他指出，快适就是享受（Gnuß）。享受并不是最大的幸福。康德写道：

> 人只有在完全的自由中，而并不考虑享受，甚至不依赖于自然给予他让他领受的东西，在这种情况下他所做的事，才能赋予他的现实的存在（即作为人格的实存）以一个绝对的价值。①

因此，在康德看来，作为享受的幸福及其所激起的、"完满的""快适"，并不是善。

康德总结说，尽管快适与善之间的差异是很大的，但它们二者却有一个共同点，那就是：它们都与对象的功利性结合在一起。康德强调说，善的东西就是意志的客体，就是主体的欲求能力的对象。"对某物有意愿"（有欲求）与某物在其现实存在中具有使人愉悦的特性，实际上是等同的。所以，任何一种善，不管是作为手段的善的东西（工具善的东西），还是自在的善的东

---

① IKW，V，S. 277.

西，都不是美的东西。

接下来康德对三种不同的愉悦进行了比较。

他说，使人快适的东西和善的东西二者都与欲求能力有关。前者使人通过欲求能力获得对感官的刺激，形成一种愉悦；而后者则使人通过欲求能力获得纯粹实践活动的愉悦。人在获得这两种愉悦的时候，这愉悦不只是对对象的表象的，而且同时也直指对象的实存。对象的实存也是吸引人的、令人喜欢的。

与上述两种情况不同：

鉴赏判断只是凝视冥想的（kontemplativ）。①

也就是说，鉴赏判断对于对象的现实存在并不关心（indifferent），而只是把对象的"本生性状"同"愉快和不愉快的情感"结合在一起。这种凝思冥想并不指向概念，因为鉴赏判断不是认识判断，它既不是知性的认识判断，也不是实践理性的认识判断。它不以概念为基础，也不以概念为目的。

康德认为，"快适的东西"、"美的东西"和"善的东西"三者标示着表象对"愉快和不愉快的情感"的三种不同的关系。第一个关系："快适的"意味着一个对象使人"快乐"；第二种关系："美的"就意味着一个对象吸引人并使人喜欢；第三种关系："善的"则意味着一个对象被人珍重和被赞同，即表示确认在这个对象中有一种"客体的价值"。

关于三者的效用主体的比较，康德指出："快适"对于无理性的动物也有效；"美"只对人有效；而"善的东西"对于一般的理性存在物都有效。康德就此说明"对美的鉴赏"的特点：

在所有这三种愉悦方式中，惟有对美的鉴赏的愉悦，才

_____

① IKW，V，S. 278.

是一种无功利的和自由的愉悦。①

在这种情况下，既没有感官的功利来强迫人违心地对不美的东西加以赞许，也没有理性的功利来强迫人对不美的东西加以赞许。

综上所述，康德把三种愉悦同对待客体的三种态度联系在一起：快适的愉悦与"偏好"（Neigung）相关联；美的愉悦与"宠爱"（Gunst）相关联；而善的愉悦则与"注重"（Achtung）相关联。在三种态度之中，惟有"宠爱"的态度，是惟一的"自由的愉悦"。而其他两种态度之所以是不自由的，就是因为：无论是"爱好的对象"还是"欲求的对象"，都使人陷入一种对对象的"实存性"（功用和功利）的执著之中，这种执著是一种强制的"需要"态度，它使人处于一种"不得不"的境地，因而，处于这种境地的人，是不可能有判断的自由的。例如，当人饥饿的时候，饥饿感的爱好（需要）就是"吃"，满足饥饿的需求使人处于一种追求"功利"的境地。在这种情况下，人不可能有情趣和品位来对食物进行美的鉴赏。只有当人吃饱后，他才能摆脱食物的"实存功用"的诱惑，而才可能关注它的形式，对其采取"宠爱"的鉴赏态度。与此同样，康德说，在实践理性的区域，注重事物和行为的道德功用性，摆脱不了对事物和行为的刻意"欲求"，就可能形成"无德行的风尚"（Sitten ohne Tugend）、"毫无善意的谦恭"（Höflichkeit ohne Wohlwollen）和"没有尊敬的礼貌"（Anständig-keit ohne Ehrbarkeit）②；这是因为"风尚"、"谦恭"、"礼貌"等等一旦成为实存的规律，就都具有了强制的意义，它们作为思维模式或者行为制度而限制人的"本生的"自由。

康德最后这样概括由第一特点带引出的"美的东西"：

---

① IKW，V，S. 278.
② Ibid.，S. 279.

　　鉴赏是由一种愉悦或者不愉悦对一个对象或者一种行为方式进行判断的能力；它不带任何功利。一个这样的令人愉悦的对象就是"美的"。①

二　按量来看的鉴赏判断

　　接下来康德论述鉴赏判断的第二个特点。他说，美的东西是以无概念的方式被表象为"一种普遍愉悦"的客体的那个东西。

　　康德认为，这个特点，即人对美的东西的认可具有人类共通的普遍性，可以被从第一个特点推导出来。当一个人把一个事物看作对他是无功利关系的、令其愉悦的客体的时候，他必定认为，这个事物对于他人"也同样是"无功利关系的令其愉悦的客体。因为这种对一个人的愉悦，既不是建立在主体的偏好的基础之上的，也不是建立在另外的功利基础之上的，所以，这种愉悦是一种"完全自由的判断"，所以，这种愉悦没有任何与私人的特性有关的根据。所以，人们可以期望，给自己带来愉悦的东西对别人来说也是带来愉悦的。

　　这样一来，美似乎就成为对象的一种客体性质了，似乎对美的判断，就和知性对客体进行的逻辑判断一样了。而在实际上，对美的判断只是一种审美判断，是先验感性能力的作为，只是对象表象与审美主体的一种关系。也就是说，鉴赏判断的普遍性，即它对每个人都有效的共通性，是和知性的逻辑判断"类似"的。但是，这种判断不是从概念中产生出来的。

　　这就形成了鉴赏判断的第二个特点：

　　鉴赏判断具有在其自身同一切功利相分离的意识。它必定要求对于每个人的有效性，而并不依赖在客体上设定的普遍性；从而也就是说，它必定要求与主体的普遍性相

---

① IKW, V, S. 279.

联结。①

　　根据鉴赏判断的上述特征，康德把它同快适的东西和善的东西进行了比较。康德指出，对于某物使人快适的判断，是建立在"私人感受"的基础上的。对这个判断的表达就是，某物吸引人并使人喜欢。人们都明白，这种判断是个人性的，与他人无关，也无需他人赞同。当某人说"加那利的香槟酒使人快适"的时候，他的表达并不准确，而应该说"加那利的香槟酒'使我'快适"。至于别人对加那利香槟酒是否有"快适"的感觉，这对那个某人并不重要。康德补充说，人们对于事物是否快适的感觉，有时候甚至是恰好相反的：紫色在一些人看来是温柔可爱的；而在另外一些人看来却是死亡和垂死的象征。一些人喜欢管乐，而另外一些人却喜欢弦乐。如果只是在"是否让人快适"的水平上来讨论这些问题，显然每个人都有自己不同于别人的独特嗜好。但个性化的快适感是"私人的事"，每个人都会容忍他人的各不相同的快适嗜好。在嗜好上没有什么是必须或者应该争论的。

　　但是，康德说，鉴赏判断与上述快适的情况不同，鉴赏判断是预设了人的共通感的。也就是说，当一个人"表达出"某物是"美的"时候，他就必定期待着别人与他自己有"共同的"看法，即对于美的情感每个人都是相通的。也就是说，对于美的事物来说，一个人作出的鉴赏判断，其实也就是所有人的共同判断。从这里就可以得出结论：鉴赏判断决不是个人私人的事，而是对于一种人的鉴赏力的共通性的表达。

　　关于"鉴赏判断"与对善的判断的不同，康德指出，对于善的判断，人们也要求对每个个人的普遍有效，但善的普遍性愉悦是客体性的愉悦，即指向客体的愉悦；而鉴赏的愉悦是主体的内在的先验愉悦。

———————

　　①　IKW，V，S. 280—281.

　　从而康德强调，在一个鉴赏判断中，愉悦的普遍性仅仅被表现为"主体性的"普遍性。与鉴赏判断有关的这种对审美的（先验感性的）普遍性的特殊规定，是先验哲学家（Transs-zen-dental-Philosophen）值得关注的。应该努力地探寻它的根源，通过分析来揭示人的认识能力中某些还未被揭示的属性。

　　鉴赏判断的特点是：它既要求每个人在同一个对象上感到愉悦，同时又说明这种对对象的愉悦并不来自于"概念"。在这里康德提出了两种不同的鉴赏："感性鉴赏"（Sinnen-Geschmack）和"反思鉴赏"（Reflektions-Geschmack）。前者所作出的是私人性的判断，而后者作出的则是"预先给定的""共同有效的"（vorgeblich gemeingültige）判断，也即"公共性的"（publike）判断；前者（感性鉴赏）不是普遍有效的，而且也并不要求别人赞同，而后者（反思鉴赏）则对自己的判断也要求在别人那里都具有普遍有效性。

　　康德强调指出，在这里，首要地是要注意到一个"普遍性"，它并不以客体的概念为基础，也不以经验为基础，而且甚至也不是逻辑的；它却是审美的，即先验感性的。也就是说，它并不包含判断所涉及的客体的量，而仅仅包含的是主体的量。这个主体的量，也可以用"共同有效性"（Gemeingültigkeit）来表达。这个有效性并不标示表象与认识能力的关系的有效性；而标示的是一个表象与每个主体的"愉快和不愉快"的情感的关系的有效性。

　　以对这个普遍性概念的论述为基础，康德区分了两种普遍有效判断的指向性的不同。他写道：对以客体为起点的概念判断来说，如果一个"判断"对于一个"概念"所包含的一切意义都有效的话，那么，这个判断对于那些"以这个概念表象"为对象进行逻辑思考的每个人都有效。也就是说，在知性能力的区域内，一个指向客体的普遍有效判断，在任何时候同时也就都是指向主体的普遍有效判断。但与此不同的是，从审美的（即先验感性的）普遍有效性出发，即从指向主体的普遍有效性出发，

是不能够推导出逻辑的（即概念的）、指向客体的普遍有效性
的。因为这第二种判断，从根本上来说就不是指向客体的。也就
是说，审美的即"先验感性"判断的普遍性，是判断的普遍性
的一种"非逻辑"的类型，这种判断并不把"美的"这个谓词
同逻辑上所说的"客体概念"相联系，但却使自己能够以客体
表象所表示的主体情感在所有（每一个）进行判断的人那里成
为共同有效的。

　　康德接下来研究了鉴赏判断从逻辑的量上来说的"单一性"
问题。他指出，从逻辑的量的概念来看，鉴赏判断是"单一的"
（einzelne）判断。因为在鉴赏判断中，"愉快和不愉快"的情感
是直接把握具体对象即单一对象的。当我"凝视"（anblike）
"这一朵"玫瑰花的时候，鉴赏的对象当然就是"一"朵玫瑰
花；而当人说"这朵玫瑰花是美的"时候，当然这就是一个单
一性的判断。这是一个先验感性的鉴赏判断。然而，当人们对
（在感性能力所能区分的）颜色、形状、大小各不相同的（在视
觉中的）玫瑰花进行了多次"单一性"鉴赏判断之后，得出了
一个"归纳"判断："一般来说玫瑰花是美的。"这个判断就已
经不再单纯地是审美的即先验感性的判断了，而已经成为一个
"以审美判断为基础的逻辑判断"（ein auf einem ästhe-tischen
gegründetes logisches Urteil）了。

　　就此康德比较了鉴赏判断在量上与知性经验判断以及善的理
性判断的异同：

　　"玫瑰花（在气味上）是使人快适的"这个判断，是一个经
验感性的单一判断。但这个判断与鉴赏判断的不同之处在于它只
是个人判断，而在量上不具有对于每个人来说的"共同有效
性"。而对于善的判断来说，例如说"玫瑰花真好！"这个判断
所形成的愉悦虽然可以在量上获得每个人的普遍同意的共同有效
性，但它是以"对象"的（实用性的）普遍有效性为基础的，
且具有知性逻辑意义的、指向客体的判断。这同鉴赏判断的主体
性及其先验性质是根本不同的。

康德强调，看一件衣服、一所房屋、一朵花等等是不是"美的"，绝对不应该用任何概念来评判，绝对不应该用任何"根据"（Gründe）或者"原理"（Grundsätze）来说服别人接受自己的判断。他认为，如果这样的话，一切美的表象就都会丧失殆尽。

从上述论述中应该得出的结论是：

> 在考虑到"没有概念作为中介"的愉悦的时候，在鉴赏判断中所预期（postuliert）的不是别的什么，而只是一个这样的"普遍响应"（allgemeine Stimme）；因而，也就是一个审美判断的可能性。①

康德指出，鉴赏判断"本身"并不能预期（Postuliert）每个人的同意（Einstimmung），而只是"不提供逻辑理由地、情感式地要求"（ansinnen）其他每个人的同意。所以，鉴赏判断的普遍性不是依靠概念，也不依靠对概念的逻辑应用而获得证实；它是从对别人的情感式的同意的期待中获得证实的。所以，康德说，这种普遍的同意只是一个理念（Idee），人们对这个理念的根基的认识还是很不清楚的。也就是说，进行鉴赏判断的人，实际上在作出每一个这样的判断的时候，是否都是依据这个理念来进行的，他并不清楚，但毕竟他的判断是和这个理念有关的。也就是依据了这个理念，人们才把鉴赏判断同感性的快适判断和理性的善判断区分开来。

康德接下来论述了鉴赏判断的另外一个特点。他首先提出一个问题：在鉴赏判断中，到底是愉快的情感（das Gefühl der Lust）先于对对象的评判呢？还是对对象的评判先于愉快的情感？康德认为，解决这个任务是研究鉴赏判断的"钥匙"，因而很值得关注。

---

① IKW，V，S. 285.

康德说，如果对于所给定的对象的愉快是首先的，同时又在对其表象进行"鉴赏"时仅仅承认它的普遍可传达性，那么，这是一种自相矛盾的设想。只有放弃把这种判断叫做"鉴赏"的想法，我们才能明白，这种愉快其实就是以对对象的感性为基础的愉悦，就是快适。

但是如果以普遍可传达性为基础，那么，可传达的就只是知识表象。这是由于只有知识表象在人们关注客体的时候能够通过所有人的表象能力形成一个"普遍关系点"（allgemeiner Beziehungspunkt），从而把人们联结在一起。这种联结在康德看来是一种主体性的联结，在其中并没有关于对象概念的设定，而只是人们的表象能力在"相互"联结时的"心灵状态"（Gemütszustand）。在这种状态下，被这个起作用的表象所设定的各种认识能力都处于"自由的游戏"（in eimem freien Spiele）中。这时，各种表象能力的自由游戏，使得人的心灵在作用于给定的表象的时候处于一种自由游戏的情感状态。在这个时候，形成知识表象的能力，有"想象力"（Einbildungskraft）和知性。而这时，各种认识能力在表象上的自由游戏这种心灵状态是可以普遍传达的。

所以康德认为，在一个鉴赏判断中，表象方式的主体性的、普遍的可传达性，应该说是成立的，它并不以一个被规定的概念为前提，它只是处于想象力和知性的协和一致的自由游戏中的心灵状态。因而，在康德看来，对对象的这种单纯主体性的审美评判，是先于对对象的愉快的。而且，这种评判是使各种认识能力能够和谐并形成愉快的根据。康德写道：

> 只有在对对象进行判断的主体性条件的普遍性之上，才形成愉悦的普遍的主体性的有效性，我们把这种愉悦同被我们称之为"美的"那个对象的表象联系起来。[1]

---

[1]　IKW，V，S. 237.

康德进一步追问：人们到底是如何相互知道在鉴赏判断中各种认识能力相互间以主体性的方式协和一致的呢？到底是通过单纯的内在感觉而以先验感性的方式知道的呢？还是通过对我们的日常的有意图的活动的意识而以理智的方式知道的呢？而我们就是把先验感性式的鉴赏判断设定于自由游戏之中的。康德回答说，如果引起鉴赏判断的那个给定的表象是把知性和想象力在对"对象"的评判中结合为一个概念，即对客体的知识的话，那么，对知性和想象力结合的关系的意识就是理智的（intellektuell）。但如果是这样的话，这判断就是知性判断而不是鉴赏判断了。而不以概念为基础的想象力和知性的关系，对它们的意识是只有通过对效果的感觉而产生的，这效果就是：知性和想象力二者都作为心灵能力，它们相互协调地进行着轻松的游戏。

从鉴赏判断的这个特性可以得出的关于美的东西的说明是：不以概念的方式而普遍地吸引人使人喜欢的东西。

三　按与目的的"关系"来看的鉴赏判断

为了说明鉴赏判断与目的的关系，康德首先提出了"一般的合目的性"（Zweckmäßigkeit überhaupt）的概念。

目的是什么？康德说，从先验的规定来看，目的就是一个"概念"的"对象"；而这概念被看作那对象的原因，那对象就是目的。如果一个概念被从作为它的目的的客体对象来考察，即在与目的的关系中来考察，这概念就是具有"合目的性"（Zweckmäßigkeit）的概念；也就是康德在括号中所解释的：这概念被作为目的的形式（forma finalis）① 来看待。康德认为，从目的论的角度来看，结果是对原因进行规定的根据，而且结果先于原因。根据这种合目的性的关系理论，康德对"愉快"和"不愉快"进行了区分性的解释：

关于"愉快"：表象如果是处于主体状态的意图之中，同时，

---

① IKW, V, S. 289.

对这个表象的因果性的意识也在主体自身的话，那么，这意识就能够以普遍性的方式标示出被人们称之为"愉快"的那个东西；

关于"不愉快"：与此相反，"不愉快"却是这样一种表象：它包含着把各种表象的状态规定为本身的反面（即阻滞这些状态或者取消这些状态）的根据。

在这个基础上，康德提出了"无目的的合目的性"的概念。他说，欲求能力在它以概念方式表达的时候，即它按照目的的一个表象而行动的时候，它是可以被规定的；它就会是"意志"。而一个客体，或者心灵状态，或者行为，也被称为"合目的的"，尽管它们的可能性并不必然地预设一个目的的表象，这只是因为它们的可能性能够被我们解释并且理解，只要我们把一个根据于目的（即一个意志）的因果性认作这个可能性的基础就行了；而作为意志的目的则按照"某种规则"的表象来安排这种因果性。所以康德说，合目的性能够是没有目的参与其中的，只要我们不把这种形式的各种原因放置于一个意志之中，但我们可以把这个可能性从意志之中引导出来，并以对待概念的方式来处理它。

康德解释说，我们并不必须要用理性的方法去考察一切事物。所以，人们即使没有为合目的性预设目的，也可以从形式上考察合目的性，并且可以从对象上看出合目的性。

而"目的"本身，在康德看来，总是具有某种"功利"的规定。正因为此，就不可能把主体的目的作为鉴赏判断的根据；同时，也不可能把善的概念（作为"'指向客体'性"的目的表象）作为鉴赏判断的根据。因为当判断涉及客体的时候，不论涉及的是客体的性状还是客体的其他概念，这种判断就决不是"鉴赏"的，鉴赏判断只涉及被一个表象所规定的诸表象能力之间的关系。

可见，"美的"对象的表象所规定的表象能力之间的关系是同"愉快的情感"联系在一起的，同时这种愉快对每个人都是普遍有效的。康德据此写道：

　　因此，被我们在无概念的情况下判断为普遍可传达的那个愉悦，即对鉴赏判断进行规定的根据，能够构成的不是别的任何东西，而只是没有任何目的（既没有客体性目的也没有主体性目的）的、处于一个对象的表象之中的主体性的合目的性，从而也就是"在我们意识到表象的情况下"处于表象中的、给予我们以对象的"那个合目的性的单纯形式"。①

那么，这个构成性的根据又何在呢？

　　为了回答这个问题，康德进一步探究鉴赏判断的先天根据。

　　他说，先天地在一个"愉快或不愉快的情感"（作为一个效果）同任何一个表象（作为其原因）之间构成联结，是绝对不可能的。因为如果这样构成的话，那就是一种"因果关系"，而因果关系是只有在"后天的"经验对象之间才存在的关系。康德认为，要从认识概念中推导出同这概念结合着的"愉快"来，那是白费气力。

　　因为审美判断中的"愉快"只是"静观的"，它并不形成对客体的功利意图；而在道德判断中，情况则与此不同，愉快却是实践的。康德再一次地解释了"愉快"：在有对象的表象那里，对形式合目的性（它处于主体的各种认识能力之中）的意识，就是"愉快"。这个愉快意识，就是主体激活自身的诸种认识能力的"活动性"（Tätigkeit），它不但包含着对客体的认识能力的内在原因，而且包含着表象的主体性的"合目的性的"单纯形式；同时，这种愉快决不是实践的，它既不是感性的那种愉快即快适，也不是善的那种理智的愉快；而是保持表象本身的状态及形成这表象的各种一般认识能力的活动，且没有进一步的意图。也就是说，当我们进行审美观察时，我们留恋于这个单纯形式的

---

　　①　IKW, V, S. 291.

表象的状态而既不进一步考虑对象的实用，也不考虑要对对象进行道德评判，而只是觉得这个表象是"美的"；这时，我们的观察处在活跃（加强和持续形成）之中。康德说，这种情况同来自客体对象的持续的刺激从而不断"唤醒"注意力的情况有类似之处。

但是，康德明确指出，必须同上述情况区分清楚的是：纯粹鉴赏判断并不依赖于对感官的刺激（Reiz）和心情的激动（Rührung）。如果鉴赏为了愉悦而需要"混有"（Beimischung）刺激和激动的话，那么，这种鉴赏在任何时候必然都是野蛮的。所以康德说：

> 一个鉴赏判断，刺激和激动并不能影响它（不管这种刺激和激动是否能够同"对美的东西的愉悦"联系起来），因而它单纯地只把形式的合目的性作为规定根据，它就是纯粹的鉴赏判断。①

为了对此进行进一步的解释，康德阐明了他对"先验感性判断"的划分。在他看来，先验感性判断可以分为两类：

一种是"经验性的"先验感性判断。它们陈述的是"快适或不快适"；它们是对身体感性的判断（即对质料的先验感性判断）。

另一种是"纯粹的"先验感性判断。它们阐述的是对象的或其表象的"美的性质"（Schönheit）。它们是（形式的）本真的（eigentliches）鉴赏判断。

故此康德指出，只有在没有任何经验性的愉悦混杂入其规定根据中时，一个鉴赏判断才是纯粹的。而在实际上，当人们宣称某物是"美的"时候，总有刺激和激动的成分混杂入其中。

---

① IKW，V，S. 293.

根据这种情况，一些观点就认为，刺激本身就是美的。例如草坪的绿、纯粹的音调例如小提琴的音调，都被大多数人们称为"美的"。康德认为，这些表象都是以其质料和身体感官的感觉为基础的，因而对它们的感觉可以被称为快适；但对颜色和音调的感觉（Empfindung），只有当此二者都为纯粹的时候，才能够被正确地称为"美的"。康德强调，之所以如此，是因为：只有纯粹的形式在一切人那里才是被普遍认可的，即普遍可传达的。而如果涉及对象表象的"质料"，则不同的人就会有不同的评判。在鉴赏判断中，并不是对颜色和音调的"质的规定"的（身体感官的）感觉在起作用，而是通过反思知觉到的对表象印象的"多样统一的形式规定"了。只有在这种情况下，表象才是美的。

康德强调，一个简单的（身体感官的）感觉方式的"纯粹的东西"（das Reine），意味着这种感觉的"形式同一性"（Gleichförmigkeit）不被异于它的陌生感觉所打扰和打断。而这样的纯粹性仅仅是形式的。所以，一切单纯的颜色是"美的"，而所有混合的颜色就不是。

那么，在对象因其"刺激"而具有"魅力"的情况下，对象是不是"美的"呢？康德认为，这显然不是。但是他同时认为，为了使心灵有鉴赏的兴趣并培养鉴赏，在人们的鉴赏力还比较粗糙和训练不足的情况下，以刺激来"拉近"人们与美的鉴赏的距离是可以的；但人们应该清楚，刺激实际上是对鉴赏的"毁灭"（Abbruch），尤其在进行鉴赏判断的时候，如果强调刺激，就会是这样。所以，只有在刺激不打扰美的形式的情况下，在鉴赏力还比较弱的时候，鉴赏中包含有一定的刺激这种情况才可以被宽容。

为此，康德很重视造型艺术（绘画、雕刻、建筑和园林）中的"素描"（Zeichnung）的意义。他认为，素描作为"美的艺术"（schöne Künste），是本质的东西。素描因其"形式"而吸引人、使人喜欢。素描在鉴赏中构成了一切（艺术作品的）

建构（Anlage）的基础。① 而颜色则属于"刺激"。颜色能够使"自在的对象"（Gegenstand an sich）对感觉来说变得生动起来，但却不能使对象具有观赏价值和成为"美的"。因而，颜色并不是"美的"本体，而是具有"附着"的性质，它在其运用中总是受到美的形式的限制的；同样，颜色也会因附和美的形式而显得高贵。

康德指出，对于颜色和音调来说，作为一种形式，对于鉴赏来说只有附带的作用，是"加进来"到真正的鉴赏对象上来的。真正的鉴赏对象只能是被颜色所附着的素描和被音调所附着的（由创作所建构的）乐曲（旋律）。颜色和音调的作用在于：

> 因为它们使这种形式［素描和乐曲——本书作者注］更逼真、更确定和更完备；并且由于它们的刺激，表象被激活，这是因为它们唤醒并且包含着对对象的注意力。②

与此相关，康德解释了"装饰"（Zieraten）也即"点缀"（Parerga）对于鉴赏的意义。他认为，它们只有作为"附属形式"而"以自己的形式"来加强鉴赏的愉悦的意义。也就是说，装饰本身必须具有美的形式。如果它并不具有美的形式，而力图通过它的刺激性来获得人们对被装饰之物的喝彩，那这种装饰就起不到加强鉴赏的意义，而成为一种"矫饰"（Schmuck）。

康德也解释了"激动"（Rührung）。他说，"激动"是一种感觉（Empfindung），是生命力冲破某种眼下的阻碍而形成的强烈涌流时的快适，它根本不属于美（Schönheit）。而且激动也不是"崇高"（Erhabenheit），崇高是与"激动的情感"（Gefühl der Rührung）相联系的，而不是与激动的感觉相联系。

康德由此得出结论说：

---

① IKW, V, S. 295.

② Ibid.

> 一个纯粹的鉴赏判断既不是以刺激、也不是以激动为根据的；总之一句话，它不是以任何"作为审美判断的质料的"感觉为根据的。[①]

同时，康德继续指出，鉴赏判断也完全不依赖于完满性的概念（vom Begriff der Vollkom-menheit）。

所谓"完满性"的概念，是客体性的（即对象的）合目的性的一个子概念。从把对象作为目的的情况来看，对象的"合目的性"包含着两个方面：一个就是对象的"有用性"，这是从对象的外在性来说的，它可以被称之为对象的"外在合目的性"；而另外一个就是对象的完满性，这是从对象本身的存在来说的，它可以被称之为对象的"内在合目的性"。

而美之物的表象，是以某种"形式的合目的性"，即"无目的的合目的性"为根据的。它显然与上述属于"客体性的合目的性"的"完满性"是有区别的。

先来看完满性概念。康德指出，完满性属于客体性的合目的性，而评判这种合目的性，必须要两个条件，一个条件是需要某个"目的概念"，另一个则是需要包含着对象的内在可能性的内在目的概念。而一般目的就是其概念的对象的可能性的根据。所以，客体之物"是怎样的"概念，必然是关于这个物的完满性（即内在合目的性）的概念的前设存在。一物的"质的完满性"在于该物中的"杂多"同这个概念——即"一"——的协调一致，而一物在其种类上的完备性（Vollständigkeit），就是"量的完满性"。康德认为，质的完满性并没有提供给人们任何关于客体性的合目的性的东西；而量的完满性也不能表明人们可以不通过任何概念而达到对形式的愉悦，因为量的完满性已经预设了一个全体性（Allheit）的概念。

---

① IKW，V，S. 296.

再来看鉴赏判断。康德再一次指出，鉴赏判断是一个审美判断，它以主体性的根据为依据，而且它的规定基础不能是概念，即不能是一个被规定的目的。所以，美的形式的"主体性的合目的性"，绝不是一种完满性。而完满性也不可能摆脱概念和客体性而达到"主体性的合目的性"。

为此康德写道：

> 判断之所以被称为"审美的"，因为它的规定根据不是概念，而是对处于心灵的诸种力量的游戏中的那种一致性的（内在感触的）情感……①

康德进一步指出，把一个"处于确定概念条件下的对象"解释为"美的"的"鉴赏判断"，也绝不是"纯粹的"鉴赏判断。

为了说明这个命题，康德把"美"分为两种：

1. 自由美（freie Schönheit）。它并不预设"对象是什么"的概念。

2. 依附美（anhängende Schönheit）。它预设这样的概念，并根据这个概念预设对象完满性。

例如，人们在欣赏一朵花时，他并不提出"花是什么?"的问题来寻求关于花的概念的答案。同时也不会考虑"花存在着的目的是什么"的问题。康德说，这样的鉴赏判断，不以对象的任何合目的性（无论是外在的还是内在的合目的性）。康德还说，许多鸟类和贝类都是"自为的美的"（für sich Schönheiten），这种美并不归属于任何由概念所规定的目的。它们的自由和自为使得人们感到被吸引而喜欢。同样，卷叶饰图案并没有任何含义，也不表现什么，它就是自由美。与此同样的，还有无标题幻想曲、无词音乐，等等。

---

① IKW，V，S. 298.

但是，康德继续说，所谓的"一个人"的美、"一匹马"的美、"一座建筑物"的美，都是预设了一个目的概念的，而概念规定着"此物应该是什么"，从而是预设了一个完满性的概念。这种以概念为前提的"美"，就都是"固着的"（adhärierende）美。康德指出，这种把概念与美结合的情况，造成了对鉴赏判断的"纯粹性"的妨碍和破坏。虽然人们可以把自己喜欢的许多东西装饰到一个建筑物上云，人们可以像新西兰土著那样用文身的花纹和线条来美化自己的身体，但这都是建立在一个概念（例如"建筑物"、"人"等等）之上的，而对于这些固着在概念上的美来说，所形成的就不再是自由的和纯粹的鉴赏判断了。

对于这种情况，康德说，一个鉴赏判断对于一个有确定的内在目的的对象来说，只有当鉴赏者对这个目的毫无概念，或者在进行鉴赏时把这目的抽掉（abstrahierte），才能使自己所反思的是一种"自由的美"，从而作出正确的鉴赏判断。

如果说一定要把对概念之下的美的观照叫做鉴赏的话，那么，康德就为此区分了两和"鉴赏"：一种是按照出现在鉴赏者"面前的"先验感性表象进行的鉴赏；另一种是按照出现在鉴赏者思想中的概念对象的表象进行的鉴赏。前者是对"自由美"的鉴赏，而后者是对"依附美"的鉴赏；前者所作出的是一个"纯粹的鉴赏判断"，而后者作出的是一个"应用的鉴赏判断"（ein angewandtes Geschmacksurteil）。

但康德进一步补充说，实际上，不可能有任何由"什么东西是美的"的"概念"所规定的"客体性的鉴赏规则"。只有把出自主体情感的（而不是出自客体概念的）规定根据作为来源的一切判断，才会是审美的。与此相反，如果要寻找由"被规定的概念"所给出的"美的普遍标准"的鉴赏原则的话，那完全是一种徒劳。

那么，到底是否存在一个关于美的普遍标准的鉴赏原则呢？为了回答这个问题，康德论述了"美的理想"。

康德认为，这是一个关于"感觉的普遍可传达性"（die

allgemeine Mitteilbarkeit der Empfingdung）问题，也即"愉悦或者不愉悦"的可传达性问题，还是一种"在无概念出现的情况下的"可传达性问题。在探讨这个问题时，康德认为，这就是关于一切时代和一切民族在对象表象中的情感"一致性"（Einhelligkeit）问题。每个时代和每个民族一般都有这种一致性，这就是感觉的普遍可传达性的来源的根据。

由于存在这种一致性，就存在着体现这种一致性的鉴赏成果（鉴赏模式、鉴赏规则等等），这被康德称呼为"示范性的"（exemplarisch）。示范性的东西，即典范（Muster），从表面上来看，似乎是供人"模仿"（nachahmen）的。而模仿得很好的话，就体现了模仿者的一种"熟巧"（Gschicklichkeit），即使到这种程度，也还不能说模仿者达到了鉴赏的水平。康德认为，只有他"能够"评判这种典范时，就才能够算得上是鉴赏。

在这种存在着一致性的情况下，最高的典范，即鉴赏的"原型"（Urbild），就是一个"单纯理念"（eine bloße Idee）。这个理念必定从这一时代或者这一民族的每个人的心灵中产生出来。这就是一个标准，每个人都用这个标准来评判客体、实例及至每个人的鉴赏水平本身。为了阐明这个作为单纯理念的鉴赏原型，康德在这里区别了两个概念——"理念"和"理想"：前者意味着一个"理性概念"；而后者则意味着一个以"单一"状态存在着的、"符合某个理念"的存在物的"表象"。根据这种区分，康德指出，尽管存在着一个关于最大值的理性，也尽管这鉴赏原型是以这理性的"未规定的理念"为根据的，但这鉴赏原型不可能通过概念被表现，而能够在对一个具体表象的描绘中被表现出来。这个鉴赏原型，可以被我们称为"美的理想"（das Ideal des Schönen）；我们并不据有这个美的理想，但我们努力在我们心中创造它。由于它并不以概念为根据，而是以描绘为据，所以它就只是想象力的理想。因而，描绘的能力也就是想象力。

那么，我们怎样才能达到这个美的理想呢？

康德说，美的理想是被一个客体性的合目的性概念所固定了的美。因而它不是纯粹鉴赏判断的对象；它已经部分地"被理智化"（intellektuiert）了。由于此，康德指出，任何自然物（美丽的花朵、美好的家具、美妙的风景，等等）它们本身都是没有目的的，因而它们并没有美的理想。同时，那些附着于"被规定的概念"的美，也因其合目的性不可能被概念来规定和固定而无法表现出任何理想。康德强调：

> 只有在自身具有自己的实存的目的的东西，即"人"，他能够通过理性来为自己规定各种目的，或者说，当他必须从外在的知觉来获得这些目的的时候，他能够把它们同本质的和普遍的目的放到一起进行对照，从而也就能够判断后者与前者是否和谐一致。因而，这样的"人"，就是一个具有美的理想的人；也就是说，这个人才有能力在其作为有理智的人格的情况下，在一切世间对象之中，唯独他是具有完满性理想的人。①

为了深入研究人的审美理念，康德提出了两个相关的概念："审美的规范理念"（ästhetische Normalidee）和"理性理念"（Vernunftidee）。

关于前者，康德说，这是一个"个别的"直观，即想象力的直观，它设定人的评判尺度，但把人看作属于动物的一个"物种"；

关于后者，康德说，它把那些不能以经验感性表现出来的人类目的制作成为对一个格式塔进行评判的原则，而通过这个格式塔（作为目的在现象中的效果）把目的显示出来。②

康德着重论述了前者（审美规范理念）。他认为，"审美规范理念"必须从经验中把握那构成属于特殊"类"的动物的格

---

① IKW，V，S. 303.
② Ibid.

式塔的诸种要素；但是，如果那个格式塔适合于"对这个物种的每个个别之物进行审美评判"的普遍尺度的话，那么，处于对这个格式塔进行建构之中的那个最大的合目的性，即有意图地为自然的技巧设置根据，但只与处于整体之中的"类"相适应，而并不与任何个别之物相适应的那幅图景，就只能处于评判者的理念中。但这个理念及其恰当的比例，作为处于其典范图景中的审美理念，都可以被完全地、具体地描绘出来。

随后，康德对此进行了一种心理学的阐释。

他写道，"想象力"能够跨越时间和空间，把数量繁多的图景和格式塔"再生出来"。并且能够对这些繁多的图景和格式塔进行"叠加"、"重合"式地"重构"，形成一种可以被称为"平均值"的"共同性的标准"。这是凭借想象力对这些对象的多种多样的领会在内在感觉中产生的"动力学效果"来做到这一点的。必须特别注意的是，这种"审美规范理念"决不是从感性经验而来的。康德写道：

> 它是在对诸个体的"一切个别的、被区分为多种形式的"直观之中飘动着的整个"类"的图景。自然把这个图景设置为产生出这一个"种"的物的"原初图景"的基础之上，但在任何个别之物中都显示出不会达到这种理念。这理念是处于这个"类"之中的"美"的"整体的原初图像"，而仅仅是构成"'所有的美'的不可忽视的条件"的形式；因而也就只是处于对类的描绘之中的"正确性"而已。①

从功能上看，康德认为，这理念就是一种规则（die Regel），而作为一种规范，它就不可能包括专门的特质之物（Spezifisch-Charakteristisches），同时，依据这理念进行的描绘，完全是"被

---

① IKW，V，S. 305.

严格规定的"（schulgerecht）。

而且，美的理想与美的规范理念还有区别。出于上述理由，美的理想只能期望于"人的格式塔"，在这个格式塔中，理想就在于风尚礼俗（das Sittliches）的表达。如果没有了这个作为理想的风尚礼俗，对象就不可能普遍地吸引人并被人喜欢；也就不可能被人实际地正面地喜欢，就可能被单纯消极地按照严格规矩进行描绘。美的理想的这种道德性，就在于把道德的崇高同纯粹理念和想象力的巨大威力在最高的合目的性中结合在一起。所以，在康德看来，对美的理想的正确的表现就在于：它不允许把经验感性的刺激混杂到对客体的愉悦之中来，但允许对客体持有很大的兴趣。康德同时也明白地指出，这种评判不是纯粹的审美的，也不是单纯的鉴赏判断。

从这里康德得出关于"美"的第三个特点的结论："美"（Schönheit）是一个对象的合目的性的形式，而这合目的性在没有目的表象的情况下被人们在对象身上知觉到了。

四　按"对'对象'愉悦"的模态来看的鉴赏判断

康德在这里仍然按照《纯粹理性批判》的"先验要素论"的"范畴表"的思路，用"模态"（Modalität）范畴来论述鉴赏判断的"可能性"与"必然性"。

康德认为，美的东西同愉悦有一种"必然性的"关系，但这种必然性，是一种特殊的必然性。它既不是"理论的"客体性的必然性，也不是"实践的"欲求性的必然性。

如果是理论上的必然性的话，就等于说，每个人都会感到我所说的那个美的对象是愉悦的，这种情况是被先天地认识到的。

如果是实践上的必然性的话，就等于说，这种愉悦充当了自由行动的人们的规则的意志理念的概念，是客体性规律的结果，它也就意味着我们应该绝对地"以某种方式"行动，即愉悦是"服从"某种方式而行动的表象或者结果。

可见，上述这两种必然性或者是处于知性的框架内，或者是处于欲求的框架内，因而它们都不是"审美的"必然性。

康德强调，"审美必然性"作为在审美判断中"被思考的"必然性，仅仅是"范例式的"（exemplarisch）的必然性。即一切人都会对那虽然是必然的、但其规则无法被明示的规则的审美表象（这表象仅仅作为"范例"）的愉悦表示赞同。由于审美判断不是客体性的知识，因而这种必然性不能从被规定的概念中"推导"出来，从而它是在知识理性的范围内不可证实的；同时也因为经验并不能给它提供足够的证据，所以它也不能被放置在经验判断的基础上。

在知性判断的框架内，鉴赏判断的必然性是必定要遭到质疑的。这种情况表明，鉴赏判断本身的必然性是有条件的。这个条件就是：虽然对一个表象的审美判断的愉悦对于一切人来说是普遍的、共同的，但这些都是内在于每个人的心中的。他人对一个我所认为的令人愉悦的审美表象的愉悦的赞同，则仅仅是在我们面对同一个表象的时候的心灵的"契合"和"相印"，这是一种偶然的共同表象，也就是说，鉴赏判断的共通性的主体性的必然性，是通过进行鉴赏的"一个事件"的偶然性被表象出来的。所以它是有条件的。

从这里我们也可以清楚地看出，鉴赏判断的必然性的条件，就是"共同感的理念"（die Idee eines Gemeinsinn），我们只有在同别人在审美情感上"共同"的情况下，达到审美的普遍有效性才是必然的。

在这里康德区分了两类"共同感"（Gemeinsinn）：一种是在概念基础上的共同感；另一种是在情感基础上的共同感。很显然，鉴赏判断的必然性所依据的共通感是情感的而不是概念的。

为了深入探究鉴赏判断的这个主体性的必然性的条件，康德进一步提出了这样的问题："人们是否能够'预设'一个'共同感'呢？"

康德认为，知识、判断和确信（Überzeugung），都必须是能够普遍传达（allgemein mitteilen lassen）的。不然，它们就只是表象力（Vorstellungskräfte）的主体性的游戏。这恰好就是怀疑论者的主张。

所以，如果知识是可以传达的话，那么，人的内心状态，即诸种认识力量与一般知识的相称（比例，Proportion）也就应该是可以传达的。实际情况是：一个既定的对象通过感觉器官使想象力活动起来，对杂多的表象进行复合，而想象力又使知性活动起来而把复合的杂多统一为"概念"。在此同时，表象使想象力活动起来从而也会使情感活动起来。既然知性能力可以用这种情况形成概念，表现出自己的普遍可传达性，那么，情感能力也就可以用类似的办法在表象上形成愉快，以类似的方式表现出自己的普遍可传达性。

所以，在对美的东西进行的鉴赏判断中，这判断不是通过概念而是通过情感，这情感不是私人情感而是共同情感。在这个判断中，我们预设的"每个人的协调一致"的必然性是以一个"应该"（Sollen）为中介的。因而，一个鉴赏判断就只是共同感的判断的一个例子；从而它的效用就在于它是一个"示范性"的例子。这样，在这个例子中的对客体对象的愉悦就成为一种在客体上表现出来的主体性的愉悦的规则形式。这种判断所包含的关于鉴赏判断的共同感的"主体性的必然性"，这时就以"客体性的形式"被表象出来。

康德认为，从这里我们可以得出对美的对象进行鉴赏判断的第四个特点：没有概念而被认识为一个"必然"的愉悦的对象（als Gegenstand eines notwendigen Wohlgefallens）的东西，就是"美的"。

五 审美判断中想象力的作用和表象能力

康德在阐述了鉴赏判断的四个基本特点之后，他特别地研究了审美判断中想象力的作用和表象能力的问题。

他指出，鉴赏概念在实质上就是对"与'想象力的自由的合规律性'有关系"的对象的评判能力。所以，对鉴赏判断的进一步的深入研究，主要地是对想象力的研究。

首先，康德指出，对想象力的研究，必须研究想象力的原初状态即"自由状态"。处于自由状态的想象力是原初的而不是"次生的"（reproduktiv），也就是说，它不是服从于"联想律"的，而是"产生着的"（即不是"被产生的"），是自主性的。它是可能的直观的"任性形式"（即自由自在的形式而不是被规定的形式）的最初的创造者。

康德进一步解释了想象力与对它所给予的既定的具体感性对象的关系。他认为，从这个感官对象被给予的视角看，这对象是领会它的想象力的限定形式，似乎是对想象力的一种束缚，似乎使得想象力的自由活动受到了无法摆脱的限制；但从另外一个角度，即从想象力的自主性的角度来看，这对象的形式毋宁说是对对立着的自由的想象力的能动性的一种激发，就等于把这种形式交给了想象力，使这形式称为想象力自由活动的一种"道具"，即这形式被想象力看作是想象力与知性的合规律性的协调而进行的一种预先的（合目的性的）设计。

这种情况表明，想象力既是自由和自发的（积极主动的），但同时又是合规律的（即"自律"的）。这表明以想象力的自主活动为核心的审美判断，是想象力从主体性的立场上同知性的表象形式的一种协调一致，是一种无规律的合规律性。这同与概念相联系的"客体性的"协调一致是不同的。

据此，康德评论了"几何学的美"，从而探讨了"合规则性"同鉴赏的关系。他说，一些评论家把几何学的合规则的形状称为"美的最单纯的毫无疑问的例子"，这种看法是否对呢？康德回答说，规则形状的本质特点就是"合规则"；这种合规则只是对规则概念的单纯的体现。而美是"无概念的合目的性"。所以这种"几何学的美"并不是"纯粹的美"。康德指出，一切"刻板的合规则的"（steif-regelmäßige）东西，都与数学的合规则性相近似，在它们之中包含着同"鉴赏"对立的要素。它们都不适合于作为观赏的对象，它们使人觉得单调，而如果它们的知性意图或者实践欲求意图显露出来，就会使人觉得"无聊"。

康德指出，那种对合规则性的愉悦，实际上是对达到一种"认识"目的的题目的解答的赞同。这种愉悦不是审美的愉快。而审美的愉快情感是心灵的诸种能力拿着被人们称作为"美的东西"来进行"自由的"、无规定的合目的性的（unbestimmt-zweckmäßige）娱乐。康德认为，在这种情况下，"知性的合规则性"实际上是为想象力的"无目的的合目的性"服务的，而不是相反。康德强调说，想象力能够自如地与之进行合目的的游戏的东西，对于人们来说，就是永远不会厌倦而永远新鲜的东西。在这里康德指出，如果人们长久地处于自然美景之中，自然美景就使人感到厌倦；同样，如果人们持久处于合规则的美景之中，人们也会对其感到厌倦。那么，人们喜欢的是什么呢？康德认为，就是大自然的丰富的多样性。不服从任何"人为规则的强制"的大自然，给人的鉴赏力提供经常性的食粮。

康德最后指出，应该区分"美的对象"同对对象的"美的眺望"（schöne Aussicht auf Ge-genstände）。所谓"美的眺望"就是"以美的方式进行的眺望"。在这种有距离的、朦胧的眺望之中，鉴赏力似乎无法以想象力（概念式地）把握的东西为根据；而是依据于想象力得到的一个同它"过于密切的理由"①，即（属于主体的）独特的幻象；心灵以此幻象而娱乐，并由此而被他之目光所及的多样性持续地唤醒着。如康德所说，这种眺望就像观望壁炉中的跳动的火焰或者观望小溪中的潺潺流水，虽然这火焰和流水并不是美，但它们对想象力有一种刺激，使想象力保持持续的自由活动。

到此，康德的美的分析学的论述就结束了。

总结这个分析的全部内容，我们可以看出，康德从他的观念论哲学，对审美判断作了先验的设定。他强调了审美判断的非功

---

① 参见 IKW，Ⅴ，S. 314。

利性、主体性地普遍愉悦、无目的的合目的性以及主体性的共同感的必然性。

这些论述使康德美学具有浓厚的主体性的观念论的特色。这种特色是与康德这个哲学的主体先验性密切吻合的。

第四节　崇高的分析学

康德《判断力批判》的审美判断力的分析论的第二卷，是"崇高的分析论"。在这里康德研究关于"审美判断力"的另外一个基本概念——崇高。

一　过渡到崇高和对崇高的分类研究

为了研究审美判断力的第二种形式——崇高，康德首先论述的是从对美的判断能力到对崇高的判断能力的"过渡"。在这个"过渡"的研究中，康德主要地是论述"美"与"崇高"的异同。

康德首先研究了崇高同美的共同一致之处。

它们的第一个"一致"之处，就是：它们二者都是"自为地""吸引人"并"令人喜欢"（für sich selbst gefällt）。

第二，它们都是以"反思性的判断"为前提的；而既不是以身体感性的规定性判断为前提，也不是以逻辑的规定性判断为前提。所以，它们所达到的愉悦，既不是取决于感性的快适，也不是取决于善的那种愉悦。

第三，虽然它们都不取决于概念，但毕竟是与概念有联系的。它们是对知性和理性的概念能力的促进，是与知性和理性的概念能力协和一致的。

第四，这两种判断都是单一（即具体个别）的，但它们对于每个主体都是普遍有效的。这种有效性是在情感的领域，而不是在关于对象的知识领域。

康德论述的重点在于崇高同美的区别，从而从这种区别中界定崇高的特点。康德认为，二者的区别是显著的和令人注目的。

第一，它们在所涉及的对象上的区别：自然美所涉及的是对象的（固定）形式（Form）；而崇高虽然也涉及对象，但对象是无固定形式的（formlos），而且表现出的是一种"无边界线的性质"（unbegrenztheit），即一种"无限"的、"总体"的状态。

第二，据此，"美的东西"可以被看作是对某一个不确定的"知性"概念的表现，而"崇高的东西"则可以被看作是对某一个不确定的理性概念的表现。

第三，所以，在美的东西那里的愉悦，是与对象的"质的表象"结合在一起的；在崇高的东西那里的愉悦，是与对象的"量的表象"结合在一起的。

第四，美的愉悦"直接地"具有促进生命的情感，它是同刺激、同游戏性的想象力结合在一起的；崇高的情感只是"间接产生的"愉快，它是被对生命力的瞬间的阻挠以及马上随之而来的生命力的更强烈的湤流而产生的。因而，崇高的激动并不如美那样是游戏，而是一种严肃态度。所以崇高也并不和刺激（魅力）相联系。

第五，如果说美是在被对象所吸引的情况下所产生的情感的话，那么，崇高则是在被对象既吸引又排斥的情况下所产生的情感。对象的吸引和排斥二者轮番交替地作用于主体。

第六，所以，崇高的愉悦不但包含着积极的（实证性的）愉快，更重要地（或者说更本质地）是包含着惊异和敬重。

第七，康德强调，崇高同美的最重要的和更内在的区别在于：美是合目的性的，而激起崇高的情感的是某种在判断力看来是"违反目的"（zweckwidrig）的东西，是同人们的表象能力不相适应的（unangemessen）而且对人们的想象力似乎是强力而暴烈的。①

康德较详尽地论述了崇高的内在性。他说，我们完全可以把

_____

①　参见 IKW，V，S.316。

"自然对象"称之为"美的",但却不能把自然对象称之为"崇高的"。我们只能说,某个自然物作为对象"适合于"(tauglich)表现那个在心灵中被找到的崇高。因为外在的自然对象本身只不过是知识的感性形式,而崇高是一种内心的情感,这种情感并不能像美的情感那样可以因知性能力所提供的合目的性形式而被客体化(即借客体形式所表象),崇高的情感是只"对着"(trifft)"理性的理念"(Ideen der Vernunft)的。崇高作为一种与经验感性不相适应的情感,它与感性的不适应性激发出对理性的一种向往,使心灵处于一种合目的状态。所以,崇高与外界对象的表象无关,而只是对内在的理性合目的性的激发。

同时,康德更进一步指出,如果说自然美向人们展示了一种大自然的机巧(eine Technik der Natur)的话,那么这种机巧的表现就是大自然所依据的那种人类知性所不可能理解的规律及其系统。这种规律性及其系统,不仅从能够被人们理解的自然的机械性的角度被承认为"自然本身的"东西,而且,它及其合目的性还应该被理解为一种"被创造",即被理解为一种"艺术的类似物"(Analogie mit der Kunst);在这个意义上,自然美虽然没有扩展人们对自然界的知识,但它扩展了人们的"自然概念"(Begriff Von der Natur):人们不但有一个机械规律性的自然概念,而且对同一个自然也有了一个艺术的概念。但是,康德强调说,崇高的情感并不对已有的"作为经验感性"客体的自然参加任何其他意义。崇高作为一种理念,恰恰是在自然无形象、无规则、无序和极端混乱、极端蛮荒和极端狂暴的情况下被激起的。崇高所表明的不是自然本身的合目的性的东西,而是心灵运用对自然的直观,使这种运用形成人的情感的某种内在合目的性的东西。

康德写道:

> 对于自然美,我们必须寻找一个外在于我们的根据;但对于崇高,我们却只需要在我们自身和把崇高带到更早的崇

高性的表象中去的那种思想方式中寻找根据。①

　　这样，康德就使崇高理念同自然的合目的性的理念二者划清了界限。这样看来，崇高并不是可以同自然美相提并论的第二种审美判断方式，而只是对自然合目的性的审美评判的一个"补充"。可见，崇高并不像自然美那样是表现自然的任何一种特殊的合目的性的形式，而只是展示由想象力以自然的表象所形成的"合目的性的应用"。

　　可以看出，康德在这里通过论述崇高同自然美的区别，对崇高的本质作出了清楚的阐明。

　　为了更详尽地阐明"崇高"，康德对"崇高"进行了分类。这个分类的工作，仍然是依据他在分析鉴赏判断时所依据的"同一个"原则来进行的。

　　康德认为，对崇高的分析也同对美的分析一样，按照范畴表的四个范畴来进行。那分别就是"量"、"质"、"关系"和"模态"。

　　康德指出，因为崇高的判断也是审美的"反思性判断力"的判断，所以，崇高的愉悦也必定同美的愉悦一样，即，崇高的愉悦在量上表现为是"普遍有效的"；在质上表现为是"无功利的"；在关系上表现为是"主体性的""合目的性的"；在模态上是把这"主体性的合目的性"表现为"必然的"。

　　应该说明的是，康德在这里并不是像在"美的分析"中所作的那样，从对"质"的分析开始，而从"量"开始。这是《纯粹理性判断》中的正常顺序。康德说明这也是由于崇高的东西最突出的特点就是在量上表现出来的，那就是"无形式"的巨大。康德写道：量是关于崇高的审美判断的第一个特点。

　　同时，在对崇高的分析中，康德采用了对美的分析所"不需要的"分类方法，即把崇高划分为两类：

---

　　①　参见 IKW，V，S. 317。

一类是"数的崇高";

另一类是"力的崇高"。

康德指出,如果对美的鉴赏的心态是"静观"的话,那么,对于崇高的鉴赏的心态就是"激动"(Bewegung)。这就是崇高的本质特点。

这种"激动"是怎样的呢?

康德认为,第一,这种激动是(由于崇高之物的吸引所形成的)主体性的合目的性的情感;第二,这种激动,或者与认识能力相联系,或者与欲求能力相联系;它所形成的表象的合目的性,总是只就这两种能力(即知性能力或者理性能力)而言的。因而,它是同样被作为"无目的性"或者"无功利性"而言的。从而,前者就被作为想象力的"数的情调"(ma-thema-tische Stimmung)被加到客体上,而后者则被作为想象力的"力的情调"(dynamische Stimmung)被加在客体上。从而,我们就可以说,在这两种不同的情况下,客体被表现为两种不同的"崇高":一种是"数的崇高",另一种则是"力的崇高"。

下面就让我们看看康德对这两种不同的崇高的论述。

二　数的崇高

康德首先从数量的角度解释"崇高"这个"名称"(概念)。

他写道,我们把那"全然大的"(schlechthin groß)东西称作为"崇高"。

为了说明这种定义,康德区分了关于"大"的两种不同的判断:

一种判断:"某物是大的。"康德认为这种判断要说出的,绝不是一个纯粹知性概念,也绝不是一个经验感性的直觉,同样它也不是一个理性概念,因为它并不带有任何认识的原则。所以,这个概念必定是一个"判断力"的概念。它以判断力中的主体性的合目的性为根据。

另一种判断："某物'是'某种大小（尺寸）。"这种判断是一种必定有一个"尺度标准"的评判。这只是一种比较的概念，因而也就是一个知性概念。它必定是依赖于某种经验的。

康德着重论述了作为'崇高的'判断的前一种"大"。

那种并不对客体的实存感兴趣而只对其大小（即使这大小是无形式的）感兴趣的情感，就是一种愉悦，这愉悦是普遍可传达的，而且包含着人们对认识能力的应用中的主体性的合目的性的意识。这种愉悦是对想象力本身扩展的愉悦。这就是崇高情感的一种基础性的反思判断的情况。

对于这种处于反思性判断中的"大"的表象，人们总是应用主体性的合目的性的观照来处理它，这种观照就表现为一种"敬重"的情感。

对于我们所敬重的自然之物的表象，当我们称它为"大"的时候，并不单纯意味着它的数量上的巨大，而且是在对该物的全部的、总体性的观照中的"大"。也就是说，这种"大"已经超越了数量的概念和比较的意义。对它来说，不可能有什么外在的衡量尺度，它的尺度就在它本身，它是自我等同的。

换句话说，"崇高"就是其他东西与它相比较都是"小的"那种东西。唯它独大。

这种东西的形成，是由于人们的"想象力的无限追求"和人们的"理性对总体性的东西的完全把握的要求"之间的张力。这种"张力"由于既是知性不能把握的，也是理性不能制约的，所以，它是一种无目的的合目的性，是只处于人的意识表象的虚实有无之间，它既是无限大的，同时也是无限小的；它超越了一般的"量"的范畴，而表象为一种"绝对"。人们的判断力就处于这种由无限大和无限小两个极端组成的各种形式的组合（"对待"）的多样性的"激烈振荡"或者"对协调的向往"之中。所以，说到底，如康德所写：

　　　　因而，那"来自于一个'促使反思判断力活动起来'

的某个表象"的精神情调，能够被称为崇高，而那个客体则不能被称为崇高。①

据此，康德认为，对于"崇高"的阐明，还应该补充它的一个特点：

崇高是那种"显明"心灵超越"任何经验感性尺度"的能力的那种东西；即使只能在思维中显明。②

康德区分了两种对自然物的估"量"的性质：

一种是对自然物进行的数学式的大小估量。这种估量是通过"数目""尺度"而逻辑式地进行的。显然它属于知性的范围。

另一种则是对自然物的"凝视目测"式的大小估量，这种估量并不引入数目、顺序或者尺度，从而并不形成关于自然物的大小的逻辑知识概念，而是形成一种审美表象。

前一种估量并不能表明数目、顺序或者尺度的"起源"的根据，也就是说，不能够形成关于基本尺度的理念。而这种作为估量的基本理念的东西，只能通过直观估量来把握，并且通过想象力把它作为表现大小的知识性（逻辑性）估量的概念的基础。也就是说，前一种估量必定是以后一种估量作为基本的理性起点和基础的。因而，康德说，对自然物的一切大小估量从起根源上讲，都是审美的，都是主体性的表现，而不是客体性的规定。

人们也不难看出，在作为知识的数学中，数目可以是具体无限的。例如：如果有一个"大数"是 N，那么，必然会有一个"N + 1"，它比 N 更大。但是在作为审美的大小估量中，当人们认定一个自然物是"绝对地大"的时候，在人们的表现中，就不会再有比它更大的东西。康德指出，这就是"崇高"的理念。

---

① IKW，V，S. 322.
② Ibid.

康德认为，在人对自然物进行大小估量的同一种表象能力中，包含着两个不同的主体性的判断行为：

一个是"把握"（Auffassung；康德用的拉丁文附注为：apprehensio），另一个是"统握"（Zusammfassung；康德用的拉丁文附注为 comprehensio aesthetica）。对于第二个概念，康德强调地在拉丁文附注中应用了"aesthetica"这个词，表明这种"统握"是在先验感性层面上进行的。

用这两种行为的关系，康德阐述了崇高形成的过程。

当人们面对一个自然物的时候，开始时总是"把握"和"统握"同时进行的。"把握"像数"数目"那样，可以不断地把"关注"从前一个视点转移到下一个视点，而在这个过程中，"统握"却由于它的把握方式是关注某一个视点以形成整体的表象，所以，随着越来越多的数量的不断累积，统握就越来越困难。到一个足够大的数量的时候，进行统握的想象力就达到了"极限"，获得了一个极大的震撼和惊讶。

康德以观赏埃及金字塔和罗马的圣彼得大教堂为例，说明人的崇高感来自于"统握"的想象力。他指出，要欣赏埃及金字塔，既不要离它很近，也不要离它太远。很近就只能形成"把握"的想象力而不能达到"统握"的想象力，从而不能获得关于金字塔的崇高的表象；很远就只会看到模糊的表象而不能有"从具体把握而来的统握"，也不能获得对金字塔的崇高感。同样，当人进入圣彼得大教堂的大门的时候，它内部的宏大的豪华、精制和辉煌马上就突如其来地呈现在人的面前，这是一种类似于"袭击"式的"呈现"，使人的想象力一下子就达到了极限，崇高感当即油然而生。

从上述论述可以看出，崇高的愉悦感的形成，是由于突如其来的表象同人们所预期的表象的"不适应性"，这种不适应性导致对表象的"非合目的性"的判断。这就是一种意想不到的对预期的常态美感的阻滞和新的想象力的突然迸发。这就是崇高。

康德继续强调了要领会这种崇高感的正确途径。他认为，从根本上来说，不应该到"人造的艺术品"① （例如建筑物和柱廊）等等那里去寻找崇高，而应该到"荒野的大自然"那里去寻找它。因为人为的艺术品本身就有一种预期表达"宏大"的目的性，所以它们的崇高是"次生的"，而荒野的大自然的崇高，并不具有任何的形式目的性的内容，也没有任何危险或者赏赐的功利预期。康德以此得出结论说：

> 一个关于崇高的纯粹判断必须完全没有客体的目的作为规定的根据，如果它应该是审美的，并且不同任何一种知性判断或者理性判断相混淆的话。②

在具体思考崇高的愉悦情感的时候，康德看重的是对其根源的追寻。

如果说对美的鉴赏判断是以形式的合目的性作为基础的话，而在崇高这里，却没有任何对象的形式合目的性作为基础；崇高根本就没有具体的表象形式。康德问道：在这种情况下，崇高到底依据的是什么样的主体性的合目的性呢？

康德解释说，理性对于一切给定的大小，包括不以量的形式（数目）而以整体形式存在的大小，都要求一种"总体性"（Totalität），即把这个大小（作为表象）"统握"进一个直观之中。并在这个直观中"表现"数的具体性（数目及其序列，甚至无限）。而无限的东西是绝对大的。这个"大"只要能够被思考为一个整体（als ein Ganzes auch nur denken zu können），就表明心灵有一种超越一切经验感性的尺度进行直观的能力。只有通过这种能力和它对于一个"本体的理念"（dessen Idee eines Nou-

---

① "人造的艺术品"这个术语在于强调艺术品是"人造的"而不是大自然"天成的"。从欧洲语言的语义来看，"人造的"同"艺术品"这两个词似乎包含着一种同义反复；但在中国文化的解释和阅读语境中，为强调康德的原意而把这两个词同时并用，似乎也说得通。——作者注

② IKW, V, S. 324.

menons），经验感性世界中的无限的东西才能被在纯粹理智的大小估量中"统握"在一个概念之中。这个概念在数学中是永远也不能达到的。因为这是一种要求超越知性（包括数学估量）的理性能力。

所以，在康德看来，自然界中的崇高的东西，都与"无限性"的理念相联系着。这种无限性不是数学的无限性，而是超越于数学之外的无限性，即数学的大小概念在此已经不适用的无限性。所以康德说：

> 自然本身的那不变的基础尺度，就是自然的"绝对整体"（das absolute Ganze）①。

但这基础尺度本身就是一种矛盾的概念：对于一个不可估量之物的估量意图。因而，这个概念就必定会把对自然的理解置于一个超越于经验感性的某种"基座"（ein übersinnliches Substrat）之上。这基座同时也就是自然界和人的思维能力的基座。康德继续写道：

> 因而，能够被评判为崇高的，并不是对象，而是"处于对对象进行评价之中"的"心灵情调"。②

所以，康德指出，如果说判断力在评判美时把自由游戏的想象力同知性联系起来，并同一般知性概念协和一致的话，那么，审美判断力在把一物评判为崇高的时候，也将自由游戏的想象力同理性理念联系起来，以便以主体性的方式同那些无规定的理念协和一致，从而产生出一种心灵情调。它就是崇高。

康德强调，真正的崇高必须要到判断者的心灵内部去寻找，

---

① IKW，Ⅴ，S. 327.
② Ibid.

而不应该到自然客体中去寻找。尽管自然以其巨大的丰富性是引起判断者心灵的崇高愉悦的引起者。

康德总结说，当人们在对一个不可计量的整体自然之物进行审美评判时，崇高既不在于数目的巨大，也不在于数学思维中的更大的计量单位，而在于面对这个"大"时，心灵内部的"统握"超越于经验感性的惯常的对数目"把握"的表象，而产生的那种对绝对的无限大的愉悦，而这种愉悦的情感，在康德看来，是同人的一般理性的理念相关的。

这种理念的情感就是"敬重"（Achtung）。这种理念所统握的，不是其他任何东西，只是"整体"。而这个整体是一个必须能够直观的整体。康德揭示了这种反思性的情感的实质。他写道：

> 对自然中的崇高的情感，就是对我们"本身特有的"一个"规定"的敬重，我们通过某种对自然客体的"擅自借用"（Subreption）显明了这个"规定"（即把对我们自身中的人的理念的敬重，转换成了对那个客体的敬重）。①

这种转换以直观的方式给我们造就了"人的认识能力（Erkenntnisvermögen）的理性规定（Vernunftbestimmung）"对于"经验感性的最大能力"的优越性。

在另外一种意义上，也可以说，崇高的情感是想象力对客体表象的大小的"不适合性"所产生的"不愉快"的情感，但它同时又是一种愉快的情感。由于这种情感同经验感性能力的关系是一种"非适合性"，即它在经验感性的范围内是一种"不愉快"；但它同理性的理念却是"协和一致"的，即又是一种"愉快"。因为在经验感性视角下的那些"最大"，在理性理念的"统握性直观"中却只能是一种"小"。在这个意义上，康德指

---

① IKW, V, S. 329.

出，人的内部知觉（innere Wahrnehmung）是与理性规律协和一致的。

康德指出，在对自然美的评判中，想象力同知性是协和一致的；而在对自然的崇高的评判中，通过想象力与经验感性直观表象的冲突，而随后想象力同理性达到了协和一致，产生了心灵能力（Gemütskräfte）的"主体性的合目的性"。康德特别描述了这种从"冲突"到"协和一致"的机理：想象力要把"多""统握"到"一"中的心灵运动，是在直观中进行的。康德指出了这种心灵"运动"的内在矛盾：当我们的想象力对任何足够大的数目的设置都可以超越的时候，我们自己就会觉得我们的"统握"能力是无任何限制的，而也就是在这时，我们却感到我们以审美的方式把自己封锁于心灵之中。但我们对绝对整体性的无限制的追求，使得这种不愉快，即想象力在能力方面的"非合目的性"，从理性理念（Vernunftideen）来看，却被表象为"合目的"的；因而，审美判断对于作为理念的来源的理性来说，就变成一种主体性的合目的东西。这时，"对象"作为"崇高的"对象，就被以"愉快"的方式所接受，而这种愉快以"不愉快"为中介才是可能的。这就是崇高的"愉快"的道理。

三　力的崇高

对于力的崇高的论述，康德是从对"强力"（Macht）的界定开始的。

康德说，"强力"是战胜"很大的障碍"的能力。当它战胜那本身具有强力的东西的抗争（Widerstand）时，它也可以被称为"强制力"（Gewalt）。

康德说，在审美判断中，当我们把自然界看作强力，而这强力却又没有对我们的强制力时，那么这个自然就是"从力上来说的崇高的"（dynamisch-erhaben）。

自然的崇高，在康德看来，必须以那自然之物具有使人"恐惧"（Furcht）的表象为前提。但同时，它虽然在表象上

"令人恐惧"，而且人明白，如果人真地要和它抗争的话，人绝对没有战胜的可能；但对这样绝对强大的东西，人的心灵却并不真正恐惧它。这时，它激起的人的情感就是崇高。

这是一种什么样的心理状态呢？康德举例说，人都恐惧上帝，但对于作为信徒的人来说，他并不在上帝面前感到绝望，甚至于觉得对上帝的恐惧是一种德行，人也绝没有与上帝抗争的意思。因而，上帝能够激起人的心灵中的崇高情感。

所以，崇高的情感，是人在面临"恐惧之物"、而又并不真实地处于其威胁之中时的一种情感，这种情感是审美的。

如果人对一个恐惧的对象只有恐惧感，同时这恐惧时刻都会给人造成损害甚至于威胁着人的生命，那么，在这种情况下，人就不可能对崇高作出判断。康德说，这就如同人被知识和欲望所诱导而不可能对美作出判断一样。

与此不同的是：如果人处于安全地带，而静观（直观）高峻的山岩、夹裹着雷鸣电闪的乌云、吞噬一切的火山和洪水、飓风及其所扫荡过的废墟、无边海洋的惊涛骇浪、气势磅礴的大瀑布，等等，康德说，这些自然景象越是可怕，就越吸引那处于安全地带的人（观赏者）。这就是"崇高"。康德写道：

> 它们把灵魂的强度（Seelenstärke）提高到超越"惯常的中度"（gewöhnliches Mittel-maß）的地步，并使我们身上的一种完全异样的抗争力量显露出来，这力量给我们勇气，使我们能够同自然表现出来的"能的强制力"一比高下。①

也就是说，我们所表象的对象的崇高，实际上是对我们人自身的"崇高"的意识觉醒。根据这种思路，康德指出，从自然的不可测度性和人的能力对自然的领地"作审美大小估量"的"尺度不足"这两点，促成了人的两个发现：一方面使我们发现了自

---

① IKW，V，S. 333.

身的局限性，另一方面则促我们在自身的理性能力中发现了另外一种"非经验感性的"尺度，即在我们的心灵中发现了某种对"处于其自身的不可量度性之中的自然"的优越性。

这种优越性意味着，在自然强力的不可对抗性面前，我们人（作为自然存在物）是"无力的"；但与此同时，我们却揭示了自身的另外一种能力：我们在意识上是能够独立于自然的。同时，也揭示了我们的一种优越性：我们有一种不属于自然范畴的"自我保存"（Selbsterhaltung）能力。那就是：即使人在自然的强力面前是全然无力的，人的（理性）人格（Person）也是任何自然的强力强制不了、贬低不了的。

也就是说，人心灵中"把自然评判为崇高"的那种主体性，在心灵内部唤起我们的非自然的力量"unsere Kraft（die nicht Natur ist）"，即精神性的力量，而同时从这种视角把人们惯常所关心的财产、健康和生命（生活）等等属于物理性的东西，都看作是渺小的。康德写道：

> 自然界在这里被称为崇高，单纯地就是因为它提升了表现下述情景的想象力，在这些情景中，心灵能够以情感的形式，对"它的规定"（即自身高于自然）形成那种特有的崇高。[①]

这种被主体化为人的"本己的"精神性的崇高，是康德所极力推崇的人的生活态度。康德的一个自问自答表明了通过崇高的审美"教化"对人格的追求：就一个野蛮人来说，什么是最值得赞赏的呢？那就是：一个不惊慌、不恐惧、不在危险面前退缩，同时又考虑周到地、精力充沛地劳作的人的人格。康德指出，对这种"战士"（Krieger）的崇敬态度，人们一直保持到现代。

康德还论述了宗教中的崇高情感。他说，在一般宗教中，对

---

① IKW，V，S. 334.

神的态度应该是顶礼膜拜、诚惶诚恐和忏悔。如果只是以被动性的态度看神和自己，那就会导致形成神的强大与正义、自己的弱小与卑劣二者的格格不入的对立。在这种情况下，占领他心灵的，只是恐惧和丧气，就不可能有对神"凝神静观"的情调与自由判断的态度，因而也就不可能有对神进行赞美的虔诚心境。而如果意识到自己应该主动真诚，应该了解神所喜爱的意向，那么，神的强力才能促进他的心灵中产生神作为存在者的"崇高"的理念，从而也就才能够意识到人自身在主动合乎神的意向上的崇高性，并把自己提升到对自然强力和灾难的恐惧之上。康德写道：

> 宗教就以这种内在的方式同迷信区别开来。后者在心灵中建造的不是对崇高之物的敬畏（Ehrfurcht），而是在超强力的存在物面前的恐慌和惧怕。①

四　崇高判断的模态

康德接下来研究崇高判断的可通达性。

他说，如果在谈论对自然美的鉴赏的普遍可通达性的时候，人们可以把人类的某些共同的先验条件（即先验具有的判断力）作为可通达性的内在基础的话，那么，在对崇高的鉴赏判断中，我们所期望的与他人的可通达性，即达到对某物的表象是否崇高的一个共同的确认，其根据应该是什么呢？

康德认为，对崇高判断的普遍性即它的可通达性的探求，不能像对自然美的鉴赏判断那样，只是"指望"我们的判断在别人那里也会得到赞同。因为对崇高的情感的鉴赏判断的基础，并不只是在判断力方面，而且也与人的认识能力的教养程度有关。

崇高情感的心灵情调的普遍性的基础，就是人对理念的感受性（Empfänglichkeit）。自然的崇高，它对经验感性的威慑力和

---

① IKW，V，S. 336.

同时的吸引力，都是在理念及想象力把自然当作理念的图像（Schema）来对待的情况下才能形成的。所以可以说，崇高的情感是理性对经验感性的一种强制力，使经验感性同理性的领地的扩大而相应地一起扩大，并使经验感性对它自己不可企及的无限之物有一个向往。因而可以说，崇高的情感是在人的道德理念发展到一定尺度、具备一定的文化教养之后才具有的。没有文化修养的"粗俗人"（der rohe Mensch）在自然的崇高面前只会表象出恐惧而不会有崇高的情感。

　　当然，崇高的情感并不依赖于人的"外部文化条件"，也就是说，它的判断力不是从"文化"中产生的，或者说，它不是在社会中以合乎风俗习惯的方式被导入的。与此相反，它在人性中有其根据；这人性能以健全的理智同时要求（ansinnen）每个人，也要求（fordern）他自己；也就是说，这人性对于（实践的）理念来说是一种情感的素质，也就是一种道德的素质。①

　　所以，如果说不懂得欣赏自然美的人是缺乏鉴赏力的话，那么，不懂得体会崇高的人就是缺乏先验的理性情感。康德认为，无论"鉴赏力"还是"理性情感"，都是任何人心灵中既有的（潜藏着的）东西。在对崇高进行的审美判断中，人的文化教养的作用就是把理性启发出来，使得想象力和它联系在一起，为内向的先验理性也为外向的经验感性造成一种情调和情景。所以，崇高的审美判断以这种内在的道德理性为基础，而这种道德基础是存在于每个人的心灵之中的，这就是从崇高情感的根基上对其可传达性即共同性的普遍必然性进行的"求根溯源"的论证。

　　康德认为，在审美判断的这个模态中，也即在这种判断的必然性之中，存在着判断力批判的一个主要特点（Hauptmoment）：正是这必然性以可识别的方式（kenntlich）为这些审美判断形成了一个先天原则，并使这些"判断"超越了"经验心理学"的框架，从而也使那些"判断力"进入了"以先天原则为基础"

---

① 参见 IKW，V，S. 337。

的那些判断力之中，随后，又把它们作为先天原则纳入了先验哲学。

五 审美判断力的范畴总论及其廓清

至此，康德论述了他的审美判断力批判中分为两个部分的"分析学"：美的分析学和崇高的分析学。

在这个基础上，康德回过头来，从"纯粹理性批判"的角度，综合性地对审美判断力进行进一步的阐明。而这个阐明强调的是审美判断力的"纯粹反思性"，即它的主体性、内在性和先验性。

康德再次把"快适"、"美"、"崇高"和"善"四个概念，按照纯粹理性批判的"范畴表"中的"量"、"质"、"关系"和"模态"这四个范畴进行对应性地阐释，通过列举的方式，在"理性"的层面上，刻画它们各自的特点，并加以比较：

康德把"快适"看作"量"的范畴，认为快适的感觉只取决于刺激的量。它并不能（对人）"进行教化"（kultiviert），而只属于导致人的"单纯享受"（zum bloßen Genusse）的概念。

而"美"（"审美判断"）却要求客体具有"质"的表象。它与快适不同，它进行"教化"，因为它教导人在审美的愉快情感中重视合目的性。

而"崇高"的特点则在于"关系"，在这个关系中，处于自然表象中的经验感性之物，通过审美判断力的评判而可能被以"超'经验感性'的方式"被应用。

对于"善"的审美意蕴，在认定"绝对的善"是一种必然性的"模态"的基础上，康德进行了一个比较复杂的论证。他指出，以道德情感的先天根据形成某种先验理性的绝对强迫性的法则，这法则不是外在的制约而是主体内心的必然性的（自由）赞同。康德特别指出，虽然这情感并不属于审美判断力（而是纯粹的智性判断力 [die reine intellektuelle Urteilskraft]），但主体在这种情感中所体验到的"自由"，"毕竟"同审美判断力有

"亲缘关系"（verwandt）。这是因为：道德情感可以把出自义务的行为的"合法则性"，在其先验理性的理念层次上找到同审美情感所具有的"无目的的合目的性"的同一性，在这个意义上，道德情感既可以表象为审美的，也可以表象为崇高的。但道德情感的纯粹性同"快适"的感觉则是不可同日而语的。

从上述对四个概念在范畴表中的归属的视角，对审美判断力与知性判断力、智性判断力的区别与联系的论述，使我们可以更清楚地对审美判断力的两个基本概念——美和崇高——的实质特点有更为明确的把握：

> 那种在纯粹判断中吸引人、令人喜欢的东西，就是"美的"；它是并不按照一个知性概念的方式那样以经验感性的感觉为中介的。因此，它必定是在没有任何功利意图的情况下吸引人、令人喜欢的。
>
> 那种通过其对经验感性的功利的抗争而"直接地"吸引人并令人愉快的东西，就是"崇高的"。①

同时，康德强调了在审美判断中的"主体性的""根据"问题，也就是有利于先验感性形成的条件问题。一个是从"经验感性"方面来看，康德强调经验感官的凝神冥思的重要性；另一方面是从理性的道德情感来看，康德认为，当情感背离经验感性的时候，它常常趋向于实践理性的"合目的性"靠拢，再从那里趋向于纯粹审美的"主体之思"。所以审美判断力所表象的"美"，就是对自然的超感性地、"无功利"的喜爱（lieben）；审美判断力所激起的对自然对象的"崇高"情感，就是对"违反经验感性的东西（也即违反功利之物的东西）"的高度重视（hochzuschätzen）。

在这种比较性和关系性的阐述语境中，康德再一次强调了处

----

① IKW，V，S. 339.

于主客体关系中的"崇高"的"主体性"特征。他把崇高理解为"自然表象"对理念的"不可企及性"。康德写道，崇高以一个自然的对象为表象，这自然的表象规定着心灵，但这心灵自认为作为表象的自然是不可能达到理念的。也就是说，理念是不可能被表象的。甚至为了对自然达到直观而"扩展"经验表象能力，也必定有理性加入进来。那就是"理性地"知道想象力对表象理念是不可企及的。而当理性觉察到想象力的极限（无论是数量的众多还是力量的强大）也从客体表象中达不到理念的时候，主体情感就把这种"不适合性"判定为主体性的合目的性。

而在心灵内部，这种"崇高"的主体情感，必定是同类似于道德情感的东西相联系。因为在法则性的行动之中的自由，是人类习俗道德的真实本原特征。而在崇高的审美情感中，想象力是作为实践（道德）理性的工具来在想象力形成的表象中，表达这种自由的合目的性的。因此，康德说，人对自然界的崇高情感，是一种"消极的情感"。这是因为：崇高是想象力对于自身的自由原则进行剥夺的情感。在这种剥夺中，人通过对表象的"无表象性"或者"超表象性"的观照中，由想象力而回溯到作为其根据的理性，从而获得了对自身与"超自然的强大"的同一性的感悟，只有在这时，自然的强大才能够被人视为渺小，而把绝对的"大"只建立在"人自己的规定"之中。

康德继续强调，在研究判断力的先验美学的时候，要切记只能谈论"纯粹的审美判断"，而不能离开它去谈论任何以目的概念为前提的所谓"美"或者"崇高"。例如评判星空的崇高，不能从自然科学的角度去考察星空、大海和人体，而要以诗人的情怀和丰富的自由想象力。康德写道：

> 审美的合目的性就是判断力在其自由中的合法则性（Gesetzmäßigkeit）。对对象的愉悦，依赖于我们要想在其中设置想象力的那种关系：想象力为了自己本身而把心灵维持

在自由的活动中。①

那么，是否有"不纯粹的"审美判断呢？康德谈到了"智性的美或崇高"。

康德说，所谓的"智性的美或崇高"这个表达并不完全正确。美和崇高都是先验感性的表象方式，这种表象方式同智性（理智）是不会有联系的。

而纯粹的和无条件的智性愉悦的对象，就是具有强力的道德法则；这强力施加于我们的全部的、每一个的心灵冲动之上，这些心灵冲动是在道德法则之前发生的。由于这种愉悦是心灵内部的一种自我限制，所以从先验感性的视角来看，它是不自由的，因而是消极的；但由于它是同实践（功利）的合目的性相联系的，所以从智性的视角来看，它又是积极的。所以，善的（智性的、道德的）愉悦，由于它唤起的是"敬重"的情感而蔑视刺激，它不唤起"爱"和"眷恋"，它不表现为"美的"而是表现为"崇高"。

康德进一步考察了"带有激情的善"的理念。他称这个理念为"热忱"（Enthusiasm）。他写道，热忱似乎是一种崇高。但是任何激情（Affekte）都是盲目的，没有能力对作为自己的基础的原理进行自由思考，所以它并不是理性的愉悦。但从先验感性的角度来说，热忱是崇高的，因为它是来自于理念的各种力量的张力（Anspannung），它给予心灵一个激奋（Schwung），这个激奋的作用比经验感性表象的激发更有力和更持久。②

与此相对，康德提出了"无激情性"（Affektlosigkeit）的概念。认为这也是一种"崇高"。因为这个概念的含义就是人执著于自己心灵内部的那些不可变更和动摇的"原理"，这种执著从

---

① IKW，V，S. 343.

② 参见 IKW，V，S. 344。

执著的人的内心来说，有着"纯粹理性的愉悦"。这种心灵的性质，康德称之为是"高贵的"（edel）。这种心灵状态的表现，并不能引起人们的惊异（新奇激发的激情），但能够引起人们的"赞赏"（Bewunderung，对失去新奇后的持续的惊异）。

康德还论述了"激情"的变形："具有英勇性质的激情"在审美上是"崇高的"；而"具有'消融着'的性质的激情"（der Affekt Von der schmelzenden Art）虽然并不是高贵，但可被归入"气质之美"。

而表象的感动人之处，也往往是不同的：一些人以意气昂扬来感动别人，一些人则以柔弱来感动别人。但康德指出，任何没有真实的内心情感的虚假卖弄都不能感动人，也不是人们的精神需要。因为它们对人的心灵的审美十分无益甚至有害。康德写道：

> 言情长篇小说、哭闹的戏剧和乏味的习俗道德规章，都在以戏弄的方式表演着所谓的"高贵的"意欲，但实际上表演的是心的枯萎、对严格的义务规章的毫无感觉；对于所有人来说，都已经没有能力在我们的人格中形成对人的尊严的重视，已经没有能力形成人的权利和普遍的坚强的原理。①

康德指出，无论是与宗教理念相联系的训导所形成的内心激情，还是与某种社会功利相联系的文化修养所产生的激情，也无论任何亢奋的想象力所促成的激情，都并不是"崇高"。崇高的本质特点，就是它必须每时每刻都具有同作为准则的思想方法的关系，这准则就是为超越于感性之上的"理智"和"理性理念"谋得超然的强力。

康德还阐述了作为一种风格的"纯朴"：他直接地认为，这

---

① IKW，V，S. 345.

就是自然在"崇高"中的风格；它是一种"非人造的"（kun-stlose）、（天然的）合目的性。同时他也称它是一种"自然在德性中的风格"。而这德性就是超感性的"第二自然"，即人的理性本性。

康德还强调了审美愉悦和崇高愉悦二者同社会（Gesell-schaft）的相关性。他认为，审美判断由于其普遍的可传达性，而与社会相关联可以获得某种兴趣。因为愉悦在社会中可以传达。反过来还有另外一种情况：与社会脱离则也可能会被视为一种"崇高"。因为这种行为在一定意义上就是脱离经验感性的功利性。康德认为，从总体上来说，人逃避人类的行为是丑恶和卑鄙的，但他也分析了"厌世"的几种情况。一种是"清高"的厌世：个人虽然心怀博爱很正派，但如果他的社会境遇很不顺利甚至很悲哀，社会对他来说是令他伤心的，他就会对社会采取离群索居的态度。尤其随着年岁的增长，这种态度会越来越明显；另外一种情况是，社会很复杂，有很多丑恶的现象，人极想改变它却无能为力，为了不至于把对那些现象的仇恨发展为对人类的仇恨，人就放弃自己的社会交往的乐趣，而力图保持独自清白。这当然是一种悲哀。由于这悲哀是建立在理性之上的，所以是"崇高的"。但如果人对他人在社会中所遭遇的灾难给予同情，觉得悲哀，则这种悲哀的情感可能会被视作一种"美"。康德还指出，在艰苦荒野中的"忧郁"，如果还夹带着对社会的留恋而不是绝对的弃世的话，就可以被算作一种"粗犷的激情"，因为它仍然有道德理念的根据。但"沮丧"作为生命的一种消极状态，它决不是崇高。

在对人的内心情感作了如此细致的分析性阐述之后，康德把自己的先验学说同英国 18 世纪经验主义美学家埃德蒙德·伯克（Edmund Burke，1729—1797）的经验学说进行比较，以便使人们对他自己的观点有更鲜明的认识。

伯克于 1756 年发表了《关于崇高与美两种观念根源的哲学探讨》（A Philosophical Inquiry Into The Origin Of Our Ideas Of The

Sublime And Beautiful）的论文（简称《论崇高与美》①），1757 年该论文增补后重新发表。伯克发展了朗吉弩斯②关于崇高的思想，第一次把崇高作为一个独立的美学范畴同"美"相并列且严格地区分开来。康德在早年写的《对美的情感和崇高的情感的考察》（Beobachtungen über das Gefühl des Schönen und Erhabenen）③ 中，就吸收了伯克的许多思想成果。

在这里，康德指出，伯克很重视把爱和欲望区分开来，他用把想象力同知性相结合，甚至同经验感性相结合的方法，来解释崇高的情感和美的情感。康德高度评价了伯克的思想，他认为伯克的解释作为一种心理学的研究，对人的心灵现象的分析是"很不错的"（schön），而且这种研究为实证的"经验人类学"提供了很多材料。康德也承认，人心中的表象，不管在客体那里是感性的还是智性的，都会刺激起人的生命的情感（Gefühl des Lebens），因而在主体这里都是与快乐或者痛苦的情感结合在一起的表象。这是不可否认的。康德从伯克再回溯到古希腊的哲学家伊壁鸠鲁，认为伊壁鸠鲁关于"苦乐的身体性"的观点也并不是错的，因为生命如果没有身体器官上的感受，就只能是"对其实存的'意识'"，从而就不可能是舒适或者不舒适的情感（Gefühl des Wohl-oder Übelbefinden），即促进或者阻碍生命力的情感。因为心灵自为地就完全地只是生命（就是生命的原则自身）；而对生命的促进或者阻碍，都必须在其"外部条件与内心相结合"的情况下，即"身体同心灵的结合"（即心身同一）中去寻找。在这个意义上来说，伊壁鸠鲁是对的。

但是康德认为，这种经验的、感性的、以客体对象的刺激为

① 关于伯克的《论崇高与美》的内容，请参见本书的第二卷第 411—437 页。——作者注

② 朗吉弩斯（Longinus，公元 213—271 年）古罗马帕尔曼拉人。著有《论崇高》。该书长期被湮没，1554 年才被意大利学者罗伯特洛发现出版，1674 年被译成法文，对那个时代的美学家包括伯克产生了很大影响。——作者注

③ 中文版可参见何兆武译本《论优美感和崇高感》，商务印书馆 2001 年版；曹俊峰、韩明安合译本：《对美感和崇高感的观察》，黑龙江人民出版社 1990 年版。

起点而形成的愉悦，不可能有普遍的可传达性，因为每个人对感性对象的愉悦都是不同的，都是"私人的"。如果拿这种私人原则来要求别人，就是外在"命令"，而不是内在地请求赞同。因而就不可能形成康德意义上的"审美"。

为实现真正的"鉴赏判断"，康德强调，就必须坚持先验的原则，而摈弃经验的原则。康德指出：先验的原则必须具有某种先天的基础，而经验原则作为研究人的内心变化现象的原则，是绝对达不到这个先天基础的。因为经验原则只是使人们认识到"判断是如何作出的"，而先验原则却能够使人们知道这"判断应该如何作出"。如果说前者只是以认识论科学来描述心灵现象的话，那么，后者则是深入到心灵内部去探究心灵的存在性规定，因而它能够把表象同心灵的愉悦"直接地联系起来"。康德在区分心理学原则与先验原则的不同后，形成了自己关于审美判断的特性的结论。他写道：

> 尽管对审美判断的经验性说明总能够成为开端，以便为一个更高的考察来提供材料；但是对审美判断能力的先验的探讨是可能的，而且，这种探讨从本质上属于对鉴赏的评判。[①]

康德就这样以他对鉴赏判断的先验性的强调和对经验主义审美态度的否定，而结束了他的"崇高的分析学"。

第五节　艺术论、天才论以及审美判断力的辩证法

一　艺术的概念及其审美意义

为了具体地并进一步地弄清艺术的局限性及其（可能地）

---

① IKW，Ⅴ，S. 351.

审美意义，康德对"艺术"进行了专门的研究。

康德首先从艺术概念与其他概念的区别上，对艺术概念进行了三个界定。

第一，艺术与自然不同。康德说，人以理性（思考）而自由地或者任意地生产，就叫做艺术，其产品就是艺术品；而自然的产品则是自然物的本能的产品。同时艺术品必定有一个理性的或者知性的目的，而自然产品则不是。艺术品是"人的"作品。

第二，艺术与科学不同。虽然艺术和科学都是人的熟练技巧，但艺术作为人的实践能力与科学的"理论能力"不同，而作为技术与科学"理论"不同。

第三，艺术与"手工艺"（Handwerke）不同。尽管后者也可以被叫做"雇佣的艺术"，但它同前者作为"自由的艺术"的性质有本质的不同。前者是一种"游戏"，而后者是一种"辛劳"。但康德强调：

> 在一切自由的艺术中，某种具有强制性质的东西、或者（如人们所谓的）"机械构造"是必不可缺的。如果没有它们，那个"在艺术中必须是自由的、并且唯一地给作品以生命力的"精神就不会有自己的形体，并将会烟消云散（verdunsten）。这是不能不提醒人们记住的。①

康德在这里所说的"强制性"和"机械构造"指的就是例如"诗艺"（dichtkunst）中的语言的正确性和丰富性，以及韵律学和节奏等等关于质、规则和程式的规定和要求。

在对艺术概念作了差异性的界定之后，康德继续深入研究关于"美的艺术"的问题。

康德首先指出，没有"关于美的科学"，而只有"对美的批判"；没有"美的"科学，而只有"美的艺术"。对美的批判就

---

① IKW，V，S. 379.

是审美判断力批判。而什么是"美的艺术"呢？

为说明这个概念，康德首先指出，有两种艺术：1. 机械的艺术：人们拥有关于对象的知识，使对象作出人所要求的行动的工艺（技术）；2. 审美的艺术（ästhetische Kunst）：以愉快（Lust）的情感作为直接的意图的艺术。

而审美的艺术可分为两种："快适的艺术"和"美的艺术"。快适的艺术是以享受（Genusse）和消遣（Uterhaltung）为目的的艺术，它只是为了促进人们的享受更为舒服和消遣更为丰富，在人们的享受和消遣中艺术就像侍者那样起到的是"服侍的作用"，没有人去认真地理会它和关注它，更不会有人重视它和尊重它。而美的艺术却是一种合目的性的表象方式，它促进对人在社会交往中的传达（可传达性）能力的培养。也就是说，美的艺术就是愉悦的可传达性的艺术；所传达的这种愉悦，决不是对于经验感性的享受的愉悦，而是反思的愉悦。

所以康德强调，"审美的艺术"作为"美的艺术"，必须把反思判断力作为自己的准则（Richtmaß），而不能把经验感性的感觉作为准则。

康德指出，美的艺术品虽然不是自然，但"它的形式的合目的性"，却"必须""像"是自由的，即摆脱了一切人为的强制的，以至于它"就好像"自然的产物。但在这种"像"之中，却暗含了艺术品"创造"同"规则"的"精湛的契合"（alle Püktlichkeit in übereinkunft mit Regel），如果没有对这些规则的严格把握，艺术品就不会"像"自然的造物；但同时，艺术品的"像"、艺术家的"匠心"却并不使人觉得刻板，而像是"无规则地""自由地"创作出来的一样。

二　天才与美的艺术

但是，康德指出，要使得艺术品对自然的"模仿"惟妙惟肖，同时，暗含着十分严格的创作规则，但艺术家对这规则的把握和运用又能够达到"娴熟得"像摆脱了任何规则（达到了

"无规则")的自由境界那样,这种高超的功力是一般人达不到的;只有"天才"(Genie)才具有这样的"才能"(Talent),康德特别强调地称这种才能是"Naturgabe"①。康德认为,之所以这样说,是因为艺术家的创造才能"是属于自然的"。也就是说:

> 天才就是天生的(angeborne)心灵素质(ingenium)②,自然通过(durch)它给艺术提供规则。③

康德根据自己的上述这个定义认为:

> 美的艺术必须被"必然地"作为天才的艺术来看待。④

美的"艺术"作为"美的"艺术,即艺术要作为"美的",艺术家就不可能自己为自己提供创造美的"规则",因为真正创造美的是自然的先天规则。所以,要使艺术家具有创造美的才能,艺术的规则必须由自然来提供,不可能有一种直接的提供方式,自然只能通过艺术家(具有某种主体素质的艺术家)来向艺术提供先天规则,在艺术作品产生的过程中,这个规则似乎就是艺术家本人的素质那样。

据此,康德阐述了天才的四个特点:

第一,天才就是具有"人的理性不能为之提供任何规则"的才能。因而天才是不可以仅仅通过对知识的学习而获得的。天才就是一种创造性素质。

第二,天才又是严格遵循某种规则的一种素质。这使得天才区别于"任意胡闹"(Unsinn)。所以,天才的作品是一种暗含

---

① 德文,意为"自然的赐予",也可被翻译为汉语词"天赐"。——作者注
② 拉丁文,意为"天赋"。——作者注
③ IKW,V,S. 382.
④ Ibid.

着某种先天规则的典范（Muster），它必定是"范例的"（exemplarisch）。虽然它本身并不是由模仿而产生，但它却又必须被人们所模仿。被人们用来作为对艺术美的评判准则。

第三，天才艺术家本人并不能以任何知性或者理性的方式向人们说明自己的才能是"怎么回事"；并不能以自己的"经验"来指示人们如何能够创造出同它的作品一样具有天才水平的艺术品。所以康德说，好像在天才身边有一位从他出生就跟随着他的"守护神"（Genius），这守护神引领着他的精神，而这精神中的灵感就是他的原创性的理念的根源。

第四，自然"通过天才"只为"美的艺术""制定"规则，而并不为科学制定规则。所以，天才只是一个审美判断力的概念，而不能被推广应用于其他的领域（不如知性和智性的领域）。

所以康德说，"天才"是与"模仿"对立的。天才与科学不同，它是不可能被以科学的方式说明和被阐述的。因而，所有属于模仿和促进模仿的思想和做法，都不是达到天才的路径。我们可以通过学习而学会牛顿在《自然哲学的原理》中所阐述的一切，但我们决不可能通过学习学到天才的才能。康德写道：

> 诗艺（Dichtkunst）的规程无论多么详尽，典范无论多么卓越，人们也不可能（从中）学习到以灵感的方式来作诗。[1]

康德强调，获得知性能力的路径和获得知性能力的路径决不是获得审美判断力的路径。科学家和发明家同艺术家是根本不同类型的人。前者凭借的是知性的经验，而后者凭借的是判断力的天赋。康德果断地指出：天才的灵巧（Geschicklichkeit）是不能传承的；它随着天才的死亡而死亡：

---

① IKW，V，S. 384.

　　　　这样一个灵巧是不可能被传达的，而是会由自然之手直接地授予每一个人，并随同天才而死亡；直到自然再一次以同样的方式把它授予另外一个人。[①]

那么，对典范的学习有没有意义呢？康德指出，对典范的学习很重要，因为典范是把艺术带给后来者的唯一的引领方式。通过学习虽然不能学到天才的禀赋，但如果学习者具备一定的心灵能力的话，他就能够学到天才的一些理念。同时，尽管天才禀赋是构成艺术的最重要的要素，但艺术本质并不只包含天才的禀赋，实际上，天才禀赋只是构成艺术本质的要素之一，而在天才的艺术中也有属于知性和理性的许多规则性的东西，学习天才作品中的这些东西，尽管不可能达到天才的禀赋的精神真谛，但也可以使学习者"更接近于"天才的禀赋。所以，天才的作品的典范作用实际上是给人们提供美的艺术作品的丰富的材料，以及对这些材料进行加工和对其形式进行运用的技巧（甚至于可以是很高超的），都是可以习得的。

　　所以，学习艺术也是很辛苦的。康德特别告诫：由于天才的不可习得就误认为通向"美的艺术"之路并不需要学习典范，也不需要进行认真细致的理性研究，那就是十分可笑的。

　　康德还论述了天才与鉴赏的关系。

　　康德指出，为了对美的对象进行评判，需要"鉴赏"；而为了使美的艺术产生出对象，就需要天才。所以，鉴赏与天才有相似的功能。前者需要预先"通晓""什么（或者'怎样'）是美的"才能对对象进行评判，而后者也需要预先"通晓""什么（或者'怎样'）是美的"才能进行对一个"美的"对象的创造。因而，为了理解天才在"美的艺术"方面的这种"通晓"的才能，康德主张应该对"自然美"和"艺术美"进行精确的

---

① IKW，V，S. 384.

界定和比较。

康德说，自然美是一个美的东西；而艺术美则是对这个东西的一个美的表象。这种差异必然要求对二者的鉴赏的差异。艺术美的作品，是为了一个确定的目的而被创作成这样的。它为什么应该被创作成这样？"这样"必然是以一个概念为基础的；而且因为任何概念都追求自身的完备性，所以"这样"也必然是以一个目的概念的完备性为其准则的。而且由于概念的知性原则，即任何概念必然有其客体性的合目的性，所以艺术美也是要顾及这个客体性的合目的性。因而对于艺术美的评判，就不可能是一种单纯的审美判断力的评判，而是一种"现实的"（客体性的）艺术评判了。也就是说，这个评判不但要评判艺术作品的形式，也要评判它的客体化了的概念的完备性。

同时，康德揭示了美的艺术对于审美判断来说的一个"优点"：自然中有很多丑恶的东西，它们是不会被人作为审美对象的。但是在艺术中，它们（诸如自然灾害、战争、疾病和死亡等等）可能（通过理性或者知性与其形式的协调一致的结合）而以美的形式被描绘出来，使人得到某种欣赏的愉悦。但那些绝对让人恶心的自然物，是绝对不会找到自己的艺术表现的。

所以，在创造艺术美的时候，所要把握的就是作为一个概念的对象被可能普遍传达的、并体现这个概念的"形式"。这种与概念协和一致的形式到底应该是怎样的？这是简单地模仿自然和大师不能获得答案的，需要的是长期的甚至很痛苦的不断琢磨的完善化过程。只有在这个过程中，才能使作品在形式上既符合于概念，同时又能够享受"美的创造"的自由和愉悦。

但是，鉴赏决不是创造。鉴赏能力决不是一种生产能力。所以，对"美的艺术"的鉴赏，必须坚持以对"美的"鉴赏为主旨，从而使我们的想象力获得鉴赏的自由，而不去关注其客体在概念方面的完备性（合目的性）；但同时又必须兼顾形式与概念目的的协调一致性，以便使形式不显得太夸张和矫揉造作。

同时应该注意到，日常物件为了使人喜欢总要采取美的形式。在这里，形式对于物件的实用性来说，是一个附带的"装饰"，只是手段和方式。这种东西是不能被称作美的艺术品的。对它们的美的欣赏是附带的，而它们的实用则是主要的。可以被看作美的艺术品的，应该只是那些被艺术家创造的"其对象的质料并不实用"、而对激发人的情感有直接作用的东西，比如诗歌、乐曲、绘画，等等。这种区别使得康德说，在"应该存在着的"（seinsollend）"美的艺术的作品"中，人们常常觉察到天才却没有觉察到鉴赏；而在另外的地方觉察到鉴赏却没有觉察到天才。

那么，天才到底是什么？康德从人的心灵的内在能力的维度研究了这个问题。

康德设问说：人们在谈论某个美的艺术品的时候会说，这艺术品没有可指责的地方，但它"没有精神"。这个精神是什么呢？康德回答道：在审美的意义上来说，"精神"就是心灵的蓬勃向上的激奋状态。一件美的艺术品"没有精神"，就是它的形式不能使人有"精神"，即不能把人的审美理念表象出来。这个理念是一个不可言说的理念。这个理念是一种"胜过自然"的意识：当人以自然消遣（unterhalten uns mit Natur）的时候，人也因为嫌自然太"平常"而要改变它，我们就可以把由联想律提供给我们的关于自然的审美表象的材料加工成某种胜过自然的东西。想象力的这种表象，就是康德在这里所说的"理念"。它具有某种力图超出日常经验的努力追求，但没有任何概念可以表象它，它只好把概念加以自由地运用（超出知性和智性的规则），使概念获得了"以审美的方式扩展"的可能性。这就是想象力的才能。例如诗人的诗句的用词和画家图画的物体和场景，都并不表达这些词和图画的知性概念的意义，而是在这些词和画的某种意境表象上以及它们的相互关系上对想象力所要表象的心灵之物进行对象性的"摹状"，所以，这些词和画是一些具有审美意味的"摹状"（Attribute）。这种表象能够使人获得比那些实际的概念和画以及同它们相对应的实物所包含的内容更多的东西。例如朱比特的神鹰和它爪中的闪电就是这位威风凛凛的天地的象征，而孔雀则是富丽华贵的天后①的象征。象征使新的想象力通过所给予的表象加入到原有的表象之中去，使得很多在原有的具有知性规定性的词语和图画形象中找不到表达的感觉（Empfindungen）② 激奋起来③。康德指出，甚至一个智性概念也可以充当经验感性的表象的象征，这种象征也可以使经验感性的对象被激奋起来。所以，"审美理念是想象力的一个表象"，它被加入到那"已被给定的概念"之中。这种表象在想象力的自由运用中同各个部分的多种多样的表象联系在一起，这表象找不到一个确切的概念表达它，但它使人从"对这个概念的观照"中获得很多与这个概念有关的"不可言说的"东西。

康德认为，这就是天才的"心灵力量"，它们由想象力和知性一起构成。在这里，想象力在运用知识时，受到知性的限制，但在发挥审美的意图时却是自由的，这使它能够为知性提供很多知性在其概念运用中原来并没有或者未被开发的（unentwick-elten）丰富材料；而知性这时也并不只是向客体应用这些材料以形成"知识"，而主要地是激活主体自身的"认识能力"。所以，康德说，天才是任何科学不能教会、任何勤奋不能学到的。它从本质上就在于一种令人愉快的关系：它既为一个被给定的概念寻找理念，而同时又对这些理念进行表达；而通过这个表达，被这个表达所激发的心灵的主体情调，就伴随着概念传达给别的人。

把处于心灵状态的那些不可言说的东西通过某些（巧妙地被形成的）表象表达出来，并且把它普遍化为一种可传达性的东西，这是不容易做到的。而要做到这一点，就必须有一种能力能够把想象力的无拘无束的自由游戏的表象及时地抓住，并把它"统一到"概念之中，使概念得到（审美化的）创新，从而形成

---

① 指罗马神话中的朱诺（Juno），也即希腊神话中的赫拉（Hera）。——作者注

② 参见 IKW，V，S. 390。

③ Ibid.，S. 391.

一个崭新的（客体）表象，使这表象具有精彩的感染力（有精神）。这就是天才的心灵能力。

康德通过以上论述对艺术美的天才进行了揭示。在下面，他简要地总结了天才的特点：

第一，天才是一种艺术才能，而不是科学才能；

第二，天才作为一种艺术才能，它以一个目的创造作品，因而它以一个确定的知性概念为前提，但它也以体现这概念的材料的表象为前提。也就是说，它以想象力同知性的关系为前提；

第三，它既在实现一个预订的强调的目的概念的过程中表现自己，也更多地在为表达这目的概念而以想象力的自由激发起包括着丰富的审美感性材料的理念的过程中表现自己；从总体上说，也就是在使想象力在摆脱一切规则的自由活动为概念创造在表象上的合目的性的过程中表现自己；

第四，这种才能是由主体的本性（Natur des Subjekts）所产生的。主体的本性能够形成想象力与知性的合规律性之间的自由的协和一致，即"使得"二者能够按照一定的匀称程度结合起来。

简言之，康德说：

> 天才就是：一个主体在运用其认识能力时他的天赋的具有典范意义的原创性。①

据此，康德再一次强调，天才的作品不是一个模仿（Nachshmung）的范例，而是另外一个天才追随（Nachfolge）的范例。由于后一位天才追随的是前一位天才的独创精神，即从前人那里获得的是一种"自身特有的原创性的情感"（Gefühl eigener Originalität），以前者为榜样，摆脱规则的束缚而自由地创作，从而形成了使自己的作品成为"新的"典范的新规则。

康德不但不赞成（客体性的）模仿，也反对以主体性的方

---

① IKW, V, S. 393.

式对天才进行的歪曲性的"猿猴式的模仿"（Nachäffung）①。康德讲到了它的两种形式：一种是在自己的模仿中，夸大或者歪曲天才对理性规则的偏离，形成一种畸形的违反常规，而把这说成是对天才的继承；另一种是所谓的"样式化"（Manierieren），这是一种矫揉造作。样式化所宣称的一种样式是审美模式，另外一种是逻辑模式。前一种的特点在于所有表象的一致而单调的情感；后一种的特点则在于固定死板的原则。就美的艺术而言，问题在前者。同时，康德批评"怪异"（Sonderbarkeit）、"炫耀卖弄"（Prangen）、"装模作栏"（Geschrobene）和装腔作势（Affektierte）。认为这些做法无助于艺术的水平，而仍然表现的是一种"无精神状态"。

在对鉴赏和天才进行了上述详尽的论述之后，康德问，到底什么事情对"美的艺术"更为重要呢？是鉴赏呢？还是天才？

康德回答说，如果只就天才来说，艺术应该是"精神洋溢"的，而就鉴赏来说，艺术才立该是"美的"。康德认为，说艺术是"美的"，就意味着并不必要求是丰富的（reich）和原创的（original）；而要求的是"想象力在其自由中同'对象的合规律性'的适宜性（Angemessenheit）"。康德认为，如果过于的精神洋溢和自由，就会成为"胡闹"。而鉴赏恰好是使精神洋溢的自由同知性的合规律性相适应的保证能力。

因而，鉴赏力作为一般判断力，就是对天才的"狂放"进行"驯化培养"（Zucht）的能力。一方面，它"剪断天才的翅膀"，使天才懂得习俗风尚、受到磋磨；另一方面，给天才以积极引导，使它懂得发展自己的方向和范围。总之，要使天才保持自身的"合目的性"。由于这种培养，天才本身就有了理性的牢固基础，它就会达到持久而普遍的赞扬和自身的不断前进。

为了强调鉴赏对于美的艺术的优先性，康德说，如果鉴赏和

---

① Nachäffung 这个词似与 Affe（猿猴）有关，含有如猿猴那样无知地戏弄般的模仿的意思。中国成语"东施效颦'略切其意。可解释为拙劣的、歪曲性的模仿。——作者注

天才这两个方面发生冲突的话，他宁可选择鉴赏而"牺牲"天才。也就是说，宁可损失（Abbruch）"想象力和自由"的丰富性而不允许损失知性。

"鉴赏"在美的艺术的四个能力中，占有把其他三种能力（"想象力"、"知性"和"精神"）统一起来的地位。在这一点上，康德同意休谟的观点。[①] 可见，康德十分强调"鉴赏"在成就"美的艺术"中的首要而关键的作用。

三 "美的艺术"：分类、结合与比较

为研究这个问题，康德首先阐明了"一般美"的概念，以及"美的艺术"同"美的自然"的区别。他写道：无论是自然美还是艺术美，都是"对审美理念的表达"。只不过在美的艺术中，这个理念需要一个客体的概念来促动；而在美的自然中，这个似乎由那对象客体所表达的理念，可以直接地通过主体对直观的反思而被把握。

康德把美的艺术划分为三个类型：（1）言说的艺术（redende Kunst）；（2）造型的艺术；（3）"感觉的游戏"的艺术。

康德指出，当然也可以根据表达类型的不同而把"美的艺术"二分，划分为（1）表达观念的艺术；（2）表达直观的艺术。但这种二分法过于抽象。

康德对他的三分法进行了阐明：

第一，"言说的艺术"就是"讲演术"和"诗艺"。讲演术是把知性的事务活动作为想象力的自由游戏来推进；而诗艺是把自由游戏作为知性的事务活动来阐释。

第二，"造型艺术"就是对经验感性直观中的理念进行表达的艺术。它分为两类：（1）"经验感性的真实性"（Sinnenwahrheit）的艺术。它就是"塑形"。（2）"经验感性的映象"（Sinnens-

---

① 参见 IKW，V，S.395，康德所写的注。康德写道："前三种能力通过第四种能力才达到了结合。"

chein）的艺术。它就是"绘画"。塑形使得格式塔（形象）在视觉和触觉两个方面成为"可知的"。而绘画只作用于视觉。

康德又把"塑形"艺术分为：（1）雕塑艺术，（2）建筑艺术。前者以形体表现事物的概念在自然中的"可能的实存"，后者则是把一种目的作为意图通过造型的艺术性而表现出来。雕塑只是为了表达审美理念，而建筑则适合于某种"使用"（Gebrauche）的需要。康德强调，雕塑艺术不应该只是对自然的单纯模仿，而要重视审美理念的自由，过于的"感性真实"，就不是艺术品了。

对于绘画艺术，康德也分为两类：（1）"对自然进行美的描述"（schöne Schilderung der Natur）的艺术；（2）对自然的产物（Produkte）进行美的"总和编排"（schöne Zusammenstellung）的艺术。前者指真正的绘画艺术，后者则指园林艺术（Lustgärtnerei）；前者给予人们以"形体的广延"（körperliche Ausdehnung）的映象，而后者是以一定目的（即适合于某种理念）对形体广延进行总合编排。康德还将"功用在于给人观看"的装饰过的房间、服饰、场面等等都归入"广义绘画"。

所有造型艺术都通过形象（格式塔）来表达艺术家的精神。

第三，感觉的"美的游戏"的艺术。康德认为，这类艺术所涉及的是感觉器官的（紧张）情绪的不同程度。它可分为"听觉的"和"视觉的"，即"音乐"和"色彩"。康德认为，这两种感觉不能只被看作感觉器官的印象，而要被看作"多种感觉在游戏中的形式"。只有它们在进行"美的游戏"的时候，这艺术才是美的艺术，不然就是"快适的艺术"。

康德还指出，以上三大类美的艺术及其子分类可以组合而形成新的"美的艺术"的种类。例如，讲演术和绘画可以组合为"戏剧"，诗和音乐可以组合为"歌唱"，而歌唱和绘画又可组合为"歌剧"，音乐中的诸感觉的游戏和诸形象的游戏可以组合为"舞蹈"。一些对崇高的表演也可以归入美的艺术，属于此列的有"朗诵式的悲剧"、"教喻诗"和"圣乐"，等等。康德指出，在这些形式中，愉快同时也就是文化教养（Kultur），精神和理念在这里是协和一致的。

从美的艺术的分类可以看出它的分化和演变，而演变关系到艺术的走向和前途。康德正是在这个意义上，从美的艺术的分类谈到了"美的艺术"的出路。康德说，如果一味地沉溺于各种艺术种类的消遣和娱乐，就会使艺术沦落为对享受的单纯追求。这将导致人的精神麻木迟钝、艺术对象令人厌恶、人的内心世界越来越形成对自我的不满情绪。这就是美的艺术的并不乐观的最终命运。但康德提示，要能够避免这种"命运"，艺术就应该被联系于道德理性的愉悦。

也正是在对于美的艺术的一种理念性质和道德期待的意蕴中，康德对各种美的艺术的审美价值进行了比较。

康德认为，"诗艺"（Dichtkunst）在所有美的艺术中居于"最高的等级"（oberster Rang）的地位。因为它把想象力置于自由之中，以此扩展着心灵。它虽然受到一个既定概念的限制，但它能够把无限多样的形式同这个概念的限制协调一致起来，从而形成概念与"一个思想的饱满"（mit einer Gedankefülle）相联结的形式。由于那丰富性无法得到表达，于是那形式就把自己通过审美提升到理念的高度。由于在诗艺中心灵是自由的，因而它有能力把自然评价为一种审美直观的对象，从而把自然作为超感性之物的显现（图式）。因而，尽管诗艺包含着某种知性的合目的性（事务），但它仍然是一种单纯的审美游戏。

对于讲演术的价值，康德持贬抑的态度。认为它是通过美的映象捉弄人的艺术，是用感性的表演来偷换和包裹知性。它既不适合于法律，也不适合于宗教。康德称它是一种阴险的技巧，以便通过花言巧语利用人的弱点而达到它的意图。尽管康德也把修辞学（口才和对言辞的擅长）看作语言的美的艺术，但这种清醒的理性不能掩盖他对演说家的激烈的反感。[1]

---

① 参见 IKW，V，S. 403—404，以及 S. 403—404 的注。

康德把"音调的艺术"（Tonkunst）看作在具有刺激性和引起心灵激动方面仅次于诗艺的价值的美的艺术形式。它不依凭于概念，完全是唤起人们的感觉。它的音符虽然转瞬即逝但它能够更内在地激动心灵。它以音调的变化及其丰富性和整体关联性，表现着人与自然相适应的心灵状态，表达人的不可言说的观念的丰富性，它似乎离纯粹的审美理念最近。它是人的最惬意的自我艺术享受。

但是，康德认为音调的艺术对人的心灵教化的价值是不充足的。尽管它给人的快适的程度在美的艺术中占有最高的地位，但它的教化价值却是最低的。这是因为它感觉游戏的特性太多而知性特点不够。

康德还以其声音传播的人类特性评价了音乐。他说，音乐对周围的人（邻人以及同演奏者、欣赏者有不同的音乐爱好或者不喜欢音乐的人）有一种强制性的胁迫。在家里唱圣歌当然既热闹又有教益，但却把喧闹的压力加诸周围的社会大众，这就很不公平。[①]

如果从教化的意义上来说，康德认为造型艺术的价值远远高于音调的艺术。因为造型艺术把想象力放置在自由而又同知性相适合的游戏中。它以知性为凭依，促进概念同感性相结合。

康德总结说，在造型艺术中，绘画占有最优先的地位，不但因为素描艺术（Zeichnungs-kunst）是一切造型艺术的基础，而且因为绘画能够比其他造型艺术更深入地进入理念领域，使直观得到扩展。

在对美的艺术进行研究的最后篇幅，康德对各类美的艺术的审美机制进行了心理的（或者生理的）阐释。

康德再一次强调，"吸引人并令人喜欢的东西"同在经验感性上令人快乐（vergnügt）的东西有本质的区别。快乐（Vergnügen）是一种对人的整体生命（gesamtes Leben）有促进作用的情感，因

---

① 参见 IKW，Ⅴ，S. 406 及该页康德的注。

而也促进人的肉体的健康。但快乐作为一种经验感性的享受，与人的理性处于既适合又有差异和对立的复杂关系中。康德举例说，一个贫穷而正派的青年可能"讨厌"他自己对获得他吝啬父亲遗产的"高兴"，人们也可能"喜爱"一个寡妇对他逝世丈夫的"真心悲痛"，我们对我们"喜欢"科学事业感到"快乐"，人们"讨厌"仇恨、忌妒和报复的心计给自己带来的"痛苦"，等等。康德说，愉悦和讨厌是建立在理性基础之上的，是对一件事的赞同或者反对；而快乐和痛苦是建立在情感基础上的，是对一种状态感到舒适或者不舒适。

康德认为，不包含任何意图的各种感觉的相互交替的自由游戏使人快乐，并促进健康。这种快乐的游戏可以达到激情的程度，尽管也许人们对这些感觉对象并无多大兴趣。康德把游戏分为三类：（1）输赢的游戏（Glückspiel），（2）音调的游戏，（3）思想游戏。康德对它们分别进行了评价："输赢的游戏"表现的是游戏者的虚荣和自私；"音调的游戏"要求包含着激情的各种感觉的交替变动，可以使审美理念活跃；而思想游戏仅仅是判断力的各种表象的交替，它激活心灵。游戏的心理机制是怎样的呢？康德写道，游戏使人快乐，但同时也使各种激情（希望、高兴、恐惧、愤怒和嘲弄等等）都以游戏的方式表达出来。人的生命力在游戏中显得朝气蓬勃。康德认为，输赢的游戏不是美的艺术，可以不去讨论。而音乐和玩笑（Scherz）却是快乐的主要内容。

关于音乐的意义，康德在前面似乎有所贬抑，但在这里，他认为，音乐使游戏从身体感觉走向审美理念，然后又从审美理念返回身体。

而"玩笑"从观念开始。当表演使知性没有得到预料的叙述内容的时候，紧张的心理变为松弛，一种快适的激情应时而生，人的肌肉突然松弛，表现为"笑"（das Lachen）。康德认为，笑促进感官恢复平衡，对健康有益。他对笑进行了高度评价。他写道：

　　　　伏尔泰说过，上天给了我们两样东西，使我们能够平衡生活的诸多极度艰辛之事，那就是"希望"和"睡眠"。他本该能够把笑也算进去。[1]

关于快乐的意义，康德同意伊壁鸠鲁的评价：一切快乐都是动物性的，都是身体上的感觉。但是它们并不损害人们对道德的敬重的精神性情感。也可以说，快乐虽然并不高贵，但它可以和高贵共存于人们的生活之中。

康德还阐述了与快乐接近的"天真（Naivität）状态"和"诙谐幽默"。

他说，天真就是人性的原始的自然状态的正直对后来的世俗化性格的逃避。这种状态表明人的精神的纯真性并没有在污浊的世俗生活中完全泯灭。这就给判断力的自由游戏中增添了严肃和珍重。这种天真给人以温柔的感动，使人对世俗人的本性的状况产生稍许的战栗和遗憾，同时也使人对不能顺世随俗的性格感到尴尬。所以康德说，天真是一门罕见的艺术。

对于"诙谐幽默"，康德说，这是一种心灵自由的气质，它从不同平常但符合知性和理性的合目的性的角度来评价事物，使人产生一种心灵愉悦的享受。康德认为，它缺乏美的艺术的庄重和严肃，因而属于"快适的艺术"。

四 审美判断力的辩证法以及美的道德性

在以论艺术的内容丰富的篇章结束了他的"审美判断力的分析学"的研究之后，康德按照他对前两个《批判》构造的思路，对审美判断力也进行关于其"辩证法"的研究。这一部分内容主要是阐述"鉴赏的二律背反"，提出鉴赏的二律背反的表象和这个二律背反的消解（Auflösung）。

康德首先解释了什么是"辩证的判断力"。他指出，如果说一个判断力是辩证的，这个说法就要求，判断力是必须能够进行

---

[1] IKW，V，S. 411.

"推想"（理性般进行思考）的。康德对此解释说，说一个判断是"推想判断"（indicium ratiocinans），就是宣称自己是普遍判断，它就可作为理性推演中的大前提；而说一个判断是"理性判断"（indicium ratiocinatum），也就是说，它只是理性推演的结论，这结论是被先天地建立的。① 所以，这样的一些判断，必定有对先天普遍性的要求。

由于在鉴赏判断的可能性的基础上，出现了自然的方式和不可避免的方式之间的相互冲突的概念，所以，"鉴赏的批判"具有辩证的性质而必须予以消解。

这一辩证性质的一方命题是：每个人都有自己的鉴赏。鉴赏是私人的事情。因而无权要求别人的赞同。这是一种个别性的主体主义的立场。

而另一方的命题是：鉴赏是不可争辩的，可以假定它有一个似乎客体性的概念作为其确定性的根据，这个根据似乎在知性范围内是可以被证明的。这是一种客体性的普遍主义的立场。

康德总结说，这个二律背反就是：

正题：鉴赏判断并不是建立在概念之上的。如果不是这样的话，它就可以被以证明的方式来进行争论；

反题：鉴赏判断是建立在概念之上的。如果不是这样的话，要求他人的赞同就是不可能的。

康德接着提出了消解这个二律背反的任务。他说，要消解支持鉴赏判断的原则的冲突是不可能的。除非我们认定在这两个判断中，与客体相关的"概念"并不是同一个概念，而是两个不同的概念。康德认为，对"概念"的这种双重意义的可能性的研究，对于理解先验的判断能力来说，是必要的。但这两个概念的映象在一般人们的意识中被混淆也是不可避免的。

康德指出，鉴赏判断必须与一个概念发生关系，不然，他就决不可能要求对每个人的必然有效性。但概念有两种，一种是如

---

① 参见 IKW，V，S. 413 及该页康德的注。

知性概念那样，是被规定的；另一种是对超经验感性之物的先验的理性概念，它是不可能在知性的理论上被规定的，因而是不能用知性的逻辑方法和实证方法来证明的。

而"鉴赏判断"针对的是经验感性的对象，但它并不是一个关于知性的客体性对象的概念，因为鉴赏判断不是认识判断。所以，它是一个与对个别物的直观表象相联系的私人判断。在这个意义上，它只对私人有效。

但是，在鉴赏判断的表象中包含着更广泛的关系。这种关系是以一个"概念"为基础的，但这概念不是"认识的"概念，他不可能为鉴赏判断提供任何知性证明。这概念只能是关于超经验感性之物的纯粹理性概念。

康德在对于这个"概念"进行界定的基础上，探索着克服二律背反的思路：他说，鉴赏判断基于一个概念之上，这个概念提供自然界给予判断力的主体性的合目的性的根据；而同时，这概念并不是知性概念，它不可能为客体提供任何知性证明。鉴赏判断正是基于这个概念而获得了普遍有效性。康德说：

> 因为这个规定的根据也许就在这样一个东西的概念之中，这东西就是人性的奠基之物（Substrat der Menschheit），它是超越于经验感性的。①

康德解释道，从上述论证可以看出，那种在映象中表现为相互冲突的两个概念，其实是完全可以并存的两个不同的概念。只要理解了这一点，那种曾经被人们看作二律背反的问题，实际上是对同一个原理的不同说明。正题实际上说的是：鉴赏判断不是以确定的概念为根据的；反题说的是：鉴赏判断是以某种不确定的概念即超越于经验感性的人性的奠基之物的概念为根据的。可见，这两个命题都是真的。

---

① IKW，V，S. 416.

鉴赏判断的二律背反就这样得到了消解。

康德继续指出，对于作为消解这个二律背反的"唯一钥匙"的那个"人性的奠基之物"的概念，是我们无法再继续追问和研究的。

实际上，我们在此提出的是一个关于"单纯反思的审美判断力"的概念。这个概念是使二律背反得到消解的根据。康德指出：

> 审美判断力的二律背反的扬弃，采取了"批判"在纯粹理论理性的二律背反的消解中所遵循的一条类似的道路。在这里也同在实践理性批判中一样，二律背反也迫使人们同"意志"相反地超越于"经验感性之物"，而在"超越经验感性的东西"中寻找我们的一切先天能力的统一之点。①

为使人们对作为"消解审美判断的二律背反"的关键概念（理念）的"单纯反思的审美判断力"即"先验感性"有更为深刻的理解，康德对它作了更进一步的研究。

首先，康德从理念同知性概念的区别的角度，对先验感性的理念（即审美理念）进行了阐述。康德认为，所谓理念，就是根据某种主体性的或者客体性的原则而与一个对象"相关的表象"（bezogene Vorstellungen）。而先验感性的理念的特点就是，它永远也不能成为关于对象的知识，而只是按照"知性同想象力之间的协调一致"的原则同一个直观相关。如果一个理念是按照一个客体性的原则同一个概念相关，那么，这理念就是"理性理念"。但是这个理性理念是没有经验感性支持的，所以，它同审美的先验感性理念一样，也是内在的。

而在"先验感性理念"与"理性理念"的差异上，康德认为，如果把理性理念称为理性的一个不可（在知性领域）被验

_____

① IKW，V，S. 417—418.

证的理念的话，那么，先验感性理念就是"一个不可（在知性领域）被阐明的想象力的表象"。

康德指出，关于超越于经验感性的先验理念，无论是理性理念还是先验感性理念，都是关于先验自由的"概念"。也就是说，它们的最本质的特征，就是"自由"。

康德还据此解释了天才。他说，天才所具有的能力，就是先验的合目的性的能力，即他能够把握主体内部的无法由知性概念所理解和表达的超感性的奠基之物，并由于这种能力而把握我们内在的一切一般知识（即知性、理性和判断力）之间的协调一致。

由此也就可以作出如下的阐述：在研究二律背反的时候，我们所面对的不是一个而是三个各不相同的二律背反。但它们三个也有共同点，那就是：它们扬弃人们在经验知识中所依赖的"很坚固的"自然前提，而要求人们把经验感性对象看作"现象"，并在其之下放置一个理性的奠基之物。这个奠基之物是超经验感性的，他的概念只是理念而不可能是任何客体性的知识。

康德指出，三种二律背反分别根据于三种认识能力，即知性、判断力和理性。它们每一种都有自己的先天原则。知性的二律背反就是把知性一直运用到"无条件者"（即绝对者）那里去；而判断力的二律背反，就是把"先验感性"理念不得不作为"概念"，而又不能作为概念来运用；欲求能力的二律背反，就是自己为自身立法的理性的实践运用方面的二律背反。康德指出，只要搞清楚了这三种能力都有自己的更高一级的先天原则，那么，它们的二律背反就可以在先验理念的维度上被消解。对于判断力来说，只要明白"先验感性"同"知性"以及"理性"的区别，只要明白它们三者的根据都在人性的先天原则之中，即都是"目的论的"，那么，判断力的鉴赏的二律背反就是一个"与反思有关的混乱性"。

所以康德认为，实际上有三种理念：（1）"一般的超感性之物"的理念，即关于物自体的理念；（2）对我们的认识能力可达到的、作为自然的"主体性的合目的性"的原则的这个超感性之物的理念，即先验感性的依据者的理念；（3）作为在道德习俗之中的"自由的目的的原则"和"自由同目的协和一致的原则"的那个超感性之物的理念。这三个理念在人的一般理性即纯粹理性中实际上是同一个理念。

康德在如此彻底地揭示了鉴赏原则的先天原理之后，回过头来对"经验论"和"唯理论"的鉴赏原则进行评论。他说，如果按照经验论的鉴赏原则，愉悦的客体同快适没有区别；而如果按照唯理论的鉴赏原则，在规定概念之上的判断就同善没有区别。这就等于"美"可能被消融于快适和善之中而世界上不再会有美。

在鉴赏原则的唯理论中，康德区分了"合目的性的实在论的唯理论"和"合目的性的观念论的唯理论"。尽管二者都主张主体性的合目的性，但前者认为这合目的性是自然的现实的、有意图的目的同我们的判断力协和一致；而后者认为这合目的性是自然及其形式以无目的的、偶然的凸显同判断力的需要的协和一致。

康德特别评论了"自然的'审美合目的性'的实在论"。

所谓"自然的'审美合目的性'的实在论"，是指作为人的客体的自然，有一种有利于人的想象力的客体性目的。例如花的目的就是为人而争奇斗艳；鱼的目的就是为人而悠闲地漫游，它们似乎都完全是以人的观赏为目的的。这种观点要求人们必须向自然学习，以便知道什么应该是我们必定感到美的东西。如果是这样的话，鉴赏判断就必须服从经验性的原则，审美判断就必然会变为知性判断，人们获得的将是知识而不是美的情感。康德指出：

> 我们在评判一般的美的东西时，是在我们自身之中寻找评判的标准砝码（Richt-maß）；在对某物进行"是否美的"判断的时候，审美判断力是"自我立法"的。[1]

---

① 　IKW，V，S. 426.

在进行这种鉴赏判断时，关键并不在于"自然是什么"，也不在于什么是我们的目的，而在于"我们怎样摄取自然"。这是一种主体性的合目的性的判断，它的基础是想象力的自由游戏，在这种游戏中我们摄取自然，视它为美，自然决不会主动给我们展示它。是我们把自然评价为主体性的合目的性的，而不是它本身有什么客体性的目的。康德说，这种观点就叫做"审美的合目的性的观念论"。康德指出，在美的艺术中，这种合目的性观念论的原则更清楚。因为美的艺术不是知性和科学的产物，而是天才的产物，即出于内在于人本身的理念。

康德总结说，经验感觉对象即现象的"观念性"，是解释现象的形式为什么能够被先天地规定的唯一形式。和这种情况一样，先验感性的合目的性的观念论，是评判自然美和艺术美的唯一前提。

在他的审美判断力批判的最后小节，康德研究了判断力和理性的关系，提出了美是道德习俗的象征的著名论断。

康德指出，理性概念是没有实在性的，它也不可能有任何直观。它能够得到的表象方式就是象征（Symbol）。而美就是"道德习俗之善"（Sittlichguten）的象征。因为只有在道德习俗的理性规定中，每个人都作为义务的主体而向别人要求赞同，美的愉悦的可普遍传达性也就是这样通过对其他每个人的要求赞同而成立的。在这种以普遍可传达性作为一个人同其他每一个人的关系中，人才能在自己的心灵中意识到自己的"高贵化"（Veredlung），并且意识到通过感性印象"对愉快的单纯感觉"的升华（Erhebung）。康德还指出，我们常常用以"对道德习俗的评判"为基础的名称，来称呼"自然或者艺术"的"美的对象"。例如"庄严的大厦、雄伟的树木、欢笑和快活的原野"，等等。甚至颜色也被称为"贞洁的"、"谦虚的"、"温柔的"，等等。康德认为，之所以有这样的称呼，就是因为那些表象（大厦、树木、原野、颜色等等）激起了一种感觉，这感觉包含着某种同由道德判断所导致的心灵状态的意识相类似的东西。这样一来，康德写道：

　　　　鉴赏使得从感性刺激到习惯性的道德功利的过渡成为可能，这种过渡是在没有过于暴烈的跳跃的情况下进行的。这是由于这个过渡以"可规定性的方式""把处于自身的自由之中的想象力""表象为""对于知性来说"是合目的的。①

　　至此，康德完成了他把审美判断力看作从知性能力到理性能力的过渡的中介的著名观点的研究和阐述工作。

　　在审美判断力批判的结尾，康德在完成了他的观点的论说之后，强调地概述了"鉴赏的方法论"。他几乎是以扼要地列举的方式阐述了他的丰富的思想。这可以被看作他对艺术的实质和意义的提炼和概括。

　　康德阐述了艺术与科学的区分和联系。他指出，不可能有关于美的"科学"，也就是说，美决不是科学。他强调，尽管任何艺术中的"科学"的东西，即"质料性"的东西是美的艺术的不可缺少的条件，但它们决不是"美的艺术本身"。

　　既然美不是科学，它的传授方法也就不同于科学。康德指出，美的艺术没有科学所应该具有的"教学法"，它的传授只能依靠"风格"（Manier）。这是一种模式。它并不是艺术的本质之点，而只是"附带的东西"。关键的东西，即后人最应该重视的东西，是天才的"艺术理想"。虽然人们并不可能"完全"实现艺术理想，但艺术必须关注"理想"。艺术的传授就是"唤醒学生的想象力"并使其与给定的概念相适合。如果把前人的风格（模式）当作最高的范本，那就会窒息后来的天才及其想象力，从而，也就不会再有美的艺术。同时，正确的鉴赏力也会不复存在。康德强调，"美的艺术"的"入门"（Propädeutik），并不在于对规范的把握，而在于使心灵力量（Gemütskräfte）具有"人文学科"的"预备知识"，获得人文的"教化"。康德认为，人文（Humanität）一方面

----

　　① IKW, V, S. 431.

是"同情心"，另外一方面就是人对自己最内在的东西的一种普遍传达的能力。这两方面结合起来，就形成人的"社会性"。而人正是通过这种社会性把自己同动物区别开来。为了使一个民族能够成为文明的民族，康德认为，最重要的是要把民族中的最有教养的那部分人的理念同较粗野的那部分人的理念协调起来，使得前一部分人的宏达和精致同后一部分人的淳朴和原创性结合在一起。康德要求，应该在人的"较高的文化教化"与"善于满足"这两种（人的）本性之间找到一种"中介"。康德很看重这个中介的意义。他认为，这中介就是（作为）"人的感受"的"（审美）鉴赏"的最准确的尺度。而且，康德再一次指出，文化典范对于一个民族是很重要的。因为时代的发展使人离自然越来越远，如果不能有意识地保存和维护典范，一个民族就很难具有把自己的"最高文化的""合法则的强制"同"感受到这种价值的力量和正确性"的"自由本性"结合起来。

在上面所说的人的自由本性同他的"社会"理性应该完美结合的这个最高的意义上，康德认为，"从根基上"来说，"鉴赏"就是"对'道德习俗的理念'的'感性化'的评判能力"。正是从"对道德习俗理念的情感的'感受性'"中，形成了鉴赏的愉悦的普遍有效性。所以，康德的审美判断力批判的最后一句话就是：

> 鉴赏的"真正入门"的奠基，就是对"风尚习俗"理念的"发展"和对道德情感的"教化"。因为只有当感性同道德情感协和一致时，真正的鉴赏才能够具有一种确定不变的形式。①

可以说，在一部思想深邃的《判断力批判》中，这是康德最后留给人们的值得深长反思的美学格言。

---

① IKW，V，S.433.

第二章　谢林美学

　　谢林（Schelling，1775—1854）是德国古典思想时期的一位重要的哲学家，他在美学（即他所说的"艺术哲学"）方面也多有论著。在谢林的系统性的哲学著作《先验唯心论体系》中，他明确写道："客观世界只是精神的原始的、仍然无意识的诗；哲学的工具总论和整个大厦的拱顶石乃是艺术哲学。"他还认为："哲学诚然获致了最高者，可是，它就好像只是把残缺的人带到这个地方；艺术则把完完全全的人如人所是的那样带到那里，也就是说，使其认识到了最高者，艺术与哲学间的永恒差别以及艺术所带来的奇迹都由此而来。"我们据此对谢林关于艺术哲学的重要性的观点可见一斑。而随后在他的重要著作《艺术哲学》中，谢林对艺术哲学作了更深入的阐述，提出哲学是在"原象"中展现绝对者，而艺术则是在"反象"中进行展现，艺术作为对绝对者的展现"与哲学是处于同样高度的"，真与美实际上只是"对一/绝对者（Einen Absoluten）的两种不同考察方式"而已。

　　谢林的美学思想的内容是相当丰富的。由于篇幅所限，我们在本章只能对谢林的美学思想进行简要的阐述。第一节是对谢林生平及思想作简要概观，重点放在谢林的前期。第二节是简析《先验唯心论体系》中的美学思想。第三节至第五节则是对谢林《艺术哲学》进行简要阐述：首先是探讨艺术哲学本身的内涵；其次是阐述艺术哲学的一般部分，主要是围绕两个问题，其一是决然自在的绝对者是如何在艺术中展现的，其二是现实的艺术作品是如何产生出来的；再次是阐述艺术哲学的特殊部分，也就是阐述谢林就造型艺术和语言艺术所作的具体论述。而鉴于神话是谢林美学思想中的一项基本内容，并且也是他的艺术哲学中的核心话题之一，故第六节是简要探讨谢林的前期神话观。最后是简要评述谢林美学的历史影响及意义。

第一节　谢林的生平、著作及哲学概观

一　生平

谢林，1775 年 1 月 27 日出生于符腾堡。这里的宗教氛围是路德新教，谢林的父亲是符腾堡新教教会的主教（1812 年病殁）。这种新教氛围不仅影响了谢林的思想活动，也影响了他的生活方式。卡洛琳在 1799 年 2 月 4 日写给诺瓦利斯的信中曾这样说："紧张的工作过多地妨碍了他与人交往；在尼特达默家里他就是这样，他所具有的是士瓦本人的方式，他对于这一点从未感到过不惬意。"[1]

1790 年，15 岁的谢林进入图宾根神学院学习，室友是黑格尔和荷尔德林，但这两位要比他高两个年级。神学院的生活诚然沉闷，但包括谢林在内的许多年轻人却都在为不远处的邻国正在进行的大革命，为德国近些年来在哲学和文学方面的突破而激动不已。谢林与黑格尔、荷尔德林似乎有着一个共同的约定，就是要为"神国"而奋斗。

他在学习期间发表的重要作品主要是两篇论文：一是 1793 年的《论最古老世界的神诰故事、历史传说和哲思》（简称《论神话故事》），二是 1795 年写作的《论我作为哲学的本原，抑或

---

① 转引自 Eckart Klessmann（埃克哈特·克雷斯曼），*Caroline*，*Das Leben der Caroline Michaelis-Boehmer-Schlegel-Schelling* 1763—1809（《卡洛琳的一生：1763—1809》），List Verlag 1975，S. 179。古留加《谢林传》也提到了这封信（第 89—90 页），但只引用了这句话的前半部分："紧张的工作常常妨碍他与人交往。"

论人的知识中的不受限定者》（简称《论我》）。

1795 年由图宾根神学院毕业后，谢林在斯图加特也找了一份家庭教师的工作。次年春天，由于他的学生要去莱比锡大学念书，谢林自此在莱比锡一直呆到 1798 年的秋天，在那里写出了他的自然哲学著作，即《自然哲学的诸观念》（1797 年）、《论世界灵魂》（1798 年），同时还通过尼特达默在耶拿的《哲学杂志》和耶拿的学人们保持着联系。

主要是由于自然哲学方面的思想得到了歌德的赏识，年轻的谢林进入耶拿大学任教。《先验唯心论体系》是他为了获得教授资格而出版的著作。由于费希特惹上了意外的麻烦而离职，谢林有幸接任费希特的哲学教席，让耶拿大学继续保持自莱因哈尔德以来在康德哲学进路方面的名望。

在耶拿期间，谢林两度试图撰写"同一哲学"（1801 年《对我的哲学体系的呈现》和 1802 年《对哲学体系的进一步呈现》），但均未留下体系性的完整阐述。这个时期最引人注意的著作也许是他在艺术哲学方面的论述：在《先验唯心论体系》中他把艺术哲学称作是哲学体系的拱顶石，并且还专门开课教授《艺术哲学》。当 1803 年底谢林就任维尔茨堡大学任职后，他首先教授的仍然是《艺术哲学》。

1805 年秋天，在战争的背景下，欧洲重新划分了版图。巴伐利亚失去了维尔茨堡，笃信天主教的奥地利政府占有了它，于是，谢林作为新教徒只能离开维尔茨堡大学，转而来到慕尼黑，它是巴伐利亚的首府。1806 年 9 月，谢林成为慕尼黑科学院的院士。1807 年 10 月 12 日，谢林在科学院作了题为《论造型艺术与自然的关系》的演讲。演讲相当成功，之后谢林受托组建艺术科学院。

1809 年 9 月 7 日，谢林的女朋友卡洛琳在毫无征兆的情况下突然辞世。对谢林来说，这是重大的打击。卡洛琳之于谢林的重要性，素为研究者们所看重。雅斯贝尔斯说："在众多伟大的哲学家中只有谢林，有一个女人通过她的人格对于他而言产生了决定性的意义，这不仅只是通过一种情爱方面的激情和人与人之间的亲密，而且同时还通过她的精神本质。"①

1826 年，谢林被聘为慕尼黑大学教授。次年，他出任巴伐利亚科学院院长。1841 年谢林受普鲁士国王威廉四世的邀请到达柏林，出任柏林大学的哲学教席，并任普鲁士政府的枢密顾问官。谢林在柏林讲授他自 20 年代以来一直潜心加以研究的神话哲学和启示哲学。1854 年去世。

二　著作

1795 年《论我》的写作，显然是受了费希特的极大影响。但黑格尔却敏锐地察觉到了谢林自己的东西，在写给谢林的信中称之为"您的体系"。② 在这篇论文里，谢林赋予绝对的我以绝对的本原的地位，这个绝对的我、这个不受限定者是完全自为的，它自行生产着自身，赋予一切受限定的、有限的我以实在性，用谢林的话来说，这是一个有着自身强力（Selbstmacht）的"本原"。毫无疑问，这样一个绝对的我颇有些形而上学的味道，而当时另外一个忠诚于费希特的学生就敏锐地感觉到了这一点：当时是耶拿大学学生的赫尔巴特（Johann Friedrich Herbart），向费希特呈递了一篇批评谢林《论我》的文章，把谢林的这种观点称作是"思辨的一形而上学的（spekulativ-metaphysisch）"。③ 在《论我》一文中，另外一个很重要的地方是谢林对智性直观概念进行了创造性的转化，将智性直观规定为绝对的我自己对自

---

① 转引自 Karl Jaspers（卡尔·雅斯贝尔斯），*Schelling：Größe und Verhängnis*（《谢林：伟大与灾难》），München 1955，S. 16。

② 1795 年 8 月 30 日，黑格尔由瑞士伯尔尼写给谢林的信。参看苗力田编译《黑格尔与霍尔德林、谢林来往书信》，中国人民大学哲学系外国哲学史教研室 1978 年 9 月，第 20 页。

③ 转引自 Reinhold Lauth（莱因哈尔德·劳特），*Die Entstehung Von Schellings Identitätsphilosophie in der Auseinandersetzung mit Fichtes Wissenschaftslehre*（1795—1801）[《谢林同一哲学在与费希特知识学的对抗中的出现（1795—1801）》]，Verlag Karl Alber Freiburg 1975，S. 205。

己的把握。①

　　而在随后的自然哲学著作中，谢林又有了进一步的观点。他说，当人把自身同外部世界设定成是有矛盾的，当人们提出外在于人的事物是如何可能的这一问题的时候，这是"迈向哲学的第一步"，然而这只是迈向哲学的第一步而已，这仍只是单纯的反思（Reflexion），而"反思"，以及与"反思"同步的人与外部世界的"分离"，只是"手段"，而不是"目的"；真正的哲学，是与反思反设定的，是要把"普泛而言的反思看作是单纯的手段的"［《全集》，II，14］（系《谢林全集》1856 年版第二卷，以下将均略去《全集》二字）。也就是说，哲学既要沿着"反思"的路向深入下去（由此，就必然要通向自身之内的绝对者），同时也不能真的就把外部世界搁置起来。真正的自然，是活生生的，而那个被搁置起来的、只是由理想性的东西中被推论出来的自然，则是"一个僵死的客体"［II，48］，若是那样的话，人的精神也就变成"诸事物的一面僵死的镜子（einen toten Spiegel der Dinge）"［II，19］。于是，哲学所要做的是把真正的自然展现出来，把自然的那个"内在的东西（das Innere）"展现出来，从而，自然就是"可见的精神"，而精神则是"不可见的自然"［II，56］。很显然，这种把自然也看成是"绝对者"的做法，即一种研究自然中的"动力式的东西（das Dynamische）"的自然哲学，已有别于费希特的哲学。

　　在《先验唯心论体系》中谢林进一步明确了自然哲学与先验哲学之间的关系："使客观的东西成为第一位的东西，从中引

----

　　①　而费希特把智性直观摆在相当重要的位置，是在谢林之后。Michael Vater 说："费希特最初在 1794—1795 年《全部知识学的基础》中就先验意识所作的构造，所采用的明显是一种基要主义者的策略，把可规定的我与非我展现为两个在先的设定或两个自存的假设（绝对的我与绝对的非我）的逻辑结果。修改后的耶拿体系，即在 1796—1799 讲演中展现出来的，让智性直观来做原本由这些设定来做的事情。"参看 Michael Vater（迈克尔·法特尔），*Intellectual Intuition in Schelling's Philosophy of Identity* 1801—1804（《谢林同一哲学中的智性直观》），in: *Schelling: zwischen Fichte und Hegel / Between Fichte and Hegel*（《谢林：在费希特与黑格尔之间》），herausgegeben Von Christoph Asmuth, Alfred Denker, und Michael Vater, Amsterdam/Philadelphia: B. R. Gruener, p. 214。

出主观的东西来……是自然哲学的课题。因此，如果说有一种先验哲学，那么留给他的就只是相反的方向，即把主观的东西作为第一位的和绝对的东西，从主观的东西出发，使客观的东西从主观的东西里面产生出来"①，并演绎了人的绝对的"我"的构造。在此基础上，同一哲学的框架每每呼之欲出，艺术哲学方面的著作总在给人这样的暗示，然而却始终未能以完善的面目呈现。生活上出现了波折，思想上遇到新的难题，是同一哲学的体系计划最终搁浅的主要原因。此后谢林往另一个方向走去，《自由论文》是这一新方向的界碑。实存问题，在这一视域当中展开对自由可能性的探讨，关联着上帝与人，上帝与世界之间的关系，成为后期谢林的主题。

三 哲学概观

谢林的哲学生涯相当漫长，不断思考，不断反思自己过去的思考。他的最大特色就是不断地前进，这是他的最大魅力。然而漫长的生涯亦给作为思想家的他带来不幸，他不得不在晚年面对那愈益壮大的、强调行动而非纯粹思辨的社会思潮的敌视和尖锐批评。他曾经是哲学史上一次壮观的思辨浪潮中的一位重要成员；这场思辨的浪潮以自由问题为旗帜，调动起了人们去行动的热情和兴致，却亦由于自身的纯然思辨的性质而遭受行动者们的辩证性观照。命运与哲学家之间的关系就是这样独特：一方面命运从来都是哲学家努力要克服的，另一方面命运却一次又一次地把作为哲学家的人吞噬。

通常都把谢林的整个哲学生命分为前后两个阶段，而且这前后两个阶段又都可具体分为两个时期，即准备时期（Vorbereitungszeit）和鼎盛时期（Hochzeit）。前期的准备时期，是指受到费希特极大影响的时间段，而鼎盛时期大约是从自然哲学著作出

---

① 谢林：《先验唯心论体系》，梁志学、石泉译，商务印书馆1976年版，第8—9页。

现时算起。后期的准备时期则是指受伯麦这一思路的思想家的影响，可从 1804 年《哲学与宗教》算起，《自由论文》大致是后期鼎盛时期的开始，此后谢林试图构造出一种全新的体系。然而遗憾的是，他再一次只是留下许多的体系规划。

出现在黑格尔哲学史讲演录当中的谢林，主要是前期的他。而谢林关于艺术哲学的论述，基本上都是在前期思想中，尤以《先验唯心论体系》和《艺术哲学》为主。

从具体的美学史角度来看，谢林的美学思想在很长时间里都不曾得到应有的重视，这在一定程度上是由于黑格尔美学的影响。黑格尔的美学有着完备的体系，宛如巨人屹立在西方美学史上，这给了同时代的其他美学思想以极大的思想史压力，谢林、耶拿浪漫派均概莫能外。黑格尔的伟大自是毋庸置疑，然而若由此看不到别人的伟大之处，完全被黑格尔的光芒所吸引，而仅仅落入了黑格尔所规定的视域中，则恐怕这亦并非是黑格尔所愿意的：如黑格尔这般自信的，必定敢于也愿意在同他人的竞争、评比中彰显自身是强有力的，而决不曾想要赢取任何一场不公平的战争，而这至少意味着要将别人真确地展示。

谢林与黑格尔之间的战争，是哲学史上一道独特的风景。这场漫长的战争在形式上开始于黑格尔 1807 年《精神现象学》的出版，在该书前言中黑格尔尖锐批评了谢林的同一哲学（"黑夜观牛一切皆黑"）；在形式上则终结于谢林 1841 年执掌柏林大学的哲学教席，这是黑格尔曾经主宰过的地方。可是，这个形式性的开始并不是黑格尔的胜利：谢林的同一哲学诚然不曾在实存之维有所展开，于是有所欠缺，但是谢林本人却正经过自己的同一哲学而走在"一条通往黑格尔尚不曾明见到的某个东西的道路"上（借用蒂利希的话），[1] 这条道路的第一块界碑就是《自由论

---

[1]　Paul Tillich（蒂利希），Schelling und die Anfänge des existentialistischen Protestes（谢林与实存论抗议的开端），in：Paul Tillich（蒂利希），Main Works/Hauptwerke（《主要著作集》），Vol. 1/Band 1. Philosophical Writings/Philosophische Schriften（《哲学著作》）；edited by/herausgegeben Von Gunther Wenz；Berlin：Walter de Gruyter，1989，S. 397。

文》。而同时，这个形式性的结束亦不意味着谢林取得了胜利：是黑格尔的辞世为谢林出现在柏林大学的讲席上提供了可能，而当谢林第一次站在这讲席上的时候，从挤得水泄不通的听众们那复杂（既有些许的敌意，又怀着莫名的期待）的神情中他必定又真切地感觉到了黑格尔的存在。

也许，找到确切的胜利者有利于纵观一场战争。在不算短暂的年月里，黑格尔由于他的《精神现象学》及其此后不倦的伟大劳作而被宣告为胜利者。然而也许更重要的是那更内在的东西，那曾经有过的个体沉思之路。就其艺术哲学思想而言，谢林的个人特色就很值得重视。

我们知道，艺术与哲学之间的关系，文学艺术方面的古今之争，经典问题，对所处时代的新锐艺术的评价，这些几乎是所有现代美学家们所关注的问题。围绕着这些问题，他们各自给出了自己的理解和尝试性的解答。谢林也不例外。在他的艺术哲学思想中，最重要的就是关于新神话的期待，也就是说，他相信另一个荷马必将出现，诗人还将再一次引领人类。对此汝信先生就曾指出："从尼采到海德格尔、雅斯贝斯，都致力于创造新时代的所谓新神话，这不能不说是继承了谢林的这份遗产。"①

第二节 《先验唯心论体系》中的美学思想

一 诗与艺术

在《先验唯心论体系》中，谢林明确写道："客观世界只是精神的原始的、仍然无意识的诗；哲学的工具总论和整个大厦的拱顶石乃是艺术哲学。"② 我们不妨着手从这个极其重要的句子

---

① 汝信：《谢林的艺术哲学》，载于汝信《论西方美学与艺术》，广西师范大学出版社 1997 年版，第 117 页。

② 谢林：《先验唯心论体系》，梁志学、石泉译，商务印书馆 1976 年版，第 15 页，略有改动。

着手，来理解《先验唯心论体系》中的美学思想。

这里所说到的"诗（Poesie）"，并不是通常所说的诗——无论是狭义的抑或广义的，而是指一种无意识的创造性活动：《先验唯心论体系》在对艺术哲学进行具体阐述时，从自我的无意识的活动与有意识的活动的会合来申说艺术创作，其中将无意识的活动中所找到的那个东西称作是"诗"，而将有意识的活动中所找到的东西则称作是"艺术"，后者是"经过深思熟虑而自觉地完成，既能教也能学，是能用别人传授和亲自实习的方法得到的"，而前者即诗则"只能是由那种天赋本质的自由恩赐先天地完成的"。① 正是由于这两种迥然不同的活动的会合，才成就了艺术；而既然客观世界即自然界从根本上并不具有艺术创作中的那种有意识活动，从而就只是"仍然无意识的诗"，于是，现实世界是无意识创造出来的，而艺术世界则是有意识创造出来的。但是，这并不意味着现实世界与艺术世界之间毫无共通处可言，因为那个在艺术世界中有意识地进行创造的活动同在现实世界中无意识地进行创造的活动实际上是同一种活动，都是含在存在者身上的"自我"的活动，差别只在于人的"自我"在有意识活动的程度上要高于自然界。诚然，人是以有意识的活动为起始点进行自由行动的，但这种自由的行动同自然界中的活动并没有质的不同，只有量的差异；可是，如果我们单单只是考察人的种种理性行为，是很难直接发现这一点的，而艺术创作活动却恰恰能够在这方面给出极好的演示：艺术家们的创作虽然是在有意识中开始的，却常常仿佛在一种不由自主的状态中把它完成，或可说成是，艺术创作不啻结束于无意识活动；而有意识活动与无意识活动的同一在艺术创作活动中最富于直观性。

很显然，人确实是高于自然的："自然界不会有真正的行动。理性生物则能有行动，并且在各个理性生物之间通过客观世

————————

① 谢林：《先验唯心论体系》，梁志学、石泉译，商务印书馆 1976 年版，第 267 页。

界的媒介所发生的相互作用还是自由的条件"。① 同时，既然每个理性生物（或者用谢林的其他表达来说的话，每个智性）都是自由的，又都是在客观世界中相互作用着的，这样就必然会有冲突出现，而由于他们都是自由的，就必然要努力使冲突消失以最大限度地成全自己的自由。这种和谐状态是真正的法治状态。可是，这个冲突是必然存在的，因为每个理性生物都是现实存在物（用谢林的话来说就是，是存在于外部世界中的），于是，这个法治状态就始终只能够是一种理想，而每一种暂时得以达成的和谐状态都只是向着这个终极的和谐状态的趋近。这也就是历史。而既然谢林是从自由的实现这一角度来看待历史的，以及历史是与对于理想的趋近相关联的（用谢林的话来说就是，"世界公民之治的逐渐产生"），于是，历史也就只是人所独有的，即"我们便看到我们得到了一种新的历史特点，就是说，抱有理想的生物才有历史"。②

二　自然的自由与人的残缺

但这并不意味着，人由于在幂次（等级）上是高于自然的，从而人生活在比自然界更欢快的氛围中。谢林说道，"任何植物都完全是它应该成为的那种东西，它的自由的成分是必然的，必然的成分是自由的。人则是一种永远残缺不全的东西（der Mensch ist ein ewiges Bruchstück），因为他的行动或者是必然的，于是乎是不自由的，或者是自由的，于是乎不是必然的和合乎规律的。所以，唯独有机自然界向我们提供了自由与必然的统一在外部世界的完整表现"。人诚然是最有意识的、是存在于更高幂次中的存在者，或者说，有着比一般存在者更高的自由，但是正由于如此，人的这个"最有意识"、这个"更高自由"所能够为人的"绝对者"所设置的障碍或限制也就越大，换言之，在人身

---

① 谢林：《先验唯心论体系》，梁志学、石泉译，商务印书馆 1976 年版，第234 页。

② 同上书，第240 页。

上，有意识的东西与无意识的东西之间的缝隙是所有存在者所能有的缝隙中最大的，而与此同时，"有意识的东西"本身所具有的力量、活动性又是最强的，也就是说，它具有力量阻碍绝对者对这个缝隙的缝合。这里的"缝隙"、"缝合"，用谢林的术语来表示的话，则是"分离（Trennung）"、"整一（Vereinigung）"。而如果让"有意识的东西"屈就，也即无视人在自然存在者中所已达到的高度本身，去服从某一规则，那么如此行动则是"不自由的"、"必然的"。由此可见，人诚然是自然存在者中幂次最高的，享有更高自由的，与此同时却亦是最悲惨的。幸运与不幸的这种辩证关系，在人身上达到了极致（1809 年的《自由论文》诚然是从完全不同的角度来道说人的自由，但在这个方面同《先验唯心论体系》是一以贯之的；在《自由论文》中他说道："无意识的东西和有意识的东西在动物的本能中只是以一定的和确定的方式结合在一起，正因为如此，这种方式便是不可变的。因为正由于两方面只是统一性的相对的表现，它们便是处于统一性之下，并且是根据之中起作用的力以一直等同的比例维系着被赋予它们的各原则间的统一性。动物不是人类那样能随意撕毁各种力的永恒纽带，动物永远也不能脱出统一性。"①）

正由于在人身上处于常态的是有意识的东西与无意识的东西之间的分离（或缝合），而不是"整一"活动（或缝合活动），故而谢林才说人是一种永远残缺不全的东西（Bruchstück）。而如果哲学只是对这一切作阐述（Darstellung），则哲学所把握到的只是一个处于残缺状态中的人，于是谢林说，"哲学诚然获致了最高者，可是，它就好像只是把残缺的人带到这个地方（Die Philosophie erreicht zwar das Höchste，aber sie bringt bis zu diesem Punkt nur gleichsam ein Bruchstück des Menschen）"。②

———————

① 海德格：《谢林论人类自由的本质》，薛华译，辽宁教育出版社 1999 年版，第 291—292 页。

② 谢林：《先验唯心论体系》，梁志学、石泉译，商务印书馆 1976 年版，第 278 页第 13—14 行，有改动。

三　艺术与完整的人

但艺术却是不同的。它能够把"一个完完全全的人"带到绝对者那里："艺术则把完完全全的人如人所是的那样带到那里，也就是说，使其认识到了最高者，艺术与哲学间的永恒差别以及艺术所带来的奇迹都由此而来（Die Kunst bringt den ganzen Menschen，wie er ist，dahin，nämlich zur Erkenntnis des Höchsten，und darauf beruht der ewige Unterschied und das Wunder der Kunst）。"于是，我们就要关注在谢林那里艺术是如何能够做到这一点的。

残缺或那种分离状态、有意识的东西与无意识的东西之间的矛盾，同样是艺术将要成其为艺术的"起始状态（Anfang）"："感性的生产活动（die ästhetische Produktion）不仅开始于对貌似不可解决的矛盾的感受，而且按照所有的艺术家以及一切具有艺术家灵感的人们的供认，还结束于对无限和谐的感觉"，"这个矛盾既然会使整个的人全力以赴地行动起来，那么，无疑是抓住了他的生命的矛盾，是他的整个生存的根本"。[①] 但艺术成其为艺术的地方就在于，它呈现为成功地将这一矛盾和解了，是"两种不断逃遁的活动的绝对会合"。但是，即使是艺术家本人都无法解释他是怎么做到这一点的，这是因为：（一）艺术家本人是从"感觉"开始的——诚然是对这个矛盾的"感觉"，但终究是感觉；（二）这种会合本身是绝对者在作用着——艺术家出于他的"感觉"，为"会合"提供了哲学家无论如何都不能够给出的契机，然而，经由这一契机而被发动起来的绝对者（在常态下，它始终是被阻碍的）显现出自行生产着自身的活动。我们已经论说过，"绝对者"实际上就是不断地实现自身同一的那个动力之源以及过程本身，经常被形容以"气息"，同样在这里也不例

---

① 谢林：《先验唯心论体系》，梁志学、石泉译，商务印书馆1976年版，第266页，略有改动。

外。绝对者的这种作用，使得艺术家是具有"灵感的"，而灵感（Begeisterung），从字面上来理解，其实就是"为精神、气息所吹拂"的意思。而既然这种会合对于常态而言是不可思议的，也是无法实现的，那么，艺术作为这种会合的实现者，就完全可以称得上是"奇迹"了。

而既然艺术实现了有意识活动与无意识活动的会合，那么，艺术也就通过其自身记录了"哲学无法从外部表示的东西，即行动和生产中的无意识事物及其与有意识事物的原始同一性"，于是，出于这样一种独一无二的"记录"功能，就可把艺术称作是"哲学的唯一真实而又永恒的工具论和文件（Organon und Dokument）"。也就是说，艺术的优势是：以"外部存在物"的形式印证了哲学所指出的那个同一性的存在。

总体而言，《先验唯心论体系》中的艺术哲学论述主要是有关艺术的创作，始终关联着人的"自我"来谈艺术。这其实也是合乎《先验唯心论体系》主旨的，因为先验哲学作为与自然哲学相平行的哲学部分，是对人的"自我"进行阐述。换句话说，艺术哲学本身可谈之处甚多，只是出于这本著作的需要而限制在这样一种关联中来谈，谢林在这本著作的序言中对此还作了特别的说明："关于整个著作结尾部分讲到的一些艺术哲学原理，作者提请对它们或许有点特殊兴趣的读者们不要忘记，对艺术哲学的整个探讨本来是无止境的，而在这里只是从它与哲学体系有关的方面进行的，由于这层关系，这一大题目中的许多方面就不得不事先置诸考察之外。"[①]

而既然是围绕着有意识的活动与无意识的活动这两个因素展开讨论艺术的，故而《先验唯心论体系》中对美的申说就不同于康德的《判断力批判》。在这里谢林提出，有意识的活动与无意识的活动最终在艺术作品中会合在一起，将无限的事物表现出

---

① 谢林：《先验唯心论体系》，梁志学、石泉译，商务印书馆 1976 年版，第4—5 页。

来了，这就使得艺术作品是美的，这就是美。

在《先验唯心论体系》中还提到了其他一些美学观点，然而并未作更系统的阐述，后文将在阐述其《艺术哲学》思想时，把这样一些观点同时纳入进去。

第三节　艺术科学与艺术哲学

一　艺术哲学的重要性

在《先验唯心论体系》中，谢林在先验哲学的框架中率先道说出了艺术哲学对于哲学体系的重要性。而随后，他在耶拿大学讲授有关学术研究方法（die Methode des akademischen Studiums）的课程，在就艺术科学这一主题进行演讲时也明确提出："艺术哲学是哲学家的必然目标。"因为哲学家在艺术中可以明见到"哲学家自己的科学的内在本质"，对于哲学家来说，艺术不啻"一面魔术般的、象征式的镜子"[Ⅴ，351]。这与《先验唯心论体系》中的相关思想是相呼应的。

艺术哲学这个概念，把"相互反设定的东西（Entgegengesetztes）联结到了一起"，因为"艺术是实在性的东西，客体性的东西，而哲学是理想性的东西，主体性的东西"，于是乎，艺术哲学所做的事情就是"在理想性的东西中展现艺术中那实在性的东西"[Ⅴ，364]。而在谢林那里所谓"在理想性中的东西中展现"就是构造（Konstruieren），从而，艺术哲学就是指对艺术的构造。

有必要在这里对"构造"略作说明。如同谢林哲学中其他许多重要的概念，"构造"成为谢林艺术哲学以及谢林整个早期思想中的核心概念之一，却是出自于康德哲学的。康德在谈到哲学与数学之间的区别时曾说到，前者是"出自概念"的知识，后者则"出自概念的构造"，而所谓"构造一个概念"，意指把与这个概念相应的直观"先验地展现出来"，这样，对于概念的构造来说，就始终对应着一个直观，且是一个先验地被展现的直观，是一个纯粹的直观，而不是经验性的直观。而既然这是一个直观，诚然并不是经验性的，但作为直观它仍然是一个特殊者，只不过是一个并非来自于经验的特殊者。于是，数学是"在特殊者中、甚至在个别者中考察普遍者，但却仍然是先天的和借助于理性的"，而哲学则只是"在普遍者中考察特殊者"，因为概念是一个纯粹的普遍者。①

谢林非常看重康德的这一区分，并对其作了他自己所特有的改造。因为在他看来，康德的这一区分显然把普遍者与特殊者看作是截然对立的两个东西：普遍者一定是不曾掺杂有特殊者的，特殊者也一定是没有掺杂普遍者的，可是在哲学的视野里，有没有一种东西既不是普遍的、又不是特殊的？也就是说，有没有一种东西既不是概念又不是直观？谢林认为，"绝对者"就是这样一个东西。绝对者是先于概念与直观的，只是出于绝对者自行生产自身的活动，被生产出来的是概念，而生产活动则是直观，也就是说，概念与直观之所以能够成为并作为两个相互对立的要素，只是由于在对立或分离之前存在着一个生产出它们这两者的"一"。这个"一"作为在先于分离或差异的东西，是"绝对的无差异点"。于是，既然存在这样一个先于概念与直观的绝对者，那么，哲学所关注的就并不单纯只是个概念。哲学所要展现的是那个绝对的无差异者。而如果一定要说这个绝对的无差异者是普遍者，那么，这个普遍者并不是一个与特殊者相对立的普遍者，而是一个作为普遍者与特殊者之合一的普遍者。这个普遍者显然是"康德所不曾体认到、不曾容设"的普遍者，因为康德始终只是"把普遍者和特殊者思作是反思对立（Reflexionsgegensätze）"。②

---

① 康德：《纯粹理性批判》，邓晓芒译，人民出版社 2004 年版，第 553 页。
② Schelling（谢林），*über die Konstruktion in der Philosophie*（《论哲学中的构造》），in：Schelling und Hegel（谢林与黑格尔），*Kritisches Journal der Philosophie* 1802/1803（《哲学批判杂志》），Verlag Philipp Recalm jun. Leipzig 1981，S. 185—186。

二　艺术展现绝对者

故而当谢林说到构造的时候，总是同他的"绝对者"、智性直观概念直接关联在一起的。哲学就是对绝对者的构造，是复现（或展现）绝对者自己对自己的构造，它既是构造者又是被构造者。艺术哲学既然是对艺术的构造，也就是要展现艺术中的绝对者。

哲学本身就是要展现绝对者，艺术哲学则是在艺术这个特定的"幂次"中进行展现，有如自然哲学是在自然"幂次"、历史哲学是在历史"幂次"中作展现。所谓"幂次（Potenz）"，是谢林经常使用的一个概念，其所具有的一个主要意思略可说成是"规定（Bestimmung）"。他在《论自然哲学与普泛而言哲学之间的关系》一文中说："被称为诸多不同的哲学科学的，都只是在诸多不同的理想性的规定之下，抑或，若运用那个已广为人知的表达，则是在诸多不同的幂次之下对哲学的那个未曾被切分的整体所作的诸多展现。"① 在《艺术哲学》中也明确说道："真确地并且自在地，只有作为'一'的本质、作为'一'的绝对的实在者存在着，而这个本质作为绝对的本质是不可被分的，这就使得它不可能通过切分或分离而过渡到迥异多样的本质中去；既然它是不可被分的，那么，普泛而言的诸多事物的迥异多样之所以是可能的，只是由于它作为整体的东西和未被切分的东西被设定为在诸多迥异多样的规定之下的。我把这些规定（Bestimmungen）称作是诸多幂次（Potenzen）。"［V，366］

而在谢林这里，艺术哲学这一用法与艺术科学并没有什么区别。他曾公开说道："艺术科学首先就是指对艺术的历史构造。"［V，344］这与谢林有关科学的概念是直接关联在一起的。

众所周知，康德《纯粹理性批判》的叙述开始于："纯粹数

---

① Schelling（谢林），*über die Konstruktion in der Philosophie*（《论哲学中的构造》），in: Schelling und Hegel（谢林与黑格尔），*Kritisches Journal der Philosophie* 1802/1803（《哲学批判杂志》），Verlag Philipp Recalm jun. Leipzig 1981，S. 165。

学是如何可能的"、"纯粹自然科学是如何可能的"这样的问题已经被解决掉了，"它们必定是可能的这一点通过它们的现实性而得到了证明"，因为它们都包含着"先天综合判断作为自身中的原则"，而至于形而上学，则无法通过自己的现实性来证明自身是可能的，于是"形而上学作为科学是如何可能的"仍然是一个问题，故而，康德就得"把迄今为止要独断地建立形而上学的一切尝试都看作是不曾发生过的"，从而首先就要回答"先天综合判断是如何可能的"。[①] 而谢林则响应费希特的思想，进一步提出如果哲学想要成为科学，就必须要以"一个至上的本原"、某个"不受限定的东西"即绝对者作为前提假设。诚然，"绝对者"在谢林那里出现了变化，由《论我》中被包含在人身上的绝对者，演进为同一哲学中作为绝对同一的绝对者，但是以绝对者为科学本原从而是哲学本原的做法却是谢林始终所坚持的。也就是说，在康德批判哲学的启迪下，谢林所在殚精竭虑的始终都是要将哲学确立为科学。故而，他所用到的艺术科学几乎就是等同于艺术哲学的。

三　艺术与哲学处于同样高度

而既然谢林是在对绝对者的构造这一框架下观照艺术的，这样的艺术哲学便不同于通行的艺术理论。谢林在 1802 年秋写给大施莱格尔的信中说："我完全不想去提供一种艺术理论，因为艺术理论或多或少对哲学只有从属的关系，并且从某一方面来说，即从思辨的观点看来，它必然是经验的。存在着现实的或经验的事物，与此相应，也存在着实在的或经验的艺术，这种艺术是理论的对象；但是，因为存在着思辨的对象、事物自身，所以也存在着艺术自身。经验的艺术只是这种艺术的表现；而艺术自身则是这样的东西，借助于它可以建立哲学和艺术的联系。从这一点您可以容易地看出，在这种意义上，我的艺术哲学与其说是

---

① 康德：《纯粹理性批判》，邓晓芒译，人民出版社 2004 年版，第 11—18 页。

艺术理论，倒不如说是宇宙哲学，因为艺术理论乃是某种特殊的东西，而艺术哲学则只属于对艺术的高级反思的领域；在艺术哲学中丝毫不谈经验的艺术，而只谈处于绝对之中的艺术的根源，因此艺术是完全从神秘的方面来加以考察的。我将要推演出的东西与其说是艺术，倒毋宁说是以艺术的形式和形象出现的一与全。"① 艺术哲学所面对的试然是艺术作品本身，却要通过一种特殊的认识途径把握艺术当中那个最内在的东西，从而超脱了任何停留于经验层面对艺术所作的分析。这种特殊的认识途径就是智性直观（intellektuelle Anschauung），它同时也是谢林整个早期哲学的"官能（Organ）"。有时候谢林也把它说成是"直接的直观（unmittelbaren Anschauung）"［V，344］，痛斥当时大学里现行的艺术课程里所欠缺的就是对艺术的直接直观，虽有大量的艺术材料可供研究使用，却只是停留于"艺术史方面单纯博学式的认识"（V，344）。而哲学家运用智性直观在艺术中所把握到的那个最内在的东西，正是"对于感官之眼而言是被遮蔽和不可达至的、唯有精神方可通达的真"［V，345］，即在艺术中的绝对者或宇宙。

那个不可区分的绝对者是纯粹的自在者，不落于任何形式之中。而如若绝对者错落于某一特定形式中，亦即"将无限的理想性构象到作为这一个的实在性之中"，此则为自然。自然作为实在者，便是以一种实在性的方式将绝对者容纳到自身之内。可是，作为实在者的自然毕竟是实在者，也就是说，绝对者已经不是那个纯粹自在的绝对者了，故而，"作为这一个在显现着的自然，并不是神的完满启示"［V，378］。只有在人的理性（Vernunft）中，绝对者的那个"纯粹自在"才能真切地显现出来，因为人通过理性从整个实在世界中最终明见到那个绝对的、包罗一切的纯粹自在者来（用谢林的话来说则是，"在定象世界中将

---

① 转引自汝信《谢林的艺术哲学》，载于汝信《论西方美学与艺术》，广西师范大学出版社 1997 年版，第 103 页。

那些个别的形式消融于绝对同一性之中［V，378］")。很显然，理性是作为理想性的东西（Ideales）将绝对者容纳到自身之内的。而正是由于在理想者的容纳中，绝对者成其为纯粹自在者（或用谢林的话来说，成其为"原象［Urbild］"），故而，理性是"神的完满启示"，而又由于这终究只不过是在理想者中显示出来的"原象"，即始终只是在直观中的原象，故而理性又只是"神的完满反象（das vollkommene Gegenbild Gottes）"。这里所说的"理性"实际上就是指错落在人身上的"绝对者"。而就理性是神的完满反象、完满启示而言，谢林又进一步作了区分，把人的理性活动区分为三类，分别为知（Wissen）、行（Handeln）、艺（Kunst）：知，是在理想性的东西占据优势的情况下对绝对者进行直观；行，则是在实在性的东西占据优势的情况下对绝对者进行直观；而艺，则是在理想性的东西与实在性的东西的无差别的情况下，在理想世界中对那个绝对的无差别（因为不可区分的绝对者就是绝对的无差别）进行展现的。于是，在谢林那里哲学与艺术之间的关系是：对于哲学来说绝对者是真的原象，对于艺术而言绝对者则是美的原象；或者说，哲学是在原象中展现绝对者，艺术则是在反象中进行展现。由此可见，艺术作为对绝对者的展现，"与哲学是处于同样高度的"［V，369］，而真与美实际上只是对"一/绝对者（Einen Absoluten）的两种不同考察方式"［V，370］而已。

第四节 艺术哲学的一般部分

一 艺术以诸神形象展现绝对者

既然艺术与哲学都是对绝对者的展现，接下来的问题顺理成章地就是：绝对者这个"自在的决然作为一和单纯的东西，是如何过渡为多与可区分之物的"，单就艺术而言则是，它是如何"自普遍和绝对的美中产生出众多特殊的美的事物的"［V，

370]。谢林指出，哲学对于这个问题的回答是通过理念学说或原象学说。哲学通过一些特殊的形式绝对地直观到了那个决然的绝对者，而同时绝对者并不因此而被取消；这些特殊的形式就是理念。通过诸理念，绝对者展现在哲学中。而艺术则是通过将这些理念以实在性的方式展现出来，从而将绝对者展现出来。如此展现的理念，都是一些"实在性的、鲜活的、实存着的理念"，它们就是诸神 [Ⅴ，370]。因此谢林说，诸理念之于哲学犹如诸神之于艺术 [Ⅴ，391]，哲学与艺术分别用诸理念和诸神使决然的绝对者展现。而鉴于绝对者以诸神的方式展现在艺术当中，于是谢林又把诸神即被实在性地展现出来的绝对者（或无限者）称作是艺术的"质料（Stoff）"，不啻艺术的"普遍和绝对的物质（Materie）"[Ⅴ，370]。

诸神与诸理念之间的这种关系，不禁使人想起康德在判断力批判中特意予以强调的"先验感性理念（ästhetische Idee）"和"理性理念"："我把先验感性理念理解为想象力的那样一种表象，它引起很多的思考，却没有任何一个确定的观念也就是概念能够适合于它，因而没有任何言说能够完全达到它并使它完全得到理解。很容易看出，它将会是理性理念的对立面（对应物）……总之，先验感性理念是想象力的一个加入到给予概念之中的表象，这表象在想象力的自由运用中与各个部分表象的这样一种多样性结合在一起，以至于对它来说找不到任何一种标志着一个确定概念的表达，所以它让人对一个概念联想到许多不可言说的东西，对这些东西的情感鼓动着认识能力，并使单纯作为字面的语言包含有精神。"①

而谢林还特别强调诸神形象是诸理念的"象征"，并用自己的方式对象征作了定义，即"象征之为象征，既不在于以普遍者表征特殊者，也不在于以特殊者表征普遍者，而在于映现中的

---

① 参见康德《判断力批判》，邓晓芒译，人民出版社 2002 年版，第 158、161 页。

普遍者与特殊者的绝对同一"，从而将象征同图式化、比喻区分开来：所谓图式化，是"以普遍者表征特殊者或特殊者通过普遍者被直观"，比喻则是"以特殊者表征普遍者或普遍者通过特殊者而被直观"。① 这三种展现方式即图式化、比喻和象征都是基于想象力的作用，都是想象力所造就的形式，但只有象征才是绝对的形式，因为唯有在象征中普遍的东西同特殊的东西以一种绝对的方式而是不可区分的。

这样，诸神无异于是为诸理念穿衣着装（einkleidet）、凝形成态（gestaltet）。而既然艺术是以一种实在性的方式将诸理念展现，即在反象中（即在确定形态中）展现无限者的，于是就使得作为诸神的无限者或绝对者具有这样的特点：诸神必定是处于确定特定形态中，即处于限制中的诸神，而各自的"限制"本身则会使得诸神各自具有不同的个性。当然，限制之于诸神是不同于现实的自然存在者的：对于现实的自然存在者来说，正是由于自身是无限者与有限者的结合，才成其为生命，因为所谓生命就是处在限制中的无限者，故而限制对于生命来说具有一种极特别的本源性，生命始终处在与限制的争执中；可是，对于诸神这些处于想象世界中的存在者来说，限制之于他们来说只是"戏谑与游戏的永不可穷竭的源泉（ein unerschöpflicher Quell des Scherzes und des Spiels）"［Ⅴ，394］，由此，对于诸神这些生命来说不存在"德性（Sitten）"问题，故而也就不能把"无德性（Unsittlichkeit）"加在诸神身上，因为只是对于现实世界中的有限者来说，才存在着"有德性（Sittlichkeit）"这一要求，而这是由于有限者自身始终有着愿望要将自身消融于无限者之中，亦即要让自身荣升为无限者。与之相比，诸神则处在永恒的欢乐之中，或用谢林的话来说，"诸神是绝对有福的（absolut selig）"，因为所谓"有福（Seligkeit）"就是指无限者消融于有限者或特

---

① 黄克剑：《谢林：艺术本身是绝对者之流溢》，系黄克剑先生著《美：眺望虚灵的真际，一种对德国古典美学的读解》第 5 章，福建教育出版社 2004 年版，第 206 页。

殊者之中［Ⅴ，396—397］。

　　既然诸神都是"生命"，那么，它们作为众多生命，彼此之间总是要发生或是那样或是这样的关系的，换言之，诸神自身必然是要"成象出一个总体性、一个世界"［Ⅴ，399］的。但很显然，这个世界、这个诸神的世界，如果可以谓其具有某种实存性的话，那么，"实存"在这里所具有的意味就不同于人的实存所具有的，而是"一种对于想象来说才是独立存在的实存或是一种独立的、诗性的实存（eine unabhängige Existenz für die Phantasie oder eine unabhängige poetische Existenz）"［Ⅴ，399］。也就是说，这种实存之所以成其为实存是坚固的，只是由于它的土壤是想象，于是谢林提醒到，"任意一种让寻常的现实性或是现实性概念同它们相接触的做法，都必然会摧毁这些本质本身［引注：指诸神］所具有的魔力（Zauber）"［Ⅴ，399］。

二　诸神谱系与神话故事

　　对于诸神之间的这无穷无尽的关联进行表达的最佳方式，就是在他们之间编织出"生育关系（Verhältnis der Zeugung）"来，谢林亦称之为"神谱（Theogonie）"［Ⅴ，405］。那个纯粹自在的绝对者，作为一切特殊者成其为特殊者的根源，作为包罗一切的无差异（谢林称之为"被遮蔽的、完全隐秘的同一性［die verborgene geheimnisvolle Identität］"；很显然，之所以是"被遮蔽的"、"完全隐秘的"，是由于诸神自身已现身为光亮的、敞亮的，从而映照出它是黑暗的、被遮蔽的），不啻夜与命运（Fatum），凌驾于诸神之上，亦由此是诸神之母。

　　如果说，就诸神中的某一位神或诸神间所发生的某一个关系所作的言说可谓之为"神话故事（Mythus）"，那么，就诸神间所必然呈现出来的这个总体性世界所作的言说则可称之为"神话（Mythologie）"。这就是希腊人的神话，即希腊人是纯然出自于"想象"而把无限者直观为自然的。可见，神话的得来取决于两个因素，一是诸神（它们出自于自然），一是诸神之间的关系，而这种关系经由"神谱"式的构造就确实显现为历史性的关系（die historische Beziehung）。故而谢林说道，"希腊人的实在论神话并没有摒弃历史性的关系，而恰恰是在历史性的关系中——作为叙事诗——才真确地成为神话"［V，448］。同样要看到的是，"神话"所指的是一种总体性，并且是一种逐渐形成的总体性。也就是说，那些构想出了个别的神话故事的个体，不啻在不知不觉中为成就这一总体性而起着作用［谢林把这些个体的此种无意识的合作称作是"共有的艺术冲动（gemeinschaftlicher Kunsttrieb）"或"共有的艺术精神（gemeinschaftlicher Kunstgeist）"（V，415）］，并且，出于这样一种对无限者进行考察从而得有诸神的祈向，任何个别的神话故事本身是不具有独立价值的，它的意义必然只是由一个或许当时还只是潜在的总体性所赋予的。这样，对于这样一种自然式的神话来说，任何个体性的神话故事都只是"中间体"（Mittel），唯有"神话"本身才是圆成之物（Vollendet）。于是，谢林说道，"在这样一个民族——在它的诗中，限制，有限者，占据着主导——那里，神话与宗教是类（Gattung）的事情。个体物（Das Individuum）能够把自身构成为种类，并真切地与类合为一体"［V，438］。谢林赞叹这个经由整个民族而得来的神话宛如经过一个人之手而玉成的，并由此，从"荷马"一词希腊原文（'oμηρο）的意思出发，把《荷马史诗》的作者"荷马"这个名字解读为"进行整合活动的人（der einigende）"、"同一性（die Identität）"［V，457］。

　　谢林就希腊神话与荷马史诗之间关系所作的表述看似复杂：他倏忽说到"神话的起源与荷马史诗的起源合二为一了（zusammenfallen）"［V，416］，这意味着荷马史诗与神话是同质的，倏忽说到荷马对于艺术来说是"第一者（der Erste）"［V，457］，这意味着荷马是一位诗人，而神话恰是拒绝一位诗人作为其作者的。然而结合谢林对"荷马"之为作者的意味就不难理解了。实际上，荷马史诗与希腊神话之间的关系，有如有限者与无限者之间的关系：有限者成其为有限者，不外乎是由于无限者注入其内并将无限者消融在自身之内。无限者的注入不异于为有限者作为原一材料本身吹来了气息、精神或灵机，差别只在于：在许多自然存在物那里，这气息隐藏在最深沉处（不妨借用谢林在1807年《论造型艺术与自然之间的关系》中所说的："闭锁在僵硬的岩石之内，把声［Klang］的迷人的灵魂闭锁在严苛的金属之中；甚至在培育着生命初成、有机的形态的时候，自然依然任由形式之力量胜出，而下潜于石化状态之中。……自然将它的第一批作品遮藏在僵硬的外壳之内"［VII，304］），在另一些自然存在物那里，这气息具有更强的活动性；与之类似的是，神话，作为总体性，它是绝对的客体性，同时也由此是最高的客体性，但这种绝对性恰恰意味着它始终是虚灵的，而荷马史诗作为一个确定的形态，即有限者，则将这个无限者消融在自身之内，但即使是这样一个确定的形态，它也是经过整个"种的打磨"而形成的，由此不啻无限者自行注入其内。只要从这样的角度来看，就不难明白，荷马史诗何以既是与神话有同一起源又是一个确定的形态——因为它不啻自然世界中的第一个存在者，谢林也正是由此把《荷马史诗》称之为艺术世界中的第一者。

通过诸神和神话，谢林回答了绝对者是如何过渡到艺术当中去的这个问题，并称诸神是艺术的质料，称神话和荷马史诗是诗、历史和哲学所共有的根本，是"原始质料"——所有的诗由它那里产生，是"海洋"——所有的河流从它那里流出来［V，416］。但是，对于艺术质料的构造，将绝对者同限制综合在一起，这样所得到的仍然只是艺术的"理念世界"［V，458］，而接下来必须要回答的问题是：现实的、个别的艺术作品是如何产生出来的［V，370］，也就是，"普遍的质料是怎样过渡到特殊的形式中，而成为特殊艺术作品的物质的"［V，416］。

三 天才及美与崇高

而特殊的艺术作品所关联着的，是创作特殊艺术作品的特殊的人。绝对者显现在人这种特定的限制中，便成其为"人的理念"；抑或，人只是通过人的理念而存在的。而既然在人这里灵魂与身体（抑或理性与有机体）不可区分地结合在一起，形成完全的统一，于是，人的理念作为理念在人这里就成其为客体性的。人能够进行创作活动，完全是由于含在人身上的这个理念，它是人身上的理想性的东西。鉴于这个理念是绝对者（抑或上帝）的一种限制，谢林亦将它称作是"上帝之绝对性的一块（ein Stück aus der Absolutheit Gottes）"，"栖息在人身上的神性的东西"，或曰"天才（Genie）"，是守候在人身上的"守护神（Genius）"〔Ⅴ，460〕。人出于含在自己身上的理想性的东西，而将自己的这个理想性的东西即理念展现出来，赋予它以形式，从而创作出了艺术作品。普遍的质料就是这样过渡到特殊的艺术作品中的。过渡的中介就是创作者。而正是在这个意义上，谢林称"艺术本身是绝对者的流溢"〔Ⅴ，372〕。

在《先验唯心论体系》中也曾说到"天才"，指出那个"根本无法认识而只能从产物中反射出来的不变的同一体"对创造者来说是一种"模糊的未知的力量"，是"不可理解的东西"，并称之为"昏暗的天才概念（dem dunkeln Begriff des Genies）"。① 而在这里，谢林仍然坚持天才"是寓于人之中而通过艺术家显现于真正的艺术品的那种东西"，② 则更进一步明确了"天才"就是含在人身上的人理念。同时，谢林仍然保留了《先验唯心论体系》关于天才、诗和艺术的区分，即天才是超越于诗与艺术之上的东西，但在表述上有所变化。他将天才剖析为实在性的方面和理想性的方面。所谓实在性的方面，就是将无限者呈现于有限者当中而形成的统一，谢林称之为"诗"；所谓理想

① 谢林：《先验唯心论体系》，梁志学、石泉译，商务印书馆 1976 年版，第265 页。
② 黄克剑：《谢林：艺术本身是绝对者之流溢》，载于黄克剑《美：眺望虚灵的真际，一种对德国古典美学的读解》第 5 章，福建教育出版社 2004 年版，第 211页。

性的方面，就是将有限者呈现于无限者之中而形成的统一，谢林称之为艺术中的"艺术"。通过诗，天才得以扩展或流到特殊的东西当中，使特殊的东西成为普遍的东西的象征，使有限的东西成为无限的东西的象征；换言之，出于诗，艺术作品方得以具有生命和实在性。然而诗固然是使天才得以流出的因素，是"直接的生产活动或创作活动"，但如若没有有限的东西或实在的东西，诗亦将无从发挥作用，艺术便是为诗、为天才的流出提供可能的因素，它所提供的是形式，正是在形式中天才使特殊的东西展露于普遍的东西当中。

出于天才的作用，艺术作品就是普遍的东西与特殊的东西的统一或不可区分，诗与艺术则是从两个不同的角度自主体性方面对这个统一过程所作的注疏。谢林还借此自客体性的方面谈到了崇高与美。

使无限者呈现为有限者，这在艺术作品中便表现为崇高；而使有限者呈现为无限者，则表现为美。而实际上，崇高与美是同一桩艺术作品所具有的，只不过是从不同的方面来谈。它们始终共存于同一桩艺术作品中，是相互容纳的，崇高与美之间的对立并不是质的、本质性的，而是量的对立。朱诺是有崇高的美，密涅瓦是美的崇高。不存在无美的崇高——此为"阴森"或"离奇"，也不存在无崇高的美，因为美"始终且必然地要求有限制"[Ⅴ，468]。

第五节　艺术哲学的特殊部分

一　总体的划分

现实的艺术就是在特殊的东西中展现普遍的东西，在有限的东西展现无限的东西。而在现实的艺术中，有的是用特殊的东西或具体的东西做到这一点，譬如使用切实可以听到、可以看到、可以触摸到的东西来展现，而有的则用普遍的东西譬如语言来展现。于是，现实的艺术可以区分为两类，前者是造型艺术，而后者是语言艺术。

　　而依据呈现的不同幂次，谢林把造型艺术划分为音乐、绘画和雕塑：音乐所使用的是一维载体，可拟为线；绘画所使用的是二维的载体，可拟为面；而雕塑所使用的三维载体，可拟为体。雕塑是前两者的综合，堪称造型艺术中的最高者。这与黑格尔的相关阐述几乎完全相反。在黑格尔那里，建筑是最低一级的艺术，往上依次为雕刻（即雕塑）、绘画、音乐，这显然是由于黑格尔从"理念的感性显现"来论艺术美，用以"显现"的感性材料愈少，在艺术领域内便愈是高级的：建筑在素材和形式中所表现的现实，"尚与理念对立，外在于理念而未为理念所渗透，或是对理念还仅有抽象的关系"；在雕刻中，心灵的内在生活"像是安居在感性形象及其外在材料里，并且因为这两方面显得契合无间，没有哪一方面压倒另一方面"；绘画则"使艺术解脱了物质须完全占住感性空间的情况，因为它只局限于平面"；至于音乐，则将空间里的绵延都"取消或否定了"，"声音好像把观念内容从物质囚禁中解放出来了"。[①] 当然，在黑格尔那里顺着这种思路比音乐更高级的还是诗（即语言艺术）。这就意味着语言艺术是高于造型艺术的。出于同样的理由，黑格尔亦提出哲学是高于艺术的。但谢林所持的却是完全不同的观点。

　　在谢林这里，艺术成其为艺术的特质就是"限制"，即以一种加限制的方式展现绝对者——他称之为"反象"。艺术作品的成败取决于绝对者与限制之间的契合程度，而不必仰赖限制本身的厚薄。造型艺术与语言艺术并没有高低的分别，差别只在于为展现理念而使用的材料或形式有所不同，或是实在性的材料，或是理想性的材料。它们均能在各自所特有的材料或限制方式的条件下实现绝对者与限制之间的完满契合。由此，在造型艺术与语

---

　　① 黑格尔：《美学》第 1 卷，朱光潜译，商务印书馆 1979 年版，第 105—106、110—111 页。

言艺术之间并没有绝对的对立，而是相互可以涵纳的。在某种程度上，亦可把造型艺术说成是对神圣者、对绝对者的言说——"造型艺术只不过是僵死的话语，却仍然还是话语，还是言说，话语僵死得越是完满——直趋至尼俄珀那被僵成石头的舌头所发出的声音，造型艺术自身便越是高卓"[V，484]。谢林从古希腊的艺术中体认出："古人以诉说的方式作雕塑，而其诗则以雕塑的方式而作。"[V，632]

造型艺术与语言艺术由于在展现方式上的差别，堪可分别称为艺术世界的实在方面（die reale Seite）和理想方面（die ideale Seite）。而在这两种类型之内，就造型艺术而言，以实在性的东西展现便是音乐，以理想性的东西展现便是绘画，而这两种东西的结合则是雕塑，这是谢林何以由音乐到绘画、再到雕塑的原因所在。而语言艺术既然是以理想性的东西为特质，于是在语言艺术的内部所具有的秩序便是：以实在性的东西展现便是抒情诗，以理想性的东西展现便是叙事诗，而这两种东西的结合则是戏剧诗。

二　造型艺术

（一）音乐

音乐所仰赖的是声，然而，声并不天然地就是音乐、艺术，而必须要被容纳到一定的限制中。"一连串的击打何以能够是有意义的，激动人心的，让人愉悦的？击打或声音，在没有任何秩序的情况下前后相继地传出，则不会对我们有任何的作用。而一旦在那些就其本性来说抑或就其质料来说毫无意义可言、就其自身来说绝无愉悦可言的声音当中出现了一种规律，这些声音在同等的时间段里反复传送从而形成一种周期，那么，这就形成了节奏"[V，492]，只有在出现节奏的情况下一连串的声音或击打才转化为音乐。节奏让一个毫无意义可言的序列转变成为有意义的。节奏，便是以实在性的方式对声音所作的限制或展现。而以理想性的方式所作的展现便是转调，因为节奏还只是以量的方式对声音做出限制，而转调则是以质的方式进行限制，它使音调性态保持前后一致。而节奏与转调的结合便是旋律。于是，谢林还用更高一级的范畴来喻说这三者：节奏是音乐中的音乐性的东西，转调是音乐中的绘画性的东西，而旋律则是音乐中的雕塑性的东西。

（二）绘画

类似于音乐中的节奏、转调和旋律，绘画按照实在者、理想者和二者不可区分这三种方式则分别为：素描，明暗处理和色彩。素描，在作为理想性艺术的绘画的里面是实在性的形式，是在特殊性当中尝试着把握住同一性。而要使这种作为差异的特殊性重新消融于同一性当中，从而去除素描所带来的差异，这就需要明暗处理的艺术。谢林把明暗处理称作是"绘画中的绘画"，即这是绘画当中的理想性的展现部分。而色彩则是这两者的结合。色是光与质料的结合。正如整个造型艺术以实在性的展现方式为特质一样，绘画也必须以素描这种实在性的展现方式为基础；素描堪称绘画的节奏，它是使绘画成其为艺术的东西，但只有色彩才使绘画成其为绘画。谢林写道："颜色只不过是形式当中身处较高幂次的。而所有的形式都仰赖于素描。只有通过素描，绘画才成其为普泛而言的艺术，有如只有通过颜色绘画才成其为绘画。"［Ⅴ，520］

（三）雕塑

雕塑艺术是造型艺术中的最高幂次，将音乐与绘画容纳在内。音乐是通过形式展现本质，将纯粹的形式即事物的偶性视为实体，并运用这种纯粹的形式进行塑造。绘画则相反，是在本质中展现形式，而就理想性的东西亦是本质而言，便是以事物为原型而在本质中予以展现。但雕塑则是表达形式与本质的统一，它所借助的是实实在在的有形体的对象，而不是音乐里的形式、偶性，或绘画里的纯粹理想性的东西或本质，于是，就不只是表现形式（若只是如此，则它是图式的）。也不只是表现本质或理想性的东西（若只是如此，则它是比喻的），而是在不可区分（或无差异）当中表现这两者，从而是象征性的。

与前相仿，雕塑艺术亦可分为建筑艺术、浮雕和雕刻（Skulptur）。其中建筑艺术是雕塑艺术中的音乐，浮雕是雕塑艺术中的绘画。而与绘画、浮雕相比，雕刻是以有机的和完全独立的方式来展现理念，这样所展现的就是绝对的对象，而建筑艺术不能做到前一点，浮雕则由于其对象总是要同某个背景相关联而不能做到后一点。

三　语言艺术

（一）抒情诗

抒情诗是语言艺术中的实在性形式，对应于造型艺术中的音乐，是将无限者呈现到有限者当中。在抒情诗，占据主导地位的是一种声音、一种基本感受。它只是要求一切同诗人或听众的心情关联到一起，而不必在乎客观的、外在的关联。这样，抒情诗便摆脱了叙事诗当中所坚持的那种稳定性，而是像在音乐中那样，在一个声音和下一个声音之间不可能有什么真正的稳定性，而只是在情调上有共通性，仿如让所有的差异消融在同一种色调中。

谢林强调抒情诗在古代和现代的不同。抒情诗在希腊的出现恰与"自由"的绽放、共和国体制的出现同步，于是在自由欢快的公众生活中，抒情诗成为"公共生活的灵魂"，为节日而歌，抒发的是豪迈的情怀。而当公共生活在希腊城邦之后渐趋淡灭，抒情诗也出现了变化，不再是公共生活和普遍生活的"反映和伴随者"，而只以"纯属主观的、个别的、短暂的情感"为对象，为此谢林说道，"古人的诗歌主要是赞颂豪迈的品德；他们乃是征战和社会生活的产物。通观种种内在因素，男性的友情居于主导地位；女性的爱则无疑居于从属地位。晚近时期的抒情诗，萌生伊始便着力于爱情以及据当时看来与之相关联的种种情感。对但丁说来，灵魂的初源为对少女贝雅特里齐的爱情……"①

（二）叙事诗

叙事诗则是以理想性的方式展现一幅历史图像其本身是怎样的。而诗人在陈述这一切的时候，却不曾为其中任何事情所牵动："在他的诗所描述的内容中，一件事物推动着另一件事物，一桩事件推动着另一桩事件，一份激情推动着另一份激情；而他本人却从未陷入这当中，于是他就成为神，成为神性自然的最完满图像。没有什么可以把他推动，他宁静地让一切发生，他不会抢在事件发生之前就有所动作，因为他本人并没有为其所激动；他宁静地俯瞰一切，因为在所发生的事情当中没有什么把他激动。他从不曾就对象进行感受，于是，对象可以是最高级的，也可以是最低劣的，可以是最不同寻常的，也可以是最平庸的，可以是悲剧性的，也可以是喜剧性的。"［Ⅴ，652］这与抒情诗所要表达的是诗人的"基本感受"、情绪形成了鲜明对照；在叙事诗里，所有的情感和激情都属于对象本身，阿喀琉斯为好友的死亡而悲恸，却看不出诗人究竟是有所感动抑或并没有被感动，因为"诗人根本就没有出现"［Ⅴ，653］。

叙事诗人只是在展现历史或行动的"自在（An-sich）"，而并不单纯地只是在表述行动和历史。而这种"自在性"就是纯粹的同一性，而不曾沾有无限者与有限者之间的对立。而既然在叙事诗中不存在无限者与有限者之间的对立，于是，在它的里面也就不存在自由与必然之间的冲突，自由与必然已处于一种共同的统一中。这样，叙事诗所展现的就是一种纯粹的必然性，即"作为同一性的必然"［Ⅴ，688］，而不是必然同自由之间的冲突（不是命运）。

---

① 谢林：《艺术哲学》，魏庆征译，中国社会科学出版社1996年版，第316页。

（三）戏剧诗

在抒情诗中存在着斗争，但这并不是自由与必然之间的斗争，而是一种单纯主体性的斗争。在叙事诗中亦不存在自由与必然之间的斗争，而只有作为同一性的必然；主体性的自由完全从属于客体性的必然从而并未引发冲突。而戏剧诗中所表达的，则是自由与必然在冲突中相统一。于是，戏剧诗可分为两种：悲剧和喜剧。

悲剧是主体/自由与客体/必然之间的现实冲突，这一冲突所导致的结果并不是其中某一方取得了胜利，另一方被击败，而是双方均既是胜利者又是失败者。主体，作为客体/必然性面前的失败者，所取得的最高胜利是——谢林显然是以索福克勒斯《俄狄浦斯王》中的俄狄浦斯王为例——，"自愿为一桩无可避免的罪行承担惩罚，由此，在失去了自己的自由的同时却又恰恰印证了自己的自由，这样也就是在对自由意愿的宣告中消逝"［Ⅴ，697］；于是，那个"最高受难的时刻"，由此也就演变为"最高的解放、最高的无痛苦的时刻"［Ⅴ，698］。而既然在这最高的时刻双方都取得了胜利——主体凭借着意向、客体凭借着自身强力——那么，这个最高的时刻就不只是和解（Versöhnung）的时刻。

顺便提一下，谢林这里就悲剧所提出的，与其早年《哲学书信》（1795—1796 年）当中的相关阐述是基本一致的：在该书第十封也是最后一封信中说道，"通过安排主人公同命运的超级强力进行抗争，希腊悲剧推崇人的自由：为了不挣脱出艺术的界限，必须让主人公倒下，而出于艺术的督促，为了重新确立人的自由的这份卑微，希腊悲剧还必须要主人公为那由于命运而犯下的罪行认罪。只要他还是自由的，就始终要同宿命的强力抗争。而一旦他倒下，便不再是自由的。在倒下的时候，他还由于失去了自己的自由而控诉命运。希腊悲剧不能够让自由和毁灭成为完全协调一致的。只有被夺走了自由的本质，才会倒在命运之下。*愿意为一桩无可避免的罪行而接受惩罚，以便通过失去自己的自*

由本身而印证自己的自由，于是怀抱着对自由意志的宣告（Erklärung）而覆灭，这真是一则伟大的思想。"①

喜剧同样是自由与必然之间的激烈冲突，只不过，必然性是主体性的，而自由则是客体性的——谢林由此把喜剧称作是对悲剧所含关系的"颠倒（Umkehrung）"［Ⅴ，711］。

当然，谢林也注意到了西方现代的戏剧诗同古希腊之间的差异。古希腊人的"命运"不复存在，取而代之以"性格"或"天意"。

第六节　神话

一　艺术应当成为新神话

神话，是德国哲学家谢林毕生都在探讨的话题。还是图宾根神学院里一位学子的时候，谢林就写过《论神话故事》。而在晚年，神话哲学连同启示哲学一起构成了他的主要论述对象。当然，他关注神话的兴趣点是有变化的。概而言之，神话问题在他的后期思想中直接同宗教意识关联在一起，而在他的前期思想中则主要是在艺术的关系框架里，这尤其体现在他的艺术哲学阐述中。而在艺术哲学论述中，他还提出了一个核心主题：艺术应当成为新神话的思想［他的原话是，"艺术家应当通过与自然的结合，最终形成出新的神话（einer neuen Mythologie）"（全集卷5，446）］"。

而艺术与新神话之间的这种关系，并不是在艺术哲学讲演录

---

① Schelling（谢林），*Philosophische Briefe über Dogmatismus und Kriticismus*（《论独断论和批判论的哲学书信》），in：Schelling（谢林），*Historisch-Kritische Ausgabe*（《历史批判文集》），Werke 3，hrsg. Von Hartmut Buchner，Wilhelm G. Jacobs und Annemarie Pieper，Frommann-Holzboog，S. 106—107。谢林关于悲剧特质的这一论述，受到了斯丛迪的推崇："自亚里士多德以后，有了关于悲剧（Tragädie）的诗学；自谢林以后，首次有了关于悲剧的东西（Tragischen）的哲学。"参看 Peter Szondi，*Schriften I*，Suhrkamp 1977，S. 151。

中才首次出现的。《先验唯心论体系》第六章（关于艺术哲学部分）的结语就谈到了新神话："必须期待哲学就像在科学的童年时期，从诗中诞生，从诗中得到滋养一样，与所有那些通过哲学而臻于完善的科学一起，在它们完成以后，犹如百川汇海，又流回它们曾经由之发源的诗的大海洋里。至于哪个东西是科学复归于诗的中间环节，这个问题一般说来也不难回答，因为这种现象在显得不可解释的分离过程出现以前，神话里已有这样的一个中间环节。新的神话（die neue Mythologie）并不是个别诗人的构想，而是一个新的，就仿佛只是在扮演着一位诗人的族类的构想，这种神话会如何产生倒是一个问题，它的解决唯有寄望于世界的未来命运和历史的进一步发展进程。"

《先验唯心论体系》并没有对新神话作更进一步的阐述，我们甚至找不到些微的暗示。这使得我们有理由推测：谢林在写作《先验唯心论体系》的时候关于艺术与新神话之间的关系已经有了相当程度的思考，只是囿于《先验唯心论体系》本身在主题方面的需要而将这一话题搁下。恐怕这也是谢林在该书序言所提示的一项内容："最后，关于整个著作结尾部分讲到的一些艺术哲学原理，作者提请对它们或许有点特殊兴趣的读者们不要忘记，对艺术哲学的整个探讨本来是无止境的，而在这里只是从它与哲学体系有关的方面进行的，由于这层关系，这一大题目中的许多方面就不得不事先置诸考察之外。"

这就提醒我们，在《先验唯心主义体系》与《艺术哲学》讲演录这两者之间存在一种更隐秘的内在关联。而新神话思想恰是这一内在特质的明确符号。

当然，新神话思想是当时德国思想界比较热衷的一股思潮，尤其是由于赫尔德的作用。① 然而，谢林的新神话思想明显具有自己的特色，颇成体系，而这恰是其他人所不具备的。而既然说

---

①　可参看 Manfred Frank（弗兰克），*Der kommende Gott：Vorlesungen über die Neue Mythologie*。（《来临中的上帝：关于新神话的讲演录》）Frankfurt/M.：Suhrkamp，1982。

到谢林的这一思想，又不能不简要提及那篇名为《德国唯心主义最古老纲领》的手稿。

这是一份残篇，关于这一残篇的著述时间、著述者身份，学术界自 20 世纪初期以来有相当激烈的争论，总的说来，在其著述时间方面学者们的观点还是相对统一的，至少都认为是在 1800 年之前，但关于作者身份却始终莫衷一是，黑格尔、荷尔德林和谢林各有拥护者。这份残篇既关注哲学，也关注诗，还直接提到了"新神话"，于是，出于与谢林本人"新神话"之间的关系，有研究者坚信这份残篇的作者应该是谢林。但是，基于这篇手稿是在黑格尔遗稿整理者那里，而不是在谢林遗稿中发现的，同时在谢林《先验唯心论体系》之前的其他作品中我们找不到有关新神话的阐述，而且谢林本人同时期的思想还与手稿中所说的一些主要内容是直接抵触的（譬如"公设"思想），这就使得我们没有充分的理由把这篇手稿算作谢林的作品，也就不能纳入到这里对其"新神话"思想的归纳整理当中。[①]

二　神话与艺术的关联

在《艺术哲学》中，谢林明确表露出了同一哲学的思想。同一哲学的思想，一言以蔽之就是：一切是一。若借用谢林自己的话来说，则是：一切是我。这个"一切是我"既指一切中的每一个都是一个"我"，同时也指这一切本身也是一个"我"；作为一切本身的这个"我"，相比作为每一个的"我"而言，堪称绝对的我，或绝对的一。这个作为一切本身的"我"，谢林将之称为宇宙，或绝对的宇宙，或自在的宇宙，而将每一个"我"则称作是特殊形态的宇宙。但是必须要强调的是，这个作为一切本身的我、宇宙，这个自在的宇宙，其自身就是特殊者与普遍者的统一，或曰不可区分（Indifferenz）。于是，每一个作为这一个

---

① 可参看 Rüdiger Bubner,（Hrsg.）*Das älteste Systemprogramm*：*Studien zur Fruehgeschichte des Deutschen Idealismus*，Bonn 1973，Hegel-Studien Beiheft 9。

的我就是该特殊者与普遍者的统一在特殊者中——谢林把这称作是象征（Symbol）。而在特殊者中的那个绝对者，便不再是单纯的那个绝对的绝对者，而是已经在特殊者中的，可以称之为"绝对者之一页（ein Stück）"，谢林亦称之为理念。由此，所谓理念，乃是已在特殊形态中的绝对者。他关于理念的思考，很显然不同于柏拉图和康德。而理念与那个自在的绝对者之间的关系，谢林用"幂次（Potenz）"表达。

将自在的绝对者同理念关联起来进行认识，这是哲学所特有的认识方式——谢林称之为：在原象（Urbild）中认识绝对者。艺术也是能够认识绝对者的，但表象的方式是不同于哲学的：是在反象（Gegenbild）中认识绝对者。也就是说，艺术总是在特殊形态中涵纳绝对者以表象对绝对者的认识。很显然，这种特殊的绝对者与自然世界是极相似的，但不同之处在于，前者是由人生产出来的，而后者是由那个自在的绝对者生产出来的；前者属于理想世界（ideale Welt），后者则属于自然世界。

哲学在原象方式中（urbildlich）所认识到的是诸理念（Ideen），而艺术在反象方式中（gegenbildlich）所认识到的便是诸神（Götter），是那个自在的绝对者的各种特殊形态。谢林一再提到，理念之于哲学恰好比诸神之于艺术。这样，诸神世界（亦即希腊神话）对于整个艺术领域而言，就具有奠基性的意义，于是，谢林称希腊神话是"诗意世界中的最高原象（das höchste Urbild der poetischen Welt）"［5，392］。当然，谢林这里是在更具体的幂次上来言说"原象"的：初一级的，哲学是在原象中，艺术是在反象中；进一级的，即在艺术这个具体领域里，希腊神话是原象，希腊的其他所有艺术是反象。也就是说，它们都是对希腊神话进行重新塑造而得出的，而实际上，它们就是在希腊神话的基础上进行转变而产生出来的；希腊神话是质料，而重新塑造就赋形，赋予形式——谢林有时候把这个过程称为 umbilden，也许可以译为：转向。由此，谢林就把神话称作是艺术的土壤，是艺术的质料（Stoff）。

必须要指出，谢林关于艺术领域中的原象—反象问题还有一个重要的观点：作为原象的希腊神话并不是由想象力（Einbildungkraft）生产出来的，也就是说，并不是由某一个特定的艺术家怀着某一特定的意图而调动起自己的灵感，从而将其创作出来的。它完全是在自然而然的过程中逐渐形成的；以反象的方式对自在绝对者进行表象，这是那涵纳在人身上的绝对者的自然流露——这种自然流露，谢林称之为幻想（Phantasie）。经历漫长的自然流露而形成的诸神世界，仿佛有如由一个人创造出来的，却并不是由一个人创作的，而是整个种族都参与其中的（个体不啻在不自觉的状态中为之尽力——谢林把这些个体的此种合作称为"共有的艺术冲动 [gemeinschaftlicher Kunsttrieb]"或"共有的艺术精神 [gemeinschaftlicher Kunstgeist]" [5，415]）。于是，在这个意义上《荷马史诗》便堪称"第一者（der Erste）"[5，457]，前文已有更具体的相关阐述。

显然，神话在谢林艺术哲学中有着非比寻常的地位。谢林从同一哲学的角度所作的论述，不仅在关于希腊特殊境遇中神话与艺术之间关系的理解方面为我们提供了有益的思路，而且还提示我们：艺术与神话之间的关联是内在的、普遍的。

三　神话的三个时期

在《艺术哲学》中，还直接将西方的神话区分为三个时期：第一时期是希腊的神话（griesche Mythologie），第二个时期是现代的神话（moderne Mythologie），第三个时期则是他所期待的新神话（neue Mythologie）出现的时期。

前文在论述艺术哲学一般部分时已经提到了希腊神话的特色，这里不再予以重复。在希腊神话里，最基本的因素是两个：一是诸神（它们出自于自然），一是诸神之间的关系，而这种关系经由"神谱"式的构造就确实显现为历史性的关系。故而，谢林说道："希腊人的现实神话（die realistische Mythologie）并没有摒弃历史性的关系，而恰恰是在历史性的关系中——作为叙

事诗（Epos）——才真确地成为神话。"［5，448］

　　在希腊之后，主宰了西方历史从而影响了西方文化艺术的是基督教。而对基督教而言，那个纯粹自在的绝对者——永恒者——是"一切事物的父"，但绝不会由永恒性中走出来的，而只能够由永恒性之处给出两个与永恒的父自身一样永恒的形式。其中一个形式是有限者，即神之子；就"自在"而言，神之子是绝对的，而就其显现着（in der Erscheinung）而言则是有痛苦的、道成了肉身的（leidence und menschwerdende）。另外一个形式则是永恒的精神（或灵），这是无限者，在这个无限者之中一切事物合而为一。而那包容一切的神，即永恒的父，则凌驾于这两个永恒形式之上的［5，431］。这样，基督教明显不同于希腊宗教的地方就是：绝对者诚然以有限者的形态显现，却只是为了扬弃这个有限者的形态，或用谢林的话来说，只是为了"来受苦，以神之子为榜样而取消有限者（um zu leiden und das Endliche in seinem Beispiel zu vernichten）"［5，432］，从而荣升为永恒的精神（即圣灵），而"绝不会像希腊神话那样把人的特征神化（Vergötterung der Menschheit）"［5，432］。

　　于是，谢林说耶稣基督既是古代诸神世界的顶峰，又是古代诸神世界的终结，因为基督确实是绝对者的显现，由此完全可以在与希腊宗教完全相同的意义上说，他就是神的象征，而另一方面，耶稣基督以一种立基性的形式所确定的基督教观念是，把自己的有限作为祭品献给无限者。来到有限者中的无限者最终是要取消无限者，而不是像诸神那样"一次性地"成为永恒的有限者［5，432］。耶稣基督为古代世界画上了句号。他在这里，他标志着界限。

　　对寻常有限者而言，追随耶稣基督，就意味着要向无限者奋争，成为"格"，把有限者取消。由此，在谢林看来，基督教的本质就是神秘主义——"基督教的最内在的东西就是神秘主义；神秘主义本身只是内在的光、一种内直观"［5，443］。隐喻，是基督教的主旨；因为所谓隐喻就是指，有限者是对无限者的展现，有限者的存在是为了无限者，而不是将无限者容纳在自身中从而使自身成为永恒的，使自己恒在。谢林经常把 Bedeuten（意指）和 Sein（存在）进行对比，就表明这一点。

基督教诚然并没有希腊宗教意味上那"完满的象征"，却在隐喻的主旨下别有一种象征。这与基督作为样例的作用直接相关。既然有限者始终想要由有限者成为无限者，那么有限者就都是始终在行动中的（所关联的是实践领域），于是，耶稣基督自身由人成为永恒精神的整个行动过程中的许多步骤（即使不是全部步骤的话），许多行动，就成为众多有限者所要追随的，譬如受洗和晚餐；这样，耶稣基督的这些行动就其外在化，即成为每个人用以成全自身的行动而言，便是象征性的（symbolisch）；追随者们在重复基督的这些行动，是在进行"纪念（Andacht）"。

不过，这些象征性的行动具有浓厚的精神性。也就是说，这些行动本身作为象征，并不是有限性的，而是无限性的，是通向无限者处的，它们的意义恰在于，它们是在其远方的终点的"中间"。正是出于这一原因，谢林说："这样，教会的公共生活能够是象征性的，教会的仪礼能够是一件活生生的艺术作品，就好像一出每个成员都参与其中的宗教剧。"［5，433—434］

这样，基督教就只是在行动中才具有象征性的东西，而这种象征性的东西归根结底仍然是隐喻，因为所谓行动，是指朝向一个作为最终点的目标前行。基督教是在历史中对神（上帝）进行直观，是在隐喻中展现上帝。

希腊人把绝对者直观为自然，而自然是永恒在这里的，希腊人对于绝对者、无限者所作的直观是在自然中的、是一次性的；而基督教的直观则是在历史中的、前后相继的。而希腊人诚然是在存在中、一次性地对绝对者进行直观，可是，这种直观所得有的诸神其彼此之间必然具有一种总体性的关系，从而形成一种历史性的关系，于是便通过自然与历史的结合而形成了希腊人自己的神话。当然，这里的历史并不是指绝对者的启示，而只是指诸神作为生命所进行的活动；它实际上是一种推论，因为当绝对者被直观为自然诸神的时候，就必定推出自然诸神由于各自的活动性而具有一种历史性的关系。也正是由于这一点，希腊的整个种类能够如同一个人把自己的神话成就。

但是，对于基督教来说，既然对于绝对者的直观是在历史中的，而仅仅是这样的历史性的直观，于是并不能造就出神话，因为这只是隐喻；而必须还同时与自然结合起来，把此种直观纳入到自然中，才能够成就基督教自己的神话。由此，谢林真切地说道："正如在第一种形式的神话中，自然诸神将自身成象为历史诸神，同样，在另外一种形式的神话中，诸神必须从历史进入到自然中，这样，也就从历史诸神成象为自然诸神。"［5，457］当然，既然这是在历史进程中的，故而，这一直观显然是历史性的。在终点处，同自然的结合便将最终形成新的神话（einer neuen Mythologie），而那些作为"中间"的伟大尝试则可称作是诸多"现代的神话（moderne Mythologie）"。

这样，新的神话若要被造就，就必须指望某一位艺术家能够站在历史进程的尽头同自然完满地结合起来。很显然，这个进程是缓慢的，需要很多艺术家们（也许是无数艺术家们）的尝试，才能够最后抵达这个终点，谢林把这个进程称作是"无限的整体"。但毫无疑问的是，身处于现代世界中的每一位艺术家都应当竭力走向自然，"将启示给他的那个部分成象为一个整体（diesen ihm offenbaren Teil zu einem Ganzen zu bilden）"，创作出"他自己的神话（seine Mythologie）"。而这些神话，都只是走向最终那个神话的"中间"，只能够是"部分的神话（einer partiellen Mythologie）"，最终的那个神话则是一个"仍然位居于不可规定的远方（noch unbestimmbarer Ferne）的点——在那个点处，世界精神使得世界精神所构想的那首伟大的诗歌成为圆成的，在那个点处，现代世界的前后相继（Nacheinander）将成其为同时（ein Zumal）"［5，445］。成全最终神话的那个"最终者"，堪称另一个荷马——故而谢林说：荷马既是最初者，又是最终者。

四　对现代神话阶段的阐述

在《艺术哲学》中，谢林以神话为基点将历史区分为三个时期：希腊神话、现代的神话和新神话。现代世界中的艺术家，并没有现成的神话可以凭借，比不上希腊艺术家们的幸运，因为他们有现成的希腊神话可供艺术创作使用。现代世界中的艺术家，必须要自己为自己创作出神话，所能够拥有的客体只是那些在奋争中要成为无限者的有限者，而不是已一次成形的诸神。诸神是在形成中的。而有限者本身又总是在特定时空中的，于是，现代艺术家们所要展现的，就始终是特定时空中的有限者的行动，而且，这些行动均是理想性的，以成为无限者为目标。也就是说，要把行动或人物的历史，同自然状况结合起来。

谢林尤其看重但丁的《神曲》（Die Göttliche Komödie）对于现代神话的意义。他认为，《神曲》作为一个绝对的个体，是所有现代诗人的楷模：在没有现成的神话的情况下，但丁利用作为质料的历史与时代氛围，成象出了一个纯然个体性的整体。由此他说道："但丁在这一方面是原象性的（urbildlich）：由于他已经表达出，现代诗人所要做的事情，是把自己所在时代的历史与教化的总体（das Ganze der Geschichte und Bildung seiner Zeit）——这是自己所具有的唯一的神话质料——弄成一个诗的整体。"

这里再一次提到"原象性的"。只不过，荷马作为原象，是希腊艺术的质料，而但丁作为原象，则是现代艺术的楷模，是现代艺术家们在行动上的象征。对于希腊人而言，由于神话已经是现成的，故而荷马史诗的出现是顺理成章的，同时，荷马史诗的作者荷马——如果我们可以在特定意义上把他看成是一个准个体的话——也就是最幸运的［用谢林的原话来说则是，"古代人夸奖荷马是最幸运的构想者（den glücklichsten Erfinder）"］，那么，现代世界中的所有诗人与之相比就都是不幸运的。

莎士比亚亦体现出了现代神话的塑造特点。莎士比亚在创作上所依据的质料，是一些个别的神话故事（die einzelnen Mythen）。现代世界并没有总体神话，故而，这些个别的神话故事通常都是作为传奇、历史故事以及宗教传说在流传，都是一些零碎的神话故事。然而，他的对待这些零碎者的态度——尽可能忠实的态度——却使得他仿佛如同古代的诗人们一样，拥有那能够养育自身的土壤。换句话说，莎士比亚是凭借"态度"（或处理手法［Verfahren］）而成为与古代诗人相类似的。谢林才说道："莎士比亚找到了（vcrfand）他自己的质料。就这一意味而言，他并不是构想者（Erfinder）；他只是对那些质料进行使用、编序、赋予灵魂，这样，在他的领域内，他显明自身为类似于古代人的，显明自身为最有智慧的艺术家。"［5，719］

但塞万提斯和歌德就没有莎士比亚这样的幸运，而必须动用强韧的精神力量进行"构想"，为自己创造质料。

《堂吉诃德》"就整体而言，主题是与理想者进行斗争的实在者（das Reale im Kampf mit dem Idealen）"：作为理想者的主人公，成为疯癫的，最终疲劳衰弱地倒下了。但恰恰在这过程中，理想者也成为胜利者——他是一个向无限处奋争的有限者：由于这一奋争，他是高贵的；但他终究是一个有限者，从而是不完满的。奋争的进程，并不是以理想者与实在者直接斗争的单纯面目出现的，而是呈现在种种新奇的场景中，用谢林的话来说则是，"整个故事得以发生的土壤，把塞万提斯那个时代仍然存在于欧洲的所有浪漫主义式的原则都汇聚起来了，并把它们同堂皇的社会生活结合在一起。……这位诗人基本上从那些并非本国家的，而根本是普遍性的事件中……生产出他自己那些轻松愉快的事件来的"［5，680］。也就是说，塞万提斯能够取得成功，堂吉诃德与桑丘这两个人物能够被誉为"高于整个文明大地的两个神话人格"，是由于塞万提斯在奇特的场景中将有限者作为理想者的诸多行动展开。

这些奇特的场景并不是现成的，而是塞万提斯作为一个个体，通过自己的内在力量而整合出来的。当然，谢林也说道，塞万提斯还算是比较幸运的：他生活于其中的氛围格外有利于他的构想——"整个小说游戏于自由的天空下、其所在地域那温暖的空气下、浓郁的南方色彩中"［5，680—681］。

而歌德作为德国民族的诗人，则没有那么好的，便利于诗之构想的氛围——他要"从完全不利的、支离破碎的氛围中通过伟大的思维力量和深邃悟性才可生产、构想"［5，681］出他自己的神话。于是，在歌德的作品中（谢林所指的应该是《威廉迈斯特的学习生涯》），所营造出来的氛围不怎么有感染力，所使用的手段也是有限的，不过，使这部作品成其为整体的那份构想所具有的力量，却极其强大——谢林是这样说的："［引注：比起塞万提斯来］氛围没有什么力量，手段更加匮缺，只有使之成为整体的那份构想所具有的力量，却真确地是不可测量的。"

由此可见，现代的神话成其为神话，关键在于把历史同自然结合起来，即把理想者的行程同自然结合起来。但是，基督教的自然观决定了他们都只是把实在者（自然）与理想者（人）看作是对立的，实在者（自然）在与理想者（人）的相对而立中呈现为"可惊异者（das Wunderbare）"，在整体上呈现为奇异的场景。奇异的场景是这些现代神话的突出标志。

古希腊人在有限者中直观无限者，即使有限者永恒化，亦即是在自然中直观无限者，故而，"自然"无论如何都不会是让他们感到惊异的，于是，在自然中不存在奇迹。他说道："在希腊人的神话里，不可能有奇迹概念，因为，在那里诸神并不是在自然之外的、在自然之上的，在那里并不存在两个世界——一个是感官性的世界、一个是超感官的世界——，而是只存在一个世界。"［5，438］这样，在希腊人那里，自然作为无限者的象征，具有完满的自足性。

而基督教"既然只是在绝对的二分中［引注：指感官性的世界与超感官世界的二分］才是可能的，故而在其起源处就是以奇迹为基础的（Wunder）"［5，439］。奇迹，就意味着超感官性的东西对于感官性的东西的克服，是"理想性的东西绝对地主导着实在性的东西，精神性的东西绝对地主导着肉体性的东西（Absolutes übergewicht des Ideales über das Reale，des Geistigen über das Leibliche）"［5，450］。

这样，在现代的神话中，实在者（自然）便以可惊异者的面貌出现。自然，在最根本的意义上转换为理想者的"入门仪式"，经过这一行程后，理想者与实在者合而为一，抑或理想者起初所设定的理想者与实在者之间的分离、对立被扬弃了；而在古希腊人那里，理想者与实在者这两者始终是未曾分离的。换句话说，"自然"之所以成为可惊异者，这完全是由于理想者的设定：理想者率尔将实在者设定为异质性的东西，与自身完全疏离者。然而最终，理想者终会发现，实在者并非陌生者，而是向来未曾被识认出来者。

而对于真正的神话即新神话来说，这种状况则已经被克服了，在那里，实在者自一开始就是已被识认出来者（Erkannte）、是熟悉者（Bekannte）。而要实现这一点，就意味着必须要具备一种不同于现代世界所具有的对于自然的观照方式。正是出于这一考虑，谢林才强调自然哲学（或思辨物理学）对于新神话的重要性："我认为，高级思辨物理学中可寻得未来神话和象征手法的可能性（inwiefern ich behauptete，dass in der höheren spekulativen Physik die Möglichkeit einer künftigen Mythologie und Symbolik zu suchen sei）。"这里所说到的未来神话，就是谢林构想中的新神话。

当然，关于自然哲学会如何具体地做到有益于新神话的出现，谢林并未说出更多的话。但无论如何，自然与神话以及新神话之间的关系在他而言已展露无遗。

综上所述可以看出，艺术应当成为新的神话是谢林《艺术哲学》的核心论题，他从神话与历史的关系，从神话与自然的关系探讨新神话出现的可能性，这与《先验唯心论体系》当中的那段话是完全对应的。

第七节 谢林美学的意义和历史影响

一 谢林不应再被轻视

由于黑格尔的影响，谢林艺术哲学一直受到轻视。鲍桑葵在阐述谢林"艺术与美具有的客观性"、"对古今艺术所作的有力的历史的对比"、"对各种艺术的评价和分类所作的贡献"这三个方面之后，所作的评语是："很快地，读者就会发现他是一个不可靠的向导，急躁、没有条理、轻信，对艺术不能下权威的判断，经常倾向于感伤的东西和迷信的东西。黑格尔却坚毅，辛勤，始终一贯，对艺术有与众不同的健康而勇敢的判断，同时在内心里却是同情的，甚至是热情的。"① 而赫·库恩也并未给予谢林较高的评价。他认为谢林的艺术哲学是一种努力，要"把艺术这个有机体纳入永恒形式的领域时，艺术以思辨的艺术史的形式，处在超时间的绝对与在历史发展过程中运动着的从事哲理思维的心灵之间"，可是"实际上，这两方面是不能调和的。谢林所阐述的艺术的形而上学意义这一问题，在他的哲学体系中未能得到解决"②。

概而言之，在很长一段时间里措置谢林艺术哲学的主要思路是：康德是德国古典美学的奠基人，黑格尔是德国古典美学的集大成者，而谢林与费希特、歌德、席勒等一起则是从康德走向黑格尔的必然逻辑锁链的几个重要的中介环节。

二 谢林艺术哲学的复兴

而随着谢林后期哲学在 20 世纪日益受到重视，谢林的思想出现复兴之势，谢林早期思想包括其艺术哲学亦正在逐渐受到重

---

① 鲍桑葵：《美学史》，张今译，商务印书馆 1985 年版，第 430 页。
② 吉尔伯特、赫·库恩：《美学史》，夏乾丰译，上海译文出版社 1989 年版，第 576 页。

视。伯恩哈特·巴特（Bernhard Barth）指出：对谢林《艺术哲学》的把握，至今仍然受黑格尔《美学》的主导，但是在谢林的艺术哲学中有很多具有独特价值的内容。为此他就想象力（Einbildungskraft）作为艺术质料的神话（Mythologie）这些概念，对比着其他思想家的相关阐述，对谢林的独到之处作了细致分析。[①] 而苏联学者古留加也对谢林的艺术哲学颇为看重，甚至认为谢林在某一重大方面甚至还超越了黑格尔的美学理论。[②]

　　概而言之，谢林身处批判哲学的时代，敏锐地抓住哲学、艺术等各个文化领域中的重要问题并积极从事思考，他的美学思想亦有相当的独特性和原创性。今人已越来越重视其艺术哲学中的神话思想、象征理论等等，这并不是偶然的。

　　[①]　Bernhard Barth（伯恩哈特·巴特），*Schellings Philosophie der Kunst：göttliche Imagination und ästhetische Einbildungskraft*（《谢林的艺术哲学：神性的想象与感性的想象力》），Freiburg/Breisgau：Alber，1991。

　　[②]　古雷加：《德国古典哲学新论》，沈真、侯鸿勋译，中国社会科学出版社1993年版，第198页提到："谢林不仅预想到了黑格尔的美学理论，而且在某个重大方面超越了这一理论。对黑格尔来说，美是精神的发现，而对于谢林来说，美则是精神东西和物质东西的吻合。"

第三章　黑格尔美学

第一节　黑格尔生平、思想及其影响

一　童年和学生时代

公元 1770 年 8 月 27 日，格奥尔格·威廉·弗里德里希·黑格尔（Georg Wilhelm Friedrich Hegel）诞生于德国符腾堡公国的首府斯图加特市。7 岁时，黑格尔进入斯图加特城拉丁学校学习古典语文，10 岁进入该城的文科中学。在文科中学，黑格尔受到了系统的古典语言文学以及拉丁文的严格训练，并阅读了大量古希腊和罗马的史诗、戏剧，崇尚古典的倾向逐渐形成。

1788 年，青年黑格尔进入图宾根修道院的神学院学习，在神学院黑格尔主修哲学和神学，并与比他小五岁的天才——哲学家谢林以及后来成为德意志大诗人的荷尔德林结为好友。这两个朋友对黑格尔的思想产生了深刻的影响，正如一位黑格尔的传记作者所说的："黑格尔要完成的伟大行为需要两翼：一是对希腊世界的热爱，一是对哲学的兴趣。他的朋友中，最能促进前者的是荷尔德林，最能促进后者的是谢林。"[①] 1789 年，法国大革命爆发，黑格尔和他的好友谢林和荷尔德林一起表示了对法国革命的欢呼，并且去郊外种了一棵自由树，以示纪念。从此以后，黑格尔几乎从未改变过对法国革命的肯定态度，即使在后来，当雅各宾党人对反革命势力实行暴力镇压，将国王路易十六推上断头

---

① 库诺·菲舍尔：《青年黑格尔哲学思想》，张世英译，吉林人民出版社 1983 年版，第 13 页。

台以至引起欧洲各国普遍的不满之时，黑格尔依旧坚信法国革命的必要性和必然性。

二　伯尔尼、法兰克福与耶拿时期

离开图宾根后，黑格尔先后在伯尔尼和法兰克福当了六年的家庭教师。这期间，他对哲学的兴趣也渐渐开始开花结果，陆续发表了一些论文，其中有些作品已经表达了他日后哲学体系的基本思想。

1801 年初，黑格尔离开法兰克福赴耶拿，开始他一生中最艰难辛苦的学术探索阶段。当时的耶拿是德国进步思想的中心，许多德国思想文化的精英都聚集于此，黑格尔奔赴耶拿，也是希望在学术上成就一番事业。正是在耶拿，黑格尔认识了著名诗人歌德，开始了两人深厚的友谊。1801 年 8 月，在谢林的引荐下，黑格尔成为耶拿大学的编夕讲师。后来由于歌德的帮助，黑格尔才成为该大学的教授。

在耶拿任教的 6 年，是黑格尔哲学、美学的形成期。黑格尔开设了大量课程，先后讲授过逻辑学、形而上学、自然法、国际公法、哲学史、精神哲学等课程。在授课的基础上，他独立完成了《逻辑学、形而上学和自然哲学》、《实在哲学》和《伦理体系》等重要论述，这些著作在他去世后才出版。从 1805 年起，黑格尔着手写作《精神现象学》，次年 10 月脱稿，1807 年 3 月这本书正式出版，被马克思称为"黑格尔哲学的真正诞生地和秘密"，它标志着黑格尔哲学体系的形成，也意味着他和谢林哲学的最终决裂。

三　班堡、纽伦堡和海德堡

1807 年，黑格尔告别耶拿，由同乡人尼特哈默尔介绍，来到巴伐利亚的班堡担任《班堡日报》的主编。不久由于报上刊登的一条军事消息，使黑格尔卷入了一场官司，报纸无法办下去了，黑格尔离开班堡，于 1808 年 12 月到纽伦堡，被任命为一所文科中学的校长。这所中学的办学宗旨是办成人文主义的古典文科学校，这与黑格尔的意趣正好相投，黑格尔在这所中学当了8年校长，形成了自己对教育比较成熟的见解。他一直亲自带课，先后讲授过哲学、宗教、文学、希腊文、拉丁文、心理学等课程，得到了师生们的赞叹和尊重。

1811年，黑格尔与纽伦堡元老院一位议员之女玛丽·冯·图赫结婚，1812年到1813年，黑格尔最主要的著作《逻辑学》上下册出版，黑格尔在该书中提出了比较成熟的客观唯心主义哲学体系。他认为自然和人类社会的发生、发展是理念自身符合逻辑的自我发展的客观体现，哲学的任务就是要发现并描述理念在自我发展的过程所形成的范畴体系。黑格尔也提出了构成这一体系的辩证思维原则，即从抽象到具体、从单一到多面、从空洞到内容充实的运动过程，黑格尔将这种思维运动上升为"正、反、合"的三段论公式，第一次全面地、系统地总结了人类思维的辩证发展的规律和特征。黑格尔的哲学在德国哲学界开始引起重视。

1816年，黑格尔先后收到海德堡、爱尔兰根和柏林三所大学的聘书，于是他辞去中学校长一职，应聘到海德堡大学担任哲学教授。在就职演说中，黑格尔公开宣称"普鲁士国家就是建立在理性基础上的"，表现出政治思想中的保守倾向。在海德堡的两年，黑格尔在教学和著述上都取得了丰厚的成果。他的讲课越来越受到欢迎，1816年冬，他的《逻辑学》第二卷出版，1817年夏，他的《哲学全书》也出版了，这本书包括《小逻辑》、《自然哲学》和《精神哲学》三个部分。《哲学全书》中的美学部分是黑格尔讲授美学课的一个提纲，他初步确立了美学在哲学体系中的地位，美学的对象、范围和基本框架已经形成，后来经过多次修改、充实，才形成一个完整的独立体系，在他死后由学生整理出版成《美学讲演录》。黑格尔将美学当作《精神哲学》中绝对精神阶段的第一个环节，认为理念的漫游要经过逻辑阶段、自然阶段再升华到精神阶段；又经过主观精神（个

体意识）、客观精神（社会制度、文化）达到绝对精神（主客观
精神的统一），理念在绝对精神阶段包括艺术、宗教和哲学三个
逐渐升高的环节，分别是对理念的感性、表象和概念的把握。艺
术是理念在感性方式中的显现，美学的任务就是描述理念在艺术
阶段的运动方式和过程。

四　柏林时期

1818 年，黑格尔应聘到柏林大学，在这个学校度过了他一
生中最后的 13 年。他在这里先后开设了自然哲学、法哲学、宗
教哲学、历史哲学、心理学、美学史等课程，他的哲学体系更趋
完善。他的课程吸引了众多学生，逐渐形成了黑格尔学派，黑格
尔主义风行一时，柏林大学因此而成为当时德国哲学的中心。
1829 年，黑格尔被提拔为柏林大学的校长，在事业上达到了顶
峰。在柏林期间，黑格尔出版了他的最后一部著作《法哲学原
理》，在这部著作中，黑格尔从哲学的高度系统地阐明了他对国
家、法律、伦理的观点，这些观点表现了黑格尔晚期思想的保
守，以至于政治上反动的性质。此后，黑格尔在当时的小资产阶
级自由派（青年黑格尔派）的眼中，被视为官方哲学的代言人。
但是事实上，黑格尔从未真正放弃过他的革命要求，即使在这部
最保守的著作中，黑格尔也依然以含蓄的语言"宣布了资产阶
级取得政权的时刻即将到来"[1]。只是他的这种革命要求常常
"被过分茂密的保守的方面所闷死"[2]。

1830 年，法国爆发七月革命，推翻了波旁复辟王朝，黑格
尔又一次表示了对革命的同情和支持，并肯定了法国资产阶级新
秩序的恢复和重建。在他的《历史哲学》中，黑格尔强调法国
革命前的现实是"一种不合理的局面，道德的腐败、'精神'的
堕落已经达于极点"，"整个国家系统只显出一种不公平"，因此

---

① 《马克思恩格斯全集》第 8 卷，人民出版社 1961 年版，第 16 页。
② 恩格斯：《路德维希·费尔巴哈和德国古典哲学的终结》，人民出版社 1997
年版，第 11 页。

改革必然是剧烈的，法国革命所带来的是"一个光辉灿烂的黎明"。黑格尔对法国革命始终如一的肯定态度，充分证明了黑格尔卓越的辩证思想和开阔的历史视野。

1831 年，德国流行霍乱，黑格尔不幸染病，同年 11 月与世长辞，享年 61 岁，完成了一个伟大思想家的探索历程。

五　个性

黑格尔一生不止沉迷于抽象的思维王国，他同时也热爱文学艺术，从未间断过文艺欣赏，无论是文学、戏剧、绘画或音乐都引起他极大的兴趣，他的美学体系是建立在他对艺术的丰富的感性知识基础之上的。黑格尔从年轻时起，就结交了许多文艺界的朋友，尤其是与歌德和荷尔德林的交往，对他的美学思想产生了深刻的影响。他非常推崇歌德在文学艺术方面的伟大成就和有关自然科学研究的见解，曾写信给歌德，称自己在精神上是歌德的"儿子"，坦言自己的精神深受歌德的影响。

在黑格尔身上表现了一种典型的德意志民族的"彻底的深思精神或深思的彻底精神"（恩格斯语），他的著作形成了一个"包罗万象"的思想体系。黑格尔是他的时代资产阶级思想家的伟大代表，资产阶级的两重性在他身上都打下了明显的烙印。一方面，黑格尔站在当时资产阶级发展的最高阶段，对法国革命表示了支持和肯定，并且和康德等人一样，将政治实践的革命需求转化为纯理论的思想革命。他吸收、总结了那个时代文化、艺术和哲学的精华，将辩证法贯穿于他的整个逻辑思辨体系中，在学术成就上达到了当时的顶峰。另一方面，黑格尔并没能将辩证法贯彻到底。就辩证法的本质意义来说，是一种革命精神的体现，但是，作为资产阶级思想意识的代言人，黑格尔身上充分暴露了当时资产阶级的软弱性和妥协性，他们无法将这种革命要求付诸实践。结果，黑格尔所论述的矛盾发展的辩证过程，无法在现实生活中展开，只能在思想意识中展开，即恩格斯所说的："在黑格尔看来，历史不过是检验他的逻辑结构的工具。"① 不是思想意识反映现实生活中的矛盾，而是现实生活来服从思想发展的逻辑过程。他将思辨的唯心体系推演到极点，而辩证法则未能被贯彻到底。

因此，我们在研究黑格尔的著作时，必须首先理解黑格尔哲学体系的这种内在矛盾，同时也要记住恩格斯的评语："黑格尔是一个德国人而且和他的同时代人歌德一样拖着一根庸人的辫子。歌德和黑格尔各在自己的领域中都是奥林匹斯山上的宙斯，但是两人都没有完全脱去德国的庸人气味。"②

第二节　黑格尔哲学与黑格尔美学

黑格尔的美学是他整个哲学体系的一个组成部分，在《美学》中黑格尔就说过："对于我们来说，美和艺术的概念是由哲学系统供给我们的一个假定。"③ 因此，要了解黑格尔的美学，首先必须了解黑格尔的哲学体系。

一　康德哲学及其问题

黑格尔的哲学是一个包罗万象的庞大体系，这个体系并不是无根据地突然产生的，而是有着深刻的思想根源和社会历史根源。黑格尔批判和继承了以往的一切哲学，并且把哲学推上了他的时代的高峰。康德哲学则是黑格尔哲学的直接思想源泉，可以说，黑格尔哲学实质上是康德哲学的历史发展。

康德对以往的旧形而上学和经验主义哲学进行了一番彻底的清算。他摧毁了对本体、对上帝的绝对必然性的思考，把这种绝对必然性和视真理为永恒的形而上学驱逐出了理性的领域，把经

---

① 　恩格斯：《英国状况》，《马克思恩格斯全集》第 1 卷，人民出版社 1972 年版，第 650 页。

② 　《马克思恩格斯全集》第 4 卷，人民出版社 1958 年版，第 214 页。

③ 　黑格尔：《美学》第 1 卷，第 30 页。

验主义的经验事实的基石圈在了现象界限之内。但是，这位伟大的"破坏者"（海涅语），却不是一位很好的建设者。如黑格尔所指出的，康德的首要功绩是对思维能力的考察和分析，他对思维的源流、范围和界限进行了深入的研究，指出了它是自己规定自己的。黑格尔写道："康德哲学的观点首先是这样的：思维通过它的推理作用达到了自己认识自己本身为绝对的、具体的、自由的、至高无上的。思维认识到自己是一切的一切。除了思维的权威以外更没有外在的权威；一切权威只有通过思维才有效。"①康德提高了理性的地位，指出了以经验和知性为基础的有限性，对思维的能力进行了详尽的"批判"，并揭示出了理性领域里的深刻矛盾。但是，黑格尔认为，康德哲学存在着根本性的缺陷，他把"经验当作知识的唯一基础"，却不以这种知识为真理，"而仅把它看成对现象的知识"。康德把经验中的感觉材料和"感觉的普遍联系"（即普遍性和必然性成分）区别开来，并以此作为自己的出发点。康德把后者作为思维中先天就有的，这种先天性的知性范畴（或知性概念）便构成了知识的客观性，并凭借着其普遍性、必然性的作用，构成先天综合判断，去"吞并消融"杂多的感觉材料，成为"纯粹统觉"。这样，康德由于离开认识过程去考察认识能力，便把思维和理性限制在主观领域之内，使之与现实事物的本质性的东西（即那不可知的自在之物）对立起来，从而把思维的主观性与客观性割裂开来了。这样，康德虽然摧毁了旧形而上学的哲学体系，宣布了其方法的片面性和不可靠性，动摇了经验主义的基础，却没有建立起一个坚实的本体论哲学基础。他揭露了矛盾，却没有很好地解决矛盾。

在黑格尔看来，批判与克服康德的缺陷，乃是时代赋予自己的哲学使命，完成这一时代性的使命，既成了黑格尔构筑自己庞大的哲学体系的直接动机，也促使他形成了其体系的主题思想——辩证地（而又唯心地）解决思维与存在的关系问题。

---

① 《黑格尔全集》（德文版）第 15 卷，第 552 页。

二　黑格尔的哲学体系

恩格斯说过："全部哲学，特别是近代哲学的重大的基本问题——是思维和存在的关系问题。"① 毫无疑问，这里也包括了黑格尔的哲学。黑格尔的"逻辑学"及至其全部哲学从根本上来说，都是围绕着这个基本问题展开和阐述的。

黑格尔认为世界的本原不是物质而是精神、思想，他说唯物主义"总是以为那与己对立、感官可以觉察的，如这个动物、这个星宿等，是本身存在、独立不倚的。反之，却以为思想乃是依赖他物，没有独立存在的。但真正讲来，那感官可以觉察之物才是真正附属的、无独立存在的，而思想乃正是原始的、真正独立自存的"②。不过，黑格尔的"思想"、"精神"不是指个人主观思想和精神，而是指独立于个人之外的一个"自在自为"的客观思想，这种客观思想构成了整个客观世界（包括自然界、人类社会和思维）的内在本质和本原，即绝对精神（绝对理念、绝对观念）。

黑格尔的全部哲学都是对绝对精神辩证发展和运动过程的描述。这个过程分三个阶段，即逻辑阶段、自然阶段和精神阶段，分别构成了逻辑学、自然哲学和精神哲学三个部分。其中，逻辑学描述的是绝对理念自我发展过程，在这个阶段上，绝对理念表现为它的各个环节——范畴的推演。自然哲学描述的是绝对理念外化为自然界后在自然界中的发展过程。精神哲学描述的是绝对理念摆脱了自然界进入人的意识并在人的意识中回复到了自己，认识了自己，达到了思维和存在的同一的过程。

逻辑学阶段：总的来说，黑格尔的逻辑学是一个范畴推演体系。黑格尔认为，逻辑范畴不仅仅是存在于人们头脑中的主观的思维形式，而且是内蕴于客观事物之中决定事物的本质的"客

① 《马克思恩格斯选集》第 4 卷，人民出版社 1958 年版，第 219 页。
② 黑格尔：《小逻辑》，商务印书馆 1980 年版，第 130 页。

观思想"，是存在的本质。在逻辑阶段，绝对理念还只是纯粹的思想，通过纯粹思维和纯粹理性的形式来发展自己。所谓纯粹，就是说除了抽象的概念和逻辑的范畴之外，不具备任何物质的或经验的内容。各种逻辑范畴结合起来，构成一个不断向前推演的有机统一体。这个向前推演的运动过程被描述为一种从"存在"（正）到"本质"（反）再到"概念"（合）的三重逻辑序列，其中三阶段的每一段又分为若干小三段，完整地组成了理念由单一到复杂、由贫乏到丰富、由片面到全面、由抽象到具体的发展过程。理念在逻辑阶段的发展展示了未来自然和人类社会存在、发展的基本规律和内在依据，为自然和人的发展立了法。理念在逻辑阶段的发展揭示了自己全部的丰富性后，就要自己否定自己，突破纯粹精神和纯粹思维的范围，而"外在化"为自然界。

自然阶段：黑格尔认为，理念是自然界的本原，自然界是理念的产物。在黑格尔看来，理念在逻辑阶段是纯粹的、抽象的，而抽象的理念是不实在的。因此，理念为了实现自己就必定要扬弃自身的抽象性而异化为自己的对立面——自然界。理念异化为自然，同时又潜蕴于自然之中，主宰着自然界的事物的发展。在黑格尔看来，"自然仅仅自在地是理念"，自然界的事物均是理念的表现。但是，理念在自然界阶段还是自在的，与理念的自在自为的本性不相符合。这种不符合性特别表现在自然界的事物都依赖于一个他物，因而受必然性和偶然性的支配；而理念则是自己决定自己，本质是自由。因此，黑格尔认为，对于理念来说，自然界还是一个和自己的本性不相符合的异己势力。这样，理念就不会停留在自然界的发展阶段上，它必定要摆脱、克服自己的异化物——自然的牵制、束缚而复归于自己，由自在进到自为。

理念在自然界中的发展也要经过三个阶段，从机械性（正）到物理性（反）再到有机性（合），在有机阶段，有生命的个体出现。黑格尔认为，有机性的第一个环节是地质有机体。而真正的生命有机体则开始于植物。植物作为主体能够自己形成自己，创造新的个体，并能在与他物的关系中保持自己，即具有营养过程。但植物作为主体还没有自我感觉、缺乏"主观性原则"。动物才是趋于完善的生命，是理念异化的最高阶段。动物把自己展现为各个部分，同时这些部分又与整体相对立，构成一个真正的有机系统，主宰这个有机系统的就是动物的主观性——"灵魂"。黑格尔认为，灵魂渗透于躯体的各个部分，但又不是躯体的一个部分。灵魂不是一个物质的点，是概念、理念。在他看来，尽管动物有机体是理念在自然界中的最高实存方式，但在这里，理念还是潜在的，"它不思考自己，只是感觉自己，直观自己"。因此，黑格尔认为，理念还必须突破动物有机体范围，形成具有自我意识的"人"。"人"的出现标志着理念突破自然界的范围进入了自己发展的第三阶段——"精神哲学"阶段。

精神阶段：精神哲学是黑格尔哲学体系的最后一部分，也是黑格尔本人最为关注的一部分，因为"精神哲学"讨论的是"人"。如果说，自然哲学讨论的是自然界，那么，活跃于精神舞台上的主角便是人。在黑格尔看来，人高于自然界、高于动物之处就在于，人本质上是一个能够"思考自己"即具有自我意识的精神实体，是一个能够摆脱物质、必然性的束缚而实行独立自决的自由的精神实体。人即精神，精神即人，精神哲学的任务就是描述"绝对理念"通过自己的最高产物——人回复到自己、自己认识自己，实现思维与存在同一的过程。

在精神哲学中，黑格尔再次提出了他的辩证法要素。这里的正题是主观精神，指个人的意识，包括从低级的本能、感情、感觉到高级的理性、理智和实践活动，主观精神是内在的、潜伏的，因此是有限的、片面的。反题是客观精神，客观精神是精神的外在表现，包括法、道德、伦理三个方面，客观精神可以说是一种社会意识。由于客观精神要依靠客观的外在条件，因此也是有限的、片面的。合题是绝对精神。按照黑格尔的思辨推演方法，绝对精神是主观精神与客观精神的统一。绝对精神是无限的，它能自己决定自己，因而它完全是自由的。在绝对精神中，黑格尔着重研究了艺术、宗教和哲学三种意识形态。他认为，艺术、宗教和哲学均以"绝对理念"为对象，都是绝对理念实现自己、认识自己的方式。三者的区别只能"从它们使对象，即绝对呈现于意识的形式上见出"，也即从它们认识、把握绝对真理的形式和途径上表现出来。艺术以感性形象或"感性观照的形式"把握理念；宗教高于艺术，宗教的特点在于以信仰、虔诚的态度，用表象的形式去显现绝对理念。比如，宗教里所讲的那个具有人格的"上帝"，就是绝对理念的表象式的显现。但是艺术和宗教的方式都还未脱尽感性形态的残迹，还没有达到最高的精神性认识。到了哲学，不仅绝对理念发展到了最高阶段，绝对真理也最终完成并被精神完全认识，哲学以概念把握理念，"绝对理念"在哲学中最终认识了自己，达到了主观和客观、思维与存在的同一。

在黑格尔看来，绝对理念创造并囊括了整个自然界、社会和思维，客观世界的全部发展过程也就是绝对理念的发展过程。黑格尔说，"思想不唯构成外界事物的实质，而且又构成精神现象的普遍实质"，"当我们认思想为一切自然和精神事物的真实共相时，则思想便统摄这一切而为这一切的基础了"①。首先，绝对理念在自然界和人类出现之前就已经存在的，是客观事物的本质；其次再外化为客观世界——这是"主体—客体"作为一个绝对的本质性、真理性的东西的必然显现；最后又通过对客观外界的扬弃返回到自身，成为一个包罗一切的客观精神（绝对真理），这整个过程就是思维与存在的同一化过程。黑格尔认为通过这种绝对精神的演变，就能克服康德把思维局限在主观领域的错误，使理性达到"自在之物"，也只有这样，才能使思维达到对客观现实的本质认识。

事实上，克服康德哲学内在矛盾的根本前提是直接现实性的实践活动。恩格斯对此有一个著名论断："对这些以及其他一切哲学上的怪论最令人信服的驳斥是实践，即实验和工业。"人类

---

① 《小逻辑》，第91页。

实践不仅可以证明人类思维反映外界事物的可能性，而且只有实践才能作为检验认识正确性的标准，在实践基础上才能达到思维与存在的真正同一。但黑格尔恰恰脱离了这种同一性的客观基础——人类实践活动。因而同一性的本质就颠倒过来了：不是精神立足于现实之上，而是现实立足于精神的基础上，把人类的主体性自由同客观现实分离开来，独立出去，这就必然走入唯心主义。

尽管如此，黑格尔哲学依旧包含着一个伟大的合理内核：黑格尔认为世界处于永恒的矛盾运动和变化发展之中，而且这种运动和变化是有规律可循的。正如马克思、恩格斯所说："黑格尔常常在思辨的叙述中作出把握住事物本身的、真实的叙述。"①黑格尔所说的绝对精神不是一个抽象的、孤立的、静止的、僵死的精神实体，而是一个包含着"一往直前的内在运动"的活生生的整体，它通过自我发展使自己具体丰富起来。因此，绝对精神包含着对自身的否定性，永恒的矛盾运动就是绝对精神的存在方式。绝对精神的一般历程和矛盾规律、否定之否定规律，却真实地反映了一切客观事物发展的辩证过程和规律。恩格斯说："黑格尔第一次——这是他的巨大功绩——把整个自然的、历史的和精神的世界描写为一个过程，即把它描写为处在不断的运动、变化、转变和发展中，并企图揭示这种运动和发展的内在联系。"②黑格尔的辩证法打破了长期以来形而上学对人类思想的禁锢和统治，的确具有划时代的意义。

三　黑格尔的美学体系

黑格尔美学体系同样也是以绝对理念为核心展开美的本质与象征型艺术、古典型艺术和浪漫型艺术的论述的。美学在黑格尔哲学体系中属于绝对精神自我认识的低级阶段，它不同于哲学，

---

① 《马克思恩格斯全集》第 2 卷，第 76 页。
② 《马克思恩格斯全集》第 3 卷，第 63 页。

不是通过抽象的概念来认识自己，而是通过感性的形象来显示自己。黑格尔提出了一个著名的命题："美就是理念的感性显现。"从这个基本观点出发，黑格尔从理论上论证了艺术中的形式和内容、感性和理性的矛盾统一。这里所讲的理念，一方面具有真的性质，也就是说它作为理念就必须符合其自在本质和普遍性；另一方面，它也具有美的性质，即能够用特定的形式或具体的形象来表现美。"不是在哲学逻辑里作为绝对来了解的那种理念，而是化为符合现实的具体形象，而且与现实结合成为直接的妥帖的统一体的那种理念。"① 所以美的理念包含了概念（抽象的普遍性）、体现概念的客观存在（个别具体的事物）以及这两者的统一，它有别于逻辑理念，是一种可以化为现实的具体形象并且能与这种形象融合为统一体的理念。

虽然黑格尔在这里把艺术美的理念定性为个别的现实和现实的个别表现，认为它是符合理念本质而表现为具体形象的现实，佢是不能因而就认为美的理念就是具体的现实和感性的形式。他指出"我们已经把美称为美的理念，意思是说，美本身应该理解为理念，而且应该理解为一种确定形式的理念，即理想。一般说来，理念不是别的，就是概念，概念所代表的实在，以及这二者的统一。……概念与实在的这种统一就是理念的抽象的定义。"② 可见他对美的理念的阐释是承接于逻辑理念的，仍然是采取正→反→合的辩证法论述方式，是在抽象与具体的统一基础上论述美的理念。

黑格尔批判了柏拉图的抽象的美的概念，他说："柏拉图的这种从美的理念或美本身出发的研究方式很容易变成一种抽象的形而上学，尽管他被认为理念研究的奠基人和引路人，他的抽象的方法已不复能满足我们，就连美这个逻辑理念究竟是什么的问题上也是如此。我们对于美这个逻辑理念必须更深刻地

① 黑格尔：《美学》第 1 卷，商务印书馆 1979 年版，第 92 页。
② 同上书，第 135 页。

更具体地去了解，因为柏拉图式的理念是空洞无内容的，已经不复能满足我们现代心灵的更丰富的哲学要求。不错，我们在艺术哲学里也还是必须从美这个理念出发，但是我们却不应该固执柏拉图式理念的抽象性，因为那只是对美进行哲学研究的开始阶段的方式。"① 黑格尔的美学研究以柏拉图为箭靶来否定了抽象的形而上学，不仅仅是在逻辑理念的层面上研究美，更重要的是在批驳理念的空洞性和抽象性的基础上结合美的特性（感性显现）来探讨美的理念，它引入并更加注重具体性和形象性的研究方法，因此美的理念实质上就是逻辑理念在美学上的表现和发展。

此外，根据美的理念与感性形象的不同关系，可以把艺术分为三种类型：象征型艺术，理念还没有找到与自己完全符合的形象，因此使得形象离奇而不完美；古典型艺术，理念与形象形成自由而完满的协调；浪漫型艺术，有意破坏理念与形象的完满关系，不是完全由感性形象显现出美的理念，而认为艺术的对象就是自由的具体的心灵生活，它应该作为心灵生活向心灵的内在世界显现出来。

因此我们可以看出，逻辑理念是黑格尔哲学的起点，他从逻辑理念出发运用辩证法建构了逻辑学—自然哲学—精神哲学的庞大哲学体系。美的理念则是黑格尔美学的起点，他在唯心主义框架内还是运用辩证法建构其美学体系：从美学基本理论来看，美的理念是正题（存在论），自然美是反题（本质论），艺术美是合题（概念论），这是在理论层面上的运动过程；从整个美学与艺术角度来看，美的理念还是正题（存在论），三种类型的艺术美是反题（本质论），各种门类的艺术形态是合题（概念论），这是整个理论与实践的运动过程。

黑格尔最大的贡献并不在于提出了调和经验论和唯理论的美的定义，而是在于他在理念论的基础上论证了这种统一的必然性

---

① 　黑格尔：《美学》第 1 卷，商务印书馆 1979 年版，第 27 页。

或真实性，最终形成了一个在客观唯心主义藩篱内的、完善的美学体系。

第三节　审美对象与审美活动的哲学实质

一　对美的本质的哲学探索

美始终是美学的中心问题和基本范畴，任何一种美学体系都必须回答什么是美的问题。黑格尔从他的唯心主义哲学体系出发，深入探讨了美的本质问题。

黑格尔在《美学》中把"美"定义为："美就是理念的感性显现"，对于这一定义，黑格尔进行了这样的解释："这个概念里有两重因素：首先是一种内容，目的，意蕴；其次是表现，即这种内容的现象与实在——第三，这两方面是相互融贯的，外在的特殊的因素只现为内在因素的表现。"[①] 从黑格尔解释中我们可以看到，他认为美的定义中包含着三个方面的内容：

一是理念，这是美的内容、目的和意蕴。

理念是黑格尔哲学体系中的一个核心概念，黑格尔所说的理念不是一个抽象、静止的客体，而是一个能动的创造万物的主体，其"本身包含各种差异在内的统一，因此它是一种具体的整体"[②]。理念的内部差异、矛盾导致它自身的分裂和外化，使自己的本质在感性对象中实现、发挥出来。整个世界就是理念自我认识和自我实现的一个过程，是理念创造出来的。美和艺术也是理念自我认识和自我实现的一个方面，也是理念创造出来的。因此，美的本质就是理念。

黑格尔关于美是理念的看法是对柏拉图的继承和发挥。柏拉图认为个别具体事物的美还不是美，只有美本身，即美的理念才是美。黑格尔接受了柏拉图关于美是理念的看法，但是他认为柏

---

① 《美学》第 1 卷，第 119 页。

② 同上书，第 137 页。

拉图所说的理念是与客观存在相对立的，它超越于客观现实之上，抽象地存在于另外一个世界中，因而是空洞无物的。黑格尔抛弃了柏拉图美的理念的抽象性，而把美确定在具体概念的基础上来展开他的全部美学理论。他说："我们对美这个逻辑理念必须更深刻地更具体地去了解，因为柏拉图式的理念是空洞无内容的，已经不复能满足我们现代心灵的更丰富的哲学要求。不错，我们在艺术哲学里也还是必须从美这个理念出发，但是我们却不应该固执柏拉图式理念的抽象性，因为那只是对美进行哲学研究的开始阶段的方式。"① 黑格尔的理念是具体的，是概念与实在的统一。"理念不是别的，就是概念，概念所代表的实在，以及这两者的统一。"② 概念还只是理念处于抽象的状态，具有普遍性，在现实中并不存在。当概念否定了自己的抽象性和片面性，与实在的个别性统一起来时，才是理念。因此，理念一方面具有概念的普遍性，这是理念的内容和本质，另一方面又有实在的具体性，这是理念的形式和现象。在概念与实在的统一中，概念始终是占主导地位的因素，"只有在实在符合概念时，客观存在才有现实性和真实性"。也就是说，理念虽然包含着实在，但理念并不表现为实际的个别事物，而只是具有各种事物丰富而复杂的特性和内容，即符合各种事物的概念，黑格尔说："正是概念在它的客观存在里与它本身的这种协调一致才形成美的本质。"③

在黑格尔的哲学体系中，只有理念才是真实的，美是理念，因而美也是真实的，但是美与真毕竟是有区别的。黑格尔说："美就是理念，所以从一方面看，美与真是一回事。这就是说，美本身必须是真的。但是从另一方面看，说得更严格一点，真与美却是有分别的。说理念是真的，就是说它作为理念，是符合它的自在本质与普遍性的，而且是作为符合自在本质与普遍性的东西来思考的。所以作为思考对象的不是理念的感性的外在的存

---

① 《美学》第 1 卷，第 27—28 页。
② 同上书，第 130 页。
③ 同上书，第 143 页。

在，而是这种外在存在里面的普遍性的理念。但是这理念也要在外在界实现自己，得到确定的现实的存在，即自然的或心灵的客观存在。真，就它是真来说，也存在着。当真在它的这种外在存在中是直接呈现于意识，而且它的概念是直接和它的外在现象处于统一体时，理念就不仅是真的，而且是美的了。"① 真是理念作为理念本身来看的，它依靠纯粹的思维来认识和表达，而美则要通过外在感性形象来表达理念的真理性，真与美的区别就在于显现理念、认识理念的方式不同。

二是感性形象的显现，这是美的外在形态。

美是理念，但是这种理念还必须显现为具体的感性形象，才是美的。黑格尔说："美是理念，即概念和体现概念的实在二者的直接的统一，但是这种统一须直接在感性的实在的显现中存在着，才是美的理念。"② 这里所说的"显现"，按照朱光潜先生的理解，有"现外形"和"放光辉"的意思③，一方面，美的理念应该符合理念的本质，即应该是概念和实在的统一体，另一方面，美的理念又必须显现为感性形象。当符合理念本质的理念，在具体的感性形象中自我展开自我实现的时候，对于理念来说，就取得了客观存在的感性形式；对于形象来说，则注入了理念的内容，表现了理念的本质意蕴，这种理念就是美，就是"理想"。黑格尔说："我们已经把美称为美的理念，意思是说，美本身应该理解为理念，而且应该理解为一种确定形式的理念，即理想。"④ 抽象的理念还不是美的理念，美的理念本身必须具有确定的形式，必须是具体的。这种"确定形式的理念"就是我们一般所说的典型，感性形象的显现过程也就是创造艺术典型的过程，即通过个别的感性存在来表现具有普遍性的本质意蕴。因此，黑格尔所说的美事实上是指艺术美。"就艺术美来说的理

---

① 《美学》第 1 卷，第 142 页。
② 同上书，第 149 页。
③ 朱光潜：《西方美学史》下卷，人民文学出版社 1964 年版，第 131 页。
④ 《美学》第 1 卷，第 130 页。

念，并不是专就理念本身来说的理念，即不是在哲学逻辑里作为绝对来了解的那种理念，而是化为符合现实的具体形象，而且与现实结合成为直接的妥帖的统一体的那种理念。因为就理念本身来说的理念虽是自在自为的真实，但是还只是有普遍性，而尚未化为具体对象的真实；作为艺术美的理念却不然，它一方面具有明确的定性，在本质上成为个别的现实，另一方面它也是现实的一种个别表现，具有一种定性，使它本身在本质上正好显现这理念。这就等于提出这样一个要求：理念和它的表现，即它的具体现实，应该配合得完全符合。按照这样理解，理念就是符合理念本质而现为具体形象的现实，这种理念就是理想。"① 黑格尔举画家画苹果为例来说明。他说，如果画家只有关于苹果的抽象的理念，他就不可能把苹果画为具体的形象。除非画家把关于苹果的理念与苹果的颜色、形状等具体现象结合在一起了，他才能够把关于苹果的理念表现为具体的形象。因此作为艺术内容的美的理念，必须通过具体的现实形象表现出来。通过创造这种具体的现实形象，我们一方面可以把存在的东西化为在内心里可以认识的东西，同时也把存在于内心的东西化为观照和认识的感性对象，美可以说是"理念内容的感性化，感性形式的心灵化"②。

三是理念与感性显现的统一。美的理念之所以需要通过感性形象来显现，是由于理念的一种内在必然的需要。"理念出于自我认识的需要，它把自己显现为感性的形象"③，感性形象既是理念的对立面，又是理念自己的创造物。理念作为人的心灵的自由活动，它需要通过外在的感性形象，来观照和认识自己。美的理念是理念内容与感性形式的完美的统一，形式成为内容所必需的形式，内容则通过形式得以最充分的显现，两者结合成为浑然一体的存在。正如黑格尔所说的："按照美的本质，在它的对象

① 《美学》第 1 卷，第 88 页。
② 同上书，第 243 页。
③ 同上。

里，无论是它的概念以及它的目的和灵魂，还是它的外在的定性，丰富复杂性和实在性，都显得是从它本身生发出来的，而不是由外力造成的……概念本身既然是具体的，体现它的实在也就完全显现为一种完善的形象，其中各个部分也显出观念性的统一和生气灌注……外在存在的形式和形状不是和外在的材料分裂开来，或是强使材料机械地迁就本来不是它所能实现的目的，而按其本质，它是实在本身固有的形式，而现在从实在里表现出来。"①"正是这概念与个别现象的统一才是美的本质和通过艺术所进行的美的创造的本质。"②

黑格尔关于美是理念的感性显现的定义，不仅包含着多方面的丰富内容，而且是对西方美学思想发展的一个总结，黑格尔以理念的运动为中心把握住了理性和感性的统一，是对理性派和经验派两大美学思潮最有辩证性的综合。

二 对审美活动的探讨

黑格尔的美学主要是探讨美和艺术的，它的范围是艺术，或者说美的艺术，因此黑格尔称美学为艺术哲学。美的本质与艺术的本质是一回事，都是理念的感性显现，但是，美毕竟不等于艺术，美是事物的一种属性，艺术则是具体的事物，从美到艺术还需要一个中间环节，那就是审美活动。在对审美活动的分析中，黑格尔更多地是将审美主体与审美对象联系起来进行论述。

1. 审美具有令人解放的性质

在黑格尔看来，人与现实之间有三种基本的关系。第一种关系是"对外在世界起欲望关系"③，在这种欲望关系中，"人是以感性的个别事物的身份去对待本身也是个别事物的外在对象，他不是以思考者的身份，用普遍观念来对待这些外在事物，而是按照自己的个别的冲动和兴趣去对待本身也是个别的对象，用它们

①　《美学》第 1 卷，第 147 页。
②　同上书，第 130 页。
③　同上书，第 45 页。

来维持自己，利用它们，吃掉它们，牺牲它们来满足自己"①。
一方面主体消灭了对象的独立存在和自由，另一方面主体自身也
依赖于并被束缚于个别的感性事物对象中而丧失了自由。主客体
都不是自由，因而就无所谓美和审美了。第二种关系是"对于
理智的纯粹认识性关系"，在这种认识关系中，主体不直接作用
于对象，更不以消灭对象的具体存在来满足感官需要，主体对对
象只作认识性的观照，要认识事物的普遍性，找出它们的本质和
规律。这时对象对主体仍能保持独立自由，但主体却必须服从对
象的抽象必然性和规律性，而未能达到自由自在的审美境界。因
此，无论是在欲望关系中还是在认识关系中，主客体双方都是有
限的、不自由的，不会产生审美。

　　黑格尔认为审美关系是介于上述实践欲望关系和理性认识关
系之间的一种特殊关系，"如果要把对象作为美的对象来看待，
就要把上述两种观点统一起来，就要把主体和对象两方面的片面
性取消掉，因而也就是把它们的有限性和不自由性取消掉"②。
从美对主体心灵的关系上来看，即从把握美的理念的方式来看，
"美既不是困在有限里的不自由的知解力（译知性）的对象，也
不是有限意志的对象"③。这就是说，美的理念并不是单纯的认
识对象（知解力的对象），也不单纯是实践对象（意志的对象），
"美本身却是无限的，自由的"④。在人同现实发生审美关系时，
对象只以自己个别的感性形象与主体发生观照、认识的关系，它
从外界转回到它本身，消除了对其他事物的依存性，把它的不自
由和有限变为自由和无限了；主体也不被对象的具体效用所束缚
和限制，并且摆脱了欲望冲动和纯理智需要的片面性，把对象看
成独立自在、本身自有目的的存在，主体的不自由也消失了。黑
格尔总结道："审美带有令人解放的性质，它让对象保持它的自

---

① 《美学》第 1 卷，第 45 页。
② 同上书，第 145 页。
③ 同上书，第 144 页。
④ 同上书，第 143 页。

由和无限，不把它作为有利于有限需要和意图的工具起占有欲和加以利用。所以美的对象既不显得受我们人的压抑和逼迫，又不显得受其他外在事物的侵袭和征服。"① "我们一般可以把美的领域中的活动看作一种灵魂的解放，而摆脱一切压抑和限制的过程。"② 换言之，在审美中，主体达到了理性认识和意志自由相统一的观照，客体成为独立自存、本身自有目的的欣赏对象。这样，在美中有限和无限、必然和自由、主体和客体就达到了高度的一致。

2. 审美是一种认识性的观照

黑格尔认为，在审美活动中，审美主体对对象不起物质欲望，"把它只作为心灵的认识方面的对象"③。在这个意义上，审美活动居于认识活动范畴。

黑格尔将审美活动看作是一种认识活动，是与他的整个哲学体系相一致的。在黑格尔看来，世界的本源在于理念，由于理念自身内部的矛盾，它才外化为大千世界，包括人类社会、自然界和一切人类的精神活动形式。人类的精神活动形式包括艺术、宗教和哲学，既是理念发展到一定阶段的形式，是理念的自生发、自实现，同时，这些形式也是人类所赖以认识理念的途径。理念是真理，是"绝对"，是"无限"，因此审美的内容决定审美只能是认识。

审美活动作为一种认识活动，既不能够依靠单纯的感觉来认识美，也不能依靠单纯的理智或知解力来认识美。首先，单纯的感觉不能认识美。黑格尔认为，单纯的感觉，"只是单纯的看，单纯的听，单纯的触之类，就像在精神紧张的时候，走来走去，心里是什么也不想，在这里听一听，在那里看一看，如此等等活动对许多人通常是一种娱乐"④。黑格尔认为这种仅止于感官快

---

① 《美学》第 1 卷，第 147 页。
② 《美学》第 3 卷，第 337 页。
③ 《美学》第 1 卷，第 46 页。
④ 同上书，第 45 页。

适的所谓娱乐，还不能算是美感。因为这种单纯的快感缺乏深刻的理性内容，真正的美不只在外形的悦耳悦目，而在于它的内在性质的悦志悦神。单纯的感觉不可能掌握事物的意蕴，也就不可能掌握美。其次，单纯的理智或知解力也不能掌握美。所谓知解力是智力、理解力、分析辨别事物的能力，是遵循形式逻辑方式所形成的一种抽象思维的能力。形式逻辑看待事物只讲求把各种因素区分开来，强调排中律，采取非此即彼方式把主体与客体、内容与形式等对立分割开来。而对于美的理念而言，本质与现象、真与美、情与理、主观与客观都是同一的，知解力显然无法把握这种统一体。同时，知解力的活动总是有限的，在审美活动中它无法进入审美的最高境界——自由的境界。黑格尔说："自由首先就在于主体对和它自己对立的东西不是外来的，不觉得它是一种界限和局限，而是就在那对立的东西里发现它自己。""这自由一般是以理性为内容的：例如行为中的道德和思想中的真理。但是因为自由本身只是主体的，还没有实现的，就还有不自由，就还有作为自然必需的纯然客体的东西，跟主体对立，这就产生一种要求，要使这种对立归于和解。"① 美可以达到这种和解，也就是达到主体与客体的统一。而在知解力的活动中，"客观存在就它本身而言，只是存在着，它的概念（即主体的统一和普遍性）对于它并不是内在而是外在的"②。也就是说，主体与客体虽是自在的，但由于缺乏一种内在的概念性统一两者，因而主体与客体依旧是对立的，是不自由的。

那么审美活动依靠什么来进行呢？黑格尔认为必须依靠"敏感"，黑格尔说："在审美时对象对于我们既不能看作理想，也不能激发思考的兴趣，成为和知觉不同甚至相对立的东西。所以剩下来的就只有一种可能：对象一般呈现于敏感。"③ 这里，黑格尔把介于感觉与思考之间的心理功能命名为"敏感"。他对

---

① 《美学》第 1 卷，第 124 页。
② 同上书，第 145 页。
③ 同上书，第 166 页。

"敏感"作了进一步的解释："'敏感'这个词是很奇妙的，它用作两种相反的意义。第一，它指直接感受的器官；第二，它也指意义、思想、事物的普遍性。所以'敏感'一方面涉及存在的直接的外在的方面，另一方面也涉及存在的内在本质。充满敏感的观照并不把这两方面分别开来，而是把对立的方面包括在一个方面里，在感性直接观照里同时了解到本质和概念。但是因为这种观照统摄这两方面的性质于尚未分裂的统一体，所以它还不能使概念作为概念而呈现于意识，只能产生一种概念的朦胧预感。"① 可见，敏感的观照方式就是将感性与理性、主体与客体按照他们的内在联系统一起来的思维方式，它揭示了审美的这样几个特点：其一，审美须依赖于感官，但并不停止于感官，而是要从对对象的感性把握上升到不确定的理性把握。其二，审美将对象的理性内容与感性形式作为统一的整体来观照，在感性观照的同时也就直接把握了对象的理性内容，按照理念"显现着的实在来把它变成自为的"，即通过具体的形象认识其背后的理念和本质。其三，在审美中获得的认识是一种朦胧的认识，这种认识既不是确定的概念形式，也不是纯粹感性的形式，而是在感性与理性的交融中通向某种普遍性的概念。因此，在充满"敏感"的审美活动中，审美主体必然会获得极大的愉悦，这种愉悦不是欲念上的满足，而是精神上的增益，不只是感官上的快适，更重要的是心灵上的升华，审美境界就是一种自由观照的境界。

3. 审美中的感觉

黑格尔主要是从认识论的角度研究审美的本质，从而把审美的过程看成是认识的过程。由于美起于感性形象的显现，"美只能在形象中见出"②，美的这一特点决定了审美必须取感性观照的形式。

审美认识既然是一种感性观照，感觉这种心理活动就很重

① 《美学》第 1 卷，第 167 页。
② 同上书，第 161 页。

要。黑格尔认为，对审美而言，最重要的感觉活动是视觉和听觉，而嗅觉、味觉和触觉与审美无关。这是因为，"嗅觉、味觉和触觉只涉及单纯的物质和它的可直接用感官接触的性质，例如嗅觉只涉及空气中飞扬的物质，味觉只涉及溶解的物质，触觉只涉及冷热平滑等等性质"[①]。而视觉和听觉不能对对象直接起物质欲望或直接从物质上使用、享受对象，始终能保持对象的独立自由，并且能给人较为明确的表象，以便进行思维，达到对事物理性的认识。

视觉与听觉虽然都是认识性的审美感官，但二者的地位并不是相同的。在黑格尔看来，听觉要高于视觉。这是因为视觉的对象——颜色、形体之类依旧是物质性，而听觉感受的对象——声音则是观念性的，观念高于物质，听觉也就高于视觉了。

除了视觉和听觉之外，黑格尔还提出审美感性观照的第三种形式："认识性感觉"，也称为"感性的表象功能"。这种功能不是感官在当下所获得的印象，而是通过回忆，对感官在先前所获得的印象的一种再现。黑格尔说："记忆，或是由个别的观照而进入意识的那种意象的保存，这些意象在记忆里是隶属到普遍范畴来想的，是由想象力来见出关系和形成统一体的。"[②] 这种表象已经经过了思维的加工，但它还是具体的表象，不是抽象的概念，主体借助于回忆和想象所进行的这种观照也可以获得审美享受。

在黑格尔关于审美对象和审美活动的观点中，其最大的贡献是运用理念的孕育、变化之说，辩证地解决了审美中感性与理性统一的问题，这是他明显超越于前人的地方。

第四节　艺术美与理想美

黑格尔在他的美学体系中，常常将美和艺术等同起来，美的

---

① 《美学》第 1 卷，第 48—49 页。
② 《美学》第 3 卷上，第 14 页。

本质也就是艺术的本质。黑格尔虽然承认自然美的存在，但他认为自然美只是一种低级的美，艺术美或理想美则是高级形态的美，是美的充分体现，因而艺术哲学"要把自然美排除于美学范围之外"①。他的美学范畴体系在简单地分析了自然美之后，很快就跨入了艺术美，而在艺术美的自我运动之中把各种艺术范畴联系起来就形成一个完整的体系。

一 艺术美的基本特征

黑格尔关于美的定义，实质上也是艺术美的定义。黑格尔认为，艺术的旨趣只在于显示绝对理念，而没有其他任何外在的目的。对于绝对精神来说，艺术的价值在于它是精神的自我认识的一种方式，是精神反思的一个不可或缺的途径，正是在这个意义上，黑格尔说："艺术从事于真实的事物，即意识的绝对对象，所以它也属于心灵的绝对领域，因此它在内容上和专门意义的宗教以及和哲学都处在同一基础上。"② 但是，艺术和宗教、哲学有着根本的区别，艺术不是用概念方式抽象地把握绝对理念，而是用感性形象化的方式把真实呈现于意识，把概念与个别现象统一。从这点出发，黑格尔具体论述了艺术美的本质特征。

1. 感性与理性的统一

黑格尔认为艺术是诉之于人的感官的，必须从感性世界吸取源泉，要通过具体的个别的感性形象来显现理念，因此，形象性是艺术最根本的特征。但是仅仅有感性形象并不构成艺术美，只有形象与理念结合成为一个完整的统一体，并且充分体现了理性时，才成为美的形象。黑格尔指出："艺术和艺术作品既然是由心灵产生的，也就是具有心灵的性格……艺术比外在的无心灵的自然就较接近于心灵和它的思想。"③ "只要艺术达到了最高度的

---

① 《美学》第 1 卷，第 6 页。
② 同上书，第 129 页。
③ 同上书，第 6 页。

完善，它所创造的形象对真理内容就是适合的，见出本质的。"①
黑格尔肯定了艺术美中所蕴涵的真理和"心灵的性格"，即理性
内容，而这种理性内容又是通过艺术所创造的形象表现出来，
"艺术内容在某种意义上也终于是从感性事物，从自然取来的；
或者说，纵使内容是心灵性的，这种心灵性的东西（例如人与
人的关系）也必须借外在现实中的形象，才能掌握住，才能表
现出来"②。"正如在想象中，普遍的和理性的东西也须和一种具
体的感性现象融成一体才行"③。正是这种感性与理性的统一，
才使艺术形象不同于普通的、直接的自然物。

2. 内容与形式的统一

黑格尔从辩证法的角度论述了艺术美的内容与形式的关系，
他认为，艺术的内容与形式的完美统一是艺术美的审美标准。黑
格尔说："艺术的内容就是理念，艺术的形式就是诉诸感官的形
象。艺术要把这两方面调和成为一个自由的统一的整体。"④

"所谓艺术的内容是理念"，是指艺术作品不是感官欲望的
对象，而是为了满足心灵认识的需要，其内容就必须体现理念的
真理性和生活的本质，必须是充满精神力量的、富于人生哲理
的、重大的社会问题。同时，艺术的内容不是现实社会生活的照
搬，而是经过艺术家的提炼、"显出特征的东西"。"诗所表现的
总是普遍的观念而不是自然的个别细节"⑤，"艺术要把被偶然性
和外在形状玷污的事物还原到它与它的真正的概念的和谐，它就
要把现象中凡是不符合这概念的东西一齐抛开，只有通过这种清
洗，它才能把理想表现出来"⑥。

"所谓艺术的形式就是诉诸感官的形象"，是指艺术必须把

---

① 《美学》第 1 卷，第 130 页。
② 同上书，第 51—52 页。
③ 同上书，第 14 页。
④ 同上书，第 87 页。
⑤ 同上书，第 213 页。
⑥ 同上书，第 200 页。

"内容表现为一种有定性的情况或特殊的情境，表现为性格、事迹和动作，这样就把它表现为外在的客观存在的形式"①。艺术形式是从外在世界中选取的，但是，艺术作品中的感性形象，比起自然物来说，是被提升了的，"它还不是纯粹的思想，但是尽管它还是感性的，它却不复是单纯的物质存在，像石头、植物和有机生命那样"②。此外，艺术形式还必须符合形式美的规律（整齐律、平衡对称规则等），从而使感性形象成为多样化的、完美的、和谐的艺术形象。

艺术就是内容和形式结合成的自由统一的整体，"在艺术里感性的东西是经过心灵化了，而心灵的东西也借感性化而显现出来了"③。在内容与形式的统一中，内容是起决定作用的，艺术形式是由内容生发的，其本身就是为显现内容意蕴的。黑格尔说："艺术也可以说是要把每一个形象的看得见的外表上的每一点都化成眼睛或灵魂的住所，使它把心灵显现出来。"④ 艺术形式必须是那种能完美地、充分地显现内容的形式。同时，艺术的内容也必须由特定的艺术形式表现出来："这里第一个决定因素就是这样一个要求：要经过艺术表现的内容必须在本质上适宜于这种表现。……第二个要求是从第一个要求推演出来的：艺术的内容本身不应该是抽象的"，"也就是具体的内容……应该有符合它的一种感性形式和形象，这种感性形式就必须同时是个别的，本身完全具体的，单一完整的。"⑤ 艺术的美首先呈现于形式，其内容一旦脱离形式，就流于空洞了。在黑格尔看来，真正的艺术美在本质上就是通体透明的，内容与形式相辅相成、不可分割。

3. 普遍性与特殊性，一般与个别的统一

黑格尔认为艺术美显现了理念，而理念是一切客观事物的本

---

① 《美学》第 1 卷，第 48 页。
② 同上。
③ 同上书，第 49 页。
④ 同上书，第 198 页。
⑤ 同上书，第 87—88 页。

质和真理，因而具有普遍性。但是艺术美包含的这种普遍性"不应该只以它的普遍性出现，这普遍性须经过明晰的个性化，化成个别的感性的东西"①，也就是说，普遍性必须与特殊性结合起来才构成艺术的美。

黑格尔一贯强调理念的作用，在他的整个美学体系中，他把艺术的创造过程看成是理念"从观念世界表现到外面来"②的过程。但是黑格尔同时也看到了艺术与宗教、哲学的区别：艺术要以感性形象显现真理，艺术美必须表现出美的个性。因此，艺术美中的理念，"是化为符合现实的具体形象，而且与现实结合成为直接的妥帖的统一体的那种理念，因为就理念本身来说的理念虽然是自在自为的真实，但是还只是有普遍性，而尚未化为具体对象的真实；作为艺术美的理念却不然，它一方面具有明确的定性，在本质上成为个别的现实，另一方面它也是现实的一种个别表现，具有一种定性，使它本身在本质上正好显现这理念"③。普遍性与特殊性的统一，才使艺术既具有理念的价值内涵，又显现为美。

4. 必然与自由的统一

黑格尔的自由观具有深刻的哲学内涵，黑格尔认为自由必须以必然为前提，自由中包含着必然，"真正理性的自由概念便包含着被扬弃了的东西"④。人可以是自由的，因为人有思想，具有反思能力和创造性的实践能力，也就是可以对必然性加以认识、把握和自觉利用，从而获得自由。"人类自身具有目的，就是因为他自身中具有'神圣'的东西——那便是我们从开始就称做'理性'的东西；又从它的活动和自决的力量，

---

① 《美学》第 1 卷，第 185 页。
② 同上书，第 268 页。
③ 同上书，第 92 页。
④ 《小逻辑》，第 353 页。

称做自由。"① "'精神'——人之所以为人的本质——是自由的。"②

艺术活动作为观念性、精神性的活动，也包含着对必然与理性的认识与把握，因而是一种自由的活动。"主体方面所能掌握的最高的内容可以简称为'自由'。自由是心灵的最高的定性。按照它的纯粹形式的方面来说，自由首先就在于主体对和它自己对立的东西不是外来的，不觉得它是一种界限和局限，而是就在那对立的东西里发现它自己。……无知者是不自由的，因为和他对立的是一个陌生的世界……他还没有把这个陌生的世界变成为他自己使用的。"③ "在艺术里，感性的东西是经过心灵化了，而心灵的东西也借感性化而显现出来了。"④ 所谓心灵化也就是将人的"心灵性的基本意蕴通过外在现象的一切个别方面而完全体现出来"，这种"心灵性的基本意蕴"就是理念或精神。艺术家通过自己心灵的创造能力，创造出一个"第二自然"，把自己对象化，把外物心灵化，在审美观照中认识自己并实现自己，因而艺术活动在本质上是自由，艺术美就是一种自由的美。黑格尔说："美的概念都带有这种自由和无限；正是由于这种自由和无限，美的领域才解脱了有限事物的相对性，上升到理念和真实的绝对境界。"⑤ "只有靠它的这种自由性，美的艺术才成为真正的艺术。"⑥ 但是艺术的自由不是任性妄为、主观随意，而是自由与必然的统一，是精神性与自然性因素的统一。

5. 理想与现实的统一

在黑格尔看来，艺术要从现实生活中取得素材，但是艺术又必须高于庸俗的现实生活，艺术美是心灵的创造，是人类美好心

---

① 《历史哲学》，第 73 页。
② 同上书，第 56 页。
③ 《美学》第 1 卷，第 124—125 页。
④ 同上书，第 49 页。
⑤ 同上书，第 148 页。
⑥ 同上书，第 10 页。

灵的感性表现。艺术"能把眼前的自然界飘忽的现象表现为千千万万的境界，好像是由人再造出来似的"①。"它的内容并不只是按照他在直接存在中所呈现的那种形式而表现出来，而是作为经过心灵掌握的东西，在那种形式范围之内推广了，变成另一种东西了"②。在艺术作品中，个别的、感性的艺术形象，注入了心灵的自由，体现出理性、普遍和必然的精神，艺术的真实高于现实的真实，"只有由于这个缘故，理想才托身于与它自己融会在一起的那种外在现象里，享着感性方式的福气，自由自在，自足自乐"③。简单地说，艺术理想就是"从一大堆个别偶然的东西之中所拣回来的现实"，因此，黑格尔认为理想性是艺术的根本特征之一，贺麟先生就明确指出："黑格尔的艺术观是理想主义的。"

黑格尔所向往和追求的艺术理想是这样的："我们可以把那种和悦的静穆和福气，那种对自己的自足自乐情况的自欣赏，作为理想的基本特征而摆在最高峰。理想的艺术形象就像一个有福气的神一样站在我们的面前。"艺术应该摆脱现实的琐碎和庸俗，显示出和悦与宁静，达到超凡脱俗的境界。黑格尔对艺术理想的追求，既反映了他认同古希腊艺术的个人审美倾向，也反映出他不满现实却又寻求与现实妥协的矛盾心理。不过，正如贺麟先生所说的："处在当时德国的那种情况下，黑格尔既不能用革命手段来改革现实生活，只得在艺术中超出现实，改造现实，这无论如何也可以说是有一定合理因素的。"④ 这一评价是相当透彻的。

二　艺术美的实现

艺术美作为一种理想的美，必须转化为具体的作品，才能被

---

① 《美学》第 1 卷，第 208 页。
② 同上书，第 210 页。
③ 同上书，第 202 页。
④ 同上书，第 220 页。

实现，否则，就还只是抽象的普遍概念。黑格尔说："艺术美，就其为理想而言，不能始终只是普遍概念，即使按照这普遍概念，它也必须在本身上有定性和特殊性，因此也就必须离开它本身而转化为有定性的现实存在。"① 艺术美的理想转化为现实的过程就是塑造具体的感性形象的过程，黑格尔详细地论述了实现这一过程的几个问题。

1. 一般世界情况

所谓一般世界情况就是艺术中人物所处的"一般背景"，也即我们通常所说的时代背景。黑格尔把艺术中人物性格的形成与时代、社会环境联系起来，认为人与环境相互依存，是对立而统一的整体，他说："人本身是一个主体性的整体，因而他和外在世界隔开，外在世界本身也是一个首尾贯串一致的整体。但是在这种互相隔开的情况，这两种世界却仍然保持着本质性的关系，只有在它们的关系中，这两种世界才成为具体的现实，表现这种现实就是艺术理想的内容。"② 那么如何建立起这两者之间的关系呢？黑格尔认为要通过艺术实践，一方面人"把外在世界变成为它自己而存在的"，另一方面，人在"外在事物上面刻下他自己内心生活的烙印，而且发现他自己的性格在这些外在事物中复现了"③。

艺术理想的实现总是受到一般世界情况的制约和影响，那么"一般世界情况应该具有怎样的性质，才可以显出符合理想的个性呢？"④ 黑格尔分析了历史上几个典型的时代背景和社会背景，认为只有古希腊的神话传说时代才最适宜于艺术的繁荣，因为这个时代的个体具有独立自足性，而且和整个社会是统一在一起的，"个人不是孤立的，而是他的家族和他的种族中的一个成

---

① 《美学》第 1 卷，第 223 页。
② 同上书，第 313 页。
③ 同上书，第 39 页。
④ 同上书，第 229 页。

员。因此，家族的性格、行动和命运，就是每一个成员都有份的事"①。在这样的情况下，普遍的理想最能通过个人的行为实现出来，一般的理念也最能显现为个别的感性形象，从而造成了理想的人物个性出现的契机。

黑格尔认为现代社会不利于产生艺术理想，因为在现代社会中，个人已经丧失了独立自足性，隶属于一套固定的秩序，其"意志和行为只能局限在很狭窄的范围里"。文明带来了人类的进步，但同时也带来了异化现象。因此，黑格尔把现代社会称为平庸乏味的、散发着"散文气味"的时代。

2. 情境和冲突

在黑格尔看来，"一般世界情况"作为一个时代总的社会背景，对一个特定的个体而言，还显得太抽象、太空泛，还必须具体化，"在这种具体化的过程中，就揭开冲突和纠纷，成为一种机缘，使个别人物现出他们是怎样的人物，现为有定性的形象"②。也就是说，总的时代、社会背景只有通过具体化为某一个性生活其中的个别的环境，才能使人看到这种环境对个体的人所产生的影响。因此所谓情境，就是指人物活动其中并得以展开各种矛盾冲突的具体环境，它一方面受制于一般世界情况，成为一般世界情况的具体显现；另一方面，又表现为人们日常的活动状态。由于整个时代的社会背景事实上都是通过个体人物所生活的具体情境表现出来，因此情境对创造艺术理想非常重要，"艺术最重要的一方面从来就是寻找引人入胜的情境，就是寻找可以显现心灵方面的深刻而重要的旨趣和真正意蕴的那种情境"③。

黑格尔认为情境有三种：（1）无情境。在这种情境中，一般世界情况虽然个别化、具体化了，艺术现象也出现了，但它没有和周围的世界发生多大关系，"还没有跳出自己的范围内而同其他事物发生关系，内外都处于自禁闭状态，只是和它本身处于

---

① 《美学》第 1 卷，第 235 页。
② 同上书，第 245 页。
③ 同上书，第 254 页。

统一体。这就是无情境"①。古代艺术起源时代雕塑的神像属于这种无情境的艺术形象。（2）有定性但无冲突的情境。在这种情境中，人物形象由静止走向动作，和外界发生了关系，形成一定的个性和情感特征，"但是，这种定性还没有和更广泛的事物发生关系，还没有碰到矛盾对立，它只是处于自禁闭状态，只是在它本身上才有意义"②。古希腊雕刻和抒情诗属于这种有定性无冲突的情境。（3）冲突的情境。这种情境是黑格尔所说的理想的情境，黑格尔说："只有在定性现出本质上的差异面，而且与另一面相对立，因而导致冲突的时候，情境才开始见出严肃性和重要性。"③ 也就是说，真正的情境是事物之间或人与人之间的冲突引起的，并由此产生了具体的行动。黑格尔非常重视这一情境，他认为包含冲突的情境才是思想的情境，才能给艺术美提供必要的背景。

黑格尔把冲突也分为三种：物理或自然的情况所引起的冲突、半自然半心灵性的冲突、心灵性的社会冲突。所谓物理或自然情况引起的冲突是指各种自然的灾害，如疾病、灾祸等引起的冲突，这些灾害本身没有什么意义，不能作为艺术的题材，只有当它们与人事发生关系，引起了心灵的裂变，才能作为艺术描写的对象。所谓半自然半心灵性的冲突是指与自然紧密联系的血缘关系、个人出身以及人的天性等引起的冲突，这些冲突的原因依然是一些外在的自然力量，但其实质却是人与人的社会矛盾，它们可以和心灵发生密切的关系，作为一种基础或背景，"使真正冲突导致破坏和分裂"。这种冲突比前一种冲突更具有社会的普遍意义，但还不是艺术理想所需要的情境。所谓心灵性的社会冲突是指心灵的各种差异面所引起的冲突，本身就表现了心灵中各种精神力量的斗争。黑格尔说："一方面须有一种由人的某种现实行动所引起的困难、障碍和破坏；另一方面须有本身合理的旨

---

① 《美学》第 1 卷，第 255 页。
② 同上书，第 257 页。
③ 同上书，第 253 页。

趣和力量所受到的伤害。只有把这两方面定性结合在一起，才是这最后一种冲突的深刻的根源。"① 黑格尔认为，这才是一种理想的冲突，因为它表现了人类心灵的内在冲突，最适宜于艺术的要求。

在论述了情境与冲突的各种情形之后，黑格尔指出，在创作中，发现情境是一项重要的工作，但是对于艺术家来说，由于情境本身还不是心灵性的东西，只是一种外在材料，所以单有情境，还不能组成真正的艺术形象。"只有把这种外在的起点刻画成动作和性格，才能见出真正的艺术本领"②，也就是说，情境只是为人物性格服务的，人物性格的塑造才是艺术创造的中心。

3. 情致和性格

情境中存在着冲突，冲突导致了人物的行动，人物一系列的行动就构成了情节，人物的性格就在行动和情节中展现出来。在黑格尔看来，艺术作品中的行动和情节有三个要素：

（1）引起动作的普遍力量。黑格尔所说的普遍力量，是指各个时代的宗教、伦理、法律等方面的观念和理想，这些观念和理想都是理念的具体化。这些普遍力量都是人心的力量，就其本身而言，都是符合理性的。黑格尔强调，在冲突的各方之中，都必须有自己行动的合理依据或所维护的某一方面的真理、权利。即使处于反对的一方，也是如此："反动作（即反对的一方）的必然性不能是由荒谬反常的东西所造成的，它必须是本身符合理性的有辩护理由的东西所造成的。"③ 至于纯粹邪恶的反面力量，由于它们本身就是呆板枯燥的，没有意义的，所以是不能承担冲突的一方的。黑格尔说："只有本身是正面的有实体性的力量才能成为理想动作的真正内容。"④

（2）发出动作的个别人物。在情节的展开中，普遍力量还

① 《美学》第 1 卷，第 263 页。
② 同上书，第 267 页。
③ 同上书，第 280 页。
④ 同上书，第 275 页。

必须转化到真正独立自主的人物身上，通过个别人物来实现，"如果没有形象化为独立自足的个别人物，它们（普遍力量——引者注）就还只是一般思想或抽象观念，不是属于艺术领域的"①。

（3）情致。那么怎样才能完成普遍力量到个别人物的转化呢？黑格尔认为必须使普遍力量显现为人物所固有的心灵和性格，并成为人物行动的根源。也就是说，普遍力量要与个别人物统一起来，表现为人物本身的性格，这就是情致。如果说情境是一般世界情况的具体化，是推动人物行动的外在环境，那么情致则是作为理念的普遍力量具体化为人物独特的情感和思想，是人物行动的内在因素。内因和外因共同作用，形成了情节和动作，人物的性格就在情节和动作中得以展开。黑格尔非常强调情致在艺术创造中的重要作用。他说："情致是艺术的真正中心和适当领域，对于作品和对于观众来说，情致的表现都是效果的主要来源。情致所打动的是一根在每个人心里都回响着的弦子，每个人都知道一种真正的情致所含的意蕴的价值和理性，而且容易把它认识出来。情致能感动人，因为它自在自为地是人类生存中的强大的力量。就这一方面来说，外在事物、自然环境以及它的景致都只应看作次要的附庸的东西，其目的在于帮助发挥情致……在艺术里感动的应该只是本身真实的情致。"② 这也就是说，艺术作品的感染力主要是依靠情致。

黑格尔进一步论证了艺术的理想性格。黑格尔说："真正的自由的个性，如理想所要求的，却不仅要显现为普遍性，而且还要显现为具体的特殊性，显现为原来各自独立的这两方面的完整的调解和互相渗透，这就形成完整的性格，这种性格的理想在于自身融贯一致的主体性所含的丰富的力量。"③ 各种外在环境因素和社会意识，作为普遍性的力量转化为各种各样的情致，这些

---

① 《美学》第 1 卷，第 283 页。
② 同上书，第 296—297 页。
③ 同上书，第 301 页。

丰富的情致集中于个人的心灵之中，就形成了完整的性格。这种"完整的性格"具有二重性，一方面，它包含着普遍力量的内容，另一方面，它又表现为个别人物的内心情绪和意愿，是个性与普遍性的统一。

黑格尔认为，理想的性格必然具备如下特征：第一，丰富性。黑格尔认为人物性格应当是丰富多彩的，他把荷马作品中的人物作为性格丰富的典范，认为荷马借不同的情境将每一个人物的多种性格特征表现出来了，并且这些性格特征都不是机械的凑合，而是"充满生气的总和"，"他们都是一个整体，本身就是一个世界，每个人都是一个完满的有生气的人，而不是某种鼓励的性格特征的寓言式的抽象品"①。在论证人物的丰富性时，黑格尔严厉批判了法国古典主义作品中类型化性格的描写，又抨击了消极浪漫主义和感伤主义人物性格的狭隘性和软弱性。第二，明确性。黑格尔认为人物的性格在具备丰富性的同时还必须具备明确性，也就是说，在人物多样性格特征的组合中，每个人物都必须具有起凝聚作用的明确的主导性格，他说，"性格的特殊性中应该有一个主要的方面作为统治的方面"，也就是"须有某种特殊的情致，作为基本的突出的性格特征，来引起某种明确的目的、决定和动作"②。只有这样，才能把人物丰富多样的性格统一起来，使这个人物明确地成为某一种人物。黑格尔以《罗密欧与朱丽叶》为例，指出其中朱丽叶具有丰富的性格，但始终"只有一种情感，即她的热烈的爱，渗透到而且支持起她整个的性格"③。第三，坚定性。人物性格不仅丰富、明确，它还必须"具有一种一贯忠实于它自己的情致所显现的力量和坚定性"，这种坚定性具体地来说，就是人物性格中丰富多彩的性格特征统一于一个占统治地位的普遍力量，只有这样，理念的普遍力量才能通过他实现出来。如果人物性格缺乏坚定性和果断性，"他的

---

① 《美学》第 1 卷，第 302 页。
② 同上书，第 304 页。
③ 同上书，第 305 页。

复杂性格的种种不同的方面就会是一盘散沙，毫无意义"①。黑格尔赞扬了莎士比亚笔下的人物，认为这些人物就常常具有坚定而果断的性格，如麦克白、奥赛罗等即是如此。

从以上的论述中可以看到，黑格尔运用哲学辩证法的矛盾对立面相互转化的原理，分析了艺术理想与自然界和人类社会的相互关系。通过对这种变化发展关系的研究，黑格尔揭示出了人物与环境的根本联系，强调人物的性格风貌是在环境中形成的，并受环境的制约而发出具体行动，在具体的行动中，人物性格得以展现。这样，人物、环境和动作三方面就统一成具体生动的艺术形象，达到了艺术美，实现了理想。黑格尔关于情境、冲突、情致、性格之间复杂关系的辨析，实质上初步建立了比较完整的典型环境中的典型人物的美学理论。

三　艺术家和艺术创造

在论述了艺术美的一般性问题后，黑格尔专门探讨了艺术创造主体——艺术家的主观方面的诸多因素，以及艺术创造中主体思维和情感活动的某些规律性的现象。

1. 艺术想象

艺术家的活动是心灵性的创造活动，这种活动和其他创造性活动最大的不同在于它是一种想象活动，黑格尔认为，"最杰出的艺术本领就是想象。……想象是创造性的"②。但是，艺术想象并不是凭空设想，而是从"现实事物的形象"出发，"是掌握现实及其形象的资禀和敏感，这种资禀和敏感通过常在注意的听觉和视觉，把现实世界的丰富多彩的图形印入心灵里"③。也就是说，想象是现实事物的形象在艺术家头脑中的再现。黑格尔明确指出艺术创造与哲学认知不同，艺术创造始终要用明确生动的感性材料去创造观念和形象，显示出"人类最深刻最普通的旨

---

① 《美学》第 1 卷，第 307 页。
② 同上书，第 357 页。
③ 同上。

趣"，艺术创造的材料不同于抽象的思想。艺术家必须拥有丰富的现实生活的感性材料和人生阅历，并且"按照其整个广度与深度加以彻底体会"，再以现实的形象、形状显现出来。"哲学对于艺术家是不必要的，如果艺术家按照哲学方式去思考，就知识的形式来说，他就是干预到一种正与艺术相对立的事情。因为想象的任务只在于把上述内在的理性化为具体形象和个别现实事物去认识，而不是把它放在普泛命题和观念的形式里去认识。"①但是黑格尔并不排斥理性在艺术创造中的作用。他认为艺术想象应是情与理的统一，艺术家一方面要求助于常醒的理解力，另一方面也要求助于"深厚的心胸和灌注生气的情感"。艺术想象活动"就其为心灵的活动而言，它只有在积极企图涌现于意识时才算存在，但是要把它所蕴含的意蕴呈现给意识，却非取感性形式不可"②。这种情与理的结合就是艺术想象的本质。

2. 天才和灵感

黑格尔对天才和灵感的看法具有辩证色彩。

黑格尔首先承认了天才的存在。他认为天才是艺术创作的一种特殊才能，他说："通过想象的创造活动，艺术家在内心中把绝对理性转化为现实形象，成为最足以表现他自己的作品，这种活动就叫做'才能'，'天才'等等。"③ 天才"确实包含有自然的因素"，即一种天生的禀赋，能够把心灵性的东西通过生动的形象传达出来。但是黑格尔同时也强调后天的教养和学习对艺术创造的重要作用，黑格尔认为艺术不是无意义的感性形象的堆积，它要显现理性的思想内容，要展示艺术家的心情和灵魂，"而这种心情和灵魂的深度都不是一望而知的，而是要靠艺术家沉浸到外在和内在世界里去深入探索，才能认识到"④，所以即使一个有天赋的艺术家，也必须通过后天的学习、思索和积累才

---

① 《美学》第 1 卷，第 358 页。
② 同上书，第 50 页。
③ 同上书，第 350 页。
④ 同上书，第 35 页。

能获得他所需要的材料、思想和表现技巧。也就是说，艺术天才是先天资禀与后天学习结合的产物。

与天才问题密切相关的是灵感问题。黑格尔说："灵感就是这种活跃地进行构造形象的情况本身"①，"就是完全沉浸在主题里，不到把它表现为完满的艺术形象时决不肯罢休的那种情况"②。黑格尔认为灵感不是单靠感官刺激和一时的心血来潮产生的，而是来源于艺术家对现实生活的感触，当艺术家在现实生活中"抓住真正有艺术意义的东西，并且使对象在他心里变成有生命的东西。在这种情况下，天才的灵感就会不招自来了"③。可见，黑格尔并未把灵感神秘化，而是认为灵感和天才一样，也应从感性与理性、直觉性与自觉性的统一中加以把握，这种认识是独特的、深刻的。

3. 艺术表现的客观性

黑格尔认为在艺术作品的创造活动中，除了涉及到艺术家的主观方面即想象、天才和灵感之外，还涉及到艺术表现的客观性。

从内容表现来说，黑格尔所说的艺术表现的客观性不是指艺术对现实的单纯模仿，不是依样画葫芦地对平凡现实的照抄，而是指将艺术家"得到灵感的那种真正的内容（意蕴）"完全揭示出来，艺术的目的在于揭示生活的内在真实和本质。

从形式表现来说，黑格尔所说的艺术表现的客观性是指要通过个别、特殊去显现一般，使个别形象同普遍性的客观精神、主观的情致同客观的外在事物的形象达到完美的统一。

黑格尔强调艺术表现的客观性，也就是强调艺术在内容和形式两方面都把日常的琐屑的东西抛开，通过心灵的活动，把自在自为的理性的东西从内在世界揭示出来，并通过具体的形象表现出来。黑格尔说："艺术家之所以为艺术家，全在于他认识到真

---

① 《美学》第 1 卷，第 359 页。
② 同上书，第 354 页。
③ 同上书，第 356 页。

实，而且把真实放到正确的形式里，供我们观照，打动我们的情感。"① 这实质上就是追求艺术真实性与典型性的统一。

4. 作风、风格和独创性

艺术作品作为艺术家创造性劳动的产物，应坚持客观性原则，同时，艺术创作也需要依靠艺术家的想象、天才和灵感，体现艺术家主体的心灵和意志，因此艺术作品总是主客观的统一，这种主客观的统一就构成了艺术的独创性。

黑格尔对艺术独创性的理解具有深刻的含义。他并不把独创性仅仅看作艺术家个人的独特创造或创作个性的单纯体现，而是将艺术家的主体性与表现对象的客观性有机结合起来探讨独创性，他说："独创性是和真正的客观性统一的，它把艺术表现里的主体和对象两方面融合在一起，使得这两方面不再互相外在和对立。从一方面看，这种独创性揭示出艺术家的最亲切的内心生活；从另一方面看，它所给的却又不只是对象的性质，因而独创性的特征显得只是对象本身的特征，我们可以说独创性是从对象的特征来的，而对象的特征又是从创造者的主体性来的。"② 真正的独创性不是某种新奇古怪的东西，也必然排除掉了主观任意性，而是在内容与形式、主体与对象完全统一的情况下，所产生出来的具有独特风格的完整的艺术作品。只有这样的艺术作品，才能在表现客观对象的同时，也表现出艺术家真实的自我。

独创性是黑格尔对艺术创作的最高要求，也是他评价艺术家和艺术作品的最高尺度，这一要求和尺度对于我们今天的文艺批评依旧具有启发意义。

第五节　艺术史观

黑格尔的艺术史观是他在美学上的重大贡献之一。在黑格尔

---

① 《美学》第 1 卷，第 352 页。
② 同上书，第 373—374 页。

之前，也不乏艺术史的著作，尤其是德国启蒙艺术理论家温克尔曼发表于 1746 年的《古代艺术史》，被公认为西方艺术史的开创之作。温克尔曼采用了早期进化论的思想来研究古希腊艺术的发生、发展，对后来的歌德、席勒、谢林和黑格尔等人产生了很大的影响。黑格尔对艺术史的研究就是在前人的研究成果的基础上进行的，不过黑格尔的成就大大超过了前人，也超过了他同时代的艺术家。

一　关于艺术的起源

黑格尔是从哲学认识论的角度看待艺术的发生和起源，具有独辟蹊径的开拓性意义。黑格尔将"理念"作为艺术的起源，并且从主客体两方面进行了论述，发挥了以下几个基本的见解：

1. 从主体方面看，艺术活动起源于人的"自由理性"的冲动，即反思的自我认识和认识外界的需要

黑格尔认为，人之所以要创造艺术，根本的原因是"一种能思考的意识，这就是说，他由自己而且为自己造成他自己是什么，和一切是什么"①。这就是说，人的本质在于人具有自我意识，他不仅作为自然物而存在，而且还为自己而存在，观照自己，认识自己。那么人怎样获得对自己的意识呢？黑格尔认为有两种方式：一种是认识的方式，人既把外在自然当作对象，又把自身当作对象，人意识到自己心中有什么在活动，经过思考，发现本质，形成有关自己的观点。另一种是实践的方式，人为了更好地生存，会通过自己的活动，去改变外在世界，创造新事物，使自己的意志和愿望得到实现，从而也就在实践的过程中和新创造的对象中认识自己，欣赏自己。这就是黑格尔所说的"自然的人化"的过程："人还通过实践的活动来达到为自己（认识自己），因为人有一种冲动，要在直接呈现于他面前的外在事物之中实现他自己，而且就在这实践过程中认识他自己。人通过改变

---

① 《美学》第 1 卷，第 38 页。

外在事物来达到这个目的，在这些外在事物中刻下他自己内心生活的烙印，而且发现他自己的性格在这些外在事物中复现了。人这样做，目的在于要以自由人的身份，去消除外在世界的那种顽强的疏远性，在事物的形状中他欣赏的只是他自己的外在现实。"①

　　黑格尔举了一个例子说明人对自己的对象化活动的欣赏态度：一个小男孩把石头抛进河里，他以惊异的神色去看水中泛起的圆圈，觉得这些圆圈是自己的作品，从这作品中看到了自己活动的成果而感到欣喜。黑格尔认为，人类的一切现实都是这种自我意识对象化的结果，艺术创造就是这种对象化的实践活动之一。黑格尔进一步指出："不仅对外在事物人是这样办的，就是对他自己，他自己的自然形态，他也不是听其自然，而要有意地加以改变。一切装饰打扮的动机就在此，尽管它可以是很野蛮的，丑陋的，简直毁坏形体的，甚至很有害的，例如中国妇女缠足或是穿耳穿唇之类的。"② 黑格尔以古希腊时代的人体美的展示为例来说明："人就把他自身作为达到了受过教养、受过陶冶的形象的完全自由的运动来代替掉。……他就是一个富于灵魂的活生生的作品，这个艺术品既美丽又坚强有力；对于这样一个人就给予他以隆重的装饰作为对他的伟大力量和光荣的赞扬……不是把他崇敬为石头的神，而是把他当作整个民族的本质之最高的肉体的表现。"③ 人类在使自然之物人化、美化的同时，也在使自身肉体人化、美化和精神化，这些美化活动，也就是艺术化的活动，也即艺术的起源。

　　黑格尔的"自我意识"所寻求的最高境界是独立自由。艺术创造只不过是人借助于外在事物实现自己、认识自己，以满足心灵自由的手段。他说："艺术表现的普遍需要所以也是理性的需要，人要把内在世界和外在世界作为对象，提升到心灵的意识

_____

① 《美学》第 1 卷，第 39 页。
② 同上书，第 39 页。
③ 《精神现象学》下卷，第 212 页。

面前，以便从这些对象中认识他自己。当他一方面把凡是存在的东西在内心里化成'为他自己的'（自己可以认识的），另一方面也把这'自为的存在'实现于外在世界，因而就在这种自我复现中，把存在于自己内心世界里的东西，为自己也为旁人，化成观照和认识的对象时，他就满足了上述那种心灵自由的需要。这就是人的自由理性，它就是艺术以及一切行为和知识的根本和必然的起源。"①

黑格尔在论述艺术起源与自我意识的关系时提出："艺术观照，宗教观照（毋宁说二者的统一）乃至于科学研究一般都起于惊奇感。"② 这种惊奇感就是自我意识的一种表现。黑格尔认为，在两种状态下，人类都不可能产生惊奇感：一是当人类还处在蒙昧状态，与自然浑然一体时，人不可能产生惊奇感，也不可能对自然进行艺术观照和宗教观照；一是当人类凭抽象的知解力认识了全部客观世界，或者通过绝对精神达到了人与自然的统一，进入了自由境界，人也不可能产生惊奇感。"人如果还没有惊奇感，他就还是处在蒙昧状态，对事物不发生兴趣，没有什么事物是为他而存在的，因为他还不能把自己和客观世界以及其中事物分别开来。……人如果已不再有惊奇感，他就已把全部客观世界都看得一目了然。"③ 只有在这两种状态的中间，一方面，人摆脱了与自然单纯的物质欲念关系，自然不仅作为人的物质生活资源而存在，还作为人的精神活动的对象而存在。另一方面，人也不仅认识事物的现象、个体存在，而且在精神上跳出自然和他自己个体存在的框子，在客观事物里寻求和发现普遍的，如其本然的、永驻的东西。这时，人类发现自然与人之间存在着差异，对于这种差异又无法理解和解释，只有到这个时候，惊奇感才会发生。人类"见出自然事物和精神之间毕竟有一种矛盾，使客观事物对人既有吸引力，又有抗拒力。正是在克服这种矛盾

---

① 《美学》第 1 卷，第 40 页。
② 《美学》第 2 卷，第 22 页。
③ 同上。

的努力中所获得的对矛盾的认识才产生了惊奇感"①。

黑格尔指出，惊奇感的直接结果有两个方面：一方面是人把自然和客观事物当作自己赖以生存、又与自己对立的对象，并由此产生畏惧的心理而加以崇拜；另一方面人又把自己所感觉到的那种理念外化为客观事物，使外在自然世界成为认识、观照的对象。如果直接以某种自然物作为观照、欣赏的对象，则还只是宗教的自然崇拜，而不是艺术。艺术产生于人意识到和自然的对立，并努力消除这种对立的活动中，黑格尔说："艺术就是从这里开始：它就是按照这些观念的普遍性和自在本质把它们表现于一种形象，让直接的意识可以观照，使它们以对象的形式呈现于心灵。"② 通过创造个别形象表达普遍性的观念，就是艺术的本质。

2. 从客体或对象方面看，艺术的起源与宗教活动有直接关联

黑格尔认为，艺术活动与宗教活动有一个相似之处，就是两者都是把观念的普遍性与感性的个别形式融合在一起了。黑格尔说："在宗教里呈现于人类意识的是绝对……这种绝对最初表现为自然现象。从自然现象中人隐约窥见绝对，于是就用自然事物的形式来把绝对变成可以观照的。这种企图就是最早的艺术起源。"③ 早期的宗教是人类把自然力和自然物神化的结果，最原始的宗教是自然宗教，包括对日、月、星辰、山河、土地等等的崇拜。后来发展到图腾崇拜，被崇拜的对象在人眼中就是一种绝对真理，并且以感性形象被人类所把握，所以宗教活动和艺术在认知方式上是契合的，都是一种"不自觉的象征"。但这种"不自觉的象征"只能说是艺术的起源，还不能说是艺术。艺术只有在这样的情况下才会产生：人已经形成了对外在事物的普遍性观念，并在头脑中把这些普遍性的观念转化为了固定的对象，再

---

① 《美学》第 2 卷，第 23 页。
② 同上书，第 23—24 页。
③ 同上书，第 24 页。

以简单的形象思维加以表现出来。这就是黑格尔所说的："人不只是从现成的现实事物中直接见到绝对而就满足于神性的这种实际存在，而是要由意识本身既产生出从本身外在的事物中所得到的对绝对的认识，又产生出或多或少符合这种认识的客观形象。因为艺术必须有一种通过心灵来理解的内容意义，这种内容意义固然直接显现于外在事物，而这外在事物却不是现成的、俯拾即是的，而是由心灵创造出来，既能用以认识那内容而又能用以表现那内容的。所以只有艺术才是最早的对宗教观念的形象翻译。"①

此外，黑格尔在《精神现象学·艺术宗教》部分，还把宗教活动中的情感迸发与艺术创造的情感现象联系起来加以论述，认为原始宗教的巫术活动和崇拜仪式对艺术激情的迸发有着重要的催生作用，他说："这简单本质的具有自我意识的生命，只是表现在面包和酒的神秘崇拜仪式中，表现在谷神和酒神的神秘崇拜中，而不表现在其他的、真正较高的神灵的神秘之中……这种在祭神仪式中的不稳定持久的狂欢必须以对象的形式固定下来，而那没有达到意识的狂热情感必然产生出一种艺术作品，——这作品与狂热情感的关系就像前一阶段的雕塑与艺术家的灵感的关系那样，仍然同样作为一种完成了的作品，但对意识说来，不是无生命的东西，而是一个有生命的自我。"② 黑格尔这里指的是产生于原始宗教崇拜活动中的歌舞艺术，原始宗教的狂热孕育了歌舞艺术的激情，在这种歌舞艺术中，人本身既是艺术家，又是艺术品，因而是一个"有生命的自我"。

二 艺术的发展历程：三种艺术类型

黑格尔根据他对美的定义："美是理念的感性显现"出发，确立了艺术类型的划分原则。他认为，各种艺术类型都是美的理

---

① 《美学》第 2 卷，第 24 页。
② 同上。

念的特殊化、个别化的具体显现，美的理念的内容与形式在显现方面是否统一，以及统一的程度，就是造成艺术种类差异的原因。"所以我们既可以把这种发展过程看作理念本身的内在的发展过程，也可以把它看作体现理念的具体形象的发展过程，结果都是一样，因为这两方面本来就是密切联系在一起的。所以理念或内容的完整同时也就显现为形式的完整；反过来说，艺术形象的缺陷也就现出理念的缺陷。因为理念本来就是外在形象的内在意义，理念在这外在形象里才把自己实现出来。"① 美的理念在不同历史发展阶段中的显现形式，就形成了不同历史时期的艺术类型，分别表现为象征型艺术、古典型艺术和浪漫型艺术三种类型，每一种类型中，又分为若干由低到高的发展环节，这样就构成了整个艺术发展史。

1. 象征型艺术

黑格尔把象征型艺术称为艺术前的艺术，只是艺术的准备阶段，并不是真正的艺术。在象征型艺术中，本来应该表现于形象的那种理念本身还是漫无边际的，未受定性的，所以它无法找到受到定性的形式，来完全恰当地表现出这种抽象的普遍的东西。"理念既然要用这种客观事物隐约暗示出它自己的抽象概念或是把它的尚无定性的普遍意义勉强纳入一个具体事物里，它对所找到的形象就不免有所损坏或歪曲。因为它只是随意任性地把握这些形象，不能使自己和这些形象融成一体，而只达到意义与形象的遥相呼应，乃至仅是一种抽象的协调。……意义和形象虽然显出一些亲属关系，却仍然显出彼此外在、异质和互不适合。"②

在象征型艺术中，其理念内容还是抽象的，尚未获得具体明确的规定性，也就是说，理性内容还是作为抽象的普遍性出现，显得模糊、有缺陷，并不具体明确。与此相联系的是，由于这些普遍的理念内容无法从具体的感性现象中找到适合的、确定的形

---

① 《美学》第 2 卷，第 4 页。
② 同上书，第 5 页。

式，无法得到恰当的表达，"这种不适合就使得理念越出它的外在形象，不能完全和形象融成一体。这种理念越出有限事物的形象，就形成崇高的一般性格"①。这就是象征型艺术的内容与形式的不统一。正是这种不统一，就形成了象征型艺术用直接的自然的有限的物质形式来表达无限的绝对理念的特点。这样，在象征型艺术中，物质形式只是作为一种比喻来暗示内容，这形式并不是内容自身的形式，而是一种符号，一种象征。"象征一般是直接呈现于感性观照的一种现成的外在事物，对这种外在事物并不直接就它本身来看，而是就它所暗示的一种较广泛普遍的意义来看。"② 因而，象征形象具有暧昧性，是"双关的或模棱两可的"。

象征型艺术内部的内容与形式的矛盾推动了象征型艺术的发展。黑格尔说："一切象征型艺术都可以看作对内容意义和形象的互不适应所进行的继续不断的斗争，而象征型艺术的不同阶段并不是不同种类，而只是这同一个矛盾的不同阶段和不同方式。"③ 象征型艺术的发展要经过三个阶段：

一是不自觉的象征。不自觉的象征是象征艺术的起点。所谓不自觉的象征是指"所用的形象还是直接的，还不是有意识地作为单纯的图形和比喻来处理的"④，因而内容与形式之间还处于"虽未分裂而在结合之中却仍有矛盾的那种带有神秘意味的不巩固的统一"。这一阶段的象征又经历了意义与形象的直接统一、幻想的象征和真正的象征三个阶段。

二是崇高的象征。这时绝对精神跳出了个别外在事物的形式，与整个现象世界划分开来，它无法在有限现象中直接找到表现自己的形象，这就形成了"崇高的象征"。黑格尔说："崇高一般是一种表达无限的企图，而在现象领域里又找不到一个恰好

---

① 《美学》第 2 卷，第 9 页。
② 同上书，第 10 页。
③ 同上书，第 26 页。
④ 同上书，第 33 页。

能表达无限的对象。无限，正因为它是从客观事物的复合整体中作为无形可见的意义而抽绎出来的，并且变成内在的，按照它的无限性，就是不可表达的，超越出通过有限事物的表达形式的。"① 按照黑格尔的说法，从内容与形式的关系看，崇高就面临着一个悖论：绝对精神要表现自己，就必须寻找适合自己的显现方式，但在现象领域里又找不到一个合适的显现形式，于是，无限的内容"虽然表达出来了，这实体却仍超越出个别现象乃至个别现象的总和之上，因此可能的结果就只是把原来肯定的关系又转化为否定的（消极的）关系……因此，用来表现的形象就被所表现的内容消灭掉了。内容的表现同时也就是对表现的否定，这就是崇高的特征"②。崇高中无限的内容对形式的否定使崇高中同时包含着积极和消极的两个方面的因素。就肯定方面来说表现为艺术中的泛神主义，绝对精神被看作万物生成的原因并存在于它们之中。就否定方面来说表现为真正的崇高，它通过对现象界的否定突出了绝对精神的无限性。这两种方式都是以有限的形式表现无限的意义，而无限意义溢出有限形象时形成的崇高的象征。

三是自觉的象征，即比喻的艺术形式。自觉的象征的形成，关键在于诗人的主体性。在不自觉的象征和崇高的象征中，内容与形式之间有一种必然的联系，并不完全取决于人的有意安排，而在自觉的象征中，内容与形式之所以被联系在一起，主要"取决于诗人的主体性，取决于他的精神渗透到一种外在事物里的情况，以及他的聪明和创造才能"。"主体（艺术家）对于他选作内容的那个意义的内在本质，以及他用来以比喻方式去表达这内容的那个外在显现形式的性质，都认识得很清楚，而且自觉地把所发现的二者之间的类似点摆在一起来比较。"③ 黑格尔把艺术家自觉地发现两种事物的类似点并加以比较的象征方式，称

---

① 《美学》第 2 卷，第 79 页。
② 同上书，第 79—80 页。
③ 同上书，第 99 页。

为自觉的象征。同时，他也强调，自觉的象征虽然自觉却并不能形成一种较高级的艺术形式，这是因为自觉的象征是一种"虽清楚却肤浅的构思方式，在内容上是狭窄的，在形式上多少是散文气的，既没有真正象征的那种秘奥的深度，又没有崇高的那种高度，而是从这两个阶段降低到平凡的意识"①。

在黑格尔看来，象征型艺术是一种内容与形式还没有达到完全互相渗透互相契合的一种表现方式，是人类艺术起源的最初形式，是早期人类艺术创造的伟大尝试。由于艺术的中心是"内容和完全适合内容的形式达到独立完整的统一"，并形成一种自由的整体，因此，艺术必然会超越象征艺术阶段而向前发展，这就是古典艺术阶段了。

2. 古典型艺术

从艺术发展的必然进程来看，古典型艺术是从象征表现方式的发展过程中发展出来的，古典型艺术用恰当的表现方式实现了按照艺术概念的真正艺术，进入了真正的艺术时期。象征型艺术还是理念与形象显现不统一的艺术，在其中理念尚未受到定性，因而形式也只能是外在于理念的，与理念分离的。然而在古典型艺术里，理念"在本身的概念里就已具有符合它的外在形象，它就可以把这个形象作为自在自为（绝对）地适合于它的实际存在而与它融成一体。这种内容与形式的完全适合的统一就是第二种艺术类型即古典型的基础"②，美就是古典型艺术的基本特征。

黑格尔认为古典型艺术中美的中心内容是与人有关的。首先，古典型艺术在表现的内容上，选择了人的形象。由于在古典型艺术中，作为内容意义的理念，不是抽象的概念，而是具体的理念，这种具体的理念具有内在的生命性，是同现实紧密联系在一起的浑然的有机整体。而能够最充分地表现这种具体理念的只

---

① 《美学》第 2 卷，第 99—100 页。
② 同上书，第 5 页。

有人的形象，"因为只有人的形象才能以感性方式把精神的东西表现出来。人在面孔、眼睛、姿势和仪表等方面的表现固然还是物质的而不是精神之所以关精神的东西，但是在这种形体本身之内，人的外在方面不像动物那样只是有生命的和自然的，而是肉体在本身上反映出精神。通过眼睛，我们可以看到一个人的灵魂深处，而通过人的全体构造，他的精神性格一般也表现出来了。……人的形象固然与一般动物有许多共同处，但是人的躯体与动物的躯体的全部差异就只在于按照人体的全部构造，它显得是精神的住所，而且是精神的唯一可能的自然存在。所以精神也只有在肉体里才能被旁人认识到。"① 古典型艺术使人的形象取得了最大限度的自由展现，又把自由个性确定为内容意蕴，这就使艺术的内容与形式的统一有了现实的、可能的基础。其次，古典型艺术的创作主体是充分自由的，"他的作品显得是理智清醒的人的自由创作，他既知道自己所想做的事，也能做到自己所想做的事，所以他既不会对他们想要表现于感性观照的意义和实体性的内容毫不清楚，也不会由于技巧能力的缺乏而在完成作品中受到阻碍"②。在古典型艺术中，艺术家所处理的内容是现成的、已经完成了的，内容自身就决定着它的自由的形象，而那形象本身也就自在自为地符合那内容。在艺术创作技巧上，古典型艺术家处在技巧高度发达和成熟的阶段，对于技巧的运用拥有非常大的自由，艺术家通过自身的创造性活动能够产生出最完美的艺术作品。

古典型艺术在历史上的实现就是希腊艺术。对于希腊艺术而言，希腊宗教实际上就是艺术本身的宗教。因为"希腊民族使他们精神方面的神现形于他们的感性的、观照的和想象的意识，并且通过艺术，使这些神获得完全符合真正内容的实际存在。希腊艺术和希腊神话中都见出这种对应，由于这种对应，艺术在希

---

① 《美学》第 2 卷，第 165—166 页。
② 同上书，第 171 页。

腊就变成了绝对精神的最高表现方式。"①

古典型艺术的形成。古典型艺术有一个形成、发展和解体的过程。古典型艺术是在象征型艺术的基础上生发出来的新的艺术类型，是"对起源较早的宗教观念和艺术观点之中的生糙的、不美的、粗野的、离奇的纯自然性幻想性的因素进行改革和提炼"②。这种改革和提炼在对神的形象的表现上，就是把神的动物形象改变为人的形象，使神以人的肉体来显现，并以此表现精神；在内容上就是自然性的伦理精神为精神性的法律制度所代替，并通过个别的神的形象来加以表现。具体地说，这种神性意义从自然性到精神性的转化是通过新神族对旧神族的挑战和否定来完成的。所谓旧神是指希腊原始时代所形成的那些象征自然的普遍力量的自然神，这些神还缺乏精神的个性以及适合这种精神个性的形象和显现，所以他们在作用上还或多或少地和自然的必然性与本质保持密切的关系。所谓新神是指伴随着人类社会生活发展所产生的代表精神观念、法律制度、伦理道德等客观理念的神族。这些神在形式上显现为具有个性特征的人的形象，在内容上则显现了理念的精神性，代表了各种社会观念及其冲突。黑格尔认为，新神取代旧神是人类从自然转向精神的必然进程，他说："从历史的实际情况来看，这个转变表现为由自然人改造为具有法治的情况，即具有所有制、法律、宪章制度和政治生活的社会人的前进过程。从神的永恒的观点来看，这就表现为通过具有精神个性的神们来战胜自然力量的过程。"③ 新神取代旧神的历史性转折及其冲突、斗争等，把精神性的因素加强，自然性的因素减少，并通过美的人体形象来表达神的观念的普遍性，从而导致了古典型艺术的根本变革。

古典型艺术的理想。古典型艺术的理想起源于艺术家自由的艺术创造，"诗人和艺术家用既明晰而又自由的沉静的思索把这

---

① 《美学》第 2 卷，第 170 页。

② 同上书，第 192 页。

③ 同上书，第 206 页。

种理想带到意识里来，而又抱着艺术创造的目的把它表达出来"①。古典型艺术家是真正的创造者，"他们把自己显示为真正的具有创造性的诗人。他们把多种多样的外来因素都投入了熔炉，却不像女巫们那样只造出一些糟粕，而是用高深精神的纯洁火焰把一切混乱的、自然的、不纯的、外来的和无尺度的东西都烧光，使它们熔成一片，显出一种净化过的形式来……在这方面他们的任务一部分在于消除传统材料中凡是无形式的、象征性的、不美的、奇形怪状的东西，一部分在于突出精神性的东西，使它个性化，替它找到适合的外在表现。……这就是艺术家的自由精神的创造而不只是主观任意的拼凑"②。在古典型艺术的理想中，自然力量逐渐被纳入精神领域，人类的外形能把精神内容完全自由地透明地显现出来。因此古典型艺术理想最根本的性质在于艺术形象具有明确的个性，而且在显现形式上表现出精神的自由无拘、静穆祥和的本质，个性与精神普遍性达到了统一。"在真正的古典理想里，神们的具体的个性现出精神的这种高贵气象，所以尽管它（个性）完全渗透到肉体的感性形象里，却仍使人感到它完全脱离了有限事物的一切缺陷。……有一种永恒的严肃，一种不可改变的静穆安息在神们的眉宇间，由此洋溢到整个形象。……精神并没有脱离肉体而上升，而是双方形成一个完美的整体，流露出精神的镇静自持、雍容肃穆的气象。"③ 黑格尔把希腊雕塑所体现的艺术美尊崇为美的典范。

古典型艺术的解体。古典型艺术是伴随着希腊宗教和社会政体而产生的艺术类型，希腊多神宗教的颓变和政体的衰亡就导致了希腊古典型艺术的解体。古典型艺术表现的多神系统本身包含着衰亡的萌芽，众神的杂多以及狭窄的分工，使他们常常代表个别目的卷入有限世界的纷争和冲突，这就从根本上损害了他们自己的伦理实体性。黑格尔说："特殊个别的神们就既获得自由而

① 《美学》第 2 卷，第 220 页。
② 同上书，第 223 页。
③ 同上书，第 228—230 页。

又逃不脱命运，他们须由于体现人而涉及外在事物，由于拟人而落到有限事物中，这就违反了神之所以为神与实体之所以为实体的本质。所以艺术中这些优美的神们的衰亡是由神们本身所造成的必然现象……总之，使神们对于宗教信仰和艺术信仰都终于解体的原因首先是希腊的拟人主义的性质和方式。"① 同时，古典型艺术赖以生成的希腊社会条件也逐渐消逝了。希腊社会是由若干城邦国家组成的，城邦国家内部又是实行的奴隶主贵族民主制，对自由民来说，个人拥有相当的自由。随着个人自由意识的发展，个人与国家之间的矛盾越来越尖锐，社会政治、伦理基础腐化变质。精神与物质、理想与现实开始分裂和对立，这是与美和艺术的本性相背离的，必然导致古典型艺术的解体。古典艺术的解体表现在希腊晚期喜剧的风行上，在这之后，浪漫型艺术开始出现。

3. 浪漫型艺术

按照黑格尔的理念逻辑，具有无限的自由本性的理念不会甘心受到外在物质的束缚，它始终要寻找适合它精神本性的归宿，这个归宿就是精神本身。"精神只有在自己家里，即在精神世界（包括情感、情绪和一般内心生活）里，才能找到适合它的实际存在。"② 在古典型艺术中，精神借外在的感性形象达到了完美的实现，但"使感性现实符合精神存在的这种统一毕竟是和精神的本质相矛盾的，因而迫使精神离开它的肉体的和解（统一），而回到精神与精神本身的和解"③。精神离开外在世界而退回到它本身，这就产生了浪漫型艺术。

浪漫型艺术崇尚内在主体性原则。所谓内在主体性原则，就是指精神不是像古典型艺术那样，从外在事物中去找他的对象，而是"提升到回返到精神本身，它就从它本身获得它的对象，而且在这种精神与本身的统一中感觉到而且认识到自己了"，

---

① 《美学》第 2 卷，第 253 页。
② 同上书，第 274 页。
③ 同上。

"这种精神返回到它本身的情况就形成了浪漫型艺术的基本原则"①。

浪漫性艺术的真正内容是主体的"绝对的内心生活"，亦即主体对自己的独立自由的认识，而人与整个现实世界是密切联系在一切的。所以要表现人的内心生活，也就要表现整个现实世界与人的关系，包括尘世的旨趣、情欲、冲突、苦乐以及自然和它的个别现象领域的外在方面。浪漫型艺术不再关心古典的统一，而是集中在精神本身，"所以艺术从此就不大关心外在的东西，它只把当前现成的外在东西信手拈来，让它爱取什么样的形状就取什么样的形状"②。就是说，浪漫型艺术对现实中的题材不再着力筛选、概括和理想化，不再回避冲突、丑陋和怪诞，而是尽量保持它们的原貌，保持它们的个别性、偶然性、具体性的特点。"这种艺术侧重外在方面的个别特点，按照个别特点及其形式在自然中本来的样子描绘出来，不把它们的瑕疵和缺陷洗刷掉，用较适合的东西来代替它们"③。由于浪漫型艺术主要是表现内在的精神生活，外在的东西变得无足轻重了，它"仿佛只是凭自己认识自己，一种既无对象又无形象的单纯的声音，水面上的一丝波纹，一种漂浮在这样一种世界之上的声响"。因此，不同于古典型艺术的基调是造型的和叙事的，浪漫型艺术的基调是音乐的，"而结合到一定的观念内容时，则是抒情的。抒情仿佛是浪漫型艺术的基本特征"④。

从绝对精神的自我运动的发展方向来看，浪漫型艺术是绝对精神向自我回归的一个具体步骤，因而浪漫型艺术又是古典型艺术更高一级的艺术类型，它为绝对精神高扬精神性走向宗教和哲学以至最后自我完成，准备了条件。浪漫型艺术虽然丧失了古典型艺术那种自由生动、静穆和悦的理想美，但却有着更高的精神

---

① 《美学》第 2 卷，第 275 页。
② 同上书，第 290—291 页。
③ 同上书，第 291 页。
④ 同上书，第 287 页。

美，黑格尔说："如果要根据这种新内容来形成美，那么前此所说的美只能处于次要的地位，现在的美却要变成精神的美，即自在自为的内心世界作为本身无限的精神主体性的美。"① 古典型艺术还只是精神在它的直接的感性形象里的美的显现，而浪漫型艺术则是精神超越了直接的感性显现，达到自己与自己相融合。浪漫型艺术的美因为不再涉及古典型艺术特有的对客观形象的理想化，而只诉诸心灵本身的内在形象，所以它是一种亲切情感的美，一种内在美。

黑格尔把浪漫型艺术的历史发展分为三个阶段：

宗教范围的浪漫型艺术，主要是中世纪的基督教艺术。它以表现基督的赎罪史、宗教团体的虔诚和宗教式的爱为主要内容。基督教的基本思想倾向是出世的，对外在物质世界是轻视的、否定的。耶稣在现世的苦难经历和他升华为神、再复活到重新拯救人类这一过程，就是抛弃现世、超脱现世、重返现世的历程。在耶稣身上，个别的爱心同对整个人类的爱融化在一起，并对俗众产生了感召作用，他们纷纷效仿和信仰耶稣的言行，通过在现世的身体力行，自我改造，使自己的灵魂得到净化。这样，"原先排他性的宗教心情对人世间事所持的那种否定态度就消失掉了，精神就展开了，环顾当前的现实情况了，让它的实在的世俗心情得到扩张了，基本原则本身并没有改变；只是本身无限的主体性转到另一个领域的内容"②。宗教精神从天国转到世俗世界，并且在世俗的人身上体现了永恒绝对的普遍真理。

中世纪的骑士文学。骑士风的最突出的特点是其所要表现的内容题材是"由人从他自己的胸中，从纯粹凡人世界中取来的"，"以单纯的亲热的心情为内容，……以主体内心活动实现自我的世俗场所"③。它以表现骑士风的三种情感：荣誉、爱情和忠贞为主，在以这些题材为主的诗歌中，骑士风的浪漫特点得

① 《美学》第 2 卷，第 275 页。
② 同上书，第 315 页。
③ 同上书，第 317—319 页。

到了鲜明的显现。

文艺复兴后的资本主义文艺。它以表现世俗社会中那些独立性格、平凡生活为题材的文艺，或者就说世俗文艺，其特点是进一步转向有限的现实生活，写实原则与主观原则同时兴起。黑格尔认为，这阶段的文艺充满着现实生活的内容和形式，写实原则通过忠实而巧妙地描绘平凡的现实面貌，"回到模仿自然，回到存心要妙肖本身不美的散文气味的偶然性的直接现实"①。同时，主观主义的自我表现原则也开始出现，艺术的兴趣转到艺术家的主体精神、人格和能力上。至此，浪漫型艺术也发展到顶点，开始走下坡路。

黑格尔认为，艺术的基础应是意义与形象的统一，也包括艺术家的主体性和他的内容意义与作品的统一。而浪漫型艺术由于片面地突出主体的内在性和自由任意性，导致了内容与形式的分裂。由于人物的活动同环境的分离，就导致了性格的个别特殊性和偶然性同普遍性实体的对立，这种分裂和对立是脱离艺术的基础的，这就必然导致浪漫型艺术的解体，也是艺术的最终解体，"使艺术越出了它自己的界限"，而由比艺术更高的精神形式——宗教和哲学取而代之。

第六节　艺术分类系统

黑格尔认为，理念发展的逻辑历程分别显现为象征型艺术、古典型艺术和浪漫型艺术，但这三种历史类型还只是理念生发出的不同时代的人"对神和人的各种美的世界观"，这些世界观还只是艺术理想"内在的艺术产品"，还没有通过感性材料显现为客观存在的艺术作品。而按照美的理念的定性，"要求把美表现于艺术作品"，成为客观的东西，"美只是凭这种对它适合的客

---

① 《美学》第 2 卷，第 367 页。

观存在，才真正成为美和理想"①。实际存在的艺术世界就是艺术作品所形成的各门艺术体系。

黑格尔把他的历史发展观贯穿在艺术发展史及各门类艺术发展的过程中，他说："正如各种艺术类型，作为整体来看，形成一种进化过程，即由象征型经过古典型然后达到浪漫型的发展过程，每一门艺术也有类似的进化过程，因为艺术类型本身正是通过各门艺术而获得实际存在。但是另一方面各门艺术本身也有一种不依存于它们所对象化的那些艺术类型的独立的变化或发展过程，这种发展过程，就它的抽象的关系看，对所有各门艺术都是共同的。每一门艺术都有它在艺术上达到了完满发展的繁荣期，前此有一个准备期，后此有一个衰落期。因为艺术作品全部都是精神产品，像自然界产品那样，不可能一步就达到完美，而是要经过开始、进展、完成和终结，要经过抽苗、开花和枯谢。"②与艺术观念发展的三阶段（象征型、古典型、浪漫型）相对应，每一门艺术也会经过形成期、完善期和衰落期，在风格上，相应地表现为三种风格：（1）严峻的风格。是一种艺术开始时期的风格。它在内容上取材于现存的宗教传统，坚持模仿现成的事物，在外在形式上固守事物本身的形式，重视追随客观存在的东西而很少创造，它是"美的较高度的抽象化，它只依靠重大的题旨，大刀阔斧地把它表现出来，还鄙视妙和秀美"③。（2）理想的风格。这是一种艺术发展成熟、完美、繁盛时期的风格。生动性与优美静穆达到了完美的统一，整个作品显出了部分与全体和谐的有机整体性，流转着生动、自由、活泼、丰富、秀美的生命。（3）愉快的风格。是一种艺术衰落时期的风格。这种作品的主旨在于追求愉快和取悦于人，个别偶然的细节成为独立的存在和表现的中心，表现出形式的华美和雕琢。在这种风格中"所表现的形象中夹杂一些偶然性的东西，也会使作品本身成为

---

① 《美学》第 3 卷上，第 3—4 页。
② 同上书，第 4—5 页。
③ 同上书，第 7 页。

一种偶然性的东西，我们从它里面看到的不再是内容主旨和它本身决定的必然的形式，而是诗人或艺术家以及他的主观意图，他的矫揉造作以及他的创作技巧的本领"①。

黑格尔仍然依据理念显现说，来对各种具体艺术样式进行分类。也就是说，精神与物质材料的关系及其演变，既是分类的基础，又是艺术形式发展变化的方向，各门艺术就是遵循着由依赖感性物质到逐渐摆脱感性的物质材料的、由低到高的发展过程。按精神内容逐步克服物质形式的这种逻辑顺序，艺术作品就可以分为五种不同的门类：建筑、雕刻、绘画、音乐和诗，这五种艺术门类与前面谈到的三种艺术类型分别达到对应和统一：建筑艺术与象征型艺术相对应，雕刻艺术与古典型艺术相对应，绘画、音乐和诗与浪漫型艺术相对应。

一　建筑

对建筑，黑格尔认为它"无论在内容上还是在表现方式上都是地道的象征型艺术"，"不仅因为建筑按照它的概念（本质）就应该首先讨论，而且也因为就存在或出现的次第来说，建筑也是门最早的艺术"②。关于建筑艺术的起源，黑格尔批评了建筑起源于岩洞、树巢等说法，认为它们"对于哲学思考是完全偶然的"，因而也是凭想象的、不重要的、不足取的。黑格尔认为建筑起源于一种实用的需要，"我们可以把人所居住的茅棚以及容纳神及其信徒团体的宇宙看作最近于最初起源的建筑"。但是这种建筑还与艺术无关，只有等到"日常生活、宗教仪式或政治生活方面的某种具体需要的建筑目的已获得满足了，还出现另一种动机，要求艺术形象和美时"，作为艺术的建筑才出现。

建筑艺术的特点是"它的形式是些外在自然的形体结构，有规律地和平衡对称地结合在一起，来形成精神的一种纯然外在

---

① 《美学》第3卷上，第10页。
② 同上书，第27页。

的反映和一件艺术作品的整体"①。

建筑艺术本身又经历了象征、古典和浪漫的三个发展阶段：

（1）象征型建筑。建筑艺术最早的形式是独立的、象征型建筑，这种建筑往往是单个的存在物，作为民族意识的一种象征而有着精神的意义。"这种独立的建筑的最切近的目的只在于建造出一件能表现一个或几个民族统一的作品，一个能使他们团聚在一起的地点。"② 这种建筑因而成为民族凝聚力的象征。象征型建筑主要是东方古巴比伦、埃及、印度等民族的建筑，这些民族"主要靠建筑去表达他们的宗教观念和最深刻的需要"③。

（2）古典型建筑。古典型建筑服务于精神性的目的，即是为了建造崇敬神的雕像的著作这一目的，"在古典型建筑中这个目的是统治一切的因素，它支配着全部作品，决定着作品的基本形状和轮廓"④。因此，古典型建筑的总特征是既符合实用的目的性，又符合建筑美的规律性。古典型建筑以希腊建筑为代表，希腊建筑有多种风格，突出表现为道芮斯式、伊俄尼亚式和科林特柱式三种。

（3）浪漫型建筑。"真正的浪漫型建筑的显著特征的中心是中世纪的高惕式建筑艺术。……它们既符合基督教崇拜的目的，而建筑的形体结构又与基督教的内在精神协调一致。"⑤ 高惕式建筑具有对有限的超越和简单而坚定的气象，一方面它具有宗教的使用目的，另一方面，在它的雄伟与崇高的静穆之中，它把自己提高到越出单纯的目的而显出它本身的无限。

二　雕刻

黑格尔认为，雕刻是艺术家把人的精神和自己的理想灌注到

① 《美学》第 3 卷上，第 17 页。
② 同上书，第 35—36 页。
③ 同上书，第 34 页。
④ 同上书，第 62 页。
⑤ 同上书，第 86 页。

物质材料中去而创造出来的，与建筑艺术相比，其精神性大大发展了。建筑艺术是精神的无机自然，受重力规律束缚，雕刻则"处在精神离开有体积的物质而回到精神本身的道路上"①。

　　雕刻的本质表现在：（1）艺术家"用单纯的感性的物质的东西按照它的物质的占空间的形式来塑造形象。……表现于在本质上适宜于表现精神个性的肉体形象，而且使精神和肉体这两方面作为一个不可分割的整体而呈现于观照者的眼前"②。即精神将自己灌注到物质材料中去，将它塑造成有精神性的形象。（2）雕刻要以人的形象作为它的造型的基本类型，"所以雕刻好像掌握着最忠实于自然的表现精神的方式"。黑格尔又强调，雕刻所表现的只是人体形式中常驻不变的，带有普遍性的，符合规律的东西，同时又要求对普遍的东西加以个性化。这种既有个性又有普遍性的形象，就是雕刻所要表现的理想的形象。（3）雕刻所表现的内容是精神的客观性，即代表真理和普遍伦理观念的东西。黑格尔认为"雕刻只宜于表现精神的客观性。所谓客观性在这里是指具有实体性的，真正的，不可磨灭的东西"③。它必须把纯粹偶然的个人欲望、冲动乃至丑恶的违反人性的品质完全排除在外，在雕刻中所表现的是"神和人身上的永恒的东西，脱净了主观任意性和偶然的自私的偏见"④。

　　古希腊雕塑艺术是整个古典型艺术的典范。黑格尔认为，古希腊雕刻采取了一些特殊的表现形式来突出表达形象的个性化和精神性因素，从而创造了一种无与伦比的美的人体形象。艺术家灌注了主体的思想情感在这些形象中，从而使形象从部分到整体都体现出了合目的性和合规律性，最大限度地显示出了气韵生动的特点。他说："只有到了艺术家能够按照他的理念自由创造，能用天才的闪光射到作品里去，使所表现的形象新鲜而生动的时

---

　　①　《美学》第3卷上，第109页。
　　②　同上。
　　③　同上书，第122页。
　　④　同上书，第12页。

候，我们才算看到美的艺术的醒觉这一巨大的转变。只有到了这个时候，精神的调质才浸润到整个作品里……艺术家既不停留在形式的单纯的肤浅的一般性上，而在细节特点的描绘上也不拘泥于抄写现成的平凡的现实。"① 希腊雕刻家正是这样使雕刻达到了美的理想的高度。

黑格尔从三个方面论述了雕刻艺术的历史发展：（1）表现方式的历史发展，包括从单独的雕像到群雕再到浮雕的过程。（2）使用材料的历史发展，包括从木料到象牙、黄金，再到青铜、大理石的过程。这里要特别强调的是，黑格尔认为雕刻艺术的历史发展与古代生产技术发展之间具有内在的联系，说明他看到了生产力水平特别是生产技术水平对艺术发展的制约和影响作用。（3）风格和意蕴的历史发展，包括从埃及雕刻到希腊罗马雕刻再到基督教雕刻。这一过程仍然体现出精神性日趋加强，最终超越了雕刻艺术的特性，雕刻艺术就被绘画艺术所取代。

三　绘画

黑格尔认为绘画、音乐和诗是与浪漫型艺术相对应的艺术门类，绘画艺术是浪漫型艺术中较低级的艺术门类。绘画抛弃了雕刻艺术中的人体空间形式，用平面空间代替了雕刻艺术中的三度空间，使精神性超越了雕刻艺术的单纯的物质材料。但是，绘画仍然要"在感性的可见性上"用形象对精神内容作"全部特殊具体的显现"，要在一个平面空间上用画布、颜料等物质材料来塑造形象。

绘画的本质表现在：（1）绘画内容的基本原则在于内在的主体性。人的各种特殊情态、性格，从心灵的最高品质到孤立的自然现象，绘画都可以表现出来，但画家所描绘的是通过主体情感渗透和注入的对象，体现了主体情感的自由无拘。（2）绘画所运用的感性材料及形式表现有其独特性。绘画运用线形透视和

———————
① 《美学》第 3 卷上，第 134 页。

着色，把三度空间压缩成平面，并在平面上表现这三度空间的空间感，所以黑格尔说："绘画所给人的满足并不是来自实际存在，而是来自对内心世界的外界反映所抱的纯然认识性的兴趣，因此绘画毫不需要按照实际空间整体性和构造把事物描绘出来。……绘画有必要把立体化成平面，还有另一个原因：绘画的人物在于表现丰富的内心生活中经过特殊具体化的多种多样的细节。"①（3）绘画能够全面地展示各种对象的形态的丰富性。绘画具有相当自由的、广阔的表现力，可以把最广阔的距离和空间以及其中所包罗的万象都纳入在同一件作品中。绘画不仅可以塑造"按照特殊事物的偶然性揭示出来的特殊具体的人物"，而且绘画中的情感是通过情境衬托下的动作来表现的，因而比其他造型艺术"更有必要（不只是可允许）走到戏剧的生动性，使所组合的人物都在一种具体情境中显出他们的活动"②。

绘画的历史发展也分为三个时期：（1）拜占庭绘画。这一时期的绘画"用的是宗教题材，这题材还是按照类型来构思或理解的，在安排上采用简单的建筑样式，色彩的运用还很粗糙"③。艺术家的独创性很少，更多地因袭传统，作品缺乏生命之气。（2）意大利绘画。意大利绘画"在宗教情境里逐渐出现人物形象的现实性，个性和生动的美，内心生活的恳挚和深刻以及色彩的魔术和吸引力"④。意大利绘画的主要美学特点在于精神自由和肉体秀美的高度和谐统一。（3）荷兰和德意志的绘画。荷兰和德意志绘画代表了近代欧洲绘画的新潮流，绘画题材逐步"转向世俗方面，如自然，日常生活中的事物或是过去和现在的民族生活中的重大历史事件，真实人物造像之类，乃至最琐屑最不重要的题材也用和对待宗教题材的那种笃爱心情来处理，特别是在这种题材范围里不仅达到绘画技艺的极端完善，而且还显出

---

① 《美学》第 3 卷上，第 232—233 页。
② 同上书，第 287 页。
③ 同上书，第 307 页。
④ 同上。

最生动活泼的构思方式和最有个性的创作施工方式"①。荷兰和德意志绘画摆脱了意大利绘画的影响，抛弃了宗教的理想化和秀美形象的创造手法，注重从生活原则出发，表现现实人物的深切情感和主体方面独立自足的精神，走向了现实主义创作道路。

四　音乐

黑格尔认为，艺术门类从造型艺术开始，就是精神不断摆脱客观物质形式的束缚，争取独立自主的过程，与此相应，艺术的表现形式也从空间的静止、并列状态转向在时间中的流动性，音乐就是这一发展的必然结果。音乐取消了物质材料的外在形式，而采用空气震颤传递声音的方式来诉诸听觉的方式，进行艺术创造。

音乐的基本任务不在于反映出客观事物，而在于反映出最内在的自我，音乐是心情的艺术。"音乐的内容是在本身上就是主体性的，表现也不是把这主体的内容变成一种在空间中持久存在的客观事物，而是通过它的不固定的自由动荡，显示出它这种传达本身并不能独立持久存在，而只能寄托在主体的内心生活上，而且只能为主体的内心生活而存在。"② 音乐不能像造型艺术那样让所表现的感性形式固定长久地存在，而是要把这外在形式的客观性消除掉，使表现形式在时间性的流动中显现出来，听觉成为音乐所必需的审美感官。黑格尔说："听觉像视觉一样是一种认识性的而不是实践性的感觉，并且比视觉更具观念性。……所听到的不再是静止的物质的形状，而是观念性的心情活动。……声音，就是一种随生随灭，而且自生自灭的外在现象。"③

黑格尔比较了音乐和建筑、绘画与诗的区别：

和建筑相比。"音乐作为道地的浪漫型艺术，也和建筑一

---

① 《美学》第 3 卷上，第 307 页。
② 同上书，第 332 页。
③ 同上书，第 331 页。

样，缺乏古典型艺术所特有的那种内在意义与外在存在的统一。"① 音乐同建筑在内结构上都有着严格的量的比例关系，但是，"二者按照这种比例关系来造型材料却是直接对立的"，因而这两种艺术作品属于两种完全不同的精神领域。"建筑用持久的象征形式来建立它的巨大的结构，以供外在器官的观照，而迅速消逝的声音世界却通过耳朵直接渗透到心灵的深处，引起灵魂的同情共鸣。"②

和绘画相比。音乐与绘画的关系比较密切，这是因为在这两门艺术中，都是以表现内心生活为主，两者所使用的都是比较抽象的感性材料：绘画是对抽象的颜色、线条等加以组合，音乐是对抽象的声音、节奏加以组合。但是音乐与绘画有根本的区别，音乐比绘画更自由，绘画永远以空间的客体形状为具体形象，不得不受到外在事物本身限制，而音乐可以不受客体形状的影响，自由地表达内心的情感。

和诗相比。音乐与诗都是通过声音来表现情感，就这点而言，这两种艺术有相通之处。不过音乐与诗也有根本的区别，音乐中的声音本身就是音乐表达的目的，音乐直接把声音加以塑造，使之与人的心情节奏契合；而诗中的声音只是一种独立的感性存在物，是表达思想的符号，因此声音在诗中是一种手段而不是目的。音乐所表达的情感与诗中的情感也是不同的，音乐中表达的情感是朦胧的、不明确的，而诗歌通过语言可以表达明确的想象和情感。

黑格尔不赞成把音乐看成是一种形式主义的艺术，他认为音乐也存在内容与形式的关系，纯粹的声音、节奏和旋律的组合尽管本身就可以产生动听的效果，但假如不表现出精神内容，就还不是艺术。"只有在用恰当的方式把精神内容表现于声音及其复杂组合这种感性因素时，音乐才能把自己提升为真正的艺术。"③

---

① 《美学》第 3 卷上，第 334 页。
② 同上书，第 336 页。
③ 同上书，第 344 页。

音乐里的内容不同于其他艺术，情感才是音乐表达的内容，一切理性的东西都必须转化为情感，并以情感的方式出现在音乐中。"音乐不应希求诉诸知觉，而应局限于把内心生活诉诸内心的体会……使这种主体的亲切情感成为音乐特有的对象（题材）"①。音乐的情感内容决定了音乐的功效主要在于对审美主体"单纯的心情"发挥影响，达到巨大的情感和精神冲击力量。

五　诗

黑格尔认为诗是浪漫型艺术的最高阶段，也是艺术发展的最高形式。诗歌调和了绘画和音乐的特点，既能像音乐那样表现主体的内心生活，又能像绘画那样表现客观世界的具体事物。它的精神性最强，物质性最弱："它在否定感性因素方面走得很远，把和具有重量占空间的物质相对立的声音降低成为一种起暗示作用的符号，而不是像建筑那样用建筑材料造成一种象征性的符号。"② 诗歌是语言的艺术，具有任何艺术所不具备的展示客观世界的功能，诗"从内心的观照和情感能够伸展到一种客观世界，既不完全丧失雕刻和绘画的明确性，而又能比任何其他艺术更完满地展示一个事件的全貌，一系列事件的先后承续，心情活动，情绪和思想的转变以及一种动作情节的完整过程"③。可以说，诗歌是在更高层次上扬弃了绘画和音乐的片面性而实现了精神与物质的统一。

诗的本质表现在：（1）诗借助语言符号表达精神内容，因此诗具有内容上的客观性，形式上的无物质性的特点。就内容而言，诗是现实世界的真实反映，"凡是诗就外在的地点，人物，情境，冲突，事迹，情节和命运所描述的东西，全部都已存在于生活的现实中"④。就形式而言，诗的形式是无物质的形象。"诗

---

① 《美学》第 3 卷上，第 345 页。
② 同上书，第 16 页。
③ 同上书，第 5 页。
④ 同上书，第 48 页。

的原则一般是精神生活的原则，它不像建筑那样用单纯的有重量的物质，以象征的方式去表现精神生活……也不像雕刻那样把精神的自然形象作为占空间的外在事物刻画到实在的物质上去；而是把精神（连同精神凭想象和艺术的构思）直接表现给精神自己看，无须把精神内容表现为可以眼见的有形体的东西。"① （2）诗要用形象表现出思想的普遍性，其形象缺乏感性观照的那种明确性。"诗固然也能运用丰富多彩的手段去使事物成为可观照的鲜明形象，因为艺术想象的基本原则一般都是要提供可供观照的形象；但是诗特别要在观念或思想中活动，而观念或思想是精神性的，所以诗要显出思想的普遍性，就不能达到感性观照的那种明确性。"② 诗的形象在不同的读者的想象中可以有不同的意象。（3）形象思维是诗传达和接受的唯一途径。诗歌要用语言把"一系列形形色色的事物统摄于一个单整的形象里"，诗所需要的是凭想象力去塑造形象的才能，"一般说来，诗的观念功能可以称为制造形象的功能，因为它带到我们眼前的不是抽象概念而是具体的现实事物，不是偶然现象而是显现实体内容的形象"③。黑格尔明确阐述了诗的创造和欣赏的根本特征，就是形象思维的运用。（4）诗是最自由的艺术，具有普遍性。黑格尔指出，诗是最自由的艺术，因为"凡是意识所能想到的和在内心里构成形状的东西，只有语言才可以接受过来，表现出去，使它成为观念或想象的对象。所以就内容来说，诗是最丰富，最无拘碍的一种艺术。"④ 同时，诗的想象是所有艺术想象的最高形式，"诗艺术是心灵的普遍艺术，这种心灵是本身已得到自由的，不受为表现用的外在感性材料束缚的，只在思想和情感的内在空间与内在时间里逍遥游荡"。诗的想象突破了其他任何一门艺术所必须受到的特殊材料所带来的局限和约束，"具有最广泛的可能去尽量

---

① 《美学》第 3 卷下，第 5 页。
② 同上书，第 6 页。
③ 同上书，第 56—57 页。
④ 同上书，第 19 页。

运用各种不同的艺术表现方式，却不带任何一门其他艺术的片面性"①，因此，"诗也可以不局限于某一艺术类型；它变成了一种普遍的艺术，可以用一切艺术类型去表现一切可以纳入想象的内容"②。诗可以渗透到一切艺术类型和门类中去，使一切艺术都带有诗的因素。

黑格尔分别论述了诗的三个主要门类：史诗、抒情诗和戏剧诗。

史诗：黑格尔认为，史诗的思想基础是全民族的意识，是通过对客观世界发生的事迹的忠实描述来揭示其内在发展规律的，一部史诗就是民族精神标本的展览馆。史诗的根本特征就是客观性。由于任何史诗都要由一位或某些不知名的作者创作出来，因此，"为着显示整部史诗的客观性，诗人作为主体必须从所写对象退到后台，在对象里见不到他。表现出来的是诗作品而不是诗人本人，可是在诗里表现出来的毕竟还是他自己的，他按照自己的看法写成了这部作品，把他自己的整个灵魂和精神都放进去了"③。

在黑格尔看来，史诗所表现的一个民族的时代在"本质上属于一个中间时代"，在这个时代，民族精神已经从混沌中醒觉过来，民族的自觉精神已经形成，已经能进行精神的自由的创造；另一方面，民族信仰和个人信仰还未分裂，意志和情感也未分裂，这也是黑格尔所说的"英雄时代"。但是史诗的实际产生要晚于这个时代，这样，史诗的作者和他的题材之间有时间上的间隔，却又完全熟悉这些题材。

史诗的发展也经历了三个阶段：东方史诗（包括印度史诗、希伯来史诗、阿拉伯史诗和波斯史诗），希腊罗马史诗（主要以荷马史诗为代表），浪漫型史诗（以基督教史诗为代表，主要是日耳曼和罗马系新兴民族的史诗）。

---

① 《美学》第 3 卷下，第 17 页。
② 同上书，第 13 页。
③ 同上书，第 113 页。

　　值得注意的是黑格尔把现代出现的新的文学形式——小说也看作是史诗的一种新的形态并做了简单论述。他说：小说"一方面像史诗一样，充分表现出丰富多彩的旨趣，情况，人物性格，生活状况乃至整个世界的广大背景；但是另一方面却缺乏产生史诗的那种原始的诗的世界情况。……小说在事迹的生动性方面和人物及其命运方面，力图恢复诗已丧失的权利。所以小说最常用的而且也适合于它的一种冲突就是心的诗和对立的外在情况和偶然事故的散文之间的冲突。……关于描述方式，正式小说和史诗一样，也要求有一个世界观和人生观的整体，其中多方面的题材和内容意蕴也要在一个具体事迹的范围之内显现出来，这个事迹就对全部作品提供了中心点"①。这些见解充分表现出了黑格尔高度的艺术敏感和厚古而不薄今的批评眼光。

　　抒情诗。抒情诗与史诗的展开和表现方式是相反的，史诗以客观世界为出发点，而抒情诗则要求诗人展示内心的感受和情怀，显示自己的形象能力和深刻的思想，它的"内容是主体（诗人）的内心世界，是观照和感受的心灵"，它通过个别、特殊的情感来表达普遍的人性，因此它最能打动人的情感。

　　黑格尔认为抒情诗产生的时代晚于史诗，一般产生于一个民族发展较成熟的阶段。在这个阶段，人们对外在世界有了较自觉的认识，具备较高的文化教养水平，个人与社会开始分裂，并能自由地感受和思考外在世界和主体自身。

　　黑格尔把抒情诗也划分为东方象征型抒情诗、希腊罗马古典型抒情诗和中世纪以后的浪漫型抒情诗。

　　戏剧诗。黑格尔认为戏剧诗无论在内容上还是形式上都是艺术的最高层。"戏剧体诗又是史诗的客观原则和抒情诗的主体性原则这二者的统一，这就是说，戏剧把一种本身完整的动作情节表现为实在的，直接摆在眼前的，而这种动作既起源于发出动作的人物性格的内心生活，其结果又取决于有关的各种目的，个别

────────────

　　①　《美学》第3卷下，第167—168页。

人物和冲突所代表的实体性。"① 戏剧既表现了史诗的客观性、现实性，又表现了抒情诗中的主体性格和情感，因而是诗乃至全部艺术最高最完满的形式。

戏剧产生于民族文化发达的时代，黑格尔指出："戏剧是一个已经开花的民族生活的产品。……必须已经达到自由的自觉性而且受过某种方式的文化教养，而只有在一个民族的历史发展的中期和晚期才有可能。所以一个民族的早期的伟大功业和事迹一般都是史诗性多于戏剧性的。"② 相对于其他文学形式来说，戏剧是晚出的、成熟的艺术。

黑格尔比较深入地探讨了戏剧诗的特征和创作规律：（1）冲突矛盾是戏剧诗的核心。黑格尔说："戏剧的动作并不限于某一既定目的不经干扰达到的简单的实现，而是要涉及情境、情欲和人物性格的冲突，因而导致动作和反动作，而这些动作和反动作必然导致斗争和分裂的调解。"③ 戏剧动作就是展现这样一个矛盾发展的过程。（2）戏剧包含着集中性原则。戏剧通过演员的表演方式展示复杂的事件冲突和人物性格，无论在人物、环境、冲突和情节等方面都比较单纯和集中。（3）戏剧最重要的原则是整一性原则，这种整一性原则包括地点、时间和动作的整一。黑格尔批评了法国新古典主义理论家所坚持的地点整一说，认为整一性中的关键和基础在动作，他说："真正不可违反的规则却是动作的整一性。"④ "戏剧的动作在本质上须是引起冲突的，而真正的动作整一性只能以完整的运动过程为基础，在这个运动过程中，按照具体的情境，人物性格和目的的特征，这种冲突既要符合人物性格和目的的方式产生出来，又要使它的矛盾得到解决。"⑤ 所以戏剧的整一性，实质上乃是戏剧冲突和动作的

---

① 《美学》第 3 卷下，第 240—241 页。
② 同上书，第 243 页。
③ 同上书，第 242 页。
④ 同上书，第 251 页。
⑤ 同上。

整一性。黑格尔用冲突论来解释戏剧结构的整一性，是抓住了戏剧艺术的特殊规律。

黑格尔将戏剧诗分为三类：悲剧、喜剧和正剧，并分别作了论述。

悲剧。黑格尔的悲剧理论是建立在合理的冲突，或冲突的必然性的基础上的。对于悲剧来说，重要的不在苦难和厄运，而在于苦难和厄运的原因，即矛盾冲突。但黑格尔并不认为任何冲突都可以成为悲剧的冲突。他认为，理想的冲突应是"由心灵的差异而产生的分裂"组成的，也就是普遍力量或伦理实体产生的情感和责任之间的冲突。在悲剧论中，理念找到了自己的化身——伦理实体。所谓伦理实体就是理念在伦理领域的最高体现，是客观存在的、普遍合理的社会道德力量的实体或总体。

黑格尔认为，悲剧的实质就是伦理实体的自我分裂与重新和解；悲剧冲突是两种片面的伦理实体的交锋，伦理实体的分裂是悲剧冲突产生的根源；悲剧人物是某种伦理实体的负载者；悲剧的功能在于审美主体在永恒正义的必然性胜利中，加强自己对于某种伦理实体的坚定信念，成为这种伦理观念的拥护者和坚定维护者。

关于悲剧冲突的结局，黑格尔提出了永恒正义的说法。悲剧结局必然是对双方的不合理因素的否定，"通过这种冲突，永恒的正义利用悲剧的人物及其目的来显示出他们的个别特殊性（片面性）破坏了伦理的实体和统一的平静状态；随着这种个别特殊性的消灭，永恒正义就把伦理的实体和统一恢复过来了。……所以在悲剧结局中遭到否定的只是片面性的特殊因素，因为这些片面性的特殊因素不能配合上述和谐"[①]。

黑格尔的悲剧理论强调了悲剧冲突的必然性、悲剧人物身上的伦理合理性，以及悲剧的结局在于永恒正义的保存和升华，这

---

① 《美学》第 3 卷下，第 287 页。

些观点都比较深刻地揭示了悲剧的本质。但是他的悲剧结局论也表现出折中主义的倾向。

喜剧。黑格尔认为喜剧也包含着矛盾冲突，"一件事物，如果不是本身之中包含着可以嘲弄和讥讽的成分，要想用外在的方式去开它的玩笑是不可能的。喜剧就在于指出一个人或一件事如何在自命不凡之中暴露出自己的可笑。如果主题本身之中不包含着矛盾，喜剧就是肤浅的，就是没有根据的"①。喜剧的冲突是理性与愚蠢蒙昧之间的冲突，是合理性与荒谬悖理之间的冲突，"在喜剧动作情节里绝对真理和它的个别现实事例之间的矛盾显得更突出更深刻"②。

就喜剧结局而言，黑格尔指出："喜剧性一般是主体本身使自己的动作发生矛盾，自己又把这矛盾解决掉，从而感到安慰，建立了自信心。"③ 在喜剧中，绝对真理被显示为一种正义的力量，得到了肯定和维护。

正剧。正剧是介于悲剧和喜剧之间的一种戏剧形式，古代的林神剧、罗马的悲喜混杂剧，以及许多近代剧都是正剧。黑格尔认为这一剧种界限较为摇摆不定，其审美特征较难把握，因此，他并不十分重视。实际上，黑格尔把美学的终点定在喜剧而不是正剧上，本身就表明了正剧的无足轻重。

第七节　结语:黑格尔美学的历史意义

黑格尔自己曾说过："那在时间上最晚出的哲学体系，乃是前此一切体系的成果，因而必定包括前此各体系的原则在内；所以一个真正名副其实的哲学体系，必定是最渊博、最丰富和最具体的哲学体系。"④ 黑格尔作为一个伟大的哲学家和美学家，正

---

① 《哲学史讲演录》第 2 卷，第 77 页。
② 《美学》第 3 卷下，第 293 页。
③ 同上书，第 297 页。
④ 《小逻辑》，第 55 页。

是批判地继承了以往美学研究的重大成果，并最终形成了自己独特的、博大精深的美学体系，在美学领域中起到了划时代的作用。

一 德国古典美学辩证法思想发展的终结

黑格尔第一次成功地把辩证法思想运用到美学中来，给德国古典美学乃至整个美学带来了一场深刻的革命。正如恩格斯所说："它的最大功绩，就是恢复了辩证法这一最高的思维形式。"[①]

辩证法在西方历史上有着悠久的传统。早在古希腊时期，许多哲学家就开始用辩证的观点思考问题，如赫拉克利特的"人不能两次踏进同一条河流"的命题、亚里士多德关于"质与量"、"形式与内容"、"因果"等关系的分析，就已经包含着辩证法的思想。到18世纪下半期至19世纪初，随着欧洲自然科学的发展，运动、联系、发展、变化等辩证观点被引入认识论中，彻底摧毁了形而上学的根基，推进了社会科学的进步。一些德国古典哲学家开始以唯心主义的形式对事物运动发展的性质作了客观辩证的反映，如康德、费希特和谢林等人都具有深刻的辩证思想。康德发现了事物及思维中的矛盾现象，从而提出了"二律背反"。所谓"二律背反"是指两个互相排斥但却同样是可以论证的命题之间的矛盾。在康德之后，费希特哲学将"自我"作为哲学最高的具有统一性的原则，哲学就是从这一最高原则出发，从必然性推演出一切概念的科学，从而克服了康德哲学中缺乏思辨的统一性的缺点。谢林将自然界的矛盾对立和辩证统一的观点引入哲学中，把人类社会的发展看作是一个客观的历史过程，是有规律可循的。同时，他又把思维与存在、主体与客体的统一，即"绝对"看作是万物的本质和基础。

黑格尔的辩证法集西方哲学史辩证思想的大成，尤其是德国

[①] 《马克思恩格斯全集》第3卷，第59页。

古典哲学中的辩证思想，成为黑格尔辩证法的直接源泉。黑格尔发展了康德的"二律背反"，深刻地揭示了矛盾对立统一的规律，吸收了费希特关于概念在思维中有序发展的辩证思想，而黑格尔哲学体系中绝对精神的发展过程则是继承和发展谢林的观点。这样黑格尔第一次全面论述了思维发展的逻辑过程，使辩证法逐渐走向成熟，并成为黑格尔哲学体系中最有价值的一部分。之后，他将辩证法在美学中加以创造性地运用，使他的美学体系和他的哲学体系一样，成为一种完整的、庞大的有机体系。

黑格尔从矛盾是事物运动和发展的内在根源的辩证思想出发，不仅深刻揭示了美与艺术的本质，而且揭示了艺术的发展过程。

黑格尔首先论证了"美"的逻辑定义，"美是理念的感性显现"，美就是理念与感性形象的矛盾统一。理念与感性形象的统一，产生了美；它们之间的斗争，又推动了美的发展：从自然美到人之美，再到艺术美。黑格尔把人类艺术史的发展历程看作是理念发展的一个特殊阶段，理念经过客观精神、主观精神的发展阶段而进入绝对精神阶段，绝对精神阶段又分艺术、宗教、哲学三个小阶段，艺术只是其中一个阶段而已。就艺术这个阶段而言，黑格尔又根据理念的发展逻辑，分为象征型艺术、古典型艺术和浪漫型艺术三个小阶段。艺术发展的各个阶段是相互衔接的，后一阶段的出现必然是前一阶段内部矛盾的结果，艺术有它自身内在的发展规律。正如卢卡契所说："黑格尔美学最大功绩之一在于它试图把美学的基本范畴历史化。黑格尔一方面认识到，按其本质，而不是根据它的外在表现每一种艺术风格（在他那里艺术风格是以产生于社会内在特性的形式结构做基础的）都是历史的。因此，他能够对希腊、罗马、东方、中世纪等艺术风格的结构和内容的基本问题作出深入的，在很多方面是正确的分析。另一方面黑格尔也认识到，艺术种类不是简单的经验抽象，也不是任何一种柏拉图'现实'的思辨定义，而是历史过程创造了艺术种类，它们最确当地表现了由具体的社会、历史环境而产生的‘生活情感’。”①

黑格尔对艺术作品的分析也充满了深刻的辩证思想。例如，他根据矛盾的原则提出戏剧的“冲突”说，认为戏剧作品的真正使命，是描写充满了矛盾和斗争的生命过程。“凡是始终都只是肯定的东西就会始终都没有生命。生命是向否定以及否定的痛苦前进的，只有通过消除对立和矛盾，生命才变成对它本身是肯定的。”正因为这样，所以戏剧不应当回避矛盾，“应当描写矛盾和斗争”。人物的性格也是在矛盾冲突中形成，并在矛盾冲突中表现出来。“因为人格的伟大和刚强只有借矛盾对立的伟大和刚强才能衡量出来……环境的互相冲突愈众多，愈艰巨，矛盾的破坏力愈大而心灵仍能坚持自己的性格，也就愈显出主体性格的深厚和坚强。”② 这样，戏剧作品中人物的性格就不再是固定的，而是随着冲突的发展而发展，随着冲突的变化而变化。黑格尔不但把性格提到了首要的地位，而且打破了关于性格固定不变的形而上学观点，从而对戏剧理论作出了重要的贡献。

此外，黑格尔对内容与形式的辩证关系的分析，从某一侧面揭示了艺术作品的实质。黑格尔之前的许多美学家往往从形而上学的观点出发，将艺术作品中的内容与形式看成是互不相干的两个方面，形式可以离开内容，内容也可以离开形式。而在黑格尔看来，艺术的内容与形式是紧密相连的，“艺术的内容就是理念，艺术的形式就是诉诸感官的形象”。③ 艺术作品的内容和形式，不是机械地拼凑在一起，而是辩证地统一在一起，也就是达到艺术美的理念。在《历史哲学》中，他说：“文艺中不但有一种古典的形式，更有一种古典的内容；而在一种艺术作品里，形式和内容的结合是如此密切。形式只能在内容是古典的限度内，才能成为古典的。假如拿一种荒诞的、不定的材料做内容，那

---

① 《卢卡契文学论文集》第 1 卷，中国社会科学出版社 1980 年版，第 424—425 页。

② 黑格尔：《美学》第 1 卷，第 120 页。

③ 同上书，第 87 页。

么，形式也便成为无尺度、无形式，或者成为卑劣的和渺小的。"① 任何一种真实的、具体的内容都应该有符合它的感性形式和形象，这种感性形象必须同时是个别的、单一完整的。"艺术之所以抓住这个形式，既不是由于它碰巧在那里，也不是由于除它以外，就没有别的形式可用，而是由于具体的内容本身就已含有外在的，实在的，也就是感性的表现作为它的一个因素……只有因为这个道理，内容与艺术形象才能互相吻合。"②

正是由于对辩证法思想的运用，黑格尔才"天才地猜测到了"一些合理的东西，成为德国古典美学的最高成就。

二　辩证唯物主义美学思想的萌芽

黑格尔深刻的辩证思想使他在许多论述中突破了客观唯心主义的体系构架，从而体现了实践唯物主义的萌芽。他辩证地综合了席勒和谢林关于美的实践观点和历史观点，从理念自身的生发和伸展之中，揭示了艺术美本质上是人的实践活动的产物，人对客观世界的审美关系的形成是实践冲动的结果。

黑格尔认为，人不仅以认识的方式认识他自己，"人还通过实践的活动来达到为自己（认识自己），因为人有一种冲动，要在直接呈现于他面前的外在事物之中实现他自己，而且就在这实践过程中认识他自己。人通过改变外在事物来达到这个目的，在这些外在事物上面刻下他自己内心生活的烙印，而且发现他自己的性格在这些外在事物中复现了。人这样做，目的在于要以自由人的身份，去消除外在世界的那种顽强的疏远性，在事物的形状中他欣赏的只是他自己的外在现实。例如一个小男孩把石头抛在河水里，以惊奇的神色去看水中所现的圆圈，觉得这是一个作品，在这作品中他看出他自己活动的结果。这种需要贯串在各种各样的现象里，一直到艺术作品里的那种样式的在外在事物中进

---

① 黑格尔：《历史哲学》，第 111 页。
② 黑格尔：《美学》第 1 卷，第 89 页。

行自我创造（或创造自己）。"① 这种"自我复现"的活动体现了"人的自由理性，它就是艺术……的根本和必然的起源"②。因此美不是一个固定的自在之物，而是一个在人的精神领域（心灵）之中自我实现的历史过程的产物。即使是自然美，也具有某种"心灵性"，"自然事物之所以美，既不是为它本身，也不是由它本身为着要显现美而创造出来的。自然美只是为其他对象而美，这就是说，为我们，为审美的意识而美"③。

在这些论述中，黑格尔显然打破了理念论的唯心主义公式，把实践主体从抽象的超自然的理念移置到有"自然存在"的实在的人身上，并且把理念的感性显现这种特殊意义上的"创造"活动变为人自觉地"改变外在事物"的物质劳动或感性活动。这种精神自生发和自伸展的历史性和心灵实践产生美和艺术的实践观点，是马克思主义实践唯物主义美学体系的一个切实可行的起点。马克思就是沿着这个正确的方向前进，为我们找到了一条科学地解决美学基本问题的道路。

三　西方近代以前美学优秀传统的系统化继承

黑格尔全面继承、综合了前人的美学研究方法，创立了理性与经验相结合的辩证研究方法，把美学研究推向了一个新的阶段。

西方美学从古希腊以来就分为两种基本的研究方法，一种以柏拉图为代表，偏重于理性的方法，忽视具体的艺术和审美经验，单纯追求"美本身"、"美的理念"的奥秘；一种以亚里士多德为代表，侧重于经验的方法，把主要注意力集中在当时艺术创作具体经验的总结、概括和提炼上。不同的美学家对这两种研究方法分别得以继承和发挥，到 18 世纪，逐渐形成了理性主义与经验主义两大对立的流派。从方法论角度看，这两种方法都有

---

① 黑格尔：《美学》第 1 卷，商务印书馆 1979 年版，第 29 页。
② 同上书，第 40 页。
③ 同上书，第 5 页。

可取之处，但都陷入了片面性，使两派美学研究都受到很大的局限。在黑格尔之前的一些德国美学家就已开始致力于综合感性与理性的关系，到黑格尔美学，对这个问题基本进行了辩证的解决。

黑格尔自觉分析了古希腊美学以来单纯偏重于理性方法或单纯偏重于经验方法的片面性，提出了理性与经验相统一的辩证方法。在黑格尔看来，感性的客观的因素在美中并不保留它的独立自在性，而是要把它的存在的直接性取消掉（或否定掉），这种感性存在在美里仅仅被看作概念的客观存在与客体性相对立。它被看作这样一种实在：这种实在把这种客观存在里的概念体现为它与它的客观性相处于一个统一体之中，所以在它的这种客观存在里只有那使理念本身达到表现的方面才是概念的显现。因此，理念的感性显现的运动是理念本来所包含的理性因素与感性因素、内在的概念与外在现象作为统一体而表现出来，并且直接呈现在意识之前，这是一种内在统一体的显外形和放光辉。这样，黑格尔就以"美是理念的感性显现"这个包含丰富辩证意蕴的命题，综合了康德、席勒、谢林等的美学思想，在客观唯心主义的基础上把理性主义和经验主义的两大美学思潮对立统一地结合起来，结束了西方美学中两种形态长期对立的局面。这种综合，既超过了康德和席勒的二元对立的外在综合，也超过了谢林的内在的绝对无差别性的同一，是一种内在的对立统一。

黑格尔对理性派和经验派两大美学思潮的辩证性综合，还为美学研究提供了新思路，扩大了美学研究的领域。如果说，理性方法停留在哲学的抽象思考领域内，为艺术和美寻找普遍的本质的规定，而经验方法则局限于具体艺术部门，对创作规程、法则、手法等作经验性描述。那么，黑格尔的美学则达到了两方面的统一：它一方面用理念运动的规律去阐述、规定美和艺术创造的本质，即用理性法则去统率经验概括；另一方面，又始终不排斥具体艺术经验的描述，而力图将经验性描述上升到理性规律的高度。《美学》虽以感性地显现的理念为体系的构架，但其中的木石砖瓦则全是来自具体的艺术实践。第一卷是总论，黑格尔利用了古今大量艺术创造成败的实例来说明理念如何显现为感性形象、达到艺术美的一般过程；第二卷是在理念运动的框架下对全部人类艺术史作经验性规律性结合的叙述；第三卷是对于各门艺术系统定性地理性分析，以及对每门艺术的历史经验乃至具体技巧、手法等的描述。这样，就把美学变为思辨哲学与具体艺术理论有机结合的新科学，一方面思辨哲学沉降到美和艺术的经验材料中去，获得了源源不断的丰富养料；另一方面，具体艺术理论上升到哲学的高度，获得了更高的概括性和更强的思辨性。从黑格尔开始，美学在真正意义上成为一个既有相对独立性，又有系统性的科学。

第四章　对观念论美学的
继承和反对

　　本卷第一编所述的几位大师的相继去世，标志着德意志观念论美学思想高潮已经过去，但他们的继承者不乏其人，尤其是对黑格尔和康德的继承，仍然是19世纪中叶和后半叶一段时间中德意志美学的重要学脉之一。后继者在大师们的体系的滋养之下，做着许多细致甚至琐碎的工作。同时，一些在不同程度上"衍义"以至反对观念论美学思想的流派在经典大师们去世后很快就出现。这就形成了"赞成"与"反对"两个方面的对立性的思想潮流。但不管是赞成还是反对，都是观念论美学大师尤其是康德黑格尔思想影响的结果。当然，在一些后继者和反对者们那里，也不只是对经典大师观点的赞成或者反对，也有一些自己的新思想和新的体系构想。

　　黑格尔派美学家费舍尔直接继承了黑格尔的美学原则，同时将其进一步细化，他仔细地分析了"美是理念的感性显现"这一命题中主客观的双方，并且强调了感性的规定性，认为主体在审美活动中是具有重要作用的，主客双方的和谐合作让真正的审美活动——"优雅"得以产生。他同时也重新思考了美和艺术得以发展的动力，引进了"偶然性"这一概念，这是对于黑格尔绝对理念的完满性的批判。这一时期美学的研究领域也有所扩展，一些新的美学问题凸显出来。罗森克朗茨发展了"丑"的美学。他将"丑"看成一个重要的美学概念，并把它提到了较高的地位。他用辩证法中矛盾的观点来解释美与丑的关系，美与丑具有相互的规定性，美自身的肯定性规定正是由于对丑的否定性规定性才得以成为可能，并且美与丑可以相互转化，美在与丑的内在联系中毁灭自身，同时奠定了丑扬弃自身的可能性。

在当时的黑格尔的反对者中，费尔巴哈是最有代表性的一位。他从反对黑格尔的客观唯心论美学出发，认为美和艺术的本质不在客观理念，而在主观感性。不是理念而是人，才是美的核心，一切审美活动和艺术创造都必须从人的感性和情感出发，宗教和艺术都是相关于人的类本质。不同之处在于，艺术是人的本质的对象化，而宗教却是人的本质的异化，人们只有创立"爱的宗教"才能回归于自身的本质。

新康德主义美学家们注重从康德的思想中汲取养分。马堡学派和弗莱堡学派是当时最有影响的学派。马堡学派的代表人物是柯亨。他认为审美情感是人性对于自身的感觉，是人性中的爱的活动；艺术品是意蕴和形式的结合。在艺术创作和欣赏中，意蕴与形式的辩证关系得以体现。弗莱堡学派认为美学的任务是确定审美价值在文化价值系统中的界限和内容，他们对于美学的最重要贡献在于他们创立了价值论美学。

哈特曼和洛采都将美看成是主客观双方的统一。哈特曼认为美可以分为内容美和形式美。具体美是美的较高等级，较低级的形式美如果要上升到较高级的显出特征的具体美需要牺牲其作为形式美的因素。主观方面的情感和客观方面的印象是构成洛采美学思想的两个基本方面，他认为至善在主客观世界中的显现所产生的某种程度上的共鸣，是美产生的原因，此外，洛采给予了审美直观某种不同于认识性活动的意义，肯定了审美直观通达超越于现实之上的某种最高原则的可能性。

本章阐述的丹麦哲学家克尔凯郭尔的美学思想在国内美学研究中较为少见。克尔凯郭尔早年深受黑格尔美学思想的影响，但他没有专门的美学著作，也无意专门思考美学问题。在他把"美"作为向宗教思想过渡的一个环节的时候，他似乎有意识地寻求对黑格尔的思辨美学进行突破。尤其是当他尝试性地把"审美"和"生存"结合起来开辟出"生存美学"或者"生存

感性学"（existential aesthetics）的审美维度的时候，他已经完全
突破了古典美学的视阈而开显出了现代性的内容。

在本章中被论述的美学家们，他们的努力对于德意志 19 世
纪美学的发展也起到了继往开来的历史中介者作用。在一定意义
上可以说，后来的价值论美学、心理学、美学和生命美学等，都
可以在这些人物的著作中找到其多少不等的思想渊源和联系。

第一节 黑格尔的后继者

黑格尔学派是由那些曾经受教于黑格尔并直接继承了他的哲
学事业的门生所组成的，它在 19 世纪 20—40 年代的德意志思想
界居于主流地位。黑格尔派的存在时间并不长，而且从一开始就
存在着内部的分歧，并因为分歧的不断扩大而最终走向分裂，但
它标志着德意志古典哲学从康德到黑格尔发展的终结，并为以后
哲学思想的诞生提供了理论准备。

依据其对于哲学与宗教关系的看法的不同，可以将黑格尔学
派分为左、中、右三派。右派即正统派，坚持宗教信仰与哲学知
识的内容同一这一黑格尔哲学体系的核心观点，从传统超自然的
意义上来理解黑格尔哲学，认为它宣扬有神论、个人不死和化为
人形的上帝。其代表人物如欣里赫斯、戈舍尔和加布累尔。左派
认为应该把黑格尔哲学作为新起点，用理性去证明世界，使世界
合理化。绝对精神并不是个人精神，而是永恒的宇宙精神。他们
坚持唯灵论的泛神论，认为上帝是普遍的实体，他在人类中获得
意识。其代表人物有费尔巴哈、施特劳斯、鲍威尔和施蒂纳等
人。因为组成这一派的主要人物都是 19 世纪以后出生的一些年
轻人，所以他们又被称为"青年黑格尔派"。中间一派则处于两
者中间，对于左右两派的观点予以折中，对宗教采取和缓的态
度。他们一方面强调黑格尔哲学与基督教的内容的同一，另一方
面又指出，它们是获取同一真理的两种不同的方式。

并非所有的黑格尔派哲学家都是美学家，黑格尔派美学的代

表人物有费舍尔、罗森克朗茨、卢格等人。他们继承了黑格尔的哲学和美学体系，并在一些具体问题和表现方法的探讨上对它进行了发展。

一　费舍尔的美学思想

1. 生平、著作及思想

弗里德里希·特奥多尔·费舍尔（Friedrich Theodor Vischer，1807—1887）是德意志 19 世纪后半期的美学家，黑格尔派美学的重要代表人物。他出生于德意志路德维希堡的一个牧师家庭。学业完成之后，于 1935 年开始在图宾根大学任名誉讲师，讲授美学和德意志文学，1855 乍成为该校正式教授。但是，由于他在就职演说中有触犯政府的言辞而被当局停止教职两年。费舍尔于 1848 年进入法兰克福议会，成为议员，采取了小资产阶级温和左派的立场。1848 年至 1849 年，他曾参加过德意志民主革命。革命失败后，在瑞士留居多年。1855 年执教于苏黎世大学，任该校教授。1866 年返回图宾根大学任教。

费舍尔最主要的美学著作是其六卷本的巨著：《美学或美的科学》。该书完成于 1846 年至 1857 年间。在这部书中，费舍尔系统地阐发了自己的美学观点，在继承了黑格尔体系的同时，又在一些具体问题上形成了自己独特的看法。全书共分为三个部分。第一部分是《美的形而上学》，专门讨论美的概念问题。其中包括两篇，第一篇"单纯的美"，第二篇"在环节矛盾冲突中的美"。第二部分是《自然和人类精神中的美》。在这一部分中，费舍尔给予各种美的具体形式以充分的重视，特别是自然现实中的美。他分别探讨了无机物、有机物中的美，最后谈及人类自身的美。这里，他用了整整一卷的篇幅来论述"美的客观存在"，表明他在早期思想中对于自然美的重视，这一点是与黑格尔不同的。但是晚年费舍尔批评了自己对于自然美的讨论，认为一切美都存在于知觉当中。对于艺术和想象的思考也要相关于自然向艺术和想象所提供的材料。第三部分是《艺术中的美》，有两卷的内容，第一卷为艺术总论，第二卷为艺术分论。认为艺术的美是自然美与想象美的综合。

此外，他还著有《论崇高和喜剧对美的哲学的贡献》（1837）、《论艺术上内容与形式的关系》（1858），《论象征》（1887）等。

费舍尔的著作具有庞杂的结构和经院式的表达风格，因此把握起来有些困难。不仅如此，他的思想在晚年时期还经历了较大的转变：从观念论美学转向心理学美学。吉尔伯特（Gilbert）和库恩（Kuhn）针对费舍尔思想的复杂性曾指出：他"努力的方向是调整还是瓦解德意志古典美学？是改造还是毁灭德意志古典美学？他思想中所固有的暧昧性，很可能使我们对这类问题的抉择踌躇不决"①。尽管如此，我们还是可以认为费舍尔是黑格尔派美学的典型代表。这不仅是因为他在早期思想中对于黑格尔美学体系的继承，而且在其后期思想中仍然可以看出黑格尔的影响。

在美学基本问题上，费舍尔遵循了黑格尔的观点。他同样认为美在本质上是"理念的感性显现"。只是在具体表述上略有不同。俄国批评家车尔尼雪夫斯基曾将费舍尔关于美的本质的观点表述为这样两条：美是理念在个别事物上的充分显现；美是理念与形象的完全一致。这就可以看出费舍尔与黑格尔在美的本质问题上的一致，即都认为美是理念与形象、感性与理性、主观与客观的统一。关于艺术问题，费舍尔把艺术看作理念自身矛盾运动的结果。艺术、宗教和哲学是理念在不同运动环节上的具体显现。只是在具体的发展秩序上，费舍尔表明了自己与黑格尔的不同，他认为艺术高于宗教而处于理念发展的较高的层次上。

虽然在美学基本理论上，费舍尔没能走出黑格尔的体系，但在一些具体问题上他却凭着自己的创建而丰富了其美学思想。对

---

① 吉尔伯特、库恩：《美学史》，夏乾丰译，上海译文出版社 1989 年版，第 662 页。

此，鲍桑葵曾指出："在精密美学的信徒力图从心理分析的角度来解释美的愉悦性的时候，客观唯心主义的继承者也力图在他们的内容理论或表现理论的方法上达到相应的精确程度。"①

2. 对美的本质的分析

费舍尔对于黑格尔"美是理念的感性显现"这一概念作了进一步阐释，认为美的本质就在于理念、形象及理念与形象的统一这样的正反合的矛盾运动过程中理念的自我实现。在这个过程中，理念是具有最高规定性的。美是理念在感性中的实现，是感性与理性的统一。"对象出现在主体面前，而通过现象的概念，主体也就基本上在对象中一起被提出来了，而且首先是作为有感官之物被提出的。感性的规定性，在被理念渗透的对象中出现，有感官之物，作为有生命的器官，便向对象提供了同一的感性的规定性。美是为某个人而存在的，它期待并要求观赏者。"② 美是绝对理念的显现，理念是立于自身之中的，它就是宇宙的最高规定者。凭借于此，美也有某种独立的意义和价值。但美与其他理念的显现方式不同，它是一种感性显现。感性在这里一方面意味着客观感性对象，理念渗透于这样的对象之中；另一方面意味着主观感官主体，它是具有某种感受能力的。客观对象和主体感官的结合形成了"现象"，美就在现象中显明自身。因此，美就是理念与感性、主观与客观的统一。费舍尔对这样一种统一过程进行了描述。"就时间说，最初起作用的东西，是美的对象的感性规定性；而最初遇到这种感性规定性的，则是主体的感性。但是，满满地、毫不静止地灌注感性规定性中的是理念，它是整个对象中真正本质而又能动的东西。因此，即使是在进行直观的主体中，感性也只是在无限短促的刹那间，才自为地参加活动，精神便立刻通过感性跑到对象中的精神那里去了。"③

---

① 鲍桑葵：《美学史》，张今译，商务印书馆1985年版，第503页。

② 费舍尔：《美学·美的主观印象》，杨一之译，《西方美学史资料选编》下卷，上海人民出版社1987年版，第508页。

③ 同上书，第522页。

费舍尔突出强调了感性的地位。他认为："在客体和主体中，固然精神是进行渗透的，感性是被渗透的，但是这种渗透和被渗透并非强制，并非强加和忍受，而是和谐的融贯流通，因此感性在这里是介于精神与精神之间无强制、无抵抗的纯中点，是中点而非手段。对象中的蕴含和主体中的精神都在感性之前；但是主客这两个精神之相互欢迎，并不是为了要把感性当作简单的信使而立刻辞退，而是要通过感性并在感性之中。"① 在这里，感性的本质是理念的一种现实状态，表现为具体的现象。现象并不是指客体，而是作为客体的对象和主体的感官的统一。感性具有某种规定性，通过它主体和客体的和谐融通才得以成为可能。"美的最初一个效果固然是感性的，但它只有在概念中才与第二个精神的效果可以分开，而在时间中却几乎没有分得开的瞬刻，以致第二个效果把第一个效果完全吸收在自身以内，从而关系也倒转过来了。于是感性的东西成了纯粹的中点，在客体和主体的精神，通过这个中心融合在一起。"② 费舍尔指出，对象的感性规定性只是理念的规定性的一种具体体现，主体和对象都是在感性规定性的形式中的真实理念。

费舍尔试图从"现象"这一概念推论出美的主观环节来。他认为在现象概念中，主体已经一同包括在内了。现象在对象中就是纯粹形象，它们组成客观世界；而在主体中就是感性，它是人的感官对于外在世界的反应。美就是某种现象，在其中绝对理念得以显现。因此，它必须在主客观的相互作用中才得以产生。费舍尔特别强调了人的主观因素对于美的产生的重要意义。这种意义就体现为"感性的规定性"。"一般的本质创造了美，它也设法让美被人看见。无数的花未被人看见就凋谢了，假如不是无数其他的花曾被看见，我们便无法谈论它们，因为我们见过无数的花，所以我们才能够想象不曾见过的花，并且在想象的时刻说

---

① 费舍尔：《美学·美的主观印象》，杨一之译，《西方美学史资料选编》下卷，上海人民出版社 1987 年版，第 522 页。

② 同上书，第 521 页。

它们美。对于这一点所要具备的，就是有人和眼睛。"① 他在强调了感性的规定性的同时，又进一步将作为欣赏者的人对于美的产生的意义表达为艺术对于欣赏的依赖。他说"但是，假如前提是：只有那种一般本质才是艺术，那么，艺术也分明规定它的作品是为了欣赏的。假如一件艺术品在有人看见以前，便毁掉了，艺术家总是看见过它；在艺术家眼里，和艺术品的观众的眼里，都同样是看。艺术品只要不曾被看得见，它便只是石头、颜色等等。这种只是石头、颜色等等的艺术品，是很难设想的，因为当我们想象这种只是石头、颜色等等的艺术品时，它就已经不是那样，而是美的了，因为它有了观者。"② 在这里，费舍尔指出，艺术品或美的实现主要依靠主观因素的，离开了欣赏者的主观世界，艺术品或美不可能成为自身。主观世界，即人的意识世界中包括美的现象和其他一切现象。他把这样一个世界称为"意识的绝对范围"，认为我们不能也不应当超出这个范围。这体现了康德关于现象界的观念对于费舍尔的影响。

3. 审美的感官与非审美的感官

费舍尔对人的几种感官进行了细致的区分。他认为触觉和嗅觉都不是审美的感官。先来看触觉。"触觉要用指尖去直接接触、抚摸对象的表面，这样，它对冷热、刚柔、平滑和粗糙等等便有了知觉。这样，我尽可以触及整个的形体，确定它的形状和样子，但是我所得的东西，只是前后相继的，不是整体；这种结果仍然是物质性的。"③ 他还指出，尽管有些盲人是靠触觉来审美的，但这里的触觉已不同于常人的触觉，它是"用心眼在触摸"。在费舍尔看来，触觉所得到的感觉印象是物质性的，它使对象和欲望发生关系。他同样也讨论了嗅觉。"嗅觉接受一个物体散发而成的精细的物质；所以嗅觉是同这个可消解的物体有

---

① 费舍尔：《美学·美的主观印象》，杨一之译，《西方美学史资料选编》下卷，上海人民出版社1987年版，第510—511页。

② 同上书，第511页。

③ 同上书，第512页。

关，因此也完全是物质性的，最直接的，迅速地引起爱憎，尤其是为食欲服务。"① 然而，我们在平时却有着这样的体验，即嗅觉有时可以唤起"幻想中的形象，这些形象与记忆和企望的纯净感觉直接相连，而难闻的气味也可以在适当的地方增强审美的嫌恶"，这将如何理解呢？费舍尔认为在这种情况下，嗅觉只是一个起协助作用的器官，不是整体的器官。而且在审美活动中，真正发生作用的也许并不是真实的气味，而只是内心有某种想象的气味。与此相似，味觉也是要消解对象的，这直接与快感和不快感相连。触觉、嗅觉和味觉都是产生某种物质性的感觉的，因而相关于人们的欲望，从而唤起生理性欲望的快感与不快的情感。虽然它们在某种意义上可以说参与了审美活动，但只是作为协助器官而起作用。

费舍尔指出，真正的审美感觉是视觉和听觉。它们并不需要通过物质性的接触而把握对象。因此，一方面，对象在这样的把握中可以保持自身物质性的完整性，而不至于发生消解；另一方面，感官自身也可以保持其对于形象把握相对的独立性。这种独立性体现为视觉和听觉的内心活动，这种活动不受外来刺激，也能够产生形态和声调。正是由于视觉和听觉具有这种特点，因此它们所把握的实际上是对象的非物质性形象，因而不直接引起人的生理的欲望。这一点正和美的现象所引起人的主观方面的反应相契合，这样结果就是产生了主客观统一的审美形象。"视觉和听觉则是自由的，既是精神的又是感性的器官，它们并不侵入对象的物质构成，而是让整个对象依然存在并对自身起作用；对象将作为客体自由地对立着，而且这种对立将被自由地抛弃。因此只有这两种感官宜于审美。"② 费舍尔又指出，审美活动中，并不是单纯某一种感官在起作用，而是几种感觉和谐合作，共同起到审美的作用。费舍尔认为，这种和谐合作根源于自身实现的理

---

① 费舍尔：《美学·美的主观印象》，杨一之译，《西方美学史资料选编》下卷，上海人民出版社 1987 年版，第 512 页。
② 同上书，第 511—512 页。

念的多种规定性的相互依存。

4. 引进"偶然性"概念

从费舍尔对于感性规定性的强调中，我们似乎可以将它与其关于"偶然性"的理论联系起来。"偶然性"在费舍尔那里是一个重要的概念。偶然不同于必然，它肯定了个别性和差异性的意义。费舍尔认为偶然性是一切运动变化的动力，各种偶然性的活动组成了异于理念的力量。理念在与偶然性力量的斗争中实现自身。"一切生活，一切历史，以及一切领域中的一切精神活动，实际上都是消灭和同化偶然性的历史。"[①] 表面上看来，费舍尔的偶然性理论进一步丰富和发展了黑格尔的理念论，但实际上偶然性是与理念这一概念相冲突的。理念是绝对的，唯一的，包罗万象的，它既是整个世界的始基，又是人的个性化的成因，也是一切运动变化的动因，世界的发展正是理念不断实现自身、排除异己力量的过程。费舍尔的偶然性概念给予了美的世界一种新的因素，正是因为有偶然性的存在，才不至于让世界成为一种单纯的类型，而变得多样化，从而更好地符合审美规律。在这个意义上，偶然性得以在美中获得生机。这样，偶然性给予了理念世界一个异己实体，这实际上就限制从而消解了绝对理念这一概念。在这一点上，费舍尔从黑格尔的绝对理念中走了出来。

从这里可以看出，费舍尔作为青年黑格尔派思想家，在信仰上是不同于黑格尔的。由于绝对理念的神性地位被打破，它就不可能构成各种美的物体，赋予它们以生气。在客观之物与主观精神结合的审美活动中，既然在客观因素方面找不到美之为美的根据，那么对于美的问题的探讨自然就会转向主观因素的思考上来。费舍尔在思想早期就对于美的主观方面给予了充分的重视。

在《美学》"美的形而上学"部分，他这样说道："既然除了对意识而言以外，就没有存在，那么，哲学的任务也正是把意

---

① 载于吉尔伯特、库恩《美学史》，夏乾丰译，上海译文出版社1989年版，第664页。

识扩展到全体，把一定的意识理解为绝对意识的一个行动。正如一切都是在意识中并通过意识才有的，美也是如此。"① 他还进一步指出："对象出现在主体面前，而通过现象的概念，主体也基本上在对象中一起被提出来了，而且首先是作为有感官之物被提出的；感性的规定性，在被理念渗透的对象中出现，有感官之物，作为有生命的器官，便向对象提供了同一的感性的规定性。美是为某个人而存在的，它期待并要求观赏者。这一点与美的蕴含的绝对性而达到对美的自身满足和美依靠自己的饱和毫不冲突。"②

5. "优雅"作为一种审美活动

费舍尔对"优雅"的概念也有相关论述。"对象的感性规定性不过是理念在对象中出现的明澈可见的形式。理念是绝对的活动，因此也就是最广泛意义的运动；因此，对象在本质上作为被推动者出现。这种运动同时又是一种走向主体的运动，主体和对象都是在感性规定性的形式中的真实理念。但是在对象中，形式是那样被理念渗透，以致对象的偶然性解脱了，并且毫无拘束地、和谐地被容纳入理念之中。主体寻求上述的自由的和谐，而对象也就完全和谐地流向主体的寻求，因为对象通过感性并在感性中，在精神上充实并满足了主体的寻求。这种在美中形成个性的运动，作为和谐地和主体的流注，就叫做优雅。"③ 将优雅理解为一种运动中的美。这种运动是一种审美活动，在这个活动中，美的形象产生。由于美是理念与感性的统一，作为理念贯注于其中的对象和主体和谐合作，才让美的形象成为一种可能。在这种活动中，一方面对象的个体性和偶然性消解于理念的绝对运动，从而将感性融于精神性之中，于是感性和理念实现了某种自由的和谐；另一方面，主体的感性对于自由的和谐的寻求也在这

---

① 费舍尔：《美学·美的主观印象》，杨一之译，《西方美学史资料选编》下卷，上海人民出版社 1987 年版，第 511 页。
② 同上书，第 509 页。
③ 同上书，第 515 页。

种活动中得以满足。费舍尔指出，在美的产生中主体是被当作前提的。这里的主体是经验的主体，但美的产生即精神与感性事物的互相渗透在经验的主体中是不可能完成的。在这样的意义上，主体是处于某种欠缺状态的。它需要寻求审美中的自由和谐。"主体在美中所找到的完成的东西，就是在主体中的未完成的东西。这样，两者便作为绝对和谐的事物而彼此接触，两者的相遇，是彼此补充的。因此，美的对象中的内在运动，同时也就是走向主体的运动，而正在寻找的主体也就面对着这种运动来到了。这种彼此走过去、迎过去，就是优雅。"①

优雅在某种意义上可以理解为审美的游戏活动。这里的游戏并不是真正意义上的运动，而是某种"固定形式的飞动"。"美的形体，即使在静止时，它的线条对于眼睛来说，也是在流动，这不仅在于看的动作，而且线条本身就是塑造形象的并在塑造形象中推动物质的各种力量的效果。美本来一点也不是静止的，因为它的内在物就是理念，理念是绝对的生命，因此就是塑造形象的运动。"② 费舍尔区分了优雅和漂亮。他认为优美是基于理念的高贵之处的，它是内容与形式、主观与客观的完美统一。而如果理念在现象中渗透了本来很少的题材质料，因此就轻而易举地表现了自己。在这样的现象中，题材质料把自己局限得微不足道，这就是一种狭义的优雅，与一般的优雅区分开来，费舍尔将它称作雅致或漂亮。在这种现象中，美首先在感性上迎合主体，与之相对应，精神性的内容在其中是匮乏的。"在第一个结果可以在某些条件下剥夺了自己进到第二个精神的结果里去的真正迁渡，而以倒退回去的感性来代替精神的结果，这种感性的表现和煽动，正应该叫做存心挑逗卑劣官能的那种刺激。"③ 另外，优雅也不同于另外一种"变坏了的

① 费舍尔：《美学·美的主观印象》，杨一之译，《西方美学史资料选编》下卷，上海人民出版社 1987 年版，第 517—518 页。
② 同上书，第 517 页。
③ 同上书，第 518 页。

形象"。它们是"对幻想起作用并从幻想出发的那些形象和运动，但是那些形象和运动在它们的形象后面掩藏并介绍给观者的精神形象，却只是重复了感性的东西，而且因为这种精神形象是安置在里面并付诸内心，所以就更加沦肌浃髓，精致入微。这种形象保留了一部分感性的表现，但是却加以暗示，让注意到那一部分还掩藏在自己展示的主体意识中，因而使观者也意识到了那一部分"。①

6. 论美感、艺术与象征

费舍尔在对于美感的看法上，与康德有某些共同之处。他同样也认为美感不涉及具体的利害得失；美的事物不同于有关利害关系的事物。"涉及狭义实质材料的利害之情，是感性的兴趣，由满足这种利害之情而发生的快感，是悦乐中的愉快；涉及作为蕴含的理念的那种利害之情（不管理念已消散为纯形式的那种情况），是伦理的利害之情，其快感则是在善中的愉快。这两类利害之情和愉快是这样的不同，却都被审美情绪排斥；假如作为单纯蕴含的理念也能够称为实质，那么，两者便都是实质性的。但是美却总要非故意而间接地放弃伦理的效果。目的性立场把兴趣归到上述两种形式的这一种或那一种；在这种立场之下的，正是由于以上理由，在美中不能容许。"② 由此可见，在费舍尔那里，美是不包含目的性的。感性的兴趣和伦理的愉快都相关于具体的利害关系，因而，是非审美的。费舍尔从客观唯心主义的角度将康德对于美的主观性的规定作了客观唯心的解释。他认为："假如我们保持主观唯心论中正确的东西，并将它扩充到超出自己的程度，即将主观精神理解为绝对精神的环节，那么，美便只有这样阐释，即这种精神首先须当作那个产生了客观世界的精神来把握，而那个世界的善是：它在主体中的映象可以成为一个美

---

① 费舍尔：《美学·美的主观印象》，杨一之译，《西方美学史资料选编》下卷，上海人民出版社 1987 年版，第 519 页。
② 同上书，第 529 页。

学的形象。"① 两位思想家在这个问题上的分歧反映了他们哲学立足点上的差异。

在对艺术的看法上，费舍尔认为应该依据未来来理解艺术的演进。认为未来的诗歌理想应该是"莎士比亚式的"，原因在于这种艺术风格真正而自由地掌握了"古风"。

费舍尔于1866年和1873年对自己的《美学或美的科学》一书进行了全面的批判，这种批判不仅仅是对一些具体美学问题做出批判和修改，而且是对于整个思想结构进行调整。他修正了黑格尔式的理论"辩证运动"的具体内容，认为美仅产生于直观活动，这就跟康德的观念一致起来。此时，他写了一系列的心理学著作，如《美与艺术：论审美中的移情作用》、《论象征》等。这时的费舍尔逐渐从理念论美学转向心理学美学上来。

他的心理学美学思想中，最为典型的是对于象征的论述，他指出象征不仅仅是形象和意义的结合。他仔细地分析了象征的含义，认为象征的作用应分为三个等级。第一级，形象与被象征的观念的关系是暧昧的，从形象中不一定能看出观念，典型如神化和宗教中的象征作用；第二级象征是形象和观念清楚地联系在一起，观念在形象中得以明晰地表达。这种象征作用体现在寓言中。而在介于两级之间的中间级"审美的象征"中，象征的形象及其观念融成一体。他还用象征来解释移情现象。这发展到后来，他的儿子罗伯特·费舍尔首次使用"移情作用"这个词。这对于以后心理学美学的发展有着重要意义。

二　罗森克朗茨的美学思想

1. 生平和著作

约翰·卡尔·罗森克朗茨（Johan Karl Friedrich Rosenkranz，1805—1879）是早期后黑格尔主义思想家，黑格尔派美学的另一

---

① 费舍尔：《美学·美的主观印象》，杨一之译，《西方美学史资料选编》下卷，上海人民出版社1987年版，第526页。

重要代表人物。他出生在马格德堡，曾在柏林大学、哈雷大学和海德堡大学读书。从 1837 年起，他一直在哥尼斯堡大学担任哲学教授，直到 1879 年去世。

罗森克朗茨被卢格（Aronld Ruge）称为"最自由的老年黑格尔派"。他著有两部研究黑格尔哲学的专著：《黑格尔传》（1844）和《作为德意志民族哲学家的黑格尔》（1870）。此外，他在哲学、美学、神学、教育学、政治学、逻辑学、文学史和生物学等领域都有相关著作，具体包括《科学的体系》（1853），《逻辑观念的科学》（1858—1859），《黑格尔的德意志国家哲学》（1870）等。其主要美学著作是写于 1853 年的《丑的美学》一书。

《丑的美学》是思想史上第一部将丑作为主要的美学问题来研究的著作。它分为一个导论和三个部分。第一部分讨论无形式性，分为无定形、不对称和不和谐三个方面。第二部分讨论不合规矩，又分别对一般事物中的不合规矩和特殊事物中的不合规矩进行考察。第三部分讨论变形或畸形，具体又分为卑鄙、令人反感和漫画三个层面。从题目中就可以看出这本书是将丑作为一个美学问题来讨论。在书中他对于丑的问题进行了充分的论述，细致地分析了丑的本质和起源，将丑作为一个美学问题纳入美学研究的领域。

在哲学思想上，罗森克朗茨继承了黑格尔的哲学体系和基本原则，并试图用康德来理解黑格尔，在两者之间寻求某种调和。坚持理想和存在、理念和现实之间的二元论。在美学上的主要贡献就在于将丑作为一个重要的美学范畴进行了细致的分析，并区分了丑的不同类型，探讨了艺术对于丑的"理想化"。

2. 主要美学思想

丑作为一个美学范畴，很早就引起了思想家们的注意。然而关于丑的本质问题，却一直没有定论。古希腊时期，丑被认为是与美相对立的范畴；中世纪时，丑的概念同样被认为是美的对立；文艺复兴时期，丑作为一种被广泛运用的形式，其作用是用来反衬美。美学理论中的丑仍然是作为与美相对的范畴；在近代美学思想中，丑的问题引起了人们的注意。他们认为艺术有权描绘丑，不同的艺术表现丑的方式不同。黑格尔在《美学》中考察了艺术上表现丑的各种形式，将丑与被歪曲的感性表现方式、畸形的内心激情等等联系起来。总起来看，在以前的美学史上，丑的范畴并没有引起美学家们的足够重视。然而到了19世纪下半叶，丑的问题在美学中显现出来，甚至一度成为当时美学的主题。卢格、沙斯勒、罗森克朗茨和韦塞等都先后讨论过这个问题。在他们看来，丑不应该仅仅被当成是美的否定，而应该作为一个美学概念进入美学研究的视野中来。思想家们对丑的各个方面进行了细致的研究，从而让丑的美学理论成为可能。这种现象的产生在理论背景上离不开黑格尔哲学正反合的辩证法。丑就是作为美的对立面显明于美学问题之中。在美与丑的对立中，二者相反相成，对立的结果在于二者的相互转化。正是在这样的辩证运动中，美丑各自实现自身，从而获得了审美意义。

罗森克朗茨凭借其对于丑的问题的论述，成为早期后黑格尔派向后期黑格尔的转变的过渡，因此对于其关于丑的美学问题的介绍和分析就成为把握这位过渡人物美学思想的关键。

"丑的美学"一提出来，马上就会受到人们的质疑，美与丑在现实中的对立使得"丑的美学"面临着一种立论的困难。因此，罗森克朗茨不得不首先要回答这样一个问题："丑的美学"如何可能？或者说：丑在何种意义上是一个美学问题？

对于罗森克朗茨的丑的本质问题，鲍桑葵这样总结道："只有到我们在一个能够保持自由的存在物中找到了非自由的属性的时候，才能够达到真正的丑或者说实在的丑，而且这种非自由的属性还是在本来应该由美占据的地方积极地显现出来。"[1] 罗森克朗茨认为真正意义上的丑在具有美的地方并且通过与美的对立而显明出来。丑在这里实际上与美有着某种亲缘关系。丑作为美

---

①　鲍桑葵：《美学史》，张今译，商务印书馆1985年版，第513页。

的否定，是崇高向粗恶或平凡的倒错，是悦人的东西向令人嫌恶的东西的倒错，或者是单纯的美向畸形的倒错。① 可以看出，在罗森克朗茨那里，丑作为美的对立，并不仅仅意味着相对抗，而同时意味着两者的相互依存，特别是丑作为非独立的存在对于美的独立存在的依赖，同时也包含了一种美与丑之间相互转化的含义。

罗森克朗茨同样从美与丑的关系上来确立丑的美学意义。他指出，丑是作为美的对立面而被提出来的。丑就是不美，即对美的否定。然而，正因为如此，美与丑的概念是不可分离的。"因为美在它的发展之中把丑本身作为它的流逝稳定在自身之中，美用一种经常低劣的过多或过少应能够进入这种流逝。"② 因此，任何美学在描述美的肯定规定的同时，必然要涉及对于丑的否定规定。美与丑在这里具有相互的规定性，美自身的肯定性规定正是由于对丑的否定性规定才得以成为可能。丑在自身的边界之处标明了美的生成。不仅如此，他还指出："美，在它是美的时候似乎同时也可能是丑，但是也许在这种规定关系到美的必不可少的因素时，这种规定就转化到它的反面。"③ 这就揭示了美与丑作为矛盾双方可以相互转化的原理。在这里可以看出，罗森克朗茨是用辩证法中矛盾的观点来解释美与丑的关系的。因此我们有理由认为，《丑的美学》一书的立论基点正是黑格尔的辩证法原则。

罗森克朗茨进一步指出，美在与丑的内在联系中毁灭自身，同时奠定了丑扬弃自身的可能性。"丑在这种运动中，从它的混杂的自私自利的自然本性中解放出来。它承认它的无能并且成为滑稽的。任何滑稽本身都包含着一种要素，这种要素否定地反对

---

① 参见鲍桑葵《美学史》，张今译，商务印书馆 1985 年版，第 513 页。

② Karl Rosenkranz, Äesthetik des Hässlichen, Wissenschaftliche Buchgesellschaft, 1979，第 5 页［卡尔·罗森克朗茨：《丑的美学》，科学书业协会 1979 年版］。

③ Karl Rosenkranz, Äesthetik des Hässlichen, Wissenschaftliche Buchgesellschaft, 1979，第 7 页。

纯粹的、简单的理想；不过这种否定在它身上将被贬低为假象（schein），被贬低为虚无（nichts）。肯定的理想将在滑稽中受到尊重，因为就在这个时候它的否定的现象正在消失。"① 在美与丑的矛盾运动中，滑稽产生出来了，在罗森克朗茨看来，滑稽是美丑的矛盾倒错的审美对象的形态。关于美、丑与滑稽三者的关系，他这样说道："美是在人口处的丑的一条界线，滑稽是在出口处的另一条界线。美把丑关在自己的门外，滑稽与此相反，则要与丑结拜为兄弟，不过同时通过让它面对美认识它的相对性和虚无性而把可恶带给它。对丑的概念的一种探讨，一门丑的美学因而就发现它的道路被准确地标明了。它必须加快起美的概念，可是为了以全部的丰富来说明丑的本质，并不是把丑当作一种美的形而上学的任务，而是仅仅在于使美的基本规定中丑的东西，以及恶的东西和凶恶的东西。"②

在罗森克朗茨看来，在各种丑的类型当中，艺术丑是一个重要方面。对于艺术中丑的问题，他给予了充分的重视。他提出这样一个问题：如果艺术是从对于纯粹美的追求中产生出来的，那么，又当如何解释艺术中丑的题材呢？他对于通常将艺术中的丑作为美的衬托从而允许艺术接纳丑的内容的观点予以驳斥，认为艺术丑的意义不在于对美的衬托而在于丑自身。"要想完整地描写理念的具体表现，艺术就不能忽略对于丑的描绘。如果它企图把自己局限于单纯的美，它对理念的领悟就会是表面的。"③ 这里对于艺术的本性揭示是深刻的。他把艺术作为理念的一种显现方式，丑作为理念自身的要素，必然要在艺术中得以显现。只有这样的艺术才是理念的完整显现。值得注意的是，罗森克朗茨的丑并不仅仅具有形式上的含义，它在很大程度上跟"恶"联系在一起，因此具有丰富的伦理含义和社会内容。

---

① Karl Rosenkranz, Äesthetik des Hässlichen, Wissenschaftliche Buchgesellschaft, 1979, 第 8 页。

② 同上书，第 38 页。

③ 载于鲍桑葵《美学史》，张今译，商务印书馆 1985 年版，第 517 页。

在艺术对于丑的表现上，罗森克朗茨认为应该对丑进行"理想化"。这里的理想化并不意味着美化，从而消解丑之为丑的本质，而是为了更好地表现丑的突出的和富有特征的轮廓，让丑的内容服从于美的一般法则，如对称、和谐、比例和富有个性的表现等等法则。因此，丑在进入艺术中时，实际上也被艺术化地加工处理了，那么这种丑在多大程度上还保留有丑自身的本性呢？这就是个很不确定的问题。在这样的意义上，鲍桑葵指出："在这样做的时候，必然要产生某种不良的后果。令人不快或令人讨厌的细节中的非本质的东西消除了，正像在平凡中的美的再现中，非本质的东西被消除了一样。造成这种效果的并不是希望用欺骗的方法加以和缓的愿望，而是根本意义上的专制作用。"① 这就指出了罗森克朗茨关于艺术对于丑的"理想化"的问题所在。

黑格尔派思想家中，除了以上费舍尔和罗森克朗茨以外，还有一些美学家也著有相关的美学著作。韦塞（Christian Hermann Weisse，1801—1866），著有《美学体系》（1830）；卢格（Aronld Ruge，1802—1880），著有《美学的新课题：一位滑稽信徒说滑稽》（1837）；夏斯勒（Max Schasler，1819—1903），著有《美学批评史》（1869），《艺术体系》（1882）；罗切尔（Henrich Theodor Rotscher）著有《艺术哲学论文集》（1845—1863）。

第二节　黑格尔的反对者费尔巴哈

从 1820 年到 1835 年，黑格尔的哲学在他的逝世前后 15 年间以其严密的逻辑及普鲁士政府的支持，在整个德意志风靡一时，他的辩证法影响了自然和社会科学的一切领域。然而在他死后四年，黑格尔哲学就分裂衰颓了。黑格尔反对者中的极端主义者把所有形而上学都斥为无用的，攻击他的观念论、泛神论、唯理论和先验的方法。在美学领域内攻击最为激烈的，也是最搔痛

---

① 载于鲍桑葵《美学史》，张今译，商务印书馆 1985 年版，第 519 页。

处的应该算是曾为青年黑格尔左派的费尔巴哈。费尔巴哈没有自己专门的美学著作，但是在他的哲学著作中，通过对黑格尔的绝对精神和对宗教的欺人本质进行言辞激烈的批判的过程中，对于美学问题，特别是艺术中的美学问题进行了精辟的论述。

一　生平、著作及基本哲学思想

路德维希·安德烈亚斯·费尔巴哈（Ludwig Andreas Feuerbach，1804—1872）是德意志唯物主义哲学家。他生于巴伐利亚的兰茨呼特，1823 年入海德堡大学学神学，1824 年转到柏林大学听黑格尔讲哲学，十分崇拜黑格尔的学问。1826 年转到爱尔兰根大学研究自然科学，1928 年完成博士论文《论唯一的、普遍的、无限的理性》的答辩，他还把这篇论文直接寄给了黑格尔，在信中，他明确称自己为黑格尔的学生。毕业后，费尔巴哈留在爱尔兰根大学任教，讲授哲学史、逻辑和形而上学，1830年因匿名发表反基督教的著作《论死与不死》，公然否认灵魂不灭，被辞退，从此退隐田舍，专门著书立说。自 1836 年起，他隐居在布鲁克堡一个僻静的乡村长达二十多年，写下了许多哲学著作。费尔巴哈曾经是青年黑格尔派，1839 年发表《黑格尔哲学批判》转向唯物主义，晚年参加过德意志社会民主党，1872年 9 月 13 日，死于纽伦堡。

他的主要著作有《基督教的本质》（1841）、《关于哲学改造的临时纲要》（1842）、《未来哲学原理》（1843）、《从人类学观点论不死问题》（1846—1866）和《宗教本质讲演录》（1851）等。

费尔巴哈的哲学，可以说是黑格尔哲学和马克思哲学的中间关节。恩格斯在《路德维希·费尔巴哈和德意志古典哲学的终结》一文的序言中写道："（费尔巴哈）在某些方面是黑格尔哲学和我们观点之间的中间环节。"[①] "在我们那个狂风暴雨时

---

① 恩格斯：《马克思恩格斯选集》第 1 卷（上），人民出版社 1995 年版，第 207 页。

期，费尔巴哈给我们的影响比黑格尔以后任何其他哲学家都大。"[1] 在哲学的基本问题——存在与思维的关系上，费尔巴哈主张"存在是主词，思维是宾词"。在《基督教的本质》中他提出自然界是不依赖任何哲学而存在的，人类本身就是自然界的产物，在自然界和人以外不存在任何东西，我们的宗教幻想所创造出来的那些最高存在物只是我们自己的本质的虚幻反映。作为黑格尔左派的代表的人物，费尔巴哈颠覆斯宾诺莎一流的自然主义的泛神论，批判黑格尔的观念论的辩证法。在《黑格尔哲学批判》中他深刻揭示了黑格尔的唯心主义哲学体系的致命弱点：将存在与思维的关系颠倒。他反对黑格尔把自然看做精神的他在，认为精神是自然的他在，物质不是精神的产物，精神的自体，不外乎物质的最高产物。黑格尔的"绝对精神"先于世界的存在，在世界之前"逻辑范畴的预先存在"一个"绝对精神"，其实是对世界之外的造物主的信仰的虚幻残余；我们自己所属的物质的、可以感知的世界，是唯一现实的；而我们的意识和思维，不论它看起来是多么超感觉的，总是物质的、肉体的器官即人脑的产物。物质不是精神的产物，而精神本身只是物质的最高产物。

费尔巴哈在说明宗教的起源上，提出宗教的中心不是神，是人。神并不在人类之外，神只是人类的感情所创造。人类把自己投射到自己的外边，看做离开自己独立存在的实在，就是神。所以人不同，从而神也不同。人类由描写神，去描写自己。费尔巴哈从分析自然宗教着手，提出自然宗教以某种自然物和自然力为崇拜的对象。早期人类对自然力的畏惧、依赖和利己主义心理产生了自然崇拜，同时在自然宗教中，人的本质部分地对象化在各种具体的自然物上，于是产生各种自然神。自然宗教的本质不过是被人格化了的自然的本质。在自然宗教中，由于人的本质只是

---

① 恩格斯：《马克思恩格斯选集》第1卷（上），人民出版社1995年版，第208页。

部分地对象化在各种具体的自然物中，所以不可能产生一个全知全能的化身。在此基础上，费尔巴哈指出："在基督教中，人唯以自己为念：他使自己脱离了世界整体，把自己当作一个自足的整体，当作一个绝对的处于世界和超于世界的存在者。"① 他又说："上帝乃是纯粹的、绝对的，摆脱了一切自然界限的人格性：他原本就是属人的个体所仅仅应当是、将要是的。所以对上帝的信仰，就是人对他自己的本质之无限性及真理性的信仰。属神的本质就是属人的本质。"② 在基督教中，人把自己的本质对象化出去、分离出去、异化出去，形成一个独立的、自为的精神实体，这个精神实体具有很大的权威，它是无所不知、无所不在、无所不能、全知全能的化身。这个唯一的，全知全能的上帝被创造出来以后，又反过来和人处于对立的地位，成为人的一种异己的力量。费尔巴哈主张把不自觉的、颠倒的、幻想的崇拜和爱转变为自觉的、正当的、合理的崇拜和爱，即爱的宗教。人与其把自己的感情神圣化为神的宗教，不如直接把感情当作自己的宗教，使爱提升为本质、本体。

费尔巴哈从对基督教神学和思辨哲学的批判中建立起自己的人本主义唯物观。他先把人从唯心主义的遮蔽中拉出来，人是自然界的产物，是自然界的一部分，人是感性的存在物，思维不过是人的本质的一种属性，上帝和神不过是人的本质的异化。因此，他号召观察自然，观察人，在那里你可以看到哲学的秘密。这种"新哲学将人连同作为人的基础的自然当作哲学唯一的，普遍的，最高的对象——因而也将人类学连同生理学当作普遍的科学"。③ 这种"未来哲学应有的任务，就是将哲学从'僵死的精神'境界重新引导到有血有肉的，活生生的精神境界，使他

---

① 费尔巴哈：《费尔巴哈哲学著作选集》下卷，荣震华、王太庆、刘磊译，商务印书馆1984年版，第184页。

② 同上书，第221—222页。

③ 费尔巴哈：《关于哲学改造的临时纲要》，载于《西方美学史资料选编》，马奇主编，洪谦译，上海人民出版社1987年版，第558页。

从美满的神圣的虚幻的精神乐园下降到多灾多难的现实人间。为了达到这个目的，哲学不需要别的东西，只需要一种人的理智和人的语言"。①

费尔巴哈是个杰出的哲学家，但他也只停留在半路上，他下半截是唯物主义者，上半截是唯心主义者，他主张靠"爱"来实现人类的解放，而不主张用经济上改革生产的办法来实现无产阶级的解放。他的理论批判在祛除唯心主义之后却丧失了辩证法思想，他不能把现实的感性的人看作"社会人"，而是看作孤立的原子化的"自然人"，不是积极去试图变革现存的既定社会，而是消极地把哲学建立在空泛的爱之上。恩格斯尖锐地指出费尔巴哈本人除了矫揉造作的爱的宗教和贫乏无力的道德以外，拿不出什么积极的东西。在批判基督教神学和思辨哲学的过程中一直保持唯物主义姿态的费尔巴哈在历史观上却仍然陷入唯心主义的深渊。

费尔巴哈没有专门的美学著作，他对于美学的精彩的论述在他的哲学著作中闪现，长期以来，我们对于费尔巴哈在美学上的贡献有所忽视。通过对费尔巴哈的哲学思想的梳理，我们就能窥见费尔巴哈在美学、艺术上所起的桥梁作用。

二 人是美与艺术的核心

在黑格尔庞大的哲学美学体系之后，费尔巴哈试图在反对黑格尔唯心主义美学思想的同时，形成自己的美学思想。这其中最为根本的一个问题就是：什么是美或艺术的核心？"按照黑格尔，绝对精神是显现于艺术、宗教、哲学中。用直率的话来说：艺术、宗教、哲学的精神就是绝对精神。但是不能把艺术和宗教与人的感觉、幻想和直观分离开来，不能把哲学与思维分离开来，简言之，不能把绝对精神与主观精神或人的本质分离开来，

---

① 费尔巴哈：《费尔巴哈哲学著作选集》上卷，荣震华、李金山译，商务印书馆 1984 年版，第 120 页。

而不重返旧的神学观点，而不将绝对精神当作另一种与人的本质有别的精神，亦即当作一和在我们以外存在着的幽灵而使自己迷惑。"① 在费尔巴哈看来，黑格尔的绝对精神是外在于人的本质的精神，它在自然、人和人的思维之外设定了一个抽象的本原的存在。然而，这样一种精神实际上却是人的主观精神，绝对精神与主观精神不可能分开。绝对精神不过是一种虚幻的存在，"对于绝对哲学，从绝对的观点看来，实在的、实际的东西显得是非实际的、虚无的东西，因为它是将非实际的和不确定的东西看成实在的东西。但是另一方面，它又从虚无的观点出发，将有限的和虚无的东西看成实在的东西……"②

　　人是费尔巴哈美学思想的中心。对于人的理解是把握其美学和艺术思想的关键。费尔巴哈将人作为其思考、探究的中心。他的人并不是完全孤立的人，而是自然中的人。自然是人得以活动的根据和对象、背景和世界，人只能在自然中才能理解自己、确证自己。他认为，人不应该从外在的规定来寻求自身的本性。他反对将人当作是上帝的创造物，或者如黑格尔那样将人看作是绝对理念的产物。他认为康德和费希特以来思辨哲学的精神的结果——把第二性的原因（但是这些原因常常是第一性的原因，只有对这些原因不仅作经验的理解，而且作形而上学的亦即哲学的理解时，才能真正地理解它们），把自然的根据和原因，把发生学的批判哲学的基础放到了一边。人是感性的存在物，是生物学、生理学的人。人的本质不是单个人的本质而是人的类本质。费尔巴哈认为理性、意志和心灵是人之为人的根本，它们规定人的本性，同时也给予了人生存于世的意义。"人之所以生存，就是为了认识，为了爱，为了愿望。"③ 在费尔巴哈的思想中，人

---

① 费尔巴哈：《关于哲学改造的临时纲要》，载于《西方美学史资料选编》，马奇主编，洪谦译，上海人民出版社 1987 年版，第 553 页。

② 同上。

③ 费尔巴哈：《费尔巴哈哲学著作选集》下册，荣震华、王太庆、刘磊译，商务印书馆 1984 年版，第 28 页。

的本质和人的价值具有同样的规定，它们都在于人的类本质。在
这样的意义上，人不应再从外在于人们的自然界或理念中寻求某
种根据，人立于人类之中，人是以自然为基础的现实的人。"如
果自然得到了真正的理解——被理解成客观的理性，那它就是哲
学的规范，也是艺术的规范了。艺术上最高的的东西是人的形象
（不仅是狭义的形象，而且是诗的意义上的形象），哲学上最高
的东西是人的本质。……只有回到自然，才是幸福的源泉。把自
然理解成与道德上的自由相矛盾，是错误的。自然不仅建立了平
凡的肠胃工场，也建立了头脑的庙堂：它不仅给予我们一样舌
头，上面长着一些小乳头，与小肠的绒毛相应，而且给予我们两
只耳朵，专门欣赏声音的和谐，给予我们两只眼睛，专门欣赏那
无私的发光的天体。自然只抗拒幻想的自由，它与合理的自由并
不矛盾。我们过多地饮下每一杯酒：都十分激动地，甚至惊心动
魄地证明纵情使血液奔腾，证明希腊人的修养完全是自然意义
的。"①

　　首先，人是感性的、有血有肉的存在物，感性不再从理念或
其他永恒的存在中获得意义，感性自身即为意义，它让人成为
人，并给予人生存的意义。"但是艺术的对象乃是——在叙述艺
术中间接地是，在造型艺术中则是直接地是——视觉、听觉、触
觉的对象。因此，不但有限的，现象性的东西是感受的对象，真
实的，神圣的实体也是感觉的对象。感觉乃是绝对的官能。'艺
术在感性事物中表现真理'这句话正确地理解和表达出来，就
是说：艺术表现感性事物的真理。"② 费尔巴哈强调感觉、直观、
经验的地位和作用。其感觉论是建立于其人本学之上的。他对于
人的感性和理性的关系进行了论述。他认为思维是人的本质的必
然结果和属性，然而却并不是人的本质，人的本质在于人具有不

---

　　① 费尔巴哈：《费尔巴哈哲学著作选集》上册，荣震华、李金山译，商务印书
馆1984年版，第536页。
　　② 费尔巴哈：《未来哲学原理》，载于《西方美学史资料选编》，马奇主编，洪
谦译，上海人民出版社1987年版，第556页。

同于动物的感性。他认为人的感性是一种普遍性的感性，它不是一种有限制的、不自由的感性，它并不拘泥于某一特殊的功能或用途之上，而获得了超出单纯功利性的自由。这种自由不是存在于某一特殊的能力、意志之内，也不存在于一种特殊的思维能力、理性能力之内。"动物的感官虽然比人的感官更加敏锐，但只是对于一定的，与动物的需要有必然关系的事物，才是如此。感官之所以更敏锐，正是由于有这个限定，这个对一定事物的特殊限制。人没有一头猎犬一只乌鸦的嗅觉，但这只是因为人的嗅觉是一种包括各种各样的嗅觉，因而不拘于某些特殊嗅觉的自由官能。但是，如果一种官能超出了特殊性的限制，超出了需要对它的束缚，那它就上升到具有一种独立的、理论的意义和地位了。普遍的官能就是理智，普遍的官能就是精神性。甚至于最低等的官能如嗅觉和味觉，在人中间也上升为精神的行动。"① 人的感觉不同于动物的感觉，它并不完全与理性区分开来，在他看来，甚至最纯粹的视觉也需要思想。感性通过直观来把握世界。直观是物质的，它忠实于自己的对象，它提供本质、真理和现实，感觉的东西不限于可感觉的东西，而是包括一切现象、整个世界、无限的空间。

其次，人是现实的人，人所生存于其中的现实世界就是真实的存在，人们不应在现实世界之外去寻求某种彼岸的真实。在费尔巴哈那里，人仍然只是某种自然存在物，其活动更多地具有自然的意义，而不是在社会层面上展开来的。因此，这里的人还不同于马克思的社会的人，它还没有被理解为现实的历史的活动者。对于人的这种认识，源于费尔巴哈对于类的理解，在他那里，"人类"是一种自然属性意义上的类，还不具有丰富的社会属性。它实际上是单个人的抽象物。

费尔巴哈认为美和艺术的本质在于它们是人的本质的显现，

---

① 费尔巴哈：《未来哲学原理》，载于《西方美学史资料选编》，马奇主编，洪谦译，上海人民出版社 1987 年版，第 558 页。

是人的类本质的对象化。在黑格尔那里，对象化是指理念的对象化，其对象化的过程是理念实现自身的过程。而费尔巴哈与此不同，他的对象化是感性的直观的对象化。人作为对象性存在物，他与外在对象世界的关系并不是疏远的而是亲和的，人由对象来认识自己，人借对象来展示自身的本质，没有这样一个对象世界，人也就成为虚无性的。这个对象世界就是自然。人与自然沟通是通过感性直观来进行的。人和自然作为主客对立的双方，自然是处于能动的方面的，而人是受动的。"自我的受动状态是客体的能动的方面。正是因为客体是能动的，我们的自我才是受动的，——不过，自我不必耻于这种受动性，因为客体本身也构成我们的自我的内在本质的属性。"①

三　宗教与艺术的关系

费尔巴哈认为并不是神创造了宗教和人，而是人创造了神和宗教，宗教的本性就是异化了的人的本质，人的本质以"扭曲"和变异的方式存在于对象中。费尔巴哈对于"异化"这一概念进行了规定，他认为异化是指人和自己所创造的对象，即主体和客体处于敌对的关系中，客体成为异己的力量来主宰人、否定人。这种异化现象只存在于宗教当中。他用人的本质的异化来解释宗教的起源和本质。人的本质在宗教中是被异化了的，只有创建"爱的宗教"人才可能复归于自身的本质。

费尔巴哈将艺术和宗教放在一起比较，艺术是人的本质的对象化，因而，人的本质以一种"本真"的方式存在于对象中，客体的存在是对人的本质的积极肯定；而宗教是人的本质的异化，人与对象是处于一种对立状态中。在费尔巴哈看来，宗教和艺术都是以感性、现实为基础的，人是立于现实中的感性的人，人和对象依靠感性直观来打交道，因此二者作为人的本质的显

---

① 费尔巴哈：《费尔巴哈哲学著作选集》上册，荣震华、李金山译，商务印书馆 1984 年版，第 91 页。

现，是有其感性特征的。在艺术中，人自身的主观性得到尊重，同时，客观的外在事物也得到肯定。人与自身本质的对象化产物处于一种和谐、平等和自由的状态。但在宗教中，感性非感性化了。它把感性变成非感性的东西，属人的东西变成了超乎人世之上的实体，人们不是依据于自身的感性生活来确定生存的意义，相反却要在这样一个源于人的感性却又异乎人的世界之上的永恒实体中寻找生存的价值。这个超越于人世之上的永恒的实体实际上是人所固有的本质的虚幻反映，人与其本质的对象化的产物处于一种割裂的、对立的、紧张的状态中，人屈从于这个对象。

费尔巴哈指出，艺术和宗教都是人的创造物，它们都源于人的生活世界。在艺术中，人们将艺术品当作艺术品来把握，也即并不把它看作是同于现实的东西。在审美活动中，人们所要把握的是艺术品的艺术形象，将这个形象看作是对于人的自身本质的积极肯定，从而获得某种审美愉悦。人们并不在于将艺术形象看作高于现实的真实存在。艺术世界相对于人的生活世界并不是高高在上的。然而，宗教却将人的创造物当作最高的实在，认为宗教形象并不是人的本质的反映，它是活的实体，这种形象一旦产生出来，就对于人的生活世界起了支配作用，它规定着人的本质。费尔巴哈这样说道："艺术并不要求我将这幅风景画看作实在的风景，这幅肖像画看作实在的人；但宗教则非要我将这幅风景画看作实在的东西不可。纯粹的艺术感，看见古代神像，只当作看见一件艺术作品而已；但异教徒的宗教直感则把这件艺术作品、这个神像看作神本身，看作实在的、活的实体。"①

情感是人的本质的重要组成部分。艺术和宗教在体现人的情感方面是相似的。这里要注意到的是，费尔巴哈所谓的情感指的是人的自然情感，并不涉及社会情感。他所坚持的仍然是一种抽象情感论。他指出，情感在艺术和宗教中的作用是不同的。在艺

① 费尔巴哈：《费尔巴哈哲学著作选集》下册，荣震华、王太庆、刘磊译，商务印书馆 1984 年版，第 684—685 页。

术中，情感自身就是目的。人通过对象化活动将情感体现于艺术形象之中，在感性形式中直观自身，是人对世界、对人自身的情感把握方式，感情只为充满感情的东西所规定。在艺术品中，体现了人的情感的艺术形象创造出来了，艺术创作的目的也就实现了。但在宗教中却不同，宗教把人的情感工具化，情感只是人通达上帝的某种途径。人在自身的情感中所要感受的并不仅仅是情感自身，而是高于情感的上帝。

四　论艺术创造和欣赏

在艺术创造问题上，费尔巴哈认为，艺术创造是生命情感的对象化；艺术世界是人的生命情感的对象世界。艺术创作作为一种精神生产活动并不是可有可无的，相反，它是相关于人的本质的一种活动，是人的生存所必需的。艺术生产是生命激情的燃烧，是不可遏制的欲望冲动，是生命完美性的必然表征，是人之所以为人的最高尺度。艺术家在生活中感悟和体验生命，并且以艺术的方式将这种体悟表达出来。他认为艺术创作活动是有其规律性和偶发性的，它并不能够不断地生产。"艺术家以美感为前提，他并不想也不能创造美感；因为要想使我们发觉他的作品是美的，要想使我们对他的作品有所感受，他就必须假定在我们心中已经有一种艺术感存在；他只能培养美感，只能给予美感一个一定的方向。"① 由此我们可以看出费尔巴哈的艺术创作论中的人本主义的观点。人的本质特别是其中的感性因素是艺术创作和艺术欣赏得以进行的前提和基础。

此外，费尔巴哈还从人的生命需求存在的层次出发，指出对于美和艺术的需要是人的高级需要，只有在基本的生存需要满足了之后，对于美和艺术的需要才成为可能。因为精神生产的产生依赖于基本物质需求的满足。"在腹中饥饿或充塞着人胃所不容

---

① 费尔巴哈：《费尔巴哈哲学著作选集》上册，荣震华、李金山译，商务印书馆1984年版，第55页。

的食物时，怎能再理会到美学上的和道德上的感情呢？……所以地上无数的居民和贫民，只有在彼世，才第一次享受到是人应该吃的食物，而另一些在地上已经饕餮终日，从而毫无胃口再到天上大吃大喝的人，则就在此世的音乐会、歌剧、芭蕾舞剧和绘画展览室中满足了他们的艺术惑。"①

费尔巴哈将艺术理解为一种传达活动，是人与人交流的一种方式。艺术家在创作时，实际上是处于与他人的交流之中，这种交流需要有欣赏者在场。这里的"在场"并不一定是真正的在场，而是在创作者的观念中在场。这里的观赏者即为具有某种欣赏能力的观赏者。他们的文化心理、审美趣味等等影响着艺术家的创作。"在场"的欣赏者作为一种无形的规定者实际上是艺术家创作时所设想的欣赏者图像。

在艺术欣赏方面，他认为只有人才具有欣赏美的能力。人对艺术的欣赏就是人对对象化了的人的类本质的观照，从中人看到了自身的情感性，并给予肯定。"只有人，对星星的无目的的仰望能够给他以天上的喜悦，只有人，当看到宝石的光辉、如镜的水面、花朵和蝴蝶的色彩时，沉醉于单纯视觉的快乐……人之所以为人就因为他的感性作用不像动物那样有局限，而是绝对的，是由于他的感官的对象不限于这一种或那一种可感觉的东西，而是包括一切现象、整个世界、无限的空间；而且他们所以常常追求这些，又仅仅是为了这些现象本身，为了美的享受。"② 费尔巴哈将审美能力的有无作为人和动物的重要区别。人的感官不同于动物的感官，就在于人的感官在功利性的需求之外，还具有审美的需要。审美是一种直观活动，在这种直观中，仅仅作为审美形象的对象就可以满足人的需要，因此并不需要某物的物质性存在。这就揭示了审美活动的一个根本性特征，将审美活动与其他功利性活动区分开来。费尔巴哈这样讲道："实践的直观，是不

---

① 费尔巴哈：《费尔巴哈哲学著作选集》上册，荣震华、李金山译，商务印书馆1984年版，第320—321页。

② 同上书，第212—213页。

洁的、为利己主义所玷污的直观，因为，在这样的直观中，我完全以自私的态度来对待事物；它是一种并非在自身得到满足的直观，因为，在这里，我并不把对象看作是跟我自己平等的。与此相反，理论的直观却是充满喜悦的、在自身之中得到满足的、福乐的直观，因为，它热爱和赞美对象……理论的直观是美学的直观，而实践的直观却是非美学的直观。宗教因为缺乏美学的直观，故而需要在上帝里面得到补偿。"① 费尔巴哈认为人们的审美对象包括了整个的自然界、一切现象和无限的空间。人们在这样一个广大的对象世界中看到了自身本质的对象化，看到了自身的情感和生命，因此，可以产生出美感来。这一点就更不是停留在生存本能上的动物的感官所能比拟的了。

费尔巴哈对于审美活动作了进一步的分析。他认为审美活动是由审美主体和审美客体共同完成的，它们两者同时存在，且一方以另一方的存在为前提。欣赏艺术品的过程实际上是欣赏者体会艺术品中所包含的情感的过程。欣赏者所要体会的正是艺术家在艺术品中所对象化了的情感。因为"感情只对感情讲话，只有感情、感情本身，才能理解感情"②。在艺术欣赏中，欣赏者和艺术家可以通过情感的交流来实现人与人之间的沟通。然而，并不是所有的人都可以成为艺术的欣赏者。"如果你毫无音乐欣赏能力，那么，即使是最优美的音乐，你也只把它当作耳边呼呼的风声，只当作足下潺潺的溪声。"③

费尔巴哈的人本主义美学思想是德意志古典美学和马克思美学之间的中间环节。他对于黑格尔客观唯心主义的批判，对于人的感性本质的揭示和肯定，成为他的哲学和美学思想的核心。这对于后来以实践和生活作为核心的美学思想的产生起到了重要的作用。

---

① 费尔巴哈：《费尔巴哈哲学著作选集》下册，荣震华、王太庆、刘磊译，商务印书馆 1984 年版，第 235—236 页。

② 同上书，第 3 页。

③ 同上书，第 34 页。

第三节 康德的后继者

随着黑格尔主义在德意志的解体，新康德主义（New-Kantianism）在 19 世纪逐渐形成，并于 19 世纪下半期和 20 世纪初流行于德意志，在俄法英等国也有较大的影响。他们对康德批判哲学进行了重新解释。它以李普曼（Otto Liebmann，1840—1921）的《康德及其模仿者》（1865）和朗格的《唯物主义史》（1866）的出版为正式形成的标志。康德主义在 19 世纪后半叶逐渐兴盛起来，并于 70 年代以后形成了两大学派：马堡学派和弗莱堡学派。前者以柯亨（Hermann Cohen，1842—1918）、纳托尔普（Paul Natorp，1854—1924）和恩斯特·卡西尔（Ernst Cassirer，1874—1945）为主要代表；后者以文德尔班和李凯尔特为主要代表。

新康德主义抛弃了康德的物自体，而试图从根源于自我的最高原则进行推论。因此，文德尔班认为新康德主义在逐步发展中归总于费希特。同时，新康德主义者们还反对黑格尔思辨唯心主义，进一步发挥了康德对于形而上学的批判和对于主体的创造作用的强调，企图利用 19 世纪下半期生理学、数学、逻辑学等科学发展的新成果来论证康德"人为自然立法"的先验论。此外，新康德主义将价值问题置入哲学的中心，实现了哲学的价值论转向。在美学上，他们反对以黑格尔主义为代表的形而上学美学和以各种心理学美学为主的经验科学美学，提出以康德的先验方法为基础的批判主义美学，他们批判性地考察了美的概念，试图弄清美的价值原则及审美活动中的规律。

一 柯亨的美学思想

1. 生平和著作

赫尔曼·柯亨（Hermann Cohen，1842—1918）是新康德主义马堡学派的主要代表人物。他于 1842 年生于德意志安哈尔特邦的柯斯维希。1861 年进入布累斯劳大学，1864 年进入柏林大学，1865 年在哈勒大学获得哲学博士学位。1870 年开始转向对康德哲学的研究。1873 年到马堡大学任教，1876 年任该校教授。马堡学派的学者们大都承认自己是柯亨的学生。可见柯亨在马堡学派中是有着广泛影响的。

早期柯亨主要是研究康德的思想，著有：《康德的经验学说》（1871）、《康德伦理学的根据》（1877）、《康德美学的根据》（1889）；后来他开始创立自己的哲学，著有《纯粹认识的逻辑》（1902）、《纯粹意志的伦理学》（1904）和《纯粹感受的美学》（1912）。

马堡学派的创始人和主要代表人物希望在数学和物理学取得新的发展的历史条件下，重新解释和改造康德哲学，建立一种以认识论和方法论问题为基础的哲学。他们把这些问题归于先验逻辑问题，因此，马堡学派又被称为"先验逻辑学派"。柯亨在反心理主义的基础上把"先验方法"的思想理解为康德的中心思想，认为心理主义容易把心理意识的对象当作是与人的意识相对的物自体而导致自然主义，同时又有可能把心理意识的对象当作主体的先天能力导致主观主义。而这两点都是不能接受的。他把科学知识的规律性和必然性归结为"先验逻辑"，把认识、科学事实和存在当成是纯粹思维不断创造和发展的过程。柯亨否定了康德的自在之物，认为它并没什么实在的意义，只是一种观念，一个疑问号，而不是实在的东西。在此基础上，他进一步批判了康德的先验感性论，指出康德并没有正确地说明感觉、直观和思维之间的关系。他指出，自在之物并不是引起感觉的原因。感觉不是认识的起点和先导，它本身就是思维。纯粹思维本身的活动就是认识，在此之外不受思维规定的东西都是没有意义的。

2. 审美情感是一种纯粹的情感

柯亨认为艺术的创造过程中所产生的审美意识是一种纯粹的情感。美学就是要寻找艺术中的纯粹情感的"逻辑"或者说规律。他将纯粹情感和一般愉悦或不愉悦的情感区分开来，认为后者只是一种感觉情感，它与某种感觉内容相伴随，并依赖于感觉内容，因而并不是独立自存的。柯亨认为感觉的产生要以某种本原作用为前提，他将这个前提称为"感"，它是一种感觉能力，并不涉及具体内容。"感"在运动中形成感觉的基础，在其自身中包含了对于现实的指示。但仅靠这种感觉能力还不足以形成感觉，还需要有思维的范畴来给予规范。在具有内容的感觉产生之前，纯粹情感已经在意识的本原作用"感"之中产生出来了，同时思维的范畴也是审美情感的一个构成要素，它把审美情感的内容提升到纯粹情感。纯粹情感是不涉及经验内容的先天的情感，在其中有意志和爱的作用。爱使伦理和情感的东西结合起来。这里的爱是人性中固有之爱，它所追求的终极目标是全人类的精神和道德的本质，因此是一种普遍意义上的爱。爱并不影响审美情感的纯粹性，相反，爱自身将自身转化为纯粹的审美情感。审美情感实际上正是人性对于自身的感觉，是人性中的爱的活动。由此可以看出，柯亨是从先验层面对审美情感进行分析的，他认为在涉及具体经验内容之前，就已经存在着真正意义上的审美情感了。后天的审美活动中所产生的情感只是掺杂了具体经验的不纯粹的情感。这里可以看出康德先验分析方法对于柯亨的影响。

柯亨指出，艺术作品是处于现实中的，但它们并不是作为现实而存在的。艺术作品常常处于某种政治关系、经济关系之中，但艺术品所特有的价值却并不依赖于这些关系。艺术品有其完整性，因此它的本质是立于自身的。这一点将艺术品与其他人类产品区分开来。我们要确定艺术品的价值必须着眼于艺术品自身而不是外在于它的什么。通常意义上，人们会把艺术品分为内容和形式两个方面来把握，因此，在确定评价艺术品的价值的标准时，也往往从这两个方面入手。对此，柯亨这样说道："如果把艺术品的'内容'同形式分离开来加以表现，则这一内容就不再是该艺术作品所特有的东西。带孩子的母亲，以及像华伦斯坦和浮士德，或一个音乐作品所表现的某种情绪流露，都同样是存在于艺术作品之外的。如果它们是价值载体，那么作品就是从完全外在于艺术的事物中借得自己的价值的——这时所具有的是某种合乎认识的、伦理的、保健的等等辅助价值，而没有艺术作品自身的价值。但甚至这种辅助价值的可能性也是建立于艺术作品的独特效用的，而这种效用只能从艺术作品所表现出来的东西中产生出，而不能从艺术作品与外在于艺术的事物所共有的东西中产生出来。"[①] 柯亨反对将艺术作品的内容和形式分割开来加以考察，他认为如果将二者分开来的话，那么形式和内容自身都不能作为品评艺术价值的合适的标准，因为分离开来的形式和内容都已不再是"艺术的"。"实际上，孤立的形式决不是'艺术的'，它是可以学会、可以模仿、可以传授的；正确的格律、深思熟虑的结构，是冷漠空洞的雕饰精巧之作与伟大的艺术作品所共有的。这一点也同样指内容而言。拙劣的编纂者、空乏的巧匠和冷漠的雄辩师，在选择最强有力的历史事件、最纯真的性格、最亲切的人类感情和最深邃的宗教神秘来作为对象方面简直可同真正的艺术家相比。"[②]

3. 艺术品是意蕴和形式的结合

柯亨将艺术品看作是意蕴和形式的结合。不过，他对于这两个语词都进行了规定，以使它们区分于人们常用到的内容和形式这两个概念。他指出，意蕴作为艺术品的内容只存在于艺术作品中，任何科学的或批评的表达只能接近它而不能真正地切中它。而一般人们常说的内容则可以在艺术之外加以表达。因此，艺术有独立于其他表达方式的独特功能，原因在于它的意蕴是通过艺术形象表达出来的，艺术品中意蕴和形象紧密结合而不可分割。"我们把'充实的形式'或单个作品的'形象'（gestalt）同'历史的形式'即可以从概念上分门别类地确定下来的形式类型

---

① 柯亨：《艺术作品中的辩证法》，邓晓芒译，载于刘小枫（主编）《现代性中的审美精神》，学林出版社 1997 年版，第 317 页。

② 同上。

（如诗剧、颂歌）区别开。"① 艺术作品的形象不同于外在于艺术品自身的形式结构，后者是一种很宽泛的形式概念，它标明了不同艺术门类之间的差异，但与具体的艺术品的艺术形象并没有多大关联。而我们说一件艺术品是意蕴与形式的统一的时候，是指意蕴在某种特定的艺术形象中得到表达，而这种形式也正是由于完美地表达了意蕴而成为真正的艺术形象。"形象本质上是源于意蕴的、有机化了的形式，意蕴本质上是以形象展现出来的内容或生命。艺术形象是同时完成的，也即不再屈从于过程；是生动的，也即在显示形象展现——变换过程。因此，每个艺术形象虽然都合乎规则，但同时又在打破规则，并不僵化，是灵活的。"② 据此我们可以认为，在柯亨看来，艺术形象作为艺术品本质的组成部分，在艺术品完成的时候就已经形成了，它是一个完整的整体。而且它不仅仅意味着合乎规则，更意味着打破规则，合乎规则才让艺术品成为艺术品，在一定程度上打破规则，艺术品就可以显明自身的特性，从而成为有个性特征的。而这才是艺术品的真正意义所在。

在意蕴和形式的内容关系上，柯亨进一步指出："意蕴和形象应当是完全的统一。当这种平衡在理想的中间点上极为完满、根本不存在某一成分为主的时候，意蕴或形象此时却仿佛能够表现为占优势的或主动的东西。有一些情况不在这一中间点上，而是偏往某一方面：在这些情况下，意蕴显得是由于形式而存在的，它像是最容易顺应这一形式的。"③ 在这里，柯亨更为细致地分析了意蕴与形象的关系，认为在艺术品中，两者可以在某种理想状态中达到平衡，即看不出哪一方面是主要的艺术因素。但具体的艺术作品往往并不是体现为理想状态，形式与意蕴之间并不表现为平衡关系。因此，就会出现至少两种

---

① 柯亨：《艺术作品中的辩证法》，邓晓芒译，载于刘小枫（主编）《现代性中的审美精神》，学林出版社 1997 年版，第 319 页。
② 同上。
③ 同上书，第 320 页。

情况：一种是形式胜于意蕴，在审美活动中，艺术品的形式成为审美的主要对象，"只要这类产品本身被当作艺术作品在观赏，占优势的就完全是形式，就产生出意蕴是为形式而存在的印象"[①]。然而在另一种情况下，意蕴优于形式而成为决定艺术品价值的主要因素。"不充实的、空洞的形式任何时候都是同价值格格不入的，它们根本没有存在的理由；相反，意蕴——寻找着艺术形式，但由于自己那超越一切界限的尺度或充实生活而永远也不能完全找到形式的意蕴，则实际上在扩充审美造型的可能性。所以，形式破坏本身也能成为与意蕴相适合的形式，例如在崇高和幽默上就足以证明这一点。存在于形式和意蕴的各种对立之中，但在和谐的形象里平静下来的这种辩证法，在这里是公开显露出来了。"[②] 意蕴与形象的关系在柯亨看来是一种辩证关系，从这种包含对立关系的统一性中产生出多种多样的艺术作品。我们由此可以看出黑格尔思想的影子。这也正是 19 世纪后期思想的特点，它们往往是融合了多家学派的观点的。

柯亨认为在艺术作品的创作过程中，意蕴与形式的辩证关系同样得以体现。艺术作品的产生过程是意蕴获得其完美的形式显现的过程。他将这一过程解释为艺术家精神自由实现的过程。"艺术家的创作既是奔放的热情，又是审慎的思索。人们是从艺术作品的对立统一中辩证地来把握这两者的交融的。但并不是说，似乎激情纯粹提供内容，而思索提供形式。毋宁说，正是那激动着艺术家的内容本身已经包含着形式力量，它就是艺术的意蕴——这才使一位充满激情之人成为一位艺术家。最审慎的艺术家在发现自己的作品还不完善时，也总是反复地把它引回到模糊的新灵感中去。这里，在一种特殊的场合下，显露出一种最高级的、只有辩证地加以把握的精神自由：精神不停地一直上升，超

---

① 柯亨：《艺术作品中的辩证法》，邓晓芒译，载于刘小枫（主编）《现代性中的审美精神》，学林出版社 1997 年版，第 321 页。

② 同上。

越它的每一种状态，超越最纯粹的献身举动，而又只有在献身之中才找到自己的充实。"①

　　在艺术作品在现实中的效用问题上，柯亨将艺术作品与宗教放在一起来讨论，他指出二者有某种程度的相似性。"正如艺术作品把生活的意蕴凝聚为生活之外的形象一样，宗教把世界的价值和力量提高为世界之上的神性。一个是'之外'，另一个是'之上'，但两者都从它们与之脱离开来的生活中取得自己的意蕴；它们显得十分协调。它们的共同产品则是第一次使无形的神性变为可以把握的神话。"② 此外，柯亨进一步指出："在艺术作品用来从生活的斗争中换取自己的毋庸置疑性、完好无缺性的那种完整性里，存在着一种未完成性；只要我们思量到美在整个价值领域中的地位，这一未完成性就会显露出来。"③ 审美不同于认识和道德行为，认识以把握真理为目的，道德以追求至善为目的，但审美活动并没有在自身中包含一个无限的追求。审美的静观让人们在对于现实生活凝结其中的艺术形象的欣赏中感到完全的满足，生活在这样的满足中将自身所必要的一切包含于艺术形象中，生活形象化了。但是，"一种绝对艺术作品的观念，即世界作为艺术作品的观念"出现了。在柯亨看来，这样一种绝对艺术作品是不可能实现的，因为在这样的艺术作品之外，并没有与之相应的观赏者，这样一来，审美活动就不可能发生了。他认为在向绝对发展的过程中，富有价值的整体观念才会得到实现。但是在这一发展中，审美价值的特殊性也将失去自己独特的意义。

二　弗莱堡学派的美学思想

　　弗莱堡学派（Freiburg School）是新康德主义的另一重要学

---

　　① 柯亨：《艺术作品中的辩证法》，邓晓芒译，载于刘小枫（主编）《现代性中的审美精神》，学林出版社 1997 年版，第 324 页。
　　② 同上书，第 327 页。
　　③ 同上书，第 328 页。

派，它形成于 19 世纪末 20 世纪初，因发源于弗莱堡大学而得名。因为它后期活动的中心是海德堡大学，所以又被称为"海德堡学派"。同时，由于这一学派着重于先验心理和价值的研究，有时也被称为"先验心理学派"或"价值学派"。弗莱堡学派为威廉·文德尔班（Wilhelm Windelband，1848—1915）所创。弗莱堡学派的后期主要代表人物是文德尔班的学生海因利希·李凯尔特（Heinrich Rickert，1863—1936）。

弗莱堡学派与马堡学派一样，他们也批判康德"自在之物"这一概念。他们的研究重点在于更注重对文化历史问题进行彻底钻研。弗莱堡学派在哲学方面主要有这样两个贡献：第一，把价值范畴置入哲学问题的中心，他们回到康德关于普遍有效的价值的问题，从而建立了价值哲学；第二，强调了自然科学和社会历史科学的对立，试图回答它们的相互关系及其相关的方法论问题。

在美学问题方面，弗莱堡学派认为美学的任务是确定审美价值在文化价值系统中的界限和内容。其主要人物是科恩（Jonas Cohen，1869—1947），著有《普通美学》（1901）。他比较系统地创立了其价值论美学。他从三个方面来考察审美判断的价值。首先，从作为判断主语的"被评价物"来看，他认为审美判断所要评价的是审美体验的"直观"。第二，审美判断的谓语所给予的价值不同于为了某种目的而给予的价值手段，其价值是内在于审美活动固有的内在意义的。在这里，科恩还进一步区分了美与真和善。审美价值和真、善一样都是内在于自身的价值，但它们仍然有所不同。真和善是指向超越自身之外的整体的价值的，而美却是立于自身之中的，是存在于个别之中的价值。第三，审美价值具有对判断的准确性的要求，即要求普遍意义。同时，他指出审美价值是非逻辑的，应该坚持本学科共有的哲学方法来对它进行考察。审美价值是无法用概念来表达的直接体验，它直接产生于关系观照的过程中，在不涉及利害的状态中被知觉。

第四节　哈特曼的美学思想

一　生平和著作

爱德华·哈特曼（Eduard Hartmann，1842—1906）于 1865 年开始研究哲学。他创立了"无意识"哲学体系。吉尔伯特和库恩认为他是最后一位拟定了形而上学体系的德意志人，称他为"唯心主义的尾声"。

哈特曼的主要著作有《无意识的哲学》（1869）、《道德意识的现象学》（1879）、《认识论的基本问题》（1890）、《宗教哲学》（1881 年开始）、《范畴论》（1896）、《哲学体系大纲》（1907 年以后）。其主要的美学著作是《美学》。这部书共分为两编。第一编是讲历史，限于康德以后的德意志美学；第二编是"美的哲学"。

哈特曼虽然并不否定研究古代哲学的历史意义，但却认为对于历史和哲学的兴趣使得人们对于古代哲学和美学的价值估价过高。他把谢林和黑格尔的绝对唯心主义同叔本华的悲观主义结合在一起，认为世界的本原是理念和意志的结合，是一种"无意识"的绝对精神，同时也是一种无意识的目的支配下的世界意志。世界以绝对精神为指导原则。绝对精神原来处于不活动的状态，是一种潜在的意志或理性。然而它却是具有逻辑理性的，这种理性让无意识的目的成为合乎理性的。在此目的的推动之下，绝对精神开始表现于唯理的演化过程中。世界的演化是由无意识到有意识又复归于宁静的进程。在物质中起指导作用的是无意识、无人格而有理智的意志，只是在人的头脑中，意志才变为有意识的。宇宙演化的最终结果是绝对精神从自身中解脱出来，复归于无意识的宁静境界，从而解脱了一切愁苦。当人类决定不存在时，就会达到这个目的。

哈特曼认为无意识是一切人的意识行为的根基，人的审美判断和艺术创作作为人的意识精神活动的形态都产生于某种无意识的过程，因此，他的美学又被称为"无意识美学"。无意识包含意志和理念两个属性。意志是无意识的目的支配下的力量；理念是符合逻辑的绝对精神。无目的的意志推动着世界不断演变，这种演变是遵循着理性的逻辑规律的。美正是在这样的演变过程中的无意识的一种显现方式。

二　美的本质

哈特曼指出："美就是对自己在理念中的基础和目的有所领悟的爱的生活。"① 从这个定义中可以分析得出，在哈特曼的美的本质理论中，理念有着最高的规定性，它是"爱的生活"的基础和目的。在美的本质的定义上，哈特曼实际上是回到了黑格尔的绝对理念。他肯定了理念作为一个无意识的力量体系，给予了现实世界以基础和目的，从而让一切成为有意义的。在这里，美是包含着情感含义的，爱是一种同理念融合在一起的感官整体的心灵的活动，在爱的生活中，心灵要求同理念融为一体，在其中，一切都要打上感情的烙印。正是在这样的意义上，他指出审美这一概念中包含了把感情投射到对象中去的意思。

哈特曼认为，美存在于"审美显现"（schein）之中。审美显现作为一种活动，它有主客观两个方面的内容。一方面，它是以无意识为根基的，无意识在这样一种活动中以美的方式得以显现，它规定了美的内在逻辑性和客观必然性；另一方面，它是相关于人的主观情感的，是"有所领悟的爱"。情感因素是美的重要组成部分。哈特曼认为这里的情感是一种形象情感和现象情感的结合。形象情感是某种理想的和非个人的情感，在这样的情感中，情感的主体不同于现实中的个体，它必须脱离与现实的关联从而处于理想之中。这样的情感实际上是实在的事物引发的一种

---

① 　哈特曼：《美学》，载于鲍桑葵《美学史》，张今译，商务印书馆 1985 年版，第 546 页。

理想化的、非个人的形象情感；现实情感则是现实自我在审美活动中感受到的愉悦的情感，是审美主体把自我投射到对象的一种现实的愉悦，它比形象情感的自由浮动性更加明确强烈。两种情感融合在一起共同组成审美活动的主观情感因素。

哈特曼将美区分为形式美和内容美。形式美是一种比较抽象的表现方式，它是美的低级形态，它最终要发展为较高层次的内容美。后者是一种融合了形式美的表现效果的富有个性的和显出特征的表现力。他将美划分为六个等级。第一级，也是最低级的美，是无意识的形式美，它只是一种感官上的愉悦；第二级是数学和力学上的悦人性；第三级是被动的合目的性；第四级是显示出生气的形式美，这种美同样与数学和力学形式有实质关系；第五级是一切物种中标准的类型；第六级是具体美。前五种美都可以称作是形式美，其中每一种的具体性都比前一种高一级。而具体美是充分显示了个性特征的美，在这种显示中，美作为揭示特征的表现这一本质才得以实现出来。

三　丑的概念

哈特曼讨论了"丑"的概念。哈特曼并不仅仅是把丑作为与美相对的概念，而且还认为实在的丑遍布于自然之中。丑的概念当然要在与美的关系中来理解。他认为，丑之所以为丑，原因就在于它缺少了对于美的追求。这种追求活动是有意识的，在自然和艺术中都是如此。在自然中，之所以有些对象是丑的，是因为这样的自然没有追求美。从中我们可以看出，哈特曼将美作为审美创作活动的指导原则，无论是自然还是艺术家，都必然把对于美的追求作为其创造活动的目的。然而，这里的美只是一种抽象的原则，它并没有相关于具体的感性材料。因此，在哈特曼的思想中，自然对象和艺术品的感性内容就要让位于抽象的美的原则。只有这样，才可以避免丑的产生。但是，事实上在自然或艺术中，给予规定的并不是抽象的美的原则，而是一些特定的具体内容。鲍桑葵深刻地指出："艺术家或自然美的爱好者必须为某种特定的东西所掌握，使得它不能不去欣赏或表现。虽然他是有意识的，而自然是无意识的，然而对他来说，正像对自然来说一样，美不是目的，而是结果。"①

关于美中的丑的问题，哈特曼认为在一切美中都有丑，但不是作为丑而是作为美的组成部分而存在。丑是美的一个要素。他强调越是在见出特征的美中，越是有着打破形式约束的东西。在美中不符合简单的美的形式的丑可以在更高一级的美中得到克服，从而形成表现个性特征的美。"丑只有在它是美的凝结的工具的时候，在审美上才有存在的理由。" "任何美在自己的一级上愈是显出特征，它所丧失的较低级的美也愈多。这就是说，在每一级内部，美愈是足以显出特征，在审美上不可缺少的形式丑也就愈大。"② 哈特曼的美中的丑实际上是与形式美相对的一个概念。打破了形式美的束缚的东西，在较低级的审美标准看来是丑的，但正是这样的丑成为较高一级的美的不可或缺的组成部分。因此，通常参与美的丑只是表面上看起来丑的东西，在较高级的即要求见出特征的审美标准之下，它实际上并不是丑，而是美。因此，在显出特征的美中，实际上是没有丑的。所谓丑，也只是美的一种表现形式和组成部分。在最高级的美中，丑的要素仍继续着它有益的刺激作用。在这个阶段上实现了美的转化。虽然哈特曼也承认有一些美的类型间的转化并不体现为某种冲突，例如崇高和秀美的转化，但最重要的转化却是由冲突来完成的。这有四种情况，其结果或是内在的，或是逻辑的，或是先验的，或是结合的："内在的解决"为抒情、忧郁、悲伤、快乐、挽诗的；"逻辑的自我取消"是喜剧和它所有的多样性；"先验的解决"为悲剧；"结合的解决"为幽默的、悲喜混杂的和其他多样性。然而，当这些结果都不成立的时候，就会有着丑。丑的最高的形式是以形式的丑表现的内容的丑。在这里，哈特曼实际上揭

---

① 鲍桑葵：《美学史》，张今译，商务印书馆 1985 年版，第 550 页。

② 哈特曼：《美学》，载于鲍桑葵《美学史》，张今译，商务印书馆 1985 年版，第 551 页。

示了美的不同等级之间的某种冲突。较低级的形式美如果要上升到较高级的显出特征的具体美需要牺牲其作为形式美的因素，打破美在形式上的一些规范和约束，从而以另外一种非形式美的要素来实现美的表现。也就是说，具体美的实现要以形式美的必要丧失为代价。这就形成一种"必要的丧失说"。

四　艺术分类与艺术史观

在艺术的分类问题上，哈特曼有这样一段话："我们把艺术的分类建立在审美形象的分类的基础上，这样，我们就可以从这一情况的性质中求得艺术的分类法。根据审美'形象'的分类，很明显地需要把艺术分为知觉的艺术和想象的艺术，然后再实行第二级的三分法。因此，我们首先必须把自由的艺术（不自由的艺术包括建筑和小型艺术，那完全要另行分类）分为知觉'形象'的艺术和想象性'形象'（Phantasie-Schein）的艺术两部类，然后再把每一部类分为三小类。这样，我们首先得到知觉艺术和诗歌艺术之间的区别，以此作为第一级的对比。根据这一区别，诗歌得到它应有的理想的地位——较高级别（Potenz）的艺术。但是，此外我们又得到各门知觉艺术和诗歌各品种的两个平行序列。这两个序列的艺术各各相互对应，如造型艺术同叙事诗相对应，音乐同抒情诗相对应，'模拟'艺术（表演和模拟舞蹈）同戏剧相对应。"① 值得注意的是，哈特曼将审美形象作为艺术划分的标准，从中可以看出他对于审美活动中所产生的审美形象的重视。而这样一个形象正是世界的本原——无意识的显现方式。在这里，他把艺术的划分标准与其审美本体结合起来了。

在关于艺术的历史的问题上，哈特曼认为近代艺术比古代艺术更好地接近了艺术的本质，原因在于近代思想比先前的理论更

---

① 哈特曼：《美学》，载于鲍桑葵《美学史》，张今译，商务印书馆1985年版，第557页。

好地理解了艺术的使命。可以看出，在他的艺术理论当中，艺术的抽象目的要比具体的艺术内容更能接近艺术的本质。"因此，只有同一切神话决裂了的近代艺术才能接近真正的艺术难题，即通过人的精神的理想心绪和行动的总体，在感官面前象征人的精神。这种人的精神凭着它的理想希冀，知道神的精神是它所固有的。"① 由此可见，哈特曼认为艺术是不断向前推进的发展过程，这就颠倒了黑格尔对于艺术类型和艺术时期的划分。"这一切并没有推翻黑格尔的金科玉律：艺术所可以达到的理想内容受它的感性工具的限制，但是，却把黑格尔对于古代艺术、中古时代艺术（威廉·莫里斯的'近代'艺术）、近代艺术的价值的估计扭转到反面来，即把一个递降的序列（就黑格尔对头两项的看法而论，这种说法是错误的）变成一个递升的序列，不仅从总的文化进步过程中的内容来说是如此，而且从只有当内容在感官面前得到充分象征的时候才把内容估计进去的纯美学观点来看，也是如此。"② 通过这样一些论述我们可以看出，哈特曼是过于重视了艺术理论的抽象形式而忽略了作为其具体内容的感性材料，将艺术史的发展理解为艺术抽象理论的发展，将艺术的对象材料放在了无关紧要的位置上。这实际上是对于艺术的本质的错误理解。对于这一点，鲍桑葵指出："如果作者的意思是要把艺术的过程说成是在过去三百年间同公民自由，物质繁荣，机器发明以及自然科学和批判科学的进步在同样意义和程度上向前推进的一个发展过程的话（很明显，作者的意思正是这样），那么，这个根本性的错误就很可以说明他为什么不能领会黑格尔对艺术类型和艺术时期的远见卓识的深刻性，也可以说明他为什么对内容的历史脉络漠不关心。而在这种历史脉络之外，美学科学的对象材料简直就不存在。"③

---

① 哈特曼：《美学》，载于鲍桑葵《美学史》，张今译，商务印书馆1985年版，第544页。

② 同上书，第545页。

③ 鲍桑葵：《美学史》，张今译，商务印书馆1985年版，第545页。

第五节 洛采的美学思想

一 生平与著作

19 世纪 20 到 40 年代，黑格尔派哲学处于兴盛时期。但随着黑格尔派的逐渐衰落，一切哲学都暂时处于衰落的境地。与之相对应，自然科学和唯物主义在知识中占了上风。在自然科学和唯物主义的影响下，思想界开始注重用自然科学的方法来衡量和重新研究哲学自身。他们摒弃主观唯心主义以及先验和辩证的方法，批判各种旧学派脱离自然科学而建立哲学体系的做法，主张应该借鉴自然科学的成果来帮助建立形而上学。这个时期，经验又重新引起了人们的重视，当时的思想家们认为，没有经验就没有科学和哲学知识，并且断言任何形而上学的体系都没有绝对的确实性。在当时的时代，虽然有着现成的德意志古典唯心主义庞大的哲学体系，但时代却要求思想家们在批判旧的唯心论的同时，重新建立起哲学体系。因此，重建哲学成为思想家们的任务。这个时期具有较大影响的思想家有洛采、费希纳、哈特曼、冯特和保尔森等。

鲁道夫·赫尔曼·洛采（Rudorf Hermann Lotze，1817—1881）是德意志 19 世纪著名的哲学家、心理学家和美学家。他生于包岑，父亲是一位医生。他于 1834 年进入莱比锡大学，1838 年获得哲学和医学两个博士学位。1839 年开始在母校讲授医学和哲学。1844—1880 年在哥廷根大学担任教授，1881 年任柏林大学教授，同年 7 月去世。

他的主要著作有：《形而上学》（1841）、《逻辑学》（1843）、《生理学》（1851）、《医疗心理学》（1852）、《小宇宙》共三卷（1856、1858、1864）；《哲学体系》：包括《逻辑学》（1874）和《形而上学》（1879）。在美学方面，他的主要著作为：《美的概念》（1845）、《论艺术的条件》（1847）、《德意志美学史》（1868）

和《美学原理》（1884，死后出版）等。

在哲学观点上，洛采深受德意志古典哲学的影响。他将莱布尼兹的单子论和斯宾诺莎的泛神论结合起来，试图调和一元论和多元论、机械论和目的论、有神论和无神论。他认为整个宇宙都要以机械的原子论为基础，按物理和化学规律予以理解。宇宙中的一切都是原子以各种方式排列组合而成。有机物和无机物的区别就在于其组成原子的排列方式的不同。这里的原子并不是物质性的，而是像莱布尼茨的单子或力的中心，类似于我们的内心生活所经验者。空间并不是某种实在，而是原子活动的可感觉的状态，或者叫现象，它是知觉的产物。那么这样一个宇宙与人的认识的关系是什么呢？洛采认为世界通过作用于人的知觉而让人产生了对于外在世界的认识。呈现给知觉的外在世界是人类对于外界刺激的反映，是心灵的创造物，因此这样一个世界并不是实体界，而是现象界。对于外在的实体的本质我们不能直接去认识，而只能通过类比来把握。但这样的把握就导致了形而上学的唯心主义。此外，洛采将伦理意义赋予整个宇宙。他认为我们可以把实在解释成我们所赞成的某种东西，这种东西是绝对好的。在这样一个实在的规定下，我们所生活于其中的现实世界就获得了某种伦理意义，我们的一切行为最终指向一个永恒的完善的目的。"我们不能设想那不应该存在的东西的存在，我们的思维形式（逻辑规律）植根于对善的要求中，实在本身则植根于绝对善、即至善中。"① 这里，洛采实际上以伦理为根据，肯定了形而上学的唯心主义。与此相应，他将其哲学发展为同莱布尼茨和斯宾诺莎的思想因素相结合的唯心主义泛神论。认为人类心灵不得不用它所知道的最高实在来解释宇宙实体，而这个最高实在就是上帝。

洛采将上帝置于最高的地位，而上帝作为最实在的精神、最高贵的人格，既是至善也是至美。在这种意义上，美就获得了某

① 梯利：《西方哲学史》，葛力译，商务印书馆 2003 年版，第 541 页。

种超出经验界之外的肯定的意义，它源于上帝，既是精神的产物，又是客观存在的。这样一来，他实际上把美学也置于某种价值体系之中，把美与至善的伦理意义联系起来。他反对康德及赫尔巴特、齐美尔曼等人的形式主义美学，强调美的理念内容、目的和绝对价值，认为审美是在最终目的的形式中的一个对象的本质的理念，价值问题是美的世界的核心问题。

二　美感与快适密不可分

在美学的研究对象问题上，洛采考察了美感与快适的区别。洛采在《美学原理》一书中这样讲道："美学可以从其开始的不依赖于任何前提的唯一事实是这样一种心理状态：为了描述引起我们激动的快和不快的特别状态的印象，而用'美'和'丑'这些名字来加以区别，尽管这两个称谓所指的是什么，此时并不清楚。"① "美"这样一个概念是用来描述一些外在于我们的对象的，这些对象可以引起我们精神世界的某种快与不快的情感。吉尔伯特、库恩认为主观方面的情感和客观方面的印象是构成洛采美学思想的两个基本方面。但是，引起快与不快的情感的不仅仅是美与丑的印象，还会有其他一些与美有着根本区别的印象。他举了"舒适"和"善"为例。那么美学必然要考察美与这些与美不同的印象的关系，以此来确定美学的研究对象。在康德美学思想中，美与舒适和善是完全区分开来了的。康德认为美具有普遍性，它使人们普遍地感到愉悦，在这一点上，美不同于舒适。洛采批判了康德对于美和舒适的印象的区分。他认为"实际的情况是：对于感性上不舒适的判断，正如对美的判断是多种多样的一样，在许多人那里至少是一致的。因而也就容易理解，人们根本没有理由作别样的期待。因为说到感性，人们并不比说到判断力更少是由同一类自然而构成的。但是，诸个体在生活中所经

---

① 洛采:《美学原理》，李鹏程译:《十九世纪西方美学名著选》，蒋孔阳、李醒尘主编，复旦大学出版社 1900 年版，第 473 页。

历的、所从事的、所承受的事件，并不只培育十分不同的感性经验，而且，判断力的习惯也由于教养和非教养的差别而在后来大大地分化了"①。并且"最后我们也不能承认这一点，即我们只是为了对我们显得'美'的东西，不是为了对我们显得'舒适'的东西，而要求普遍的不认识"②。于是，洛采得出这样的结论，"美"和"舒适"的区分，并不在于它们所引起的愉悦的普遍性存在或不存在，而是它们标志着愉悦的两个价值层次。"'舒适'主要地适合于感性，确切地说，适合于感性的简单印象。与此相反，美则适合于较高级的精神能力的事物和综合性的感性印象，而这些综合的感性印象的整体内容，并不单是通过感性，而且也只有通过对这些形形色色的印象之间的联系的重新建构，才能被理解，而这重新建构是后来补充着进行的，是由想象力所实现的行动"。③洛采认为美的事物和使人舒适的事物之间并没有多少绝对的区别，区分"美"的和"舒适"的印象，要根据人在与外物打交道的活动中，精神所深入到这种活动中的程度而定，或者用洛采的话来说是"根据心灵浸沉于产生快感印象的快感之中的程度而定"。

同样，洛采也考察了"美是多样性中的统一"这样一个古老的观点。人们在与外在事物打交道的过程中，实际是处于多种多样的关系之中。那么，我们如何判断何种意义上的关系中的印象才可以被称为"美"的呢？从"美"是多样性中的统一这个判断中我们可以得知，美不是通过一堆杂乱无章的样子，而是通过直接的感性印象表现自己的，这种感性印象体现了事物的完美性。于是完美性就成为判断某物带给人们的印象是不是与美相关的标准了。但"从根本上说，完美性甚至不能被以感性的方式觉察到，而永远只能被理智所认识；我们决不可能在我们承认这

---

① 洛采：《美学原理》，李鹏程译：《十九世纪西方美学名著选》，蒋孔阳、李醒尘主编，复旦大学出版社 1900 年版，第 474 页。

② 同上书，第 475 页。

③ 同上书，第 475—476 页。

个可以证实的完美性的时候再发现美。因而，那个可用直接感性认识的完美性，对于美的本质特性来说，最终只是一个矛盾的述语，它并不能对美提供任何真正的解释。美以自己的本质特性与完美性相关联，但美同它的本质特性是有区别的"①。

洛采认为真正的美"仅仅存在于充满欢快精神的感情中"。这里充分肯定了人的主观感性对于美的重要性。与其说审美的快感反映了美的产生，不如说美就是一种审美的快感。在这个意义上，洛采认为美的本质实质上是一种主观情感。然而，洛采对于美的认识并不仅仅停留在主观层面上。"承担审美感受的那种能力是感情，感情就是对我们内心状态的一种认识，而我们的内心状态则是由对外在事物的印象所决定的。这两方面的主张就构成了洛采美学学说中的基础。"② 对于洛采来说，美存在于人的精神中，并不意味着美仅仅与人的精神相关。外在事物的刺激是美产生的原因。精神通过领悟美来决定美，还通过与物体的接触来创造美。内心的审美快感的产生并不是偶然的，而是在与外界事物的接触中，接受其刺激而产生出来的。审美快感的产生源于内心精神与外在世界的契合。外在世界通过其对于人的精神的刺激，让人的内心世界发生某种反应，从而将我们灵魂深处的力量纳入到和谐的游戏中。

三　三种不同的美感

然而，外在事物对于人的精神世界的刺激所产生的快感并不是完全相同的，依据快感所建基的人的内心活动的不同，可以将它们区分为三种：感觉上的愉悦性；认识过程中的快感；反思性的美。

第一种相关于感官上的愉悦，是感官对于外在世界契合的结

---

① 洛采：《美学原理》，李鹏程译：《十九世纪西方美学名著选》，蒋孔阳、李醒尘主编，复旦大学出版社 1900 年版，第 476—477 页。

② 吉尔伯特、库恩：《美学史》，夏乾丰译，上海译文出版社 1989 年版，第669 页。

果；一般认为主要的审美感官是视觉和听觉。洛采认为如果视觉和听觉在接受外在世界的刺激过程中，它们所得到的印象与感官的构成是一致的，那么感官功能就会受到推动因而得以增强，这样就会让我们内心产生某种幸福感。洛采对于这种感官的愉悦同美并没有加以区分，而认为它们的含意是吻合的。在这里他批判了康德将美与舒适截然分开的观点。

第二种是与人的认识过程紧密相关的，知性是这种快感产生的主观条件。这种快感的产生依赖于某种知性的规律作基础。在认识过程中，人一方面接受外在的刺激，另一方面也忆起以往知觉的经验，从时间、空间和逻辑上把以往的记忆区分和归纳为各种不同的群和类。规律就在这种区分和归纳中体现出来。外在世界所给予人的认识的印象是多种多样的，有些印象通过其在时间上的节奏性活动，或通过空间上的协调分配，或通过其他各种类似的特质来提高人们心灵系统的功能。这种外来刺激引起了人的知觉诸因素之间的和谐合作，形成某种认识活动中的游戏，从而产生了认识的轻松愉快感。美感也就产生了。由此可见，认识过程中的美感的产生的关键在于外在世界的刺激对于人的知性规律的契合。客观的内容作用于主观的认识能力，从而让美感得以在精神世界中产生。

第三种美产生于人的反思性活动中。这里的反思仍然是借助于概念的。人的精神通过概念来对整个宇宙进行把握，思考宇宙的本质和人类生存的意义，从而形成关于宇宙的完整的观点，组成一个对于善的正确评价。这种反思性活动自身也是符合某种规律的，而规律则是关于可然之物和必然之物的本质的可信性。"我们拟把拥有这种可信性，并促进由这种可信性所产生的精神活动不断发展的东西称作'反思性'的美。"[1]

洛采认为三种形式的美在审美活动中并不是完全分开的，三

---

① 洛采：《德意志美学史》，载于吉尔伯特、库恩《美学史》，夏乾丰译，上海译文出版社 1989 年版，第 671 页。

种形式的快感交融在一起，便产生了使我们整个机体都融入其中的美感。

四　至善规定美的价值

洛采并不仅仅满足于从审美活动中来认识美及美感。"我们必须要求：只要美对我们起作用，这个被称作'美'的东西，从它本身来看，就具有一个绝对价值，这个价值为我们的美感快感的正当性提供论据，也就是说，我们要求美具有一个客观的意义。"① 由于他坚持的是一种目的论哲学，即将整个宇宙都纳入到一个既定的最高价值——至善之下来理解。美作为这个宇宙中的一种存在自然也要被这个价值体系所规定。因此，美之为美并不在于美自身的特性，而在于它是这个价值世界的一部分。"美通过这个形式表明，一切世界要素的相互可容纳性是普遍地、实际地存在着的。在这个表明中包含着一个不可比较的价值，这个价值把美实现于每一个只适用于一个不可比较的价值，这个价值把美实现于每一个只适用于一种唯一的目的的手段之前。"② 外在世界对于人的精神世界的刺激，之所以会产生某种契合，根本原因在于这两种世界都统一于至善规定之下的道德体系。"如果形式对于对象本身来说只能够偶然地存在的话，那么，每一个个别对象都通过形式回忆起事物与精神世界的这种普遍的互为存在。每个个别对象具有这样的特点：它们对我们来说，是那个善的证据，因而它们具有客观价值，因此，它们对我们也表现为一种自在的美。"③ 所以对于美的本质及其产生的原因的把握都要相关于这样一个宇宙秩序。洛采这样说道："一切使我们似乎只注意纯形式比例的趣味，完全建筑在这样的事实上，即这些审美完全是最高级的东西为了自己的目的所惯常采取的一些形式。高级的

---

① 洛采：《美学原理》，李鹏程译：《十九世纪西方美学名著选》，蒋孔阳、李醒尘主编，复旦大学出版社 1900 年版，第 479 页。

② 同上书，第 478 页。

③ 同上书，第 479 页。

美赋予我们快感，不是由于它是各单个美的成分的一种适当组合，而是由于使我们愉悦的这些成分是它们能够使我们联想到的那种整体美的组成部分。"① 洛采认为关于美的尺度，我们之所以不能用计算的方式标明，原因就在于美之为美实际上源于我们所授予它们的价值，这种价值存在于道德人格之中，不是通过任何外在的具体尺度可以衡量的。洛采进一步指出："进而，如果复杂性、紧张性、果断性、惊奇性、对立性都拥有审美价值，那么，同样的道理，这种价值是由如下事实衍生出来的：所有这些形式的行为和活动都是一个秩序坦然的世界的构成部分，这个世界以其结构证明了，这些形式因素对于普遍实现善都是必需的。……只有一个以纪念方式草拟的完整的道德世界蓝图，能够充分地表示出拥有这些形式的存在物与活动所具有的衍生价值。"②

从以上论述中我们可以明确这样一个结论：洛采的主客观世界契合的根据在于统一的世界秩序，这个秩序中至善作为最高的规定给予了世界内的一切以意义。美之所以产生，就在于善的规定在主客观世界中的显现达到某种程度上的共鸣，因而在外在世界的刺激之下，人的感官、情感和认识等诸精神因素可以和谐合作，从而达到某种游戏的状态，产生美的感受。

五　现实世界的三个王国

要想理解洛采关于美在现实世界中的地位问题，首先要了解他对于现实世界层次的划分。他认为现实世界可以分为三个层次："普遍规律的王国"、"拥有各种实体和力量的王国"和"普遍的蓝图"。普遍规律的王国是由必然性的规律所组成的，它们拥有着规定世界的力量，给予现实世界各种原则，但正因为它们所具有的普遍性，使得它们并不能直接作用于现实存在；第二个层面的现实里的实体和力量不是必然存在的，然而却是现实存在

---

① 洛采：《关于美这个概念》，载于吉尔伯特、库恩《美学史》，夏乾丰译，上海译文出版社1989年版，第671页。

② 同上书，第672页。

的，它们作为被普遍规律规定下的王国，创造了现实中的各种形式；第三个王国则可以理解为第一王国和第二王国之间的桥梁。按照普遍的蓝图，实在的实体处于普遍规律的支配之下，并不断把普遍的规律实现出来。三个王国相互联系，组成了现实世界。但是我们并不能停留于这样一个世界之上，而要努力寻求这样的世界之上的至高无上的统一的原则。洛采认为，对于这样一个原则，我们过去从未得到，将来也不会得到。"然而，作为美作用的某种结果的感情，以一和特殊的方式在认识（即徒劳地追求对这种联系的完全洞悉）与行为（非理想地致力于赞成现实中的一切事物与其目的的统一）之间，并从而在真与善之间进行调解；但是，这不是为了在理论上预见或在实践上实现这些矛盾的解决，而是为了借助对于美的直觉，来直接获得存在这种解决方式的必然性和可靠性。因此，我们可以把美称为去直接直觉这三种力量之间的统一性的表现，而我们的认识能力对此却是毫无办法的。"[①]

实现三个现实王国之间的统一而不仅仅是组合，实际上是寻求某种超越于现实之外的某种原则或理念。对于人们的这种形而上学的追求的努力，洛采否定了认识能力通达最高原则的可能性，也不认为这种原则可以最终在实践中得以实现。虽然如此，我们可以在审美活动和美感的获得中，实现对于这样一种通达的可能性的直觉。这里，洛采的思想不同于唯心主义对于理念的追求。"一切唯心主义哲学都是借助某种冲动获得生气的。这种冲动就是纯静观活动（它使人'在可能的范围内就像上帝一样'）去跨越现实中的两极之间的鸿沟。在洛采的体系中，这种冲动减弱了。由于他断言，存在着一个至高无上的原则这一问题永远是人们的理智无法解决的，因此他的学说中便导入了一种断念的成分。"[②]

---

① 《美学纲要》第 9 节（洛采的部分讲义）。载于吉尔伯特、库恩《美学史》，夏乾丰译，商务印书馆 1989 年版，第 673 页。

② 吉尔伯特、库恩：《美学史》，夏乾丰译，商务印书馆 1989 年版，第 674 页。

　　洛采给予了审美直观某种不同于认识性活动的意义，肯定了审美直观通达超越于现实之上的某种最高原则的可能性。"美是在如下情况中产生的：足够多的实体手段被用于理念式的现实化，而且，任何与目的无关的、多余的现实性都没有了；但是另一方面，机械主义不仅为目的提供一切必要的东西，而且，那些对目的本身来说不具有重要规定的手段的特性使自己具有与目的的意义和特点绝对合适的形式。因而，从这个意义上来说，'美'就是一个直观的证据，它证明，尽管我们还缺乏关于美的科学知识，但至少世界过程中的那两个不同的原则的统一是可能的。"① 在这样的意义上，审美直观是优越于理性认识能力的。凭借于此，审美在洛采的价值论哲学体系中获得了一席之地。

第六节　克尔凯郭尔的美学思想

一　生平和思想风格

　　索伦·克尔凯郭尔是丹麦哲学家、宗教思想家和作家。1813年，克尔凯郭尔出生于哥本哈根一个富商家庭，除了良好的教育和生活条件外，这个家庭带给他的是近乎严酷的宗教氛围和挥之不去的忧郁气质。1821 年，他进入了以教授拉丁语、希腊语等古典课程著称的贵族学校"公民美德学校"读书。九年后，他进入哥本哈根大学神学系学习，只是他当时的兴趣并不是神学，而是把主要精力放在了对文学、戏剧、政治、哲学以及对相对放纵的生活方式的探寻之上，直到 1838 年父亲去世后他才重新转向神学学习。1840 年 7 月，他以优异成绩通过了结业课程考试，次年完成论文《论反讽概念》，获得神学博士学位。克尔凯郭尔终生未担任公职，靠着父亲留下的大笔遗产过着衣食无忧的自由撰稿人的生活。

---

　　① 洛采：《美学原理》，李鹏程译：《十九世纪西方美学名著选》，蒋孔阳、李醒尘主编，复旦大学出版社 1990 年版，第 484 页。

克尔凯郭尔的写作才华表现得很早。1838 年，当他还在大学读书的时候就出版了第一部文学评论著作《一个仍然活着的人的作品》。1840 年 9 月至 1841 年 10 月，克尔凯郭尔与一个比他小 9 岁的女子雷吉娜·奥尔森有过一个短暂而不幸的婚约事件，这一事件使克尔凯郭尔清楚地认识到了个体生存的独特性，并直接促使他走上了写作的道路。从 1843 年起，他以惊人的速度写作并自费出版了涉及哲学、心理学、宗教学的假名著作《非此即彼》、《反复》、《恐惧与战栗》、《哲学片断》、《忧惧的概念》、《人生道路诸阶段》和《对〈哲学片断〉所做的最后的、非学术性的附言》等著作，以及关于宗教、基督教问题的著作《爱的作为》、《不同情境下的启示性训导文》、《基督教训导文》、《致死之疾病》和《基督教的训练》，合计多达近 40 本。1854 年，他开始在《瞬间》等报刊上发表一系列言辞犀利的短文，并出版了一些小册子，公开向丹麦新教——路德宗国教会——宣战。这场论战以 1855 年 9 月末他突然摔倒在哥本哈根街头而终止，同年 11 月 11 日克尔凯郭尔告别了人世，年仅 42 岁。

克尔凯郭尔生前被哥本哈根市民视为"街头怪人"，丹麦哲学界亦未严肃地对待过他的作品，但死后他的作品却得到了世界性的关注。首先是 20 世纪三四十年代，克尔凯郭尔被奉为"存在主义"的先驱之一，卡夫卡、雅斯贝斯、海德格尔、萨特、加缪等都对他的思想做过回应。雅斯贝斯对克尔凯郭尔评价最高，认为是"克尔凯郭尔和尼采使我们睁开了眼睛"。对克尔凯郭尔的第二次世界性关注始自 20 世纪 70 年代解构主义对其作品的重新发现。他所采用的包括假名写作、反讽手法等在内的"间接沟通"的写作方式被后现代主义者们视为是"无权威写作"的范例，并将之与德里达所开创的"无权威阅读"相对应。

就美学思想而言，克尔凯郭尔在本意上似乎并不关心作为"科学"的哲学和美学的发展。虽然他早年曾受到了黑格尔哲学的深刻影响，但他并没有而且也无意创建一个黑格尔式的美学体系，他甚至没有在著作中形成具有一定规模的美学理论；关于

"美"、"审美"的概念是以不同层次、不同含义零散地出现在他的作品之中，而且他的美学思想只是其整个思想系统中的一个环节，是他进一步展开宗教哲学思想的铺垫和前奏。不仅如此，克尔凯郭尔似乎还在有意识地寻求对以黑格尔为代表的体系化的思辨美学的突破。在对艺术的看法和独特的写作方式的创造方面，克尔凯郭尔走上了一条与思辨美学相反的道路。尤其是当他尝试性地把"审美"和"生存"结合起来并且开辟出了"生存美学"或者"生存感性学"（existential aesthetics）的层面的时候，他已经完全突破了古典美学的视阈从而开显出了现代性的维度。

二 关于艺术

克尔凯郭尔生活的 19 世纪上半叶是丹麦历史上文化教育事业获得长足发展的"黄金时期"，很多世界性的文化艺术名人都出现在这段时期，像安徒生、勃兰兑斯等等。在思想界和文学艺术界，浪漫主义思潮和黑格尔主义占据了主导地位，在一定程度上丹麦思想界可以说就是德国思想界的延伸。克尔凯郭尔正是在这种思想氛围的影响之下成长起来的，同时他又逐步发展出了属于自己的思想轨迹。从他关于艺术的零散评论当中，我们可以比较清楚地看到他的思想演变过程。

在《一个仍然活着的人的作品》当中，克尔凯郭尔围绕"人生观"这一饱受浪漫主义浸濡的、在德国和斯堪的那维亚相当流行的概念对小说艺术进行了探讨。他认为，一部优秀的小说应该有一个明确的"人生观"。但是，"一种人生观并不仅仅是一系列抽象的、中立的陈述的总和；它不仅仅是某种往往表现为分裂成碎片的雾化形式的经验，事实上它是这经验的转化，是一种从经验的多样性中赢得的对自身的不可动摇的信心。或者，人生观仅仅在与世俗的关系中为自身定位（一个纯粹的人性的观点，比如说斯多噶主义），由此使自身脱离了与一种深层的经验主义的联系。或者，它在通往天国的方向（宗教的）上找到了同时身为天国和世俗的生存的中心，从而赢得了那种基督教式的确信，即'无论是生存还是死亡，无论是天使、王子还是权力，无论任何已经存在的或者正在生成的，无论是高的还是深的，总之存在中没有任何东西能够把我们从上帝对基督我主的爱中分开'"①。这也就是说，真正的"人生观"不是抽象层面上的哲学信条，而是根植在"现实"的土壤之中；这种"现实"又非日常经验层面上的"现实"，而是与某种"更高的经验主义"的存在相关联的"现实"。在克尔凯郭尔的思想框架当中，后者就是基督教。从这条标准出发，克尔凯郭尔批评了当时已颇有名气的作家安徒生的自传体小说《仅仅是个小提琴手》，认为该书缺乏必要的"人生观"和"叙事维度"，缺乏与现实、与世界的关联，它只能依靠源于自身的"抒情维度"，因而主人公所展现出的只是苍白的、"教条化的"自我表现。同样，在《论反讽概念》中，克尔凯郭尔批评了德国浪漫主义作家弗里德里希·施莱格尔轰动一时的小说《卢琴德》。他指出，在缺乏与现实的深切关联的前提下，小说主人公表现出的自我的创造性力量具体化为对赤裸裸的感官享受的绝对追求，这种追求甚至不惜以牺牲"伦理的整体性"为代价。结果，这种创造性力量既没有达到伦理所要求的"自我的透明度"，更没有达到"绝对的永恒性"的宗教目标。

不难看出，写作《一个仍然活着的人的作品》和《论反讽概念》时的克尔凯郭尔仍然受着来自黑格尔美学和哲学思想的深刻影响。而到了《非此即彼》之中，这种正面的影响开始渐渐转化为对黑格尔美学的"反讽"和戏谑性的模仿，在评论艺术作品的时候，克尔凯郭尔更多地注意将"审美的"要素与"伦理的"、"宗教的"的要素区分开来，开始逐渐摆脱"美学"理论的束缚框架而为艺术争取隶属于其本位的自主地位。以经典艺术作品的构成为例。在黑格尔的美学体系中，艺术是以感性的

---

① Søren Kierkegaard, *Samlede Værker*（《克尔凯郭尔著作集》），Gyldendals For-lag，1962，Vol. 1，p. 34。

形式来表现"理念"，因此，艺术作品产生于"理念"与"感性形式"之间相互寻找、彼此克服的"斗争"过程，一部经典的作品就是"内容"与"形式"之间最终达到完美统一的结果。而在克尔凯郭尔那里，经典艺术作品的构成取决于创造性的"艺术家"和最适宜的"题材"之间的"结合"；这种"结合"不是通过辩证运动，而是通过"好运气"来完成的。他以莫扎特的歌剧《唐璜》来说明这一点。虽然以唐璜为主题的艺术作品有很多，但惟有莫扎特的歌剧最终成了对唐璜"理念"的经典阐释，其奥妙就在于唐璜这个"绝对的音乐题材"幸运地落在了天才莫扎特的手中。缺乏任何一个因素，这部歌剧都不可能是今天的样子。为此，克尔凯郭尔把讨论经典艺术作品的构成的章节命名为"言之无物的导论"，行文之间多次强调他对莫扎特的"少女般的迷恋"，多次充满激情地发出"听，听吧，去听听莫扎特"的召唤。由此可见，克尔凯郭尔对艺术的基本态度实际上是"反美学的"。这个意思是说，在艺术领域中，真正"言之有物"的不是构筑关于"美学"和"艺术"的"体系"，不是用"理念"和"感性形式"的"辩证运动"来解说艺术作品，而是以恋人般的激情亲身感受和体味每一件艺术作品，把"美学"和艺术重新拉回到它所应隶属的"感性"的层面之上。

在《古代悲剧中的悲剧性在现代悲剧中的反映》一文当中，克尔凯郭尔首先讨论了悲剧在现代的命运。他指出，古代悲剧以"动作"、"行动"为重心，而现代悲剧则以"情境和性格"为主导。古代悲剧中的主人公从一出场就与国家、家庭、命运紧紧地联系在一起，因而他的毁灭也就不仅是出自他个人的"过失"，它出自一种深不可测的命运的力量。但是，古代世界中的"命运"要素被现代的"主体性"、"个体性"消解了，悲剧主人公或上天或入地全靠他自己的力量，他的毁灭只是他自己的"作为"，他本人应该为这种毁灭负全部责任。其直接后果便是，个体过强的反思性消解了"悲剧性"，这使得 19 世纪不再适合悲剧的生存而日渐呈现出滑稽的色彩。

　　之后，克尔凯郭尔讨论了"悲剧性"的概念，认为"悲剧性"应该介于"主观存在"与"客观存在"之间，介于主观性的"行动"和客观性的"苦难"之间。① 换言之，纯粹的个体行为和纯粹的"苦难"、绝对的纯洁和绝对的罪恶都不能构成真正的"悲剧性"，否则审美的领域将被伦理的领域取而代之。再进一步说，真正意义上的"悲剧性"的关键就在于"悲剧性的罪"。"悲剧性的罪实际上超过了主体性的罪，它是一种继承下来的罪，它跟原罪一样都是实体性的范畴，而正是这实体性使得'忧'格外深刻……但是继承下来的罪本身即包含着一个矛盾，它既是一种罪，同时又是无辜的。"② 克尔凯郭尔以安提戈涅的悲剧来阐释这个概念。从一方面看，安提戈涅是纯洁的、无辜的，但是在另一方面看，家族的"罪"的阴影却从她降生起即笼罩和追随着她，无论怎样反抗也挥之不去。但是，恰恰是这种"命运"的残酷与主人公的纯洁之间的鲜明对照构成了悲剧冲突中最为吸引人的一面，也是令我们生发出那种深刻的、具有实体性的"忧"的根源。与悲剧中"继承下来的罪"形成对照的是基督教世界中的"继承下来的罪"——"原罪"的概念，前者囿于美学的领域，它有着一种"美学的模糊性"，即介于有罪与无罪之间；而后者则位居"伦理—宗教"的世界，二者有着本质的区别。"悲剧性的罪"最终是"温和的"，"它从美学的角度指示给人们神圣的爱和同情。它是慈祥的，就像母亲的爱那样抚慰着受创伤的心灵"。③ 但是基督教中的"罪"则是"绝对的"，它是人生存的前提；同时它也是"严苛的"，因为在信仰者眼中上帝的意志不容怀疑和否认，上帝的愤怒和惩罚是公正的。只有通过"悔悟"这个"罪"，人才可能得到上帝的最后宽宥。从这个意义上说，虽然"悔悟"是一种程度最高的"痛苦"，但它因

---

① Søren Kierkegaard，*Samlede Værker*（《克尔凯郭尔著作集》），Gyldendals Forlag，1962，Vol. 2，p. 133。

② Ibid.，p. 139.

③ Ibid.，p. 135.

具有一种高度的"透明性"而不具有美学的意义，从而它不适宜在"悲剧"这种艺术中出现。克尔凯郭尔竭力将"悲剧性的罪"与基督教的"罪"区分开来，强调"悲剧性的罪"的美学含义，这一点充分保证了艺术世界的自由、超越和独立，这片天地不允许伦理或者宗教的范畴随意践踏。

三　假名写作方式的"审美意识"

克尔凯郭尔的写作中贯穿着一种强烈的"审美"意识，这种意识不仅造就了克尔凯郭尔式的即使在今天看来仍然相当独特的写作风格，而且它本身还具有从古典哲学思维方式向现代转换的意义。

在展开哲学和宗教思想的时候，克尔凯郭尔一反古典哲学通过"概念"的逻辑推演和构建"体系"的思考方式，而是有意识地采取了一种"感性的"——"审美的"方式。为了展现"信仰"的含义，克尔凯郭尔在《恐惧与战栗》一书里选取了《圣经》人物亚伯拉罕为了顺从"上帝"的旨意试图杀掉独子以撒克的故事为主线，以丰富的想象力和烘托渲染的笔触将自身、同时也把每一位读者置于亚伯拉罕的境地，希望读者设身处地地去感受和理解在亚伯拉罕面临伦理的命令与"上帝"的旨意之间的两难抉择之时所经历的所有的情感波动和思想斗争，同时从情理两方面来晓谕亚伯拉罕的故事的含义。与之相应的，克尔凯郭尔所创造的假名作者也不仅是为了从形式上给人以新鲜感，而是为了制造和丰富作品的情感氛围。克尔凯郭尔创造的几乎每一个假名本身都具有一定的思想和情感的意味，它们往往在一定意义上代表了某种"理念"，也就是克尔凯郭尔语境里的"人生观"。像《恐惧与战栗》的化名作者 Johannes de Silentios 所有的"沉默"的含义与亚伯拉罕独自承受"上帝"的旨意对家人和独子保持沉默的情感基调是相互呼应的，从而在情感的层面上对理解整个作品起到了不可或缺的烘托作用。

不仅如此，假名写作方式还有着更为深刻的思想根源，它与克尔凯郭尔力图破除"（思辨）体系"以及隐含其后的"权威"的意图、与他希望树立起关于"生存"的哲学思想的根本出发点是相通的。克尔凯郭尔认为，所谓"体系"不过是人对于我们生活于其中的世界的一种把握方式；所有关于"体系"的思想都只能发生在"逻辑的"层面上，它的起点实际上是人的"意志决断"的产物，因此其"科学性"要受到质疑。但是体系的制造者们从一开始就因为体系所代表的所谓"普遍性"和"客观真理"而对他人拥有一种"权威"。在克尔凯郭尔看来，在"生存"领域中构建一个不受矛盾律制约的"体系"是不可能的——因为"生存"中时时刻刻充满着矛盾，同时也是无意义的。所以，他让自己的假名作者们完全不受"体系"制约地尽情展示自己的观点和情绪情感，而他本人不仅没有提供一个最终的答案，而且他也不必为这些或相互冲突、或彼此呼应、或前后矛盾的观点负责。通过这种方式，克尔凯郭尔打破了传统意义上的作为一名作者对于读者所具有的"权威"。他只是把"生存"领域中的问题以及对这些问题所可能有的不同答案尽展在读者面前，换言之，他让"生存"的问题永远"盘旋"下去但却并不给出一个最终的答案。更有意义的是，这种对写作"权威"的突破不可避免地传递到了读者的手中，读者作为独立的个体获得了一个相对自由的阅读空间。这也就是为什么后现代思潮会对这位 19 世纪的丹麦思想家发生兴趣的原因。

四　"生存美学"

克尔凯郭尔对"美学"的最大贡献在于他在浪漫主义美学思潮的直接影响之下，把"审美的"、"感性的"概念与"生存"概念尝试性地结合在一起，借助对艺术作品的分析创造性地描绘出了一幅"审美的"生活图景，进而从古典美学之中开拓出了"生存美学"的层面。

"审美的"生活方式是一种可与"伦理的"和"宗教的"

生存方式并存的生活境界；它以感性的、情感化的思维方式为主导，与审美和艺术领域中的诸现象相互参照。关于审美生活我们只能得到一幅零散的、片断式的画面，因为"一种单一的、连贯的审美生活观几乎是不可能被贯彻的"。① 因此当我们试图对审美生活境界的特点进行归纳的时候，不难看出一些彼此矛盾的特点，而这一点恰恰与充满矛盾和斗争的"生存"图景是相吻合的。在这个意义上，克尔凯郭尔所创造的"生存美学"似乎更应该被称为"生存感性学"，它所追求的并不是关于"生存"的"科学"，而是一种"非科学的"，甚至是"反科学的"对"生存"的体验和感悟。

审美生活方式的第一种表现方式是"直接性"的生活。"直接性"在丹麦语中有两种含义。一是指事物在与其他事物之间的关系、关联及连接上没有中介；二是指人在思想、情感体验方面的非反思性、原始性和原创性。克尔凯郭尔在文中所发挥的恰恰是这后一层意思。他将"直接性的"与"非决定性的"、"晦暗的"和"不可解说的"几个词等同起来，② 其用意在于剥除生存中的反思因素，让生存复原到本真的样态。从时间的角度出发，所谓"直接性"的生活也就是指人在现在时刻、在当下瞬间的生存状态，它是瞬间性的、短暂的、稍纵即逝的生存样态，因而它总是处于不间断的、变动不居的流程之中。克尔凯郭尔认为莫扎特的歌剧《唐璜》中的主人公就是这类生活样态的典型代表。唐璜是一个处于"直接性"当中的行动着的人，其行动的动力和能量均来自于"一种本体性的忧惧"。"唐璜的生活并不是绝望的，而是从忧惧之情中诞生的全部感性的力量；他本人也就是这忧惧，这忧惧恰是魔鬼般的对于生活的热情。"③ 唐璜并不害怕伦理的评判，因为他是他自己的主人，他的生存不依靠

---

① Søren Kierkegaard, *Samlede Værker*（《克尔凯郭尔著作集》），Gyldendals Forlag，1962，Vol. 2，p. 19。

② Ibid. , p. 68.

③ Ibid. , p. 121.

任何外在的力量，而只靠他自己的生命力量。可是也许正是这种自我决定而无所他傍的生存造成了他的"本体性的忧惧"，换言之，他怕的便是生存中的"虚"和"无"。因为在"忧惧"与"虚无"之间有着一种对应的关系。在另一部作品《忧惧的概念》中克尔凯郭尔曾写道："如果我们进一步追问这忧惧的对象，那么同往常一样，答案将是虚无。忧惧与虚无之间往往是相互呼应的。"① "幸运"的是，唐璜是一个"感性直接性"的代表，他的"忧"和"怕"不受任何反思力量的支配，所以他越是担忧害怕便越是要去行动，似乎只有行动才能使他摆脱这种无根的生存所造成的压力，只有在行动中他才能焕发出无限的生命力，正如莫扎特的音乐。因此从某种角度可以说，行动是处于"感性直接性"的生存中的审美的人的第一原则，不管这行动指向何方。

　　与直接性的、行动型的唐璜截然相反，《勾引者日记》当中的约翰尼斯构成了审美生活方式的第二种样态，即反思性的、绝望的生活。约翰尼斯不把自身置于生活的分分秒秒之中，而是把生活当作一个"客体"、一件尚未完成的艺术作品，而他自然也就成了能够把玩这"客体"于掌股间、与这"作品"既相关联又有一定距离感的"艺术家"，他所追求的只是"有趣的"生活。结合语源学的分析来看，"有趣的"生活指的就是主体"深入"到审美对象的内里，极尽感性能力"享受"着、"体验"着审美对象，以至于"沉迷"于对象之中，与之同呼吸、共命运。事实上，约翰尼斯只生活在自己的反思的世界当中，他首先享受他的审美对象，然后再审美化地享受自己的人格。② 他与"有趣的"对象之间并无真正的关联，"现实"对于他来说除了具有片刻的刺激作用外并无任何实在的关系。实际上约翰尼斯患有一种"疾病"，这"病"来自他"头脑中的不安和激荡"，这"病"

---

　　① 　Søren Kierkegaard，*Samlede Værker*（《克尔凯郭尔著作集》），Gyldendals Forlag，1962，Vol. 2，p. 183。

　　② 　Ibid.，p. 283.

还使他有足够的力量不去在"现实"中挣扎。① 而一旦"现实"失去了对他的刺激，他也就像被缴了械似的软弱无力。他意识到了这一切，只是他无力采取行动来改变现状。约翰尼斯永远都不会对自己满意，他只能处于恒久的不安和绝望的清醒状态之下。约翰尼斯企图依靠反思的力量来达到对于生活的艺术化，但他却并没有真正从这一切当中获得乐趣。与总是处在行动当中的唐璜不同，约翰尼斯没有享受到丝毫快乐，相反，他是"绝望"的，他的"绝望"是对自身的"绝望"，这种"绝望"只有作为反思者的本人才能真正理解。

从对唐璜和约翰尼斯的命运的暗示中我们可以清楚地看到克尔凯郭尔对自己所塑造的审美生活境界的态度。审美的生活实际上是一种"反讽"，其内里和外表是完全相反的，在它灿烂辉煌的外表之下掩藏的是单调乏味的"反复"和挥之不去的"厌烦"，是对人生的"忧惧"和"绝望"。也就是说，审美生活最终走向的是"虚无"和"绝望"。唐璜本能地感觉到了快乐的直接性、瞬间性和不可重复性这些特点，于是他凭借自己身上的"实体性的忧惧"所生发出的力量极尽可能地去"重复"这些瞬间，希望能够靠对人生机遇的穷尽来摆脱存在于"生存"内里的"虚无"和"厌烦"。但是就在唐璜饮下可能性这杯"诱人的醇酒"的同时，他也致命般地饮下了"忧惧"所设下的圈套：他被罚似的走上了永无休止的行动之路。他对无限可能的追求的行动像一个"非如此不可"的绝对命令牢牢地控制着他，这行动既不能带给他快乐，又不能带给他安宁；他只是为了行动而行动着。如果说唐璜凭借着超人的生命力坚执地走在行动的路途上的话，那么约翰尼斯则像所有只生活在想象出来的世界、只生活在思想的层面上的人物一样，他不可避免地陷入了"绝望"的境地。根据克尔凯郭尔专论"绝望"概念的书《致死之疾病》

---

① Søren Kierkegaard, *Samlede Værker*（《克尔凯郭尔著作集》），Gyldendals Forlag，1962，Vol. 2，p. 284。

中的定义，"绝望是精神、是自我的一种疾病"，它的病根在于人还不是"精神"、人尚未成为"自我"的状态。因为人是一种具有"双重性生存"的动物，"人是有限与无限、瞬间与永恒、自由与必然的合成，简言之，人是一个合成体。"① 这个意思是说，不管一个人是谦卑还是高贵，他的出场都有一定的历史和背景，他的生存应该是有所依托的。"每个人，不管多么有原创性，他都是上帝的孩子，是他的时代、民族、家庭和友人的孩子，只有这样他才是真的自己"。② 但是从另一方面讲，人的"双重性生存"既非预先存在，也非自动出场，它需要个体接受永恒的指令而做出选择。同样是在《致死之疾病》一书中，克尔凯郭尔这样写道："有一个自我，成为一个自我，这是永恒迫使的；它是每个人最大的特权，一个无限的特权，同时它也是永恒之于人的要求"。③ 可以说，永恒不仅是个体生成的背景，同时也是个体选择的评判官；个体只有在永恒的指示下才能去选择"具有永恒有效性的自我"。一个缺乏了这个"具有永恒有效性的自我"的人也就患上了"绝望"这一"致死的疾病"。从一般的意义上说，审美的人不仅有"自我"，而且这"自我"还是无限性的，这使得审美的人在某种程度上不仅不需要真正的现实，而且他们能凭着无限的、不受任何限制的想象力和一种诗化人生的超越能力来"改造"现实，并将自身置于现实之上。但是从"具有永恒有效性的自我"这个标准出发来看，审美的人的"自我"并非"真实的自我"，它因具有无限的可能性而并不具备任何真实的形式，从而只停留在，用克尔凯郭尔的话说，"最抽象的自我的可能性形式"的层面之上。约翰尼斯的"绝望"是一个只生活在自己的想象和反思的世界中的思想者的"绝望"，是思想者对其人格的怀疑。约翰尼斯是一位成功的思想者，但他并

---

① Søren Kierkegaard, *Samlede Værker*（《克尔凯郭尔著作集》），Gyldendals Forlag，1963，Vol. 15，p. 73。

② Ibid.，p. 134.

③ Ibid.，p. 80.

不具有真正强有力的人格。在思想的层面上他的"自我"拥有
多种可能性，只是它们都不能换化成真正的现实，而且更令约翰
尼斯"绝望"的是，他本人清楚地意识到他的无能为力。因此，
约翰尼斯最终迷失了自己，他永远都不会对自己的现状满意，他
的"自我"似乎永远只在下一个阶段、下一个形式。

　　尽管克尔凯郭尔对审美生活方式提出了严厉的批判，但是在
他的思想框架中，审美生活方式却占据着极其重要的位置，他把
审美生活方式作为人生的起步。比之于以纯粹思辨为主旨的思想
当中的人，审美的人至少是在亲身体验和感受着生存。克尔凯郭
尔还指出，任何一个过着宗教生活的个体的身上都不可能没有审
美的因素，因为个体在信仰的时候离不开对宗教精神的"感性
的"体验。[①] 于是克尔凯郭尔最终在审美的"沉沦"和"绝望"
与宗教的"拯救"之间架设了一道桥梁，认为二者之间存在着
一种通过"跳跃"而转化的可能性。

　　总之，克尔凯郭尔的"生存美学"突破了古典美学的范畴
领域。首先，在古典哲学的思维框架中"美学"作为一门研究
"感性"的"科学"具有初级的、不完善的性质，这一点肯定不
会得到克尔凯郭尔的认同，既然他把审美生活作为人生的起步。
其次，"生存美学"从根本上突破了以"美"为重心的古典美学
的视阈，将美学的领域扩展到了人的整个"生存"，拓展到了对
"生存"底蕴的体识。在"生存美学"的范围内，审美主体与其
对象即个体与整个生存世界之间不存在明显的距离感；相反，审
美的主体整个地就跻身在这个"世界"当中，二者处于一种彼
此交融的状态之中。最后，很显然，当"生存美学"以"生存"
为对象的时候，"美"不仅不可能成为审美活动的唯一对象，而
且审美主体也不可能以一种非功利性的态度对"生存"加以观
照。"有趣的"东西将成为"生存美学"的目标，因为个体必须

---

　　① Søren Kierkegaard, *Samlede Værker* (《克尔凯郭尔著作集》), Gyldendals For-
lag, 1964, Vol. 18, p. 133。

深入到"生存"的内里才能去感受和揭示出生存的内涵和底蕴。而古典美学中的"崇高"或者"壮美"这些升华了的情感表现也被"恐惧"、"绝望"和"虚无"这些根源于人生、打破了与人生的理想化的距离之后的真切感受所替代。在这个意义上应该说，"生存美学"当是一种"深层的美学"，它不为形而上学的、理想化的思维所限，不以美与丑、真与假、理性与非理性之间的绝对化的区分和对立为认识的工具，而是直接深入到生存的内里，以探究生存的底蕴和意义。这种美学完全是现代主义思维的产物。

第五章　德意志观念论美学
对俄国的影响

俄罗斯地跨欧洲和亚洲，从地域上说不属于西方的范围，而处于东方与西方之间。俄罗斯思想的发展，包括美学思想发展在内，也有其不同于其他民族的独特性，这种思想的独特性是和俄国历史发展进程的特点密切相关的。普列汉诺夫在《俄国社会思想史》中指出："在俄国历史进程中，有些特点使它显然有别于所有西欧各国的历史过程，而与东方伟大专制国家发展过程相类似，此外，使问题变得非常复杂的是，这些特点本身也都有其颇为特殊的发展过程。它们时增时减，因而俄国仿佛是动摇于西方和东方之间。"① 这种历史情况使俄罗斯思想发展形成了自己的特色，呈现出矛盾复杂的面貌。俄国另一位哲学家别尔嘉耶夫说："俄罗斯精神所具有的矛盾性和复杂性可能与下列情况有关，即东方与西方两股世界历史之流在俄罗斯发生碰撞，俄罗斯处在二者的相互作用之中。俄罗斯民族不是纯粹的欧洲民族，也不是纯粹的亚洲民族。俄罗斯是世界的完整部分，巨大的东方—西方，它将两个世界结合在一起。在俄罗斯精神中，东方与西方两种因素永远在相互角力。"② 应该承认，在前苏联史学的影响下，过去我国学术界对俄国历史进程和思想发展的这种特点和矛盾复杂性是缺少深入研究的。

作为一部西方美学史，本章的任务不是全面而系统地论述俄

---

① 普列汉诺夫：《俄国社会思想史》第 1 卷，商务印书馆 1988 年版，第 14 页。

② 别尔嘉耶夫：《俄罗斯精神》，商务印书馆 1995 年版，第 2 页。

国美学思想的发展，而仅限于探讨西方美学，主要是德国观念论美学对 19 世纪俄国美学的影响及其所产生的巨大效应。我们在这里只打算论述受德国影响巨大的两位最杰出的俄国美学思想家，即别林斯基和车尔尼雪夫斯基。

第一节　当时俄国的社会历史和思想状况

一　俄国的后发展特点及其西化

17 世纪至 18 世纪，西欧一些国家陆续走上了资本主义发展的道路，随后发生的工业革命更大大地提高了生产，促进了社会各方面的变革，使这些国家的面貌发生了根本变化。相比之下，在俄国仍然是封建农奴制生产关系占绝对统治地位，无论是在经济、政治、文化还是军事上都远远落后于西方国家。为了摆脱俄国的这种落后和封闭的状态，沙皇彼得一世亲自去西欧考察，决心以西方国家为榜样推行全面改革，革除俄国过去的陈规陋习，学习和引进西方先进的科学技术和文化教育，特别是大力进行军事改革，建立一支庞大的军队。彼得一世的改革在许多方面促进了俄国社会的西化，涉及政府行政、财税、文教、宗教、军事和社会习俗等领域，有些改革是符合当时俄国社会发展趋势的，起了推动社会进步的作用。

但是，改革的根本目的是加强沙皇制度的中央集权统治，建立沙皇专制的绝对权威，提高俄国的军事实力。而过去长期以来使广大农民备受残酷剥削和压迫的封建农奴制度则不仅没有废除，反而更加强化了。由于改革影响到大贵族和教会的既得利益，因此遭到他们的阻挠和反对，彼得一世用铁的手腕坚决地镇压了反对派，甚至将阴谋破坏改革的皇太子阿列克塞处以死刑。这一强制性的上层改革，为俄国走向欧洲文明奠定了基础，并迅速地成为当时欧洲的军事强国之一。以后的历代沙皇政府继承了彼得改革的成果，并奉行对外扩张政策，屡次发动或参与战争，特别是在叶卡特琳娜二世执政时期，对内进一步强化农奴制和沙皇专制统治，对外则大肆侵略扩张，积极干预欧洲事务，使俄罗斯帝国开始在欧洲政治舞台上扮演重要的角色。

俄国在欧洲的崛起是和俄国社会在某种程度上的西化紧密相连的，如果没有彼得一世仿效西方的改革，俄国就不能从封闭状态中走出来，为此俄国广大人民，主要是农民群众也付出了沉重的代价。正如别尔嘉耶夫指出："过去的俄罗斯处于封闭状态之中，那种状态使它受到鞑靼人的压迫，保留着莫斯科王国的亚洲风格的全部特色。俄罗斯应当从封闭状态中走出来，走到广阔的世界中去，彼得大帝的改革对人民来说是如此巨大的痛苦，但是没有彼得的强制性改革，俄罗斯就不能完成自己在世界历史中的使命，也不能在世界历史上讲自己的语言。"①

在俄国，对于彼得及其后继者所推行的改革和西方化路线，是有不同意见的，反映在当时的知识界就是延续甚久的斯拉夫派和西方派的论战。斯拉夫派的主要代表人物有霍米亚科夫、基列耶夫斯基兄弟、阿克萨科夫兄弟、萨马林、科舍列夫和瓦卢耶夫等，他们极力主张维护俄国古老的社会制度和宗教文化传统，保持俄罗斯的特性，认为俄国应有自己独特的社会发展道路。他们反对学习西方，反对西方化的改革，支持沙皇专制，宣扬东正教思想和泛斯拉夫主义，总的来说站在封建地主、贵族、僧侣中更为保守的一派的立场上。与这相对立的西方派也称西欧派，其代表人物是格拉诺夫斯基、卡维林、齐切林、恰达耶夫、鲍特金和安能柯夫等人，他们之中不少人虽然也出身于地主和贵族阶层，但基本上站在资产阶级自由主义立场上，反对农奴制，崇拜西方，赞赏资产阶级民主，主张走西欧国家发展的道路。斯拉夫派和西方派的争论，实质上是俄国思想界关于俄罗斯国家应该走什么道路以及在世界应该承担什么使命的争论，这关系到俄国的前途和命运，因此具有重大的意义。当时一些先进的俄国人在西方

---

① 别尔嘉耶夫：《俄罗斯精神》，第 14 页。

思想中所寻找的首先是摆脱丑恶现实的出路，而问题的主要症结在于废除农奴制。

从 18 世纪后期开始，我国农奴制陷入了严重的危机。随着社会经济的发展，新的资本主义生产关系在俄国封建农奴制经济内部逐渐产生和不断增长，商品交换和货币流通规模的扩大，日益破坏着几百年来作为农奴制基础的自然经济。新生的资本主义因素促进社会生产力的发展，却遇到了腐朽的封建农奴制生产关系和社会政治上层建筑的强烈反对和阻碍。封建地主对农奴的剥削达到前所未有的残酷程度，使广大农民陷于贫困和饥饿的境地。农奴被紧紧地束缚在俄罗斯的土地上，各种专横残暴的法律被用来惩治那些敢于脱离土地逃跑的农奴。农奴对贵族地主的人身依附使他们丧失了起码的人身自由，农奴就像牲畜一样可以被公开出售。这种超经济的剥削和压迫激起了农民的激烈反抗，自从 18 世纪下半叶声势浩大的普加乔夫农民起义被残酷镇压后，大大小小的农民起义或所谓"骚动"，不仅没有停息，反而有逐年增加之势。封建农奴制一方面限制了俄国资本主义的自由发展，使它无法开辟国内广大市场，也得不到足够的"自由"劳动力，从而与以资产阶级为代表的新兴市民阶层的利益发生了矛盾；另一方面，由于对农民剥削的加强，农民与贵族地主阶级的矛盾也愈益尖锐化了。到 19 世纪中叶，俄国农奴制实际上已处于风雨飘摇、难以为继的局面。

但是，沙皇政权却全力支持和维护农奴制，沙皇本身就是俄国最大的封建农奴地主，而且一向把农奴制看作自己政治权力的最可靠的基础。因此，反对农奴制也必然要反对沙皇专制制度。随着农奴制危机的加深，俄国社会的上层统治阶级中也发生了分化，在出身于贵族地主的一些知识精英分子中产生了第一批持不同政见的进步思想家。

二　时代产生的平民思想家及其斗争

18 世纪后半期的俄国启蒙运动思想家拉吉舍夫和诺维科夫

等人，开始对农奴制进行批判，他们猛烈抨击农奴制的罪恶，对过着悲惨生活的广大农民表示深切的同情，并无情地揭露沙皇政府的腐败和残暴。

继他们之后登上历史舞台的是著名的十二月党人（彼斯特尔、穆拉维约夫、雷列耶夫等人）和赫尔岑、奥格辽夫等贵族革命家，他们不仅主张消灭封建农奴制，而且明确地提出推翻沙皇专制制度，并成立秘密组织，发动武装起义，开展革命活动。

根据列宁的看法，以上这些人都是俄国革命运动的第一个阶段即贵族时期的卓越代表，而到 19 世纪中叶，俄国革命运动又进入了一个新的阶段，即平民知识分子时期。一批出身平民的优秀知识分子出现于俄国文坛，他们继承了贵族革命家所开辟的事业，又比他们的前驱者更前进了一步，他们更接近人民群众，思想更激进，斗争更坚决。

别林斯基和车尔尼雪夫斯基就是平民知识分子中间最杰出的人物，他们在俄国思想史上开辟了一个新的时代，影响了整整几代俄国进步青年。为了反对沙皇专制制度，批判为这种制度效劳的反动理论，他们努力学习西方，试图从西方进步思想中获取理论武器。正如列宁所说："在上一世纪（指 19 世纪——引者注）40—90 年代这大约半个世纪期间，俄国进步的思想界，处在空前野蛮和反动的沙皇制度的压迫之下，曾如饥如渴地寻求正确的革命理论，孜孜不倦地、密切地注视着欧美在这方面的每一种'新发明'。"[1]

别林斯基和车尔尼雪夫斯基是努力吸收西方思想的"新发明"并力图把它应用于俄国的卓越代表，因此被人们列为"西方派"。但他们这些平民知识分子属于"西方派"中革命的左翼，他们不仅坚决反对斯拉夫派所鼓吹的所谓"官方人民性"理论，而且也对西方资产阶级民主抱怀疑和批判的态度，由此和主张温和的自由主义的西方派思想家有明显的区别。

---

[1] 《列宁全集》第 31 卷，人民出版社 1990 年版，第 7 页。

前苏联学术界把他们称为"革命民主派"是有道理的，但却对他们在当时的论战中属于西方派的历史事实讳莫如深。普列汉诺夫把别林斯基为首的平民知识分子叫做"极端西方派"，别尔嘉耶夫则把他们称之为"左派西方主义者"①，这是比较符合历史实际的。

当然，应该指出，把别林斯基和车尔尼雪夫斯基列为西方派，绝没有贬低他们的意思。他们不是照抄照搬西方理论的二流的模仿者，而是富有创造性的伟大思想家。他们接受和利用当时西方的先进的思想成果，在俄国的具体条件下，特别是在某些特殊领域内（最突出的是在美学和文学批评的领域），独立地、创造性发展了这些西方的先进思想，从而在西方美学史上作出了重要的贡献。

三　俄国文学在当时的命运

俄国广大人民在沙皇专制的黑暗统治下痛苦地呻吟的时候，俄国文学却在 19 世纪呈现出空前的繁荣。为俄国文学赢得世界声誉的一连串光辉的姓名都出现在这一世纪，诗人普希金、莱蒙托夫、谢甫琴科、涅克拉索夫，作家果戈理、屠格涅夫、冈察洛夫、奥斯特洛夫斯基、陀思妥耶夫斯基、萨尔蒂科夫—谢德林等人先后活跃在俄国文坛上。

在他们的作品中，深刻地从不同的视角反映了俄国的现实生活，洋溢着对俄罗斯大地和人民的热爱，无情地揭露和谴责专制制度、农奴制的腐朽、黑暗和野蛮，强烈地表达了对自由的向往和追求，并以深厚的人道主义精神表达了对被侮辱和被损害的劳苦大众的深切同情。他们的作品在文学技巧上也达到了很高的水平，具有高度的艺术性和审美价值，并大大地丰富了俄罗斯语言，使之成为世界文学园地里的一株鲜艳夺目的奇葩。

---

① 参阅普列汉诺夫《俄国社会思想史》第 1 卷，第 11 页；别尔嘉耶夫：《俄罗斯思想》，第 56 页。

俄国文学的巨大成就无疑地为当时俄国美学和文学批评的发展提供了坚实的基础和十分丰厚的素材。如果没有那些俄国文学大师们的创作，也就很难想象会有别林斯基和车尔雪夫斯基那样的美学思想家和文学评论家。但是，俄国文学是在极其艰苦的环境下历经各种磨难而曲折地成长的。沙皇政府推行文化专制政策，实施严格的书报检查制度，大兴文字狱，残酷地迫害和镇压文化界的一切反政府人士，力图扼杀任何新思想，摧残进步文化。被迫长期流亡国外的赫尔岑曾经激愤而沉痛地写道："可怕的、悲惨的命运落在每一个胆敢把头伸出到王笏所划定的水准以外去的人身上；不管是诗人也罢，市民也罢，思想家也罢——顽固的宿命把一切人推向坟墓。我们的整整一部文学史，不是殉教者列传，就是苦役囚犯的名单。"①

在半个世纪里，沙皇政权把诗人雷列耶夫等十二月党人送上了绞刑架，把诺维科夫判处长期徒刑，把拉吉舍夫流放到西伯利亚并迫使他自杀，把波列查耶夫和舍甫琴科罚去当兵，把陀思妥耶夫斯基判处服苦役，甚至通过阴谋制造决斗杀死了伟大诗人普希金和莱蒙托夫，一些最优秀的俄国文学天才在那漫长的黑暗岁月里都难逃这种悲惨的命运。在世界文学史上，恐怕没有哪一个国家的作家像俄国作家那样由于他们的文学活动和思想信念而蒙受如此深重的苦难和迫害，这是俄国文学的不幸，同时这也是它的无上光荣。作为美学家和文学批评家的别林斯基和车尔尼雪夫斯基分享了俄国文学的命运，这也形成了他们的美学的特殊的战斗品格。

第二节 别林斯基

19 世纪 30—40 年代，别林斯基出现于俄国文坛，成为当时思想界最有影响的核心人物。这标志着俄国思想史和革命运动史

---

① 参见赫尔岑《论革命思想在俄国的发展》。

上的一个新阶段的开始——平民知识分子代替贵族革命家扮演主要的角色。列宁说，"生活在农奴制度下的维·格·别林斯基是俄国解放运动中完全代替贵族的平民知识分子的先驱"[1]。充分说明了他的重要的历史地位。

维萨里昂·格里戈利维奇·别林斯基于 1811 年出生在一个海军军医的家庭，在奔萨省中学毕业后于 1829 年入莫斯科大学语文系学习。1832 年由于他写了一部反农奴制的剧本《德米特里·加里宁》而被大学开除。自 1833 年起为《望远镜》杂志和《杂谈报》撰稿，1838 年起先后为《莫斯科观察家》、《祖国纪事》、《现代人》等刊物工作和撰稿。他发表了大量文艺理论、评论和政论文章，热情地宣传进步思想，批判农奴制和沙皇专制，因而屡遭政府当局的压制和迫害，只是由于他去世才使他免于牢狱之灾。他积劳成疾，贫病交困，英年早逝，卒于 1848 年，享年仅 38 岁。用一个评论者的话来说，"他一生都在燃烧，但却过早地燃尽了生命"。

别林斯基不仅是一位思想深刻和敏锐的理论家，而且是充满论战热情的战士。赫尔岑在回忆别林斯基对自己造成的印象时说道："在这个羞怯的人身上，在这瘦弱的身体中，竟寄寓着强大的、角斗士般的性格！不错，这是一位强有力的战士！他不会说教，不会教训人，他需要的是争论。"[2] 别林斯基在思想斗争中是毫不留情的，用赫尔岑的话来说，每当问题涉及他的珍贵的信仰时，他就会像雪豹一样扑向敌人，把敌人撕得粉碎，使敌人变得既可笑又可怜。因此，别林斯基在当时甚至获得了"文学界的猛犬"、"狂暴的维萨里昂"等雅号。他始终是一个热烈的辩论家，尤其是同斯拉夫主义者的论战使他享受莫大的乐趣。他在给波特金的一封信里写道："谢谢你提供的关于斯拉夫主义者的

---

[1]　《俄国工人报刊的历史》，见《列宁全集》第 20 卷，人民出版社 1990 年版，第 240 页。

[2]　赫尔岑：《往事与随想》，见《赫尔岑全集》第 9 卷，1956 年俄文版，第 31 页。

消息……这些先生们的仇恨使我感到快乐，我津津有味地尝着它，如同神仙尝到芳香的食品……我将不断地使他们生气，使他们无法忍耐下去，嘲弄他们。战斗虽然是微不足道的，但仍然是战斗；和青蛙战斗，但终归不是和牧羊讲和。"[①] 但是，别林斯基绝不是像他的某些论敌指责他的那样只是一个擅长笔战而不懂文学艺术的人。恰恰相反，他是一个真正理解文学艺术并有高度审美鉴赏力的思想家。在前苏联时期长期流亡西方的别尔嘉耶夫倒为别林斯基说了公道话，他指出："别林斯基是最卓越的俄罗斯批评家，而且是唯一具有艺术接受能力和美感的俄罗斯批评家。然而，对他来说，文学批评只是体现完整世界观的手段，只是为真理而斗争的手段……别林斯基是真正的，只有在俄罗斯才可能出现的俄罗斯人，同时他又是热烈的西方主义者，信仰西方。但是，当他到欧洲旅行的时候又对西方产生失望情绪。不过失望和同被诱惑一样，都是典型的俄罗斯式的。"[②] 这说明别林斯基虽然不断地从西方思想成果中吸取营养，却始终是一个俄罗斯思想家，为 19 世纪俄国美学奠定了基础。

一　别林斯基的思想演变

在哲学和美学思想上，别林斯基曾经历过一个痛苦而曲折的探索过程。有人说，他的特殊之处就是靠思想生活，不断探索真理。他不仅无情地批判论敌，而且也同样严格地对待自己。只要他认识到自己所信奉的学说站不住脚，他就毫不犹豫地放弃陈旧的错误观点，并进行深刻的反省，然后树立在他看来更为正确的新观点。正是这种真理的无私探求贯彻了他的一生，推动他的思想不断向前发展。

最早对俄国发生影响的西方思想主要来自法国启蒙学派和共济会，到 19 世纪则德国古典哲学的影响开始占统治地位。别林

---

① 　1842 年 12 月 9—10 日别林斯基写给波特金的信（《别林斯基全集》第 12 卷，1956 年俄文版，第 124 页）。

② 　别尔嘉耶夫：《俄罗斯思想》，第 57 页。

斯基在从事文学活动后的一个相当长的时期内，一直处于德国古典唯心主义哲学和美学的强烈影响下。由于他不能阅读德文原著，他对德国哲学和美学的了解主要是通过斯坦凯维奇、巴枯宁等友人的介绍，但他有非凡的接受和理解的能力，因此他对德国哲学的精神实质的把握甚至远远超过那些能用德文来写作的朋友。起初别林斯基接受的是费希特和谢林的学说。1836 年 7 月他到巴枯宁的庄园做客，初次接触到费希特哲学，他自己说："我用力地、疯狂地抓住费希特的思想。"① 当时谢林在俄国也颇受欢迎，包括别林斯基在内的一批俄国哲学家都深受谢林的影响②。但不久别林斯基就转向黑格尔哲学，成为黑格尔主义的忠实信奉者。他在给斯坦凯维奇的一封信中叙述了他接触黑格尔著作后的亲身感受，他写道："我从高加索来到莫斯科，Б（'哲学的门外汉'即巴枯宁）也来了，我们住在一起。夏天，他翻阅了黑格尔的宗教哲学和法哲学。一个新的世界在我们面前展开了。力量就是权利，权利也就是力量，——不，我无法向你描述我听到这些话时，心情是怎样的——这是一个解放……在此以前，还有 K（卡特柯夫）尽可能向我转达了，而我也尽可能地接受了《美学》的某些结果。——我的天哪，一个多么新的、光明的、无穷尽的世界！"③ 从这些话里可以看到别林斯基对黑格尔的仰慕之情，但他对黑格尔决不是盲目崇拜，而是始终保持着自己的独立自主的见解。同一年他在给巴枯宁的一封信中说，在谈到艺术时他是大胆和勇猛的，就连黑格尔本人的威信也不能限制他，"我极其尊敬黑格尔和他的哲学，可是这并不妨碍我认为……远不是它的一切评判都是神圣不可侵犯的和不容辩驳的"。④

在别林斯基的思想发展中，黑格尔主义无疑起过重要的作

---

① 《别林斯基全集》第 11 卷，第 271 页。
② 别林斯基是通过纳杰日丁的文章了解谢林哲学的。
③ 《别林斯基全集》第 11 卷，第 386 页。
④ 同上书，第 313 页。

用。他从开始醉心于黑格尔哲学而终于与之决裂，用他自己的话来说，"向黑格尔的哲学帽子告别"，是经历一个痛苦的思想过程的。有人认为，别林斯基对黑格尔哲学的迷恋只对他起了消极的影响，也有人认为产生这种消极的影响是出于他对黑格尔哲学的误解。问题的症结在于别林斯基对黑格尔的著名命题"凡是现实的都是合理的，凡是合理的都是现实的"的理解和由此受到的思想影响。在这之前，别林斯基是当时俄国现实的坚决批判者，但哲学上他是从费希特的抽象理想的观点出发去否定现实的，他因意识到这种否定缺乏充分的根据而感到苦恼，所以在黑格尔的这一命题影响下就走向了另一面，即"把任何同现实相矛盾的理想宣称为幻影"①，从而转而对现实采取肯定的态度，"与现实和解"。他在同巴枯宁和斯坦凯维奇等人的通信中坦率地承认，"当我意识到现实的合理性，看到不能从现实中抛弃任何东西，真叫我高兴得心花怒放"，他甚至说，"现实"这个词对他说来具有和"上帝"一词相同的意义②。别林斯基的这种与现实和解、为现实辩护的观点，引起了当时怀着激进的革命情绪的赫尔岑的极度不满。后来赫尔岑在回忆录中说，他为了反驳别林斯基肯定现实的合理性的观点而提出这样的责问："您知道您可以用您的新观点来证明我们生活在其下的极可怕的专制制度是合理的和应当存在的吗？"别林斯基却回答说："毫无疑问。"③可见，别林斯基确实曾一度被黑格尔哲学引入了怎样的歧途。

但是，正如普列汉诺夫指出，别林斯基的上述迷雾是接受了黑格尔哲学的保守方面的消极影响，然而除此之外他同时也从黑格尔的辩证法中获得很大的教益，使他学到用历史的辩证的观点去分析问题，而这对他的思想发展来说是更重要的。况且别林斯

---

① 《别林斯基与合理的现实》，见《普列汉诺夫哲学著作选集》第 4 卷，三联书店 1974 年版，第 473 页。

② 参阅别林斯基 1838 年 10 月 10 日给巴枯宁的信和 1839 年 9 月 29 日至 10 月 8 日给斯坦凯维奇的信。

③ 《往事与随想》，见《赫尔岑全集》第 9 卷，第 22 页。

基与现实的"和解"并没有维持多久，只是一个短暂的时期。俄国的现实生活实在太丑恶了，使人难以与之相妥协，严酷的现实比理论更有说服力，因此他很快就觉醒了。别林斯基自己诅咒"同丑恶的现实和解的丑恶的意图"，把这比作一场噩梦。他在1840年给波特金的信中说，"我醒过来了——回想起那场梦来，真是余悸在心……这是对于丑恶的俄国现实的强制性的和解"，这个俄国的现实真是丑恶到了极点，充满金钱和权力崇拜，贪污腐败，昏庸愚昧，道德沦丧，人们受压迫、遭苦难，书报检查横行，思想自由被根除殆尽。他激愤地写道，如果我还要为这一切进行辩解，就叫我的舌头烂掉！① 这样，别林斯基就结束了与现实的和解，重新向丑恶的俄国现实提出挑战，同时也公开宣布和黑格尔的"哲学帽子"告别。他对黑格尔的看法也发生变化，他说："我早就怀疑，黑格尔哲学只是一个契机，虽然是伟大的，但它的结果的绝对性是完全无用的，而且我宁可死也不同这些结果相妥协。"② 别林斯基在同黑格尔决裂以后又开始了新的探索，他认为，现实不是合理的，应当以人的名义对之进行根本的改造；应更重视个体的命运、个人的命运，以个人的名义、现实的人的名义去反对黑格尔主义强调的普遍精神。这样他就最后转向了费尔巴哈的人本主义。

对别林斯基有深入研究的普列汉诺夫曾对其思想发展作过一个简要的总结，他指出："别林斯基的思想悲剧的头三幕可以加上这样的标题：（1）抽象的理想和费希特主义；（2）在黑格尔哲学的'绝对'的结论的影响之下，同'现实'调和；（3）反抗'现实'，并且部分地过渡到抽象的'个性'观点，部分地过渡到具体的黑格尔的辩证观点。这一悲剧的第四幕是从同唯心主义完全决裂和转变到费尔巴哈的唯物主义的观点开始的。但是在这一幕的头几场以后死神之手就落下了幕布。"③

---

① 参看 1840 年 12 月 11 日别林斯基给波特金的信。
② 《别林斯基全集》第 12 卷，第 22 页。
③ 《普列汉诺夫哲学著作选集》第 4 卷，第 592 页。

应该说，以上这个总结是符合历史实际的。别林斯基作为西方派左翼的杰出代表，的确和德国古典哲学结下了不解之缘。普列汉诺夫阐明了德国唯心主义哲学，特别是黑格尔对别林斯基的思想影响，揭示了别林斯基思想发展的内在逻辑以及最后向费尔巴哈唯物主义转变的必然性。但是，只是用德国古典哲学的发展进程去解释别林斯基的思想演变是不够的，还应该充分估计到由于俄国的具体历史条件而形成的别林斯基思想的特殊性。别林斯基一向对德国哲学和美学评价很高，他曾说："德国人的影响，在许多方面对于我们都是大有益处的——无论是从科学和艺术方面来说也好，从精神和道德方面来说也好。"但他同时又强调指出，"每一个民族，都有自己的生活，自己的精神，自己的性格，自己的对事物的看法，自己的理解方法和行动方法"，因此，无论是做德国人或法国人，对我们说来都是不相宜的，因为我们必须做俄国人，"我们有自己的民族生活——深刻的、强大的、独创的生活"①。所以更确切地说，别林斯基美学思想乃是德国古典哲学的理论思考成果与俄国实际相结合的产物。

二　论艺术的本质

别林斯基美学的一个鲜明的特点是他从来不单纯地从事抽象的理论探讨，而总是紧密地结合具体的文学艺术现象。在他看来，"真正的美学的任务不在于解决艺术应当是什么的问题，而在于解决艺术是什么。换句话说，美学不应当把艺术当作某种预想好的东西来议论，当作是只能按照它的理论来实现的某种思想来议论；不，它应当把艺术当作是在美学出现以前早已存在的对象，而且美学本身的存在应当归功于艺术的存在。"② 因此，人类的艺术活动是美学理论的基础，美学应是艺术的理论概括，先

---

① 《别林斯基选集》第 2 卷，上海译文出版社 1979 年版，第 5—6 页。

② 《杰尔查文的作品》，见《别林斯基选集》，1949 年俄文版，第 432 页。

有艺术的存在，然后才有美学的产生。

但是，关于艺术是什么的问题，别林斯基前后却有迥然不同的解答，这是与他思想发展的演变相适应的。他在写于1834年的早期成名作《文学的幻想》一文里，从世界观的高度论述了他对艺术的理解。他这样写道："整个无限的美好的大千世界，不过是表现在数计不清的形式中，犹如绝对统一的奇景表现在无边的多样性中一样的一个统一的、永恒的理念（统一的、永恒的上帝的意思）的呼吸而已。只有凡人的火热的心，在其明澈的瞬间，才能够懂得，以庞大的太阳为心、银河为脉、纯粹的以太阳为血的那个宇宙的灵魂的胴体有多么伟大。这个理念不知道安息，它不断地生活着，就是说，它不断地创造，然后破坏；破坏，然后再创造。"正是从这样的观点出发，别林斯基提出了自己对"什么是艺术的使命和目标"的看法，他说："用言辞、声响、线条和色彩把大自然一般生活的理念描写出来，再现出来：这便是艺术的唯一而永恒的课题"，或者说，"艺术是宇宙的伟大理念在其无边多样的现象中的表现"[①]。这可以说是别林斯基给艺术所下的定义，代表了他当时对艺术的本质的理解。

从这里可以看得很清楚，别林斯基在开始文学活动的初期，德国古典唯心主义哲学和美学曾对他产生巨大的影响，他基本上是采用谢林和黑格尔的观点去观察世界和解释艺术的。在他看来，理念是无所不在的，它寓形于宇宙间的一切事物，是存在的一切事物的原因和生命。从光亮的太阳、瑰丽的行星、飘忽的彗星等天体，到大自然的各种现象如汹涌的大海浪潮、荒野上的飓风、小溪流水，以及生物界的雄狮的怒吼和人间的婴儿的眼泪、美人的微笑、人的意志、天才的创作，直到人类历史上的重大事件如民族大迁移、亚历山大的出征和恺撒的业绩等等，都无非是"以不断的活动为生命的那永恒理念的活动"。把从自然现象到

---

① 别林斯基：《文学的幻想》，见《别林斯基选集》第1卷，人民文学出版社1958年版，第18、21、24页。

人类社会历史事件的宇宙间一切事物都看作"永恒理念"的活动，并且把艺术看作"永恒理念"在其无限多样性的现象中的表现，这种观点无疑是来自以黑格尔为代表的德国客观唯心主义哲学和美学。不过别林斯基除了受到错误的唯心主义思想的影响外，也接受了黑格尔辩证法的有益的熏陶。在他看来，"永恒理念"不是静止不动、固定不变的，而是处于永不止息的自己运动和不断发展变化之中。他强调的是其中的矛盾和斗争，"没有斗争，就没有功绩，没有功绩，就没有酬报，而没有行动，就没有生活！人类所表现的，也就是个人所表现的：它无时无刻不在斗争，无时无刻不在改进"①。艺术既然要把理念描写出来，再现出来，当然就要表现这种生活的斗争，像莎士比亚那样去领悟地狱、人间和天堂，同样地考察善与恶，在富有灵感的透视中诊断宇宙脉搏的跳跃。

在 19 世纪 30 年代里，别林斯基对艺术的看法基本上是以黑格尔关于"艺术是理念的感性显现"的原理为依据的。他在《智慧的痛苦》一文（1839）中这样写道："诗是直观形式中的真实；它的创造物是肉身化了的概念，看得见的、可通过直观来体会的概念。因此，诗歌就是同样的哲学，同样的思维，因为它具有同样的内容——绝对真理，不过不是表现在概念从自身出发的辩证法的发展形式中，而是在概念直接体现为形象的形式中。"② 作为客观唯心主义者，黑格尔坚持认为思维是第一性的，而整个世界都是从思维中派生出来的，他在理念、绝对精神等名义下把思维转化为脱离人而存在的独立主体，成为现实事物的创造主。在他看来，艺术和哲学都是理念发展到高级阶段即绝对精神的不同表现形式，只是哲学以概念的形式、而艺术则是用感性形象来表现理念。显然，别林斯基早期对艺术的理解是来自黑格尔的，甚至到 19 世纪 40 年代初他开始对黑格尔哲学产生怀疑

---

① 《别林斯基选集》第 1 卷，第 20 页。
② 《别林斯基选集》第 2 卷，第 96 页。

后，他的艺术观也仍然受黑格尔主义的强烈影响。1841 年，他在《艺术的概念》一文中提出了一个艺术的定义："艺术是对于真理的直感的观察，或者说是用形象来思维"。他说，这个艺术定义中特别使人感到奇怪的无疑是把艺术叫做思维，因为人们通常把它们当作两个完全对立的范畴。接着他就对这里所说的思维做了这样的阐明："一切存在的东西，一切实有的东西，一切我们叫做物质和精神、大自然、生活、人类、历史、世界、宇宙的东西，都是自己进行思考的思维。一切现存的东西，一切这些无限繁复多样的世界生活的现象和事实，都不过是思维的形式和事实；因此，只有思维存在着，除了思维，什么都不存在。思维是行动，而每一个行动都一定先得假定有运动。思维是辩证的运动，或者是思想的自身内部的发展。运动或者发展，是思维的生命和本质。"① 从这些话里可以看出，别林斯基是以黑格尔的辩证唯心主义精神去理解思维的，他这里提出的艺术的定义实质上和他以前说的"艺术是理念在其无边多样的现象中的表现"是一致的，都是把艺术的本质看作是以感性形象去表现那普遍的精神实体，而这正是黑格尔美学的一条基本原理。

但是，别林斯基除了认为艺术的本质在于表现理念之外，还有另一种提法，那就是主张艺术应该从现实生活出发，而艺术的本质则在于真实地再现生活。在《论俄国中篇小说和果戈理君的中篇小说》一文（1835）中，他指出，古代世界的诗歌感兴趣的是描写理想生活，这样的时代已经过去，现在已到了现实生活的时代，诗歌不可能再凌空虚构，现实性的诗歌是我们时代真正的诗歌，"它的显著特色，在于对现实的忠实；它不改造生活，而是把生活复制、再现，像凸出的镜子一样，在一种观点之下把生活的复杂多彩的现象反映出来，从这些现象里面汲取那构成丰满的、生气勃勃的、统一的图画时所必需的种种东西"②。

---

① 《别林斯基选集》第 3 卷，第 95 页。
② 《别林斯基选集》第 1 卷，第 149—150 页。

因此，在现时代，艺术是和生活密切结合的，而新作品的显著特色在于毫无假借的直率，赤裸裸地表现生活，把全部可怕的丑恶和全部庄严的美一起揭发出来。"我们要求的不是生活的理想而是生活本身，像它原来的那样。不管好还是坏，我们不想装饰它，因为我们认为，在诗情的描写中，不管怎样都是同样美丽的，因此也就是真实的，而在有真实的地方，也就有诗。"① 从这种观点出发，别林斯基对莎士比亚作了高度评价，认为其创作的特色就是真实，最高的真理。他十分推崇果戈理，也正是由于果戈理的创作"极度忠实于生活"，深刻地反映了当时俄国的现实生活。

艺术是理念的表现，还是现实生活的再现，这本来是两种截然不同的观点，但在别林斯基深受黑格尔影响的某个时期，即所谓"与现实和解"的时期内，由于他力求把理念和现实调和起来，以上这两种观点在他那里是可以协调共处的。例如，在《孟采尔，歌德的批评家》一文中，别林斯基一方面认为艺术家是"用神奇的形象来实现神的概念"，另一方面又主张"艺术是现实的再现"，"按照实际的样子把生活表现出来"②。这两方面之所以能互相协调，是因为他用黑格尔主义的观点去理解现实，把现实的一切现象都看成是精神的必然现象，认为一切存在的东西，都是必要的、合法的、合理的。他对现实作了这样的解释："'现实'这个字眼意味着一切——可见的世界和精神的世界，事实的世界和概念的世界，认识中的理性和现象中的理性——总之，显露在自己面前的精神，是现实性。"③ 在他看来，既然现实本身就是理念的合理的表现，那么艺术表现理念和艺术再现现实这两种提法自然是不矛盾的。但是，如果说现实中的一切都是必然的、合理的，都可以归结为理念的表现，那么去再现现实也就要求与现实"和解"，别林斯基由此提出结论说："一部真正

---

① 《别林斯基选集》第 1 卷，第 150 页。
② 参看《别林斯基选集》第 2 卷，第 49、73 页。
③ 《别林斯基选集》第 2 卷，第 103 页。

富有艺术性的作品，把人的精神提高和扩大到洞察无限事物的地步，使人和现实和解起来，而不是使人去反对现实。"①

前面已经说过，在别林斯基的思想发展中与现实"和解"只是一个短暂的迷雾。随着他同黑格尔主义的决裂，他的艺术观也开始变化，于1841—1844年间基本上完成了从唯心主义向唯物主义的转变。转变的关键在于他对现实作了唯物主义的重新理解。

别林斯基在告别了黑格尔的"哲学帽子"后，并没有停止自己的哲学探索，仍十分关注德国哲学的新发展。他写道："以黑格尔为代表，哲学达到了自己高度的发展，但是，哲学作为深奥莫测的、与生活格格不入的知识，也和他一起宣告终结了。从今以后，已经发育成熟壮大起来的哲学又回到了生活。"② 费尔巴哈的唯物主义就是这种又回到了生活的哲学。别林斯基在自己思想发展的最后阶段，正是以费尔巴哈哲学的精神去重新审视自己的美学理论，对一些重要观点作了修正和补充。这首先表现在别林斯基对现实的看法上，过去他认为一切现实的都是合理的，现在则认为只是合理的东西才是现实的，而其余一切都是幻影。他提出"应当善于把合理的现实（是唯一现实的）同不合理的现实（是幻影和暂时的）区别开来"③。普列汉诺夫指出，别林斯基和黑格尔主义决裂后取得的最重要的理论上的成就，就在于认识到不是一切存在的东西都是现实的。别林斯基的这一新的认识使他对现实采取有分析的批判态度，他不再谈论什么理念的表现，而把现实看作客观的生活的真实，并以此作为衡量艺术作品的首要标准。他强调说："在艺术中，一切不忠于现实的东西，都是虚谎，它们所揭示的不是才能，而是庸碌无能。艺术是真实的表现，而只有现实才是至高无上的真实，一切超出现实之外的东西，也就是说，一切为某一个'作家'凭空虚构出来的现实，

① 《别林斯基选集》第2卷，第77页。
② 《别林斯基全集》第7卷，俄文版，第50页。
③ 《别林斯基全集》第6卷，俄文版，第477页。

都是虚谎，都是对真实的诽谤。"① 如果说他过去所说的真实，如"诗是直观形式中的真实"，指的是理念，那么现在说的"只有现实才是至高无上的真实"，指的就不再是理念，而是客观的现实生活本身了。

别林斯基的转变不是一下子完成的，而是经历了一个过程，在这过程中他有时还保留过去的一些提法，但现实生活越来越受重视而在他的理论中占首要位置。例如，在发表于 1841 年的《莱蒙托夫诗集》一文中，虽然他仍强调所谓"普遍事物"的存在，但实际上却把现实生活看作艺术的真正源泉。过去他曾认为，客观的自然本身不可能具有"绝对的美"，美是从灵魂深处发出的，美"隐藏在创造或者观察它们的那个人的灵魂里"②。现在他显然改变了看法，强调说"活生生的现实中包含有许多美好的东西，或者更确切点说，一切美好的东西仅仅包含在活生生的现实中"。因此，"现实本身是美的，但它之所以美，是在本质上，因素上，内容上，而不是在形式上"。现实是一块混杂着矿质和泥土的纯金，艺术则把现实这块金子清洗干净，把它锻炼成典雅的形式。"艺术并不虚构新的、实际上没有的现实，却是从那曾经有过、现在有、将来也会有的现实那里吸收现成的材料，现成的因素，总之一句话——现成的内容；赋予它们适当的形式，使其各部分配合匀称，并能被我们的视线全面地看到。"③ 这样，别林斯基就在艺术和现实的关系这个带根本性的美学问题上，开始摆脱唯心主义理念论的影响，逐步树立起主张艺术源自现实生活的唯物主义艺术观。他用比喻说，哲学的研究对象虽然是花朵，但不要忘记它扎根于土壤，也就是说，精神归根到底是物质的产物。"今天，现实之于艺术和文学，正如同土壤之于它

① 《别林斯基选集》第 2 卷，第 197 页。
② 参看《别林斯基选集》第 1 卷，第 221—222 页。
③ 参阅《1847 年俄国文选一瞥》，见《别林斯基选集》第 2 卷，时代出版社1952 年版，第 456、458 页。

在它怀抱里所培养的植物一样。"① 正是基于这样的认识，晚年的别林斯基最终确立了文学艺术中的现实主义美学原则。

当时俄罗斯文学艺术的发展也促进了别林斯基的现实主义艺术观的形成。在他看来，俄国文学经历了不同的时期，与以前的浪漫主义时期有别，最近一个时期俄国文学的成长和成熟的直接原因就是和生活接近，和现实接近。真正的俄国文学是从普希金开始的，他根本改变了俄国文学的性质，使之摆脱一切虚幻的理想而回到现实生活中来。别林斯基赞扬普希金的诗歌彻底被现实所渗透，显示出生活的自然的、真正的美，特别是把《叶甫盖尼·奥涅金》这部长诗称作"俄国生活的百科全书"和"现代社会的反映"。莱蒙托夫的作品也得到别林斯基肯定的评价，认为他真实地反映了生活，勇敢地对现实作了深刻的揭露，而不加粉饰和掩盖。果戈理则代表着俄国现实主义文学发展的新的高峰。别林斯基认为，从果戈理起，俄国文学就专门面向现实生活，成为"俄国社会的表现和写照"，"能够在其全部深度和广度上看透对象，在其全部现实性的丰满和完整上把握住它"②。果戈理的创作说明，艺术家的任务就是忠实地描写现实，他应该从现实生活中择取内容，把它如实地描画出来。别林斯基在去世前发表的最后一篇年度文学述评《1847 年俄国文学一瞥》中指出，过去的艺术定义已不适用于像果戈理那样的作品，"适用于他的作品的是另外一个艺术定义——艺术是在其全部真实性上的现实的复制"③。这个新的艺术定义标志着别林斯基的现实主义艺术观的最终形成。经过艰苦的思想探索，他终于克服了德国唯心主义的影响，在有关艺术的本质的问题上走向了现实主义的反映论。

---

① 《别林斯基选集》第 3 卷，第 700 页。

② 《1847 年俄国文学一瞥》，见《别林斯基选集》第 2 卷，时代出版社 1952 年版，第 339 页。

③ 同上书，第 400 页。

三　论形象思维和艺术典型

与艺术的本质密切相关的是艺术的审美特性问题，别林斯基非常重视这个问题，他总是强调艺术首先应当是艺术，应当具有它本身的特殊的审美价值。在探讨艺术的审美特性方面，他提出了一些重要的理论见解，主要有形象思维论和艺术典型说。

人们通常认为别林斯基是形象思维论的首创者，这在一定的意义上是正确的，但需要做一点说明和澄清。在别林斯基的著作中关于形象思维有两种提法，一是"寓于形象的思维"或"形象中的思维"（мышЛение в образах），一是"用形象来思考"（мысЛить образами）。二者实际上是有区别的，而别林斯基自己却似乎没有把二者分得很清楚。"寓于形象的思维"这个提法显然源自黑格尔，这里所说的思维是作为精神实体的普遍的思维抽象，而"用形象来思考"的提法则可以说是独创，说的是艺术家个人在进行创作时所使用的一种特殊的思维方式，也正是由于这种特殊的思维方式才赋予艺术作品以审美的特性。

别林斯基认为，艺术创作使用的形象思维不同于一般的科学思维之处在于，形象思维主要依靠想象，而科学思维则着重逻辑推理和判断；形象思维不是凭概念而是借助于直感的形象来进行思维，科学思维则离不开理智的作用和概念的推演。关于形象思维在艺术创作中的活动，别林斯基曾做过生动的描述："艺术家感觉在自身里面有一种被他所感受的概念，可是如一般所说，不能够明显地看到它，由于要使它对己对人变得可被触知而感到十分痛苦：这便是创作的第一步动作。"艺术家把这概念保持在自己感情的幽秘的殿堂里，像母亲怀胎一样，于是这概念渐次地显现在他的眼前，化为生动的形象，变成典型。"这些形象，这些典型，换次地胚胎、成熟、显现；最后，诗人已经看见了他们，和他们谈话，熟知他们的言语、行动、姿态、步调、容貌的轮廓，从多方面整个儿看见他们，亲眼目睹，清楚得如同白昼迎面相逢，在笔尖赋予他们形式之前就看见了他们。这就是创作的第二步动作。"然后，"诗人再把一切人都能看见并了解的形式赋予创作，这便是创作的第三步，也是最后一步动作"①。从以上的描述中可以清楚地看到，艺术家进行创作时的思维方式确有其特殊性，创作过程也就是形象的酝酿、形成、成熟和在作品中得以表现出来的过程。在别林斯基看来，这是艺术创作的普遍规律，不仅适用于文学，也同样适用于绘画和音乐等，无论是莎士比亚或是拉斐尔、莫扎特、贝多芬，都是这样进行创作的。

　　毋庸讳言，别林斯基在 19 世纪 30 年代提出形象思维论的时候，仍处于德国唯心主义美学的影响下，因此他的有些看法不免带有神秘色彩。例如，他把创作的主要标志说成是"神秘的灼见，诗的梦游病"，把形象的创造说成是在艺术家的灵魂里面受了某种崇高的神秘的力量的感应而创造出来的。后来，别林斯基逐渐摆脱了唯心主义的影响，可是他对艺术创作借助于形象思维的基本看法仍保持下来了，在《1841 年的俄国文学》中他写道："诗人是创造万物的大自然的敌手；像大自然一样，他力图通过美丽的、充满生机而且带有理想的生活的形象，来捕捉飘荡在广阔空间的无形体的生活之精灵，把神圣事物体现在尘世事物中，用神圣事物来照亮尘世事物……诗人忍受不了抽象概念：他在创作的时候，是用形象来思维的，而任何形象，只有当它明确而完全被人所认识时，才是美丽的。"② 直到别林斯基晚年，他的许多观点已经发生变化，但他还是强调指出艺术思维不同于科学思维的特殊性。他认为，诗歌也同样进行议论和思考，只不过它是借助于想象用形象和图画而不是用三段论法来进行议论和思考的。他说："政治经济学家运用统计的材料，作用于读者或听众的理智，证明社会中某一阶级的状况，由于某些原因，业已大大改善，或者大大恶化。诗人则运用生动而鲜明的现实的描绘，作用于读者的想象，在真实的画面里面显示社会中某一阶级的状

---

① 参看《别林斯基选集》第 1 卷，第 173—174 页。
② 《别林斯基选集》第 3 卷，第 278—279 页。

况，由于某些原因，业已大为改善，或者大为恶化。一个是证明，另一个是显示，他们都在说服人，所不同的只是一个用逻辑论据，另一个用描绘而已。"① 因此，艺术与科学不同，但它们的区别不在内容，而在处理内容的方式，正由于艺术所采用的那种形象化的方式，才使它具有一般科学所缺乏的审美特质。

除了形象思维论之外，别林斯基在阐明艺术的审美特性方面的另一重要贡献是他关于艺术典型的论述。典型说当然不是别林斯基的首创，而是美学中的一个老问题，但他对艺术典型的审美价值做了深刻的探讨，有不少真知灼见，其认识的深度甚至超过他的一些著名的后继者如车尔尼雪夫斯基和皮萨列夫。

在别林斯基看来，典型性是艺术作品能否取得成功的决定性因素。他说："创作独创性的，或者更确切点说，创作本身的显著标志之一，就是这典型性——如果可以这样说的话，——这就是作者的纹章印记。"② 他甚至认为："典型性是创作的基本法则之一，没有典型性，就没有创作。"③ 关于什么是典型的问题，他是这样解释的，他说作品中的典型是"个人，同时又是许多人，一个人物，同时又是许多人物，也就是说，把一个人描写成这样，使他在自身中包括着表达同一概念的许多人，整类的人"④。他认为，"对于诗人来说，不存在零碎的和偶然的现象，却只有典范，或者典型形象，这些典范和典型形象同现实现象之间的关系，正犹如类与科之间的关系一样，并且尽管具有个性和特殊性，可是它们却在自身之中潜藏着表现某一特定概念的整类现象的一切普遍的、类的特征。因此，一部艺术作品里的每一个人物都是无数同一类人物的代表"⑤。例如，莎士比亚笔下的奥

---

① 《1847 年俄国文学一瞥》，见《别林斯基选集》第 2 卷，时代出版社 1952 年版，第 429 页。

② 《别林斯基选集》第 1 卷，第 186 页。

③ 《别林斯基选集》第 2 卷，第 25 页。

④ 同上书，第 24 页。

⑤ 《1847 年俄国文选一瞥》，见《别林斯基选集》第 2 卷，时代出版社 1952 年版，第 459 页。

赛罗是一个典型，这个人物既有自己的丰富的独特的个性，同时又体现了嫉妒这种人类中间相当普遍存在的强烈情欲，是嫉妒的人的整个范畴、整个类的代表。因此，典型是特殊性和普遍性的结合。别林斯基说，在一位真正有才能的作家笔下，每一个人物都是典型，每一个典型对于读者都是似曾相识的不相识者。"似曾相识"是因为典型身上体现着人们所熟悉的普遍性、共性，同时又"不相识"，则是因为典型具有与众不同的特殊性、个性，是艺术家的新创造。

　　那么，典型是怎样创造出来的呢？别林斯基认为，创造典型绝不是把散处自然界的某一概念的特征集合起来，集中在一个人物身上，因为这种集合不能不是机械的拼凑，这就违反了创作的动力学的过程。典型的创造更不能是想象一些事实上没有也不可能有的东西，凭空想去创造，也不能是修饰自然和生造出"十全十美的人"。他指出，"典范是普遍的（绝对的）概念，它否定了自己的普遍性而成为个别现象，但在变成个别现象之后，又回复到普遍性上来"。在这个过程中，当然免不了把现实理想化，但这完全不是意味着修饰现实，而是意味着"通过个别的、有限的现象来表现普遍的、无限的事物，不是从现实中摹写某些偶然现象，而是创造典型的形象，其典型性是由于它们所表现的普遍概念所决定的"①。从别林斯基的以上论述中可以明显地看到黑格尔的思想影响，但他用辩证法的观点去解释典型创造过程中个别与普遍的关系，他对典型的理解是相当深刻的。

　　别林斯基的典型理论使他的现实主义艺术观更加丰满和完善了。在他看来，艺术固然是来源于现实生活，是现实的再现，但通过典型形象的创造，艺术又在一定意义上高于现实生活，甚至在艺术中比在现实中"生活更显得是生活"。问题在于，艺术中所描绘和再现的现实，已不再是原来的那个现实了。因此，一个

---

　　① 《1847 年俄国文选一瞥》，见《别林斯基选集》第 2 卷，时代出版社 1952 年版，第 458 页。

才能卓著的画家创造的风景画，可能比任何大自然中的如画美景都更好，"因为它里面没有任何偶然的和多余的东西，一切局部从属于总体，一切朝向同一个目标，一切构成一个美丽的、完整的、个别的存在"①。艺术并不是单纯地模拟现实，而是向现实借用材料，把它们提高到普遍的、典型的意义上来，使它们成为严整的整体。所以艺术家并不是现实的奴隶，而是创造者；并不是被现实牵着走，而是把自己的理想带进现实，并且按理想来改变现实。但是，别林斯基指出，不应把"理想"理解为夸张、虚谎、幼稚的幻想，而应理解为"正如生活本身的现实的事实"，"可是，这不是从现实摹写下来的事实，而是通过诗人的幻想而产生、被普遍的（不是例外的、局部的和偶然的）意义的光所照亮、提升为创作绝品的事实，因此，它酷肖自己，忠实于自己，更甚于盲目的对现实的抄袭之忠实于原物"②。单纯模拟自然的，不是画家，而是画匠，模拟得越是正确，就越是毫无生气。然而在伟大画家的肖像画中，一个人甚至比他在照相中都更像他自己，因为伟大画家把隐藏在这个人内心里的秘密都明确地揭示了出来。正因为如此，一个真正的艺术作品比逼真的模仿之作具有不可比拟的审美价值。如果不具有审美的特性，也就不成其为艺术。

晚年的别林斯基一方面更坚持艺术反映现象这一现实主义原则，另一方面也努力探索这种反映的特殊性和创造性。他虽然把文学艺术比作镜子，但并不认为应该像镜子那样消极被动地反映对象，而认为这种反映应该是积极主动的、创造性的。文学艺术不仅要客观地反映现实，而且要反映整个民族的精神和生活，表现时代精神和倾向，因此单是忠实地摹写现实还是不够的，"必须能通过想象，把现实的现象表达出来，赋予它们新的生命"，关键是要创造出生动的具有普遍意义的艺术典型形象，因为

---

① 《1847年俄国文选一瞥》，见《别林斯基选集》第2卷，时代出版社1952年版，第458页。

② 《别林斯基选集》第3卷，第700页。

"诗人所应该表现的，不是特殊的和偶然的，而是一般的和必要的、赋予他的时代以色彩和意义的东西"。由此别林斯基得出结论说，"艺术是现实的复制，是再现的、仿佛是重新创造的世界"。① 这里重要的是他强调艺术是"重新创造的世界"，艺术的奥秘可以说被他一语道破了。这也是他比后来的车尔尼雪夫斯基高明的地方。

四 论艺术创作

在别林斯基的美学思想中，关于艺术创作的理论占有相当重要的位置。在这个问题上，他的看法前后也有所变化。

别林斯基早期曾受到德国唯心主义哲学的另一代表人物谢林的思想影响，这种影响特别明显地表现在他有关艺术创作过程的论述中。当时谢林美学曾在俄国风行一时，尤其是谢林鼓吹无意识性在艺术创作中的重大作用得到不少人的响应，其中也包括别林斯基。别林斯基像谢林一样，认为艺术创作过程是有意识活动和无意识活动的结合，而无意识活动则在创作中扮演主要的角色。他说："创作的能力，是自然的伟大的禀赋；创作者灵魂里的创作行为，是伟大的秘密；创作的瞬间，是伟大的任务执行的瞬间；创作是无目的而又有目的，不自觉而又自觉，不依存而又依存的：这便是它的基本法则。"② 按他的看法，艺术创作的开始是艺术家感觉到创作的要求，这种要求并不是出于艺术家的自觉，而是突然地、出乎意外地、完全与艺术家的意志无关地降临的。创作的要求引来一种概念，它隐藏在艺术家的灵魂里，占据它，压迫它，但艺术家对概念并不能有所抉择，而只是不由自主地摄取它。因此，艺术创作是从无意识状态开始的。接着是概念逐渐化为具体的栩栩如生的形象，这也是无意识的，只有到创作过程的最后阶段把形象付诸实现才是艺术家自觉的、有意识的活

---

① 以上参阅《别林斯基选集》第 2 卷，时代出版社 1952 年版，第 415—420 页。

② 《别林斯基选集》第 1 卷，第 173 页。

动，但比较地说，这最后一步动作并不十分重要。别林斯基虽然谈到自觉和不自觉这两种因素，可是艺术家的自觉仅仅表现为他有创作的意图，而创作的具体内容则完全产生于无意识、不自觉的活动。他指出："当诗人创作的时候，他想在诗的象征中表现某种概念，从而他是有目的，并且自觉地行动着的。可是，不管是概念的抉择或是它的发展，都不依存于他那被理智所支配的意志，从而他的行动是无目的的和不自觉的。"① 所以他认为，艺术创作并不是长期的、多方面的经验和精细的观察的结果，而是在艺术家的灵魂里面仿佛是受了某种崇高的神秘力量的感应而创造出来的。

既然艺术创作在很大程度上是无意识的，那么创作的动力是什么呢？别林斯基认为，艺术创作活动主要是依靠灵感，"只有灵感才能够创造"，而灵感却是不依存于创作者本人的。他说："艺术家的灵感是这样自由，他自己不能命令它，却只能听命于它，因为它包含在他里面，但却不受他支配，他不能为自己的作品选定题目，因为深奥莫测的现象不知不觉地在他的灵魂里产生了，他后来才以惊人之笔把这些现象描绘出来。他不是在他愿意的时候，而是在他能够的时候，进行创作；他等待灵感，却不能招之即来，挥之即去。"② 在他看来，灵感是一切创作的源泉，艺术作品是灵感的产物，在创作过程中理智和自觉不是起积极参与的作用，"柏拉图称之为迷狂的灵感才是创作的独一无二的、起积极参与的东西，而理智则是和创作敌对，扼杀创作的"③。以上这些话说明，早期别林斯基把艺术创作看作基本上是一种非理性的活动。由于艺术创作主要依赖于灵感，而灵感又完全不取决于个人的学习和努力，因此它只能是一种天赋。所谓艺术家，就是少数与众不同的具有天赋灵感的天才，只有他们才能创造出真正的艺术作品。

---

① 《别林斯基选集》第 1 卷，第 174 页。
② 《别林斯基选集》第 2 卷，第 50 页。
③ 同上书，第 473 页。

　　别林斯基这个时期关于艺术创作的许多观点，如对无意识性的强调和对灵感、天才的推崇等等，都深受谢林的非理性主义哲学的影响。后来当他开始对德国唯心主义采取批判态度时，也相应地对自己的一些观点做了适当的修正，这突出地表现在有关无意识性的问题上。普列汉诺夫在《别林斯基的文学观点》一文中关于这一点指出："别林斯基在自己活动的最初两个时期（也就是在醉心黑格尔绝对哲学以前的时期和醉心它的时期），曾经认为无意识性是任何诗的创作的主要特征和必要条件；后来他对于这一点就讲得不那么肯定了，但他从来也没有停止过认为无意识性在真正艺术家的活动中具有巨大意义。"① 普列汉诺夫指出了别林斯基的立场的变化，但没有把事情说清楚。实际上，别林斯基的观点的转变在于，原先他认为无意识的因素在艺术创作中占主导地位并起决定作用，而有意识的或自觉的因素则是次要的，仅仅起见证的作用；后来他重新对无意识因素的作用作适当的估计，抛弃了对它的唯心的、神秘化的解释，开始赋予有意识的因素以主导的地位，把艺术创作理解为主要是艺术家自觉的活动。

　　从 19 世纪 40 年代开始，别林斯基在一些文章里一方面仍强调艺术创作活动的无意识性和灵感的决定作用，另一方面则提出了艺术创作中的一个重要的新因素即思考的因素。他说："我们的时代，是认识、哲学精神、思考、'反省'的时代。问题——这便是我们时代的最主要的东西"，而由于我们的时代是思考的时代，"因此，反省（思考）是我们时代的诗歌的合理因素"②。思考和反省是人的一种自觉的思维活动，不可能是无意识的。所以他试图修正以前的说法，用"直感性"来代替"不自觉性"。他指出，"直感性"和"不自觉性"并不是同义语，直感性中可能有不自觉性，但并非永远如此，有些东西是直感性产生而决不

---

① 《普列汉诺夫美学论文集》第 1 卷，人民出版社 1983 年版，第 221—222 页。
② 《别林斯基选集》第 2 卷，第 503、506 页。

是不自觉地产生的，艺术就是这样。"现象的直感性是艺术的基本法则，确定不移的条件，赋予艺术崇高的、神秘的意义；可是，不自觉性不但不是艺术的必要的属性，并且是跟艺术敌对的，贬低艺术的。"① 从别林斯基过去认为理智和自觉在创作活动中不起积极参与作用并且是与创作相敌对的观点，到现在认为创作需要思考而不自觉性则是和艺术相敌对而且贬低艺术的观点，确实是一个重大思想转变，这标志着他已经与谢林的非理性主义哲学分手。

别林斯基直到晚年也不否认艺术创作活动中的无意识性因素的存在，但他越来越强调艺术创作的思想性和自觉性，把自觉的思维活动提高到主导的地位。他把文学称为"用语言表达的人民思想的最后和最高的表现"，认为文学不仅是个人的自觉的活动，而且还是社会自觉的表现、整个民族意识的自觉表现。他指出："文学是整个社会的所有物，反过来，社会又通过文学，在自觉的、优雅的形式中获得以其直感生活为源泉的一切东西。社会在文学中提升为典范，化为自觉的自己的现实生活。"② 这样说来，创作就不能不是一种自觉的活动，其所以如此，还有认识方面的理由。艺术的描绘对象应该是普遍事物，是概念，当然这不是抽象概念，而是具体的、特殊化的，但却渗透着普遍内容的概念，在艺术作品中，这概念和形式必须有机地融而为一。可是，对艺术家来说，首先必须对要表现的概念有明确的认识，如果概念在创作者头脑中不明确和不清楚，那么形式也不可能是充分美好的。伟大诗人的特点就是明确性，创造的形象只有当它明确而且完全被人所认识时，才是美的。诗人面向现实生活，首先需要对生活本质有深刻的洞察。别林斯基说，现在要在诗歌方面取得成就，光有才能已经不够了，还要有思想，要在时代精神方面有所创造，有所发展。社会不愿意把诗人看作一个逗乐角色，

① 《别林斯基选集》第 3 卷，第 107 页。
② 同上书，第 123 页。

"却要把他看作自己的精神的、理想的、生活的代表，解答最艰深问题的先知，能够先于别人在自己身上发现大家共有的病痛，并以诗情的再现来治疗这些病痛的医生。"① 对画家来说，现在光靠自由挥动画笔和支配调色的本领，也成不了伟大画家了。"概念、内容、创作理性——这些便是衡量伟大的艺术家的尺度。"② 过去别林斯基看重灵感和才能在艺术创作中的作用，现在则把思想、科学的认识作为必要的条件。他说："今天，所有的诗人，甚至包括伟大的诗人，都必须同时是思想家才行，否则，纵令具有才华，也无补于实际。"今天科学变成了艺术的抚育者，如果没有科学，灵感是虚弱的，才能是无力的。③ 在艺术创作中，理性现在扮演重要的主角。他指出，我们的时代，整个儿是问题，整个儿是追求，整个儿是对于真理的探索和向往，而这一切都应俯首听命于理性。"我们时代的艺术本身是个什么东西？——那是对于社会的判断、分析，因而也是批评。思维的因素现在甚至跟艺术的因素融合在一起了，——如果一部艺术作品只是为描写生活而描写生活，如果它不是痛苦的哀号或者欢乐的颂赞，如果它不是问题或者对于问题的解答，那么，对于我们时代说来，它便是一部僵死的作品。"④ 这样，别林斯基就彻底清除了非理性主义艺术创作论对他的影响。

五　论艺术的目的和社会使命

关于艺术的目的和社会使命也是别林斯基着重探讨的问题，他的观点也有一个演变的过程。这最明显地表现在他对主张"为艺术而艺术"的所谓"纯艺术论"的态度上。

别林斯基在成熟时期的许多著作中对"纯艺术论"进行尖锐而深刻的批判，这成为他留给俄国革命民主派的珍贵的美学遗

---

① 《别林斯基选集》第 3 卷，第 331 页。
② 同上书，第 504 页。
③ 同上书，第 568 页。
④ 同上书，第 575 页。

产之一。但是，实事求是地说，他在刚开始文学批评活动时，不仅没有和"纯艺术论"划清界限，而且还以自己的某些论点支持了这种错误理论，只是后来才与之彻底决裂而转而对它采取批判态度。与别林斯基过从甚密的巴纳耶夫在《文学回忆录》中曾谈及别林斯基早期思想状况。他说，别林斯基在接受了巴枯宁对黑格尔关于"一切现实的都是合理的"这一命题的解释后，以蔑视的态度批评 18 世纪法国百科全书派，批评那些不承认"为艺术而艺术"论的批评家，批评那些追求新生活和社会革新的作家，"对他来说，艺术构成着某个最高的、独立的、自身封闭的世界，这个世界只与永恒真理有关"[①]。巴纳耶夫的上述说法可以从别林斯基当时的文章里得到印证。

早在《文学的幻想》一文中，别林斯基就表示赞同"纯艺术论"所宣扬的艺术的目的在于自身的观点。他说，诗人"如果在作品中力图使你们从他的观点来看生活，那时他已经不再是诗人，却是一个思想家，并且是一个恶劣的、用意不良的、该诅咒的思想家，因为诗歌除了自身之外是没有目的的"[②]。在他看来，只有当诗人不由自主地遵循他的想象的瞬息闪烁而写作时，他才是一个诗人，只要诗人给自己设定目标，提出课题，他就不再是诗人而失去其诱人的魔力了。因此，诗人、艺术家是和思想家、哲学家相对立的，诗歌以至一般艺术不能用来服务于其他目的，不能用来宣扬特定的思想和观点。别林斯基的这些看法和他当时强调艺术创作的无意识性紧密相关，照他说来，艺术作品是出于本能地从艺术家的灵魂里奔泻而出；是依赖于艺术家自己也无法控制的灵感的，那么艺术自然也不可能有什么事先预定的目的了。别林斯基甚至认为，诗人是他的对象的"奴隶"，因为不管是对象的抉择或对象的发展，他都无权过问，无论是命令、订货或本人的意志，都不能使他创作。因此，即使诗人主观上想要

---

① 参阅巴纳耶夫《文学回忆录》，1950 年俄文版，第 184—185 页。
② 《别林斯基选集》第 1 卷，第 23 页。

为一个特定的社会目的服务，事实上他也是做不到的。别林斯基反对利用艺术去达到社会目的，反对把诗人看成他所谓的"包工头"，这种立场基本上是和"纯艺术论"相一致的。

别林斯基在早期著作中赞同"纯艺术论"的一些观点，是和他当时接受德国古典唯心主义哲学和美学的强烈影响分不开的。从康德到谢林、黑格尔，关于审美判断的无利害关系性和艺术本身就是目的的思想，确实为"纯艺术论"的形成提供了理论根据。特别是谢林竭力鼓吹艺术创作在原则上是"绝对自由的活动"，任何其他创造活动都由外在目的所引起，唯有艺术没有自身以外的任何目的，正是这种独立性产生了艺术的"神圣性"和"纯洁性"。① 所以艺术不应有任何功利的考虑，也不应为任何其他目的服务。谢林的艺术至上的思想曾被德国浪漫派奉为圭臬，也影响了别林斯基。但是，除了来自德国的思想影响外，别林斯基附和"纯艺术论"的主张还有其一定的历史原因。当时沙皇政府和俄国一些反动文人为他们推行的文化专制政策制造舆论，要求文艺必须为封建农奴制的反动政治服务。别林斯基为了抵制这种文化专制，反对反动政治对文艺的干预，反对迫使艺术家充当沙皇政府的吹鼓手或"包工头"，维护文学艺术的独立性是完全可以理解的。问题在于他错误地向"纯艺术论"借用论辩的武器而陷入了另一种片面性，即认为艺术不仅不应该为反动的社会目的服务，而且在原则上不应该为任何社会目的服务，于是艺术就成为与社会政治截然分离的独立王国。他认为政治是与艺术无关的"琐事"，似乎艺术只需表现"人类绝对发展"就够了，不能也不必去涉及"公民的和政治的因素"。二者应该分开，"不能按照政治来议论艺术，也不能按照艺术来议论政治"。因此，人们（包括批评家在内）只能用艺术性的观点，而不能用其他社会的或政治的观点去衡量艺术。艺术家应该"不去干预政治及政府事务"，同时他也不应该受到政治的干预。

---

① 参阅谢林《先验唯心论体系》，商务印书馆 1977 年版，第 271 页。

别林斯基作出结论说："社会不应该为艺术牺牲自己的重要利益，或者为它而背离自己的目的。艺术只能通过为自己服务，来为社会服务。让它们井水不犯河水，各走各的道路吧。"①

但是，别林斯基毕竟不是那种逃避现实、躲在象牙塔里孤芳自赏的"纯艺术论者"。作为一个革命民主主义者，他甚至在大力宣扬艺术除自身以外别无目的时，也没有把社会和祖国的利益置之脑后。他说，一个真正的诗人，必然要对祖国表示同情，分担祖国的希望，以祖国的痛苦为痛苦，以祖国的欢乐为欢乐。"如果诗人不对社会抱同情，不是社会生活的参与者，不是社会能把自己的秘密加以信托的人，他难道能够正确地描写社会吗？"② 又说："一个活人，在他的灵魂里，在他的心里，在他的血液里，负载着社会的生活：他为社会的疾病而疼痛，为社会的苦难而痛苦，随着社会的健康而蓬勃发展，为社会的幸福而感到快乐。"③ 既然如此，艺术家怎么可能只以艺术本身为目的，"为艺术而艺术"，而不顾其他的社会目的呢？这显然是和"纯艺术论"的主张相矛盾的。因此，随着别林斯基哲学思想的演变，他开始转而对"纯艺术论"采取批判分析的态度。他批评某些人直到今天仍天真地宣称艺术是艺术，生活是生活，二者之间没有任何共通之处，这些人是"拾人唾余"，只是重复"为艺术而艺术"的老调。他认为艺术应该顾及社会的兴趣、人类的兴趣，艺术并不是与整个社会利益漠不相干的独立王国，而是"人类生活的脉搏的跳动"。他对自己思想的这一变化作过说明，他说："我们自己曾经一度是美的概念的热诚信徒，不但把美看成是一种唯一的、独立的因素，并且看成是艺术的唯一目的。理解艺术的过程总是从这一点开始的，为美而美，艺术本身就是目的，总是这个过程的第一个步骤，漏掉这一步骤，就意味着永远不会理解艺术。"但他又指出，停留在这一步骤上，就意味着片

① 《别林斯基选集》第 2 卷，第 60 页。
② 《别林斯基选集》第 1 卷，第 252—253 页。
③ 《别林斯基选集》第 2 卷，第 455 页。

面地理解艺术。美是艺术的必不可缺的条件，没有美也就不可能有艺术。可是，光是有美，艺术还是不会得到什么结果，特别在我们今天是如此。美已经变成艺术的手段，而不是艺术的目的了。他强调说："艺术如果没有具有历史意义的合理内容，作为当代意识的表现来看，它就只能使一些根据古老传统酷爱艺术性的人们满足而已。我们的时代特别对于这种艺术倾向是表示敌对的。我们的时代坚决反对为艺术而艺术，为美而美。"①

别林斯基认为，虽然艺术本身就是目的这种看法包含着"一部分真理"，"纯艺术论"对俄国文学艺术的发展也起过一定的作用，但这个阶段毕竟已经一去不复返了。现在对艺术要有更高的要求，"每一部艺术作品一定要在对时代、对历史的现代性的关系中，在艺术家对社会的关系中，得到考察"，而批评的任务就是要把创作自由同为时代的历史精神服务、为真理服务这二者调和起来。这就是说，艺术除了本身的审美价值以外，还有其他崇高的目的，即为社会进步和真理服务。别林斯基对那些坚持"为艺术而艺术"、主张"像鸟一样为自己而歌唱"的人，提出了尖锐的批评。他说，这种人给自己创造出跟当代历史现实毫无共通之处的一片世界，设想艺术不是尘世间的事情，艺术应该悬空在虚无缥缈的云端里，世间的苦难和希望都不应该烦扰艺术的神秘灼见和诗意观察，他们创作出来的作品不管多么规模宏大，也不会走进生活中去，不会唤起现代人或后代人的喜悦和共鸣。这些人即使有才华，也不会有多大成就，很快就会被社会忘记。"这是因为：这些人既没有对生活的看法，也没有构成灵魂和心灵的信仰的血肉相连的信念，也没有学说，也没有原则；这是因为：他们只是为写作而写作，正像鸟儿只是为歌唱而歌唱一样。他们对社会既没有爱，也没有憎，既没有同情，也没有仇恨，他们赖以跟社会维系的，不是靠了以对于时代和社会的概念的激情作为基础的精神联系，而是靠了外部的羁绊。反过来，社会只是

---

① 以上参阅《别林斯基选集》第 3 卷，第 581—584 页。

把他们看作供人消遣、给人逗乐的角色"①。别林斯基把这种所谓"纯艺术"看得很低，认为它对社会历史发展起不了什么作用，而他心目中的真正的艺术则是从属于历史发展过程的，如他所说，"我们时代的艺术是关于生活的意义和目的、关于人类的道路、关于生存的永恒真理的现代意识和现代思维的通过典雅形象的表现、实现"②。因此，艺术的目的不能仅仅局限于自身，它还应担负起重大的社会使命。

在别林斯基思想发展后期，他更加强调艺术的社会作用，对"纯艺术论"的批判也更深刻了。他在《1847 年俄国文学一瞥》一文中系统地揭露了"纯艺术论"的错误实质，深入地阐明它无论是从历史上或理论上来说都是站不住脚的。他指出，"纯艺术论"纯粹是德国的产品，只能产生于从事思辨和梦想的民族中，而且这种认为除自身以外别无目的的所谓"纯艺术"究竟是什么，连它的拥护者也说不出所以然。实际上，"纯粹的、超然的、无条件的、或像哲学家所说，绝对的艺术，在任何时候、任何地方都是不存在的"。他说，艺术当然首先必须是艺术，可是如果把艺术设想成处在自己特殊的小天地里、与生活的其他方面无关的纯粹的、排他的东西，那么这种想法完全是空幻的，因为那样的艺术事实上是从来不曾有过的。生活虽然可以分成许多各有其独立性的领域，但这些领域却息息相关地融合为一，相互之间并没有不可逾越的鸿沟。因此，不管把生活怎样分割，它总是统一的、完整的，根本就不存在一个不受外来社会影响的艺术独立王国，这样也就从根本上取消了"纯艺术论"赖以产生的理论根据。从另一方面说，艺术家个人的人格也不是什么无条件的、孤立的、超脱任何外在影响的东西。他首先是一个人，然后是他的祖国的公民，他的时代的子孙。他不能不受民族和时代的精神的影响，历史性的社会运动也不能不在他的作品上留下深刻

---

① 《别林斯基选集》第 3 卷，第 586—587 页。
② 同上书，第 588 页。

烙印。在这种情况下，一个艺术家即使真的想"为艺术而艺术"，实际上也是做不到的。这样，别林斯基就最后彻底清除了"纯艺术论"的思想影响，他经过长期的探索终于达到了对艺术的社会作用的一种新的革命的理解。艺术走出了狭小的象牙塔，已不再被当作仅仅给人以美的享受或供人娱乐的工具，而首先被他看作启发人民觉悟、为社会进步事业服务的有力武器。他说："艺术利益本身，不得不让位于对人类更重要的别的利益，艺术高贵地为这些利益服务，做它们的喉舌。可是，它毫不因此而中止其为艺术，而只是获得了新的特质。夺去艺术为社会利益服务的权利，这是贬抑它，却不是提高它，因为这意味着夺去它的最泼辣的力量，即：思想，使之成为消闲享乐之物，游手好闲的懒人的玩具。"①

这可以说是别林斯基的全部文艺批评活动最后得出的一个光辉的结论，同时又是继承他的事业的整整一代俄国革命民主派文艺思想家的一个重要的起点，他们正是沿着别林斯基所开辟的道路前进的。杜勃罗留波夫说得好："不管俄国文学中发生了什么，不管它发展得多么茂盛，别林斯基将永远是它的骄傲，它的荣誉，它的光荣。直到现在，在我们这里刚刚出现的一切优美的、高贵的事物上，都可以明显地感觉到他的影响；直到现在，我们每一个优秀的文学活动家都承认，他自己的发展大部分应直接或间接地归功于别林斯基。"②

第三节　车尔尼雪夫斯基

别林斯基文学事业的直接继承者是车尔尼雪夫斯基，他作为俄国平民知识分子出身的新一代革命思想家，把 19 世纪俄国美学理论提高到一个新的阶段。普列汉诺夫曾对他的贡献作出这样

---

① 《别林斯基选集》第 2 卷，时代出版社 1952 年版，第 427—428 页。
② 《杜勃罗留波夫选集》，1948 年俄文版，第 396 页。

的评价："如果说别林斯基是我国启蒙运动者的始祖，那么车尔尼雪夫斯基就是他们的最杰出的代表。他的文学观点，以及一般讲来，他的美学观点，对于俄国批评的进一步发展具有重大的影响。"①

1828 年，尼古拉·加甫利洛维奇·车尔尼雪夫斯基生于俄国萨拉托夫的一个神甫家庭，1846 年入彼得堡大学历史语言系学习，在学生时代深受赫尔岑、别林斯基及其他俄国进步作家的影响，并广泛阅读西欧某些空想社会主义者、英国经济学家和德国古典哲学家的著作，同情欧洲人民的革命斗争。大学毕业后曾去萨拉托夫中学任教，1853 年回彼得堡开始为刊物工作。1855 年，他通过了学位论文《艺术与现实的美学关系》的答辩。在短短几年内，他写了大量有关哲学、经济学、政治、文学和美学的著作和论文，如《莱辛，他的时代、生平与活动》、《哲学中的人本主义原理》、《资本与劳动》、《果戈理时期俄国文学概观》等，对当时俄国知识界影响巨大，他所主持的《现代人》杂志也成为宣传革命民主派思想的舆论阵地。为此他遭到沙皇政府的残酷迫害，于 1862 年被逮捕囚禁于彼得保罗要塞，他在狱中完成了著名小说《怎么办?》。1864 年他被当局判处 7 年苦役并永久流放到西伯利亚。直到 1889 年，他才被允许迁居故乡萨拉托夫，不久就因病逝世。他的坚贞不拔的性格和威武不屈的品质，使他成为好几代俄国进步青年的崇拜人物，被誉为"俄国的普罗米修斯"。马克思和恩格斯也赞赏车尔尼雪夫斯基的著作，认为它们给予俄罗斯以"真正的光荣"，还指出这位"俄国的伟大学者"出色地说明了资产阶级经济学的破产②。

在马克思主义传入俄国以前，车尔尼雪夫斯基是俄国革命运动的旗手，他不仅是卓越的思想家和理论家，而且是政治活动

---

① 《尼·加·车尔尼雪夫斯基的美学理论》，见《普列汉诺夫美学论文集》第 1 卷，人民出版社，第 255 页。

② 《资本论》第 1 卷第 2 版，见《马克思恩格斯全集》第 23 卷，人民出版社，第 17—18 页。

家。他的活动主要是在 186? 年俄国的所谓 "农奴制改革" 前后的时期内进行的。当时在国内外危机交困下俄国农奴制已濒临灭亡，眼看就要崩溃。俄国在克里米亚战争中的失败充分暴露了貌似强大的沙皇政府的腐败无能和虚弱，它不仅使俄国争霸欧洲的国际地位一落千丈，而且更加剧了国内的阶级矛盾，连绵不断的农民暴动已经使局面难以维持下去了。连沙皇亚历山大二世也不得不承认，与其被农民从下面起来推翻政府，还不如由政府从上面来进行 "改革"。但这种 "改革" 实质上是沙皇政权为了挽救其封建专制统治而实行的，带有资产阶级性质的改革，它使地主阶级在 "土地赎买" 的名义下对广大农民进行残酷掠夺，而严重地损害了贫苦农民的利益。资产阶级自由派对 "农奴制改革" 歌功颂德，他们害怕农民起义，支持沙皇政府实施的政策，希望资产阶级能从地主农奴主阶级那里分得一杯羹。相反，以车尔尼雪夫斯基为首的为数不多的革命民主派，则站在农民这一边揭露和谴责这次 "改革"。他们号召农民 "拿起斧头" 起来推翻沙皇统治和腐朽的农奴制，用革命手段夺取土地。列宁曾指出，19世纪 60 年代的自由派和车尔尼雪夫斯基是两种历史倾向、两种历史力量的代表，又说："车尔尼雪夫斯基是彻底得多的、更有战斗性的民主主义者。他的著作散发着阶级斗争的气息。他毅然决然地实行了揭发自由派叛卖行为的路线。"[1] 列宁还称他为 "资本主义的异常深刻的批评家" 和 "俄国最早的社会主义者之一"。车尔尼雪夫斯基的美学理论与他的政治立场和社会政治观点有着密切的联系，这是他的美学理论的一大特点。

一　从费尔巴哈观点对黑格尔美学的批判

车尔尼雪夫斯基和别林斯基一样，都属于西方派的左翼，而且都深受德国古典哲学和美学的影响。但是，他们又有所不同。别林斯基开始信奉德国唯心主义，曾长期迷醉于黑格尔哲学，最

---

① 《俄国工人报刊的历史》，《列宁全集》第 20 卷，第 241 页。

后才与黑格尔分手而倾向于费尔巴哈。车尔尼雪夫斯基则从青年时代就对黑格尔哲学感到失望，根据他自己的陈述，1849 年他经当时彼得拉舍夫斯基小组参加者哈内柯夫的介绍，首次读了费尔巴哈的《基督教的本质》一书，对他造成强烈的印象，从此他勤勉地再三阅读费尔巴哈的著作，成为这位德国思想家的忠实信徒。但是，当时在俄国反动当局眼里费尔巴哈被看作洪水猛兽，连他的名字也不准在刊物上提及。因此车尔尼雪夫斯基在发表他的美学著作时只能用暗示的方式而无法公开地指明他的美学思想和费尔巴哈哲学的关系。直到他逝世前一年（1888）所写的《艺术与现实的美学关系》第三版序言（至 1906 年才得以发表）中，他才详尽而坦率地说明了自己的美学理论和费尔巴哈的密切关系。他写道："约莫在开始认识费尔巴哈之后六年，作者由于生活上的需要写了一篇学术论文。他感到，他可以应用费尔巴哈的基本思想来解决知识领域内某些未经他的宗师探讨的问题。作者需要写的这篇论文的主题是关涉文学的。他想用他觉得是从费尔巴哈的思想中得出的结论来解释那些关于艺术、特别是诗歌的概念，以满足这个要求。这样，我正在给它写序的这本小书，就是一个应用费尔巴哈的思想来解决美学的基本问题的尝试。"他特别强调指出："作者决不自以为说出了什么属于他个人的新的意见。他只希望做一个应用在美学上的费尔巴哈思想的解说者。"还说，他只是"用俄文重述费尔巴哈的若干思想"，"只有那些涉及专门的美学问题的局部思想才是作者自己的。这本小册子里一切具有更广泛的性质的思想都属于费尔巴哈"①。

从上面这篇序言以及其他许多旁证材料可以清楚地看出，在哲学上，车尔尼雪夫斯基是费尔巴哈的热情拥护者，他的美学思想是以费尔巴哈学说为哲学基础的。普列汉诺夫认为，车尔尼雪夫斯基的《艺术与现实的美学关系》，"是在费尔巴哈唯物主义哲学基础上建立美学的一种很有意思的，从某种意义来说是独一

①　《车尔尼雪夫斯基选集》上卷，三联书店 1958 年版，第 135—136、141 页。

无二的尝试"①。这一评价无疑是正确的，而前苏联某些学者把车尔尼雪夫斯基思想说成是已经超越了费尔巴哈哲学的"更高阶段"，则显然违反历史的实际。

费尔巴哈的唯物主义哲学是从批判黑格尔哲学开始形成的。在他看来，黑格尔哲学集一切唯心主义学说之大成，因此要克服唯心主义，重新建立唯物三义的权威，就必须彻底批判黑格尔哲学。他说："黑格尔哲学是近代哲学的完成。因此新哲学的历史必然性及其存在理由，主要是与对黑格尔的批判有关系的。"② 同样地，作为费尔巴哈的学生，车尔尼雪夫斯基在创立自己的新的美学体系时，也不得不首先对当时在美学领域内仍占统治地位的黑格尔美学进行批判。不过他在学位论文初版中并未公开指名黑格尔，而以当时的一个黑格尔主义者斐希尔作为批判对象，因为用他的话来说，黑格尔"这个名字那时在俄文中也是不便使用的一个"。

在车尔尼雪夫斯基看来，黑格尔美学的根本缺陷在于它是建立在他的唯心主义哲学体系的基础上的，而这一体系在费尔巴哈的批判之下显得是站不住脚的。因此，车尔尼雪夫斯基在学位论文中一开始就申明他将以一种与黑格尔不同的新的观点去探讨美学问题。他说："尊重现实生活，不信先验的、尽管为想象所喜欢的假说，——这就是现在科学中的主导倾向的性质。作者觉得，假如美学还有谈论的价值的话，我们对美学的信念就应当符合于这一点。"③ 一切从现实生活出发，把现实生活置于首位，这是车尔尼雪夫斯基美学思想的基本原则。

车尔尼雪夫斯基正是从这一立场对黑格尔美学展开批判，他以美的定义作为切入点，因为他认为黑格尔关于美的定义是从其哲学体系中引申出来的，必然会随同体系一起崩溃，但即使黑格尔的定义和整个体系分开来看，也仍然是经不起批评的。

---

① 《普列汉诺夫美学论文集》第Ⅰ卷，人民出版社，第 276 页。
② 《费尔巴哈哲学著作选集》上卷，三联书店，第 147 页。
③ 《车尔尼雪夫斯基选集》上卷，第 2 页。

黑格尔给美下的定义是："美就是理念的感性显现。"① 这个定义充分地体现了他的客观唯心主义观点，即肯定理论、精神的第一性，把整个世界看作绝对理念或世界精神的自我发展过程，而美只是理念发展过程中的一个阶段。车尔尼雪夫斯基最不满意的就是这种把理念置于事物之先的观点，他认为黑格尔把美看作理念在个别事物上的显现是完全错误的。他认为，黑格尔主张"一件事物如能完全表现出该事物的观念来，它就是美的"，这一说法如果翻译成普遍的语言，就是说："凡是出类拔萃的东西，在同类中无与伦比的东西，就是美的。"②

他从两方面去反驳这种看法。首先，他指出，一件事物必须出类拔萃，方能称得上美，这固然不错，但并非所有出类拔萃的东西都是美的，因为并不是一切种类的东西都美，有些东西在其同类中愈是出类拔萃，从审美的观点看来就愈丑。因此黑格尔关于美的定义只是说明在可以达到美的那些种类的事物和现象中最好的东西是美的，但却并没有说明为什么事物和现象的类别本身分成两种，一种可以是美的，而另一种在我们看来一点也不美。其次，车尔尼雪夫斯基指责黑格尔的定义过于狭隘，因为这个定义要求美的事物要能完全表现该类事物的观念，就意味着美的事物一定要包含同一类事物中所有好的东西，这就抹煞了同一类事物的美的多样性。这种看法也许能适用于没有多种多样典型的某些自然领域（例如某些植物），而不适用于动物界，尤其不适用于人类，因为在人身上美的典型的多样性特别显著，"我们简直不能设想人类美的一切色调都凝聚在一个人身上"③。

今天看来，车尔尼雪夫斯基对黑格尔的美的定义的反驳并没有很强的说服力，他的有些说法也过于简单化，不完全符合黑格尔的原意。但是，值得注意的是，通过对黑格尔美学的批判，车尔尼雪夫斯基提出了相反的见解：美不在理念，而在现实事物本

---

① 黑格尔：《美学》第 1 卷，人民文学出版社 1958 年版，第 137 页。
② 《车尔尼雪夫斯基选集》上卷，第 4 页。
③ 同上书，第 5 页。

身。他的这一基本观点明显地是从费尔巴哈哲学的立场出发的。费尔巴哈批评黑格尔不是从现实的存在开始，而是从存在的概念或抽象的存在开始，他责问道："为什么我就不能从存在本身，亦即从现实的存在开始呢?"① 在费尔巴哈看来，"思维与存在的真正关系只是这样的：存在是主体，思维是宾词"②。换言之，只有现实的存在才是第一性的，而存在的概念则是从现实的存在中派生出来的。黑格尔的错误就在于颠倒了两者的真正关系，费尔巴哈揭穿了黑格尔唯心主义体系的这一秘密，为车尔尼雪夫斯基对黑格尔美学的批判提供了理论根据。车尔尼雪夫斯基认为，黑格尔把美看作理念的感性显现就意味着美实际上是理念加于现实的一种幻想，在现实中没有真正的美。因此，美不属于现实世界本身，现实世界倒反而只是理念借以表现其自身为美的一种感性的手段。这同样是把关系弄颠倒了。车尔尼雪夫斯基用费尔巴哈的观点去理解美而得出了相反的结论，主张真正的最高的美正是人在现实世界中所遇到的美，而所谓美的理念则仅是人的思维的抽象。因此，美属于客观现实本身，事物和现象之所以美，并非由于它们是理念的感性显现，而是由于美本来就客观地存在于现实世界的事物和现象之中。这明显地是一种与黑格尔美学相对立的带有鲜明唯物主义色彩的美学观点。

应该指出，车尔尼雪夫斯基虽然对黑格尔美学采取批判态度，但绝不全盘否定，而是对其中合理的、积极的因素予以充分的尊重和肯定。例如，他认为黑格尔关于美就是理念在个别事物上的完全显现的说法中也含有正确的方面，那就是：美是在个别的、活生生的事物，而不在抽象的思想。他还指出，如把黑格尔的说法应用于艺术作品，也有其一定的合理性。一般地说，车尔尼雪夫斯基对黑格尔美学的看法是和他对整个黑格尔哲学的看法相一致的。他反对黑格尔的唯心主义体系，却十

---

① 《费尔巴哈哲学著作选集》上卷，三联书店 1959 年版，第 51 页。
② 同上书，第 115 页。

分推崇其中包含的辩证法，这在他的不少著作中都有所阐述，特别是在著名的《果戈理时期俄国文学概观》第六篇中，他对黑格尔哲学及其在俄国的影响作了全面而详尽的评论。在他看来，黑格尔体系本身具有矛盾的双重性，"黑格尔的原则是非常有力、非常宽广的，可是结论却狭窄而渺小：不管他的天才的所有巨大瑰玮，这位伟大的思想家却只有力量说出普遍的观念，但是要不屈不挠坚持这些原理，从这些原理逻辑地发展出一切必然的结果来的力量，却还不够。他预见到了真理，但却只是在最普遍、最抽象、最模糊的轮廓中看到的；面对面看见真理，这已经是下一代人的份了"①。他说，克服黑格尔哲学的内在矛盾，使其原则得到明确而彻底的发挥，是黑格尔的后继者完成的。黑格尔今天已属于历史，可是他所提出的原则，跟真理实在是十分接近的，真理的某些方面已经被这位思想家以真正惊人的力量表现出来了。这里所说的原则，就是黑格尔的"思维的辩证方法"，它要求人们从各方面来观察对象，完整而全面地去研究现象，对具体事物作具体分析，"这个规则可以用这个公式表现出来：'抽象的真理是没有的，真理总是具体的'，也就是说，只有在观察某一特定的事实所从而产生的一切情势之后，才能对这一事实发出一定的判断"②。车尔尼雪夫斯基认为，借助于黑格尔哲学的成果，现在科学已经超越黑格尔而前进了一步，"然而这种新的科学，只是黑格尔体系的继续发展，黑格尔哲学，作为从抽象的科学到生活的科学这个过渡说来，是永远保持其历史意义的"③。他对黑格尔美学的批判，也要从这样的视角去看才能得到正确理解。

二　美的定义：美是生活

与黑格尔美学相对立，车尔尼雪夫斯基建立了他自己的

---

① 《车尔尼雪夫斯基选集》上卷，第419页。
② 《车尔尼雪夫斯基哲学选集》上卷，第421页。
③ 同上书，第422页。

美学思想体系，用他的话来说，这正相当于费尔巴哈哲学与黑格尔哲学的关系。① 这一新的思想体系的基石则是他所提出的关于美的定义。这个定义曾被普列汉诺夫称为"天才的发现"。

车尔尼雪夫斯基认为，美的事物在人心中所唤起的感觉，是类似亲爱的人在面前时洋溢于我们心中的那种愉悦之情。我们无私地爱美，欣赏美，喜欢它，如同喜欢我们亲爱的人一样。由此可见，美包含着一种可爱的、为我们的心所宝贵的东西，而这种东西必须是无所不包的、最多样化的、最富于一般性的东西。可是，"在人觉得可爱的一切东西中最有一般性的，他觉得世界上最可爱的就是生活；首先是他所愿意过、他所喜欢的那种生活；其次是任何一种生活，因为活着到底比不活好；但凡活的东西在本性上就恐惧死亡，恐惧不存在，而爱生活"。由此他得出了这样一个定义："美是生活。"具体地说，"任何事物，凡是我们在那里面看得见依照我们的理解应当如此的生活，那就是美的；任何东西，凡是显示出生活或使我们想起生活的，那就是美的"②。因此，在他看来，用不着到理念之类的东西中去寻找美，美就存在于我们的现实生活中，"生活本身就是美"，"生活就是美的本质"③。

以上车尔尼雪夫斯基对美的看法，可以说是脱胎于费尔巴哈哲学的。费尔巴哈在摒弃了黑格尔的绝对理念后，力图为自己的哲学寻找新的基础。他说，新哲学建立在爱的真理上，感觉的真理上，"新哲学的基础，本身就不是别的东西，只是提高了的感觉实体——新哲学只是在理性中和用理性来肯定每一个人——现实的人——在心中承认的东西。新哲学是转变为理智的心情。心情不要任何抽象的、任何形而上学的、任何神学的对象和实体，

---

① 《车尔尼雪夫斯基选集》上卷，第 136 页。
② 同上书，第 6 页。
③ 车尔尼雪夫斯基：《美学论文选》，人民文学出版社 1957 年版，第 64 页。

它要实在的、感性的对象和实体"①。而在他心目中，人的生活无疑是最确凿的实在的感性对象，所以他说，"真理并不存在于思维之中，并不存在于自为的认识之内。真理只是人的生活和本质的总体"②。车尔尼雪夫斯基关于"美是生活"的定义，正是把他所认为的最实在的感性对象作为自己的出发点，把理论建立在人人都爱生活这一"爱的真理"上，用理性来肯定"在心中承认的东西"，把现实生活看作最高的真理。

从"美是生活"这一定义，车尔尼雪夫斯基得出了一个重要的观点，即社会经济地位不同的阶层，由于它们的生活的概念不同，因而也就具有不同的美的概念和审美标准。例如，普通人民、农民对"应当如此的生活"的看法就和上流社会人士的看法迥然相异，他们关于美女的概念也大不相同。对普通农民来说，生活这个概念总是包括劳动的概念在内，生活而不劳动是不可能的。"辛勤劳动、却不致令人精疲力竭那样一种富足生活的结果，使青年农民或农家少女都有非常鲜嫩红润的面色——这照普通人民的理解，就是美的第一个条件。丰衣足食而又辛勤劳动，因此农家少女体格强壮，长得很结实，——这也是乡下美人的必要条件。"③ 相反，上流社会美人的标准就完全不同，她们的历代祖先都不是靠体力劳动而生活的，这也是上层阶级觉得唯一值得过的生活，纤细的手足、病态、柔弱、委顿、苍白、慵倦就成为她们的美的标志。苍白、慵倦、病态对于上流社会的人具有另一种意义，"他们不知有物质的缺乏，也不知有肉体的疲劳，却反而因为无所事事和没有物质的忧虑而常常百无聊赖，寻求'强烈的感觉、激动、热情'，这些东西能赋予他们那本来很单调的、没有色彩的上流社会生活以色彩、多样性和魅力。但是

---

①《黑格尔哲学批判》，见《费尔巴哈哲学著作选集》上卷，三联书店 1959 年版，第 168 页。

②《未来哲学原理》，见《费尔巴哈哲学著作选集》上卷，三联书店 1959 年版，第 185 页。

③《车尔尼雪夫斯基选集》上卷，第 7 页。

强烈的感觉和炽烈的热情很快地就使人憔悴：他怎能不为美人的
慵倦和苍白所迷惑呢，既然慵倦和苍白是她‘生活了很多’的
标志？"① 车尔尼雪夫斯基阐明了美的概念对不同社会阶层的生
活条件的依赖关系，用社会经济地位和生活方式去解释人们的美
的概念和审美趣味，这是他对美学的重大贡献，也是西方美学史
上的一个创举。但是，他却到此止步了。正如普列汉诺夫所说，
"车尔尼雪夫斯基看出，人们的美学概念归根到底是由他们的经
济生活方式决定的。这证明他的看法极有远见。但要把自己的美
学理论建立在巩固的唯物主义基础上，他需要更详细地研究他所
看出的美学和经济的因果联系，并且至少要通过人类历史发展的
一些最主要阶段来探索这种联系。如果这样做，他就会完成美学
理论方面最伟大的变革"②。车尔尼雪夫斯基朝着这个方向迈出
了一步，但由于历史条件的限制，未能完成这一伟大变革。

车尔尼雪夫斯基对"美是生活"这一定义的解释含有内在
的矛盾，一方面他认为生活本身就是美的，美客观地存在于现实
之中；另一方面他又指出，只有我们觉得可爱的东西、在其中看
到"依照我们的理解应当如此的生活"的东西，才是美的。这
样说来，一个对象之所以美又不仅是由于美客观地存在于它自
身，而是由于它符合于我们的概念。车尔尼雪夫斯基自己没有觉
察到这一矛盾，未能把这种主客体之间的辩证关系解释清楚，引
起了一些人的误解。甚至连皮萨列夫那样的卓越的理论家也误以
为车尔尼雪夫斯基的美的定义是为了要"消灭"美学，因为
"美学或关于美的科学，只有在美具有不以无限多样化的个人趣
味为转移的独立意义的情况下，才有合理的存在权利。假如美只
是我们所喜爱的东西，假如由于这个缘故，所有关于美的形形色
色的概念原来都是同样合理的，那么美学就化为灰烬了"③。皮

---

① 《车尔尼雪夫斯基选集》上卷，第8页。

② 普列汉诺夫：《尼·加·车尔尼雪夫斯基》，上海译文出版社1981年版，第
204页。

③ 《皮萨列夫文集》第3卷，1956年俄文版，第420页。

萨列夫把这个定义理解成美学中的相对主义，这是不正确的。其实，车尔尼雪夫斯基虽然认为不同的社会阶层有不同的美的概念，但他始终坚持人类本性是衡量一切事物的最高标准，因而也是评判美的最后依据。在他看来，真正的人类本性是始终不变的。他还是像费尔巴哈一样，把人当作生物学上的抽象的人来看待，而不是把人看作社会关系的总和。他在《哲学中的人本主义原理》中说，"哲学所看到的人，和医学、生理学、化学所看到的人一样"①，并认为科学所说的"是人，而不是法国人或英国人，也不是商人或官僚。只有那构成人的本性的东西，科学才认为它是真理"②。他观察人类生活中各种物质的和道德的条件，都要从这个目的来研究，即明确它们适应人类本性要求的程度。在美学方面也是如此，他所追求的是符合人类本性的美的概念。从人类本性出发，他赞赏普通劳动人民的美的概念，而他所以反对上流社会的美的概念，也主要是因为它违反人类本性。

三　自然美高于艺术美

从"美是生活"这一定义出发，车尔尼雪夫斯基得出结论说，现实中的美或自然美比想象中的美以及艺术中的美更高、更优越。在西方美学思想家中间像他那样强调自然美的优越性也是不多的。

车尔尼雪夫斯基的观点和黑格尔美学也是针锋相对的。在他看来，黑格尔美学认为客观现实中的美有缺点，因此我们的想象就不得不来修改在客观现实中见到的美，为的是要除去这些缺点，使它真正地美，并通过艺术而得以实现。由此推论，只有我们的想象才能把真正的美带到现实中来，而美的真正领域就是想象的领域，所以体现想象的艺术就高于现实。相反地，他指出，从"美是生活"这概念就得到如下的结论："真正的美是现实的

---

① 《车尔尼雪夫斯基选集》下卷，三联书店 1959 年版，第 233 页。
② 同上书，第 289 页。

美，而艺术……是不能创造出可以与现实现象媲美的东西的。"①
他认为，自然美和艺术美何者更高的问题极其重要，因为这关涉
到艺术的起源、艺术的意义和作用等重大问题的解决。他自己
说，《艺术与现实的美学关系》一文的实质就是把现实和艺术互
相比较而为现实辩护，证明艺术作品决不能和现实相提并论。

黑格尔之所以贬低自然美，坚持艺术美高于自然美，根本原
因在于，按照他的哲学体系，精神、理念是更本原的第一性的东
西，而客观世界、自然只不过是理念的外化，只有进而上升到精
神，理念才能真正认识自己，而自觉地表现出来。因此，艺术美
高于自然美是理所当然的，因为艺术美是由精神产生和再生的美，
而且二者之间的高低是一种质的区别。黑格尔就此指出："精神和
它的艺术美'高于'自然，这里的'高于'却不仅是一种相对的
或量的分别。只有精神才是真实的，只有精神才涵盖一切，所以
一切美只有在涉及这较高境界而且由这较高境界产生出来时，才
真正是美的。就这个意义来说，自然美只是属于精神的那种美的
反映，它所反映的只是一种不完全不完善的形态，而按照它的实
体，这种形态原已包含在精神里。"② 车尔尼雪夫斯基坚决地反驳
了这种贬抑自然和自然美的唯心主义观点，认为硬说自然美有缺
陷因而需要艺术美去补救的说法是根本站不住脚的。他指出："现
实中的美，不管它的一切缺点，也不管那些缺点有多么大，总是
真正美而且能使一个健康的人完全满意的。自然，无谓的幻想可
能总是说：'这个不好，那个不够，那个又多余'；但是这种没有
什么东西可以满足的幻想的苛求，我们必须承认是病态的现象。"③
他对人们对自然美或现实中的美所提出的种种责难一一作了回答，
为自然美作了有力的辩护。以下择其要者略举数例：

其一，指责自然中的美是无意图的，因此断定它不如有意图
的艺术中的美。车尔尼雪夫斯基回答说，自然中的美确实是无意

---

① 《车尔尼雪夫斯基选集》上卷，第 127 页。
② 黑格尔：《美学》第 1 卷，人民文学出版社 1958 年版，第 3 页。
③ 《车尔尼雪夫斯基选集》上卷，第 37 页。

图的，而艺术中的美是照人的意图制造出来的。但是，有意图的产品比无意图的产品有更高的价值，只有在双方生产者的力量相等时才是如此，而人的力量却远弱于自然的力量，人的作品比自然的作品粗糙、拙劣得多。因此尽管艺术作品是有意图的，也还是敌不过自然的作品。自然中的关系不能说是有意图的，但也不能说自然根本就不企图产生美，如果把美了解为生活的丰富，那么充满整个自然界的那种对于生活的意向也就是产生美的意向。虽然不能说美是自然的一个目的，但却不能不承认美是自然所奋力以求的一个重要的结果。"这种倾向的无意图性、无意识性，毫不妨碍它的现实性。"① 从另一方面看，艺术家的活动也有无意识性的问题，而且艺术家有意图的努力也不一定使我们有权利说，对美的关心就是他的艺术作品的真正来源。话说到底，艺术虽因具有意图性而有所增益，却同时也因此而有所丧失，"问题是艺术家专心致志于美，却常常于美一无所成：单是渴望美是不够的，还要善于把握真正的美"②。

其二，指责自然中的美是瞬息即逝的，不经常的，不如艺术中的美那样永久。车尔尼雪夫斯基回答说，就算假定现实中美的事物之美是瞬息即逝、不经常的，难道会使它的美因此而减少或是妨碍它之所以为美吗？自然不会变得陈腐，它总是与时更始，新陈代谢，这不是它的缺陷，反而是它的优越性。相比之下，艺术就没有这种再生更新的能力，岁月不免要在艺术作品上留下印记。他指出，要现实中的美不凋谢，这是一种虚幻的愿望。每一代的美都是而且也应该是为那一代而存在，当美与那一代一同消逝的时候，再下一代就会有它自己的美、新的美。"明天是新的一天，有新的要求，只有新的美才能满足它们。倘若现实中的美，像美学家所要求的那样，成为固定不变的、'不朽的'，那它就会使我们厌倦、厌恶了。活着的人不喜欢生活中固定不移的

---

① 《车尔尼雪夫斯基选集》上卷，第41页。
② 同上书，第52页。

东西；所以他永远看不厌活生生的美。"①　艺术作品则往往不能适应时代趣味的变化而陈旧过时。

其三，认为"个别的事物不可能是美的，原因就在于它不是绝对的，而美却是绝对的"。车尔尼雪夫斯基回答说，对于黑格尔派和其他一些唯心主义哲学派别说来，这确是无可争辩的论证，因为这些派别认为"绝对"不仅是理论真理的准则，而且也是人类行动意图的准则。可是，这种观点是完全错误的，在哲学上不能成立，因为人的一般活动不是趋向于"绝对"，并且他对"绝对"毫无所知，心目中只是有各种纯人类的目的。"在这一点上，人的美的感觉和活动，是与他的别的感觉和活动完全类似的。我们在现实中没有遇见过任何绝对的东西；因此，我们无法根据经验来说明绝对的美会给予我们什么样的印象……我们作为不能越出个体性范围的个体的人，是很喜欢个体性，很喜欢同样不能越出个体性范围的个体的美的。"②　车尔尼雪夫斯基把个体性看作美的最根本的特征，由此他完全否定"美是绝对"的观点而得出结论说，"绝对的准则是在美的领域以外的"。

车尔尼雪夫斯基为自然美所作的辩护还不止以上这些，实际上他的目的不仅是要说明自然美高于艺术美，更重要的是为了正确阐明艺术与现实的关系。在他看来，艺术乃是人的想象的产物，而"想象世界仅仅是我们对现实世界的认识的改造物，而这种改造物是我们的幻想按照我们的愿望而产生的，改造物同现实世界事物在我们心中所引起的印象比较起来，在强度上是微弱的，在内容上是贫乏的"③。这个结论是他从费尔巴哈哲学中得出的，也是他用来解决艺术与现实的关系问题的根据。在二者之间的关系问题上，他坚持认为自然、现实是艺术的真正来源，自然、现实中的美是更本原的、更强大有力的，而且是活生生的、不断发展变化的，而艺术中的美只是自然、现实中的美的微弱的

---

① 《车尔尼雪夫斯基选集》上卷，第45页。
② 同上书，第50页。
③ 同上书，第141页。

反映。因此，艺术的产生并非由于人不能满足于现实，而是由于现实中的美的无比丰富才使我们在艺术中加以再现。

四　艺术的本质、内容和社会作用

在明确了艺术与现实的审美关系后，车尔尼雪夫斯基进一步阐明了自己对艺术的本质、内容和社会作用的看法。在他的整个美学理论中，艺术论占有重要的位置，对俄国文学艺术的发展曾产生巨大影响。

车尔尼雪夫斯基首先要回答的问题是：既然艺术远逊于现实、艺术美低于现实中的美，那么为什么人们还需要艺术、还喜爱艺术？他列举的原因如下：第一，人之常情是重视困难的事情和稀有的事物，而自然和生活产生美的时候毫不费力，现实中又有这么多的美，因此在我们眼中就不像艺术那样有价值；第二，艺术作品是人的产物，它们是人的智慧和能力的明证，因此对于我们是宝贵的；第三，艺术作品能迎合我们的爱矫饰的趣味，而自然和现实生活却不会去迎合人们的嗜好和情绪。基于以上这些原因，尽管艺术无法与现实媲美，人们还是需要和珍视艺术。但是，车尔尼雪夫斯基强调指出，这些理由只能说明人们为什么偏爱艺术，却不能证明这种偏爱是合理的。他写道："现实生活的美和伟大难得对我们显露真相，而不为人谈论的事是很少有人能够注意和珍视的；生活现象如同没有戳记的金条；许多人就因为它没有戳记而不肯要它，许多人不能辨出它和一块黄铜的区别；艺术作品是钞票，很少内在的价值，结果大家都珍惜它，很少人能够清楚地认识，它的全部价值是由它代表着若干金子这个事实而来的。"①

在车尔尼雪夫斯基看来，除了人们对艺术的偏爱以外，艺术的存在还是有其真实原因的。他认为，人们所以需要艺术，并非由于在现实中找不出真正的完全的美，而是由于不能每时每刻都

_____

① 《车尔尼雪夫斯基选集》上卷，第82页。

欣赏到它。"我们的想象的活动不是由生活中美的缺陷所唤起的，却是由于它的不在而唤起的；现实的美是完全的美，但是可惜它并不总是显现在我们的眼前。"① 他举例说，海是美的，大海在美学上并没有不满人意的地方，但并非每个人都住在海滨，许多人终身没有机会见到海，就是那些有可能欣赏海的人也不能随时随刻看到海，因此就需要描绘海洋的画，使没有机会见到海的人得以欣赏海，绘画当然比不上原物，但得不到原物也就以"代替物"为满足。见过海的人不能随时看到海，为了加强对大海的回忆，激发自己的想象，也需要看海洋画。所以车尔尼雪夫斯基指出，"艺术的第一个作用，一切艺术作品毫无例外的一个作用，就是再现自然和生活"，艺术再现现实，并不是为了消除它的瑕疵，也不是为了现实不够美，而是正因为它是美的。因此，艺术"并不修正现实，并不粉饰现实，而是再现它，充作它的代替物"②。

车尔尼雪夫斯基把现实的再现看作艺术的本质和首要目的，重申了文学艺术创作中的现实主义原则，这是应该肯定的。同时，他也力图在他所主张的"再现"说和过去流行的所谓"自然模拟说"划清界限，他强调指出，再现不是单纯的模仿，"再现应当尽可能保存被再现的事物的本质；因此艺术的创造应当尽可能减少抽象的东西，尽可能在生动的图画和个别的形象中具体地表现一切"③。这表明他对艺术的再现有一定的辩证的理解，即把再现看作通过具体生动的个别形象去表现事物的本质。但这样的话就和他所主张的所谓"代替物"的理论相矛盾，只是他自己没有意识到而已。"代替物"理论是他的整个艺术论中最薄弱的环节，充分暴露出费尔巴哈哲学影响对他的美学理论所造成的局限性。车尔尼雪夫斯基没有足够重视艺术的创造性及其特有的审美价值，他看到了艺术起源于现实生活，强调艺术是现实的

① 《车尔尼雪夫斯基选集》上卷，第84页。
② 同上书，第85页。
③ 同上书，第91页。

再现，却没有看到真正高超的艺术所再现的现实生活应该比现实更高、更强烈、更集中、更典型、更理想、更带普遍性，因而能更深刻地反映出现实生活的本质。实际上，艺术不是现实的简单的再现或复制，而是通过艺术家的创造活动作为一个新的现实而出现的。因此，艺术不是自然、现实的"代替物"，而且艺术反过来也不是自然、现实所能代替得了的。

从艺术是现实的再现这一定义出发，车尔尼雪夫斯基进而探讨了艺术的内容。他提出了一个十分重要的观点，认为艺术的领域不局限于也不能局限于美的领域。在他看来，通常以为艺术的内容是美，这就把艺术的范围限制得过于狭窄了。所以他说："艺术的范围并不限于美和所谓美的因素，而是包括现实（自然和生活中一切能使人——不是作为科学家，而只是作为一个人——发生兴趣的事物）；生活中普遍引人兴趣的事物就是艺术的内容。"① 普列汉诺夫非常重视这一思想，认为它是车尔尼雪夫斯基美学理论的主要特征之一和他的学位论文的基础，并指出这一思想在病势垂危的别林斯基最后写的俄国文学年度述评中已有所表达，因此"车尔尼雪夫斯基的学位论文是别林斯基在自己文学活动的晚年所达到的那些艺术观点的进一步发展"②。

在关于艺术的内容和范围的问题上，车尔尼雪夫斯基也对以黑格尔为代表的唯心主义艺术观进行了批判。他在《果戈理时期俄国文学概观》中指出，这种唯心主义观点认为艺术的特殊对象就是美的理想的实现，因此艺术除了对美的追求以外，应当对人的一切其他追求保持完全的独立，这样的艺术就是所谓纯艺术。而在他看来，这种观点则是根本不能令人满意，因为真正存在的是人，在人这个活的有机体中，一切部分和追求都是不可分割地联系在一起的，而美的追求只是其中之一，如果只以美的追求作为艺术论的根据就会陷入片面性。他这样写道："在人的每

①　《车尔尼雪夫斯基选集》上卷，第 90 页。
②　《尼·加·车尔尼雪夫斯基的美学理念》，见《普列汉诺夫美学论文集》第 I 卷，人民出版社，第 262 页。

一种行动中都贯穿着人的本性的一切追求，虽然其中之一，在这方面也许特别使人感到兴味。因此连艺术也不是因为对美（美的观念）的抽象的追求而产生的，而是活生生的人的一切力量和才能的共同行动。正因为在人的生活中，例如，对于像真理、爱情和改善生活的要求，总是大大比对于美的追求更强烈，因此艺术不但一直是在某种程度上表现了这些要求（而不是一种美的观念），而且艺术作品（人的生活的作品，这点是不能忘记的）也几乎总是在真理（理论的或者实践的）、爱情和改善生活的要求的大力影响下产生的。因此对美的追求，照人的行动的自然规律说来，总是人的本性中某种要求的表达者。一切价值很卓越的艺术创作，一直都是这样产生的。"①

从以上这些话里可以看得很清楚，车尔尼雪夫斯基是用费尔巴哈人本主义哲学观点去解释艺术的。艺术活动归根到底是出于人的本性，而人作为一个活的有机体，其本性是统一的，人的各种追求是紧密相连的，美的追求只是其中之一，不仅离不开其他追求，而且与真理、爱情和改善生活的追求相比还处于次要的地位。正因为如此，艺术的范围不应局限于美的领域，而应包括现实生活的各方面，这对诗来说尤其应该强调，因为"诗的范围是全部的生活和自然"。他推崇亚里士多德和莱辛，因为他认为只有这两位美学家明确地把整个人生看作艺术、特别是诗的主要内容。

车尔尼雪夫斯基关于艺术应包括现实生活的各个方面的主张，不仅大大扩展了艺术的范围，密切了艺术与现实生活的关系，为当时俄国的现实主义文学艺术提供了理论基础，而且在很大程度上提高了艺术的社会作用，更充分地凸显出艺术的重大社会意义。正因为艺术再现和反映的是人们的整个生活，而不是局限于单纯的抽象的美的观念，所以艺术才能有助于人们去认识和理解生活。因此，他指出，"艺术除了再现生活以外还有另外的

---

① 《车尔尼雪夫斯基选集》上卷，第457—458页。

作用——那就是说明生活"①。在说明生活的意义并帮助人们去理解生活方面，艺术和一篇纪事并无不同，只是艺术比普通的纪事，特别是艺术性的纪事更有把握达到自己的目的，因为艺术赋予事物以活生生的形式，使人们更易于认识它，更易于对它发生兴趣。由此可见，艺术具有很高的认识价值。

但是，在车尔尼雪夫斯基看来，艺术还有更重要的社会作用，那就是对生活现象下判断。艺术要再现生活中引起人们兴趣的事物，而人既然对生活现象发生兴趣，就不能不有意识地或无意识地对它们作出判断，并在艺术作品中表现出来。这样，艺术就成为人的一种道德的活动，而艺术家则成为对生活进行思考和表现一定思想的思想家。他说："如果只限于再现生活现象，则艺术家仅能满足我们的好奇心，或者帮助我们的生活回忆罢了。但是，如果艺术家还要说明并且判断再现的现象，他便成为思想家，他的作品除了艺术价值以外还添上一种更高的意义——科学的意义。"② 艺术的崇高的社会价值就在于，它帮助人们去认识生活，理解生活的意义，教导人们应当怎样生活，所以说"艺术是开始研究生活的人的教科书"。车尔尼雪夫斯基的这一思想深刻地影响了俄国进步文学艺术的发展，不仅许多作家、艺术家把创作"生活教科书"视为己任，而且几代革命知识分子从民粹派到俄国早期马克思主义者都从这些"生活教科书"中学习怎样生活，选择自己的生活道路。他在狱中创作的《怎么办？》这部小说，尽管艺术价值不高，却取得了空前巨大的成功，其原因就在于当时无数俄国青年都把它当作自己的"生活教科书"。

车尔尼雪夫斯基的美学和艺术理论在他的文学批评活动中得到了最充分的发挥。在《果戈理时期俄国文学概观》中，他以新的视角精辟地阐明了别林斯基的重大理论贡献，并坦率地

①　《车尔尼雪夫斯基选集》上卷，第94页。
②　同上书，第124页。

承认他自己的理论观点正是别林斯基晚年思想的直接继续和进一步发展。他明确指出，别林斯基已经为文学批评奠定了重要基础，谁要是关心真理，迄今为止还是要遵循以别林斯基为代表的那种文学见解。这特别表现在他坚决支持别林斯基反对所谓"纯艺术论"。首先，他赞同别林斯基的观点，强调文学必须与社会生活保持紧密的联系。他说："在人类活动的所有方面，只有那些和社会的要求保持活的联系的倾向，才能获得辉煌的发展。凡是在生活的土壤中不生根的东西，就会是萎靡的，苍白的，不但不能获得历史的意义，而且它的本身，由于对社会没有影响，也将是渺不足道的。"① 无论哪一种艺术，只有当它的发展是以时代的普遍要求为条件的时候，才会得到辉煌的发展。从古希腊的雕塑、中世纪的哥特式建筑到意大利的绘画，都是当时社会追求的表达者，是为时代精神服务的。可是那种崇拜纯艺术论的人却硬说艺术应当和日常生活互不相谋，他们不是自欺，就是做作。车尔尼雪夫斯基深刻地揭露了纯艺术论者的真面目，他指出，他们所说的"艺术应当离生活而独立"这种话，其实只是为了掩饰他们自己所喜爱的文学艺术，"他们关心的根本就不是离生活而独立的纯艺术，相反，他们是要使文学专门受一个包含纯粹世俗生活的意义的倾向所支配。问题在这里：有这样的人，他们认为，社会利益是不存在的，他们只知道离开推动社会前进的历史问题而独立的个人的享受和悲苦"②。其次，车尔尼雪夫斯基在别林斯基之后极力主张文学艺术的思想倾向性，要求文学艺术承担起传播先进思想的崇高使命。纯艺术论者一贯反对文学艺术要有思想倾向性，更反对为一定的思想倾向服务，而车尔尼雪夫斯基则针锋相对地指出，文学艺术不能不是某一种思想倾向的体现者，这是一种它的本性中所包含的使命，即使想摆脱也无力摆脱的使命。他说："文

---

① 《车尔尼雪夫斯基选集》上卷，第 545 页。
② 同上书，第 546 页。

学也像其他一切值得注意的智力或者道德活动一样，就其本性来说，它不能不是时代愿望的体现者，不能不是时代思想的表达者。问题只在于，文学所应当服务的思想是怎样的思想，是这种由于在时代生活中没有重要的地位，就使受到它们限制的文学带上空虚、无聊的性质的思想呢，还是为推动时代前进的思想而服务。要回答这一点是不必犹豫的：只有那些在强大而蓬勃的思想的影响之下，只有能够满足时代的迫切要求的文学倾向，才能得到灿烂的发展。"① 他认为，每一个时代都有它的历史的事业和特殊的追求，而当今时代的生活则由两种彼此相连而又相互补充的追求所构成，即人道精神和关于改善人类生活的关心，其他一切追求都以这两个基本要求为依归。有才能的作家们应当认识到，"他们必须为了历史发展的利益而行动，成为人道精神和改善人类生活这种思想的体现者"②。

　　车尔尼雪夫斯基赋予文学艺术以如此重大的社会作用和历史使命，这当然远远超越了把文学艺术看作现实的"代替物"的观点。实际上，在当时俄国发生思想影响的也正是对文学艺术的社会作用的强调，俄国进步文艺运动把车尔尼雪夫斯基奉为自己的旗帜，原因也在于此。不过，有一点应该指出，在理论上车尔尼雪夫斯基并不认为文学艺术在文明史上起主要作用。他在《莱辛，他的时代、生平和活动》中说得很清楚，在人类文明史上起最重要作用的是科学，"它所创造出来的知识是一切概念的基础，然后也是人类一切活动的基础，它为人类的一切意图提供方向，为人类的一切才能提供力量"③。相比之下，文学艺术在历史过程中所起的作用虽不能说不重要，却几乎总是占次要的地位。他说，从古希腊罗马至今都莫不如此，只有极少的例外，如在莱辛开始活动到席勒逝世的 50 年间的德国，文学运动曾对整个民族的发展起了决定性的作用。在他的心目中，从果戈理开始

---

① 《车尔尼雪夫斯基选集》上卷，第 549 页。
② 同上书，第 550 页。
③ 《车尔尼雪夫斯基全集》第 4 卷，俄文版，第 5 页。

的俄国文学运动可能是另一个例外，它也起了同样特别重要的作用①。这是普列汉诺夫的看法，也许能有助于解释车尔尼雪夫斯基文学艺术观点的形成。在当时沙皇俄国书报检查的条件下，只有通过文学艺术的形式才能曲折地表达进步思想，所以革命民主派把文艺看作传播真理和有益知识的手段也是很自然的。

五　关于某些美学范畴的见解

车尔尼雪夫斯基除了对美进行深入探讨外，也对其他一些美学范畴如崇高、丑、滑稽、悲剧做了论述。如果说，他提出的"美是生活"的定义在美学思想发展史上确实具有重要的创新意义，那么他对其他那些范畴的阐释就比较简单化，缺少深刻的洞见，对后世也没有多大的影响。

先来看车尔尼雪夫斯基对崇高的见解。作为一个费尔巴哈唯物主义哲学的信徒，他对某些唯心主义学派关于崇高的看法采取否定态度，特别是批驳了"崇高是观念压倒形式"和"崇高是'绝对'（或'无限'观念）的显现"这两条定义。他对唯心主义观点的批评不是没有道理的，因为这种观点把崇高的根源归结到人的主观观念的方面，而在他看来，事情恰好相反，崇高的秘密在于现象自身的性质，"崇高的是事物本身，而不是这事物所唤起的任何思想"②。他反对把美和崇高直接联系在一起，认为美和崇高是两个完全不同的概念，彼此互不从属，这一见解虽非他的首创，但对理解这两个范畴的差别还是有意义的。问题在于他自己提出的崇高的定义完全不能令人满意，他说："一件事物较之与它相比的一切事物要巨大得多，那便是崇高。""一件东西在量上大大超过我们拿来和它相比的东西，那便是崇高的东西；一种现象较之我们拿来和它相比的其他现象都强有力得多，

---

① 参阅普列汉诺夫《尼·加·车尔尼雪夫斯基》，上海译文出版社1981年版，第188页。

② 同上书，第15页。

那便是崇高的现象。"① 总之，在他看来，更大得多，更强得多，这就是崇高的显著特点。他甚至认为，与其用"崇高"（das Erhabene）这个名词，倒不如说"伟大"（das Grosse）更平易、更好些。

从车尔尼雪夫斯基关于崇高的定义可以清楚地看到他的唯物主义观点带有直观性的缺陷。在有关崇高的问题上，他不善于辩证地处理主客体之间的关系，单纯地把崇高看作客体的一种性质，即在数量上的巨大和力量上的强大，而忽视了主体在其中所起的重要作用。尤其是，作为美学范畴的崇高，是同一些复杂的社会因素如思想意识、社会心理、道德和价值观念密切相关的，而这些因素几乎都处于他的视野之外，使他提出的定义显得过于单薄和片面。此外，他的定义中也含有难以解决的矛盾。例如他说，勃朗峰和卡兹别克山是崇高的，因为它们比我们拿来与之相比的一般的山丘巨大得多，于是就产生这样的难题：一方面，他强调勃朗峰和卡兹别克山之所以崇高是由于它们自身；而另一方面，它们之所以崇高又是由于比拿来与之相比的其他山丘巨大，换言之，它们的崇高依赖于把它们同其他对象加以比较的主体，如果我们把它们同更高大的山峰相比，那么它们的崇高也就不复存在，不再是事物的客观的性质了。

关于丑和滑稽，车尔尼雪夫斯基主要是从"美是生活"的观点加以论述的。他对丑的看法简单明了，丑就是美的反面，"假使说生活和它的显现是美，那么，很自然的，疾病和它的结果就是丑"②。凡是对生活有益，表现生活的生气蓬勃、健康向上、兴旺发展的东西就是美的；反之，凡是对生活有害，表现生活的病态、畸形、萎靡不振的东西就是丑的。美丑之间泾渭分明，标准就在于对生活是有益还是有害。在他看来，丑是滑稽的基础、本质，当丑强把自己装成美的时候，这就是滑稽。正是在

---

① 《车尔尼雪夫斯基选集》上卷，第18页。
② 同上书，第9页。

这意义上，他倒是同意"滑稽是形象压倒观念"这个流行的定义，就是说滑稽是"内在的空虚和无意义以假装有内容和现实意义的外表来掩盖自己"①。他认为，只有人才会干出这种蠢事，因此"滑稽的真正领域，却是人，是人类社会，是人类生活，因为只有在人的身上，那种不安本分的向往才会得到发展，那种不合时宜、不会成功以及笨拙的要求才会得到发展"②。车尔尼雪夫斯基关于丑和滑稽的论述不乏真知灼见，缺点是他不理解在一定的条件下丑和滑稽可以转化为艺术中的美。

车尔尼雪夫斯基花费了许多笔墨阐发了他的悲剧理论，同时对黑格尔进行了尖锐的批判。他之所以重视悲剧，是因为悲剧的概念不但在美学中，而且在许多别的学科中起着极重要的作用，而黑格尔的悲剧理论又占着统治的地位，所以首先必须进行一番清理。在他看来，黑格尔的悲剧概念是和命运概念联结在一起的，"因此，人的悲剧命运通常总是被表现为'人与命运的冲突'，表现为'命运的干预'的结果"③。这种悲剧概念虽然披上了最时髦、最巧妙的辩证的外衣，也掩盖不住它的非科学的本相，因为命运概念和科学概念是互相矛盾而不可调和的。他最着重反对的是黑格尔关于悲剧中的必然性的观念，原因就在于他认为必然性的观念无非是命运概念的变形。他写道："伟大人物的苦难和毁灭是没有什么必然性的；不是每个人死亡都是因为自己的罪过，也不是每个犯了罪过的人都死亡；并非每个罪过都受到舆论的惩罚，等等。因此，我们不能不说，悲剧并不一定在我们心中唤起必然性的观念，必然性的观念决不是悲剧使人感动的基础，［它］也不是悲剧的本质。"④

按照黑格尔的悲剧论，悲剧的本质是不同的伦理力量之间的矛盾和斗争，悲剧中的人物则是这些伦理力量的代表者，各自提

---

① 《车尔尼雪夫斯基选集》上卷，第31页。
② 《论崇高与滑稽》，见《车尔尼雪夫斯基论文学》中卷，第92页。
③ 同上书，第23页。
④ 同上书，第30页。

出片面的要求而否定对方，因而形成悲剧的冲突。就这些伦理力量本身而言，它们本来是合理的，但由于它们坚持自己片面的要求而否定同样是合理的对方，因而它们又是有罪过的，要受到惩罚，代表它们的悲剧人物就必然要遭毁灭。但通过悲剧人物的毁灭，片面性被扬弃了，于是矛盾得到和解，"永恒正义"取得了胜利。车尔尼雪夫斯基完全不能接受黑格尔的这些看法。首先，他认为，悲剧人物自身的所谓片面性决不是造成悲剧的根本原因，决不能说悲剧人物是咎由自取。他指责黑格尔说，"要在每个灭亡者身上找出过失来的这种思想，是十分牵强的思想，而且是残忍到使人愤恨的思想"[①]。其次，悲剧的结局也根本不是像黑格尔所说的什么"永恒正义"的胜利，现实生活中的事实却正相反，常常是罪恶不受惩处，正义得不到伸张。最后，他得出结论说，悲剧的结局并非必然，在生活中，结果常常是完全偶然的，而一个也许是完全偶然的悲剧也仍不失其为悲剧。为了同黑格尔的悲剧论相对抗，车尔尼雪夫斯基提出了自己的悲剧定义："悲剧是人生中可怕的事物"，他认为这个定义可以把生活和艺术中的一切悲剧都包括无遗。

应该说，车尔尼雪夫斯基对黑格尔悲剧论的批判是相当深刻的，有些批评是切中要害的。特别是他对所谓悲剧人物罪有应得、"永恒正义"最后取得胜利的说法提出强烈谴责，有力地揭露了黑格尔悲剧论企图论证现实的合理性、为丑恶的现实辩护的保守的一面。车尔尼雪夫斯基身处沙皇专制统治下的俄国，亲眼目睹了无数人的悲剧，把这些人的悲剧遭遇都说成咎由自取，还要赞美这是"永恒正义"的胜利，确实是他所绝对不能容忍的。他在批判中表现出一位革命民主主义者的义愤，也是理所当然的。可惜的是，他在批判黑格尔悲剧理论时几乎完全没有吸收其中丰富的辩证法思想，例如关于悲剧中的矛盾冲突、关于悲剧中

---

① 《论崇高与滑稽》，见《车尔尼雪夫斯基美学论文选》，人民文学出版社1957年版，第105页。

的历史必然性的思想等等，都包含有非常深刻的值得借鉴的内容，却被他当作"辩证的外衣"轻率地抛弃掉了。他自己提出的悲剧定义则过于简单化和一般化，既不能解释作为美学范畴的悲剧的实质，也没有揭示出悲剧与社会矛盾冲突、环境的必然联系。对此，普列汉诺夫曾批评说，车尔尼雪夫斯基关于"悲剧是人生中可怕的事物"的论题是"绝对不能同意的"，因为悲剧与必然性观念有着毫无疑义的联系，人生中的一切可怕的事物并不都是悲剧性的，"真正的悲剧以历史必然性的观念作为基础"①。车尔尼雪夫斯基作为一个费尔巴哈式的唯物主义者，不理解偶然性和必然性之间的辩证关系，把二者绝对地对立起来，只看到悲剧中的偶然性，而否认偶然性的背后还有必然性的存在，这主要是由于他对社会历史发展中的矛盾冲突的必然性和规律性缺乏理解。对于马克思主义在俄国传播前的那个时代的思想家来说这是难以避免的历史局限。

---

① 参看《尼·加·车尔尼雪夫斯基》，见《普列汉诺夫哲学著作选集》第4卷，第66—67页。

德意志文学美学和其他流派

导　论

一　德意志经典思想是观念论与
浪漫主义的双重变奏

本卷第一编专门对作为 19 世纪德意志美学的重点的观念论哲学的美学，进行了比较集中的阐述。但观念论哲学的美学并不是 19 世纪德意志美学的唯一内容。在 19 世纪前后百年多的时间中，德意志美学思潮迭起，众多流派纷沓衍变，经历了一个前启后承的发展过程。

我们在第一编就已经指出，从 18 世纪末到 19 世纪初期（大约到 30 年代），德意志思想的主流是一种"二重奏"的情形：观念论哲学的理性主义和文学的浪漫主义彼此缠绕而彼此分立又彼此相互影响。① 这两种思想潮流各自都形成了自己的美学思想。

浪漫主义作为一种文学艺术思潮的兴起，其背景是 18 世纪中叶以后德意志文学艺术的繁荣。大家知道，在 18 世纪前半叶德意志的文学艺术还很落后。从高特舍特与苏黎世派的波特马和布莱丁格的争论中，我们就能够了解那时德意志文学自认为应该拜外国文学为师的情况。② 但是到 18 世纪中叶以后，德意志文学艺术领域出现了一个空前繁荣的局面。文学艺术界人才层出不

---

① 可参见文德尔班《哲学史教程》，商务印书馆 1998 年版，第 392 页及其后。
② 德意志文艺批评家高特舍特（1700—1766）崇尚法国古典主义，而苏黎世文学派的波特马（1698—1783）和布莱丁格（1701—1776）则力主以英国的弥尔顿为楷模，倡扬想象力的发挥。

穷。克罗普施托克（F. G. Klopstock，1724—1803）从 1745 年开始着手写作大型史诗《弥赛亚》（28 年后在 1773 年发表），这标明抒情诗的写作在这一时期已经成为德意志精神界兴起的热潮。莱辛（G. E. Lessing，1729—1781）从 1759 年 8 月开始和莫泽斯·门德尔松及弗里德里希·尼考莱一起出版《有关新近文学的通信》，推动着柏林的文学事业。

一般认为，德意志浪漫主义思潮的源头，是狂飙突进运动。赫尔德（J. G. Herder，1744—1803）在 1766—1767 年间发表的《论德意志近代文学的断片》通常被人们看作是"狂飙突进运动"开始的标志。这应该说是德意志浪漫主义思想运动的前奏。1770 年，赫尔德和歌德在斯特拉斯堡会面，结下了思想友谊。1773 年，他们两人合编了《德国的风格和艺术》，推崇本民族民歌的重要性，反对迷信教条和写作的清规戒律，强调自然之美和人的真实情感，颂扬自由，为狂飙突进运动的美学纲领和文学观点奠定了基础。魏玛四杰（维兰德、赫尔德、歌德和席勒）是狂飙突进运动的奠基人和参与者。

歌德和席勒是狂飙突进运动的代表人物。这一时期他们的文学创作都具有一种勇敢反抗旧世界的大无畏的叛逆精神，并表达对大自然美景的热爱、对人生幸福和正义的理想的浪漫追求。歌德的代表作《铁手骑士葛兹·冯·伯利欣根》、《少年维特的烦恼》，诗作《五月花》和《普罗米修斯》等，席勒的代表作《强盗》、《阴谋与爱情》等，都以其充满激情的浪漫主义精神，为狂飙突进运动谱写了主旋律，极大地鼓舞了当时的德意志一代青年。由于歌德和席勒思想分别向古典主义和哲学的转变，到18 世纪 80 年代，狂飙突进运动的浪漫主义逐步趋于尾声。

正是在上述思想史事实的意义上，我们把歌德和席勒的美学思想作为本编的首章。

当然，歌德和席勒的美学思想在狂飙突进运动时期的浪漫主义，如歌德本人所说，是"健康的浪漫主义"，而不是 90 年代初开始的耶拿浪漫派的"病态的浪漫主义"（感伤主义）。在这一点上，歌德和席勒两个人都与浪漫派有着清楚的思想界限，不应该混淆。同时我们应该看到，恰恰是在耶拿浪漫派形成之前，歌德从意大利归来之后，歌德就已经钟情于古典主义，而席勒也从研究康德美学步入了对审美进行哲学思考的道路。也就是在这一时期及其后，他们两个人发起了对耶拿浪漫派的病态浪漫主义的批判。

19 世纪德意志浪漫主义作为文学和美学思想潮流，起源于 18 世纪 90 年代初期。1793 年，浪漫派早期的著名诗人瓦肯洛德和蒂克携手游览了德国南部的纽伦堡等文化名城。他们瞻仰了德国 16 世纪著名画家阿尔布莱希特·丢勒和文学家汉斯·萨克斯的故居，从丢勒的绘画作品中感受到了德国古老的宗教文化和艺术精神，并将此作为该时代文化艺术的典范和理想。而美学史家一般认为，1798 年可作为浪漫派运动的正式开端之年。这一年，以诺瓦利斯、施莱格尔兄弟、蒂克、费希特、谢林、施莱尔马赫等文化名人在耶拿结成了文人社团，即耶拿浪漫派（早期浪漫派）；施莱格尔兄弟也于同年在此创办了著名的文学刊物《雅典娜神殿》（1798—1800），在当时文艺界产生了重要影响。

耶拿浪漫派的思想不但有文学方面的德意志传统，而且，思想史的实际情况说明，从康德开始的德意志观念论哲学中关于情感问题的论述以及人的存在的主体性学说，对于浪漫派文学美学思想的形成和发展有着十分重大的思想决定的作用。尤其是观念论哲学家谢林和费希特的哲学，直接为浪漫派提供了深层的思想资源。耶拿浪漫派在其活动的那段时间中，其主要成员先后有诺瓦利斯、施莱格尔兄弟，即奥古斯特·威廉·施莱格尔（1767—1845）和弗里德里希·施莱格尔（1772—1829）、蒂克、费希特、谢林、施莱尔马赫等人。他们以《雅典娜神殿》杂志为依托，倡扬浪漫主义的文学和美学思想。弗里德里希·施莱格尔的《雅典娜神殿·断片》成为浪漫主义文学美学思想的纲领"宣言"，它对当时德意志的文学界以至社会思想界影响很大，成为引领后来的浪漫派文学美学运动的思想先导。在 18 世纪 90

年代末期，还有以拉爱尔·瓦尔恩哈根·冯·恩塞（Rahel Varn-hagen Von Ense，1771—1833）的家庭沙龙为中心的柏林浪漫派；1805 年，又出现了以 L. 阿尔尼姆（1781—1831）和 C. 布伦塔诺（1778—1842）为代表的海德堡浪漫派，还有南德意志的施瓦本（地区）的浪漫派。1809 年阿尔尼姆和布伦塔诺到柏林，在这里组织了名为"基督教德意志聚餐会"的社团，形成史称的"柏林浪漫派"。参加这个社团的 H. 克莱斯特（1777—1811）、A. 萨米索（1781—1838）和 J. 艾欣道尔夫（1788—1857）三人，以其作品的强大吸引力，很快就成为柏林浪漫派的中心成员。在各个浪漫主义社团中，聚集了大批文人，形成了以浪漫主义美学思想为主导的、直到 19 世纪 30 年代的德国文学主流。在浪漫派运动后期，深受该派思想影响的格林兄弟（J. 格林，1785—1863 和 W. 格林，1786—1859）的带有神奇和幻象色彩的民间故事《儿童与家庭童话集》在 1812—1814 年出版，这是德意志文学在当时的重要成果，后来其影响及于全世界。当时还有一位浪漫主义的德意志文学家——E. T. A. 霍夫曼（1776—1822），他在荒诞离奇的故事中描绘了大量的浪漫幻象和诗意的热情美好，还有神秘和恐怖，揭示了他那个时代理想和现实、生活和艺术的尖锐矛盾。霍夫曼是对欧洲文学影响很大的德意志浪漫主义后期文学家。

由于后期浪漫派主要从事文学创作，很少有专门的文艺思想和美学理论方面的著述，因而也就不是本书所要研究的直接对象，但这里有必要对他们做一些介绍，作为对浪漫主义美学思想进行理解的时代背景和文学史背景。到 19 世纪 30 年代，浪漫派作为一个美学思潮就逐渐失去自己的思想余晖。

同样，随着黑格尔在 1831 年逝世，德国观念论哲学及其影响也从高峰期开始衰退。

从而，从 18 世纪末期到 19 世纪 30 年代的德意志经典思想的"二重奏"——观念论哲学思想和浪漫主义文学美学思想的相互激荡和相互影响的大格局就结束了。而代替这种格局的是一种新的格局：一些新的思想流派开始出现，或者在观念论与浪漫主义作为主流的那个时期（19 世纪前 30 多年）的非主流思想，开始在思想史中凸现出来。这些思想流派大体包括两个方面，一个方面还是哲学，另一个方面是从哲学分化出来而形成的崭新的社会科学的一些学科，例如心理学、社会学和艺术科学等等。在这个大的思想史框架中，就与当时的美学史的相关性而言，属于前一个方面的，是意志主义、形式主义和生命哲学；而属于后一个方面的，则是心理学、社会学和艺术科学。

通观德意志浪漫主义的历史，我们可以看到它的流变过程。如果把狂飙突进运动算作它的前奏的话，从 18 世纪 60 年代中期开始，德意志浪漫主义最初经历了倡扬"太初有为"的创造世界的积极向上的时期，但到 1898 年以后，各个浪漫流派都在两个方面表现了自己的美学特点：一方面，既有对不合理社会制度和人情习俗的反叛，有对真善美的执著，有对情感的呵护和珍重，有对内在审美意境的形式性的神奇开拓和天才营造，有对语言的唯美运用的考究，等等；但同时在另一方面，又有消极离世的逃避企图，有对虚渺幻想的主观玩赏和率性追逐，有对个人过度享乐和纵欲的鼓吹，以至对奢华挥霍的变态欣赏和对神秘朦胧之境的向往，等等。所有这些，在当时的绝大多数理性主义者看来，无疑就是反动的思想和趋向，浪漫派引起了不少人们的非议和抨击。当然，对耶拿浪漫派的主要成员的美学思想的特点及其社会文化个性，以及他们之间的比较性差异，本编都将分别作一些具体的阐述和分析。

二　意志主义的非理性潮流取代理性的启蒙

根据思想在历史中形成的时间（即历史逻辑的顺序），在我们论述了浪漫主义美学之后，本编对德意志 19 世纪 30 年代以后的思想流派的美学思想依次进行论述。

首先是关于意志主义哲学的美学思想。德意志 19 世纪的

"意志主义"美学的主要代表人物是叔本华和尼采。

意志主义思想潮流以叔本华（1788—1860）为肇始者。叔本华于 1819 年（31 岁时）出版了他的哲学巨著《作为意志和表象的世界》，开启了德意志哲学和美学的一个特殊的发展路向——意志主义。叔本华是使现代思潮从理性主义向非理性的意志主义转折的第一个推动者。

叔本华于 25 岁时在魏玛结识歌德，两人成为忘年之交。1819 年初，叔本华的代表作《作为意志和表象的世界》出版，该书受到歌德的赞扬。歌德对叔本华思想的态度应该被看作叔本华思想与德意志经典思想的关系的一个重要方面，但这个方面并未引起研究者们的重视；而大家通常重视的是另一个方面，即叔本华与最后一个著名的观念论哲学家黑格尔的关系：叔本华虽然比黑格尔年轻 18 岁，但他们两人几乎是前后脚到柏林大学任教的。黑格尔在 1818 年被聘为柏林大学教授，而叔本华在 1820 年被聘为柏林大学哲学系的编外讲师。叔本华在其任职答辩会的当场就受到了作为资格审查人之一的黑格尔的奚落，可以说这是当时很有名望的学术大家对一个 30 岁出头的年轻人要走进大学教师队伍之时的一个无情棒喝。但黑格尔最终还是高抬贵手，对叔本华是否能被录用投了赞成票。叔本华本人从自己进行哲学研究之初，就对黑格尔哲学攻击不断，他极力反对并十分轻蔑黑格尔哲学，称黑格尔为"江湖骗子"；说黑格尔的哲学"有四分之三是胡说八道，有四分之一是陈词滥调"[①]。从他到柏林大学任课的第一天，他就和黑格尔发生了争执。这位高傲的青年（32 岁）决心在这里与老黑格尔（50 岁）一比高下。他向校方提出要把他的课都与黑格尔的课排在同一时间，有意要与黑格尔争听课者。但很不幸的是，黑格尔的课堂总是被学生们拥挤得沸沸扬扬，而叔本华的课堂是门可罗雀，最多时只有三个学生来听课。据统计，叔本华在柏林大学担任讲师 24 个学期，开课的时间总

---

① 《叔本华全集》第 12 卷，R. 施泰纳编辑，斯图加特和柏林，第 292 页。

共只有半年多。从这种情况可以看出当时的时代精神：在 19 世纪 20 年代，理性主义在德意志如日中天，大得赏识，而与其截然相反的悲观主义的非理性意识在当时还很难得到思想界的需求和呼应。

直到 19 世纪 50 年代，在欧洲 1848 年革命后，在整个德意志的民族意识变得消沉之后，著名的德意志音乐家瓦格纳对叔本华的音乐哲学大加称赞。同一时期，叔本华哲学的悲观的意志精神，得到了当时的一些法学家们和平庸哲学家们的称道和宣扬。其后，著名德意志哲学家哈特曼（1842—1906）对叔本华哲学进行了比较深入的研究，受其思想启发，形成了他自己的无意识哲学（请参见本书本卷第一编第四章第四节。哈特曼的书《无意识哲学》出版于 1869 年）。正如文德尔班所说："在十九世纪下半叶的第一个十年中，在德国流行一时的悲观主义情调在政治关系和社会关系中有其普遍的基础，而叔本华学说由于作者卓越的品质常受到人们热切的欢迎，这是很容易理解的。更引人注目、更严重的是，这一情调延续到 1870 年以后，而且在尔后的十年中这一情调竟以通俗哲学的长篇空论潮水般地倾斜开来，曾一时完全控制了整个文学界。"[①] 文德尔班在这里所说的"卓越的品质"应该译为"与众不同的特色"。

叔本华哲学在 19 世纪后半期之所以能够在德意志思想界"大行其道"，确实如文德尔班所言，与当时的时代情绪十分相关。从 1848 年革命失败之后，德意志的政治和社会就处于一个分崩离析的状态，启蒙的理性和理想烟消云散，人们看不见前途和光明，追求一种新的意义本体，在这种情况下，"意志"，而且是悲观的意志，给人们带来了一种与现实境况相关的新颖感，因而，其学说的流行就是顺理成章的了。如卢卡奇所指出的那样，德国观念论哲学流派，"黑格尔主义、费尔巴哈和右边的谢

---

① 文德尔班：《哲学史教程》，商务印书馆 1997 年版，第 499 页。

林"，在 1848 年革命后就"日益被人遗忘"了①，而与他们的著作在同一时期，甚至早于他们的著作而出版的叔本华的著作《作为意志和表象的世界》，却成为 19 世纪后半叶的热门书籍。如叔本华本人所说，他的生命的暮色成了他的声望的朝霞。德意志哲学史家 H. 格洛克纳在论述叔本华的影响的时候也写道："在 19 世纪最后的 20 年中，那些最有影响和思想最深刻的人们，都无法避免他（指叔本华——本书援引者注）的学说所特有的情调。"②

叔本华的哲学思想对 19 世纪后半期的和 20 世纪的西方哲学，都发生了深远的影响，具体地说，除过下面我们要讲到的尼采之外，例如柏格森和弗洛伊德的著作中，就有不少来自叔本华的思想；在詹姆士、维特根斯坦、马尔库塞、海德格尔、加缪和萨特等人那里，也都可以找到在叔本华思想中似曾相识的东西。

直接受到叔本华意志主义的影响、并把意志主义发展到一个新的思想空间的德意志 19 世纪思想家是尼采（1844—1900）。

尼采的先祖是波兰贵族，而母系以上三代都是德意志人。他的祖母曾经是魏玛的歌德—席勒人文团体的成员，他的舅爷（即祖母的哥哥）是赫尔德左魏玛的官职——公国的总监——的接手人。尼采从小就读于德意志文学史上出名的"普佛尔塔学校"（Pforta），这个学校是著名的启蒙诗人克罗普施托克、哲学家费希特、浪漫主义名人施莱格尔和著名历史学家兰克的母校。尼采最初接受的是被启蒙学者认为是最高级的学识的古典人文思想的教育。并且他作为优秀学生，深得他的老师——研究古希腊思想的著名教授里彻尔（Ritschl）的喜爱。尼采后来也是研究文艺复兴的德意志著名学者布克哈特教授的学生。尼采一生以贵族身份来确认自己，并以此为自豪，可见是有历史根据的。尼采在二十四五岁（1868—1869 年之交）时，在还不是博士的情况下，

---

① 卢卡奇：《理性的毁灭》，王玖兴等译，山东人民出版社 1988 年 4 月第 1 版，第 171—172 页。

② 参见 Emge，C. A.（编）《在叔本华周围》，威斯巴登 1962 年版。

就被巴塞尔大学授予教授职位。这在当时注重资格的严格的德意志学术传统体制中来说，确实是罕有之事，而紧接着莱比锡大学在并没有要求尼采提供任何学位论文的情况下就授予了尼采博士学位，这也说明尼采在青年时代就以自己的佼佼学识在学术界很有口碑。我们从尼采的学术经历可以看到，尼采思想的奇特性并不是任意主观的肤浅感想（甚至于"疯人痴语"），而是有着深厚的西方文化的修养和对其进行反思的思想基础的。对西方文化的古代源头和西方文化历史的熟悉，使尼采获得了从根源及其流变上批判西方文化和文化史的出众能力。同时值得研究者注意的是，尼采和叔本华一样，他们不只熟悉西方思想的历史，而且也对东方思想有浓厚的学术兴趣。只不过尼采与叔本华的区别在于：叔本华对东方思想的兴趣集中在印度古代的佛教，而尼采则主要在波斯文化方面。应该说，这种跨文化的思想经历，是叔本华、也是尼采能够形成自己的、有别于西方传统风格的新的惊人思想的一个很重要的原因。

在尼采的思想历程中，他与瓦格纳的友谊以及后来的决裂，可以说是在社会文化交往中直接地表达了尼采对于艺术的总体性态度：他欣赏瓦格纳在不得志时候创作的作品的自由和新奇，而对瓦格纳在得志之后所创作的《帕西法尔》中透露出来的传统宗教的思绪和禁欲主义的情怀则表示不可忍受。同样，在对大卫·施特劳斯的批判中，尼采表达了对一切道德价值进行重估的迫切必要性。他以最激烈的词句陈述自己对本民族文化的庸俗性的否定，他认定，历史的发展和文化的进步，必然是新人（超人）生成后所创造的业绩。尽管卢梭式的人物、歌德式的人物和叔本华式的人物这三类都是值得仿效的，但这些人物及其思想都是有局限的，所以，关键在于造就优秀的、高贵的伟大人物。而高贵的伟大人物之高贵和伟大，全在于他们所具有的颠覆传统道德的强力意志。在这种思路中，美表现为艺术门类和艺术史，当然就是属于意志的东西。关于尼采美学的具体情况，我们将在本编第九章进行详尽论述。

这里需要说明的是：

第一，叔本华和尼采都是德意志哲学家，他们的美学，按照德意志哲学的传统，也仍然是他们的哲学体系中的、且与其哲学体系织为一体的"哲学"内容。

第二，尽管他们的哲学从根本上改变了观念论哲学家的形而上学的理性"核心"，但其思想仍然是主体论和内在论的。也应该被归入先验哲学之列。强调这种相似性，我们就能够理解，从观念论的理性哲学到意志主义的非理性哲学的变化，在一定意义上来说，并不是一种断裂性的"突变"，而只是一种在几乎相同的构造模式中的对核心的质的替代性改变。在这个意义上，我们也就能够很好理解非理性主义的叔本华对理性主义的康德的赞美有其符合思想逻辑的原因。

第三，尽管叔本华和尼采都倡扬意志主义，但他们有不同的时代命运：叔本华是一个与他的时代并不合拍的思想家，而尼采是深得他的时代喜欢的思想家。

三　美学向客体化和具体人文科学学科化的展开

除过上述内容外，本编还阐述 19 世纪德意志美学的其他重要流派，它们主要是：形式主义美学、生命哲学的美学、心理学派的美学和艺术科学的美学。

第一个重要流派是形式主义美学。

19 世纪德意志形式主义美学确切地说应该是"客体形式主义"美学。赫尔巴特（1776—1841）于 1808 年继承了寇尼斯堡大学的康德教席，同时也继承了康德美学对形式的强调。在康德以至莱布尼茨哲学的影响下，赫尔巴特虽然坚持了关于物自体不可知的思想原则，但赫尔巴特的重点则已经不是康德的先验领域，而是把研究的对象设定在客体形式上。赫尔巴特是费希特的学生，同时，他与瑞士（德意志区域）的学者裴斯泰洛齐过往甚密。因而，可以说赫尔巴特的思想与德意志观念论既有联系，又有区别。在思想史的开拓性的意义上来说，他对现代心理学的创建时期的贡献是很大的，他也是应用心理学的一个分支——赫尔巴特教育学的创始人。因而，在赫尔巴特的思想中，"心理力量"及其相互关系（作用）是很重要的内容；关于记忆、兴趣、经验关系、联想、比较和概括等等，也都成为其思想系统中的重要概念。根据他的学说的这种"跨界"性质，从心理学的角度来看，赫尔巴特关于美的学说也应该可以属于"心理学美学"的范围之中。赫尔巴特代表了从德意志先验哲学向现代"哲学—心理学"以至心理学科学的转变时期的"过渡性"思想。

齐美尔曼和汉斯利克在不同的方面继承和发展了赫尔巴特的客体主义的形式美学的思想，但前者侧重于在"外在装饰"的意义上理解形式，而后者则有些把形式绝对化而排斥内容（即审美情感）。当然，他们两个人在各自的研究领域都把"形式"问题详尽化和精密化了。作为现代美学思想的早年开拓者，他们对 20 世纪美学思潮的影响很值得重视。

第二个重要流派是生命哲学的美学。

生命哲学是 19 世纪 80 年代至 20 世纪 30 年代德意志的一个重要的哲学潮流。它起源于浪漫主义，又受到意志主义的熏陶，具有强烈的非理性趋向。其代表人物是狄尔泰（1833—1911）和齐美尔（1858—1918）。他们两个人都是新康德主义者。也可以说，生命哲学是康德哲学在 19 世纪末期至 20 世纪初的一个新的变种。

狄尔泰由于其家庭教养从小就酷爱文学和音乐，他先后是著名哲学史学者库诺·费舍尔教授（海德堡大学）和著名历史学家奥古斯特·兰克教授（柏林大学）的学生，他对德意志观念论哲学家和启蒙学者的著作十分熟悉，并对历史研究（特别是中世纪历史）有浓厚兴趣。这些文化环境和条件使他在哲学、历史学和文化研究方面有综合的特长。狄尔泰在青年时期的学术思想发展上有一个从黑格尔的崇拜者向康德信徒转变的经历，他接受了康德的学术方法，但不是像康德那样来研究自然，而是来研究历史：他以"历史理性批判"来代替康德的纯粹理性批判。从而，人的"内在的生命体验"成为狄尔泰哲学的康德式的"纯粹理性"。这成为他的生命论哲学所描绘的整个人文学科的核心和本体。也正是在这个基础上，狄尔泰区分了他和康德，也就是区分了自然科学和人文科学。这成为当代西方学术关于自然科学与人文科学的划界的开端。狄尔泰不满意人文学科以具体研究对象进行分科的情况，他力图在人的精神活动的普遍性意义的基础上把人文学科统一起来。而在他看来，"生命体验"及其历史性，作为人的精神活动的本质，就是一切精神学科的普遍基础。而对生命的描述和研究需要的不是实证和论证的方法，而是需要"体验"、"表达"和"理解"三者联系在一起的"解释"。从狄尔泰的这种哲学特色来看，他的美学思想无非就是从生命解释学的维度对人的生命及其历史活动进行理解的一种方式。

齐美尔（1858—1918）也是一个新康德主义者。他虽然生于德国柏林，虽然宗教信仰也是基督教，但他的西班牙裔犹太人的特有个性，也许对他在德意志文化中的处境是一种有影响的要素。了解他的这种身世，对了解他的生活经历和思想特点，也许会有一定的参考价值。尽管他年轻时代才华横溢、学习成绩优秀，研究成果突出，但他的学术道路却充满曲折和艰辛。在很长一段时间内，他在德意志学术界被置于一种边缘的境地。虽然他的著作吸引了很多人的注意力，但也常常引起不断的激烈争论。他在柏林大学要求晋升的愿望多次受到打击和挫折。1914 年，在无奈之中他离开柏林迁居到处于德法交界的边境法国一侧的城市斯特拉斯堡，在那里他终于成为一名哲学教授。但那儿的学术气氛也并不是让他觉得很顺心。1918 年 9 月，郁郁不得志的齐美尔永别人世。齐美尔的著作包括哲学、社会学和心理学等几个方面。一些著作是跨学科的研究，这些研究成果很难得到喜欢学科界限一清二楚的德意志学术传统的认可；而作为社会学家，齐美尔很重视研究文化现象的社会学意义，例如他在论述柏林商贸展览会的文章中，从中古骑士在失去地位之后仍保持聚会的习惯来看商品展览会的意义，而且更深入探究这些展览会带给人们心理及感官层面的影响。三餐、装饰、流行、风格、金钱等等都成为他进行社会研究的切入点。他极力反对当时十分流行的实证主义社会学，反对实例的堆积，而从哲学高度围绕价值问题寻求社会学研究的普遍形式化方法。他提出了个人心灵及行为互动的社会意义，这对社会学的发展无疑是巨大的贡献，是有目共睹的，但在当时并不被认可。齐美尔的美学正是以他的如此广阔的思想原野为背景展开的，而生命被他作为艺术（形式）围绕、附着和表现的最终质料。艺术经常被他作为生命哲学和其社会"形式"研究的起点或者回归域。正是这样的思想大框架，才使得齐美尔有可能对抽象艺术进行生命哲学的解释，从而也才能使他成为现代艺术评论史上很难超越的、具有首创地位的美学大师。

第三个重要流派是心理学美学。

这其中包含了两个心理学流派：一个是实验心理学的美学流派，另一个是"移情说"美学的流派。

19世纪德意志心理学美学的思想潮流起点在70年代。其标志性著作就是莱比锡大学的教授费希纳（1801—1887）的《美学入门》，该书出版于1876年。而心理学美学的学术背景，是"心理学"作为一门人文科学在德国、也就是在欧洲的形成。费希纳本人就是这门学科的创始人之一。

费希纳1817年（16岁时）进莱比锡大学学医学，1822年获医学博士学位，此后便在莱比锡度过了他的一生。在完成医学学业之后，他对数学和物理学产生了浓厚的兴趣，并于1824年开始在莱比锡大学讲授物理学，并且是一个好学的翻译者。那个时期他把法文的物理学和化学手册译成德文，到1830年为止，他的译著至少已有12本。他还发表过关于欧姆定律的论文，因而人们把他看成物理学家。1833年，费希纳被任命为物理学系教授。此后他又逐渐对"感觉"研究发生兴趣。为了研究视觉"后象"，他长时间透过有色玻璃观察太阳而伤害了眼睛，终生未能治愈。因过度工作他患上了神经衰弱、抑郁等病症，并产生了自杀的念头。1839 年他辞去物理学教授的讲席，休假 3 年病愈后，费希纳的兴趣又从心理物理学转向了哲学心理学，开始研究"心身关系"问题。他于 1860 年出版了《心理物理学纲要》，在书中提出了三种心理物理测量统计法，为创立科学的实验心理学奠定了方法论和技术基础。该书标志着心理物理学的诞生，被誉为心理学脱离哲学而成为科学的里程碑。1865 年他发表了第一篇美学论文，至 1872 年发表论文 12 篇，都从心理学角度研究霍尔拜因的两幅圣母玛丽亚画像，在此过程中确立了美学的实验心理学方法。1884 年后，他由于眼疾不能从事科学实验又改而研究哲学。在费希纳从事脑力研究工作的 70 多年中，其中 7 年用于生理学研究，15 年用于物理学研究，14 年用于心理物理学研究，11 年用于实验美学研究，其他时间用于哲学研究。

在《心理物理学纲要》出版 16 年之后，费希纳把自己的心理学研究成果应用于美学研究，写成了《美学入门》（1876）。而在此三年后的 1879 年，与费希纳在同一所大学工作的心理学家冯特教授才在费希纳研究的基础上，在莱比锡大学建立了第一个心理学实验室。这标志着西方现代"实验心理学"的诞生。德国成为西方现代心理学的发源地。心理学作为学科的形成，标志着西方人文研究力图摆脱思辨哲学的困扰而把自身自然科学化的倾向。与哲学相对而言，如果说哲学因其思辨是"自上而下"的学术探究的话，那么，试验心理学就因其实证而是"自下而上"的学问。由于费希纳的心理学美学也是应用自然科学的实验和实证的方法来解释美学中的基本问题和重大问题，因而也被称为"自下而上"的美学。

费希纳的实验心理学的美学主要地被曾经作过冯特教授助手的屈尔佩所继承。屈尔佩是倡扬"无意象思维"的"维尔茨堡学派"的中坚人物，他不但在实验心理学的美学方面有重大建树，而且，其理论形成了从实验美学向 20 世纪"格式塔心理学美学"的过渡。同时，屈尔佩也受到审美移情说的影响，研究移情理论。

如果说实验美学发端于费希纳 1876 年的《纲要》的话，那么，在 7 年之后，心理学美学的另一个学派——移情心理学美学的思想流派则以李普斯（1851—1914）的《心理生活事实》的出版为标志而正式形成。

其实，移情心理学美学在此之前有自己的学说前驱，那就是费舍尔和洛采。费舍尔把人的审美情感借外在事物来表达看作"审美的象征性作用"，并认为这是对对象的"人化"；洛采在其名著《小宇宙》中也研究了生命物把其情感"外射"到无生命的事物中去的移情现象。

李普斯曾就读于埃朗根大学、图宾根大学、马得勒支大学和波恩大学。他的思想受到康德、休谟、赫尔巴特、费希纳和冯特等人的多方面影响。大学毕业后他曾经先后在波恩大学（1877—1890）、布莱斯劳大学（1890—1894）和慕尼黑大学（1894—1914）任教。1896 年他发起在慕尼黑成立了德国心理学会。同年，他和 C. 斯图姆夫一起担任了第三届国际心理学代表大会的主席。李普斯的研究领域相当广泛，其研究领域涉及文学（主要是悲剧）、古植物学、伦理学、逻辑学等等。在心理学学科内，他也开展了多方面的研究，包括对视错觉、幽默、催眠术、音乐的和谐与不和谐等等的研究。李普斯是"奥地利学派"的外围成员，他把心理学看作是运用逻辑学方法科学化了的哲学，而逻辑学是心理学的一个特殊分支。他关于移情作用的理论主要在《空间美学》一书中得到了充分的表述。他认为人的审美快感的特征，在于审美主体对审美对象的"生命灌注"。

在李普斯之后，移情美学的主要代表人物还有伏尔盖特（1848—1930）和谷鲁斯（1861—1946）。

伏尔盖特的学说来源是浪漫主义和观念论哲学，他以心理学方法来重新解释和发明这些学说。他强调移情作用的主体性、价值方面和无意识的（甚至于先验的）心理过程。

而谷鲁斯深受席勒的"游戏说"的影响，以"游戏练习"

来解释艺术的起源，并把模仿看作游戏的主要内容。谷鲁斯特别强调"内模仿"即以知觉模仿为基础的审美模仿。

第四个重要流派是"艺术科学"研究思潮。

关于"艺术科学"的提法，应该追溯到出生于汉堡的建筑学家和艺术理论家哥特弗里德·塞姆佩尔（Gottfried Semper，1803—1879）。他把艺术看作"一个'艺术发展变化过程'"（ein Kunstwerden）；美学家的任务就是对这一变化过程进行经验式的、发生学的研究（包括比较研究）。[①] 而康拉德·菲德勒（Konrad Fiedler，1841—1895）的著作《论艺术活动的起源》（1887）强调"美"与"艺术"的区分。菲德勒认为，美与愉悦的情感有关，而艺术则是茫遵循普遍规律的感觉的认识，其本质在于审美形象的构成。因而，美学的根本问题与艺术的根本问题是判然有别的。而菲德勒关于美与艺术的区别的思路，被德意志的人种学家和艺术学家格罗塞（1862—1927）作了进一步发挥。格罗塞正式提出了"艺术科学"的术语，他主张依照客观的经验科学方法，细致地研究艺术领域的社会经验事实。由上述学者倡导的这个"艺术科学"的研究潮流，侧重于考察艺术的发生和源起，强调艺术的社会条件和社会功用。K. 朗格（1855—1933）则从人种学和民族志学以及艺术史研究的角度，继承了"艺术等于自由游戏"的学说传统，把原始艺术看作当时已经构成了社会的人类的"幻觉游戏"。总之，"艺术科学"研究的思潮的方法论，明显地受到了近代自然科学发展的影响，这是现代性的人文研究实证化潮流在美学研究领域的具体反映。由于这个潮流有强烈的"艺术和社会"的关系意识，在很多情况下都是自觉不自觉地在现代社会学的学术框架中建构其理论，所以，这个潮流也可以被称为社会学的艺术研究或者"社会学的美学"。

上述四个重要的美学思想流派，都发生在德意志观念论哲学

---

① 参见 Semper, G.: Der Stil in den technischen und tectonischen Künsten, 2 Bände, 1860/1863. 塞姆佩尔：《工艺艺术和建筑构造艺术中的风格》第 1 卷，二卷本，1860/1863 年版，第 6—7 页。

的美学之外或者之后，从其思想资源上看，他们都以不同的方式和联系路径，直接或者间接地对立于、或者继承、吸取或者扬弃观念论哲学的美学；在 19 世纪后半叶，把德意志（以至影响到整个西方）的美学向非理性主义路向和具体人文科学的路向两个方面推进。德意志美学就是以这两种形态进入了 20 世纪。这个路向，实际上也就是整个西方美学从 19 世纪走向 20 世纪的基本路向。

第六章　歌德和席勒的美学思想

第一节　歌德的生平及其学术贡献

一　歌德生平

约翰·沃尔夫冈·歌德（Johann Wolfgang Von Goethe 1749—1832），1749 年 8 月 28 日生于莱茵河畔法兰克福，他的父亲约翰·卡斯帕尔是法学博士，得到过皇家参议的头衔，母亲是法兰克福市市长的女儿。父亲严肃、热情的品质和母亲开朗、豁达以及富于幻想的气质都在歌德身上留下了深深的烙印。在父亲的安排下，歌德先后在莱比锡大学和斯特拉斯堡大学学习法律，1771 年获博士学位，随后当过短期律师。但是歌德的志趣始终在文学创作方面，并且通过自己的努力成为著名诗人和欧洲启蒙运动后期最伟大的作家之一。

歌德早年被"狂飙突进"运动的激情和自由奔放的风格深深吸引，成为德国"狂飙突进"运动的中坚，但是，他始终没有放弃对文学的本质和原则的独立思考，因而对"狂飙突进"运动中的某些主张采取了保留的态度。歌德反对将文学创作看作是单纯的情感活动，认为理智的思考和创作理论的指导是不可缺少的因素。

1775—1786 年间，歌德应聘在魏玛公国工作 11 年。在这里，他先后担任过枢密顾问、会计长官以及企业总监、筑路大臣、军备大臣等职。他抱着改良现实社会的热情和理想，全身心投入到各种政务之中，但几年后，歌德逐渐发现，他所服务的朝廷充满了鄙俗之气，在这样的环境中，他不可能有所作为，而只能是一位按照朝廷庸俗原则和惯例办事的官员。1786 年 6 月他离开魏玛，化名前往意大利旅行，这次旅行给他的思想和生命注入了新的活力，他在日记里写道："现在我已经到了这里，心也就要定了，好像我的整个生命都感到欣慰。完全可以说，一种新的生活开始了……"

1788 年，歌德结束了他的意大利之行，带着对人生与艺术的新的体验和理解，回到了魏玛，他发现他与那里的环境愈发格格不入，连旧日的朋友都使他感到陌生，歌德重新陷入了苦闷和孤独之中。他开始专心研究自然科学，从事绘画和文学创作，进入了政治上倾向保守、艺术上追求和谐的"古典"创作时期。1794年歌德与席勒订交，开始了两人十年的友谊。他们的相互影响和激励使歌德创作了大量的优秀文学作品。1817 年，歌德被迫辞去魏玛的职务，在此后 15 年中，他潜心于写作，直到生命结束。

二　歌德作品的思想意义

按照当时的情况来说，歌德的人格与生活可谓极尽了人类的可能性。他多才多艺，既是诗人、文学家，又是自然科学家和政治家。他既表现了浮士德式的自强不息、追求超越的精神，同时他又乐天知命、深谙宁静致远的智慧。在哲学、自然科学方面，歌德基本上重视事实和现实；在艺术方面，他继承了希腊古典现实主义和欧洲文艺复兴的光辉传统。歌德一生创作了大量的文学作品，包括抒情诗、无韵体自由诗、组诗、长篇叙事诗、牧歌、历史诗、历史剧、悲剧、诗剧、长篇小说、短篇小说、教育小说、书信体小说和自传体诗歌、散文等等各种体裁的作品。最著名的有书信体小说《少年维特之烦恼》（1774）、诗体哲理悲剧《浮士德》（1774—1831）和长篇小说《威廉·迈斯特》（1775—1828）。歌德不喜欢抽象的理论思维，他也没有形成系统的美学思想，而他从艺术创作的实践活动中有很多自己独到的艺术哲理和美学体会。也就是说，他的美学思想体现在他的具体作品之中，也散见于他的文学评论之中。其中比较集中的在爱克曼编辑的《歌德谈话录》之中。

歌德的作品中所表达的思想，反映了文艺复兴以后近代西方人的精神生活及其内在的问题。近代西方人从文艺复兴开始冲破教会统治的束缚，开始摆脱传统神学的精神枷锁，在精神上获得了解放，取得了相当程度的自由。但同时，也意味着人类从此失去传统的依傍，需要重新努力从现实生活本身中来寻得人生的意义与价值。歌德就是这样一位寻求和铸造现时代西方文化的新精神的伟大代表人物。在艺术实践中，他坚持写"地上的事"，写生活中的人，而不是"神"；他效法莎士比亚，不愿意使他的作品成为日常生活的单纯"传声筒"，因此，在他的作品中充满了积极向上、鼓舞人热爱生活的蓬勃朝气。但同时，由于歌德生活在一个落后的、四分五裂的德国，这个国家充满了小市民的庸人习气，恩格斯曾鄙夷地用希腊神话将之比喻为一个"庞大的奥吉亚斯牛圈"。这种庸俗的习俗和道德风尚也在歌德身上打下了深深的烙印。正如恩格斯在评价歌德时所说的："歌德过于博学，天性过于活跃，过于富有血肉，因此不能像席勒那样逃向康德的理想来摆脱鄙俗气；他过于敏锐，因此不能不看到这种逃跑归根到底不过是以夸张的庸俗气来代替平凡的鄙俗气。他的气质、他的精力、他的全部精神意向都把他推向实际生活，而他所接触的实际生活却是很可怜的。"[1]歌德的伟大和局限就这样既神奇又合乎逻辑地集于他一身。

第二节　古典的与浪漫的

一　古典与浪漫的区分

在 18 世纪 70—80 年代的狂飙突进运动中，歌德在他的文学创作思想中表现出了强烈的浪漫主义风格。但从 18 世纪 80 年代

---

① 恩格斯：《诗歌和散文中的德国社会主义》，《马克思恩格斯全集》第 4 卷，中国人民大学出版社 1965 年版，第 256 页。

后半期开始，由于意大利之行给了他太多的收获，也由于他本人的性格，加强了他对文学与现实关系的持续不断的思考。在对古希腊罗马的古典主义思想以及对莎士比亚等人的形式主义文学的学习中，歌德逐渐转向了古典现实主义。和席勒交往的十年间，他与席勒一起创作了大量的现实主义文学作品，并对狂飙突进运动之后在 18 世纪 90 年代初期形成的德意志浪漫主义思潮脱离现实的幻想和浮华的颓废等等不良倾向进行批判，为此他发表了大量关于古典主义与浪漫主义的区别与关系的美学言论。

歌德在 1830 年 3 月 21 日谈话里说过下面一段很重要的话："古典诗和浪漫诗的概念现已传遍全世界，引起许多争执和分歧。这个概念起源于席勒和我俩人。我主张诗应采取从客观世界出发的原则，认为只有这种创作手法才可取。但是席勒却用完全主观的方法去写作，认为只有他那种创作方法才是正确的。为了针对我来为他自己辩护，席勒写了一篇论文，题为《论素朴的诗和感伤的诗》。他想向我证明：我违反了自己的意志，实在是浪漫的，说我的《伊菲姬尼亚》由于情感占优势，并不是古典的或符合古代精神的，如某些人所相信的那样。史雷格尔兄弟抓住这个看法把它加以发挥，因此它就在世界传遍了，目前人人都在谈古典主义和浪漫主义，这是 30 年前没有人想得到的区别。"① 这段话揭示了德意志文学领域的古典主义与浪漫主义分歧的起源，也表明了歌德本人的文学倾向。歌德是赞同古典主义而反对浪漫主义的，他认为古典主义和浪漫主义的基本区别有两点：

其一，古典主义从客观世界出发，浪漫主义则从主观世界出发。歌德所说的古典主义，不是法国 17 世纪的古典主义，而实际上就是现实主义。他也直接使用过现实主义这个概念，曾说："由于寻求现实主义的欲望而产生的感觉上的各种错误倾向，总

----

① 爱克曼：《歌德谈话录》，朱光潜译，人民文学出版社 1980 年版，第 220 页。

比那表现为寻找理想主义的欲望而产生的错误倾向要好得多。"①
他是从现实主义立场来捍卫古典主义、反对浪漫主义的。歌德一
再认为当时青年作者最大的毛病就是太看重主观性，常常违反客
观自然的真实。而希腊的古典主义之所以好，值得称赞，就因为
它客观、自然而又真实。

　　其二，古典主义是健康的，浪漫主义是病态的。歌德把现
实主义和浪漫主义都当作文艺创作方法来看待。在歌德的心目
中，现实主义比浪漫主义要好。他在 1829 年 4 月 2 日与爱克曼
的谈话中说："我想到一个新的说法，用来表明这二者的关系
还不算不恰当，我把'古典的'叫做'健康的'，把'浪漫
的'叫做'病态的'。这样看，《尼伯龙根之歌》就和荷马史诗
一样是古典的，因为这两部诗都是健康的、有生命力的。最近
一些作品之所以是浪漫的，并不是因为新，而是因为病态、软
弱；古代作品之所以是古典的，也并不是因为古老，而是因为
强壮、新鲜、愉快、健康。如果我们按照这些品质来区分古典
的和浪漫的，就会很清楚了。"②　在其他的场合，歌德也说过：
"浪漫主义已经坠入它自己的深渊，简直很难设想还有比这种
不堪入目的新作品更可鄙的东西。""那些还在活着的时候就腐
烂的人，就靠详细述说他们自己衰亡的想法来获得灵感，还有
一种留在世上残害别人，并靠活人来滋养他的阴魂的死
人，——这就是我们文学制造家们的现状。当这同样的情况在
古代发生时，那只不过是某种罕见疾病的一个怪例而已，可
是，对现代人来说，这已经成为一种地区性和流行性的疾病
了。"③这些话十分明确地表达了歌德反对浪漫主义文艺风格而
褒扬现实主义文艺风格的美学立场。

---

　　①　格尔维斯：《歌德的格言和感想集》，程代熙等译，中国社会科学出版社
1999 年版，第 87 页。
　　②　爱克曼：《歌德谈话录》，朱光潜译，人民文学出版社 1980 年版，第 188 页。
　　③　格尔维斯：《歌德的格言和感想集》，程代熙等译，中国社会科学出版社
1999 年版，第 87 页。

二 区分之实际必要

歌德之所以推崇古典主义而批评浪漫主义，是当时德国的文艺状况使然。对他的这种态度，我们必须从当时文艺思想史的实际来进行具体分析。

18 世纪的德意志，是一个由 300 多个大小公国和自由城市组成的松散的联邦体。它们虽然名义上都是在神圣罗马帝国统治之下，但这种统治早已没有了多少实际意义。各大小公国和自由城市之间，在政治体制、法律制度和思想文化上，都存在着较大的差别。整个德意志民族的文化缺乏统一性，文化的民族特征十分淡薄。与欧洲其他主要国家如英国相比，德国的资本主义进程相当缓慢，封建和宗教势力一直相当强大，德国的资产阶级力量微薄，"他们从来没有这样的毅力，也从来不认为自己有这样的勇气"，"推翻旧的政府，重建帝国"①。尽管 18 世纪风靡欧洲大陆的启蒙运动思想在德国知识界和人数不多的资产阶级中产生了很大的效果，形成了很多优秀的思想成果，但德意志平民大众仍然处于当时在各地势力颇为强大的封建势力的压迫和剥削之下。所以，整个社会思想还没有达到较高的理性主义的文化水平。

在当时，德国既没有英法那样比较一致的民族文化传统，德国知识界也没有英法知识界那样的文化自信，但德国人渴望在欧洲文化舞台上占有一席之地，表达出自己独特的声音。也正是由于这种原因，他们对一种新的文学思潮的渴望，就显得更加敏感和强烈。沉重的历史背景，使得德国并不强大的资产阶级知识分子不重视也无力发动直接的积极行动，而宁愿以较为省力气的方式，在文学中"特别热心创造出一种远离普通现实，远离一般社会关系的文学"②。从某种意义上讲，这时的德国是"一个

---

① 《马克思恩格斯选集》第 2 卷，人民文学出版社 1977 年版，第 633 页。
② 韦勒克：《批评的诸种概念》，四川文艺出版社 1988 年版，第 161 页。

'思想家和诗人'的国度，而不是战士和行动的国度"①。正因为如此，欧洲近代浪漫主义思潮最早出现在德国这个"思想家和诗人的国度"里，也就不足为奇了。

对于德国文学史来说，1797 年被认为是一个非同寻常的年份，在这一年发生了两件重要的事：第一件是歌德和席勒相互竞赛，他们两个人各自分别写了许多著名叙事诗。如歌德的《掘宝者》、《科林斯的未婚妻》、《赫尔曼与窦绿蒂》，席勒的《潜水者》、《水手》等。"这一年是叙事歌丰收的一年，在德国文学史上被称为叙事歌年。"② 第二件便是以施莱格尔兄弟为首的几位年轻作家聚集在耶拿城，创办了德意志浪漫派最重要的杂志《雅典娜神殿》，浪漫主义文学创作达到了一个热潮，弗·施莱格尔在其《断片集》中大力倡导一种新的、在他看来最为进步的"浪漫诗"。两种风格不同的文学作品在同一年大量出现，标志着德意志浪漫主义与歌德、席勒的古典主义文学分道扬镳。从浪漫主义的视角看，这一年也可以被称为德国文学的"浪漫诗年"。上述这两件事似乎是一种偶然的巧合，但其背后所隐含的美学思想史意义则发人深思。

三　对浪漫主义批判的实际意蕴

歌德对浪漫主义的批判与他对当时德国现实的批判紧密结合在一起，他并不是一概反对浪漫主义，而是反对以耶拿小组为首的德意志浪漫派中"软弱的、感伤的、病态的"气质，认为这种气质不利于德国文学的发展，他希望唤起"新鲜的"、"健康的"古典主义气质，以挽救浪漫派的颓风。他在《温克尔曼》一文中认为，古代诗人能在自己生活的那个局部现实中，找到他们倾注激情的对象，他们紧紧抓住身边的东西，真实的东西，甚

---

① 卢那察尔斯基：《论文学》，人民文学出版社 1978 年版，第 565 页。
② 席勒：《诗选》，人民文学出版社 1984 年版，第 6 页。

至他们的幻想也是有血有肉的，所以他们的人物能够与自己的命运、与国家的命运融合在一起，产生令人倾倒的魅力，而浪漫派却一味沉浸在个人的幻想之中，以便逃避现实。在 1826 年 1 月 29 日与爱克曼的谈话中，歌德说："现在我要向你指出一个事实，这是你也许会在经验中证实的。一切倒退和衰亡的时代都是主观的，与此相反，一切前进上升的时代都有一种客观的倾向。我们现在这个时代是一个倒退的时代，因为它是一个主观的时代。这一点你不仅在诗方面可以见出，就连在绘画和其他许多方面也可以见出。与此相反，一切健康的努力都是由内心世界转向外界世界，像你所看到的一切伟大的时代都是努力前进的，都是具有客观性格的。"[①] 可见，歌德对古典现实主义的极力推崇事实是为了矫正当时德国乃至欧洲文艺和美学中的病态的和主观的倾向。

同时，歌德对古典主义的认同也与歌德本人的审美性格有密切关系。歌德早年是"狂飙突进"运动的领袖人物，他充满热情，敢于反抗，并追求个人自由。后来，反抗的热情衰退了，那种静穆而又单纯的古典美成为他追求的方向和理想。歌德曾经说过，要想逃避这个世界，没有比艺术更可靠的途径；要想同世界结合，也没有比艺术更可靠的途径。歌德为逃脱他所生活的庸俗鄙陋的现实环境，只有沉浸在艺术之中，他才能真正获得一种精神上的宁静和充实；但歌德又不愿意以浪漫派那样的方式来完全逃离现实世界而堕入主观主义的虚幻之中，因而他主张通过回到古典的文学艺术理想，以现实主义艺术思想来创造艺术的现实。

四　对其他一些问题的争论

在当时古典主义和浪漫主义的分歧和争论中，还包含着对其他一些问题的争论。

---

① 爱克曼：《歌德谈话录》，朱光潜译，人民文学出版社 1980 年版，第 97 页。

　　关于古典文化。在当时的德意志文化界中，受温克尔曼的影响，浪漫主义者和古典主义者，从歌德、席勒到施莱格尔兄弟，全都醉心于希腊的文化和艺术，认为在希腊人身上才能重新找到永恒的自然，高度推崇希腊艺术的"高贵的单纯和静穆的伟大"①。不过，古典主义者和浪漫主义者对古希腊文化的赞美和取舍有很大差别。浪漫主义者更看重希腊文化中神性和灵感的东西，看重希腊艺术的纯粹美和与现实无涉的方面，以及个性的自由和张扬。对古典艺术，史雷格尔兄弟几乎不看重其形式。因为在他们看来，诗歌应该是"无限的"，"诗人的随心所欲，容不得任何限制自己的规则，乃是浪漫诗的最高法则。"② 这与歌德强调艺术形式的整一性，强调不同的诗的形式会产生奥妙的巨大效果的观点是完全不同的。歌德等人更看到古希腊文化中宁静和谐的一面，并把它推到美的极致，视之为希腊文化的精髓，从而在自己的文学创作中，注重形式的和谐完美，注重思想的超越和人格的伟大。在《评述温克尔曼》中，歌德通过温克尔曼所研究的古代希腊艺术高度评价了"古代气质"。他说："诗人生活在他想象力的世界里，史家生活在政治世界里，研究者生活在自然世界里，然而方式却是相同的。他们都紧紧抓住身边的东西，真正的东西，实在的东西，甚至就是他们的幻想也都是有血有肉的。人和人性受到至高的尊重，人和世界的全部内在和外在联系都得到很有见地的描述和观察。那时，感觉和思考还没有被肢解，在健康的人类认识力中还未发生那种难以愈合的割裂。"③歌德对这种"古代气质"的推崇，与他所追求的"完整的人性"的理想是一致的。他认为古希腊人始终将自己置身于"大自然的顶峰"，把自身视为一个完整的自然，因此古希腊人"以一切美德充实自己，经过选择、整理，力求和谐、具有意

---

　　① 韦勒克：《批评的诸种概念》，四川文艺出版社 1988 年版，第 157 页。
　　② 弗·施莱格尔：《雅典女神殿·断片集》，三联书店 1996 年版，第 73 页。
　　③ 《欧美古典作家论现实主义和浪漫主义》（二），中国社会科学出版社 1981 年版，第 293 页。

义，最后达到产生艺术作品的高度，而这种艺术作品在人的所有业绩中，占有一席光辉的地位。而艺术品一经制作出来，它那理想的形象一旦伫立在世界上，便会产生一种持久的作用，极其巨大的作用。因为它是以全部力量造成的精神产品，所以它汲取了一切美好的、令人尊敬和爱慕的东西，并且，通过赋予人的形象以活力，它使人比自身更加高大，它使人的生活和活动趋于完善，并为了现在（其中包括过去和未来）而将人神圣化了"。① 歌德高度评价了古代艺术以及古代艺术表现出的和谐尊严之美，古代艺术将"神变成了人，以便将人提高为神"，这种艺术必然促进人的提升和人性的完善，理应成为后人追随的楷模。

　　关于自然。虽然德国古典主义和浪漫主义都不断强调自然，但它们对自然的理解是不同的。在古典主义者那里，自然是人沉思和反映的对象，是人创作的来源；而在浪漫主义那里，自然与人不可分立，人即是自然本身。如果说古典主义强调诗对生活的模仿的话，浪漫主义则强调诗对心灵的描绘，因为在他们看来，诗人的心灵就是自然本身。浪漫主义诗人的目光从来不投向生活和社会，作家在进行创作时，永远超越于现实之上，无须受题材和生活的约束，因为现实生活是没有意义的。歌德则肯定现实生活的意义，坚持现实主义创作原则，强调从自然出发，并将作家的精神灌注其中，去超越自然，即使是现实生活中猥琐平凡的事物，也可以变成艺术刻画的对象。在这一点上，古希腊艺术家已经为我们作出了榜样。"……已经发现许多杰作，证明希腊艺术家们就连在刻画动物时也不仅妙肖自然，而且超越了自然。……在惊赞这种作品时，我们不要认为这些艺术家是按照比现在更完美的自然马雕刻而成的，事实是，随着时代和艺术的进展，艺术家们自己的人格已陶冶得很伟大，他们是凭着自己伟大人格去对

―――――――

① 《欧美古典作家论现实主义和浪漫主义》（二），中国社会科学出版社 1981 年版，第 296 页。

待自然的。"①

关于民族性和文化传统。歌德对文学的历史传统一直带有一种顶礼膜拜的心态,晚年的歌德曾多次声称,除了传统,自己的独创性几乎微乎其微。"人们老是在谈独创性,但是什么才是独创性! 我们一生下来,世界就开始对我们发生影响,而这种影响一直要发生下去,直到我们过完了这一生。除掉精力、气力和意志以外,还有什么可以叫做我们自己的呢? 如果我能算一算我应归功于一切伟大的前辈和同辈的东西,此外剩下的东西也就不多了。"②。不过值得注意的是,歌德把整个欧洲乃至世界文化看做一个整体,他所声称的文化传统实际上正是这样一个大传统。歌德经常谈到莎士比亚、莫里哀等外国作家对他的影响。而浪漫主义者对文化传统似乎就没有这样的态度,他们歌颂古希腊文化、中世纪文化乃至德国民间文化,而对文艺复兴以后的欧洲文化几乎不屑一顾。因为在他们看来,这种文化传统缺乏一个神话中心,陷入了理性主义和唯物主义的思想泥潭。所以,在文化艺术上,他们目的一致,强调自己的独创性,力图完全割裂自己同文化传统的关系,甚至对他们所受的席勒的影响,他们也竭力予以否认。正是在这一点上,他们所受的非议很多。

在民族性问题上,浪漫主义的目光也比较狭隘,他们一味强调自身的、日耳曼式的、带有民间色彩的中世纪文化传统,否定歌德等人所称颂的欧洲文艺复兴以来的文化传统,狭隘的民族性格挡住了他们放眼世界文化的目光。与之相比,歌德等人对"民族性"则表现出宽广的视野。歌德也强调民族性问题,他从文学与民族的密切关系以及"特征说"的美学理论出发,为适应当时德意志民族统一的需要,极力主张建设德意志民族的文学,提倡并论证了民族文学存在的理论主张。"每一个人,包括最伟大的天才在内,都在某些方面受到时代的束

---

① 爱克曼:《歌德谈话录》,朱光潜译,人民文学出版社 1980 年版,第 174 页。
② 同上书,第 88 页。

缚，正如在另一些方面得到时代的优惠一样。一个杰出的民族作家，只能求之于民族。地理环境将德国民族紧密联系在一起，而政治环境却将德国民族割裂得支离破碎。但这也不能归咎于德国民族。我们并不希望发生可能为德国准备古典作品的革命。"① 这段话强调了时代和民族与作家的关系，任何一种文学都是一定时代的一定民族的文学，离开了民族就不会有经典的民族作家和作品。

但是歌德并不是一个眼光短浅、狭隘的民族主义者，他以自己的博大胸怀和世界目光超越了当时的时代，提出了世界文化的多元性和统一性的可能。歌德甚至认为，即使将来德国统一了，文化也要多元化，文化中心也不应只限于德国国内②。他本人就赞赏中国的文学作品，也曾模仿波斯诗人哈菲茨创作过《西东合集》。尤其是他从人性的普遍性出发，强调各种文化相互沟通的可能，对狭隘的民族文化进行了批驳，声称："民族文学在现代算不了很大的一回事，世界文学的时代已快来临了。"③ "并不存在爱国主义艺术和爱国主义科学这种东西。艺术和科学，跟一切伟大而美好的事物一样，都属于整个世界。只有在跟同时代人自由地和全面地交流思想时，在经常向我们所继承的遗产就教的情况下，它们才能得到不断的发展。"④ 歌德在文学史上第一次明确提出了世界文学的概念，其文化意义是相当深远的。

还须说明的是，歌德的艺术理想，与其说是单纯的浪漫主义，不如说是古典主义与浪漫主义二者之结合。在他的《说不完的莎士比亚》一文中把古典的和浪漫的作了对比之后，他赞赏莎士比亚既是近代的、浪漫的，又是古代的、古典的，其独到之处是以情感充沛的方式把古代诗和浪漫诗结合起来，能够做到

---

① 马奇:《西方美学史资料选编》下卷，上海人民出版社1987年版，第91页。
② 爱克曼:《歌德谈话录》，朱光潜译，人民文学出版社1980年版，第175页。
③ 同上书，第113页。
④ 格尔维斯:《歌德的格言和感想集》，程代熙等译，中国社会科学出版社1982年版，第3页。

个体的意愿与职责之间的平衡。歌德自己在《浮士德》第二部中通过浮士德与希腊美女海伦的结合，表现了他希望把德国当时的浪漫主义精神和希腊的古典主义精神相互结合的企图。这种结合在作品中最终以失败告终，也说明在一个倒退衰亡的时代，古典与浪漫的结合只能是一个理想，一个梦。

第三节　自然与艺术

一　万汇本一如

一般来说，艺术和自然的关系就是作家的作品和他要反映的现实生活的关系，也就是主观和客观的关系，它关系到艺术和艺术美的创造途径、表现形态和性质风格等问题，因此，自然和艺术的关系，一直是西方美学史上的一个重要问题。

由于歌德的一生经历了启蒙运动、浪漫主义及古典时期，受卢梭、狄德罗，特别是斯宾诺莎的影响，在哲学上是唯物主义和无神论者。因此，他对于自然的看法可说是结合了启蒙运动者和浪漫主义者的看法。他认为万物是真实的，都有自己的必然性，自然是客观存在的，是一个有规律的整体。他在自传《诗与真》中写道："自然循着永恒的必然的规律而运行，而起作用，这种规律是那样的神圣，以至神也不能怎样变更它。"① 我们生活在自然里面，我们的一切必须依照自然的规律，甚至当我们反对它的时候，也是依照它的规律。可见，斯宾诺莎对他发生了怎样的影响，而他从他那里也找到了哲学上的归宿，并在创作中找到了遵循的原则。

不仅如此，在对待万物本体的看法上，他远远超过了哲学家康德。歌德不同意以康德等为代表的唯心主义美学家把世界分为现象世界与本体世界的看法，而把自然看成是一个客观存在于人

① 歌德：《诗与真》下，刘思慕译，人民文学出版社 1983 年版，第 118 页。

的主观之外的有规律的整体，世界根本不可分，现象与本质并不相互矛盾，正是通过千差万别的现象可以揭示本体的本质规律。在《浮士德》中，他写道："万汇本一如，彼此相连带。相依为命，哪可分开？"[①] 同时，歌德对自然的看法还具有辩证法因素，他认为它是变化发展的，是一个充满生命的每时每刻都在发展变化的过程。

二　主宰抑或奴隶

正是因为这样，才使歌德的创作偏重于实际生活，把艺术建立在真实的生活基础上。在 1827 年 4 月 18 日与爱克曼的谈话中，歌德明确提出了艺术与自然的辩证关系：艺术既必须从自然出发，又必须高于自然。歌德说："艺术家对于自然有着双重的关系：他既是自然的主宰，又是自然的奴隶。他是自然的奴隶，因为他必须用人世间的材料来进行工作，才能使人理解；同时他又是自然的主宰，因为他使这种人世间的材料服从他的较高的意旨，并且为这较高的意旨服务。"[②]

所谓艺术家是自然的奴隶，即指艺术的创造应该从实际存在的客观自然出发，作家只有热爱自然，以自然为基础，在客观现实中，发现具有特征的事物，把它的特征充分地表现出来，才能创造美的艺术。

同当时德国古典唯心主义者不同的是，歌德关心的不是超自然的东西，而是现实的东西。歌德对自然科学作过深入研究，这有助于他反对空洞的理想，反对主观的创作态度，他要求一切从客观的现实出发。他有一句非常有名的格言：对天才的第一个和最后一个要求都是：爱真实。对艺术家的最高要求就是他应当遵守自然、研究自然、模仿自然，只有通过实践的方式才能达到活的知识，然后制造出一种毕肖自然的作品。他劝青年人注意现

---

① 歌德：《浮士德》第 1 部，郭沫若译，人民文学出版社 1955 年版，第 24 页。

② 爱克曼：《歌德谈话录》，朱光潜译，人民文学出版社 1980 年版，第 137 页。

在，采用现成的题材写作。在《诗与真》中，他说："那么，就谈谈形象吧！但除了自然之外，形象又从何处取得呢？很明显，画家是在模仿自然；那么，为什么诗人也不去模仿自然呢？"①在谈论古希腊罗马艺术家们的文艺创作时，歌德也肯定他们从现实出发、模仿自然的创作风格，"这些古代人，尤其是最有名的演说家，显然都是从实际生活中得到锻炼的。讨论他们的艺术特征，而不同时提到他们的个人爱憎取舍，乃是不可能的事。就诗人而论，上述情况也许少些；然而在每一个场合，好像都只有通过生活，自然和艺术才取得联系。所以经过了我种种思考和努力，我回到了我的老主张，那就是研究身内身外的自然，让自然绝对通行无碍，用热爱的心情模仿自然，并在这模仿中跟随自然"②。

歌德是这样说的，也这样做了，他在自己的文学生涯中，始终坚持从现实出发的现实主义坐标，他笔下创造的人物，如浮士德、威廉·迈斯特等，也都不满足于枯燥的学究生活，他们都要在行动中去追求事业的创造。在 1823 年 9 月 18 日谈话里他说："世界是那样广阔丰富，生活是那样丰富多彩，你不会缺乏做诗的动因。但是写出来的必须全是应景即兴的诗。即现实生活必须既提供诗的机缘，又提供诗的材料。一个特殊具体的情境通过诗人的处理，就变成带有普遍性和诗意的东西。我的全部诗都是应景即兴的诗，来自现实生活，从现实生活中获得坚实的基础。我一向瞧不起空中楼阁的诗。"③他面对现实生活提供的材料，"经常以新鲜的心情来处理眼前事物"，把自己"看到的和听到的赋予生命"，这表明了歌德的创作是从客观自然出发的。

歌德曾批评雨果的《巴黎圣母院》"是完全违反自然本性；

---

① 《欧美古典作家论现实主义和浪漫主义》（二），中国社会科学出版社 1981 年版，第 299 页。

② 同上书，第 301 页。

③ 爱克曼：《歌德谈话录》，朱光潜译，人民文学出版社 1980 年版，第 8 页。

毫不真实的","没有比这部小说更可恶的了"。① 艺术的真实必须以自然的真实作为基础，否则艺术就成了虚假的矫揉造作的了。而要做到以自然的真实为基础，一是创作者应当写他熟悉的东西。二是要善于掌握事物的特征，"艺术的真正高尚而又困难的任务，是把握个性的东西"②。而把握和表现个性的方法就是反复观察、体悟，寻找出事物的特征。三是注意细节描写的真实，作品各个部分的细节都应当符合自然的真实，只有这样，整个作品看上去才有真实感。四是注意环境描写的真实性。歌德认为，在自然里面，我们绝对看不到任何孤立的东西。每件东西，都和它之前、之旁、之上和之下的东西发生联系。世界万物是相互关联并存在于特定的"关系"环境中的，离开了环境的真实性，也就没有事物的真实性了。

所谓艺术家是自然的主宰，是指艺术家必须超越自然，创造出一个高于自然和现实生活的艺术整体。歌德将艺术家的艺术创造视作类似于大自然中的各类神创造自然产品的一个具有主体创造性的特殊过程，这个过程当然必须从客观现实出发，是一个模仿自然的过程。但是，艺术的创造又不能停留于对自然的单纯的模仿，必须体现出艺术家的主观能动性和主体创造性。在歌德看来，艺术与自然之间有一条巨大的鸿沟把它们区分开来，艺术对自然的全盘模仿在任何意义上都是不可能的，艺术并不要求在广度和深度上和自然竞赛，而必须用一种第二自然奉还给自然，一种感觉过的、思考过的，按人的方式使其达到完美的自然。因此，艺术的真实应当高过自然的真实，艺术家的任务是根据自然来熔铸成一个优美的、生气灌注的整体。艺术家一旦把握住一个自然对象，那个对象就不再属于自然了，而且还可以说，艺术家在把握住对象的那一顷刻中就是在创造出那个对象，因为他从那对象中取得了具有意蕴，显出特征，引人入胜的东西，使那对象

---

① 爱克曼：《歌德谈话录》，朱光潜译，人民文学出版社 1980 年版，第 247 页。
② 同上书，第 9 页。

具有更高的价值。因此好的艺术家应该深入到每一自然形体之中，看到它们的丰富和运动，然后掌握它们丰富的本质和运动的规律，其创造出的真正的艺术品应如同一个大自然的杰作，对我们的意义总是无穷无尽的：它被观察，被感觉；它产生影响，但它实际上不能被认识，它的本质、它的功绩更不能被言词表白殆尽。"我向现实猛进，又向梦境追寻。"这是《浮士德·舞台上的序剧》中诗人所说的话，它诗意地代表了歌德认为艺术来自自然而又不等同于自然的看法。

三　忠于自然，高于自然

那么，怎样才能做到既从客观出发，忠实于自然，又高于自然，创造出第二自然的艺术作品呢？歌德做了一些具体的描述。

首先，艺术家必然仔细地观察自然，对自然中的事物进行适当的取舍。歌德从小就养成了观察自然的习惯。在他的自传《诗与现实》以及谈话录中多次提到如何观察自然，观察树木、花鸟、天气、色彩、光线以及人类社会生活中的各种现象。歌德谈到他的气质之一，就是对周围事物具有敏感性。他年轻时曾想学画，这帮他训练了怎样用眼睛去观察自然事物，他认为他的诗的客观性就有赖于眼睛的这种极大的注意和训练。有人抱怨现实生活中没有诗，歌德却说："不要说现实生活没有诗意。诗人的本领，正在于他有足够的智慧，能从惯见的平凡事物中见出引人入胜的一个侧面。"①在观察自然的时候，艺术家还必须学会对所观察的自然中的现象有所取舍，他曾说过："本来存在的自然是不能模仿的：本来的自然含有许多不重要、不合适的东西，我们必须有所选择；然而又是什么决定这选择呢？我们必须选择重要的。"② 所谓重要的也就是"必须是道德性的，显然有助于人类

---

① 爱克曼：《歌德谈话录》，朱光潜译，人民文学出版社1980年版，第6页。
② 《欧美古典作家论现实主义和浪漫主义》（二），中国社会科学出版社1981年版，第301页。

的改善的"①。歌德认为艺术是可以促进整个人类的发展进步的，因此艺术选择的标准也应以人为本。

其次，艺术家的心灵和人格在艺术创作中也起着重要作用。歌德认为仅凭对自然的观察是不够的，艺术还要调动起作家内心的体验和感悟去进行创造。歌德一贯强调，从事文艺创作的人一要拥有真诚的心灵，二要具备高尚的人格。歌德坚信艺术家个人的人格比他作为艺术家的才能对听众要起更大的影响。"一个作家的风格是他的内心生活的准确标志……如果想写出雄伟的风格，他也首先就要有雄伟的人格。"② 艺术领域里产生的种种弊端，往往都是"一些个别的研究者和作者们人格上的欠缺。"③歌德联系到自己的创作经验讨论了这个问题。他提到自己创作《少年维特之烦恼》时，他作为抒情主人公不只体味自然、感受自然，而且全身心地融入自然，成了自然的一个有机部分，从而与万物灵犀相通。他说道："我决心一方面任凭我的内部自然的特性自由无碍地发挥出来，另方面听任外界的自然的特质给我以影响。这种决心把我卷入于一种异样的氛围中，《维特》一书就是在这种氛围里构思和写出来的。在内心方面，我想摆脱一切陌生的倾向和思想，对外界则以爱的态度来观察一切事物，自人类以至可以理解的下级的东西，任其各显神通。由此便发生与自然界的各个对象的不可思议的亲密关系与自然全体的默契和共鸣。因此外界每发生一种变动，无论是住所地方的迁换也好，时日季节的流转也好，或任何种的推移也好，都触动到我的心的最深处。"④谈到《浮士德》，他说其中"每一行，都铭记着我对于人生与现实世界的仔细研究"，但同时又说："我如果不先凭预感把世界放在内心里，我就会视而不见，而一切研究和经验都不过

---

① 《欧美古典作家论现实主义和浪漫主义》（二），中国社会科学出版社 1981
年版，第 301 页。

② 爱克曼：《歌德谈话录》，朱光潜译，人民文学出版社 1980 年版，第 39 页。

③ 同上书，第 90 页。

④ 歌德：《诗与真》，刘思慕译，人民文学出版社 1983 年版，第 571 页。

是徒劳无补了。我们周围有光也有颜色，但是我们自己的眼里没有光和颜色，也就看不到外面的光和颜色了。"① 正因为他亲自投身于平凡的现实生活，去歌唱，去悲伤，去呐喊，去慨叹，书里描写着许多作者的影子，有他来自现实生活的真实感受，他的作品才会有如此巨大的感染力。在谈到《少年维特之烦恼》时，歌德直言不讳道："原来我乞活过，恋爱过，苦痛过，关键就在这里。""我像鹈鹕一样，是用自己的心血把那部作品哺育出来的，其中有大量的出自我自己心中的东西，大量的情感和思想，足够写一部比此书长十倍的长篇小说。"② 他还说《塔索》"那是我骨里的骨，肉里的肉"。在歌德自己的作品中，贯穿着歌德自身人格、精神和性情的特征。

其三，要依赖于艺术家丰富的知识积累和深厚的文化教养。歌德认为人们在青年时代对事物的认识不免片面，而大部分作品却要有多方面的广博知识，艺术家丰富的知识积累才可以帮助艺术家创造出很好的艺术作品，歌德说："关键在于是什么样的人，才能做出什么样的作品。……谁要想作出伟大的作品，他就必须提高自己的文化教养，才可以像希腊人一样，把猥琐的实际自然提高到他自己的精神高度，把自然现象中由于内在弱点或外力阻碍而仅有某种趋向的东西实现出来。"③ 知识积累和文化教养可以给艺术家提供开阔的视野，超越于平凡的现实之上去选取题材，创造优美和谐的艺术整体。歌德对当时文坛上日益炽烈的不正之风表达了自己的愤怒："生活本身已经变得多么孱弱呀！我们哪里还能碰到一个纯真的、有独创性的人呢！哪里还有人有足够的力量能做个诚实人……""一种'半瓶醋'的文化渗透到广大群众之中。对于进行创作的人来说，这是一种妖氛，一种毒液，会把创造力这棵树从绿叶到树心的每条纤维都彻底毁灭

---

① 爱克曼：《歌德谈话录》，朱光潜译，人民文学出版社1980年版，第35页。
② 同上书，第17页。
③ 同上书，第174页。

掉。"① 在歌德看来，以谦虚和诚实的态度不断地学习和积累才是艺术家保持独创性和生命力的秘诀。歌德去世前不久，他回顾自己一生的创作时就说："说真的，除了观看和谛听、识别和选择的能力与癖好，以及把我所看到和听到的赋予生命，并用一定的技巧将之表现出来之外，我自己能有什么呢？我的作品绝不仅仅只是由于我个人的智慧，而是由于我周围成千成百的事和人，他们给我提供了材料。……我所做的，不过是伸出手去，去收获旁人为我播种的东西罢了。"② 正是这种虚心学习和善于积累的特点才使歌德成为一个伟大的文学艺术家。

歌德关于自然与艺术的辩证关系的论述，在德国乃至整个欧洲的文学艺术发展历程中都产生了深远的影响。歌德对自然、现实生活在文学艺术创作中的根本性决定作用的强调，有力地遏止了早期浪漫主义脱离现实、歪曲生活、一味宣传宗教梦幻气息的不良倾向。歌德的现实主义美学主张，加上他自己的伟大创作实践，不仅促进德国乃至整个欧洲的审美趣味和艺术倾向由浪漫主义精神方面转向现实主义方面，而且还促进欧洲整个浪漫主义文艺思潮逐渐由病态的状况向健康的状态发展演化。

第四节　美与艺术

一　美是有自由的完善境界

作为一个伟大的艺术天才，歌德对美这个美学的核心范畴十分关注，并且围绕这个范畴做过许多精辟的论述，但是歌德不喜欢抽象的理论，因此他对美的论述往往都是结合着具体的作品和他的感受来谈论的，他曾经表示："我对美学家们不免要笑，笑他们自讨苦吃，想通过一些抽象名词，把我们叫做美的那种不可言说的东西化成一种概念。美其实是一种本原现象，它本身固然

---

① 爱克曼：《歌德谈话录》，朱光潜译，人民文学出版社 1980 年版，第 17 页。
② 同上书，第 249 页。

从来不出现，但它所反映在创造精神的无数不同的表现中，都是可以目睹的，它和自然一样丰富多彩。"① 在 1794 年 8 月 30 日歌德致席勒的一封信中歌德附上了自己的一篇论文，这篇论文既是歌德和席勒两次谈话的结果，也表述了歌德关于美的总的观点："美是有自由的完善境界"②。歌德围绕这个总的观点，对其中的完善和自由概念进行了生动的论述。

歌德认为，所谓完善是指事物达到自然发展的顶峰，各部分都达到和谐与平衡，并且完全符合它的目的。他举例说，达到婚育年龄的姑娘，其目的就是生育孩子，如果她的胸脯不丰满、盆骨不够大，就不会显得美。但是假如她的胸脯太丰满、盆骨太大也不美，因为超过了符合目的的要求。自然界中的树也如此。他说："拿橡树为例来说，这种树可以很美。但是需要多少有利的环境配合在一起，自然才会产生出一棵真正美的橡树呀！"如果一棵橡树生在密林里，它会一直向上，长出宽广的树冠，它的树干却得不到发展，很苗条，树冠与树干的比例就不协调，不会显出美。如果这棵树生长在低洼潮湿的地方，土壤肥沃，这棵树会生长得很茂盛，但缺乏坚韧的力量，同样也不美。"沙土或夹沙土使橡树可以向各方面伸出茁壮的根，看来于橡树最有利。它坐落的地方还应有足够的空间，使它从各方面受到光线、太阳、雨和风的影响。如果它生长在避风雨的舒适地方，那也长不好。它须和风雨搏斗上百年才能长得健壮，在成年时它的姿势就会令人惊赞了。"③ 因此歌德得出结论说："我们固然不能说，凡是合理的都是美的，但凡是美的确实都是合理的，至少是应该合理的。"④ 合理也就是合乎规律。在歌德看来，当我们认为一个事

---

① 爱克曼：《歌德谈话录》，朱光潜译，人民文学出版社 1980 年版，第 132 页。

② 《歌德、席勒文学书简》，张荣昌、张玉书译，安徽文艺出版社 1991 年版，第 5—6 页。

③ 爱克曼：《歌德谈话录》，朱光潜译，人民文学出版社 1980 年版，第 132—133 页。

④ 同上书，第 134 页。

物是美的时候，也意味着这个事物是自由的，"我们说一个完善的有机体是美的，如果我们在看见它时会想到，只要它愿意，它就能用多种多样的方式自由使用它的全部肢体；所以最高的美感是和信任和希望的感觉联系在一起的"。自由是指一个完善的有机体除了进行"满足需要的活动之外它还有充裕的力量和能力去作随意的、在一定程度上是无意义的行动"，在这种行动中，目的性和规律性、包括意志的支配都被隐藏起来了，也就是说，自由就是合规律与合目的性的统一，用哲学的话语来说就是，自由是运用规律来为一定的目的服务。

歌德提出"美是有自由的完善境界"的观点与席勒的美是"自由的形式"的观点，在总体精神上是一致的。席勒在《论美书简》中从康德的原则出发，又对康德有所超越。他认为美不同于完善，但美又必须以完善为根据，他把事物的完善理解为事物的多种因素在其客观目的上统一成一个整体，完善是质料的形式，美则是这种完善的形式，美既独立于规律和目的，又表现出合规律性和合目的性，因此美是自由的形式，美是现象中的自由。这个结论与歌德所说的美是有自由的完善境界大体是相通的。

"美在于完善"是当时德国美学中比较普遍的一个观点，莱布尼兹和沃尔夫等人都认为美就是完善，所谓完善就是完好无缺，着重世界的多样统一、着重世界的秩序与和谐。康德不同意美是完善的概念，他认为完善指的是一事物符合于它自身的概念，是一种客观的合目的性，而美与概念无关；美只是在形式上符合我们的主观目的，不能涉及内容和效用，而完善涉及事物的实际效用，因此，用完善性来解释美是不对的。

歌德和席勒扬弃了莱布尼兹和沃尔夫的美在完善以及康德美在形式的主观合目的性的观点，都在为美寻找客观的基础，他们的自由概念中包含着实践的观点，虽然还没有达到实践唯物主义的高度，但已经体现出他们高于时代的艺术见解。同时，歌德和席勒都向往古希腊完整的人性，认为人的目的就是全面发展，而近代文化却使人性分裂，把一切自然的、独创性的活力都驱散掉了，结果只剩下一派庸俗的市民气味，当歌德和席勒强调美的完善时，客观上也在呼唤对德国文化乃至对现代文化的改造。

二 美与艺术的几个基本问题

既然美是有自由的完善的境界，那么美的艺术作品也必然要体现出这种美的境界。歌德结合他的创作实践阐发了关于美与艺术的几个基本问题。

关于艺术的完整性的问题。歌德十分强调"艺术要通过一种完整体向世界说话。但这种完整体不是他在自然中所能找到的，而是他自己的心智的果实，或者说，是一种丰产的神圣的精神灌注生气的结果"[1]。歌德所说的艺术"完整体"，实质就是指艺术作品整体上的完美。其中包含了两层含义：

一是指艺术作品在表现形式上的完美，如艺术结构的完整，艺术风格的统一，部分或细节与整体结构的和谐，等等。歌德认为，好作品是各组成部分融贯成完美的整体，"倘若你在整体上安排不妥当，你的精力就白费了……而没有完全掌握住细节，整体也就会有瑕疵；会受到指责"[2]。他曾列举一位名叫哈根的浪漫派青年诗人的作品《奥尔弗里特和李辛娜》，指出"那里有些片断是写得很出色的，例如波罗的海风光以及当地的一些具体细节，但这都是些漂亮的片断，作为整体来看，这部诗却不能使任何人满意"[3]。歌德强调"一部作品关键在于应该通体完美，如果做到了这一点，它就会是古典的"[4]。

二是指作品的内容在整体上的完美，如情节内容的连贯统一、思想倾向性和时代精神的一致等。歌德要求艺术作品中做到美与善的统一，文艺所表现的应该是限于健全的、光明的、对人

---

[1] 爱克曼：《歌德谈话录》，朱光潜译，人民文学出版社 1980 年版，第 137 页。
[2] 同上书，第 5 页。
[3] 同上。
[4] 同上书，第 174 页。

类有益的东西，反对写消极的、软弱的、阴暗的方面。作品不仅灌注着艺术家的内在精神的生气，而且要灌注着时代精神。歌德说：艺术作为一种完整体不是"像一块糕点饼干，用鸡蛋、面粉和糖掺合起来一搅就成了"，也不是像"拼凑三合板"那样把各部分拼凑在一起，也不能只凭"偶然的幻想"。而是必须经过艺术家"精神熔炉"熔铸和"生命气息吹嘘过的"，"它是一件精神创作"，应该灌注着艺术家的精神生气。① 这里讲的"精神灌注"不是作为一种创作技巧、形式，而是指创作内蕴，一种他所说的"较高的意旨"，指的是艺术家的理想、世界观和人生观。歌德反对文艺为政治服务，他说"艺术应该是自然事物的道德表现"，艺术所处理的自然要"在道德上使人喜爱"。因此，艺术家必须在时代发展的历史进程中，陶冶自己的人格，提高修养，具备高尚的艺术道德观，这实际上已经初步揭示了世界观与文艺创作的关系。

关于艺术典型的问题。文学应反映什么样的社会生活、塑造什么样的人物形象才称得上"文学典型"呢？歌德对创造艺术典型问题的见解，包含若干丰富的美学观点和文艺思想，具有较多的现实主义的辩证法因素。他根据自己以及在总结他人的创作实践经验的基础上，认为文学典型创造的基本规律，是从现实生活出发，掌握和描述个别特殊的具有特征性的事物，在特殊中表现一般，创造出一个显出特征的、优美的、生气灌注的整体性形象，来反映世界。他的这一典型创造的理论无疑是具有独创性的，比前代人前进了一大步。

歌德认为文学创作所反映的生活是个别与一般、特殊与普遍、直接性与规律性的和谐统一，是现象与本质融为一个整体的生活。因此，对于作家来说，最大的困难是对个别特殊事物的掌握，只有善于抓住事物的特征，通过特殊显现出一般，这才称之

---

① 爱克曼：《歌德谈话录》，朱光潜译，人民文学出版社 1980 年版，第 246—247 页。

为真正意义上的创作。1823 年 10 月 29 日，歌德对爱克曼谈论了他对这个问题的看法："我知道这个课题确实是难，但是艺术的真正生命正在于对个别特殊事物的掌握和描述。此外，作家如果满足于一般，任何人都可以照样模仿；但是如果写出个别特殊，旁人就无法模仿；因为没有亲身体验过。你也不用担心个别特殊引不起同情共鸣。每种人物性格，不管多么个别特殊，每一件描绘出来的东西，从顽石到人，都有些普遍性；因此各种现象都经常复现，世间没有任何东西只出现一次。"[①] 在歌德看来，客观世界中的一切事物，"从顽石到人"，都是个别与一般、特殊性与普遍性的统一体，而事物的普遍性又总是寓于特殊性之中。如果作家仅满足于一般性描写，只是抽象地去描写事物的普遍性，那就无从显现出事物之间的差异性与独特性，这样写出来的人物也只能是因袭模仿他人的公式化、概念化、类型化的人物，只能是千篇一律、千人一面、千部一腔的赝品，称不上什么典型创造。如果要使艺术形象具有"真正的生命"，作家就只有通过自己的亲身生活体验，凭着自己独特的视角穿透力和独特的艺术功力，深入掌握并精心描述个别具有特征的人物性格，并通过个别特殊的描述而显现出一般，这样的人物形象才能广泛地引起读者的感情共鸣，才具有震撼人心的艺术魅力。因此，歌德认为，"只有到了描述个别特殊这个阶段，人们称为'写作'的工作也就开始了"，[②] "诗人要抓住特殊，如果其中有些健康因素，他就会从这个特殊中表现出一般"[③]。

　　艺术典型创造的基本路线是如歌德所说的"在特殊中显出一般"、"描述个别特殊"，还是如某些人所认为的"为一般而找特殊"或描写同一"类型"的人物性格，这反映了典型理论上坚持辩证法与形而上学的两种不同的思想路线。1920 年歌德在他编辑与席勒的通信集时，就明确地指出了两者的本质区别：

---

　①　爱克曼：《歌德谈话录》，朱光潜译，人民文学出版社 1978 年版，第 10 页。
　②　同上书，第 9 页。
　③　同上书，第 90 页。

"诗人究竟是为一般而找特殊，还是在特殊中显出一般，这中间有一个很大的分别。由第一种程序产生出寓意诗，其中特殊只作为一个例证或典范才有价值。但是第二种程序才特别适宜于诗的本质，它表现出一种特殊，并不想到或明指到一般。谁若是生动地把握住这特殊，谁就会同时获得一般而当时却意想不到，或只是到事后才意识到。"①

在歌德看来，那种"为一般而找特殊"的创作，实际上是从抽象的观念或"理念"、"义理"出发，进而把这种抽象的一般转化为有形的实体，其中所列举的"特殊"也仅仅是作为例证或典范去为所要表达的"理念"服务，这样塑造的艺术形象实际上是特殊例证的拼合体，是同类型人物性格的平均值，只能是某种"理念"先行的传声筒。这不符合"诗的本质"，更谈不上典型创造，因为它忽视了人物的独特个性，不能显示出事物本来的千差万别的丰富性和生动性。因此，歌德对爱克曼说，在社会生活中，"我把每个人都看作一个独立的人，可以让我去研究和了解他的一切特点，此外我并不向他要求同情共鸣。这样我才可以和任何人打交道。也只有这样我才可以认识各种不同的性格，学会为人处世之道"②。在这里歌德认为，现实生活中的每一个人以至一切客观事物，都作为独立自足的个体存在，都以特殊个别的形态或以性格各异、各具特征的人物个性呈现出来，而不是以抽象的概念呈现出来。因此，作家要创造出有"真正生命"的艺术典型，就必须从现实中的人出发，了解认识和研究把握具体的、感性的、个别的人，区分各种不同的性格特点，这之后才有可能塑造出"在特殊中显出一般"的艺术典型来。而这种通过特殊显现出来的"一般"，并不需要作家把它"明指"出来，作家本身有时也"意想不到"，"只是到事后才意识到"。可见，作家只要是能善于把握和描述个别特殊，他所创造出来的

① 朱光潜：《西方美学史》下卷，第416页。
② 爱克曼：《歌德谈话录》，朱光潜译，人民文学出版社1980年版，第41页。

艺术典型所包含的意蕴（一般）就会超过作家自身的创作意图，自然而然地流露出来。这一点也是为文学史上大量成功的创作实践所证明了的。恩格斯在总结了玛·哈克奈斯和敏·考茨基等作家的现实主义创作经验时曾指出："每个人都是典型，但同时又是一定的单个人，正如老黑格尔所说的'这个'。"又说："我认为，倾向应当从情节和场面中自然而然地流露出来，而不应当特别把它指点出来。"可见，歌德的典型观同恩格斯的典型观在处理"特殊"与"一般"的关系这一问题上的认识，在本质上是基本一致的。

关于特征问题。典型创造必须是通过特殊来反映一般，那么这个表现着一般的"个别"应具有怎样的特点呢？作家在创造典型时又如何克服现象和本质、特殊性与普遍性、理想与特征之对立呢？

歌德认为，作家在现实生活基础上艺术虚构出来的"显现着一般"的艺术典型，应是一个显出特征的，有意蕴的、优美的、生气灌注的整体性形象。歌德说："类型概念使我们漠然无动于衷，理想把我们提高到超越我们自己；但是我们还不满足于此，我们要求回到个别的东西进行完满的欣赏，同时不抛弃有意蕴的或是崇高的东西。这个谜语只有美才能解答。美使科学的东西具有生命和热力，使有意蕴的和崇高的东西受到缓和。因此，一件美的艺术作品走完了一个圈子，又成为一种个别的东西，这才能成为我们自己的东西。"[①] 他在 1772 年写的《论德国建筑》一文中也提到了"显出特征的整体"的概念，他满怀激情地赞扬哥特式建筑，在意大利人只看到粗犷和气魄，甚至觉得是低级趣味的地方，他却看到了美，因为在哥特式看似随意任性的建筑中，有一种统一的情感把它们造成了一种显出特征的整体，这些建筑仍然是协调的，所以显出特征的艺术才是唯一真实的艺术。尔后在同爱克曼的谈话中又说："必须由现实生活提供做诗的动

---

① 　朱光潜：《西方美学史》，第 420 页。

机，这就是要表现的要点，也就是诗的真正核心；但是据此来熔铸成一个优美的、生气灌注的整体，这却是诗人的事了。"① 艺术家在描述一个自然对象时，事实上就是在创造出那个对象，因为他要从那个对象中取得具有意蕴，显出特征，引人入胜的东西，使那对象具有更高的价值。"因此，他仿佛把更精妙的比例分寸，更高尚的形式，更基本的特征，加到人的形体上去，画成了均匀完整而具有意蕴的圆。"②

这里首先有必要弄清在以上歌德的论述中，关于"特征"、"意蕴"、"整体"等概念的内涵。

什么是"特征"？最先提出这一概念的德国学者希尔特把它解释为"组成本质的个别标志"，是"艺术形象中个别细节把所要表现的内容突出表现出来的那种妥帖性"③。就是说，特征是指一事物区别于其他事物的本质的规定性，它既是普遍的、一般的、理性的，又是特殊的、个别的、感性的。表现在文学创作上，"特征"是作家反映现实生活的一个凝聚点，是塑造典型形象的一个支撑点，它是包孕于典型形象之中的现象与本质、特殊与普遍、个别与一般、感性与理性、象与意、形与神、情与理的交汇统一体。

歌德在强调典型创造必须掌握和描述事物的"特征"方面，比希尔特更进一步，他明确提出了"意蕴"的概念：古人的最高原则是意蕴，而成功的艺术处理的最高成就就是美。黑格尔对希尔特和歌德的这些观点十分赞赏，把"特征"原则当作艺术典型创造的重要原理加以倡导，并进一步发挥了歌德的"意蕴"说。黑格尔说："按照这种理解，美的要素可以分为两种：一种是内在的，即内容，另一种是外在的，即内容所借以现出意蕴和特性的东西。内在的显现于外在的；就借这外在的，人才可以认识到内在的，因为外在的从它本身指引到外在的。"又说：

---

① 爱克曼：《歌德谈话录》，朱光潜译，人民文学出版社1980年版，第4页。
② 朱光潜：《西方美学史》，第427页。
③ 黑格尔：《美学》第1卷，第22页。

"……艺术作品应该具有意蕴……要显现出一种内在的生气、情感、灵魂、风骨和精神，这就是我们所说的艺术作品的意蕴。"①在歌德和黑格尔看来，艺术形象的"意蕴"是指一种外在的语言形式所指引到的内在的深层次的东西，是作家借助文字语言描述的艺术形象中所包蕴的客观事物的内在特征，以及作家的灵魂、风骨和精神等。作品的语言层面是"意蕴"的外观，作品的思想内容是"意蕴"的内核，一般来说"意蕴"是含而不露的，它需要读者透过语言层和形象层去反复咀嚼、体味、玩赏才会得到。因此歌德所说的"我们要从显出特征的开始，以达到美"的观点，不单单指形式或者内容的美，而是内容和形式的完美结合。

第五节　席勒的生平及其文学美学创作

一　席勒生平

约翰·克里斯托夫·弗里德里希·席勒（Johann Christoph Friedrich Schiller 1759—1805）于公元 1759 年 11 月 10 日出生在德国内卡河畔的马尔巴赫市，他的父亲是一位外科医生，母亲是一位面包师的女儿。幼年的席勒听母亲讲授了很多宗教诗歌和圣经的故事，这对他以后的诗歌创作产生了很大的影响。1772 年，席勒 13 岁时被公爵强迫送入一所军事学校，这所学校采取极端压抑的军事化管理办法，学生与外界长年隔绝，亦无假日，不能有任何自由活动，出身不同的学生彼此之间严禁往来，进步书籍尤其不许阅读。席勒在这所学校里呆了 8 年，切身的经历和体验使这个市民出身的青年产生了强烈的反封建意识，养成了他本能地反对专制暴君统治的进步思想。毕业后，席勒在斯图加特的一个军团中任助理军医。1782 年初，在狂飙突进精神的影响下，写出了成名作剧本《强盗》，由于他参加

---

① 黑格尔：《美学》第 1 卷，第 24—26 页。

该剧本的首演而被判处 14 天禁闭。席勒只好逃出斯图加特，六个月后，他成为曼海姆剧院的专职编剧。他的剧本《阴谋与爱情》演出成功。但由于重病和债务缠身，席勒只好在友人的帮助下于次年远走莱比锡，在此居住两年多，继续进行文学创作，写出了《唐·卡洛斯》。1787 年夏天，席勒前往魏玛，在这里居住直到去世。

二　席勒的创作个性及其意义

席勒的剧作表现出强烈的反封建的叛逆精神。但同时，在席勒身上也反映出德国资产阶级的软弱性、两面性。他在对急风暴雨式的法国大革命产生不满和失望情绪后，逐渐脱离现实斗争，转向哲学沉思，逃向康德的理想，同时也受到歌德的深刻影响，继续创作诗歌和戏剧。他后期除创作剧本《华伦斯坦》、《威廉·退尔》剧本和一些诗歌外，还写了不少美学论著，如《论美书简》、《审美教育书简》、《论素朴的诗与感伤的诗》等，其中以《审美教育书简》影响最大。

席勒的天性富于哲学的沉思，他的思想多从抽象的概念出发，且始终徘徊于诗和哲学之间，深感感性与理性、现实与理想、诗意与庸俗的尖锐对立。歌德曾嘲笑他总是在诗与哲之间自找苦吃，但实际上，席勒无论是在戏剧创作中、诗歌吟咏中，抑或在美学思考中，都蕴含着一个主旋律：关心人的现实困境，描述人性被分裂成碎片的境遇，探索人的生存价值和意义，从而使其美学思想具有丰富的人性内涵。这正是席勒美学思想的魅力之所在。在 19 世纪，人们就爱引证席勒的语句，甚至把席勒的思想当成了包医百病的灵丹妙药。20 世纪以来，席勒的美学思想和精神气质，又深刻影响了现代文艺和美学的发展。苏联学者阿斯穆斯说："在美学方面席勒是一个泰斗。他的美学思想的内容是意义重大的，而他的影响远远超出他的时代。歌德、谢林、黑格尔的美学思想的历史发展所遵循的方向，固然不是席勒所决定的；但是如果没有席勒，他们的思想内容，他们的影响力量就会是另外一个样子。"① 席勒的美学关注历史进程中人伦的和谐，道德的完善，表现了对人类的法则、集体的意志强行束缚个人生命欲望的遗憾，和对个人意志和生命在这历史过程中失落与牺牲的感叹，力图通过审美中介把人的现实生活和艺术创作实践统一起来。他的美学克服和超越了康德美学和哲学思想的主观性局限，成为从康德美学到黑格尔乃至于马克思美学思想发展的重要环节，在德国美学的发展史上作出了自己独到的贡献。

第六节　席勒美学概观

席勒美学理论的主要来源是康德的哲学和美学思想。他自己也说过，他的绝大部分命题是基于康德的各项原则，② 康德的哲学和美学体系，是个目的论体系，探求的始终是一个关系人类最终前途的命题：从自然向人的生成问题，康德的三大批判《纯粹理性批判》、《判断力批判》、《实践理性批判》所遵循的正是人的生成过程的顺序，美学则被视作从必然王国向自由王国发展的必然环节。因此，在论述美、崇高、艺术和天才中，康德无不以人是目的为其准绳。在康德看来，人是巨大的自然链条中的一个环节，但是，假如把人的存在价值一味寄托于自然对他们的赐予，即寄托在世间的幸福上，那么人在世上只能说是相对的目的。只有在道德律的约束下努力达到最高目的，即通过自由而成为可能的至善，人才能成为自然的绝对目的。"这是唯有人自己才能给予自身的价值，这种价值就在于他做什么事，他如何并根据什么原则在其欲望能力的自由中，而不是作为自然的一环而行动。""人只有不考虑享受、不管自然界强加给他什么而仍然完全自由地行动，才能赋予自己的存在作为一个人格的生存的绝对

---

①　B. 阿斯穆斯：《席勒的美学观点》，《现代文艺理论译丛》第 6 辑，第 186 页。

②　席勒：《美育书简》，徐恒醇译，中国文联出版公司 1984 年版，第 35 页。

价值。"① 因此，康德认为作为目的的人是自由的存在者，有了人，才使得一连串的相互从属的目的有了完全的根据。这样，自然的必然和道德的自由，在目的论里最终得到了统一，"位我上者灿烂星空，道德律令在我心中"，形象而虔诚地道出了其思想的出发点。不过对康德来说，由于在自我意识前面耸立着"物自体"的巨大阴影，因而这种自由只是"形式的"和"逻辑的"，进而是"既与"与"静止"，作为自由存在者的人的现实，亦即社会和其历史的发展完全在康德哲学与美学的视野之外。

席勒给自己确立的使命是以艺术来弥补人与自然的分裂，以精神上的道德意志的绝对展开来实现人们的自由精神本质，通过审美中介来安顿流离失所的人伦道德。他接受了康德的先验分析方法，把康德的作为人类存在的形式和逻辑前提的美发展成为人类现实的目的和生存状态，把康德的"主观合目的性"改造成游戏冲动，认为人通过游戏冲动可以促使作为"形式之形式"的人格美的生成，从而把美学变成社会存在发展的现实的批判力量。"在审美的世界里，一切合乎自然的创造物都是自由的公民，同最高贵的人具有平等的权利。在这里，使驯顺的群众服从自己的目的的那种知性，也要去征求他们的同意。这里，在实现了的审美的王国里，也实现了平等的理想，这种理想是那些醉心于此的人早就愿意看到其实现的。""审美趣味的手杖一碰，奴役的枷锁就会从有生命的或无生命的东西上脱落。"② 从这样的意义上讲，席勒美学不是所谓的知识论美学，不仅仅是对美学问题、诸如审美经验想象力和艺术风格等的研究，席勒的美学首先是关于"人存在"的学说，是对于人的生存状态的观照。

一　美是"活的形象"

在康德的美学中，康德对人（自我）进行了二分，将人分

---

① 康德：《判断力批判》，商务印书馆 1964 年版，第 45 页。
② 席勒：《美育书简》，徐恒醇译，中国文联出版公司 1984 年版，第 147 页。

为"感性存在体（自然物）"和"理性存在体（本体）"，这两个部分是无限对峙着的。尽管康德找出了一个判断力来沟通二者的对立，然而，根据作为判断力先验原理的合目的性原理，我们在对象的形式上所获得的目的性，仅仅是人类通过类比而给对象设定的目的性，因比，在康德这里，这种无限的对峙就变成了不可逾越的鸿沟。受康德美学的启发，席勒也从对人性的先验分析开始，他认为美的概念表面上来源于经验，实际上却植根于人性。假使我们要提出一个美的纯理性概念，那么，这个概念就必须在抽象的道路上去寻找，必须从感性理性兼而有之的人的天性的可能性中推论出来，因为它不可能来自现实的事件，相反它纠正我们对现实事件的判断，并引导我们对现实事件做出判断，"总之，美只能表现为人性的一种必然条件"[①]。

　　席勒认为人性包含着两个基本方面：一个方面可以称之为"人格"，它是人身上持久存在着的东西；另一个方面可以称之为"状态"，这是人身上经常变化着的东西。这两者构成了"自我"及其规定性。二者在绝对存在（神）那里是同一的，而在有限存在（经验界）中则永远是两个。人格即自我，形式或理性，状态则是自我的诸规定，也就是现象、世界、物质或感性。人格的基础是自由，状态的基础是时间。这就是说，人既有超越时间的一面，又有受制于时间的一面，人既是有限存在又是绝对存在，既有感性本性又有理性本性。这样，人就有两种相反的要求，构成行为的两种基本法则：一方面感性本性要求绝对的实在性，要把一切形式的东西转化为世界，把人的一切思想表现为现象，也就是把一切内在的东西外化；另一方面，理性本性又要求绝对的形式性，要把一切纯属世界的东西消除掉，给一切外在的东西加上形式。由于要实现这两种要求，我们受到两种相反力量的推动：一种是感性冲动，要求人成为一种"物质存在"包括

---

① 　席勒：《美育书简》，徐恒醇译，中国文联出版公司 1984 年版，第 145 页。

人的各种感官的物质的欲望；一种是形式冲动（理性冲动），它来自理性本性，即要求感性世界获得理性形式，使变化多端的世界见出和谐、秩序和法则。

表面看来，这两种冲动是截然相反的，互相矛盾的，人的统一性似乎为它们的对立所破坏，但是实际上它们并不在同样的对象里发生矛盾。感性冲动要求变化，但并不要求把变化运用于"人格"及其领域，并不要求改变原理；形式冲动要求统一和稳定，但并不要求"状态"和"人格"一样保持不变，并不要求感觉的统一。因此，这两种冲突并不是本质上相互对立的，只要确定它们各自的界限，防备它们相互侵犯就行了。

当人们意识到这两种冲突并不是相互对立的，而是各有界限，各有原则时，也就意味着能够同时既意识到自己的自由，又感觉到自己的存在，既感觉到自己是物质，又认识到自己是精神。假如这种情况能在经验中出现，那就会在人身上唤起一种新的冲动——游戏冲动。所谓"游戏"，不是一般意义的嬉戏玩乐、打闹逗趣，而是摆脱了感性的物质需要和理性的道德纪律强制的自由活动，是与强制相对立的。不论感性冲动还是形式冲动，对人心都是一种强制。因为感性冲动要感受自己的对象，从而排除了自我活动和自由，而形式冲动要创造自己的对象，从而排除了主体的依附性和受动性。只有游戏冲动才能把这两种冲动的作用结合起来。"感性冲动从自己的主体中排除了主动性和自由，形式冲动从自己的主体中排除了一切依赖性和被动性。但是自由排除的是自然的必然性，受动排除的是道德的必然性。因此，两种冲动都强制精神。前者通过自然规律，后者通过理性的法则。游戏冲动则把二者结合起来，其结果是扬弃了一切偶然性，又扬弃了一切强制，使人既在自然的方面，也在道德的方面获得了自由。"①

① 席勒：《美育书简》，徐恒醇译，中国文联出版公司1984年版，第85页。

　　席勒进一步说道：感性冲动的对象是最广义的生命，这个概念指的是一切物质的存在和一切呈现在感官中的东西；形式冲动的对象是形象，这个概念包括事物一切形式的性质和它们对思维能力的一切关系；而游戏冲动的对象可以称之为活的形象，"这个概念指的是现象的一切审美的性质，用一句话来说，就是最广义的美"。① 活的形象并不限于生物界，"一块大理石，尽管是而且永远是无生命的，却能由建筑师和雕刻家把它变成活的对象。一个人尽管有生命和形象，却不因此就是活的形象。要变成活的形象，那就需要他的形象就是生命，而他的生命就是形象。只要我们只想到他的形象，那形象还是无生命的，还是单纯的抽象；只要我们还只是感觉到他的生命，那生命就还没有形象，还只是单纯的印象。只有当他的形式活在我们感受里，他的生命在我们的知性中取得形式时，他才是活的形象"。② 所以美或活的形象是感性与理性、实在与形式、外化与造型、有限与无限的统一，或主观与客观在审美主体（人）的意识中的统一，即对象与主体的统一，美对我们是一种对象，同时又是我们主体的一种状态。

　　人在游戏中，既要从现实生活中取得素材作为"形象"，又能在形象中体现生命精神，生命与形象的统一就是"活的形象"。"游戏冲动"实质上就是人的自由创造的审美活动。人通过审美活动把感性与理性、物质与精神、受动与主动结合起来，克服人性的分裂，实现人性的复归，成为完整的、自由的人。所以，席勒说："人应该同美一起只有游戏，人应该只同美一起游戏。""只有当人在充分意义上是人的时候，他才游戏；只有当人游戏的时候，他才是完整的人。"席勒认为"游戏"说是一个具有巨大而深刻意义的命题，"它将会支撑起审美艺术和更艰难的生活技艺的整个大厦"。③

---

① 　席勒：《美育书简》，徐恒醇译，中国文联出版公司 1984 年版，第 86 页。
② 　席勒：《审美教育书简》，冯至等译，北京大学出版社 1985 年版，第 77 页。
③ 　席勒：《美学书简》，徐恒醇译，中国文联出版公司 1984 年版，第 90 页。

因此，在席勒看来，美不再是一种理想，不再是康德的主观合目的性，而变成了现实的动力和应当发生的状态。"总之，美只能表现为人性的一种必要条件。我们现在必须提高到人性的纯粹概念上，因为经验只是说明个别人的个别状态，而绝不能表现出人性。因此，我们必须由它的这种个别的变化着的表现方式中揭示出绝对的和不变的东西，尝试着通过去掉一切偶然的限制来把握人性存在的必要条件。虽然这种先验的方法会暂时使我们脱离现象的熟悉的圈子和事物的生动显示，而停留在抽象概念的纯粹领地。但是，我们是要寻求认识的不可动摇的牢固基础，谁要是不敢突破现实，他就决不会赢得真理。"① 人不仅是自然物，也不只是精神，而是理性与感性、现实与自然的统一；美乃是形象和生命的统一，是作为人性的完成，是人性的本质。

二 美是自由的形式

康德通过现象与本体的划分，提示了人的自由的存在，即社会的存在，并试图用美来实现人的自然的存在与社会的存在的统一，但是由于他的人的自由的存在或社会存在是一个既与的存在，因而试图以美作为桥梁来沟通二者的努力就只是一种绝望的挣扎。而在席勒这里，尽管人格与状态仍然处在对立之中，但是游戏冲动完成了二者的联结。所谓游戏冲动之活的对象的美，就体现为自然向社会的生成，人的自然存在向社会存在的运动，是自由之形式的展开。席勒在康德论美的基础上，综合了博克、鲍姆加登等人的美学观点，提出了美是自由的形式的观点。②

他认为人的理性可以根据自己的法则将杂多的自然现象结合起来，并且表现为两种基本形式：一种是把表象和表象结合成为

---

① 席勒：《美学书简》，徐恒醇译，中国文联出版公司 1984 年版，第 70—71 页。

② 同上书，第 12 页。

认识的理性，即理论理性；一种是把表象和行动意志结合起来的理性，即实践理性。理论理性依赖于概念，不可能完成自我规定，因此，自由在理论理性中是根本不存在的。只有在实践理性中，才可以表现出自由，因为实践理性要求行动只由行为方式（形式）的缘故产生，这种行为方式或形式便意味着不是由外部，而是通过自己本身来规定自身，是自律地规定的，"表现出单纯由自身规定的那种形式就是自由"。美就存在于这种自由的形式之中。

席勒认为我们可以把这种自由的形式与外部的各种规定相对立，同样也可以与道德的行为方式相对立。在外部的各种规定或道德的行为中，对象的形式是由自然力或由知性的目的所获得，我们在这两者中可以见出它的形式的外在规定根据，因此这个对象就不是自由的表现，从而也就不是美了。"因为在这些情况下，规定的根据都不是在它们自身，而是在它们之外。正如一个由某种目的产生的行为不算一种道德行为，那么这个对象同样不是美的。"① 美，即自由的形式，不是通过理论理性思考的途径找到的自由，而是能够直观地表现自我，并完成对自我的规定的形式。因此美总是表现出对目的与规则的独立性。但是美又必须表现出合目的性和规律性，即使"当人们证明美引导人由感觉达到思维的时候，那么这决不应该理解为美能够填补划分感觉和思维被动性和主动性的鸿沟……美可能对人成为由物质转向形式，由感觉转向法则，由被限制的存在转向绝对的存在的手段，不是在它帮助思维（把明显的矛盾包含在自身之中的思维）的时候，而只是在美把符合于本身立法的显现之自由赐予思维能力的时候"②。正是因为美既独立于目的与规则，同时又符合目的与规则的特性，才使得美虽然寓居在现象领域，却可以表现出丰富的内涵和完整和谐的生命形式："美对于我们是一种对象，因

---

① 席勒：《美学书简》，徐恒醇译，中国文联出版公司1984年版，第100页。
② 同上书，第102页。

为反思是我们感受到美的条件。但，同时美又是我们主体的一种状态，情感是我们获得美的概念的条件。美是形式，我们可以观照它，同时美又是生命，因为我们可以感知它。总之，美既是我们的状态，又是我们的行动。"① 只要我们既不在形式之外寻找，也不被驱使着在它之外寻找它的根据，这种自由的形式就显得是美的。

美是自由的显现，把席勒的美学思想推到了顶峰。在这里，美的观念一头连接康德主观合目的性的思想，一头连接黑格尔美是理念的感性显现的理论，从而完成了德国古典美学承前启后的工作。

三　美与崇高

席勒对崇高的分析，基本上也是沿着康德的思路展开的。如果说，在审美理论中，他强调了人作为自由存在的"游戏"的一面，而在崇高的分析中，他则更注重人作为道德存在的尊严的一面。

和康德一样，席勒看到了人作为感性存在，本身是一种自然存在而又受制于自然，这是人的有限性，他要通过感性本质去感受和体悟。但同时他又不完全是肉体的存在者，他要通过理性本质去超越和摆脱自然，使自己的独立性体现出来，不断地指向无限和永恒。在面对一个客体时，我们的感性本性感到自己的限制，而理性本性却感觉到自己的优越，感觉到自己摆脱任何限制的自由，这时我们把客体叫做崇高的。在这个客体面前，我们在身体方面处于不利的情况下，但是在精神方面，即通过理念，我们可以高过它。崇高就产生于这种人作为自然的感性存在的依赖性和不自由与作为理性存在的自由的独立性之间的对抗和超越。因此，崇高感是人的"理性压倒感性"而产生出的审美效果，是一种道德的

---

① 席勒：《美学书简》，徐恒醇译，中国文联出版公司1984年版，第130页。

快感，"物质的人与道德的人在这里最鲜明地以此为分离，因为，正好是使前者感到自己的局限的对象，使后者体验到他自己的力量，恰恰把前者玉倒在地的那些，使后者得以无穷地提高"①。席勒在这里所强调的崇高感，正是一种基于对生命力的感受处于阻滞和局限时，心灵指向无限的超越，在这种超越中，人的自由和尊严也就凸现了出来。

席勒指出，在美感中，人通过自由的游戏而使精神脱离物质的东西，在一定程度上从自然之中独立了出来，但是美感领域只是一个感性世界，单纯局限于对美的对象的感受，我们可能会忽视了人的最高的自由存在。完整的人性应该不但要求事物的美的一面，更应注重美和善的并存。因此和美感不同，席勒在崇高感中引入了道德的概念，认为崇高感是基于自由和尊严以及人的心灵的完整性下理性实现的超越，"它以强有力的臂膀带领我们越过令人晕眩的深渊"。虽然美是自由的表现，但它不是使我们高过自然威力和从一切物质的影响中解放出来的那种自由的表现，而是我们作为人在自然之内享受到的自由的表现。我们在美中感到自己是自由的，因为感性冲动与理性法则和谐相处。我们在崇高那儿则找到了走出感性世界的出口，在这里感性冲动对理性立法不起作用，精神活动着，好像它不服从除开它自己的法则以外的其他法则。当我们意识到我们的有限生命受到自然的限制时，我们却通过崇高感的获得意识到了自己道德本性的力量。"崇高并不是逐渐地，而是突然地通过震动而使自主精神摆脱这种罗网的，如果说，已经经过净化的感性通过柔和的趣味所产生的潜移默化的影响也能在一定范围内战胜人……那么，常常只要有一次崇高的触动，就足以撕碎这精心编造的欺骗，使被束缚的精神一下子又重新获得它的全部活力，又向它显示出它战争的规范，迫

---

① 席勒：《论崇高》，冯至、范大灿译，见《审美教育书简》，北京大学出版社 1985 年版，第 159 页。

使它——至少在瞬间，感到自己的尊重。"① 崇高感是一种混合的感情，它是最高程度的痛苦与愉快的一种组合，尽管它本来不是快感，然而却为敏感的心灵所偏爱。两种对立的感情在崇高感中的这种结合，表明了人的道德自主性，也表明崇高感是理想美的表现形式之一。

席勒认为，崇高感是在人性和心灵的不断完善中逐渐发展和形成的，而且是人性的完整和心灵的永恒的追求。我们对美的感受能力是首先发展起来的，正是在审美趣味的形成中，在对感性世界的体悟中，我们的知性和心灵开始成熟，然后逐渐发展起对伟大和崇高的感受能力。假如没有美，我们的自然使命和我们的理性使命之间就会有不断的斗争；假如力求满足我们的精神使命，我们就会忽视自己的人性；假如没有崇高，美就会使我们忘记自己的尊严。只有当崇高与美结合起来，而且同等程度地培养我们对二者的敏感性时，我们才是自然的完美公民而不是自然的奴隶。这就是说，美与崇高，有限与无限，感性与理性，自然和自由的完美统一和真正超越，是一个完整的心灵和人性所必需的。这样，从人的自由和心灵完整性出发，席勒就将美和崇高统一了起来。

席勒的崇高理论，是对康德思想的发展和进一步拓展，我们可以看出，他主要是把康德的抽象的道德意志具体化为人性和人的现实自由。较之康德而言，他的崇高论更充满了人本主义的色彩，这和他的哲学、美学主张是一致的。

第七节　审美教育及其文化意义

《审美教育书简》是席勒最主要的美学著作，也是他美学思想最集中最系统的表现。在这本书中，席勒提出了审美教育理

---

① 席勒：《论崇高》，冯至、范大灿译，见《审美教育书简》，北京大学出版社1985年版，第163页。

论，成为现代审美教育的创始人。歌德曾经评价说："贯串席勒全部作品的是自由这个理想。"① 这个评价是非常贴切的。在《审美教育书简》里，席勒把美的问题放在自由的问题之前，指出自由不是政治经济权利的自由行使和享受，而是精神上的解放和完美人格的形成；因此达到自由的路径不是政治经济的革命而是审美教育，至少是须先有审美教育，才有政治经济改革的条件。席勒说："我们为了在经验中解决政治问题，就必须通过审美教育的途径，因为正是通过美，人们才可以达到自由。"② 他认为要使感性的人成为理性的人，除了首先使他成为审美的人以外，别无其他途径。席勒洞察到了美对于人的人性建立和人格完善的巨大作用，揭示了美与教育的内在本质联系，为我们在美与人文教育之间架起了一座桥梁。

一　席勒的美育观的形成

席勒的美育观的形成有其深刻的社会历史背景。席勒生活的时代，是一个酝酿着革命风暴的时代。政治经济落后的德国当时正处于灾难深重的屈辱中。德意志民族在腐朽的封建专制的统治下痛苦地呻吟着，资本主义在那里的发展受到严重的阻碍。富有叛逆精神的浪漫主义诗人席勒，曾同其他进步知识分子一样为法国革命欢呼。但是，当法国大革命进入雅各宾专政后，路易十六被送上了断头台，大规模的暴力镇压、流血的动乱、政局的变幻无常，使席勒深感失望和不满，美丽的幻想开始破灭，他又陷入更深刻的痛苦中。这一方面是当时德国思想家们政治上软弱和妥协的表现，因为当时德国政治的分裂和经济的落后状态，使德国资产阶级不能像法国资产阶级那样成为统一的、能够与封建贵族相抗衡的阶级力量，进步知识分子的革命也往往只是停留在观念上的一种理论和理想。另一方面，

---

① 爱克曼：《歌德谈话录》，人民文学出版社 1978 年版，第 108 页。
② 席勒：《审美教育书简》，冯至等译，北京大学出版社 1985 年版，第 39 页。

作为天才的思想家的席勒深刻地预见到了法国大革命所建立起来的资产阶级社会并不能达到真正的"自由"。革命之后又一个新的矛盾重重的社会和更污浊的现实促使席勒这样思考：人怎样才能达到真正的自由？这是法国革命所提出来而并未得到解决的问题。席勒的最终答案是：采取超现实的方式来解决现实的问题，彻底摆脱现实的政治经济的要求，即通过美与艺术来改造人的灵魂，实现人的内在心灵自由，从而达到建立一个和谐完美的社会的目的。

席勒从劳动分工的角度考察了古希腊与现代社会的人性表现状况。在古希腊社会，人的生存方式是一种审美的生存方式，人的生活世界是一个诗性的世界，人性是一种自由完善的人性。那时，每一个希腊人都在美神维纳斯的掌管和引领下，他们同时拥有完美的形式和完美的内容，同时从事哲学思考和形象塑造，他们同时是温柔刚健的人，是把想象的青春性和理性的成年性结合在一种完美的人性里。他们"在精神力量那种美妙的觉醒中"，尽管理性也分解人性，并把它分散在壮丽的神身上，但是，理性并没有把人性撕成碎片，而是把人性进行着各种各样的混合，因为在每个单独的神身上都不应该缺少完整的人性。而在现代社会那里，人虽然从长期的麻木不仁和自我欺骗中苏醒过来，却正处于两种堕落的极端：粗野和懒散，人的天性的内在联系被撕裂成了碎片。个人、国家的整体和谐的特点被"一架精巧的钟表"所代替。"现在，国家与教会，法律与道德习俗都分裂开来；享受与劳动，手段与目的，努力与报酬都彼此脱节了。人永远被束缚在整体的一个孤零零的小碎片上，人自己也只好把自己造就成一个碎片。他耳朵里听到的永远只是他推动的那个齿轮发出的单调乏味的嘈杂声，他永远不能发展他本质的和谐。他不是把人性印在他的天性上，而是仅仅变成他的职业和他的专门知识的标志。"① 在为数众多的下层阶级，我们看到的是粗野的，无法无

---

① 席勒：《审美教育书简》，冯至等译，北京大学出版社 1985 年版，第 30 页。

天的冲动，在市民秩序的约束解除之后这些冲动摆脱了羁绊，以无法控制的狂暴得到兽性的满足，以至于又堕入原始王国。而文明的阶级则显出一幅更懒散和性格败坏的令人作呕的景象，他们自私自利，就像从着火燃烧的城市逃难一样，每个人都只是设法从毁灭中抢救自己的那点贩物。因此，人在道德上还没有完成自己人格的时候，"人最终可以作为自我目的受到尊重，真正的自由成为政治结合的基础"是"徒劳的美梦"。① 在这里，席勒既清醒地看到了"自然国家"（封建制度）的腐朽，又深刻地预见到了新兴的资本主义社会具有难以摆脱的矛盾。现代人性的分裂，也就是资本主义生产关系所造成的劳动异化。通过对比，席勒深刻地揭示出了资本主义社会那种压抑个人天性的全面发展的弊端，指出人在这种状况下的不自由的现实，强调要对现存的社会制度进行人道主义的抗议——虽然席勒并不否认这种人性的肢解对人类进步的必要性。

有鉴于此，席勒提出我们的时代应通过美从这双重的混乱中恢复原状，即把由粗野和疲软与乖戾两种对立的特性在自己身上统一起来。法国大革命式的暴力方式不足取，因为当人的内在分裂还没有被克服的时候，"任何这样一种改革国家的尝试都为时过早，任何建立在这上面的希望都是不切实际的幻想"。② 而艺术是"一种国家不能给予的"，而能"打开尽管政治腐败不堪但仍能保持纯洁的泉源"的工具。艺术同科学一样效忠于时代精神，又享有绝对的豁免权，不受人的专断，政治立法者无法支配其中的一切。③ 艺术家有一个由可能与必然相结合而产生的理想，他的创作是发自他心中纯正的理想性格，因而高尚的艺术不沾染任何时代的腐败，它超越时代。只有通过美，通过艺术，通过审美教育途径，才能使人性复归于统一，由自然的必然性达到道德的必然性。

---

① 席勒：《审美教育书简》，冯至等译，北京大学出版社 1985 年版，第 24 页。
② 同上书，第 38 页。
③ 同上书，第 44 页。

二　审美教育实现的道路

在席勒看来，所谓审美教育指的是通过审美自由的中间状态使感觉的受动状态转变到意志的能动状态。美成为一种手段，使人由质料达到形式，由感觉达到规律，由有限存在达到无限存在。

席勒分别在个体生存和现实历史两个层面上论述了审美教育实现的道路。首先就历史层面而言，席勒指出，无论是个人或民族，都要经历自然、美和道德这三个阶段。人在自然的状态中，只是屈服于自然的力量，理性尚未出现。人在审美状态中则摆脱了自然力量，他与纯粹自然不再是一体，而是开始观赏和反思纯粹自然。最后是，人在道德状态中控制了自然力量，人成为真正自由和完全理性的人。那么，为什么道德的阶段只能通过审美阶段来发展，而不是从自然阶段中直接发展起来呢？这与审美活动能赋予人以自由有关。人在自然状态中只是被动接受感性世界，但是只有在审美状态中，当他去观照世界、陶醉于所观赏的对象时，世界才对他出现。在这种状态中，"人寻找这样的对象，不是因为它们供给他某种必须承受的东西，而是因为它们给予他某种促使他行动的东西；他喜欢这些对象，不是因为它们适合某种需求，而是因为它们满足了某种法则，这种法则在人的胸中讲话，虽然声音十分微弱"①。所以，审美活动并不是消极的静观，而是积极的行动。美就是自由观照的产物，我们和美一起进入理念世界，但是我们并不因此抛弃感性世界。在人们享受美的快乐的时候，反思和感情水乳交融，主动与被动相互交替，以致人们相信自己感受的直接就是形式。所以，表明人之成为人的现象就是"不管我们对历史的探究深入到什么地步，这个现象在所有摆脱了动物状态的奴役生活的民族中都是一样的：对假象（即所观赏的对象，引者加）的喜爱，对装饰与游

---

① 席勒：《审美教育书简》，冯至等译，北京大学出版社1985年版，第149页。

戏的爱好。"①

这样，席勒终于找到了一条通向自由和真理的康庄大道。美已经证明人可以从感性依存过渡到道德自由，美的事实已经说明人与感性关联就是自由的，那么人如何从有限上升到绝对，在思想和意志中如何与感性对抗，使他从日常的现实达到审美的现实，从单纯的生活感达到美感，这也就是从个体层面的审美教育的道路。所谓个体层面的审美教育的道路就是游戏冲动的道路。把人从现实提高到审美的心境，依赖于两种感官：视觉与听觉。触觉是低级的，是被动接受的；而视觉与听觉的对象是我们创造的形式。当他一开始用眼睛来享乐，对他来说就获得了独立的价值，他立刻在审美方面成为自由的，而游戏冲动在他的身上也就开展起来。

游戏冲动以所观赏的对象为快乐，一切游戏的对象都起源于作为有知觉的想象力的主体的人，因为在游戏中欣赏对象的人，事实上是在创造一个对象，赋予这个对象以新的意义。人在游戏的世界中，亦即想象力的非实体的王国中行使他的权利。这是一个独立的王国，它当然不能取代实体的物质的王国，但是它超越了物质的、实体的王国。因此审美冲动不知不觉建立起了第三王国，即游戏王国，在这里它"卸去了一切关系的枷锁，使人摆脱了一切称为强制的东西，不论这些强制是物质的，还是道德的"②。如果说，在权力主宰的王国中，人与人通过权力相遇，人的活动受到权力的限制，在义务主宰的伦理王国中，人与人以法则的威严相对立，人的意愿受到束缚，那么在审美的国家里，"人与人只能作为形式彼此相见，人与人只能作为自由游戏的对象相互对立。通过自由给予自由是这个国家的基本法则。"③ 权力的王国使社会成为可能，伦理王国使社会成为必然，而只有审美王国，才能使社会成为现实，并且恢复人的

---

① 席勒：《审美教育书简》，冯至等译，北京大学出版社 1985 年版，第 138 页。
② 同上书，第 151 页。
③ 同上书，第 152 页。

完整，给社会带来和谐，也只有在这个时候，才能实现真正平等与自由的理想。

席勒也看到，感性与理性的完美结合与平衡所形成的和谐的美，往往是一种理想的美，在现实生活中是不可能完全达到的，在具体的个人身上，总是时而感性的因素占优势，时而理性的因素占优势，因而在不同关系中将形成两种美，前者是溶解性的美，后者是振奋美。为了防止"不平衡造成缺陷，缺陷造成不平衡"，导致人性片面、畸形地发展，在审美教育中应当采取调和折中、补缺补差、刚柔相济的态度，对不同的人施以不同的教育，要用振奋美教育温良、轻松的人，使之获得力量与刚强，防止蜕化为软弱与无能。要用溶解性的美教育紧张、严肃的人，使之获得松弛与愉快，防止蜕化为粗暴与僵化。这样审美教育就可以同时产生松弛与紧张、温良与严肃相反相成、相互为用的作用，从而消除感性与理性的分裂、肉体与心灵的冲突，成为一个自由的、性格完整的人，并进而给社会带来和谐、统一和幸福。

在席勒看来，审美教育的任务在于，实现感性与理性的统一，提高人的心理素质和鉴赏能力，获得精神上的自由、解放，但这与科学理性、道德意志并不是对立的，审美活动可以为两者提供能力，并赋予自由的形式。他指出，经过教养的鉴赏力通常是同知性的明晰、情感的活跃、思想的自由以及行为的庄重联系在一起的。因此，在任何一个民族中审美文化的高度和极大普遍性与政治的自由与公民的道德、美的习俗与善的道德、行为的光辉与行为的真理都是携手并肩而行的。席勒的主导倾向是认为美育有其自身的目的和任务，但又绝不是为美而美的"纯审美"论者，而是主张真与善统一于美，把审美境界看作人生的最高境界。他承认教育的种类有很多：有促进健康的教育，有促进认识的教育，有促进道德的教育，还有促进鉴赏力和美的教育，这最后一种教育的目的在于，培养我们感性和精神力量的整体达到尽可能和谐。感性和精神力量的整体和谐，就是审美境界。席勒这个深刻论断既讲明了德、智、体、美的区别，又指出了它们的内在联系，审美从整体上统摄了德育、智育、体育的内容。所以，他不是一个纯审美论者，较之康德他前进了一步。

三　为审美王国寻找一部法典

总的看来，席勒写《审美教育书简》的目的在于"为审美王国寻找一部法典"。这部"法典"既有其合理的、深刻的方面，也有其肤浅的、错误的方面。

首先，他第一次使用"美育"这个概念，对审美教育理论作了前所未有的系统论述，并把美育作为实现人的真正自由的途径，表现出鲜明的人道主义精神，在西方美育发展史上是有着重要意义的。但席勒过分夸大的审美和艺术教育的作用，甚至"把美称为我们的第二造物主"，把审美活动看成是走向政治自由、改造社会的唯一途径，是不切实际的，难以奏效的，其结果只能使人沉沦于"自由的可爱的幻想里"。用恩格斯的话说，这是"以夸张的庸俗气来代替平凡的鄙俗气"，显然是一种虚幻的审美救世主义和改良主义。光靠艺术教育是不可能消除人性分裂、片面发展的现象，也拯救不了人性丧失了的尊严，更不可能由"审美王国"进入"自由王国"。

其次，他敏锐地看到了资本主义制度造成人的个性片面、畸形发展地弊端，其中包含着劳动异化、人的异化的思想萌芽，并试图通过审美教育来克服它，实现人的个性的和谐、全面的发展。但他不能科学解释这种弊端产生的社会历史根源，寻找不到解决问题的正确出路，像马克思指出的那样，人要克服异化、实现真正的自由，单靠审美教育是不行的，审美教育只能起到一定的思想解放、精神自由的作用，只有首先消灭资本主义私有制，对社会生活实行革命改造，才是真正的出路。

第三，他深刻地揭示了审美教育的性质、特点，克服了经验派美学、理性派美学各执一端的片面性，把审美活动中的主观与客观、感性与理性、自由与必然统一了起来，正如黑格尔所指出的："席勒的大功劳就在于克服了康德所了解的思想的主观性和抽象性，敢于设法超越这些局限，在思想上把统一与和解作为真实来理解，并在艺术里实现这种统一与和解。"① 但是他把审美活动看作是主观精神活动，没有把这种统一放在人类社会实践的基础上，仍然没有完全摆脱康德先验唯心主义哲学的影响。这就告诉我们：只有以马克思主义的实践观点看待席勒的美学思想，才能彻底打破它的唯心主义幻想，吸取其中合理的、有价值的东西，科学地解决审美教育的性质、特点和任务问题。

第八节　艺术理论中的美学问题

席勒在他短暂的一生创作了大量优秀作品，并且围绕自己的创作实践和体会，发表了大量关于文学艺术的美学见解。如果说，在讨论抽象的哲学美学问题时，席勒较多地受到了康德的影响，那么在艺术实践中和探讨关于艺术中的美学问题时，席勒则较多地受到了歌德的影响，逐渐从浪漫主义转向了现实主义。

在席勒的作品中存在着一种明显有违艺术规律的概念化倾向，这一点曾受到歌德和马克思、恩格斯的批评。歌德批评席勒为了一般而寻找特殊，从而违背的了诗的本质，马克思、恩格斯也明确指出了"席勒化"倾向的缺陷：把作品中的人物"变成时代精神的单纯的传声筒"，"为了观念的东西而忘掉现实主义的东西"。然而，在创作实践中终其一生未能彻底摆脱这种概念化倾向缠绕的席勒，当他作为美学家和文论家从理论上探讨艺术中的美学问题时，却发表了不少深契艺术规律和特征的见解，尤其是他对艺术美问题的探讨，以及他在《论素朴的诗与感伤的诗》一文中对两种艺术形式的论述，对后世产生了深远的影响。

---

① 黑格尔：《美学》第 1 卷，商务印书馆 1979 年版，第 76 页。

一　艺术美的问题

席勒认为，艺术的本质即在于人类的审美形象的创造。在《论美书简》第 6 封信中，席勒谈到美与自然、自由、技艺的关系时涉及了艺术的本质。他说："与技艺相对立的自然是由于自己而存在的那种东西，艺术是由于法则而存在的那种东西；合乎艺术的自然是自然给自己提供法则的那种东西——由于它自己的法则而存在的那种东西。法则中的自由，自由中的法则。"[①] "简而言之，我确信，每部艺术作品仅仅是它自己本身，亦即应当说明它自身的美的法则，并不服从其他要求。"[②] 这里明白地指出了，艺术是按照美的规律（法则）来进行的创造。

席勒在《论美书简》的第七封信中具体谈到了艺术美的问题。席勒将艺术美分为两种：选择的美或者质料的美——这是对自然美的模仿；表现的美或者形式的美——这是对自然的模仿。没有后者就没有艺术家。"二者结合才产生出伟大的艺术家。"选择的美或质料的美是"美的自由表现"，表现的美或形式的美是"真的自由表现"[③]。席勒肯定了艺术模仿自然的自由表现，但又超越模仿论，走向了表现论，辩证地处理了艺术中模仿与表现的关系。他说："艺术美并不是自然本身，而只是以质料上完全不同于被模仿事物的媒介对自然的模仿。模仿是质料各不相同的事物在形式上的类似。"[④] 艺术一方面是对自然的模仿，另一方面又是对自然的自由表现；艺术一方面是自然美的模仿，另一方面又是对自然的形象显现；艺术一方面是对质料的模仿，另一方面又是形式的创造；艺术一方面是自然中的技艺，另一方面又是技艺中的自然；艺术一方面是一种技艺，另一方面又是一种自

---

① 席勒：《美育书简》，徐恒醇译，中国文联出版公司 1984 年版，第 60 页。
② 同上书，第 359 页。
③ 同上书，第 74 页。
④ 同上书，第 75 页。

由的表现。因此可以说，在席勒的《论美书简》那里，艺术就是一种模仿自然的审美形式的创造，是一种形象显现的自由表现。

席勒一方面肯定艺术离不开自然事物，另一方面强调要突出艺术美的形式创造作用，没有形式的美或表现的美，也就没有艺术，只有将两种艺术美相结合，才能产生伟大的艺术家。两种艺术美本身存在着差异，即美的自由表现（质料的美）与真的自由表现（形式的美）。艺术美突出的不是质料（表现的对象、内容），而是表现形式，即关键在于艺术家以怎样的表现形式显现真实的对象。席勒在这一点上突出了创造艺术美的主体性。

在席勒看来，形式的美决定了艺术的本质，是艺术所独有的美，而质料的美更多地局限于自然美的条件，所以他认为"艺术表现中形式应该克服质料。"①在一个艺术作品中质料（模仿者的自然本性）应消失在（被模仿者的）形式中，物体应消失在意象中，现象应消失在形象显现之中。艺术的美只与形式有关而与质料无关。而且任何东西都由于形式而存在，而不是由于质料而存在，其表现就会是自由。所以艺术美是形式的存在而显现的自由，才可成为艺术的美。在席勒看来，一件艺术作品如果以质料的自然为基础的特征，那么美就受到损害，质料与形式的统一关系是质料消失在形式之中，从而达到被表现物体的完整显现。"坚硬而难以成形的大理石的自然（本性）应该完全消失在柔软的肉体的自然（本性）之中，无论感情还是眼睛都不允许被引导回想起大理石。"② 要达到这种艺术美，并不是在某一件艺术品的内部达到内容与形式的纯形式，而是一个表现者与被表现者而言的形式问题，即表现者提供的质料要被表现者的形式所克服，使表现者与被表现者在被表现者的自然本性的基础上达到形式上的一致或类似，即达到异质同性的同一性。

---

① 席勒:《美育书简》，徐恒醇译，中国文联出版公司 1984 年版，第 76 页。
② 同上。

　　席勒对于质料与形式的看法是不同于康德的。虽然他在对于艺术的观点上继承了康德提出的艺术是自由的活动，而美感是自由活动的结果的观点，但在对于质料与形式的关系上，康德认为美是不涉及概念的，而席勒认为，质料应消失在形式之中，使形式自由地显现，所以席勒关于艺术美的形式原理不是康德的形式主义，它是席勒对于艺术美自己独到的辩证的见解。

　　为了实现这种艺术美，席勒又提出了"艺术的最高原则"，主张艺术表现的"纯粹客观性"。他写道："我们在艺术产品中所预期见到的只是被模仿对象的自然，也就是说，它由自身规定而呈现在想象力面前。只要不论是素材或者是艺术家把它（他）们的自然混入到其中，那么被表现对象就不再是由自身规定的而成为他律的了。……如果一个雕像有一部分露出石头，也就是说不是以意念而是以素材的自然为基础，那么美就受到损害……如果在线描中有一部分仍可看出钢笔或铅笔，纸或铜版、画笔或用笔的手的痕迹，那么这种线描就给人以僵硬而笨拙的感觉。如果在画中看出了艺术家特有的审美趣味和艺术家的自然（本性），那么这幅画就会使人感到矫揉造作。……矫揉造作的反面是风格，它是摆脱了一切主观的和一切客观的偶然规定的最高独立性。""表现的纯粹客观性是优良风格的本质，是艺术的最高原则。"①

　　席勒强调表现的纯粹客观性并不是否定艺术家的个性在创作中的作用，而是提倡创作者摆脱其个性中单纯狭隘的主观性、偶然性的东西，以一种物我同一的自由的审美心境去感受、把握外在对象并加以艺术表现，使自己的个性自然地融入艺术形象的自由显现中。席勒认为在艺术创作中有三种自然在互相角逐：被表现对象的自然、表现素材（指媒介）的自然以及艺术家的自然，艺术家的自然应该使前两者协调一致起来。"当被模仿对象在它

---

　　①　席勒：《美育书简》，徐恒醇译，中国文联出版公司 1984 年版，第 179—181 页。

的再现媒介中保持了自己的纯粹个性，当表现者完全放弃或排斥了自己的自然（本性）而表现出与再现媒介完全交融在一起——简言之——当一切都不是由素材规定的而是由形式规定出来的，那么这种表现就是自由的表现。"① 席勒提出的"表现的纯粹客观性"原则，实际上表达了一种高品位、高难度的艺术追求，是一个包含着丰富内容的重要的理论创见。它的主旨是，倡导在艺术创作中排除一切主观的和客观的偶然性，按照被表现对象自身的内在规定自然而然地加以表现，而将创作主体的个性、情意，他所领悟的客观真理以及创作技巧和媒介的自然本性融合于形象的自由显现中，使呈现在观赏者面前的艺术作品不显出人为雕琢的痕迹，没有矫揉造作的气息，看上去好像自然一样。席勒提出的艺术创作的纯粹客观性原则，较之传统的"模仿说"更深刻地切入了文艺自身的本质和特征。

　　席勒对艺术美的理解，和他的美学理论和审美教育理论中坚持的理想是一致的，即希望通过美实现人性的完善，因此，他认为真正美的艺术给予人们的应该是一种具有审美可规定性的、普遍的自由心境，而不是那种把人引入某种特殊的限制性状态的特定心境。席勒指出："精神的这种高度的宁静和自由，与力量和朝气相结合，这就是真正的艺术作品应该使我们超脱所处的心境，这也是真正审美品质的最可靠的试金石。"② 由于在现实中不可能遇到纯粹的审美作用（因为人绝不可能摆脱对各种力量的依赖），所以一部艺术作品之出类拔萃只能在于它在更大程度上接近于那种审美纯粹性的理想，某一门类艺术以及这一门类艺术的某一部作品，所给予我们心灵的心境越普遍，所给予我们心灵的那种倾向越少受到限制，那一门类艺术就越高尚，那一部作品也就越杰出。要达到这种"高尚的"目的，艺术家不仅必须克服他的艺术门类的特殊性质本身带来的局限，而且还必须克服

---

①　席勒：《美育书简》，徐恒醇译，中国文联出版公司1984年版，第180页。
②　同上书，第239页。

他所加工的特殊质料所具有的那些局限，"通过形式来消灭质料"，使质料在形式的建构之中，消融进整个艺术作品之中，这样才能使接受者（读者、观众、听众）得到审美自由和审美享受，陶冶心灵，升华精神，达到和谐的人性。

二　素朴的诗和感伤的诗

在《论素朴的诗和感伤的诗》一文中，席勒对素朴的诗和感伤的诗进行了比较分析，席勒所谓"素朴的诗"和"感伤的诗"实际上是现实主义和浪漫主义的代名词，与歌德所做的古典派与浪漫派艺术风格的比较分析的基本精神是一致的。

席勒把诗歌艺术分为两种：一种是模仿现实，另一种是表现理想，这两种诗都要从自然中寻找灵感。"甚至现在，自然还是点燃和温暖诗的精神的唯一火焰。诗的精神只是从自然才获得它的全部力量；在矫揉造作的文明人身上，他也只是对自然说话。其他任何创作方式都是与诗的精神格格不入的。""诗的精神是不朽的，它决不会从人性中消失；它只能同人性本身一起消失，或者同人的天赋能力一起消失。虽然想象力和理解力的自由使人离开自然的单纯、真实和必然性，但是，不仅那通达自然的道路永远向他敞开着，而且有一种不可摧毁的强大的冲动——道德的冲动不断地促使他回到自然；诗的能力正是与这种冲动有着最密切的亲缘关系。因此，这种诗的能力并不会同自然的单纯一起丧失，它只是向另一个方向发生作用。"① 关键在于诗人采取何种方式对待自然，由此产生了素朴的诗与感伤诗的区别：诗人或者是自然，或者寻求自然。前者造就素朴的诗人，后者造就感伤的诗人。素朴的诗表现了人与自然的和谐统一，感伤的诗则是对人与自然分离之后对自然的追忆、寻求和感伤。

席勒认为古代的诗人基本上是素朴的诗人，近代的诗人则

---

① 席勒：《秀美与尊严——席勒艺术和美学文集》，张玉能译，文化艺术出版社 1996 年版，第 284 页。

是感伤的诗人，这是因为古代的诗人与周围现实还处于和谐的统一之中，所以诗人的作用就必然是尽可能完美地模仿现实；而近代的感伤诗人与周围现实经常发生激烈的矛盾冲突，和谐的观念不在现实生活而仅仅存在于理想之中，所以诗人的作用就必然是把现实提高到理想，或者换句话说，就是表现或显示理想。在这里，席勒明确地将"尽可能完美地模仿现实"作为现实主义创作方法，同时又将"表现或显示理想"作为浪漫主义创作方法。如果说亚里士多德提出的"按照本来的样子描写"和"按照应当有的样子来描写"的说法还比较模糊，容易引起理解的歧义，那么在席勒这里，"模仿现实"和"表现理想"已经具有了明确的理论分界，而且被当作自古至今的两种基本的文艺创作方法。

席勒还对现实主义和浪漫主义的审美特征作了对比分析。

关于现实主义，他认为素朴的诗是生活的儿子，以客观真实性取胜，它引导我们到生活中去，素朴的诗人在感性的现实方面总是比感伤诗人占优势，但艺术的真实并非机械地模仿生活事实，所以席勒强调说："必须以极大的细心把实际的自然和真正的自然区别开来，真正的自然是素朴诗的题材，实际的自然到处都有，而真正的自然是非常罕见的，因为它需要有存在的内在必然性。"换言之，素朴的诗所要求的真实不是现实的局部事实，而是具有内在必然性的整体真实，否则，"素朴诗的天才有过分接近卑俗现实的危险"。

关于浪漫主义，席勒认为"感伤的诗"以激情和理想取胜，"他能够比素朴诗人提供给这种冲动以更崇高的对象"，但激情和理想不是脱离现实的主观空想，所以席勒着重指出："感情的对象可以是非自然的，但是感情本身却是自然的。"席勒还强调："单是想象的任意活动而没有内在的实质，是无法打动人心的。"因此，感伤诗的天才"也有它的危险"，"如果只是由于自由的盲目冲动而抛弃自然，他们一定就暂时没有任何法则，因而就成为空想的捕获物"。感伤的诗是隐遁和静寂的产物，它招引我们求取隐遁和静寂，即使真正的感伤的天才由于有真正的理想不至陷入空虚，但他可能把别人（模仿者或读者）推入狂烈的空想的漩涡，所以"感伤诗的杰作后面紧跟着一些空想的作品"。这就是说，如果用浪漫主义方法创作出来的感伤的诗所表现的理想、观念和情感脱离了现实生活，成了空虚的幻想、怪诞的臆想和无病呻吟，那这作品本身就失去了审美价值。真正的浪漫主义天才或者可能避免这种情况，然而模仿者和不成熟的读者却可能被他引入歧途。

如果说歌德肯定现实主义而否定浪漫主义的观点有较大的片面性，那么席勒对现实主义和浪漫主义各有优越性和危险性的论述，就是比较客观公正的了。受歌德现实主义精神的影响，席勒从总体上肯定了素朴的诗而贬低了感伤的诗，认为素朴的诗是健康的，标志着人性与自然的和谐，而感伤的诗是病态的，标志着人性的分裂。但席勒同时也从历史发展的角度指出，近代感伤的诗相对于古代的素朴诗来说是一个历史的进步。古代素朴的诗人通过绝对地达到一种有限来获得他的价值，近代感伤诗人则通过接近无限的伟大来获得他的价值。在人类的进步中原始的自然的和谐必须由文化所代替，并通过文化去实现最终目的。因此，作为历史发展的一个环节，从素朴的诗发展到感伤的诗文学的任务还远远没有完结，更高形态的文学形式应该是素朴诗与感伤诗的结合，在这种结合中，完美的人性才能实现。"诗的概念只不过是给人性提供尽可能完满的表现，如果我们现在把诗的概念应用到上述两种状态中，那么就会发现，在自然的素朴状态中，由于人以自己的一切能力作为一个和谐的统一体发生作用，因而他的全部天性都完全表现在现实中，所以诗人就必定尽可能完美地模仿现实；相反，在文明的状态中，由于人的全部天性的和谐协作仅仅是一个观念，所以诗人就必定把现实提高到理想，或者换句话说，就是表现理想。事实上，这是诗的天才借以表现自己的仅有的两种可能的方式。它们显然是极不相同的，但是有一个把它们二者都包含在自身之中的更高的概念，而且毫不奇怪，这个概

念与人性的观念是一致的。"① 这个更高的概念事实上就是素朴
的诗和感伤诗的结合，"素朴的性格同感伤的性格可以这样地结
合起来，以至任何一者都防止另一者走向极端，前者防止感情走
到夸张的地步，后者防止感情走到松弛的地步"。这个过程也就
是席勒在《审美教育书简》中所提出的从自然的人到审美的人，
再到道德的人的进程是相应的，"自然可以使人成为整体，艺术
则把人分而为二，理想又使人恢复到整体"。② 席勒始终将艺术
的发展与人性的完善联系在一起，将艺术看作由必然王国向自由
王国飞跃的必要环节。

第九节　小　结

在本章阐述了歌德和席勒的美学思想之后，我们可以在这里
对他们的思想中的突出之处，作一简略回顾和强调。

一　关于歌德的美学思想

歌德曾经说："一个人怎样才能认识自己呢？绝不是通过思
考，而是通过实践。尽力去履行你的职责，那你就会立刻知道你
的价值。"③ 歌德是这样说的，也是这样做的。他回忆自己的一
生时说："我这一生基本上只是辛苦工作。我可以说，我活了七
十五岁，没有哪一个月过的真正的舒服生活，就像推一块石头上
山，石头不停地滚下来又推上去。"④ 这位文学巨人在人生旅途
上几十年长途跋涉，他爱过、憎过，经受了感情上的欢乐和痛
苦，用自己的心血哺育出了伟大的文学篇章，他留给我们后世

---

① 席勒：《秀美与尊严——席勒艺术和美学文集》，张玉能译，文化艺术出版
社 1996 年版，第 284 页。

② 同上书，第 285 页。

③ 《歌德的格言和感想集》，程代熙等译，中国社会科学出版社 1982 年版，第
3 页。

④ 爱克曼：《歌德谈话录》，朱光潜译，人民文学出版社 1980 年版，第 20 页。

的，是人类艺术宝库中的一份珍贵的遗产。

歌德没有留下关于美学理论的专著，也不喜欢抽象的理论研究和概念论证，但是在他的许多作品和言谈中他都涉及到了美学问题，而且将美学问题谈得具体、生动、形象，给人以深刻的启迪。正因如此，歌德在德国古典美学中乃至欧洲美学史上都具有重要的地位。他对古典现实主义美学原则的坚持和提倡，有效遏止了当时蔓延德国乃至欧洲的浪漫主义不良倾向的影响，为德国古典现实主义流派的形成和发展奠定了坚实的基础。他的特征说、人道主义精神以及其他许多美学的格言和感想，伴随着他的作品广泛流传，在世界领域都发生了持久的影响。

歌德的一生是复杂的，要完整、系统地评价歌德的美学思想是一个十分困难的课题，我们在此只能对其做一个提纲挈领的把握。歌德的伟大和深沉，有待更多的人们去理解、去感受。

二　关于席勒的美学思想

对现实中人的生存状况的关注是席勒美学思想的一大特色。与其他德国古典主义美学家比起来，席勒的美学思考始终都是在现实的层面上展开的。他提出了用审美去弥合人的处于感性与理性分裂之中的心灵世界的主张，思考了如何使现实的人性向理想状态过渡这一问题。为此，他还设计了一些具体的步骤，告诉人们如何通过审美教育去完成完善人性的途径。但是，在提出要建立一个审美王国的同时，席勒也充分意识到一种理论在引入到实践领域时可能出现的弊端，尤其是刚刚过去的法国大革命在他心中产生的震动无论如何不会被遗忘，在理论的美学与行动的美学之间，在理想与现实之间，席勒表现出了极大的困惑。最终，席勒既希望用美学改造现实，又试图保持他的审美王国的精神品位，使之不至于沦落为庸俗的实用主义的理想，在残酷的现实面前，只能成为一种不切实际的幻想。

席勒的美学理论的这种内在矛盾和困惑并不影响席勒作为一个伟大的艺术家和思想家在历史上的重大影响。西方美学由古典主义向现代主义美学精神转化的过程，实际上是一个作为个体的人的价值不断被发现、不断被肯定的过程，在这一过程中，席勒发挥了至关重要的作用。一方面，如前所述，他第一个建立起了自己的完整的美育理论，通过尝试将理论的美学引向行动的美学，试图借助美育建立起一个审美的王国。在这一思路引领下，他把建立在社会和谐基础上的古典主义美学理想发展到了一个从未有过的高度。另一方面，席勒又开启了现代自由主义美学的思路，美学开始向人的内心世界拓展，这种自由主义美学的展开恰恰标志了古典主义美学的终结。

第七章 德意志 19 世纪浪漫主义美学

第一节 19 世纪初期德意志浪漫主义思潮概说

德意志浪漫主义作为一场文艺思想运动，是德意志近代文化史上继狂飙突进运动和古典主义之后最后一个理想主义学术流派，从 1793 年兴起到 1830 年左右逐渐结束。经历了 30 多年的时间。

这场文艺思想运动形成于法国大革命之时，发展于欧洲封建复辟时期，与当时欧洲的社会历史变革有着极为密切的关系。浪漫主义产生的年代正值欧洲政治形势剧烈变革的时期，尤其是法国大革命之后，大多数浪漫派文人表现出对现实的不满和失望。在他们眼里，现实变得混乱和庸俗，功利化思想充斥整个社会，压抑了人的真实情感，并阻碍人们对美的追求，致使世界丧失了诗意，生活也失去了原有的意义。为此浪漫主义者认为，艺术的目的不在于反映外部现实，而在于描写人的内心情感。他们推崇人的主观精神，把主观世界作为文学的表现对象。他们崇尚天才与灵感，追求一切艺术种类的相互融合，注重艺术家的想象力和创作自由，把宗教的中世纪看做是一片净土，力图通过对主观世界的描写来建构自己的艺术与精神理想。在他们的艺术理论和文学作品中表现出明显的主观意识，诸如情感、梦幻、天才、无限、自由、灵感、想象力、神秘等词语都是非常重要的核心概念。这些概念的产生与德意志的哲学基础、宗教文化和艺术背景是密切相关的。

　　德意志浪漫主义的产生可以追溯到 1793 年。在这一年，早期著名的浪漫主义诗人瓦肯洛德和蒂克携手游览了德意志南部的纽伦堡等文化名城。他们瞻仰了德意志 16 世纪著名画家阿尔布莱希特·丢勒和文学家汉斯·萨克斯的故居，从丢勒的绘画作品中感受到了德意志古老的宗教文化和艺术精神，并将此作为时代文化艺术的典范和理想。一般认为，1798 年可作为浪漫主义思想运动的正式开始。这一年，以诺瓦利斯、施莱格尔兄弟、蒂克、费希特、谢林、施莱尔马赫等文化名人在耶拿结成了文人社团，也称为耶拿浪漫派（早期浪漫派）。施莱格尔兄弟也于同年创办了著名的文学刊物《雅典娜神殿》（1798—1800），在当时文艺界产生了重要影响。早期浪漫派非常注重文艺理论的创立：以费希特、谢林和施莱尔马赫为首的哲学家继承和发展了康德哲学中的美学思想，从而创立了直接代表浪漫主义文艺倾向的艺术哲学，为浪漫主义文学艺术的发展提供了理论依据；当时最重要的浪漫主义理论家施莱格尔兄弟撰写了大量的理论文章，形成了浪漫主义的艺术纲领。以后，又出现了以阿尔尼姆、布伦塔诺、艾辛多夫和格勒斯等为主的海德堡浪漫派（中期浪漫派），还有柏林浪漫派（以拉爱尔·瓦尔恩哈根·冯·恩瑟的沙龙为中心）和南德的施瓦本浪漫派。各个浪漫派社团都聚集了大批著名文人，形成了 19 世纪初期德意志文学的主流。浪漫派的影响一直延续到 1830 年左右，著名诗人默里克、青年海涅和霍夫曼等人也被认为是属于晚期浪漫派潮流之中的人，可见浪漫派思想对当时德意志文学的影响之大。在 19 世纪德意志浪漫主义发展的历史中，耶拿浪漫派最具有美学思想的理论特色，是 19 世纪德意志美学的一个重要部分。中期的海德堡浪漫派和柏林浪漫派以及施瓦本浪漫派都以其文学作品见长，思想理论性的成果不多见，故不在美学思想史的主要论述之列。在本节中我们主要阐述耶拿浪漫派的美学思想。

　　德意志浪漫主义在欧洲出现得较早，与英国和法国的浪漫主义在"艺术表现主观世界"这一宗旨上是大体一致的，但由于各自产生于不同的历史文化背景中，因而各具自己的特点。英国浪漫主义是在英国工业革命之后最先发达的资本主义社会政治经济生活的产物。法国是启蒙运动的故乡，其浪漫主义直接受到1789年法国资产阶级大革命和拿破仑专制统治的影响。德意志在当时还处于政治上分裂、经济上落后的状况，贵族保守势力占据统治地位，但是整个社会受到法国资产阶级革命的震撼，德意志民族的独立和统一意识逐渐增强，社会处于动荡不定的变革时期。当时的各种思想流派相互对立、融合，纵横交错，每一个流派都试图用自己的理论学说来解释社会，探求新的人生出路。启蒙运动崇尚理性与科学，提出了理性至上的原则，从而限制了人性的自由发展；狂飙突进运动宣扬自我与天才，又把对个人情感的注重推向了高峰；古典主义也以理性为基础，主张道德教育，强调理性与感情之间的和谐，从中营造出了一个高尚伟大但远离现实的人文主义理想。浪漫主义者崇尚艺术，渴望宁静，反对变革带来的动乱，所以把宗教改革前的中世纪社会作为他们的理想世界。他们认为，现实社会受到理性的支配而变得功利、庸俗，使得艺术丧失了生存之地，人在现实中根本找不到美的理想。因此文艺的目的并不在于反映外在的现实，而在于描写人的内心世界，诗人应该充分发挥自己的想象力，用艺术展示人的内心空间，在精神世界里塑造美的理想。总之，对现实的不满、对理性主义的反思、对古典主义艺术原则的批判、对个人情感的推崇以及对艺术的本质的探求等因素构成了德意志浪漫主义产生的土壤。

德意志浪漫主义具有深厚的哲学、艺术和宗教背景，这也是这一文艺流派的美学思想对后世具有影响深远的重要原因。

总的来看，德意志浪漫主义在审美学说方面表现出了自己的鲜明特征。

一　对艺术本质的哲学思考

德意志浪漫主义美学深受康德、费希特、谢林等人的唯心论哲学体系的影响，把对艺术本质的探讨放到了哲学的范畴之中。

非常重要的是，这种哲学层面上的审美思考引申出了一系列关键的美学概念，由此奠定了德意志浪漫主义的理论基础。

康德的主观唯心论和费希特的自我创造非我的学说把人的心灵推到了世界的核心地位，从而突出了天才、独创性、灵感等概念；谢林的同一哲学把人的精神与客观世界视为一个绝对同一的精神实体，并从"绝对"和"永恒"之中探寻艺术的根源和美的原型，把艺术看成是绝对的、自由的、渐进的，进而推动了人对主观精神、想象力、自由、必然性等范畴的研究；施莱尔马赫从宗教的角度出发，把人的信仰与审美感受结合起来，把宗教看作是人类在有限的世界里把握无限的精神、表达对世界原本依赖和向往的方式，从而把德意志古典主义文学塑造的人文理想演变成了浪漫主义的精神理想。这些理论观点在文学理论和美学方面无疑促进了人对主观精神领域的认识以及对美的本质、艺术的本质和艺术创作规律的探索和论证。

1. 艺术与天才。德意志浪漫主义崇尚天才，推崇想象力，可以说是其美学思想的起点。浪漫主义者认为，艺术是完美和永恒的体现，尤其是人的主观精神的完美体现。人通向完美有两条途径：其一是通过外部的充满生机的大自然，其二是通过内在的主观精神，即用艺术来开启心灵的大门，表现人内心所孕育的高尚和伟大的精神。但是要完成这一使命，并非一般常人力所能及，而必须由艺术家来担当此任，因为艺术家是天才，具有常人所不具备的非凡才能。这一思想可以回溯到康德的天才创造论。康德认为，艺术既不同于科学，也不同于手工艺，既没有固定的法则，也不可凭借逻辑推理而产生，因此艺术是天才的创造。天才是人与生俱来的心灵禀赋，是自然产生的，不可后天而得，自然通过天才给艺术制定法规。天才的创造既然是受命于天，那便是无法证明的。康德的天才论被其他哲学家和文艺理论家广泛继承并进一步发挥，不仅帮助了浪漫主义者对艺术本质的理解，而且对艺术家即天才的禀性以及艺术创造的神秘性也作了说明。围绕天才这一概念，浪漫主义对艺术、艺术家的禀性和艺术创造作了深入的理论性探索和阐释。谢林运用了康德的天才论的观点，把艺术看作是对绝对的美的描绘，进而把艺术家的创作看成是天才的内心冲动所导致的艺术行为。早期浪漫主义诗人瓦肯洛德把艺术视为神灵对艺术家的特殊关照，在他看来，艺术家较之于常人不同的是具有非凡的特殊才能，并且能够凭借这种才能感受神灵的关照，用艺术把这种感受表达出来。瓦肯洛德的这一思想被大多数浪漫主义者所接受，并且在许多文学作品和理论学说中表现出来。

2. 艺术的主观性。基于天才论的学说，德意志浪漫主义者把对艺术本质的理解集中到了对人的主观能力的认识上来，具体地表现为，强调艺术创造的主观性，把情感和想象提到首要的地位。在这一方面，费希特的"自我"创造"非我"的思想以及审美自由等观点对德意志浪漫主义的影响是颇为明显的。由于费希特把自我放到了造物主的地位，那么对浪漫主义者来说，自我既是艺术产生的动力，也是艺术表现的对象，也就是说，艺术家的感受处于整个艺术的中心地位。因此，早期浪漫主义理论家弗·施莱格尔认为，诗人应该尽可能运用自己的主观能力，充分发挥想象力，随心所欲地在梦幻世界里描绘美的理想。诺瓦利斯曾对费希特的哲学思想作过深入研究，并从中演绎出了一个魔幻世界。他把这种随心所欲的"自我"看成是一个奇迹创造者和魔术变幻者。"自我"创造了"非我"（即外部世界），并存在于"非我"之中，所以整个世界就是一个梦幻。如他所言："世界就是梦幻，梦幻就是世界。"梦幻是自我的自由世界，是艺术的无限空间，艺术家可以在这个空间里任意发挥想象力，创造出美的艺术。可见，费希特的"自我"概念在浪漫主义那里演变成了一种理想的主观世界。

当然，德意志浪漫主义者强调艺术的主观性还受到本时代现实生活的影响。在他们眼里，他们所处的时代既是一个理性统治一切、社会趋于功利化、艺术丧失生存空间的时代，也是一个充满战乱、社会处于变革动荡的时代。理性压制情感使人忽略了美的理想，而社会变革的结果则破坏了社会的宁静。因此他们对现实表示不满，并认为，现实生活丑陋、庸俗，不能成为艺术描写的对象，高尚的艺术不在于反映外在的现实，而在于描写内心世界，描写人的内心追求和美的理想。于是，他们把目光从现实转入内心，力图通过幻想来表现美的艺术，以此与现实相抗衡。他们在这种思想背景下所创作出的文学作品大多都突出了主观幻想的成分，同时也富于感伤忧郁的情调。正是由于这一点，浪漫主义长期受到各方面的批评，被称为是消极的、复古的、颓废的，甚至是堕落的文艺。但是也应当看到，浪漫主义这种理想主义的创作方式是基于蔑视现实的态度之上的，因而不可能完全脱离现实。如果说诺瓦利斯在他的小说里所描绘的"蓝色花"具有浪漫主义追求纯艺术的象征性意义的话，那么艾辛多夫塑造的"无用人"的形象则表明了诗人以艺术家的"无为"对物欲和功利社会的反叛态度。此外，弗·施莱格尔提出的著名的"浪漫主义讽刺"之说，意在表述浪漫主义对待主观艺术与客观现实之间关系的一种自觉意识。从某种程度上来说，浪漫主义者通过主观精神来展示纯艺术理想的做法是建立在哲学基础之上的，因而蕴涵着一定的审美意义。

3. 艺术创作自由。浪漫主义主张艺术创作自由，首先意味着要打破古典主义的一切清规戒律，反对用一个统一的创作原则和方法来规定和限制其他创作方法。德意志浪漫主义在对艺术自由这一概念的探讨上更带有哲理的性质。康德、费希特等人在其哲学思想中对艺术活动的自由特征予以了充分肯定，尤其是费希特的审美观更是离不开自由的概念。在他那里，自我是绝对的、无限的，因而具有自由的特性，外部世界是自我自由想象的产物，所以自由是人的一切审美活动的前提。有了自由，人才能够体验到自身的"美的精神"，才能够发现并感受到自然的美。德意志浪漫主义者把艺术看作是创作主体自由个性的自由表现，具体地说，艺术创作不受任何既定法则的限制，艺术家应该凭借主观能力自由想象，充分表现自己的个性，发挥自己的独创性。可见，艺术创作自由在很大程度上意味着艺术家想象的自由。想象力是一种创造力，浪漫主义者推崇想象力，正是对艺术创作自由的肯定。在这一方面，弗·施莱格尔的言论具有纲领性的意义：浪漫的艺术"不受任何物质利益和理想风尚的约束，能乘着诗的遐想的翅膀，游荡于表现对象与表现者中间，并不断激励着思绪，像镜子的一连串无限反射一样，让思绪无限地延伸。（……）惟有它是无限的，正如惟有它是自由的一样；它认定的第一条法则，就是诗人的为所欲为、不受任何约束的法则"。①

4. 艺术创造的神秘性。德意志浪漫主义者非常看重艺术的神秘特性，并试图从各方面对其加以说明。首先，康德的不可知论和天才创造论就对艺术的神秘性给予了肯定。天才本身具有神秘的特点，主要表现在其艺术创造受命于天、不知所为之所以然，这就是说，天才是凭借灵感进行创造的，但在创造的过程中并不知道灵感是如何产生的，也无法对其加以控制。因此，艺术是一种精神产物，是不能通过逻辑推理和科学分析来把握的。谢林在提出了艺术创造是有意识活动和无意识活动的结合这一思想的前提下强调艺术的无意识的特性。他的"创造冲动说"把艺术看作是一种"奇迹"，是白天才，即艺术家在一种"创造的冲动"的驱使下不由自主地创造出来的。这种"创造的冲动"是神秘的、不可理解的，由之而产生的艺术作品也同样带有神秘的性质。此外，强调艺术的神秘性也出自浪漫主义者的宗教意识。一方面，他们认为艺术是世界永恒、绝对的"美的原型"的反映，这种"美的原型"就是上帝，因此艺术就是上帝意志的体现，具有包容一切的整体性质，艺术家的使命在于通过艺术创造去发现美，由此不断接近这个"美的原型"，即美的理想。另一方面，他们从人与自然的关系出发，强调天人合一的思想，指出，人与自然之间最原初的关系表现为人对自然的敬畏和崇拜，人依靠一种朦胧意识把自然法则与神灵意志相联系。这种朦胧意

---

① Hans-Jürgen Schmitt（Hrsg.）：Romantik I. Reclam, Stuttgart, 1975, S. 22ff.

识是艺术产生的本源，所以远古时代的神话和传说虽然大多含混不清，但人却能凭借情感领悟其中的寓意。在浪漫主义者眼里，民间神话传说是最淳朴的、最美的艺术。这也是德意志浪漫主义者重视民族文化、积极收集整理民间文学的重要原因所在。还有，德意志浪漫主义者从人的内在机能方面来说明神秘性对艺术的作用。他们认为，人的内在机能表现为两面性：理性与幻想。"理性追求绝对统一，幻想则乐于纷繁多样之中，两者都是人的本性中共有的基本力量。"① 人凭借理性认识世界，但是却不能说明带有情感的东西，因为情感是神秘的，是一种生命的力量，是诗的源泉，只能凭接近去发现，而永不可用数字来说明。由此，浪漫主义者非常注重人的幻想、朦胧意识等非理性的因素，诸如黑夜、梦境、灵感、人的心理活动等成为德意志浪漫主义作家喜爱的创作题材。

二　反思理性，崇尚情感

像欧洲其他国家的浪漫主义文学运动一样，德国浪漫派也带有明显的反理性主义倾向。它反对启蒙运动那种理性至上的原则，因为启蒙运动过分强调文学的社会教化功用以至于走向功利化而忽略了人的情感作用；它反对古典主义的艺术教条，因为古典主义的艺术教条使艺术变得死板、僵化而没有生气。

德意志浪漫主义在形成的初期就对启蒙运动所倡导的理性主义提出了质疑。他们认为，理性主义虽然崇尚知识与科学的进步，肯定了人认识和把握世界的能力，但是理性的极端化却导致了人类价值观朝着实用化和功利化的方向发展，从而滋长了人的物欲。另外，这种理性的功利化倾向实际上充当了一种大众化的社会经济原则，迫使人的行为都以这个经济原则为准绳，进而促使社会道德庸俗化，抑制了人的精神领域的发展，如个人情感的发挥和审美活动的体验等等。在理性与情感之间，浪漫主义更侧

---

① Hans-Jürgen Schmitt（Hrsg.）: Romantik I. Reclam, Stuttgart, 1975, S. 31.

重情感在审美活动中的核心地位。

　　早在浪漫主义之前，德意志的两位文艺理论家约翰·格奥尔格·哈曼（Johann Georg Hamann，1730—1788）和约翰·戈特弗里德·赫尔德（Johann Gottfried Herder，1744—1803）就对启蒙运动所倡导的理性艺术提出了异议。哈曼批评了理性文学美化自然的模仿形式，提出了文学是"人类的母语"之说。赫尔德也在其理论著作《论语言的起源》（1772）中提出了"语言来自心灵"的说法。他还在《论德意志的方式和艺术》（1773）一文中指出："我们几乎不再观察和感受了，而是一味地思考和冥想；我们的创作既没有表现一个活生生的世界，也没有深入其中，更没有深入到表现对象，即情感的洪流与交融之中，而是要么苦思冥想出一个题目，要么议论处理这个题目的方式方法，或者甚至兼而有之，并且总是从一开始就不断地矫揉造作，最后使我们几乎丧失掉自由的感情；试想一个残废人怎么能行走呢？"① 赫尔德认为，启蒙运动所推崇的理性文学由于过分强调文学的形式规则和教育功能而忽视了文学艺术的真正意义。理性主义驱使人们只考虑文学的道德教化目的，却由此把艺术引入了矫揉造作的境地。在他看来，真正的艺术源于作家对生活的观察和感受，是真实情感的自然流露，因为人的情感是与生俱来的，是一个无法用理性把握的世界。

　　与赫尔德的观点相近，哈曼把文学、人类信仰和道德观念等一系列现象放到人的直觉层面上加以阐述，其观点与理性文学所主张的美化自然的模仿方式形成了明显对立。他指出："大自然的生机是通过感知和激情来体现的。如果谁伤残了器官，他怎能去感受呢？也可以说，麻痹的动脉还能运动吗？你们那些充满道德谎言的哲学抹杀了自然，为什么还要求我们模仿同样的东西？

---

　　① Annemarie und Wolfgang van Rinsum: Dichtung und Deutung - Eine Geschichte der deutschen Literatur in Beispiele. Bayerischer Schulbuch-Verlag, München 1983, S. 95.

这样你们可以翻新花样，也让学生成为自然的刽子手。"① 理性文学强调模仿自然，但其自然概念是一种道德意义上理性与自然的结合体。赫尔德和哈曼则注重感官与情感的自然性，认为艺术家对世界的直接感受促使创造力的产生。这种创造力不仅在狂飙突进时期被视为"天才"，在稍晚出现的浪漫主义时期也同样适用。由此看来，浪漫主义在对待个人情感和作家主观想象的问题上和狂飙突进运动是一脉相承的。

此外，德意志浪漫主义在反对古典主义的艺术教条方面也突出了情感的重要性，表现出强烈的反传统倾向。古典主义受理性主义的支配，强调人的自然本性，相信理性与感情的和谐、信仰与认识的结合是人性的完美体现，但是基于这种思想，古典主义不仅把艺术看作是对现实的合理模仿，更重要的是要通过艺术来体现普遍意义上人性的完美境界。为此，温克尔曼针对古希腊雕塑艺术提出的"高贵、单纯、静穆、伟大"的审美思想被古典主义奉为美的理想，追求和谐、典型化、理想化成为古典主义最重要的艺术原则。古典主义的文学作品，尤其是戏剧作品，大多以古希腊罗马艺术为典范，在人物角色分配、场景设计、剧情安排以及语言运用等方面遵循着一套严格的戒律，比如三一律等。浪漫主义则摒弃了古典主义的审美学说和艺术信条，力求从整体意义上把握艺术的本质，主张艺术门类之间的融合与共通性，尤其强调对主观世界和情感世界的表现，这无疑为艺术开辟了内心世界和情感这一广阔的表现空间。显而易见，德意志浪漫主义文学的突出特点是强调艺术的主观性，主张个人情感的强烈抒发，在艺术创作手法上注重描写主观感受，提倡形式自由，崇尚艺术家的创造力，如弗·施莱格尔所言："一切古典艺术种类在其严格戒律方面都是可笑的。"②

---

① Karthaus, Ulrich (Hrsg.): Sturm und Drang und Empfindsamkeit. -Die deutsche Literatur in Text und Darstellung, Reclam, Stuttgart 1977, S. 12.

② Friedrich Schlegel: Kritische Schriften. Herausgegeben Von Wolfdietrich Rasch, Carl Hanser Verlag, München 1971, S. 13.

德意志浪漫主义者普遍把艺术看作是艺术家的感受、思想和情感的共同体现，一切表现对象都要经过艺术家心灵的感应和情感的陶铸才具有诗意。蒂克指出："我所描写的不是这些植物，也不是这些山峦，而是我的精神，我的情绪，此刻它们正支配着我。"诺瓦利斯也说："诗所表现的是精神，是内心世界的总和。"此外，他的"世界必须浪漫化"的言论也足以说明情感在艺术中的核心地位。[1]

三　向往中世纪

德意志浪漫主义者把宗教改革前的中世纪基督教社会看成是理想的世界，认为在这个社会里人性的纯精神理想能得以充分的体现，艺术家的创作和想象力也能获得真正发挥的场所。所以，不少浪漫主义诗人在其文学作品中均以理想化了的中世纪社会为表现对象，借以表达自己的理想。这种回到中世纪的思想直接起因于他们对现实的不满，尤其是对启蒙运动的反思和批判。在他们看来，启蒙运动萌发于宗教改革运动的务实精神，注重发扬人对外部世界的认识和理解能力，但却忽略了生命的意义和精神的因素，从而破坏了美的艺术，使世界变得没有诗意。与此相反，中世纪社会的理想表现在人与自然的和谐和人对上帝的崇拜，并且在此基础上建立起来的社会道德风尚如荣誉、友爱、宽容等等都是上帝的意志在人的精神价值中的体现，没有任何外在的目的。因此他们认为，人类生命的意义在于实现上帝的意志，而只有通过艺术才能接近这个理想。所以，他们便用艺术编制出一个幻想世界来与现实世界相对立，把中世纪描写成理想世界的典范。值得注意的是，回到中世纪虽然表现出了德意志浪漫主义者的复古倾向，但也不完全意味着他们乐于接受中世纪封建制度和天主教会的统治，而是将这一时代的精神状况看作是人的纯精神

---

① Friedrich Schlegel: Kritische Schriften. Herausgegeben Von Wolfdietrich Rasch, Carl Hanser Verlag, München 1971, S. 57.

理想的体现，并把这种纯精神理想作为与本时代的功利化倾向相对立的一种途径。此外，对中世纪的向往也表明了德意志浪漫主义在接受传统方面对中世纪民间文学的重视。当时一大批文人和学者积极从事民间文学的收集和整理，如赫尔德、格勒斯、阿尔尼姆、布伦塔诺和著名的格林兄弟等在这一方面都做了大量辛勤而卓越的工作。中世纪民间文学大多为神话、传说、诗歌、民谣、童话等，其特点为想象丰富、淳朴自然、情感真挚、语言通俗，完全迎合了浪漫主义的审美趣味，因而备受推崇。由此可见，对中世纪的向往，尤其是对民间文学的重视，明显地表现了德意志浪漫主义者的民族意识。

概括地说，德意志浪漫主义的产生是建立在极为深厚的文化底蕴之上的，其美学思想突出地表现在对艺术的本质和艺术创作规律的认识以及由此而展开的关于天才、想象、情感、独创性等一系列核心概念的理论探索，强调了艺术的主观性。这种内倾化的审美倾向不仅奠定了这一文艺流派在西方美学史上的地位，而且也表现出丰富的现代审美意义。

第二节　康德和费希特与浪漫主义美学

前面已经说过，德意志观念论哲学对当时的耶拿浪漫派美学思想的影响是很大的。应该说，康德哲学体系中的美学思想是浪漫派理论的深层根据。费希特和谢林两个人都直接地参与了耶拿浪漫派社团的活动，在一定意义上说，他们本人就是浪漫派的"圈内人"。关于谢林的情况，我们已经在本书第一编第二章进行了研究和阐述。在此我们主要考察康德和费希特与浪漫派的思想渊源关系。

一　康德的美学体系对浪漫派的思想启发

先说康德。康德哲学体系中的美学思想，尤其是他关于艺术、天才、自由、主观创造、想象力等方面的论述和观点被以后众多的思想家所继承和发展，并且直接为德国浪漫主义运动提供了哲学理论依据。

康德的美学思想是以其庞大的批判哲学体系为基础的。他的哲学体系不是以客观现实存在为研究对象，而是以人的主观意识为研究对象，是关于人对外部世界的认识方式和实践规律的研究。他的哲学成就主要包括在他著名的三大批判哲学著作之中：《纯理性批判》（1781）、《实践理性批判》（1788）和《判断力批判》（1793）。前两部著作是关于认识论和伦理道德的哲学：一个涉及认识领域，目的在于求得知识；另一个涉及道德领域，目的在于达到善。最后一部《判断力批判》则是关于美学和目的论的学说，研究人的情感功能，即审美活动，目的在于连接前两部著作中所论及的知识与道德。

康德的美学思想与他的批判哲学的出发点一样，是主要考察人的主体能力和主观审美活动的。在《判断力批判》一书中，他首先对美的概念进行了分析。"为了判断某一对象是美或者不美，我们不是把（它的）表象凭借悟性联系于客体以求得知识，而是凭借想象力（或者想象力与悟性相结合）联系于主体和它的快感和不快感。鉴赏判断因此不是知识判断，从而不是逻辑的，而是审美的，至于审美的规定根据，我们认为它只能是主观的，不可能是别的。"[1] 康德从质、量、关系和状态这四个方面对美的概念进行了分析和界定，从中提出了著名的美的四大要素，对于浪漫主义的审美观具有深层的指导意义：（1）美是无利害的快感；（2）美不凭借概念而普遍引起快感；（3）美是无目的的合目的性；（4）美是无概念的必然性。这四大要素之间是相互区别又相互联系的，尽管康德从主观先验的角度对其作了非常详尽而又非常抽象的分析和阐述，但是可以设想，康德在此从客观上为浪漫主义的审美观设定了一个美的理想。这一点从以上定义的第一点就表述得十分清楚：美是无利害的快感，就是

---

[1]　康德：《判断力批判》，宗白华译，商务印书馆1987年版，第39页。

说，审美与利害无关，所以它不是以功利性的实践活动为目的的，而是主体的审美感受，即快感和不快感。浪漫主义者反对过分地强调理性，是因为理性导致人的一切实践活动都带有功利性的目的，从而忽略了情感的作用。奥·施莱格尔在对启蒙运动的批判言论中指责了理性的实用性原则；诺瓦利斯在他的长篇小说《亨利希·冯·奥弗特丁根》（1802）里所描绘的"蓝色花"象征着一种无功利性的纯精神理想，作品还流露出对当时社会追求功利、淡漠精神的普遍现象的惋惜，"因为在我生活的这个世界上，有谁会去关心花呢？去迷恋一朵花，这在当时我根本没有听说过"①。甚至，这两位浪漫派的代表人物都把中世纪的骑士风尚视为一种与社会功利无关的纯精神理想，因而把德国的中世纪作为他们向往的理想世界。此外，在康德看来，审美判断是一种特殊的反思判断，不仅与逻辑判断无关，不是认识活动，而且还与客观目的无关，也不是道德活动，它只是主体的想象力和知性的自由游戏与对象形式相契合而产生的快感，并由于心意状态的可传达性，即共通性而具有普遍性和必然性。这就为浪漫主义者在理性与非理性之间作出选择、提倡想象力与艺术家的创作自由以及通过有限表达无限等艺术主张提供了广阔的理论活动空间。

二 康德的艺术论对浪漫派美学的影响

康德美学思想中除了对美和崇高的阐述外，还有一个重要的方面就是他的艺术论。在回答什么是艺术的问题上，他采取了把艺术与非艺术相区别的方法来突出艺术的本质特征。

他首先指出，艺术不同于自然。自然是世界的客观存在，是一种自然作用的结果；而艺术则是一种人为的结果，用康德的话来说，是一种"人工产品"。既然是人工产品，那么便是主体能

---

① Novalis：Heinrich Von Ofterdingen. In：Ders.：Werke in einem Band. Aufbau-Verlag，Berlin u. Weimar 1983，S. 111.

力的体现。因此，艺术就是人类以理性为基础的、有目的的自由的产品。显然，康德在这里突出艺术的主观性、理性和自由三方面的因素。然而对理性的肯定是否与浪漫主义者批判理性的态度相矛盾呢？其实没有。在康德的哲学体系中，理性是主体机能的一个方面，是通过想象力与审美判断联系在一起的，因此艺术活动离不开理性的参与作用。浪漫主义者在对待理性的问题上明显采取了矫枉过正的做法，他们是为了反对启蒙运动把理性绝对化的做法才把情感放到艺术的首要地位的。实际上，浪漫主义者并不否认理性对艺术的作用。奥·施莱格尔认为，理性与情感是人性中共存的两种基本力量，理性与想象均属艺术创作中的有机组成部分。艺术家的创作离不开理性的作用，艺术家意识到自己的创作，本身就是理性的表现。哲学家谢林在论述美的本质时也强调，美是理性与感性的统一。理性的东西要通过感性来体现，两者的统一才构成永恒、绝对、美的原型。同样，艺术创作是有意识活动和无意识活动的结合，艺术作品是有意识和无意识同一的结果。有意识活动表现为艺术技巧，是一种理性活动；无意识活动表现为艺术的诗意，代表着非理性因素。只有两者统一起来才可能出现美的艺术作品。显然，谢林主张有意识与无意识的统一，实际上是强调了理性与非理性的统一。由此可见，浪漫主义者反对的只是理性的极端化倾向，其实并不否认理性在艺术中应有的作用。

其次，康德还认为，艺术不同于科学。两者都属于人类精神的创造物，但艺术属于审美活动，科学来自认识活动；艺术是天才的技巧，科学是人类的知识；知识可以经后天学习而掌握，而艺术则是先天的能力，不能经过学习而获得。康德的这一思想突出了艺术的神秘性和天才的作用，对浪漫主义也产生了直接影响。如上面谈到的，谢林主张有意识和无意识结合的观点明显继承了康德的这一学说。早期浪漫主义诗人瓦肯洛德认为，艺术家天生就有凡人所没有的非凡才能，能直接感受神灵并能用语言表达出来，这实际上也在强调艺术的神秘性。

还有，康德又指出，艺术不同于手工艺。两者的区别在于目的各不相同：艺术是为了获得愉快的感受，手工艺则是为了获得某种利益；艺术创作是一种纯粹的审美活动，手工艺则是一种功利性的劳作；艺术作品是供人欣赏的审美对象，而手工艺品一经完成就变成了商品。尽管有时艺术和手工艺之间的界限并不十分清楚，但是康德还是为它们划出了一条界限。

经过以上的区分之后，康德又把一般的艺术区分为机械的艺术和审美的艺术，又从审美的艺术中区分出快适的艺术和美的艺术，从中得出结论：美的艺术在审美活动中是最有价值的。这种观点为德国浪漫主义者摈弃功利性、追求纯艺术的目标提供了理论依据。

康德为浪漫主义奠定的理论基础还突出地表现在他关于艺术创作的思想方面。如他所言，艺术不同于科学和手工艺，既没有固定的法则，也不能由逻辑推理而产生，那么必然出自某种特殊的才能。为此，康德提出了天才的概念。天才论的提出，恰恰为浪漫主义者对艺术的本质以及艺术家禀性的理解提供了最好的说明。在康德看来，天才是与生俱来的心灵素质，是先天的，不可后天而得，自然通过天才给艺术以规则。天才的首要特征是独创性和典范性，指艺术家的创造在立意和表现形式上空前绝后，并具有崇高的艺术精神和伟大的艺术典范作用。换句话说，天才受命于天，艺术是无限的自然法则，是通过天才方得以昭示的，天才的独创可为后世之法，但是模仿效法则不能成就天才之作。从这个意义上来说，浪漫主义者要求打破古典主义的清规戒律的主张与康德的天才独创论是一致的。此外，天才具有神秘性的特点。这种神秘性表现在受命于天、不受主体控制、不可说明等方面。天才在创作时，并不知道某种艺术观念如何从心中产生出来，也无法对其加以控制。此类精神产物不能由逻辑推论而得出，也不能通过分析来把握，只能源于天才本身。这种天才神秘论的思想无不渗透在德国浪漫主义的艺术理论和文学作品之中。

谢林美学思想中的"绝对"概念说明了他是完全从神秘的方面去考察艺术的。瓦肯洛德在他的艺术论著《一个热爱艺术的修士的心曲倾诉》（1796）里对达·芬奇、拉斐尔等艺术大师的创作过程的描写也充分体现了天才的神秘色彩。瓦肯洛德认为，艺术家的创作没有理性可言，而是来自神灵的特殊关照。上帝对人的特殊关照并不是常有之事，而是神秘朦胧、转瞬即逝的，艺术家的禀性在于能够把握这和机遇，产生灵感，并回应神灵的关照。在这一点上，瓦肯洛德"深感荣幸的是，上天选择了我用富有启示的证据，去展示它未为人所知的奇迹，传播他的荣耀"。[1]为此，他用拉斐尔谈到创作西斯廷圣母像时的一句话来说明天才的神来之笔："我遵从降临到我灵魂中的源于精神的形象。"[2] 这种艺术的神秘性表现在众多浪漫主义文人的理论学说和艺术作品之中，成为浪漫主义文学的重要特征之一。

当然，天才的艺术创造必然与想象力有着密切的关系。康德认为，审美活动必须有想象力和知性的参与。想象力和知性都属于人的主体能力，是不受任何限制、完全自由的。它们之间相互协调、自由活动，其结果是产生快感，构成了主体的审美活动。在审美领域，康德注重创造的想象力，因为创造的想象力是一种构造表象的能力，能使主体的外部感受与主观的先验直观形式相结合，从而产生具体的审美表象。康德把审美活动看做是想象力与知性的自由游戏，这就有了自由的概念。如前所述，康德美学的核心概念之一就是审美的无目的的合目的性，其中包含着自由的合规律性。因此可以说，想象力是自由的，但又是合乎规律的。想象力和知性在完全自由和谐、不受丝毫约束和强制的条件下进行游戏，从而使主体产生快感，由此便出现了美的艺术。在想象力与自由的问题上，德国浪漫主义主要继承和发展了康德的美学思想。谢林把艺术创作看做是一种"绝对自由的活动"，因

---

① 威廉·亨利希·瓦肯洛德：《一个热爱艺术的修士的内心倾诉》，谷裕译，三联书店 2002 年版，第 5 页。

② 同上书，第 7 页。

为艺术没有任何外在的目的；奥·施莱格尔关于创造性的想象和
自由的学说可以说是康德思想的翻版；诺瓦利斯特别推崇想象的
魔力，他把梦幻看做想象的世界，甚至断言，梦幻就是世界，世
界就是梦幻，超越两者之间的界限是可能的。

概括地说，康德美学是以他的主观唯心论为基础的，其研究
对象是人的主体机能，而不是客观存在，这一点与浪漫主义文学
重主观、重自我的大方向是一致的。在这个前提下，康德美学思
想的各个方面无不为浪漫主义者所运用、继承和发展。如上所
述，浪漫主义者所推崇的天才、神秘性、非理性、主观创造、艺
术自由、想象力和追求无限等概念，都可以在康德的哲学体系中
找到源头。由此可见，康德的美学思想为德国浪漫主义的艺术理
论和文学创作奠定了哲学基础。

三　费希特的哲学和美学思想

费希特（Johann Gottlieb Fichte，1762—1814）的哲学理论涉
及美学方面的内容不多，也没有构成一套完整的思想体系，但是
他的主观唯心主义哲学对德国早期浪漫主义文艺理论具有非常重
要的影响。特别是浪漫主义理论家弗·施莱格尔和诗人诺瓦利斯
不仅与费希特本人有密切交往，而且都在各自的理论学说和艺术
创作中充分运用和表现了他的哲学思想，对浪漫主义的产生和发
展起着先导的作用。

费希特出生于德国东部上劳西茨的拉姆瑙，幼年时家庭拮
据，后得贵人资助念书，颇显聪明才智。早年，他非常喜爱文学
艺术，深受当时著名诗人克洛普施托克和莱辛的影响，以后多奔
波于家庭教师职业和大学学业之间，靠挣钱维持学业。费希特的
哲学研究是从康德哲学开始的。他认真研读了康德哲学，领会了
三大“批判”中关于先验认识论、伦理学以及美学—目的论的
精髓，并掌握了康德哲学的论述和推演方法。在耶拿和柏林大学
执教期间，他一边阐释康德哲学，一边努力建立自己的学说体
系。后来对康德哲学的缺陷和不足提出质疑，在对康德哲学进行

批判的基础上形成了自己的学说体系。费希特的主要著作有：《论所谓科学论的基础》（1794）、《人的使命》（1806）、《对德意志国民的讲演》（1807/1808）以及他最重要的哲学著作《科学论》（1810）。

费希特的整个哲学体系是围绕着"自我"这一核心概念而展开的。他把世界分为"自我"和"非我"两个部分。"自我"是指具有创造能力的人，"非我"是外部客观世界；"非我"是由"自我"创造出来的，也就是说，是人创造了世界。"自我"凭借想象力创造出了外部客观世界，是为了把这个世界作为它的行为对象。因此，"自我"的本质便是一种永不停息、无穷无尽的想象活动。费希特以这种自我中心论为出发点，阐述了科学论的基本原理；他还从自我的"原初行为"出发，确立了自我的设定功能。在他看来，作为主体的自我是绝对的，客体依赖于主体的创造，没有主体就没有客体，客体的一切表象都是主体的产物，都是由想象力构造出来的。于是，整个世界便是在绝对自我之下一般的自我和非我的统一。这样，费希特便否定了康德的先天综合判断和物自体不可知论等学说，把物自体斥为一种人为的虚构。显而易见，费希特的哲学思想表现出绝对的主观性，其美学思想也具有主观论的特征。这一点对于注重主观情感的浪漫主义文学来说是颇有借鉴意义的。

费希特在界定审美对象时就显示出明显的主观倾向。他认为，一事物是否成为审美对象，并不取决于事物本身的形式和性质，而取决于主体的态度和观察方式。这一点与康德美学的出发点是一致的。他把主体对待外部事物的观察态度分为三种情况：一种是先验的观点，也就是康德的先验论，把世界（客体）视为主体的认识能力和方式的产物；另一种是普通的观点，也就是唯物论的观点，认为世界是原本存在的，不是人或者自我构造出来的；第三种是审美的观点，强调世界的存在对于自我意识设定的依赖性。这一点正是费希特审美观的基础。作为一个主观唯心主义者，费希特显然倾向于康德的先验论的观点，但同时又兼容了唯物论的成分。他主张主观与客观的结合，承认在自我设定非我的前提下存在着审美主体和作为客体的审美对象。当然，审美活动的根源最终还在于审美主体一面。

费希特的审美观还离不开自由的概念。由于自我是绝对的，因而自我也就具有不受任何限制和约束的特性，也就是说，自我是绝对的、无限的、自由的。自我完全无条件地设定一般的自我和非我，自由地创造外部世界和一切客体，不需要任何外力推动，也没有任何限定和制约，从而显示出真正自由的创造力。可见，自由的概念在费希特哲学思想中占有相当重要的地位。既然自我自由地设定非我，那么外部世界就是人的自由想象的产物。有了自由，审美活动才有可能。因此，自由的世界才是审美的世界。以这种自由的审美观来看待世界，人就能感受到自然的生动活力，就能够发现美。否则人就只能看到世界的物性的一面，即事物被限定和歪曲的形式，毫无美可言。这样，费希特就给人的审美和想象活动加上了自由的翅膀，实际上是肯定了艺术活动的自由特征，从而否定了普通的观点中世俗和功利性的成分。

费希特认为，人的审美活动来自于人自身的"美的精神"。这种"美的精神"是绝对自由的、无限的、充满生气的，是人的本质和能力的体现。如果没有这种精神，人就只能从普通的观点去看待世界，从而走向世俗和功利化，就不会产生美感。"美的精神"与审美趣味紧密相连，因为"美的精神"是通过审美趣味来体现的。费希特认为，每一个人都有审美趣味，而且人的审美趣味也是相通的，因为一般人虽然不能给审美趣味下一个明确的定义，但是都知道什么是违反趣味的。显然，费希特在肯定审美趣味的特殊性的同时并没有忽视其共性的存在，这一点与康德所说的审美共通感是相似的。不难看出，费希特的审美观在很多方面都继承了康德的美学思想，例如，在论及美感、趣味、天才、审美与宗教等方面都可以看出康德美学的印记。对于这一点，费希特在他的言论中也公认不讳。概括地说，最能体现费希特哲学思想的独特之处的就是自我设定非我的思想。这一思想体现了他的美学思想的核心，即审美属于自我的主体能力，是人的自由和无限性的直接体现。

四　费希特作为耶拿浪漫派的哲学支柱

一般认为，费希特的哲学思想对德国早期浪漫主义的影响最为明显。这主要指浪漫主义理论家弗·施莱格尔和诗人诺瓦利斯。早期的耶拿浪漫派是由当时的哲学家、批评家、诗人等组成，其中费希特也是成员之一。弗·施莱格尔非常赞赏费希特的哲学理论，并且在其《雅典娜神殿》的片断中写道"法国革命、费希特的《科学论》和歌德的《迈斯特》标志着我们时代的最伟大的倾向"。[①] 弗·施莱格尔早期曾对费希特哲学作过深入研究，并对费希特的《科学论》非常崇拜，认为这部作品体现了"无限和永存的充实"。确切地说，弗·施莱格尔认同了费希特的主观唯心主义思想，并将其运用到了他的文学理论之中。施莱格尔认为，世界万物由"自我"而产生，也可以由"自我"而毁灭；"自我"是绝对的，世界只是相对的；"自我"存在于"非我"之中是自愿的，并且随时可以把自己从中解脱出来。基于这种思想，弗·施莱格尔主张，诗人应该尽可能发挥自己的想象力，随心所欲地在梦幻世界里建造自己的亭台楼阁，在尽情地描写之后，再打破这个幻想世界。这就是著名的"浪漫主义讽刺"。诗人充分发挥想象力、随心所欲地创作，实际上是强调诗人的创作自由，是最典型的浪漫主义艺术追求，与费希特自由概念是紧密吻合的。可以说，费希特的自由概念是他的哲学思想的关键，因为绝对自我的本质特征就是自由。自我不受任何限制，也无需任何条件和前提，它能以自己的主动行为设定主观世界和客观世界。由此可见，费希特的自由概念为浪漫主义的艺术追求起到了奠基的作用。

浪漫主义诗人诺瓦利斯也曾经在 1795—1796 年间对费希特

---

① 　Friedrich Schlegel: Kritische Schriften. Carl Hanser Vrlag, München 1971, S. 48.

哲学作过深入研究，尤其是他把研读《科学论》当做对他的思维能力的必要训练。1795 年 5 月，诺瓦利斯在耶拿认识了费希特并熟悉了这位哲学家已经发表的著作，而开始研究费希特哲学则是在当年的秋季。他的研究是颇有成果的。到 1796 年夏天，他就写成了 400 多页的手稿。这些手稿表明，他不仅汲取了费希特哲学中有用的思想，而且从中形成了自己独特的思维方式，并且超越了费希特哲学，为他以后的美学思考和文学创作作了理论铺垫。费希特把经验世界归咎于绝对自我的原初行为，这对诺瓦利斯来说，意味着自我行为的绝对自由。从费希特哲学研究中，诺瓦利斯演绎出了一套独特的自我对话式的哲学思维方式，促使自我去思考、逐渐觉醒，最后成为一种精神。这种思想体现在他的著名的《花粉》片断之中。他写道："修养构造的最大任务就是把握超验的自我，同时成为他自己的自我。"① 诺瓦利斯对费希特的研究使他达到了一个相当超脱的精神境界。在他大量的笔记片断中可以看出，他把哲学的抽象思维和艺术加以融合，其中不少思想相当艰深晦涩。但是可以肯定，费希特的绝对自我的概念为他营造了一个绝对自由的无限世界。在这个自由世界里，他可以随意发挥诗人的想象力来建造自己的艺术殿堂。的确，诺瓦利斯从费希特的思想中受到启发，推演出了一个魔幻世界，并且把随心所欲的"自我"看成是一个奇迹创造者和魔术变幻者。整个世界就是一个梦幻，梦幻是自我的自由世界，是艺术的无限空间。"自我"就是通向世界的钥匙。"自我"创造了"非我"，并存在于"非我"之中，"自我"等于"非我"，这是一切知识的最高原则。在这里，艺术家的想象力可以得到充分的发挥，诗人可以超越世俗，创作出美的艺术，以此去接近那无限美的艺术理想。由此可见，费希特哲学中的自我世界在诺瓦利斯的美学思考和文学创作中演变成了一个纯粹的艺术境界。

---

① Novalis：Blütenstaub（28）. In：Ders.：Werke in einem Band. Aufbau-Verlag, Berlin u. Weimar 1983，S. 283.

当然，费希特的哲学思想对德国浪漫派的影响并不限于弗·施莱格尔和诺瓦利斯，其他浪漫派文人也都不同程度地接受了他的主观唯心论的学说。例如，哲学家谢林和施莱尔马赫也都把费希特的哲学思想引入各自的学说之中。此外，德国浪漫主义在康德美学中找到了自己的理论依据，其中费希特的康德研究也起了相当程度的中介作用。这说明，费希特作为早期浪漫主义时期的哲学代表，在德国古典美学的发展史上占有不可忽视的重要地位。

第三节　瓦肯洛德的美学思想

瓦肯洛德（Wilhelm Heinrich Wackenroder，1773—1798）是一位早逝的英才，一生只活了 25 岁。他出生于柏林一个正统的普鲁士虔敬教家庭，是蒂克的中学同学和挚友。他天生感情丰富，善于幻想，酷爱文学和艺术，早年在埃尔朗根和哥廷根攻读法律专业期间潜心钻研中古文化艺术。1793 年夏天，他和蒂克携手在德国南部弗兰肯地区作了一次长途旅行，游览了纽伦堡、拜洛伊特和班贝克等城市，亲身感受到南德古老的天主教文化气息。在纽伦堡，他瞻仰了德国 16 世纪著名画家阿尔布莱希特·丢勒和文学家汉斯·萨克斯的故居，从丢勒的绘画作品中感受到了德国古老的宗教文化和艺术精神，激起了对德国中世纪文化艺术的崇拜和向往。从此他立志献身艺术，把对艺术的崇拜视为生活的全部意义。

瓦肯洛德的美学思想主要出自他的艺术论著《一个热爱艺术的修士的内心倾诉》（1797）（简称《内心倾诉》）和与好友蒂克合著的《关于艺术的想象》（1799）两部著作中，这两部作品都是在蒂克的参与和帮助下出版的。从理论意义上说，瓦肯洛德的作品并不是纯粹的美学论著，其中也没有表述系统的美学思想，而是关于艺术的随笔性文集，表述了作者对艺术的看法。作品《内心倾诉》堪称德国早期浪漫主义的奠基性作品。在这部作品中，瓦肯洛德以一位修士的身份抒发了对中古文化艺术的崇拜之情，特别是表达了对绘画和音乐艺术的见解，生动叙述了拉斐尔、达·芬奇、米开朗琪罗、丢勒等艺术大师的生平和艺术成就，赞扬了德国中世纪艺术中的宗教精神。这部作品的核心思想正好迎合了德国浪漫主义的艺术观，因而在当时产生了巨大影响，瓦肯洛德也因此被视为德国浪漫主义的先驱。

　　首先必须提到的是，瓦肯洛德在对待美的问题上相信普遍的、本原的美，于是把造物主看作是美的根源，把艺术看作是神性的显现。在《试论艺术的普遍性、宽容性和仁爱性》一章中，瓦肯洛德表达出了如下思想：美来自于上天，属于神；美又是普遍存在的，造物主"从他那充满奥秘的作坊中向我们撒播的，是成千上万、变幻无穷、多彩多姿的种子，［……］让地球的每一片土地都滋生和繁衍出五彩缤纷的万物"。① 同时，人类艺术创造和艺术享受的天赋也都来自于造物主这一永恒、普遍的源泉，人的艺术感受也同样来自上天的光，只不过由于感知的地域不同和程度不同而折射出千姿百态的光彩而已。为此他举例：哥特式殿堂与希腊殿堂同样为造物主所喜爱；野蛮人粗犷的战地进行曲与幽雅的歌声一样让他感到甜美。"若是上天播种的手把你灵魂的种子撒到了非洲的沙漠上，那么世人就会看到你乌黑发亮的皮肤，厚重冷漠的面孔和短簇鬈曲的头发，这时，它们便是构成至美的最本质的部分，你也许还会耻笑和憎恶第一个白人。"② 不难看出，瓦肯洛德的这一思想无疑强调了美的普遍性、多样性和包容性，与谢林的"绝对、永恒的完美"以及弗·施莱格尔的"包容一切的诗"的概念是一致的。在美的本源这一思想前提下，瓦肯洛德展开了他对艺术本质的看法。

　　瓦肯洛德认为，艺术与神性是统一的，艺术源于上天，艺术的显现"仿佛一缕来自天上的光"在艺术家灵魂中的投射。上

---

　　① 威廉·亨利希·瓦肯洛德：《一个热爱艺术的修士的内心倾诉》，谷裕译，三联书店 2002 年版，第 48 页。

　　② 同上书，第 51 页。

帝创造了自然来展现他的完美，那么同样也在艺术中显现出创造的痕迹，只不过能感悟到这种完美的是他特意挑选的有灵性的艺术家而已。在瓦肯洛德看来，艺术是美的显现，人通过艺术表达信仰，表达对"已逝时代神圣事物的敬畏"，[①] 这种神圣事物就是上帝的意志，就是神性，而艺术的原创性本身就是神性的体现。他说："在艺术家的世界里，最高不可攀、最值得膜拜的东西，就是最原始的首创！——用辛勤的努力、真实的模仿、聪明的决断去工作，是人的工作；——但是，用前所未有的崭新的目光去洞察艺术全部的本质，再用全新的手段去把握它，——是神的工作。"[②] 他的这种思想不仅把艺术与宗教信仰联系了起来，更重要的是通过宗教信仰的方式表达了他对艺术的景仰和崇拜。从这个角度出发，瓦肯洛德阐发了他对天才、激情、灵感、独创性等一系列重要概念的见解。

一　天才

洛瓦肯洛德认为，艺术的独到之处是与生俱来的，并不是人用辛勤的汗水换来的，也不是人用心就可以掌握的，而是上天赋予艺术家的一种特殊才能，被上天选中并且具备这种特殊才能的人就是天才。天才创作的契机是凭借激情，凭借心灵的启示。因此，艺术不是通过传授和学习就可以掌握的，而是艺术家"将其激情捎引上路，为它确定好方向，它便会从人的灵魂中喷薄而出"。[③] 比如，在论及达·芬奇创作及生平的一文中，他认为达·芬奇的艺术成就是由于上天的巧妙相助才得以从众人中脱颖而出，即便众人所见略同也无法与之相提并论。还有，在《米开朗琪罗·布那洛提的伟大》一章中，瓦肯洛德更是强调了天才乃上天授意的思想：造物主要向世人树一艺术的楷模，"让真

---

① 威廉·亨利希·瓦肯洛德：《一个热爱艺术的修士的内心倾诉》，谷裕译，三联书店2002年版，第2页。
② 同上书，第89页。
③ 同上书，第32页。

正的美德和智慧陪伴此人，用缪斯甜美的技艺装扮他"，① 选择他作为人生、劳作、圣洁美德以及世间一切活动的明镜和楷模，因此这样的人是来自天上的生命而不是来自于地上，也只有这样的人才是天才，才能创造出永恒伟大的艺术作品。由此可以推断，艺术家不但具有感受自然、倾听上天启示的非凡才能，而且还能用艺术把这种高尚的情感表现出来。因此，艺术家是上帝与人类之间的中介人，诗人就是哲人，诗人的使命就是创造一个浪漫的精神世界，并且在这个无限的世界里去体验上天的存在。瓦肯洛德在描写拉斐尔创作圣母玛丽亚画像过程的这一章节中，从艺术灵感的角度指出了艺术家与凡人的不同之处。他认为，艺术家的灵感和激情是常人无法理解的。尽管有众多学者试图以各种理论体系来诠释艺术家的禀性并从中自得其乐，但是他们的学说与艺术家本身毫无关系。在他看来，艺术家的创作没有理性可言，而是来自神灵的特殊关照。神秘朦胧的情感、对上帝的崇拜以及对大自然的感受等等都是艺术家身上所特有的气质，这一切都是来自造物主的恩赐。而且，造物主对人的特殊关照并不是常有的事，而是转瞬即逝的，就像一道灵光投射到人的灵魂之中，而艺术家的禀性在于能够把握这种机遇，产生灵感，并创造出伟大的艺术作品来回应神灵的关照。

二　情感

瓦肯洛德非常强调情感在艺术中的作用，并把艺术视为心灵的启示和艺术家感受自然、通向神灵的唯一途径。他指出，语言是上帝赐给人类的一大财富。有了语言，人类便可以为世间万物命名，并以此认识世界。但是大自然中还存在着超乎人类之上的东西，例如神灵的存在、上帝的尽善尽美等则是无法用语言来表达的。为此，上帝赋予人类一种奇妙的情感，使人能够与自然界

---

① 威廉·亨利希·瓦肯洛德：《一个热爱艺术的修士的内心倾诉》，谷裕译，三联书店 2002 年版，第 86 页。

万物达成沟通。换句话说，人类对于无法用语言表述的东西则可以用情感去接近和把握。艺术家的情感是与神灵息息相同的，因此能够把握那些无以言表的东西。

如瓦肯洛德所言，艺术是"人类的感觉之花"，① 并不是强调人的情感是艺术美的核心，否则便附庸了启蒙运动的理性主宰一切的思想，这正是瓦肯洛德所鄙夷的。他所说的"感觉之花"，其本意是指人的情感对神性感应并折射后出现的艺术，这样的艺术是以永恒变化的形式超脱尘世并与神灵相通的。"造物主在地球每一个角落的每一部艺术作品中都看到了来自上天的火花，它们来源于他，穿越了人类的心胸，来到他们渺小的创造之中，借此创造，人类又向伟大的造物主展示一丝微弱的火花。"② 为此，瓦肯洛德批驳了理性主义者狂热探求所谓的真理、实际上误入歧途的做法，指出，这些人试图揭示上苍的奥秘并把他们的学说体系展示给人类，但却排斥了情感的因素，这正是他们的致命之处，因为理性与科学只能凭借人的大脑认识世界的一部分，而情感是人类感受神灵的唯一途径，由情感而产生的艺术才是美的艺术。

此外，美是神性的显现，主要体现在人的精神之中，尤其是与人的感悟和想象能力相联系。瓦肯洛德认为，人对某一事物"由感觉而产生的联想往往会放射出比理智的断言更明亮的光芒"。③ 这里包含了两层意思：其一，人的内心机能的两个方面即理性与情感具有各自的功能；其二，情感与精神相通，是通过感觉和联想来感悟和接近神性的唯一途径。因此，经过灵魂折射出来的景象就是神性的生动显现，而表现神灵的尽善尽美则是艺术的使命。

---

① 威廉·亨利希·瓦肯洛德：《一个热爱艺术的修士的内心倾诉》，谷裕译，三联书店2002年版，第49页。
② 同上书，第49—50页。
③ 同上书，第41页。

三 艺术的神秘性

瓦肯洛德在谈到艺术的神秘性时说道:"我知道有两种神奇的语言,[……]这两种神奇的语言,其一只出自上帝之口,其二则出自上帝所青睐的少数宠儿之口。我指的是:自然和艺术。"[1] 大自然是上帝的化身,艺术家是上帝的宠儿。艺术家凭着特有的情感,能从沙沙作响的丛林、雷鸣电闪的天空、蜿蜒崎岖的山谷和蓝天映照下的绿草地中体验大自然的奥秘,体验造物主的存在。这是因为造物主在人类的心灵中置入了神奇的通感,人借此能感应到世间万物的奇妙。艺术具有神奇的力量,能通过神秘的方式作用于人的心灵,把精神的和非感性的东西融化到可见的形体之中,使得人的整个心灵为之震撼。

在瓦肯洛德看来,大自然是永恒的造物主的体现,因为大自然为人类提供了充满生机的无限空间,让人类去接近神灵;而艺术则是人类通过神秘感悟在心灵深处获得的一种神奇力量,它帮助人类在无限的自然空间里追求内在的完美,为人类打开心灵的大门,窥视到人内心的广阔的精神世界,并展示神灵的无限力量。这种神秘感悟属于理性所不能及的范畴。瓦肯洛德在他的作品里多次强调了艺术创造的神秘性,对此他的解释是,艺术家不期而遇地得到了上天的巧妙相助。这种神秘论的观点在德国浪漫主义美学思想中是颇有代表性的。

四 看待艺术的方式

在如何看待艺术的问题上,瓦肯洛德认为,艺术是内在的,永恒的,并且艺术高于人。人应该满怀崇敬之情来敬仰艺术,应该把享受高贵的艺术作品当作祈祷,应该摆脱一切义务和束缚,以谦卑的渴望和感悟之心来静候上天的启迪。只有这样,

---

[1] 威廉·亨利希·瓦肯洛德:《一个热爱艺术的修士的内心倾诉》,谷裕译,三联书店 2002 年版,第 3 页。

艺术的美就会随着上天的恩惠以更高一级的启示照亮人的内心，此时人的灵魂才能与艺术作品融为一体，从中获得启示，使心灵得到净化。对此，瓦肯洛德坚决反对用某种理论体系和教条来解释艺术，反对以审美理论体系代替情感的作用。在他看来，教条和学问虽然能够提高人的认识、理解和研究能力，但是却抹杀了精神的作用，所以用理论教条来对待艺术，只能是对艺术的歪曲和蔑视。可以说，瓦肯洛德的艺术思想是在对启蒙运动进行反思和对当时出现的艺术实用化倾向进行批驳的基础上产生出来的。

第四节　奥·施莱格尔的美学思想

奥古斯特·威廉·施莱格尔（August Wilhelm Schlegel，1767—1845）是德国早期浪漫主义文学最重要的理论家和文学运动的组织者。他博学多才，一生致力于文艺理论研究和文学翻译，把意大利、西班牙、葡萄牙、英国、印度等国家大量的文学作品译成了德文，尤其是用韵文翻译的17部莎士比亚戏剧被誉为文学翻译的经典之作。他与弟弟弗·施莱格尔共同创办了文艺杂志《雅典娜神殿》（1798—1800），聚集了耶拿浪漫派的众多文人学者，在当时文坛产生了重要影响。值得一提的是，奥·施莱格尔曾经作过法国女作家斯塔尔夫人的家庭教师，并陪伴斯塔尔夫人多次外出旅行，几乎游遍了整个欧洲。在十多年的交往中，他们相互交流思想，建立了很深的友谊，奥·施莱格尔向斯塔尔夫人介绍了他的浪漫主义文艺思想。后来斯塔尔夫人撰写了理论著作《论德意志》，从文学、哲学和宗教等方面美化德国的中世纪，显然是受了他的影响。奥·施莱格尔的理论学说广泛吸收了当时许多著名学者的观点，例如赫尔德的语言起源说、谢林的艺术哲学以及他的弟弟弗·施莱格尔的浪漫主义艺术思想等都或多或少地渗透在他的著作之中，因此不少人认为，他作为翻译家和在诗韵学方面的成就是非常卓著的，但是他的艺术理论则在一定程度上承袭了别人的观点。① 其实客观地说，奥·施莱格尔的功绩在于，他能够把当时纵横交错的思想流派进行细致的梳理并加以澄清，从而建构和丰富自己的学说体系。他在大学讲学期间撰写了两部理论著作：《关于纯文学和艺术的讲稿》（1801—1804）和《论戏剧艺术与文学》（1808），系统阐述了早期浪漫主义的文艺观点，他的美学思想也主要反映在这两部著作中。

一　诗和语言

奥·施莱格尔关于美的论述在很大程度上吸收了谢林的观点。他推崇谢林关于永恒和无限的论述，同时强调美是无限的一种象征性的表现。在他看来，艺术是象征无限、表现无限的手段，而诗与其他艺术种类如雕塑、绘画类相比，是在更高的层次上表现无限的。因此，他把诗提到了很高的地位。他认为，雕塑和绘画艺术所采用的媒介与表达方式表现出一定的局限性，它们创造的某一特定氛围在某种程度上是可以度量的，而诗的媒介是语言，语言的形象性与精神的高级反思能力一样是不受任何限制的，可以通过随意联想展现人类的精神世界，因而是无限的。语言不是自然的产品，而是人类精神的印记。语言、音律和神话构成了诗产生的基础条件。语言自产生起就充当了诗的原始材料，音律奠定了诗的形式，而神话则孕育着诗的内涵和神韵。人类祖先的语言充满了想象，神话是人类最初借助语言对自然的艺术表现，所以诗是在神话的基础上发展而来的，是最本原的艺术。每一种外在的、物质性的艺术表现都是以艺术家内在的意念为前提的，而语言总是作为这种意念的媒介而出现，因此，诗是高层次的艺术，不受表现对象的束缚，并且以创造的方式来表现人类精神。诗是一切艺术中最全面的艺术，是包容一切的精神体现。假若在其他艺术中能激发人的想象的成分可以称为诗意的话，那么诗就是艺术创造，是"对已经形成的东西［语言及其精神］的

---

① 　Wiese, Beno v. (Hrsg.): Deutsche Dichter der Romantik. S. 137 u. 148.

再塑造",① 是一种神奇的行动,能使自然富有生机,使世界充满诗意。"从根本上来说,一切诗乃诗之诗,因为它以语言为前提,语言的创造则隶属于诗意的禀赋,这种诗意的禀赋本身是整个人类的一首始终变化着的、永未完成的诗。"②

奥·施莱格尔还从诗和散文语言特征的差异引申出语言与想象之间的联系,并阐发了想象力的作用。他认为,散文语言受理智的支配促使概念形成,而诗注重表现,旨在激发人对形象事物的联想。想象力作为"人类精神的基本力量"③ 表现出两种功能:一种是认识想象力,依赖于现实世界并为人类的现实生存赢得空间;另一种是创造想象力,在艺术领域发挥作用,属于纯理念的东西,不依赖于现实而存在。想象力是艺术作品的创造者,艺术家的天赋在于能够借助想象力创造出一个精神世界,并且把现实世界的事物加以诗化,从而超越这个世界。

奥·施莱格尔还认为,诗是不可解释的,即使诗人创作出了伟大的作品,但是并不能说明其所以然。诗出自语言,与语言融为一体,诗意的东西无不渗透在语言之中,即使在最专断、最冷漠的理性语言中也有诗的存在,更不用说日常生活中生动的语言方式了,所以不可能通过肢解的方式把诗的语言分解开来。解释词义无异于望文生义,并不能帮助人真正理解诗;断章取义也只能是对诗的歪曲;对诗的结构进行分析,找出某些规律性的特征,则会把着眼点局限于某一种理论框架而与诗的境界无缘。奥·施莱格尔主张用历史的、发展的眼光来看待诗,从而把握诗的神韵。所谓历史的、发展的眼光,就是要把诗人从最初的直觉冲动、创作意图到作品的完成看成一个有机联系的发展过程,从中把握自然诗和艺术诗。在他看来,自然诗里包含着人性中永恒的和必然的要素,这种永恒和必然的要素不仅表现在个人的精神

---

① A. W. Schlegel: über Literatur, Kunst und Geist des Zeitalters. Hrsg. v. Franz Finke, Reclam, Stuttgart 1979, S. 96.

② Ebda. S. 97.

③ Schmitt, Hans-Jürgen (Hrsg.): Romantik I. Reclam, Stuttgart, 1975, S. 31.

世界里，而且它本身就是在人类精神世界里不断重复出现的。为此，他提出对"艺术的自然史"进行研究，即探寻艺术的必然根源，对人的禀赋、行为以及人类祖先最早形成思想的条件等因素进行研究。他认为，人通过行为（话语、声音和动作）来表达内心，而人的行为就是艺术的自然媒介，所以话语、声音和动作是诗、音乐和舞蹈艺术产生的根源和基础。由此可以看出，奥·施莱格尔是从诗的本源方面来阐论他对诗的看法的。他所主张的用历史的、发展的眼光看待诗的方法实际上是一种综合的精神体验法，与赫尔德的语言起源的观点是一致的，同时也可以看出，这是德国文艺理论中较早出现的从精神分析的角度看待艺术的观点。

二 艺术批评与艺术理论

奥·施莱格尔在艺术批评方法论方面坚持艺术理论、艺术史和艺术批评相结合的原则，并且在他的讲稿序言里和以后的学术著作中一再重申了这一思想。他认为，艺术理论、艺术史和艺术批评之间相互关联，相互依赖，所以不能把某一部分从中分离出来单独看待，而应该尽可能地将它们融为一体。艺术史告诉人们已经取得的成就，而艺术理论则要求应该取得什么样的成就。艺术理论的存在离不开艺术史，因为艺术的历史性是艺术作品产生的前提，同时也是艺术作品的价值中一个必不可少的因素。批评家要想得出一个可靠的结论，就必须对艺术史的内在联系获得综合的认识。反过来说，艺术史的存在也离不开艺术理论，因为撰写历史必然要遵循一定的侧重原则。艺术批评作为艺术理论和艺术史之间的连接体，起着澄清历史和丰富理论的作用，并且通过对人类精神领域已取得的成就进行比较和评价来说明独特的、内涵丰富的艺术作品所必备的条件。同时，艺术批评的作用还表现在解释纯艺术作品方面，为人们欣赏艺术提供有益的参考。既然艺术批评具有如此重要的作用，那么它必然有其内在的特征。在奥·施莱格尔看来，艺术批评既包含了批评者的主观因素，也具有理论概念的客观因素，主观感受和理论判断都是艺术批评中的不同组成部分。奥·施莱格尔强调，不能用情感把握的东西在艺术作品中是不存在的。为此，他主张用"亲身感受"、"倾听"、"身临其境"、"梦幻其中"的做法去接近艺术作品。但是他也同样重视对理论的研究，并且运用了大量的理论概念来说明艺术批评方法。概括地说，艺术作品的美必须通过主观感受才得以发现，理论概念是在主体对这种感受的自觉意识和超越的基础上形成的。奥·施莱格尔的本意在于，艺术批评者不仅要有敏锐的艺术感受力，而且还要具备良好的理论素养。

奥·施莱格尔在强调艺术批评与艺术史（尤其是文学史）相结合的同时，也主张艺术批评要与语文学结合起来，这无疑突出了语言的作用。奥·施莱格尔本人是一位杰出的语文学家，所以对文字和语法的重视在他的理论著作里表现得非常明显。（德国浪漫主义者对文字和语法的研究对于推动德语的发展做出了极大的贡献。例如威廉·洪堡的语言学研究、格林兄弟的语法研究和辞书编纂等都取得了显著的成果，不必详述。值得注意的是，他们把语法当作科学的首要问题，因为他们相信，人对世界的认识必然反映在语言中，语言是人类意识到精神本质的唯一途径，因此语言包容了人类普遍的科学。为此，诺瓦利斯也指出，语言是精神世界的真正动力，既是超验的，也是经验的。）奥·施莱格尔赞同德国文艺界的这一传统，认为，语文学可以揭示字词句的有序排列所体现的诗意和艺术精神，并且每一种词语结构都具有自己的历史，反映着一个民族的文化史。在艺术批评方面，严格的语文学研究能阻止那些不客观的、漫无边际的主观联想，同时有助于正确理解不同艺术作品的具体内涵。

三 对理性的批判

奥·施莱格尔在《关于纯文学和艺术的讲稿》第 5 讲和第 6 讲中着重阐发了他的理性批判思想。他不否认启蒙运动高举理性的大旗对人类社会发展所做出的积极贡献，而是谴责启蒙运动片面强调理性而衍生的种种弊端。例如：理性的思维法则屈从于经济法则、过分追求理性而忽略了人的想象力、对宗教的曲解、宽容与人性的虚伪等等。为此，他呼吁应该重视人的情感，让宗教依然保持神秘；他提倡幻想，把幻想视为诗的力量，主张诗人应该发挥想象力去创造自己的精神理想。

首先，他列举了启蒙运动关于人性、自由、平等、崇尚科学、追求真理、破除迷信等种种功绩，然后对其提出了质疑。

启蒙运动的象征物是"光明"，犹如一盏明灯使万物变得明亮可见。启蒙主义者要用理性的光辉启迪人的思想，照亮人们认识真理、追求真理、通往幸福的道路，其精神核心是怀疑一切和探索一切。奥·施莱格尔认为，人对事物的探索是没有穷尽的，因而获得真理也是有限度的。这就是说，人始终只能徘徊在追求真理的路途之中，时常会遇到更大的迷茫和不解，不可能到达尽头。为此，奥·施莱格尔将启蒙运动所倡导的真理追求定义为一种"实用性原则"。这种"实用性原则"把一切美好的事物纳入到"有用"的范畴之中，实际上体现了一种"经济原则"，只适用于一般的现实事物。但是它的"狭隘、有限的目的是显而易见的，如此一来，人类的生存和整个世界对他们简直就像一道算式一样"。[①] 然而他们不知道，每一种现象都具有"只能凭接近去发现、永不可用数字来表达的根源"。[②] 显然，奥·施莱格尔对理性进行批评的目的在于突出情感的作用，这对浪漫主义的审美倾向具有指导性的意义。

奥·施莱格尔把理性与幻想视为人性中共有的基本力量，即一个整体的两个部分。他强调想象对艺术的决定作用，肯定人性中的非理性因素。对他来说，非理性因素是神秘的、天生的，不是经过后天学习可以掌握的东西，当然也就不属于理性所能把握的范畴。他以幼儿学语为例来说明非理性的作用：幼儿是在无意

---

① Schmitt, Hans-Jürgen (Hrsg.): Romantik I. Reclam, Stuttgart, 1975, S. 29.
② Ebda.

识的朦胧状态下学会语言的，成年后，语言就变成了根深蒂固的
内在机能，用以表达情感。这是一种真实而生动的语言，与诗最
为贴近；而成年人在课堂上通过语法规则学来的语言只能是词语
的汇集，是外在的，没有诗意可言。启蒙主义者利用科学和哲学
等手段来分析论证一切物质现象，但是他们在情感面前却显得束
手无策，因而把梦幻和想象之类的东西视为病症。针对这种做
法，奥·施莱格尔指出，人在梦境之中无拘无束，最容易吐露真
言。"梦是非常有诗意的东西，而诗本身就是一个美好的梦，可
以设想，它始终蕴藏和关爱着梦。"① 他举例道，最古老的民族
把梦境当成未来的预兆，或者人与亡灵的对话，或者是神灵的显
现等，这种直观的情感表达方式本身就包含着诗意。人有对未来
的悲哀预感，也就有对幸福的渴望和追求；人间有阴森的巫术，
也就有吉祥的咒语；驱鬼还需借助于祷告；一旦魔鬼前来诱惑，
上天就会派天使相助。恐惧并不是指人对某一具体事物的害怕心
理而需要用勇气来克服，而是一种幻想和敬畏心理，是对无名物
的恐惧，是人的生命中最原本的组成部分。所以在他看来，解救
人摆脱恐惧，仅靠启蒙运动那种破除迷信的做法是于事无补的。
在此，他把想象、梦幻、神秘和敬畏等非理性因素联系了起来，
作为诗的决定性因素。

　　一般认为，浪漫主义者追求无限的想象力就是绝对排斥理
性，强调艺术家创作的绝对自由。这种观点实际上是对浪漫主义
的误解。奥·施莱格尔在对待艺术创作（天才）与艺术品位、
想象与理性等问题上的态度是十分谨慎的。他认为，想象与理性
均属艺术创作中的有机组成部分，而那种无节制的想象实际上是
一堆杂乱无序的记忆，并不是艺术想象。真正的艺术想象就是创
造的想象，既是绝对自由的，又是合乎规律的，因此决不能以功
利的尺度来衡量诗人的艺术想象力。

　　奥·施莱格尔指责启蒙运动以"经济原则"渲染道德的做

---

① 　Schmitt, Hans-Jürgen（Hrsg）: Romantik I. Reclam, Stuttgart, 1975, S. 33.

法，认为在"经济原则"的支配下，一切道德风尚都必须是"有用"的，"有用"就成为道德标准的一把尺子，然而一切关乎个人情感的东西，例如审美感受、宗教信仰等，只要在他们看来是无用的，都被一律排斥在外。因此，他指出：绝对的功利性是排斥艺术的。他举例道，中世纪理想之一的荣誉之所以被遗弃，是因为它在启蒙主义者眼里是没有用处的。但实际上荣誉正是浪漫品质的体现，这是因为在中世纪时代宗教和道德并没有合为一体。尽管基督教极力约束人的全部行为，但是道德的独立意识依然存在，并且创造出一个不受宗教约束的世俗道德体系。因此他主张探究荣誉产生的社会根源，而不主张用经济眼光粗暴地加以排斥。由此，奥·施莱格尔把眼光转向宗教领域，批驳启蒙主义者排斥人性的神秘主义因素以及对宗教的错误认识。在他看来，宗教与艺术最直接的接触点正是那些神秘的东西，比如人神同形同性说便是如此。而启蒙主义者力图建立一种没有民俗和神话的理性宗教，这对诗是非常有害的。宗教的神秘作用在于使人相信人与神是同一性的。人一旦与神性相接触，就不可能摆脱这种思维方式：在人的情感背后，不论是有意识还是无意识的，都会浮现出一个人体的形象。"诚然，如果我们只是世俗地来看人体，那无非是一个有感官需要和享受的工具；但是从精神的角度看，它便是世界大厦的一个比喻，如占星术者用微观宇宙这个神秘词语所描绘的那样，是宇宙的一面镜子和一个影像；如果我们再把大自然看做是上帝的躯体，那么人神同形说则完全是另一种情形，其意义远远超出了启蒙运动的视野。"① 所以，如果把神秘性纳入迷信之列，那么自然就会失去象征意义，艺术想象的源泉就会枯竭。从这个角度来看，浪漫主义那种追求无限、崇拜宗教神秘的审美要求便不难理解了。

那么，为什么启蒙运动要大力破除宗教迷信以至压制人对神秘和信仰的追求呢？奥·施莱格尔认为这是时代精神所至。启蒙

---

① Schmitt, Hans-Jürgen (Hrsg.): Romantik I. Reclam, Stuttgart, 1975, S. 37.

运动所代表的时代是一个理性与科学至上的时代。科学推动历史前进，同时也不断改变着社会结构和人的观念。历史上有两大现象对欧洲社会产生了巨大的影响：宗教改革运动和科学技术发明。启蒙运动萌发于宗教改革运动（其实并不尽然），推动了科学发展，其目的在于让人用更为便利的手段去把握外部世界。由此，人的理解力便自然而然地成为一种受宠的非凡力量。但是宗教改革的务实精神和科学的力量都对欧洲社会产生了不良影响。那些宗教改革者不尊重历史事实，贬低生命的奇迹，对宗教发展在民俗和神话中的必然性和重要性持有错误的认识，其结果把近1500 年的基督教历史一笔勾销了。为此，奥·施莱格尔指出：经过宗教改革之后，信仰新教的国家经历了一次大倒退，从而陷入了一个野蛮的争端时期。同样，天主教国家的灿烂文化也因此遭受了破坏。欧洲原本的大一统文化被理性分割成了两部分：北部成为科学的领地，南部成为诗和艺术的摇篮。这一时期相对落后的德国也处于南北分裂的局面，几乎丧失了自己的独立性。为此他感慨道："在此之前，教会曾是艺术之母：在音乐中，教堂音乐也许为我们保留了惟一残存的真正的希腊音乐；绘画艺术皆归于此：艺术品、艺术氛围以及艺术竞赛等；雕塑与建筑艺术更不用说了。[……] 这一切均能从宗教体制中得以证明。"①

　　奥·施莱格尔并不否认科学为人类带来的进步，但是他对科学导致的大众化倾向，尤其是对艺术的大众化和商业化倾向持否定的态度。他认为，虽然科学技术促进了文明发展，但同时也滋长了人的物欲，因而导致残酷的民族剥削和压迫。例如，火药的发明不仅破坏了中世纪的骑士精神，而且还给欧洲带来了一系列政治灾难；印刷术的发明导致文字发生泛滥。印刷术的惟一功绩是一开始使古典作家得到了普及，因为这些古代大师是古文化孕育出来的，具有顽强的生命力，一旦条件成熟，便可以从艺术和科学中焕发出新的活力。然而问题在于：虽然印刷术也使本时代

① Schmitt, Hans-Jürgen (Hrsg.): Romantik I. Reclam, Stuttgart, 1975, S. 41.

的文学得到了普及，但是文本复制的意义何在？奥·施莱格尔承认印刷术为普及阅读提供了便利，但是这种便利又恰恰削弱了诗的生动性和神圣感。他举例道，古希腊戏剧艺术是展示在戏院里的；诗歌通过咏唱得以表现；叙事诗是由行吟诗人口头演说的；甚至在中世纪，诗也是通过咏唱来表现的。这些公开的口头表达形式很能营造生动的气氛，激发同感，比起个人独自阅读要生动得多。在过去生存艰难、求书若渴的时代，人穷，但穷得浪漫，一本书是作为无价之宝代代相传的；而当今人们对书籍已经失去了以往的虔诚，常常把书只作为消遣读物。所以，在一个书籍泛滥、写作成灾的时代，社会将变得庸俗和功利化，丝毫没有浪漫和诗意可言。

总括而言，奥·施莱格尔的理论学说在当时是非常有代表性的，不仅表达了德国浪漫主义者崇尚艺术、诗化生活的理想主义精神，而且还揭示了浪漫主义反思理性、歌颂宗教中世纪的社会意识根源。当然也不难看出，他的思想学说里流露出了某些保守落后的观点。他对理性的功利倾向所作的批判虽然具有一定的合理性，但是他仅从艺术的角度来否定科学进步则是带有很大的片面性的。奥·施莱格尔的艺术理论研究涉猎广泛，除了上述几点外，还有关于古典艺术和浪漫艺术、悲剧和喜剧的论述，艺术作为有机整体的浪漫主义美学观等，都有独到深刻的论述。恕不能一一介绍。此外，他对艺术作品接受的主观性问题的探讨、艺术作品的可接受性以及作家与作品之间关系等问题的研究，都具有不可忽视的现代审美意义。

第五节　弗·施莱格尔的美学思想

弗·施莱格尔（Friedrich Schlegel，1772—1829）是德意志早期浪漫主义文学运动最重要的思想家和理论家，在美学、文艺理论方面的成就以及对整个浪漫派的影响都超过他的哥哥奥·施莱格尔。青年时期，弗·施莱格尔对古典文学产生了浓厚兴趣，并立志成为"希腊诗的温克尔曼"。他性格内向，情感丰富，兴趣广泛，博览群书。在哥哥的带领下，他刻苦钻研古典文学，积累了丰富的知识，为以后的文艺理论研究打下了坚实的基础。在哥廷根和莱比锡上大学期间，他埋头钻研人文社会科学，不仅精通欧洲古典文学、中世纪文学和现代文学，而且在美学、哲学、历史、宗教等领域都进行了广泛和深入的研究。他结识了德国当时最著名的诗人，如诺瓦利斯、席勒、歌德、蒂克等，还与哲学家费希特、谢林、施莱尔马赫等建立了很深的友谊。1798 年，他与哥哥共同创办了文艺杂志《雅典娜神殿》，集结了一批浪漫主义文人，在当时德国文坛产生了很大的影响。弗·施莱格尔一生致力于古典文学、文艺理论、哲学、历史等方面的研究。虽然他也从事文学创作，比如发表了非常杰出的梵文译作和在当时颇有争议的长篇小说《路琴德》（1799），但是他在文学创作方面远远不如在理论研究方面所取得的成就。他的理论研究领域很广泛，有早期对古希腊罗马文学艺术的研究，有对中世纪以后整个欧洲文学，尤其是对以但丁、阿里奥斯托、塔索、塞万提斯、莎士比亚等作家为代表的早期现代文学的研究，还有对哲学、美学、文学批评、历史和宗教等领域的研究等，其学术活动以及美学思想的形成经历了一个较长的时期。他的主要理论著作如《论歌德的迈斯特》、《批评片断》、《片断》、《观念》、《关于诗的谈话》等表达了他的浪漫主义美学思想。

弗·施莱格尔的著作除了几部较长篇幅的论著外，大部分都是采用杂感、随笔的方式写成的，并称此类短文为"片断"。他撰写了约 7500 条长短不等的短文片断，涉及哲学、美学、历史、文学、宗教、艺术等各个领域，发表在《雅典娜神殿》杂志上。这种写作方式是德国浪漫派为反对古典主义的理性化体系所进行的一种文体实验，是一种开放的写作方式。但是由于这些片断排列无序，没有明确的主题和体系，加之某些思想言论前后并不一致，所以不少片断内容艰深晦涩，令人费解。不过从这些片断作品中可以看出，弗·施莱格尔的浪漫主义艺术观经历了一个逐渐形成的过程。在这一过程中，他试图在哲学和艺术之间建构自己的艺术理论，其思想不断与哲学、历史、宗教等理论融合在一起。因此，要理解他的美学思想，就必须结合其思想形成过程的重要特征以及与其他学科之间的联系。

一　古典美的理想

弗·施莱格尔早年潜心研究古希腊罗马文学艺术，在德累斯顿期间撰写了《希腊人和罗马人》（1797）、《希腊和罗马文学史》（1798）两部研究论著和一系列重要论文。他试图从理论上探寻永恒的美的本质，把古希腊文学艺术视为诗的经典和最完美的境界。他认为，古希腊艺术的成功之处在于能够完美地把握人类精神中相互对立和统一的两种特性，比如情感与理性、冲动与精神、感受性和自发性、自由与必然性、人性与动物性等。同时，古希腊艺术还能够克服人性塑造中的自然与文化、生命与思想、杂多与统一之间的矛盾，通过艺术表现来展示美。在这一方面，古希腊悲剧，尤其是索福克勒斯的悲剧达到了美的理想。然而，古希腊在实现了美的理想、到达成熟的顶峰之后，命运的力量则迫使艺术偏离轨道，重新找回美的理想，进而形成了一种永恒的法则。在古希腊艺术之后，美已经不存在了，艺术逐渐变得矫揉造作，变成了野蛮的东西，丝毫无美可言。在这一思想基础之上，弗·施莱格尔走向了他的浪漫主义艺术观，视野超越了古希腊文学艺术，并且将现代的、被称为是"浪漫的"文学纳入自己的研究领域，试图把握人类审美活动的历史轨迹，揭示艺术史的内涵和未来的发展走向。

弗·施莱格尔在另一部论著《关于希腊文学的研究》中通过对古典文学和本时代文学加以比较得出结论：古典文学是建立在"客观的"基础上对美的描述，而本时代即现代文学则只表现了"有趣的"内容；古典文学所表现的是"自在的美本身"，是幽雅的、自然的美，荷马史诗和品达的诗歌堪称这一方面的代表，而索福克勒斯的悲剧则以酒神的酣畅、雅典娜的智慧和日神的矜持有机的融合而达到了美的顶点。这样的艺术作品能使人立刻陶醉，能吸引人享受那种纯粹的美，并且丝毫感觉不到有雕琢和矫饰的痕迹。与这种古典艺术相对照，产生于中世纪以后的现代艺术则乐于描写那些丑陋的、残忍的、撕心裂肺的东西。现代作家受到各种混杂的美学思想的影响，不仅将古典文学的种类混为一体，而且还为其作品赋予某种教化意义和哲理含义，或者涂上某种诗情画意和音乐色彩，形成了一种时尚。这种时尚促使他们去捕捉一些富有刺激的素材，致使文学成为只描写"有趣的内容"的作品。相比之下，古典文化朴素自然，现代文化过于雕琢和模仿。古典文学充分表现了自然的美，而现代文学则徘徊于现实与理想之间，永远处在变化之中。尽管现代文学过度强调有特征、个性化和有趣的素材来不断标新立异，但其追求永远不可能得到满足。在弗·施莱格尔看来，"客观文学"与"有趣文学"的相互对照实际上反映了古典文学与现代文学之间的关系。从这个意义上来说，德国古典主义文学和浪漫主义文学之间也存在着这种关系。

当然，弗·施莱格尔并不仅仅从历史的角度对文学形式加以分类，他的美学思想恰恰表明了他已经充当了本时代新文学的理论代表。他始终坚持历史的观点从事文学批评和理论研究，并在歌德的艺术世界里找到了文学发展的未来前景。他认为，歌德的艺术创造使古典艺术和现代艺术达到了完美融合，标志着一个新的审美观的形成。在他看来，歌德的功绩在于为古典艺术精神披上了现代外衣，同时又为现代的个性化赋予古典的自然特性。所以，在歌德的作品里，人可以充分享受到真正的艺术和纯粹的美。弗·施莱格尔把整个欧洲文学的发展划分为三个阶段，即古典文学那种自然和客观的美、现代文学的有趣和主观的艺术形式以及两者的有机结合。这种划分表明他力图在古典与现代之间寻求一种新的艺术理想，达到自然与艺术、生命与精神的结合。因此他说："这一伟大的结合为一切文学的最高任务开辟了一个全新的、无限的前景，这就是古典和浪漫之间的和谐。"① 这一思想作为他的艺术理想明显地反映在他的《雅典娜神殿》的片断作品和《关于诗的谈话》中。

二 诗的最高境界

弗·施莱格尔在《批评片断》中写道："有一种诗是哲学的诗；另一种诗是文学的诗；第三种是演说的诗，等等。那么哪一种是诗意的诗呢？"② 这里，弗·施莱格尔显然把"诗意的诗"与其他各种诗区分了开来。那么可以推断，他在对诗的本质的探讨中把这种"诗意的诗"看作是最高形式的诗，也就是说，"诗意的诗"是最能体现诗的最高境界的。

首先，诗是自然的存在，表现出整体的性质。诗只有作为自然物才成为艺术的前提。这一点与弗·施莱格尔在《观念》第86 条片段中关于美的论点是一致的："美是使我们想起自然的东西，因而也是激起无限的生命充溢之感的东西。自然是有机的，因此最高的美是永恒的并且总是植物性的，这也同样适用于道德和爱。"③ 从自然的角度看，不仅诗是作为自然物而存在的，而且艺术家也是自然的艺术品。④ 他之所以把艺术家称为"自然的艺术品"，其本意是把艺术家与一般常人加以区别。在《批评片断》中，他还写道："在诗中，一切完整的东西可能都是一半，而所有的一半实际上是完整的。"⑤ 对弗·施莱格尔来说，诗作为神性的显现，体现的是一个整体概念。假如这个整体概念只表现出了一半，那么这说明诗人的创造虽然闪耀出了精神的火花，却只是部分地反映了神性；反过来说，诗人的个体创造是以这个

---

① Friedrich Schlegel: Gespräch über die Poesie. In: Ders.: Kritische Schriften. Herausgegeben v. Wolfdietrich Rasch, Carl Hanser Verlag, München 1971, S. 524.

② Kritische Fragmente. Ebda., S. 19.

③ Ideen. Ebda., S. 99.

④ Ebda., S. 5.

⑤ Kritische Schriften. Ebda., S. 6.

整体概念为前提并不断接近这个整体的。所以，诗人这种无限的接近使得这个整体概念具有了理想的性质。这一点与《批评片断》中的另一处所表达的思想是相吻合的："在每一首好诗中，一切都必然是目的，一切都必然是直觉。只有这样，诗才具有理想的性质。"① 所谓的"目的"显然包含了一种整体概念，而"直觉"则是诗人对这个整体概念的艺术感受在诗中的反映。由此看来，弗·施莱格尔是把诗作为一种包容一切的整体精神放在哲学层面上来考虑的。当然，弗·施莱格尔并不否认艺术的多样性，但是他更注重诗的包容一切的性质，因为在他看来，诗的整体性体现了最高境界。在《雅典娜神殿》片段中，他也表达了这一思想："真正的诗论应该以艺术的绝对多样性、艺术与原始美之间永远不可消除的分离为出发点。它本身应该担当起与这两者斗争的重任，并且以艺术诗与自然诗的完美和谐而告终。这一点只有古人做到了。在那里，诗论本身成为一部古典诗魂的更高的历史。［……］诗论本身应该游离于哲学与诗的结合与分离之中，游离于实践与诗、诗自身与其各个种类方式之间，并以其完全的融合而结束。"②

　　其次，诗是无限的，其价值也是无限的。弗·施莱格尔在《关于诗的谈话》中对诗的无限性作了如下描述："诗的世界是不可度量和永不枯竭的，正如充满生机的大自然具有丰富的植物、动物、各种物体，千姿百态，异彩纷呈。"③ 弗·施莱格尔曾受到斯宾诺莎的泛神论思想的影响，把神性和人类的精神看作是诗的本源，并称全部的诗为"神性的诗"。斯宾诺莎的思想突出了想象力的作用。在弗·施莱格尔看来，想象力充分展示了诗的无限性和永恒性。"在斯宾诺莎那里，你们能找到想象力的始与终，［……］正是想象力的原本和永恒的性质与一切个别和特

---

① Kritische Schriften. Ebda. , S. 7.
② Athenäums-Fragmente. Ebda. , S. 55f.
③ Gespräch über die Poesie. Ebda. , 473f.

殊的区别对你们是非常有益的。"①

再次，诗是精神与语言最高形式的结合。弗·施莱格尔认为，诗反映了人类精神的最高境界，这种最高境界首先在神话中表现了出来。他在《观念》第 85 条片段中写道："诗的本质即诗的核心应该在神话中去寻找，在古人的神秘感悟中去寻找。当生命的感受充满无限的理念时，人才能理解古人和诗。"② 在《关于诗的谈话》中，他还写道："神话是自然的一部杰作，真正构造了最高境界。其中的一切都是关系和变化，依次形成并加以变形。我认为，这种依次形成和变形正是它的独特方式方法和内在的活力。"③ 一切美妙的神话都是人类对自然和生活的想象得以升华的结果，用弗·施莱格尔的话来说，就是"大自然在想象和爱的升华中的一种象形文字式的表达"。④ 神话产生于人类在原本的混沌状态和人性的自然状态下对世界和生命的最原始的想象，蕴涵着一种本原的自然力量，神话的象征意义蕴涵着人类精神。"但是最高形式的美，可以说最高形式的秩序只能是这种混沌秩序，也就是说，这种混沌秩序期待着爱的抚慰，以此达到一个和谐的世界，正如古代神话和诗那样。因为神话和诗本为一体，不可分开。所有古代诗皆彼此包容，逐渐构成一个整体。一切都相互交叉，处处都表现出同一种精神，只不过变换了表达形式而已。因此，如果说古代诗是一首独一无二的、不可分割的完美的诗的话，这的确不是一句空话。"⑤ 显然，弗·施莱格尔把神话看成诗的源头。在他看来，远古时代有神话作为奠基，表达了诗的最高境界，而现代世界没有神话，现代神话正在形成之中。弗·施莱格尔把本时代的理想主义作为现代神话产生的土壤，并从浪漫主义文学中看到了现代神话产生的契机。

---

① Gespräch über die Poesie. Ebda. , S. 500.

② Ideen. Ebda. , S. 98.

③ Gespräch über die Poesie. Ebda. , S. 501.

④ Ebda. , S. 500.

⑤ Ebda. , S. 497.

三　诗与哲学和宗教

弗·施莱格尔始终把诗与哲学和宗教密切地联系在一起。他不仅深受哲学家费希特的自我中心论的影响，而且还接受了谢林、施莱尔马赫、斯宾诺莎等哲学家的思想。在他看来，艺术和哲学是相互渗透、不可分于的。在《学堂片断》第 115 条中他写道："现代诗的全部历史是对这段哲学短文的连续评注：一切艺术应该成为科学，一切科学应该成为艺术；诗和哲学应该融为一体。"① 在他的《观念》片断作品中，有关诗与哲学和宗教的言论表现得非常集中和明显，充分说明了哲学和宗教在他的诗学思想中所处的地位。例如，《观念》第 45 条："根据人的不同理解，诗与哲学是宗教的不同领域，不同形式，或者说不同因素。因为只要尝试把两者真正结合起来，那么得到的不外乎是宗教。"② 弗·施莱格尔早年曾受到柏拉图的精神理念的影响，同时又借鉴歌德的教育小说，把他自己的思想发展过程概括为"哲学的学习时代"。在他看来，一个人的哲学就是他的精神变化和进步的历史，是他的思想逐渐形成和发展的过程。③ 他的理论研究和美学思想形成的过程充分证明了这一点。

弗·施莱格尔的文艺观经历了一个逐渐形成的过程。在柏林期间，他与当时年轻的牧师施莱尔马赫交往甚密，深受其道德宗教思想的影响。如果说他从费希特哲学中接受了主观主义的反思哲学的话，那么他受施莱尔马赫的影响便转入了"客观的"、"现实的"思维方式，开始对宇宙的无限性、人类普遍的爱进行哲学思考，表现出一种泛神论的玄学倾向。在这一方面，他也受到斯宾诺莎哲学思想的影响，对永恒的爱和无限渴望的思考明显带有一种宗教的、泛神论的色彩。这种倾向也表现在他的小说

---

① Kritische Fragmente. Ebda. , S. 22.

② Ideen. Ebda. , S. 94.

③ Vgl. Ernst Behler: Friedrich Schlegel. In: Benno Von Wiese (Hrsg.): Deutsche Dichter der Romantiker - Ihr Leben und Werk. Erich Schmidt Verlag, Berlin 1971, S. 165.

《路琴德》之中。

在《雅典娜神殿》第三卷中，弗·施莱格尔表露出一种泛神论的神秘宗教倾向，注重探讨诗的象征含义。这一时期，他受到雅各布·伯姆的宗教哲学的影响，把神性看成是永不停息注入世界的丰富的源泉，把世界也看作是永不停息、包罗万象、无限充盈的生命，大自然具有无限丰富的象征意义。尤其是他与诺瓦利斯的交往改变了他的自然观。比如他提出要"诗意地看世界"的观点与诺瓦利斯的"世界必须浪漫化"的观点如出一辙。从这一观点出发，他进一步探讨诗的本质，特别是在《观念》的片断中渲染了泛神论的宗教哲学思想，把诗、哲学和宗教联系在了一起。"宗教是教育中使一切复苏的世界灵魂，是与哲学、道德、诗并存的第四个不可见的元素。"[①]"宗教不仅是教育的一部分，是人类的一部分，而且是万物之中心，是首要的、最高的，可以说是最原本的东西。"[②] 他还指出："有宗教信仰的人方可谈诗，然而要寻找它，发现它，哲学便是工具。"[③]"诗的活力在于它能够自发产生，从宗教中挣脱出来并回归自身。哲学也是同样。"[④] 当然，"没有诗，宗教会变成昏暗、虚伪、邪恶的东西；没有哲学，它会导致淫乱放纵而最终自残。"[⑤]显然，弗·施莱格尔在这里界定了诗、哲学和宗教三者之间的关系，突出了宗教的审美意义。

此外，弗·施莱格尔关于宗教的审美意义在《关于诗的谈话》中《关于神话的讲话》部分也表达得十分清楚，即由宗教联系到永恒、无限，进而联系到上帝，诸如"永恒的生命"、"不可见的世界"等概念皆出于这一思想。显然，对宗教的强调

[①]　Ideen. In: Friedrich Schlegel: Kritische Schriften. Herausgegeben v. Wolfdietrich Rasch, Carl Hanser Verlag, München 1971, S. 89.

[②]　Ebda., S. 90.

[③]　Ebda., S. 92.

[④]　Ebda., S. 91.

[⑤]　Ebda., S. 107.

促使弗·施莱格尔转入对神话的推崇，从而强调神话的象征意义。他认为，古典艺术的底蕴在于神话的象征意义，而现代文学所缺少的正是这种神话的象征意义。自然形态的千变万化表现出无穷的丰富性，自然万物之间错综复杂的关系可以在神话中得以感受和把握，因为"每一个优美的神话不外乎是对幻想和爱的美化，是周围自然的形象表现"。①

四　浪漫主义文艺观

弗·施莱格尔和哥哥共同创办的《雅典娜神殿》（1798—1800）一共出版了六期，每两期合为一卷，共三卷。第一卷包括他的述评《论歌德的麦斯特》和主要以他为主的450多篇片断，主要涉及艺术、文学、哲学、历史、道德等领域。尽管这些文论所表达的思想前后不尽一致，甚至还有矛盾之处，但总括起来反映了他的浪漫主义文艺观。其中一些著名的片断成为理论界推崇备至的名篇，尤其是片断116条提出的"渐进的、涵盖一切的诗"的观点更成为德国浪漫主义文学的理论纲领。内容如下：

> 浪漫诗是一种进步的、涵盖一切的诗。它的使命在于：不仅把一切划分开来的文学种类重新融为一体，使文学与哲学、辩证术相接触，它还要把并且应该把诗与散文、原创与批评、艺术诗与自然诗时而混合、时而融化，使诗变得生动愉悦，使生活与社会富有诗意。它还要诗化人的才智，用各种切实的文化素材丰富艺术形式，并以幽默感赋之以神韵。它包含一切富有诗意的东西，——从最完美的、包容多样的艺术体系到诗人在质朴的歌中呼出的叹息和爱怜。它可以融入表现对象之中，使人感到，每一个富有诗意的个性刻画都是它的命脉。然而还没有这样一种能全部表达作者心灵的形

---

①　Gespräch über die Poesie. Eb.da. , S. 500.

式，于是一些原本只想写一部小说的艺术家们便描写了自己。只有浪漫诗才能像叙事诗那样，成为周围世界的一面镜子，一幅时代的图画。它不受任何物质利益和理想风尚的约束，能乘着诗的遐想的翅膀，游荡于表现对象与表现者中间，并不断激励着思绪，像镜子的一连串无限反射一样，让思绪无限地延伸。它具备最崇高、最全面、内在与外在俱全的素养；它使作品中每个整体的各个部分彼此谐和起来，由此展示出一种无限趋于完美的典范。浪漫诗存在于艺术之中，这便是哲学的智慧、社会、交往、生命中的友情与爱。其他的文学种类已步入尽头，可以被完全肢解。浪漫诗则还处于形成之中；可以说，它固有的本质在于永远形成、永远不会臻于完成。它不被任何理论所穷尽，只有一种预知的批评学说可能斗胆地想描述它的理想。惟有它是无限的，正如惟有它是自由的一样；它认定的第一条法则，就是诗人的为所欲为、不受任何约束的法则。浪漫诗是惟一高于艺术而同时又是艺术本身的东西：因为从某种意义上来说，一切诗都是或者应该是浪漫的。①

这里，弗·施莱格尔首先把浪漫诗界定为"进步的、涵盖一切的诗"，这对整个浪漫主义文学来说具有纲领性的意义。"进步"的实际含义是渐进的、变化的，正如后面所指出的，"浪漫诗还处于形成之中，它固有的本质在于永远形成、永远不会臻于完成"。这种变化的特性与浪漫主义者所推崇的"无限"的概念有着密切的联系：全能的上帝和无限的大自然为艺术家提供了发挥灵感和畅游遐想的空间，艺术家尽可以发挥想象力，挖掘自己的内心世界，拓展无限的精神空间去感受神灵的气息。这种艺术活动是没有穷尽的，不可能停留在某一种状态之中，因而只能是渐进的、变化的过程。"涵盖一切的诗"意味着文学应该

---

① Athenäums-Fragmente. Ebda. , S. 38f.

包罗万象，一切文学种类应该融为一体，"把一切划分开来的文学种类重新融为一体，［……］使诗变得生动愉悦，使生活与社会富有诗意"。不可否认，德国浪漫主义文学具有相当深厚的哲学、宗教和艺术背景。浪漫主义者反对启蒙运动和古典主义最重要的原因就是后两者把理性作为艺术的主宰。启蒙运动提倡理性和教育，过分突出艺术的社会功利性；古典主义崇尚理性，追求和谐，把各个文学种类严格地区分开来，过分强调艺术的形式与法则，反而忽视了艺术的整体意义。浪漫主义者并不否认理性对认识世界的积极作用，但是坚决反对把理性绝对化，从而忽视情感的做法。因此，文学种类的相互融合，其意义在于强调世界的另一面——情感与精神。情感世界是一个错综纷繁的综合体，必须用综合的艺术体系来把握。另外，情感是人类感受自然、接近神灵的大门，艺术则是开启大门的钥匙。在这一点上，一切艺术种类之间是没有区别的，也是不可缺少的。弗·施莱格尔提出的"涵盖一切"的意义正在于此。这与当时的哲学家谢林在物质与精神之间为艺术定位的观点是相一致的。

此外，弗·施莱格尔强调浪漫诗"包含一切富有诗意的东西"，也就是说，艺术要诗化生活。文学的功用不在于启蒙教育，也不在于描写现实，艺术的本质是幻想，幻想孕育出诗意。弗·施莱格尔所处的时代是启蒙运动之后一个理性至上的时代，理性滋生了社会的功利性，压抑了人的情感，最终导致生活失去了诗意。因此，诗人应该尽情地幻想，摆脱"任何物质利益和理想风尚的约束，乘着诗的遐想的翅膀"，用艺术来诗化人的才智，使生活与社会富有诗意。这一思想也反映了其他浪漫主义诗人的艺术宗旨。例如，诺瓦利斯在他的长篇小说《亨利希·冯·奥弗特丁根》里塑造的"蓝色花"，既是对当时理性与功利社会的批评，同时也表达了德国浪漫主义的艺术理想。

还有，弗·施莱格尔提出的艺术创作自由的思想对浪漫主义文学具有至关重要的意义。争取文学创作自由是浪漫主义文学运动的口号，也是一个非常重要的理论问题。文学创作自由意味着要打破古典主义的一切清规戒律，特别是"三一律"对艺术创作的桎梏，反对用一种创作原则和方法限定各种艺术风格的创作。文学创作自由还要体现在创作主体的自由个性的自由表现方面。浪漫主义不仅反对古典主义的创作法则，而且反对一切既定法则和方法，提倡艺术家充分表现自己的个性，发挥独创性。在这一方面，弗·施莱格尔提出的"诗人的为所欲为、自由无限，不受任何约束的法则"是非常有代表性的。但是必须指出，所谓"诗人的为所欲为、自由无限"并不是指诗人无节制的幻想，也不是指杂乱无章的记忆堆砌，而是遵从自然规律的，否则便无从谈起艺术；诗人不受任何法则的约束，就是要冲破理性至上的信条，打破古典主义的创作法则，让诗人通过艺术想象来完全展示自己的创造力。

非常重要的是，弗·施莱格尔在这里提出诗在最广泛意义上的最高境界，并且试图从统一意义上来调和古典与现代之间的矛盾，以期达到艺术的完美。他所提出的"绝对的艺术作品"、"诗的最高境界"等概念正是要表达这种理想。他认为，要实现这一理想，就必须表现宇宙的丰富性中那些绝对的东西，例如绝对的想象之物、情感和富有表现力的对象，要把哲学、诗学和教育以绝对强化的方式融合起来，并且具备诗歌、戏剧和散文的特点，总之，要把一切可能的对象纳入一个有机的整体来体现上天的意志。在这一方面，弗·施莱格尔把小说看成是实现他的艺术理想即"绝对的艺术作品"的最好形式，认为，小说是一种"包罗万象的混合诗"，不仅能表现一个广阔的世界，成为时代的一面镜子，而且特别能突出作家的思想性格，他称这种思想创造为"诗意的遐想"或者"美的自我反照"。这无疑是对作家想象力的肯定。在片断 116 条中，他表达了这一思想：浪漫诗能"乘着诗意的遐想的翅膀，游荡于表现对象与表现者中间，并不断激励着思绪，像镜子的一连串无限反射，让思绪无限地延伸"。片断 238 条："那种诗应该在现代诗人的思想中把先验的素材和关于诗才理论的预备训练与艺术想象和美的自我反照——

希腊诗歌片段中有平达的作品和古代的挽歌，新的作家有歌德——结合起来，并且在一切描写中同时描写自己，应该处处为诗，成为诗之诗。"① 后来，弗·施莱格尔接受了泛神论的思想，更侧重把诗与宗教、哲学联系在一起。小说虽能表现浪漫性，但是神话更具有象征意义，童话和诗歌更能体现出永恒和无限的精神。

五　浪漫主义讽刺

"浪漫主义讽刺"是弗·施莱格尔提出的一个富有独特含义的诗学概念。弗·施莱格尔关于讽刺的言论散落在他的片段作品中，并没有表现出明显统一的思想，甚至有些思想前后还有矛盾之处。尽管如此，这一概念不仅反映出浪漫主义的创作风格，而且表达了弗·施莱格尔的理想主义审美思想。总的来看，"浪漫主义讽刺"的含义主要贯穿在他提出的"自我创造"和"自我毁灭"这两个概念的关系之中，并从中折射出浪漫主义的审美特征和创作原则。

"自我创造"和"自我毁灭"体现了艺术家身上两种相互对立的活动：一种是积极的、创造性的艺术激情，具有理想的性质；另一种是对创作激情起破坏作用的现实因素。前者积极向上，渴望完美地实现；后者走向极端，造成理想的破灭。两者的冲突产生第三种活动，即自我限制。在弗·施莱格尔看来，自我限制实际上是诗人建立在反思意识基础上的一种活动。诗人游离于理想与现实之间，对自己的创作活动产生怀疑，进行反思，并以一种无利害的态度来看待艺术表现对象，这便是"自我限制"的核心所在，也是"浪漫主义讽刺"的前提。弗·施莱格尔在《批评片断》中写道：

> 要成功地描写一个对象，不必牵涉自身利害。即使经过

---

① Athenäums-Fragmente. Ebda., S. 53.

深思熟虑所要表达的思想也必须是一闪而过，不必使人真正
为此费解。当艺术家进行创作并且激情满怀之时，至少在表
达方面出于一种不自由的状态。他意欲表白一切，但这是青
年天才们的一种错误倾向，或者是外行的地地道道的偏见。
这样的话，他就忽视了自我限制的价值和尊严，而自我限制
无论对艺术家和普通人来说都是首要的，是最有必要和最崇
高的。之所以最有必要，是因为不论何处人不限制自己，世
界便限制人，使人沦为奴隶。之所以最崇高，是因为人只能
在具有无穷力量，即自我创造和自我毁灭的点和面上进行自
我限制。①

可见，弗·施莱格尔把自我限制看作是介于自我创造和自我
毁灭之间的一种中间状态。同样，诗人的艺术创造正是处于这两
种相互对立的力量之中，处于一种"不自由状态"。浪漫主义讽
刺正是基于对"自我限制"和"不自由状态"的反思意识而获
得了理想和自由的性质。

"浪漫主义讽刺"之所以具有理想的性质，是因为它是建立
在理想主义基础之上的一种审美思维方式，表明了浪漫主义艺术
处于理想与现实之间的一种中间状态。浪漫主义者反对社会功利
化和平庸化，崇尚艺术和精神理想。诗人的创作激情源于对绝对
完美的渴念和向往，但是由于绝对的完美在他们所处的功利化社
会现实中不可能实现，所以只能在想象世界里把这种完美的理
想，即诗的境界描绘出来，同时又对这种虚构的理想抱有清醒的
反思意识。弗·施莱格尔在其《批评片断》中写道："讽刺是佯
谬的形式，佯谬是一切同时既善良又伟大的东西。"② "既善良又
伟大的东西"正是浪漫主义诗人在平庸的社会现实中以佯谬的
形式表现出来的精神理想，之所以要采取佯谬的形式，是因为诗

---

① Kritische Fragmente. Ebda. , S. 9.
② Ebda. , S. 12.

人对于现实与理想之间的矛盾具有清醒的认识。正如《观念》第69条所言："讽刺是对永恒机智的清醒意识，对无限的完全混沌的清醒意识。"① 还有《论费解》中指出，一种新的讽刺形式，即"讽刺之讽刺"即将产生，这种讽刺具有"幻想"的性质，② "浪漫主义讽刺"正是基于这种"幻想"而形成的一种理想主义的审美方式。

　　弗·施莱格尔还把讽刺称为"自嘲"，其根本作用在于"无限地超越一切局限，同时也超越自身的艺术、美德和天赋"。他说："讽刺既包含又激发出一种对无条件和有条件之间、充分表达的不可能性与必要性之间不可化解的冲突的意识。它是一切授权中最自由的权利，因为人依靠它可以超越自己。"③ 从这个角度看，讽刺概念也包含着一种自由的意义。这是一种精神自由，是艺术家想象和创造的自由。凭借这种自由精神，艺术家尽可以发挥自己的想象力和创造力去建造自己的艺术殿堂，同时又能够借助讽刺的力量从自我反思中解脱出来，从而超越自我，超越自身的艺术。这也就是"自我毁灭"的内在含义。如他自己所言："一个真正自由的、有修养的人必须能够随意调节自己，成为哲学的或者文学的、批评的或者有诗意的、有历史眼光的或者有辩才的、古典的或者现代的，完全随心所欲，就像调乐器一样，随时可以调到每一个音度。"④ 从弗·施莱格尔的片断作品中不难看出，不少关于讽刺的议论片断大多是这一思想的不同表达方式。

六　天才与艺术家

　　弗·施莱格尔在探讨艺术家禀性的问题上明显接受了费希特的自我创造非我的思想和谢林关于天才的论述。在他的片断作品

---

① Ideen. Ebda. , S. 97.

② über die Unverständlichkeit. Ebda. , S. 537f.

③ Kritische Fragmente. Ebda. , S. 20f.

④ Ebda. , S. 13.

中有不少关于天才和艺术家的论述。他非常注重天才的作用，认为天才是人性中固有的天赋，是一种精神创造力。"虽然天才不是专断的东西，但却是自由的东西，正如诙谐、爱情、信仰那样终究将成为艺术和科学。应该要求每个人都是天才，但并不期待天才的产生。康德论者会称其为天赋的绝对命令。"① 弗·施莱格尔把天才视为艺术家的禀赋，艺术家是精神的原创者。② 并且艺术家的创造是神性的表现。"天才是一个中间概念，标志着人的高级潜能的一种精神力量。……既然我们除了相信精神的现实而不再相信其他现实，那么一切真实的东西就是天成的。理想主义把自然看作是一件艺术品，一首诗。人似乎在诗化这个世界，只是他没有立刻意识到罢了。"③在他看来，艺术成就是诗人内心的再现，说得更确切些，艺术成就本身就是诗人的一部分，是诗人的创造精神闪出的火花。虽然这种创造力显示出不同的层次，但它们从整体上表现了整个宇宙的诗。这首诗存在于自然之中，"随着植物生长，随着光亮而闪耀"，尤其是随着人的精神而升华，即使它"深深埋在自酿的无理性的灰烬下面，也会以一种神奇的力量永不停息地闪烁着"。④ 当然，艺术家的地位是平等的。虽然他们创作对象的侧重点不同，但具有相同的使命，因为艺术家群体从整体上反映了神性。"艺术家不应该是独一无二的艺术家之艺术家、中心艺术家或者一切的先导，而是所有的艺术家都应该是同样的，只不过各自的立脚点不同。艺术家不应该是他的艺术种类的独一无二的代表，而应该把自身和他的艺术与整体联系起来，并以此来说明和把握这个整体。"⑤ 此外，弗·施莱格尔还认为，造就艺术家的并不是艺术和艺术作品，而是感

---

① Kritische Fragmente. Ebda. , S. 6.

② Ebda. , S. 14.

③ Kritische Friedrich Schlegel Ausgabe. Herausgegeben v. Ernst Behler, Bd. XII, Paderborn/Zürich/Darmstadt 1958, S. 105.

④ Gespräch über die Poesie. In: Friedrich Schlegel: Kritische Schriften. Herausgegeben v. Wolfdietrich Rasch, Carl Hanser Verlag, München 1971, S. 474.

⑤ Ideen. Ebda. , S. 102.

官、激情和冲动。① 这些思想显然与谢林关于艺术构造和艺术冲动的论述是一致的。

在弗·施莱格尔看来，艺术家与常人不同之处在于具有超凡脱俗的禀性，主要表现在：脱离一切尘世平庸的东西，完全投身于无限的精神创造活动，具有感受完美、塑造完美的意识和能力。他在《观念》中写道："人都有可笑和荒诞之处，只因为他们是人；从这一点上看，艺术家则是双重的人。现在如此，过去如此，将来也如此。"② "没有比艺术家的世界更伟大的世界。他们过着一种高级的生活。"③ 那么，艺术家的伟大之处赋予他们何种使命呢？对于这一问题，弗·施莱格尔与瓦肯洛德的看法是一致的，认为艺术家是上帝与人类之间的中介人，负有向人类传达神性的使命。他在《观念》中表述得非常清楚："我们看不见上帝，但处处可见神性的东西。这一点首先并且最真实地体现在有感官的人身上，体现在生动的人的杰作之深处。人可以直接感受到自然和宇宙并加以思维，但却不能直接感受神性。［……］必须选择和设定一个中介人，并且只能选择和设定那种命该如此的人。中介人就是那种能在内心感受神性并且以毁灭自身为代价来用道德、行为、语言和作品向所有的人宣告、传达和描述神性的人。如果没有这种冲动，那么所感受的就不具有神性，或者说没有独特性。传达与被传达是人全部的高级的生活，而每一个艺术家都是全人类的中介人。"④ 不难看出，弗·施莱格尔是把艺术放在宗教和哲学的层面上进行考察的，这和他与神学家施莱尔马赫的密切交往是分不开的。既然艺术家负有向人类传达神性的使命，那么艺术创造就是一种全身心的奉献，正如他所说的是一种"以毁灭自身为代价"的活动。弗·施莱格尔把这种全身心的奉献看作是艺术家区别于常人的独特禀性，为此他强调："没

---

① Kritische Fragmente. Ebda. , S 14.
② Ideen. Ebda. , S. 107.
③ Ebda.
④ Ebda. , S. 93f.

有完全奉献自己的艺术家是一个无用的奴仆。"①

七　文艺批评

弗·施莱格尔的文艺批评思想以及方法论具有独创的意义，并且对后世文艺批评的发展也产生了重要的影响。

首先，他主张用历史的眼光看待艺术，把艺术作品与历史背景联系起来考察艺术作品的价值。他指出，最好的艺术理论就是艺术史。艺术在其发展的不同历史阶段必然表现出不同的风格和特征，所以不能孤立地理解艺术。艺术的有机发展过程必然反映出客观的规律，恰恰这些规律性的东西本身才是艺术批评的基础。因此，只有把艺术作品置于历史的大框架里加以考察才能正确理解艺术作品的内在本质和独特性，才能得出客观的、理论性的结论。按照弗·施莱格尔的观点，历史是艺术的整体性背景框架，批评家应该把艺术作品理解为这个整体的一部分，并通过部分来认识和构建这个整体。这一点与他关于艺术的整体概念的思想是一致的。在他看来，批评家优于艺术家的关键在于能够认识到隐藏在个别艺术作品和民族文化后面的整体联系，因此艺术批评的任务就是要透过个别艺术作品来揭示艺术的整体概念。

其次，弗·施莱格尔反对古典主义的艺术教条和理论体系，指出："一切古典艺术种类在其严格戒律方面都是可笑的。"② 他提倡艺术创作自由，主张从个人的直接感受出发来理解艺术作品，并提出了几种批评方式：例如"想象的批评"把注意力集中到艺术家的创作心理上；"庄严的批评"注重艺术作品的表现特征及其审美效果；"慷慨激昂的批评"强调批评者受作品感染抒发情怀。基于这种思想，弗·施莱格尔甚至反对用深奥的哲学理论体系来解释艺术。他在《批评片断》中写道："想要从哲学出发来探讨艺术实在是一种轻率的过分强求。有些人这样做了，

① Ideen. Ebda. , S. 102.
② Kritische Fragmente. Ebda. , S. 13.

似乎在希求从中获得一点新意。哲学实际上别无所能，也不该别有所能，而是只能把现有的艺术感受和艺术概念变成科学，提出艺术观点，并借助富有系统学术性的艺术史对此加以扩展，同时在论述对象之上营造出一种把绝对的自由性和绝对的严肃性联合起来的逻辑氛围。"①

还有，弗·施莱格尔强调，艺术批评本身应该是艺术的体现。这实际上是要求批评者本身就应该是诗人、艺术家，至少具有相当敏锐的审美意识并通晓艺术的人，同时艺术批评作品本身也应该是艺术作品，让读者读起来如感受艺术作品一般。如他所言："诗只能由诗来批评。无论在素材上对其形成过程的必要印象的表达，还是在优美的形式中运用古罗马讽刺作品的自由语气，本身不是艺术作品的艺术评价在艺术王国里是根本站不住脚的。"② 他认为这种以诗论诗的思想不仅是可能的，而且是必要的。他在《关于诗的谈话》前言中特别阐明了人的审美意识。人作为自然的一部分，必然能从自然的诗意中感受到神灵的气息。人之所以能欣赏优美的乐曲，发现诗歌的美，是因为具有诗人的灵性，所以大可不必用所谓的学说和理论来论诗。诗来自人心灵深处最原本的潜能，一经神灵光照，便闪烁光芒。"正如形与色能够再现人的形象一样，诗也只能由诗而论。"③ 由此说来，本身是艺术作品的诗论才是真正成功的诗论。当然，批评者的个人观点毕竟有其局限性。针对这一点，弗·施莱格尔指出，人在精神方面是有共通感的，因为人之所以为人，不在于是个别的人，而同时还代表着整个人类，所以人在自我认识的道路上能不断从别人身上发现自我从而达到自我充实和完善。从这个意义上来说，艺术批评如艺术创造一样是永远渐进的，不可能达到绝对的完善，因为"绝对的完善只存在于死亡之中"。④ 由此也可以

---

① Kritische Fragmente. Ebda. , S. 23f.

② Ebda. , S. 22.

③ Gespräch über die Poesie. Ebda. , S. 474.

④ Ebda. , S. 475.

看出，弗·施莱格尔表露出把艺术批评等同于艺术作品的倾向。

此外，弗·施莱格尔把费希特从发展变化的角度来解释精神现象的方法移植到到文学批评领域来解释艺术现象，从中发展了以研究特征为主的文艺批评方法，主张通过观察和分析研究对象的基本特征来认识和论证其中交错复杂的内在联系和深层含义。在这一方面，他超越了莱辛和席勒等人借助美学理论的文艺批评方法，摆脱了以赫尔德为代表的以个人感受为出发点的文艺批评观点，并且写出了不少有关研究著作：《雅克比的沃尔德玛尔》（1796）、《格奥尔格·福斯特》（1797）、《论莱辛》（1797）、《论歌德的迈斯特》等。对他来说，把握研究对象的特征意味着对艺术作品的深入理解，所以，注重特征研究的艺术批评方法则是文艺批评不可忽视的内在本质。

第六节 诺瓦利斯的美学思想

弗里德里希·封·哈登贝格（Friedrich Von Hardenberg，1771—1801）于 1798 年发表其片断集《花粉》（Blütenstaub）时首次使用了"诺瓦利斯"（Novalis，）这个笔名，意在表明自己是一位艺术的拓荒者。他英年夭折，一生只活了短短 28 年，但是他以崇高的精神境界在文学创作和艺术理论方面创造出了辉煌的成就，成为德意志早期浪漫主义文学最杰出的诗人，"诺瓦利斯"这个笔名也因此作为真名被载入了史册。

诺瓦利斯一向被誉为德国浪漫主义诗人的完美化身，这不仅因为整个浪漫主义的思想体系都能在他的文艺思想中找到线索，而且还因为在浪漫主义者眼里他的品格和诗人的禀性最能完美体现浪漫主义的理想境界。他去世后，其挚友弗·施莱格尔和蒂克于 1802 年修订出版了诺瓦利斯全集。这部全集是德国浪漫主义第一部完整的艺术著作，成为文艺界研究浪漫主义文学及其文艺思想的重要契机，产生了非常深远的影响。

诺瓦利斯在其著名诗篇《夜的颂歌》中以一种超脱尘世的

精神歌颂了爱情、梦幻和死亡等主题；在长篇小说《海因利希·封·奥夫特丁根》中表现了主人公对蓝色花的渴望，进而把蓝色花描绘成了浪漫主义的完美理想。同时，他把童话视为最美的文学形式，并通过童话把梦幻与现实融为了一体，创造了他的魔幻理想主义的艺术观。基于他在艺术创作方面的成就，同时代不少浪漫主义诗人把他的一生看作是崇高精神的最完美的体现，但是对他在艺术理论、哲学研究和自然科学等方面的造诣没有给予应有的重视。整个 19 世纪，德国文艺界对这位诗人的美化和褒扬占据了主流，也为他的个人生活与艺术创作披上了一层神秘的传奇色彩，影响极其久远。但是与此同时，他也受到了不少尖锐的批评，例如，德匡著名的晚期浪漫主义诗人海涅曾在《论浪漫派》一书中对诺瓦利斯进行了尖刻的讥讽，称其一生是一种病态，所以评价其作品不是批评家的事，而是医生的事。直到 20 世纪，诺瓦利斯才受到了客观公正的评价，不仅被看作德国浪漫主义最有成就的诗人和理论家，而且还被称为现代文学艺术的先锋人物，在整个欧洲文坛上享有很高的声誉。

诺瓦利斯为后世留下的作品有一系列诗歌，其中有著名的《夜的颂歌》，还有两部富有浪漫主义气息的小说《赛斯的学徒》和《海因利希·封·奥夫特丁根》，片断集《花粉》和《信仰与爱情，或国王与王后》以及一些理论文章。1797 年至 1800 年间是诺瓦利斯的创作高峰期，其间他与众多的浪漫主义诗人和学者有着密切的交往，这对他的美学思想的形成以及文学创作产生了非常重要的影响。与其他浪漫主义作家相比，他的作品数量不多，但艺术成就卓著，其美学思想主要表现在文学作品和理论片断作品之中。

一　自然与精神

诺瓦利斯认为，人对自然的感受是由于情感的作用，所以人的情感与自然的象征意义和神秘性是相通的。也就是说，自然通过人的内在情感得以反映，人认识自然的结果是达到对自身的认识。诺瓦利斯的小说残稿《赛斯的学徒》集中表现了自然与人类情感的关系。他把自然万物的千姿百态概括为"伟大的密码",[①] 意在说明自然在人类精神领域的象征性意义。"在它们中间,人能够发现这种奇妙文字的钥匙,即语言的教义。"[②] "每一条新的道路都通往新的田野,并且最终通往它们的归宿,回到神圣的家园。"[③] 在小说的第二章节"自然"中,诺瓦利斯着重阐述了自然的原始和谐状态与艺术之间的关系。他认为,自然的原始和谐状态原本存在,只不过人类精神的发展导致了分裂的产生。随着发展的进一步深入,人类逐丧失了感受自然的能力,"无法将他们精神中散乱的色彩重新糅合起来,恢复那种古老而朴素的自然状态,或者在它们中间建立起新的多重的联系"。[④] 在他看来,诗是表现人与自然统一的最合适的方式,自然的精神在诗中表现得最为鲜明。"当人读和听到真正的诗时,就会感到自然的内在精神在运动,就像它那奇妙的躯体一样,同时在它的内部和上空飘荡不定。"[⑤] 因此,自然的象征意义不仅是诗的基础,而且也是哲学的基础。诗人如自然哲学家和魔术师一样,与自然紧密相连。他可以通过心灵来感受世界的内在联系,运用诗的语言创造出崇高的艺术世界,并为人类指明未来的方向。诗人的灵感并不完全来自神性的启示,而更多的是来自自然的象征力,这种自然的力量是与诗人的潜意识、梦境等因素即精神世界紧密联系的。诗人运用自己的精神感受力把握事物的内涵,从自然的象征性内涵中获取影像,表现自然与精神的统一。正是借助于这种自然的象征性意义,艺术作品不仅展现出自身的特性,同时也表现出人类精神与外部世界千丝万缕的联系。因此,诺瓦利

---

① Novalis: Die Lehrlinge zu Sais. In: Ders. : Werke in einem Band, Hrsg. v. den Nationalen Forschungs- und Gedenkst? tten der Klassischen Deutschen Literatur in Weimar, Aufbau-Verlag, Berlin und Weimar, 1983, S. 73.

② Ebda. , S. 73.

③ Ebda. , S. 76.

④ Ebda. , S. 77.

⑤ Ebda. , S. 79.

斯认为，艺术作品或者诗，既不是对自然的单纯模仿，也不是只表现出某种寓意，而是表现人与自然同一的象征性意义。从这一点上看，诺瓦利斯的艺术概念着重强调了艺术的精神内涵。对他来说，完整的形式并不构成艺术作品的特性，开放性和多义性才是艺术作品的根本特性。与此相关，诺瓦利斯在他的理论思考中更多地涉及诗、童话和音乐艺术，而对造型艺术论及得较少。尤其是童话更能展现出梦幻的境界，借助梦幻，诗人可以在无穷变化的自然中挖掘人类无限丰富的精神世界。在童话世界里，梦幻与真实之间没有界限，人与自然万物可以相互交流和对话，梦幻就是世界，世界就是梦幻。这一点正表达了诺瓦利斯关于自然与精神统一的思想。

二　魔幻理想主义

魔幻理想主义有两个方面的含义：其一是诗人通过神秘的描写手法创造出梦幻的境界，以达到现实与梦幻之间的沟通；其二是诗人通过对人的内心世界的描写来建立人类精神领域的完美理想。在这两者之间起连接作用的是诗。诗是情感的直接流露，也是艺术最完美的境界，在诗的世界里，人的精神方可得以升华。可以说，诺瓦利斯的魔幻理想主义概括地体现了浪漫主义的艺术观。

当然，诺瓦利斯的艺术观的形成也有一层痛苦的个人生活背景。他早年倾慕于一位 13 岁的纯情少女，然而这位少女不幸早逝。感情上的重创成为他生活的转折点，构成了他迷恋死亡、美化黑夜、歌颂艺术，进而转入渴望超脱尘世、追求无限的重要原因之一。从他的诗篇《夜的颂歌》中不难看出，他在悼念亡灵的悲痛中感受到一种力量的呼唤："尘世的壮丽消失了，我的忧伤随之而去——哀愁也一起流入一个新的神秘莫测的世界。"①

---

① Novalis：Die Lehrlinge zu Sais. In：Ders.：Werke in einem Band, Hrsg. v. den Nationalen Forschungs- und Gedenkst? tten der Klassischen Deutschen Literatur in Weimar, Aufbau-Verlag, Berlin und Weimar, 1983, S. 5.

这是一种精神的召唤，代表着爱情和希望。他感到，这种召唤来自一个不可见的永恒世界，能使他超脱尘世的一切痛苦，在一个更高的世界实现美的理想。于是，他的思想处于梦幻与现实两个世界之中，感到生与死之间并没有界限。在他看来，永恒虽不可见，但存在于时间之中，可以通过情感来把握，而诗人的使命在于表现梦幻与现实之间相互交融和转化的关系。这一点在他的小说《塞斯的学徒》中表达得十分清楚："外部世界变得透明，而内部世界则变得纷繁多样和意义深刻。在两个世界之间，人处于一种富有内在活力的状态，享有充分的自由和快乐的权利感。当然，人会设法永远保持这种状态，融入他的全部印象之中，并且不知疲倦地关注两个世界的结合，感受它们的法则、一致和分歧。"① 可见，这两个世界分属两个不同但又相互联系的范畴。梦幻世界代表人的内心世界，现实世界代表外部的大自然和不断发展的人类社会。现实世界是有限的，需要人用诗的精神去超越。人的内心世界博大精深，有待于诗人用情感去把握和挖掘，用艺术去表现，这一切只有在梦幻世界才能实现。诺瓦利斯在片断集《花粉》中指出："我们梦想周游宇宙，难道宇宙不就在我们心中吗？我们并不了解我们的精神深处。——通往内心之路是一条神秘的道路。"② 当然，通往内心只能认识世界的一个方面，只有把内心世界与外部世界结合起来，才能冲破梦幻与现实之间的界限，以有限表达无限和永恒。在第 24 条中他又指出："第一步是眼光朝向内部，是对我们自我的优先观照。如果在此停滞不前，那只能说走了一半。第二步必须真正把眼光转向外部，必须是自发的、对外部世界的观察。"③ 由此可见，梦幻与现实的结合构成了诺瓦利斯的魔幻理想主义的基础。魔幻的真实含义不

---

① Novalis: Die Lehrlinge zu Sais. In: Ders. : Werke in einem Band, Hrsg. v. den Nationalen Forschungs- und Gedenkst? tten der Klassischen Deutschen Literatur in Weimar, Aufbau-Verlag, Berlin und Weimar, 1983, S. 93.

② Ebda. , S. 279（16）.

③ Ebda. , S. 282（24）.

在于使精神脱离自然和感官世界，而在于表现精神的变化过程和生命力。因此，艺术的目的就是使人超越现实，摈弃功利，为生活赋予诗意。

三　艺术的本质

诺瓦利斯深受费希特、谢林以及荷兰哲学家海姆斯特休斯等人的影响，所以在探讨艺术本质的问题上主要从先验哲学的角度为出发点。他把费希特先验意义上的自我与非我的思想与现实世界联系了起来，把自然看作是人的内心世界的反映，因而把人认识自然的行为视为认识自我的过程。海姆斯特休斯认为，人内在的道德力量有助于认识和把握宇宙中蕴涵的不可见的因素及其内在联系。这一思想也对诺瓦利斯产生了重要的影响。从他的文论中可以看出，他的艺术思考始终与哲学、科学、宗教、自然、天才和道德等概念密切地联系在一起，其思想极为艰深晦涩。

非常明显的是，诺瓦利斯强调艺术的本质是一种理念和精神，具有先验的性质。对他来说，一切真正的艺术都在实现着一种观念和精神，这种观念和精神是先验的，凌驾于经验世界之上。艺术是人的主观作用的产物，这种主观作用是人根据先验的精神所表现出来的一种外化行为，而先验的精神是上天对艺术家的特别恩赐。因此，艺术家的创作动力不是来自外在的经验世界，而是来自内在的精神世界。艺术家以其内在的理念和精神去观察、感受和表现外部世界，并且赋予观察对象以生动的精神内涵和意义，从而创造出艺术作品。由此看来，诺瓦利斯和其他浪漫主义者一样，实际上突出了艺术的主观性和艺术家的天才创造精神。

值得注意的是，诺瓦利斯在对费希特哲学的研究中特别突出了人的主观创造作用。他认为，人类关于上帝的概念都是人自己的观念，或者说是人的才智。同时，他还从海姆斯特休斯的思想中受到启发，认为人只有通过创造才能获得认识，这无疑都强调了人的主观因素。由此他得出结论，人认识世界需要一种能够完全创造世界的精神，这种精神存在于人的主观世界之中。上帝的创造与人的创造没有两样。上帝只是把万物组合在了一起。人只有达到上帝的程度，才能认识他创造的杰作，达到的程度越高，认识就越深刻。这种创造获得认识的原理是诺瓦利斯的一个非常重要的思想，在他的片断作品中多有出现。

诺瓦利斯认为，人的创造和认识能力特别能够通过艺术家的创造想象力体现出来，因为诗人对世界的感受和表现源于一种诗意的精神。所以，诗的艺术就是创造和感悟双重行为的统一。诺瓦利斯把诗与哲学相联系，称诗人为"诗意的哲学家"或者"哲学诗人"。诗人的艺术才能不是后天形成的，而是上天的恩赐。他从费希特的主观能动的思想中获得启发，认为，诗人应该自如地运用自己丰富的想象力、感受力和语言才能，在不受外界刺激的影响下，先验地创造出独立的形象世界。诗人为自己创造出一个世界，只与自己游戏，不表现别的东西，只表现自身奇异的特性，正因为如此，他们的艺术才富有活力，事物之间那种独特的关系才能从中反映出来。显然，诺瓦利斯在强调艺术的主观性和独立性的同时，批评了艺术的功利化倾向。在他看来，诗的语言不是模仿现实世界的描述性语言，也不是用来作为达到某种目的的工具，而是一种"为表现而表现的表达方式"，是语言艺术的完美产品。所以他认为，诗的艺术是一种"对我们的器官的专断的、积极的、创造性的应用"。在此，诗的先验性是一个非常重要的条件，决定了诗的纯粹主观性和独立于现实世界的精神特征。诗人就是世界的创造者，他用语言和形象创造的是一个想象的世界。他凭借灵感能够通向那个神秘的、不可见的世界，并从中感受到世界精神的先验氛围，能够深入到自然的内部去体验那种促使万物形成的自然力量。在这一点上，诺瓦利斯把语言的形象性与艺术的先验性联系起来，并提出以形象的语言来把握先验世界的象征性结构的主张。在他眼里，这是一种只有诗人才具备的才能，凭借这种才能，诗人能够感受到自然的意义，通过创作来认识自然和艺术的本质。因此，诗人是不能被常人理解的，只有诗人才能认识到自身的禀性。

此外，诺瓦利斯还认为，诗人的创造是随意的，自由的，不受任何法则的限制。"叙事小说没有内在联系，但运用联想的手法，如梦境一样。诗歌仅仅悦耳，充满优美的词语，但是也没有意义和关联——最多有一些零散段落能使人理解——它们必然像碎片一样来自各种不同的事物。"① 这些思想涉及浪漫主义的片断写作手法，实际上还是强调了艺术的精神内涵。这种随意的、非理性的写作方式不仅能表现外部事物那种不能直接表达、只能靠精神或情感来领悟的东西，而且还能表现人的精神境界。诺瓦利斯认为，诗不是描写现有的状态，而是表现可能发生和应该发生的事情。因此，片断作品重在点出事情的核心，而无需用理性论证的方式构建一个完整的系统。当然，这种片断式的写作方式表面上看似乎是互不联系、杂乱无章的随想堆积，但是它正体现了浪漫主义的一种自觉的思维方式。每个片断的篇幅不长，给人一种言之未尽的感觉，但正是这种片断的特征暗示了人类思维的无限性。对诺瓦利斯来说，思维的片断恰恰体现了人的思维状态的真实性，这就从理论上为这种写作方式作了说明。

四　浪漫的概念

关于浪漫的概念，诺瓦利斯写下了一段非常著名的文字，与弗·施莱格尔在《雅典娜神殿》上发表的第 116 条片断一样，成为德国浪漫主义最重要的艺术纲领之一：

> 世界必须浪漫化，这样才能找回它的原本意义。浪漫化不是别的，是一种质的乘方。这种做法使低级的自我与一个更美好的自我等同起来，就如我们自己是这样一个质的乘方级数一样。这种做法还不大为人知晓。给低级的东西赋予高尚的意义，给普通的东西披上一层神秘的外衣，使熟知的东

---

① Hans-Jürgen Schmitt (Hrsg.)：Romantik I. Reclam, Stuttgart, 1975, S. 257.

西获得未知的尊严，让有限的东西发出无限的光芒，这就是浪漫化。反过来，这种做法表现出了高尚、未知、神秘、无限的东西。通过这种联系，这一切就变成了对数，成为普通的表达方式。浪漫的哲学。浪漫的语言。交互上升和下降。①

浪漫（romantisch）的概念是诺瓦利斯借用 18 世纪流行的含义，同时针对歌德的长篇小说《威廉·麦斯特的学习时代》提出来的，所以和小说（Roman）有着密切的关系。歌德的小说在当时文坛上取得了巨大成功，成为这一文学种类的典范作品。诺瓦利斯借用的这一概念原本也适用于小说艺术，他指出，"小说以生活为核心，并且表现生活"。② 生活本身是一部无限的小说。作家的任务在于表现生活，所以必须融入生活，体验生活。只有对生活进行仔细研究，才能造就出真正的浪漫主义诗人。

诺瓦利斯在此使用的"浪漫化"概念的含义是指以小说的方式表现外部世界，换句话说，是把生活转化为小说，为生活赋予诗意，即"诗化"生活。因此，诗人表现世界，不是对世界的简单描写，而是要给予世界精神的内涵。不难看出，诺瓦利斯是以对本时代现实社会的观察为出发点的。在他看来，在人与自然原本的和谐状态下，生活是一种启示，整个世界都是一种精神的启示。但是，由于受理性主义的影响，现代社会日益表现出功利化和平庸化倾向，从而丧失了原本的意义。"过去的一切都放射出精神的光芒，现在我们除了那些不可理解的死板重复之外什么都看不到。象形文字的意义丢失了。"③ 还有："领悟上帝精神的时代已不复存在，世界的意义也已丧失殆尽。我们只停留在字

---

① Hans-Jürgen Schmitt（Hrsg.）：Romantik I. Reclam, Stuttgart, 1975, S. 57.

② Ebda. , S. 255.

③ Novalis Schriften, Die Werke Friedrich Von Hardenbergs. Hrsg. v. Paul Kluckhohn und Richard Samuel. Bd. 2, Stuttgart 1965, S. 545.

符上面，失去了把握现象的灵感。"① 显然，他看到在物化的经验世界里理性取代了精神，功利取代了理想，一切都在死板地重复，一切都是司空见惯，世界的神秘感消失了，人对高尚精神的追求最终被平庸化淹没了。在这种情况下，他提出把世界浪漫化，目的是恢复世界原本的意义，让人重新领悟其先验的精神内涵。

　　诺瓦利斯力图以浪漫化的思想为本时代塑造一个纯粹的精神理想，即以熟知的东西表现未知，以有限表现无限，以平凡表现神秘，使人重新与自然和谐，与神灵相通，在精神世界里实现理想。首先，他主张艺术表现要采用"陌生化"的手法。"陌生化"是指以浪漫的艺术手法使寻常的东西变得不同寻常，使读者产生新奇感和惊异感，从中获得艺术感受，具体地说，就是要为熟知的表现对象赋予时间和空间上的距离感，描写遥远的时代，遥远的世界，遥远的人，遥远的故事，等等，为表现对象披上一层陌生的外衣。他对此作了如下定义："以一种愉悦的方式令人惊异，使表现对象变得陌生，但却为人熟知，并且有吸引力，这种艺术就是浪漫诗学。"② 这一思想不仅非常典型地体现在他的两部小说作品中，也普遍地存在于其他浪漫主义者的作品中。其次，诺瓦利斯主张描写神秘的题材，如黑夜、朦胧、梦幻等。在黑夜里，一切全然不见，一切又都存在，不可见的世界把现实与梦幻结合起来，引导人走向神秘感悟之路，感受神灵的存在，感受世界的无限和永恒。诗人可以尽情发挥自己的想象力来表现世界，通过艺术描写使精神得到升华。诺瓦利斯的《夜的颂歌》堪称这一方面的杰作。再次，诺瓦利斯主张描写人的内心世界，正如他在《花粉》中所言，神秘之路通往内心，永恒存在于人的心中。走向内心就是走向心灵，因为心灵是诗意的源泉。人通过心灵来领悟世界，或者说，心灵与自然相通，自然的

---

① Novalis Schriften, Die Werke Friedrich Von Hardenbergs. Hrsg. v. Paul Kluckhohn und Richard Samuel. Bd. 3, Stuttgart 1968, S. 594.

② Ebda., S. 685.

象征性意义是通过人的心灵得以反映的。理性虽然能够认识世界的一部分，但终究不能把握世界的全部精神，而人的内心是与世界融为一体的。艺术是心灵作用的产物，艺术的使命在于表现精神。诗人必须深入到人的内心，表现广博的情感世界，这样才能发现生命的意义，才能使生活充满诗意，这就是把世界浪漫化的真实含义所在。还有，诺瓦利斯在上面这段话中提出了"浪漫的语言"的概念，这说明他也特别强调语言的运用。所谓"浪漫的语言"就是诗的语言，诗的语言应该是"有机的，生动的"，① 能够表现生命的活力，产生绘画的效果，用他的话来说，这种语言应该是"全能的"。在他看来，多义的、不确定的词语能够为表现对象覆盖一层神秘的色彩，从而使普通的东西获得一种神秘的外观。表面上看，诗是以外部世界为表现对象的，但是诗的语言并不是用来模仿世界，而是要透过这个世界揭示其内在的意义，表达神灵的启示。因此，"浪漫的语言"就是要把表现对象描写得不同寻常，让读者摆脱理性的思维方式，产生新奇感，心灵受到震撼，在有限的表象世界里感受到崇高、未知、无限和永恒的意义。

五　崇尚中世纪

德国浪漫主义者在对待中世纪的问题上具有相同或相近的态度。他们歌颂中世纪，把宗教改革前的中世纪社会看作一个理想世界，这一点在他们的文论和文学作品中表现得非常明显。在浪漫主义者眼里，中世纪社会的理想在于人对上帝的敬仰和人与自然的和谐，由此而建立的社会道德风尚如荣誉、友爱、宽容等等都是上帝的意志在人的精神价值之中的体现，没有任何外在的目的。因此他们认为，人类社会的意义就在于实现上帝的意志，而只有通过艺术才能接近这个理想；艺术的目的不在于反映外在的

---

① Novalis：Blütenstaub. Werke in einem Band, Hrsg. v. den Nationalen Forschungs-und Gedenkstätten der Klassischen Deutschen Literatur in Weimar, Aufbau-Verlag, Berlin und Weimar, 1983, S. 73 (70) .

现实，而在于描写内心世界，但是这种艺术追求在一个理性主宰一切的时代里是无法实现的。于是，他们编织了一个幻想世界来与现实世界相对立，把遥远的中世纪描写成理想世界的典范。

诺瓦利斯自 1798 年秋开始对德国中世纪历史进行深入研究，同时阅读了哲学家施莱尔马赫的著作《宗教讲演录》，在对基督教的评价方面形成了自己的见解。1799 年，他撰写了一篇题为《基督教或者欧洲》的政论文章，表明了对中世纪和基督教的看法。虽然这是一篇政论性的文章，但是对于理解他的美学思想具有重要的意义。这篇文章把中世纪描绘成了一个"美妙而灿烂的时代"，把基督教歌颂为覆盖整个欧洲大地的"一个伟大的共同志向"。

> 这是一个努力创造和平的社会，让所有的人分享这个美好的信仰，所以把它的成员派往世界各地，到处传播生命的福音，并且把这个天堂之国歌颂为世界上唯一的王国。[⋯⋯] 诸侯们在圣父面前停止争端，甘愿俯首于圣父脚下，成为这个高尚事业中的成员。①

诺瓦利斯在这里对基督教作了大量的美化和渲染，幻想用基督教信仰来重新统一人们的思想，以求建立社会的和谐。他这种意图有两方面的背景：其一，他指责马丁·路德领导的宗教改革运动，并指出，宗教改革运动虽然废除了天主教中一些不合理的制度，但却导致了基督教分裂、国家出现混乱局面、世界失去了宁静与和平的不良后果。他还指责马丁·路德歪曲了基督教的原本精神，认为圣经的翻译虽然为普及基督教教义起到了推动作用，但同时也把语文学这一世俗学科引入宗教领域，损害了宗教的神圣意义。还有，新教的建立和发展削弱了天主教的势力，同时又使世俗的力量逐渐强大起来，排挤了宗教的原有地位。其二，诺

---

① Hans-Jürgen Schmitt（Hrsg.）：Romantik I. Reclam, Stuttgart, 1975, S. 161 ff.

瓦利斯反对启蒙运动过分崇拜理性的极端做法。在他看来，启蒙运动导致人对理性的崇拜和对物质利益的过分追求，"把自然、大地、人的灵魂和知识从诗中清理出来，剔除了一切神圣的东西，用挖苦和嘲笑来败坏人们对一切高尚的人和事物的崇敬，并且剥离掉世界的全部色彩"。① 启蒙运动崇尚科学，破除迷信，但也抹杀了一切奇异和神秘的东西，致使世界丧失了诗意。因此，启蒙运动所倡导的理性并不是济世良方，只是一场劳而无功的苦役而已，甚至科学 ——理性的产物——也只能使自然变得愈加贫乏，不但不能帮助人们感受自然，反而破坏了人与自然的和谐。所以在他的眼里，启蒙运动无异于"第二次宗教改革"。②

显然，诺瓦利斯幻想中世纪的复归和宗教的复兴。他在文中预言，欧洲经过动乱之后，将会出现新的和平景象，一种新型的、高尚的宗教生活将从中诞生，德国将走在这场运动的前列。他还从政治的角度阐述宗教对社会和平的重要作用。他认为，新旧世界的冲突、国家之间的战争是不可避免的，国家的权利不能平息战乱，所谓的政治理论更不能解决各方的冲突，只有宗教的力量才能承担起调和冲突、平息动乱的重任，只有宗教才能重新唤醒欧洲，解救民族大众。因此，对上帝的虔诚和顺从，对世人的友爱和宽容便成了解决现实问题的济世良方。

不难看出，诺瓦利斯论述的思想是非常主观的，也是缺乏历史和文化根据的，这也是这篇文章在当时受到争议的主要原因。大多数浪漫主义文人并不赞同文中所表述的观点，认为这篇文论缺乏说服力，结论太武断。歌德对这篇文章也持反对态度并从中干预，使这篇文章在当时没有能够公开发表。直到 1826 年，这篇文章才得以问世。

---

① Hans-Jürgen Schmitt（Hrsg.）：Romantik I. Reclam, Stuttgart, 1975, S. 172.
② Ebda. , S. 173.

第八章　叔本华美学

第一节　生平和思想概况

叔本华（Arthur Schopenhauer, 1788—1860），1788 年 2 月
22 日生于波兰的但泽。他的父亲海因里希·弗洛里斯是商人兼
银行家，母亲是一个颇具才气的女作家。叔本华从小孤僻、傲
慢、喜怒无常，并带点神经质。1793 年他与父亲迁往汉堡，在
那里度过了五年童年时光。随后在巴黎生活两年，1803 年他被
送进英国一所寄宿学校。1805 年，为了迎合父亲的期望叔本华
当了汉堡一家商号的职员，但是他嫌恶商业生涯这种前程，憧憬
文人学者的生活。当年 4 月父亲猝死后，叔本华彻底放弃了商业
工作。1809 年秋，他进入哥廷根大学医学系学习，第二学期转
入哲学系，跟随舒尔曼研读柏拉图和康德的著作，1812 年，他
以论文《论充足理由律的四重根据》获博士学位，随后，他结
识了大文豪歌德，并受到歌德的器重。

1818 年叔本华发表了《作为意志和表象的世界》一书，这
本书分为四册，包括：认识论、自然哲学、美学和伦理学，奠定
了他的哲学体系，标志着他思想发展的顶点。在该书的序言中，
叔本华宣称，他的哲学主要来自伟大的康德、神明的柏拉图和古
代印度的智慧——佛教。自负的叔本华为这部悲观主义巨著作出
了最乐观的预言，认为这部书是为全人类而写的，今后将会成为
其他上百本书的源泉和根据，然而该书出版后的 10 年间，大部
分是作为废纸售出的。

虽然受到如此冷遇，但叔本华始终对自己的哲学抱有十足的

自信。1819 年他被聘为柏林大学的哲学讲师，在柏林大学期间，他曾试图和当时如日中天的黑格尔在讲台上一决高低，结果黑格尔的讲座常常爆满，而听他讲课的学生却寥寥无几。于是叔本华带着一种愤懑的心情离开了大学的讲坛。1833 年，他在莱茵河畔法兰克福定居，直到 1860 年离开人世。在叔本华去世前几年，他的哲学才受到重视，甚至崇拜和赞扬，赢得了毕生期待的荣誉。

叔本华酷爱文学和音乐，几乎每个晚上都要参加音乐会或观赏戏剧演出。在他 45 岁以前的漫游中，他到过欧洲许多美丽的城市，尤其是对它们的建筑和艺术博物馆倾注了巨大的热情和兴趣。他不仅撰写过专门的文艺论文，如《艺术的内在本质》、《文学的美学》、《音乐的形而上学》、《建筑的美学》，而且在其哲学论著中也表现出对古代和现代文学知识的了解。同德国许多哲学家一样，美学是他哲学的一个有机构成。从他的《作为意志和表象的世界》一书中可以看到，他的美学几乎不折不扣地贯彻了他的意志主义的本体论、认识论和伦理学。所以，我们要了解叔本华的美学思想，首先要了解他基本的哲学思想。

叔本华是唯意志论哲学的创始人，他远离德国古典哲学的理性传统，力图从非理性方面寻求新的路径，专注于对生存本体论的探求。他的思想对现代哲学产生了极大的影响。

一 世界之为表象

叔本华在批判地继承康德哲学的基础上建立了自己的哲学体系。他对康德十分推崇，以康德哲学的直接继承者自居，声称谁要是没有掌握康德哲学，他就会总处在天真状态似的，即总是围于那自然而然的、幼稚的实在论中。他说："不管怎样，我不承认在他（康德——引者注）和我之间，在哲学上已发生过什么新事情，所以我是直接上接着他的。"[①] 与此相反，他对康德之

---

① 叔本华：《作为意志和表象的世界》，商务印书馆 1982 年版，第 567 页。

后的德国哲学，特别是黑格尔哲学则极端蔑视。

叔本华如康德一样，也把世界划分为现象界和本体界。康德认为，作为终极存在的自在之物是存在的，只是人们只能认识它的现象，而不能认识它本身。叔本华在康德的基础上提出了"主客体分立形式"，根据这一形式，客体被看成了是与主体相对立的，但又不能离开主体而存在的东西，而整个实在世界只不过是表象世界而已。叔本华把作为表象的世界称为"客观的世界"或"在空间和时间中的直观世界"。这个世界是"完全实在的"，但它自始至终以主体为前提，并服从根据律。因此，"它有着本质的、必然的、不可分的两个半面。一个半面是客体，它的形式是空间和时间，杂多性就是通过这些而来的。另一个半面是主体，这却不在空间和时间中，因为主体在任何一个进行表象的生物中都是完整的，未分裂的"。① 主体和客体同样完备地构成这作为表象的世界，如果主体消失了，作为表象的世界也就没有了。所以主体和客体是共存共亡的。

在他的代表作《作为意志和表象的世界》中，他开篇即说："世界是我的表象。这是一条适用于一切有生命、能认识的生物的真理。"② 意思是说："对于认识而存在着的一切，也就是全世界，都只是同主体相关联着的客体，直观者的直观；一句话，都只是表象。"③ 这样，康德的自在之物在叔本华这里就消失了，世界只是表象的世界。

二　世界之为意志

在指出了"世界是我的表象"之后，叔本华进一步探讨了世界的本质。在他看来，"世界是我的表象"固然是真理，但究竟是片面的，世界还有一个更为内在的本质方面，这就是"意志的世界"。所谓"自在之物"，在叔本华这里就是意志。"它还

---

① 叔本华：《作为意志和表象的世界》，商务印书馆 1982 年版，第 29 页。
② 同上书，第 25 页。
③ 同上书，第 26 页。

有着完全不同的一面，那是它最内在的本质，它的内核，那是
'自在之物'。"① 意志和表象不是两个东西，而是同一个世界的
两个不同的方面，因此，二者的关系不是因果关系，而是本质和
现象的关系。意志是世界的本质，表象、可见的世界只是反映意
志的镜子，表象不可分离地伴随着意志，如影随形；哪儿有意
志，哪儿就有生命，有世界。

叔本华认为，客观世界与人都是意志的客体化，是意志的产
物；意志无所不在，无机界、动植物同样是意志的产物；而且，
意志是不可分的，现实中的一切事物都是同一个意志的客体化，
如果说它们有区别，只能是意志客体化程度的不同。从无机界到
有机界存在着意志客体化的不同等级，人则是高居金字塔塔顶的
意志客体化的最高级别。

叔本华认为世界的本质是意志的思想，直接受到了印度经典
《奥义书》的影响，书中把宇宙万物的本质看作是灵魂，称"那
就是你"。只是叔本华用的是意志一词，这个意志不是我们通常
理解的那个意志，它是一种盲目的、无意识的不可遏止的冲动，
它没有时间性，在时空、因果性等根据律之外，是完全自由的，
而且，整个世界就只是同一意志。

那么意志如何客体化为各种表象呢？叔本华借用了柏拉图
的"理念"一词。他说："'意志客体化'的这些级别不是别
的，而就是柏拉图的那些理念。"② "理念就是意志的客体化每
一固定不变的级别……而这些级别对个别事物的关系就等于级
别是事物的永恒形式或标准模式。"③ 在他看来，意志是通过不
同等级的理念而显现或客体化为不同等级的具体事物的。理念
作为客体，只是与"主客分立形式"，也即对于主体是客体这
一普遍的首要的形式有关，而次一级的形式，也即他的根据律
的不同形态如时空、因果性等，则把理念复制为许多个别事

---

① 叔本华：《作为意志和表象的世界》，商务印书馆 1982 年版，第 63 页。
② 同上书，第 190 页。
③ 同上书，第 191 页。

物，这些具体事物作为理念展开的产物，对理念来说，是非本质的，它只存在于个体的主体认识之中。叔本华强调，理念是意志的"直接客体性"，表象即事物则是意志的"间接客体化"，所以，"在事物和自在之物中间还有理念在"①。把理念置于意志和表象之间，作为沟通二者的桥梁，这是叔本华意志主义本体论的基本构架。

三　悲观主义人生论

叔本华以意志代替了康德的自在之物，将其作为一种终极存在，从而使传统哲学的本体论的旨趣发生了转化，叔本华不再用传统的认识论去规范本体论，而是用价值体系去说明与评判本体论，把本体论引入到人生世界中，去寻求、追溯人生世界的终极意义。这样，本体论不再单纯地关涉实在界，而且也指向生活世界。

那么，人生世界的终极意义又是什么呢？叔本华认为，人生注定是痛苦的，这是由作为本体存在的意志的本质决定的。在他看来，作为本体存在的意志就其纯粹自身来看，是一种无时间性、无空间性、无因而成的活动，是一种"不能遏止的盲目冲动"，是一种无目的、无止境的永不满足的欲求。但在表象世界中，这意志表现为对生命存在的渴望，欲求生命只是意志在现实生活中的一种表现而已。"意志所要的既然总是生命，又正因为生命不是别的而是这欲求在表象上的体现"②，因此，这意志也就是生命意志或生存意志。他说："如果我们不直截了当说意志而说生命意志，两者就是一回事了，只是名词加上同义的定语的用词法罢了。"③ 把世界的本质看做是生命意志或生存意志，这是叔本华意志主义的一个特征。

叔本华把本体的意志看成是一种实体存在，人生的一切痛

---

① 叔本华：《作为意志和表象的世界》，商务印书馆 1982 年版，第 245 页。
② 同上书，第 377 页。
③ 同上。

苦、悲观、失意都是由它派生出来的，以它为客观存在的根据，痛苦就是人生世界的终极意义。这样，他就把意志推向了客观唯心主义的位置上，并且为人生世界诊断出了产生痛苦的最终根源。

意志（或生命意志）的本质就在于对生命的欲求，而这种欲求是了无断绝的时候，人们在现实生活中，为了获得生存，总是追求欲望的满足，但在实际中并不存在一个对象能够使欲望得到永恒的满足，人们所能获得的只是暂时的欲望的满足，一欲求满足了，又有了另一个新的欲求产生；而人作为欲求的主体，在意识中为意志所充满，顺从欲望的摆布，得不到永久的幸福和安宁，最终不免要陷入无穷的痛苦之中。另一方面，如果一个人易于满足，并且已经没有什么可欲求的了，那么，可怕的空虚和无聊就会向他袭来。所以人生如同钟摆，总是在痛苦和无聊之间来回摆动着，人生实际上就是一场悲剧，只是在细节上才具有喜剧的性质。

因此，在叔本华看来，生命在本质上即是痛苦，而且随着意志现象的愈臻于完美，痛苦也就日益显著。人是意志客体化的最高等级，所以相对于植物和动物，人的痛苦也达到了最高程度。因为在意志客体化的这一最高阶段，产生了理智，理智的出现，使人认识到作为表象的人是注定要死亡的。人的一生不过是被延期了的死亡，尽管人们每一次的呼吸，每一分钟的努力都在为生存而斗争，但最终还是要被死亡所征服。"欲求和挣扎是人的全部本质……但是一切欲求的基地却是需要，缺陷，也就是痛苦；所以，人从来就是痛苦的，由于他的本质就是落在痛苦的手心里。"①

作为一个悲观主义者，叔本华对乐观主义持激烈的否定态度。他认为，乐观主义是荒唐的、"丧德"的想法，是"对人类无名痛苦的恶毒讽刺"。因为在他看来，我们所生活于其中的世

---

① 叔本华：《作为意志和表象的世界》，商务印书馆 1982 年版，第 427 页。

界实际上只是一个备受折磨的，提心吊胆的，只有一个吞食另一个才能生存下去的角斗场。而人类的历史则是永无终结的一连串的谋杀、劫夺、阴谋和欺骗；如果了解了其中一页，也就了解了全部。

　　世界是悲惨的，人生是痛苦的，那么怎样才能摆脱痛苦呢？叔本华认为，既然产生痛苦的最终根源在于意志本身，那么，只要根除意志，人们也就可以摆脱痛苦。但意志是人的生命存在的客观根据，人们又如何能摆脱意志的纠缠呢？叔本华指出，通过哲学的沉思、艺术的审美活动和道德的途径可以使人获得暂时的解脱。但通过这些途经达到的解脱只是暂时的，是不彻底的。因为现实中的人们不可能永久地处于无为的静观状态之中。既然"意志的肯定"是一切痛苦的根源，因此彻底否定意志才是摆脱痛苦的根本途径。所谓意志的否定，就是要压制一切本能，磨灭一切激情，取消一切欲求，麻痹一切感情，使情绪绝对宁静下来，最终达到一种"无欲"的境界。"无欲是〔人生的〕最后目的……是一切美德和神圣性的最内在本质，也是从尘世得到解脱"[1]。而"自愿的、彻底的不近女色是禁欲或否定意志的第一步"[2]。"此外禁欲主义还表现于自愿的，故意造成的贫苦"；"要采取斋戒绝食的措施，甚至采取自鞭自苦的办法，以便用经常的菲薄的生活和痛苦来逐步降服和灭绝意志。"[3] 禁欲的最终目的是要导致意志的"寂灭"，即达到涅槃的境界。叔本华认为，意志寂灭之后，一切因意志的冲动而产生的痛苦、恐惧和令人激动的永不死心的希望也都同归寂灭了。取而代之的将是那高于一切理性的心境和平，那古井无波的情绪，那深深的宁静和不可动摇的自得和愉悦。叔本华把这种彻底否定意志的人所达到的境界称之为"无"。所以，"放弃或否定生命意志也就是对于这

---

①　叔本华：《作为意志和表象的世界》，商务印书馆 1982 年版，第 220 页。

②　同上书，第 521 页。

③　同上书，第 523—524 页。

世界及其疾苦的唯一可能的解脱"①。"随意志的取消，意志的整个现象也取消了；末了，这些现象的普通形式时间和空间，最后的基本形式主体和客体也都取消了。没有意志，没有表象，没有世界"②。这种结论，似乎又回到了本体论，但世界已不再是表象或意志，而成为"无"。

从意志主义导向悲观主义，又从悲观主义走向虚无主义，这就是叔本华哲学思想的最终结论和归宿。他的美学思想在此基础上，则企图给人们提供一把去除欲望、消灭意志，遁入无欲无为的审美静观境界的钥匙。

第二节　美学本体论

美学无论是作为哲学的要求，抑或人类理性的愿望，绵绵无期地为美人、美景、美德和美的艺术寻找统一点或本原性的东西。柏拉图的美学对话《大希庇阿斯》便是西方系统探索美学形而上学的最早尝试，虽然在逐一考辨了各种流行的美学观念之后，他不得不承认"美是难的"，但这一未竟的探索却吸引了无数的后来者：亚里士多德、普洛丁、休谟、柏克、康德、谢林、黑格尔、车尔尼雪夫斯基。无论依据什么样的标准，将他们划作形式派、内容派、主观派、客观派，但有一点是共同的，即要在形形色色的美的现象中，寻找美的基质，即美本身。

一　理念的柏拉图意义

叔本华虽然没有明确地给自己规定抽绎美本身的哲学任务，但是在他的整个美学体系中，美学本体论实际上处于一个潜在的指导地位，他关于美的本原的回答是他意志本体论的一个逻辑必然。借鉴康德，他把世界一分为二：表象（相当于现象）与意

① 叔本华：《作为意志和表象的世界》，商务印书馆1982年版，第503页。
② 同上书，第562页。

志（相当于自在之物），前者是后者的表出和客体化，后者是前者的本体和源泉。而在意志和表象之间，叔本华从柏拉图那里借取了"理念"作为从意志到表象的一个驿站。关于柏拉图的理念，叔本华看到，它"多少世纪以来就被认为是柏拉图学说中最重要，但同时又是最暧昧和最矛盾的学说，是许许多多观念不同的头脑思考、争论、讥讽和崇敬的对象"①。

理念在柏拉图哲学中具有本体论的意义。他把世界区分为感觉世界和理念世界，前者处在不断的运动、变化和生灭过程中，而后者则是一"永恒的，元始无终，不生不灭，不增不减的"绝对存在；前者需要后者保证其价值和意义。理念论的提出，从哲学史的角度说，是批判地发展了赫拉克利特的万物流变说和巴门尼德的形而上学的不变的学说的成果。柏拉图熔铸了赫拉克利特和巴门尼德的观点，创立了本体论的理念论体系，既承认绝对存在说，又不否认流变说，但它们所分别肯定的理念世界与感性世界却不是平行地存在的，他特别指出，感性世界依附于理念世界，理念是本体，而具体的感性事物则是理念的派生物。

除了把理念作为本体之外，柏拉图还赋之以"范型"的意义。"范型"与"理念"同时第一次出现于《欧梯弗罗篇》："告诉我，这个理念的本性是什么，以致把它作为范型来注视和使用？我可以说你或他人的任何所作所为，具有这种特征的就是虔敬的行为，没有这种特征的就是不虔敬的行为。"② 据柏拉图学者考证："范型"具有历史学家希罗多德所使用的建筑学上的"设计"意义，他们猜测柏拉图是受了希罗多德的启发而采用此词的。第二，"范型"还具有"模型"的意义。《国家篇》说："当我们讲，没有一个国家能够得到幸福，除非国家的设计人，

---

① 《叔本华全集》第一卷，第 246 页。所用版本为：Arthur Schopenhauer, *Saemtliche Werke*, texkritisch bearbeitet und hrsg. Von Wolfgang Frhr. Von Loehneysen, 5 Baende, Frankfurt a. M., 1986.

② 柏拉图：《欧梯弗罗篇》页 5E。柏拉图对话、信札的页码是指 Stephon 所编定的标准页码。

把神性的国家作为他们的模型。"① "范型"不仅是普通的"模型"，而且更重要的还是神圣的典范、榜样和理想。在《国家篇》中，当有人提出在现实世界没有理想国时，柏拉图回答说："我认为，作为范型的理想国，存在于天上，谁希望看到它，谁就能在他自己的心灵中实现它。但是，它是否存在于何处，或将永远存在下去，那是无关紧要的；这是在他的政治活动中，唯一能够参加的国家。"② 这里，理想国被作为一种榜样性的理念，哲学家通过理性认识到这种典范，从而缔造出尘世的王国。

理念是本体性的，这一点已毫无疑问，但是在这一本体王国里，理念却又是被分为各种等级。最底一级的是具体事物的理念；接着往上的是数学的理念，艺术、道德方面的理念；属于最高等级的是"善"的理念，它是最高的实在，所有其他的理念都必须从它取得其实在性。柏拉图将善的理念与太阳相比拟，太阳统治着可见的感性世界，即是所有可见事物之可见性的创造者，而善的理念则主宰着整个可知的理念世界，给认证者以认识的能力，给认识的对象以真实和本质，因而它是全部世界的最终源泉的解释。

在谈到善的理念时，柏拉图还常常联系到美的理念，他有时把善等同于美，例如在早期的《吕西斯篇》中说到善即美，在《会饮篇》中肯定"善的东西，同时也是美的"③，甚至美、善、爱情、幸福都是相互一致的。有时他又把善作为美所追求的目的，例如在《大希庇阿斯篇》中说道："如果美是好（善）的原因，好（善）就是美所产生的。我们所追求智慧以及其他美的东西，好像就是为着这个缘故。因为它们所产生的结果就是善，而善是值得追求的。因此，我们的结论应该是：美是善的父亲。"④ 倒过来也可以说，善是美的归宿。不过《大希庇阿斯篇》

① 柏拉图：《国家篇》页 500E。
② 柏拉图：《国家篇》页 592B。
③ 柏拉图：《会饮篇》页 201C。
④ 柏拉图：《大希庇阿斯篇》页 297。

又明确，善与美决非同一件东西，正如结果不等于原因，儿子不等于父亲。

二　叔本华的理念：走凸本体之桥

把理念作为与现象世界相对立的本体，是柏拉图最基本的用法。进入叔本华的哲学体系，理念仍具有本体论的意味。叔本华指出："一个理念既说不上杂多性，也没有什么改变。理念显出于个体之中，个体则所至无数，并不停地生生灭灭；可是理念作为同一个理念，是不变的，根据律对于它也是无意义的。"[①] 同柏拉图一样，他的哲学也以二元对立的方法将世界两重化：现象世界和本体世界。现象世界服从于时间、空间、因果性，即所谓"一切有限事物、一切个体化的最高原则和表象的普遍的形式"[②]。现象可以生生灭灭，但是"理念"却不是这样，它不进入这一最高原则或普遍形式，因而它是永恒不变的，而且更重要的是，理念还是动力性的，它能够"通过时间和空间……自行增值为不可胜数的现象"[③]。就此而言，叔本华确乎是沿用柏拉图曾赋予理念的本来意义。

但是在叔本华的本体世界中，理念不具有独立的、绝对的意义，它必须依存于更原始、更高级的意志本体，作为本体向现象过渡的跳板，既属于本体而又非绝对本体。按照叔本华的原话就是"理念和自在之物并不绝对地就是同一个东西"，"应该说理念只是自在之物的直接的，因而也是恰如其分的客体性"。[④] 叔本华把康德的"自在之物"的位置留给了意志，而将柏拉图的"理念"打入了较低的级别，使其成为意志的一种表现，尽管是恰如其分的客体化，甚至可以说完全与意志或自在之物相等。

在叔本华看来，理念是具体的抽象范本或模式："我理解理

---

① 《叔本华全集》第一卷，第245—246页。
② 同上书，第245页。
③ 同上书，第201页。
④ 同上书，第252页。

念就是意志客体化的每一固定不变的级别，只要意志是自在之物，因而与杂多性无涉的话。而这些级别对于个别事物的关系就等于级别是事物的永恒形式（Formen）或标准模式（Musterbilder）。"[1] 为了佐证自己的理解，叔本华援引第欧根尼·拉尔修的说法："柏拉图的意思是，理念身在自然，有如给自然套上一种标准模式，其他一切事物只是和理念相似而已，是作为理念的摹本而存在的。"[2] 在《康德批判》一文，他批评康德对理念的"滥用"，指出此词的本义应该是"模式"或"完型"："柏拉图是以此描述那些常驻不变的完型的，这些完型由于为时间和空间所复制，在无数的、个别的、有生灭的事物之中是看得出的，但不完满了。"[3] 叔本华证明，无论是古代的哲学家抑或神学家，"都只是在柏拉图的意义上来使用这一术语……如苏阿瑞兹（Francisco Suarez，1548—1617，耶稣会士，经院学者——引者注）特意在他那二十五辩第一节中所列举的"。[4]

把理念作为"模型"即一种抽象的具体来理解，对于叔本华的哲学和美学是至关重要而且是方便有利的。

作为模型的理念具有"承上启下"的作用。它所以能够"承上"，是因为它是属于本体世界，能够恰如其分地涵括意志本体，并作为意志的代表，达到与意志的同一。叔本华的逻辑正是如此：因为"惟有理念是意志或自在之物尽可能的恰如其分的客体性"，所以甚至可以说，理念"就是整个自在之物"[5]。

理念还能够"启下"，即肩负起沟通意志与现象的分立。这里的原因在于，据叔本华说，柏拉图理念具有被康德哲学所忽视的作为表象的首要的和最普遍的形式，即对于主体是客体这一特点。"正是由于这一点，不过也仅仅是这一点，理念才有所区别

---

① 《叔本华全集》第一卷，第195页。
② 同上书，第196页。
③ 同上书，第655页。
④ 同上书，第655页。
⑤ 同上书，第253页。

于自在之物。"① 而只有兼具了不同于自在之物的个性，即具备了表象的主要形式，才可能因其与表象的亲和性进入根据律和现象界。于是，由于理念，或经过理念，意志本体终于显现于现象的尘寰，终于成为可以认识的对象。

三 任何事物都是美的

叔本华选择了理念与现象的统一，选择了理念在现象界的无处不在，这一方面意味着他与柏拉图在理念问题上的分道扬镳，另一方面也意味着他为自己的美学本体论找到了一个逻辑起点：

> 既然一方面任何既存事物都可以被纯客观地、在一切关系之外观察；既然在另一方面意志又在每一事物中显现于其客体性的任一级别上，从而该事物就是一个理念的表现，那就也可以说任何一事物都是美的——至于最微不足道的事物也容许人们作纯粹客观的、不带意志的观照，并且由此而证实其为美……②

这里最清楚不过地宣布了他的美学本体论：既然一切事物都表现理念，或者说都是理念的可见性，那么任何事物都是美的。如果这一简洁的推论进行再简化，我们必然会走向叔本华的本来意味：美即理念，用形而上学的语词说，是理念生发了美。

国内著名哲学家、美学家汝信先生说："由于叔本华把主观唯心主义和柏拉图式的客观唯心主义拼凑在一起，他就陷入了无法解决的矛盾。一方面，事物只有处于主体的审美静观中才是美的，'当我们称某一事物为美的东西的时候，我们也就是说它是我们审美观察的对象'（叔本华语——引者注），因此，美似乎只是主观的创造物，只有主观的性质。但另一方面，事物之所以

---

① 《叔本华全集》第一卷，第252页。
② 同上书，第297—298页。

是美的，它的美的程度，却又取决于它是一定等级的理念的表现，而理念则是客观存在的。这样说来，美又并不是主观的，而是客观的了。实际上在叔本华的哲学体系中，主客观的区别本来是毫无意义的。不错，世界是意志的表现，但又可以说：'世界是我的意志。'（叔本华语——引者注）我就是世界，世界也就是我。'我'字当头，混沌一片，还有什么主客观的区别呢？"① 的确，叔本华在谈到美的源泉时总是把主体和客体相提并论，例如当他把美作为审美观察的对象时，他说这包含了两方面的内容。"一方面就是说看到这客体就把我们变为客观的了，即是说我们在观看这客体之时，我们所意识到的自己不是个体的人，而是纯粹而无意志的认识的主体了；另一方面则是说我们在对象中看到的已不是个别事物，而是一个理念……"② 又如说："对于美的认识固然总是把纯粹认识的主体和作为客体而被认识的理念规定为并存的，不可分的，不过美感的来源时而更在于领悟已认识到的理念，时而更在于纯粹认识主体摆脱了一切欲求，从而摆脱了一切个体性和由个体性而产生的痛苦之后的怡悦和恬静。并且，是美感的这一成分还是那一成分取得优势都要以直观地领会到的理念是意志客体性的较高还是较低级别为转移。"③ 在这里似乎透露出叔本华美在客体或者主体的犹豫不决，但是，第一，在审美静观中主体无欲无求的境界，"是认识理念所要求的……状态"④，如果充满欲求的个体不净化为纯粹认识主体，便不可能认识到永恒的理念。对此我们在下文还要详加阐述。第二，所谓"怡悦和恬静"的审美状态，实际上仍然产生于理念的表出，只是这种表出是不可想象的，因而，审美鉴赏就一定是对现象中表现出的理念的认识。而且，"在客观意义看，美正存在于这些

---

① 汝信：《西方美学史论丛》，上海人民出版社 1963 年版，第 212 页。
② 《叔本华全集》第一卷，第 297 页。
③ 同上书，第 301 页。
④ 同上书，第 280 页。

理念之中"①。

　　叔本华关于优美与壮美的厘别和划分，可以作为其美学本体论的又一重要例证。所谓优美，在他看来，就是客体所具有的一种本性，即对于主体的邀请和迎合，使个体轻松地放弃意志而成为纯粹认识主体。相反，壮美则具有与个体意志相敌对的特性，它强迫个体放弃利害的考虑而进入纯粹认识状态。但是，叔本华又明确指出，使优美和壮美相区别的东西只是"主体方面所需要的一种特殊调整"，而"在客体上，优美和壮美并无本质性区别，因为在这两种场合审美观察的客体都不是个别的事物，而是在该事物中努力去展示自身的理念，也就是意志在一定级别上恰如其分的客体性"②。

　　在谈到用审美的即艺术的眼光观察一棵树时，他说，"我……所认识的决不是这一棵树，而是它的理念……"③在谈到艺术分类的依据时，他说，既然一切艺术的目的都是表出理念，那么不同艺术间的基本区别就"只在于要表现出的理念是意志客体化的哪一级别，而表出时所用的材料又需按这些级别来确定"④。

　　这类把审美观赏规定为对个别事物的否定和超越而进入对理念的认识的文字在叔本华的著作中随处可见，而其中反复强调昭示的就是：理念是美的唯一源泉。——叔本华坚定不移地把美作为一种客观的存在物，即理念，这一点从各方面看，应该是无可怀疑的了。

　　"美即理念"，在西方美学史上，这一理论源远流长。如果纯粹地从形式方面看，叔本华之前的柏拉图，和与他同时代的黑格尔都曾明白无误地肯定过这一公式。柏拉图把理念的最高等级善作为美，对此，前文已有阐述；黑格尔虽然提出美的定义是

---

① 《叔本华全集》第一卷，第286页。
② 同上书，第296页。
③ 同上书，第297页。
④ 同上书，第352页。

"理念的感性显现"，美应该以感性形象出现，虽然就其本质而言，黑格尔还是抽绎出了一个"美本身"："我们已经把美称为美的理念，意思是说，美本身应该理解为理念，而且应该理解为一种确定形式的理念，即理想。"① 看来，柏拉图、黑格尔和叔本华在此具有共同的语言或表达方式。

但是，共同的语言并不意味着共同的选择，在这完全同一的美学公式里实际上潜流着各不相同甚或截然相反的理论旨趣和现实态度。黑格尔批评柏拉图的理念空洞无物，因为它与实在相对立，超越和独立于现实世界之外。而黑格尔自己的理念则是理性与感性、内容与形式、主观与客观的统一，较之柏拉图，它偏重于理念的具体可感性，更具有尘俗的意味。叔本华的理念介于柏拉图和黑格尔之间，在表现形态上，他强调的是如上所述理念与现象的合一，然而在审美认识论上，他又复归了柏拉图，把审美等同于求真，对此下文还将详加论述。

这种区别仅仅是逻辑性的，我们不应该忘记，叔本华尽管盛装理性的形式，其掩盖的核心却是翻转欧陆理性主义乾坤的非理性意志。

第三节　艺术本体论

从美学本体论转向对艺术问题的考察，一条清晰可见的线索是，叔本华继续了柏拉图的哲学努力方向，即对超越具体艺术现象的终极本体的认证。他以简洁的格言形式确定："惟有本质的东西，理念，才是艺术的对象。"② 他喜欢把科学与艺术相比较，认为，科学的课题始终是现象，它揭示规律和联系，但这规律和联系永远局限于此时此地，即为具体的时间和空间所制约，它无法洞察世界的根本奥秘，无法达到一个最终的目标。与科学相

---

① 黑格尔：《美学》第一卷，朱光潜译，商务印书馆 1982 年版，第 135 页。
② 《叔本华全集》第一卷，第 265 页。

反，艺术所考察的对象不处在任何关系且不依赖于任何关系，它不是现象，而是"世界惟一真正本质的东西，世界各种现象的真正内涵"①，即自在之物或理念。叔本华把表达理念悬为艺术的最高目标，他明确提出："艺术的惟一源泉就是对理念的认识，它惟一的目标就是传达这一认识。"② 就对理念的传达而言，叔本华多次说过，艺术与哲学具有根本上的一致。

一　穿越个别和偶然

理念从来不赤裸裸地出现，它必须借助于一个客体化的过程，把自己显示于从自然到社会的万事万物之中。艺术以人为主要表现对象，而人的理念与其他任何理念一样，体现于个别的人物，个别的情欲，个别的行动，一切以偶然的形式出现。叔本华解释说："理念把它的各个方面显示于人类的那些特性、激情、过失和卓越，显示于自私、仇恨、爱欲、恐惧、勇敢、轻率、愚钝、狡猾、机智和天才，等等；而所有这一切又汇合并凝聚成千百种形态（个体）而不停地演出大大小小的世界史……"③艺术所直接面对的对象只能是充满各种情欲的个人和他们不同的命运。

真正的艺术不是舍弃偶然，而直接步入必然，如同哲学所作的那样，而是克服偶然，即抓住有意味的个别和现象，从具体可感的事物出发，这一点与哲学方式区别开来，然后如前所说，把对象从世界进程的洪流中抽取出来，把它从各种琐碎的、枝蔓缠绕的关系中孤立凸现出来，或者换言之，不是把对象当作生活世界的某一个别的人或物，而是当作普遍的"这一个"（黑格尔语），即当作亘古如斯的理念注视，这时艺术便达到了自己的目的地。

---

① 《叔本华全集》第一卷，第265页。
② 同上。
③ 同上书，第263页。

二　拆除主体性障碍

在通往理念的道路上，对于艺术来说，除了需要穿越个别和偶然之外，叔本华认为，还必须解除主观性的障碍。前者主要关乎对象，而后者则更多地属于主体方面的情况。

首先，叔本华承认主体情状进入作品的权力。在谈到抒情诗和文学的主观性问题时，他说，表出人的理念有两种方式：一种是客观的方式，即描写者隐藏在被描写者的背后，甚至几近无影无踪，这类作品是史诗、小说和戏剧。与此相反，还有另一种方式，即"被描写者同时也就是描写者"①，这种情况以抒情诗为最，在其他诗体里也有程度不同的表现。在这里，诗人只是描写他自己的际遇，自己的悲欢，自己的感触，甚至一瞬间的心绪，总之"抓住瞬间的情思并以歌词的形式加以体现就是这种诗体的全部任务"。②

第二，叔本华看到，这类作品具有较强的主观色彩，其中以抒情诗为甚。

第三，主观色彩的强弱并不影响这类作品的普遍性和可交流性，叔本华辩解说："真正诗人的抒情诗还是反映了整个人类的内在精神的，并且亿万过去的、现在的和将来的人们在由于永远重现而相同的境遇中曾经遇到过的、将要遇到的一切，都会在其中找到相应的表示。因为那些抒情诗由于经常重现，如同人类本身一样永远存在，并且总是唤起同一情感，所以真正诗人的抒情作品虽历经千载而仍然正确、有效和新鲜。"③ 叔本华相信人类的共通性，因而也相信人性在任何情况下所表现出来的一切，即便是怪诞不经的幻想，隐藏至深的私人动机，都可以得到他人无论处于什么时代的理解和共鸣。不存在无法沟通的情感，也不存在绝对无法穿透的主观性。

---

① 《叔本华全集》第一卷，第 347 页。
② 同上书，第 348 页。
③ 同上书，第 348—349 页。

第四，他进一步展示抒情诗的特征，而这一点已经成为抒情诗的本质特征，即意志与无意志、意志主体与认识主体的混合与统一。抒情诗的起点是个体对于外界的心理感应，抒情诗人首先是作为意志或欲望的主体而出现的，他知道自己的欲求指向，而当这种欲求得到满足时，作品则表现为欢乐，反之则表现为悲伤。但是当抒情诗人看到外部的自然景象时，他立刻就会抽身于个人的内在悲伤，而意识到内在与外在的界分，并同时从自身分裂出无意志的、纯粹的认识的主体，由此如饥似渴的意志主体便得到缓解。但是意志主体由于对原先目的的执念而复归自我，接着下一个外部自然的出现又重新唤回意志主体，恢复了纯粹的认识。这种交替和反复如此不断进行，构成了抒情诗的基本状态。"真正的抒情歌谣就是刻画这一整个如此混合、如此分割的心灵状态。"[①] 叔本华还进一步将这种混合解释为脑（Kopf）与心（Herz）、主观感受（subjektive Empfindung）与客观认识（objektive Erkenntnis）的混合，并视之为最高意义上的奇迹，而抒情诗的效果正是基于这一奇迹的真实性，即欲求主体与认识主体的真正同一性。

至此，我们已经看到了叔本华关于文学的主体情状的基本观点。简要说来就是：诗不是逃避情感，而是征服情感，使之成为对理念的表述，即达到情感与理念的融会与同一。

三　音乐与情感本体

以个别达到一般，以个人性达到普遍性，并形成个别与一般、个人性与普遍性即现象与理念的统一，这是艺术特有的表现世界的方式和面貌。但是就叔本华哲学之主观目的而言，他并不特别看重个别或个人性的东西，甚至现象与理念的统一体，他真正的旨趣在于论证现象背后的本质的存在。因为当他发现音乐这门高度抽象的艺术更接近他所理想的本质世界时，他简直有些欣

---

① 《叔本华全集》第一卷，第350页。

喜若狂了，他说，音乐完全不适合上面已经证明的艺术原理，然而音乐却又是最强烈、最直接地作用于人心的伟大而绝妙的艺术。其原因在于他的哲学所赋予音乐的一个特殊位置。他是这样解释的：

> ……一切其他艺术都只是间接地，即凭借理念将意志客体化。既然我们的世界并非别的什么，而只是理念通过个体化原理（对于个体可能的认识形式）在杂多性中的显现，那么音乐，由于它跳过了理念，也完全是不依赖于现象世界的，它简直无视现象世界。在某种程度上说，即使这世界完全不存在了，音乐却还是存在。然而对于其他艺术是不能这么说的。音乐是全部音乐的直接客体化和写照，其直接性就如同这世界本身，也如同理念之为这种客体化和写照一样，而理念分为杂多之后的现象则构成了个别事物的世界。因此音乐绝不同于其他艺术，它不是理念的复本，而是意志自身的写照，而意志的客体化同时也是理念，所以较之其他艺术，音乐的作用要强烈得多，深入得多；因为其他艺术说的只是影子，而音乐说的却是本质。①

引文以最简洁而准确的文字表达了叔本华全部音乐的形而上学。第一，在其哲学谱系中，音乐具有与哲学相类似的地位，都是对意志的直接客体化或模仿，而就对于现象世界而言，又都是一种"事前普遍性"，因而可以看到，同一音乐可以适应于不同的许许多多的生活场景，可以被配以种种的诗章或被用以编写各种歌舞剧。第二，音乐表现出意志，而意志在具体的艺术化解释中又被他作为心灵、意绪、情感和欲望。第三，音乐表现情感都是抽象的，即抽象地表现情感和表现抽象的情感。第四，由于音乐所表达的是情感本体，是人性最内在的本质，是意志最秘密的

---

① 《叔本华全集》第一卷，第359页。

历史，其每一激动，每一挣扎，每一活动，与听众的情感具有直接的关系，因而音乐的效果在各门艺术中是最强烈的，它无需如其他艺术那样，或写景以抒情，或咏物以明志，或叙事以寄慨，它不假任何外物而直达核心。由于丰富的艺术知识和经验，叔本华对音乐的论述充满了技术性的分析，这不像黑格尔在谈到音乐的专门技术时所表现的自谦和畏缩，但是他的所有技术分析意图上都是用于论证音乐的形而上学性质，而这正是其乐论的主旋律，对此，苏联美学家克列姆辽夫指出："将音乐看作形而上学的普遍事物的表现者这种观点，是由叔本华所确立起来的。"[①]

四　作为直观表象的理念即艺术的惟一对象

在具体解释艺术所要传达的即现代阐释学所谓的"意义"时，叔本华多次声明：艺术决不可用以传达一个概念，艺术惟一而真正的对象只能是理念（在音乐是意志）。显然，在叔本华的心目中，"意义"只能是理念，而决不可以是作为它的对立面的概念。

那么，理念与概念究竟有什么区别？叔本华承认，理念与概念当其作为"一"而代表"多"时具有共同之处，因而例如在柏拉图的语汇中，"理念"常常就是"概念"。但是对于叔本华的哲学而言，共同点只是某种表面上的近似，其区别是根本性的：第一，概念是抽象的，而理念是直观的；第二，概念在其含义圈内是不确定的，即每一概念都与其他概念有着意义的交合关系（包括重叠、交叉、包含和被包含等等），而理念虽然代表着无数的个别事物，却始终是确定的；第三，概念是任何人只要有理性就可以理解和把握的，而理念却不是任何个体都可以认识的，它只能够被那些脱尽了个性和欲求而升华为纯粹认识主体的人所观照和领会，即理念的传达只有在严格要求的条件之下才有

---

① 克列姆辽夫：《音乐美学问题概论》，吴启元等译，人民音乐出版社 1983 年版，第 104 页。

可能；第四，概念是由"多"到"一"，而理念则是由"一"到"多"，前者是对具体事物的"杂多"凭借理性的抽象作用的征服和统一，而后者则是借助于直观体验的时空形式对原始"一"的分化和解放，前者可以称之为"事后统一性"；因而，第五，概念是非生产性的，叔本华将之比喻为一个无生命的容器，放进去多少取出来多少，不发生些微的增值，或者转换过来说，概念在从"多"到"一"（综合判断）然后再从"一"到"多"（分析判断）的过程中始终都是其自身，不会产生出自身以外的任何其他东西。而理念则是生产性的，它可以无限地增值，叔本华说："理念就像一个有生命的、自我生长的、拥有繁殖力的有机体，这有机体所生产出来的都是原先没有装进去的东西。"①

　　理念尽管具有超越个别事物、征服私人情感的普遍性，即如概念所同样具有的功能，但对于认识主体而言，它又呈现为直观的表象。艺术家当其作为艺术家即作为纯粹认识主体时，他从生活世界所获取的直观表象便不再是现象而是理念了。反过来说，他与理念的关系也就是与生活世界的关系。在他的直观印象中，理念等于生活世界，而生活世界与理念也是同一的。因而作为艺术家，他无须借助任何外在的理念作用或概念化运动，而只要忠实与自己对实在世界的直观印象，"从自己的感受出发，无意识地和本能地工作"②，让生活和世界本身直接使自己受孕怀胎，那么他就一定能够得到作为理念的生活和作为生活的理念；而且"只有从这种直接的感受之中才能产生真正的、拥有持久生命力的作品"③。

　　论述至此，对于叔本华的艺术对象论，我们已经明白了：虽然他把艺术作为媒介，用以传达某种外在的东西，在音乐是意志，在其他艺术是理念，有着沃·伊瑟尔所谴责的本文与意义的

---

① 《叔本华全集》第一卷，第330页。
② 同上。
③ 同上。

二元分立，但是与被伊瑟尔作为主要靶子的黑格尔有所不同，黑格尔把意识规定为概念与实在的统一，而且在这统一之中，"概念仍是统治的因素"[①] 他明确地说："艺术的内容就是理念，艺术的形式就是诉诸感官的形象。"[②] 诚然他曾经多次强调内容与形式、感性与理性、一般与个别的和谐统一与水乳交融，但是只要他坚守概念的绝对地位，把全部世界的变化描述为概念的运动，那么在艺术中他就一定会坚持一分为二的存在方式：抽象的和具体的，本质的和现象的，目的的和工具的。而叔本华虽然在价值上同样倚重绝对的本体，黑格尔的概念被调换为意志，但由于把艺术的传统对象看作直观表象，看作意志与理念的客体化，或其显现为杂多的芸芸世相，作品的内容就不再是黑格尔的概念或理念，而是远较丰富、博大和本色的生活与现实，由此，叔本华便多少冲淡了把艺术作为单纯媒介或形式的理论色彩，而显得与艺术更加相亲、相知。虽然这种重心的转移，即由重本体到重表象，并未在哲学根本上改变他们对二元分立的共同信念，但在艺术上叔本华却是大大靠近了事实与经验，这一点应该说在一向鄙视现实、崇尚本质的德国哲学家中难能而可贵。

第四节　审美认识论

叔本华没有特殊的审美认识论或艺术认识论，他的一般哲学认识论完全可以转用于对美和艺术的认识。但是这丝毫也不使我们感到轻松，因为作为西方哲学史上为数不多的具有丰富的审美经验的哲学家，他时时表达出对美与艺术的洞识和独步幽境的体察。

一　从认识个体到纯粹主体

叔本华理念的显现不是一个绝对精神的自我辩证运动，其间

---

① 黑格尔：《美学》第一卷，第 175 页。
② 同上书，第 87 页。

甚至无需考虑认识主体的存在，而是一个主体与客体相互作用、相互依存的过程。没有认识主体的照亮，意志仅是一片混沌未开的世界，仅是一种盲目的冲动；而没有意志，也就是根本不会有什么认识主体，因为认识主体从其原始意义上说就是作为意志客体化的生命个体，认识是意志在较高的客体化级别上的产物。说到底，被认识的客体和认识的个体实际上就是同一个意志的不同表现，"意志在这里是自己认识自己"①。

但是意志对自身的认识并非轻而易举。叔本华区分两种认识主体，一种是认识个体，一种是纯粹认识主体。只有从认识个体过渡到或更准确地说升华为纯粹认识主体，那么理念才会同时撩开自己的面纱，而对理念的瞻仰也就是对于意志的亲切观审和真确把握，因为理念永远是作为意志的最完满的客体化和全权代理而出现的。

1. 认识个体即欲望主体

认识主体在其抽象发生学的意义上就是具有认识能力的生命个体，不管它是一只昆虫，抑或一只动物，甚或作为最高级认识的人类。这种认识主体首先是作为欲求着的主体而与周围世界发生交换活动的。放眼生命个体，满目是欲望横流的世界，飞禽走兽除了游戏冲动的片刻，基本上都是欲望的自我展开。昆虫或动物虽然具有有限的认识能力，即一定的悟性及其构成直观表象的功能，但所有这些认识的准备都是指向欲求的。对于眼前对象的趋避选择，完全取决于该对象与自身欲求的利害关系。它们为欲求所支配，并通过欲求而存在。在人类，由于理性功能的作用，动物所表现的那种赤裸裸的欲求常常采取一种曲折委婉的形式，欲求似乎偏离自己的本质而行动。但是，另一方面，我们同样经常看到的是，恰恰由于同一理性，欲求的实现是有预谋的、有步骤的精心操作的，因而也总是更有成效的，有时甚至是更残酷的、更具规模的。欲求究竟采取直接的或隐晦的形式，其实，这

---

① 《叔本华全集》第一卷，第259页。

不过是理性对欲求怎样更好地实现的巧妙措置，对于欲求本身并无多少意义。人类在大多数情况下，都可以将笛卡尔的明言"我思故我在"加以改造来描述，即"我欲故我在"。对于人作为一种欲求的力量，文学家和历史学家也许有着不同的表现形式，当前者忘情地吟唱永恒的人类之爱时，后者却在秉笔直书宫廷的权力倾轧、民族内外的血腥战争，然而在对于欲求作为一种现实存在的认识上二者并无不同，只不过前者试图以爱化解欲求间无休止的杀伐征战，以爱拯救苦难的人类，而后者则将欲求的种种形象不作情感或道德加工地和盘托出，供人观看评说。

2. 双重自我及其转化

认识个体由于为欲望所困，为眼前的表象以及表象间的复杂关系所惑，这欲望和表象就是奥义书哲学所谓的蒙蔽凡人眼睛的"摩耶之幕"，于是对于世界的认识它就只能停留在表象层次或个别事物。而要认识那不受根据律决定的、隐蔽于普通表象形式和个别事物背后的理念或意志，在康德就是那不可捉摸的自在之物，叔本华指出，那"只有通过我们自身的某种变化才有可能"。[①] 如同康德，叔本华也承认在主客体间所矗立的厚重壁垒，但是对于叔本华来说，这壁垒不是由主体单方面而是由主体和客体共同设置的，在客体方面是理念借助于个体化原理将自己显现为现象的杂多、无序，换言之，理念不能赤裸裸地自明或自荐于认识主体面前：在主体方面，则是由于康德所谓的人类认识能力的局限，即认识只能在一定的时空中进行，而叔本华又将这种主体的局限进一步分解为个体的欲望和囿于表象和个别事物的认识能力两个方面。但是由于客体不可能只拆除自己所竖置的认识壁垒（当然这并非说客体在对于自身的方面毫无贡献，实际上当其作为现象，作为可进入主体表象的现象，它已经默默地站在主体面前了）所以叔本华转而把破除的希望寄托于主体的改造之上，这一方面是因为客体对于认识活动根本上的被动性，客体所

---

① 《叔本华全集》第二卷，第473页。

能做到的只是进入表象，它不能向世界开口自我表白，而这一任务只能是属于主体的，另一方面也许更其重要，叔本华把主体自身的改造看作客体方面仿佛是自动同时解蔽。

主体自身的改造被描述为"一种自我否定行为"（ein Akt der Selbstverleu-gnung)①，这种自我否定，叔本华认为，首先应该是对自我欲望的弃绝，即当审视某一具体事物时，不把它当作欲望的对象而当作与自我意志无涉的、纯粹客观的存在。欲望地对待眼前的事物，意识中必定充满着利己的盘算、占有欲的冲动，甚至可能由这内在的盘算、冲动转化为外在的行动。而当某一事物只是欲望的对象时，它就只是个别的、具体的事物，而非普遍的、超越现象的理念，这种理念的出现只会发生在主体的欲望被彻底清除以后。

另一方面，"自我否定"还意味着一种认识方式的转变。叔本华说："如果一个人由于精神之力而被提高了，放弃了对事物的习惯看法，不再依照根据法律的诸形态去追究事物间的关系——这些关系说到底总是对于其意志的关系，或者是说他在事物上考察的已不再是'何处'、'何时'、'何以'、'何用'，而仅仅是'什么'；或者进一步说，他不再允许抽象的思想、理想的概念占据着意识，而是相反，将全部的精神之力贡献于直观，沉浸于直观，并使全部的意识充满对恰在眼前的自然对象的宁静观审，不管这对象是风景、树木、岩石、建筑或其他什么。"②

认识主体所以关心对象"何时"、"何地"以及"为什么"一类的问题，原因在于他试图由此确定对象与其自身的利害关系。叔本华指出："认识从根本上说，无论是理性认识也好，感性认识也好，本来就是从意志本身产生的，是属于意志客体化较高级别的内部存在物。如同身体的任何器官一样，它是一种单纯的'器械'，一种维系个体存在和种族存在的工具。认识本来是

---

① 《叔本华全集》第二卷，第 473 页。
② 同上书，第 257 页。

命定为意志服务的，是为了达成意志的目的的，因此它几乎始终如一地、全心全意地忠于自己职守的：这在所有的动物，几乎所有的人都如此。"① 纯粹认识是认识的极致，是对其作为母体的意志的全然反叛，然而在个体阶段即当认识个体还只是欲求着的主体时，认识便只能是意志的驯服工具。由于认识对意志在此阶段的仆从关系，由认识个体到纯粹认识主体的转变所需要的"自我否定"，其关键便不是抛弃在关系中认取事物的意识方式，包括理性意识和非理性意识，而是对认识所效力的生命意志做彻底的决绝。对生命意志的决绝势必带来认识方式的转换，没有作为条件的前者便不会有作为结果的后者。无欲是叔本华的哲学重心，这不仅表现在它作为认识的前提，更表现在它是一种人生的佳境和最终归宿。

关于如何达到"自我否定"，叔本华提出心理学的建议。他说，意识一般可以分作两个方面，一是意识主体对于主体本身的意识，一是对于作为意识主体的我们的身外之物的意识。我们自己愈是占据意识的中心，那么外部世界便愈是退居于意识的边缘。相反，如果我们愈是较少关注自身，那么我们就会愈多地意识到外在对象。进一步，如果我们全然不关心我们自己的存在，那么意识便会为客体所全部充满。对我们自己的意识与对我们身外之物的意识，"实际上存在一种对立关系"②，二者或此消彼长，或非此即彼，相克而绝不相生。因而"自我否定"的实现途径从心理学上说是在意识中对我们自己存在的无视，或者说，"对我们自己的意识烟消云散"③。也许这里需要稍作解释的是，"自我"尽管是一个意识的对象，如同外物一样，但同时，叔本华又把它规定为一个特殊的对象，其特殊性不仅在于它既是主体又是客体，而且在于它既是认识又是意志，即当其作为认识个体时，它突出的表现为一个意志现象，"如前所证实的，不仅身体

---

① 《叔本华全集》第二卷，第 225 页。
② 同上书，第 474 页。
③ 同上书，第 475 页。

的活动，而且整个身体，都是意志的现象，都是客体化了的意志，具体的意志"①。我们的欢乐、忧虑、激情、感触、愿望，都是意志的活动，我们先天地整个儿属于意志，因此在意识中对我们自己的漠不关心便是对意志及其活动的疏离，而只有做到了对意志的有意疏离甚至完全的抛弃，才能真正实现"自我否定"，或者进一步说，只有首先我失，然后才能物现。（此处的"首先"与"然后"只表示逻辑关系，而不表示时间关系，在叔本华看来，我失与物现是同时发生的。）

二　纯粹认识与审美认识

1. 自我否定在审美情境中

我们已经知道，对理念的认识有待于一个自我否定的行为。那么，当美被归结为理念，当艺术的传达对象被排他性地限定为理念时，对美与艺术的认识也就同样依赖这个自我否定的行为。但是，由于审美认识所面对的直接对象不完全等同于一般认识的对象，它可以粗略地区分为自然、社会与艺术，因而自我否定便相应地具有了一些不同的规定，尽管这些区分和规定并不能多少改变认识的实质和基本特点。现在我们先谈艺术。

叔本华多次重复说过，艺术使理念更易于认识，个中原因他解释说：第一，艺术剔除了一切非本质的、偶然的东西，把理念从繁茂芜杂的现实中剥离出来，省却了观赏者审美认识所必需的基本劳动；第二，同等重要的是"对事物本质的纯粹客观的认识所要求的一直的绝对沉默，当被观审的客体自身完全跳出事物能够对意志发生关系的樊篱时，以一种最大的确定性实现了，因为，艺术没有任何的现实性，它仅仅是一幅图画。这一点不仅适用于造型艺术作品，而且也适用于诗歌：它们的效果同样也受制于静观的、无意志的因而也是纯粹客观的认识。正是这种认识使

---

① 《叔本华全集》第一卷，第176页。

得被观审的对象成为画意的，使得一个显示生活的时间成为诗情的"①。这实际上说的也就是前文所述的两种自我否定：一是否定拘泥于现象的根据律认识方式，把理念而非现象呈现给观赏者，二是切断了对象与意志的关系，对象因而便成了诗情的和画意的，所以尽管观审者要把握艺术品所传达的理念仍需要一个自我否定的行为，他必须完全地放弃自我而全副身心地投入对于理念的直观，但是由于先已完成的艺术家方面的否定行为，观赏者的自我否定便是被动的，而且相对于艺术家来说也是轻松的、便当的。观赏者只需要循着艺术家为其开辟的认识通道即可顺利地深入理念的世界。

在对自然与社会所作的美的欣赏中，自我否定就不是一种简单的认同，这时如果仅仅是认同就根本不会有美丽的诞生，而是一种积极的、复杂的、艰难的否定；普通人总是以世俗的视角反对要求其放弃生命的存在。当看到一幢楼房、一艘轮船、一台机器，他们不能不首先思及它们的用途以及与他们自身的利益关系，叔本华断定："这种认识方式是每一个人在通常情况下都要例行地服从的。甚至，我相信，多数人根本不能有别的认识方式。"② 不难理解，衣食住行即现实的存在是普通人生活的第一要义，在关系中、利害中对待眼前的课题因而是再自然不过的第一选择。用叔本华的话说，人本身就是一种现象，以符合自身性质的方式观察事物是无须外力强迫的本能冲动。而超越物质性存在，以理念作为认识的唯一对象，较之于自然的、本能的选择，就是一种难能的行为。叔本华认为，这只是极少数人在极例外的情况下才能做到，这类人就是天才。

2. 生活从来不是美的……

当然，这并非说美是一种主观的存在，像经验论者休谟所主张的那样，美只是存在于观赏者的心里，每一个人心里见出一种

①　《叔本华全集》第二卷，第 477 页
②　同上书，第 480 页。

不同的美。恰恰相反，在美的本体论上，叔本华是一个柏拉图主义者，在他看来，美就是柏拉图的理念，是一个客观的存在物。

但是欲观审美，却必须经过主观的存在，准确地说，是经过纯粹认识，唯如此，作为客体的美才能向主体意识生成，才能为主体所感知和把握。这时在纯粹认识主体的审视下，客体是自然、社会抑或艺术品都是无关紧要的了，因为任何事物都是理念的客体化，尽管级别不同，而由于纯粹认识的作用，任何事物都可以是美的。

纯粹认识在美的生成中是如此的重要，以至于仿佛是它创造了美。叔本华称之为"魔光"（zauberischer Schimmer），当其被投射于现实世界时，一切都变得诗情画意了①。"当诗人歌唱明媚的早晨、美丽的黄昏、静谧的月夜以及诸如此类的事物时，其实他们自己并不知道，他们所歌颂的真实对象是被这些自然美所唤醒的纯粹认识主体，当这纯粹认识主体出现时，意志就从意识中消逝了，心境的和平从而出现，除此以外，这种心境是不可能在现实世界中获得的。"② 这就是说，是纯粹认识驱散了弥漫于尘世的意志雾障，拨开了一片纯净的美的天地。

总之，叔本华试图证明："完全客观的、消除了一切意欲的、直觉的认识既是欣赏审美对象的条件，更是创造审美对象的条件。"③ 艺术，诗歌，乃至于哲学，其天才的和原创性的成就都有赖于这逐出了一切意欲的纯粹认识。由此，叔本华合乎自己逻辑而又似乎故意耸人听闻地宣布："生活从来不是美的，而只有多生活的图画才是美的，即在能够改变生活形象的艺术或诗歌之境中，特别是在我们并不十分了解的多情少年中。"④ 由于对意欲的鄙视，对纯粹认识的崇拜，叔本华终于走向对生活在美与艺术中的彻底否定。

---

① 《叔本华全集》第二卷，第 477 页。
② 同上书，第 478 页。
③ 同上。
④ 同上书，第 483 页。

3. 纯粹认识与审美方式及形态

叔本华决心把凡是可能与意志有染的一切现象全部从美与艺术中清除出去。他发现，媚美（Reizende）就是这样一个首先应该从美中清除出去的对象。所谓媚美，按照他的界定是一种通过刺激观赏者意志而使之由纯粹认识主体回到欲求主体的性质。媚美的艺术有两类：一类是对意志的肯定，一类是对意志的否定，虽趋向不同，但都是对意志的直接刺激。前一类如以食品为描绘对象的荷兰静物写生画，由于其酷似原物，使观赏者一见便馋涎欲滴；又如一些裸体绘画和雕刻，不是唤起精神性的欣赏，而是激起肉体性的欲求。后一类如多丑陋事物的表现，叔本华承认，丑陋并非完全不能进入艺术，但如果是丑陋得只能使人作呕，即除了引起意志的深恶痛绝之外再无其他效用，那么这对象是不能在艺术中存身的。叔本华认定，媚美是美的死敌，因而媚美的艺术则根本不配称作艺术。

对于媚美，如果说叔本华是不容商量地拒斥，那么对于有趣，他则是表现出谨慎抉剔的姿态。在叙事类作品中，有趣常常与美杂处，甚至被部分欣赏者等而视之。然而，他发现，美与有趣却是根本不同的两种性质。美是理念不可分割的特性，而有趣则"意味着引起个人意志的关切"，意味着"作用于意志"。[1]它类似于人们对于与己直接相关的某一现实的情感反应。

在美的艺术中，有趣间或被少量地引用，其目的并非为了取代美，而是以它服务于即将增强的美的表现。叔本华比喻说，有趣之于美的必要性就如同气体的保存和运输需要一物质基础（如容器）一样。叙事作品需要有趣，因为产生有趣效果的事件可以使任务活动起来，另一方面如果没有吸引人的情节线索，欣赏者就会感到心理疲劳。但是一当有趣僭越这一仆役性地位，便立刻会对美构成危害。关于美与有趣的联系，叔本华概括说：

---

① *Complete Essays of Schopenhauer*, sever books in one volume, trans. By T. Bailey Saunders, New York：Willey Book Company, 1942, Book Ⅶ, p.44.

"或者我们可以说，有趣是诗歌作品的躯体，而美则是它的灵魂。在史诗和戏剧中，有趣作为一种必要的行动的性质，是质料，而美则是借助这一质料得以表现出来的形式。"① 尽管美与有趣有着这些在极其有限的情况下所表现的不可分割的关系，但根本上说，叔本华是把它们看作两种截然不同的性质的：美把客体从现象之流中抽取出来，即美不服从于根据律的认识方式，而有趣则置身于现象间的根据律联系，如情节的发展尤其是出其不意的转折，因而如前所说，美是属于纯粹认识的，而有趣却是一种低级的意志现象。

纯粹认识显然是叔本华心中的圣土，他不仅以此作为美所以产生的主体性前提，区别美与非美，而且即使在审美领域的内部，他也以此为尺度。对于同属审美的听觉和视觉，他居然试图划出等级：听觉由于距意志较近，因为所接受的声音可能造成感官的痛感或快感，所以应该居于视觉之后；而视觉由于不与感官的反应直接相关，不直接刺激意志，即属于纯粹认识方式，从而就较听觉为先。（叔本华可能没有注意到，固然按照意志客体化的理论，音乐理当作为艺术皇冠上的明珠，但是如果从这里所指示的主体接受角度看，它又是不属于最高级认识方式即视觉的对象，这恐怕是叔本华不愿看到的尴尬。相对于触觉、味觉、嗅觉等，视觉是较为纯粹的审美感觉方式，但并非完全与意志现象绝缘，视觉器官也可能因对象的刺激如强光而产生适与不适之感，而且视觉只是距纯粹认识较近而已，它并不等于纯粹认识，而是如叔本华所说的整个认识一样，可能摆脱意志的役使，也可能作为意志的"器械"。至于听觉，与视觉相比，我们有根据说，它更能调动心灵的力量，一点儿也不比视觉距纯粹认识更远，不过要证实这一点，需要借助大量的审美心理学、生理学资料，这里不可能就此展开研究与论证。）不管这种区分是否科学，甚至是

---

① *Complete Essays of Schopenhauer*, Book Ⅶ, p. 53. 这里"形式"优于和重于"质料"的观点，明显地沿袭亚里士多德关于"质料因"和"形式因"孰先孰后、孰轻孰重的思想。指出这种关系有助于对引文的理解。

否合乎他本人的理论逻辑，但他的用意却表现出某种虔诚的一致，即希望把对纯粹认识的信仰落实到任何一个事实的局部。

如果说关于视觉与听觉的等级化有着许多值得商榷之处的话，那么依据纯粹认识对传统美学所界划的审美形态优美与壮美的重新审定则具有更多的创造性和启示性。他认为，优美是这样一些对象的性质，它们仿佛主动向纯粹认识发出邀请，如自然风光、植物世界，纯粹认识因而无需斗争就摆脱了意志的束缚。而在壮美，对象与观赏者的意志首先处在一种敌对关系之中，而后只是由于纯粹认识的奋勉和争衡，才使观赏者摆脱了与意志的关系而专注于对象不在关系中的理念，结果他就产生了壮美感。换言之，壮美的对象以其巨大的形式个体力量使主体首先意识到他只是一个有限的生命个体，他的个人欲求被威胁、被抑制甚至被摧毁，然后他便放弃个人的欲求，由忘我而进入纯粹认识状态，这时他超脱了与对象的意志关系，只把它当作自己的表象。叔本华归结说："壮美感产生于……这样一种对比：一方面是我们自己作为个体、作为意志现象的无足轻重和不能自立，一方面是我们对于自己是纯粹认识主体的意识。"① 显然，这是一个以退为进的主体策略或意识过程，退出欲求，进以纯粹的认识，不退则不进或退即是进。

任何审美对象，我们已经知道，都是理念的体现，但是这是由于对象所具有的不同特性而使之与意志、进而与纯粹认识构成了最基本的关系，优美与壮美由此关系而诞生。不过，优美与壮美只是表达了对象与意志的极性关系，相忘——在优美中，客体对意志不作什么刺激，似乎主体完全忘记了其对于意志的存在，即主体轻易地跳过意志而进入纯粹观审——与相敌，叔本华发现，在这两极之间存在着过渡中的无限极差。

4. 趣味判断与认识判断

如所周知，在西方美学史上，康德对于壮美（或译崇高）

——————————

① 《叔本华全集》第一卷，第293页。

作过著名的研究，对于叔本华烂熟于心，并多所借鉴，例如他基本上沿用了康德关于壮美类型的划分（除数学的和力学的之外，他又列出了伦理的），但是如其所言："不过在说明那种印象的内在本质时，我们与他完全不同，我们既不承认道德的反省，也不承认经院哲学的假设在这里有什么地位。"[1] 相同只是表面性的，而分歧却是根本性的。康德把壮美感的发生过程分作两个阶段：第一个阶段是对象以其巨大的形式或力量摧毁主体的感性防线，使其自认在肉体方面的无能，接着第二阶段唤起一种理性的观念，即"超越一切感性尺度"[2] 的心理机能，从而征服了对象。叔本华的描绘亦大致如此，但是理性观念的胜利绝不等于纯粹认识的对意志的超越。前者实际上把壮美解释为主体对于自身理性能力的证实与喜悦，如说："那对于自然界里的崇高的感觉就是对于我们的自身使命的崇敬，这种崇敬经由某种暗换致与了一个自然界的对象（把对于我们主体中人类观念的崇敬转换为对于一个客体的崇敬）……"[3] "真正的崇高只能在批判者的心情里而非在自然界的对象里寻找，对于自然对象的批判引起了对于它的情调。谁会把不成形状的山岳群，它们的冰峰杂乱无序地堆叠，或者阴暗、狂野的海洋唤作崇高呢？"[4] 而后者是把壮美理解为客体的一种特性，即否定作为有限生命或意志现象的主体并使之得以升华的性质，因而前者是主观的，指向内心的，后者则是客观的，指向客体所代表的理念的：即使在关于美（其实也就是优美）的分析中，康德也是把审美作为不涉及对象实际存在的主体心理活动的，而在叔本华，无论是优美或是壮美都是理念表现于客体的不同方式而造成的。叔本华批判康德说："正如在《纯粹理性批判》里，他说判断的各种形式可以为他打开认识我们全部世界的门户，在《审美判断力批判》中，他也不

---

① 《叔本华全集》第一卷，第 292 页。
② 《康德著作集》第五卷，柏林 1914 年版，第 327 页。
③ 同上书，第 329 页。
④ 同上书，第 327 页。

是从美本身，从直观的、直接的美出发，而是从关于美的判断，从名称极为丑陋的所谓趣味判断出发的。这就会是他的症结。特别引起他注意的是这样的一种情况，即这样的一个判断显然是对发生在主体的一个过程的描述，但同时又是普遍有效的，就好像它关涉的是客体的一种特性。使他惊觉的是关于美的判断，而不是从美本身出发。因此，他对于美的认识，就似乎完全是由道听途说而非直接的达到的。"① 这种批判再明显不过地将叔本华同康德区别开来：在康德美是主观的，在叔本华美是客观的，虽然叔本华称赞康德美学研究所开辟的主观路线，但其正确性对于叔本华来说，仅仅在于描述审美形态时不能脱离主体的心理反应，而本体论地说，美仍然是客体的属性，而非主体对它所做的判断。②

由此，正如英国叔本华学者帕特立克·加德纳（Patrick Gardiner）所指出，审美判断在康德看来只是一种趣味判断，而叔本华则将其作为一种认识判断，"正是审美的知觉构成认识，这种认识提供了一种科学研究所不能达到的对某一较高级别的现实的洞察"③。具体而明白地说，当叔本华把柏拉图式的理念作为审美的对象时，他把审美当作了认识，因为康德在哲学思考之始就已经把大致相当于柏拉图理念的"自在之物"排除在人的认识能力之外了。但是当叔本华具体说明审美认识过程及其他除了目的之外的基本点时，他又悄悄地引进了康德在把审美判断作为趣味判断研究时所取得的理论成果：审美判断是一种非利害计较的、不关涉概念的、无明确目的的主体心理活动。而这些如果转换成叔本华的语言就是超越于根据律认识方式的、摈弃了意志干扰的纯粹认识。

---

① 《叔本华全集》第一卷，第710页。
② 国内有学者未能注意到这一区别，因而就把叔本华视为较康德更加彻底的唯心主义者："美到了叔本华手上，比康德变得更为主观，更缺少现实的意义和内容了，它变成了一种纯粹的观照。"
③ Patrick Gardiner, *Schopenhauer*, p. 198.

我们当然不能完全同意把纯粹认识或无利害态度作为审美活动主体所必需的条件，但是应当承认迄今为止的马克思主义美学还没有认真地、令人满意地清理过这份遗产。审美不是逻辑地思考对象，不是欲求地指向对象，不是某种个人性的、绝对理性的现实行为，叔本华的"自我否定"理论，即使够不上真理的话，消极地说，也应该是一种不算无益的启示。作为一种现实的存在，我们没有理由不热爱生活，因而我们绝对不能同意把否定人的生命的无欲作为审美的最终目的，但是如果能够追问一下"我们究竟热爱怎样的生活"时，叔本华在审美中悬示的摈弃了个人利害盘算的纯粹认识就不是全无意义的了。伦理的境界尽管还不是审美的境界，但是也只有经过伦理洗礼的人才是真正的审美主体。一个高尚的人，一个纯粹的人，一个脱离了低级趣味的人（毛泽东语），既是道德完善的人，也是可能进入审美境界的人。叔本华是这么想的，而今天我们似乎也不能完全拒绝。

三　天才即纯粹认识

说及天才，叔本华并不怎么看重前人的成果，有时甚至显得置若罔闻，当其偶或涉及其中某一话题时，他又是在一种完全不同的意义层面上展开讨论的，仿佛他所论说的根本就不是我们所熟悉的那个话题。不过，也许正是由于这样的原因，他的天才论可能别具一格，并在西方美学史上占据一个特殊的位置。

1. 天才即认识

传统天才论通常都是把它作为一种特殊的创造性即生产性天赋的。从古希腊的德谟克利特、柏拉图到古罗马时代的贺拉斯、朗吉弩斯，从德国的康德、黑格尔到英国浪漫主义者渥兹华斯、柯勒律治，尽管在天才观上他们的出发点是不一致的，但是在把天才作为一种创造的才能上却又是基本一致的，或者进一步说，他们共同把天才的价值归于对艺术品的创造。

叔本华并不否认艺术是一种创造性活动，而且也不否认天才在这一活动中的决定性作用，但是他所谓的天才主要是指一种特

殊的认识主体及其认识能力，因而天才的独创性不在于是否能够
创造出某一艺术作品，而在于是否能够将认识推进到某一深度，
或者说，艺术创作的独创只是认识性的而非表达性的。叔本华不
止一次地说过，艺术是对柏拉图理念的复制，是对主体认识的复
制，而"复制"（wiederholen）按其德语原义就是重复，即对前
此已有的某种观念或实体的再现和仿制。因此尽管他曾经强调过
天才作家与平庸作家的天壤之别，前者从生活本身汲取灵感，而
后者只能抄袭现成的概念或作品；前者的作品因而是永垂不朽
的，而后者的只能是过眼云烟。但是就其创作活动本身而言，一
个是复制，一个是模仿，nachahmen,[1] 其实质并无区别。天才
由以傲视庸才之处不在于表达，这方面他们之间没有多少差异，
而在于其独步幽深的认识。

　　那么天才是怎样获致独创性的认识呢？或者说，天才的认识
方式有何卓异之处呢？综观叔本华的从《作为意志和表象的世
界》（1819 年出版）到《附录与补遗》（1851 年出版）有关天
才的论述，其数十年一贯的观点是：第一，天才是一种不依据规
律的认识；第二，天才是一种弃绝了欲望的认识；第三，天才是
对永恒理念的认识。前两条是天才认识的条件和要求，第三条是
天才认识的对象或目的，而这三条又可以更为简明地概括为
"直观的认识"。关于天才的直观，叔本华是这样说的："天才的
性能就是能保持纯粹直观的本领，在这直观中遗忘自己，使原来
仅仅服务于意志的认识摆脱这一苦役，即是说完全无视于其兴
趣、欲望、目的，由此一时之间就放弃了其个性，以使之最终成
了纯粹的认识主体，明澈的世界之眼。"[2] 关于直观，他还说：
"虽然天才特有的和根本的认识方式是直观，但是其真正的对象
却决不是个别的事物，而是将自己显现于其中的（柏拉图）理
念……在个别中发现全体正是天才的基本特性。"[3]

---

① 　《叔本华全集》第一卷，第 331 页。
② 　同上书，第 266 页。
③ 　《叔本华全集》第二卷，第 439 页。

2. 科学的认识并非天才的认识

他首先把科学家从天才中排除出去。这根本上是基于他对科学的认识，然后另一方面也多少受到了柏拉图、康德的诱导和影响。

叔本华所理解的科学与今日的科学概念不完全一致，它主要包括有自然科学（物理学、化学、生理学）、数学、逻辑学、历史学等，哲学不仅不在科学之内，而且是性质上截然对立的学科（其实即使按着叔本华的哲学知识，也可以区别出哲学史研究和哲学创作两方面的工作，而前者是可以归入他所谓的科学范畴的，虽然在伟大哲学家那里两者很难完全区别清楚，如黑格尔著名的《哲学史讲演录》，但是作为科学的哲学史研究是普遍地存在于他那时代的哲学讲坛的）。每一门科学尽管其具体的研究对象及方法各别，每门科学也正由以成为它所是的那门科学，但是在科学名义统称之下的所有学科都是以现象及现象之间的关系为研究对象的，以逻辑、理性为其工具基础的，而且也仅仅以此为限，并不擅越雷池半步。它在现象界游刃有余，却不能在超越现象界的地方发挥任何作用。因而科学家只要其作为科学家，就永远与天才无缘。

叔本华还以经验的事实印证科学家与天才对于某一个体来说的不可兼得，例如，对于数学和艺术，他断言："从来没有一个人在这两个领域内是同样地出类拔萃。"[1] 他举出的例子有歌德和意大利剧作家阿尔菲厄瑞（Graf Vittoria Alfieri，1749—1803），前者因缺乏数学知识而屡遭诟病已是有名的文坛逸事，而后者竟至于连欧几里得的第四定理也不能理解。与此相反，通常数学家对美也没有什么感受，他说，一位法国数学家在读完拉辛的《伊斐革尼亚》后竟耸耸肩膀问道："这究竟证明了什么呢？"今天看来，我们可以用抽象思维或形象思维来解释数学与（艺术）天才的不可统一性，甚或诉诸生理学的脑理论，但这并不足以取

---

① 《叔本华全集》第一卷，第 153 页。

代叔本华的意志主义透视，如所指出，科学与哲学各有其独立的工作领域，叔本华对于经验所作的哲学说明仍是一种特殊的启示："一个聪明人，只要他是天才，并正在聪明的时候，他就不是天才，而一个天才，只要他是天才，并正是天才的时候，他就不聪明。"① 的确，科学家与天才关注的对象并关注的方式都是不同的，激发科学家兴趣的是事物的客观规律，而燃起天才激情的却是人性中永恒的奥秘；前者依靠实验、推理等接近客观真理，而后者却是在直观、悟性中窥视人性的本真形象。如果他们分别将自己的工作方式带入日常生活，势必产生两种截然不同的结果：精明和愚蠢（即所谓"大智若愚"）。（科学家与聪明人的思维方式确有一致之处，但事实上科学家并不总是生活中的聪明人，叔本华极可能有意地无视这一点，因为他否认科学家中也有天才。）

叔本华把科学与天才对立起来的做法，固然有其优点，即突出了两类认识方式的差别，但另一方面其绝对化的弊病也是不可否认的，虽然他做了某种限定，即是说，科学家与天才的对立是存在于他们分别作为科学家和天才的时候，而在其他时候，他们之间，甚至与普通人之间都没有什么区别，但是否认科学创造中的悟性和天才却是不尽符合事实的。在此，我们愿意援引黑格尔那句相反的话作为对叔本华的矫正："天才这个名词的意义很广泛，不仅可以用到艺术家身上，也可以用到伟大的将领和国王们乃至于科学界的英雄们身上。"②

3. 天才与普通人的对抗与妥协

将天才与普通人相比较是叔本华天才论的又一重要内容。如果说天才与科学的区别在于认识方式上，那么天才与普通人的不同虽然在认识方式上也有所表现，但主要的、叔本华所倾力论述的则是它们对于意志、欲望的关系，而由于在与世界的关系上，

————————

① 《叔本华全集》第一卷，第 271 页。
② 黑格尔：《美学》第一卷，第 357 页。

无论天才或普通人都是被作为认识的主体，所以二者的不同则又可具体化为其认识对于意志和欲望的关系。

叔本华首先把认识当作意志的产物。这并不能理解为是意志产出了认识，因为虽然从常识上看，认识是伴随着生命体而出现的现象，先是动物界的悟性认识，再是人类的理性认识，但是以叔本华哲学之观点看，意志作为类似于康德的自在之物或柏拉图的理念始终是那永恒的同一意志，它不生不灭、不增不减，与变化无涉；如果说意志是有"变化"或"发展"的话，那么这种变化和发展则只能理解为意志的逐级客体化：物质界、植物界、动物界、人类。认识产生于意志客体化于动物界这一级别，即产生于生命进化史上"第一只睁开的眼睛"，因而依照叔本华，准确地说，认识是意志客体化的产物，而不是生命进化即"意志"发展的结果。第二，由于认识的出现，意志仿佛为自己点燃了一盏明灯，找到了一种援助，例如在动物界就不像在植物界，意志的需求就不再只是被动的满足，而是一种主动的寻求。这时，认识表现为意志的即如动物个体保存和种族延续所要求的辅助工具。第三，认识服役于意志无论在动物界还是人类，都是一个极其普遍的事实，然而也有少数的例外，即极个别的人在极个别的情况下，其认识摆脱了为意志服务的苦役：这个别的人就是天才，个别的情况就是哲学、艺术，还有佛教的境界。

我们知道，天才按其本质来说是摆脱了意志和根据律认识方式束缚的纯粹认识主体，但是在叔本华将其与普通人做比较时，它同时又被作为生命的个体时，它不是一种纯粹的意志现象，而是潜藏着否定和超越生命意志的可能性。在《作为意志和表象的世界》中，他断定天才所具备的认识能力远远超出了其作为生命个体的需要，这超出的部分就成为不服从意志支配的、自由的纯粹认识主体。他说，这可以解释天才的个体何以总是躁动不宁：原来眼前的对象无法满足其充盈的认识能力，它如其本能地不断追求、探索，寻找新的更有观察价值的目标。而凡夫俗子则永远生活在现在之中，眼前的对象完全满足了其需要，所谓知足而长乐。32 年之后，在其《附录与补遗》中，他明确地把天才与普通人的关系表述为双重智识之于单一智识："天才是这样一种人，他具有双重智识，一个是为自己，为其意志服役的；一个是为世界的，他由于以纯粹客观的方式掌握这一世界而成为它的一面镜子。……相反，普通人却只有单一的理智，相应于天才所具有的客观只是，它可以被称为主观的智识。这种智识虽然在敏锐性和完善性上可以达到极其不同的级别，但是它却永远无法企及天才的双重智识的层次。'① 认识之于天才和普通人，在前者表现为不仅替意志服务，更主要的是能够摆脱这一苦役，成为纯粹的认识；在后者则是完全地委身于永无餍足的贪欲，作为意志的工具。对于这种关系，叔本华使用了一个形象的比喻："认识的能力，在普通人是照亮他自己道路的提灯；而在天才人物，则是普照世界的太阳。"②

在天才和普通人的关系上，可以发现，叔本华的观点是犹豫的、摇摆的；一方面他刻意把天才描绘成一个与普通人完全绝缘或对抗的世界，另一方面他又试图找出从普通人到天才或从天才到普通人的过渡以及他们的会合点。他既不能对经验事实与事实视而不见，又不愿放弃其理论的逻辑——在这方面净化和神化天才，是他从哲学整体上否定意志的一个当然贯彻，他清楚，放弃这一点无疑会动摇他自成体系的哲学大厦。他坦诚地表白心迹："天才与普通人的区别确实只是量性的，即一种程度上的差别，但是人们仍愿意视之为质性的。"③ 这里虽然使用的是不定人称代词"man"（德语词"man"是不定人称表达方式中最活跃的形式，具有泛指的意义，既可称代任一单个的人，又可称代任一群体。当其意指"我"时，暗含人人如此而"我"亦当如此的逻辑推论。叔本华使用该词的用心或修辞效果是相当微妙的，其潜台词无疑是说，人人都这样看待天才，而"我"不过是表达

---

① 《叔本华全集》第五卷，第 90 页。
② 《叔本华全集》第一卷，第 269 页。
③ 《叔本华全集》第五卷，第 92 页。

了他们的看法：由此可能纯属"我"个人的观点就取得了一种普遍性即真理性），但观点却无歧义地是叔本华的，例如 T. B. 桑德斯就确定地译之为第一人称"我"（I）①。

如上所述，在与科学、普通人的对立中叔本华完成了其对天才形象的描绘，不用说，读者一定发现了这一描绘与我们今日天才形象之间的距离和悖逆，尤其是其中显而易见的非理性、贵族性倾向。不过，另一方面，其启示性也是不可等闲视之的：第一，如果我们承认科学天才的话，那么就应该继续说明科学天才与艺术、哲学天才究竟有无、有何区别。第二，如果说生活就是美的话（叔本华是否定生活的），那么作为生活核心的生命及其种种表现形态怎样成为艺术的美？第三，如果说普通人能够进入天才的认识境界，那么天才的认识为何总是不能复制的？深思这些问题，叔本华那看似荒谬的分析和论断就不是全无价值的了。

第五节　想象——作为哲学的和批判的功能

叔本华并不在想象的研究传统之内谈论想象，这个传统就是把想象视作一种心理的功能，他基本上是以哲学的眼光来审视这一对象的。但是体积之小并不意味着无足轻重，而逸出传统却可独辟蹊径、自成高格：他确实是如此的了，现在没有任何理由可以继续无视他特殊的透视及其潜在的价值和意义，而令人信服地、顺从地达到这一点，又首先需要走过叔本华之前的那段漫漫的西方美学史——他的想象理论越过了传统，但其起跳点却又是传统，我们因而应该在一种史的比较和对照中确定其理论个性或独创性。

一　从"萎褪了的感觉"到"一切功能中的皇后"

一般而言，古希腊哲学对于想象是鄙视和排斥的，柏拉图不

---

① *Complete Essays of Schopenhauer*, Book IV, p. 100.

必说，一个连模仿性艺术都要拒绝的绝对理念者，想象在他不可能具有任何的真实性：亚里士多德虽说后来抬高了诗的位置，与哲学相仿佛，然而其《诗学》对想象是只字未提的，甚至在他的其他著作中还可以屡屡见到对想象的轻蔑和贬抑，他说："一切感觉都是真实的，而许多想象都是虚假的。假如我们的感觉官能正确地起作用，我们不会说：'我想象那是一个人'；只有在我们的感觉很不明显的时候，我们才会那么说。"因而想象就只是"萎褪了的感觉"。[①] 亚里士多德的意思很明显：想象虽非等同于错误，但它却是可能的错误。不过这里应该辨别清楚的是，如果把想象区分为复现性想象和再生性想象（包括幻想和创造性想象）的话，那么可以说，柏拉图和亚里士多德并未完全将想象逐出哲学、美学的圣地，相反他们至少是肯定了复现性想象的。

在柏拉图知识论中举足轻重的回忆说从心理学角度看实际上就是一种关于复现式想象的理论。所谓回忆，首先意味着回忆主体自身的一种心理活动，第二，这种心理活动将主体分为现在时和过去时，由主体所在的现在时移入不在当前的过去时，需要意识的分离，这一分离即是想象。回忆的希腊文为 anamnesis（拉丁音译），其中前缀 ana 的意思是由下向上或提升，mneme 则是意识、觉察和回忆。柏拉图以此词表明：灵魂本来具有某种知识，现在被遗忘了，这种知识处于不被觉察的状态，需要将它回想起来，提升到意识状态以被察知，这个过程就是回忆。当然柏拉图的这一回忆仅仅是一种复现式的想象，它无须创造，因为在回忆前，被回忆的对象就先已存在了。亚里士多德更进一步，虽《诗学》无片言只语说及想象，但想象并不在其意识之外，实际上他还隐隐约约地觉知到再生性想象在创作中的意义。《诗学》第 25 章说："诗人既然和画家与其他造型艺术家一样，是一个模仿者，那么它必须模仿下列三种对象之一：过去有的或现在有

[①] 《外国理论家作家论形象思维》，第 8 页。

的事，传说中的或人们相信的事、应当有的事。"① 模仿第一种对象是写实主义的，第二种是神话，第三种是理想主义的。如果以艺术心理学而言，第一、二种需要复现性想象——所复现的对象在第一种是实际的存在，在第二种是观念的存在，第三种则必然需要创造性想象，因为这里所拟模仿的对象只是一种可能的状态，并不一定存在，诗人必须放开自己的想象力越过现在而直取未来。此外，关于这类想象，他在《诗学》中还以不同的语词指涉过，例如第 9 章允许悲剧的"事件与人物都是虚构的"，第 17 章提到"由自己编造"的情节，第 24 章认为诗的特性在于"把谎话说得圆"——编造、说谎都是艺术虚构，而虚构不过是想象的同义语。在复现性与再生性之间，亚里士多德似乎更偏爱后者，因为他一直以为实际发生的事并不一定就是"可能发生的事"，即"按照可然律或必然律可能发生的事"，而诗人笔下的事却一定就是"可能发生的事"，这是诗的职责、生命和本质，否则诗就沦为历史了。显然《诗学》的"想象"绝非"萎褪了的感觉"或随心所欲的幻想，而是属于诗的，即合乎理性规律的艺术想象。

亚里士多德没有甄别日常的想象与诗的想象，但他关于日常想象的可能正确或错误的断语，或者也可以积极地说，它或许有时是正确的，这就为日常想象进入诗的想象无意间留下了一条通路。亚里士多德所以没有明确地这样做，也许与当时哲学、心理学对想象普遍的歧视这一总体文化氛围有关，但如果不拘泥于字面的话，应该说，想象在《诗学》中还是自有其位的。"古希腊文艺理论忽视'想象'"② 只是一种笼统之论，在经过细读之后，我们倾向于说：古希腊人尚未明确地意识到想象之于诗的重要性——这一说法是更切于实际的。

此后，在黑暗的中世纪，在光辉的文艺复兴，在新古典主义

---

① 亚里士多德：《诗学》，罗念生译，人民文学出版社 1982 年版，第 92 页。

② 《外国理论家作家论形象思维》，第 6 页。

风行的 17 世纪，想象都不时地作理智的仇敌、错觉和疯狂的等义词而遭到贬斥。莎士比亚《仲夏夜之梦》中忒修斯公爵关于想象的那段议论可能代表了当时流行的观点："情人们和疯子们都是富于纷乱的思想和成形的幻觉，他们所理会的永远不是冷静的理智所能充分了解。疯子、情人和诗人，都是幻想的产儿：疯子眼中所见的鬼，多过于广大的地狱所能容纳；情人，同样是那么疯狂，能从埃及人的黑脸上看到海伦的美貌，诗人的眼睛在神奇的狂放的一转中，便能从天上看到地下，从地下看到天上。"①。又 B. 帕斯卡尔将想象蔑称为"人性最有欺骗性的部分"、"谬误与虚妄的女主人"、"理性的敌人"，指斥它为显示自己的权威而对理性的管束和压制。② 其实，据学者考证，"家里的疯婆子"从 16 世纪就已经是想象的颇为流传的代称词了。

这就是理论发展的不平衡或新与旧的共在。但是自文艺复兴以来，总体而言，想象在艺术创作中的地位是呈现出逐渐升涨的趋势的。但丁在《神曲》中表达了对"崇高的想象"的仰慕，马佐尼在为《神曲》所做的辩护中把想象作为诗必需的能力，培根则不仅研究了想象的特性，如对事物的随意分解与重组，把诗定位与"虚构的历史"（fained historie），而且还从心理、道德、哲学的角度予以极高的评价，甚至特别值得注意的是，这位以提倡知识与科学而著称的哲人，竟将理智在价值上置身于虚构和诗之下："诗一向是被认为分有了神明的，因为，它能够使事物的外观服从于心灵的意愿。从而使心灵得以提高、上升，而理智只能使心灵拘牵并屈服从于事物的本性。"③ 此后，爱迪生、慕拉多利（L. A. Muratori），伏佛纳尔格（L. de Vauvenargues）、狄德罗、伏尔泰、孔狄亚克、卡美好的、谢林、让·保罗、黑格尔、维柯……都对想象作过肯定性研究，其中尤以维柯在《新

---

① 《莎士比亚全集》第二卷，人民文学出版社 1992 年版，第 350 页。

② 参见帕斯卡尔《思想录》，Leon Brunschving 编注本，另参见何兆武中译本，商务印书馆 1985 年版，第 41 页。

③ *Philosophies of Beauty*, ed. E. F. Carritt, Oxford, 1931, p. 55.

科学》中置之于人类文明进程所作的史的开掘引人注目。在 19
世纪想象（与情感一道）构成了浪漫主义者的美学灵魂，并经
由他们不遗余力的阐扬竟由"家里的疯婆子"攀升为"一切功
能中的皇后"（C. 波德莱尔语）。

在叔本华之前，关于想象，哲学家和文学家业已达成如下的
共识：第一，想象是一种心理的功能；第二，这种功能的本质在
于通过拆解和组织既知的事物而创造出新的事物，因而它应当是
创造性的；第三，它根本上是一种诗意即天才的性能；第四，它
既有别于纯粹的幻想，因为它需要接受理性或知解力的规范，又
不同于理性，因为它常常突破理性的约束而表现出自由的、与情
感等非理性相亲合的本性。——这就是叔本华想象理论所由以实
现其可能的推进或突破的前辈遗产即出发点。

二　直觉—想象论

对于想象的注意，叔本华的视角首先可以分作两类：一是哲
学的，再是文艺的。现在我们先说哲学。

叔本华客观上怀有把想象纳入其认识论体系的意图，尽管这
一点因着墨过少而未充分表露。我们知道，在认识论上叔本华是
崇直观而抑抽象的，他把直观（Anschauung 或 Intuition）视作一
切知识的来源和最终说明，而思想、概念不过是其肖或不肖的派
生物，他比喻说："我们的理智就好比一家发行纸币的银行。如
果健全的话它应该具有稳定的现金库存，以能够在需要时兑付其
发行的所有钞票：直觉就是现金，而概念则是纸钞。"[①] 这即等
于说，离开直观的内在保证，概念只是一钱不值的废纸。因而在
此意义上，叔本华认为，直觉可被恰当地称为"第一性的"
（primäre）、概念则为"第二性的"（sekundäre）的表象。想象
由于它与概念都是一种意识的反映，但是想象的反映却是不同于
概念的反映的，后者过滤了客体所有的可感性，仅仅留下一个相

---

① 《叔本华全集》第二卷，第 96 页。

应于它同时也相应于其他无数客体的语词形式，而前者则永远与物象相伴，与物象共存亡，所谓"思理为妙，神与物游"（刘勰语）。想象的特性也正是叔本华对直观的规定："直观的认识（die intuitive Erkenntnis）总是仅仅对个别情况有用，及于、也终于眼前最近的事物，因为官感和悟性在每一时刻原本只能把握一个客体。"① 因此就对物的具体性的依存来说，想象应该也是一种直觉活动。叔本华指出："一切原创性思想都产生于物象，这可以解释想象何以是思想的如此不可或缺的工具，而缺乏想象力的头脑（phantasielose Köpfe）又可以何以是无所成就的，除非在数学领域。"② 物象是直观的阶段性产品，因为经由物象还要上升到思想，而物象的形成过程在性质上又只能归属于直觉，所以以物象为核心的（即使从构词上也可以这么说：Einbildungskraft）想象在叔本华未曾言明的理论中无疑就是直觉的。

在被纳入认识论的想象论中，这想象论或可称作直觉—想象论，值得注意的是：第一，叔本华看重想象的物象性方面，因为物象乃思想之源，乃思想所以栖身之地，他说："如果我们要刨根究底的话，那么所有的真理、智慧，还有事物的座钟秘密，都是包含在每一真实客体之中的，而且的确也只能包含在这样的客体之中，正如金子蕴藏在岩矿里一样：问题在于如何把它抽取出来。"③ 这种看似略嫌机械、绝对的观点其实并无多大的错误，如果我们把"客体"、"矿岩"表述为自然、社会及其存在，即叔本华所理解的物质的存在及其相互作用，这倒有些接近唯物主义的认识论了，所别只在于前者是静观的，后者则为实践的。第二，想象既为直觉，且想象之"象"即物象又隐含着物之全部真实，那么这直觉—想象论实际上就已经认想象作通向真知的必然途径了，甚或说，想象就是一种特殊的知识形态。

把想象作为哲学的格物致知的途径，可能与我们的常识相抵

① 《叔本华全集》第二卷，第97页。
② 同上。
③ 同上。

制，这里不能不略作说明。叔本华认为从概念到概念即所谓理性的推理、判断不会导向新知识的产生，而只有知觉包括直觉—想象才能体会到客体的暗示，他极其自信地肯定："一切真正的、确实的知识，其最内在的核心都是一种直觉。"[①] 这里如果把叔本华的"直觉出真知"的思想稍作调整为"生活出真知"的话，那么其直觉认识论更接近我们一些。而实际上这里根本无需我们来调整，因为叔本华在具体阐说这一思想时已经把直觉描述为对生活而非对概念的感受、理解了，例如他曾多次劝告文艺作者、哲学作者应该从生活本身汲取营养，惟此才能战胜"人格化的观念"[②]，在哲学中至多只是"早已感知过的东西（即已形成为观念的东西——引者注）的回忆"[③]。我们常说，哲学是一种理性的工作，抽象思维即概念化须臾不可或离，但是对这种常识性的说法是需要作出限定的：第一，它可能更适合于哲学作为学术的研究；第二，它还可能适宜于哲学的表述过程，而真正的哲学研究即产生新知的活动在其原初意义上则更是一种灵感，一种顿悟，几无任何概念之渗入。因此，把非概念化的想象划入哲学求知的范畴应当不难理解。

三　形象—知识复现

想象与哲学的关联如果说在其直觉论中还只是意向性的，在叙述上语焉不详，有待于我们认真的索隐钩沉的话，那么在文艺论中则得到了虽不尽详赅却足以明了的阐说。

叔本华把诗歌作为一种使想象力（Einbildungskraft）活动的艺术[④]，如果从阅读和接受的角度说，他的意思就是：首先诗人的创作应该以形象的语词将其得之于生活的意向表达出来，然后读者逆向性地沿形象的语词而进入语系所传达的诗人初始直觉的

---

① 《叔本华全集》第二卷，第 96—97 页。
② 同上书，第 98 页。
③ 同上书，第 99 页。
④ 同上书，第 544 页。

图像或意境。叔本华认为，任何语词都是概念或抽象表象，无论它多么形象、生动，都不是可以直观的，因而在把本质上抽象的语词转化为具体可观的图像时，就必须充分发挥读者的想象力。想象的功能就如同今天的电视机，把电视台所发射的电波解码为视觉的画面。

叔本华注意到，并非所有的阅读都是这种形象复原式的，因而在非诗文本中，"言辞的意义是直接了知的，是准确地、明白地被掌握的，通常并无想象（Phantasmen）之介入。这是理性对理性说话，理性在自己的领域内说话。理性所传达和接受的都是抽象的概念，都是非直观的表象……"① 既然非诗文本并不传达直观的表象，因而理性的阅读当然就无必要亦无可能复现概念与直观的原始关系即形象了。叔本华说，不能设想在听一次演讲或读一本书时我们会不停地把接受的言辞译制成想象中的图画，这些图画在飞动、在变幻，绘影绘声地掠过我们的眼前，果如此，"我们的头脑里将是一场怎样的骚乱"哪！② ——这从另一方面把形象性阅读限制于诗文鉴赏，当然同时也是对其特殊性的凸现。

何以诗文独独需要形象性阅读呢？这一方面决定于诗文形象思维的本性，另一方面，叔本华认定："惟当我们不假文字而能将事物及其关系以一个十分纯粹的、清晰的直观呈现于眼前时，方才会对它们具有一个十分透彻的理解。"③ 复观或形象复现式解读对于读者鉴赏是至关重要的，但是这种重要性对于叔本华而言不只在于它应乎诗文之本性，形象的传达要求形象的接受，而更在于如前所说这形象是通向真知的必由之路，其或它自身即是一种知识形态，因而复现或进入这样的形象也就是揭露或进入一种知识，这种知识被叔本华一向规定为柏拉图的理念："诗文作者使我们想象力活动的目的是为了显露理念，即用一个例子向我

---

① 《叔本华全集》第二卷，第 78 页。
② 《叔本华全集》第一卷，第 78 页。
③ 同上书，第 96 页。

们展示生命与世界的真相。"① 如此而言，想象固然重要，但它并不是文学的最终目标，想象的价值仅在于为对理念的认识提供便利，它是工具性的和媒介性的，并无独立自足的意义。叔本华将想象置身于文学鉴赏活动，既描述了鉴赏的过程，又揭露了想象与概念（语词）、理念之关系，对此魏王弼在注《周易》时所发挥的一段话可能是中西美学史上仅见的精辟概括："夫象者，出意者也。言者，明象者也。尽义莫若象，尽象莫若言。言生于象，故可以寻言观象。意以象尽，象以言著。"② 王弼这里显然把言（概念）、象（想象之象）、意（理念）三者的关系作为鉴赏方法的理论依据，而这毫无疑问也正是叔本华的思想。当然是不同于理念的，前者侧重于主体，后者倾向于客体，不过对于叔本华哲学而言，它们都是绝对本体意志的客体化，尽管在客体化的级别上仍旧存在着一些差异。

鉴赏中的想象既是心理的，又是哲学的，其功能既是心理的，又是哲学的，其功能作为心理的在于复现作者的直观和直观的想象，作为哲学的则在于推进对理念的认识，这是叔本华关于读者方面的想象的基本观点。

四　作为批判之极

在将想象置身于作者的思维活动中予以考察时，叔本华的注意中心在于它与天才的联系。这显然是康德与浪漫主义者的传统：他们视诗为天才的特产，而想象作为创造的性能又是天才最所倚重的一种能力，甚至在康德那里，天才有时就等于想象力，但是理论研究上构架的近似只能产生外表的相仿，其内心里却是不完全相同甚或截然对立的：第一，叔本华将想象引入读者的鉴赏活动，而在康德和浪漫主义者，想象主要地被作为创造方面的才能；第二，前者的想象是认识性的，天才也体现为一种特殊的

---

① 《叔本华全集》第一卷，第 545 页。
② 《周易》卷十，四部丛书影印王弼注本。

认识，而后者的则为创造性的，因而他们更看重其拆解、组合、再造等具体的作用——这些我们都已有所涉及；第三，也许二者最根本的区别在于叔本华在把天才、想象和认识性相联结时沿用其固有的哲学思路所作的进一步发扬和推动。

叔本华将想象称作天才的"伴侣"和"前提"，或天才的基本性能。这初看仿佛就是康德和浪漫主义者的老生常谈。但是在叔本华特殊的论证下，想象却呈现出崭新的面貌。按照叔本华的界定，所谓天才就是超越眼前、深入理念的一种认识。天才当其作为生命个体时与普通人无异，他专注于当前，并在这当前中寻找满足。而天才由于其充盈而活跃的智识竟是要转化为天才的，即对眼前事物、对系于己身的超越。叔本华发现，在天才实现其作为天才的飞跃时，想象因其自身的特性天然地将赋有辅弼天才的功能：它首先地和基本地是一种心理能力，将想象者的视野推延及不在眼前的遥远的时空。进而这种心理能力如果能够由此使想象者转变为纯粹的认识主体，那么它同时也就是一种哲学的能力了。借助于想象这"不可或缺的工具"，天才进入了对于现实事物和意志关系的自由境界，叔本华描述说："有想象力的人（Phantasiebegabte）就好像能够召唤到精灵似的，精灵们在适当的时机把真理展示给他，而在事物赤裸裸的实际存在中这真理的展示只是微弱的、稀少的，并且在多数情况下也是不合时宜的。所以那没有想象力的人与他相比，就如同黏附在岩石上的贝壳之与会自由移动的甚或会飞翔的动物一样，它只能等待那送上门的机会。"①想象使天才的认识变得积极主动，他不必消极地等待客体自身的显示，也不必将视野局限于眼前的现实事物，他可以随时架着想象的翅膀从现实世界飞向理念世界。

但是另一方面，叔本华留意到，并非所有的想象都能导向理念的天国，超越于眼前事物决不自动地意味着对现象、对意志的

---

① 《叔本华全集》第二卷，第488—489页。

彻底摆脱，或者说，心理功能并不必然获致哲学功能：他区别出两类想象，仅仅是心理功能的想象是幻想，而只有同时能够将心理功能推升为哲学功能的想象才是真正的想象，才是配称为天才性能的想象，因为如同面对一个实际的客体，人们可以使用两种相反的观察方式，一种是纯客观的、天才的观照，一种是在现象界根据律中、在个体生命欲念中的占有，直观一个"想象之物"（Phantasma）也完全可以是这样相反的两种方式："用第一种方法观察，这想象之物就是认识理念的一个手段，而传达这理念的就是艺术；用第二种方式观察，这想象之物则被用以建造空中楼阁，这些空中楼阁是与私欲、个人意愿相投合的，在片刻间使人迷醉，使人欢喜。这时从如此联系在一起的想象之物人们所认识到的实际上只是它们的一些关系。玩这种游戏的人是幻想家（Phantast）。他轻易地把他那些用以独处自娱的形象混同于现实，以致使自己真实的与生活格格不入。他或许会写下他想象中的情景，这于是就有了各种类型的庸俗小说。在读者幻想自己处于主人公地位而发觉这故事很有趣时，这些小说能够使那些作者相类似的人以至广大的群众得到消遣。"① 把欲望的想象与天才的想象相区别，如前所说，叔本华的目的是试图通过对想象的提纯即净除其幻想的成分而将想象神圣视为天才专属的心理—哲学功能。幻想被界定为欲望的想象，而天才的想象则是理念的想象，于是想象与幻想的原始性区别就成了其对于意志的态度：趋附或躲避。顺带指出，叔本华由这一原则为想象与构想所做的界划在西方美学史上是最新颖的，因为我们知道，幻想习惯地被称作为非创造性的因而也是几无价值的低级心理活动，极少有人想到个人欲望与它的表里关系。——这种对幻想的成规之见可能是导致康德、歌德等对于想象即使在盛赞其为天才的心意能力、人类精神的主要功能时仍然坚持的保留态度的一个极其潜在的原因，他

---

① 《叔本华全集》第一卷，第 268 页。

们共同把知解力①、理性作为对想象的约制和导引即较高一级的意识能力，这无疑是对想象的某种程度的不信任，或将其推向幻想的暗中的力量倾向。推演想象与幻想的内在分界原则，叔本华以此为判定艺术品优劣的尺度：表达理念的是艺术，也惟此才是真正的美的艺术，而那些仅仅以宣泄和刺激欲望为目的的则是被艺术冠冕的庸常之作。应该说，这意见是鞭辟入里的，而且即便在今天仍具有一定的现实意义。

由于现实以欲望为其根底，以有限与瞬间为其形貌，想象对欲望的拒绝、对眼下事物的超越实际上也就是对现象现实、尘俗生活表现为功名利禄的对象，而仅仅执意于无限、永恒和理想，就仿佛翱翔蓝天的雄鹰，傲视蓬雀，矢志青云。想象是批判的力量，想象又是永不休止的追求。想象由心理的功能终于而成就为哲学的批判功能。

当然在叔本华，想象对于现实的批判根本上说毋宁只是一种消极的逃避——这是由意志哲学的旨趣所决定的，但是在我们，其关于想象力超凡脱俗、凌空蹈虚、澹泊致远的观点，完全可以转义为我们对一切"物役"的批判性姿态：所谓"物役"，既是视觉上的，又是内在精神上的；这"物"既是具体之物，又是物之性，即最终都可以归之于物的属性。我们相信现象，因为只有它以其对现实的距离才能鉴察出人性之种种残缺，只有它以其伟大、辽阔、幽远才能衬现出世俗之委琐、狭隘、肤浅，总之，只有它才能构成对"物役"的绝不妥协的批判性一极。

我们可以做出如下结论：叔本华不忽视想象作为心理的功能，这一点与传统相通，但是他主要地是把想象作为哲学的和批判的功能的，这是他的卓越之处，也是他对想象论的西方美学史的重大贡献。如果说 19 世纪文论（作为美学的一个部类）收获了对想象的重视，而且是其最伟大的收获，那么其中对于叔本华

---

① 朱光潜先生将 Verstand 译为"知解力"而非通译的"悟性"或"理解力"，似更准确地传达出康德的原意。见其《西方美学史》下卷，人民文学出版社 1979 年版，第 355 页脚注①。此处从朱译。

的想象论是不能不予以特别的彰扬的，它不应当再默默无闻下去了。

五　疯癫与天才

叔本华以经验和事实锁定了已经虚证但尚不稳固的天才与疯癫的姻缘关系。他首先证以伟大作家的生平行止，这样的例子有卢梭、拜伦、维多里奥·阿尔菲耶里。他未做哪怕是稍许展开一点的解释，因为这些天才人物的履迹或实践都已为当时的读者所熟知：卢梭避难英国时患有严重的被害妄想型精神分裂症，他竟至于将给他以无私救助的知己朋友休谟疑作一场欲置其于死地的阴谋的实施者。拜伦、阿尔菲耶里虽未真的走进疯人院，但其怪谲、狂躁、忧郁和绝望的个性气质实际上已与疯癫相距弗远。歌德的诗剧《托夸多·塔索》，叔本华认为，除了展现天才的痛苦以及本性上的殉道精神之外，其价值正在于描绘了天才走向疯癫的必然性过程：似乎歌德以此支持了他的论证。其实，这里是不必援引歌德的，真实历史上的意大利天才诗人塔索是一个远较有力的证据：他一生曾两度精神失常，而且在被囚禁于疯人院的 7 年间竟写下了大量的作品，被称颂为当时最有才华的诗人。如果仅仅从天才人物的传记角度考证，而不是他的胜利心理与创作的关系，这方面有着太多的争议，那么叔本华"疯癫"的天才名单还可以继续和无尽地开列下去：雪莱、柯勒律治、巴尔扎克、莫泊桑、陀思妥耶夫斯基、海明威、尤金·奥尼尔……也包括那个严词拒绝疯癫最后也不幸疯癫了的查尔斯·兰姆。

在天才中寻找疯癫，然后叔本华反过来又在疯癫中发现天才，他试图以个人名义再次证实天才与疯癫的亲邻。他说："在经常参观疯人院时，我曾发现个别的患者具有无可置疑的特殊禀赋，而且他们的天才又是经由他们的疯癫而清晰地透露出来，不过疯癫在这里总是占有绝对的上风而已。"① 在疯癫中表现出天

---

① 《叔本华全集》第一卷，第 273 页。

才，这可能是一个极有价值的命题，然而由于叔本华不愿意把天才简单地等视为疯癫，并且他主要是哲学地审视二者的关系的，所以对于这样一个涉及具体创作活动的，需要借助于生理学、心理学的，或许一经深入便走向天才即疯癫的结论的研究课题，他只能是浅尝辄止了。早在他 23 岁时的 1811 年，在坚决地批判费希特将疯癫视为一种动物性时，他就已经认定了二者的亲密关系："不管天才与疯癫是多么的与众不同，但它们之间的密切是甚于前者与正常理智以及后者与动物的。"①

要真正揭开天才与疯癫的关系的奥秘，叔本华以为，须以对疯癫本身的研究即对"何谓疯癫"问题的实证性解答为前提。在对于疯癫所做的实证性研究中，叔本华关注的是两个问题：一是疯癫的症候，二是疯癫的起因。

关于疯癫的症候或曰总体性特征，他发现，这类特殊的心身疾病一般总是与记忆相关。健全的大脑具有完全的回忆功能，虽然这并非说，记忆可以储存和保鲜过往的一切，无情的时间之流不断地冲刷着记忆的蜡版，曾经刻下过深深印痕的情事会逐渐被消损、淡忘，相近的任务或场景会逐渐走向重合而被混同，事件发生的具体细节甚至时间、地点都可能变得模糊失序，但是对于正常而富于活性的意识，那些从某一角度而言特殊或重要的事件是可以被不断地予以复现的，事件间的大致性因果关系也不至于记错，疯癫的大脑不缺乏常人的理性，它依然能够推理、判断、识别，甚或葆有一定的记忆，常见疯人对于某些材料可以倒背如流，也会辨认出久别重逢的亲友。然而疯人的理性和记忆却是相当有限的：第一，其理性仅次于眼前的事物及其单纯而显露的逻辑，叔本华认为，这与动物的认识方式无异，而且当他试图将眼前的事物与过去的或不在眼前的相联系，即一当其理性超出眼前的、当时的阈限，认识便立即陷入混乱，他不能区别过去与现在、缺席与在场、观念与现实，而常常将前者误作后者或将其二

_____

① 　Arthur Schopenhauer, *Der handschriftiche Nachlaß*, Band 2, S. 18.

者相糅合，随心所欲地再造出一种不可理喻的存在。

疯人的理性的局限第二还表现在，当其回溯往事即行使回忆的职能时，它所抓住的只是个别的事件，个别的人物，个别的场景、图像、时刻……它们宛若茕茕孑立于沧溟之上的孤岛，迢遥相隔而无由欢聚，原初的联结隐没于漆黑的无底深渊那思虑无及的水面下的潜在。叔本华发现，要问明一个疯子的生活履历是难乎其难的，这不仅因为他寸步不离于使他梦魂萦绕的那个"孤岛"，而且如前说的在找不到事件的因果关系时，他总是以虚构相替代，于是"在他的记忆中，真的和假的是愈来愈混淆不清了"。[①]

疯人既不能清晰地认识当前，又不能完整准确理解过去，这原因在于他丧失了记忆，并常常以虚构作弥补，认虚幻为事实。所谓"记忆"，在叔本华意味着对过去经历的连续不断的即依因果关系的意识复现，而失去记忆是"记忆的线索"（der Faden des Gedächtnisses）被切断了——叔本华将这种记忆被切断的状态称作"疯癫"，即作为疯癫的最根本的特征。

指出叔本华实证性研究的实证性影响不是我们的主要目的，也不是叔本华研究疯癫问题的主观意图，如前所说，他的意图在于以此为形而上学地攀进天才与艺术创造的堂奥而披斩路径。因而他对疯癫的症候和起因的考察，与其是趋向于实证的，勿如说是趋向于哲学的。当他把疯癫作为实证的对象时，它通常只是一种病态，一种记忆断裂和思维混乱，与"痴呆（Blodsinn）"、"老昏（hohes Alter）"、"疾病（Krankheit）"、"脑挫伤（Gehirn-verletzung）"[②]、"谵妄（Delirium）"[③] 几可同日而语。而当其被置于哲学的透视之下时，它就已经是天才及其艺术创造的象征了：第一，疯癫在于对记忆这类基于根据律的认识方式的拒绝。第二，疯癫所认识的对象是孤立的"个别"——天才静观的对

① 《叔本华全集》第一卷，第 275 页。
② 《叔本华全集》第二卷，第 276、309 页。
③ 《叔本华全集》第五卷，第 714 页。

象虽然是"个别"、"现在"，但由于被从其所属关系的链条上割除下来，于是就成为类的代表，成为事物的真正本质。第三，疯癫虚构出自主的世界，而天才亦构造出不接受他律的自法则的世界。当叔本华说"疯癫是一个长长的梦，而梦则是一个短短的疯癫"[①] 时，他无异于先自从现实世界划出了一方独立的天地。天才个体所以走向疯癫，或者反过来疯癫中有天才火光之迸射，盖出于它们在认识和思维方式以及由此所决定的行为方式上的交错和叠合。

把疯癫引进哲学的美学，叔本华无论如何都将被定格为一个非理性主义者，但是与 20 世纪艺术创造心理学中的极端主义者所不同的是，他并不承认作为病态的疯癫与艺术认识间的关系的直接性，疯癫就是疯癫，艺术就是艺术，二者只有相似而绝不等同，这就实际上已经把疯癫从艺术创造活动中清除了出去，或者说在艺术中，他只认取哲学的疯癫，而不接受生理—心理的疯癫——到他这里西方美学史上总是纠缠不清的疯癫与艺术的关系终于获得了最清晰的一种说明或最干净的一种切割。在这样的限定中，他以疯癫作为解释工具对艺术创造本质及特点的揭示，应该说也是有片面的积极意义的，艺术的直观性、非因果性、虚构性等非理性方面被呈现出来，而这些方面又是一门完整的艺术科学所不能不予以充分的注意的。在艺术的认识或创造中，比较于理性而言，非理性即使不是隐没于水面之下的更加巨大的冰山，但也绝非相形见小甚或可以忽略的沙砾。作为对文艺复兴以来的日甚一日的科学霸权的抗争，叔本华对疯癫所喻指的思维方式亦即人性中被遮蔽的另一面在艺术领域的重视和弘扬，无疑具有某种补偏救弊的意义，如果说这一意义在叔本华自己的时代由于理性的强势而宛若空谷足音的话，那么在 20 世纪弗洛伊德、乔伊斯、马尔库塞和福柯等人风靡东西方世界的经典性著述中就已经

---

① Arthur Schopenhauer, *Der handschriftliche Nachlaß*, Band 3, S. 261. 又见《叔本华全集》第四卷，第 281 页，文字略有出入。

是一个众声喧哗的现代文化主题了。哲学家或天才的存在价值也许正在于其被接受的悲剧命运。叔本华经历了这样的悲剧，其天才思想的价值也最终得到了承认。

第六节　叔本华对后世的影响

一　迟到的荣誉

叔本华是以悲观主义著称于世的，但是对于其意志哲学的命运，他从来是自信乃至狂妄的，在他的主要著作《作为意志和表象的世界》勉强出版以后的长达三十余年的漫长而备受冷遇的岁月里，他始终保持着乐观的期待。天遂人愿，晚年他终于看到了纷至沓来的荣誉和鲜花：1854 年，丹麦哲学家、存在主义鼻祖索伦·克尔凯郭尔称赞他是对"黑格尔哲学和全部学究式哲学"唯一不留情面的德国人，"一位无可置疑的重要作家……尽管我完全不同意他的学说，然而在许多方面他都打动了我"①。同年，音乐大师理查德·瓦格纳赠送他一本《尼伯龙根的指环》，里面题写着："谨表景慕与谢意"。1856 年，莱比锡大学设立叔本华评论奖。1857 年，德国各主要大学如波恩、耶拿、布莱斯劳已纷纷开设了叔本华哲学课程。1858 年 2 月 22 日，叔本华 70 寿辰，贺函从四面八方向他涌来，死后，他更是声名远播。从 19 世纪后半期以来以至整个 20 世纪，他的哲学征服了全世界，如果从学科领域上说，其影响已超及哲学、宗教、心理学、语言学、文学，等等。虽然在纯粹哲学方面，或许由于科学主义的独霸，叔本华乏有追随者，但是，在文学艺术方面，如英国学者布莱恩麦基所指出的：叔本华对一流创造性艺术家的影响可能超过了自他那时代以来的，甚或自古希腊以来的任何一位哲学

①　*The Journals of S ¢ ren Kierkegaard：A Selection*，ed. and trans. by Alexander Dru，Oxford University Press，1938，1319ff.

家。在人生哲学方面，他也有着众多大师级的继承者，凡谈论人生者，皆绕不过叔本华的生命意志、痛苦和无聊、欲望和寂灭。他的美学思想对后世的哲学家的美学的影响也是巨大而深入的，如尼采、柏格森、狄尔泰、弗洛伊德、维特根斯坦、杜威、海德格尔、萨特等等。

叔本华曾宣布，他的哲学并不企图证明世界的本体，而只是说明世界是什么。这一宣言尽管对于他的哲学内容本身并无多少意义，但是对于德国哲学史来说却透露出一个重要信息：形而上学不应该继续成为新一代哲学的最终目标。叔本华把黑格尔所谓概念的逻辑运动重新表述，不是概念而是意志演化了整个自然与人生。意志是盲目的自然之力，表现于矿物界、植物界、动物界，在人类就是那永无满足的欲望、渴求。曾经被作为"理性的狡诈"的手段或玩偶的人类的激情、意欲，现在成了这个世界的本体或世界本身。不存在支配万物的也包括意志的概念，而"世界即意志"。从前的哲学史家只是看到这种意志对概念的置换的非理性转向，其实当把概念奉为宇宙的绝对法则时，这种理论与对万能上帝的信仰就已经隐约在望了，因而理性与非理性的对立不是终极性的，它仅仅在认识论这样一个浮表层上才有意义。叔本华所开辟的方向代表着德国哲学朝着现实精神的努力，即由高贵、静穆、和谐、统一的古典美向着世俗、嘈杂、零乱和破坏性的现代趣味的转移，即由整个欧陆传统对超验的追寻，不管是神学的抑或哲学的，转向对现象的、可感的、本真的人类生活的重视。

二　在哲学领域以外

所以，可以理解的是，为什么叔本华也可以在哲学以外的文化领域产生巨大而持续的影响，例如对于列夫·托尔斯泰、陀思妥耶夫斯基、费特、托马斯·哈代、艾略特、托马斯·曼以及中国的王国维等人。原因倒不在于如语言哲学家维特根斯坦所批评的在每一个需要精细和深入的地方他都止步不前或绕道而行，真

正的原因在于他对人类世俗生活的关切（不管他最终的价值是
东方佛学的遁世绝念或基督教神学的天国召唤），在于他把人及
其情欲作为哲学研究的中心在西方哲学史上所具有开山的意义，
以及对于那些以人类世俗生活为工作对象的作家与艺术家所闪射
的理论魅力。

叔本华对后世的影响，最重要的莫过于悲观主义。正如鲍桑
葵所言："文明欧洲的流行的悲观主义和神秘主义在很大程度上
是起源于叔本华的。"① 从社会根源看，叔本华的悲观主义哲学
是对资本主义腐朽没落的哀叹，反映了当时德国资产阶级黯淡的
前途。但也不能否认，叔本华的有些论述是针对人类一般的处境
而言的，这不是什么空洞的伤感，而是实实在在的困惑。

纵观叔本华整个悲观主义哲学体系，他以意志和表象的理论
为哲学基础，并将其运用于人本身，从而得出人生本质是痛苦和
无聊的结论，面对这一状况，叔本华剖析了各种各样的人生态
度。在叔本华看来，利己主义是开端，而同情伦理学是展开，最
高境界则是禁欲的神秘主义。在这一体系中，核心是痛苦、无聊
的人生本质，而对生命意志的否定则是必然的结论。所以尽管叔
本华声明自己不提供任何一种道德标准，但实际上，他是赞赏对
生命意志的否定的，他认为这才是救世的灵丹妙药。在发现了人
生痛苦的本质之后，叔本华给人们指点了审美与禁欲两条解脱途
径。后来的哲学家基本上接受了他的审美解脱一途。

三　与 20 世纪存在主义

叔本华的悲观主义主要在存在主义人本主义潮流中得到回
响，在尼采、克尔凯郭尔、海德格尔、萨特、加缪等人身上，我
们都可以看到同叔本华相似的强烈的悲观主义色彩。

尼采是对 20 世纪影响最大的 19 世纪哲学家之一，作为存在

① 罗素：《西方哲学史》（下），何兆武等译，商务印书馆 1982 年版。第 303
页。

主义的一个先驱人物，他基本上接受了叔本华的非理性主义意志本体论和抬高直觉贬低理性的认识思想，也基本上接受了叔本华的悲观主义人生观。他说："只有一个世界，这个世界虚无，矛盾，有诱惑力，无意义，这样一个世界是真实的世界。"① 尼采的哲学和美学表达了世纪交替时期西方人那种迷惘、焦虑、孤独无依的失落情绪。尽管在放逐了上帝之后，尼采也放弃了叔本华的禁欲或自杀之道，而肯定人生的积极进取精神，鼓励人们追求审美人生。但是另一方面，他对人的进取并不抱有必胜的信念。正如周国平所分析的："很清楚，不论尼采怎样强调艺术比真理更本原，更形而上学，更神圣，更有价值，只要他认定悲观主义是真理而艺术只是谎言，他就无论如何不能掩饰自己坠入悲观主义深渊的事实。"②

存在主义的另一个先驱人物克尔凯郭尔的思想也深受叔本华的影响，只不过克尔凯郭尔与叔本华的关系不如尼采和叔本华之间那么直接和明显而已。克尔凯郭尔曾阅读了叔本华的著作，并且对他十分敬重，他认为自己在不少方面，和叔本华的心灵是相通的。

海德格尔和萨特是把存在主义发展到顶峰的两个哲学家，无论是试图通过个体去建立一种人学本体论，还是以死亡为边界审视意志自由，他们都受到叔本华思想的启发。贝霍夫斯基在他所撰《叔本华》一书《文化颓废的先知》一章中，对此有详细的论述："海德格尔在他的《形而上学》一书中谈到当代的一个幻影，即老是萦绕在我们心头而找不到答案的问题：为了什么？因为什么？为什么？他提出的人'被抛'在世界上的原理以及整个海德格尔的非理性存在观，无非是本着叔本华精神的社会悲观

---

① 尼采：《快乐的科学》，黄明嘉译，漓江出版社 2000 年版。第 126 页。
② 周国平：《从酒神冲动到权力意志》，载于《外国美学》第二辑，商务印书馆 1986 年版。第 203—204 页。

主义哲学。"①

　　总之，叔本华的美学思想结束了以黑格尔为代表的德国古典美学的理性主义道路，开辟了现代西方美学的新方向，即用意志取代理性，抬高直观，贬低反思，从而为美学的非理性主义化奠定了理论基础，成为现代西方美学非理性潮流的第一位真正的先驱。

---

　　①　贝霍夫斯基：《叔本华》，刘金泉译，中国社会科学出版社 1987 年版。第 176 页。

第九章　尼采美学

弗里德里希·威廉·尼采（Friedrich Wilhelm Nietzsche，1844—1900）是 19 世纪下半期德意志最重要的哲学家和思想家。他对现代西方哲学、美学以至社会思想的发展具有很大的影响。

1844 年 10 月 15 日，尼采出生于德意志的吕肯的一个乡村牧师家庭，他的祖先直至他的父母双亲都以教会事务为职业。因此家庭里的宗教气氛十分浓厚，这可能对造成这位未来的哲学家对宗教的强烈逆反心理不无关系。尼采于 5 岁丧父，由母亲抚育成人。他在 14 岁时进入著名的普佛尔塔寄宿学校学习，这个学校培育了诸如费希特、诺瓦利斯和施莱格尔等德意志文化名人。1864 年，尼采进入波恩大学学习语文学和神学，但他很快就放弃了神学，同时也开始反思并日渐放弃基督教信仰。一年后，他转入莱比锡大学，以优异成绩毕业并获得博士学位。1869 年，尼采被破格任命为瑞士巴塞尔大学古典语文学教授，时年仅 25 岁。1871 年后，他陆续发表了不少著作，但经常因病修养。至 1880 年，他终于因健康问题辞去教职，以后 10 年间他去意大利、法国和瑞士等国旅行、治疗疾病并继续从事著述。1889 年尼采精神失常，被送进精神病院，后一直未能康复，在德国魏玛居住直到去世。

在西方近代思想史上，尼采一直是一个有争议的人物。人们从不同的观点对他的思想作出了各种解释和评价。他的主要著作有《悲剧的诞生》、《查拉图斯特拉如是说》和《权力意志》等。

第一节　关于《悲剧的诞生》

一　独特之处的由来：叔本华和瓦格纳

《悲剧的诞生》是尼采的第一部正式出版的著作，发表于 1872 年 1 月，从美学角度看，它始终是尼采最重要的一部代表作，阐述了他的最有影响的美学思想，因而值得作重点的阐释。

《悲剧的诞生》一书的最独特之处是对古希腊酒神现象的极端重视。这种现象基本上靠民间口头秘传，缺乏文字资料，一向为正宗的古典学术所不屑。尼采却把它当作理解高雅的希腊悲剧、希腊艺术、希腊精神的钥匙。还在写作此书时，一个朋友对他的酒神理论感到疑惑，要求证据，他在一封信中说："证据怎样才算是可靠的呢？有人在努力接近谜样事物的源头，而现在，可敬的读者却要求全部问题用一个证据来办妥，好像阿波罗亲口说的那样。"[1]在晚期著述中，他更明确地表示，在《悲剧的诞生》中，他是凭借他"最内在的经验"理解了"奇异的酒神现象"，并"把酒神精神转变为一种哲学激情"。[2]

那么，为了把握该书的内涵，我们不得不问，尼采所说的那种使他得以理解酒神现象的"最内在的经验"是什么。据我分析，其中最重要的因素有二，一是他对叔本华哲学的接受，一是他与瓦格纳的亲密友谊。关于这一点，尼采当时的朋友 Heinrich Romundt 于 1869 年 5 月 4 日写给他的一封信也提供了一点消息。那时尼采刚开始酝酿他的希腊悲剧研究，必定经常和朋友谈论自己的想法，这封信中列举了他们之间谈及的话题，主要是：希腊悲观主义在叔本华哲学中的再现；索福克勒斯在瓦格纳的未来戏

---

[1] 转引自 Friedrich Nietzsche：Chronik in Bildern and Texten（《尼采传记图文版》），Carl Hanser Verlag, München-Wien 2000，第 247 页。以下引该书皆简称为 Chronik。

[2] 《看哪，这人》，《悲剧的诞生》2、3，见《悲剧的诞生——尼采美学文选（修订本）》，周国平译，北岳文艺出版社 2004 版，第 335、336 页。以下引该书皆简称为《尼采美学文选》。

剧中的复活；音乐之作为全部艺术哲学的钥匙。① 这三个话题向我们透露，是叔本华哲学使他关注希腊悲观主义，是瓦格纳戏剧使他关注希腊悲剧艺术，而对音乐作用的重视也是来自对叔本华理论的接受和对瓦格纳音乐的体验。由此可见，在《悲剧的诞生》主导思想的形成中，叔本华和瓦格纳的影响不容忽视。

尼采在大学生时代读到《作为意志和表象的世界》，立刻成为叔本华的狂热信徒。不过，与其说他在叔本华哲学中发现了希腊悲观主义的再现，不如说他用叔本华哲学的眼光发现了希腊悲观主义。用悲观主义和对悲观主义的反抗解释希腊人的天性和希腊文化的本质，这基本上是他的发明，而这一发明无疑是和他对人生的悲观体验与思考分不开的。在一定意义上可以说，他是把自己的悲观心理移植到希腊人身上去了。也正因为从悲观主义的内在经验出发，他才会特别注意酒神秘仪现象，从秘仪中人的纵欲自弃状态中看出了希腊人对于生存痛苦的深刻感悟。但是，在《悲剧的诞生》中，我们看到的不仅是叔本华悲观主义的影响，更是对叔本华悲观主义的反抗和超越。尼采关注的重心是放在希腊人如何依靠艺术战胜生存痛苦上面，由此而形成了"艺术形而上学"思想。尼采当时就已在一封信中清楚地指出："你从中处处会发现研究叔本华的成果，包括在文体方面，但是，作为其背景的一种特别的艺术形而上学却是我的独创。"② 叔本华停留于悲观主义，尼采却由悲观主义出发走向对悲观主义的反抗，这一分歧导致了尼采后来与叔本华哲学决裂。所以，全面地看，在尼采的内在经验中交织着悲观主义和对悲观主义的紧张斗争，使他在希腊人身上既发现了悲观主义，也发现了战胜悲观主义的力量。

《悲剧的诞生》一书从酝酿到正式出版的三年，正是尼采与瓦格纳从结识到他们的友谊达于最热烈状态的时期。事实上，尼

---

① 参看《校勘研究版尼采全集》注释，KSA Bd. 14，S. 41。

② 转引自 Chronik2000，S. 247。

采写作此书的动机之一是受了瓦格纳音乐事业的鼓舞，而把希腊悲剧文化复兴的希望寄托在了瓦格纳身上。这本书的前言就是献给瓦格纳的，他在前言中动人地表示，他写作时的心情就"像是面对面地对您倾谈，而且只能把适于当面倾谈的东西记了下来"。在正文中，他也充满信心地宣告："一种力量已经从德国精神的酒神根基中兴起……这就是德国音乐，我们主要是指它的从巴赫到贝多芬、从贝多芬到瓦格纳的伟大光辉历程。"[①]　在和瓦格纳决裂后，尼采仍然承认："这本书就是为他而写的。"[②]　然而，此时他检讨说，这正是《悲剧的诞生》的一个"极严重的缺点"，"我以混入当代事物而根本损害了我所面临的伟大的希腊问题！……我根据德国近期音乐便开口奢谈'德国精神'，仿佛它正在显身，正在重新发现自己……在这期间我已懂得完全不抱希望和毫不怜惜地看待'德国精神'，也同样如此看待德国音乐，把它看作彻头彻尾的浪漫主义，一切可能的艺术形式中最非希腊的形式……"[③]　他还遗憾地说：《悲剧的诞生》"是靠了它的错误发生影响甚至使人着迷的——这错误便是它对瓦格纳主义的利用，似乎瓦格纳主义是一种向上的征象"。并且抱怨《悲剧从音乐精神中的诞生》这个书名发生了误导作用，使得"人们只注意瓦格纳的艺术、意图和使命的新公式——却忽略了隐藏在这部作品之基础中的真正价值"。[④]　按照这种说法，仿佛是他试图利用瓦格纳主义来宣传自己的理论，结果反而被瓦格纳主义利用，给它做了宣传。

事情当然不是这样简单。在《悲剧的诞生》中，尼采专门描述了他听瓦格纳歌剧《特里斯坦和伊索尔德》第三幕的音乐时的感受："一个人在这场合宛如把耳朵紧贴世界意志的心房，感觉到狂烈的生存欲望像轰鸣的急流或像水花飞溅的小溪由此

---

① 《悲剧的诞生》前言、19，见《尼采美学文选》，第1、79页。
② 《自我批判的尝试》，2，见《尼采美学文选》，第264页。
③ 《自我批判的尝试》，6，见《尼采美学文选》，第269页。
④ 《看哪，这人》，《悲剧的诞生》，1，见《尼采美学文选》，第334页。

流向世界的一切血管，他不会突然惊厥吗？他以个人的可怜脆弱的躯壳，岂能忍受发自'世界黑夜的广大空间'的无数欢呼和哀号的回响，而不在这形而上学的牧羊舞中不断逃避他的原始家乡呢？"① 这完全是他的亲身感受。尼采自小并且终身酷爱音乐，他之接受叔本华的音乐直接表现世界意志的观点绝不是一种抽象的认识，而是有他对音乐的内在经验作为基础的。我们可以设想，瓦格纳当时所进行的宏大的音乐剧试验对于他的想象力是一个有力的激发，使他自以为揣摩到了早已失传的希腊酒神颂的真谛，启发他从音乐创造形象的能力着手来解决悲剧起源的难题。

不管尼采当时怎样处在叔本华和瓦格纳的影响之下，我们终究可以同意他后来的自我评价，他说《悲剧的诞生》是"一部充满青年人的勇气和青年人的忧伤的青年之作，即使在似乎折服于一个权威并表现出真诚敬意的地方，也仍然毫不盲从，傲然独立"。② 这句话是针对瓦格纳说的，也适用于他对叔本华的态度。的确，在《悲剧的诞生》中，他绝非是盲从任何权威的信徒，而已是一个独立的哲学家，他的哲学之路将把他引向任何权威都未尝到达的高度。

二　尼采关注的两个问题

作为一个哲学家，尼采当时所关注的主要问题是什么？主要是两个问题，一是生命意义问题，二是现代文化批判。在《悲剧的诞生》中，这两个问题贯穿全书，前者表现为由酒神现象而理解希腊艺术进而提出为世界和人生作审美辩护的艺术形而上学这一条线索，后者表现为对苏格拉底理性主义的批判这一条线索。尼采后来在回顾《悲剧的诞生》时总结说："书中有两点决定性的创新，第一是对希腊人的酒神现象的理解——为它提供了

---

① 《悲剧的诞生》，21，见《尼采美学文选》，第85页。
② 《自我批判的尝试》，2，见《尼采美学文选》，第264页。

第一部心理学，把它看作全部希腊艺术的根源；第二是对苏格拉底主义的理解，苏格拉底第一次被认作希腊衰亡的工具，颓废的典型。"① 这一段话点明了《悲剧的诞生》的两个主题。当然，在这两个问题之间有着内在的联系。根本的问题只有一个，就是如何为本无意义的世界和人生创造出一种最有说服力的意义来。尼采的结论是，由酒神现象和希腊艺术所启示的那种悲剧世界观为我们树立了这一创造的楷模，而希腊悲剧灭亡于苏格拉底主义则表明理性主义世界观是与这一创造背道而驰的。因此，《悲剧的诞生》表面上是一部美学著作，实质上一部哲学著作。在这部著作中，尼采是在借艺术谈人生，借悲剧艺术谈人生悲剧，酒神和日神是作为人生的两位救主登上尼采的美学舞台的。

综观尼采后来的全部思想发展，我们可以看到，他早期所关注的两个主要问题始终占据着中心位置，演化出了他的所有最重要的哲学观点。一方面，从热情肯定生命意志的酒神哲学中发展出了权力意志理论和超人学说。尼采在论希腊悲剧时说，希腊悲剧的惟一主角是酒神狄俄尼索斯，埃斯库罗斯笔下的普罗米修斯、索福克勒斯笔下的俄狄浦斯都只是酒神的化身。我们同样可以说，尼采哲学的惟一主角是酒神精神，权力意志、超人、查拉图斯特拉都只是酒神精神的化身。在他的哲学舞台上，一开始就出场的酒神后来再也没有退场，只是变换面具而已。另一方面，对苏格拉底主义的批判扩展和深化成了对两千年来以柏拉图的世界二分模式为范型的欧洲整个传统形而上学的全面批判，对基督教道德的批判，以及对一切价值的重估。尼采自己说："《悲剧的诞生》是我的第一个一切价值的重估：我借此又回到了我的愿望和我的能力由之生长的土地上。"②我们确实应该把他的这第一部哲学著作看作他一生的主

---

① 《看哪，这人》，《悲剧的诞生》，1，见《尼采美学文选》，第334—335页。
② 《偶像的黄昏》，《我感谢古人什么》，5，见《尼采美学文选》，第326页。

要哲学思想的诞生地，从中来发现能够帮助我们正确解读他的后期哲学的密码。

第二节　日神和酒神：世界的二元艺术冲动

一　日神的概念

在《悲剧的诞生》中，日神（Apollo）和酒神（Dionysus）——或者日神因素（das Aollonische）和酒神因素（das Dionysische）——是一对核心概念。阿波罗和狄俄尼索斯是希腊神话中两个神灵的名字。希腊神话中有名字的重要神灵将近三百个，尼采从中单单挑出这两个名字，"借用"来做他分析希腊艺术乃至全部艺术问题的核心概念。他认为，用这两个概念能够最准确地把握希腊艺术的精神，正是通过这两位"艺术之神"，希腊人向我们传达了"他们的艺术直观的意味深长的秘训"。[1]

阿波罗是希腊神话中的太阳神，主管光明、青春、医药、畜牧、音乐、诗歌等。在奥林匹斯神话的谱系中，阿波罗具有重要地位。他是主神宙斯所宠爱的儿子，宙斯把他的诞生地提洛斯确立为希腊的中心。与此相应，日神信仰在希腊具有正宗地位，阿波罗被视为希腊的开国之神，其神殿筑于希腊宗教的中心德尔菲（Delphi），在那里阿波罗借神巫之口宣说神谕。尼采把阿波罗看得更重要，甚至比宙斯重要，在他看来，真正的奥林匹斯之父不是宙斯而是阿波罗。"体现在日神身上的同一个冲动，归根到底分娩出了整个奥林匹斯世界，在这个意义上，我们可以把日神看作奥林匹斯之父。"[2] 也就是说，日神是整个奥林匹斯精神的代表，为我们解开希腊神话之谜提供了一把可靠钥匙。

尼采把日神用作一个象征性概念，主要是着眼于日神作为光明之神的含义。"日神……按照其语源，他是'发光者'（der

---

① 《悲剧的诞生》，1，见《尼采美学文选》，第2页。
② 《悲剧的诞生》，3，见《尼采美学文选》，第10页。

Scheinende），是光明之神，也支配着内在的幻觉世界的美丽外观（Schein）。""日神本身理应被看作个体化原理的壮丽的神圣形象，他的表情和目光向我们表明了'外观'的全部喜悦、智慧及其美丽。"① 请注意"外观"这个关键词。在德语中，Schein 一词兼有光明和外观的含义，而这两种含义又与美发生了一种联系。作为光明之神，阿波罗以其光照使世界呈现美的外观。世界本身无所谓美，美的外观既然是外观，就不属于世界本身，而是属于"内在的幻觉世界"。尼采给日神的含义下了一个明确的界定："我们用日神的名字统称美的外观的无数幻觉"。② 制造出美的外观来美化世界，使人爱恋人生，这正是日神的智慧。

　　无论日神冲动还是酒神冲动，都具有非理性的性质。经常有人把日神解释为理性，把酒神解释为非理性，这显然是误解。事实上，就在《悲剧的诞生》中，尼采本人业已与这种误解划清了界限。他批评欧里庇得斯的戏剧用冷静的思考取代日神的直观，用炽烈的情感取代酒神的兴奋，指出二者皆不属于"两种仅有的艺术冲动即日神冲动和酒神冲动的范围"，并断言希腊悲剧恰恰死于"理解然后美"的理性主义原则。③ 我们应记住，尼采始终视理性为扼杀本能的力量，他谴责苏格拉底的理性哲学扼杀了希腊人的艺术本能，被扼杀的既包括酒神冲动，也包括日神冲动。后来他对二元冲动的非理性性质有更加清楚的说明："日神状态，酒神状态。艺术本身就像一种自然的强力一样借这两种状态表现在人身上，支配着他，不管他是否愿意；或作为驱向幻觉之迫力，或作为驱向放纵之迫力。"④ "日神的醉首先使眼睛激动，于是眼睛获得了幻觉能力……在酒神状态中，却是整个情绪

---

① 《悲剧的诞生》，1，见《尼采美学文选》，第4—5页。
② 《悲剧的诞生》，25，见《尼采美学文选》，第99页。
③ 《悲剧的诞生》，12，见《尼采美学文选》，第48—49页。
④ 《权力意志》，798，见《尼采美学文选》，第340页。

系统激动亢奋……"① 我们据此可以简明地把日神定义为外观的幻觉，把酒神定义为情绪的放纵，二者都如同自然的强力一样支配着人，却不为人的理性所支配。日神和酒神都植根于人的至深本能，前者是个体的人借外观的幻觉自我肯定的冲动，后者是个体的人自我否定而复归世界本体的冲动。

二　酒神的概念

狄俄尼索斯也是奥林匹斯众神之一员，然而，与阿波罗完全不同，他之入祠奥林匹斯神山是在荷马之后很久的事情了。② 尼采把狄俄尼索斯用做一种艺术力量的象征，应该说是他的首创。在奥林匹斯神话中，掌管音乐和诗歌的阿波罗本来就是一个艺术神，而狄俄尼索斯作为艺术神的身份并不清晰。尼采不是依据正统的奥林匹斯神话，而是依据荷马之后关于酒神秘仪和民间酒神节庆的传说来立论的，从中引出了酒神冲动，并视为比日神冲动更为深刻的另一种艺术力量，形成了他的二元艺术冲动学说。

酒神崇拜源自亚洲，其源头可以追溯到原始时代的农民巫术，对植物之神、谷物之神的崇奉，对生殖和丰收的崇拜。在酒神崇拜的故乡色雷斯，狄俄尼索斯是麦酒之神。到了希腊，他成为葡萄树和葡萄酒之神。在希腊不同教派的传说中，狄俄尼索斯有不同的别名和经历。按照俄耳甫斯（Orpheus）秘仪教派的版本，狄俄尼索斯起初为宙斯与其女儿、冥后珀耳塞福涅所生，名叫查格留斯（Zagreus），幼年时最受父亲宠爱，常坐在父亲宝座旁边。嫉妒的赫拉鼓动泰坦杀他，宙斯为了救他，先把他变成山羊，后把他变成公牛。但是，泰坦众神仍然捕获了他，把他肢解并煮烂。雅典娜救出了他的心脏，宙斯把它交给地母塞墨勒

---

① 《偶像的黄昏》，《一个不合时宜者的漫游》，10。《尼采美学文选》，第313页。

② 荷马史诗中也提到狄俄尼索斯，可能是后人的窜改。参看吉尔伯特·默雷《古希腊文学史》，上海译文出版社，1988年5月第1版，第69页。

（Semele），她吞食后怀孕，将他重新生出，取名为狄俄尼索斯。① 尼采提到了这一传说，认为肢解象征着"本来意义上的酒神的受苦"，即"个体化的痛苦"，暗示了个体化状态是"一切痛苦的根源和始因"，而秘仪信徒们所盼望的酒神的新生则意味着"个体化的终结"。②

俄耳甫斯秘仪是在公元前 6 世纪或更早的时候从色雷斯传入希腊的，应该是酒神崇拜传入希腊的最重要渠道。除了秘仪之外，酒神崇拜还表现为民间自发的酒神节庆。尼采对酒神秘仪评价极高，在他看来，虽然秘仪是从小亚细亚传入的，但它的基础深植于希腊人的天性之中。他称希腊人为"一个悲剧秘仪的民族"，断定"深沉的希腊人在其秘仪中有一种牢不可破的形而上学思想基础，他们的全部怀疑情绪会对着奥林匹斯突然爆发"。③公元前 9 至前 8 世纪是希腊史诗繁荣的时代，在此之后，公元前 8 至前 7 世纪出现了抒情诗和民歌繁荣的局面。尼采认为，历史已经证明，"民歌多产的时期都是受到酒神洪流最强烈的刺激"，因此我们应当"把酒神洪流看作民歌的深层基础和先决条件"。他据此推测，当时必定曾经盛行秘仪活动，"在荷马和品达之间必定响起过奥林匹斯秘仪的笛声"。④ 这种希腊本土的秘仪已经失传，我们不妨把后来传入的秘仪看作是对它的激活。如果说早期本土的秘仪曾经唤醒了希腊人的酒神冲动，导致了抒情诗的兴起，那么，后来传入的秘仪又再度唤醒了希腊人的酒神冲动，导致了公元前 5 世纪悲剧的繁荣。

关于酒神秘仪的意义，尼采后来有一个更清楚的说明。"只有在酒神秘仪中，在酒神状态的心理中，希腊人本能的根本事实——他们的'生命意志'——才获得了表达。"在秘仪中，信

---

① 参看威尔·杜兰《世界文明史》第 2 卷，《希腊的生活》，东方出版社 1999 年 1 月第 1 版，第 241 页。

② 《悲剧的诞生》，10，见《尼采美学文选》，第 39 页。

③ 《悲剧的诞生》，21、9，见《尼采美学文选》，第 83、36 页。

④ 《悲剧的诞生》，6，见《尼采美学文选》，第 21、22 页。

徒们对生殖的崇拜，性的放纵，与神合一的象征仪式，如此等等。"希腊人用这种秘仪担保什么？永恒的生命，生命的永恒回归；被允诺和贡献在过去之中的未来；超越于死亡和变化之上的胜利的生命之肯定；真正的生命即通过生殖、通过性的神秘而延续的总体生命……这一切都蕴含在狄俄尼索斯这个词里：我不知道还有比这希腊的酒神象征更高的象征意义。在其中可以宗教式地感觉到最深邃的生命本能，求生命之未来的本能，求生命之永恒的本能——走向生命之中，生殖，作为神圣的路……"① 这个说明当然混入了尼采后来的观点，例如永恒回归，但基本精神是一贯的，即他从酒神秘仪中看到，希腊人不只是一个迷恋于美的外观的日神民族，更是一个深知个体化之痛苦、渴求永恒生命的酒神民族。

在《悲剧的诞生》中，尼采也谈到了酒神节庆在古代世界的普遍存在，酒神节庆的场面与日神节庆形成鲜明对照。在日神节，"手持月桂枝的少女们向日神大庙庄严移动，一边唱着进行曲，她们依然故我，保持着她们的公民姓名"；相反，"酒神颂歌队却是变态者的歌队，他们的公民经历和社会地位均被忘却，他们变成了自己的神灵的超越时间、超越一切社会领域的仆人"②。在尼采看来，人在酒神节不复是个人并因此而进入一种极乐的境界，这一现象是最值得注意的。它表明除了执著于个体化和制造美的外观之幻觉外，人还有一种更强烈的冲动，便是要摆脱个体化的束缚，打破外观的幻觉，回归自然之母的怀抱。在此意义上，"酒神的本质"就在于"个体化原理崩溃之时从人的最内在基础即天性中升起的充满幸福的狂喜"③。

三　二元冲动和对世界的解释

日神和酒神作为两种基本的艺术冲动，表现在不同的层次

---

① 《偶像的黄昏》，《我感谢古人什么》，4，见《尼采美学文选》，第325页。
② 《悲剧的诞生》，8，见《尼采美学文选》，第30页。
③ 《悲剧的诞生》，1，见《尼采美学文选》，第5页。

上，尼采大致是从三个层次来分析的。首先，在世界的层次上，酒神与世界的本质相关，日神则与现象相关。其次，在日常生活的层次上，梦是日神状态，醉是酒神状态。最后，在艺术创作的层次上，造型艺术是日神艺术，音乐是酒神艺术，悲剧和抒情诗求诸日神的形式，但在本质上也是酒神艺术。

在最深的层次上，日神和酒神是对世界的解释。当尼采用这一对范畴解释艺术特别是希腊艺术时，他的艺术解释是受着他的世界解释的支配的。尼采的世界解释直接来自叔本华的哲学。然而，当他按照酒神和日神的精神阐发叔本华关于意志和表象的世界解释时，他实际上对叔本华的哲学做了重大改造。我们在这里看到的是两种不同思想来源的相互作用，一方面是叔本华哲学，另一方面是希腊神话，二者在尼采自己的特殊体验中如同发生化学反应一样产生了一种新的东西。

在《悲剧的诞生》中，当尼采在世界的层次上阐释二元冲动时，虽然没有直接引述叔本华的世界解释，但实际上是以之为基本的理论框架的。在他的阐释中，酒神冲动在本质上是世界意志本身的冲动，也就是个体摆脱个体化原理回归世界意志的冲动，日神冲动则是意志显现为现象的冲动，也就是个体在个体化原理支配下执著于现象包括执著于个体生命的冲动。在二元冲动中，酒神冲动具有本源性，日神冲动由它派生，其关系正相当于作为意志的世界与作为表象的世界之间的关系。

尼采和叔本华的最大区别在于，叔本华虽然认为意志是世界的本质，但对之持完全否定的立场，尼采却把立场转到肯定世界意志上来了。由于这一转变，产生了他在美学上尤其是悲剧观上与叔本华的重大差异，也埋下了后来他在哲学上与叔本华分道扬镳的根源。他之所以会发生这一立场的转变，则又是得益于他对希腊神话和艺术的体会，他从中感受到的是对生命的神化和肯定，于是把这一体会融合进了他的世界解释之中。因此，在叔本华和尼采之间，同一个世界解释模式却包含着相反的世界评价。在叔本华，是从古印度悲观主义哲学出发，意志和表象都是要被否定的。在尼采，则是从神化生命的希腊精神出发，既用日神肯定了表象，又用酒神肯定了意志。

四　二元冲动的不同本质

在西方传统美学中，美是一个中心范畴，艺术的本质往往借这一范畴得以说明。尼采之提出二元冲动的理论，是有意识地针对这个传统的。他明确地表达了这种针对性："与所有把一个单独原则当作一切艺术品的必然的生命源泉、从中推导出艺术来的人相反，我的眼光始终注视着希腊的两位艺术之神日神和酒神，认识到他们是两个至深本质和至高目的皆不相同的艺术境界的生动形象的代表。"① 单凭美的原则不能解释艺术的本质，在美的原则之外必须提出另一个原则，艺术的本质是由这两个原则共同决定的。如果说日神相当于美的原则，那么，酒神是与美的原则相对立的一个原则，日神冲动和酒神冲动有着完全不同的本质。因此，提出酒神原则就不仅仅是对传统美学的一个补充，用日神和酒神的对立面的斗争来解释艺术的本质就不仅仅是对这一本质有了更加全面的理解，而是作出了新的不同的解释。

如果要问日神和酒神的不同本质究竟是什么，我们发现，尼采完全是立足于他的世界解释的。在他的论述中，日神的本质维系于个体化原理和现象，酒神冲动的本质则维系于"存在之母"、"万物核心"、"隐藏在个体化原理背后的全能的意志"、"在一切现象之彼岸的历万劫而长存的永恒生命"。②

日神与酒神的区别突出地表现在对于个体化原理的相反关系上。日神是"个体化原理的壮丽的神圣形象"，"美化个体化原理的守护神"，"在无意志静观中达到的对个体化世界的辩护"③，对个体化原理即世界的现象形式是完全肯定的。相反，在酒神状态中，"个体化原理被彻底打破，面对汹涌而至的普遍人性和普

---

① 《悲剧的诞生》，16，见《尼采美学文选》，第62页。
② 同上书，第62、66页。
③ 《悲剧的诞生》，1、16、22，见《尼采美学文选》，第5、62页。

遍自然性的巨大力量，主体性完全消失"①。个人不再以认识的主体出现，不再恪守由认识的形式加于事物的界限，人与人之间、人与自然之间的分别不复存在。

与此相应，日神状态的鲜明特征是适度，酒神状态的鲜明特征是过度。日神本质中不可缺少这一个界限："适度的节制，对于狂野激情的摆脱，造型之神的智慧和宁静。"而"适度即美的尺度"，"希腊人自觉遵守的界限即美丽外观的界限"②。为了个体化的神化，日神"只承认一个法则——个人，即对个人界限的遵守，希腊人所说的适度"③。可见适度有两个方面，一方面是对个人界限的遵守，是伦理的尺度，另一方面是对美丽外观的界限的遵守，是美的尺度。这两个方面都是为了肯定个体及其所生活的现象世界。但是，"一种诉诸美和适度的文化的至深目的诚然只能是掩盖真理"，以求人为地建造和保护一个适合于我们生存的世界。在酒神状态中，这被掩盖的真理终于显现出来了，这个真理就是过度："大自然在快乐、痛苦和认识方面的整个过度全都暴露无遗。迄今为止作为界限和尺度起作用的一切，此时皆被证明只是人为的假象，而过度则被揭示为真理。"④过度意味着一切界限的打破，既打破了个体存在的界限，进入众生一体的境界，也打破了现象的美的尺度，向世界的本质回归。"在酒神神秘的欢呼下，个体化的魅力烟消云散，通向存在之母、万物核心的道路敞开了。"所以，酒神状态的实质是人和世界最内在基础的统一，尼采有时直截了当地把这个最内在基础称作"世界的酒神根基"。⑤

五 二元冲动之间的关系

既然酒神直接与世界的本质相联系，日神与现象相联系，那

① 《酒神世界观》，1，KSA，第 1 卷，第 555 页。
② 《酒神世界观》，1、2，KSA，第 1 卷，第 554、564 页。
③ 《悲剧的诞生》，4，见《尼采美学文选》，第 15 页。
④ 《酒神世界观》，2，KSA，第 1 卷，第 564—565 页。
⑤ 《悲剧的诞生》，16、25，见《尼采美学文选》，第 62、99 页。

么，在两者之中，酒神当然就是本原的因素。"在这里，酒神因素比之于日神因素，显示为永恒的本原的艺术力量，归根到底，是它呼唤整个现象世界进入人生。"或者换一个诗意的表达就是："从这位酒神的微笑产生了奥林匹斯众神，从他的眼泪产生了人。"① 酒神的本原性首先就表现在日神对于它的派生性质，日神冲动归根到底是由酒神冲动发动的。

按照叔本华的看法，作为世界本质的意志是盲目的冲动和挣扎，是痛苦。尼采是同意这一看法的，他说他"不得不承认这一形而上的假定：真正的存在和太一，作为永恒的痛苦和冲突，既需要振奋人心的幻觉，也需要充满快乐的外观，以求不断得到解脱"。事实上，我们的整个人生，连同我们自己，都"完全受外观束缚，由外观组成"，正因为此，我们就不能不有"一种对于外观以及对通过外观而得解脱的热烈渴望"，这种渴望构成了日神冲动的实质。尼采认为，二元冲动皆强烈的希腊人是懂得这个道理的，他们知道："他们的整个生存及其全部美和适度，都建立在某种隐蔽的痛苦和知识之根基上，酒神冲动向他们揭露了这种根基"，因此，"日神不能离开酒神而生存"。② 希腊人的例子表明，一个民族越是领悟世界痛苦的真相，就越是需要用日神的外观来掩盖这个真相，美化人生，以求在宇宙变化之流中夺得现象和个体生命存在的权利。由此可见，是世界的酒神本质决定了日神必须出场，它是被酒神召上人生和艺术的舞台的。

酒神因素的本原性还表现在它的巨大威力上，在一般情形下，是日神因素远不能相比的。从罗马到巴比伦，古代世界各个地区酒神节的癫狂放纵，毫无节制，向兽性退化，就证明了这一点。然而，正因为如此，日神就有了其重要的作用。酒神冲动原是一种摆脱个体化原理回归世界本体的冲动，具有毁灭个人的倾向，如果听任它肆虐，就必然对人类生活造成巨大的破坏，并且

① 《悲剧的诞生》，25、10，见《尼采美学文选》，第99、39页。
② 《悲剧的诞生》，4，见《尼采美学文选》，第14页。

再无艺术可言。因此，日神冲动也是必不可少的，其作用在于抑制和抗衡酒神冲动的破坏力量，"把人从秘仪纵欲的自我毁灭中拔出，哄诱他避开酒神过程的普遍性"①，把毁灭人生的力量纳入肯定人生的轨道。在尼采看来，这正是在希腊人那里发生的情况。

尼采之分析希腊酒神现象，有两个关键点，第一是从酒神秘仪和民间酒神节庆中发现了酒神冲动是比日神冲动更为深刻和强大的另一种艺术力量，第二便是从希腊人接纳并且制服酒神崇拜的历史过程中找到了希腊艺术繁荣的原因，他认为即在于二元冲动之间所达成的一种既互相制约又互相促进的恰当关系。当酒神崇拜的洪流从亚洲汹涌而至时，希腊人本性中的酒神冲动也是一触即发。据说当时雅典当局和德尔菲神庙的祭司们曾经试图加以阻止，然而无效，于是改变策略，对之招安，让酒神入祠奥林匹斯，并设立正式的酒神节日。正式酒神节的情景与那种以无节制的淫欲为特征的民间酒神节全然不同，是一个真正的艺术节日。在历史的关键时刻，希腊人用他们本土的艺术之神阿波罗的形象进行防卫，用日神的力量有效地制服了酒神，及时与之缔结和解。"这一和解是希腊崇神史上最重要的时刻"，它使希腊人的酒神节具有"一种救世节和神化日的意义"。因此，"只有在希腊人那里，大自然才达到它的艺术欢呼，个体化原理的崩溃才成为一种艺术现象"②。在一定的意义上可以说，是日神因素赋予了酒神冲动以形式。希腊精神的奥秘就在于用强大的日神力量驯服同样强大的酒神冲动，其结果是日神艺术和酒神艺术在希腊都获得了最辉煌的发展，成为人类历史上难以企及的高峰。

一方面，酒神冲动不断地呼唤日神冲动出场，另一方面，日神冲动又不断地通过对酒神冲动的约束把它纳入艺术的轨道。就这样，"无论日神艺术还是酒神艺术，都在日神和酒神的兄弟联

① 《悲剧的诞生》，21，见《尼采美学文选》，第86—87页。
② 《悲剧的诞生》，2，见《尼采美学文选》，第8页。

盟中达到了自己的最高目的"。①

六 梦和醉：日常生活中的二元冲动

在《悲剧的诞生》中，尼采常常用梦和醉来解说日神和酒神二元冲动。他不仅是在设譬，在他看来，梦和醉正是我们每个人都可以经验到的最直接的日神状态和酒神状态。"在这两种生理现象之间可以看到一种相应的对立，正如在日神因素和酒神因素之间一样。"通过梦和醉，日神和酒神这两种艺术力量"无须人间艺术家的中介便从自然界本身迸发出来"，"以直接的方式获得满足"。作为日常生活中的二元冲动，梦和醉的位置处在世界与艺术之间，艺术家经由它们而得以领会世界本身的二元冲动。每个艺术家都是它们的"模仿者"，根据所"模仿"的是梦还是醉，他们"或者是日神的梦艺术家，或者是酒神的醉艺术家，或者——例如在希腊悲剧中——兼是这二者"。②

尼采异常重视梦的意义。在尼采之前，叔本华主要是从看破人生的角度谈梦的意义的，尼采强调的却是梦作为外观对于人生的保护作用及其对于艺术的启示。他高度评价梦对于人生的必要性，这一评价的根据是外观对于人生通过外观得到解脱的必要性。如果我们的经验存在本身是外观，那么，"我们就必须把梦看作外观的外观，从而看作对外观的原始欲望的一种更高满足"。③ 作为外观的外观，梦具有日常现实所不具备的完美性，柔和的轮廓，并帮助我们从疲劳和紧张中恢复，这些特点集中体现了外观的美化作用，靠了这种作用，"人生才成为可能并值得一过"。可见他是从肯定人生的立场出发，所强调的不是梦和人生大梦的虚幻性，而是我们对梦和人生大梦的迷恋的正当性。

梦不但对于人生是不可缺少的，而且对于艺术也是不可缺少的。尼采认为，在梦与日神艺术之间有着最紧密的联系，梦的美

---

① 《悲剧的诞生》，24，见《尼采美学文选》，第96页。
② 《悲剧的诞生》，1、2，见《尼采美学文选》，第3—7页。
③ 《悲剧的诞生》，4，见《尼采美学文选》，第14页。

丽外观是一切造型艺术和一大部分诗歌的前提。通过对形象的直接领会而获得享受，创造最活跃时仍保持对外观的感觉，轮廓的柔和和适度的克制，这些都是梦和日神艺术的共同特征。梦是日神艺术的原型，日神艺术家所"模仿"的"自然"就是梦。"他聚精会神于梦，因为他要根据梦的景象来解释生活的真义，他为了生活而演习梦的过程。"① 在此意义上，尼采把日神称作"释梦之神"、"释梦者"。②③

　　相比之下，尼采在《悲剧的诞生》中对日常生活中的醉谈得不多，他的主要笔墨放在分析酒神节庆的醉上面，关于前者仅提及由麻醉饮料和春天所造成的醉，其特征是"随着酒神激情的高涨，主观逐渐化入浑然忘我之境"。④

　　梦和醉是日常生活中两种基本的艺术状态，但是，处在这些状态中的人还并不就是艺术家。一个做着梦的人还不能算是一个日神艺术家，一个喝醉酒的人也还不能算是一个酒神艺术家。艺术家与非艺术家的区别在哪里呢？尼采说："如果说梦是单个的人与现实嬉戏，那么，造型艺术就是（广义的）雕塑家与梦嬉戏。""如果说醉是自然与人嬉戏，那么，酒神艺术家在创作时便是与醉嬉戏。"也就是说，艺术家区别于常人的地方在于，他不但处在某种冲动状态中，而且同时与此状态"嬉戏"；不但被此状态所支配，而且能反过来支配此状态。尼采强调，冲动状态和对这冲动状态的醒悟不是交替的，而是同时的。"酒神仆人必定是一边醉着，一边埋伏在旁看这醉着的自己。并非在审视与陶醉的变换中，而是在这两者的并存中，方显出酒神艺术家的本色。"⑤ 艺术家仿佛是有分身术的人，他梦的同时醒着，醉的同时也醒着，在一旁看着这个梦中和醉中的自己。正是这同时醒着

---

① 《悲剧的诞生》，1，见《尼采美学文选》，第 13、39 页。
② 《悲剧的诞生》，4，见《尼采美学文选》，第 5、10 页。
③ 《悲剧的诞生》，2，见《尼采美学文选》，第 554、556 页。
④ 《悲剧的诞生》，1，见《尼采美学文选》，第 18、63、89 页。
⑤ 《酒神世界观》，1，见《尼采美学文选》，第 18 页。

的能力，使得他的梦不是纯粹的幻影，他的醉不是纯粹的发泄，而他因此能成为一个"模仿者"，用艺术来释梦和醉歌。

七　日神艺术和酒神艺术

在艺术的层次上，日神和酒神作为大自然本身性质不同的两种冲动，从根本上划分了不同的艺术类别。在《悲剧的诞生》中，尼采从二元冲动出发，主要论述了造型艺术、音乐、诗歌和悲剧。他认为，造型艺术是纯粹的日神艺术，音乐是纯粹的酒神艺术。在诗歌中，史诗属于日神艺术，抒情诗和民歌接近于酒神艺术。悲剧求诸日神的形式，在本质上则完全是酒神艺术。

日神是制造美的外观的冲动，这种冲动体现在艺术中，就是对形象的创造和欣赏。尼采如此说明日神艺术的审美特性：真正的日神艺术家即造型艺术家和史诗诗人"沉浸在对形象的纯粹静观之中"，"愉快地生活在形象之中，并且只生活在形象之中，乐此不疲，对形象最细微的特征爱不释手"；其作品的效果是"唤起对美的形式的快感"；在我们身上所产生的是一种"幸福沉浸于无意志静观的心境"。在主体方面，是"无意志静观"，即摆脱与意志的关系。在对象方面，是"对形象的纯粹静观"，是"对美的形式的快感"，即摆脱事物本身的内容和与其他事物的关系。这样的解释与康德和叔本华对一般审美状态的界定相当接近。区别在于，尼采强调外观在造成"无意志静观"这一审美状态中的作用。他说，对于日神艺术家来说，"发怒的阿喀琉斯的形象只是一个形象，他们怀着对外观的梦的喜悦享受其发怒的表情。这时候，他们是靠那面外观的镜子防止了与他们所塑造的形象融为一体。"在审美主体与对象之间隔着一面"外观的镜子"，只是在这面镜子里，一切意志现象才化作了纯粹的形象。也就是说，是外观把我们与意志隔开了，使我们得以停留在现象上。更大的区别在于，在尼采看来，日神式的审美状态归根到底是由酒神式的意志发动的，其目的和效果皆是通过肯定现象而肯定意志自身。因此，他不像叔本华那样认为"无意志静观"的心境同时是对个体化世界的摆脱，反而说："这种心境可谓在无意志静观中达到的对个体化世界的辩护，此种辩护乃是日神艺术的顶点和缩影。"①

与作为纯粹日神艺术的造型艺术相对立，处在另一极端的是作为纯粹酒神艺术的音乐。尼采完全接受叔本华关于音乐的形而上性质的观点，认为音乐与现象无涉，是世界意志的直接体现。他强调，真正的音乐"完全没有形象"，是"原始痛苦本身及其原始回响"，是"原始痛苦的无形象无概念的再现"。② 但是，音乐具有唤起形象的能力，悲剧即由此而诞生。

诗歌也是尼采关注的艺术种类。不过，他认为，把诗歌列为一个独立的类别是勉强的，史诗和抒情诗其实具有完全不同的性质。区别在于，在史诗中，形象纯粹是外观，是对世界本体的阻挡和掩盖，而在抒情诗中，形象却是意志的化身，是世界本体的显现。表面看来，抒情诗人似乎是在歌唱自己的喜怒哀乐，他的形象就是他的"自我"。但是，只要他是抒情诗人，"这自我就不是清醒的、经验现实的人的自我，而是根本上唯一真正存在的、永恒的、立足于万物之基础的自我，抒情诗天才通过这样的自我的摹本洞察万物的基础"，"抒情诗人的'自我'就这样从存在的深渊里呼叫"。③

第三节　悲剧的本质

一　音乐及其创造形象的能力

在《悲剧的诞生》中，尼采引用了《作为意志和表象的世界》第52节中论述音乐的一整段文字。其中，叔本华如此说："音乐不同于其他一切艺术，它不是现象的摹本，或者更确切地

---

① 《悲剧的诞生》，5、16、22，见《尼采美学文选》，第18、63、89页。
② 《悲剧的诞生》，5，见《尼采美学文选》，第18页。
③ 《悲剧的诞生》，4，见《尼采美学文选》，第19页。

说，不是意志的相应客体化，而是意志本身的直接写照，所以它体现的不是世界的任何物理性质而是其形而上性质，不是任何现象而是自在之物。"① 尼采极其重视叔本华的这一见解，甚至认为："由于这个全部美学中最重要的见解，才开始有严格意义上的美学。"② 叔本华分析建筑、绘画、雕塑等其他一切艺术，主要是用"理念"这个范畴，认为它们的对象都是理念。按照他的解释，理念一方面是意志客体化的各个确定级别，另一方面是个别事物的永恒形式，其位置处于自在之物和事物中间。把握理念不能靠概念思维，必须靠直观，因此，在一定的意义上，他所说的理念即是形象，是具有典范性的形象。然而，唯有音乐的对象不是理念，而是意志本身，音乐不通过理念而直达自在之物。这样，叔本华实际上已经触及了两类艺术的不同根源问题。尼采据此说：在伟大思想家中，唯有叔本华一人，对作为日神艺术的造型艺术与作为酒神艺术的音乐之间的巨大对立了如指掌，"以致他无需希腊神话的指导，就看出音乐与其他一切艺术有着不同的性质和起源"。由此我们可以推断，尼采在形成其二元冲动思想的过程中，除了希腊神话之外，也从叔本华的美学理论中获得了重要的启示。

对于叔本华的美学理论，尼采一开始就是有所保留和批判的，尤其不赞同叔本华关于悲剧和抒情诗的观点，惟独对叔本华的"深刻的音乐形而上学"③，他可以说是全盘接受了。他也把音乐称作"世界的象征语言"、"太一的摹本"、"世界的心声"，认为："音乐由于象征性地关联到太一心中的原始冲突和原始痛苦，故而一种超越一切现象和先于一切现象的境界得以象征化

---

① 《悲剧的诞生》，16，见《尼采美学文选》，第 64 页。参看《作为意志和表象的世界》中译本，石冲白译，杨一之校，商务印书馆 1982 年 11 月第 1 版，第 363—364 页。

② 《悲剧的诞生》，16，见《尼采美学文选》，第 63 页。

③ 《悲剧的诞生》，5，见《尼采美学文选》，第 19 页。

了。"① 根据他的描绘，在初民的酒神节庆中，个体解体以及与族类创造力乃至大自然创造力合为一体的状态急于得到表达，自然的本质要象征地表现自己，各种象征能力都被激发起来了。其中，形体语言仅表达了族类的创造力，仍在现象界之内，唯有声音才表达了存在本身的创造力，即意志。"自然之子何时获得声音的象征语言？形体语言何时不再够用？声音何时变为音乐？首先是在意志极端快乐和不快的状态中，在意志欢欣鼓舞或忧愁欲死之时，简言之，在情不自禁之时，在脱口喊叫之时。与看见相比，喊叫是何等有力和直接！"② 当意志处于极端状态时，人不再能够单靠形体语言来表达自己，情不自禁地要脱口喊叫，这种情形表明了声音具有超越形象的表达力量，也表明了音乐与意志之间的直接联系。所以，音乐在本质上是先于形象、超越形象、没有形象的。真正的音乐，如希腊的酒神颂，是全然不沾染形象的，它整个就是情绪，是与世界本体脉脉相通的情绪，是从世界心灵中直泻出来的原始旋律。

说音乐本身是非形象的，不等于说音乐与形象毫无联系。在《作为意志和表象的世界》第 52 节中，叔本华还谈到，我们的想象力很容易被音乐激起，企图用一个类似的例子来体现音乐所表现的那个精神世界，这就是歌和歌剧的来源。然后，在尼采所引用的那一段文字中，他又论述了音乐对于形象和概念的关系，大意是：人们可以配上音乐使诗成为歌，使直观的表演成为剧，或者使两者成为歌剧。人生的这种个别画面，配上音乐的普遍语言，其间的关系仅相当于信手拈来的一个例子同一个普遍概念的关系。音乐在某种程度上有如普遍概念，乃是现实的抽象。但是，这两种普遍性在某种意义上又是彼此对立的：音乐表现世界的内在本质即意志，提供先于事物的普遍性；概念只包含从直观中抽象出来的形式，是后于事物的普遍性。因此，作曲家必须直

---

① 《悲剧的诞生》，5、21、6，见《尼采美学文选》，第 17、18、23 页。

② 《酒神世界观》，4，KSA，第 1 卷，第 575 页。

接领悟那构成世界本质的意志冲动，并用音乐的普遍语言表达出来，歌的旋律、歌剧的音乐才会富于表现力。相反，如果他凭借概念去理解事物，他的音乐就只能不合格地模仿意志的现象。[①]

在引用叔本华的话之后，尼采如此写道：

"这样，根据叔本华的学说，我们把音乐直接理解为意志的语言，感到我们的想象力被激发起来，去塑造那向我们倾诉着的、看不见的、却又生动激荡的精神世界，用一个相似的实例把它体现出来。另一方面，在一种真正相符的音乐的作用下，形象和概念有了更深长的意味……从这些自明的、但未经深究便不可达到的事实中，我推测音乐具有产生神话即最意味深长的例证的能力，尤其是产生悲剧神话的能力。神话在譬喻中谈论酒神认识……现在我们设想一下，音乐在其登峰造极之时必定竭力达到最高度的形象化，那么，我们必须认为，它很可能为它固有的酒神智慧找到象征表现。可是，除了悲剧，一般来说，除了悲剧性这个概念，我们还能到别的什么地方去找这种表现呢？"[②]

这一段文字表明，叔本华关于音乐与形象的关系的见解也给了尼采以重要的启发，在此启发下，形成了他的悲剧起源于音乐的独创性思想。这个思想的确是他的独创，叔本华只是一般地谈到歌和歌剧的产生与音乐的关系，远未涉及希腊悲剧的起源问题。但是，叔本华已经清楚地指出了音乐具有唤起形象的能力，并指出了由音乐所唤起的形象与凭借概念对现象的模仿之间的根本区别。由此出发，尼采进而推测，悲剧神话是音乐的最深邃的酒神本质寻求象征表现的产物。音乐精神对于形象化的追求，始于最早的希腊抒情诗，到阿提卡悲剧便达到了高潮，音乐创造形象的能力获得了最辉煌的表现。

---

① 《悲剧的诞生》，16，KSA，Bd.1，S.106—107.参看《作为意志和表象的世界》中译本，第364—365页。

② 《悲剧的诞生》，16，见《尼采美学文选》，第65页。

二　悲剧起源于酒神音乐

从希腊悲剧产生的历史过程来看，在以荷马史诗为代表的希腊神话与以埃斯库罗斯、索福克勒斯为代表的希腊悲剧之间，发生的一个重大事件是酒神音乐的兴起。日神性质的史诗神话之变化为酒神性质的悲剧神话，起关键作用的就是酒神音乐。根据尼采的阐述，在悲剧诞生之前，希腊人已经开始把神话历史学化，致使希腊神话濒临死亡。靠了酒神音乐的强大力量，荷马传说重新投胎为悲剧神话，神话在悲剧中再度繁荣。"酒神的真理占据了整个神话领域，以之作为它的认识的象征"，使得神话放射出了最灿烂的光辉，具有一种形而上的深度。①

那种使得神话在悲剧中获得新生的酒神音乐，就是酒神颂（Dithurambos）。

事实上，关于悲剧的起源，亚里士多德在《诗学》第 4 章中已有两点重要的提示：第一，"悲剧起源于 Dithurambos 歌队领队的即兴口诵"；第二，悲剧的前身是萨提儿剧。② 然而，尽管有这两点提示，悲剧起源的问题仍然模糊不清。因为它们几乎是人们研究此一问题的全部依据，而对之的解释却莫衷一是。如果说悲剧产生于酒神颂歌队，那么，关键就是怎样解释歌队的作用。在这一点上众说纷纭，尼采提到并予以驳斥的就有歌队代表平民对抗舞台上的王公势力之政治解释，以歌队为"理想的观众"的 A．W．施莱格尔的解释。尼采欣赏席勒的解释，认为席勒的这一见解极有价值：歌队是围在悲剧四周的活城墙，悲剧用它把自己同现实世界完全隔绝，替自己保存一个理想的天地。他据此认为："希腊人替歌队制造了一座虚构的自然状态的空中楼阁，又在其中安置了虚构的自然生灵。悲剧是在这一基础上成长

---

① 《悲剧的诞生》，10，见《尼采美学文选》，第 40 页。
② 亚里士多德：《诗学》，陈中梅译，商务印书馆 1996 年 7 月第 1 版，第 48—49 页。

起来的"。① 这就是说，歌队的基本作用是用音乐把人们与日常的现实世界隔离开来，置于一个虚构的审美世界之中。但歌队的作用并非到此结束，它的更重要的作用，那使悲剧得以产生的作用，就是发挥出音乐创造形象的能力来。尼采的贡献就在于对这个更重要的作用的阐述。

具体地说，悲剧诞生的过程可以分为三个阶段。一开始，连歌队也并不存在，它只是酒神群众的幻觉。酒神节庆时，酒神信徒结队游荡，纵情狂欢，沉浸在某种心情之中，其力量使他们在自己眼前发生了魔变，以致他们在想象中看到自己是自然精灵，是充满原始欲望的酒神随从萨提儿。然后，作为对这一自然现象的艺术模仿，萨提儿歌队产生了，歌队成员扮演萨提儿，担任与酒神群众分开的专门的魔变者。歌队是"处于酒神式兴奋中的全体群众的象征"，观众在这些且歌且舞的萨提儿身上认出了自己，归根到底并不存在观众与歌队的对立。这时候，舞台世界也还不存在，它只是歌队的幻觉。歌队在兴奋中看到酒神的幻象，用舞蹈、声音、言词的全部象征手法来谈论这幻象。"酒神，这本来的舞台主角和幻象中心，按照上述观点和按照传统，在悲剧的最古老时期并非真的在场，而只是被想象为在场。也就是说，悲剧本来只是'合唱'，而不是'戏剧'。"最后，"才试图把这位神灵作为真人显现出来，使这一幻象及其灿烂的光环可以有目共睹。于是便开始有狭义的'戏剧'"②。这样，悲剧诞生的过程便是酒神音乐不断向日神的形象世界迸发的过程。

流传到今天的希腊悲剧，其内容皆来自希腊的英雄和众神的神话，即和史诗相同的领域，而与酒神及其崇拜似乎没有多大关系。鉴于亚里士多德强调悲剧的酒神起源，据说这种不吻合在古希腊时期就已经引起人们的诧异了。尼采对此提出了一种解释。既然酒神颂的内容皆是叙述酒神的经历，那么，我们完全可以推

---

① 《悲剧的诞生》，7，见《尼采美学文选》，第26页。
② 《悲剧的诞生》，8，见《尼采美学文选》，第29—32页。

想，由酒神颂发展来的希腊悲剧在其最古老的形态中都仅仅以酒神的受苦为题材，亲自经历个体化痛苦的酒神一直是悲剧的唯一的舞台形象。后来，题材逐渐扩展，神话中的其他英雄和神灵也登上了舞台。但是，尼采认为，在欧里庇得斯之前，悲剧舞台上的一切著名角色，如埃斯库罗斯笔下的普罗米修斯、索福克勒斯笔下的俄狄浦斯等，都是从酒神脱胎而来的，实质上都只是这位最初主角的面具和化身。无论是俄狄浦斯之破解自然的斯芬克斯之谜，还是普罗米修斯之盗火，都意味着试图摆脱个体化的界限而成为世界生灵本身，因而就必须亲身经受原始冲突的苦难。①所以，在根源上，都可以追溯到酒神群众和酒神歌队的幻觉。

三　悲剧中日神和酒神的兄弟联盟

在一定的意义上可以说，解开希腊悲剧之谜的愿望构成了尼采创立二元冲动说的潜在动机。在他看来，以美为中心范畴的传统美学之所以必须根本改造，主要的理由就是它不能令人信服地解释悲剧的本质。"从通常依据外观和美的单一范畴来理解的艺术之本质，是不能真正推导出悲剧性的。"②事实上，整部《悲剧的诞生》就是围绕着用二元冲动说解释希腊悲剧的起源和本质这个主题展开的。

关于希腊悲剧的本质，尼采强调的是二元冲动在悲剧身上的和解和结合，他用"奇迹行为"、"神秘的婚盟"、"兄弟联盟"这样富有感情色彩的语言来形容这种和解和结合，并视之为"两种冲动的共同目标"和"艺术的最高目的"。在他看来，悲剧正因为是二元冲动的完美结合，并在这种结合中把日神艺术和酒神艺术都发展到了极致，所以才成其为一切艺术的顶峰。③

在悲剧中，日神和酒神是如何缔结它们的兄弟联盟的呢？从观赏者的立场看，我们可以把悲剧分解为三个要素，一是音乐，

---

① 参看《悲剧的诞生》，9、10。
② 《悲剧的诞生》，16，见《尼采美学文选》，第65—66页。
③ 《悲剧的诞生》，21、24，见《尼采美学文选》，第1、4、12、21页。

二是观赏者自己，三是插在二者之间的舞台形象即悲剧神话。按照尼采的阐释，音乐是世界意志即世界原始痛苦的直接体现，而悲剧神话又是音乐的譬喻性画面。作为这样一种譬喻性画面，悲剧神话起到了两个方面的作用。一方面，它用日神式幻景把观赏者和音乐隔开了，保护具有酒神式感受能力的听众免受音乐的酒神力量的伤害。"在音乐悲剧所特有的艺术效果中，我们要强调日神幻景，凭借它，我们可以得免于直接同酒神音乐成为一体，而我们的音乐兴奋则能够在日神领域中，依靠移动于其间的一个可见的中间世界得到宣泄。"① 另一方面，悲剧神话作为譬喻性画面又向我们传达了音乐的酒神意蕴。悲剧神话的这种功能正是音乐赋予它的。"音乐赋予悲剧神话一种令人如此感动和信服的形而上的意义，没有音乐的帮助，语言和形象绝不可能获得这样的意义。"由于音乐的内在照明，悲剧中的日神光辉画面所达到的效果就完全不同于史诗和雕塑，并非使观赏的眼睛恬然玩味个体化世界。"最明朗清晰的画面也不能使我们满足，因为它好像既显露了什么，也遮蔽了什么"，把我们置于"同时既要观看又想超越于观看之上"的心情中。那既被显露也被遮蔽的东西，那使我们在观看时想超越于观看之上知道的东西，就是个别画面所譬喻的酒神普遍性，那个隐藏在外观世界背后的本体世界。② 由此可见，在悲剧中，日神形象和酒神音乐都从对方的优点中受益，最大限度地提高了各自的艺术力量。

然而，在这一兄弟联盟中，日神和酒神的地位并非相等的。尼采认为，与日神形象相比，酒神音乐终究是本原的东西。悲剧中的人物形象无论多么光辉生动，仍然只是现象，与直接表现世界本质的音乐不可同日而语。悲剧既然起源于音乐，那么，音乐的酒神力量就始终或隐或显地支配着悲剧的整个表演过程。在悲剧的总效果中，酒神因素归根到底占据了优势，这一点突出地表

① 《悲剧的诞生》，21、24，见《尼采美学文选》，第95页。
② 同上书，第85—96页。

现在悲剧的结尾，那往往是悲剧英雄的毁灭和日神幻景的破灭。"日神幻景因此露出真相，证明它在悲剧演出时一直遮掩着真正的酒神效果。但是，酒神效果毕竟如此强大，以致在终场时把日神戏剧本身推入一种境地，使它开始用酒神的智慧说话，使它否定它自己和它的日神的清晰性。"所以，真正从本质上来说，我们还是应该把悲剧划归酒神艺术，贯穿于悲剧的根本动机是酒神冲动，日神形象仅是表达酒神冲动的手段。在此意义上，尼采说："悲剧的本质只能被解释为酒神状态的显露和形象化，音乐的象征表现，酒神陶醉的梦境。""悲剧神话只能被理解为酒神智慧借日神艺术手段而达到的形象化。"①

四　悲剧快感：形而上的慰藉

要阐明悲剧的本质，一个关键的问题是如何解释悲剧快感的实质。悲剧表演的总是不幸和灾祸，为何还能使我们产生欣赏的快乐？这一直是美学史上的一个难题。尼采提到了三种常见的解释。一是英雄同命运的斗争，这是希腊剧作家自己的解释，后人在解释希腊悲剧时普遍沿用。二是怜悯和恐惧情感的宣泄，这是亚里士多德的著名论点，被美学家们广泛接受。三是世界道德秩序的胜利，英雄为某一种道德世界观而牺牲，这大致是黑格尔的观点，但尼采没有指名道姓。尼采认为，所有这些解释都把悲剧快感看做了病理学过程和道德过程，都是"借自非审美领域的替代效果"，不成其为审美的解释。他讥讽持这些老生常谈的人都是一些"毫无美感的人"，"对于作为最高艺术的悲剧实在是毫无感受"，并且断言："自亚里士多德以来，对于悲剧效果还从未提出过一种解释，听众可以由之推断艺术境界和审美事实。"尼采不否认悲剧间或也能唤起一种道德快感，但是，他强调他"问的是审美快感"，指出："艺术首先必须要求在自身范围内的纯洁性。为了说明悲剧神话，第一个要求便是在纯粹审美

---

① 《悲剧的诞生》，21、14、22，见《尼采美学文选》，第88、57、89页。

领域内寻找它特有的快感，而不可侵入怜悯、恐惧、道德崇高之类的领域。"①

那么，尼采自己是如何解释悲剧的审美快感的呢？概括地说，他认为这种快感是来自一种"形而上的慰藉"。我们可以分三个层次来理解尼采所说的形而上的慰藉。

第一，悲剧是酒神艺术，惟有从酒神世界观出发，我们才能理解悲剧快感，它本质上是酒神冲动的满足，即通过个体的毁灭而给人的一种与宇宙本体结合为一体的神秘陶醉。"作为一种酒神状态的客观化，悲剧不是在外观中的日神性质的解脱，相反是个人的解体及其同太初存在的合为一体。""通过个体毁灭的单个事例，我们只是领悟了酒神艺术的永恒现象，这种艺术表现了那似乎隐藏在个体化原理背后的全能的意志，那在一切现象之彼岸的历万劫而长存的永恒生命。对于悲剧性所生的形而上快感，乃是本能的无意识的酒神智慧向形象世界的一种移置。悲剧主角，这意志的最高现象，关了我们的快感而遭否定，因为他毕竟只是现象，他的毁灭丝毫无损于意志的永恒生命。""悲剧神话具有日神艺术领域那种对于外观和静观的充分快感，同时它又否定这种快感，而从可见的外观世界的毁灭中获得更高的满足。"②

第二，尼采强调世界意志的"永恒生命"性质，因此，悲剧快感实质上是对这宇宙永恒生命的快乐的体验，此时我们已与这永恒生命合为一体，已成为这永恒生命本身。通过个体的毁灭，我们反而感觉到世界生命意志的丰盈和不可毁灭，于是生出快感。"每部真正的悲剧都用一种形而上的慰藉来解脱我们：不管现象如何变化，事物基础之中的生命仍是坚不可摧和充满欢乐的。""悲剧以其形而上的安慰在现象的不断毁灭中指出那生存核心的永生"。悲剧让我们不是在现象之中，而是在现象背后寻找生存的永恒乐趣，于是"一种形而上的慰藉使我们暂时逃脱

①　《悲剧的诞生》，22、24，见《尼采美学文选》，第91—97页。
②　《悲剧的诞生》，8、16、22、24，见《尼采美学文选》，第31、66、96页。

世态变迁的纷扰。我们在短促的瞬间真的成为原始生灵本身，感觉到它的不可遏止的生存欲望和生存快乐……纵使有恐惧和怜悯之情，我们仍是幸运的生者，不是作为个体，而是众生一体，我们与它的生殖欢乐紧密相连"①。

第三，尼采反对对悲剧快感的非审美解释，要求在纯粹审美领域内寻找悲剧特有的快感。那么，"形而上的慰藉"如何成其为一种审美解释呢？他的办法是把悲剧所显示给我们的那个永恒生命世界艺术化，用审美的眼光来看本无意义的世界永恒生成变化的过程，赋予它一种审美的意义。我们不妨想象一下悲剧艺术家"如何像一位多产的个体化之神创造着他的人物形象……而后他的强大酒神冲动又如何吞噬这整个现象世界，以便在它背后，通过它的毁灭，得以领略在太一怀抱中的最高的原始艺术快乐"。在"艺术形而上学"的意义上，"悲剧神话恰好要使我们相信，甚至丑与不和谐也是意志在其永远洋溢的快乐中借以自娱的一种审美游戏"。在悲剧中，我们在同时既要观看又想超越于观看之上，"这种情形提醒我们在两种状态中辨认出一种酒神现象：它不断向我们显示个体世界建成而又毁掉的万古常新的游戏，如同一种原始快乐在横流直泻。在一种相似的方式中，这就像晦涩哲人赫拉克利特把创造世界的力量譬作一个儿童，他嬉戏着迭起又卸下石块，筑成又推翻沙堆"②。总之，我们不妨把世界看作一位艺术家，站在他的立场上来看待个体的痛苦和毁灭，就能体会到他的审美游戏的巨大快乐了。

第四节 艺术形而上学

一 艺术形而上学的基本命题

在《悲剧的诞生》中，尼采明确赋予艺术以形而上意义，

---

① 《悲剧的诞生》，7、8、17，见《尼采美学文选》，第27、29、66页。
② 《悲剧的诞生》，22、24，见《尼采美学文选》，第90、97—98页。

谈到"至深至广形而上意义上的艺术"、"艺术的形而上美化目的"等，他把对于艺术的这样一种哲学立场称作"艺术形而上学"或"审美形而上学"。① 14 年后，在为《悲剧的诞生》再版写的《自我批判的尝试》一文中，他又称之为"艺术家的形而上学"，并说明其宗旨在于"对世界的纯粹审美的理解和辩护"。②

艺术形而上学可以用两个互相关联的命题来表述。

其一："艺术是生命的最高使命和生命本来的形而上活动。"③

其二："只有作为一种审美现象，人生和世界才显得是有充足理由的。"④

在这里，第二个命题实际上隐含着一个前提，便是人生和世界是有缺陷的，不圆满的，就其本身而言是没有充足理由的，而且从任何别的方面都不能为之辩护。因此，审美的辩护成了唯一可取的选择。第一个命题中的"最高使命"和"形而上活动"，就是指要为世界和人生作根本的辩护，为之提供充足理由。这个命题强调，艺术能够承担这一使命，因为生命原本就是把艺术作为自己的形而上活动产生出来的。

由此可见，艺术形而上学的提出，乃是基于人生和世界缺乏形而上意义的事实。叔本华认为，世界是盲目的意志，人生是这意志的现象，二者均无意义，他得出了否定世界和人生的结论。尼采也承认世界和人生本无意义，但他认为，我们可以通过艺术赋予它们一种意义，借此来肯定世界和人生。

在尼采眼里，艺术肩负着最庄严的使命。它决不是"一种娱乐的闲事，一种系于'生命之严肃'的可有可无的闹铃"，如

① 《悲剧的诞生》，15、24、5，见《尼采美学文选》，第 58、97、17 页。
② 《自我批判的尝试》，5，见《尼采美学文选》，第 267 页。
③ 《悲剧的诞生》前言，见《尼采美学文选》，第 2 页。
④ 《悲剧的诞生》，24，见《尼采美学文选》，第 97 页。

一班俗人所认为的。① 面对世界和人生的根本缺陷，它也不是要来诉说和哀叹这缺陷，而是要以某种方式加以克服和纠正。"人生确实如此悲惨，这一点很难说明一种艺术形式的产生；相反，艺术不只是对自然现实的模仿，而且是对自然现实的一种形而上补充，是作为对自然现实的征服而置于其旁的。"② 自然现实有根本的缺陷，所以要用艺术来补充它，并且这种补充是形而上性质的。

尼采认为，对于人生本质上的虚无性的认识，很容易使人们走向两个极端。一是禁欲和厌世，像印度佛教那样。另一是极端世俗化，政治冲动横行，或沉湎于官能享乐，如帝国时期罗马人之所为。"处在印度和罗马之间，受到两者的诱惑而不得不作出抉择，希腊人居然在一种古典的纯粹中发明了第三种方式"，这就是用艺术，尤其是悲剧艺术的伟大力量激发全民族的生机。③ 在用艺术拯救人生方面，希腊人为我们树立了伟大的榜样。"希腊人深思熟虑，独能感受最细腻、最惨重的痛苦……他们的大胆目光直视所谓世界史的可怕浩劫，直视大自然的残酷，陷于渴求佛教涅槃的危险之中。艺术拯救他们，生命则通过艺术拯救他们而自救。"④ 在尼采看来，希腊人的这个榜样在人类历史上是独一无二的。由此也可以说明，他为何要如此认真地对这个榜样进行研究了。

二　希腊的典范：艺术拯救人生

推崇希腊古典艺术是从文克尔曼、莱辛、赫尔德到歌德、席勒、黑格尔整整一代德国思想家的传统。在尼采之前，人们往往用人与自然、理性与感性的和谐界定古希腊的人性和艺术，解释希腊艺术之能够达于完美性和典范性的原因。文克尔曼的著名概

---

① 《悲剧的诞生》前言，见《尼采美学文选》，第2页。
② 《悲剧的诞生》，24，见《尼采美学文选》，第96页。
③ 参看《悲剧的诞生》，21，见《尼采美学文选》，第84页。
④ 《悲剧的诞生》，7，见《尼采美学文选》，第27页。

括"高贵的单纯和静穆的伟大"被普遍接受，成了赞美希腊艺术时出现频率最高的语汇。尼采认为，德国启蒙运动的这一类解释"未能深入希腊精神的核心"，"不能打开通向希腊魔山的魔门"。至于和他同时代的"形形色色的学术界和非学术界"，则只会发出"一种居高临下的怜悯论调"，或者"说些全无用处的漂亮话，用'希腊的和谐'、'希腊的美'、'希腊的乐天'之类聊以塞责"。① 后来他还特别针对文克尔曼的公式批评道："在希腊人身上嗅出'美丽的灵魂'、'中庸'和别的完美性，譬如赞叹他们的静穆的伟大，理想的观念，高贵的单纯——我身上的心理学家保护我免于这种'高贵的单纯'，最后还免于德国的蠢话。"② 总之，在他看来，德国精神在向希腊人学习方面的状况是完全不能令人满意的。

尼采自己对于希腊人性和艺术的解释确实完全不同于启蒙运动的传统。他的基本观点是：希腊艺术的繁荣不是缘于希腊人内心的和谐，相反是缘于他们内心的痛苦和冲突，而这种内心的痛苦和冲突又是对世界意志的永恒痛苦和冲突的敏锐感应与深刻认识。正因为希腊人过于看清了人生在本质上的悲剧性质，所以他们才迫切地要用艺术来拯救人生，于是有了最辉煌的艺术创造。他如此写道："希腊人知道并且感觉到生存的恐怖和可怕，为了能够活下去，他们必须在它前面安排奥林匹斯众神的光辉梦境之诞生……为了能够活下去，希腊人出于至深的必要不得不创造这些神……这个民族如此敏感，其欲望如此热烈，如此特别容易痛苦，如果人生不是被一种更高的光辉所普照，在他们的众神身上显示给他们，他们能有什么旁的办法忍受这人生呢？召唤艺术进入生命的这同一冲动，作为诱使人继续生活下去的补偿和生存的完成，同样促成了奥林匹斯世界的诞生，在这世界里，希腊人的

① 《悲剧的诞生》，20，见《尼采美学文选》，第83页。
② 《偶像的黄昏》，《我感谢古人什么》，3，见《尼采美学文选》，第323—324页。

'意志'持一面有神化作用的镜子映照自己。"①

一方面有极其强烈的生命欲望，另一方面对生存的痛苦有极其深刻的感悟，这一冲突构成了希腊民族的鲜明特征。正是这一冲突推动希腊人向艺术寻求救助，促成了奥林匹斯世界的诞生。强烈的生命欲望和深刻的痛苦意识虽然构成了冲突，但同时也形成了抗衡。相反，一个民族如果只有前者没有后者，就会像罗马人那样走向享乐主义，如果只有后者没有前者，就会像印度人那样走向悲观主义。艺术所起的作用是双重的，既阻止了痛苦意识走向悲观厌世，又把生命欲望引入了审美的轨道。希腊神话真正达到了生命的神化和肯定。别的宗教，包括佛教、基督教，所宣扬的都是道德、义务、苦行、修身、圣洁、空灵等等，希腊神话却丝毫不会使我们想起这些东西，而只会使我们领略到一种充实的生命感觉。在此意义上，尼采把希腊神话称作"生命宗教"。②

三　酒神世界观

在《悲剧的诞生》中，尼采有"酒神世界观"（die dionysische Weltbetrachtung）、"悲剧世界观"（die tragische Weltbetrachtung）、"酒神精神"（der dionysische Geist 或 die Dionysische）等提法。③ 这些概念基本上是同义的。他还常常谈到悲剧世界观与理论世界观或苏格拉底世界观之间、酒神精神与苏格拉底精神之间的对立和斗争。④ 后来，他又强调酒神精神与道德的对立，并且说，他用"酒神精神"来命名他所创造的"生命的一种根本相反的学说和根本相反的评价，一种纯粹审美的、反基督教的学说和评价"。⑤ 很显然，尼采自己认为，他在《悲剧的诞生》中提出了一种与理性主义、道德主义相反的哲学学说，一种新的世

---

① 《悲剧的诞生》，3，见《尼采美学文选》，第 11—12 页。
② 《酒神世界观》，2，《悲剧的诞生》，2，见《尼采美学文选》，第 559 页。
③ 《悲剧的诞生》，17、16、19，见《尼采美学文选》，第 67、62、79 页。
④ 参看《悲剧的诞生》，12、17、19。
⑤ 《自我批判的尝试》，5，见《尼采美学文选》，第 268 页。

界观，一种对世界做出新的解释的形而上学。

根据尼采的论述，酒神世界观的内容主要包含以下三层意思：第一，由个体化的解除而认识万物本是一体的真理，回归世界意志，重建人与人之间、人与自然之间的统一；第二，进而认识到世界意志是坚不可摧和充满欢乐的永恒生命，领会其永远创造的快乐，并且把个体的痛苦和毁灭当作创造的必有部分加以肯定；第三，再进而用审美的眼光去看世界意志的创造活动，把它想象为一个宇宙艺术家，把我们的人生想象为它的作品，以此来为人生辩护。

如果世界意志在本质上是痛苦，那么，与世界意志合一的状态岂不应该是一种全然痛苦的状态吗？叔本华就是这样认为的，因此他的哲学的归宿不是与世界意志合一，相反是彻底摆脱世界意志。尼采不这样认为，在他看来，酒神状态是一种痛苦和狂喜交织的癫狂状态。世界意志的个体化原是痛苦之源，但是，对于个体来说，个体的解体又是最高的痛苦。在酒神状态中，个体所经历的正是这解体的痛苦。然而，由这最高的痛苦却解除了一切痛苦的根源，获得了复归原始自然、与世界本体融合的最高的欢乐。

在叔本华那里，个体化也是痛苦，但那是第二级的痛苦，第一级的、终极的痛苦却是意志本身。所以他认为，通过艺术和道德摆脱个体化仅是暂时的解脱，唯有灭绝意志本身才是彻底的解脱。现在，我们要问的是，既然尼采也承认意志是原始的痛苦，那么，与意志合一的状态如何会是最高的快乐呢？我们发现，关键是意志的性质发生了变化，在叔本华那里是徒劳挣扎的盲目力量，在尼采这里变成了生生不息的创造力量。事实上，叔本华和尼采用意志这个概念所喻指的仍是同一个东西，即宇宙间那个永恒的生成变化过程，那个不断产生又不断毁灭个体生命的过程。真正改变了的是对这个过程的评价，是看这个过程的眼光和立场。因为产生了又毁灭掉，叔本华就视为生命意志虚幻的证据。因为毁灭了又不断重新产生出来，尼采就视为生命意志充沛的证据。由于这一眼光的变化，意志的原始痛苦的性质也改变了。在叔本华那里，痛苦源自意志自身的盲目、徒劳和虚幻，因而是不可救赎的。在尼采这里，痛苦是意志的永恒创造和永恒欢乐的必要条件，因而本身就是应该予以肯定的。

酒神世界观或悲剧世界观的要义，就在于把痛苦和毁灭当作生命的必要条件予以肯定。尼采的经典阐述是："肯定生命，哪怕是在它最异样最艰难的问题上；生命意志在其最高类型的牺牲中，为自身的不可穷竭而欢欣鼓舞——我称这为酒神精神……不是为了摆脱恐惧和怜悯……而是为了超越恐惧和怜悯，为了成为生成之永恒喜悦本身——这种喜悦在自身中也包含着毁灭之喜悦……"①"既然无数竞相生存的生命形态如此过剩，世界意志如此过分多产，斗争、痛苦、现象的毁灭就是不可避免的。"②可见这一世界观不但没有因为痛苦和毁灭而否定生命，相反为了肯定生命而肯定痛苦和毁灭，把人生连同缺陷都神化了。

在把世界意志理解为永远创造着也破坏着的永恒生命之后，给它一种审美的解释就是顺理成章的事情了。首先，既然自然界一会儿产生个体生命，一会儿又毁掉个体生命，仿佛在玩着"个体世界建成而又毁掉的万古常新的游戏"，那么，我们的确有理由把这看作"意志在其永远洋溢的快乐中借以自娱的一种审美游戏"。③产生、肯定和美化个体生命，这是自然界本身的日神冲动。毁掉和否定个体生命，这是自然界本身的酒神冲动。两者都是自然界本身的艺术冲动，都同样表现了它的生命力和创造力的充溢。其次，我们不妨把这样从事着创造的世界意志看作一位"酒神的世界艺术家"或"世界原始艺术家"④，而把自己看作它的作品，从中发现自己的生存价值。处在在酒神状态中的人是有这样的真实体验的：这时候，"人不再是艺术家，而成了

---

① 《偶像的黄昏》，《我感谢古人什么》，5，见《尼采美学文选》，第326页。
② 《悲剧的诞生》，17，见《尼采美学文选》，第66页。
③ 《悲剧的诞生》，24，见《尼采美学文选》，第97页。
④ 《悲剧的诞生》，1、5，见《尼采美学文选》，第6、21页。

艺术品，整个大自然的艺术能力，以太一的极乐满足为鹄的，在这里透过醉的战栗显示出来了"。世界意志把人当作最贵重的黏土捏制，当作最珍贵的大理石雕琢，就像雕塑家在进行创作一样。受此启发，"我们不妨这样来看自己：对于艺术世界的真正创造者来说，我们已是图画和艺术投影，我们的最高尊严就在作为艺术作品的价值之中——因为只有作为审美现象，生存和世界才是永远有充分理由的"[1]。最后，我们还不妨站到这位世界原始艺术家的立场上去，和它相融合，感受一下它的创造的原始快乐。尼采认为，天才在艺术创作时就处在这样的状态中。这位原始艺术家游戏似地创造着和毁灭着个体生命，仿佛从中获得了极大乐趣。对于它来说，一切都是欢乐，连我们的痛苦和毁灭也是它的欢乐。它"作为艺术喜剧的唯一作者和观众，替自己预备了这永久的娱乐"。[2] 如果我们秉承这位原始艺术家的气概，也就能够把痛苦和毁灭当作审美的快乐来享受了。于是，现实的苦难就化作了审美的快乐，人生的悲剧就化作了世界的喜剧。

四　对人生的审美辩护

在《自我批判的尝试》中，尼采把《悲剧的诞生》"这本大胆的书首次着手的任务"概括为："用艺术家的眼光考察科学，又用人生的眼光考察艺术。"[3] 这个概括准确地说明了他的基本立场：第一，立足于人生来认识艺术的本质和价值；第二，以被如此理解的艺术为尺度来对照和衡量科学、道德、宗教等一切文化形态。

通过前面的全部论述，我们对于尼采立足于人生的这个根本出发点想必已经有了深刻的印象。他之所以赋予艺术以形而上意义，真正起作用的绝不是纯粹的形而上学兴趣，用意全在给人生意义问题提供一个解答。而他之所以渴望作此解答，则又是因为

---

① 《悲剧的诞生》，1、5，见《尼采美学文选》，第6、20页。
② 《悲剧的诞生》，5，见《尼采美学文选》，第20页。
③ 《自我批判的尝试》，2，见《尼采美学文选》，第264页。

他深感答案之阙如。事实上，在《悲剧的诞生》中，叔本华关于人生在本质上是痛苦的、虚无的这一观点是被当作前提的。当尼采分析希腊艺术时，这个观点以两种方式发生着作用。一是给了他启发，使他能用一种不同于启蒙运动的眼光，不是从希腊人的乐天和和谐，而是从希腊人的痛苦和冲突，来探寻希腊艺术的根源。他之特别注意希腊的酒神现象，他对这一现象的解释，很难说没有叔本华的悲观哲学在其中起着作用。二是给他提出了任务，即在承认人生的痛苦和虚无本质的前提下如何肯定人生，促使他从希腊艺术尤其是希腊悲剧中去发现战胜人生苦难的力量，以对抗叔本华的否定人生的结论。

对于尼采来说，为了能够生存下去，世界和人生是需要我们为之辩护的。叔本华放弃了这个辩护的责任，听任人生处于无意义之中，宣扬悲观主义，这是尼采不能接受的。《悲剧的诞生》再版时，尼采加上了一个副题："希腊精神与悲观主义"。后来他解释说："这是一个毫不含糊的标题，即首次说明了希腊人是如何清算悲观主义的——他们靠什么战胜了悲观主义……悲剧恰好证明，希腊人不是悲观主义者：叔本华在这里如同他在所有问题上一样弄错了。"[①] 我们确实看到，在《悲剧的诞生》中，希腊艺术始终被阐释为战胜悲观主义的产物，对抗悲观主义的伟大力量。虽然尼采在这部著作中没有直接批判叔本华的悲观主义，但是，该书的全部精神是对它的反驳，是与之鲜明对立的。

尼采带着叔本华的问题去研究希腊艺术，发现天性敏感的希腊人却生活得生气蓬勃，正是依靠了艺术的拯救。他由此得出结论：我们能够为世界和人生做出辩护，而我们所能做的唯一有效的辩护是审美的辩护，唯有此种辩护才是真正肯定人生的。后来他一再阐明这一点："事实上，全书只承认一种艺术家的意义，只承认在一切现象背后有一种艺术家的隐秘意义——如果愿意，也可以说只承认一位'神'，但无疑仅是一位全然非思辨、非道

---

① 《看哪，这人》，《悲剧的诞生》，1，见《尼采美学文选》，第 334 页。

德的艺术家之神"；这本书所教导的是"对世界的纯粹审美的理解和辩护"；"审美价值"是"《悲剧的诞生》所承认的唯一价值"。① 在这一点上，审美的辩护就不仅是反对悲观主义的了，同时也是与表面上肯定人生、实质上否定人生的乐观主义相对立的。因此，《悲剧的诞生》实际上贯穿着两条线索，一是希腊精神与悲观主义的对立，另一是希腊精神与乐观主义的对立。

在这本书中，尼采把苏格拉底当作了乐观主义的始祖和代表。后来他所说的书中两点决定性的创新，第一是对希腊人的酒神现象的理解，第二就是"对苏格拉底主义的理解，苏格拉底第一次被认作希腊衰亡的工具，颓废的典型"。简要地说，第一点理解即希腊人用悲剧精神战胜了悲观主义，第二点理解即苏格拉底用乐观主义扼杀了悲剧精神。悲剧精神洞察人生的痛苦，因而完全不同于乐观主义，同时又战胜人生的痛苦，因而也完全不同于悲观主义，在本质上是超越于二者之对立的。所以，尼采不无理由地宣称，凭借这两点见解，他已经"如何地高出于乐观主义和悲观主义的可怜的肤浅空谈之上"。②

尼采认为，苏格拉底的出现意味着一种新的世界观诞生了，他称之为"理论世界观"或"科学精神"，关于这种新的世界观，尼采下了一个简明的定义："我把科学精神理解为最早显现于苏格拉底人格之中的那种对于自然界之可以追根究底和知识之普遍造福能力的信念。"③ 亦即对理性、逻辑、科学的迷信，相信凭借理性的力量，一方面可以穷究世界的真相和万物的本性，另一方面可以指导和造福人生。他对这种科学乐观主义作了深刻的批判，点睛的一句话是，它"把个人引诱到了可以解决的任

① 《自我批判的尝试》，5；《看哪，这人》，《悲剧的诞生》，1，见《尼采美学文选》，第267、335页。

② 《看哪，这人》，《悲剧的诞生》，1、2，见《尼采美学文选》，第334—335页。

③ 《悲剧的诞生》，17，见《尼采美学文选》，第68页。

务这个最狭窄的范围内"。① 也就是说，它回避了世界和人生在本质上的无意义这个根本问题，代之以枝节问题的解决，并且以此给我们一种所有问题都已经解决或即将解决的乐观假象。

在尼采晚期对《悲剧的诞生》的自我解释中，除了指出它对科学的批判立场之外，更加强调它对道德包括基督教道德的批判意义。在《自我批判的尝试》中，他说：这本书只承认"一位全然非思辨、非道德的艺术家之神"；书中的"艺术家的形而上学""业已显示一种精神，这种精神终有一天敢冒任何危险起而反抗生存之道德的解释和意义"；"当时在这本成问题的书里，我的本能，作为生命的一种防卫本能，起来反对道德，为自己创造了生命的一种根本相反的学说和根本相反的评价，一种纯粹审美的、反基督教的学说和评价……我名之为酒神精神"②。在尼采的这种自我解释中无疑融进了他的晚期思想，不能说是"客观"的。但是，从他早期鲜明主张对人生的审美解释，到晚期激烈批判对人生的道德解释，其间的确有着内在的联系。在某种意义上，这两种解释都试图神化人生，它们的根本分歧在于如何看待生命的本能和人生的缺陷。审美解释所要神化的是现实的人生，在酒神世界观中，那个宇宙艺术家其实就是生命本能的神化形象，人生的缺陷和痛苦作为生命的创造活动的必要部分得到了全盘肯定。相反，道德世界观是排斥这一切的，仿佛唯有压制生命的本能，摆脱缺陷和痛苦，人生才能达于神圣的境界。

总之，尼采通过艺术形而上学所提倡的是一种审美的世界解释和人生态度，反对的是科学的和道德的世界解释和人生态度。他并不否认道德和科学在人类实际事务中的作用，但认为不能用它们来解释世界和指导人生。人生本无形而上的根据，科学故意回避这一点，道德企图冒充这种根据而结果是否定人生。所以，如果一定要替人生寻找形而上的根据，不如选择艺术，审美的意

---

① 《悲剧的诞生》，17，见《尼采美学文选》，第70页。
② 《自我批判的尝试》，5，见《尼采美学文选》，第267—268页。

义是人生所能获得的最好的意义。

五 艺术比真理更有价值

在《悲剧的诞生》中，尼采构造了一种"艺术形而上学"，其基本内涵是对世界和人生作审美的辩护。对于这个基本内涵，他始终是予以肯定的。但是，后来，他越来越不满意于他当时用来表达这个基本内涵的形而上学框架了。在《看哪，这人》中，他谴责自己的这部早期著作"散发着令人厌恶的黑格尔气味"，使用了黑格尔式的正题、反题、合题的逻辑推演程序："一种'理念'——酒神因素与日神因素的对立——被阐释为形而上学；历史本身被看作这种'理念'的展开；这一对立在悲剧中被扬弃而归于统一。"[①] 在《自我批判的尝试》中，他批评自己当时"试图用叔本华和康德的公式去表达与他们的精神和趣味截然相反的异样而新颖的价值估价"。[②] 所谓"叔本华和康德的公式"，是指现象与自在之物、表象与意志的世界二分模式。他后来与传统形而上学的这一类世界二分模式彻底决裂，意识到自己一开始所提出的就不是一种新的形而上学，而是一种新的价值估价。

形而上学的实质在于本体界和现象界的二分模式。我们在《悲剧的诞生》中确实看到，尼采对于世界二元冲动和艺术形而上学的阐述都是在这个模式的框架中展开的。那么，现在要讨论的问题是，这个框架只是一个框架呢，还是有实质性内容的？或者说，"艺术形而上学"究竟还是不是传统意义上的形而上学？

在80年代后期遗稿中，尼采自己对此有一个提示："人们在这本书的背景中遇到的作品构思异常阴郁和令人不快，在迄今为人所知的悲观主义类型里似乎还没有够得上这般阴郁程度的。这里缺少一个真实的世界与一个虚假的世界的对比，只有一个世

---

① 《看哪，这人》，《悲剧的诞生》，1，见《尼采美学文选》，第334页。
② 《自我批判的尝试》，6，见《尼采美学文选》，第268页。

界，这个世界虚伪，残酷，矛盾，有诱惑力，无意义……这样一个世界是真实的世界。为了战胜这样的现实和这样的'真理'，也就是说，为了生存，我们需要谎言……为了生活而需要谎言，这本身是人生的一个可怕又可疑的特征。""形而上学，道德，宗教，科学，这一切在这本书中都仅仅被看作谎言的不同形式，人们借助于它们而相信生命。""误解存在的性质，这是在道德、科学、虔信、艺术所有这些东西背后的最深最高的秘密意图。"①

这里值得注意的是两点：一、作为《悲剧的诞生》的背景的是一种最阴郁的悲观主义，即认为并不存在本体界和现象界的区分，只存在一个真实的无意义的世界；二、在这本书里，艺术——应该包括日神艺术和酒神艺术，也包括艺术形而上学——仅被看作帮助我们战胜这个残酷的"真理"以信仰生命的"谎言"。

这是否尼采对自己的早期思想的故意误解呢？应该说不是，他至多只是把《悲剧的诞生》时期约略透露过的思想用最直截了当的方式表达了出来。那时候他已经谈到美与真理之间的对立：酒神冲动所创造的神灵们"对美不感兴趣"，"它们与真理同源……直观它们会使人成为化石，人如何能借之生活?"而诉诸美和适度的日神文化的"至深目的诚然只能是掩盖真理"。②他还谈到：日神艺术是"大自然为了达到自己的目的而经常使用的一种幻想。真实的目的被幻象遮盖了，我们伸手去抓后者，而大自然却靠我们的受骗实现了前者"。"艺术家的生成之快乐，反抗一切灾难的艺术创作之喜悦，毋宁说只是倒映在黑暗苦海上的一片灿烂的云天幻景罢了"。说得最明白的是这一段话："这是一种永恒的现象：贪婪的意志总是能找到一种手段，凭借笼罩万物的幻象，把它的造物拘留在人生中，迫使他们生存下去。一种人被苏格拉底式的求知欲束缚住，妄想知识可以治愈生存的永

---

① 《权力意志》，853，见《尼采美学文选》，第372—373页。
② 《酒神世界观》，2，见 KSA，第 1 卷，第 562、564 页。

恒创伤；另一种人被眼前飘展的诱人的艺术美之幻幕包围住；第三种人求助于形而上的慰藉，相信永恒生命在现象的漩涡下川流不息……我们所谓文化的一切，就是由这些兴奋剂组成的。按照调配的比例，就主要地是苏格拉底文化，或艺术文化，或悲剧文化。如果乐意相信历史的例证，也可以说是亚历山德里亚文化，或希腊文化，或印度（婆罗门）文化。"①从这些话中我们可以清楚地看到，即使在当时，尼采内心中其实并不真正相信一切形而上学，包括艺术形而上学。在最后这一段话里，科学、日神艺术、酒神艺术、形而上学、宗教的确都被看成了幻象和兴奋剂——也就是谎言——的不同形式，其作用都是诱使我们生活下去。就他把这一切说成是"大自然"或世界意志为了达到自己的目的而发动的而言，我们从中似乎还能嗅到一点形而上学的气味，但这种形而上学其实是比喻性质的。事实上，他并不相信"在现象的漩涡下"存在着川流不息的"永恒生命"，存在的只是"黑暗苦海"，那无意义的永恒生成变化过程，而我们的生命连同我们生活于其中的整个现实世界也属于这个过程，不过是这个过程中的稍纵即逝的片断罢了。在尼采看来，这就是我们不断地试图掩盖却又不得不面对的可怕的真理。

　　这里涉及一个重要问题，即艺术与真理的关系问题。尼采后来回顾道："在我一生的早期，我就认真思考艺术与真理的关系问题了，甚至现在我还非常害怕这种不一致的外表。我的第一本书是献给它的。《悲剧的诞生》之相信艺术是立足于别种信念的背景的：不能靠真理生活，求真理的意志已经是衰退的征象。"②艺术与真理的对立的确是尼采的一贯思想，在他后期的著作中，这个思想得到了越来越明确的论述。

　　许多哲学家都曾讨论艺术与真理的关系问题，不过，我们要注意，尼采所说的真理和一切站在传统形而上学立场上的哲学家

---

　　①　《悲剧的诞生》，3、9、18，见《尼采美学文选》，第13、36、71页。
　　②　F. Nietzsche, Werke（《尼采全集》），Leipzig，1894—1926，第14卷，第368页。以下引该全集皆简称为 Werke。

所说的真理是有完全不同的含义的。柏拉图最早提出艺术与真理相对立的论点，但立足点恰与尼采相反。柏拉图认为，理念世界是真实的世界，是真理；经验世界不过是它的影子和模仿；艺术又是影子的影子，模仿的模仿。所以，相对于真理而言，艺术最无价值。他所说的真理是指理念世界。他的思想在哲学史上有巨大影响，虽然受他影响的后世哲学家未必像他那样贬低艺术的价值，但基本思路都是把艺术看作对理念的某种认识或表现，并根据这种认识或表现的程度来确定艺术的价值。例如，黑格尔认为，艺术是理念的感性显现。叔本华也认为，艺术是对理念的认识和复制。理念这个范畴是叔本华为了解释艺术而特地引入到他的美学里来的，其实是和他的整个哲学体系不相容的。在柏拉图和黑格尔那里，理念就是本体世界，是现象世界背后的本质和意义源泉。在叔本华这里，本体世界是盲目的无意义的意志，他把理念说成是意志的直接的、完全的客体化，可是，他从来不曾说明，盲目的无意义的意志是如何能够客体化为让人进行审美观照的有意义的理念的。

在尼采的美学中，理念这个范畴只是偶尔被提到，不再起任何重要的作用，他是直接用意志来解释艺术的。当他谈论艺术与真理的关系时，所说的已经完全不是艺术与理念的关系。他彻底否认了理念世界的存在，因而在实质上也否认了本体世界和现象世界的划分。他之所以反对对世界的科学的、道德的、宗教的、形而上学的解释，是因为所有这些解释都是柏拉图的理念论的变种。既然不存在理念的意义上的真理，那么，艺术与这样的真理是对立还是统一的问题就无从谈起了。对于尼采来说，只存在一个世界，虽然他沿用叔本华的术语称之为世界意志，但实际上指的就是那个永恒生成变化的宇宙过程，这个过程本身是绝对无意义的，因为在它背后并无一个不变的精神性实体作为它的意义源泉。他所说的真理就是对这个过程的认识，不过这个过程其实是永远不可能成为我们认识的对象的，因此，确切地说，是对这个过程以及属于这个过程的我们的人生之无意义性的某种令人惊恐的意识。在这种意识的支配下，我们当然是无法生活的，于是需要艺术的拯救，艺术是我们可以用来对付这个可怕真理的唯一手段。"真理是丑的。我们有了艺术，依靠它们就不致毁于真理。"如果说艺术是谎言，那么，这种"用谎言战胜现实的能力"正是人固有的，靠了它才能解决"生命应当产生信仰"这个艰巨的任务。[①] 所以，艺术的价值不在于它揭示了真理，相反在于它遮蔽了真理，在真理面前保护了我们的生命。站在生命的立场看，艺术高于真理。

　　后来，尼采正是从这个角度来解释《悲剧的诞生》中的艺术形而上学的。他说："人们看到，在这本书里，悲观主义，我们更明确的表述叫虚无主义，是被看作'真理'的。但是，真理并非被看作最高的价值标准，更不用说最高的权力了。求外观、求幻想、求欺骗、求生成和变化（求客观的欺骗）的意志，在这里被看得比求真理、求现实、求存在的意志更深刻，更本原，'更形而上学'，后者纯粹是求幻想的意志的一个形式。""这样，这本书甚至是反悲观主义的，即在这个意义上：它教导了某种比悲观主义更有力、比真理'更神圣'的东西——艺术。彻底否定生命，不仅口头上否定生命而且以实际行为否定生命，在这一点上，看起来没有比这本书的作者更认真了。只是他知道——他体验过这，也许他对别的毫无体验！——艺术比真理更有价值。"[②] 在这里，"更形而上学"、"更神圣"都被打上了引号，明确地被看成是譬喻，而最后一句话点出了其真实含义，就是"艺术比真理更有价值"。所以，归根到底，生命是根本的尺度，尼采是用这个尺度来衡量艺术的价值，并且赋予它以形而上学的意义的。不妨说，尼采自己戳穿了他在《悲剧的诞生》中编造的艺术形而上学的"谎言"，还了它以价值估价的本来面目。

---

① 《权力意志》，822、853，见《尼采美学文选》，第356、372—373页。
② 《权力意志》，853，见《尼采美学文选》，第374页。

　　人们也许可以说，不管尼采怎样强调艺术比真理更有价值，既然他认定悲观主义是真理，而艺术只是谎言，认定人必须逃避真理，靠谎言活下去，他在骨子里就终究是一个悲观主义者。这种说法当然有一定的道理。但是，对于一个已经不相信人生的终极意义的人来说，也许只有两种选择，或者像叔本华那样，甘于人生的无意义，彻底否定人生，或者就像尼采这样，明知人生无意义偏要给它创造出一种意义来。在这一点上，尼采颇有一种"知其不可而为之"的气概，他自称"悲剧哲学家"，他的哲学确有一种悲剧色彩。那么，尼采自己是否相信艺术所赋予人生的意义呢？有一点可以肯定：至少他不相信艺术能够赋予人生以真正的形而上意义即终极意义，否则艺术就不是谎言而是真理了。因此，后来他干脆否定任何对形而上意义的追求。"形而上慰藉"说是《悲剧的诞生》中的得意之笔，有意思的是，在该书再版时，他却告诫年轻读者不要上他的当，不要以得到浪漫主义的"形而上慰藉"告终，向他们如此呼吁："你们首先应当学会尘世慰藉的艺术——你们应当学会欢笑，我的年轻朋友们，除非你们想永远做悲观主义者；所以，作为欢笑者，你们有朝一日也许把一切形而上慰藉——首先是形而上学——扔给魔鬼！"[1] 话中之意是，一个人只要还执著于形而上学的追问，就永远不能摆脱悲观主义，唯有热爱尘世的人才能真正找到生活的快乐和意义。

第五节　作为艺术的权力意志

一　从酒神冲动到权力意志

　　叔本华以意志为世界的自在之物，尼采一开始就接受了叔本华的这一世界解释，在《悲剧的诞生》中用作分析艺术现象的

---

　　① 《自我批判的尝试》，7，见《尼采美学文选》，第270—271页。

哲学框架。但是，正是在《悲剧的诞生》中，对于世界意志的性质，尼采已经表明了与叔本华截然不同的理解。在叔本华那里，意志是一种盲目徒劳的求生存的冲动，因而是必须否定的。相反，尼采经由希腊酒神现象不看这同一个世界意志，给了它以积极的解释和肯定的评价。他的着眼点不再是由痛苦和毁灭而显示的世界意志的虚幻性质，而是世界意志无视痛苦和毁灭而依然生生不息的创造力量，被如此理解的世界意志，也就是世界本身的酒神冲动。

在意志所欲求的是生存这一意义上，叔本华又把意志称作"生命意志"（或译"生存意志"），视两者为同义的概念。① 值得注意的是，在《悲剧的诞生》中，尼采从未使用"生命意志"这个概念，只使用了"意志"或"世界意志"的概念。他仿佛是要与叔本华划清界限，拒绝把意志看作求生存的冲动。对于他来说，意志直接就是"永恒生命"本身，是"那在一切现象之彼岸的历万劫而长存的永恒生命"，"永远创造、永远生气勃勃、永远热爱现象之变化的始母"。② 作为永远丰盈、永不枯竭的"永恒生命"，意志无须再去追求生命，只需以其丰盈的生命力自娱就可以了。

对世界意志的这种酒神式诠释是一种审美的描述，如何对之作哲学的表述呢？也许正是怀着这个愿望，尼采找到了权力意志概念。在《快乐的科学》（1882）中，他第一次明确提出这个概念，并以之解说意志的实质："在自然中支配着的不是贫困，而是过剩，浪费，甚至到了荒唐的地步。生存竞争只是一种例外，对生命意志的一种暂时的限制：大大小小的竞争到处都是为了争优越，争生长和扩展，争权力，遵循着求权力的意志（der Wille zur Macht）的，而求权力的意志也就是生命意志。"③ 这个被解

---

① 叔本华：《作为意志和表象的世界》，第 54 页；参看石冲白中译本，第 377 页。

② 《悲剧的诞生》，16，见《尼采美学文选》，第 66 页。

③ 《快乐的科学》，349，见《尼采美学文选》第 3 卷，第 585 页。

释成权力意志的生命意志概念，当然已经完全不是叔本华所说的求生存的冲动，而与那个在《悲剧的诞生》中被解释成酒神冲动的意志概念是一脉相承的。论证权力意志的根据，也正是当初论证酒神冲动的那同一个根据，即宇宙间生命的丰裕过剩。我们不妨回忆一下《悲剧的诞生》中谈论酒神艺术效果的这一段文字："我们在短促的瞬间真的成为原始生灵本身，感觉到它的不可遏止的生存欲望和生存快乐。现在我们觉得，既然无数竞相生存的生命形态如此过剩，世界意志如此过分多产，斗争、痛苦、现象的毁灭就是不可避免的。"① 由于生命丰裕，世界意志以挥霍生命为乐，个体的毁灭不但不削弱，反而加强了这种快乐，这是酒神冲动。也由于生命丰裕，万物并不满足于求生命的保存，而是求生命的优越和扩展，为此甚至不惜牺牲生命，这就是权力意志了。正是在酒神精神的引领下，尼采把叔本华的生命意志说改造成了他自己的权力意志说。在一定意义上，我们可以把权力意志看作酒神冲动的哲学别名。

此后，尼采对生命意志概念越来越持否定的态度，而完全用权力意志取而代之了。在他看来，叔本华的生命意志说既误解了生命的本质，也误解了意志的本质。按照这一学说，生命仅是自保，意志仅是欲望。尼采则认为，生命的本质是自我超越，意志的本质是自我支配，而权力意志概念恰好同时表明了两者的本质。权力意志是尼采后期哲学的核心概念，他对之有大量的阐释，这里不能也不必一一论列。② 需要强调的是，作为一种世界解释，这个概念所描述的仍是尼采曾用酒神冲动概念描述的宇宙间那个永恒的生成变化过程。不同之处在于，通过这个概念，除了生命的丰裕之外，更加突出了生命的力度。所谓"权力"，应作广义的理解，是指生命力的强盛，因为强盛而能够自我支配。权力意志说形成以后，尼采在美学中越来越把各类审美现象与生

---

① 《悲剧的诞生》，17，见《尼采美学文选》，第66页。

② 参见周国平《尼采与形而上学》，湖南教育出版社1990年版，第191、215页。

命力的强度联系起来，在主张审美的人生态度时更加强调人生的力度了。

二 醉与权力意志

醉是尼采后期美学中的一个重要概念。

在《悲剧的诞生》中，尼采主要把醉看作日常生活中的酒神状态。现在，他明确地把醉视为一切审美活动不可缺少的前提："为了艺术得以存在，为了任何一种审美行为或审美直观得经存在，一种心理前提不要或缺：醉。首先须有'醉'以提高整个机体的敏感性，在此之前不会有艺术。"①醉有种种形式，尼采经常提到的有性冲动的醉，节庆、竞赛、绝技、凯旋的醉，残酷和破坏的醉，春天和饮酒的醉。这种状态的共同特点是生命力的最大调动、发泄和享受。在这样的状态中，倘若饱胀的生命力向外投射，"置光彩和丰盈于事物，赋予诗意，直到它们反映出我们自身生命的丰富和欢乐"②，也就是审美状态了。这种情形在艺术家身上尤其突出，他们的生命是必须"有一种常驻的醉"，然后才能艺术地看事物，即把事物看得更丰满、单纯和强健。③

在《悲剧的诞生》中，醉仅与酒神状态相关，而与日神状态相关的是梦，尼采从未把日神状态与醉联系起来。现在，他虽然仍没有放弃酒神与日神、醉与梦的划分，但倾向于用醉来概括全部审美状态。他试图把酒神和日神这两种状态视为醉的不同类别，如此问道："我引入美学的对立概念，日神的和酒神的，二者被理解为醉的类别，究竟是什么意思呢？"然后回答说："日神的醉"是眼睛激动并获得了幻觉的能力，酒神的醉则是整个

---

① 《偶像的黄昏》，《一个不合时宜者的漫游》，8，见《尼采美学文选》，第312页。

② 《权力意志》，801，见《尼采美学文选》，第342页。

③ 《权力意志》，800，见《尼采美学文选》，第342页。

情绪系统激动并调动了变形的能力。① 这就在一定程度上把梦也归为醉的一种了，不妨说是视觉的醉。

对于醉的本质的解说也发生了变化。在《悲剧的诞生》中尼采把醉看作由"个体化原理"解体而产生的神秘的自弃境界，是个人与世界意志融为一体的状态。现在，他明确地用权力意志来说明醉的本质，一再强调醉与力之间的联系："醉的本质是力的提高和充溢之感。出自这种感觉，人施惠于万物，强迫万物向己索取，强奸万物，——这个过程称作理想化。"② 醉"实际上同力的过剩相应"，"不折不扣是一种高度的权力感"；"醉：高度的力感，一种通过事物来反映自身的充实和完满的内在冲动"。③

在《悲剧的诞生》中，尼采曾经强调，他之所以提出二元冲动说，是因为美的单一原则无法解释艺术，酒神是作为与美亦即日神具有不同本质的另一原则提出来的。二者之中，酒神被视为更本原的艺术冲动，直接由意志发动，而日神与意志最多只有间接的关系。现在，他用醉概括全部审美状态包括日神状态，又用权力意志解释醉的本质，这就为他用权力意志解释全部艺术和审美现象打通了道路。从用二元冲动否定美的意志的单一原则，到用单一原则统率二元冲动，他仿佛完成了一个否定之否定。从柏拉图到康德到叔本华，传统美学始终视美与意志势不两立。因此，如果说他从前反对美的单一原则已是对传统美学的颠覆，那么，现在他主张意志的单一原则无疑是对传统美学的更彻底的颠覆。值得注意的是，在他达于意志的单一原则的过程中，醉的概念起了关键的作用。

---

① 《偶像的黄昏》，《一个不合时宜者的漫游》，10，见《尼采美学文选》，第313页。

② 《偶像的黄昏》，《一个不合时宜者的漫游》，8，见《尼采美学文选》，第312页。

③ 《权力意志》，800、811，见《尼采美学文选》，第341、349页。

三　权力审美与审美

在《偶像的黄昏》中，尼采写道："没有什么是美的，只有人是美的：在这一简单的真理上建立了全部美学，它是美学的第一真理。我们立刻补上美学的第二真理：没有什么比衰退的人更丑了，——审美判断的领域就此被限定了。"[1] 这段话可看作尼采后期美学的一个中心命题，明确表达了他在美学上的人类本位立场。审美完全是一种人类现象，起决定作用的是人自身的权力意志状况。展开来说，主要有两层意思。

第一，事物本身无所谓美丑，人之对事物做出美或丑的判断，完全取决于对象是提高、激发还是压抑、挫伤了人的生命本能，是表达了本能类型的上升还是衰落。"人的权力感，他的求权力的意志。他的勇气，他的骄傲——这些都随丑的东西跌落，随美的东西高扬……在这两种场合，我们得出同一个结论：美和丑的前提极其丰富地积聚在本能之中。"[2] 所谓"完美"是"本能的权力感的异常扩展"，人的至深本能在这种状态中感受到了"本能类型的上升运动"。艺术则"一方面是旺盛的肉体活力向形象世界和意愿世界的涌流喷射，另一方面是借助崇高生活的形象和意愿对动物性机能的诱发；它是生命感的高涨，也是生命感的激发"。[3] 相反，"丑被看作衰退的一个暗示和表征：哪怕极间接地令人想起衰退的东西，都会使我们做出'丑'这个判断……在这里，一种憎恶之情油然而生：人憎恶什么呢？毫无疑问，憎恶他的类型的衰落。他出于至深的族类本能而憎恶；在这憎恶中有惊恐，审慎，深刻，远见，——这是世上最深刻的憎

---

①　《偶像的黄昏》，《一个不合时宜者的漫游》，20，见《尼采美学文选》，第315页。
②　同上。
③　《权力意志》，801、802，见《尼采美学文选》，第342—343页。

恶。因为这，艺术是深刻的……"① "只要一察觉到衰落、生命的枯竭，一察觉到瘫软、瓦解和腐败，不论相隔多远，审美都要做出否定的反应。"② 总之，是人身上的权力意志在做审美判断，依据对自己的利弊衡量对象的美丑，而审美和艺术的意义也全在于提高人类的权力意志。

第二，既然是人身上的权力意志在做审美判断，那么，由此可以推知，审美能力之有无大小取决于权力意志的强弱。"'美'的判断是否成立和缘何成立，这是（一个人的或一个民族的）力量的问题。"③ 在尼采看来，权力意志在不同的人身上决非平均分布的，权力意志强盛、生命力充沛的人易于进入审美状态，权力意志衰弱、生命力枯竭的人则往往丧失对生活的美感。"审美状态仅仅出现在那些能使肉体的活力横溢的天性之中，第一推动力永远是在肉体的活力里面。清醒的人、疲倦的人、筋疲力尽的人、干巴巴的人（例如学者）绝对不能从艺术中感受到什么，因为他没有艺术的原动力，没有内在丰富的逼迫——谁不能给予，谁也就无所感受。"④ 所以，一个人能否对人生持审美的态度，一个民族或一个时代的艺术是否卓越和繁荣，归结到底取决于其内在生命力的强弱盛衰。

一般来说，权力意志把提高、激发生命感的对象判断为美，把压抑、威胁生命感的对象判断为丑。但是，尼采认为，如果权力意志足够强盛，譬如在某些艺术家身上，丑也能产生激发生命感的效果，从而对之做出美的判断。在此情形下，它或者传达了艺术家"业已主宰这丑和可怖"的获胜的权力感，或者激发起残忍的乃至自伤的快感，从而是一种"凌驾于我们自身的权力

---

① 《偶像的黄昏》，《一个不合时宜者的漫游》，20，见《尼采美学文选》，第315 页。

② 《权力意志》，809，见《尼采美学文选》，第348 页。

③ 《权力意志》，852，见《尼采美学文选》，第371 页。

④ 《权力意志》，801，见《尼采美学文选》，第342 页。

感"，皆表达了权力意志的强大。① "充实感，积涨的力量感，由此而得以勇敢轻快地接受懦弱者为之颤抖的许多东西，——权力感对于那些乏弱的本能只能评价为可憎的和'丑'的事物和状态也可做出'美'的判断。"②

　　这一点突出地表现在悲剧艺术上。尼采对于悲剧的解释发生了很大的变化。在《悲剧的诞生》中，他强调的是希腊人对于痛苦的敏感和在艺术中获拯救的渴望。现在，他在希腊人身上看出了"他们的最强烈本能"是"求权力的意志"③。过去，他用"形而上的慰藉"来解释悲剧快感。现在，他把悲剧快感的产生归功于权力意志的强大。"总的说来，对可疑和可怕事物的偏爱是有力量的征象，对漂亮和纤巧事物的喜好则是衰弱和审慎的征象。对悲剧的快感表明了强有力的时代和性格……这是英雄的灵魂，它们在悲剧的残酷中自我肯定，坚强得足以把苦难当作快乐来感受。"因此，悲剧快感乃是强大的生命力敢于与痛苦和灾难相抗衡的一种胜利感。相反，其他那些解释，包括"净化"、"道德世界秩序的胜利"、"听天由命"之类，全是懦弱者把自己的价值感塞进了悲剧里。"悲剧艺术家的深刻在于，他的审美本能洞察遥远的结果，他并非近视地局限于身边的事物，他肯定大经济学，这种经济学为可怕的、恶的、可疑的东西辩护，而且不仅仅是辩护。"④ 这就是说，虽然悲剧艺术把个体的毁灭表演给人们看，似乎是对生命的否定，但是，正因为它表现了直面可疑和可怕事物的巨大勇气，从长远和总体的结果看，却是极大地提升了人类生命的高度和力度。从世界意志角度说，一个人能否具备酒神精神，与宇宙间充溢的生命意志息息相通，从而把人生的痛苦当作欢乐来体验，归根结底取决于他的权力意志亦即他的内在生命力是否足够强盛。

---

① 《权力意志》，802，见《尼采美学文选》，第 343 页。
② 《权力意志》，852，见《尼采美学文选》，第 371 页。
③ 《偶像的黄昏》，《我感谢古人什么》，3，见《尼采美学文选》，第 324 页。
④ 《权力意志》，852，见《尼采美学文选》，第 372 页。

四　权力意志与艺术

按照权力意志学说，审美和艺术的根源都在于人的生命力的丰盈。如果说美感是把生命力的丰盈投射到事物上的结果，那么，艺术就是通过改变事物来反映自身生命力丰盈的活动。"在这种状态中，人出于他自身的丰盈而使万物充实：他之所见所愿，在他眼中都膨胀，受压，强大，负荷着过重的力。处于这种状态的人改变事物，直到它们反映了他的强力，——直到它们成为他的完满之反映。这种变得完满的需要就是——艺术。甚至一切身外之物也都成为他的自我享乐；在艺术中，人把自己当作完满来享受。"①

不过，尼采强调，权力意志不仅是一种饱涨的生命力，更是一种支配强烈生命冲动并且赋予它们以形式的力量。如果只有强烈的生命冲动，但不能支配它们，赋予形式，就不会有艺术。当然，生命力的丰盈是一个前提，无此就谈不上支配，而无能支配往往也是生命力相对乏弱的表征。"美化是得胜的意志的表现，是加强了的协调的表现，是所有强烈欲求已达和谐的表现……丑则意味着某种形式的颓败、内心欲求的冲突和失调，意味着组织力的衰退，按照心理学的说法，即'意志'的衰退。""对艺术家来说，'美'之所以是至高无上的东西，那是因为在美里面对立被制服了，权力的最高标志就是胜于对立面，而且毫无紧张之感：暴力不再必要，一切都如此轻松地俯首听命，而且带着友好不过的神态顺从——这使得艺术家的权力意志欢欣鼓舞。"② 正是在艺术中，权力意志作为一种能够自我支配的力量之性质表现得最为显著。建筑尤其如此，它是"伟大的意志行为"，"建筑物应当显示出骄傲、对重力的胜利和权力意志；建筑风格是权力的一种能言善辩的形式……具有伟大风格的建筑表达了最高的力

---

① 《偶像的黄昏》，《一个不合时宜者的漫游》，9，见《尼采美学文选》，第312页。

② 《权力意志》，800、803，见《尼采美学文选》，第341、343页。

感和安全感"①。

在尼采看来，伟大风格是艺术所能达到的最高水准。"发展的顶点是伟大的风格。"② "一个艺术家的伟大不能用他所激起的'美感'来衡量，淑女们才乐意信这一套。应该用他接近伟大风格、擅长伟大风格的程度来衡量。"而伟大风格的特征就是意志的支配力量："伟大风格与伟大情感的共通之点是，它不屑于讨好，它想不起劝说，它下命令，它意欲……支配人们的混乱，迫使他们的混乱成为形式：合乎逻辑，简单，明确，成为数学、法律……"③ 支配丰富，赋予它们以形式，达于简单，这实际上就是古典主义风格。在尼采心目中，伟大风格与古典主义是同义词。"一个人要成为古典主义者，就必须具备所有强大的、表面上充满矛盾的才能和欲望，不过他们应当共同服从统一的驾驭……""古典风格本质上表现着平静、单纯、简洁和凝练，——最高的权力感集中在古典范型之中。拙于反应，一种高度的自信，无争斗之感。"④ 要达到这个境界，完全不能靠所谓复归"天性"、回到"自然"，尼采叹道："愚蠢啊，人们竟相信古典主义是一种自然行为！"古典趣味是生长在强有力的人和时代的土壤上的。因此，真正需要的是"改造生活，使它而后必能自己获得形式"。⑤ 正是"力量的尺度"决定了一个时代是相信"上升生命的道德"还是"衰落生命的道德"，与此相应，才在艺术风格上有了"古典美学"和"颓废美学"的分别。⑥

在尼采的时代，浪漫主义盛行，古典主义式微，尼采认为根源就在于生命力的乏弱。"在考察一切审美价值时，我现在使用这个主要尺度：我在每一个场合均问'这里从事创造的是饥饿

① 《偶像的黄昏》，《一个不合时宜者的漫游》，11，见《尼采美学文选》，第314 页。

② 《权力意志》，800，见《尼采美学文选》，第341 页。

③ 《权力意志》，842，见《尼采美学文选》，第365 页。

④ 《权力意志》，848、799，见《尼采美学文选》，第368、340 页。

⑤ 《权力意志》，849，见《尼采美学文选》，第369 页。

⑥ 《瓦格纳事件·跋》，见《尼采美学文选》，第303 页。

还是过剩'。"古典主义者是"苦于生命的过剩的痛苦者",而浪漫主义者却是"苦于生命的贫乏的痛苦者",他们因此而要借艺术一方面寻求安宁和自我解脱,另一方面寻求麻醉和疯狂。在尼采看来,其典型代表就是叔本华的哲学和瓦格纳的音乐,他称之为"浪漫悲观主义",并断为"我们文化命运中最后的重大事件"。① 在形式问题上,浪漫主义的特点是,一方面无能驾驭情绪冲动,"激情"泛滥,在总体上"无形式"②,另一方面又"逃入形式美之中",在细节上追求精致、朦胧、漂亮。尼采就此评论说:"所以,'爱美'不一定是欣赏美和创造美的一种能力,它恰恰可以是对此无能的征象。"③

五　艺术生理学

审美根本上是一个力的问题,当我们进一步追究这力的具体内容时,便发现尼采似有把美学生物学化的倾向。他曾直截了当地断言:"当然,美学不是别的,而是应用生理学。"④ 他还曾手拟一个题为"艺术生理学"的十八条提纲,准备在《强力意志》中以专门章节论述这个问题。这项计划未能实现。不过,"艺术生理学"的思想仍可散见于他的后期著作和遗稿中。值得注意的是以下几点:

第一,尼采倾向于把导致审美状态的力解释为"肉体的活力",视之为"艺术的原活力"、"第一推动力"。审美是一个双向的过程,一方面是肉体活力由里向外的投射,另一方面是受此投射的事物由外向里"对动物性机能的诱发",而我们身上被诱发起来的那些"动物性的快感和欲望"的"极其精妙的细微差别的混合"就是审美状态。⑤

---

① 《快乐的科学》,370,见《尼采美学文选》,第 243 页。
② 参见《权力意志》,第 835、849 页。
③ 同上。
④ 《尼采反对瓦格纳》,Werke,第 8 卷,第 187 页。
⑤ 《权力意志》,801、802,见《尼采美学文选》,第 342—343 页。

　　第二，在肉体的活力中，性欲的作用占据首位。肉欲是"理想化的基本力量"。"在酒神的醉之中有性欲和情欲，日神的方式中也不乏这些。"① "醉感在两性动情期最为强烈……'美化'是高涨的力的结果。" "制造完美和发现完美，这是负担着过重的性力的大脑组织所固有的。"美感犹如"对热恋状态及其看待世界的方式的一种无意只回忆"，"对艺术和美的渴望是对性欲癫狂的间接渴望"。在艺术创作中也有"乔装打扮的肉欲"，"就像一个男人看一个女人时简直要把人间一切优点都当礼物送给她一样，艺术家的肉欲也把他一向还尊重和珍视的一切赋予一个对象，他就这样地完成一个对象（把它'理想化'）"②。

　　性欲不但把被爱的对象美化、理想化，还使爱者自己变得更有力、更完美。性爱是"醉的变形力量"的"最令人惊叹的证明"。在恋爱时，一个人不但觉得自己似乎更完美了，他确实是更完美了。它不只改变价值感，而且改变价值，"恋爱者是更有价值、更强有力的。在动物身上，这种状态产生出新的武器、色素、颜色和外形，特别是新的运动、新的节奏、新的声音和引诱。在人身上，事情并无不同。他的整个组织比以往更丰富了，比不恋爱时更有力、更完美了。"③

　　艺术与性之间有着不解之缘。这在某些时代表现得尤其突出，例如："古典法国的全部高级文化和文学，都是在性兴趣的土壤上生长起来的。"④ 艺术家往往是性欲旺盛的人，他的创造本能正来自他的强烈的性本能。"艺术家倘若有些作为，都一定禀性强健（肉体上也如此），精力过剩，像野兽一般，充满情欲。假如没有某种过于炽烈的性欲，就无法设想会有拉斐尔"。

　　① 《权力意志》，823、799，见《尼采美学文选》，第356、340页。
　　② 《权力意志》，800、8035、806，见《尼采美学文选》，第341、344、345页。
　　③ 《权力意志》，808，见《尼采美学文选》，第346—347页。
　　④ 《偶像的黄昏》，《一个不合时宜者的漫游》，23，见《尼采美学文选》，第317页。

艺术家属"肉体极其敏感的类型"。"艺术家按照其性质来说恐免是好色之徒，一般易受刺激，每种官能都开放着，远远地就能对刺激和刺激的暗示起反应。"不过，正因为"一个人在艺术构思中消耗的力和一个人在性行为中消耗的力是同一种力"，艺术家不可随便消耗自己，他应该保持"一种相对的贞洁"，这对于他来说是"巨大的生活理性"，贞洁是"艺术家的经济学"。①

第三，尼采试图立足于生物学立场说明审美的价值和艺术的功能。"'全部美学的基础'是这个'一般原理'：审美价值立足于生物学价值，审美满足即生物学的满足。"②从狭义说，美与生殖密切关联。"在大自然里，声音、颜色、气味、有节奏的运动等等的美究竟为何存在？是什么促使美显现？……一切美都刺激生殖，——这正是美的效果的特性，从最感性的到最精神性的……"③从广义说，人出于至深的族类本能对有益于族类保存的对象作出"美"的判断，对有害于此的对象作出"丑"的判断。所以，审美判断实质上是生物学性质的价值判断。"美和丑的生物学价值。那使我们在审美活动中本能地反感的东西，就是被人类长期经验证明为有害的、危险的和可疑的东西：突然说话的审美本能（例如厌恶）包含着一个判断。在同样的程度上，美属于有用、有益、提高生命等生物学价值的一般范畴之列，然而是这样——久远以来提示着、联系着有用事物和有用状态的种种刺激给我们以美感，即权力增长的感觉……因此，美和丑被看作有条件的，即要从我们最基本的自我保存的价值着眼。舍此而要设定美的东西和丑的东西是毫无意义的。没有什么美，就像没有什么善和真。在特定场合，它又同某种特定类型的人的保存条

① 《权力意志》，800、809、815，见《尼采美学文选》，第341—342、347、352页。

② Werke，第14卷，第16页。

③ 《偶像的黄昏》，《一个不合时宜者的漫游》，22，见《尼采美学文选》，第316页。

件有关，从而，和异常的人、超人相比，群氓就会在另一类东西
上感到美的价值。"① 也应从这个角度来理解艺术的功能，它是
"一种生物机能"，"具有健身作用"，因而是"生命的最强大动
力"。②

　　第四，尼采还谈到了艺术病理学的问题。他曾提出"天才
＝神经病"的公式。③ 他认为："正是那些例外的情形造成了艺
术家，这些情形全部和病态深有亲缘和深相纠结，以至于看起来
当个艺术家而又没有病是不可能的。"这些"在艺术家身上被培
育成'个性'"的"生理状态"包括：醉；"某种官能的极端敏
锐"，因而能够理解并创造特别的符号语言，"这种敏锐常常同
有些神经病相连"；"一种异常的过敏"导致"模仿的冲动"，因
而能够迅速地用肢体动作富有感染力地传达自己。④ 不过，艺术
家的"神经病"与那些"病态天性"的神经病不同，前者是由
于力的过剩，后者是由于力的衰竭。"正如生命的枯竭一样，生
气和精力的充溢能够带来局部的压抑、感官的幻觉、对暗示的敏
感等表征，刺激所据的条件不同，效果却相同……不同的主要是
最后效果，一切病态天性由于神经的离心倾向而造成的极度松
弛，与艺术家所属的状态毫无共通之处……"⑤ 当然，在艺术家
中也有这种病态天性，例如大多数现代艺术家。在尼采看来，如
果说艺术家在一定意义上都是神经官能症患者，那么，其间有根
本的区别。由于力的过剩而造成的是"健康的神经官能症"⑥，
希腊悲剧作家是典范；由于力的衰竭而造成的则是病态的神经官
能症，这种艺术家"与歇斯底里女人是一路货色"⑦。尼采把德
国悲剧浪漫主义者归于此类，他在这一贬义上宣布："瓦格纳是

---

① 《权力意志》，804，见《尼采美学文选》，第343页。
② 《权力意志》，808、80，见《尼采美学文选》，第347—348页。
③ 转引自：Martin Heidegger. Nietzsche. Verlag Neske. 1961. 第1卷，第112页。
④ 《权力意志》，811，见《尼采美学文选》，第349页。
⑤ 《权力意志》，812，见《尼采美学文选》，第351页。
⑥ 《自我批判的尝试》，4，见《尼采美学文选》，第266页。
⑦ 《权力意志》，812，见《尼采美学文选》，第351页。

一个神经官能症患者。"①

综上所述，尼采把美学生物学化的倾向是十分明显的。那么，这里的生物学还是不是通常意义上的生物学呢？他是否把审美完全看作一种肉体的生理状态呢？海德格尔对这个问题有过详尽的分析，并且得出了否定的结论。他认为，对于尼采来说，审美状态是不可分割的肉体……精神状态的整体，醉"是活着的情绪存在，是留在情绪中的生活，是交织在肉体存在中的情绪"。② 这一分析是有道理的。作为艺术原动力的肉体活力，肯定主要不是指体格强壮，四肢发达。就肉体活力而言，尼采强调的是性欲，这是值得玩味的。叔本华认为，性欲是意志的焦点，其内在意义是生命意志对自身的最坚决肯定，因此，为了否定意志，就必须否定性欲。③ 尼采实际上也把性欲看作生命意志的最强烈表达，但站在肯定意志的立场上对它作了热烈肯定。在一定意义上，不妨把生殖冲动看作世界意志创造生命的冲动在类和个体身上的体现。从这个角度理解，以性欲为核心的肉体活力就具有了深刻的内涵，指的是一种内在的生命力，相当于个人所秉承的宇宙生命的创造冲动，因而同时是一种精神能力。在尼采那里，本能与超越有着最密切的内在联系，而生命力也就是创造力。

六　艺术家是给予者

尼采把艺术看作权力意志最直接的显示，这一观点集中体现在他对艺术家的看法上，"'艺术家'这种现象最容易一目了然，从那里去窥视权力、自然等等的基本本能！""艺术家属于一个更强壮的种族。"正因为如此，"对我们来说会造成危害的东西，在我们身上会成为病态的东西，在他身上却是自然"。也正因为如此，他的充溢的力量要在"无何可用"的"游戏"中发泄，

① 《瓦格纳事件》，《1888 年都灵通信》，5，见《尼采美学文选》，第 282 页。

② Martin Hietzsche. Bandl. 第 114、125 页。

③ 参见《作为意志和表象的世界》，第 60 页。

"他富裕得足以能够挥霍而不至于穷竭"，"不必为他的美好时光还债"。①

当尼采把艺术家当作一个"种族"、一个"类型"来描述时，他更多地是着眼于艺术家的生理心理素质的某种共同特征，亦即前面谈到的"充满情欲"、"好色"、"肉体极其敏感"之类，由之窥视强盛的生命力和权力意志。但是，与此同时，尼采所表达的不只是一个事实判断，也是一个价值判断。在他看来，就其使命而言，艺术家应该是充满权力意志的，如此才能使艺术成为对生命的肯定、感谢和神化。然后，事实上，他眼中的颓废艺术家辱没了这个使命，其艺术成了对生命的否定和诅咒。因此，他又区分"上升的艺术家和下降的艺术家"②，并把二者的分野归结为权力意志的强弱盛衰。我们显然不能由此推断，在尼采眼里，颓废艺术家是一些性欲乏弱的人。毋宁说，这里所指的已不是艺术家个体生理心理素质的差异，而是艺术家以其作品代表了人类权力意志的上升还是下降。

作为权力意志强盛的一个类型，艺术家的存在方式是给予而不是接受。他受内在丰盈的逼迫，非给予不可。给予与接受，是划分艺术家与非艺术家的一条界限。"这一点区别了艺术家和外行（艺术的接受者）：后者在接受中达到其兴奋高潮，前者则是在给予中。""审美状态是两面的：一方面是丰富和赠送，另一方面是寻求和渴慕。"③ 艺术家往往不理解自己的作品，一旦他试图去理解，立刻就误解了自己。尼采认为，这种情形不但是合乎自然的，而且也是值得想望的。"要求艺术家具备听众（批评家）的眼光，就等于要求他使自己以及自己的创作力枯竭"。"他不应该向后看，他根本不应该看，他必须给予。没有能力做批评家，这是艺术家的荣幸，否则，他只是半瓶醋，只是'赶

① 《权力意志》，797、812，见《尼采美学文选》，第340、350—351页。
② 《权力意志》，816，见《尼采美学文选》，第353页。
③ 《权力意志》，811、843，见《尼采美学文选》，第350、366页。

时髦'。"犹如在两性差别中男子从事给予、女子从事接受一样，"人们不应当要求从事给予的艺术家变成女人，即要他'从事接受'"。①

因此，尼采要求从艺术家方面来把握艺术。"艺术向来只对艺术家说话，它对肉体极其灵敏的这个类型说话。"他甚至说："'外行'这个概念是一个错误概念。聋子不是听力正常的人的一个类别。"②如上所述，他是把"艺术的接受者"等同于"外行"的，首当其冲的就是批评家。所以，这等于是说，批评家不是艺术能力正常的人的一个类别。因为"谁不能给予，谁也就无所感"③。只事接受和批评的人并不真正具备艺术感受力。然而，迄今为止的美学"仅仅是由接受者们为艺术提出了他们关于'什么是美'的经验"，尼采称之为一种"女人美学"。④有鉴于此，他要立足于给予者即艺术家，建立一种男人美学。不妨说，他关于作为权力意志的艺术所论述的思想，即是这种美学的基本内容。

七　美学中的意志问题

从柏拉图到康德，西方美学的传统是排斥意志在审美中的地位。康德把美定义为无利害关系的快感，可视为对这一传统的经典总结。叔本华试图坚持这一传统，强调审美之摆脱意志的特性。康德的美学不涉及自在之物，尚能自圆其说。叔本华却不但涉及自在之物，而且以意志为自在之物，"无利害关系"说与他的意志哲学之间就不可避免地要发生冲突了。

叔本华的美学是以康德的立场为出发点的。他认为，审美状态的前提是认识主体摆脱对意志的一切关系，亦即摆脱欲望，摆

---

① 《权力意志》，811，见《尼采美学文选》，第350页。
② 《权力意志》，809，见《尼采美学文选》，第347—348页。
③ 《权力意志》，801，见《尼采美学文选》，第342页。
④ 《权力意志》，811，见《尼采美学文选》，第350页。

脱与对象的任何利害关系。这时候，主体不再是个体的人，而成了纯粹的主体，从而使对象也摆脱了对其他事物的一切关系（这种关系必涉及欲望），不再是个别事物，而成了理念。纯粹主体对于理念的认识就是审美。[①]

按照叔本华的哲学，意志是自在之物。假设这个命题成立，那么，这自在之物对于我（个体的人）有两种可能的关系。当我作为生存欲望的承载者时，我本身是意志落入根据律（时间、空间、因果性）之中的形态，亦即意志的一个现象。当我作为认识主体时，作为意志的世界同样只能在根据律中亦即作为现象对我显现。因此，我和对象都处在根据律的束缚之中。叔本华的设想是，当我和对象都摆脱了这个束缚时，就有了审美状态。其中，关键是我摆脱这个束缚，成为纯粹主体，做到了这一点，对象也就自然摆脱这个束缚，成为理念了。所谓主体摆脱意志，应理解为摆脱意志的个体化形态，与摆脱根据律同义。因此，当我摆脱了欲望时，我只是摆脱了意志在根据律中的形式，这也就意味着使意志摆脱了根据律，回归本体。这应该是一种"我"与意志合一的状态，"我"已成为意志本身，怎么能说摆脱了与意志的一切关系呢？并且，按照叔本华的哲学，根据律是认识的条件，摆脱了根据律就不再有认识，哪里还有认识的纯粹主体呢？由此可见，"纯粹主体"是一个十分模糊的概念。如果说它摆脱了根据律（欲望），它就应该是自在之物（意志），因而不再成其为认识主体。为了使它成为认识主体，叔本华又必须让它摆脱对意志（自在之物?）的关系，在某种程度上停留在现象界。它的面目模棱两可，既非意志，又非受根据律支配的现象，似乎是二者之间的一个中间状态。

同样的情形也存在于"理念"这个概念。与纯粹主体相对应，理念可视为纯粹客体，按照叔本华的解释，其实质是意志

---

① 参见《作为意志和表象的世界》，第34页。

（自在之物）的直接的客体化。既然是"客体化"，它当然还不是意志本身。可是，由于摆脱了根据律（所谓"直接的"），它又不是现象，因此也是介于二者之间的一种模糊之物。叔本华是从柏拉图那里借用来这个概念的。在柏拉图那里，与个体性和杂多性的世界相对立，理念本身就是自在之物，而因此成为哲学认识的唯一对象。叔本华的麻烦在于，在他的哲学中，意志是自在之物，理念是硬插进来的一个概念，与意志本体论完全不洽。按照他的学说，世界意志是盲目的生命冲动是应该否定的。对这样一种本体世界的观照诚然可能使人产生超脱感，但不会使人产生美感。因此，他的体系在解释美和艺术上存在着明显的困难，正是为了解决（确切地说是回避）这个困难，他特地引入了理念这个概念。他把这个概念置于主体与意志之间，如同一片模糊的透镜，通过调节其模糊程度而多少有些随心所欲地解释美和艺术的现象。比如说，当他把人的美解释为意志的最完美客体化之时，那片透镜极其模糊，以至于完全遮住了他所主张的意志的虚幻性质；而当他说基督教绘画完全把握了理念亦即对宇宙和人生全部本质的认识，能使人获得最后的解脱，或者说悲剧是意志在艺术中客体化的最高级别，带来了整个生命意志的放弃之时，那片透镜又透明得几乎等于不存在了。① 造成这种混乱的根源就在于他对意志的否定，能够与这种否定立场吻合的所谓理念惟有宗教性的认识，美与艺术与之无关，他在解释悲剧的本质时，实际上也是用宗教认识偷换了美学认识。

尼采也主张意志哲学，但把立场转到了肯定意志，因而能够把意志哲学彻底贯彻到了美学之中。他对康德美学的主要命题"无利害关系的快感"持激烈批评的态度，他如此写道："自从康德以来，关于艺术、美、知识、智慧的一切理论均被

---

① 参见《作为意志和表象的世界》，第45、48、51—52 页。

‘无利害关系’的概念玷污和败坏了。”① 在他的美学中，再没有了“纯粹主体”和“理念”的位置。他完全用意志来解释审美和艺术，审美和艺术不再是认识，更不是“纯粹认识”，而是意志的活动。在《悲剧的诞生》中，他偶尔还用“无意志静观”解释日神艺术，但在总体上，日神是意志通过肯定现象包括个体的生存欲望而肯定自身的活动，酒神则是意志通过否定现象而向自身回归的活动。在后期美学中，权力意志更是一以贯之的主线。“美在哪里？在我须以全意志意欲的地方；在我愿爱和死，使意象不只保持为意象的地方。爱和死：永远一致。求爱的意志：这也就是甘愿赴死。”② “非艺术状态：客观状态，反映状态，意志被解除的状态……”③ 审美决不是意志的放弃，恰恰是意志最强烈的显示，强烈到爱之欲死的地步。

---

①　Werke，第 14 卷，第 132 页。

②　《查拉图斯特拉如是说》，《纯洁的知识》。《尼采美学文选》，第 254—255 页。

③　《权力意志》，812，见《尼采美学文选》，第 351 页。

第十章　19世纪德意志美学的其他重要流派

　　本章将简要介绍以赫尔巴特、齐美尔曼、汉斯立克为代表的德意志形式主义美学，以狄尔泰和西美尔为代表的生命论美学，以费希纳、屈尔佩、李普斯、谷鲁斯、伏尔盖特为代表的心理学派的美学和以格塞特、朗格为代表的艺术科学的美学。

　　从19世纪中叶开始，德意志的美学进入了从古典到现代的重要转折时期，美学研究的重心发生了很大的变化。古典美学利用形而上学的推演方法研究自然、研究理性和普遍的人性，而现代美学则开始出现了多样性的变化。赫尔巴特以客体形式主义的方法论述美；费希纳提出用"自下而上"的经验主义的研究方法代替"自上而下"的形而上学的研究方法；李普斯等人的心理学美学把审美经验和审美心理作为美学研究的重心；格罗塞等人提出了作为艺术科学的美学；而狄尔泰等人则提出了以生命和生命现象为研究对象建设精神科学的设想。这些美学流派的出现表明了（实证主义的）科学主义和（具有反理性主义性质的）人本主义两种现代思潮的影响，已经深入到了美学研究领域。

　　对于本章所要介绍的流派观点，一般的简明美学史大都略而不提。这样做会使我们失去欣赏这一时期不同学说之间激烈交锋的机会。而我们知道，一部美学史就是一系列有争议的观点的交锋史。每一种美学理论都是在批评前人和同时代人的过程中得到不断发展的，经过长期的学说竞争而演化出焕然一新的本时代美学。鉴于本章所要介绍的各个流派刚好处于一个潮流转换的关口，所以本章的写作删繁就简，尽量就不同流派的主要方法构想和基本观点走向加以介绍，争取把握住美学发展的内在线索，理清当时的美学研究转型而走向"精细"与"成熟"的具体过程。

第一节　德意志形式主义美学

德意志形式主义美学的发展以赫尔巴特、齐美尔曼和汉斯立克为代表。形式主义美学的发展上承康德的"形式"说，下启科学主义的实验美学研究。由于它强调美是一种关系形式，从而它将可以客观公度的美的形式提炼了出来，展现在了美学研究者的面前。但是总体上说来，形式主义美学自身并没有摆脱传统美学的研究方法，它仍然是在形而上学的框架里打转。齐美尔曼虽然发挥和发展了赫尔巴特的见解，但是他仍然认为形式主义美学属于先验科学，仍然遵从演绎方法。形式主义美学可以说是近代实验美学的一个重要准备。

一　赫尔巴特：美在关系

约翰·弗里德里希·赫尔巴特（Johann Friedrich Herbard，1776—1841），出生于德意志的奥登堡，1794 年进入耶拿大学读书，毕业后前往瑞士伯尔尼做家庭教师。1802—1809 年在哥廷根大学攻读博士，毕业后留校任教。1809 年起接任康德在哥尼斯堡大学的哲学讲座，在这里教学 24 年。1893 年以教授职称重回哥廷根大学，直至去世。其主要著作有：《普通教育学》（1802）、《哲学导论》（1813）、《普通实践哲学》（1808）、《心理学——基于经验、形而上学和数学的新兴学科》（1825）、《形而上学》（1829）等。赫尔巴特以建筑在心理学之上的"科学教育学之父"闻名于世，而其《哲学导论》一书的第三部分为《美学导论：美学的核心——实践哲学导论》，集中反映了其美学思想。

文德尔班称赫尔巴特概念思维敏捷，论战精力充沛。"他的严谨的科学态度使他在一个长时期内成功地战胜了哲学中的辩证倾向。"① 鲍桑葵把赫尔巴特与叔本华并称为德意志精密美学的创始人，认为赫尔巴特继承了康德的形式说，并且"和叔本华一样竭力反对历史—哲学学派。他采用自己的方法来论证审美判断的客观有效性"②。

在美学上，赫尔巴特反对历史哲学学派的观点，试图只从形式上论证审美判断的客观有效性。他坚持纯形式说，认为排除了内容和感情冲动的纯形式才是审美的基本关系。而美学科学的任务就在于确定和研究纯形式，研究和列举这些基本的审美关系。"审美哲学就像确立各种审美原则那样，不一定要去规定什么、证明什么或推导出什么，甚至不一定要去区分艺术的类别或去辨析目前的艺术作品，而宁可说应当让我们掌握各种具体的关系——尽管它们是大量的。在我们透彻领悟一切事物的过程中，这些关系使我们产生满意或厌恶之感。"③ 赫尔巴特把基本的审美关系分为同时性的关系和承续性的关系两类。在他看来，一切艺术都同时具备这两类关系。

在鲍桑葵看来，如果接受赫尔巴特把确定和研究纯形式作为审美科学的基本任务，那么我们就可以得出两个直接的推论。④第一个推论是："反对使用从各种主观情绪中抽绎出来的、在普通的美学中占有一席之地的、'哀情的、高贵的、漂亮的、严肃的'等笼统谓词。"也就是说，要把情感要素从美学研究中剔除出去。第二个直接推论是："简单的东西没有审美品质。"一切的审美要素都在复杂的关系之中才能成立。

在《美学导论》中，赫尔巴特提出，普通美学的任务首先是要提炼出真正纯粹的美的概念。要完成这一任务，需要经过几个严格的步骤。因为我们知道，单纯地"通过对艺术作品的直

---

① 文德尔班：《哲学史教程》，罗达仁译，商务印书馆1993年版，第789页。
② 鲍桑葵：《美学史》，张今译，商务印书馆1986年版，第473页。
③ 赫尔巴特：《实用哲学通论》，转引自吉尔伯特、库恩《美学史》，夏乾丰译，上海译文出版社1989年版，第676页。
④ 鲍桑葵：《美学史》，张今译，商务印书馆1986年版，第474—475页。

观来形成不混乱或不偏执的审美趣味是多么不容易"①。

首先，要区分美与善，区分有益与快感。通过分析，我们可以发现，"快感和不快感随着文化教育的发展逐渐退居到一种次要和暂时的地位，而美作为一种其价值不容否认的持久存在越来越显示其重要性"②。不但如此，在经过了类似的观察辨析后，我们还可以从美的概念中分离出道德成分，从所分离的道德成分中分离出必需的法律成分。道德决定了人的价值，法律促成了社会秩序。

其次，要把审美活动过程中的主观情感因素剔除掉。美是具体的和客观的，而我们在审美活动过程中却往往会给同一美的对象加入各种不同的描述，从而有可能因为混用和类比而造成不能恰如其分地准确地描述不同具体的美。"审美对象的影响力莫过于它催动激情的作用，而平息激情、使心意脱离它而得到净化的最佳方式则是让激情逐渐向滞存的审美判断过渡。"③ 赫尔巴特列举了处于审美和崇高两大审美范畴之间的各种审美概念：漂亮、迷人、优美、秀美、华美、宏大、高雅、庄严、壮丽、瑰玮、感人、神奇，这些概念或大或小都有可能引起人的振奋、欢快和感动等情感冲动，而这正是我们在分析客观的美的观念时要暂时加以排除的。

第三，要排除作为欣赏者或批评者个人观点的影响。在上述被美的事物引起情感冲动的阶段，我们仅仅是从旁观者变成了欣赏者。但是如果他开始意识到这些优劣美丑等情感并没有向他这个纯粹的旁观者预示和警告什么时，那么他便会感到自己是自由的，而且摆脱了起初的兴奋状态。当他试图自行改变理解的方式，甚至是改变（部分地更动和置换）对象时，他恰恰是在运用这种自由。在此种情况下，他事实上是一个评判者。而在评判

---

① 赫尔巴特：《美学导论》，转引自《十九世纪西方美学名著选》（德意志卷），李醒尘主编，复旦大学出版社1990年版，第363页。

② 同上书，第358页。

③ 同上书，第360页。

阶段，人的统觉同样会由于个体和情绪的差异而呈现出多种多样的变化，从而偏离了对于美的原本的理解。在赫尔巴特看来，要想从各种各样的艺术作品中获得经验而又不受感受到的印象的干扰，想在这种情况下避免走样和混淆是非常困难的。"倘若我们想通过分析现有的艺术作品真正学到东西，而且是学习美学的话，那就既不能当欣赏者，也不能当评判者，而是应该利用分析来突出艺术作品的每一条脉络，从而使各种不同的关系全部明朗化。因为美恰恰根植于这些关系之中，它们的综合作用也正是艺术作品的力量之所在。"①

可以看出，赫尔巴特在这里是要力图寻找一种超越个人好恶的，具有可公度标准的客观的美的观念。审美活动掺杂进了各种个人的情感、偏好与观念，但是美本身则应该与这一切均无关。美学研究就是应该限定于选择和分类，对于一切审美感受的探讨都是在探索由各种可变成分构成的无数关系。至于为什么某种关系会引起我们的美感，在赫尔巴特看来可以不考虑，因为这种问题可能会导致以审美感情来考察艺术。而在赫尔巴特看来，感情与美感是没有关系的。不过正如吉尔伯特和库恩所指出的那样，事实上赫尔巴特自己却每每像一个心理学家一样，在尽力用人的心理感受来说明美出现的原因。

赫尔巴特还用人的审美力来解释伦理学。在他看来，所谓的伦理学，就是人类利用自己的审美力来对人类的意志关系加以判断的科学。伦理学的任务不是对具体的人的伦理活动加以解释，而是确定在判断人类的意志关系时所应该遵循的基本准则。赫尔巴特给出了人类的五种道德理念：自由、完美、仁爱、正义、平等，并且认为可以在这五种基本的道德理念基础上排列出人类道德生活的规则体系。

赫尔巴特及其门徒致力于研究审美客体的形式结构，以改变

---

① 赫尔巴特：《美学导论》，转引自《十九世纪西方美学名著选》（德意志卷），李醒尘主编，复旦大学出版社 1990 年版，第 364 页。

德意志唯心主义者长期以来所认为的美学的基本问题就是艺术的形而上学的意义问题的看法。他们的研究逐步走上了以严谨的、实验式的研究方法为特征的现代美学研究，是从德意志古典美学向现代心理美学和科学美学的一个重要转折。美国心理学史家E. G. 波林说："赫尔巴特是由康德、费希特、黑格尔等的纯粹思辨，进而为费希纳、冯特、赫尔姆霍茨等的反形而上学的实验主义的一个过渡者。"①

二　齐美尔曼：作为先验科学的形式主义美学

罗伯特·冯·齐美尔曼（Robert Von Zimmermann，1824—1898）曾先后任教于布拉格大学和维也纳大学。《美学史》（1856）和《作为形式科学的普通美学》（1865）为其主要美学著作。

齐美尔曼继承和发展了赫尔巴特形式美学的观点。文德尔班在其《哲学史教程》中说："赫尔巴特只不过暗示过将这些原则应用在美的事物的较狭窄的范围内，而第一次公开形成'形式主义'美学的是他的弟子们，特别是 R. 齐美尔曼。"② 不过在鲍桑葵看来，"齐美尔曼随赫尔巴特亦步亦趋，以致他的见解虽然大大发展了，却很不容易与赫尔巴特的见解区分开来"③。哈特曼和费舍尔都曾对齐美尔曼的观点进行过详尽的极其严厉的批评。

在赫尔巴特派的形式主义者看来，各种观念或相互统一或相互对立，从而往往相互加强或相互减弱，正是由于这些观念的相互作用，从而激起了我们的愉快或不愉快的感觉。假如我们能够详尽地论证和辨析这种快感或不快感之间的复杂关系，就有可能逐步弄清构成审美愉悦现象的基本要素，分清构成审美愉悦的形式要素和内容要素。如果我们能够做到这一点的话，我们就有可

---

① E. G. 波林：《实验心理学史》，高觉敷译，商务印书馆1982年版，第294页。

② 文德尔班：《哲学史教程》，罗达仁译，商务印书馆1993年版，第830页。

③ 鲍桑葵：《美学史》，张今译，商务印书馆1986年版，第480页。

能在观念之流本身的范围内，来给审美快感下一个定义。那么不仅可以将"审美快感在事实上看作是富于表现力的表象所引起的快感，而且在道理上把审美快感看作是在观念的潮流中产生的某些紧张，抑制和兴奋所引起的快感"[①]。

齐美尔曼正是希望在共存的观念中寻找引起快感和不快感的基本形式，并且希望在此基础上来确定自然美和艺术美。因而，他沿用了赫尔巴特所提出的"集合体"的概念来说明审美过程中的形式与内容的区别。在我们的审美活动中，形象与感觉总是互为补充而存在的。一个审美对象在我们的心灵中产生了一个形象，我们的心灵同时又对这个审美对象存在着一种感知。当多个不同的形象集合在一起的时候，我们可以意识到，审美形象与我们对审美对象的感知可以区分开来。与此同时，二者的区分又都是在我们的意识之中，二者之间完全可以不必割裂开来。我们的审美活动给我们带来了快感和不快，而这种快感或不快感的审美反应是由构成复合形象的各部分之间的紧张状态决定的。这种紧张状态就构成了我们的审美判断。而这种审美形象的集合体就是审美形式。

至于与审美内容一体两面相互结合的审美形式为什么可以给人以快感和不快感，哪些形式可以给人以快感和不快感，这是我们的感官和经验所无法决定的，只有我们的思维才能决定。但是我们可以问，什么形式的集合体是可能的？而对于这个问题，我们无须首先去考虑审美内容的具体性质就可以决定。因为我们"只要对有内容（质量）和有确定的活力（数量）的心灵观念形成概念，就够了"。所以，在齐美尔曼看来，"一切材料，只要是同质的，也就是说能够进入形式之中，就唯有通过某些形式才能给人以快感或不快感。美学研究的正是这些形式。因此，美学并不是一种经验科学，而是一种先验科学"[②]。在这里，齐美尔

---

① 鲍桑葵：《美学史》，张今译，商务印书馆 1986 年版，第 482 页。
② 齐美尔曼：《美学》，转引自鲍桑葵《美学史》，张今译，商务印书馆 1986 年版，第 483 页。

曼明确提出了"形式主义美学"的概念。而形式主义美学也很快影响了其他欧洲国家的美学家。

齐美尔曼之所以说美学依然是一种先验科学，是因为这种科学遵从演绎法，因为它先从"集合体"这样的基本的简单的形式开始，进而展开到衍生性的复杂的形式。和德意志古典美学常用的推演方法类似，齐美尔曼也先是从质和量这样的基本项出发进行考察。他详细考察了"纯粹的量的形式"与"和谐的质的形式"。他认为，在量的方面，"较强的观念同较弱的观念相比较，可以令人产生快感；较弱的观念同较强的观念相比较，可以令人产生不快之感"[1]。而只有在各项的品质的同一性占优势的情况下，才能产生和谐的快感。他举例说，如果空间中只有一个简单的点，它就不存在审美的基本品质。就算是两点，也不存在审美关系，因为它们之间完全无法区分。它们之间的距离是简单的。但是如果有两组由两点之间组成的距离关系，那么就出现了审美关系。如果这两组点的距离不相等，那么在齐美尔曼看来，按照量的形式，大的给人以快感，小的给人以不快感。在这里，他讲到了我们的知觉对于比例关系的判断、调节与适应。

他在其《作为形式科学的普通美学》一书中写道："形式的两个项中的内容中的同一要素将力求产生混合，对立的要素将力求产生抑制。前者会由于两项的品质的部分同一而自然产生，但又受到后者的妨碍，因为后者不让形式的两个成员接近。这种对立引起同一性力求使之结合起来的两项之间的紧张。由此，就产生了同疑问的状态相似的状态。因此，如果两成员的同一性占了上风，这一紧张就得到缓和。引起紧张的对立无需取消就可以得到克服。混合产生了，随之而来的是一种美感。"[2]

在齐美尔曼看来，美是一种均衡的范型，这种范型体现的是尺度、完美、秩序、一致、均衡等形式要素的结合关系。

---

[1]　齐美尔曼：《美学》，转引自鲍桑葵《美学史》，张今译，商务印书馆1986年版，第484页。

[2]　同上书，第485—486页。

对于以赫尔巴特为代表的形式主义美学的贡献与缺点，吉尔伯特和库恩曾给出过一个简洁明晰的评价："形式主义者的功绩在于，他们把注意力放在审美客体可以测定的成分上。但是，由于他们认为感情与美感没有关系，把它排除于美感之外，所以他们把美感的价值弄得残缺不全。由于拒不以形而上学的观点来说明艺术，所以他们就不能在艺术中找到比智力游戏更多的东西。他们的学说不把艺术作品的意义和激发美感的特性作为审美的要素，故而忽视了这样一个最高准则：一部艺术作品是不可分割的整体。比如，齐美尔曼就曾宣称：无论韵律，也无论语言的音乐性，都不能构成一首诗歌——一个审美整体的组成部分。因此，他给我们留下这样的印象：他错误地把形式理解为先于审美对象而存在的一种外在装饰。"①

三　汉斯立克：音乐的形式就是它的内容

爱德华·汉斯立克（Eduard Hanslik，1825—1904）为奥地利音乐评论家和美学家。年轻时曾在布拉格学习哲学和法律，1849年在维也纳大学获得博士学位，1861年起任教于维也纳大学，1870年成为该校的正式教授。他曾任《维也纳日报》的乐评人，《新闻报》和《新自由新闻》的音乐编辑，他在这些媒体上发表了大量的音乐评论文章。由于他对提高奥地利乐器制造业所作的贡献，他还多次受到了政府的表彰。

汉斯立克继承了赫尔巴特与齐美尔曼所开创的形式主义美学，并且在音乐美学领域对它进行了深入全面的发挥。在音乐美学上，他反对以瓦格纳和李斯特为代表的情感美学或内容美学，反对他们所提出的所谓"表现艺术"。在《论音乐的美》一书中，汉斯立克批评内容美学说："音乐美学的研究方法，迄今为止，差不多都有一个通病，就是它不去探索什么是音乐中的美而

---

①　吉尔伯特、库恩：《美学史》，夏乾丰译，上海译文出版社1989年版，第679页。

是去描述倾听音乐时占领我们心灵的情感。这种研究是完全按照过去的一些美学体系的观点进行的，这些体系只是观察到美的事物所唤起的感觉（Empfindung），而且把美的哲学也称作感觉的学问。"①

汉斯立克主张知识研究的目的是要取得客观的认识。而情感美学从人的主观情感出发，最终又回到情感中去，从而将美学变成了一种幻觉。"假如美学不致全部成为幻觉的话，那么至少必须采用接近于自然科学的方法，至少要试图接触事物本身，在千变万化的印象后面，探求事物不变的客观真实。"② 因而，审美探讨的研究对象应该是美的物体，而不应该是对美有所感受的主体。

那么，按照这个标准，参与审美活动的基本要素到底是什么呢？汉斯立克说，"是幻想力（Phantaise），即一种纯观照（Schauen）的活动"。"乐曲诞生于艺术家的幻想力，诉诸听众的幻想力。"③ 而在美的事物面前，幻想力不仅观照美，而且是有理智地进行观照。所以，它既有表象（Voysfellen）功能，又有判断（Urteilen）功能。只不过，这种判断活动进行得非常迅速，所以我们就产生了一种幻觉，以为这是直接地一下子发生的事情。而事实上，和其他审美活动一样，在倾听音乐的过程中，幻想力既包含着感性的知觉活动，同时也包含着理智的和情感的活动。情感不为任何一种艺术作品所独占，因而，要想发现音乐美的本质，我们就应该去寻找能够激起对于音乐美的独特判断的客观要素。而"表达确定的情感或激情完全不是音乐艺术的职能"④。

在汉斯立克看来，音乐并不能表达人的情感，而只能表达情感的"力度"（das Dynamische）。音乐能模仿物理运动的快慢升

① 汉斯立克：《论音乐的美》，杨业治译，人民音乐出版社1978年版，第1页。
② 同上书，第1页。
③ 同上书，第5页。
④ 同上书，第15页。

降强弱，但运动只是情感的属性，而不是情感本身。音乐能表达的，不是爱情，而是爱情或其他激情发生时的运动。乐音或和弦的强弱变化等运动是音乐和情感状态的共有因素，音乐能够创造性地用无数的差别和对比来塑造出这样的要素。"运动"的概念常常被忽视，而在汉斯立克的音乐美学中，这是一个可以打开理解音乐美大门的钥匙的最重要的概念。此外，音乐还有象征性的意义。而运动的相似性和乐音的象征性是音乐完成其表达目的的基本手段。大家完全可以就乐曲的美和优点达成一致，而乐曲到底表现的是什么内容呢？人们的意见可就经常各不相同。"音乐不是唤起和表现确定的情感，而是表现不确定的情感。……音乐应该包含情感中的运动，即抽掉了情感内容的运动；那就是我们所说的激情的力度。"①

汉斯立克既反对音乐能够表现情感的说法，更反对情感的表现能够提供音乐的美学原则的说法。音乐美总是在回避特殊的细节，总是在专注于音乐旋律本身的流畅与和谐。假如作曲家为一些歌词谱曲，那么，对于具体歌词进行朗诵的"戏剧效果的准确性跟音乐的完美性只是半途的旅伴"。在歌剧中，歌剧的本质同样也是戏剧的精密性原则与音乐美的原则之间的斗争或让步。"音乐与歌词永远在侵占对方的权利或做出让步，这种不自由的处境，使歌剧好比一个立宪政体，永远有两个对等的势力在竞争着。在这种竞争中，艺术家不能不有时让这一个原则获胜，有时让那一个原则获胜，这一点正是歌剧的一切弱点的根源，也应该是一切对歌剧有决定意义的艺术法则的出发点。"② 歌剧作家的注意力正是要放在两个因素的结合与调解上。在有迟疑的地方，就应该以音乐的要求为重。"因为歌剧首先是音乐，而不是戏剧。"同一题材的歌剧或戏剧，其音乐部分的缺陷通常总会让我们更感到遗憾。抽掉音乐美，歌剧就会退回到话剧。在这里，汉

---

① 汉斯立克：《论音乐的美》，杨业治译，人民音乐出版社1978年版，第29页。

② 同上书，第32页。

斯立克对瓦格纳的美学理论提出了尖锐批评。因为在瓦格纳看来，在歌剧中，音乐只是手段，戏剧才是目的。

汉斯立克寻求的是独特的只为音乐所特有的美。这种美不依附，也不需要外来的内容，它存在于乐音以及乐音的艺术组合中。音乐的要素是和谐的声音，而其本质则是节奏。旋律是音乐美的基本形象，和声带来了变化与转位，节奏使二者的结合生动活泼，而音色则增添了色彩的魅力。"至于要问，这些原料用来表达什么呢？回答是：乐思（Musikalische Ideen）。一个完整无遗地表现出来的乐思已是独立的美，本身就是目的，而不是什么用来表现情感和思想的手段或原料。"①

汉斯立克还批评了传统的美学理论，认为它们往往偏重于道德、情趣或理念，而忽视了感性听觉。"情感论"就忽视了人的听觉，而直接诉诸人的感受。要想科学地探讨音乐主题，就要从探究客观存在的音乐因素出发，而不是从充满作曲家胸中的情调出发。说某个作曲家有许多创作意向（想法），在汉斯立克看来，这反而是对这个艺术家的贬低。它似乎是在说这个艺术家其实是心有余而力不足。因为艺术（Kunst）是从能力（Können）这个词来的，只有对没有能力的人，我们才会说，他还是很有意向（想法）的。很显然，汉斯立克认为，音乐的形式美本身是独立自足的。对乐音结合形式的不断探索推进了音乐的创作与进步。

当然，音乐作为独立的艺术作品，是在作家和听众之间发挥效能的。所以，创作者和听众必然会对音乐产生一种主观印象。音乐作品与人的情感和感觉总是有着一种密切的相互关系。音乐创作是一种造型活动，在这个意义上它完全是客观的。"作曲家塑造一个独立的美的事物。具有无限表现力和精神性的乐音材料，使乐音造型者的主观特点能在塑造的方式中表现出来。多愁

---

① 汉斯立克：《论音乐的美》，杨业治译，人民音乐出版社 1978 年版，第 38—39 页。

善感的作曲家，才思丰富的作曲家，优雅或崇高的作曲家，所给予我们的首先和首要的是音乐，是客观的形体。这些作曲家的作品有着各自判然分明的特点，作为完整形象又反映着创造者的人格，但所有作品无论哪一件，都是作为独立的美的事物，为本身目的而纯音乐地创造的。"① 只有客观存在的东西才有强制力。而音乐中客观存在的东西就是乐曲的音乐素质。乐曲可能产生于一定的时代和一定的社会政治背景中，但是对于音乐的审美研究却"不能以存在于作品之外的任何情况为依据"。而"把音乐美的原则建筑在情感效果的基础上的理论家们，是没有科学前途的"。

同时，汉斯立克也承认，音乐是人类精神的表现，它跟人类其他活动一定有相互的关系。不但如此，它还跟同时代的文学，与造型艺术的创作，与那个时代的文艺、社会和科学的动态，与作者个人的经历和信念都存在着联系。但是这种联系并不表明可以随意地去混淆艺术史和美学。

对于音乐中内容与形式的关系，汉斯立克指出："自从人们对音乐艺术进行思考时起，这一直是引起最热烈争论的问题。有人给予肯定的回答，也有人给予否定的回答。一些重要人物有分量的意见，认为音乐是无内容的，这些人几乎都是哲学家：卢梭、康德、黑格尔、赫尔巴特、卡勒尔特等。许多生理学家支持这种看法，其中最重要的是洛策和赫尔姆霍茨，这是两个有卓越音乐造诣的思想家。比这多得多的人却力争音乐是有内容的！这是一些从事写作的音乐家和支持他们意见的大多数一般群众。"② 对于这个问题，汉斯立克的答案是很清楚的。在他看来，以乐音的行列、乐音的形式组成的音乐，除了其乐音的行列和形式之外别无内容。在音乐艺术中，不存在与形式相对立的内容，因为它本身并没有独立于内容之外的形式。音乐的形式即乐音本身，而

---

① 汉斯立克：《论音乐的美》，杨业治译，人民音乐出版社 1978 年版，第 62—63 页。

② 同上书，第 103 页。

由于这些乐音是已经充实了的形式。所以音乐的内容和形式是不可分割的。

第二节　生命论美学

"生命哲学"是 19 世纪 80 年代到 20 世纪 30 年代流行于西方的一个哲学流派，通常认为它在哲学上倡导非理性主义。其早期代表为弗·施莱格尔。叔本华和尼采的生存意志说和权力意志说也大大促进了生命哲学的发展。狄尔泰、西美尔和奥伊肯是德意志生命哲学的代表人物。他们主张用生命和生命现象，从生命的意志、情感、冲动、直觉、体验的角度去解释社会和人的问题，主张关注富有审美创造性和独特性的审美艺术活动。

本章主要介绍狄尔泰和西美尔的生命论美学。从狄尔泰对于美学发展时期的反思和他为自己所规定的任务，我们可以看到，不能简单地将德意志生命论美学看成是对传统理性主义的反叛。生命论美学其实包含了一个更大的野心，它期望能够克服传统理性主义美学和经验主义美学研究的不足，通过我们对于生命过程的关注，在包摄前两种研究方法优点的前提下，建立起一门真正严格的精神科学。或者说，生命论美学期望更加公正地对待和处理美学的研究对象。在这一意义上，笼统地将生命论美学归并到非理性主义的旗帜下其实是对该派美学的一种偏见。

一　狄尔泰：感性、理性与历史方法的美学

威尔海姆·狄尔泰（Wilhelm Dilthey，1833—1911）是德意志著名哲学家和美学家，新康德主义者，他是生命哲学和人文科学认识论的奠基人和解释学的主要代表人物。他生于威斯巴登的毕伯利西，曾先后任教于巴塞尔（1866）、基尔（1868）、勃雷斯拉乌（1871）和柏林等大学。《精神科学导论》（1883，又译作《人文科学导论》）为其主要著作，《施莱尔马赫的生平》（1870/1922）、《体验与诗》（1906）和《关于德意志的诗作和

语言》（1933）为其主要的美学著作。

狄尔泰首次明确提出了"精神科学"（Geistwissenschaft）的概念，试图以重建精神现象的经验方式，发展出一套研究精神科学的基本方法论。他主张精神科学应以人为研究对象，反对用自然科学的方法去研究精神科学。他认为，人与他所生活的环境密切联系，人是在历史中发展的，必须把人放到历史文化过程中作综合研究。精神科学要处理社会现象的内在价值，要处理人的内心世界和心理活动，接触到鲜活的个人和由个人完成的具体事件，要以生命和生命现象为研究对象。狄尔泰强调历史的偶然性和可变性，他反对历史必然性，反对用推理去建立精神科学体系。对于个体经验及其表达方式在历史中的作用他给予了特别的关注，他主张借助生命表达的实现在精神科学的研究对象中包含进个体本身所处的人的社会作用和历史作用的象征的关联域，从而把精神科学建立为阐释性的科学。为了达到这一目标，他还主张建立一门认知心理学，或称描述和分析的心理学，这门学科不是从实验出发，而是从正在进行的感知和分解的理智出发。

在其《当代美学的三个时期及其当前的任务》中，狄尔泰把截至他青年时期的近代美学划分为三个时期，每个时期都代表了一种美学研究上的努力。

第一个时期为理性主义艺术观，即把美理解为逻辑的东西在感性东西之中的显现。这是一种笛卡尔式的方法，为 17 世纪所特有。而德意志的鲍姆嘉通将其做了系统的表述。该方法追求多样性中的统一，"有意识地把一种结构性秩序强加于物质之上"①。所以狄尔泰评价说，在理性主义美学指导下，"甚至想象之最为自由的表达也受规则的支配……而所有这些规则最终都植根于宇宙的理性秩序"。这种美学体系的片面性就在于，"它把感觉归于逻辑，把情感归于意志。它为了追求完美秩序的意志而牺牲了刺激的自发性。这种美学强调了艺术这个文化系统的理

---

① 马克瑞尔：《狄尔泰传》，李超杰译，商务印书馆 2003 年版，第 75 页。

想，却牺牲了心理—历史因素，因而不仅主要是规范性的，而且，它的各种规范均有其形而上基础，从而被赋予了一种绝对性"①。"理性美学的美中只看到符合理性的统一。这种统一与逻辑的统一只在清晰度上有较小的差别。所以，依照这种美学原则，美的作用小于真的作用。审美的感觉印象本身也可以从思维关系上得到解决。"②

第二个时期是理论的或说明性的艺术观，这是为 18 世纪的英国所独有。在这种美学体系里，美的观念是根据主观感觉印象加以分析的。该体系由英国的哈奇森（Hutcheson）和哈里斯（Harris）所奠基，由卡姆斯（Kames）所完成，后来又由德意志的费希纳（Fechner）所完善。这种美学分析"本质上是心理学的，并倾向于使美学模仿实验科学。这种分析旨在通过把艺术品分解为它的组成要素——每一要素对观察者的'合法'影响都是可以检测的——而就对于趣味的一致同意作出说明"③。狄尔泰将这种美学归为"观众心理学"的一部分。这种美学体系的缺陷在于，它把艺术作品的审美本质仅仅归结为观众所产生的分离的印象，忽略了情感反应的历史因素。

美学发展的第三个时期是 18 世纪后期以来在德意志盛行的历史方法。第二个时期的那些心理学家们对于第一个时期为古典艺术规范寻找形而上学基础抱有一种怀疑的态度，但是对于规范具有普遍的有效性这一点却并不怀疑。而德意志的浪漫主义则认为，审美趣味受历史条件制约，民族禀赋上的各种差异一定会在审美趣味中反映出来。艺术家不过是在复制由民族精神无意识中发展起来的东西。因而艺术家与时代精神相关联。

实验美学止于印象，理性美学又受限于理性，作为美学研究的方法，二者都是不够充分的。狄尔泰提出，美学研究应当采用

---

① 马克瑞尔：《狄尔泰传》，李超杰译，商务印书馆 2003 年版，第 75 页。

② 狄尔泰：《当代美学的三个时期及其当前的任务》，转引自《十九世纪西方美学名著选》（德意志卷），李醒尘主编，复旦大学出版社 1990 年版，第 510 页。

③ 马克瑞尔：《狄尔泰传》，李超杰译，商务印书馆 2003 年版，第 75 页。

历史方法，既不能从抽象的"美"的概念出发，也不能孤立地从心理学角度对快感进行考察。正确的分析要分析艺术家天然强健的伟大心灵如何充分把握现实，分析艺术家的创作活动对公众所产生的巨大影响。美学就是要描述、判断、分析人类天性中的艺术创造力及其过程。

狄尔泰试图对心理学的本质作出重新评价，最终克服三个近代美学体系各自的片面性。他期望通过扩展心理学概念的范围，将心理学理论与规范的和历史的思考相重叠。同时，重新界定规范思考，抽削其形而上学基础，通过历史的方式思考传统规范，同时又通过心理学对这些规范进行确认，从而引入新的检验古典规范的心理学标准："如果一部艺术作品满足了我们的感官、扩充了我们的心灵，就是说，如果它在不同民族和时代的人们中间产生了一种永久的和整体性满足，那么，这部艺术作品就是经典的。"① 艺术品的艺术性和价值正是通过这种作用来衡量，而不是通过作品必须实现的"美"的抽象概念来衡量。

狄尔泰把当代美学的任务设定为，通过把美学发展第三个时期的历史—描述方法应用于第二个时期的理论心理学的说明，来克服两个时期彼此的不足之处。美学家必须从个别艺术领域的创造过程出发，描述、判断、分析这些过程，逐一展现这些过程，去解开我们的心理学还无法解开的秘密。18世纪心理学分析忽视了美的创造者及其所受到的历史条件的限制，而19世纪德意志美学则忽视了作为个体的艺术家。所以，我们要对特殊艺术中的创作过程进行心理学分析。只有看到了心理学个体的创造性，我们才能不为历史决定论所阻困。因此，狄尔泰的美学探索一方面关注心理学方法和历史学方法的和解，另一方面着眼于规范问题对心理学理论所做的探究。

在狄尔泰的美学观念中，艺术作品的创作与欣赏都是能够升华生命力的活动。"这种活动的形式导致了自由生命力的升华，

---

① 马克瑞尔：《狄尔泰传》，李超杰译，商务印书馆2003年版，第80页。

这正是审美欣赏最基本的特征。进而推之，我的存在在审美创造和欣赏中经历的升华和扩展与由于意志在大胆合理的思维或勇敢的，富于个性的行动中的活动形式中获得的快乐非常近似。内心由于从自身活动的内在形式获得快乐而超越了对本能的粗鄙的满足。在所有的愉悦性感觉中，这种快乐是唯一不依靠外在事物的，并且能够持续地，甚至永久地充满着内心。人类道德文化的历史就是这一最高生命力的不断胜利，这种生命力与外在和内在的活动以及由它决定的精神存在的形式有关，能够持续地，独立于外在事物产生影响。"①

内心生活的强烈欲望是艺术创作的动力，但外部世界向我们呈现的方式又使得我们的内心世界不可避免地要依附于外在的感性事物。艺术家不是抄袭现实者，而是解释现实。创作者的主观感情与作品最后所呈现的画面，作品本身的意蕴和材质的约束，创作者要在艺术的外在感性形式和内在含义之间建立一种固定的象征关系，正是这种固定的象征关系构成了各门艺术语言的形式基础，使得我们能够通过外在感性形式看到人的内心活动和象征意义，并由此形成了审美认识的多重模式。

艺术有着三种不同的来源。有些人想美化或是精心雕琢自然界原有的或者服务于人类生活的事物；人们先天的不可遏制的模仿冲动；人自身要在表现中宣泄和倾诉情绪的欲望。第一种来源表现在文身、面罩、墙壁装饰和建筑艺术中。第二种来源则呈现为绘画、雕刻、史诗、戏剧。而舞蹈、抒情诗、音乐则因第三种来源而产生。这些艺术虽然来源不同，但是它们都遵守为数不多的共同规则。艺术追求的目标以及这一目标与材料和表现媒介的关系决定了有些规则必须遵守。

狄尔泰举例说："绘画中有一条易于实验的规则，即外部世界通过画框获得一个理想的距离。我踏在地上的脚，我摸着石头

---

① 狄尔泰：《当代美学的三个时期及其当前的任务》，转引自《十九世纪西方美学名著选》德意志卷，李醒尘主编，复旦大学出版社1990年版，第511—512页。

的手都因画框与外部风景隔开了，而这风景只是适于视觉。因而其真实性就受到影响。我们再进一步谈谈。一幅创作在建筑空间里的壁画即使在追求最大的生动性时也必须遵循建筑规则，其情调和姿态也得跟既定的建筑空间相呼应。让壁画适应空间比例的分布状况，就是说适应建筑艺术的永恒法则将有利于线条的节奏感，集中地表现人物和动作的持久特征。即使从风景画的背景考虑，我们也必须消除笼罩着眼前孤立的风景画的赤裸裸的气氛。我们必须强调大自然的不可动摇的形式和伟大的生成法则，因为我们与之有着牢不可破的联系。正因如此我们才得以在一个建筑整体内分配颜色并且创造彩色雕塑，而把建筑空间、壁画以及雕塑纳入一个活生生的整体。一般在画架上创作的画能够以一种似乎完全不同的自由表现各种各样的现实。但是它的大小和那着色的、栩栩如生的现实所产生的感染力必须跟对象保持合适的比例关系。"①

由于媒介不同，在某种程度上是发展的不同条件，艺术法则的适用范围依次受到越来越严格的限制。尽管美学不能人为地为"美"设立一个标准概念，不能人为地为艺术创作设立任何界限，但是艺术创作也不能蔑视规则，追求无规则和无形式的创作。而只要人们按照自然而然的艺术规则对不同的材料进行审美处理，那么自然就会形成各种不同的艺术品风格。而单独的艺术对象和艺术家的整个丰富的意识的结合将为我们带来无穷无尽的神秘内涵。

狄尔泰的体验美学对于当时流行的许多美学形式都作了批判性的考察，提出了体验、表达、理解、关联域等概念，在生命体验、表达与理解的基础上，补充了想象、感情、反思、形式语言、非理性等考察视阈。一般认为，狄尔泰的理论导致了哲学和美学当中语言学的转向和解释学的兴起。而他对于美学传统的细

---

① 狄尔泰：《当代美学的三个时期及其当前的任务》，转引自《十九世纪西方美学名著选》德意志卷，李醒尘主编，复旦大学出版社 1990 年版，第 518 页。

致考察与甄别，对于不同方法的综合运用也让我们感受到了他的美学方法论的包容性。

二 西美尔：冲破形式限制，回归生命本身

格奥尔格·西美尔（Georg Simmel，1858—1918）是德意志著名哲学家、社会学家。他曾长期在柏林大学和斯特拉斯堡大学任教。其主要著作有《伦理学导论》、《历史哲学问题》、《货币哲学》、《生命观》、《叔本华和尼采》等。《歌德》、《伦勃朗》，以及论文集《艺术哲学》、《遗稿集》、《现代文化的冲突》、《柏拉图式的爱欲与现代的爱欲》、《基督教与艺术》、《面容的美学意义》、《社会美学》等为其美学论著。

西美尔和狄尔泰一样推崇生命哲学，认为只有生命才是世界的本原，而世界不过是生命的外化。生命并非作为可分单位的实体，而是一种活动，是一种永恒的不可遏制的冲动，生命将不断地超越自我。

在《现代文化的冲突》中，西美尔提出，文化就存在于生命与其形式的紧张冲突之中。形式为生命提供安歇之所，而生命则不断地突破形式限制，二者永远保持着一定的距离。引用下边这段论述有利于我们理解西美尔整个艺术思想的基本出发点："无论什么时候，只要生命超出动物水平向着精神水平进步，以及精神水平向着文化水平进步，一个内在的矛盾便出现了。全部文化史就是解决这个矛盾的历史。一当生命产生出它用以表现和认识自己的某种形式时，这便是文化：亦即艺术作品、宗教作品、科学作品、技术作品、法律作品，以及无数其他的作品。这些形式蕴涵生命之流并供给它以内容和形式、自由和秩序。尽管这些形式是从生命过程中产生的，但由于它们的独特关系，它们并不具有生命的永不停歇的节奏、升与沉、永恒的新生、不断分化和重新统一。这些形式是富有创造力的生命的框架，尽管生命很快就会高于这些框架。框架也应该给富有模仿性的生命以安身之所。因为，归根结蒂生命没有任何余地可留。框架一旦获得了

自己固定的同一性、逻辑性和合法性，这个新的严密组织就不可避免地使它们同创造它们并使之获得独立的精神动力保持一定的距离。"①

正是生命与形式的这种距离关系，便有了我们所说的文化的历史。生命以自己的形式向前冲撞、奔流，它总会时时固化为一定的形式，但是它本身又永远不会受到这些形式的制约。所以，当我们着手研究以生命形式为对象的文化艺术时，我们不要忘记了形式之根，艺术之本，不要忘记了永远不受形式制约的生命的流动。文化风格的持续变化反映的正是生命的无限丰富。生命构造形式，栖息于形式，最后又摆脱形式的过程，表现出的就是一种综合的文化危机。

在西美尔看来，他所处的时代正是一个充满生命的当代形式反对毫无生命的旧形式的斗争的时代，是一个生命高于形式的转折时代，所以才会出现有人抱怨现代生活中日益缺乏形式的情况，而这正表明了我们正经验着一个历时久远的斗争的新阶段。

在每一个时代，人们都可以发现存在着某种精神由之发生并且与其相适应的核心观念。19世纪以来，生命越来越多地成为对世界进行哲学解释的要素。在西美尔看来，生命代表的总是一个时代的"神秘的存在"。在古典希腊时代，存在的观念成为核心，在中世纪，上帝的概念成为全部现实的源泉和目的。到了文艺复兴时期，自然的概念占据支配地位。在17世纪，围绕着自然法则的概念建立起了诸多观念。整个18世纪以来，交织存在着自我的观念和人的使命的观念。直到19世纪末叶，生命的概念才被提到了中心地位，它已经同形而上学、心理学、伦理学和美学价值联系到了一起。

叔本华和尼采是生命概念扩张和发展的两个重要例证。他们所追问的根本问题是：生命的意义是什么？单是作为生命本身，

①　西美尔：《现代文化的冲突》，转引自《现代性中的审美精神——经典美学文选》，刘小枫主编，学林出版社1997年版，第415页。

它的价值是什么？在西美尔看来，对于第一个问题的回答尤为根本，它决定着我们对于知识和道德、自我和理性、艺术和上帝、幸福和痛苦所进行的探索。它能够为我们提供意义、尺度和价值。

在被称为未来主义的各种当代艺术流派中，西美尔认为表现主义最能代表这个时代的特征。表现主义是说艺术家在将其内部情感表达于其作品中时，就跟他所经历的是一模一样的；他的情感在他的作品中得到延续和扩张。表现主义的主张显然是要打破形式的限制，以我手传达我心的方式进行创作。表现主义艺术家用刺激他生命的模型后边的动力来代替模型，它代表的是生命为了自我统一性而进行的斗争，无论什么时候，创作总是服从生命的驱动，只愿意表现生命自身。画布上的形象代表了内在生命的直接凝聚，现实性强加给它的任何形式都将被突破。

绘画当然有其形式，但是这种形式不过是一种必不可少的弊病，它自身是没有什么意义的。生命不取决于任何外在的目的，它为一种力量所推动。作品一旦具体化，它就独立于其创造者而存在。其"价值被只把表现给自己的生命几乎是嫉妒地通过绘画掩盖起来"。近期以来的一些主要艺术家的作品之所以得到我们的厚爱，就是因为"这些作品中的创造性的生命是如此富于独立自主的精神，如此丰满，如此充实，以至于可以对传统的或是与其他形式有共同性的任何其他形式不屑一顾。它在艺术作品中的表现，除了它的自然命运以外，就什么也没有了"①。这些艺术家认为并不存在着形式的独一无二的权利。

为形式而形式也是可能的。但是如果我们无视形式，我们就会发现一个特殊的精神领域，从而在固有的艺术形式之外，表现出了某些充满生气的东西。在这里，西美尔概括出了这个时代生命重于形式的艺术倾向："生命真正唯一的就是它的表现，这种

---

① 西美尔：《现代文化的冲突》，转引自《现代性中的审美精神——经典美学文选》，刘小枫主编，学林出版社 1997 年版，第 423 页。

确定性看来只有在我们这个时代才能抓住年轻人，因为这个时代不承认任何传统的东西。承认任何客观的形式被认为会排除人的个性；况且，形式会冲淡一个人的活力，将它凝固，成为一种僵死的模子。独创性再次向我们保证：生命是纯洁的，它并不因为吸进了外在的、具体化的、僵化的形式而被冲淡。这也许是一个崇高的动机，它虽不明确但却有力，而且构成现代个人主义的基础。"①

在实用主义的哲学运动中，西美尔也发现了冲破形式限制，回归生命本身的倾向。实用主义首先反对的就是预先被假定为贯穿整个历史的真理的独立性。我们的外部生命和内部生命一样，都是基于某些知识想象，其中的一些想象是符合我们的生命意志因而是正确的，而另外一些想象则可能是错误的。认识与生命交织在一起，由生命这个源泉所滋养。它为生命的倾向和目的所支配，并通过生命的基本价值来证明自己的合法地位。在这样的一个倾向中，生命收回了它对自主领域的统治权。思想和感情消融在生命之流中，并且臣服于生命之流正在成长和变化的力量和倾向。"当声明的最纯粹的表现被认为是形而上学这一基本的事实，以及被认为是全部存在的本质时，这种表现也就成了核心的观念了。这就远离了知识问题的转化：现在每一个目标都成了绝对生命的一次冲击、一种展示方式或一个发展阶段。在世界向着精神充分展开的时候，生命便作为精神飞扬起来了，但它作为物质却在下沉。当这一理论通过超越一切逻辑和推理的可能性而直接把握事物内在真理的知觉来解决知识问题时，这也就等于说：只有生命才可以理解生命。从这个观点看，全部客观性、全部知识的目的都必须变成生命。"②

西美尔指出，生命哲学坚决地反对两件事情：（一）反对机械的普遍原则，（二）拒绝形而上学。因为生命绝对不愿意被低

---

① 西美尔：《现代文化的冲突》，转引自《现代性中的审美精神——经典美学文选》，刘小枫主编，学林出版社1997年版，第425页。

② 同上书，第427页。

于它的东西所控制，生命最终只能在自我意识中得到发展。

西美尔还将其美学理论渗透到了对于许多生活现象的分析当中。比如在《柏拉图式的爱欲与现代的爱欲》中，西美尔就提出，在柏拉图那里，美是理念，爱是对于具体美的感知，通过对于美的理念的回忆，我们才能生活在爱的生活中。"对柏拉图而言，终极目的乃是对于美本身的凝视，爱仅是有助于促成个体与绝对美的相遇。所以，柏拉图一再教导说，完美的爱欲不能停留于任一个体的美，而应认识到一种美与另一种美的相同点，并进而认识到每一具体美中的相同点。所以，奴性和愚蠢才把一个人的感情排他性地拴在某一个美人身上。"① 西美尔认为，现代人则认为爱是独一无二的，不可替代的存在。现代人与柏拉图的区别就在于，柏拉图认为，个体和美不可分割。这样，古典美与现代美的差别就在于，古典美是共相的、绝对的、精神的美，现代美则是殊相的、个体的、现实的美。现代人通过对于具体个体的美的热爱涌入了纯属个体的生命之流，因而比柏拉图的理念之爱多了一层生命论的意义。通过分析，西美尔将现代美的社会性、历史性和生命存在性揭示了出来，从而与体验性的生命美学有了沟通。

第三节　德意志心理学派的美学

在 19 世纪 70 年代，费希纳提出了"自上而下"的哲学研究方法和"自下而上"的经验研究方法的区别。一般认为，自此开始，西方美学研究告别了形而上学时代，进入了近代经验主义研究时代。以费希纳、屈尔佩、李普斯、谷鲁斯和伏尔盖特为代表的心理学派美学，起码在 20 世纪 30 年代以前，一直是最有影响力的一种美学流派。该学派起源于德意志，后来又扩大到了

---

① 西美尔：《柏拉图式的爱欲与现代的爱欲》，转引自《现代性中的审美精神——经典美学文选》，刘小枫主编，学林出版社 1997 年版，第 442 页。

英法等国。

德意志心理学派的美学分为实验美学和移情派美学两大类。前者以费希纳和屈尔佩为代表，后者以费肖尔父子、李普斯、谷鲁斯、伏尔盖特、洛采等为代表（浮龙·李在英国，巴希在法国也都是审美审美说的主张者）。心理学派美学的共同特征都是把审美心理和审美经验置于美学研究的中心，主张用心理学的观点和方法来解释和研究审美现象。该学派的产生与自然科学，尤其是与生物学、生理学和心理学的发展关系紧密。

一 费希纳:发现关于美的神秘数学

古斯塔夫·特奥多·费希纳（Gustav Theodor Fechner，1801—1887）为德意志自然科学家、心理学家和哲学家。是实验心理学的开创者。他于1801年出生在萨克森和西里西亚之间的一个边境小镇。1822年在莱比锡大学获生物学学士学位后长期留校任教。这一时期，费希纳的兴趣从生物科学转向了物理学和数学。其间他开始大量发表具有人文主义倾向的讽刺散文。因为收入较低，他还勤奋翻译，把法文的物理学和化学教科书翻译成德文。这一时期他非常多产，到了1830年，连译带著他一共发表了四十多篇物理科学论文。1834年起担任物理学教授。而到了30年代后期，他的兴趣又逐渐转向心理学。因操劳过度，他突然生病，于1839年辞去物理学教职，在家静心养病。其间对宗教和灵魂问题产生了浓厚的兴趣，并且逐渐走向了对于哲学问题的思考。1843年起担任自然哲学和人类学教授。1851年，他发表《天堂与下世》一书。1860年又发表了《心理物理学纲要》。这两本书奠定了其心理物理学的基本方法。从1865年到1876年，他又将自己的兴趣转向了美学问题的研究，于1876年发表了其《美学导论》一书。自此之后，由于心理物理学在学界引起了大量的研究和批评，费希纳重又将自己的注意力转向了对于这一方面问题的关注。1887年逝世于莱比锡。

费希纳是近代实验心理学的创始人，同时也是实验美学的创始人。他的《美学导论》标志着新的科学美学的开端，其中的第一章《自上的和自下的美学》可以说是其美学方法论的总纲，而其大量的有关论证美的学说的实验可以说是奠定近代心理学派美学的基石。

费希纳认为，美学研究存在着两种方法。一种是自上而下的哲学的研究方法，另外一种是自下而上的经验的研究方法。前者从最一般的观念和概念出发下降到个别，后者则从个别上升到一般。前者将审美经验纳入到由最高观点构造出来的观念的框架，后者则根据审美的事实和规则自下建造整个美学。前者如康德、谢林、黑格尔等人的美学，后者如英国经验派哈奇逊、荷加斯、伯克等人的美学。两条道路各有其优缺点。前一条道路主要是满足这样一些人，他们希望从一般观念中寻找自己的主要兴趣，并且希望个别事物能够服从于一般观念的解释。他们并不在意事物的具体、明确与客观。后一条道路的人则更愿意寻求对于事物的简单明白的认识，但对从更为普遍性的角度解释事物没有太多的要求。

尽管费希纳也认为这两种方法是相互补充，不分高下的，但是鉴于根基于经验科学的美学研究长期以来发展不足，所以费希纳认为，现存的所有哲学美学的体系都好像是泥足巨人。现有的教科书的内容大都是由关于美、崇高、丑、愉快、优美、喜、悲、可笑、幽默、风格、作风、艺术、艺术美和自然美的正确的概念规定，个别事物对于这些概念的从属关系等所组成，而对于为什么会引起快与不快，在多大程度上有理由是快的或不快的等具体问题并没有一个具体明白的回答。在此现状下，费希纳把自下而上进行研究的美学视作自上而下进行研究的美学的最重要的先决条件，并决心严格遵循自下而上的道路来为具体明白的问题解答贡献力量。

费希纳有关两条美学研究道路的区分为其后来的美学的发展铺平了道路，他借助其实验美学完成了他在这两种区分中所提出的任务。在他看来，要想正确地回答快感的产生这样的问题，就要指出这样一种规律，这种规律"主宰着作为原因的外在物体与作为结果的快感之间的因果关系。而且，应该通过实验来证明，这样一种规律同物理学家在物体运动的范围内所揭示的规律完全相同"①。

可以看出，费希纳希望能够为自己的新哲学寻找一种坚实的科学基础。他的实验美学致力于发现和测定心理的物理尺度和从数学上阐述灵魂和肉体的关系。费希纳相信，上帝是世界的灵魂，宇宙是上帝的躯体，我们的身心是同一的。他将灵魂和肉体视作同一未知现象的不同表象方式，二者的"性质完全分离完全不同，但又永远相互对应"。从而，"每一肉体的关联均有一与之对应的精神的关联，尽管后者只是通过我们自身的知觉才得以认识"。我们意识中的内外经验的关联使研究这种对应关系的规律成为可能。在此假定的基础上便可得出"韦伯—费希纳"定律。因为 E. H. 韦伯在 1834 年的时候就已经假设过这种关系。"根据这个定律，感觉强度与刺激强度的对数成正比。费希纳以此唤起这样的希望：通过间接测量心理量值就有可能用自然科学的方法从数学上表达心物规律或者甚至心理规律。"②

费希纳的实验方法有三种，一是选择法（或挑选法）；二是制图法，即在一定的活动范围内，让被实验者自由地画出自己喜欢的图形；三是常用物测量法，即对日常生活中所用的制作物如各种名片、书籍等的尺寸比例进行统计测量。其中选择法最为常用。一个著名的实验的例子是测量数学上的各种比例关系，这个例子为大家所广为引用。他准备了十块面积相等但形状各异的白纸板，这些形状的长宽比例各不相同，从标准的正方形到 5：2 的长方形都有。然后，他把这些纸板散乱地堆在桌子上，让一些受过普通的正规教育但并没有接受过艺术训练的人挑选他们最喜欢

---

① 吉尔伯特、库恩：《美学史》，夏乾丰译，上海译文出版社 1989 年版，第 695 页。

② 文德尔班：《哲学史教程》，罗达仁译，商务印书馆 1993 年版，第 891—892 页。

什么形状的纸板，最不喜欢什么形状的纸板。然后根据他们下判断的果断程度打分。毫不犹豫做出的判断分值为1，犹豫不决做出的判断分值就为分数（1/2 或 1/3 等）。

实验结果表明：人们最喜爱的美的图形是接近或者正好是黄金分割的图形，最不喜欢的是过长的长方形和过于整齐的正方形。

心理学界和美学界对于费希纳的实验结果产生了广泛的兴趣，不少研究者改进和发展了费希纳的实验程序，在色彩印象等领域进行了类似的研究工作。但是学术界对于实验结果的可靠性存在着疑虑，其中的一个看法是，参加实验者所做出的判断可能仅仅反映了他们对于自己所熟悉的形式的偏爱，而他们的这种偏爱有可能是由他们所处的历史、民族和社会风气所决定的。同时，对于实验结果的意义也存在着不同的看法。[①] 威廉·冯特（W. Wundt）认为，黄金分割律的存在表明，整体与较大部分的比例关系等于较大部分与较小部分的比例关系，我们的审美快感遵从思维活动的节约原则。费希纳显然也是认可这一原则的存在，并将其列为"一条美学原则"。奥斯瓦尔德·屈尔佩（Oswald Külpe）引用韦伯定律，认为黄金分割是"高级的对称"，我们对于这种均衡的知觉就产生了美感。但也有学者坚决主张，认为数学关系本身拥有审美作用，这是绝对不可能的。

费希纳还对以前的研究者的见解提出了批评。鲍桑葵提醒我们，费希纳的批评中有两点值得我们注意。第一点，他注意到，以前的美学家大都想确立某种标准的形式或关系，以作为美的形式或关系。而在费希纳看来，所谓的标准美的线条或形状并不存在，因为任何的形式或关系都只能在一定的范围和条件下才能具备其存在的价值。第二点，为了得到纯形式，过去的美学家根本不提审美活动中的联想这一因素。而在实际审美活动中，联想事

---

① 参阅吉尔伯特、库恩《美学史》，夏乾丰译，上海译文出版社 1989 年版，第 697—700 页。

实上是比纯形式要重要得多的美的要素。

联想原则是费希纳设定的六个普遍美学原则之一，他在分析愉悦和快感时提出了这六个普遍原则。这六个原则分别是：一、美的认识界限原则。指快感必须具有一定的程度和强度才能知觉到某种刺激。二、美的辅助或增强原则。指不超出限定条件的快感，在遇到两个以上无矛盾的要素的辅助时，可以升华到比单独的快感结果总和还要大的快感印象。三、多样统一原则。指人的心灵在喜欢多样变化的同时，还喜欢按照一定的规律而联结的规则性和秩序性。四、和谐原则。对同一对象因为不同的刺激而产生的快感表象，在这些表象相互呼应时，这些表象之间的关联是相互和谐无矛盾的。五、清晰性原则。指多样统一原则与和谐原则要想充分提高审美效果，就需要清晰地引起快感印象。六、美的联想原则。联想使我们接受到的快感的主要因素得到助长或阻止，从而引起总体快感的增加或减弱。联想作用于审美印象的内容，而直接刺激感官的主要因素作用于审美印象的形式，二者融合协同，共同参与总体印象的形成，成为形成美感的契机。

E. G. 波林总结费希纳的一生说："这就是费希纳：他当了七年的生理学家（1817—1824）；十五年的物理学家（1824—1839）；卧病十二年（1839 约至 1851）；十四年的心理物理学家（1851—1865）；十一年的实验美学家（1865—1876）；若断若续地至少当了四十多年的哲学家（1836—1879）；最后十一年，由于公众对他的心理物理学的赞赏和批评，他复以老年人的注意力，集中于心理物理学（1876—1887）——总之，共有七十年的各种学术的兴趣和努力。"①

费希纳的美学继承了大陆理性派美学对于美的形而上的问题思考的传统，将美的完善性，美的统一、和谐等纳入自己的美学体系，从而保留了形式美学的基本特征。与此同时，费希纳又从

---

①　E. G. 波林：《实验心理学史》，高觉敷译，商务印书馆 1982 年版，第 320—321 页。

对象刺激感官的强弱程度和快感产生的强度变化来设定自己的美学原理，希望能够通过实验这样的间接方式严格地证明"形式原则"的确实性。鲍桑葵称费希纳的美学"是用近代科学方法武装起来的古代理论"。而吉尔伯特和库恩则更准确地评价了费希纳的美学："富于思辨精神的费希纳，一再忙于发现一种关于美的神秘数学。通过对这个问题进行无偏见而又严格的科学考察，费希纳开辟了美学研究的新时代。"①

二　屈尔佩：人在移情中证实自己是小宇宙

屈尔佩（Oswald Külpe，1862—1915）为德意志的哲学家和实验心理学家。他出生于柯尔兰的康度，属拉脱维亚。他曾求学于哥尼斯堡、莱比锡、柏林等地，1887年获博士学位后到莱比锡大学心理实验室做冯特的助手。1894年任维尔茨堡大学教授。1909年任波恩大学教授，1913年任慕尼黑大学教授。其主要著作有《心理学纲要》，《心理学讲演录》，《实验美学的现状》和《美学基础》。

屈尔佩是著名的无意象思维的维尔茨堡学派的中坚人物，也是格式塔心理学思想的先驱。

屈尔佩认为，审美活动总是要延续一定的时间。所以，在审美活动的延续时间内，在不同的时间移动审美对象，根据受实验人的反应就可以区分出不同的阶段，从而能够把美感经验中的直接因素和间接因素区分开来。如果受实验的人对对象即刻做出反应，这就是审美经验中的直接因素。而对于对象的认识内容或情感内容所做出的反应，这就是审美经验中的间接因素。这就是心理实验方法中的时间变异法。该方法为德索（Max Dessoir）、里托克（E. Von Ritook）等人所沿用。

屈尔佩实验美学经常采用的方法有印象法、制作法和表现法

---

① 吉尔伯特、库恩：《美学史》，夏乾丰译，上海译文出版社1989年版，第696页。

三种。印象法就是测试受试者对于审美对象所做出的精神反应。它要求受试者对变化着的审美对象、没有变化的审美对象或简单陈列的审美对象加以判断或描写。其中，时间变异法测试的就是对于变化着的审美对象的反应。制作法就是让受试者亲自动手，在以物质形式表现艺术情感的同时体验作品在自己身上产生的效果。表现法就是通过测试受试者的呼吸、脉搏的跳动频率，通过记录受试者的四肢动作和模仿行为来检查受试者在物理上和心理上对于审美对象所做出的反应。

在大量心理学实验的基础上，屈尔佩提出了一系列重要的美学观点。他提出，在人的审美活动过程中，审美者只关心审美对象本身的观照价值，而对其实用价值和认识价值忽略不计，观照性是审美活动的基本特征。所以。我们对于自然美景的欣赏，精致的色彩和形状是我们关注的焦点，至于这些景致是否能够给我们带来什么好处，则不在我们的考虑之中。他还强调，审美活动还会唤起思想和情感的移入，从而在我们大脑中产生观念的联想。这种联想融合了我们的意象与记忆。

屈尔佩认为，美起源于主体与客体之间的交互作用。审美状态是非功利的，审美状态可分为审美定势、审美静观和移情三个阶段。

审美定势是审美状态的初级阶段。定势是指人们以一种熟练的形式不断地重复一种形势的状态，审美也有定势，它是通往审美活动的准备状态。在审美定势中，意识和注意力拘限于与审美活动相应的对象，而与审美活动及其观点无关的东西就都被撇开，因而就不起作用了。审美定势有随意定势和不随意定势，前者源于从事审美活动者的某种预先的图谋，后者则因适当的刺激而产生。所以说审美定势既要有自觉的目的，又要以经验作为前提，定势对于审美活动及其效果有着重大影响。成功的定势提高审美效果，有利于顺利进入理想的审美活动的状态，而错误的审美定势则会阻碍、延缓乃至取消审美活动的进行。审美定势除了意志的要素外，还有情绪的要素和智力的要素，而"关于定势的个别要素，只有未来的研究才能给我们以答复。这里会提出凝神专注的深度问题，认知的强度问题，期待问题，目的和预感的问题"①。

审美静观就是从审美活动的角度去注意和把握对象。静观的目的是要得到一种总体上的把握。它既把握对于外在对象的感觉，也要把握对于外在对象的表现的认识。它不像科学那样，将其把握和观照指向对象自身。审美静观是要指向有关对象性质的体验，从而包含了有关对象的感觉和表现。"感受内容（音调和色彩）以及对表象诸要素的把握，正如对形式和形象（旋律、节奏、空间形式）的把握一样，都属于静观。静观可以征服一个综合物的这些因素，但其结构并没有消除这些因素，而是使它们彼此排列成新的整体，更多成为各种因素的总和。"② 在其整体把握的意义上，我们可以说这是对于事物的一种审美统觉。但静观与统觉又有区别，它的目的还是要把握属于对象性质的全部要素。假如我们的审美效果只依赖于我们个人的任性偏爱的话，我们就会因为我们片面的兴趣而使一些他认为并不吸引人的一些部分置于我们的观察之外。所以，适当的静观能够唤起正确的理解。

屈尔佩接受李普斯的移情说，认为移情是审美状态的一个阶段，移情把无生命的或是非人的审美客体塑造成了有生命的，有心灵的，具有人的各种能力和特性、状态和活动的富有表现力的承担者。移情有简单移情和同感移情之别。前者只是把意识到的或想象出的人的心灵的各种特性赋予审美对象，而后者则还积极地参与到审美对象中去。

我们日常的统觉努力区分有生命的东西和无生命的东西，努力让事物像我们日常生活中所理解的那样各就其位。它追求把事物分清，其把握事物的模式向科学的认知模式靠拢。它属于比较

---

① 屈尔佩：《美学基础》，转引自《十九世纪西方美学名著选》德意志卷，李醒尘主编，复旦大学出版社 1990 年版，第 644 页。

② 同上书，第 645 页。

清楚的分析的静观。而审美统觉则不同，"审美的统觉则与此相反，它对于细心区分真正有生命的和显得有生命的东西、人的的和非人的东西，根本不感兴趣，为了生命化和心灵化，它不必考虑遵循自然的特征。这种独特的过程正是移情"①。移情强调的是欣赏者的自身活动和他在塑造欣赏对象时的参与。按照李普斯的看法，移情就是把自我直觉地移入客体，它要比单纯的认识对象更加丰富。

屈尔佩对移情说的理论发展进行了回顾和评价。他赞成谷鲁斯的内模仿说和李普斯对于简单移情与同感移情，以及对于肯定移情和否定移情的区分，但是批评盖格尔将移情仅仅局限于感情的做法，认为像意图、打算、计划、意识状态等其他心理因素都可以被移入。与此同时，我们还要注意区分具体移情与抽象移情。后者主要应用于音乐领域，"我们把曲调、韵律和和谐的内在统一直接理解为内心情况的各种显现，渴望和实现，欢乐或绝望，悲伤和崇高"②。在移情过程中，不仅广义上的情感，而且我们的心灵过程，我们的活动和能力通常也都对象化了。移情是审美活动的对象和状态的统一，自我的享受和被享受的对象的统一。"由于移情过程，对象的质的丰富性会变得十分充实，对对象及其性状的兴趣，对它的特殊的审美态度和趋向也会得到加强。这样审美活动诸个别的阶段就会构成一个紧密联结的整体。"③

屈尔佩认为，"世上没有什么不能成为一件审美活动。每一个体验都能成为审美的对象，每一个对象都能被移情。人在移情中恰好证实自己是小宇宙，人可以由自己的经验来解说一切，因此人就成为万物的尺度"④。由于移情作用，与移情状态相联系

① 屈尔佩：《美学基础》，转引自《十九世纪西方美学名著选》德意志卷，李醒尘主编，复旦大学出版社 1990 年版，第 649 页。
② 同上书，第 653 页。
③ 同上书，第 655 页。
④ 同上书，第 658 页。

的各种价值就会进入我们的审美活动，而非审美的价值转化为审美价值这一点对于艺术的效果具有极为重大的意义。对于现实，我们可以通过审美之外的方式去静观，而对于艺术，我们只有通过审美眼光去审视。所以，我们可以静观地欣赏现实中各种丑的、坏的、不光彩的、悲惨的事物。而对于这些事物所表现出的愤慨则属于伦理活动的范围。在艺术中，审美活动与伦理活动相对立。审美活动以一种扣人心弦，乃至惊心动魄的方式使我们得以欣赏和享受美的对象，即便是一颗犯罪的心灵，我们也可以加以体谅，以静观的方式分享其命运。当然，在现实生活中，存在着以道德判断介入审美活动的情况，但在屈尔佩看来，这不过是缺乏教养的普通观众对于审美活动的破坏。"审美活动和伦理活动全然不同，艺术作品肯定不应满足伦理活动，而应满足审美活动。审美活动赋予自己对象一种特有的价值，这是它们在现实中所不具备的。"而一旦我们进入移情体验，我们可能就会醒悟，理解而非对错才是审美活动所应遵循的原则。有了这种理解，我们才有可能让我们的判断变得更有节制，更不外露。我们才会在内心对自己说："我也是人，人身上所具有的一切，我也都有。"

屈尔佩审美状态理论对于我们的审美心理过程进行了比较全面的描述，他提出和分析了有关审美心理的许多问题，尽管他本人并没能够完全解决这些问题，他的有些观点也并不一定全面，但是他对艺术和审美的非功利性、非模仿性以及移情与联想、静观与思维等审美范畴的辨析与评论，依然推进了美学史的发展，至今仍值得我们借鉴。

三　李普斯：移情就是灌注生命

特奥多·李普斯（Theodor Lipps，1851—1914），是德意志美学家和心理学家，移情说美学观点的代表人物。曾就读于埃朗根大学、杜宾根大学、马得勒支大学和波恩大学。1877年起先后任教于波恩大学和布雷斯劳大学，1894年起任慕尼黑大学心理学系主任。其代表作有《逻辑原理》、《论情感、意志和思

维》、《心理生活事实》、《空间美学》、《心理学教本》、《美学》
等。

李普斯以我们观察和描述道芮式石柱的过程为例，来说明我
们在刻画外界事物时的心理活动过程。这种心理活动有两层。第
一层，我们对于外物进行机械的解释，也即通过我们的知觉直接
描述我们对于外物时空特征的观察。第二层，我们的描述总是以
己度物，就是拿我们熟悉的东西去类比和描述我们不熟悉的东
西。"在我们自己身上发生的事件，和外在的事件是相类似或可
相比拟的。我们都有一种自然倾向或愿望，要把类似的事物放在
同一个观点下去理解。这个观点总是由我们最接近的东西来决定
的。所以我们总是按照在我们自己身上发生的事件的类比，即按
照我们切身经验的例比，去看待在我们另外发生的事件。"[1]

正是在这一层面的心理事实的基础上，李普斯提出了美感享
受中的移情作用（Einfürung）理论，认为审美快感的特征在于
审美对象受到审美主体的"生命灌注"，从而导致自我产生欣赏
的心理活动，美感的根源不在于审美对象而在于审美者的主观情
感。"美的事物的感性形状当然是审美欣赏的对象，但也当然不
是审美欣赏的原因。毋宁说，审美欣赏的原因就在我自己，或自
我，也就是'看到''对立的'对象而感到欢乐或愉快的那个自
我。"[2]

就是说，我不仅感到欣喜或愉快，而且感到非常刺激，感到
自己在努力，在使劲，在产生奋发的意志或其他活动。我能感觉
到自己的活动是在抵抗、克服，或者是在屈服于某些障碍。我感
觉到我似乎是在完成某个目标，是在满足我的追求和意志，我感
觉到我的这种努力就要成功。我置身于一种复杂的内心活动中，
在这种内心活动中，我感觉到自己活力旺盛、轻松自由、胸有成
竹、卷舒自如，甚至还伴随着一种自豪感。"这种向我们周围的

---

① 李普斯：《空间美学》，转引自《十九世纪西方美学名著选》德意志卷，李
醒尘主编，复旦大学出版社1990年版，第601页。
② 同上书，第604页。

现实灌注生命的一切活动之所以发生而且能以独特的方式发生，都因为我们把亲身经历的东西，我们的力量感觉，我们的努力，意志，主动或被动的感觉，移置到外在于我们的事物里去，移置到在这种事物身上发生的或和它一起发生的事件里去。这种向内移置的活动使事物更接近我们，更亲切，因而显得更易理解。"①

在李普斯看来，上述的这种内心情感就是审美欣赏的原因。审美欣赏的原因就在我自己。而这种情感就是由移情作用所产生的情感。在这种作用过程中，我们的审美活动由审美对象过渡到了审美欣赏活动。在此审美欣赏活动过程中，我们会看到，审美喜悦是一种令人愉快的同情共感，一切的审美愉悦都是一种令人愉快的同情感，而审美欣赏的原因就在我们自身。我们自己对审美对象所进行的审美观照，并不是说我们自己和对象对立，而是说我们自己就是在对象里面。这种审美的模仿就是审美的移情作用。移情作用不是身体的一种自省感觉，而是把我们的情感和人格投射到审美对象中。"移情作用的意义是这样：我对一个感性对象的知觉直接引起在我身上的要发生某种特殊心理活动的倾向……对这个关系的意识就是对一个对象所产生的快感的意识……这就是移情作用。"

移情作用有着四个不同的类型。分别是：统觉的移情作用，经验的移情作用，心境的移情作用和对生活中可感知的现象的移情作用。统觉的移情作用是指普通对象的动态状况，比如说我们在运动中观察到路边的电线杆构成了一条直线。经验的移情作用是指自然对象的拟人化，比如一个人说到林中的鸟儿在歌唱。心境的移情作用是把情感融入色彩或音乐之中，比如把天空描绘成"心旷神怡的蓝色"或称某段乐曲为"低沉压抑的悲泣"。对生活中可感知的现象的移情作用是指充当内心世界指针的姿势和其他的个人行为。

---

① 李普斯：《空间美学》，转引自《十九世纪西方美学名著选》德意志卷，李醒尘主编，复旦大学出版社 1990 年版，第 601 页。

可以看出，我们把一个事物描绘成美好的或者是糟糕的，这种描绘讲述的其实就是对象与观察者之间的相互作用。在李普斯看来，经由这种相互作用所产生的移情有两种。一种是实用的移情，比如当一个人遇到灾祸时我们表示同情，甚至流下悲伤的泪水，这是实用的移情。这种移情与对方所遇到的灾祸的真实性是相关联的。而另外的一种移情就是审美的移情，这种移情是不带任何功利目的的，它是一种纯粹的审美观照，具有非功利的特征。

李普斯的心理学说认为，保留在下意识状态中的旧经验和新开始的感觉（即统觉）之间的交互作用构成了我们的意识。这些旧经验的总和组织成了一个统一的整体，这个统一的整体就是我们所说的心（或心灵活动）。这种组织支配着我们的领会、回忆、思想等行为。快乐产生于新旧经验的和谐作用；不快乐则源于不同成分之间的相互冲突。

很明显，李普斯的美学研究是从心理学出发的。他继承了费肖尔父子的移情说，并将其系统化。在他看来，美感就是一种同情的喜悦，"用作这个意义时，审美欣赏对象的问题可以有两重答案。从一方面说，审美的快感可以说简直没有对象。审美的欣赏并非对于一个对象的欣赏，而是对于一个自我的欣赏。它是一种位于人自己身上的直接的价值感觉，而不是一种涉及对象的感觉。毋宁说，审美欣赏的特征在于在它里面我的感到愉快的自我和使我感到愉快的对象并不是分割开来成为两回事，这两方面都是同一个自我，即直接经验到的自我"①。审美欣赏的特征是"把自己'感'到审美对象里去"，即把自己的各种思想感情和活动投射到对象上去，从而把死的静止的对象看成活的有生命的东西，使自我与对象打成一片。所以，审美欣赏的对象并非客观的外物，而是"把自己对象化了的自我"，美感则是"在一个感

————————————

① 李普斯：《空间美学》，转引自《十九世纪西方美学名著选》德意志卷，李醒尘主编，复旦大学出版社1990年版，第605页。

官对象里所感觉到的自我价值感"。

谷鲁斯的"内模仿"说在美学史上也被认为是"移情说"的一种。但是李普斯并不同意谷鲁斯的说法。他认为，审美移情作用的模仿是一种审美的模仿，它是一种摆脱了任何实际利害（包括器官的生理感觉）的、无意识的纯粹的审美观照，因而并不同于"出于意志的模仿"。因此，科学美学的职责就是要把器官感觉从审美观照中排斥出去，使美学从专注于器官感觉的疾病中恢复过来。

从其审美移情说出发，李普斯还探讨了悲剧性的问题。出于同情，我们会尽可能为死者说好话，假如罪犯受到了过重的刑罚，我们反而还会产生怜悯。当然，怜悯并不像通常所说的那样是悲剧的基本要素。李普斯认为，是灾难加强了事物的价值感。他将此称为"心理堵塞法则"。"一个心理变化、一个表象系列，在它的自然发展中，如果受到遏制、障碍、隔断，那么，心理运动便被堵塞起来，即停滞不前，并且就在发生遏制、障碍、隔断的地方，提高了它的程度。"① 结果，我高度地意识到了这种缺乏物的贵重性，或者高度地意识到我所期望于它的存在的价值。这一价值逐渐移近我的目光，进而移近我的感情。我平时在它存在时所没有意识到的那种价值感，会随着灾难的发生被唤醒或增强。

人的这种被客观化的自我价值感就是一切悲剧性的基础，也是欣赏悲剧对象的基础。这种客观化的自我价值感，由于看到别人的灾难而增强。我在别人的身上高度地感受到了我自己的价值。他写道："假如我不曾根据我自己本质的特征构成异己人格的形象，异己的人对我是根本不存在的。异己的人格或异己的我，是一个被限定的、客观化的、固定在我以外的世界的某一位置上的自有的我，尽管有一切限定，它的基本特征当中仍然

---

① 李普斯：《美学》，转引自《十九世纪西方美学名著选》德意志卷，李醒尘主编，复旦大学出版社 1990 年版，第 612 页。

有——我。据此，对异己的人的评价，无非是客观化的自我评价，对异己人格的价值感，无非是客观化的自我价值感。"①　而被我看到的灾难在我身上所造成的对人的那种有价值的感觉，就是同感。同感也就是李普斯所说的感情移入或共同体验。"一切悲剧性的本质，'对悲剧对象的欣赏'的普遍基础，便由此得到表明。这种欣赏是从悲痛提高的快感，它的来源就是由于看到灾难而被引起的、从而是亲切的、对异己人格的共同体验。"②

以李普斯为代表的移情说在 19 世纪末至 20 世纪初发展充分，因而成为西方占据支配地位的美学理论。李普斯的移情说突出了审美主体的能动作用，强调了审美对象的内容、价值和意义，所以被研究者认为是对形式主义美学的一个反动，在美学史上产生过重大的影响。

四　谷鲁斯：审美是一种内模仿

卡尔·谷鲁斯（Karl Groos，1861—1946），德意志生物学家、美学家和心理学家，曾任教于基森大学。其主要著作有《美学导论》（1892）、《动物的游戏》（1896）、《人类的游戏》（1901）和《审美的欣赏》（1902）等。

谷鲁斯是心理学派美学的一个代表性人物，他在美学上的代表观点为"游戏说"和"内模仿说"。后一观点尤其著名，被认为是移情说的一个变种，是移情说理论的一个重要发展。

席勒在其《审美教育书简》一书里最早提出了艺术起源于"游戏冲动"的观点。英国哲学家斯宾塞对此学说加以发挥，认为高等动物在满足了基本生存之后，因为精力过剩，于是就把这些过剩的精力用于无用的自由模仿活动，游戏和艺术就起源于高等动物的这种自由模仿活动。后来，德意志的艺术史学家朗格在其《艺术的本质》一书中对游戏说做了进一步发挥。认为游戏

---

① 李普斯：《美学》，转引自《十九世纪西方美学名著选》德意志卷，李醒尘主编，复旦大学出版社 1990 年版，第 615 页。
② 同上书，第 616 页。

为游戏者提供了一种"有意识的幻觉"。虽知其为虚幻，却仍视之为真。

不过斯宾塞的"精力过剩"说受到了谷鲁斯的反对。因为它只解释了艺术源起的一种可能条件。即便艺术真的起源于游戏，它也没有能够说明艺术为什么因种属、性别和年龄的差异而存在着差别。于是谷鲁斯提出了"练习说"，认为游戏是一种实用的活动，玩游戏就是学习生存。而随着游戏的熟练，我们就会产生一种对自身力量产生信任后的快感，因为游戏让我们觉得我们有能力施展自己的才能，扩大对于外界的控制。这种快感的发挥甚至可以让我们有一种在他人面前炫耀自身本领的冲动。除了低级阶段的本能冲动外，绝大多数的游戏都有一定的外在目的。"就连艺术家也不是只为创造的乐趣而去创造；他也感受到对于力量的快感这个动机，不过他有一种较高的外在目的，希望通过他的创作来影响旁人，就是这种较高的外在目的，通过暗示力，使他显出超过他的同类人的精神优越。"[1]

对于朗格的"有意识的幻觉"说，谷鲁斯也有保留看法。他说："朗格似乎做得太过分，把这个（摇摆于自蹈幻觉和对这幻觉意识之间的心理状态）看成一切审美乐趣和游戏乐趣的基本。根据自我检查就可以看出：在长久继续的游戏里我们所感到的高度快感之中，实在的自我总是安静地隐在台后，并不出面干预。……例如在看《浮士德》剧中监狱一场时，自始至终我们都在紧张地欣赏，完全忘却我们自己，只有在幕落后我们吸一口长气，才回到现实世界中来。"[2]

谷鲁斯认为艺术总是模仿性的游戏。模仿和游戏一样都是出自本能，二者在日常的审美活动中关系密切。他认为凡是对于事物的知觉都会以模仿为基础，不过审美的模仿又同于一般的知觉模仿。一般的知觉模仿必然形之于外，而审美的模仿则隐而不

---

① 谷鲁斯：《动物的游戏》，转引自朱光潜《西方美学史》，人民文学出版社1982年版，第615页。

② 同上。

现，它是一种特殊"内模仿"（Innere Nachahmung）的知觉活动。这种内模仿是审美活动的主要内容。他举例说："例如一个人看跑马，这时真正的模仿当然不能实现，他不愿意放弃座位，而且还有许多其他理由不能去跟着马跑，所以他只心领神会地模仿马的跑动，享受这种内模仿的快感。这就是一种最简单、最基本也最纯粹的审美欣赏了。"①

很显然，在这里，内模仿强调的是虽未形之于外，但却心有灵犀的审美感知活动，是审美表象在我们内心所留下的烙印。是一种由物及我的感知活动。

美学史上通常认为谷鲁斯的"内模仿说"与李普斯的"移情作用"说都是一种移情作用，并认为李普斯的移情说与谷鲁斯的内模仿说并无太大的矛盾。但在谷鲁斯看来，单用移情作用并不能说明审美活动的全部事实，而只有在附加上了他的游戏说和他的内模仿说之后，对于审美活动的解释才能变得完美和完整。

移情说强调的是我们把我们内心的同情所产生的那种心情投射到我们所观照的对象上去，仿佛对象也真的经历了我们所认为的动作和心理。而在谷鲁斯看来，只有投射还是不够的，我们还必须参与其中，从这种投射活动中获取游戏快感的心理，才能完成一个完整的审美活动。比如说在听到雷的轰鸣之后，小孩或者是野蛮人就可能产生一种大自然是在咆哮的感受印象，并且可能因此而感到恐惧。很显然，这种拟人化的咆哮感受和恐惧感都不是审美的，只有当人自身能够以游戏的态度介入到这种感受活动，并且把这种拟人化视作一种完整的游戏活动的时候，他才有可能对这个游戏活动本身抱有一种审美的欣赏——哪怕他依然会感到恐惧。

谷鲁斯坚持认为，游戏是审美活动中的一个重要因素。就跟

---

①　谷鲁斯：《动物的游戏》，转引自朱光潜《西方美学史》，人民文学出版社1982 年版，第 616 页。

在戏剧表演中一样，演员把自我投放到另外一个人的情景当中，并且和这个人的喜怒哀乐统一起来，而内模仿又进了一步，它把人的模仿冲动加以精神化，在我们的意识中完成模仿活动，但却不一定表现为外的动作。尽管这种模仿动作并没有外化出来，我们却并不能否定它在我们的审美意识中已经发生，它是我们审美活动的核心。他写道："内模仿是否应看作一种单纯的脑里的过程，其中只有过去动作、姿态等等的记忆才和感官知觉融合在一起呢？决不是这样。其中还有活动，而活动按照普通的意义是要涉及运动过程的。它要表现于各种动作，这些动作的模仿性对于旁人也许是不能察觉到的。依我看来，就是对实际发生的各种动作的瞬间知觉才形成一个中心事实，它一方面和对过去经验的模仿融合在一起，另一方面又和感官知觉融合在一起。"①

围绕内模仿的运动知觉，我们的经验记忆才能与当前对形象的知觉融合在一起。李普斯认为对当前形象的知觉和对过去经验记忆的联想就形成了审美移情，谷鲁斯则强调它还需要加上内模仿游戏。只有这样，才能解释在我们的审美同情中为何还具有"一种温热亲切的感受和逐渐加强的力量"。

五 伏尔盖特：美学就是心理学

约翰内斯·伊曼努尔·伏尔盖特（Johannes Immanuel Volkelt，1848—1930）是德意志哲学家和美学家。生于利帕尼克，卒于莱比锡。他先后在耶拿（1879 年起）、巴塞尔（1883 年起）、维尔茨堡（1889 年起）、莱比锡（1894 年起）担任大学教授。主要美学著作有《悲剧美学》（1879）、《悲剧诗人弗·格里尔帕策》（1888）和《美学体系》三卷（1905—1914）。另有哲学著作《康德的认识论》（1879）、《经验与思维》（1886）、《叔本华》（1900）、《可靠性与真理》（1918）、《情感的可靠性》

---

① 谷鲁斯：《动物的游戏》，转引自朱光潜《西方美学史》，人民文学出版社 1982 年版，第 618 页。

（1922）、《现象学和时间的形而上学》（1925）、和《个体性问题》（1928）等。

伏尔盖特是心理学派美学的重要代表。三卷本的《美学体系》是伏尔盖特美学理论的代表作品，该书第一卷论述艺术与心理学，第二卷论述美学范畴，第三卷主要论述各门艺术和艺术创作。

在《美学体系》前言中，伏尔盖特交代说，他的美学依据的是心理学方法，但同时也接受古老的德意志美学的传统。他的目的是"让那种包含在抽象推论的德意志美学中的整体和真实能在现代的心理分析的研究方式中发挥作用"，从而让"琐碎的、分裂的、偏重于卑微和人情味太重的现代方法与过去那深刻高尚积极上进的方式相结合"[①]。一方面，审美与人类感性联系密切，因而要将感性的东西纳入审美过程，并且以此为基础来正确评价这种关系的审美典型价值和它在审美活动过程中的积极意义。另一方面，审美过程得以产生的首要条件总是人类精神生活中那些最超凡脱俗的东西。所以要将产生我们精神生活中最高尚和最美好的活动与其感性基础紧密结合。

同时，伏尔盖特还强调，要正确评价美学在人类文化活动中的地位。它和人类其他伟大美德之间是一种平等关系。如果过于拔高美学和艺术的价值，就有把艺术当作偶像来崇拜的嫌疑。

在伏尔盖特看来，美离不开主体，只有在审美主体看得见、听得到、可以领会和欣赏时，美才存在。一般来说，美学活动总是对美的产品（或美的事物）、产品（事物）的制造者、审美主体的反应和审美对象间的相互关系的反思。不同的流派会强调上述对象的不同方面，而否定和剔除另外的一些方面。伏尔盖特就认为，美学研究的对象是审美关系本身，或引起审美效果的经验事实，包括自然和艺术，而外界的事物仅仅是审美的基础和前

---

① 伏尔盖特：《美学体系》，转引自《十九世纪西方美学名著选》德意志卷，李醒尘主编，复旦大学出版社 1990 年版，第 580 页。

提，并不是审美特征，"因此美学要研究的就是那些丰富多彩的内心活动过程，因为我们只有通过这些过程才能回答自然界和艺术向我们提出的那些美好的、妩媚的、高尚的、喜剧性的、悲剧性的对象"①。

所以，那种认为审美世界属于外界经验范畴的看法，认为美是外在天性的显露的看法，认为美的、优雅的、高尚的东西都是外界、自然界和艺术作品奉献给我们的这样一种看法其实是一种误解。"自然和艺术的对象如果要起审美作用的话，它们永远只能在能感知的、感情的和进行刺激的意识的基础上得以实现。审美对象，无论它是自然的，还是艺术的，其审美特征只有通过开始进行审美的主体的感知、感情、幻觉才能实现。而用外界事物来作这种主体时便绝不会成为审美对象。超主体的审美在任何情况下都等于零。"②

当然，外界事物对于审美还是非常重要的，外界事物是审美的决定性基础。但它仅仅是基础和前提，不能替代审美特征本身。因为，色彩和色调只有通过我们的感觉意识才能成立，而一切自然形态和艺术形态也只有经由我们的感觉意识才具有了审美的特征。"自然界和艺术界中凡被我们认为美的东西，都是有声有色的，它们也只有在意识的基础才能以它们的这种美态出现。那些作为造型艺术和音响艺术之基础的无声和无色的东西可以给它们以其他各种标志，硬要给它们加上审美价值是没有意义的。同样的道理适用于下列定律：在超主体世界中没有什么东西会自己具有声和色。这一条也适用另一定理：超主体世界不属于审美标志。"总而言之，审美对象只能在感官知觉的基础上才能存在。

在这里，伏尔盖特批评了费希纳实验心理学的方法。费希纳赋予了超主体事物和过程以审美价值，假定即便不依赖于主体活

---

① 伏尔盖特：《美学体系》，转引自《十九世纪西方美学名著选》德意志卷，李醒尘主编，复旦大学出版社 1990 年版，第 582 页。

② 同上书，第 583 页。

动，事物之美原本也就存在，并且还假定，上帝无所不在的意识保证了自为存在的美学空间的合法性。伏尔盖特从人性立场出发，认为我们必须排除这种"从超主体的色彩和声音的形态与上帝意识之间引出审美过程的假说"。这是美学家的方法和自然科学家方法的根本分歧。"一个美学家在研究感知世界的对象时，他总不会超出感知特性范围。他也总是只凭印象来研究色彩的形态和声音的运动。物理学家所研究的光学和声学永远不会成为美学家的研究对象。"①

正是在这个意义上，伏尔盖特说，美学对心理学的从属性还远未得到应有的阐述。我们的审美价值依赖于我们对于时空感觉的依附，无论是自然形态的审美价值还是艺术形态的审美价值，只有当它们与人的视线范围能够相对大小相符，与人类对事态解释能力的相对范围相符时才能生效。"人们对自然和艺术的全部审美价值要求我们按我们的方式去观察和体验，按我们的方式去对时、空进行概括和分析。"在绘画欣赏中，我们的心理学因素就表现得非常明显。他还引用了黑格尔在其《美学讲演录》中的话来强化这种观点："要说一件艺术品已不是石头、不是木块或画布，倒不如说只有当某物属于心灵的土壤，感受到心灵的洗礼并且在形象上与心灵协调接近时，它才成其为一件艺术品。"

审美活动除了与人的感觉基础相关联之外，还与相伴发生的关联活动、区分活动和联结活动关系密切。通过这些活动，审美对象在结构形式和层次上也都从属于心理学范畴。伏尔盖特由此得出结论说："审美对象只有在感知的、有关联的、有同情心的人类的土壤上，简言之，只有在意识范围内才能获得审美的特征。"② 所以说，只要美学是以美、秀美、崇高这样的经验事实，或者说是以审美效果的经验事实作为研究对象，那么美学的研究也就具有心理学的特征。而对于费希纳所坚持的超越经验事实，为美学研究寻找先验的

---

① 伏尔盖特：《美学体系》，转引自《十九世纪西方美学名著选》德意志卷，李醒尘主编，复旦大学出版社 1990 年版，第 586 页。
② 同上书，第 589 页。

形而上学基础的努力，伏尔盖特提出了委婉的批评，他相信"有关先验论问题的讨论在美学中仅仅只占相当微小的地位"。

伏尔盖特认为，艺术作品创造者即艺术家的活动奠定的是艺术作品的超前审美基础，它为观众或听众的审美心理活动树立了准则。但是只有通过观众或听众审美心理的改造活动，艺术品才能最终成为一件美的、崇高的、奇特的东西。所以说，技术问题不属于美学范畴。技术仅仅是方式方法，艺术家以此为手段，在熟知外界事物特性的基础上干预外界事物。但它并不涉及确定审美标准和审美目的的问题。美学不处理对于某种外界事物的艺术加工，美学要探讨的是审美关系本身，以及这些关系的条件和要求等等。当然，审美印象在很大程度上要受到技术方式的影响，所以技术问题还是要部分地加以讨论和处理，但这种讨论只能用美学的心理学观点来进行。

伏尔盖特回顾了美学史上对于美学研究性质的不同看法。他认为康德早就对有关美学研究的心理学特质作过很果断的评价，康德说一件物体只有当它在"感情力量的活动中激起协调一致的感情"时，它才是美的。但是康德却又将这种意识世界变成了一种形而上学的超个体的精神王国，从而是美学大大地超出了心理学，并且以形而上学的科学方式行事。黑格尔则将美的意识世界列入绝对精神科学。格罗塞对美的主观特质更是作出了完全错误的判断。他认为美的事物即便我们没有感受到它们的美，它们也仍然是美的。"一尊美丽的雕像，哪怕是深深埋藏在海底，它仍然是一尊美丽的雕像。"

伏尔盖特认为，纵观整个近代美学的发展，美对于意识世界的从属性已经得到了比较普遍的承认，但是对于美学的研究领域应该属于心理学范围这一结论，美学家们在接受上则表现得犹豫不决。因为他们过多地考虑了美学与价值观念、美学与目的和手段、美学与人的理想等问题。伏尔盖特承认，美学已经超出了纯心理学，不能把它完全归并到心理学中去。只有在首先承认把美学作为意识的某些特定行为方式进行研究时，我们才能说美学最接近心理学。但是，"尽管在这种审美观察方式中某种超心理学的观点同时会产生决定性的影响，而这种探讨方式的心理学特质作为美学最近的、直接的、基本的存在形式却仍完好无损地存在着"①。

心理学派美学其实是近代心理主义方法和近代科学实验方法研究美学的一种混合。或者更为准确地说，心理学派美学在研究中混用着这两种方法。它们是经验观察方法和科学实验方法的混合。李普斯、谷鲁斯等人的移情说基本上可以说是一种经验观察方法，而费希纳和屈尔佩的美学方法则已经接近是科学实验方法了。区别就在于，前者是以美学研究者个体对于美学研究对象和审美对象的观察、归纳和解释为基础，对观察对象的解释仍然是一种心理的解释。后者是以概率统计和实际设计的实验案例为基础，其美学结论是在对于参与实验者的刺激—反应的基础上得出的，这种实验是可重复的，因而是属于科学的。当然，这样说仅仅是说可以细分出这两种特点不同的方法。至于哪一种方法更为切中对于美学本质的研究，这里不拟下结论。

很显然，经验观察方法和科学实验方法都是以经验研究为前提，而在实际使用中，不同的方法论指导下的美学研究，其结果呈现出很大的差异。这一现象表明，近代心理学正在从传统哲学领域向独立的科学领域转向。或者说，表明这样一种转向还没有彻底完成，不同的研究方法仍然为人们所混用。在此意义上，伏尔盖特坚称美学仍然是心理学。这正是这种转向在那时的确还没有彻底完成的一个例证。

第四节　艺术科学的美学

德意志的康拉德·菲德勒（Konrad Fiedler，1841—1895）被认为是艺术科学的鼻祖。他在其《论艺术活动的起源》

---

① 伏尔盖特：《美学体系》，转引自《十九世纪西方美学名著选》德意志卷，李醒尘主编，复旦大学出版社1990年版，第595页。

（1887）中区分了美与艺术，认为美与愉悦的情感有关，而艺术则是遵循普遍规律的感觉认识，其本质是审美形象的构成。美学的根本问题与艺术的根本问题判然有别。菲德勒关于美与艺术的区别在德意志美学家、艺术史家格罗塞这里得到了进一步的发挥。格罗塞提出了"艺术科学"的说法，主张依照客观的科学方法，细致入微地研究艺术领域的经验事实。作为艺术科学的美学着重考察艺术的发生起源，强调的是艺术的社会功用。它明显地受到了近代科学发展的影响，是近代以来实证化潮流在美学研究领域的具体反映。

一　格罗塞：艺术科学要采用社会学的研究方法

恩斯特·格罗塞（Ernst Grosse，1862—1927）为德意志人类文化学家、社会学家和艺术学家。他生于斯腾达尔，死于弗赖堡。他一生主要从事东亚艺术、原始艺术以及家庭和经济状态的研究。其著作主要有：《艺术的起源》（1894）、《家庭和经济的形态》（1896）、《东亚绢画》（1922）、《东亚雕塑》（1922）和《东亚工具》（与奥·屈梅尔合著，1925）等。其中，《艺术的起源》一书集中反映了他的美学思想。

格罗塞区分了艺术史、艺术哲学和艺术科学，提出艺术科学的目的是揭示文化形式与艺术形式之间所存在的规律的固定的关系。而艺术科学的研究方法正是格罗塞所欲遵循的美学研究方法。艺术科学就是描述和解释被包含在艺术这个概念中的许多现象。在格罗塞看来，艺术科学不应该采用个体的心理学的研究方法，而应该采取社会学的研究方法。"艺术科学，和其他全靠视觉作基础的科学所处的地位一样。一个简单的现象职能作很少的证明甚至全不能证明什么；只有将许多不同的事实不惮其烦地作一种比较研究，才能得到相当的真理。人种学贡献给我们的材料大半不是纯粹审美性质的，但这种情形，不仅艺术科学如此，其他科学也是一样的。每一种科学只能研究事物的一方面，而每一件事物却总有着多方面的意义。"① 艺术科学最迫切的任务就是要从人类学入手，进行有关原始民族的原始艺术的研究。

关于艺术的本质，格罗塞回答说："我们所谓审美的或艺术的活动，在它的过程中或直接结果中，有着一种情感因素——艺术中所具的情感大半是愉快的。所以审美活动本身就是一种目的，并非是要达到他本身以外的目的，而使用的一种手段。"② 游戏和艺术不同，因为游戏和其他实际活动一样，常常追求一种外在目的，而游戏和其他实际活动又存在着区别，因为它本身也含有愉快的情感因素；相比之下，只有艺术才仅仅关注活动的本身，而毫不注重那无关紧要的外在目的。艺术活动的特性就是获得直接的快乐。这种快乐，我们可以从艺术活动的过程中得到，或者也可以从艺术活动的结果中得到。

格罗塞强调艺术活动的社会功能和公共性。"艺术家从事创作，不仅为他自己，也是为别人，虽则他不能说美的创作目的完全在感动别人，但是论到他所用的形式和倾向，则实在是取决于公众的——自然，此地的所谓公众，并非事实上的公众，只是艺术家想象出来的公众。无论那一件艺术品，公众和作者所占的地位是同样重要的。……严格地说来，'个人的艺术'这几个字，虽则可以想象得出，却到处都不能加以证实。无论什么时代，无论什么民族，艺术都是一种社会的表现，假使我们简单地拿它当作个人的现象，就立刻会不能了解它原来的性质和意义。"③ 艺术既有直接的审美价值，又有间接的社会价值，它不是一种无谓的游戏，而是具有一种不可缺少的社会职能，它能提高人类的精神，增进人类的福利，成为人类生存竞争中最有力的武器。他提出要专门研究艺术创造的社会环境和社会关系，认为原始民族的艺术是一种社会现象，具有一定的社会技能。他认为这并不是一种什么新鲜观点，而是一种古老的见解。"在古往，人们几乎不

---

① 格罗塞：《艺术的起源》，蔡慕晖译，商务印书馆1996年版，第20页。
② 同上书，第38页。
③ 同上书，第39页。

知道此外还可以有其他的见解，至少，古代的著作者，总是把艺术看做公共事业的。只有从近代的个人主义来看，才会觉得这种见解既不是唯一的，也不是最正当的。"①

在详尽考察了存在于原始民族的不同的艺术形式，如人体装饰、装潢、造型艺术、舞蹈、诗歌、音乐等之后，格罗塞得出结论说："原始民族的大半艺术作品都不是纯粹从审美的动机出发，而是同时想使它在实际的目的上是有用的，而且后者往往还是主要的动机，审美的要求只是满足次要的欲望而已。例如原始的装潢就大体而且全然不是作为装饰之用，而是当作实用的象征和标记。在其他的艺术中，虽则也有审美目的占了主要地位；可是照例还是只有音乐把审美当作单纯的动机。"② 原始艺术在原始人的实际生活当中具有实际的重要性，它从各个方面影响着原始人的生活。

野蛮民族和文明民族在艺术方面有着广泛的一致，这既表现在艺术表现形式的多样性与广泛程度上，也表现在所遵循的艺术准则的深入程度上。"艺术的原始形式有时候骤然看去好像是怪异而不像艺术的，但一经我们深切考察，便可看出它们也是依照那主宰着艺术的最高创作的同样法则制成的。不但澳洲人和爱斯基摩人所用的节奏、对称、对比、最高点以及调和等基本的大原理和雅典人和佛罗伦斯人（Florentines）所用的完全相同，而且我们已经一再断言——特别是关于人体装饰——便是细节上通常以为随意决定的，也都属于离文明最远的民族所共通的美的要素。这种事实在美学上当然不是没有意义的。我们的研究已经证明了以前美学单单提过的一句话：至少在人类，是有对于美感普遍有效的条件，因此也有关于艺术创作普遍有效的法则。"③ 而原始艺术与高级艺术之间的差别主要是在量的方面，即其在情绪表现方面相对狭隘和粗野，其选用材料相对贫乏，其表现形式相

---

① 格罗塞：《艺术的起源》，蔡慕晖译，商务印书馆 1996 年版，第 39 页。
② 同上书，第 234 页。
③ 同上书，第 235 页。

对简陋和拙劣。

　　没有一个民族是没有艺术的。假如艺术不过是一些无谓的游戏，那么，那些浪费精力于无益之事的民族肯定就被淘汰灭绝了，同时艺术恐怕也就不能发展到现在那样高深丰富的地步。所以可以推断，原始艺术对于原始民族来说必定有着各种具体的实用功能，格罗塞将这些功能视作促进艺术发展的可能动力。"原始艺术之最高的社会职能是统一，而文明人的艺术则因作品丰富繁复之故，不仅造成统一，而且更能提高人类的精神。科学充实并提高了我们的知识生活，艺术也同样充实并提高了我们的感情生活。艺术和科学是人类教育中的两种最有力量的工具。所以艺术不是无谓的游戏，而是一种不可缺少的社会职能，也就是生存竞争中最有效力的武器之一；因此艺术必将因生存竞争而发展得更加丰富更加有力。人们致力于艺术活动最初只是自己直接的审美价值，而它们所以在历史上被保持下来并发展下去，却主要因为具有间接的社会价值。"

　　当然，格罗塞也并不否认艺术的发展对于个人生活的价值。只不过，在原始民族那里，艺术只是一种社会现象。对于格罗塞所致力考察的艺术科学来讲，他必然要专注于研究艺术的社会条件及其影响。而要想说明艺术对于个人发展的意义，那就需要我们做出更多的工作。即便要考察艺术对于个人的影响，我们也不要忘记，艺术不但是一种愉快的消遣，同样也是对于人生高尚目的的完成。

　　格罗塞关于艺术科学和原始艺术的研究，刺激了艺术社会学、艺术人类学和艺术发生学等新兴学科的发展。一般认为，他的研究与马克思主义历史唯物主义有着一定的相似性，但是其机械论倾向比较明显。

二　朗格：艺术是有意识的自我欺骗

　　康拉德·朗格（Konrad Lange，1855—1933）是德意志哲学家和美学家，长期在图宾根大学任教。出版有《艺术的本质》、

《电影的现在和将来》等。朗格被认为是美学观点游戏说和幻觉说的代表人物。其于 1895 年所发表的就职演说的题目就叫做《有意识的自我欺骗是艺术欣赏的精髓》。

在朗格看来，美学是有关审美快感的科学，因而是生物学和心理学的一部分。什么是艺术的本质？这个问题是美学的核心问题。在朗格看来："艺术是人的那样一种活动通过它就能为自己和别人提供一种无关实际利害、以有意识的自我欺骗为基础的乐趣，并且由此能够不自觉地弥补人类情感生活的缺陷，为扩展和加深人类感性的、伦理的和智力的本质做出贡献。"①

朗格接续谷鲁斯的游戏说，认为游戏和艺术之间有着紧密的亲缘关系。二者的第一个相似点，就是其娱乐性和无目的性。在《艺术的本质》一书中，朗格写道："不无道理的是，象棋游戏的一个特殊优点就是不为赌注而游戏。固然游戏中的赢家享受着他的胜利，但失败者也喜爱游戏，这就表明，享受的根本原因不在成就，而在游戏活动本身：不是游戏为了目的，而是目的为了游戏。游戏就是游戏者的自我目的，正如艺术是艺术家的目的，审美享受是审美欣赏者的目的。"② 所以，在朗格看来，游戏就是人的任何自觉自愿的活动，它能给自己和别人带来一种与实际利害无关的乐趣。艺术和游戏一样，都比实际生活给人们提供了更多的更加丰富的机会，使得人们能够运用本能冲动进行自由活动。而艺术与一般游戏的差别则在于，艺术需要调动的是听觉器官和视觉器官，游戏则可以有除此之外的其他低级感官的介入。

尽管感官游戏、运动游戏、智力游戏、技能游戏、机运游戏和幻觉游戏各有不同的特色，但是他们在娱乐性、自愿性和无目的性方面是一致的。而竞技的热情、对技艺精湛的追求与陶醉、对技巧性动作与行为的模仿等也同样是一切艺术固有的特点。可以说，儿童游戏就是艺术的先导，"我们预先就在听觉游戏中看

---

① 朗格：《艺术的本质》，转引自《十九世纪西方美学名著选》德意志卷，李醒尘主编，复旦大学出版社 1990 年版，第 618 页。

② 同上书，第 621 页。

到了音乐，在视觉游戏中看到了装饰术，在运动游戏中看到了舞蹈，在戏剧游戏中看到了戏剧和舞台艺术。儿童欣赏画册和最初的涂鸦有如绘画的准备，木偶戏和捏泥人有如雕塑的准备。在建筑游戏中，我们能看出建筑艺术的先导，在讲故事中能看出史诗的先导，在儿歌中能看出抒情诗的先导。"①

在上述这些游戏中，幻觉游戏与艺术最为相似。角色意识是幻觉游戏中最为参与者所享受到的一种乐趣。扮演动物游戏的孩子，在把自己想象成为某一种动物的时候，他甚至不乐意别人叫他的名字，因为他不愿意从这种扮演的幻觉中解脱出来。"我这样理解这种游戏，它的享受是以角色意识（Rollenbewu Btsein）为基础的。儿童最为人知的游戏是扮演动物的游戏，孩子把自己想象为一只动物，模仿动物的动作，像动物一样发出声音，被人狩猎和射击等等。扮演动物的游戏如同原始人的动物舞蹈都产生于同一个心理根源。原始人化装成一只鸟或袋鼠，模仿有关动物的运动，如果不计可能有的迷信崇拜的次要方面，那么这和小男孩装成骑一只小鹿穿过森林或者像一只狮子吼叫，在心理上是完全一样的。幻觉在孩子那里强烈得很，以致他很不乐意别人叫他的名字等等使他从幻觉中解脱出来。自然，这涉及到有意识的自我欺骗，因为这个小男孩很好地知道，他不真的就是他所表演的动物，而只是在'游戏'。他的享受恰好是建立在不是他的存在的想象的基础上的，是建立在由自我完全超脱出来的东西的基础上的。想象的内容不能是他的享受的原因，这是明摆着的。因为成为一只动物，对于人并非伦理上崇高的表象，而更多地意味着贬黜了他的存在的价值。"②

不过游戏与艺术仍然存在着差别。艺术离不开幻觉，而游戏没有幻觉依然能进行。不过任何幻觉活动都仍然还是游戏。所以，在朗格看来，我们不妨把艺术称作是一种精致的、心灵化的

---

① 朗格：《艺术的本质》，转引自《十九世纪西方美学名著选》德意志卷，李醒尘主编，复旦大学出版社 1990 年版，第 630 页。

② 同上书，第 624 页。

幻觉游戏。受到席勒等德意志古典美学家有关"存在"（Sein）与"显现"（Schein）区分的启发，朗格提出，艺术和游戏均满足于"显现"或形象，二者把虚构的形象看成"仿佛"是真实的，所以可以称其为"一种有意识的自我欺骗"（Eine bewusste Selbsttäuschung），或"有意识的自我幻觉"，游戏者明知它是虚构的，但是仍然假装它是真的，明知道就是游戏，但是却抱着一种非常认真的态度去完成艺术。艺术最直接的目的是通过艺术幻觉给人以快乐。

朗格还批评了美学史上游戏理论的一些传统观点。有观点认为，游戏是为了休息。但是我们发现许多游戏都是全身心高度紧张的。席勒说游戏起源于精力过剩。在朗格看来，这也与我们观察到的实际现象不符。还有一种观点，认为游戏是严肃活动的联系、未来职业的准备。但是我们看到，成年人也参与游戏，甚至动物也有游戏。所以说："游戏对人和动物来说是现实的代用品，因为生活不能为他们提供他们所需要体验的一切情感和表象，因此他们就为自己创造了这代用品。"当然，人的游戏和动物的游戏还是不同的，人的游戏是一种自觉的活动，而动物的游戏则纯粹出自本能。只有人的游戏才能真正具备艺术的特征。

同为艺术科学美学代表人物的马克斯·德索（Max Dessoir，1867—1947）对朗格的艺术幻觉说提出了批评。"按照此说，当印象被接受之后，一切都依赖心理状态，而这一状态是由一种有意识的自我蒙骗，由不断的蓄意的真实与幻觉的模糊所组成的。审美愉悦被说成是在真实与非真实之间自由与有意识的一种徘徊。或者换句话说，总是试图将原物与复制品混为一体的无效努力。画出一只非常生动的球，对于它的欣赏有时会在于观察者相信自己正在看一只真正的球，有时又会在于他清醒地意识到自己不过在看着一幅平面画这样一种事实上。因此，这种摆动就在判断之间，在两个同等真实的确信当中，而不是在判断与仅仅推测之间进行着。在每一件艺术品里面都有那些提高蒙骗性与妨碍蒙骗性的成分。前者与内容相联系，后者与形式相联系。但是这种划分是既不清楚又不彻底的。比如，韵脚和匀称应当如何处置？至于不断的观念互换，我倒认为经验这一审美享受的人并不注意到这种摆动，而且，能够真正在意识中表明出来的地方——如在迟疑之中——通常是不愉悦的。实际上，看着一幅图画的人一刻也不会相信他面前的是一个真人。然而倘若我们能说到幻觉，那么它简直就是将不真实当成真实的经常的实例了。"①

朗格把艺术的本质归结为幻觉游戏，这是一种生物学的观点。一般认为，这种观点并没有能够真正揭示出艺术和游戏的社会本质。但是它丰富和发展了康德、席勒、谷鲁斯等人有关游戏与艺术关系的学说，为美学的研究提供了一种特别的思路。朗格以心理学的方法对于艺术本质的研究，拓展了艺术心理学的发展。

---

① 马克斯·德索：《美学与艺术理论》，兰金仁译，中国社会科学出版社 1987 年版，第 31—32 页。

第 三 编

19世纪的英国与法国的美学

导　论

英国浪漫主义美学

法国浪漫主义美学

罗斯金的美学思想

维多利亚时期的审美文化

法国与英国的唯美主义美学

法国社会学美学与印象派艺术论

导　论

　　19 世纪的英国与法国美学，尽管在一定程度上受到德国浪漫派思潮（Romanticism）的波及，在直接或间接意义上受到唯心论哲学的影响，但总体来说走的是一条不同的道路。在此期间，虽然没有创构出类似康德、黑格尔那样的哲学美学体系，但却在艺术实践过程中造就了世人称道的伟大作品、独特多样的文艺美学以及丰富鲜活的审美文化。可以说，古希腊人提出的美的基本理念，历经古罗马时期、中世纪时期、文艺复兴时期和启蒙运动时期的阶梯式传承与发展，在德国古典哲学美学中达到了理论体系化的高峰，进而在英国和法国审美意识与艺术实践中得到了广泛而有深度的发展。于是，随着人们的眼光更加敏锐、艺术杰作的不断涌现以及艺术鉴赏的普及流行，有关美、美感与趣味的种种学说及其审美反思，相应地从抽象走向具体，从玄思走向科学，用鲍桑葵的话说，则是"从形式过渡到特征，从画框的美过渡到绘画的美"。[①] 结果，人们从中获益良多，不仅大幅度地解放和提高了自己的审美意识与趣味判断能力，而且使人比以往任何时候更加成之为人或更加富有人性了，同时也更有能力寻找到满足自身对于美的迫切需要的方法途径了。[②]

---

　　① Cf. Bernard Bosanquet, *A History of Aesthetic* (New York: Meridian Books, 1957), p. 463. 另参阅鲍桑葵《美学史》，张今译，商务印书馆 1985 年版，第 590 页。

　　② 鲍桑葵在总结英国 19 世纪美学时指出："尽管遇到这一切不利的条件，但人现在比以往任何时候都更加成之为人了，他定能找到满足自身对于美的迫切需要的方法途径。"（"But in spite of all hostile conditions, man is more human now than ever he was before, and he will find out the way to satisfy his imperious need for beauty." Cf. Bernard Bosanquet, *A History of Aesthetic*, p. 469.）我个人认为，这一结论不仅适应于 19 世纪的英国民众，而且也适用于当时的法国民众乃至欧洲其他国度的同时代人。

一 19 世纪英国的社会文化状况

比较而言，真正主导 19 世纪英国社会文化状况的基本要素，似乎都与法国大革命（French Revolution）和工业革命（Industrial Revolution）有着不解之缘。譬如，自由主义运动、激进浪漫主义思潮、保守或进步的社会改革及其立法议案等等，在不同程度上都受到民众和政客对于法国大革命的态度变化的影响；而实利主义的商业文化，海上霸权与帝国扩张，古物掠夺与文艺繁荣，民主精神与自然主义，富豪阶层的兴起与文化的重建，等等，均与建立在工业革命成果基础上的维多利亚王朝不无关系。

此前，法国影响曾使 18 世纪英国的上层社会为之倾倒，这种情景在法国大革命的初期一度达到高潮。最初，当大革命的第一批消息传到英伦三岛时，无论是政府还是国民，几乎异口同声地欢呼人类历史上的这一伟大壮举。然而，当这场革命导致了流血事件之后，当其激进主义的精神在爱尔兰产生了积极影响并使议会成功获得绝对独立和最高权力之时，当闻知都柏林的公共宴会上发出"愿法国的清风吹得我们爱尔兰的橡树欣欣向荣！"之类的祝酒词时，英国举国上下一片惶恐，感到君主制、宗教与财产权等全部民族遗产受到了前所未有的威胁。于是，在不绝于耳的谴责声浪中，对待法国大革命的态度出现了逆转，法国影响也随之一扫而空。在反对者的人群里面，不仅包括积极拥护国王与教会的托利党人，也包括大多数代表资产阶级的辉格党人。他们伴随着心理上的强烈恐惧感，对法国大革命的仇恨以及对拿破仑的憎恨超越了一切合理的限度，其政治立场也从一个极端走向另一个极端，最终导致了如下境况：议会改革停滞，保守或反动的浪潮兴起，热衷于实施绞刑来处置反对意见者的欲望再次发酵，旧法令所包含的叛逆罪的定义得到相应的引申，人身保护法令遭到中止，公共舆论与请愿权利遭到压制，言论与出版自由遭到的严控。特别是在苏格兰，野蛮的旧法令复活了，不少有着高度文化修养的人们只因意见不同，就被当作普通的囚犯流放到荒蛮遥远的澳大利亚监禁地。

在人类历史上，压迫与反抗总是孪生的一对。在高压统治下的英国，1819 年发生了曼彻斯特的骚动，奉命进击的骑兵队冲进人群，残酷地镇压了那些可怜的赤手空拳的骚动者。总之，这一时期精神生活的政治背景是黑暗的。其所以黑暗，是因为法国自由运动的过火行为在中产阶级中间造成了恐怖，是因为骄横的托利党专制成性和教会横施压迫，是因为爱尔兰天主教徒与英国工匠洒下了热血，是因为当政者的反动狭隘与王室的腐败无能。[①] 自不待言，这种黑暗与法国大革命直接相关。诚如具有自由主义思想倾向的英国政治家罗米利在 1808 年的日记里所言："说起法国大革命及其一切伴随而来的恐怖在这个国家造成了什么恶果，如果任何人希望对这个问题有足够的认识的话，他就应当本着人道的和自由主义的原则，试图实行一些立法方面的改革。那时他就会发现，法国大革命在他的许多同胞的心灵中不仅灌输了对于革新的愚蠢恐惧，而且灌输了野蛮的精神。"[②] 当然，我们可以推测，在这种政治背景中，"对于革新的愚蠢恐惧"以及反对革新的"野蛮精神"必然会刺激受压迫者追新猎奇的潜在欲求、向往自由民主的美好愿景与愤世嫉俗的革命精神。事实证明，这一点在以华兹华斯为代表的浪漫自然主义诗人和以拜伦（George G. Byron）为代表的激进浪漫主义作家身上体现得尤为明显。

除了法国大革命之外，工业革命也是搅动英国社会文化状况的强力催化剂。当时，随着工业革命的不断发展与革新技术的不断涌现，特别是蒸汽机的广泛使用和火车船舰的相继问世，英国生产力得到空前的解放。到了维多利亚时期（Victorian Times，1837—1901），海上霸权加速了对外扩张，庞大的殖民地加速了

---

① 参阅勃兰兑斯《十九世纪文学主流》第四分册：英国的自然主义，徐式谷等译，人民文学出版社 1997 年版，第 34—35 页。

② 同上书，第 33 页。

工商业的迅速发展以及经济文化的繁荣昌盛，同时也迎来了科学研究领域的革命与辉煌的理论成果（如进化论），最终造就了这个英国历史上的"黄金时代"与"日不落帝国"。当然，这一切成就也使一部分英国政客、富豪或既得利益者陶醉在繁华的景象之中，滋长了一种自我膨胀的傲慢情绪或自满的岛气，有的甚至利用夸张的赞誉来引导与教化民众，来为帝国盛世歌功颂德。譬如，罗巴克就曾这样向民众高声宣讲：你们"肩负着英国的伟业。看看你们的功绩吧！我扫视英国，看到了你们建造的城市，你们修筑的铁路，你们制造的产品，货物载满了举世无双的商船！我看到，你们靠自己的力气，将从前荒芜的岛屿变成了果实累累的花园。我知道是你们创造了财富，是你们让一个国家的名字威震四海！"① 应当看到，在当时的英国社会，这种腔调与心态具有一定的代表性。与此相应的工具崇拜心理、财富占有欲望或赤裸裸的拜金主义，在唯利是图的商业文化的浸润与助长下，导致英国社会不但缺乏追求高雅的文化、人性整体和谐与全面发展的精神，反倒弥漫着浓厚的自满与庸俗气息，盛行着我行我素的个人主义，泛滥着缺乏秩序、准则与方向感的无政府状态。这种社会现状与国民心态，日益引起头脑清醒、目光敏锐的知识分子的反感、反思与批判，阿诺德可以说是这方面的杰出代表。他以嘲讽挖苦的口吻与犀利尖刻的分析，把批评的矛头转向维多利亚社会的方方面面，指陈了当时社会文化心理所存在的种种问题与弊病，以概括的方式把英国阶层划分为三类人——讲究派头并代表贵族阶层的野蛮人（barbarians）、附庸风雅并代表中产阶级的非利士人（philistines）与粗野无知并代表平民的群氓（mob）。同时还认为英国人在精神追求、文化趣味与思想行动方面过分地希伯来化或基督教化了，因此缺乏积极向上、思想活跃、热爱自由和美的希腊精神（Hellenism），有碍于建构美与雅

---

① 参阅阿诺德《文化与无政府状态》，韩敏中译，三联书店 2002 年版，第 26 页。

的文化，不利于实现人的全面和谐发展，难以达到高度平衡与臻至完美的境界。阿诺德划分人群的依据及其文化批判观念，在《美好与光明》、《野蛮人、非利士人和群氓》以及《希伯来精神和希腊精神》等文章中，表现得淋漓尽致。尽管其中难免有偏颇与激进的成分，但其反映现实的独立视角与匡正时弊的真诚用意是显然可见的。难怪英国学者伊格尔顿坚信，阿诺德代表"维多利亚时期最后一代文化伟人——既非学人亦非以文谋利者，而是穿越于诗歌、批评、期刊杂志和社会评论之间，可以说是一种发自公众领域内部的声音。……与柯勒律治、卡莱尔和罗斯金等人一样，阿诺德表现出知识分子的两大古典标志，而与学术知识分子形成对照：他拒绝被绑缚在单一的话语领域内，他寻求使思想对整个社会生活产生影响"[①]。

回顾历史，我们认为在上述社会文化语境中，至少有5大因素刺激了英国当时文艺创作与美学思想的发展：其一，生活的富裕，交通工具的便捷与旅游活动的兴起，人们在欣赏或考察英国自然景观的过程中，强化了英国人热爱自然的民族习性，产生了描绘自然的风景画家，同时也进一步推动了方兴未艾的浪漫主义诗歌、绘画与文艺思潮，其中湖畔派诗人（Lakeside poets）的成就最高、影响最大。其二，借助强盛的国力和海外探险及其掠夺等多种方式，许许多多有价值的古代文物源源不断地运到英国，珍藏在英国的乡村别墅中和国家博物馆中。[②] 结果，古希腊各历史阶段的艺术品及其美的价值引起人们的广泛兴趣，激发了整个

---

① Terry Eagleton，"Sweetness and Light for All：Matthew Arnold and the search for a common ground to replace religion，" in Giants Refreshed of TLS，Jan. 21，2000，p. 15. 转引自阿诺德《文化与无政府状态》，第7页。

② 譬如，在1815年之前，大英博物馆内没有任何公元前5世纪的古希腊作品。但就在1815年这一年，英国政府专门成立了一个古物收藏委员会，经过一番周折，大英博物馆最终从收藏家埃尔金勋爵那里收购到一批古希腊大理石像，大约在同时还搜罗到菲加雷亚饰带。从那时起，还进而搜罗到公元前6世纪、前4世纪和前3世纪的作品，最终填补了这几个时期古希腊作品收藏的空白。参阅鲍桑葵《美学史》，张今译，商务印书馆1985年版，第565页。

社会关注文化艺术的积极热情，致使谈论艺术、鉴赏艺术以及创造艺术日渐流行，成为风靡全国的时尚。其三，迅速发展的工商业文化以实利主义为主要特征，以追求利润与财富的最大化为基本目的，这样便使衍生于劳动技术与工具革新的工具崇拜心理以及工具理性进一步泛化，结果导致整个社会日益轻视工匠的手艺、更加看重机器生产的偏颇趋向。这种情况无论是反映在艺术生产还是商品生产领域，都或多或少地影响到鉴赏的品位、作品的质量、审美的价值等等。因此在浪漫主义美学精神的感召下，在前拉斐尔画派艺术实践的影响下，一些文人雅士如罗斯金与莫里斯之流，把目光更多地投向以哥特式建筑为代表的中世纪艺术及其工艺，继而将其理想化为艺术与工艺的参照物，同时积极倡导新形势下的审美文化与人民艺术，期望以此来抵制庸俗粗鄙的富豪风尚，消解傲慢自得的狭隘岛气，确立典雅的艺术范式，引导社会的审美趣味，提高人民的鉴赏水平，创设健康的文明生活。① 其四，在整个 19 世纪的英国，尤其是在维多利亚时期，艺术与社会的关系颇为特殊。从主流上看，无论是出于粉饰美化的目的，还是出于批判揭露的动机，大部分艺术作品都肩负着一定的社会、政治与道德职能，或者说带有道德功利主义的色彩或道德说教的基调。这便引起一些艺术家与评论家的强烈反弹，因此当“为艺术而艺术”的艺术自治思潮从法兰西传入英伦三岛之后，很快在这里找到了合适的土壤，随之迅速生长、开花结果，使唯美主义思潮形成较大冲击。其五，科学进化论的建立与流布，不仅影响或改变了人们的传统知识系统与思想观念，而且也引发出新的研究方法并扩展了以往的学术视野。譬如，在美学研究领域，斯宾塞等人从心理—生理角度探讨人类审美的游戏机制，在适者生存论的基础上提出了精力节约原则。所有这些理论假设，对科学美学研究的不断深化无疑是一种促进。总之，上述

---

① Herbert Spencer, "Health and Art"; John Ruskin, "Traffic"; William Morris, "Art and the People"; in Robert Peters (ed), *Victorians on Literature and Art* (London: Peter Owen, Limited, 1964), pp. 200—203、203—220、279—290.

五个方面尽管会有以偏概全之嫌，但在我们看来，它们会同来自德国哲学美学与法国文艺思潮的一定影响，对于 19 世纪英国文艺美学的发展与演变具有相对重要的推动作用，而且也以不同的形式反映在这一时期英国美学的基本特点之中。

二　19 世纪法国的社会文化语境

在 19 世纪的法国，波旁王室复辟、七月王朝建立以及后来的二月革命等重大历史事件，均可以说是法国大革命的遗风流韵。而浪漫主义的艺术追求、自由精神的解放运动、唯美主义的反叛思潮、抨击假古典主义和重建法兰西文化艺术的热情等等，尽管其中掺杂着一定的德国因素，但大多是在英国工业革命及其文化艺术的促动下蔓延于整个法国的。

在整个 19 世纪，从法国社会文化语境的实际影响力来看，最具有历史意义的时期莫过于 19 世纪 30 年代。应当说，这是一段充满动荡、激情与变革的时期。从 1825 年到 1835 年这十年间，"从文艺的观点看，是最不同凡响、也最富饶多产的时期；而从政治的观点看，却是暗淡无光和名誉扫地的时期。这十年的焦点是七月革命，然而这次革命却是点缀在一片灰茫茫中的一斑孤零零的血痕"①。具体地说，这十年的前五年，也就是从 1825 年到 1830 年，是查理十世的统治时期，也是宗教的反动时期。该时期所经历的三届内阁——威雷尔、马蒂纳克和波里纳克，不仅标志着宗教上反动而专制的三个阶段，而且代表着政治上黑暗而无能的三个时期。其间，他们赋予耶稣教会派以无限的权力，恢复施行中世纪的严刑峻法，发布了限制出版自由的法令等等。这些不得人心的拙劣做法，引起了法国社会强烈的反响与抵制，最终在竞选与政变的权力游戏中，公众情感的巨澜夹杂着呼唤新

---

①　参阅勃兰兑斯《十九世纪文学主流》第五分册，李宗杰译，人民文学出版社 1997 年版，第 2 页。

政的呐喊，卷走了国王的宝座与波旁王朝，迎来了七月革命的胜利，成立了"三色旗的市民君主政体"，从而把代表金融贵族或大资产阶级利益的路易·菲利浦推上了法兰西国王的宝座。在其执政期间，菲利浦国王虽然身受七月革命的恩典，但由于自己谨小慎微，缺乏魄力，为了讲求与各国和睦相处而未能建立起一套坚定而庄严的外交政策，在镇压波兰起义与处理华沙投降等事件时显得软弱无力，结果使得法国一次次丧权辱国，使法兰西民族陷入空前沮丧和沉痛哀悼之中。曾几何时，世界列强之一的法国，在国际事务中的威望与影响日趋衰落，其政府在国内事务上也同样是威信扫地。这便让法国人再次怀念起拿破仑称雄欧洲、叱咤风云的英姿。

在这样的不利背景下，缺乏领袖魅力和治国才能的新国王更显得可怜兮兮，更不受国民戴敬。于是，他为了保住自己的王位，慌慌张张地投靠教会，卑躬屈节地想去求得教士的支持，结果使得宫廷与人民之间的鸿沟进一步扩大，消极的影响随之散布到社会生活的各个方面。诚如有的历史学家所描述的那样，权力的争夺与转换使不同阶层之间的敌意和憎恶不断加深，合法王朝派和上层资产阶级，政治家和艺术家，彼此之间都不再继续联合了。古老君主政权下的沙龙，纷纷关闭，高雅时髦社会的狂欢游乐和蒙昧自然也随之消逝。随着古老政府体制的消失，附丽其上的那种冠冕堂皇的温文尔雅和优美动人的轻佻儇薄也消失了。高尚贵妇的生机活泼的连珠妙语和妩媚迷人的大胆恣肆也烟消云散了。在为国王所宠幸的豪富银行家的团体里，那种英国式的体育运动和俱乐部之类的时髦玩意儿，庸俗不堪地沉溺于口腹之欲以及低级趣味的排场和奢侈，取代了上述一切优美的东西。[①] 与此同时，贵族反动文学所熏陶出来的伪善之风，现在也开始渗透到资产阶级里去了。在教会势力的驱使下，中世纪严刑峻法的恢复使得表面上的道德戒律更为严格了，但实际上则导致了道德的滑

---

① 勃兰兑斯：《十九世纪文学主流》，第6页。

坡和内在的危机。当时社会对于百万富翁的招摇撞骗宽大为怀，但对待一位在情感上误入歧途的妇女却百般挑剔，甚至到了置于死地而后快的地步。

　　不过，任何事情总有其两面性。这一时期的反动与压迫本身，必然激发起人们抵制的热情和渴望自由的呼声。尤其是在精神文化生活领域，那些规定文学情调和风格的高级社会团体，表面上以同情的方式去敷衍反动的政治势力，但实际上则竭力维系优秀的民族传统，承认各种各样的才能，关注文学艺术的发展，并在宗教问题上与道德领域里保持一种融洽无间的放纵与体贴入微的宽容，从而为该时期文学艺术的发展与繁荣提供了滋润而肥沃的土壤。于是，一场新的文化创作运动由此孕育而成，在有利条件的催发下，法国文学艺术摆脱束缚，起程飞跃了。历经多年的衰微和反动的压制，文学改革与艺术创新的热情一下子迸发出来，随之崛起了力图重铸法兰西文化辉煌历史的年轻一代。他们意气风发，满腔热诚，竭尽全力地从事那些久被忽视的高级精神活动。

　　现如今，特别是在1830年前后，德国与英国的浪漫主义思潮及其文学艺术，譬如歌德的《少年维特之烦恼》、拜伦的《海盗》与《莱拉》，司各特的历史小说以及莎士比亚的剧作等等外国作品译本，迎来了热情而贪婪的法国读者，在他们的心灵里引发了一场深刻的革命，不仅影响了法国的诗人与作家（如雨果、拉马丁和缪塞等人），而且也影响了法国的音乐家和画家（如贝尔里奥茨、阿莱维、杜拉克洛瓦和谢菲尔等人）。人们此时会联想到文艺复兴时期的精神创作活动，此时呼吸的空气也仿佛让他们感到心醉神迷，因为他们从中体验到了让其尽情发挥才能的气氛和感召力。要知道，在很长一段时期里，法国在精神思想上一直停滞不前，被蓬勃向上的邻邦德国和英国甩在了后边，这极大地刺伤了傲慢的高卢人的自尊心，使他们体会到一种从未有过的屈辱感。如今，他们终于摆脱了碍手碍脚的陈旧传统，先前的那种屈辱感在此时自发地转化为一种巨大推动力，更加增强了他们从事艺术创新的热情，于是一个个义无反顾地、大踏步地向前迈进了。

就在这一时期，法国盛开的文艺之花，影响了当时的文坛，带动了后来的发展，结出了丰硕的果实。譬如，1824年，杜拉克洛瓦展出了一幅缅怀拜伦的画卷《斯齐奥的屠杀》；1831年5月，他又展出了富有特殊意义的画卷《街垒上的自由》；1829年2月，奥贝尔上演了其轰动一时的歌剧《波尔齐的哑女》；1830年2月，雨果在法兰西剧院首演了他的歌剧《艾那尼》，震撼了整个法国社会，引起了巨大的波澜；1831年，大仲马的作品《安东尼》大获成功，声名鹊起。另外，批评家如圣佩韦和戈蒂耶，作曲家如贝尔里奥茨等所有巨匠，都同时登场亮相了。他们团结一心，热情地传播着艺术的福音，吸引和汇聚了一批批富有才华和雄心勃勃的青年人，都以类似的精神去思考文学艺术，并且以全部心血去浇灌文艺园地。这的确是一个人文荟萃、相互协作、百花齐放的年代。所有这些具有浪漫情怀的艺术家，如同一批亲如兄弟的同谋反叛者，在积极探索中追求独创的精神，在相互支持中成就各自的作品，在热情颂扬中传布思想的智慧。那个时期的文坛，洋溢着鼓舞人心的芬芳，而1830年所酝酿而成的这场盛大宴会，在19世纪里是"没有任何其他宴会可以和它媲美的"。[①]

可想而知，法国这一代年轻有为的艺术家，所释放出来的这股艺术创新热情与恢复文化自尊心的心理融合在一起，势必形成巨大的创造力和持续的思想惯性，在标新立异方面更希望有些作为，在赶超德国与英国两大邻邦方面更希望有所建树。因此，他们没有一味地追随现有的流派与风格，而是在当时社会文化语境中和科学技术发展中捕捉和把握新的契机，在继往开来的历史阶段引领着唯美主义的先河，开创出实证主义的方法，掀起了现实主义的平民化浪潮，尝试了自然主义的艺术实验，发展了印象派艺术的视觉美学，等等，并且为20世纪现代艺术的勃兴提供了相应的理论准备和技巧性的探索经验。

[①]　勃兰兑斯：《十九世纪文学主流》，第16页。

三　19 世纪英国美学的进展

总结 19 世纪英国美学的进展状况，除了需要审视上述社会文化背景以及相关条件之外，还涉及外来的影响与相关的思想来源。在外来影响方面，古希腊精神与中世纪艺术所产生的影响是显而易见的。所谓古希腊精神，主要是指真正的希腊文化、艺术、思想、政治与美的理想。拜伦、雪莱与济慈等浪漫主义诗人对希腊精神的热爱，形成了一条通过欧洲政治到达当代精神的桥梁，而古代文物的大量收藏与展示，进而从直观意义上强化了古希腊精神的魅力和影响力。中世纪艺术以及工匠的技艺，在罗斯金、莫里斯和前拉斐尔画派的积极推崇下，在温故知新的比较和借鉴中，理想化的因素在不同艺术类型的创构或实践中得到不同程度的表现，同时也对当时社会的审美趣味和审美文化产生了一定的影响。在思想来源方面，启蒙运动的个性解放思想，卢梭的自然主义思想，德国的古典美学思想，均通过不同的传播渠道（譬如柯勒律治质与康德与谢林美学思想）流布到英国，在一定程度上推动了浪漫主义诗歌创作及其诗学理论。来自法国的唯美主义思潮，经过佩特与王尔德等人的渲染与发展，在艺术创作和美学理论领域各有建树。但从总体上说，这一时期的英国美学显然有别于同一时期的德国美学。比较而言，前者具有如下几个主要特点：

（一）哲学美学体系的缺失

如果把美学划分为哲学美学、文艺美学与审美意识等构成要素的话，19 世纪英国美学不像同时期德国美学那样享有宏大的哲学美学体系，实际上也找不出像康德、黑格尔和谢林之类的哲学家，在创构各自思想体系的同时也建立了各自的哲学美学体系。尽管斯宾塞试图建立自己的哲学体系，并且在伦理学和心理学领域做出了骄人的成绩，但就哲学美学而言，还远远不能形成系统性的理论。罗斯金尽管著述颇丰，涉及范围甚广，其美学思想的影响力几乎贯穿整个维多利亚时期，但他本人是不关注体系的，更何况他的美学思想主要反映在美论、画论、文论以及其他艺术批评之中，所侧重的是艺术实践与艺术鉴赏，因此与一般意义上的哲学美学大异其趣。

不过，英国美学有其自身的独到之处，譬如在具体的艺术创作与艺术欣赏等方面，则是注重思辨与抽象理论的德国美学难以比拟的。诚如鲍桑葵所言，在英国并不像在德国那样，举凡合乎人性而美好的生活理想，在德国是通过教授和学者同古代文化与历史传统的联系，通过在大学占统治地位的哲学，得到普遍宣扬的。相反，这在英国则是由政治和社会改革家、抽象的怀疑派哲学家、诗人和文学家、艺术家和研究艺术和历史的专门学者，从各个方面予以详细阐明的。改革家首先考虑的是工业体系和公民权，诗人和哲学家首先考虑的是情绪和知识，艺术家则完全是为了自己的艺术而存在。在所有这些人身上，尽管人类的精神是一样的，但他们并未觉察到自身的同一性。因此，在英国，人们可以说是通过一种与众不同的事实性的归纳，进而将生活与艺术、内容与表现联系起来。人们对这种联系的领悟或许远远不是那么清楚，不是那么系统，但要比别的地方（如德国）更富有生气。因为在德国等地，人们是在许多哲学天才所共同从事的思想劳动的帮助下，在探讨了大量有条理的材料之后，才认识到生活与艺术、内容与表现之间的联系的。[①] 我们认为，上述说法是有一定道理的。在讲求实际与理智的英国，历史久远的经验主义与功利主义之所以大行其道，无疑有其文化传统、思维方式与认识途径等方面的原因。相应地，轻哲学思辨而重艺术实践的美学思想恐怕也无例外。

那么，这种生活与艺术、内容与表现之间的联系又有什么特殊之处呢？根据我们所了解的情况，这种联系不仅富有诗意，而

---

① Cf. Bernard Bosanquet, *A History of Aesthetic* (New York: Meridian Books, 1957), p. 447. 另参阅鲍桑葵《美学史》，商务印书馆1985年版，第570页。

且富有哲理，在英国人的思想意识中发挥着十分微妙的作用。翻阅布莱克、华兹华斯、柯勒律治与济慈等浪漫派诗人的诗作与诗论，人们很容易看到相关的表述。譬如，柯勒律治本人深信，一种真正的哲学体系——生活科学（the science of life），是诗歌用以教育人们的最好的东西。在柯勒律治的心目中，诗歌与哲学的相互作用已经被同化了，认为哲学家应该是够格的诗人，反之亦然。因此，他认为华兹华斯便是更富有伟大哲理诗人所有的那种天才。① 相应地，华兹华斯也巧借亚里士多德的观点进行大肆渲染：诗是一切文章中最富有哲学意味的。诗的目的是在真理，不是个别的和局部的真理，而是普遍的和有效的真理；这种真理不是以外在的证据作依靠，而是凭借热情深入人心……诗人和哲学家的知识都是愉快；但诗人的知识是我们的生存所必需的东西，是我们天然的不能分离的祖先遗产；而哲学家的知识是个人的个别的收获，我们只能慢慢地得到，并且不是以平素的直接的同情把我们与我们的同胞联系起来……诗人唱的歌全人类都跟他合唱，他在真理面前感觉高兴，仿佛真理是我们看得见的朋友，是我们时刻不离的旅伴……诗人"瞻视远古，远看未来"。② 所有这些描述诗歌特质的夸张言辞，从直观意义上或许不如布莱克的这几行诗句来得更为直接："在一颗沙粒中看到世界／在一朵野花中发现天堂／在你手心中把握着无限／在片刻光阴中蕴含着永恒。"③ 这种从有限中见出无限的诗性感悟方式，加上英国人习惯从浩瀚大海中体验崇高壮阔与自由精神的审美感悟方式，兴许就是审视上述那种特殊联系的有效途径。

---

① 参阅柯勒律治《未发表的书信集》与《漫谈》，转引自吉尔伯特与库恩《美学史》下卷，夏乾丰译，上海译文出版社 1989 年版，第 526—527 页。

·② 参阅华兹华斯《〈抒情歌谣集〉序言》，见刘若端编《十九世纪英国诗人论诗》，人民文学出版社 1984 年版，第 15—17 页。

③ 原文为："To see a World in a Grain of Sand／And a Heaven in a Wild Flower，／Hold Infinity in the palm of your hand／And Eternity in an hour. " Cf. William Blake, *Auguries of Innocence*, in J. Bronowski（ed），William Blake（Harmondsworth：Penguin Books，1958），p. 67。

（二）　实践过程中的文艺美学

在哲学美学领域，19 世纪的英国虽然没有可与同时期德国比肩量力的体系，但在文艺美学领域却取得了辉煌的成就。在承前启后的发展与流变过程中，浪漫主义的诗论，前拉斐尔画派（Pre-Raphaelitism）的画论，唯美主义的文论以及审美文化的理论等等，逐一凸显出文艺美学注重实践与经验总结的特点。像华兹华斯的《〈抒情歌谣集〉序言》，柯勒律治的《文学生涯》，雪莱的《为诗辩护》，卡莱尔的《英雄即诗人》，罗斯金的《近代画家》，阿诺德的《当代批评的功能》，莫里斯的《艺术与社会主义》，布拉德雷的《为诗而诗》，王尔德的《谎言的衰朽》和《批评家即艺术家》等名篇佳作，均是在多年艺术创作实践与艺术批评鉴赏的基础上撰写而成。它们在积极倡导真、善、美、个性、心灵、情感、想象、幻想、天才、独创、超越与自由等学说的同时，还针对诗歌与艺术的本质、职能、价值等问题提出了独特、深刻且具有一定说服力的美学思想与艺术创作经验，这一切无论对当时还是后世、本国还是外国的艺术创作，均产生过巨大而久远的影响。

如果我们对华兹华斯与罗斯金等人的主要学说稍加回顾的话，就能窥知这种在艺术实践过程中发展起来的文艺美学思想的可贵之处。我们知道，英国人对于自然的热爱是深沉的，对自然美的感悟是敏锐的，这与英伦三岛本身的优越自然环境和民族习性是密切相关的。在这方面，华兹华斯是最为杰出的代表。他所创作的那些抒情歌谣，总是以大自然为背景，凭借以大自然的真实来唤起读者共鸣的能力和借助想象的色彩变化来引人入胜的能力，表现出大自然的生命、精神与诗意，成功而有机地把形形色色的景致与深沉的情感和深邃的思想融合在一起，从而成为专门描绘英国自然风光的画师，甚至被罗斯金誉为他那个时期诗坛上的伟大风景画家。正是这位"画家"，基于自身诗歌创作的成功经验，撰写了《〈抒情歌谣集〉序言》这一代表浪漫主义诗学精粹的纲领性文本。其中，他对诗做了著名的界定："一切好诗都是强烈情感的自然流露……凡是有价值的诗，不论题材如何不同，都是由于作者具有非常的感受性，而且又沉思了很久。因为我们的思想改变着和指导着我们的情感的不断流注，我们的思想事实上是我们以往一切情感的代表；我们思考这些代表的相互关系，我们就发现什么是人们真正重要的东西，如果我们重复和继续这种动作，我们的情感就会和重要的题材联系起来。"[①] 显然，华兹华斯试图在情感与思想之间维系一种动态的平衡，一方面借助情感使观念具体化，另一方面通过沉思将情感强化和深刻化，而"自然的流露"则要求行云流水似的艺术表现手法和反映自然真实的观察入微能力。紧随着这一流布广泛的诗学理念，华兹华斯还根据自己的创作实践对写诗的能力进行了总结，他曾经罗列出如下五种能力，即：按照事物的本来面目准确地进行观察和描绘的能力，知觉范围广阔而敏锐的感受性，熟悉动作、意象、思想与情感之价值的沉思能力，有助于改变、创造和联想的想象与幻想能力，从观察所提供的材料来塑造人物的虚构能力。[②] 即使在今日看来，这种基于创作实践的经验总结，依然具有一定的借鉴价值。

深受华兹华斯和卡莱尔等人影响的罗斯金，日后成为"浪漫主义的核心人物"，或者说是一位"拥有实际纲领的、把艺术同人们的社会条件和道德状况密切联系在一起的浪漫主义者"。[③] 罗斯金不仅看到艺术的精神与审美功能，同时也发现了艺术的道德与经济意义。他认为艺术是民族美德的一种明显象征，因此把艺术同劳动者的生活、同社会上和政治上的善与恶联系在一起，在强调艺术中本能与情感的作用的同时，也强调艺术观

---

① 参阅华兹华斯《〈抒情歌谣集〉序言》，见刘若端编《十九世纪英国诗人论诗》，人民文学出版社 1984 年版，第 6 页。

② 参阅华兹华斯《〈抒情歌谣集〉一八一五年版序言》，同上书，第 36—37 页。

③ 参阅吉尔伯特与库恩《美学史》下卷，第 545—546 页。

察力的形而上学和宗教意味；在论述涉及无限、整体、静穆、对称与纯粹等特性的典型美的同时，也分析了基于生命表现的活力美；在揭示富有理性与秩序性或病态性与容易动情的两种知觉力的同时，也彰显了富有联想性、洞察性与凝思性等三种想象力。① 这种想象力理论，对艺术创作实践的指导意义是非同寻常的，与康德的想象力学说相比，不仅更为明晰、具体和深入，而且更具有可操作性或应用性，这无疑体现了当时英国的文艺美学思想注重实践的特性，只可惜他没有继续深入下去予以更为系统的阐述。

（三） 物极必反的唯美主义运动

唯美主义（aestheticism）尽管与浪漫主义有着很大的联系，但也有诸多不同之处。简单说来，唯美主义运动的影响力远不及浪漫主义和后来的现代主义，因为它具有过渡期的一般特征。吉尔伯特和库恩在《美学史》一书中把"唯美主义"定义为："为艺术而艺术的思潮——幻想破灭的浪漫主义。"把唯美主义视为浪漫主义的后续形态的一个美学事件，是因为两者都强调人的感性经验，反对艺术中的常规老套，积极探索想象力和人的感觉世界，注重开拓艺术形式的表现力。19世纪康德的《判断力的批判》一书，以严密的逻辑论证了艺术的独立性和美在于形式的观念，其中有关美的超功利性或无利害的思想，直接成为唯美派的批判武器。唯美主义艺术家把"纯粹美"视为艺术追求的唯一目的，不像积极的浪漫主义那样注重艺术的社会作用并直接参与社会变革，因此也更不可能走上关注现实生活与揭露社会弊病的现实主义道路。因为，他们对现实持着怀疑和抵触的态度，现实在他们看来是庸俗的。他们的见解和情趣很大程度上带有贵族的味道，绝非大众所需要或所能理解的那样。他们是资产阶级庸

---

① Cf. John Ruskin, *Modern Painters* (New York: John & Wiley Sons, 1885), Vol. 1—2.

俗和市侩的对头，自视甚高，桀骜不驯，特立独行，只依靠圈内人士相互汲取生命和艺术的热能。因此背后缺乏民众的支持。另外，这群艺术家的性情通常不够稳定，友谊常常犹如夏日的骤雨，来去匆匆。他们视快乐为庸俗之物，喜与忧郁和厌倦为伴，有时不免矫揉造作，缺乏深意。他们的美学主张和艺术创作，通常缺乏强有力的现实内容，历史局限性也十分明显，更何况自我放纵使他们中的一部分人背负恶名，遭受世人的种种非议。

唯美主义在英国如此兴盛，其原因大概有三个方面：一是英国文艺自 15 世纪以来就以基督教和道德伦理方面的题材为主，维多利亚时代愈演愈烈，清教徒的种种严厉的教规阻碍了文艺的发展，使文艺沦为美化君主制度、宗教、道德的工具。结果，呆板、傲慢、因循守旧反被奉为贵族气质。物极必反。到了 19 世纪下半叶，时风开始转变。1855 年，法国举办国际博览会，规模宏大，影响空前，伦敦和巴黎的交往增多，来来往往的人群将海峡对岸鼓吹的"为艺术而艺术"观念带到英国，很受年轻人的欢迎，产生了奇特的作用。二是 19 世纪中期以后，英国资产阶级工业革命迅猛发展，商业文化逐渐成为社会的主导精神，技术文明和城市发展是英国社会最为显著的发展标志。伦敦成为英国政治文化中心，大批移民涌向现代都市，各种各样的思潮和运动相继出现，冲击着旧的道德观念和艺术理念，构成世纪末喧嚣吵闹的文化景观，使保守势力也开始倾向于宽容。所以，唯美主义一经进入英国，便很快找到它适宜生长的土壤。三是英国的贵族阶级和中产阶级素有收藏的兴趣与财力，在英国，一幅画卖200 个金币是消费的惯例。稳定的收入使艺术家的生活有了保障，吸引不少才华横溢、观念前卫的艺术家定居伦敦，这在客观上也促进了唯美主义运动的发展。诸如此类的现象直到 20 世纪20 年代才开始式微。

英国的唯美主义运动自有其独特性。此前，英国的前拉斐尔派在诗歌和绘画领域开风气之先，表现出对形式、色彩和美的异乎寻常的热情。前拉斐尔派的一些成员与唯美主义中的主干成员来往频繁，互相影响。其理论上的支持者罗斯金的思想，也曾不同程度地影响了佩特和王尔德。不过，罗斯金主张艺术应服务于道德和社会的目的，与唯美派的某些基本观念相冲突，加之他与惠斯勒对簿公堂而失败，最后使他站在唯美主义运动的对立面。

影响英国唯美派的思想基础，除了法国的唯美主义思想之外，还有本土浪漫主义诗人柯勒律治和济慈等人，他们的诗歌和艺术观有明显的唯美倾向。此外，英国的丁尼生、阿诺德和美国的爱伦·坡的美学思想，德国的康德批判哲学和叔本华的唯意志论哲学，皆汇集成为英国唯美派的精神养料。

值得注意的是，英国唯美主义美学思潮具有反抗资产阶级虚伪的道德观念和工业文明所带来的商业文化、功利主义、反人道主义、反艺术倾向的性质。而英国人的性格除温文尔雅、含蓄内敛之外，还有其相对的一面。诚如纽曼所言：“英格兰的心智里有一种强盛、高尚的独立性，它拒绝人为因素的束缚，就像自然界壮美的事物。”[1] 在冷酷和功利的现实面前，艺术家不甘被世俗同化，喜好在远离现实的艺术世界里放逐自我，求得美的安慰。所以，英国的唯美派比起法国的唯美派更激进、更彻底，与保守的英国气质极不协调，最终使英国的唯美主义运动在公众的眼中变成颓废的代名词。但是，英国的唯美主义运动不全是负面的、消极的。除了它对艺术内部规律的深刻认识、振聋发聩的美学批评以及对 20 世纪现代主义各个流派的启发作用之外，其影响也从思想领域和狭义的艺术创作领域扩大到服饰、装饰、家具、纺织品、书籍设计、壁纸等工艺设计领域，使生活走向艺术化。可以说，英国的唯美主义运动对现代生活的影响力是十分广泛的，对现代艺术的启示也是十分巨大的。

（四）相对有别的群体与流派

爱默生曾言，在英国，每个人都是一座岛屿。仅从积极的角

---

① 陆建德：《破碎的思想体系的残漏》，北京大学出版社 2001 年版，第 49 页。

度去理解的话，这其中所隐含的意思是说，英国人大多具有相对独立的精神。因此，他们在思考问题、做出判断与表达意见等方面，通常倾向于保留个人所选择的话语形式，而不是随意地迎合或应和他者。这一点除了与其民族性格和生活习性相关之外，也与英国社会在传统意义上的宽容性或民主精神息息相关。比较而言，这种相对独立的精神在文人学者身上表现得更为显著，由此形成了思想与追求上相对有别的群体与流派。

　　譬如，在试图建构一种艺术理论的努力中，维多利亚时期的美学家、艺术家和批评家虽享有共同的目的，但却怀着各自的想法。他们所关注的问题、所采用的方式以及所提供的答案，均呈现出一定的差异性，我们据此可以将其分为四个群体。第一群体认为艺术应当表现人类普遍的情感与真理，所采用的方法是在热爱、观察和表现大自然的诗意的同时，从中探寻自由的精神、生活的本然和深刻的自我。这一群体以华兹华斯与柯勒律治等湖畔派诗人为主要代表，他们把人生的真谛与自然的真实放在同一架天平之上加以衡量，力图在观察的对象与奇特的想象之间保持一种平衡，擅长给人们习以为常的形体、事件和情景披上一层理想世界的色调或引人入胜的氛围。他们喜好从乡村生活中提取素材，但不是怀着一种优越感以居高临下的姿态去评品缺乏教养的乡民及其缺乏雅致的生活，而是认为在这种平静散淡的生活环境下，人类心灵的各种情感会找到适宜的土壤，会受到较少的限制或约束，会有利于自身的发展与成熟，而且也便于诗人采用比较简明的语言予以描述或再现。另外，他们还相信，在以自然风光为背景的乡村生活中，人类的各种基本情感会在更为淳朴的状态下共生共存，其精妙之处更容易袒露在阳光下，更容易进行比较精确的观察或获得更为直接的体验。更何况通过与自然的各种美景及其持久的形体经常进行接触，再加上乡间各种行业活动内在的必然性和不变性，一定能使一切情感变得持续耐久而坚强有力。① 第

---

　　① 　参阅勃兰兑斯《十九世纪文学主流》第四分册，第 70 页。

二群体则坚持认为批评与艺术的科学可以建立在数学方法与实际观察的基础之上，其主要人物包括撰写趣味几何图形的黑尔（David R. Hay）、前拉斐尔派画家与作家，布朗（Ford M. Brown）、亨特（William H. Hunt）、米莱斯（John E. Milais）、奥卡德（John Orchard）与夏普（William Sharp）等人。他们对文字绘画的生动而夸张的描述，对花草形状结构、各种色彩变化、天上流云、地上昆虫以及衣饰图案的精妙描绘，均反映出他们与地质学家和进化论者共有的热情，而且都试图给这种热情赋予精神性的意味。对这些彻底的写实主义者来说，过剩的生命活力意味着上帝所具有的那种奇妙的化育能力。因此，他们的审美基调带有说教的色彩，凭借文字的象征力量和直觉的感知方式，一方面对大自然进行细致入微的描写，另一方面寻求与超验整体性建立某种迷狂式的联系，同时还以铺张的笔调和巴洛克式的文字雕饰，参照前拉斐尔画派兄弟会的相关做法，描写赫赫的英雄人物，创制主题高尚的画作，表现具有先知或预见性的自然形体。第三群体是由佩特（Walter Pater）、王尔德（Oscar Wilde）、韦斯勒（James Whistler）与西蒙斯（Arthur Symons）等一些作家与画家组成，他们试图采用一种更富有直觉特征和情感色彩的印象主义方式，对彻底写实主义的那种做法进行反拨。为此，他们比较赞赏感觉细微但转瞬即逝的情调，个人人格的德性，微妙模糊的形象与声音，含蓄不清的理念或形式，富有感觉享受的氛围，等等。另外，他们认为艺术家与生俱来就会挑选和整合大自然的种种因素，而个体主义者的私人感受、独特价值以及怪僻的经历或体验等等，都会赋予艺术以真实的特性。在这方面，佩特甚至使用"隐私性"（intimité）来指称艺术创造者情绪以及理解方式中"内在而独有的"精神。总之，他们希望最好培育一种隐私性美学（private aesthetics），即一种不受任何扭曲成见之影响的美学。第四群体的声势最大，他们试图综合上述两个群体分别推崇的写实主义和印象主义方式，将其应用于同一件艺术作品或同一篇批评文章之中。该群体的代表人物有罗斯金、罗赛蒂（Dante G. Rossetti）和斯温伯恩（Algernon C. Swinburne）等人。譬如，在《论前拉斐尔画派》一文中，罗斯金对种种德性大加赞赏，而对过于忠实于细节描绘的做法提出警告。在《近代画家》的前两卷中，人们经常会看到细致入微的但又充满情感的文字绘画。罗赛蒂也喜欢在诗歌和绘画中表现某些精致的细节，但其许多艺术品都表现出个人的与神秘的情调，甚至连他那种富于装饰性描写的冲动也时常流露出一种情绪紧张而复杂的敏感性。类似的特质在斯温伯恩的诗歌中也随处可见。①

　　在浪漫主义诗人身上，相对独立的精神也表现得十分显著。在他们中间，尽管对自然的热爱强烈而真挚，对田园生活的向往持久不变，对自由的追求锲而不舍，但由于各自不同的个性与相对独立的精神，他们有的倾向于自然主义的浪漫主义（如华兹华斯与柯勒律治），有的倾向于历史的浪漫主义（如司各特），有的倾向于感觉主义的浪漫主义（如济慈），有的倾向于人道主义的浪漫主义（如兰多），也有的则倾向于激进的浪漫主义（如雪莱与拜伦）。譬如在对待自由的理解与态度方面，浪漫主义诗人虽然都认为自己是自由战士，但却有保守与激进之分。实际上，代表保守的湖畔派华兹华斯等人对自由的理解，主要局限于摆脱外国暴政的统治，颂扬的是一种实际存在的自由的总量而非自由本身，在根本上没有行动自由的思想，故而认为英国宪法本身就是自由的体现，赞美英国是模范而理想的自由国家，把英国实行的镇压不视为镇压，把英国君主立宪制度下施加的暴政不视为暴政。相反地，以雪莱和拜伦为代表的激进派诗人对自由的热爱与追求是一种神圣的疯狂，他们满怀革命的激情，赞颂的是真正的自由或自由行动本身，他们从不抱残守缺，在英国这块所谓的"自由"土地上，能够敏锐而强烈地感受一种可怕的、令人窒息的缺乏自由的气氛，这主要反映在人们对众所公认的教条的

---

① Cf. Robert Peters（ed），*Victorians on Literature and Art*（London：Peter Owen Limited，1961），pp. 1—3.

顾忌、对公众舆论的臣服以及庸人们恶言中伤现象的泛滥之中。因此，他们对任何阻碍行动自由的做法深恶痛绝，并且反对所有的镇压，反对所有的暴政，反对所有的君主，毫无保留地把被压迫民族的反抗看作争取自由的曙光，不折不扣地希望把世界从天主教会的统治下解放出来，希望世界摆脱一切各种形式的宗教僧侣的监护。只不过他们所信奉和热衷的自由观念，显得操之过急、流于空想或极端理想化了，因此在实际问题上经常难以切中要害。但是，与湖畔派那种谨小慎微而不逾矩的有限自由观相比，后世从激进派出于热爱自由而形成的偏激狂放之中，反倒获得了更多的艺术享受和教益。①

（五）　审美文化的理想追求

在启蒙运动的引领下，18 世纪的文化对中世纪所持的主要是一种否定性的批判态度。但到了 19 世纪，在浪漫主义思想的感召下，对中世纪开始进行重新的审视，赞颂与美化中世纪艺术的思潮悄然兴起。这里面涉及的原因颇多，工业革命所带来的机器时代的繁荣与机械生产的消极作用也是重要的因素之一。罗斯金就曾忧心忡忡地指出：机器时代的繁荣，源于对"利润女神"（Goddess of Getting-on）或"市场上的大不列颠联合王国"（Britannia of the Market）的顶礼膜拜。这不仅使许多人变成了奴隶，而且使国家变得丑陋起来。因为，随着代替手工劳动的机器的出现，所有人（特别是工匠与艺术家）的表现力、创造力、感情与力量，都因迎合其劳动产品的需要而衰退。另外，机器生产所导致的烟尘与污物，将会是明媚的大自然蒙上晦暗的色彩，将会破坏自然景观的天然之美，将会使那些与生俱来就拥有正确描写才能的人失去激发美感的必要食粮。

就哥特式的建筑而论，罗斯金基于自己多年悉心的研究，认为这种古建筑形式的粗野性表现了对自由的热衷，其多样性表现

----

①　参阅勃兰兑斯《十九世纪文学主流》第四分册，第 104 页。

了对新奇的钟情，其严峻性表现了力量，其丰富性表现了大度，其整体性表现了工匠的生命与神圣的精神。因为，这种建筑值得钦佩的地方就在于接受了智力低下者的劳动成果，从而使在此之前还是一个活工具或一架机器的人成为真正意义上的人。当他开始想象、思考和尝试去做值得一做的事情的时候，机械式的精确性马上就会被搁置在一边，其全部粗糙性、迟钝性与无能为力的情况就会出现，但其全部威严也会随之出现。当云团降临到这位工匠身上的时候，我们才明白他的威严是多么崇高。你不妨看看那些古来教堂的正面，看看那些丑陋的妖魔、畸形的怪物和不合乎解剖学的刻板呆滞的雕像吧，但不要嘲笑它们，因为它们是每一位雕刻匠的生命和自由的象征，其中包含着自由的思想和高度的生命力，而这一切是依靠任何法则、任何特许状或任何慈善都无法达到的。如此看来，尽管罗斯金低估了建筑技术的重要作用，尽管在表述方式上夸大了工匠的劳动价值，但却在很大程度上抓住了一个不容忽视的历史事实。这一事实在中世纪主要思想家奥古斯丁的《忏悔录》中可以找到相关的根源，那就是广义上制造优美物品的艺术家（当然包括工匠）受到神性之大美的陶冶，随之将自己心灵中滋生的爱美之情通过自己的劳作投射在对象之中。诚如奥古斯丁本人所说："艺术家得心应手所制造出美的物品，源自那种位于他们心灵之上的大美，这种大美正是我日夜渴望的至美（supreme Beauty）。举凡制造出美的物品并且喜爱美的外形的人们，恰恰是从这一至美中引申出他们用来判断物品之美的原则。"[①] 自不待言，这种"至美"是神性之美，是上帝的光辉之美，一切人性的美或制造与判断物品之美的原则，都无疑是从这种至美中流溢或引申出来的。

　　紧随罗斯金之后的便是其学生莫里斯。为了反对粗俗，为了抵消机器生产的呆板性，或者说为了恢复工匠的手艺和产品的艺

---

　　① Cf. Augustine, *Confessions*（trans. R. S. Pine-Coffin, Harmondsworth：Penguin Books, 1961），Book X. 34.

术质量以及生命内涵，莫里斯也有意跨越历史的隔膜，把中世纪的艺术及其制作过程理想化与诗意化了，认为中世纪较好地体现了艺术与生活的结合，手艺人的自由，劳动中的愉快或幸福，社会的友善和质朴，是平凡人在平凡的劳动过程中取得艺术成就的有利条件。当然，莫里斯并没有掩盖中世纪艺术的短处，认为那是该时期的压迫和残暴造成的。因此他断言：真正自由时代的艺术一定会超越那个残暴时代的艺术。只可惜，现如今的艺术却如此贫乏，如此残缺不全，即便像这样的艺术，也是过去遗留下来的，也是个别人努力奋斗、耗尽心力而得来的，其中充满着怀旧情绪和悲观主义。[①]另外，联系到英国当时的社会文化现状与富豪阶层的庸俗作风，莫里斯与斯宾塞等人极力倡导新的审美文化（aesthetic culture），而这种审美文化的目的主要在于发展人民艺术（people's art），在于提高整个社会大众的审美能力，在于改善人类生活的品质和创建美而雅的文化。

（六）心理学美学中的科学因素

达尔文的进化论作为文化人类学的一种理论突破，在人类思想界引发了一场深刻的革命。其中有关物种起源、物竞天择、适者生存与遗传本原等问题，均成为当时的热门话题，波及和影响到众多领域，这其中就包括美学领域，尤其是生理学—心理学美学领域。这种美学所包含的科学因素，主要是进化论思想开启的结果。

简单说来，达尔文在《论物种起源》与《人类的起源》等书中，主要是从遗传本原入手，通过对各种基本事实的探求与分析，最终认为美是性选择中的要素之一，假定美感并非是人类特有的东西。在他看来，当雄鸟在雌鸟面前炫耀自己的羽毛及其华丽的色彩时，我们绝不会怀疑雌鸟也会赞赏自己雄性伙伴的美。动物界的天然颜色之美，与人体上的那些人工装饰之美有着惊人的相似性。因此，达尔文通过多年的实地观测，最终再次确认了

---

① Cf. Robert Peters（ed），*Victorians on Literature and Art.*

德国科学家洪堡（Alexander Von Humboltd）早先所主张的下述原则：人类总是赞美甚至努力去夸大自然能够赋予它的任何一种特征。达尔文把人类与动物联系在一起的观点，使一些学者将艺术的起源与本能的表现联系在一起，并且断言：艺术植根于动物界中的一种本能的最高表现。斯宾塞进一步发展了这种思想倾向，而且还向其中灌注了一些新的成分。也就是说，他从生理学和社会学以及心理学相互渗透的角度去研究艺术问题，这其中也借用了德国思想家席勒的游戏说假设。斯宾塞基于适者生存的法则，认为我们人类身体的一切组成部分，譬如力量、智能、本能、嗜好与各种高尚的情感等等，均受必然性的支配，抑或有助于个人的保护，抑或有助于人类的生活。但是，艺术与游戏则属例外。这两种活动能给其运用的感官带来益处，有助于增强这些感官的力量。任何一位为了生存而从事繁重劳动而需要稍事休息的人，都可以根据各自精力充裕的具体情况来享受一下游戏的乐趣。因此，艺术的生成与欣赏，与从事这种游戏的活动有关。在此基础上，斯宾塞还提出了精力节约原则或经济原则。该原则假定，美学上的美是以最少量的辛劳和精力消耗来引得最大的刺激或快感。这种对游戏理论所做出的生理学解释，在一定程度上也涉及心理学的因素，尽管未能说清艺术的基本问题，但随后却促进了各式各样的实验美学研究。

　　总之，19 世纪英国美学思想是相互影响、多元发展的。上述基本特点，只能反映其大致情况。倘若具体到个人及其思想脉络或流派及其理论建树，那必然盘根错节、更为复杂。因此，这里只不过是化繁为简的概述罢了。

四　19 世纪法国美学的流变

　　历史地看，19 世纪法国美学尽管受到德国与英国的影响，但走的也是一条与众不同的道路。简而言之，德国浪漫派文艺思想最早主要通过史达尔夫人引入法国，德国古典哲学最早主要通过库辛传播到法国。相比之下，英国的浪漫主义文学及其美学思想，更多地是通过作家之间的交往、作品的翻译与剧院的演出，在法国年轻一代艺术家的推波助澜下，波及的范围更广，产生的影响更深。

宏观上，19世纪法国美学与英国的共同之处在于系统性哲学美学的缺失与实践文艺美学的发达。我们知道，当时的法国哲学与美学尽管也受到德国古典哲学与美学的浸染，出现了一些唯心主义的思想家，但他们除了比较自由地使用一些术语、依据德国的柏拉图主义精神构造美的定义或强调美的理想及其所包含的道德意义之外，并没有显著的创造性，自然也没有成熟的哲学美学体系。不过，"一阴一阳之谓道"。法国唯心主义哲学的确推动了其对手——法国实证主义思潮——的发展。当前者从唯灵论（spiritualism）和伦理学的角度反复思考美的本原、美的理想与灵魂力量的关系、艺术的社会条件、社会作用以及艺术家同社会环境的关系时，后者则以圣西门（Comte de Saint-Simon）与孔德（Auguste Comte）为代表，更多的是考虑如何实现现代社会与基督教的博爱和结合，艺术家如何在社会结构改革中发挥重要的作用，艺术作为一种工具如何把社会提高到较高的水平，或者说艺术在表现和反映各种实在的事实及其脉络过程中，如何为未来社会开辟一条有助于确立完善社会秩序的道路。另外，与英国情况不同的是，法国人没有那么多的优越感或自傲的岛气，他们一开始就认识到法国文化艺术的滞后现象，因此满怀文艺创新的热情和紧追猛赶的心理，在广采博纳、吸收外来养料的同时，大胆探索，独辟蹊径，把浪漫主义文学推向极致的同时，相继开创和发展了唯美主义、象征主义、现实主义、自然主义与印象派的艺术及其理论。如果要细加追究的话，我们初步认为这一时期的法国美学主要呈现出以下几个特点：

（一）不同阶段的不同焦点

在19世纪法国美学发展的三个主要阶段里，所关注的焦点是相对有别的。大体说来，第一阶段是世纪之初古典主义开始动摇与溃散、浪漫主义取而代之与蓬勃发展的时期。在德国和英国浪漫主义文艺思潮及其美学理论的影响下，提出"北方浪漫、南方古典"的史达尔夫人（Baronne de Staël-Holste），连同夏多布里昂（Vicomte de Chateaubriand）等人，试图摆脱过去的本国主义立场和打破古典主义的陈旧传统，从历史、风土、社会的角度来规定文艺作品的各种因素，从个性、情感、心灵、想象、虚构等方面来革新文艺创作活动，同时也试图从世界主义的视野来探索美的相对性。其后，在雨果、戈蒂耶、乔治桑、司汤达和德拉克洛瓦等艺术家那里，浪漫主义的时代精神与艺术实践达到了空前的高潮并取得辉煌的成果。第二阶段便是在德国唯心主义影响下的独断论时代，以库辛（Victor Cousin）、利维奎（Jean-Charles Lévêque）和拉莫奈（La Mennais）等人为代表的法国唯心主义思想家，通过他们的教学活动与著书立说，在19世纪前半期的法国美学界占有极大的统治地位。尽管其美学理论中掺杂着某些心理学与社会学的倾向，但其主导思想是独断的方式把美的理念与唯灵论的有关因素混为一谈。在对真善美的论述中，库辛把美分为现实美和理想美两种，认为现实美源于主观与对象的融合，主观方面是由普遍的绝对判断和个别的相对情感所构成，对象则是由一般要素与个别要素所构成；要达到理想美的境界，就必须从对象的各个碎片中逐渐抽出一般要素，以此形成典型与完善的结构与形象。严格说来，现实美基于物质的、知识的和道德的美，而理想美位于现实美之上，其极限是神性美或神本身，因为神就是真善美融合为一体的唯一的最高存在，真善美三者之不过是神的绝对存在的属性而已。艺术的目的就在于弄清和表现现实美与理想美之间的象征关系，在于如何利用物质的或感觉的诸多条件再生产出神性的事物或神性的美，因为只有这种美才是完善的、永恒的、绝对的、无限的。无疑，这种独断论美学理念，一方面与浪漫主义美学的指导思想相对立，另一方面也引起诸多的批判性反思，刺激了法国实证主义的发展。第三阶段是

1860 年以后美学理论在自然科学成就大力推动下的发展时期。该时期以丹纳为代表，在实证论与社会学方法的启示下，法国美学家将科学因素引入美学研究，逐渐显示出自己的特性，走上自己的道路。在圣佩韦（Charles A. de Sainte-Beuve）、孔德、蒲鲁东（Pierre J. Proudhon）、丹纳（Hippolyte A. Taine）与维隆（Eugène Véron）等人的合力打造下，借助当时欣欣向荣的艺术创作与艺术批评所提供的动力作用，使法国社会学美学界出了丰硕的成果。另外，在实证论与社会学方法的影响下，在科学技术进步的推动下，自然主义、现实主义与印象主义等不同艺术流派及其理论主张，也随之应运而生，形成了法国文坛百花齐放的景观。这一点我们将在下文中分别予以论述。

（二）浪漫主义的地方色彩

浪漫主义除了推崇个性、天才、想象、心灵、虚构、无限与美的多样性等艺术创作要素之外，还特别看重异国情调。所谓异国情调，一般具有异国他乡、远古时代、生疏风情与光怪陆离等特征。这些特征使法国浪漫主义者十分尊重所谓的"地方色彩"，十分向往遥远的国度与喜好历史的题材。为此，他们一度曾不遗余力地抨击法国的假古典主义，厌恶那种把所有时代和民族加以现代化和法国化的千篇一律的做法。他们为了真正理解和表现人类生活，力图把自己从自身的观念形态中解放出来，甚至不惜蔑视自己本国的优点，蔑视自己文学中清晰明净的特性，嘲笑拉辛与高乃依把人生割裂成破碎的片段，而是极力称赞莎士比亚和歌德，赞美司各特和拜伦。于是，在早先的文学题材方面，他们钟情于外国的传奇与远古的历史，譬如使雨果一举成名的戏剧《艾那尼》，就取材于西班牙，描写的是绿林豪杰，赞颂的是高傲的英雄主义荣誉准则与争取自由的反抗精神。这出戏剧在 1830 年 2 月的公演，在法国引起了一场为期百日的风暴。其间，倒彩声与欢呼声持续不断，敌对者与支持者互不相让。特别是那些受过优良教育的法国年轻人，他们的性格中沉潜着一条英雄气概和热情奔放的脉络，他们雄心勃勃，无所畏惧，愤世嫉俗，憧憬共和，仇视有权有势、俗不可耐的资产阶级，犹如剧中的主人翁艾那尼仇视查理五世的专横暴虐一样。这些年轻一代中的大多数人是艺术的崇拜者，他们用雷鸣般的掌声欢迎新兴的浪漫主义；他们高呼着"雨果万岁"的口号，从戏剧表演中汲取了自由独立和英勇奋斗的精神。几个月后，他们发动和参加了七月革命，并在此后较短的时间内为法兰西创造了世界一流的文学和艺术。

　　我们对法国浪漫主义开创之初所作的现象学描述，其真正目的是想说明尊重地方色彩与移花接木的艺术表现在法兰西国土上到底造就了什么。有的西方文学史家曾经指出：法国浪漫主义尽管和欧洲一般的浪漫主义有很多相同的要素，但在许多方面却是一种古典主义的现象，是法国的古典绚丽辞藻与豪言壮语的产物。[①] 按照我们的理解，这里所说的古典主义现象与法国的古典绚丽辞藻的产物，可以说是另一层意义上的地方色彩或地方化色彩。这种色彩在法国本土及其文化语境中深入演化的结果便是：在法国浪漫主义艺术家的心灵里，丰富的想象、洒脱的性情、真诚的意愿与飘逸的变化等因素相互化合，在同一部作品中将美与丑、真与假、善与恶、光明与黑暗、诚实与虚伪、近处与远方、今日与古代、现实存在与虚无缥缈结合在一起，合并了神和人、天使和恶魔、民间传说和深刻寓意，从而塑造了一个富有象征意味的伟大整体。如果要将其概括为一种理论的话，我们不妨称之为美丑合一原则。该项原则兴许是法国浪漫主义文艺美学思想的独特贡献，它最早在雨果的《〈克伦威尔〉序》中有过如此明确而精彩的表述：在新的诗歌中，崇高优美将表现灵魂经过基督教道德净化后的真实状态，而滑稽丑怪则将表现人类的兽性。第一种典型，在脱尽了不纯的杂质之后，将拥有一切魅力、风韵和美丽；第二种典型则将收揽一切可笑、畸形和丑陋。美只有一种典型；

[①] 参阅勃兰兑斯《十九世纪文学主流》第五分册，第26页。

丑却千变万化。因为，从情理上说，美不过是一种形式，一种表现在它最简单的关系中、在它最严整的对称中、在与我们的结构最为亲近的和谐中的一切形式。因此，它总是呈现给我们一个完全的但却和我们一样有限的整体。而我们称之为丑的东西则相反，它是我们所没有认识的那个庞然整体的一部分，它与整个万物协调和谐，而不是与人协调和谐。这就是为什么丑的东西经常不断地向我们呈现出崭新的，然而不完整的面貌的道理。举凡以真实为特点的诗歌和戏剧，其真实产生于上述这两种典型——崇高优美与滑稽丑怪——的非常自然的结合。这两种典型交织在戏剧中，就如同交织在生活中和造物中一样。因为，真正的诗歌、完整的诗歌，都是处于对立面的和谐统一之中。[①] 看来，这种美丑合一原则，是以真实而自然的方式，将美与丑这两种典型有机而和谐地统一在一起。在诸如《巴黎圣母院》、《悲惨世界》与《红与黑》等不朽作品中，这一原则均得到了生动而感人的再现。

值得注意的是，法国浪漫主义还表现出三个主要倾向，即真、善、美的倾向。这里所言的"真"，旨在努力忠实地再现过去历史的某一片段或现代生活中的某一侧面；这里所言的"善"，旨在努力倡导伟大的宗教革新观念或社会革新观念，代表艺术的伦理目的；这里所言的"美"，旨在努力探索形式的完美，该形式抑或被视为仪态万方或历历如画的表现，抑或被视为精确与和谐的音律，抑或被视为简明单纯而不朽的散文风格。总之，这三种主要倾向规定了这个生气蓬勃、才华横溢的浪漫主义流派的性质，正如用三条边来规定面积一样。其中的每一种倾向都产生了价值伟大而持久不衰的作品。[②]

（三）唯美主义的滥觞与余响

依据传统的观点，唯美主义发源于法国，以"为艺术而艺

---

① 参阅雨果《论文学》，柳鸣九译，上海译文出版社1980年版，第36—37页，第44—45页。

② 参阅勃兰兑斯《十九世纪文学主流》第五分册，第68—69页。

术"（l'art pour l'art）这一术语为主要标志。不过，这一术语的缘起，与康德哲学美学中关于艺术的纯粹美、纯形式和无功利性等学说有一定关系。国外学者伊根（Rose J. Egan）曾在《"为艺术而艺术"理论的由来》一文中表示，这一口号不是法国一批作家的首创，而是最早出现在德国的哲学与文艺批评之中，与"自律的艺术"这一概念相关联。新的考证结果进而表明，"为艺术而艺术"的说法最早见于法国学者贡斯当（Benjamin Constant de Rebeque）的笔录文字。此人与史达尔夫人在旅居德国期间，与当地一些名士、学者、诗人、思想家和批评家如席勒、歌德和施莱格尔等人时有交往，谈论的话题大多涉及美学与文艺问题。在 1804 年 2 月 10 日的日记里，贡斯当用法文写下了如下一段话：

> 席勒来访。在艺术中他是一个极其敏锐的人，完全是一个诗人。的确，德国人逃避现实的诗歌与我们的相比，从类型到深度都完全不同。我造访过罗宾逊，谢林的学生。他关于康德美学［研究］的论著有许多深刻的见解。为艺术而艺术，无目的性；因为任何目的都是对艺术的滥用。不过，艺术具有一种无目的的目的性。①

后来，专门研究国康德、谢林与费希特哲学的法国思想家库辛回国后，在介绍德国美学时于 1818 年也使用过"为艺术而艺术"这一短语，其用意在于强调艺术不是手段，其本身就是目的。艺术既不服务于宗教与道德，也不服务于快适感与实用性。可见，这一短语与德国古典美学，尤其是康德美学关系甚大。在某种意义上说，"为艺术而艺术"是在表述康德美学中相关学说时所采用的一种通俗而简略的方式，在传入法国后又经过波德莱尔和戈

---

① 参阅周小仪《唯美主义与消费文化》，北京大学出版社 2002 年版，第 28 页。

蒂耶等人的精心打造和刻意渲染，最终成为唯美主义运动的一面标志性的思想旗帜。

法国唯美主义是如何生成的呢？对于这个问题，相关的说法不少。有的认为它是幻想破灭的浪漫主义变种；有的认为它是历史环境的产物，是宗教确定性崩溃与科学方法兴起的产物；也有的认为它是 19 世纪宗教信仰衰落的结果……但无论怎么说，基于"为艺术而艺术"这一主导思想的唯美主义，隐含着诸多的要素，譬如一种人生观，对美的崇拜，对独创性的热衷，对新奇情绪的追捧，对艺术自律性的空想，对道德规范与宗教目的的超越，对艺术反映生活及其社会教育作用的否定，等等。总之，唯美主义者认为，在艺术中，而不是在生活本身中，美是一种至高而绝对的价值。生活已经不再隶属于美，但艺术却在生活中赢得自律性或自主权。艺术以其特有的价值为自身而存在，一旦变成美的东西，就算达到了自己的目的，而不再是服务于他者的手段了。然而，这种把艺术美绝对化的做法，有可能与实际生活和社会现实脱节，导致大众的冷漠反应，陷入孑然孤立、孤芳自赏、自我沉吟乃至消极颓废的境地。事实上，在波德莱尔之后，"为艺术而艺术"原先拒绝为专制政权服务的积极作用，随着其意识形态本性的柔顺化而逐渐消失。它所倡导的那种关于美的理念，并非就是形式上的古典主义理念。但它往往清除掉所有其他内容，只剩下适合这一关于美的教条的那些东西，而这些东西是异常空洞和累赘的。①

值得一提的是，唯美主义思潮跨越海峡进入英国之后，在王尔德与佩特的积极倡导下，将其理论进一步系统化了。20 世纪 30 年代，这场运动宣告结束，但"为艺术而艺术"的思想仍然是余波荡漾，在其他艺术流派中时有表现。另外，在新文化运动前后，"为艺术而艺术"的思想传入中国，于文艺界引起反响，

---

① 参阅阿多诺《美学理论》，王柯平译，四川人民出版社 1998 年版，第 405 页。

但也遭到"为人生而艺术"一派的反对和批评。在法国，继承唯美主义流风遗韵并试图将其加以深化的是象征主义。在波德莱尔的深刻影响下，马拉美（Stépnane Mallarmé）成为这一流派的主导者，随后也波及德国和英国等地。象征主义主要表现在抒情诗方面，提出过"纯粹诗"和"自由诗"之类的主张，在反抗现实主义和自然主义文艺思想的过程中，它主要呈现出两个基本特色：在把握对象上，倾向于借助理智化的感受性，在内心世界和表面世界的照应中发现独特的现实；在表现方法上，试图打破传统的模式，不用语义联系来描写明确规定的内容，而是以象征和暗示作为创作手段，运用声音形象的韵律和想象心象的感情效果来体现艺术家与对象相应和的情思意趣。有成就的象征主义诗人除马拉美之外，还有瓦莱利、里尔克、叶芝和艾略特等，其代表作品有艾略特的《荒原》等。

（四）实证主义的连锁效应

实证论或实证主义（positivism）由孔德首倡，是针对唯心主义提出的理论主张，认为哲学不应以抽象推理为依据，而应以"实证的"、"确实的""事实"为依据；认为人类只能认识事物的现象，而不能认识其本质，故此否定客观世界和客观规律的可知性，摒弃形而上学的臆测与玄想。孔德还是社会学的创始人。他于1839年提出社会学的名称，随之在《实证哲学讲义》里对社会学进行了系统化的尝试，因此，人们早先习惯于将实证论与社会学方法相提并论。孔德依据实证主义哲学观点研究社会现象，将社会学分为社会静力学和社会动力学，前者旨在说明社会内部的和谐状态，后者旨在说明社会历史的发展。这实际上就是从秩序与进步两个基本概念出发，通过社会学研究来为社会寻求安定发展以及社会与个人的和谐局面，因此孔德主张阶级调和，积极倡导利他主义的伦理观，试图为法国革命的市民社会提供一种有效的社会安定理论。

在美学方面，实证主义认为艺术具有两重性：其一，艺术是事实或各种事实的脉络。艺术同人类的其他技能一样，其研究不仅需要采用科学的方法，而且离不开具体的社会状况或时代环境。其二，艺术是帮助确立完善的社会秩序的一种手段。艺术家有责任用人类的伟大思想来来鼓舞自己，有必要为实现上述理想贡献自己的力量。艺术家从事创作活动的心理机能，是智力机能与道德机能之间的一种媒介，可通过自己的作品来训练人们对媒介物的敏感性，来影响人们的智力状态与道德状态。孔德断言，人的审美能力是不断发展、不断进步的，甚至还预言，未来的艺术将充满真正的人性和无比的完美，以至使古代的艺术黯然失色。这似乎是受圣西门主义的感染，带有明显的理想主义空想色彩。

　　孔德本人在美学领域的建树尽管平平，但却影响了一连串法国美学家，后者在实证主义美学研究方面走得更远，成就更大。这其中的代表人物就包括维隆、丹纳与居约。维隆根据自然科学的方法研究审美快感，认为这种快感是根植于人的生理结构的自然需要；他所提出的艺术表现说，强调情感是艺术生产的决定性要素；他在研究雕塑、绘画与建筑这三种艺术的起源方面，始终重视社会因素在艺术发展演变中的作用。丹纳坚信艺术作为一种事实，必然与其他事实联系在一起，而且受到这些事实的制约。因此，他坚持从环境、时代与种族这三个社会性因素出发，来探讨艺术生成与发展的基本特征。他甚至断言，要了解一件艺术品、一位艺术家或一群艺术家，就必须清楚地了解他们所属的那个时代的社会方面与精神方面的一般情况，也就是他们所处的社会历史文化环境以及自然生态环境。因为在这里面，可以找到最终说明艺术真谛的钥匙，找到决定艺术品的基本原因，找到形成艺术之时代特性的最终根源。居约是艺术社会学的积极推动者，主张为人生而艺术。在美感研究方面，既强调审美的社会性因素，也突出主体意识在审美过程中的作用，同时还认为功利之美或美的功利性属于社会性范畴。她所提出的艺术审美的"社会同情说"，不仅是受实证论美学思想的影响，也是受斯宾塞美学理论的启发。

除了上述情况之外，实证主义美学的连锁效应还体现在法国自然主义（naturalisme）艺术理念之中。这一流派以左拉（E-mile Zola）为代表，他们喜欢描写下层民众的生活现状，致力于揭露人生的丑恶与兽性。在主导思想上，他们企图使艺术成为自然的忠实模仿，主张以科学的方式来观察外在的现实，因此注重资料的调查与搜集，排除作者的主观态度，甚至不惜牺牲艺术效果而坚持采用广泛的社会视野来精密入微地分析相关事件，结果使艺术创作类似于实验室试验活动，使艺术家几乎变成了开辟知识新路之科学的先驱者。左拉本人就曾说过，小说家如同学者一样，可在一种预先设想好的或假定好的思路指导下从事创作，并把从这种假定中衍生出来的各种法则运用于所选择的情况之中。正如实验室工人一样，艺术家要确定他开始工作的条件和起点。这显然表露出实证主义科学方法对自然主义所产生的直接或间接的影响。

（五）走向平民化的艺术实践

在孔德实证主义的影响下，法国还出现了与理想主义和浪漫主义相对立的现实主义或写实派（réalisme）文艺思潮。这一思潮随之波及英国和德国，在 1850 年到 1880 年之间处于全盛时期。现实主义在文学界的代表人物有法国作家巴尔扎克（Honoré de Balzac）、福楼拜（Gustave Flaubert）与龚古尔（Edmond de Goncourt），英国作家萨克雷（William Thackeray）与狄更斯（Charles Dickens）以及德国作家黑贝尔（Christian F. Hebbel）与路德维希（Otto Ludwig）等。这个时期的小说可以说是进入了空前的黄金时期，其主要艺术特点是创作技法上的革新。具体说来，写实派摒弃了以往夸张的传奇或空想方式，强调客观地把握和表现现实，取材广泛且联系社会生活实际，突出人物描写或塑造中的个性表征，主张在冷静观察、评价和如实描写的基础上，深入剖析人物性格和社会环境的相互关系，以便揭示导致各种社会弊病与罪恶的社会根源。

在绘画与雕塑艺术领域，写实派艺术家也是硕果累累，其走向平民化的艺术实践，在当时产生了巨大的社会影响。这方面的代表人物有库尔贝（Gustav Courbet）、米勒（Jean F. Millet）与杜米埃（Honoré Daumir）等著名艺术家。他们的指导思想是"如实地正视和描写现实"，"研究隐藏在自然背后的东西"；他们的共同目的是打破贵族式的装腔作势，创构一种新的绘画美学语言，根据社会条件的变化为美这个抽象的术语附加上具体的含义。从他们各自的一些代表作品来看，譬如库尔贝的《碎石工》和《筛谷的妇女》，米勒的《拾穗》、《播种》、《晚钟》与《牧羊女》，杜米埃的《三等车厢》、《洗衣妇》与《街垒中的家庭》等等，均以普通人民的生活为题材，热情地描绘劳动者的纯朴性格，其人物造型善于抓住典型特征，笔触结实而有力，线条遒劲而凝重，画风质朴且富有抒情色调，对整个欧洲的现实主义绘画产生了积极而深远的影响。我们从中不难看出，这些艺术家用自己的语言代替了社会学家的语言，试图通过自己的绘画来揭露社会的不公，为劳动人民的困境鸣不平，充当自己时代的代言人，特意凸显艺术中的平民化倾向。诚如当时的艺术评论家所描述的那样，这些画家"将成为我们时代的人，他们穿着我们的衣服，运用着我们的思想，过着同我们一样的生活。画家把社会和客观环境赋予他们的那些情感，体现在各种艺术形象中，我们将通过这些形象来认识自己和自己的环境"①。库尔贝本人也十分看重这一点，他在选材方面不拘一格，允许各种题材进入他的画作，在一定程度上为的是享有平民的画笔这一殊荣。

（六） 光色技术与新的视觉审美观

前文所述，在法国浪漫主义兴起之初，年轻的一代艺术家意气风发，雄心勃勃，立志创构法兰西新文艺，改变其文化滞后的

---

① 参阅吉尔伯特与库恩《美学史》下卷，第 631—632 页。

被动局面。在十余年里，他们广采博纳，传承转换，不仅创造了当时的辉煌，将法国浪漫主义文学艺术发展到极致，而且以其求索创新的精神影响了一代又一代的后起之秀。与他们的前辈相比，这些后起之秀更醉心于独辟蹊径，破旧立新，引领风气之先。结果，在 19 世纪下半叶，他们相继开创了自然主义、现实主义与印象主义等诸多新的流派，使法国又走到了欧洲其他国家的前面，使巴黎又成为世界文化艺术的中心。

继自然主义与现实主义之后出现的印象主义或印象派（impressionisme）艺术，于 19 世纪 60 年代初露头角，历经几番波折，到 19 世纪 90 年代才得到积极的评价，其主要代表人物包括莫奈（Claude Monet）、雷诺阿（Pierre Renoir）、毕沙罗（Camille Pissarro）、西斯莱（Alfred Sisley）、德加（Edgar Degas）、塞尚以及被英国批评家弗莱称之为后印象派画家的凡·高与高更等。简单说来，早期的印象派画家主要是受当时艺术家和科学家的色彩理论与光学研究成果的启发，一反过去学院派保守的艺术思想和表现手法，毅然从画室走向户外，喜欢在野外阳光下直接描绘外物，因此被称为外光派。在技法方面，他们把自然看作色彩现象，主张根据太阳光谱所呈现的赤橙黄绿青蓝紫等七种色相，力求在瞬间移动的光色变化中表现对象的整体感和特定氛围；在用色方面，他们否定物体对象的固有颜色，避免在调色板上混色，尝试通过具有补色关系的原色的点描，来提高颜色纯度与光色效果。实际上，印象派艺术的出现与发展，促生了一种新的视觉审美观念或视觉审美意识，它引领人们在看似模糊朦胧的形象身上观赏光色的跳动韵律，在厚涂与堆积的色块中审视光色的微妙变化，在画家反复描绘的同一个物体（如草垛）上品味光影交替的自然美景。无疑，印象派艺术家对绘画方式与用色技法的革新，是充分发挥光色原理的科学性的结果，对加强和解放艺术的表现力具有划时代的推动作用。印象派的影响一直持续到 20 世纪初期，从正反两个方面催生了野兽派（fauvisme）与表现派（expressionnisme）艺术的相继问世，其后还促进了形形色色的现代艺术的产生与演变。

　　总体而论，19 世纪的英国与法国美学，基本上是以浪漫主义为先导，随后出现了种种新的探索与不同的流派。与注重基础原理和哲学思辨的德国美学相比，英国与法国美学更注重于艺术创作实践与艺术鉴赏活动。但在英法之间，宏观上也有一定分别，前者似乎更关注艺术的审美趣味，而后者似乎更关注艺术的社会影响。不过，正是由于这些差异，我们才有可能领略到如此多样的文艺美学思想以及不同风格的优秀艺术作品。

第十一章　英国浪漫主义美学

　　勃兴于 18 世纪末期的浪漫主义，原本是对新旧古典主义和理性主义的一种反拨或反叛。在文学艺术领域，浪漫主义在抵制秩序、平静、和谐、均衡与理性等观念的同时，积极倡导个性、主体、非理性、想象、自发、情感、幻象和超越等思想。浪漫主义的源头可上溯到卢梭的自然主义。历史上，卢梭通常被尊为"浪漫主义之父"，他所宣扬的"返回自然"以及"自然存在"等思想，加深了浪漫主义对自然美的欣赏，对情感超越理性的热衷，对天才和艺术创造的追慕。

　　在英国文学界，浪漫主义发轫于 18 世纪 90 年代，以华兹华斯和柯勒律治所发表的《抒情歌谣集》为重要标志，该书的"序言"被视为英国浪漫主义的宣言。早期浪漫主义代表诗人中也包括威廉·布莱克（William Blake，1757—1827）等人。从 1805 年到 19 世纪 30 年代，随着浪漫主义进入第二阶段，文化民粹主义应运而生，民间歌谣、传奇故事以及相关的民俗风情成为文学描述的主要内容，其代表人物有司各特、济慈、拜伦和雪莱等作家。19 世纪 20 年代，浪漫主义几乎波及整个欧洲，受其文艺思潮影响的作家颇多，其中比较著名的有英国的勃朗蒂姊妹，法国的雨果、司汤达和大仲马，俄国的普希金和莱蒙托夫，意大利的曼佐尼和列奥帕蒂，波兰的米基维茨等。有关英国浪漫主义的文学与美学主张，主要见诸于柯勒律治、华兹华斯、济慈、拜伦和雪莱等人的诗学与文论之中。

第一节　柯勒律治与康德美学

柯勒律治（Samuel Taylor Coleridge，1772—1834）是英国浪漫主义诗人与批评家，其诗歌想象奇特、情节怪诞，具有浓厚的超自然色彩，代表作有《忽必烈汗》与《古舟子咏》等。在英国美学史上，柯勒律治集诗人的天赋与哲学家的洞察力于一身，对康德美学做出了自己的解释，所涉及的其他领域包括政治、伦理、神学、诗学乃至自然科学等。

一　情感因素

无论是作为一位诗人、批评家，还是作为一位哲学家，柯勒律治毕生专注和追求的始终关涉人与自然的"真正知识"和现实生活的真正意义。在这方面，康德哲学中的认识论对他影响甚巨。其实，在真正接触康德哲学之前，他就发现自己无法接受当时盛行的所谓机械论哲学（mechanical philosophy）。他曾在1796年给朋友的一封信中这样写道：

> 牛顿是一个纯粹的唯物主义者。在他的理论体系中，人的意识总是被动的，就像一个外在世界面前的懒惰的旁观者。如果意识不是被动的，如果它真的是依照上帝的形象创造出来的，或者说，在崇高的意义上，它是以"创造者的形象"存在的，那么，我们就有足够的理由怀疑，任何以意识的被动性为基础的理论体系都是错误的。①

显然，柯勒律治无法接受机械唯物主义哲学关于人类意识的观点。他认为，人的认识能力不可能是完全被动的，人对世界的认识不

---

① Cf. Samuel Taylor Coleridge. *Biographia Literaria*（edited by J. Shawcross；Oxford：Oxford University Press，1979），p. xxx.

可能只是对外在世界的被动反映。另一方面，作为人类认识对象的世界，也不应当是各种无生命的客观现象的机械组合。在这一前提下，柯勒律治在康德关于人类认识能力的分析中找到了共鸣，同时他又以自己诗人的特质对这一理论做了富有启发性的阐释。

根据康德对人的认识能力的论述，感性是认识的初始阶段。在这一阶段，人的感官接受客观对象的刺激，并在头脑中形成印象。知性是依据固有的范畴，对感性获得的材料进行综合判断的能力。这种认识能力按照因果律在自然科学领域发挥作用。自然科学中各种知识的获取就是知性能力发挥作用的结果。柯勒律治认为，如果仅以知性能力认识世界，必然导致一种机械唯物主义的世界观。在这种世界观中，客观世界对人而言仅仅是各种现象的综合，作为认识主体的人与作为认识对象的外部世界之间的主客体关系是绝对的。换言之，人从客观世界中被绝然地分离出来，世界似乎成为冷冰冰的各种现象的组合，而人对现实世界的认识仅仅囿于功利主义（utilitarianism）的活动。柯勒律治比较看重康德哲学中的实践理性，认为这种至上的认识能力旨在获得永恒与绝对的知识或精神性真理（spiritual truth），而这种知识是和道德（或善）密切联系的。不过，柯勒律治并不完全赞同康德在《实践理性批判》中关于道德律令的说法。康德认为，道德律令赋予理性追求善的使命或责任。对于富有诗人情感的柯勒律治而言，这一点是难以接受的。他就此指出：

> 我拒绝接受康德这种禁欲式的原则，因为它是不符合实际的、不自然的，甚至是不道德的。在《实践理性批判》中，康德无视情感对道德的重要影响。他似乎要使我们相信，与一个热情与良知相辅相成的人相比，那个对德行毫无爱慕之情、仅仅因为责任感而行为良善的人更值得我们尊敬。①

①　Cf. Giceseppe Micheli and Rene Wellek. *The Early Reception of Kant's Thought in England* 1793—1805 *and Immanuel Kant in England*, 1793—1838 (London：Routledge/Thommes Press，1993)，p. 90.

显然，柯勒律治认为，在理性对心灵真理（或善）的追求中，感情是一种不可或缺的重要因素。换言之，对真理的洞察必须依赖于主观的意志和情感。柯勒律治把这种意志与情感解释为爱和对上帝的信仰。

柯勒律治以自己特有的诗人气质与哲学洞察力对康德哲学的认识论做出了新的阐释。他对理性与情感的各自功能进行了富有启发性的阐发，这一方面得益于他对康德哲学的理解，另一方面又是他不懈追求真理的结果。同时，这种阐发又为他对艺术问题的思考奠定了一定的理论基础。

二　想象力与幻想

柯勒律治关于想象力的理论是其美学思想中最受关注、最具影响力的部分。其相关论述散见于他的许多作品与信件中，这无疑增加了后人系统研究这一理论的难度。比较而言，他在《文学传记》第十三章对想象力的描述，具有相当的概括性：

> 我把想象力（imagination）分作第一性的和第二性的两种。第一性的想象力是一切人类知觉的活功能和原动力，是无限我在（the infinite I AM）中的永恒创造活动在有限心灵里的重演。第二性的想象力是第一性的想象力的回声，它和自觉意志（the conscious will）并存，其功用和第一性的想象力的功用在性质上相同，但程度和起作用的方式有异，不仅熔化、分解和分散，而且重新创造。如果这一点办不到，它还是不顾一切，致力于观念化（理想化）和统一化的追求。从根本上说，这种想象力是有活力的，尽管所有事物（作为对象而论）都是凝固的或死气沉沉的。
>
> 幻想（fancy）却相反。幻想只是搬弄些死的、固定的东西。幻想其实无非就是从时间和空间的秩序里解放出来的一种记忆。幻想和选择交织在一起并受其修饰，而所谓选

择，就是意志在实践里的表现。不过幻想和普通的记忆一样，其素材只能是依据联想的规律所产生的现成材料。①

柯勒律治对想象力和幻想的界定，与其对人类认识能力和绝对真理等哲学问题的思考是分不开的。在他看来，人类在获取关于世界的"真正知识"的过程中，想象力发挥着非常关键的作用。在写给布拉班特博士（Dr Brabant）的一封信中，柯勒律治曾提到自己有意在《文学传记》中加入一段关于想象力的文字，其中涉及"与机械论哲学相对的动力论哲学（dynamic philosophy）的基石"。② 想象力在认识活动中发挥作用的观点，意味着一种认识世界的新的态度。人对客观世界的认识活动，不再仅仅是感官对外界刺激的被动接受；与此同时，客观世界也不再是分离于认识主体之外的各种"死的、固定的东西"的组合。想象力赋予客观世界某种活力与生命，人认识客观世界的过程同时也是他在"有限心灵"里认识和体悟"无限我在"的过程。在这一点上，我们同样可以发现康德美学中的想象力理论对柯勒律治的影响。

柯勒律治把康德所谓的"再生产的想象力"称为"幻想"。这种"幻想"的对象只是些"死的、固定的东西"，所依据的是联想律，至多是"从时间和空间秩序里解脱出来的一种记忆"。作为诗人，柯勒律治赋予"审美想象力"更为重要的意义。康德认为这种想象力是"从实际自然提供的材料中创造出一个第二自然的能力"，③ 柯勒律治则更进一步，坚信"第一自然"与

---

① Cf. Samuel Taylor Coleridge. *Biographia Literaria* (London：J. M. Dent Co；New York：E. p. Dutton Co，1906），p. 76；译文参照中国社会科学院外国文学研究所（编）《外国理论家作家论形象思维》（北京：中国社会科学出版社 1979 年版），第42—43 页。

② Cf. Samuel Taylor Coleridge. *Biographia Literaria* (edited by J. Shawcross；Oxford：Oxford University Press，1979），p. lvi. .

③ Cf. Robert Maynard Hutchins（ed）. *Great Books of the Western Thinkers*，vol. 42（London et al：Encyclopedia Britannica，INC，1952）；I. Knat. *The Critique of Jdugement*（Trans. James Creed Meredith），p. 528.

"第二自然"必然统一于"终极实在"（the ultimate reality）。因此，作为认识能力的想象力在他这里获得了更为深刻的含义，被视为一种在"有限心灵"中体悟"无限我在"的能力，一种在客观世界中实现主体自我认识的能力，一种洞察"终极实在"并把主客体统一于此的能力。

想象力的功能不止于此，它还有"重新创造"的能力。举凡享有"第二性的想象力"的天才诗人（也只有他拥有这一禀赋），不仅能够洞察人与自然内在的统一，世间万象背后隐藏的"终极实在"与"绝对真理"，还能把他所洞察的东西通过外在或客观的形式表达出来。正因如此，在所有揭示真理的形式中，艺术占据至高无上的位置。

三 美与美的艺术

柯勒律治在很大程度上接受了康德美学对审美与美的界定。在美学论文集《关于天才批评的原则》（On the Principles of Genial Criticism）中，他对美的分析很大一部分是对康德美学四个契机的阐述。例如，他对美与快适，美与善所做的区分，与康德美学的相关理论是基本一致的。值得关注的是，柯勒律治在康德美学的理论框架下，凭借自己的创作经验和深刻洞察力，丰富和发展了这一理论。

譬如，经过细致的分析，柯勒律治断言，"关于美，最保险、同时也是最古老的定义，就是毕达哥拉斯的'多样的统一'（the reduction of many to one）。"① 对此，他作了如下解释："美感存在于对各部分之间关系，以及部分与整体之间关系的瞬间直觉。这种直觉激起一种直接的、绝对的满足，这里没有任何官能的或智力的利益介入。"换言之，美感源于对各部分之间、部分与整体之间和谐关系的直觉。

---

① Cf. Samuel Taylor Coleridge. *Biographia Literaria* (edited by J. Shawcross; Oxford: Oxford University Press, 1979), p. 238.

　　上面的定义侧重美的形式，而柯勒律治更关注美的意义或功能。他就此指出："美也是精神的，是表达真理的简约的象形文字——是联系真理与情感、头脑与心灵的媒介。美感是未言明的知识——是圣灵（the Spirit）与自然之精神之间无言的交流，这里并非没有意识的参与，只是没有意识的明显表露而已。"① 他认为美是真理的象征，这里的真理当然是指惟有理性才能把握的"绝对真理"。显然，这一论断与康德所谓"美是道德的象征"基本类似，表达了相近的意思。此外，美对真理的表达既有"意识的参与"，又无"意识的明显表露"，这或许是指一种"无目的的合目的性"。对自然美的欣赏是如此，艺术家对美（或美的艺术）的创作也是如此。

　　在艺术问题上，柯勒律治也受到康德的直接影响，或者说他的艺术论是后者艺术论的延伸和应用。我们知道，康德是从三个方面来界定艺术的。第一，艺术不同于自然，属于"人工产品"。这意味着"制作"艺术过程有主体意志的参与，是有目的、有意图的活动。在柯勒律治对"第二性的想象力"所做的阐述中，我们可以发现有类似观点——作为艺术创作能力的"第二性的想象力"，是与"有意识的意志并存"的。第二，艺术不同于科学。首先，作为艺术之目的的真理，是惟有理性才可以把握的"绝对真理"，而作为科学（狭义的科学，即自然科学）之目的的真理，是关于自然诸现象的知识；其次，艺术的"技能"包含后天无法学到的天赋成分，即天才，而科学知识是可以传播和学习的。也正是在这种意义上，柯勒律治断言，天才的想象力，即"第二性的想象力"只属于少数幸运者。第三，艺术不同于手工艺。艺术是"自由的游戏"，其目的是愉快的感受，而手工艺以赚钱为目的，是不自由的活动。

　　总的说来，柯勒律治还接受了康德对美的艺术的基本界定，

---

　　① Cf. John H. Muirhead. *Coleridge as Philosopher*（Bristol：Thoemmes Press，1992），p. 195.

同时也认为艺术具有重要的社会功能。对他而言，以快感为直接目的的艺术，是人类认识"终极实在"与绝对真理的最高形式，这与他对美的思考是一致的。在《论诗和艺术》中，柯勒律治对艺术如何实现这一功能做了细致的论述。他指出，"艺术是一种使自然人性化的能力，能把人的思想与情感注入所关注的每一件事物之中。在艺术中，色彩、声音、形状与动作等诸多要素被统一起来，共同表达一种道德观念"。① 这里所谓的"道德观念"与"绝对真理"和"终极现实"含义相近。

四　模仿与象征

为了深入理解柯勒律治对艺术功能的阐述，我们有必要考察他所说的模仿与象征等相关概念。在柯勒律治那里，模仿与复制相对，象征与寓言相对。理解了这两对概念，就会进一步理解艺术的构成及其功能等特征。

在模仿与复制问题上，柯勒律治继承了西方文艺理论中"艺术模仿自然"的传统说法。他断言，"我们必须模仿自然！这一点不容置疑。但是我们模仿的自然是什么呢？一切吗？绝不是。我们模仿的是自然中的美"②。这里的"美"不仅是指自然山水等外在美景，而且是指"精神的"的内涵，是指"表达真理的简约的象形文字"。柯勒律治的另一种表述是，模仿的对象是"万物的创造"（the natura naturans），而复制的对象只能是"被创造的万物"（the natura naturata）。前者是动态的，生机勃勃的，而后者则是机械的、无生机的自然现象。

关于象征与寓言的问题，柯勒律治有过明确的区分：

> 寓言不过是把抽象的概念转化为形象的表述，而后者也仅仅是对感觉对象的一种抽象而已……相反，象征意味着特

---

① Cf. Samuel Taylor Coleridge. *Biographia Literaria* (edited by J. Shawcross; Oxford: Oxford University Press, 1979), p. 253.

② Ibid., p. 256.

殊在个体中、一般在特殊中、普遍在一般中的若隐若现。更为重要的是，象征是永恒事物在暂时事物中的含蓄体现。象征参与"实在"（the reality），而实在正因为象征才变得清晰；象征表达整体，同时又是自己所代表的那种统一的有机部分。①

在寓言中，形象（或形象的表述）与抽象的概念，按照联想律而相互联系起来，所传达的寓意是确定、有限的。另外，由于"表述"本身也是"对感觉对象的一种抽象"，寓言只能是用一种抽象表达另一种抽象。因此，在寓言中，精神与现实、主体与客体无法实现真正的统一。相反，象征是一种有机的统一，表达与被表达之间没有绝对的界限。它自身是对"读者"的一种启发，它旨在唤醒"读者"自己的心灵能力，使其超越自我与世界、有限与无限的界限，并最终认识终极的实在。换言之，在象征中，象征符号与被象征对象实现了有机的统一，不是用"形象的表述"向人们解释某种抽象的概念，而是用自身去启发人们的心灵能力。就艺术而言，艺术家从事创作活动不是在用浅显易懂的语言向读者解释某个抽象的概念或道理，相反，艺术品本身就是目的，可以带给读者愉快的感受，同时又能启发读者发挥其自身的心灵能力去把握关于人生与世界的"真正知识"。在此意义上，柯勒律治断言，"只有象征才能传达最高意义上的观念"。②

五　天才与鉴赏力

在柯勒律治关于天才（genius）的理论中，我们同样会发现一些与康德美学中相关理论的共同之处。例如，柯勒律治明确指出，"诗是天才的特产"，这与康德提出的"美的艺术是天才的

---

① Cf. W. Jackson Bate. *Coleridge* (London：Routlege，2000)，p. 163.

② Cf. Samuel Taylor Coleridge. *Biographia Literaria* (New York：E. p. Dutton Co，1906)，p. 77.

产物"是明显吻合的。同时，我们有理由相信，作为一位天才诗人，柯勒律治关于天才的理论，更是他本人创作经验与独立思考的结果。正因如此，他在这一重要美学问题上做出了自己独特的贡献。

在《文学传记》的第十五章里，柯勒律治以莎士比亚为例，总结了天才诗人的如下四种特性：第一，语言的甜美以及语言与主题的完美结合。柯勒律治反对语言的刻意雕琢，认为语言的甜美源于诗人的心灵。同样，实现语言与主题完美结合的能力也不是可以靠机械模仿得来的，它需要一种化杂多为"统一效果"的能力。第二，选择远离个人利害与身边环境的主题。这一点涉及诗人的感受能力。敏锐深刻的感受能力必然是天才的重要构成要素。天才所敏锐感受的往往是无关个人利害的东西，因为"具备天才的人更多地生活在理想的世界中。在那里，现在是过去与将来的组合。他的情感已习惯于同思想和形象紧密相连，而它们多数与个人的得失无关"[1]。因此，天才所关注的主题必定是全人类的共同话题，天才的作品（即美的艺术）绝不会是作者对个人命运的自怨自艾。第三，完美的艺术形象。天才作品的艺术形象不是对现实忠实复制。它必然饱含激情并充分体现诗人对统一、永恒与真理的深刻思考。第四，思想的深刻与活力。"一个伟大的诗人必然同时是一个具有深刻思想的哲学家。"[2] 虽然诗的直接目的是传达快感，其终极目的（the ultimate end）却是真理。只有具备深刻思想的天才，才能洞察"世界的秘密"，进而通过其艺术作品把它揭示给世人。

在柯勒律治关于天才的理论中，还有一点值得我们特别关注，那就是天才与鉴赏力（taste）的关系。他对这一关系的分析，在很大程度上弥补了康德美学中相关理论所存在的不足之

---

① Cf. Samuel Taylor Coleridge. *Biographia Literaria*（London：J. M. Dent Co；New York：E. p. Dutton Co，1906），p. 24.

② Ibid.，p. 171.

处。康德指出，鉴赏力与天才有着本质的区别：前者与自然美有关，后者与艺术美有关；前者是欣赏美的能力，后者是生产美的能力；鉴赏力是后天的，可以通过学习和修养不断得到加强，天才是先天的，不能靠学习得来。就艺术创作而言，虽然"美的艺术是天才的产物"，鉴赏力在艺术创作中也是一个不可或缺的因素。因为天才只能为美的艺术提供丰富的材料，而鉴赏力则能够为这些材料确定一种合适的、可传达的形式。康德认为，美的艺术应当是天才与鉴赏力的完美结合，但现实的艺术作品却常常顾此失彼。在这种情况下，鉴赏力更为重要，"如果在一作品上两种特性的斗争中要牺牲一种的话，那首先应牺牲天才"①。

虽然康德对天才与鉴赏力在艺术创作中的作用的论述包含了许多合理成分，但他对艺术内容（由天才提供）与形式（由鉴赏力提供）的划分未免有过于绝对之嫌。事实上，艺术的内容与形式在很多情况下是无法清楚地分开的。在这一点上，一贯强调统一性的柯勒律治有着更为精辟的论述。譬如，柯勒律治尽管也认为天才与鉴赏力是两种性质不同的能力，但他承认鉴赏力是后天的能力，其功能会使天才变得可以传达。但是，他更强调这两种能力在艺术品中的统一，认为鉴赏力是艺术家不断思考、修养的结果，是一种已经类似本能的"习惯"。因此，"真正天才的作品不缺乏合适的形式；事实上也不存在这种危险"②。

从对人类认识能力的考察到对美的分析，从对艺术社会功能的阐述到对天才特性的界定，康德美学以其严谨的逻辑和特有的哲学深度为柯勒律治的美学思考提供了可靠的理论框架与丰富的启发，而柯勒律治则以自己诗人的禀赋与哲学家的深刻洞察力极大地丰富与发展了这一理论体系。诗人的禀赋使柯勒律治给康德

---

①　Cf. Immanuel Kant. *Great Books of the Western Thinkers*, Vol. 42（Chief editor：Robert Maynard Hutchins；London， Chicago， et al：Encyclopedia Britannica， INC，1952）；*The Critique of Jdugement*（Translated by James Creed Meredith），p. 528.

②　Cf. Allan Grant. *A Preface to Coleridge*（London：Longman， 1977），p. 207.

美学这一严谨的理论体系注入了诗性的灵气，结果使世界成为一个充满生机的整体。在这里，人与自然、主体与客体、理智与情感实现了最终的统一，而艺术则成为表现这种有机统一的最高形式。

第二节　华兹华斯的诗论

威廉·华兹华斯（William Wordsworth 1770—1850）是英国浪漫主义诗人的杰出代表，1843年获"桂冠诗人"称号。在"湖畔派"诗人当中，华兹华斯的成就最大，一生创作了大量的优秀诗篇，其中艺术价值最高也最能体现其诗歌风格的是吟诵湖光山色、乡村生活的田园风景诗。在诗歌理论方面，华兹华斯针对古典主义诗学传统，提出了一系列新的创作原则，形成了自己较为系统、完备的诗学理论。其理论主要见诸于《〈抒情歌谣集〉序言》（1800）、《〈抒情歌谣集〉序言附录》（1802）、《论墓志铭》（1810）与1815年版《序言》等，其中《〈抒情歌谣集〉序言》被视为英国浪漫主义的理论宣言。

一　诗的艺术本质

在《〈抒情歌谣集〉序言》（简称《序言》）中，华兹华斯围绕诗的本质提出了许多重要的论断。其中最为著名的就是"一切好诗都是强烈感情的自然流露"，[①] 这与古典主义文艺理论对理性的崇拜全然不同。也正是在此意义上，华兹华斯被尊为"浪漫主义的革命者"[②]。值得注意的是，华兹华斯对情感与主观表现的强调远不同于表现主义艺术思想。后者认为，直觉即表现，艺术即直觉，艺术家的直觉与情感是艺术的唯一源泉；华兹

[①]　华兹华斯：《〈抒情歌谣集〉序言》（1800），参阅章安祺编订《缪灵珠美学译文集》第三卷，中国人民大学出版社1998年版，第6页。

[②]　Wordsworth，William. *William Wordsworth*：*Selected Prose*（edited by John O，Hayden；New York：Penguin，1988），p. ix.

华斯虽然也强调诗是诗人情感激发的产物，但他所说的情感具有更为深刻的含义。如他所言：

> 虽然这一点［一切好诗都是强烈感情的自然流露］是真理，但凡有一点价值的诗篇，并不是可以随便拿一类主题来创作的，而都是出于一个具有异乎寻常的官能感受力，而且曾经过深思久虑的诗人之手。感情的不断之流是受我们的思想所规定、所支配的，而这些思想其实是我们过去一切感情的象征，而且因为我们默察这些一般性象征彼此间的关系，便可以发现对于人类何为真正重要者，所以如果反复并继续这动作，我们的感情就会联系到重要的主题。①

对华兹华斯而言，情感与思想之间存在一种辩证的关系。一方面，诗人的情感不是无源之水，也绝不只是一时的情绪冲动，相反，它是以诗人对世界、对人生的深刻思考为前提的；另一方面，诗人"具有异乎寻常的官能感受力"，其深刻思想的产生又是基于他对生活超出常人的敏锐感受能力。基于此，诗歌作为"强烈情感的自然流露"，都有"一个可贵的目的"，其主题必然是严肃深刻的，是对于人类的"真正重要者"，绝不应当是诗人自恋式的无病呻吟，更不应当是为了获取所谓的诗人称号而对前人的词藻进行机械的模仿。

尽管"诗是强烈感情的自然流露"② 这一断言为华兹华斯赢得了"浪漫主义的革命者"这一封号，但他本人并未抛弃西方文艺理论的核心传统。他在《序言》中指出："我听说亚里士多德说过，诗是一切写作中最富于哲学意味的；的确如此：诗的对象是真理，不是个别的和局部的真理，而是普遍的和有效的真

---

① 华兹华斯：《〈抒情歌谣集〉序言》（1800），参阅章安祺编订《缪灵珠美学译文集》第三卷，中国人民大学出版社 1998 年版，第 5 页。
② 同上书，第 19 页。

理……诗是人与自然之映象。"① 不过，华兹华斯以其对情感的突出强调发展了这一传统理论。在他看来，"真理"是由"激情"带给心灵的。诗人对真理的传达不受制于那种传记家和史学家所推崇的可信度与功用性（utility）。具备超常感受力和深刻思想的诗人，总是通过其作品把"直接的快感"（immediate pleasure）传达给读者，从而使后者获得"他（诗人）所期望的见识"。正是基于这一思想，华兹华斯对诗歌功能提出了精辟的见解，这便是他对文艺理论的贡献所在。

二 诗的功能

华兹华斯断言："我的每一首诗都有一个可贵的目的。"② 这一点与"一切好诗都是强烈情感的自然流露"并不矛盾。诗是诗人强烈情感的"自然流露"，而"每首诗都有一个可贵的目的"，并非指诗人在动手创作之前脑海中已有了明确的计划与目的。鉴于诗人具备超乎常人的敏锐感受力，生活中乃至大自然中许多在常人看来平淡无奇的事物往往会引发诗人的深思，而诗人创作诗歌时所必需的激情或者说"强烈情感的自然流露"，一般是以其沉思习惯为前提的。因此，诗人在这种激情状态下所创作的作品必然带有某种"可贵的目的"。那么，我们应当怎样理解华兹华斯特别强调的这种"可贵的目的"呢？

首先，华兹华斯继承了亚里士多德关于诗的对象是真理的传统理论。与自然科学不同，诗或诗人的真理"不是个别的和局部的真理，而是普遍的和有效的真理"。"诗是一切知识中最先的也是最后的知识——它像人类心灵一样永垂不朽。"③ 华兹华斯认为，自己创作诗歌的目的就是"探索出我们天性的根本规律"。

---

① 华兹华斯：《〈抒情歌谣集〉序言》（1800），参阅章安祺编订《缪灵珠美学译文集》第三卷，中国人民大学出版社 1998 年版，第 12、13 页。

② 同上书，第 5 页。

③ 同上书，第 14 页。

就诗的社会功能而言，诗的目的不仅局限于探索真理，更为重要的是传达真理，而正是在这一方面华兹华斯为文艺理论的发展做出了极为重要的贡献。在《序言》中，华兹华斯指出，诗人应致力于通过其作品使读者的理解力得到启发，情感得到强化和净化。同许多其他浪漫主义诗人一样，华兹华斯认为当时工业文明与城市的迅速发展极大地损害着人们的"心灵辨别能力"，社会上流行的是对强暴刺激与低级趣味的堕落性追求。在这样一个时代，诗人应当担负起启发人们理解力、净化人们情感的神圣使命。

与自然科学家传授知识不同，致力于启发读者理解力和净化读者情感的诗人，是以"一个常人"的姿态来行使其神圣使命的。这里所谓的"常人"，是指富有正常情感的人。诗人以自己的真实情感打动读者并以此净化读者的情感，增强其心灵辨别能力。也正是在此意义上，传达直接的快感应当是诗的直接目的。惟有快感能够唤起人们心中的同情，并以此唤起人们对美、庄严和普遍永恒真理的追求。

继亚里士多德之后，在居于主导地位的西方传统文艺理论中，艺术的社会功能往往被阐述为利用"知觉"（precept）和"典范"（example）进行的"直接说教"。华兹华斯所提出的则是一种"间接教化"的原则。后者对文艺理论的发展产生了巨大而深远的影响。

三　诗的题材与语言

华兹华斯的诗论有着严格的内在逻辑。在诗歌的题材上，他主张"从日常生活中选取一些事件和情景"；在语言上，他主张"尽可能选择人们实际运用的语言"，反对滥用所谓"诗的辞藻"。这些主张都是基于他对诗的本质与目的的理解。在华兹华斯生活的时代，古典主义只描写伟大人物与重大事件的清规仍然颇具影响，这便使他关于诗的题材与语言的主张和实践在当时引起极大反响。因此，后来的批评家们对华兹华斯在这一方面的贡献格外关注。然而，他们却在相当的程度上忽略了这些主张所暗含的内在逻辑。事实上，华兹华斯对自己题材与语言的选择有过这样的解释：

> 我一般是选择简朴的乡村生活，因为在那种情况下，心灵的主要激情找到了它们可以在其间成长的更好的土壤，而且更无所拘束，能够说出更明白更有力的语言；因为在那种生活的情况下，我们的各种基本情感都是以更纯真的状态一起并存，从而可以更精密地默察，更有力地传达出来，因为乡村生活的生活方式就是从那些基本感情中萌芽的，而且由于乡村事物的必然性，是更容易领会而且更能耐久；最后一点，因为在乡村的情境中，人们的激情往往与大自然的美丽而永恒的形式结合起来。①

显然，华兹华斯之所以把"简朴的乡村生活"作为自己诗歌创作的题材，是因为这种生活更富有激情或情感，其表现也更为纯真、自然而持久。这种选择充分体现了诗人对情感的重视，是基于对诗的本质——"诗是强烈情感的自然流露"——的深切理解与认识。当然，在我们看来，把诗歌的题材仅仅局限于乡村生活与田园风光显然有失偏颇，这恐怕与华兹华斯处的时代背景分不开：在华兹华斯和当时的其他浪漫主义诗人看来，日益发展的工业文明使生活在城市中的人们渐渐丧失了对人类本性与真实情感的体味能力，人们的"心灵辨别力"和审美能力受到极大挫伤。不管怎么说，华兹华斯在题材选择方面所体现出的对朴素、真实情感的一贯重视，是应当得到充分肯定的。

在语言上，华兹华斯反对滥用所谓"诗的辞藻"，拒绝履行所谓诗人的"契约"。在华兹华斯生活的时代，许多诗人已习惯

---

① 华兹华斯：《〈抒情歌谣集〉序言》（1800），参阅章安祺编订《缪灵珠美学译文集》第三卷，中国人民大学出版社 1998 年版，第 5 页。

于在创作中有意使用华丽的辞藻和离奇的修辞。这种诗与特定词藻之间的近乎必然的联系，也在很大程度上为读者所接受。然而，按照这一"原则"创作出的诗歌，很难是真实情感的"自然流露"。这与华兹华斯对诗的本质的理解显然是背道而驰的。在他看来，这种逢迎流行趣味的做法，对真正审美能力的培养是极为有害的。同样是基于对诗的本质与目的的认识，华兹华斯也反对把散文语言与诗的语言对立化。把需要特别说明的是，华兹华斯在主张使用"人们实际运用的语言"的同时，也非常重视语言的精练，主张摒弃生活语言中的低俗成分。他指出，诗作中思想与语言的"平凡与拙劣"甚至要比"华而不实和标奇立异更为可耻"①。就实质而言，华兹华斯在语言风格方面的贡献在于，他很大程度上突破了以体裁类型决定语言风格的清规戒律，代之以语言须服务于作品主题和内容的基本准则。

四 诗人的禀赋

在 1815 年的《序言》中，华兹华斯列出诗人需备的六种禀赋，并对这些禀赋在诗歌创作中的作用做了具体的阐述。

1. 观察和描绘的能力。华兹华斯认为，诗人在观察与描绘现实生活中的事物时，要依据事物的"本来面目"，不应当因受到自己头脑中已有热情或情感的影响而无视事物的本来面貌。由此可见，现实生活是诗歌创作的源泉，这与华氏本人对诗歌题材选择的一贯重视是相一致的。华兹华斯还指出，在诗歌创作中，仅仅依靠客观的观察与描绘是不够的，诗人的心灵不应当被动地局限于外在的对象，他还需要调动那些"更高级"的禀赋。在这方面，诗人的工作有别于翻译家或雕刻家。

2. 超常的感受能力或敏感性。诗人的感受能力越敏锐，他观察事物的视野就越宽广。华兹华斯认为，诗人与普通人的感受

---

① 华兹华斯：《〈抒情歌谣集〉序言》（1800），参阅章安祺编订《缪灵珠美学译文集》第三卷，中国人民大学出版社 1998 年版，第 5 页。

能力有如下区别：

> 诗人者，是一个对众人说话的人，他是一个天生具有更强烈感受力、更多热情和更多和蔼的人。他对于人性有着更多的知识，而又具有比我们以为人类所共有的心情更为渊博的心灵……他还有一种癖性，那就是他比别人更容易被不在眼前的事物所感动，仿佛这些事物是在眼前……诗人之所以异于常人，主要是在于他有更强的敏感性，无须直接外来刺激便能思想和感觉。①

这就是说，具备超出常人的感受力的诗人，能从"寻常的事物"中感受到不寻常的东西，继续进行深刻的思考，而这种思考的习惯是诗人丰富情感的源泉。惟有具备超常的感受力，诗人才有可能"把寻常的事物以不寻常的样子呈现给读者的心灵"。

3．反思的能力。诗人反思的能力赋予各种行为、形象、思想和情感以真正的意义与价值，同时也使诗人能够洞察、感受各种事物、情感相互之间内在联系。

4．想象和幻想的能力。在华兹华斯的诗论中，对想象力与幻想的阐述占有非常重要的位置，我们将在下文做专门的考察。

5．虚构的能力。此项能力是指在创作过程中对材料进行选择与加工的能力。这些材料可能来源于诗人对外在世界与自然的长期观察，也可能源于诗人对自己内心情感和思想的深刻反思。华兹华斯认为，诗人对材料进行选择与加工，是为了使之最大限度地适合诗人从事诗歌创作的最终目的。

6．判断的能力。此项能力是指诗人如何协调、使用上述各种禀赋的能力。

以上六种能力实际上涵盖了诗歌创作的整个过程，涉及了感

---

① 华兹华斯：《〈抒情歌谣集〉序言》（1800），参阅章安祺编订《缪灵珠美学译文集》第三卷，中国人民大学出版社1998年版，第11页。

性思维与理性思维两个方面。由此可见，华兹华斯在强调"诗是强烈情感的自然流露"的同时，并不否认理性思维在诗歌创作中的重要作用。对于二者之间的关系，或许我们可以从他对诗之目的的解释中得到启发。"我的每一首诗都有一个可贵的目的。这不是说，我动手写诗时总先怀有一个明确的目的；但我相信，我的沉思习惯能触发和调节我的情感，所以我对于那些强烈地激起情感的事物的描写就会显得包含着一个目的。"①

五 想象力与幻想

华兹华斯非常重视想象力在诗歌创作中的突出作用。他认为，只有发挥想象力，诗人才能"把寻常的事物以不寻常的样子呈现给读者"，也只有借助想象力，诗人才能在日常事物与思想及其相互之间的内在联系中探索人类"天性的根本规律"。

在 1815 年的《序言》中，华兹华斯结合诗歌创作与欣赏的实践，对想象力与幻想做了详细的探讨。首先，他批评了把想象力与幻想只看作是一种记忆形式的看法。他指出，想象力绝不仅仅是对不在眼前的事物之意象的忠实复制，相反，它有着更为深刻的含义。它意味着大脑依据某种内在规律对客观对象的改造和重塑，是一种创造性的活动。为了阐明想象力的作用，华兹华斯引用并分析了莎士比亚与弥尔顿的著名诗句②：

      ——在那半山腰上
    悬挂着一个采圣彼得草的人。（莎士比亚）

    好像遥远的海上出现的一支舰队

---

① 华兹华斯：《〈抒情歌谣集〉序言》（1800），参阅章安祺编订《缪灵珠美学译文集》第三卷，中国人民大学出版社 1998 年版，第 5 页。

② 参阅胡经之主编《西方文艺理论名著教程》上卷，北京大学出版社 2003 年版，第 463，464 页；Wordsworth，William. *William Wordsworth：Selected Prose*（edited by John O，Hayden；New York：Penguin，1988），pp. 375—385.

悬挂在云端，借助赤道的风

沿着孟加拉湾、特索岛

或者泰多岛航行……（弥尔顿）

华兹华斯认为诗句中"悬挂"一词的运用充分体现了想象力的作用。人不会悬挂在山腰，舰队更不会悬挂在云端。事实上，是诗人的想象力创造了一种新的形象。想象力发挥作用的过程，是通过赋予某个客观对象一种外在的特性或把客观对象的某一特性抽象化，从而在脑海中创造一种新的意象。

在想象力与幻想的关系上，华兹华斯认为柯勒律治关于幻想的定义——"聚合与联想的能力"——过于笼统。在他看来，想象力和幻想都具有"聚合与联想"的能力。二者的不同在于，它们所唤起和组合的素材不同，它们组合素材依据的规律不同，目的也不同。幻想改造、聚合素材所依据的规律是多变的，更像是一种巧合，它形成的影响是不持久的；想象力在改造与重塑素材时，主要依据对不同素材之间内在相似性的把握，其影响一旦形成将会是经久的。幻想旨在娱乐我们天性中暂时的部分；想象力则旨在激励和支持我们天性中永恒的部分。

从诗的本质、目的到功能，从诗的题材、语言到诗人的禀赋，华兹华斯的诗论是一个有着严格内在逻辑的理论体系。其中既有对西方传统文艺理论的继承，更有突破传统的创新与发展；既坚持"诗的目的是真理"，又强调"诗是强烈情感的自然流露"，并把二者有机地统一了起来。更为重要的是，作为一个伟大诗人，华兹华斯在诗歌创作中，无论是在诗的题材与语言上，还是在诗的本质与目的上，都充分实践了他的诗学理论，或者说，他的诗论正是他本人创作实践的理论结晶。

第三节　雪莱的诗辩

雪莱（Percy B. Shelley，1792—1822）是英国浪漫主义诗人

和文艺理论家，其主要代表作品有《伊斯兰的起义》（1818）、《解放了的普罗米修斯》（1819）、《西风颂》（1819）和《致云雀》（1820）等。他的美学思想集中体现在《为诗辩护》及其诗剧的序言中，其中《为诗辩护》被视为英国积极浪漫主义的理论纲领。

一　为诗辩护的主要起因

《为诗辩护》的写作背景主要与当时特定的文化语境有关，特别是与当时所发表的诗论密切相关，这其中就包括雪莱的朋友皮科克（1785—1866）所撰写的《诗的四个时期》一文。该文于1820年在《文学丛刊》上发表，专就诗的发展与功用阐述了与众不同的否定性观点。皮科克认为，诗的发展是以铁器时期、黄金时期、白银时期与黄铜时期四个阶段为序，循环往复。古典诗歌的发展是第一个循环。诗起源的时期，即铁器时期，是指尚未发明文字的歌人时期。那时，诗是用来歌功颂德的。诗人为了能够分得一份"战利品"，发挥自己的才智去歌颂当时的战斗英雄和杰出领袖。他们的作品主要是对历史事件的一种简要记载。诗的黄金时期是指荷马时期。在这个时期，诗的内容主要是对历史的回顾，诗的形式臻于完善，诗已达到了后世无法超越的巅峰。白银时期是指以维吉尔为代表的时期。这个时期的诗，大都是对黄金时期的诗的模仿，只是形式上更加精雕细琢一些。最后是黄铜时期，即农诺斯时期，此时的诗是对黄金时期的诗进行了不成功的模仿。现代诗歌的发展也同样经历了类似的四个时期。中世纪是铁器时期，文艺复兴时期是黄金时期，古典主义时期是白银时期，而皮科克本人所处的浪漫主义时期则是黄铜时期。

总的说来，皮科克轻视诗的功用。在他看来，诗既不能像自然科学那样提高人们的生活水平，也不能像哲学和伦理学那样带给人们真正的理性和道德，诗至多是一种"高贵的装饰品"，只能提供一种消遣方式。为此，从古代遗留下来的诗就已经足够了。现代诗歌只是诗人"激情难忍的咆哮，自作多情的啜泣，虚情假意的哀诉"；现代诗人则是"文明社会的半野蛮人"，是"一个虚抛自己岁月的浪子和夺取他人光阴的强盗"。①

针对皮科克的诗学观，雪莱提出了批评和反驳，翌年撰写了《为诗辩护》一文，后于1840年出版，自诩其为《诗的四个时期》一文的解毒剂。该文对诗的本质以及诗的社会功用进行了细致的分析与阐述，由此形成了雪莱本人较为完整的诗歌理论。

二 诗的起源与创作

关于诗的起源，皮科克认为，"诗在起源时是歌功颂德的。各民族最早的粗野诗歌好像是一种简要的历史介绍"。② 雪莱则认为，在人类的幼年时期，诗是由"事物以及野蛮人对事物的理解结合而成"。③ 诗人在表现社会或自然对自己心灵的影响时，遵循着某种规律或节奏，而后者能够产生并传达快感。诗人所用的隐喻式的语言，体现了"事物间那以前尚未被人领会的关系，并且使这一领会永存不朽"。因此，诗是"生活的惟妙惟肖的映象，它表现了生活的永恒真实"。④ 诗与故事不同。故事只是罗列一些孤立的事实，只能适用于某些特定的时期，只能传达某些具体的历史知识。诗中的情节是"依据人性中若干不变的方式"来创造的。诗所传达的是永恒的真实，诗之美不会随着时间的推移而衰退。

像其他浪漫主义诗人一样，雪莱十分强调想象在诗歌创作中的作用。他指出，诗是"想象的表现"。"想象是创造力，即综

---

① 参阅皮科克《诗的四个时期》，见章安祺编订《缪灵珠美学译文集》第三卷，中国人民大学出版社1998年版，第66页。
② 同上书，第56页。
③ 参阅雪莱《为诗辩护》，见章安祺编订《缪灵珠美学译文集》第三卷，中国人民大学出版社1998年版，第136页。
④ 同上书，第140页。

合能力，其对象是宇宙万物与存在本身所共有的性相"。① 依靠想象力，诗人能够从各种关系中洞察并表现宇宙"万劫不毁的规律"。在这一点上，雪莱的想象观同柯勒律治的想象观基本一致。此外，雪莱还赋予了想象力以更为丰富的内涵。他认为，诗人心中的爱与其想象力的发挥是紧密联系在一起的。爱能够产生同情心，而后者则可以扩大想象力。这便是"雪莱式的富有同情心与道义感的想象力"②。

在诗歌创作方面，雪莱非常重视灵感（inspiration）的作用。他认为，仅靠意志发挥作用无法产生诗。"人不能说：'我要作诗。'即使最伟大的诗人也不能说这样的话。"③ 最美好的诗篇是灵感的产物。灵感是一种神圣的东西，在诗歌创作中的作用体现在两个方面：首先，灵感使诗人捕捉到人生中稍纵即逝的美好瞬间；其次，灵感帮助诗人用完美的形式把这一瞬间的美好记录下来。在此意义上，"诗拯救了降临人间的神性（divinity），以免它腐朽"。④ 事实上，雪莱对灵感的阐述与传统的灵感说存在本质的区别。在传统的灵感说中，灵感完全是一种神的诏谕，诗人创作诗的过程是其在迷狂的状态下代神传言。而雪莱所谓的灵感则是诗人对真、善、美的一种瞬间的、伴随快感的领悟。正是在这种意义上，雪莱断言："诗是最快乐最善良的心灵中最快乐最善良的瞬间之记录。"⑤

三　诗的功用

对诗的功用的阐述，是雪莱诗辩的核心部分。《为诗辩护》所

---

① 参阅雪莱《为诗辩护》，见章安祺编订《缪灵珠美学译文集》第三卷，中国人民大学出版社 1998 年版，第 135 页。

② Cf. John Clubbe and Earnest J. Lovell. *English Romanticism*. （London：The Macmillan Press Lid，1983），p. 122.

③ 同上书，第 159 页。

④ 参阅雪莱《为诗辩护》，见章安祺编订《缪灵珠美学译文集》第三卷，中国人民大学出版社 1998 年版，第 160 页。

⑤ 同上。

批驳的主要就是皮科克对诗之功用和对诗人的轻视与贬低。雪莱赋予诗与诗人以至高无上的地位与荣誉，断言"诗可以使世间最善最美的一切永垂不朽"，"诗人是世间未经公认的立法者"。①

诗的功用首先是产生并传达快感。雪莱把快感分为两种："一种是持久的，普遍的，永恒的；一种是暂时的，特殊的。"同样，"功用"也可以分为两种：一种产生前一种快感，它足以"加强和净化情感，扩大想象，以使感觉更为活泼"；另一种产生后一种快感，它"只限于表示：排除我们动物性欲望的烦扰，使人处于安全的生活环境中；驱散粗野迷信之幻想，使人与人之间有某种程度的互相容忍而又适合于个人利益的动机"②。诗的功用在于产生第一种快感，因为第二种快感是理论家和机械师之工作的功用。那些与皮科克一样认为诗人应当将"桂冠"让给理论家与机械师的人，其错误在于只是片面强调产生第二种快感的功用。在雪莱看来，以上两种功用在价值上是有高下之分的。诗的功用具有最高的价值，符合善的最终目的。理论家与机械师之工作的功用，在适当的范围内具有最高的价值，但并不总是这样：例如，在有些情况下，机械师的工作在减少人们的劳动和改善人们生活条件的同时，还会导致奢侈与贫困的强化，致使贫者愈贫，富者愈富，这就最终背离了善的最终目的。因此，雪莱认为，诗所产生的快感才是"最高意义的快感"。

当然，诗的功用不仅仅是产生和传达单纯的快感。"一切受到诗感染的心灵，都会敞开接受那掺和在诗的快感中的智慧。"③雪莱这里所谓的"智慧"具有广泛的含义，泛指诗所揭示的真、善、美，以及人们对它们的认识能力。诗所再现的是可以为人们直接感知的外在形象，但它的真正目的是揭示隐藏在世间万象背后的永恒规律与真、善、美。人们在感受诗之快感的同时，感受

---

①　参阅雪莱《为诗辩护》，见章安祺编订《缪灵珠美学译文集》第三卷，中国人民大学出版社1998年版，第164，160页。

②　同上书，第156页。

③　同上书，第141页。

力得到增强，想象力得到丰富，从而学会用类似诗人的眼光重新感受与认识本已习以为常的客观世界与现实生活。在此意义上，诗为人们造就了一个新的宇宙。也正因如此，我们才有了塔索的那句名言："没有人配受创造者的称号，唯有上帝与诗人。"①

雪莱非常重视诗在道德方面的功用。他指出：举凡指责诗之不道德的议论，都是误解了诗所用来改进人类道德的方法。诗所用的方法完全不同于伦理学（皮科克所谓的"有用的学术研究"之一）的方法。伦理学整理诗业已创造的那些原理，建立一些方案，提出社会公私生活的一些样板；而人类之所以互相仇恨、轻视、非难、欺骗和压迫，并不是因为世间没有冠冕堂皇的学说。伦理学希望通过设立一些教条和榜样"告诉"人们应当做什么，不应当做什么，其效果未必如人所愿。相反，诗的作用却是经由另外一种更为神圣的途径。

> 诗唤醒人心并且扩大人心的领域，使人心成为容纳许多未被理解的思想体系的渊薮。诗掀开了帐幔，显露出世间隐藏着的美，使平凡的事物也仿佛不平凡；诗再现它所表现的一切；诗中人物都披着极乐境界的光辉，只要你曾一度欣赏过他们，他们便永留在你心中，有如象征优美与高贵的纪念碑，它的影响将遍及于同时存在的一切思想和行动中。……诗则作用与原因，以求有助于结果。……诗增强人类德性的机能，正如锻炼能增强我们的肢体一样。②

诗所采用的是一种"间接教化"的方法。人们在欣赏诗的同时，心灵受到净化，道德素质得到潜移默化的提高。例如，荷马的诗篇通过鲜明的人物形象，淋漓尽致地揭示了"友谊的真和美，爱国的精神，追求的专诚"，这些诗篇的读者或听众在感

---

① 参阅雪莱《为诗辩护》，见章安祺编订《缪灵珠美学译文集》第三卷，中国人民大学出版社 1998 年版，第 161 页。

② 同上书，第 142—143 页。

受到快感的同时，必然"同情这样伟大而可爱的人物（诗中的人物形象），必定洗练自己的情感，扩大自己的胸襟，终至因崇拜而模仿……"当然，也有一些"浅薄"的诗人，在写诗时常常抱有一种明确的道德目的，试图把"美德""告诉"读者。"结果，他们越是强迫读者顾念到这目的，他们的诗的效果也就相应的越加减弱。"①

为了回应皮科克的《诗的四个时期》，雪莱详细论述了在不同时期诗之功用的发挥，充分肯定了诗与诗人在人类社会的变革与发展中所起的重要作用。他指出，在人类社会发展的繁荣阶段，诗既是时代精神之庄严与美丽的体现，又是弘扬这一精神的有力手段。在社会生活堕落的时期，世人的想象力与智力变得异常匮乏，社会意识陷于混乱，惟独诗能够"始终传达人们所能够接受的快感；它始终还是人生的光明，它又是在邪恶时期中还能够保存的任何美丽的、宽大的、真实的东西之源泉"，"它是一种能力，本身同时含有自己的种子与革新社会的种子"②。

作为积极浪漫主义诗人的杰出代表，雪莱对自己所处的时期以及该时期诗的发展充满信心。他认为，现代诗对人性的深入考察与表现，正是时代精神的体现；英国的民族意志正孕育着一次伟大而自由的发展，在这一过程中，"诗人就是一个最可靠的先驱、伙伴和追随者"。在当代，诗人仍然是"不可领会的灵感之祭祀"，仍然是"世间未经公认的立法者"。③

在雪莱的诗辩中，诗与诗人是广义的。他为诗和诗人所做的辩护，也适用于其他的艺术门类和艺术家。他对诗之本质的深入探索，对诗之功用的极力推崇，不仅丰富了浪漫主义时期的诗学

---

① 参阅雪莱《为诗辩护》，见章安祺编订《缪灵珠美学译文集》第三卷，中国人民大学出版社1998年版，第142—143页。

② 同上书，第148页。

③ 同上书，第164页。

理论，也为整个文艺理论的发展作出了重要贡献。其中，最突出的是他对艺术社会功用的极力推崇，对艺术家历史使命的鲜明赞颂。正如许多批评家指出的那样，雪莱的这种论点在一定程度上夸大了艺术与艺术家的社会功用。尽管如此，我们有充分的理由相信，作为一位杰出的诗人，雪莱为诗与艺术所做的辩护，必定是他本人真实情感的自然流露，也必定是他对自己诗人神圣使命的一种宣言。因此，在快餐文化、消遣"艺术"、商品"艺术"空前流行的今天，我们（特别是我们的艺术家们）或许会从雪莱对诗的激情辩护中得到一些启发与警示。

第四节 卡莱尔的文论

托马斯·卡莱尔（Thomas Carlyle，1795—1881）是英国著名哲学家、政治思想家、社会理论家、历史学家和文学家，其作品在维多利亚时期极具影响力。[①] 1795 年 12 月 4 日，卡莱尔出生于苏格兰顿弗里郡阿南道尔的一个普通石匠家里，13 岁时考入了爱丁堡大学，毕业后曾做过教师，后来辞职，开始专职写作。

在这个笃信加尔文教的家庭里，父母原期待卡莱尔成为一名牧师。但在大学期间，卡莱尔由于受到当时启蒙运动思想的熏陶，故此决定放弃自己的基督教信仰。卡莱尔的一生并不快乐，早期信仰加尔文教与后来放弃这种信仰所形成的矛盾冲突，使他终生都无法解决。在他的文学作品中，也都流露出某种浓厚的悲观主义色彩。但是，卡莱尔自身的宗教气质与他放弃宗教信仰的行为相结合，使他的作品吸引了那些正努力同威胁传统社会秩序的科学和政治变化进行斗争的人们。

卡莱尔一生博览群书，而且对语言具有偏好，他总共掌握了

---

① 卡莱尔非常反感人们把他看作艺术家或文学家，他厌恶提及艺术、文学或其他有关方面的问题。他一再声称，作为他那一代不幸的人中的一个作家，他唯一愿意充当的角色就是预言家。

法语、拉丁语、希腊语、德语、西班牙语、意大利语和丹麦语等七种语言，其作品也因语言的丰富性而极富隐喻性。他经常引用圣经，同时也涉猎欧洲大陆哲学家的各种著作，诸如卢梭（J. J. Rousseau）和伏尔泰（Voltaire）的论作，但他在解读或引用时常常出于讽刺和怀疑的用意。同时，卡莱尔阅读了大量的德国文学与哲学著作，尤其是德国哲学家康德、费希特、谢林、施勒格尔等人的论著，当然也包括席勒、黎克特和歌德等人的作品。这一切对他产生了极大的影响。卡莱尔一生著作甚丰，其代表作有《旧衣新裁》（*Sartor Resartus*）、《法国革命》（*The French Revolution*）和《英雄与英雄崇拜》（*On Heroes and Hero Worship*）等。

卡莱尔在当时影响巨大。"卡莱尔式文风"（Carlylese）在维多利亚时代独树一帜：气势磅礴，遣词用句别具一格，大胆借用德语词法，说理论证环环相扣，节节紧逼；他为人们树立了一个不可磨灭的形象，即一位正直、严肃的人在失去他的传统信仰之后，仍能为这种信仰找寻救赎之路；他唤醒了同时代的人们的意识，避免他们忽略现代工业和城市所造成的改变所付出的代价；他身体力行地向世人展示文学的严肃性和关联性，并且阐释了存在的新内涵。后来的作家们从这位维多利亚时代的伟大的先知身上，不仅获得了杰出的写作技巧，更为重要的是深受其伟大思想的影响。

一 对想象力的推崇

卡莱尔非凡的天才就在于他的想象力。这种想象力在其主要作品《旧衣新裁》一书中发挥得淋漓尽致。在1827年所写的《德国文学现状》（*Lectures on German Literature*）一书中，卡莱尔曾分析了康德对"知性"和"理性"概念所作的区分，而在《旧衣新裁》中，取而代之的却是一种更为广义的区分，即推理与直觉和想象之间的区分。在卡莱尔看来，后者总是优于前者。如他所说：

　　你愿追求无限吗？那就要相信人的无穷无尽的才能，相信他的想象力和情感；你愿追求无限吗？那就要相信人的才能是肤浅的，他只知道自爱，只有斤斤计较的理智；这两者之间无疑存在着从前者产生后者的关系。①

　　卡莱尔认为，人性并不受理智的、深思熟虑的说服力的影响，只受由想象力而形成的感染力的影响，而想象的产生又首先要通过对各种具体象征的运用。《旧衣新裁》中的"衣服哲学"即是明显的一例。书中的主人公将"衣服哲学"延伸到社会生活的各个方面，并就此追问道：

　　深思一下，所有的象征都是合体的衣服；所有灵魂借之传于感官的形式，外在的也罢，想象而生的也罢，都是衣服，到了此时，难道你竟还不曾明白这一点吗？②

　　《旧衣新裁》是一部杰出的浪漫主义作品。在这本书中，卡莱尔第一次全面阐述了他从德国学者那里学到的"自然的超自然主义"（natural supernaturalism）以及受其启发而重新恢复的唯心主义。在该书中，他还萌发了随后在其著作中占有重要地位的"英雄崇拜"观。由于卡莱尔生存的时代中缺乏英雄，他便通过对历史上的英雄重新进行想象加工，以此创造出现世可能存在的英雄。这样做，虽然在一定程度上是要冒一定风险的，但他确实选准了一个成功的政治立场。

二　想象力与历史的结合

　　卡莱尔最杰出的才能是丰富的想象力，因此也可以将他视为英国浪漫主义主义运动的一个中心人物。当然，他并非一个典型

---

　　① Thomas Carlyle. *Sartor Resartus*. （London：Adam and Charles Black，1897），p. 179.

　　② Ibid. ，p. 247.

的浪漫主义者，因为浪漫主义的想象力有其最自然的表达形式，那就是文学，即诗歌和小说。卡莱尔在年轻时，曾在诗歌和小说创作方面做过尝试，但发现这二者对他都不适合。他认为，只有把诗歌与历史结合起来才有意义。

因此，卡莱尔创造了一种独特的记录历史的方式，即在记录历史的过程中，加入自己的想象，将想象力与历史相结合，而且这种历史在他看来，才是真正的历史。在这种独创的方式中，卡莱尔仔细地记载了过去的事件，其目的在于发现被隐藏的构想、更深邃的真理和不可避免、非同寻常的运动。然后，卡莱尔在写作过程中，通过对历史实地的考察，了解所写历史人物的特点，并且试图重演历史，从而使自己具备与所写人物的相似性，力图从所写人物的视角出发去审视当时栩栩如生的历史。他致力于自己的历史写作，并从现世的角度出发，不断完善看待历史的观点。对卡莱尔而言，只有他所看到的和描述的才是真实的。

卡莱尔的写作灵感来自于各种各样的历史人物。在写作过程中，卡莱尔运用丰富的想象力，将这些历史人物重新进行评价和整合，借以符合他自身观点的要求。在他的作品中，无论是就人类而言，还是在宗教、哲学、历史方面，卡莱尔只想让读者看见他想让他们所看的东西。在描写笔下的人物时，卡莱尔也将读者放进了他所设计的道德与哲学的宇宙之中。因此，当我们随着其书中角色的变化而变化时，我们的感受与判断不只是从人物自身的角度出发，而且依据的是卡莱尔带给我们的感受和标准。

卡莱尔运用其丰富的想象力，编织出自己与读者之间的对话，以此带来强烈的视听效果。正如在《法国革命》一书中所示，他展示了革命各个分支不断争执和彼此对立的声音，他创造了一系列富有诗意的人物及化身，来代表当时对英国的状况进行争执的各方。而在《旧衣新裁》这本标新立异的书中，他一方面对自身的格式进行嘲讽，另一方面又推动读者去面对"真理何在"这个问题。书中所述既是真实的，又是完全想象虚构的；既是严肃的，又是嘲讽的；既是历史的，又是推测的。此书运用想象的方式向人们揭示意义来自于现象，并随着历史的发展而不断改变，与此同时，文化也在不断变化的生活方式、政权结构和信念体系中得以重构。这本书包含着超自然的宗教转变思想，其思想基础不是建立在对上帝的接受上，而是建立在弃绝邪恶、重建意义的完全的意志自由上。

事实上，将想象力和具体的历史材料结合起来是极为困难的。《法国革命》虽是卡莱尔的代表作，但同时也是一部充满争议的书，既招人爱，也招人恨。譬如，有人认为此书语言晦涩难懂，结构杂乱且缺乏常识性的推理。但萨克雷却对卡莱尔的写作风格极为肯定，认为卡莱尔在这本书中运用了康德和后康德主义的思想，而这也正是几乎所有英国评论家在评价卡莱尔时所忽视的。[①]

值得指出的是，为了将历史与自我的想象完美地结合起来，卡莱尔习惯于尽可能仔细地核查资料的准确性。他所采用的方法是首先要领会所有得到的材料，然后将其纳入自己想象之中进行酝酿；这一过程完结后，原来的素材就会以他的想象力所赋予的形式自然而然地喷涌而出。他将这一过程形象地比喻成火山爆发。他充满想象的生动描述，不仅在读者面前再现了早已暗淡的历史，而且带给读者一个崭新的角度去审视现世。卡莱尔的这种写作方式成为后人广泛模仿的范式之一。

三 诗人、英雄与先知

卡莱尔的英雄崇拜观最早来自费希特。费希特认为，只有通过"学识渊博"的人的解释，广大人民群众才能意识到"理念"的存在。相应地，卡莱尔认为，对于广大人民来讲，英雄扮演的是传统的神甫的角色，是上帝意志的解释者。不过，神甫已不能再充当英雄这种角色，因为卡莱尔本人最终没有恢复他对传统基

---

① William Thackeray. *Ballads and Miscellanies. Cf. The Works.* Vol. 13（London：Smith，Elder，1899）.

督教的信仰。对他来说，所有现存的宗教和教派都是假话的集成和有组织的欺骗，所宣扬的尽是连他们自己都不再真诚相信的教义，所崇拜的都是过时的空洞无物的信条。相比之下，英雄是一个比神甫更为宽泛的概念。在《旧衣新裁》一书中，充当英雄的主要是作家和教师。在本质上，这类英雄是上帝派向人间的使者，可以洞察作为本原的精神的存在。

在《英雄与英雄崇拜》一书中，卡莱尔通过对各种英雄的分析，强调了英雄领导的重要性。对于卡莱尔来讲，英雄在某些方面同亚里士多德的"高尚的人"相似，但与亚里士多德不同的是，卡莱尔认为这个世界充满矛盾，而英雄必须着手处理这些矛盾。因此，所有的英雄都是有缺点的。而英雄的英雄精神体现于他们在面对困难时的创造精神上，而不在于他们的道德完美上。

卡莱尔继而阐述了诗人、英雄与先知之间的关系。他认为，诗人是属于一切时代的英雄人物。一旦诗人产生出来，所有的时代都会拥有他；大自然降生一个英雄的灵魂，在任何一个可能的时代，这一英魂都会被塑造成一个诗人。"那些纯粹坐在椅子上做诗的人，决不会做出一节有价值的诗。至少他本人也应该是一个勇敢的勇士，否则他就不能歌唱英勇的战士。"①

至于诗人与先知，卡莱尔认为二者是极为不同的，尽管在古代语言中这两种称号是同义的。Vates（智者）的意思既是先知，也是诗人。二者最重要的共性在于他们都深入到了神圣的宇宙奥秘之中。卡莱尔认为，无论 Vates 是指先知还是诗人，两者都是上天派来向我们深刻揭示这一宇宙奥秘的人。关于二者的区别，先知智者主要是在道德方面把握了这一神圣的奥秘，如善与恶、义务与禁戒；而诗人智者是在美学方面把握了这一神圣的奥秘，如优美等事情。我们可以认为前者向我们揭示应做的事情，后者向我们揭示应爱的事情。这两个领域互相渗透，不可分割。

---

① 托马斯·卡莱尔：《英雄和英雄崇拜》，三联书店 1988 年版，第 130 页。

卡莱尔认为，完美的诗人其实并不存在。所有人的心中都有诗人的气质，但任何人都不是完全由诗意塑造而成。当我们读一首诗的时候，我们全都是诗人。这种诗性的想象力虽然程度上弱一些，但本质上同但丁的才能是一样的。一个人身上开发出如此多的诗人因素，显得格外醒目，因此被称为诗人。被当作完美诗人的那些世界诗人，就是这样被批评家们确定的。这一区别有其随意性。

从语言角度看，真诗与非诗的差别在于音乐性。如果你的描述真正富有音乐性，不只是在口头上如此，而且在心中和实质上也是如此，同时在一切思想表达和整个概念上也是如此，那么你的描述就是诗，否则，就不是诗。诚如他本人所说：

> 诗中该有多少音乐！一个音乐的思想，是一个深入到事物的最内部核心的头脑所谈出的思想，这个头脑辨别出事物的最内部的秘密，即隐藏在其中的旋律，以及内在的一致和谐。这是它的灵魂，它靠之生存，并在这个世界上获得生存权利。我们可以这么说，一切内在的东西都是和谐的，都是在歌声中自然而然地表达出来的。歌的意义是深刻的。有谁能以逻辑的言词表达出对我们有影响的音乐呢？一种说不出来的深不可测的言语，把我们领向无垠的境界，并使我们有机会洞透它！①

卡莱尔认为，所有语言，甚至最普通的语言，都有某种歌的成分在里面。即使是某个地区的方言，也是当地人民唱出他们心声的节律或音调，也是一种歌曲。他总结说：

> 歌，这似乎是我们最核心的本质；好像其他所有的东西只不过是外表和果皮！这是我们和谐万物的首要因素。希腊人虚构了和谐的领域，这是他们对自然的内在结构的感觉。

---

① 托马斯·卡莱尔：《英雄和英雄崇拜》，三联书店 1988 年版，第 133 页。

> 所有大自然的声音和表达之灵魂都是完美的音乐。因此，我们把诗歌叫做音乐的思想。诗人是以这种方式思维的人。归根结底，诗仍然依赖思想的力量；正是一个人见解的真诚和深刻，使他成为一个诗人。①

应当看到，卡莱尔生活在一个动荡不安，充满变革的时代。对他而言，混乱的历史时刻需要英雄来控制那些侵蚀社会的力量。他虽然不否定经济和政治力量在解决社会动乱时的重要性，但卡莱尔认为只有精力充沛的个体才能力挽狂澜，控制时局，能将影响社会发展的各种力量导入正轨。卡莱尔式的英雄正是他通过对历史人物的想象而重新塑造出来的人物。他希望通过刻画历史的缺点和血腥，为现存的不完善的社会体系建立一种秩序和结构的意识。

无论是卡莱尔的一生还是他的作品，都充满波折与争议，但他仍是一位伟大的作家。在他的作品中，他成功预见了许多主要的政治与文化发展，譬如存在主义和后现代主义的某些特征。作为一位浪漫主义思想家，卡莱尔试图将浪漫主义对情感和自由的肯定，同对历史和政治事实的尊敬妥协结合起来。然而，更吸引他的则是英雄的独立斗争，而不是斗争的任何具体目的。卡莱尔是一位性格复杂、极具才智的思想家。他亲眼目睹了许多社会动荡，创造了影响社会的独特的自我表达方式；他强调精神价值在历史和现世中的重要性，并运用想象力来再现历史、针砭时弊，从而成为为维多利亚时代最有影响力的作家之一。

第五节　济慈论创作心理

济慈（John Keats，1795—1821）是19世纪英国浪漫主义诗人。他出身贫寒，是马厩主的儿子。童年丧父，母亲改嫁，由外祖母抚养成人。他曾在一个私人诊所当学徒，从那时起就开始写

---

① 托马斯·卡莱尔：《英雄和英雄崇拜》，三联书店1988年版，第134页。

诗，其间深受华兹华斯的影响。后来，他放弃外科医生的职业，专心致志地从事诗歌创作。

济慈是英国浪漫主义诗人中最有才气的诗人之一，他的诗作都是赞美大自然的和谐，向往古希腊的艺术美，其代表作包括《夜莺颂》（*Ode to a Nightingale*）、《希腊古瓶颂》（*Ode on a Grecian Urn*）和《秋颂》（*To Autumn*）等。从严格意义上讲，济慈并不是一位文学评论家或文学思想家，但在其短暂而生机勃勃的创作生涯中，他形成了许多对艺术的独特见解，给后人留下了许多宝贵的文学理论财富。济慈的文艺理论思想主要载于《海波里安》（*Hyperion*）以及后人所编辑的《书信集》中，构成了他对创作心理的独特见解。在这些见解之中，最著名的便是关于"否定能力"的思想和对想象力的论述。

一　"否定能力"说

"否定能力"（negative capacity）亦可译为"消极能力"或"负面接受能力"，此乃济慈为表达自己的文艺创作思想而提出的一个独特概念，其原话如是说：

> 种种事情在我的思想中相吻合，立刻使我看到：一个有成就的人，特别在文学上有成就的人，是具有什么品质而取得成就的。莎士比亚就具有这种品质——我的意思是说，一种否定能力，一种能够处于含糊不定与神秘疑问之中，而没有必要追寻事实和道理的急躁心情。①

---

① 《致乔治·济慈》1817 年 12 月 22 日。摘自《西方文论选》，上海译文出版社 1979 年版，第 60—61 页。英文原文为："Several things dovetailed in my mind, & at once it struck me, what quality it went to form a Man of Achievement especially in Literature and Which Shakespeare possessed so enormously - I mean Negative Capacity, that is when man is capable of being in uncertainties, Mysteries, doubts, without any irritable reaching after fact & reason." Cf. John Keats. *Selected Poems and Letters*. Boston: Houghton Mifflin Co., 1959。

济慈的"否定能力"说或许是受到柯勒律治的"否定信念"（negative faith）说的影响。柯勒律治认为"否定信念"只允许通过自己的力量，将形象呈现于作品，而不必借助于通过判断对它们的真实存在进行任何肯定或否定。济慈对这一观点加以扩展，提出"否定能力"说，认为这种能力是成就一个伟大诗人所必备的一种特质，因为这种能力是一种思考与感觉的能力，一种学习与包容的能力，一种节制与漠视的能力。如果不具备这种能力，那么任何对物质世界的洞察则将处于一种难以理解或枯燥乏味的困境之中。

济慈所言的"否定能力"主要表现在以下几个方面：

首先，从"否定能力"这一概念中，我们可以看出济慈的艺术思想主要偏重感性。他所说的"追寻事实和道理"指的是运用理性和逻辑思维方法来进行诗歌创作。但是在他看来，诗人应当注重感性体验，应该通过想象力、感觉和感情来写诗，而不是通过理性的思考来创作。他曾说过："我宁要充满感受的生活，而不要充满思索的生活……我一向不能通过逐步推理来知道那件事是真实的。"[①] 在济慈看来，诗歌的创作应如日出日落、树叶发芽一样自然；诗的创作不能依靠法则和公式，而只能依靠感受和敏感性本身。他认为，诗歌给人的快感同作品中强烈的悲剧性效果成正比，而不同它所提出的德行或从道德观点出发的好处成正比。

其次，"否定能力"涉及美与真的问题。在《希腊古瓶颂》中，济慈提出了"美即是真，真即是美"（Beauty is truth，truth beauty）这一著名的命题。在这里，济慈所提出的美，既包括感性的美，也包括对现实世界痛苦的沉思所产生的美。在其作品中我们可以看出，济慈深感美与欢乐都是稍纵即逝的，但他并不为此而悲观，因为他知道美与欢乐的价值正在于其短暂性。正如他

---

① 《济慈论诗书信集》，见《外国诗》第一辑，外国文学出版社1983年版，第264页。

在《忧郁颂》（*Ode on Melancholy*）中所描写的那样：

> 和她同住的有"美"——生而必死；
> 还有"喜悦"，永远在吻"美"的嘴唇
> 和她告别；还有"欢笑"是邻居，
> 呵，痛人的"欢笑"，只要蜜蜂来饮，
> 它就变成毒汁。隐蔽的"忧郁"
> 原在"快乐"底殿堂中设有神坛，
> 虽然，只有以健全而知味的口
> 咀嚼"喜悦"之酸果的人才能看见；
> 他的心灵一旦碰到她的威力，
> 会立即被俘获，悬挂在云头。①

　　济慈自小体弱多病，他 8 岁丧父，14 岁丧母，24 岁时刚刚订婚，便因染上当时为不治之症的肺痨而被迫与相爱多年的恋人分手，26 岁时终因痨病不治而客死罗马。济慈一生坎坷，死亡的阴影一直笼罩着他，凭借"否定能力"方能使他看淡世间的名誉，并使他从容地面对死亡。他生活在一个充满苦难的世界，但他并不梦想根除一切痛苦，因为他知道这种不可能实现的梦想只会使这个世界陷入更深的痛苦之中，并且坚信只有在痛苦的经历中才能塑造出伟大的灵魂。这种思想也体现在他笔下的人物身上。例如，在史诗《海波里安》中，只有当阿波罗看到生活的悲剧性一面后，才成为太阳之神和最高的诗神；也只有当他知道提坦人的失败之后，才认识到创造性的前进只有通过前一阶段的失败与毁灭才能实现。在济慈的眼中，现实世界给人更多的是痛苦与失望，但在他的笔下，这种痛苦却转化成了美学意义上的美。因为济慈认为，在艺术创作中，诗人的美感应当压倒一切，取消一切。也"就是说，对一位大诗人来说，美感是压倒其他

---

① 济慈：《济慈诗选》，人民文学出版社 1958 年版，第 95 页。

一切的考虑的，或进一步说，取消一切的考虑"①。在他看来，在美与真之间，美似乎比真更为重要。

关于诗人的个性问题，济慈提出了似乎与浪漫主义一般主张相悖的独特见解：

> 谈到诗人的性格……它不是它自己——它没有自性——它是一切，它又什么都不是。它没有性格——它欣赏光线，也欣赏阴影；它淋漓尽致地生活着，无论清浊、高低、贫富、贵贱。塑造一个牙戈和塑造一个伊莫经，在它是同样有兴致。道德哲学家所惊骇的，正是千变万化的诗人所心喜的。……承认这点，叫我难为情；然而这是事实：我所说过的东西，都不可以假定为从我真正本性中产生出来的见解——因为我根本没有本性。②

此外，济慈强调，客观现实中的一切对诗人来说都是重要的，诗人必须注意了解、观察和感受客观事物，"不断地充填别的事物"③。凡是在自己的题材中任凭幻想而海阔天空地飞翔和忘却自我的诗人，在从事创作的时候，总要尽一切努力来驱除个人秉性和一己好恶。很少有人能像济慈那样，彻底地从作品中清除了个人的希望、热情和原则。在谈到自己的创作情况时，济慈指出："我并非根据自己的思想在说话，而是根据某些人物的思想在说话，而我正生活在他们的灵魂之中。"④ 他认为，诗人不能只有自己，诗人的创作不能只是根据他自己的思想，也不能只是表现自我，而应根据他所描写的人物的思想来言说。

在书信集中，济慈所提出的"否定能力"是最为让人感到

---

① 《致乔治·济慈》1817 年 12 月 22 日，摘自《西方文论选》，上海译文出版社 1979 年版，第 60—61 页。

② 《致乌德浩斯》1818 年 10 月 27 日，同上书，第 65 页。

③ 同上。

④ 同上。

困惑的主题，但他使用"否定能力"一说的目的在于指出这是所有伟大的诗人所必备的特质，尤其是"一个在文学上颇有建树的人"所必备的特质。只有具备这种特质，人类才有能力存在于各种不确定的、神秘的和可疑的境遇之中，同时可以超越对事实与推理的枯燥追寻。因此，虽然"否定能力"中的"negative"一词在英语中具有"否定"、"消极"与"负面"等意思，但在济慈的思想中，它并不意味着否定性、缺乏性或是次要性，而是指人类包容各种情感的一种方式，一种既能控制他人又能控制自我的能力。

二 论想象力

论及文艺创作，济慈非常重视想象力的运用。他认为自己同拜伦的最大的区别是：拜伦描写他所看到的，而济慈则描写他所想到的，而想象要比观察困难得多。几乎所有重要的英国浪漫主义诗人都强调想象在创作中的重要性，济慈也不例外。在《希腊古瓶颂》一诗中，济慈似乎完全着迷于对这只古瓶的想象与沉思之中。而且他还发展了想象说，把想象力同真实等同起来。所谓"美即是真，真即是美"这行诗中的"美"，指的就是"想象力所捕捉住的美"。在1818年致班杰明·培莱的信中，济慈这样写道："我别的不能确定，但能确定内心感情的神圣性和想象力的真实性——凡想象力认为是美而紧抓不放的必是真实的。……想象力可以比作亚当的梦：他醒来时发现梦中的一切是真的。"

我们都属于物质世界，是物质世界构成的一部分，而且，我们常常被强迫去进行想象，想象那些远远超过我们的学识和理解范畴的东西。在济慈的诗中，存在着一种与众不同的特质，即济慈具备悲剧接受性的天赋。这种天赋是自莎士比亚之后，极罕见的天赋，这就足能够说明济慈，至少在一定程度上，属于唯我论者类型的诗人。他极具备捕捉个体性和自我的真实性，并且凭借想象的力量，感知一个超越自身理解范畴的外在世界。

纵观济慈的诗歌，其大部分都充满了对对立事物的强烈认知，其中包括人类生命中的喜悦与痛苦，幸福与悲伤，梦境与现实，分离与联系，对激情的沉迷与摆脱激情的渴望，片刻的感觉与永恒的艺术，生与死，等等。这些认知与情感虽然是通过对他人的人生观察所得到的，但济慈运用想象将所有这一切都转化成诗人自己的思想。这种思想是基于一种目睹别人经历而感同身受的体悟，是对人类各种经历在头脑中沉思酝酿后而转化成的一种自我思想。在济慈看来，生活在物质世界的人类势必满足于自身对幸福的渴望与追求。在这个世界上，快乐总是与痛苦紧密相连。这种快乐与痛苦的统一，是人类生存中最基本的现实。济慈在世俗中观察到这种统一，并通过自身的想象将其作为一种真理而欣然接受。

实际上，从另外一个角度考虑，济慈的"否定能力"说也正印证了想象力在文艺创作中的重要性。济慈 22 岁时创造了这一概念，当时他正痴迷于探索与思考的过程中。他经过一系列的尝试，最终创造出这一概念来描述诗人的"基本必要因素"。①这些尝试还涉及"乐观自然主义"、"经验的人文主义"、"怀疑主义"、"悲观主义"、"华兹华斯式的人道主义"、"谦恭与服从的能力"以及"非无功利性"等等。因此，"否定能力"最后成为济慈用来整合自然而然的诗性想象的概念。② 因此，在济慈最后的作品当中，他将这种想象的能力扩展成一种果敢而崭新的思想境地。在此境地中，独断的基督教教义遇到挑战，人的各种经历被赋予了全新的意义。

从某种意义上说，济慈比其他任何一个英国诗人都更具艺术家的气质。他的诗没有那种体现在穆尔或司各特作品里的爱国主义，也没有那种来自雪莱或拜伦作品中追求自由的启示；他的诗

---

① K. Muir. "The Meaning of 'Hyperion'", in K. Muir（ed.）*John Keats：A Reassessment*（Liverpool：Liverpool University Press，1958），p. 107.

② W. J. Bate. *John Keats*（Cambridge，Massachusetts：Harvard University Press，1972），p. 5.

是一种纯艺术，除去凭借想象力之外别无其他来源。济慈把想象喻为亚当的梦，醒来时发现梦境已幻化真境（真实之境）。他详尽论述了这种真实和通过连贯的推理得出的真知之间的区别，指出他所向往的生活是一种感性而非理性的生活，这正是理解济慈全部诗歌与其诗论的关键。

总体而论，浪漫主义强调想象和非理性，注重个性（特别是主观性和自我表现）和美善的两重性，突出民俗风情与传奇故事，结果大大拓宽了艺术表现的范围，同时也大大丰富了艺术表现的手法，这对后来的艺术发展和风格的多样化提供了更大的空间。不过，"浪漫主义艺术由于企图达到任何个人力量都不可能达到的一种超人类统一体，以致逐渐衰落，反以四分五裂而告终。可是一旦面临任何机械体系限制人类经验发挥作用的威胁时，浪漫主义的抗议就会继续出现"①。这一点无疑是跨越文化和民族疆域的，不仅适用于英国的浪漫主义，也适合于任何其他国度的浪漫主义。另外，英国浪漫主义者以其热爱或亲近大自然的特殊情怀，试图在模仿和表现大自然诗意的过程中，从中发现深刻的自我与灵性，寻求精神上的自由与超越，但却在一定程度上把自然美及其妙用有意夸大了，这在西方整个传统中可以说是一个异数。

---

① 参阅《不列颠百科全书》第 32 卷，国际中文版，中国大百科全书出版社2002 年版，第 357 页。

第十二章　法国浪漫主义美学

在英国、德国浪漫主义的影响下，法国浪漫主义形成于 19 世纪 20 年代。由于浪漫主义的理论根源来自法国的思想界（如卢梭等人），而法国正好直接经历了法国大革命前后激烈的思想震荡，因此，法国浪漫主义表现出更为鲜明的革新精神和政治色彩。在文学界，浪漫主义的代表作家有史达尔夫人、夏多布里昂和雨果等人；在绘画领域，主要的代表人物有德拉克洛瓦等艺术家。

法国浪漫主义美学的基本思想，大多蕴含在浪漫主义文学家和艺术家的创作实践与文评画论中。他们对个性的张扬，对想象力的推崇，对本土文化的热衷，对真善美的歌颂，对假恶丑的鞭挞，尤其是对封建教会的揭露与批判，对文学与环境之关系的比较分析和研究，对色彩和构图所进行的大胆尝试，都呈现出各自的独到之处，继而对新古典主义、唯美主义以及社会学美学思潮均产生了直接或间接的影响。

第一节　史达尔论文学

史达尔夫人（Madame de Staël，1766—1817）原名安尼·路易丝·日尔曼尼·奈凯尔（Anne Louise Germaine Necker），为法国知名批评家兼作家，是法国浪漫主义运动先驱。她本人出身名门，具有爱尔兰血统。其父雅克·纳克尔（Jacques Necker，1732—1804）是日内瓦的著名金融家，1777 年和 1788 年曾两度担任路易十六的财政大臣，力主经济改革，是资产阶级温和派的代表。其母纳克尔夫人所主持的沙龙在社交界颇有影响，是许多名流的聚会之所。史达尔夫人自幼聪慧过人，少女时代就频频参加沙龙的各种活动，有机会接触各界的知名人士。1786 年，她与瑞典驻巴黎外交官史达尔男爵结婚。

史达尔夫人 15 岁就开始写作小说、散文和诗体悲剧，通晓英语、意大利语和德语等语言。与同时代的许多人一样，她深受启蒙主义思想影响，并坚定地追随卢梭的浪漫主义和自由主义思想。她出版的第一本论著《论卢梭著作及书信集》（*Lettres sur les ouvrages et le caractère J. -J. Rousseau*，1788），高度颂扬了卢梭，尤其对卢梭的情感至上主义大加宣扬，充分显示出了她在评论方面的天分。她的小说崇尚个人热情，追求个性自由。在生活中，史达尔夫人同情法国资产阶级大革命并积极投身其中。雅各宾派当政后，她被迫于 1792 年逃离法国，在瑞士和英国寻求避难。三年后，史达尔夫人返回巴黎，并在巴黎开办了在政界颇具影响力的沙龙，这个沙龙后来成为资产阶级温和派人物的一个活动中心。史达尔夫人曾经崇拜拿破仑，但后来对拿破仑的独裁统治十分不满，她主导的沙龙聚会一度成为反拿破仑舆论的制造中心。1803 年和 1810 年，史达尔夫人两度被拿破仑驱逐出巴黎和法国。1816 年秋，史达尔夫人结束了她的流亡生活返回巴黎，第二年夏天逝世。

史达尔夫人所撰的《论文学》（*De la littérature*，1800）和《论德国的文学与艺术》（*De l'Allemagne*，1810）这两部文艺理论著作，为她奠定了浪漫主义运动先驱的地位。不仅如此，这两部作品还对 19 世纪的文学批评和日后实证主义流派的发展产生过巨大影响。除此之外，史达尔夫人的其他主要作品还包括《苔尔芬》（*Delphine*，1802）、《柯丽娜》（*Corinne*，1807）等小说和《论小说》（*Essai sur les fictions*，1795）、《论激情对个人幸福与民族幸福的影响》、《论终止革命的现实条件及在法国建立共和政体的原则》以及《流放的十年》（*Dix Années d'exil*，1818）等作品。

《论文学》全名是《论文学与社会制度的关系》（*De la littérature considérée dans ses rapports avec les institutions sociales*, 1800），共分两编，分别为《古代和现代文学》和《法国学术的现状及其将来的发展》。在该书绪论中，史达尔夫人开宗明义地指出："我的本旨在于考察宗教、风尚和法律对文学的影响以及文学对宗教、风尚和法律的影响。"① 在此过程中，将对"改变文学精神的伦理和政治的原因……进行充分的分析"，"试图叙述人类思想在哲学领域中的缓慢而连续的过程，及其在各门艺术领域中的迅速然而有时中断的成就"②。

一 南北文学与环境论

史达尔夫人认为，欧洲文学"存在着两种完全不同的文学，一种来自南方，一种源出北方；前者以荷马（Homer）为鼻祖，后者以莪相（Ossian）为渊源"。③ 史达尔夫人将英国、德国、丹麦和瑞典的作品归北方文学，认为北方文学源自苏格兰行吟诗人、冰岛寓言和斯堪的纳维亚诗歌，而把希腊、意大利、西班牙和路易十四时代的法国作品划归南方文学。史达尔夫人认为，莪相是 3 世纪传说中的苏格兰行吟诗人，他之所以堪与荷马齐名，被奉为北方文学的渊源，是因为他是一位最早具有北方诗歌特点的诗人。诗歌的特点可以反映出民族的不同性情。在史达尔夫人看来，北方民族感情强烈，崇尚想象，富有理性，气质忧郁；南方民族崇尚古典，情调欢快，贪图安逸。史达尔夫人在文中毫不掩饰他对北方文学的偏爱，尽管她声称不能泛泛地将两种类型诗歌进行优劣之分，但她也毫不掩饰自己对北方文学的偏爱。她盛赞北方诗歌中最为显著的忧郁特点，认为忧郁的诗歌是和哲学最为协调的诗歌；与其他任何气质相比，忧伤对人的性格和命运有着更为深刻的影响。史达尔夫人对于北方诗歌的分析，表明了她

---

① 史达尔夫人：《论文学》，徐继曾译，人民文学出版社 1986 年版，第 12 页。
② 同上。
③ 同上书，第 145 页。

的浪漫主义倾向。

史达尔夫人对南北文学分类的理论依据，是她所推崇的环境决定文学的思想。受阴沉的大自然和恶劣气候的影响，北方各民族具有丰富的想象力。北方文学喜爱海滨、风啸和灌木荒原的形象，因此自然而然地会在这些图景上产生哲学思考。她认为，我相诗歌的魅力就在于能够对想象引起震撼，并因此引起人们的深刻思考；而南方诗人则乐于将清新的空气、繁茂的树林以及清澈的溪流这样一些形象与人的情操结合起来。甚至在欢乐的时候，他们也不忘感谢使他们免受烈日照射的阴影的仁慈，周围生动活泼的自然界在他们身上激起的情绪往往会超过在他们心中引起的感想。因此，她认为，在南方，人们的兴趣更为广泛，但思想的强烈程度却远逊于北方，因为耽于安逸的诗歌与富有理性的思想是格格不入的。

史达尔夫人的这一观点源自孟德斯鸠的地理环境决定论。孟德斯鸠在《论法的精神》第三卷中曾如此论述过"法律和气候的性质之关系"：

> 人们在寒冷的气候下，便有较充沛的精力……例如，有较强的自信，也就是说，有较大的勇气；对自己的优越性有较多的认识，也就是说，有较少复仇的愿望；对自己的安全较有信任，也就是说，较为直爽，较少猜疑、策略与诡计……如果把一个人放在闷热的地方，由于上述的原因，他便要感到心神非常萎靡……他的软弱将要把失望放进他的心灵中去；他什么都要害怕，因为他觉得自己什么都不成。炎热国家的人民，就像老头子一样怯懦；寒冷国家的人民，则像青年人一样勇敢。……在寒冷的国家，人们对快乐的感受性是很低的。在温暖的国家，人们对快乐的感受性就多一些；在炎热的国家，人们对快乐的感受性是极端敏锐的。①

---

① 孟德斯鸠：《论法的精神》，商务印书馆 1978 年版，第 227—229 页。

　　显然，如史学家和批评家们所指出的那样，史达尔夫人将孟德斯鸠关于地理环境和气候对人们性格影响的分析，开创性地运用到文学领域。她还进一步分析说，由于受土地贫瘠和恶劣气候的影响，北方民族的生活缺乏乐趣，这使他们具有某种与生俱来的骄傲感和无法忍受奴役的性格，因而他们追求的最高目标是独立，诗歌中随处可见对自由的赞美；而南方民族由于生活环境优美，气候温和，因此他们比北方人惯于忍受奴役。她甚至指出，对艺术的热爱以及所有那些充分赐给南方民族的享受，可能是对他们忍受奴役的一种补偿。在后来论及"希腊悲剧"时，她虽对希腊的文学有所称赞，但又认为希腊人尽管卓越，但他们的消失却勾连不起太多的惋惜之情。

　　史达尔夫人认为，通过艺术来宣泄痛苦更能够唤起人们的自由、独立和改善自我的意识，这与浪漫主义的宗旨是一致的，这也是她偏爱北方文学的原因所在。尽管史达尔夫人对以希腊人为代表的南方文学的贬抑之词在当时引起了很大的争议，但她对北方诗歌中自由民族精神的颂扬则充分体现了史达尔夫人追求自由与独立的浪漫主义精神。

　　此外，史达尔夫人认为传统习俗也会对文学产生影响。她举例说，与南方妇女受奴役的境地不同，北方民族一贯有尊重妇女的传统，妇女的独立地位使得北方文学更具敏感性。在她看来，作家在表现深层感情时所使用的语言，必然会受到周围社会风尚的制约。某些近乎完美的北方诗歌不仅体现了作者的天才，同时也体现了当时的社会风尚。这些作家如果是在意大利，即使当他们感受到同样的激情，也恐怕写不出这样优秀的作品。

　　关于宗教对文学的影响，史达尔夫人认为，在北方民族入侵南方之后，基督教在使北方精神与南方风尚的融合过程中起了至关重要的作用，并且促进了文化的发展。比较说来，新教促使北方民族更具哲学精神。她拥护宗教改革，认为宗教改革可以有效地维护风尚的纯洁，促进人类走向完善。她的这一思想在当时颇为新颖大胆，完全脱离了 18 世纪哲学家们的观点而走上了新的道路。

二　介于古典与浪漫之间

针对 18 世纪热闹一时的"审美趣味与天才"之争，史达尔夫人提出了自己的看法，并借此对南北文学进行了进一步的比较。史达尔夫人指出，法国人批评北方文学缺乏鉴赏趣味，而北方作家认为鉴赏趣味纯属武断之举，导致思想感情丧失了最富特色的美。对此种说法，史达尔夫人认为正确的观点应介乎两者之间，道德原则应是评判各民族审美趣味的基本原则，但并非意味着为审美趣味而牺牲天才，因为高雅的文学趣味并不能取代才华。她明确表示，在循规蹈矩的作品和大瑜大瑕互见的作品之间，她更愿意选择有才气的作品。莎士比亚的作品在法国人眼里可能缺乏审美趣味，但其中所表现的才华却是无可否认的，尽管史达尔夫人发现莎士比亚的作品充斥着许多重复的、不连贯的形象。史达尔夫人在审美趣味上既追求文学作品中新颖的思想和奔放的情感，又不愿意放弃古典主义所坚持的审美趣味法则，这暴露了她（作为浪漫主义先驱）由古典走向浪漫的不彻底性和犹豫不决的态度，这一点与后来追求新异、挑战传统的浪漫主义文学家和艺术家又有着极大的不同。

在《论文学》中，史达尔夫人主要以北方文学与南方文学的划分来分析文学的差异。在 10 年后发表的《论德国的文学与艺术》一书中，她则从古典主义文学和浪漫主义文学的比较出发，进一步阐述了《论文学》中提出的南北文学的观点，更加明确了她作为一名浪漫主义者的立场。

《论德国的文学与艺术》主要介绍德国的风俗习惯、文化艺术和哲学思想。史达尔夫人在写作此书之前，曾分别于 1804 年和 1807 年两次访问德国。其间，她与包括歌德、席勒等人在内的德国思想家和文学家进行广泛的交往，为研究德国的语言文学、社会习俗和哲学思想积累了直接的经验和材料。比起《论文学》一书来，作者在写作风格和思想深度方面显得更加成熟。

史达尔夫人在书中从文学、语言和社会等几方面，对德国与法国进行了比较，批评拿破仑政府对文学和艺术自由发展的限制，赞扬德国思想和艺术发展氛围的自由。《论德国的文学与艺术》被拿破仑政府视为"反法兰西"的作品，在巴黎出版的当天就遭到销毁，直到 1813 年才在英国出版。该书当时为德国浪漫主义在法国和英国的传播起了非常重要的作用，并且对当时欧洲的思想和文学界产生了极大的影响。

在"论古典诗与浪漫主义诗"一章中，史达尔夫人首次批评了古典主义文学，赞扬了浪漫主义文学。她认为浪漫主义诗歌的兴起，是受中世纪行吟诗人、骑士精神和基督教义之影响的结果，而古典主义诗歌出现在基督教盛行之前，是以希腊和罗马为渊源的多神论的古代诗歌。史达尔夫人抨击古典主义诗歌一味遵循诗歌的规则，缺乏思想，只是停留在简单地叙述事件上，风格刻板而单一。而现代诗歌丰富多彩，更富有艺术表现力。她断言，就艺术性来说，古代诗更为纯粹，现代诗更为伤感。与南北文学划分的理论依据一致，史达尔夫人认为时代与宗教的不同导致了浪漫主义文学与古典主义文学的不同，但在新的时代不应再墨守古代文学僵死的规则：

> 对我们来说，问题并不是要在古典诗与浪漫诗之间作抉择，而是在机械模仿和自然启示之间作抉择。古代文学对今人而言是一种移植的文学；浪漫文学或曰骑士文学却是在我们自己家里土生土长的，使浪漫文学桃李竞放的乃是我们自己的宗教与制度。拟古的作家顺从趣味方面最严厉的戒律；根据此等戒律，古人的杰作便可顺应我们今日的意趣，虽然产生这些杰作的政治、宗教环境俱已变迁。但这些拟古诗，无论如何完美精湛，却不甚得人心，因为它们在当今毫无民族特色。①

---

① 史达尔夫人：《德国的文学与艺术》，丁世中译，人民文学出版社 1981 年版，第 12 页。

史达尔夫人在这里重申文学受社会、宗教等因素制约的观点，并以法国诗歌和英德诗歌为例作了进一步的比较。她认为，法国诗歌之所以不能在民间普及，是因为它是现代诗歌中最古典的诗歌，它并非是在法国"土生土长"的东西，只有少数有较高文化素养的人才能够欣赏；而莎士比亚的诗歌被英国各阶层的人欣赏，歌德的诗歌更被德国人谱成曲到处传唱。史达尔夫人的结论是，如果对古典诗进行模仿，那么既不会获得古代人在古代特有的环境下拥有的原始力量，还可能会失去我们的心灵在当代社会所能感受到的亲切复杂的感情。因此，在当时的社会环境下，浪漫主义文学是唯一具有生命力的、可以充实完美的和富有包容性的文学，它可以表现自己的宗教，可以引起人们对自己历史的回忆，是法国土生土长的文学，有着古而不老的根源。史达尔夫人颂扬自由的浪漫主义精神，反对机械地模仿古典，这无疑具有进步意义；但她将法国诗歌看作是外来的和缺乏生命力的文学，将浪漫主义文学看作是唯一可以拯救法国文学的途径，这无疑表露出较强的个人偏见和主观武断性。

在比较德国作家与法国作家的过程中，史达尔夫人断言：在法国，是读者指挥着作家，因此作家不敢违背社会规则进行创作；而在德国，作家我行我素，置读者于不顾，作品富有个性。她赞赏康德、席勒等人的作品中所承载的理想主义和理性精神，批评法国作家对低级趣味的迎合；赞美德国作家所具有的自由浪漫主义风格，批评法国人对德国文学所抱有的成见。她认为不同民族的文学各有特点，但她同时也批评德国文学内容隐晦、风格单一、缺乏风趣。史达尔夫人比较德、法两国文学在鉴赏趣味、文笔和风格等方面的不同和各自优劣时指出：德、法两个民族在文学、艺术、哲学和宗教领域之所以存在差异，主要是因为莱茵河的永久疆界分开了两个文化地区，使不同的文化就像两个国家一样互不相干。从德国人"孤独的头脑"和从法国人"社会的头脑"中形成的思想，外在事物给予人们的印象和由内在回忆而来的印象，以及抽象思维和理论的不同等等，可以使人们得出完全相反的结论。毫无疑问，史达尔夫人的这一观点与文学的社会环境决定论一脉相承。她认为，为了要在这两个国家内达到完善，就有必要使法国人更具有宗教感，使德国人变得更世俗一些。她建议两国文学应取长补短，这表明她试图在南方文学和北方文学之间"探索一条中间道路"的理想。的确，她本人还分析了实现这一理想的可能性，提出了各国天才应彼此尊重、相互理解而不应彼此报有成见和固守一隅的观点。不难看出，热心政治的史达尔夫人在浪漫主义艺术运动中看到了启蒙运动的影子。她试图通过艺术领域的革命，努力为遭受战争蹂躏后变得冷漠和沉寂的法国与欧洲探索一条新的道路。尽管史达尔夫人的观点过于理想化，但却充满了改革热情，为后来轰轰烈烈的浪漫主义运动揭开了序幕。

总之，在史达尔夫人的南北文学观背后，存在一种基本的思想。该思想认为若要彻底理解一种文学的历史，就必须把这种文学与创造这种文学的民族及其所处的社会环境和精神状态联系起来，并且要把这种文学置于当时的历史环境背景之下。这种思想虽源于孟德斯鸠，但是史达尔夫人开创性地将其运用于文学领域。此外，由于深受德国浪漫主义的影响，史达尔夫人在文学批评方面通常采用了历史主义和社会学的分析方法，这不仅奠定了浪漫主义的文艺理论基础，而且对后来西方文学理论的发展产生了深远的影响。譬如，丹纳在《艺术哲学》中所主张的文学由种族、环境和时代三种因素决定的理论，便被公认为是继承史达尔夫人文学思想的结果。在古典主义盛行的时代，史达尔夫人提出的南北文学观以及她对古典主义的无情批判和对浪漫主义的热情宣扬，无疑是大胆而新颖的。虽然她的论证和分析有着较强的主观武断性和个人偏见，但其学术价值却是无可否认的。正如当代比较文学法国学派的代表人物、史达尔夫人研究的权威学者保尔·梵·第根所言：史达尔夫人的"文学知识是不完全的、不均衡的；但她的论断，不论其价值如何，都是从她纯粹个人的印象，从她与作品的直接接触中，自发地迸发出来的，而未曾通过文学史著作或文学评论的传统见解这样一个媒介；这就说明为什么她的这些论断时有漏洞，也常有弱点，不过这也使这些论断具有清新的魅力"①。无论如何，史达尔夫人的理论已被公认为 19 世纪与 20 世纪文学史进步的起源，她努力从人类社会和民族环境来探讨决定文学艺术的内在因素，为后来蓬勃发展的实证主义奠定了理论研究的基础，并为她在文学史上奠定了永久的地位。

第二节　夏多布里昂论美与创作实践

夏多布里昂（Vicomte de Chateaubriand，1768—1848）出身于布列塔尼的一个没落贵族家庭。一度立志从事教会之职，后又放弃而从军，于 1786 年获海军上尉之职，从此有机会踏入巴黎的沙龙和文艺圈子，甚至有机会出入宫廷。法国大革命爆发前，他曾到美洲探险。美洲的荒野为他带来无尽想象，激起了他心底的写作欲望。1792 年，他在布鲁塞尔参加贵族叛乱，失败后流亡伦敦。其间写作《论革命》（*Essai sur les révolutions*，1796），以历史上各国革命与法国大革命相比较，论证革命的必然性。1798 年，得知母亲病逝前曾读到他的《革命论》，对他不信教颇感痛苦，于是夏多布里昂又转而成为基督教信仰的积极维护者，并开始写作《基督教的真谛》（*Le Génie du Christianisme*，1802）。由于迎合了拿破仑复兴天主教的意图和巴黎民众在大革命之后对恢复宗教生活的要求，该书一经出版，便大受欢迎。夏多布里昂由此受到拿破仑的赏识，被委以驻罗马大使秘书之职。后因不满拿破仑只是利用天主教的复兴来巩固其统治的政治动机，进而开始反对拿破仑，甚至拒绝在法兰西学院任职。波旁王朝复辟后，夏多布里昂再受重用，相继出任驻柏林和伦敦大使和外交部长之

---

① 史达尔夫人：《论文学》，徐继曾译，人民文学出版社 1986 年版，第 6 页。

职。1824年，因其一贯恃才傲物，刚愎自用，引起同僚不满，被国王解职。1828年，任驻罗马大使之职。晚年，他虽缠绵病榻，但仍忠实于濒临颠覆的波旁王朝。他的主要作品包括小说《阿达拉》（*Atala*，1801）、《勒内》（*René*）、《殉教者》（*Les martyrs*，1809）、《美国游记》（*Voyage en Amérique*，1827），以及自传式的《墓畔回忆录》 （*Les mémoires d'outre-tombe*，[*Memoirs from Beyond the Grave*]，1849—1850）和一些政论及散文。在反对古典主义的浪漫主义运动中，与代表着新兴资产阶级的史达尔夫人的主张不同，夏多布里昂代表的是法国大革命后贵族文学，他的作品弥漫着明显的消极主义倾向。

《基督教的真谛》为夏多布里昂在浪漫主义文学史上奠定了地位。在此书出版之前，他曾通过批评史达尔夫人在《论文学》中的观点来宣扬自己的思想。首先，他抨击史达尔夫人所崇尚的忧郁不是来自北方民族的精神，而是来自基督教义；其次，他声称自己与史达尔夫人的最大不同之处在于：他觉得耶稣基督无处不在，而史达尔夫人则发现看完美的可能性无处不在；最后，夏多布里昂认为人类的进步应归功于宗教，而史达尔夫人则认为应归之于哲学。他的观点在当时的评论界引起很大争议，褒贬不一。事实上，关于基督教对现代文学所产生的正面影响，夏多布里昂与史达尔夫人所持的观点不无一致之处。《基督教的真谛》一经发表，史达尔夫人的朋友、法国著名作家贡斯当就毫不客气地指出：尽管夏多布里昂几乎全面否定了《论文学》的价值，但他关于寓意、诗和古人情感等方面的论述，显然借助了史达尔夫人的思想。无论如何，《基督教的真谛》都因其独特的文学主张和流传一时的写作风格在浪漫主义文学史上占有重要地位。

一　文学主张

《基督教的真谛》共分四个部分。第一部分《教理和教义》，以自然的完美论证上帝的存在和信仰的必然。第二部分《基督教的诗意》，通过对比基督教影响下的文艺作品和异教作品、古代作品和现代作品，甚至荷马的作品与圣经，赞美基督教孕育下的文艺作品。第三部分《美术和文学》，通过描述绘画、音乐、雕刻、建筑、诗歌等，论证基督教的和谐。第四部分《信仰》，描述教堂装饰、祈祷、宗教仪式等，借以说明教会、传教对社会的有益影响。夏多布里昂试图以哲学论述、考证、旅行回忆、艺术评论和小说等丰富的写作形式，来说明基督教的完美和无处不在的巨大影响力，其美学思想和美学主张也在此书中得以充分彰显。

夏多布里昂主张文学源于宗教，文学应服务于宗教。这是他美学思想的出发点。在他看来，世界的一切都得之于宗教，几乎所有的科学和文艺，甚至于文明的进步都来自于宗教，其中基督教是最富有诗意、最人道、最有利于文艺发展的。他在论述文艺创作时指出：基督教促进了天才，纯净了趣味，活跃了思想，美化了情感，并赋予作家以崇高的写作形式和完美的楷模。他认为艺术与宗教是不可分割的，这在历史上的文学作品中随处可以找到佐证。甚至连《神曲》这样一部抨击天主教会的著作，夏多布里昂也认为其创作魅力正是来源于基督教，其不足之处在于时代和作者的不良趣味。在种种宗教中，为了论证基督教的唯一完美性和和绝对崇高地位，夏多布里昂将基督教出现前的古代诗歌和基督教出现后的现代诗歌加以比较。他毫不掩饰自己对其他异教的鄙视与排斥。他在比较荷马和塔索[①]时断言：撇开两位诗人的天才不论，塔索在《耶路撒冷》中所描述的人物形象，要远远高于荷马在《伊利亚特》中所描述的人物形象，其原因在于荷马笔下的英雄出自野蛮与多神教的结合，而塔索诗歌中的骑士是野蛮与基督教相冲突的产物。

---

① 塔索，T.（Torquato Tasso 1544—1595）意大利诗人，文艺复兴运动晚期的代表。擅长用浪漫情调写骑士业绩的长诗。后又作为宫廷诗人写牧歌剧。代表作是叙事长诗《解放了的耶路撒冷》（1575）。长诗以 11 世纪第一次十字军东征为背景，写戈特弗里德·布留尼统帅十字军从回教徒手中夺取耶路撒冷的故事。

二　论美

夏多布里昂最突出的美学思想是关于理想美的文学主张。他将理想美分为两种：理想的精神美和理想的物体美。所谓理想的精神美，是指在文学作品中通过掩饰人性某些弱点来实现的美；所谓理想的物体美，则可以通过巧妙掩藏物体的缺陷部分来实现。由此，他将理想的美定义为挑选和隐藏的艺术。在《基督教的真谛》中，夏多布里昂将《耶路撒冷》和《伊利亚特》两部作品中的主人公加以比较，指出以戈特弗里德为代表的骑士显得爽直、无私、合乎人情，而以阿伽门农①为代表的英雄则显得奸诈、吝啬、残暴，甚至侮辱敌人的尸体。在作品中，前者是因其道德而具有诗意，而后者则因其恶行而具有诗意。譬如，塔索所刻画的骑士形象是完美的战士楷模，而荷马所表现的英雄人物则形同怪物，在分析比较过程中夏多布里昂表示，是基督教为塔索的作品提供了理想的精神美或理想的性格美。在夏多布里昂那里，最高的理想美只能来自于基督教。

关于作品中理想的美的体现，夏多布里昂指出，艺术家应对事实进行不断的隐藏或挑选，删除或增加，以逐渐找到一些不再同自然一样，但比自然更完美的形式，最终实现理想的美。他运用社会分析的方法，对古代诗歌和现代诗歌的描写方法和描写内容做了比较，试图说明社会发展和人们需求的增加使艺术的隐藏或挑选成为必要：

> 与自然接近的人，例如野蛮人……在他们的歌中，他们满足于把他们所看见的东西忠实地表现出来。由于他们住在旷野之中，他们所描绘的图景是壮丽而单纯的。在里面找不出恶劣的趣味，可它们毕竟是单调的，它们所表现的行动不能臻于英雄主义的境地。

---

① 《伊利亚特》中的主人公。

荷马的时代已经离这样的原始时代远了。当一个野蛮人用箭射穿一只鹿，在森林里把它剥了皮，放在燃着的橡木火上烧烤，在这些习俗当中，每一件都是富有诗意的。然而在阿喀琉斯的帐幕里已经有盆、烤肉叉、罐子。如果再多一些细节，荷马就不免有描写琐碎之讥。要免于描写琐碎之讥，他就会开始隐藏一些东西，而走上理想的美的道路。[①]

夏多布里昂尽管推崇超越现实的美，但也没有勇气完全脱离真实，于是转而解释说：如果在各方面都过分脱离实际和宗教，就不能忠实地表现生活和内心的奥秘。在他看来，只有骑士精神才能够把真实与虚构完美地结合起来。这便使诗人可以在无损趣味的情况下，如实地描绘无须隐藏和挑选的古老的城堡、大宅、战斗、比武、行猎以及号角声声和刀剑铿锵等真实的生活场景；另一方面，基督教为诗人提供了完美的英雄形象，无须再描绘那些有缺陷的自然人。在夏多布里昂眼里，真实与理想是诗的两个来源，而理想只有通过基督教才能实现。这样，他对艺术及美的论述最终又归于他颂扬基督教的目的。如他所言：一个社会只有达到理想的精神美的境地，才能实现道德的充分发展，而实现这一切的前提是接受基督教精神的影响。这种把真实与虚构巧妙结合起来的文艺主张，虽然具有一定的合理性，但有关理想美的总体论述则基于逃避现实缺陷、完全将精神奉献于基督祭坛的消极浪漫主义思想。

三　创作实践与评述

同史达尔夫人一样，夏多布里昂反对在文学创作中遵从古典诗学的绝对标准。不同的是，在文学的题材和内容方面，夏多布里昂反对资产阶级启蒙运动所倡导的理性，而是提倡文艺描写心

---

① 蒋孔阳编：《十九世纪西方美学名著选》英法美卷，复旦大学出版社 1990 年版，第 326 页。

灵活动，因为来自心灵的神秘远远高于理性。在《论神秘的性质》一章中，夏多布里昂声称，再没有比神秘的事物更美丽、动人和伟大的东西了。他认为感情、友谊、道德、思想、天真，甚至空旷的原野等等美丽动人和伟大的东西，都包含着看不见的奥秘，而上帝是自然界中最伟大的神秘，神秘则是信仰的基础。可见，夏多布里昂所宣扬的基督教的超自然力量，无非是想将基督教摆在绝对的位置上，让人们感到信仰基督教是生活中再自然不过的事情。

同史达尔夫人一样，夏多布里昂也崇尚忧郁，认为忧郁是文学的第一要素。不同的是，史达尔夫人将忧郁视为受到北方民族所处的自然环境和气候之影响的结果，而夏多布里昂则认为是基督教促动了忧郁的倾向，忧郁是人们内心向往与追求上帝与天国的外在表现。他主张美的文学作品应是对忧郁心理的描述，应追求对孤独感的刻画。在他自己的作品中，主人公常常喜欢独自在古堡、旷野和废墟间徘徊冥想，文字间流露出作者对坟墓、废墟、人生虚无和命运无常之感的喜好和欣赏。作为消极浪漫主义的开创者，夏多布里昂所提出的忧郁、孤独和复古情调，后来演变为兴盛一时的消极浪漫主义文学的典型特征。

《基督教的真谛》包含了多种写作手法，夏多布里昂在书中穿插了两部小说《阿达拉》和《勒内》，借以说明他的思想和主张。

《阿达拉》主要描写爱情与宗教发生冲突，最终宗教战胜爱情的故事。印第安部落酋长的女儿阿达拉爱上了异教徒沙克达斯，但由于信奉基督教的母亲死前曾立下誓愿，要阿达拉信奉基督教并献身天主，阿达拉未敢违背。因此在对爱情和信仰的两难抉择中，阿达拉最初选择了与沙克达斯一起出逃，以示自己对爱情的忠贞。但她最终难以接受自己对宗教信念和母亲誓愿的违背，而选择了死亡。阿达拉临终前，传教士奥布里对她进行说教，宣扬天国的美好，使她在幸福和对天国的向往中死去。阿达拉的行为感动了沙克达斯，使他最终皈依基督教。基督教至高无上的地位乃是《阿达拉》中所宣扬的主题。该小说的背景是远离法国的北美印第安人部落，主人公是已接受了欧洲文明熏陶、带有明显的欧洲色彩的印第安人。主人公身上体现了爱情与信仰的矛盾，随着矛盾的展开与激化，小说最终以主人公殉道的方式来维护宗教信仰和解决内心矛盾。在他的笔下，宗教最终战胜了爱情，虽然以个体生命为代价，但却使野蛮人改变了信仰，得到了教化。夏多布里昂借此歌颂了基督教的神圣，抨击异教的野蛮，讴歌了殉道者的精神。

《勒内》描写的是一位没落贵族青年勒内的命运。勒内自幼缺乏家庭温暖，与姐姐相依为命。成年后，与姐姐产生了有悖伦理的畸形恋情。姐姐后来病逝于修道院。为了摆脱愁闷的心境，勒内出国周游，暂居于北美的印第安部落。夏多布里昂自认为这部小说是根据自己的经历写成的，勒内就是夏多布里昂的化身。勒内同时也是法国大革命后没落贵族的代表：忧郁、孤独、厌世、焦躁不安、四处漂泊、对人生充满抱怨，沉溺于冥想而留恋于死亡和荒凉残破的景物。作者借此集中地表现了贵族人物经过大革命后丧失了已有的一切后，在现实生活中找不到自己位置时的那种悲观绝望的精神状态。由于夏多布里昂所刻画的"勒内"形象在当时颇具代表性，因而迅速得到了读者的认同，与勒内类似的文学形象在法国文坛流行一时。

夏多布里昂的另一部较为重要的著作是他晚年时期完成的自传《墓畔回忆录》（*Les mémoires d' outre-tomb*，1850）。书中记录了他的童年和青年时期的生活、他的文学生涯以及政治生涯。该书将自己描绘成一个英雄人物，对自己的一生极尽美化之能事，甚至与拿破仑相提并论。其卖弄和浮夸的写作风格，使人们对记述的真实性颇感质疑。这部作品的真正价值，只不过是从某个角度为研究法国复辟王朝时期提供了一些历史资料而已。

夏多布里昂的作品刻意追求文体的多样和辞藻的华美，喜欢以异国的故事背景来衬托故事情节的神秘性，无疑开创了浪漫主义文学新的文风。他的这一文风对同时代的年轻作家，特别是拉马丁和维尼，起了极大的影响作用。马克思曾对夏多布里昂作品的风格和内容提出批评："这个写起东西来通篇漂亮的家伙，用最反常的方式把18世纪贵族阶级的怀疑主义和伏尔泰主义同19世纪贵族阶级的感伤主义和浪漫主义结合在一起。自然，从文风上来看，这种结合在法国应当是件大事，虽然，这种文风上的矫揉造作有时一眼就可以看出。"① 关于夏多布里昂其人，马克思也做过如下评论：

> 这个作家我一向是讨厌的。如果说这个人在法国这样有名，那只是因为他在各方面都是法国式虚荣的最典型的化身，这种虚荣不是穿着十八世纪轻佻的服装，而是换上了浪漫的外衣，用创新的辞藻来加以炫耀；虚伪的深奥，拜占庭式的夸张，感情的卖弄，色彩的变换，文字的雕琢，矫揉造作，妄自尊大，总之，无论在形式上或在内容上，都是前所未有的谎言的大杂烩。②

然而，无论历史对夏多布里昂做出何种评价，他对于浪漫主义运动发展的影响都是无可辩驳的。首先，他代表贵族阶级举起反对启蒙思想的大旗，重树了基督教的权威，并以此作为文学艺术最高原则，建立了浪漫主义的美学思想。与同时代的作家相比，他的独特之处在于：借助理论的说教和形象的艺术描绘手法来论证和赞美上帝的存在。他通过对海洋、山岳、森林、北美洲的落日景象、宁静的月夜、荒凉的城堡等景象的描述来论证上帝的存在，通过对教堂的建筑以及基督教的诗歌、音乐和绘画的细致描述来赞美上帝的和谐与诗意，从而唤起人们对基督教之美的向往，促进了贵族阶级浪漫主义文学对自然美的描绘。与描绘自

---

① 马克思：《1854年10月26日给恩格斯的信》，见《马克思恩格斯全集》第28卷，第401页。

② 马克思：《1873年11月30日给恩格斯的信》，见《马克思恩格斯全集》第33卷，第102页。

然美的先驱卢梭等人相比，夏多布里昂借文学之笔，将没落贵族的伤感情怀深深融入对自然景色的描绘中。其次，夏多布里昂以华丽的辞藻和浓郁的诗意，表现了人物的孤独感、忧郁感、阴暗的心理以及落落寡合的情怀，创立了用华美的语言来表现腐朽内容的写作方式，从而给消极浪漫主义文学提供了具有典范意义的艺术形象、表现形式和情调。著名的勒内"世纪病"形象，在某种意义上成为夏多布里昂写作的代言人；同时，勒内也成为在社会中无法定位、与社会格格不入的落魄之人的代表。有许多同时代的写作者以夏多布里昂为榜样，纷纷效仿他的写作风格，甚至青年时代的雨果也曾对夏多布里昂的作品很是着迷。由此可见，夏多布里昂对浪漫主义文学运动的影响是十分广泛的。

第三节 德拉克洛瓦论艺术

德拉克洛瓦（Eugène Delacroix，1798—1863）是 19 世纪浪漫主义绘画运动中最伟大的画家之一。他的父亲理查·德拉克洛瓦是卢梭的崇拜者，曾做过律师，后来积极投身法国大革命，并出任国民议会代表，是路易十六死亡令上的签字人之一，后担任过外交部长、驻荷兰大使及省长等职。德拉克洛瓦的母亲出身于著名的工艺匠人之家，祖上有荷兰人和德国人的血统，她的弟弟H. F. 莱什纳曾是当时著名的画家大卫的门生。德拉克洛瓦自幼受过良好的教育，曾与同时代的著名画家席里柯在巴黎皇家高级中学（即后来的路易学院）就读，后与席里柯同在著名的葛兰（Pierre Guérin）画室习画。德拉克洛瓦对文学颇感兴趣，十分欣赏莎士比亚和拉辛的作品，很早便在沙龙里结识了著名的作家巴尔扎克、司汤达、乔治·桑、波德莱尔、梅里美等人，他的才华尤其受到波德莱尔和左拉的赏识。德拉克洛瓦早年还曾潜修音乐，最喜欢莫扎特的音乐，对同时代音乐家肖邦的演奏也颇为欣赏，并与其过往甚密。

德拉克洛瓦一生精力充沛，才气过人。作为画家，他留下近万件作品，其中有 1000 幅油画，7000 幅素描，500 多幅色粉笔画和素描以及几套石版组画和 6 大套壁画，其中为后人所熟知的主要作品有：《但丁与维吉尔》（1822）、《希阿岛的屠杀》（1824）、《自由领导着人民》（1830）、《阿尔及尔的妇女》（1843）等。此外，他还留下了大量关于艺术、政治和生活的评论性文章，主要见于他从 24 岁时就开始撰写的日记和后人收录的论集，即集中反映他美学思想的《德拉克洛瓦论美术和美术家》一书。这些作品为后来的人们研究他的创作思想和他所处时代的文学艺术以及当时的社会状况提供了非常宝贵的资料。

一　古典主义批判

作为浪漫主义绘画运动的先锋，德拉克洛瓦的艺术创作思想集中体现在他对学院派古典主义美学思想的批判上。他公开反对古典主义恪守形式及其教条的创作主张，抨击学院派古典主义以希腊艺术为最高创作标准的主张，大胆指出希腊的美并非永远是唯一的美，古人留下来的雅典娜、维纳斯、斗牛士和其他作品并非创立了永恒的美的规则和标准。因为，在德拉克洛瓦看来，并不存在代代相传的绝对的美的法则，美并非像一个农场那样，仅凭继承权就可以移交的，美产生于坚持不懈的劳动和不断的灵感之中。他主张在艺术创作中张扬个性，抒发情感，宣扬创作的创造性，认为人们不应将心灵最纯洁的快感所形成的美禁锢在严格的限制中，应在周围的生活中寻找美。如他所言：

> 我不认为，上帝只让希腊人创造那种应该为我们这些北方人所喜爱的东西。那怎么样呢？也没有什么！更糟的是，眼不想看，耳不想听，理智不想认识，因而也不想享受！这种享受的无能，是完全和创造伟大的东西的无能相适应的！①

---

① 德拉克洛瓦：《论美》，见《德拉克洛瓦论美术和美术家》，平野译，辽宁美术出版社 1981 年版，第 254 页。

因此，在德拉克洛瓦看来，仅凭学习古典美的传统是不会创造出伟大作品的。那些使人们情不自禁地感受到美的作品，绝不可能产生于普通传统，而只能来自那些勇于推倒陈腐学说的天才们的创造。他指出，一切伟大的画家，都是根据自己的爱好运用色彩和素描的，他们在所描绘的对象以及自己的深刻感受中，同时汲取着率真的灵感，表达出每个人都可以接受的感情。

史达尔夫人对文学发展的分析是受当时流行的实证主义之影响，德拉克洛瓦亦然。他断言：艺术的产生是与社会生活、历史环境紧密联系在一起的，必然随着社会生活、历史环境的改变而改变。美的理想是会随时代的变迁而改变的，无论赖以建立自己理论的那套原则怎样巩固，最终都不可避免地会遭到改变或被超越。德拉克洛瓦甚至认为美的理想的改变是有规律可循的。在他看来，美的理想每隔二三十年就会改变一次。

德拉克洛瓦相信存在着真正崇高的美的理想，而且这种理想是永恒不变的。由于受社会生活和历史环境的影响，这种美的理想会以无尽多样的形式表现出来。德拉克洛瓦借古埃及的建筑以及一些古代遗留下来的绘画雕刻作品说明，在古希腊和罗马的那些杰作出现之前很久，人类各种各样的文明就创造出了多样的美的作品。他赞叹人类天才的无穷无尽，指出不同的民族和地区，不同的宗教，甚至是不同的气候都会对艺术的内容、风格和表现方式产生不同的影响。巴黎的居民可能会认为骆驼的样子可笑，而东方人则会盛赞骆驼，称它为沙漠之舟，诗人们甚至会将情人优雅的步态比作骆驼的有节奏的步伐；而在巴黎动物园并不受宠的长颈鹿在非洲的大草原上也会显出它异常的美丽来。德拉克洛瓦分析说，习以为常的生活氛围使人们的见识变得狭隘，因此人们对人类和大自然创造物的判断与情感都会显得不合理和过于自信。他推崇朴素的美，强调美的源头来自于大自然，认为那些居住在城市的居民所具有的美感不及住在丝毫不懂文明财富之地的半野蛮居民。久居城市的居民只能靠艺术家和诗人的想象才能得到美，而那些未开化的半野蛮居民们在游牧生活中，每走一步都会遇见美，因为他们更容易被宏伟的景色和他们易懂的诗歌所感动。关于美的表现方式，德拉克洛瓦认为，文学、绘画、雕塑各具特点，不应厚此薄彼。他反对当时绘画同雕塑相竞争的风气，认为它们在表现不同的主题方面各具特点；他称赞古代雕塑的完美，但也指出雕塑无法表现拉斐尔作品中圣母腼腆的目光和纯洁绯红的面庞。德拉克洛瓦批评那些凭着对古典雕像的热情，机械地把古典雕像作为绘画对象的艺术家们的做法。德拉克洛瓦关于美的多样性的观点，将矛头直接指向了言必称古希腊的学院派，从根本上体现出他的浪漫主义立场。

德拉克洛瓦虽然大肆抨击学院派的古典主义，但这并不意味着他全盘否定古典作品。事实上，他非常喜爱古典作品中所渗透出的对完美性的无尽追求，这也是他在绘画中追求的最高目标。他虽然与以安格尔为首的教条的古典主义者们进行激烈的论战，但他同时也毫不掩饰地赞赏安格尔的素描画。德拉克洛瓦客观地比较了他的作品与安格尔作品，认为安格尔是通过不断涌现的轮廓来使线条逐渐聚合成形，而德拉克洛瓦则从突出的东西着手，最后产生轮廓，因此安格尔的画往往表现的是静态美，德拉克洛瓦则通过动作、线条、调子和色彩所形成的强有力的对比来表现生命力。这显然与他重内容甚于重形式的主张是一致的。他坚持认为真正的艺术家并不在于对形式的掌握，而是注重如何运用形式将思想表现出来。他举例说，尽管苏格拉底的头部轮廓线并不理想，但是它里面包含着的理想和高尚，足以使人忽视轮廓线的不足。

在德拉克洛瓦看来，对于古典作品，真正的艺术家应懂得在其中学习那些优秀的东西，然后赋予作品以创作者个人的情感与风格。关于对古典作品的模仿，德拉克洛瓦认为存在着几种不同的表现方法：有的人只知单纯地模仿，甚至是肢解那些伟大的作品，把别人的成果据为己有，窃以为是汲取了灵感；另一种人是以自己老师的眼光和画法为最高指导去模仿，一味地墨守成规，完全没有理解古典作品的优点所在；第三种就是在模仿古典作品的同时，创造性地发挥个人才能。德拉克洛瓦认为拉斐尔是第三种模仿者的典型代表，因此大加赞赏：

> 他［拉斐尔］虽然具有天生的难得的想象力，但却从来不忽视旁人的帮助。他研究古希腊罗马的艺术，并且研究意大利最伟大的先辈美术家的艺术，可以说他是把自己的才能装进了别人的伟大和美的源泉，从而更新了自己。……我所指的是，他那模仿能力，他不仅从古典作品中，而且从他同时代画家的创作中，汲取大量优点的能力。[①]

德拉克洛瓦认为米开朗琪罗也是一位善于从古典作品中汲取长处的艺术家。他指出，米开朗琪罗也曾对古希腊、罗马的雕像甚为崇拜，但这种崇拜丝毫没有改变他的创造性和天才气质，他称赞年轻时期的米开朗琪罗已经"在创造上达到古典雕刻的完美的境地"[②]。德拉克洛瓦不无嘲讽地说，如果认为是古典风格确定了艺术的界限，如果把艺术的范围限制在绝对准确之中，那么米开朗琪罗的地位将无法确定，因为他向来构图奇怪，线条夸张。但事实上，米开朗琪罗的绘画和雕刻中所透露出的生命力和强烈的震撼力是无人可比、无可置疑的。

二　论独创性

作为一名浪漫主义的艺术家，德拉克洛瓦宣扬艺术创作中的独创性。他认为只有具有独创性的天才，才具有真正的朴素，他曾盛赞拉封丹在作品中体现出的独创性：

> 但愿赞美人的时候，他是一个独树一帜的人。正是这种

---

① 德拉克洛瓦：《论美》，见《德拉克洛瓦论美术和美术家》，平野译，辽宁美术出版社1981年版，第42页。

② 同上书，第55页。

> 独创性，这种个人的独创性，使一切伟大的艺术家或者诗
> 人，使我们陶醉。难道这是似是而非的断言？他们所揭示的
> 事物的新的方面，使我们喜爱和赞叹，在我们心中产生美的
> 印象（尽管美还有其他表现），成为一切时代的财富，受到
> 世世代代的崇敬。①

显然，他主张真正的艺术大师应该自由地发挥个性，不必去迎合
讨好那些世俗的评论家。在谈到拉斐尔的作品时，德拉克洛瓦认
为拉斐尔并没有实现最大可能的完美，但他在作品中渗透出的独
特的优雅品质掩盖了作品的其他种种缺陷，并使他的作品有着惊
人的吸引和魔力。只有创作者本人才能赋予作品以真正的价
值，绘画主题只是画家借以表达自我的媒介而已。德拉克洛瓦借
此对批评家们展开批评，指出那些对米开朗琪罗的壁画和雕塑指
手画脚的批评家们是平庸的，因为米开朗琪罗借以表现力量的正
是那些夸张的轮廓和线条所形成的对比，米开朗琪罗的天才表现
就在于他突破了传统的规则。德拉克洛瓦进一步分析说，大师们
的创造性就在于他们具有非同一般的审美趣味，而审美趣味是从
美的多种形式中发现永恒美的唯一途径，审美趣味使得大师们得
以借助想象力创造出美来。

德拉克洛瓦在自己的艺术创作中也实践着他的理论主张。在
绘画领域，他的声誉主要来自他对色彩的独特运用。他用色大
胆、新颖，善于通过极富表现力的色彩来表现主题，即便同时代
那些对他素描的准确性素有微词的批评家们也承认这一点。德拉
克洛瓦认为色彩是一幅画中最主要的美点，画家在开始作画前就
应予以考虑。他在绘画中对纯净而强烈色彩的追求与偏爱，显然
曾受到丹纳绘画理论的启发。在丹纳看来，过去的画家过于因循
守旧，都未能果断大胆地呈现出大自然令人愉快的鲜亮与艳丽，

---

① 德拉克洛瓦：《论美》，见《德拉克洛瓦论美术和美术家》，平野译，辽宁美
术出版社1981年版，第273页。

他鼓励对新异色彩的运用。有鉴于此，德拉克洛瓦将实现对色彩的完美运用作为自己一生的绘画追求。在绘画过程中，他花费了大量的时间和精力来调制新的色彩，他的好友、著名诗人波德莱尔，称他的调色板为"一束色彩十分协调的鲜花"。① 1822 年，他在沙龙展出了《但丁与维吉尔》一画。由于对色彩的大胆运用，这幅画立刻引起人们的注意，并使他在当时的新绘画运动中占有一席之地。赫·威灵顿在他所编写的《德拉克洛瓦日记》的前言中称，这幅画在形式上继承了米开朗琪罗夸张地运用线条和比例来表现思想的优点，同时，它所运用的色彩也凸现出对传统色彩的挑战。新绘画运动的发起人之一、著名画家格罗对此画大加赞赏，甚至认为这幅作品超过了鲁斯本的绘画。不过，这幅画同时也遭到许多批评家的强烈指责。1824 年，他创作了他的第二幅惊人之作《西奥岛的大屠杀》。该画以表现 1822 年土耳其侵略军对希腊平民的暴行为主题。在画中，他大胆抛弃了传统的晦暗而无效的土色，代之以强烈的色彩，并以豪放的笔触强调了色彩的力度。毫无疑问，《西奥岛的大屠杀》遭到学院派的猛烈抨击，甚至对他颇为欣赏的格罗也评论这幅画是"对绘画的屠杀"。新印象派的著名画家、美术理论家保尔·西涅克认为，《西奥岛的大屠杀》标志着德拉克洛瓦与一切官方传统和学院方法的彻底决裂，并称他为色彩新纪元的开创者。的确，这幅画堪称是德拉克洛瓦为浪漫主义绘画运动扯起的一面旗帜，它对后来的印象派绘画风格乃至现代绘画都产生过巨大影响，凡·高和高更等人都曾对德拉克洛瓦十分推崇，并在画风上深受他的影响。

三 论美与实用的分野

德拉克洛瓦赞同康德将美同实用加以区别的主张。在人们内心，"美"是永恒追忆的寄托，实用是不能与美等同的。有营养

---

① 保尔·西涅克：《从德拉克洛瓦到新印象派》，闵叔骞译，人民美术出版社 1987 年版，第 22 页。

的蔬菜对于人类生存来说是十分有用的，但不能就此说蔬菜比野花和森林更美，否则人们就会用蔬菜来装饰神的祭坛，而不是用花。因此，他反对在审美的过程中渗透道德说教等实用目的。在他看来，艺术并不承担道德训诫者的职责，艺术的任务是使人的精神高尚起来，而不是教训人：

> 当然，一切美都产生崇高的情感，而这些情感激发人们的美德；但是过分露骨的教训，必定破坏艺术作品的自由印象；因为，一旦目的成为人所皆知的时候，不论这目的是什么，它便会限制和束缚想象力。①

他进一步解释说，康德并不是否定道德的价值，而是表明赞美应该是无私的，同时，艺术所带来的美与完善的力量可以阻止人们滋生作恶的想法，并且，这种力量高于一切纠正恶行的企图。因此，艺术应该首先通过引起观众的兴趣来实现使人精神高尚的目的。这种兴趣不仅在于对视觉的满足，而且在于引起观众的心灵震撼。德拉克洛瓦称其为"思想的伴奏"，认为通过这种伴奏才可以使人产生愉快而崇高的情感。

德拉克洛瓦还指出，艺术家的目的并不在于准确地再现自然，而在于以相应的手段来表现自然的最一般印象，而后将其传达到观众的意识中去。在理智参与的欣赏过程中，观众会对视觉印象加以选择并与个人经历相联系，使人在不同的时候对同一景象产生不同的印象。因此，他反对在作品中以过分堆砌细节来实现写实，认为这样只能导致枯燥的结果，主张真正的艺术家应像米开朗琪罗那样具有概括和选择的才能。德拉克洛瓦最具代表性的作品《自由领导着人民》，就体现了他的这一创作思想。这幅画取材于 1830 年法国七月革命事件，描述了巴黎的一次街垒战。

---

① 德拉克洛瓦：《写实主义和理想主义》，见《德拉克洛瓦论美术和美术家》，平野译，辽宁美术出版社 1981 年版，第 296 页。

德拉克洛瓦以红色为主要色调，仅用了五六个主要人物就表现了激烈的战斗场面，画面气势磅礴，结构紧凑，充分体现了他天才的艺术概括与艺术夸张能力。德拉克洛瓦反对直接模仿或再现大自然，主张在绘画中通过对自然对象的概括与夸张来表现情感。这不仅与学院派的传统针锋相对，而且对追求情感与思想表现的后期印象主义者产生了深刻的影响。

德拉克洛瓦还对多样的艺术表现形式进行了比较，认为绘画可以激起人们的特殊的情感。在这方面，绘画优于其他艺术表现形式。他把由不同的色彩安排、明暗转换及线条结构所体现出的画面和谐，称之为绘画的音乐，并认为这种绘画音乐即使是在一定距离之外也能够触动心灵的最深处，与人的灵魂进行交谈，真正地将人们带到感情世界中去。他甚至将文学比作是一种饶舌的艺术，认为它所表达的情感是模糊的，不直接的，而它的创作形式是机械的。他给予音乐的艺术表现形式以很高的评价，欣赏肖邦、莫扎特的音乐，并将音乐的艺术表现形式有机地运用于绘画。他反对绘画与文学竞争，认为二者的表现手法不同，无须互相借用。倘若将文学的表现手法运用于绘画，那只会导致平铺直叙和累赘的细节描写。无疑，德拉克洛瓦对于绘画艺术的分析有着独特的视角，但将绘画艺术看作是最高艺术表现形式，而贬低其他艺术表现形式（尤其是文学）的观点，则又是片面而武断的。

德拉克洛瓦一生追求艺术的高尚、崇高与伟大，堪称浪漫主义艺术家的典范。当同时代的人们将他归到浪漫主义大旗之下时，他对此的看法是："如果认为我的浪漫主义是意味着自由地表达个人的感受、不墨守成规、不喜欢教条的话，那么，我不仅承认我是浪漫主义者，而且还承认自我十五岁起，当我喜爱普吕东和格罗甚过于葛兰和席罗德的时候开始，就已是个浪漫主义者了。"①

---

① 赫·威灵顿：《引言》，《德拉克洛瓦日记》，李嘉熙译，人民美术出版社1981年版，第11页。

第四节 雨果论美与丑

雨果（Victor Hugo，1802—1885）出生在法国的贝尚松，是法国浪漫主义文学运动的领袖，也是法国文学史上最负盛名的作家之一。其父在拿破仑时期任将军，曾转战南欧，其母是波旁王朝的坚定拥护者。雨果幼时随父亲的部队到过西班牙和意大利，并在西班牙接受小学教育。他在中学时代就对文学发生了浓厚兴趣，15 岁时就开始尝试写作。受母亲影响，他十分崇拜夏多布里昂，最初的文学活动大都有着保皇主义的倾向。1819 年，他与兄长共同创办期刊《文学保守者》（*Le Conservateur Littéraire*）。1822 年发表《颂诗集》，歌颂王朝和天主教，获得国王路易十八的年金赏赐。后来随着资产阶级自由主义思潮的高涨，雨果在文艺思想上逐渐由保守主义向自由主义立场转变。1826 年发表《颂诗与长歌》（*Odes et Ballades*，1826），明确表示支持浪漫主义文艺运动，并开始将矛头指向坚定拥戴封建王朝的新古典主义文艺思潮。

1827 年雨果为自己的剧本《克伦威尔》（*Cromwell*）写了长篇序言，这篇序言被看作是浪漫派文艺宣言和他本人作为浪漫主义运动忠实拥护者的声明，雨果也由此奠定了浪漫主义运动中的领袖地位。1830 年，雨果的戏剧代表作《艾那尼》（*Hernani*）在七月革命前夕公开上演。《艾那尼》反映了 1830 年七月革命前夕年轻一代对复辟王朝的不满情绪和进行社会变革的迫切愿望，同时在戏剧表现形式方面，雨果一反古典戏剧的惯例，大量采用乔装、密室、毒药、宝剑等奇情剧手法来加强舞台效果，演出受到观众的热烈欢迎。不论在内容上还是在形式上，《艾那尼》都体现了《克伦威尔》序言中提出的艺术必须获得解放的中心思想。演出虽然受到新古典主义者的阻挠，但最终取得成功，标志着浪漫主义对古典主义戏剧的决定性胜利。1830 年七月革命后，雨果在他的一系列小说和戏剧作品中明确表明了他的反对封建王朝反对教会的立场，其长篇小说《巴黎圣母院》（*Notre Dame de Paris*，1831）就是这一时期的作品，这部作品奠定了雨果小说家的声誉。此外，他还发表了抒情诗集《秋叶集》（*Les Feuilles d'automne*，1831）、剧本《吕克莱斯·波基亚》（*Lucrèce Borgia*，1832）、《安日洛》（*Angelo*，1835）、《逍遥王》（*Le Roi s'amuse*，1832）、《吕伊·布拉斯》（*Ruy Blas*，1838）以及杂文《文学与哲学札记》（*Littérature et philosophie mêlées*，1834）等。这些作品都以揭露封建统治阶级和教会的伪善、腐朽和凶残为主要内容，号召人民同反动的、落后的社会制度进行勇敢的斗争。1841年，雨果被选为法兰西学院院士。1845年，雨果获皇家颁发的"法兰西世卿"的称号。

在文学上声名鹊起的雨果始终未放弃社会改良的政治抱负，积极投身到政治运动中。1851年，路易·波拿巴发动反革命政变，雨果发表宣言进行反对。同年12月，雨果被迫逃亡到布鲁塞尔，此后流亡国外近20年之久。流亡期间，他拒绝拿破仑三世的"大赦"，先后创作出《惩罚集》（*Chatiments*，1853）、《静观集》（*Les Contemplations*，1856）、《历代传说》（*Légende des siècles*，1859）、《街头与森林之歌》（*Chansons des rues et des bois*，1865）等诗集和长篇小说《悲惨世界》（*Les Misérables*，1862）、《海上劳工》（*Les Travailleurs de la mer*，1866）以及文艺批评著作《莎士比亚论》（*William Shakespeare*，1864）等一系列作品。1870年，拿破仑三世垮台，雨果得以返回巴黎。普法战争时，雨果发表演说，号召人民保卫祖国。他报名参加国民自卫军，并捐款铸炮。巴黎公社失败后，他将布鲁塞尔的住宅设为公社社员的避难所，并积极为被判罪的公社社员辩护，争取对他们的赦免。雨果回国后的主要作品包括诗体日记《凶年集》（*L'année terrible*，1872），诗集《做祖父的艺术》（*L'art d'étre grand-père*，1877）、《历代传说》二、三集（1877，1883）、《自由自在的精神》（*Les Quatre vents de l'esprit*，1882）和政论《教皇》（*Le Pape*，1878）、《至高的怜悯》（*La pitié suprême*，1879）以及戏剧《笃尔克马达》（*Torquemada*，1882）等。1885年5月22日，雨果在巴黎逝世，法兰西举国为他致哀。

一 文学创作中的对照原则

作为浪漫主义文学运动的领袖，雨果并没有专门的著作来阐述他的文学思想，其相关思想观点主要见于他为自己众多作品所写的序言中。其中，《〈克伦威尔〉序》较为集中地体现了他的浪漫主义文学创作思想。在这篇序言中，雨果批评了新古典主义教条的法规，全面阐述了文艺创作中的对照原则，提出了著名的文学创作的对照原则。

首先，雨果肯定了滑稽丑怪在文学艺术表现中的地位。他指出，滑稽丑怪作为崇高优美的配角和对照，是大自然为艺术提供的最丰富的源泉。因为在现实世界中，不仅大自然中存在美丑的并存和对照，而且在人的生活中，从始到终、无时无刻不存在着充满对立和斗争的敌对原则。如他所言：

> 万物中的一切并非都是合乎人情的美……丑就在美的旁边，畸形靠近着优美，丑怪藏在崇高的背后，美与恶并存，光明与黑暗相共。[①]

可见，丑是万事万物整体的不可或缺的一部分，虽然它的存在状态与人不相和谐，与美的理想不相一致，但它却与万物相谐调，并与万物伴生。既然大自然和人类生活都处在对立面的和谐统一之中，那么，以真实性为特点的文艺，就应该反映出崇高优美与滑稽丑怪的自然结合。反之，只有在艺术中同时反映出崇高优美和滑稽丑怪，才能反映出现实的真实。在雨果看来，真正的、完整的诗就是实现了两种典型的和谐统一。从

---

① 雨果：《〈克伦威尔〉序》，《论文学》，柳鸣九译，上海译文出版社1980年版，第30页。

这个意义上来说，戏剧就是真正的诗，因为"这两种典型交织在戏剧中就如同交织在生活中和造物中一样"。① 传统的古典主义认为，文学艺术应回避滑稽丑怪的事实，实现美化自然矫正自然的目的。雨果确立了滑稽丑怪作为艺术要素的地位，显然走上了一条与奉行以优雅趣味为艺术创作原则的古典主义所完全不同的道路。

其次，对于艺术的接受者而言，雨果指出滑稽丑怪在艺术表现中的运用也是必然的：

> 古代庄严地散布在一切之上的普遍的美，不无单调之感；同样的印象老是重复，时间一久也会使人生厌。崇高与崇高很难产生对照，人们需要任何东西都要有所变化，以便能够休息一下，甚至对美也是如此。相反，滑稽丑怪却似乎是一段稍息的时间，一种比较的对象，一个出发点，从这里我们带着一种更新鲜更敏锐的感受朝着美而上升。鲵鱼衬托出水仙；地底的小神使天仙显得更美。②

另外，雨果还批评了新古典主义严格划分悲喜剧的做法。他反其道而行之，认为浪漫主义在舞台上对悲喜剧的结合，把新古典主义剧院中被分为两部分的药剂整合成一道美味而精致的菜肴。它使观众体验了从严肃到发笑、从滑稽的冲动到痛苦的激情、从庄重到温柔的全部过程。它以一种印象代替另一种印象而不使人感到疲劳。按照雨果的说法，喜剧应该既着眼于可笑可怕之事，同时又能够反映出事物美丑的本性。这与浪漫主义注重文学创作内容、追求真实、反映自然的创作原则是一致的，同时也是对新古典主义片面追求形式与技巧、追求文学形象普遍性原则的批评。美丑对照的创作原则可以使浪漫主义作家在作品中更加

① 雨果：《〈克伦威尔〉序》，《论文学》，柳鸣九译，上海译文出版社 1980 年版，第 44—45 页。
② 同上书，第 35 页。

鲜明、突出地表达他想要表现的理想、感情和生活，给接受者以更加深刻而强烈的印象。这是雨果针对新古典主义脱离现实的教条式创作原则提出的浪漫主义创作原则，同时也表明雨果已经开始关注作品接受者的心理，对后来接受美学的发展具有一定的启示作用。

二　文学史论与艺术特征

与此同时，雨果分析了文学发展的历史，试图借此论证对照原则是文学发展到近代所必备的特征。受实证主义的影响，雨果根据社会发展的不同时期，将文学的发展进程划分为三个不同阶段：原始时期——抒情短诗；古代——史诗；近代——戏剧。他认为，原始人生活在完全的自然和自由的状态中，没有私有财产，没有阶级，也没有冲突、战争和法律，他们的诗歌主要是以淳朴的感情歌颂造物主的神奇与自然的永恒之美，就如《圣经·创世记》所展示的那样：上帝、心灵和创造三位一体的思想蕴含着万象，这是他们诗与歌的主题。社会发展的第二阶段开始出现种种充满着冲突与矛盾的社会事件，诗歌的内容由感情的抒发转而成为对历史事件的记录和描写。荷马的史诗是这一时期的代表作，因此荷马又堪称是一位可与希罗多德相提并论的历史学家。第三时期，宗教开始在社会生活中扮演重要角色，受基督教的启发，戏剧作为诗歌的最高表现形式诞生了，它的主要内容是描绘人生，以莎士比亚的戏剧最具代表性。在这三种诗歌中，抒情短歌中的主要描述对象是伟人，它的特征为纯朴；史诗中是巨人，特征为单纯；戏剧中是凡人，特征为真实。因而，抒情短歌靠理想而生，史诗借雄伟而存在，戏剧则以真实来维持。文学的发展进程从纯朴的抒发情感到歌颂理想的伟大，直至文艺复兴时期的戏剧开始描写真实、丰富的人的生活。雨果通过对文学发展的概括，论证了文学在描写人的真实生活的阶段运用对照原则的必要性。

在雨果看来，近代成功的作品无不充满着对照。他称赞莎士比亚把整个自然都斟在自己的酒杯里，在他的戏剧作品中表现了自然的全部对照，并由此探索了人类的灵魂：

> 莎士比亚的对称，是一种普遍的对称；无时不有，无处不在；这是一种普遍存在的对照，生与死、冷与热、公正与偏倚、天使与魔鬼、天与地、花与雷电、音乐与和声、灵与肉、伟大与渺小、大洋与狭隘、浪花与涎沫、风暴与口哨、自我与非我、客观与主观、怪事与奇迹、典型与怪物、灵魂与阴影。[1]

在莎士比亚的作品中，崇高与滑稽丑怪经常是交替出现的，最可笑的有时可能会达到最崇高的境界，最崇高的也可能会出现最庸俗可笑的一面，就如罗密欧与卖药者、麦克佩斯与三女怪以及哈姆雷特与掘墓人[2]的相遇一样。在雨果看来，正是通过对美与丑比照原则的恰当运用，现代戏剧成为诗的发展阶段中最为真实的艺术。不仅戏剧如此，雨果还对美丑比照原则在诗歌、绘画等艺术领域的运用进行了分析。他指出，荷马所描述的仙境与天国的情趣之所以远远比不上弥尔顿的天堂与之所表现出的温馨，就是因为在伊甸园的下面有着可怕的地狱场景；同时，也正是因为现代人能够想象出在坟墓间有各种鬼怪出没，才使得水仙和天神的灵动与风韵更加生动和逼真。关于绘画，雨果指出，米开朗琪罗装饰梵蒂冈的绘画和卢本斯等人的作品之所以精美而恐怖，就是因为在庄严荣耀的场景中总是配以一些小丑的角色来烘托主题。事实说明，在文学和其他艺术作品中，总是充满着各种对照。反之；如果否定对照原则，像新古典主义那样禁止滑稽丑怪和崇高优美和谐地结合交织在一起，而要把它们截然分开，那么

---

① 雨果：《〈克伦威尔〉序》，《论文学》，柳鸣九译，上海译文出版社 1980 年版，第 156 页。

② 分别出自《罗密欧与朱丽叶》第五幕，《麦克佩斯》第一幕，《哈姆雷特》第五幕。

可能产生两种极端的后果：其一是恶习和可笑的抽象化；其二是罪恶、英雄主义和美德的抽象化。这两种抽象的各自片面发展，最终会抛弃真实。因为，无论是恶习和可笑或者是英雄主义和美德，都是在比照中存在，并得到生动表现的。抽象化的东西绝不可能是成功的艺术品。古典主义否定艺术表现中美与丑的比照，在雨果看来，就如同否认奖章没有背面，火炬没有烟雾一样。他坚持，如果去掉了丑，那也就去掉了美，因为没有丑，艺术表现便不复真实。

三 对照原则的美学意义

雨果强调在美与丑的比照之间应建立平衡，以更真实地反映自然。关于滑稽丑怪的具体应用，雨果指出，在中世纪，运用滑稽丑怪来增强艺术表现力的做法就颇为盛行，甚至出现在民间风俗活动和宗教活动等领域。在文学艺术领域，滑稽丑怪所占的位置一度甚至高于优美崇高，使优美崇高成为滑稽丑怪的影子，例如塞万提斯的《堂吉诃德》及拉伯雷的《巨人传》。但在浪漫主义时代，滑稽丑怪在文学艺术表现中并非作为艺术的最终目的出现，而只是作为一种途径和手段来实现崇高优美的美学理想，滑稽丑怪通过与美进行创造性的结合，从而使美的理想的典型在艺术表现中占主导地位。事实上，通过与丑的恰当的、创造性的对比，近代艺术赋予了崇高以更伟大、更纯净、更高尚的东西，并以合情合理的方式更彻底地表现事物，使整体更加突出，效果更加强烈。

雨果提出的对照原则，阐明人和事物都是在对立的和谐统一之中的存在的，从而为艺术全面地反映社会生活提供了理论根据，对于文学创作的一般规律而言，更有着重要的理论价值。但对于美与丑之间比照的无处不在，雨果却从宗教的角度予以了最终解释。在他看来，近代戏剧的产生与基督教的影响有着直接的关系：

> 基督教对人类这样说：你是双重的，你是由两种成分构

成的，一种是易于毁灭的，一种是不朽的，一种是肉体的，一种是精种的，一种束缚于嗜好、需求和情欲之中，一种则寄托于热情和幻想的翅翼之上，前者始终俯身向着大地，他的母亲，后者则不断飞向天空，他的故国。自从基督教说了这些话的那天起，戏剧就创造出来了。[1]

他认为，近代诗之所以能够运用对照原则，正是由于基督教向人们指示了这样的真理：生命有暂时与不朽、尘世与天国之分；人本身是兽性与灵性、灵魂与肉体的结合体。正是在基督教对美丑与善恶并存的普遍人性的揭示下，诗最终走向了真理。在基督教忧郁精神的启示下，诗歌将阴影渗入光明、把滑稽丑怪与崇高优美结合在一起，就如同在宗教中将肉体赋予灵魂、把兽性赋予灵智一样，由此产生了近代的浪漫主义文学，并出现了以滑稽丑怪为特点的喜剧。雨果进一步指出，受基督教的影响，戏剧中美与丑的典型有着不同的表现形式：美表现了灵魂在基督教道德净化后纯粹真实的状态，美的化身通常拥有像朱丽叶、苔丝特蒙娜、莪菲丽亚[2]那样的美丽和聪颖，因此它只有一种典型，只能在非常有限的整体中呈现与万物和谐对称的状态；至于丑，由于它充分反映了人类兽性的一面，因此它包含了一切可笑、丑陋、罪恶、欲望和缺陷，例如埃古、答尔菊夫、巴西尔的阴险、伪善与贪婪，又如波罗纽斯的谄媚、阿巴贡的吝啬以及巴尔特罗的好色，再如好吹牛的胖子福尔斯塔夫、喜欢恶作剧的仆人史嘉本以及聪明机智的费加罗[3]。因此，丑的存在状态是多样的，无

---

① 雨果：《〈克伦威尔〉序》，《论文学》，第44页。

② 朱丽叶、苔丝特蒙娜、莪菲丽亚均为莎士比亚戏剧《罗密欧与朱丽叶》、《奥赛罗》和《哈姆雷特》中的女主人公。

③ 埃古、答尔菊夫、巴西尔分别出自莎士比亚的《奥赛罗》、莫里哀的《伪君子》及博马舍的《费加罗的婚礼》；波罗纽斯、阿巴贡、巴尔特罗分别出自莎士比亚的《哈姆雷特》、莫里哀的《悭吝人》及博马舍的《塞乐维的理发师》；福尔斯塔夫、史嘉本、费加罗分别出自莎士比亚的《亨利四世》、莫里哀的《史嘉本的诡计》及博马舍的《费加罗的婚礼》。

所不在的。雨果指出，即使是最伟大的人物，身上也总难免有滑稽可笑甚至愚蠢之处，最可笑的东西有时也会达到崇高的境界，生活中的人都不是纯粹、单一的抽象品。而戏剧之所以真实动人，就在于它表现了人类自身所具备的这两点矛盾的品质。毫无疑问，对照原则本身包含着科学的、辩证的思想因素，但雨果从宗教的角度来认识这一规律显然又是不科学、不合理的。同时，对照原则要求通过鲜明的比照使作品产生更强烈的艺术效果，反映了浪漫主义文学创作的一个重要特点，但在戏剧表现中为了强调对照的鲜明性，也容易形成过分的夸张，造成不真实和不自然的表现效果。

在浪漫主义的文学运动中，雨果的美丑对照原则的提出，无疑明确了反对 17 世纪以来只表现王公贵族的崇高伟大而舍弃平凡粗俗的新古典主义的立场，尤其肯定了喜剧在艺术表现中不可或缺的地位，对扩大文学表现范围有着积极的推动作用。毋庸置疑，雨果将基督教的启示作为解释文学一般规律的原因与资产阶级人性论的观点是一致的，即通过戏剧的艺术表现形式实现将灵魂注入肉体、将理性赋予兽性的宗教目的。显然，雨果对滑稽丑怪在艺术表现中审美价值的充分张扬，与浪漫主义摆脱古典主义的清规戒律，追求自由、生动、真实的根本宗旨是一致的。

四　论真实

雨果提出的对照原则与他追求文学真实性的思想是分不开的。他指出，诗人的创作应服从自然和真理。正是从这一原则出发，雨果对新古典主义所倡导的"三一律"（地点一致、时间一致、情节一致）提出了批评。他指出；新古典主义者声称"三一律"是建立在"逼真"的基础上的，但恰好是真实否定了他们的规则。例如，他们为了坚持地点一致的规则，总是违反情理地将悲剧安排在过道、回廊和前厅这类场景里，或是把剧情勉强地纳入 24 小时之内，而对不同的事件竟然规定同样长短的时间，就像一个鞋匠给大小不同的脚做同样大小的鞋一样。雨果指出，一切情节都应该有特定的过程，就像有特定的地点一样，新古典主义者们盲目坚守规则，全然违背了真实性的原则，而坚守迷信教条最终会摧残艺术，将历史上活生生的东西关在"一致"的笼子里，变为枯骨。雨果明确提出，艺术创作的思想应该与时代合拍，作品应只遵循翱翔于整个艺术之上的普遍法则和特定主题之下的特殊法则，而非固有的规则与典范。

雨果虽然坚持艺术应真实地表现自然中的美丑，但他同时又把自然真实与艺术真实加以区分。他指出，艺术的真实并非是绝对的现实，自然真实与艺术真实绝不可以等同，二者是相辅相成、缺一不可的。如果将艺术真实理解为绝对真实，理解为对原型的照搬，那将会走到十分荒谬的地步。雨果夸张地举例说：设想《熙德》一剧的演出吧。持这种主张的人首先会对《熙德》的人物用诗说话提出质疑，因为用诗说话显然是不自然的。但如果演出者依照他的意思改用散文，他又会指责《熙德》的人物讲法国话，因为他们应当讲本国语言——西班牙语。如果演出者听从了他的意见，那么法国的观众就完全听不懂了。即使演员讲西班牙话，坚持这种主张的人可能又会质问，这位演员凭什么冒用熙德的名字？接下来他可能还要坚持用真正的太阳来代替舞台上的台灯，用真正的树和真正的房屋来代替舞台布景了。雨果特别说明，文学虚构和具有真实性是一致的，因为历史具有真实性，传奇也有真实性，传奇的真实是在虚构中去反映现实。因此，他坚持戏剧不应该像一面普通的镜子一样来反映现实，而应当是一面集中反映事物的特点的镜子，创作者可以使人物和事物赋有更完美的表现力。

同其他的浪漫主义先驱一样，雨果反对模仿，认为模仿是艺术的灾祸，主张艺术创作的多样性与独创性。他提出，就好像同一条河流哺育了形态各异的树木及其果实和叶子一样，创作者应该从最根本的源泉里汲取营养，然后进行艺术的独创，而不只是一味照着已有的来做。如果说有模仿得很成功的人，那也是因为他们在借鉴前人的成果，同时也听从了自然和自身天才的指点，保持了自己的特点。因此，他一再强调：艺术创作者在面对自然和现实时，应去选择的不是美的一面，而是特征。戏剧中的一切形象都应该是色彩鲜明、个性突出的，即便是庸俗平凡的也应该有自己的特点，流于一般是戏剧最致命的缺陷。他同时指出，无论写作者本人是否意识到，作品反映出的就是写作者本人，作品中的人物无论是可鄙的，还是杰出的，都从某个方面显示出作者的个性。他由此得出结论，艺术美的高低不以时代的发展为转移，艺术一旦达到真正的美，那就无从超越了。一个诗人不可能被另一个诗人所遗忘，正如我们无法说莎士比亚超越了但丁。因此，杰作并不排斥杰作，要达到过去的天才所未达到的艺术成就，那就应该有所突破。由此可见，在雨果那里，戏剧表现美丑的真实是经过艺术加工了的真实。艺术不仅是对生活的集中，而且还注入了创作者个人对生活的理解，因为在他看来，浪漫主义就文学而言就是指文学上的自由主义，规则与典范都应被抛弃。

雨果对自然真实与艺术真实的区分有着时代的进步意义，至今对艺术创作发挥着指导的作用。但如果在戏剧表现中过于强调对照原则在艺术真实中的运用，则又难免使戏剧中的人物显得做作和虚假。

关于艺术真实，雨果在《〈马丽·都铎〉序》中又集中进行了论述，并提出了"伟大"的概念。他认为，天才最终要实现的就是在作品中同时体现伟大与真实。他所谓的伟大其实就是理想。他主张在艺术表现中将现实生活提升到历史的高度，将现在的事物放在将来的背景上，对某些平凡的事物予以缩小，对另一些非凡与理想的事物予以夸大。他认为真实与伟大是艺术创作的两大目的，而二者的结合则实现了艺术创造的完美境界，创作应最终实现伟大之中有真实，真实之中有伟大。从理想和真实的完美统一出发，他赞扬莎士比亚虽然夸大事物的比例，但却保持着事物的关系，能够创作出高于我们但又和我们一同生活的人物。例如哈姆雷特，他像我们每个人一样真实，但又要比我们伟大。他是一个巨人，却又是一个真实的人，因为哈姆雷特不是你，也不是我，而是我们大家。

因此，他倡导应根据父爱的观念创造父亲的形象，根据母爱的观念创造母亲的形象。他甚至认为，各种反面人物的本质都是一样的，所不同的只是根据不同的时间和地点来变换不同的外形。在雨果晚期创作的著名小说《悲惨世界》中，就是通过真实生动的细节描绘表现了劳苦人民的悲惨生活和黑暗的社会背景，读者能够在字里行间感受到作者对爱与道德精神力量的大肆渲染，而对小说所着力刻画的人物让读者既感到现实，又觉得有些不真实，真正达到了他所谓的伟大与真实相结合的境界。由此也可以看出，雨果的艺术创作是以理想的观念而非绝对的现实为出发点的。这一点也正是浪漫主义的雨果与现实主义作家的不同。

雨果的一生都在为浪漫主义事业而奋斗。他通过作品来唤起人们的良知和对弱者的同情，并能够勇于对那些束缚想象和自由、扼杀创造性的教条进行挑战。他并不主张"为艺术而艺术"的唯美主义主张，而是十分强调艺术的社会功用。他看到了他所生活时代的弊端，但却从宗教出发，将之归结为人性的恶，认为艺术可以使社会得到进步，因而将改良社会的希望放在对理想的宣扬上，希望通过改善人性来实现改良社会的目的。不难看出，雨果的思想包含着一定的唯心论观点，有着时代的局限性。但他提倡艺术为人民服务，艺术促进社会发展的观点又是进步的。无疑，浪漫主义在雨果这里又向现实主义迈进了一大步。

第十三章　罗斯金的美学思想

在维多利亚时代，约翰·罗斯金（John Ruskin，1819—1900）堪称一代宗师，其影响波及艺术、美学、批评、设计以及教育等诸多领域。罗斯金本人多才多艺，兼作家、艺术家、批评家和学者于一身。在造型艺术方面，他对绘画与建筑情有独钟，不仅撰写了数部经典之作，而且直接参与了牛津大学自然博物馆的造型与装饰设计。他所倡导的哥特艺术复兴运动（the Gothic Revival movement），对当时英国公众的审美趣味产生了广泛的影响。

罗斯金出生于富商之家，早年开始周游欧洲，见多识广，喜爱大自然的风光胜景；才思敏捷，具有绘画与诗歌的天赋。在父亲的鼓励下，他从小手不释卷、博览群书，写作与绘画成为他早期教育的重要组成部分。[①] 1836 年入读牛津大学克莱斯特学院（Christ Church），1842 年毕业。在校期间，曾获 1839 年度纽迪吉特诗歌奖（the Newdigate prize for poetry），同时在父亲的资助下开始收藏透纳（William J. M. Turner，1775—1851）的风景画，此举为日后写作《近代画家》这部巨著打下基础。1869 年，罗斯金被推选为牛津大学首位斯莱德讲席美术教授

---

① 根据罗斯金的学生科林伍德（W. G. Collingwood，1889—1943）为业师所撰写的传记，罗斯金生于伦敦，长在乡下，童年早慧，喜好诗书，3 岁爬到椅子上模仿神职人员布道，4 岁开始读书，5 岁成为"书虫"（bookworm），7 岁开始模仿写作，深受父母呵护，邀请名师对其进行严格而系统的家庭教育。参阅 W. G. Collingwood，*The Life of John Ruskin*（London：Methurn & Co. Ltd.，1911），pp. 20—25.

（Slade professor of fine art），在任十载，成就卓著，后来因病于1879 年辞职；1883 年复职后又执教两年。1885 年退休后开始撰写自传，但直到辞世也未完成。

罗斯金勤于笔耕，论著颇丰，代表作包括《近代画家》五卷（*Modern Painters*，5 Vol. s，1843—1860）、《建筑的七盏明灯》（*The Seven Lamps of Architecture*，1949）、《威尼斯的石头》两卷（*The Stones of Venice*，2 Vol. s，1851—1853）、《绘画的要素》（*The Elements of Drawing*，1857）、《芝麻与百合》（*Sesame and Lilies*，1865）、《尘世的伦理》（*Ethics of the Dust*，1866）和《时代与潮流》（*Time and Tide*，1867）等。

罗斯金的一生，是研究艺术与社会的一生。在艺术方面，他深受浪漫派诗人华兹华斯的影响，格外关注自自然然的装饰形式，并把审美原则确立在自然真实的基础之上。随后，在积极推崇哥特艺术风范的过程中，将自然真实与宗教情感联系在一起，认为优秀艺术如同储蓄自然真实的仓库，而自然真实则是优秀艺术的重要源泉，艺术工作者是富有献身精神的个体，需要在具有良好目的的工作中得到满足。在社会方面，他认为确保社会公正（social justice）至关重要；有了社会公正，才有可能使大众与艺术家享有同样的机会去创作优秀的艺术作品。但是，罗斯金也深知，实现社会公正之类的条件并非易事。因此，他试想通过艺术批评和艺术教育的方式来改善社会福利（social welfare），或者说改善公众的生活情趣与生存质量。这种思想也影响了他的学生莫里斯等人。基于罗斯金一生的艺术实践与孜孜以求的精神，艺术史家豪塞尔（Arnold Hauser）对其做了如下概括：在罗斯金之后，人们才把艺术的衰败视为涉及整个社会的一种病症，才清楚地意识到艺术与生活之间的有机联系。

罗斯金一生涉猎甚广，尤其是在欣赏自然美和绘画建筑等方面，均有独到的建树。传记作者科林伍德（W. G. Collingwood）对其做过这样的评价："罗斯金教导他那一代人怎么观赏大自然，特别是如何观赏自然界的崇高景观，譬如风暴、日出、阿尔卑斯山的森林与雪景等等。罗斯金对山景的喜爱充满激情，达到难以自制的程度。"① 到了 1859 年，"经过 20 年的劳作，罗斯金已经得到广泛认可，从而确立了自己在批评界的领导地位，成为绘画与建筑艺术的积极倡导者。他创设了完全属于自己的文学活动领域。凭借新颖和优美的制图范本，富有诗意的文笔与语言，无与伦比的雄辩才能，丰富了英国的艺术。与此同时，他提出了一种无可争辩的艺术学说，揭示了中世纪和文艺复兴时期的艺术价值，通过历史的遗迹彰显了上述两大时期的编年史"②。然而，像罗斯金这样一位在英语世界乃至整个西方艺术界享有盛誉的批评家，在中国美学界却很少有人研究，本章在一定程度上含有"补苴罅漏"之意。

第一节　绘画诗学观

在中国传统艺术中，画与诗密不可分。所谓"画中有诗，诗中有画"之说，对山水画与山水诗之间的关系而言几乎是一种定论。无独有偶，从古希腊西摩尼德斯（Simonides）最早提出"诗是有声画，画是无言诗"的观点开始，直到后来贺拉斯（Horace）提出"诗如画"（*ut pictura poesis*）的说法，曾流布数百余年。在文艺复兴时期与 18 世纪的欧洲，"诗如画"之说再度流行，诗画关系也被视为一种姊妹关系。在此期间，众多画家将他们与诗人相提并论，认为绘画艺术不只是一种手艺或行业，同时也是一门人文艺术，需要心理技能来表现人类的天才与情思意趣。不过，19 世纪以降，诗画相类之说开始式微，于 19 世纪中叶近乎殒殁。

1865 年，在刚刚出版的《近代画家》第三卷里，罗斯金"旧调重弹"，在重估"诗如画"说的基础上，从艺术创作的共性角度提出自己的绘画诗学观。他断言：绘画（painting）与言

---

① W. G. Collingwood, *The Life of John Ruskin* (London：Methuen，1893，9th edition，1912)，p. 31.

② Ibid.，p. 147.

说（speaking）或写作（writing）虽然对立，但与诗歌（poetry）的关系则不一般。绘画与言说均为表现的方法。诗歌正是运用这两种方法来表现那些最最高尚的目的。这意味着绘画是一种表现方法，言说也是一种表现方法；尽管两者所用的媒质（颜料与话语）各异，但作为表现方法却在本质上具有相似之处。诗歌在用文字写作或用话语言说的同时，自然会借用绘画的表现方法，形象地表现出那些"最最高尚的目的"。这样一来，诗歌与绘画在表现这一维度上就达成某种默契，形成彼此会通的互动关系。在《近代画家》里，罗斯基本人也习惯于不加区别地使用画家与诗人这两个名称。在他眼里，艺术的本质不是别的，就是表现本身。伟大的艺术是由感受敏锐和情思高尚的人们所创；艺术在某种意义上就是个人感受的表现。

那么，罗斯金重估"诗如画"说的意向是什么呢？其合理性何在呢？其理论基础又是什么呢？其主要意义到底有哪些呢？搞清这些问题，乃是弄懂罗斯金绘画诗学的关键。

首先，就其具体意向而论，罗斯金试图给绘画诗学注入新的活力，试想通过诗画联姻的争议性论说，来诱导人们对绘画艺术给予更多的关注。要知道，在 19 世纪中叶前后的英国，艺术虽然日益赢得公众的尊重，但文学声誉显赫，绘画地位不高，其主要原因在于教育和出版业的发展为文学培养了广大的读者群体。面对这种现状，罗斯金深感不平，认为绘画与诗歌一样，在宗教与道德教育方面均具有不可忽视的特殊功效，扬此抑彼的做法绝对是有损无益，亟须改正。当时他撰写《近代画家》的部分目的，就是要说服和吸引对绘画艺术缺乏认识的大批中产阶级人士。

就绘画诗学的合理性来看，罗斯金分明知道绘画与诗歌属于视觉与文字这两种不同的艺术门类，但为了从逻辑上找到立足点，他一反传统绘画诗学观念的窠臼，承认绘画与诗歌在创作媒质方面的差异性及其对立性，同时抛开以往的艺术大师（如达·芬奇等）为提升绘画艺术地位而推崇的那种诗画连带关系，不再从艺术类型学的角度去论证画与诗这对"姊妹艺术"（sister arts），而是从艺术即表现的本质论定义出发，凭借浪漫主义的艺术立场，把表情达意或表现最高尚的目的作为逻辑的支撑，认定绘画与诗歌隐含着殊途而同归的类比性关系（analogous relations）。在这里，罗斯金也可以说是从艺术目的论出发，把不同门类的艺术都视为一种特定的语言，一种旨在表现高尚的情感与目的的语言，这样就可以超越分门别类的创作媒质或所用材料，从形而上的意义上把绘画与诗歌以及其他艺术会通起来加以审视，从而在逻辑上取得自圆其说的效果。

罗斯金所倡导的绘画诗学，自然有其一定的历史渊源与理论基础。就前者而言，他主要是受达·芬奇（Leonardo da Vinci）、透纳（J. M. W. Turner）、雷诺兹（Joshua Reynolds）和约翰生（Samuel Johnson）等人的影响。达·芬奇的《论绘画》（*Treatise on Painting*）与雷诺兹的《画论》（*Discourses on Art*），是罗斯金十分喜爱的艺术评著。透纳、约翰生和华兹华斯的相关论述，直接启发了他的绘画诗学观。譬如，雷诺兹认为，画家就是运用线条和色彩的诗人，没有天才无法创造出伟大的艺术，理想的艺术家应当是富有教养之人，务必"吸取富有诗性的精神（poetical spirit），扩大自己的思想储备，养成比较和消化自身观念的习惯，深入了解人类的心灵与身体"。① 他甚至一再强调，《画论》的基本思想就在于"赋予绘画真正的尊严，使绘画成为名副其实的自由艺术，成为诗歌并驾齐驱的姊妹艺术"，② 因为"诗歌与绘画尽管所采用的手段不同，但都诉诸相同的感官与性情，两者的目的均在于适应人心中的所有天性与倾向"。③ 罗斯金也持类似的观点，把艺术家（即画家）与诗人相提并论。如他所说：

> 举凡精通整个绘画艺术（即真实地再现自然物象）的

---

① Cf. Joshua Reynolds, *Discourses on Art*, in Hazard Adams（ed），*Critical Theory since Plato*（New York et al：Harcourt Brace Jovanovich，1971），p. 358.

② Ibid. , p. 359.

③ Ibid. , p. 372.

人，也只不过掌握了一种用于表达自己思想的语言而已。而擅长运用绘画语言来表达自我的人，将会成为伟大的画家。这就像擅长以合乎语法和声韵的方式来表达自我的人，将会成为伟大的诗人一样道理。绘画语言的确要比诗歌语言更难把握。相形之下，绘画语言具有更大的愉悦感官的能力。当绘画语言诉诸理智之时，它与普通语言没有什么两样，因为那些专为画家所差遣的东西，也正是演说家与诗人言词中同样包含的东西，诸如节奏、声韵、简明性与力度等等。所有这些皆是构成他们之所以伟大的条件，而不是检验他们之所以伟大的标准。评定画家或作家的伟大与否，并非是靠表现和讲述的方式，而是靠表现和讲述的内容。

严格说来，我们认为伟大画家务必擅长运用线条与语言的简明性和力度；至于伟大的诗人，则务必擅长运用文字语言中的简明性和力度。绘画语言与诗歌语言的共性在于传达意象或思想，如此一来，伟大诗人这一称号在严格意义上既适用于诗人，也适用于画家。[①]

不过，罗斯金心目中的诗人则属于 19 世纪，而雷诺兹心目中的诗人属于 18 世纪。譬如，透纳这位诗人画家，对罗斯金的绘画诗学有着直接的影响。在 1811—1822 年间所作的讲座中，透纳曾直言不讳地声称："绘画与诗歌如同……两面镜子，相互完善、反射和提高各自的美。因为，绘画与诗歌从视觉形象上看堪称同源，两者交相辉映，抑或通过绘画中的自然形式来比较诗歌中的典故，抑或把自然界里所发现的形式应用于诗歌之中，抑或通过彼此互用的方式蜿蜒曲折地汇入溪流。"[②] 显然，透纳认为

---

① Cf. John Ruskin, *Modern Painters*, （New York: John Wiley & Sons, 1885）, Vol. 1, pp. 8—9.

② Cf. Jerrold Ziff, "J. M. W. Turner on Poetry and Painting," quoted from Mark Akenside's *Pleasures of the Imagination*. Also see George P. Landow, *The Aesthetic and Critical Theories of John Ruskin*, pp. 48—49.

绘画与诗歌是彼此关联、相互依存的。在他一生所创作的 200 余幅风景油画中，53 幅上有题诗（poetic epigraph），其中 26 首属自己所作，其余引自弥尔顿、奥维德和汤姆逊等著名诗人；另有 60 幅油画的标题分别选自莎士比亚、拜伦和爱尔兰吟游诗人莪相等人的诗作，同时有许多水彩画以诗为题。透纳是罗斯金最为推崇的诗人画家，也是《近代画家》这部巨著的核心人物。在该书第五卷里，罗斯金专门将透纳与拜伦作了比较研究，认为只有通过对相关诗作的分析，方能更为深入地体悟这位画家的内在精神世界及其心路历程（the course of his mind）。也就是说，要真正欣赏透纳的绘画，就需要了解与其相关的诗作。

在理论基础方面，罗斯金主要是受英国传统文论和浪漫派诗学的影响。譬如，约翰生博士等人对诗歌快感（poetic delight）、想象力以及表现力（expressive power）的有关论述，使罗斯金进一步坚定了他对诗歌与绘画艺术本质的看法。在 1778 年撰写的《考利生平》（*Life of Cowley*）一文中，约翰生指出："诗歌快感的重要源泉之一在于描述，或者说，在于把图画呈现给心灵或头脑的能力。诗人考利（Abraham Cowley）所提供的是推论而非形象，所表示的是预示某些思想的境况，而非让人可以直观的东西。"① 约翰生所生活的时代，诗人据视觉形象写作（write in visual images）已被视为普遍的原则，约翰生本人也接受了这一原则，而且用其评判考利诗歌的得失。至于诗歌的描述能力，也就是他所称道的"将图画呈现给心灵的能力"，实际上暗示出诗歌创作过程中的想象力或表现力。随后，华兹华斯等浪漫派诗人对诗歌想象力或表现力的论述和倡导，进而加深了罗斯金对诗画作为表现艺术的这一特征的认识。在《近代画家》第二卷里，罗斯金就想象力问题进行了专门探讨，并且分辨出三种不同形态及其功能特征。他本人始终坚信想象力与形象性携手并进，互为

---

① Samuel Johnson, *Lives of the English Poets* (London & New York, 1925), Vol. I, p. 34.

表里，艺术家惟有依靠丰富而深刻的艺术想象力，才会创造出丰富而深刻的艺术形象。绘画与诗歌均属于表现性的艺术（expressive arts），都要靠生动的形象来表情达意；而艺术形象与艺术想象力是一种共生的关系，决定着绘画与诗歌的艺术质量及其境界。在罗斯金看来，透纳虽为画家，但却具有诗人的敏感性和想象力，不仅在绘画创作中融进了诗歌的成分（如画上题诗与以诗为题），而且在表现方法、形式与内容等三个方面凸显了诗与画的交互作用。正是这些因素成就了透纳这位伟大的诗人画家及其作品，同时也成就了罗斯金理想中的绘画诗学。

严格说来，罗斯金的绘画诗学具有推陈出新的作用。其一，他从艺术即表现的本质意义出发来论述诗画的共性，这样就避免了"风马牛不相及"的强辩式逻辑弊端。其二，他把评判艺术作品的三个准则，即真诚性（sincerity）、强度（intensity）和原创性（originality），一并纳入绘画诗学的范畴之内。在他看来，缺乏真诚性的艺术家，令人难以信服他自身的反应与其表现的东西；缺乏情感、道德与想象之强度的艺术表现，不能引发人们深刻的审美体验；缺乏原创性或个性化的作品，不能给人以独特的新鲜感（unique freshness），无法使人更好地感悟真理。其三，他把浪漫派的诗学理论奉为其他所有艺术的理想模式，不仅将其应用于绘画艺术，而且应用于建筑和雕刻艺术。在他 16 岁时，就曾在《建筑杂志》（*The Architecture Magazine*）上发表过一系列论文，其中包括《建筑的诗歌》（*The Poetry of Architecture*，1837—1838），直言不讳地视建筑为语言（言说与写作）。后来在《威尼斯的石头》一书里，再次把建筑的功能概括为"行动和谈论"，认为前者在于为我们挡风遮雨或防卫外侵；后者在于记载史实（如纪念碑和教堂等）或表达情感（如墓穴等）。因此，建筑与绘画和诗歌一样，需要认真地阅读，否则无法理解其中复杂的象征意义。譬如圣马克教堂，与其将其视为一座向神祈祷的庙宇，不如将其当作一部普通的经书。如此看来，"罗斯金竭力把视觉艺术置于专门的语言学语境之中，这种认为文字与形象之间具有质性融合的观点，不仅使罗斯金从透纳和乔托的绘画中读出妙文华章，而且使他对相关的比喻、圣像和神话学特别关注"①。最后，罗斯金的绘画诗学之所以具有重要意义，那是因为这将导引出"一门适合于绘画与诗歌的美的哲学"。②这种美的哲学，实际上是"一种一分为二的美学"，其中一半是"典型美"（typical beauty），另一半是"活力美"（vital beauty），也就是下文所谈的两种美的形态。

第二节　典型美与活力美

罗斯金的美论，主要是围绕着典型美与活力美这两种形态展开的。所谓"典型美"，主要关涉视觉艺术美；所谓"活力美"，主要关涉情感表现美。典型美的理论发端于他本人对绘画艺术及其想象力的思索，起源于强调绘画质量与优美的思想观念，关注的是外在的形式因素。活力美的学说主要是受浪漫派诗学的启发，十分强调道德情感与情感共鸣，关注的是活生生的事物之美及其内在的表现方式。

罗斯金将美分为两种形态的动机何在呢？最初，他的目的主要是为了替透纳辩护，为了证明透纳的绘画是英国艺术中最真最美之作。但是，随着思索的深入和社会问题意识的自觉，罗斯金想借此来突出美的重要意义，坚信美是神性在可见事物中的反映。后来，他开始对自己的宗教信仰提出质疑，其注意力随之从神人关系转向人人关系，对社会改革与道德等问题产生兴趣，进而认为美源于人而非神。

我们知道，18世纪的美学思想，就像同时期的语言理论一样，也经历了从形而上学到心理学的转向过程。当时比较流行的美论，如美真同一说，美在实用说，美在习俗说和美在联想说等

---

① George P. Landow, *The Aesthetic and Critical Theories of John Ruskin*, p. 85.
② Ibid..

等，罗斯金均不满意，称其为"误导性的和缺乏贯通性的［美学］立场"。譬如，如果把美与真等同的话，那就会把陈述或论说的性质与物质的性质混淆不分；如果认为美在功利性或实用性（usefulness）的话，那就"等于把敬慕与饥饿、爱情与情欲、生命与感觉混为一谈，等于承认人类动物既无思想也无情感，最终只剩下野蛮残暴的欲求而已"。如果认为美在习俗的话，那就等于说任何美都是约定俗成的和相对而言的，因此就没有"普遍的标准"（universal standard of beauty）可言。如果说美在联想的话，那么美就成了变化不定的东西，这等于把美置于人类头脑中这个变化而有限的范围之内。而在罗斯金看来，美是无关实用或无关利害的，人们凝神观照美的事物，就是为了欣赏美本身；美的事物之所以有用，就在于此。另外，他从道德形而上学的角度出发，认为美是客观存在的，永恒不变的，对于"人类的精神健康具有本质意义"。在凝神观照或欣赏美的事物时，人们总是凭借相应的理智，怀着一定的道德情感，体验到某种神性的东西。在《近代画家》第一卷里，罗斯金对美有过这样的阐述：

> 值得注意的是，我无意采用把直接的理智作用从美的观念中清除出去的做法，以此来判定美对理智并无影响，或判定美与理智毫无关联。我们的全部道德情感与我们的理智能力如此紧密地交织在一起，因此，我们不可能只影响前者而不涉及后者；在所有关于美的观念中，大量快感可能取决于对事物中的合理性、妥当性与彼此关系的感知情况，这种感知是微妙莫测的和纯然理性的，通过这种感知我们才能理解一般被正确地称之为"理智美"（intellectual beauty）这一最为高尚的思想观念。这里不存在理智的直接作用；也就是说，如果试问一位获得过哪怕是具有简朴美（simple beauty）这一最为高尚的思想观念的人，他为何喜欢那个使他兴奋不已的物象，他不可能讲出其中任何明确的道理，也不可能在其头脑中寻找出任何业已成型的、称得上是快感之源的

思想。他可能会说，这物象使他产生一种充实、神圣和兴奋的感觉，但他却讲不出其原因何在，讲不出这种感觉是如何产生的。假若他能说出这些感觉所产生的缘由与过程，并能表明他在该对象中察觉到某种独特的思想表达方式的话，那么，他所得到的就不单单是一个美的观念（ideas of beauty）了，而是一个关系的观念（ideas of relation）了。

　　在所有呈现给人类心灵的思想观念之中，美的观念始终依据各自不同的程度，起到一种升华思想与净化心灵的作用；心灵也往往表示出我们是按照上帝的旨意经常受到美的观念的影响；这是因为，在自然界里没有一个单独的物象不曾具备传达美的观念的能力，同时，对于一切能够正确领悟外物本性的心灵来说，没有一个单独的物象不曾呈现出难以计量的、比丑为数要多的美的组成部分。事实上，在完美的自然界里，没有什么绝对丑陋的事物，惟有美的程度不同的事物，或者说有些罕见的、通过反衬对比方能提高其周围关联物之价值的反差点——譬如，在绘画创作中能使其他色彩成为可感性的黑色斑点。①

在这里，罗斯金显然是受当时流行的美的观念的影响，尤其是美在关系说的影响。当然，他所理解的关系，与理智、道德、宗教信仰或神性意识密切相关。但随着思想的深入和自身宗教信仰的变化，以及浪漫主义诗学与英国经验主义哲学的反拨，罗斯金在 1883 年出版的《近代画家》第二卷里，重新反思了自己原来的美学思想，批评了美在功利等流行学说，进而提出了典型美与活力美这两种形态。

　　那么，罗斯金所说的典型美与活力美，到底具有哪些基本特征呢？其相互关系及其逻辑合理性何在呢？这便是本节讨论的重点。

---

　　① Cf. John Ruskin, *Modern Painters*, Vol. I, pp. 27—28.

一　论典型美（typical beauty）

简单说来，罗斯金所谓的"典型美"，主要是指大自然和艺术中优美事物的"普遍秩序感"（universal order）。典型美论是受一种古典美论的影响，认为美是客体或对象的一种性质，体现着秩序美的原理，与比例要求、对称法则和多样统一的和谐形式密不可分。这种理论在18世纪的艺术批评中十分盛行。正是基于美在秩序的观念，罗斯金提出典型美的说法，旨在解决浪漫主义艺术中的主体性问题，或者说是为了纠正浪漫主义美学的偏颇做法，试图从观众的心理体验而非对象的外在品质出发，来探讨美即情的界说。根据罗斯金本人的论述，典型美一般具有六大特征，包括无限性、整体性、对称、静穆、纯洁性与中和性。

无限性（infinity）在很大程度上带有宗教神秘主义的色彩，因此被界定为"一种神圣的不可理解性"（divine incomprehensibility）。罗斯金所感知与描绘的自然美景与绘画艺术，均与其背后潜在的神圣性不无关系。也就是说，无限性具有某种形而上学的意味，与无处不在的、万能而神圣的秩序感具有潜在的因果联系。

仅就绘画而言，无限性主要意味着光线、构图与色彩层次在保持简朴性（simplicity）的同时，又兼有丰富多样的变化性。用罗斯金的话说，绘画艺术中的无限性，"就在于能把自然界无限多样的变化表达出来"。拉斐尔早期绘画中的天空，透纳笔下的海浪景色，乔托、乔尔乔内和提香等画家的用色方式，还是其他著名风景画家所描绘的崇山峻岭，都呈现出这种无限性。相比之下，透纳的希腊神话人物画《墨丘利与阿尔戈斯》（*Mercury and Argus*），堪称典范。画中天空的颜色富于层次变化，点缀着苍白、淡蓝、浅灰、珍珠白与金黄等等不同色彩，彼此之间变化微妙，相映成趣，可以说是无限多样性的出色表现。

无限性的观念，在一定程度上是从欣赏大自然的壮美景观中汲取了灵感。在《近代画家》第二卷里，他记述了自己在游历阿尔卑斯山时遭遇暴风雨的特殊体验，那震撼人心的、瞬息万变的壮观景象深深地打动了他，使他对美的认识有了如下的飞跃：

> 突然间，轰隆隆的雷声从古特尔山峰（Dome du Goûter）那边滚滚而来；我抬头一看，只见天空的白云被撕开两半，眼前就像发生了雪崩似的，白色的云流从山坡的东面倾泻下来，如同缓缓的闪电。……黑云滚滚，阳光透过云层，浮现在空中的金字塔，纷至沓来，气势恢宏；夕阳光芒四射，把整个天空照得火红火红。皎皎的冰峰，皑皑的雪顶，峻峭的巨岩，都在落日的余晖中燃烧着……下面，若有所思的暴风雨搅动着、呻吟着，森林在晚风中号叫着、摇曳着，飞流的河水浪花四溅，顺着山谷奔腾而下；一座座恢宏的金字塔，安然不动，屹立在天庭的中央，就像天上的街市，四周环绕着紫色水晶的城墙，镶嵌着金色的大门，富丽堂皇，充满了神性的宁静。就在这时，也就在此时此地，我才明白了美这个词的真正含义……我才真正懂得了这一切都是神所赐予的种种属性的典型……①

看来，就自然美而言，罗斯金所说的无限性，不仅意味着大千世界与云霞物色的无限多样性，而且意味着无穷的变化性，甚至还意味着巨大恢宏的崇高形态。其实，他本人就曾把无限性与宏大性（vastness）并举，认为"对无限的进一步表现，就在神秘而宏大的自然界里……上帝的无限性并不神秘，只是深不可测；并不遮掩，只是难以理解。这是一种显而易见的无限性，但却像大海一样深奥幽渺"。②

整体性（unity）与无限性相对，被视为"一种神圣的可理解性"（divine comprehensibility）。在罗斯金看来，整体性是美之

---

① Cited from George Landow, *The Aesthetic and Critical Theories of John Ruskin*, pp. 111—112.

② John Ruskin, *Modern Painters*, Vol. II, p. 49.

为美的神圣要素，是重要的宇宙规律之一。具体说来，整体性是将多样性条理化或统一化的结果，是构成多样的统一或和谐的关键所在。举凡美的物体、艺术作品、健康的人体、有效的社会、大自然与神，其完美与否都取决于必须在场的整体性。诚如罗斯金所言：

> 所有事物、表象、标记、类型或意味，要达到完美境界的必要因素务必是美的，无论这种因素出现在什么物质材料里。某种整体性的显现，从其最为确切的意义上讲，对各种线条、色彩与形式之美的完善，具有本质意义。[①]

显然，整体性是永恒秩序的象征与显现。在艺术创作中，至高的艺术天才，无论在构图与造型方面，都要尽其所能地将所有的线条、色彩与形式组合在一起，形成有机的统一体，甚至把"单独看来有缺陷的东西组合为一个完美的整体"。与整体性密切相关的是比例（proportion）。只有符合比例的东西，才能给人一种均衡的感觉。因此，罗斯金坚持认为比例即美，美在比例。为了进一步证明比例的审美价值，罗斯金将比例分为两种，一种是"建构性比例"（constructive proportion），涉及力度、数量与支撑目的这三者之间的合适比率，广泛应用于建筑，仅具有伯克所谓的便利或实用价值。另一种是"外显性比例"（apparent proportion），不涉及任何最终的目的或因果必要性，只是为了显示不同量度之间的联系；这种比例关系是一种自然规律，是自然界各种力量运作的目的所在，也是人类喜闻乐见优美形式的根源所在。概而言之，比例上的典型美，就在于显示了各个不同数量的组成部分之间的有机联系。

与比例密切相关的是对称（symmetry）。诸多英国和欧洲大陆的作家，通常把对称视为比例的性相之一。罗斯金则将比例与

---

① John Ruskin, *Modern Painters*, Vol. II, p. 51.

对称分别视为"审美秩序的两种不同形式"，认为对称是同等数量彼此对应的关系，比例则是不同数量相互连接的关系。树干上分布均匀但方向不同的大小树枝，所呈现出的是对称关系；而从根部长到树梢的那些从大到小的树枝，所呈现出的是比例关系。同样，人脸上相对应的嘴角、鼻孔、眼睛与眉毛，所呈现出的是对称关系；而自下巴到脑门之间的分布，所呈现出的则是比例关系。总之，对称构成对应与平衡，比例构成序列的整齐。或者说，对称构成"静态的秩序"（static order），比例则构成"动态的秩序"（kinetic order）。

无论是人类、动物还是植物，完美的对称关系如同完美的比例关系一样，都是构成自身美的要素。在艺术作品的构图中，这两者同样是不可或缺的组成部分。有趣的是，罗斯金还根据亚里士多德的《伦理学》观点，认为对称符合古希腊所推崇的"中度"原则（the mean），体现了完美形式应有的卓越特征或德性（virtue）。举凡符合这种中度原则的对称关系，就具有"神圣的公正性"（divine justice），这对人类尊严而言是必不可少的，对于艺术中各种形式尊严而言也是必不可少的。基于这一理念，罗斯金进而把对称的典型美，与"人类之间的合理行为"联系在一起，从而给艺术中的对称美披上了道德化的外衣和人文的色彩。

典型美的另外一种表现形式是静穆（repose）。在罗斯金眼里，所有艺术务必包含静穆这一因素，因为静穆意味着"神圣的恒久性"（divine permanence）和寂静无声之境。在精神生活方面，静穆象征着神圣的恒久性，象征着神性的一个方面，这与人类生存的变化性形成最为强烈的反差。诚如罗斯金本人所说，"相对于热情、变化、丰满或劳累的情景，静穆所反映的则是永恒心灵与力量的一种独特状态"①。在艺术境界方面，任何伟大的或卑微的艺术，无论是建筑、音乐、绘画、表演，还是舞蹈，

---

① 　John Ruskin, *Modern Painters*, Vol. II, pp. 64—65.

均在很大程度上有赖于静穆的特质。因为，静中有动，通过静穆才能更好地映衬出内在的活力或能动性，才能更好地凸显出蓄势待发的或强行否定的高尚行为。

需要说明的是，罗斯金始终赋予艺术一种道德教育与审美教育的特殊地位，十分反感任何表现暴力、血腥与狂烈情感的艺术作品，认为这样的作品对人性的危害是不言自明的。为此，他特意强调静穆的重要意义，认为"在所有理智健全的头脑中，没有比渴望静穆的欲求更强烈或更高尚的了。在外在的符号之中，我曾谨慎地指出要尊重无限性，现在我要大胆地强调静穆的重要性；因为，任何艺术作品，如果缺乏静穆的因素，就不可能成为杰作；同样，任何伟大的艺术，都以相应的程度表现出静穆的境界"①。符合艺术要求的对称与比例关系，有助于产生静穆的效果，同时也有助于创构绘画中的秩序感。

在典型美的构成因素中，纯粹性（purity）主要是针对光与色而言的，因此被当作"一种神圣的能量"（divine energy）。在绘画中，"光包含着美的普遍特性；光是无限弥漫的，而非局部散落的；光是平和宁静的，而非震惊异样的；光是纯粹洁净的，而非脏污或压抑的。光的这些特性，的确令人愉悦，充分体现了神性［的美］。"② 在这里，光与神之所以被联系在一起，是因为基督教把神比作光，把神视为照亮黑暗的象征。当然，罗斯金对光的解释，还意味着某种特殊的能量，一种表现出平和宁静氛围的、自身节制的神圣能量。

另外，弥漫四射的光是无限的，那么，光的美自然与无限性的美是相互联系的。值得指出的是，罗斯金所言的光，总是与色密不可分。在他的绘画美学思想中，光与色经常并举，有时他还从神学的角度来旁证这两者的关联。他本人坚持认为，色作为物质美的要素，具有纯粹或净化的作用。纯粹性的美，一般体现在

---

① John Ruskin, *Modern Painters*, Vol. II, p. 68.

② Ibid., p. 75.

明亮、干净和强烈的色彩表现中。故此，他比较厌恶那种"与腐败堕落相关的不纯洁的视觉效果"，因为这样会冒犯其他感觉，譬如借用哀伤或恐怖、遭受严惩的罪恶等等。

罗斯金认为中和（moderation）性具有"法则统辖"（government by law）特征，与"自律的道德力量"有关。首先，根据中和原则，可以调谐色彩的明暗度，避免过于张扬的用色习惯，提倡有节制的半透明的绘画色调，这样可以创造出一种视觉的美感与精神性的情感。其次，依照中和原则，可以适当地调合力量或力度，这样可以使艺术形式符合审美维度，不至于放任自流地走向极端，走向丑陋，走向堕落。质言之，中和原则可以说是"美的腰带"（the girdle of beauty）。所有涉及典型美的因素，都应遵循这一原则，否则就会走向反面。有些艺术作品，如果没有对称与比例，还有一定程度的美；但如果缺乏中和与节制，那就有可能使所有美的东西（色彩、形式、语言与思想之美）毁于一旦。

综上所述，"罗斯金的典型美论，是阿波罗式的美论，是古典秩序感的美论，这显然与其浪漫主义的绘画与文学观念相左"[1]。这种阿波罗式的美（the Apollonian beauty），吸纳了崇高与雄伟观念中占有重要地位的无限性理念，其目的是为了避免任何混乱无序的因素（elements of disorder）。事实上，罗斯金有意将无限性限定在色彩与线条的层次变化之中，使其依附于整体性，由此倡导一种温文尔雅、平和宁静的美，而不是利用神圣的能量与力量来创设一种崇高美论。因为，在罗斯金看来，崇高并非一个与美有别独立的审美范畴，而是包含在优美之中。另外，在典型美的六大构成要素中，整体性、对称和比例三者，本身就是有条理性或秩序感的形式；而静穆、纯洁与中和等特性，则与秩序感有着直接或间接的联系。也就是说，所有这些特性，都是建立在优美事物的条理性或内在的秩序感基础之上；倘若抽掉了

---

① George Landow，*The Aesthetic and Critical Theories of John Ruskin*，p. 146.

条理性或内在秩序，所有这些特性也就荡然无存。这一点也同样适用于阿波罗式的美。

二　论活力美（vital beauty）

所谓"活力美"，主要是指"活生生的事物之美"，也可以说是事物的生命之美。这些事物包括植物、动物与人类；这种美不在于形式，而在于表现，在于表现了"活生生的事物中充分实现了的功能"。罗斯金以其个人游历中的所见，举例说明了活力美的基本特征及其主导原理：

> 我已经注意到非常纯粹而高雅的典型美的样本，这在皑皑白雪所形成的线条与层次变化中可以见到。如果在五月初，我们到南部的阿尔卑斯山脉去观光，几乎肯定会在冰天雪地的边缘处发现两三个圆圆的小洞，从中进出一朵亭亭玉立的、发人幽思的、香气飘逸的花儿；这朵小巧玲珑的深紫色的喇叭花，倒挂在被其顶破的冰雪裂缝之上微微地颤动着，仿佛一方面在沉思自个行将葬身的坟墓，一方面由于经过一番苦斗而取得胜利之后显得疲劳不堪。在死气沉沉的冰天雪地里，这朵小花给人一种全然不同的可爱的印象，委实让我们感动不已。这朵花抑或唤起我们的共鸣，抑或向我们展示出象征某一道德目的与成就的形象。尽管这朵花是无意识的，无感觉的，无声无息的，但听到其呼唤的人无不动容，凝神观照其芳姿的人无不崇敬。举凡看到这朵花的人，无不心旌摇曳、无限神爽。

> 在有机创造的整体之中，所有达到完善境界的存在物，均展示出快乐的表象或明证，并在其本性、欲求、营养状态、习惯与死亡等方面，一一彰显或表现出某些道德的秉性或原则。首先，我们从每个有机存在物的快乐中所感受到的那种强烈的共鸣，是那么真实和显豁。这种感受如同我们所见，不仅令人欣然而乐，而且一再诉诸情怀，使我们将其视为最可爱、最快乐的对象。第二，在富有公正性的道德意义中，人们能正确无

误地解读出这些对象旨在传授的教诲……可以说，这种道德意义最终体现出高贵的理论感官的完美状态，其地位只能在活力美中得到完完全全的确立，而在典型美的本质体系中我仅作过部分的说明。①

显然，罗斯金确是一位擅长用语言文字进行绘画写生的高手。在 19 世纪的英国文坛上，他本人享有"文字画家"（word painter）的美誉。在上述引言中，罗斯金首先采用一幅"文字绘画"（word painting），将雪地花开的具体景象细致入微地呈现出来，借此将读者带入他所设定的特殊语境中，使其感同身受地体味活力美在自然界的具体表现。随后，罗斯金又进而归纳出活力美的两个基本原理。一是事物所呈现出的生命力与快乐表象；二是物象所体现出的道德意味与完美境界。这两者表明，活力美的本质在于表现，即凭借活生生的事物来表现生命活力的充盈与能量，同时再现道德意义的公正性或真理性。这一点实际上与罗斯金当时的宗教信仰和道德形上学思想有着潜在的联系。在他个人看来，神无处不在，神的存在是一切美的根源。相应地，一切美的事物之所以美，之所以令人欣然而乐，说到底是因为体现了神的本性。典型美体现了神圣的形式美，活力美体现了神圣的生命美，同时还体现了道德的真理美。举凡生命力充盈的事物，往往长势良好，形态完美，给人以快乐之感。美的道德及其真理性，均是神性存在的伟大链条中的重要一环，每个活生生的事物都是这一神性意向的活生生的代表。另外，罗斯金的活力美论，也受到浪漫主义诗歌理论的影响，特别是受美的表现说（expressive theory of beauty）的影响。因此，他一再强调活力美主要关注的是情感、内在反应、心理与道德观念，等等。当然，这一切都与罗斯金情有独钟的共鸣说或同情说（theory of sympathy）密切相关。在他看来，共鸣或同情，是基于对其他事物本性的想象性知

---

①　John Ruskin, *Modern Painters*, Vol. II, pp. 88—89.

解，是一种能够入乎其内、设身处地地体会他者之美德或卓越之
处的能力，一般涉及英国经验主义传统中的联想、情感和道德心
理学说。实际上，罗斯金认为道德感是与生俱来的，美是本能性
的和非概念性的，道德与审美是彼此互动的，都与直觉性的情感
反应发生联系。这样，任何审美情感都是道德意义上的评价结
果。有鉴于此，道德共鸣的思想观念有助于欣赏活力美。

　　那么，构成活力美的事物究竟有哪些呢？按照罗斯金的说
法，主要有植物、动物与人类。我们可以将其划为两大类别，即
人类与非人类，与此相应的则是人类的活力美（human vital
beauty）与非人类的活力美（non-human vital beauty）。对于这两
种活力美的基本特征，罗斯金的相关描述可以概括如下：人类的
活力美主要是充盈的生命活力与真正的健康状态为基础的，其中
一部分源于"心理与精神的健康及其活力"，因为人类活力美的
至高形式在于精神而非形体，但精神性与思想性的美往往是通过
形体的某些特征表现出来的。譬如，人的面部表现、优雅的姿态
与高贵的情感是人体美的主要来源。但恐怖或狰狞的面容、傲慢
或粗野的动作、狂暴或泛滥的情感，就会破坏人的理智与心境，
同时也破坏了人的美。为此，罗斯金特意罗列出四种显而易见的
邪恶标记，即傲慢（pride）、感官享乐（sensuality）、恐惧
（fear）与残酷无情（cruelty），断言其中任何一项就足以破坏人
的表情与身体的理想特征，但相比之下，傲慢最具有破坏性，因
为傲慢是愚蠢、狂妄和虚荣等人类罪恶之源。[①] 要知道，罗斯金
是习惯于从道德和宗教的角度来审视人类之美的。在他眼里，上
帝之美总是占据着绝对的崇高地位，任何僭越或傲视神性之美的
企图都是不道德的。与此同时，他对人体美的态度总是伴随着清
教徒的色彩，故此不怎么欣赏裸体画，反对感官享乐，厌恶声色
犬马，尤其鄙视热衷于表现色欲的女性裸体绘画，认为这些都会
成为诲淫诲盗或助纣为虐的"邪恶表现"，其结果是"挑逗肉

---

　　① John Ruskin, *Modern Painters*, Vol. II, pp. 122—123.

欲，导致道德败坏"，最终摧毁人类的美。相反，他极力提倡表现平静、富于想象力的姿态、高贵的情感与崇高的主题等等，认为只有这样才能展示出人类的尊严、灵性、快乐与活力美。

另外，人类活力美的哲学基础主要是罗斯金所扩展了的人类快乐观念。他把这种美界定为"以特别快乐与正确的方式展示了人类的完美生活"，[①] 或"以令人愉悦的方式实现了活生生的事物的职能"。[②] 这里，快乐或愉悦与职能彼此相连，成为人类活力美的重要条件。那么，人类的职能到底是指什么呢？在道德形而上学的意义上，该职能如同人类的神圣职责，其核心部分在于听从上帝的教诲，显示上帝的荣耀，借此获得自身的快乐或幸福。

除了人类的活力美之外，罗斯金还把上述"快乐说"扩展和运用于植物与动物的活力美。与人类之美相比，植物与动物之美较低一等，其活力主要取决于自身的精力、强力与生长力。无论是在自然界的直接观照中，还是表现在风景绘画中，植物的活力美大多在于这三种力度。此三者，自然要通过健康的表象、特定的外形、色彩的层次以及充盈的生命予以呈现。譬如，前文中所描述的那朵开放在冰天雪地里小花，就是展示植物活力的一个范例。再如公园里与山野里的橡树的不同理想形态（整齐与扭曲、笔直与倾斜、对称与不对称、茂密与稀疏等），也呈现出各自不同的尊严与美。欣赏这种美的主要心理基础是人的共鸣或同情（sympathy）。与此相若的是，动物的活力美及其在动物画中的表现，也主要在于所体现的这三种力度。只不过动物引起生命形态与相关的表情，更容易折映出人类的某些品质与德性，更容易引起人的审美的共鸣或同情。

总之，罗斯金标举活生生的事物之美或活力美，其主旨不仅仅是为了表明有生命的事物本身的美，如形象、健康、充满精

---

① John Ruskin, *Modern Painters*, Vol. II, p. 29.
② Ibid. , p. 89.

力、强力和生命力，而且是为了表明这些事物所体现出的更为重要的价值美，譬如，象征人类理想观念的道德价值与象征神的光辉与慈善之心的宗教价值。在象征的意义上，对典型美与活力美的审美感知与审美体验，旨在启示或引导人类从事认真而自觉的道德与宗教实践。因此，罗斯金虽然一再强调典型美在于形式，活力美在于表现，可一旦涉及人类，这两种美都被归于精神或道德范畴。譬如，当他谈到人体的典型美时，就毫不犹豫地断定这种美依然"被理解为精神性的［美］"，务必"采用和继承通过比较高贵的人类个体而得出一般比例和典型范式"。① 特别需要关注的，无论是典型美，还是活力美；无论是自然万物的美，还是艺术作品的美，它们在本质上都涉及无利害的愉悦感。"无利害说"（disinterestedness）是罗斯金美学思想中的核心内容。正是基于这一学说，他认为美是对无利害的愉悦的一种感受，或者是产生这种无利害的愉悦的一种特性；共鸣则是参与体验其他事物之感受的手段，是无私的和非功利性的；而快乐则是感受愉悦的结果或者是某些愉悦感受的综合。这样，举凡通过共鸣而产生的无利害的愉悦感便是美的。另外，要欣赏典型美与活力美，除了涉及上述相关因素与特性之外，通常取决于一种特殊能力，也就是罗斯金所说的"观照能力"（theoretic faculty）。为此，他特意用"观照"取代了"感性"，并且把"视觉愉悦当作最高级的感性愉悦"，把高贵的"快乐与敬仰之情视为凝神观照性愉悦的必要组成部分"，认为美的观念虽然要以感性愉悦为基础，但对美本身的欣赏则需要理智的参与，同时需要拥有一个"纯粹、正确与开放的心态"。②

第三节 想象力的三种形态

发现和欣赏自然美与艺术美，离不开"观照能力"的参与；

---

① Cf. John Ruskin, *Modern Painters*, Vol. II, p. 221.

② Ibid., pp. 12—17.

而通过人的头脑或心灵来呈现这些美的形象，也离不开"想象能力"（imaginative faculty）的辅助。罗斯金认为，想象能力是神秘难解的，喜好探讨心智本质的玄学家们没有什么值得称道的作为，其中有的理论往往错误地把"幻想"与"想象"混为一谈。譬如，当时的苏格兰哲学家斯图尔特（Dugald Steward，1753—1828）就曾断言："想象包括感知或简单的理解活动，能使人们对先前感知或认识的对象形成一种观念，人们要从这些对象中做出一种选择。抽象（abstraction）就是将被选的素材同那些与其在本质上相关的特性和状况区别开来。判断或趣味就是对这些素材进行筛选并将其整合在一起。除了这些能力之外，我还要再加上一种特殊的联想习惯，这就是我先前所说的幻想。幻想为我们的选择提供各种各样不同的素材，这些素材从属于想象所做出的努力，因此被视为构成诗歌天才的基础工作。"① 在罗斯金看来，斯图尔特的上述界说是对想象、判断或趣味等诸种能力的误解，这里所言的"幻想"，不外乎是"感觉中的种种思想观念在头脑中的快速闪现"而已。不过，在斯图尔特的启发下，罗斯金通过分析弥尔顿和但丁等人的诗作，提出了三种功能有别的想象形态。其一是通过整合方式来创造新形式的联想性想象；其二是通过洞透内在结构来把握其中真理内涵的洞透性想象；其三是凭借凝神观照活动来审视和处理形象及其组合的凝思性想象。②

一 联想性想象（imagination associative）

罗斯金把联想性想象亦称为整合性想象（combining imagination），主要是指利用头脑中储存的各种形象组合出有机而完美之整体的能力。这种想象活动与有形事物的概念认识有着密切的关联。对事物的认识一般在人脑中分为直观形式（visible form）

---

① Cf. John Ruskin, *Modern Painters*, Vol. II, p. 143.

② Ibid., pp. 144—146.

和言语形式（verbal form）。认识对象的色彩与外形等因素，属于直观形式范畴；认识对象的轻重与长度等成分，则属于言语形式范畴。人脑通过这两种认识形式，可以把相关的对象转化为形象（image）。来自大自然的外物形象储存得越多，可供选择的余地就越大，人的联想力也就越丰富。如果能够掌握这些形象，能够在瞬刻之间唤起这些形象，并且能够自由地运用和选择其中适合的形象重新组合成有机的整体，那就是头脑中的联想或整合能力在发挥作用了。凡是凭借这种能力可将部分重新组合成和谐而优美的整体之人，那他就是一个富有联想性想象力的创新者或发明家。如果只是将这些部分拼凑在一起并且只能保持各部分之美的人，充其量只是一个木匠或细木工人。

一般说来，富有整合思想与高级智力的人，就是富有联想性想象力的艺术家。这种想象力"是人类理智所具有的最宏大的机械组合能力，我们越是思索这种能力，就会发现其愈加奇妙。凭借这种想象作用，可以从数不胜数的思想理念中选择出两个……如果单独来看，这两个思想理念是错误的，但若聚合成一个整体，又都是正确的。构成整体的思想理念务必在瞬间的把握之中形成，只有这样才会使各个思想理念成为美善的。因此，只有那个整体的概念认识才会激发起喜爱之情。在数不胜数和难以组合的事物之中，上述那种先知先觉式的心理活动，能够在瞬间把握住两个彼此适合的东西，这种东西合而美、分则错。这种心理活动，是难以解释的，类似于化学中的某种反应，譬如硫酸对金属锌的反应"。①

比较而言，缺乏上述想象力的艺术家，往往是循规蹈矩，刻意模仿外物的普通形式，作品大多呈现出雷同的共相。譬如在纸上画一棵树，也只是勾画出自己熟知的特征，树叶的形态与枝干的交叉都是那样普普通通，千篇一律，虽然个个都是那样优雅完美，但合在一起时则显得不那么自然、和谐，反倒给人以矫揉造

---

① Cf. John Ruskin, *Modern Painters*, Vol. II, p. 151.

作之感。相反地，富有联想性想象力的艺术家，往往打破常规，采用无法之法。他蔑视所有清规，抛开一切羁绊，超越各种局限，几乎到了随心所欲、胆大妄为的程度。他所熟知的那些自然法则，非但对他没有任何限制，反倒成就了他的自由天性。他完全蔑视所有法则或限制，于是独辟蹊径，在渺无人迹的原野上跋涉。

总之，基于联想性想象所创作的艺术作品，一般具有自然、简明、和谐与真实等特性。诚如罗斯金所言，"如果所画的东西看上去不自然，那可能是缺乏想象力（至少是缺乏联想性想象力）所致……任何显现为虚假的东西，那肯定是缺乏想象力所致……检验一件作品是否富有联想性想象力的最终标准，在于突出的简明性（intense simplicity）、完美的和谐性（perfect harmony）与绝对的真实性（absolute truth）。这幅作品或许是和谐或宏伟的，或许是谦逊或唐突的，或许是冗长的，但一定是一个结构严谨而完美的整体，在其所有关系中表现出惊人而难解的想象力及其重要作用；同时也表现出一种使画面简明质朴、富于动态和条理性的心智"①。

二　洞察性想象（imagination penetrative）

洞察性想象注重分析和理解事物，因此也被称之为"分析性想象"（analytic imagination）。作为一种特殊的能力，洞察性想象不仅涉及选择的原则，而且涉及理解被选对象的方式。罗斯金认为：

　　最富有想象力的感官总是这样握素材的：它从不滞留在事物的外壳或废墟上，也不停止在事物的外部形象上，而是将所有这些东西抛在一边，直捣其火热的心脏；只有这样它才会心满意足。不管对象拥有什么样的表象，什么五花八门

---

① Cf. John Ruskin, *Modern Painters*, Vol. II, pp. 161—162.

的外观和形态，都将无济于事；它会深入内部，追根寻底，汲取对象的精髓：一旦亲临其里，它会随心所欲地拨弄对象身上的鲜枝嫩叶，这样一来，真理的汁液就不致外溢；其后，它随意加以整枝修剪，使其结出丰硕的果实，而不是衰变成老树上的枯枝秃丫。然而，这项工作往往很难处理，容易出现差错。这就需要抓住根本，把握事物的核心实质。整枝修剪之后即可罢手，因为使命到此已告结束。总之，艺术想象力不是单凭视觉、声音和外部特征来观察、判断和描绘对象，而是从对象内部实质出发，对其进行论证、判断和描绘。①

　　罗斯金通过此番诗化描述，把艺术创作中的想象力推向极致，将其视为一种洞察和把握现实的特殊本领，甚至称其为"人类最高的智力"，举凡被视为伟大诗人或画家的人，诸如埃斯库勒斯、荷马、但丁或莎士比亚、拉斐尔和透纳等等，都拥有这种想象力。也正是凭借这种想象力，他们的作品不仅具有"原创性"和"真诚性"（genuineness），而且充满"新鲜感"（freshness）和"鲜明性"（clearness）。与那种只关注外表和细节的幻想相比，想象力能深入到事物的内在本性，塑造出动人感人而又神秘莫测的艺术形象。英国艺术评论家里德（Herbert Read，1893—1968）就此指出：罗斯金对想象力的论述"尽管在当时没有得到认可，迄今也尚未得到人们的赞赏，但这一论断向全世界展现出一种崭新的艺术理论，一种后来为整个现代艺术运动奠定了基础的理论"②。

　　说到底，洞察性想象的内在功效首先在于凭借直觉与凝视等方式，也就是一种真切可信的开启和揭示能力而非一般的推理能力，透过事物的表层来把握其内在的"更具本质意义的真实

---

　　① Cf. John Ruskin, *Modern Painters*, Vol. II, pp. 164—165.
　　② 赫伯特·里德：《艺术的真谛》，王柯平译，辽宁人民出版社1987年版，第130页。

性"。其二，这种想象力是创构所有艺术的真正基础，其重要性超过其他形态的想象力，对艺术家的心智具有永恒的支配作用。其三，为了探求和表现真理而非饮食或快感，这种想象力务必揭开对象的面具，拨开外在的迷雾，从不满足于视觉形式之美或貌似宏丽的外表，从不玩弄那些骗人耳目的伎俩，而是力图溯本探源，超越真正法则与相似性的极限，发现和表达内在的真实。其四，这种想象力所追求的真实，自然包括"道德的真实"（moral truth）。只有借助直观的表现和入乎其内的洞察，道德的真实才能为人所理解或感悟。这当然离不开艺术表现中真实而深刻的情感，也离不开艺术家不断追求创新的渴望以及由此在观众身上引发的共鸣。再者，这种想象力的培养、发展与运用，要求人们在忘却自己的同时，能够像精灵一样进入到周围事物的体内，而不是停留在外部的观察描摹或一般的看法说法之上，更不是用利己主义或充满私心的担忧来代替或毁掉想象力。最后，"这种想象力务必经常借用外在的大自然来滋养……因为要运用这种洞察能力，就必须有一个洞察的对象。之所以提出这一点，是因为许多志存高远的画家一直迷失在人世之间，他们坐卧不宁，深受其想象力的缠绕，结果不能从自然界里健康而欣快的活动中汲取必要的养分。要知道，最富有想象力的人，往往最渴望获得新的知识，总是喜欢研究或学习最艰难的东西。幻想如同一只松鼠，惯于自得其乐地在自个的小窝里兜圈子；而想象力则是大地上的朝圣者，其家园位于天堂。如果将想象力与天国的崇山峻岭隔绝开来，禁止她呼吸高洁而温暖的空气，那么，这种想象力就会变得干瘪而空虚，根本无法驾驭汹涌澎湃的现实急流"①。

三　凝思性想象（imagination contemplative）

凝思性想象是想象力的第三种形态，有时被称为审视性想象

---

① 赫伯特·里德：《艺术的真谛》，王柯平译，辽宁人民出版社 1987 年版，第191 页。

（regardant imagination），其基本功能在于采用特殊方式来处理和审视种种形象及其整合情况。与前两种想象的职能相比，凝思性想象并非是本质意义上的组成部分，而是一种感知的习惯或模式。用罗斯金的话说，"这是一种经常欣然而乐的想象方式，借此能够更为有力地加深我们的感知活动，能够在构成自身生命力的强大而神秘的作用中呈现出这种想象方式的独特性"。①

在审视外物方面，幻想所看到的东西往往不同于现实的东西，由此产生的形象非但不能展示外物，反而会将人的心思引开对象，甚至改变凝思感受的走向。相形之下，凝思性或审视性想象活动所关注的不是要把握物象的相似性，而是要确信视觉的真实性，并且要在不忽略事物现状的同时，能够真诚而严肃地看到"新的精神性意象"（new and spiritual image）。在这里，凝思性想象过程好像涉及两个阶段：第一阶段是抓住外物生动鲜活的现状，所关注的只是现实事物呈现出的某种令人好奇的外在特征；第二阶段是在形似的基础上唤起精神性意象或形象，类似于"超以象外"或"超然物表"的想象方式。一般来说，想象与幻想可能在此握手言和，彼此会通。幻想的部分通常没有情感参与，想象的部分往往感觉敏锐、情思绵绵，两者有机的结合会取得"迁想妙得"的艺术效果。

值得注意的是，罗斯金每谈及不同形态的想象，都无一例外地指出情感与理智的重要作用或不可或缺性。"在凝神观照题材的过程中，想象力务必真诚而实在，既不忽略对象，也不掩盖对象，只是抛开对象身上那些无关紧要的与物质性的偶然特征，直接审视其脱离实体后的本质。"② 这种"脱离实体的本质"（dis-embodied essence），无疑是超以象外的，是富有精神意味的，或者是指罗斯金所谓的"精神性意象或形象"。在视觉艺术领域，这种想象力在透纳的绘画中有着出色的表现；在语言艺术方面，

---

① 赫伯特·里德：《艺术的真谛》，王柯平译，辽宁人民出版社 1987 年版，第192 页。

② 同上书，第200 页。

华兹华斯为诗歌撰写的序言则是诠释这种想象力的范本。

总而言之，想象力在绘画艺术中起着极其关键的作用。富有想象力的和描述经验的绘画，能使观众以新的方式审视外在的世界；富有想象力的艺术采用比喻和象征的手法，能够更有效地传达抽象的真理；富有想象力的情感共鸣，能够使人将自己投射到他人的情感立场之中，在感同身受的同时，陶情冶性，生成道德的行为与人格。

第四节　崇高与画境

罗斯金的美学思想是不断发展变化的，一方面是顺应其宗教信仰与道德观念的变化而变化，另一方面是随着其思想认识的变化而变化。罗斯金对崇高美和画意美的论述，主要是基于后者，也就是根据其思想认识的逐步深化与发展而提出的。

一　论崇高(The sublime)

在18与19世纪的英国美学界，自从丹尼斯（John Dennis）等人将修辞学中的"崇高风格"引入诗歌与艺术批评领域之后，谈论崇高这一审美范畴成为当时文人墨客之间的热门话题。在罗斯金之前，阿狄森（Joseph Addison）、伯内特（Thomas Burnet）、芒克（Samuel Holt Monk）、伯克（Edmund Burke）和约翰生等学者，都以不同的方式与篇幅论及崇高。相比之下，伯克有关崇高的论点，对罗斯金有着直接的影响。不过，基于自以为是的美的包容性，罗斯金早先否定了伯克等人的相关学说，认为没有必要专门设立崇高这一单独的审美范畴。在《近代画家》第一卷里，罗斯金指出：

> 事实上，崇高（sublimity）并非一个确切的术语，不能用来描述一种特殊类别的思想。任何能够激发高尚思想的东西都是崇高的，而思想的高尚是凝神观照任何伟大的品性所

产生的结果。这种伟大的品性主要来自高贵的事物。因此，崇高只是用来描述伟大品性如何影响感受的另一个字眼儿而已。物质、空间、力量、美德或美的伟大，均是崇高的；或许，在一件完美的艺术作品中，没有任何在某种意义上可以称得上是崇高的必要特性……举凡在激发高尚思想的地方，就会发现崇高……故此，崇高的事物与美的事物没有什么不同，与艺术中的其他愉悦之源也没有什么差别，崇高只不过是显现美与其他愉悦之源的一种特殊方式罢了。①

在这里，罗斯金将崇高与观照伟大的品性与激发高尚的思想联系起来，主要侧重的是审美心理的效果，并且将崇高视为美与其他愉悦感的一种表现形式，认为崇高并不构成独立审美范畴的地位，也不具有与美区别开来的必要，甚至断言"至高的美就是崇高"（The highest beauty is sublime）。与此同时，罗斯金认为伯克有关崇高的学说是错误的，因为危险与痛感（danger and pain）并非崇高的特性。伟大或崇高的情感，并非源于对死亡的恐惧，而是来自对死亡的深思，来自对厄运的有意识的估量或挑战。只有在公然反抗之时，我们才会悟出命运的深刻含义。在恐怖的痛感中，通常无崇高可言。发端于自我防卫心理的情感，尽管是构成崇高的必要条件，但若其强度过大，反会起到一种完完全全的破坏作用。因此，胆小的人要想获得崇高的感受，是寥乎其微的。另外，小巧（littleness）也并非美的特性，"并不小巧的美反倒是崇高之源"，任何强辩只能说明"对艺术理想之真谛的无知"。这表明罗斯金把美奉为涵盖崇高等审美对象的主导范畴，崇高只是美的特殊表现形态，并无独立存在的理论意义。另外，罗斯金自认为"美对人生而言是至为重要的，不赞同那种把美等同于漂亮或好看（prettiness）的观点。他坚信美的思想观念是道德与宗教行为，因此不赞同以委婉的方式来贬低美的事

---

① John Ruskin, *Modern Painters*, Vol. I, pp. 41—42.

物，而伯克正是用崇高来反对优美。出于强调美的重要性的需要和自身想要建立统一美学理论的特殊喜好，罗斯金否认了崇高这一独特的审美范畴。"①

　　不过，在 1836 年发表的《近代画家》第二卷里，他为了解决美与艺术中的情感问题，又改变了自己以往的态度，开始重新审视崇高的特殊意义，认为"表现大自然的无限神秘性与某种无限广大的物体，会产生崇高，这与美无关"。② 在随后撰写的《建筑的七盏明灯》、《威尼斯的石头》以及《近代画家》的其余三卷本中，罗斯金时常谈及崇高的审美品性，认为优美与崇高一样，都涉及无利害的情感与审美评价问题。

　　概而言之，罗斯金主要是从四个方面来阐述崇高之美的。其一是宏大或伟大的形体与气势，简称为宏大或伟大的特征（greatness），虽然他时而也用巨大（largeness）或壮阔来描述类似的特征。其二是宏大或伟大的特征对情感的影响，可以简称为情感效应（emotional effect），涉及哀、恐、悲、惊、痛、畏等情感形态，罗斯金就曾认为极端与狂烈的情感是崇高的，敬畏与哀伤的印象则是崇高感的根源所在，这自然涉及"悲情式崇高"（sad sublime）。其三是宗教或神性理念与崇高之美的传统关系，可以简称为神圣因素。罗斯金认为大自然的特殊造化总与无所不在的神性联系在一起，其中隐含着一定的神秘成分。其四是人类作为观赏主体要亲临其里，可以简称为有人在场。譬如，人在欣赏崇山峻岭之类的景观时，需要以想象的或具体的方式，将自己或他人置于外在的对象之中，通过彼此之间在形体、能力和潜在活动等方面的鲜明对比，来凸现和体悟崇高对象的宏大或伟大特征。比较而言，宏大或伟大特征是崇高对象的实相（material aspect），最为根本；神圣因素则是其虚相（immaterial aspect），是没有解释的解释；情感效应与有人在场属于心相（mental as-

---

① Cf. George Landow. *The Aesthetic and Critical Theories of John Ruskin.* p. 203.
② John Ruskin, *Modern Painters*, Vol. II, p. 49.

pect），两者关系密切，是从心理学的角度来说明崇高的审美效果或解释崇高之为崇高的心理原因。在相对科学的论述中，罗斯金主要是从实相与心相两大方面来审视崇高的，下面这段话就是见证："为了给人的心灵留下种种特殊的崇高印象，某些实实在在的宏大特征是绝对必要的。建筑设计的美或山峰形式的美，都具有'放浪的宏大特征'（brute largeness）。谈到体量上实存的超越地位，谈到超越人类形体和我们日常标准［的宏大特征］，基本的实情是这样……最伟大的崇高效应产生于能够明显展示给我们的最宏大的真实［景象］。"①

在罗斯金的所有著作中，详细阐述崇高美以及崇高建筑美的有关学说，主要见诸《建筑的七盏明灯》一书。在这里，罗斯金依然采用了优美与崇高的二分法，认为建筑的美（beauty in architecture）是外在于人类的形式，而建筑的崇高（architectural sublimity）则源于外在的自然与人类的想象。从风格的角度来看，崇高建筑的构成要素至少涵盖六种，譬如自上而下、从左到右的弹性线条（bounding line），宏大与整齐的结构（vast and uniform structure），表面的宽度（breadth of surface），轮廓鲜明的砖石技艺（bold masonry），巨大的明暗对比块体（large masses of light and shade）和坚实性（solidity），等等。利用这些要素便可构成建筑的高、宽、深这一空间形体，由此便可产生一种崇高感（a sense of the sublime）。在诸多情况下，这种崇高感伴随着一种严肃而神秘的雄伟气氛。此时此地，人们会"感到某种伟大的精神力量（great Spiritual Power）呈现在眼前，使人回想起一种如影随形的敬畏之情"。罗马的圣彼得大教堂（St. Peter's Cathedral in Rome）和威尼斯公爵王宫（Venetian Ducal Palace）就是著名的样板。

---

① Cited from George Landow, *The Aesthetic and Critical Theories of John Ruskin*, p. 207. 这段话来自《近代画家》第二卷的手稿，作者未曾将其收入正文。

二 论画境 (The picturesque)

英伦三岛的风景得天独厚。从英格兰的田园到苏格兰的高地，从典雅朴素的茅舍到古老沧桑的教堂，从风车耸立的农庄到洪波涌起的海滨，这些绮丽多样、如图似画的风光胜景，总是在不言之中给人留下美好的记忆。生活在这样的环境中，必然练就了人们亲近自然的敏感态度和体察风景的特殊方式。18 世纪的英国学者，习惯于从艺术欣赏和审美分析的角度来评价和凝神观照风景。因此，他们不仅从中分别出"优美"与"崇高"这两个范畴，而且还进而提出以诗情画意为基本特征的"画境"这一范畴。在题材与表现风格特征上与此相关的绘画艺术和其他艺术门类，也都被纳入上列三个范畴之中。

在罗斯金之前，较早提出"画境"这一概念的主要有吉尔平（William Gilpin）、奈特（Richard Payne Knight）、普赖斯（Uvedale Price）等人。譬如，吉普林于 1792 年发表了《画境美、画境游与风景画三论》一书，[①]普赖斯于 1794 年发表了《论画境与崇高和优美之比较》一书，[②]奈特在同一时期发表了《鉴赏力原理分析》一书。[③]实际上，伯克于 1757 年发表了《论崇高与优美》一书之后，[④]曾在英国学界引起积极反响。吉普林等人认为，在崇高与优美这两个审美形态之外，还有第三种审美形态，那就是这里所说的画境。上列论著正是他们一起倡导画境

① 该书的全名为《论文三篇：论画境美；论画境游；论速写风景：外加诗歌，论风景画》。（Three Essays: On Picturesque Beauty; On Picturesque Travel; and on Sketching Landscape: to Which is Added a Poem, On Landscape Painting. London: 1792.）

② 该书的全名为《论画境与崇高和优美之比较、画论的作用及改善真风景的目的》。（An Essay on the Picturesque Compared with the Sublime and the Beautiful, On the Use of Studying Pictures, for the purpose of Improving Real Landscape. London: Printed for J. Robson, 1794.）

③ 该书全名为《对鉴赏力原理的分析探讨》，第三版发表于 1806 年（R. p. Knight. An Analytical Inquiry into the Principles of Taste. London: 1806）。

④ 该书的原名为《对我们所持的崇高与优美观念之根源的哲学探讨》。（A Philosophical Inquiry into the Origin of Our Ideas of the Sublime and the Beautiful.）

说的产物。因此,在 18 世纪的英国美学理论中,优美、崇高与画境是彼此关联和相对而出的三个审美范畴。从语义上看,"画境"的基本含义是"像是一幅画"(looking like a picture)或"适合于绘画"(being suitable for painting)。在吉普林等人讨论画境之前,该术语在 18 世纪早期的英国诗人蒲柏(Alexander Pope,1688—1744)那里就开始使用,主要是指绘画、装饰与园林的艺术效果和相关技巧。① 尽管该词在使用之初就将艺术与大自然联系在一起,但专指特定的审美形态或范畴则发端于画境美学的理论创构。按照普赖斯的界定,"画境执中于优美与崇高之间;因此可以说,画境不是源于优美与崇高的相互联系,而是源于同这两者更为密切与欣然的融合"。②

简单说来,兼容优美与崇高之形态特征的画境,不仅意味着富有诗情画意的景色(picturesque scenery),而且隐含着一种良好的鉴赏力或审美趣味。无论是观赏自然风景,还是评品风景画作,能够发现其中内在的画境是审美体验中至关重要的内容。在许多情况下,画境既是一种美的形式(form of beauty),也是一种愉悦的形式(form of pleasure),其自身源于自然景色中某些形式的组合。与此相关的画境学说,是将自然环境融合进审美框架之中进行理论阐释的结果。这种画境学说的生成动力,并非来自某种与生俱来就喜爱自然美景的情怀,而是来自有关绘画诗学的争论,即 17 世纪与 18 世纪早期的诗画之争。这场争论的焦点是诗歌与绘画所共享的"理念根据"(ideational ground),其目的是要一争高下,分辨出到底是诗歌还是绘画更能充分地表现"美的理念"(idea of beauty)。经过这场孰优孰劣的论争,古典主义逐渐让位于强调画境的浪漫主义(picturesque romanticism),最终使原本"作为绘画与诗歌的另一种形式的画境成为一种自

---

① John Dixon Hunt, *Gardens and the Picturesque: Studies in the History of Landscape Architecture* (Mass. : MIT Press, 1992), p. 115. Cf. Dabney Townsend, "The Picturesque," in *The Journal of Aesthetics and Art Criticism.* Vol. 55, No. 4, Fall 1997, p. 365.

② Cf. Uvedale Price, *An Essay on the Picturesque*, p. 82.

在的范畴"。① 相应地，"这种趋向于画境的转变，使大自然摆脱了种种理想形式的控制，不仅使自然美学（aesthetics of nature）成为可能，而且秘而不宣地将审美范式从理想美中解脱了出来；这里所言的理想美，是体现在自然感觉可以直观的次一级的自然形式之中，而这些感觉正是敏感的观众做出反应的结果。整个基本动向是从理想化转入敏感性，破天荒地把情感视为趣味的目的与仲裁者。持中间立场的画境美学（picturesque aesthetics），看起来是要协助大自然，外加给大自然一种秩序感与平整性，这两者正是自然的外在表象所欠缺的东西"②。说到底，这种画境美学是研究画境范畴的理论结果，与浪漫主义诗学或自然美学的基本理念有诸多相似之处，其主要目的在于保护自然环境，表现和美化自然景观，推崇怡然自得的审美生活情调，抵制城市化建设与工业文明所产生的不良后果，等等。就其理论意义而言，欣赏画境一类的对象，往往涉及距离（distance）、放达（detachment）与无利害性（disinterestedness）等审美因素，这对后来康德美学体系的建立提供了重要的理论资源。另外，欣赏画境之类事物，一般提倡个人化的审美体验与趣味的培养，强调审美与道德的互动关系，认为趣味塑造人格，意在反拨舍夫茨别利（3rd Earl of Shaftesbury，1671—1713）所持的趣味为人格之产物的观点，这对当时审美文化的发展具有某种积极的平衡作用。再者，画境说在18世纪的发展过程，由于涉及自然环境、风景绘画、联想功能和感性体验等内容，这样便使自然的表现美学更加具体化了，结果成为美学自律性和表现理论的重要组成部分，不仅凸显了审美活动过程中的超实用、超功利的凝神观照与视觉效应（contemplative and visual effects），同时促进了联想理论（associative theory）的发展，使人们把自然对象的表现特征当作想象的产物与心灵的表现。③

---

① Cf. Dabney Townsend, "The Picturesque," p. 366.
② Ibid., pp. 366—367.
③ Ibid., pp. 374—375.

　　罗斯金所论的画境，不仅是直接的观赏对象，而且是风景画的主要题材。一般说来，表现在绘画艺术中的画境形态因人（艺术家）而异，通常可分为两种：一是"比较高雅的画境"（higher picturesque），二是"比较低俗的画境"（lower picturesque）。前者传情达意，在默默无言或有意无意之间，表现出"苦难、贫困、衰败的景象，高贵坚韧但又顺其自然的内心承受能力"，因此也被视为"高贵的画境"（noble picturesque）。这种画境犹如一位勤劳终生的老人，虽白发苍苍、四肢干瘪，但无怨无悔、不以为念，对这种不经意的或"无意识的苦难"采用了富有人性的表现方式。而与此相对的低俗画境，往往缺乏内在的情感表现，比较注重展示外在的形式结构或赏心悦目的表象，其装饰性大于观赏性，因此也被称为"表层的画境"（surface-picturesque）。譬如，面对山石林木或风车农舍所形成的画境，"画家如果仅仅追寻其外在的崇高特征，而无视该对象的真实本性，也不懂其内涵的情感特征，那只能描绘出低俗的表层画境，这类作品充斥着普通的画册或剪贴簿，擅长此道的是那些最为流行的英法德风景画家。然而，如果使对象的外在特征依附于内在特征，如果完全抛开所有悦耳悦目的成分，如果能与凄然苍凉的内涵发生充分的共鸣，那么，我们就会获得高雅的或高贵的画境"①。与低俗的表层画境不同的是，高雅的画境以微妙的共鸣为特征，以表现对象的内在本性为目的，同时抛开了所有单纯追求愉悦感或视觉快感的东西。譬如，透纳和斯坦菲尔德（Clarkson Stanfield）两人都画风车。透纳笔下的画境富有同情色彩，画家与题材呈现出一种心灵的交感，尽管画面的形式显得平淡无奇，所画的风车歪歪扭扭，简陋而破败，但却富有内在的精神和人文的情怀，彰显出历史沧桑的自足性与高贵性（contentment and nobleness），因此拔出俗流而归于高雅。斯坦菲尔德所画的风车，虽然表面看来气宇轩昂、优美庄重，但却缺乏精神的内涵

---

　　① Cf. Dabney Townsend, "The Picturesque," p. 6.

与深刻的情调，既无情感也无心魂，因此不能动人，也不能引发人幽思，徒具一副漂亮的空架子，属于华而不实的低俗一流。

第五节　艺术的特性

对艺术基本特性的论述，罗斯金主要是从伟大、力量、模仿、真理、优美和关系等六个方面入手。事实上，这六个方面的特征及其相互关系，也是艺术自身的本质所在。其中最值得关注的是艺术形象创造的"似而不是说"。

所谓"伟大"，是指"艺术的伟大"（greatness in art）或"伟大的艺术"（great art）。这里的艺术，主要是指绘画艺术。在罗斯金看来，绘画艺术尽管具有技法、难度与特定目的，但其本身终究不过是一种"高贵和富有表现力的语言"，是一种"表达思想的极其珍贵的工具"。举凡精通绘画艺术（即真实地再现自然物象）的人，等于掌握了一种表达自己思想的语言。而擅长运用绘画语言来表达自我的人，将成为伟大的画家。绘画语言更具有愉悦感官的能力。当绘画语言诉诸理智之时，与普通语言没有什么两样，因为那些专为画家所差遣的东西，也正是演说家与诗人言词中同样包含的东西，诸如节奏、声韵、简明性与力度等等。所有这些皆是构成他们之所以伟大的条件，而不是检验他们之所以伟大的标准。评定画家或作家的伟大与否，并非是靠表现和讲述的方式，而是靠表现和讲述的内容。[1]

那么，伟大的艺术及其思想到底是如何构成的呢？罗斯金认为这至少涉及力量、模仿、美、观念和关系等五种要素。

力量（power）是"感知和构想艺术品得以创作的智力或体力"。[2] 在艺术品的创作过程中，相应的智力与体力至关重要，前者关乎观念或思想认识的程度，后者关乎劳动实践或工艺制作

---

[1]　John Ruskin, *Modern Painters*, Vol. I, pp. 8—9.

[2]　Ibid. , p. 13.

的水平。当我们看到印第安人的船桨从桨柄到桨叶都布满了雕饰时，不仅会认为这是延长了手工劳动的工具，而且会从中获得某种愉快的满足感。这里所反映出的还只是一种低级的力量。当我们观看一座大教堂正面的回纹饰时，如果从中感知到建造过程中所付出的劳作及其象征意味，这便涉及一种更高的力量，会让人享受到高尚的快感。当我们欣赏一幅绘画作品时，如果需要对力度或技巧进行安排和判断，那对于力量的感受就会成倍增长。总之，引发身心活动的艺术对象，能使人感受到力量与快感的升华。

由模仿（imitation）引起的单纯而惊奇的快感，不是高级或机能意义上的那种惊奇快感，而是从杂戏中所感受到的那种低级的、微不足道的惊奇快感，属于艺术的劣等产物。如果沉迷于这种感觉快感，那么所有高级或崇高的情感或思想就会产生。另外，模仿的观念在三个方面是不足取的。其一，单纯的模仿会妨碍观众欣赏对象中固有的美，通常使观众停留在事物的表象或外观。其二，模仿的能力相对有限，人们可以模仿出装饰性的玻璃，但模仿不出天上的彩虹，因此只能再现一些微不足道的事物局部，如零零碎碎的服装、珍宝、家具和摆设等玩意儿。其三，尽管成功的模仿确实值得称赞，但一般的模仿品很少与充满力度的思想发生关联，结果使幼稚无知者难以分辨出艺术家与魔术师的区别。

所以，罗斯金特意强调指出，模仿不是对象的简单复制、临摹或再现，而是对"不是而似的艺术品的直接感知"。他之所以称其为"不是而似"（that it is not what it seems to be）而非"似而不是"（that it seems to be what it is not），是因为这样更有助于表明模仿品到底貌似什么，同时更有助于发现模仿的观念与随之俱来的快感均源自感知不是而似之物的过程。① 值得注意的是，罗斯金的"不是而似说"，代表一种艺术创作原理。据此，艺术

---

① John Ruskin, *Modern Painters*, Vol. I, p. 20.

的形象不是原物的摹本，但与原来物象相似。如果沦为前者，艺术品就成了缺乏创意的单纯模仿品，其审美价值就会大打折扣；如果有悖于后者，艺术品所表现的内容或形式就成了令人费解的东西，因此难以吸引观众。这一原理很容易让读者联想起中国画论中的"似与不似说"。在齐白石看来，"作画妙在似与不似之间，太似为媚俗，不似为欺世。"① 黄宾虹进而认为不似之似为真似，并且标举绘画三法："一、绝似物象者，此欺世盗名之画；二、绝不似物象者，往往托名写意，亦欺世盗名之画；三、惟绝似又绝不似于物象者，此乃真画。"② 显然，"不是而似说"与"似与不似说"尽管语言表述不同，但两者都反对机械式的模仿或照搬物象，这在深层用意上具有些许会通之处。

在罗斯金那里，真实（truth）的观念意味着"通过创造物来感知一些事实陈述中的真诚性"。在真实与模仿之间，存在下述几点主要差异：

第一，模仿只限于某种物质性的东西，而真实则涉及物质性的表述以及情感、印象与思想的表述。有道德的真实，也有物质的真实；有印象的真实，也有形式的真实；有思想的真实，也有事件的真实。印象与思想的真实要比其他两种真实重要千倍。因此，真实是一个应用非常普遍的术语，而模仿则局限在狭小的仅侧重于物性的艺术领域之中。

第二，真实可用记号或符号语义表示，这些记号尽管与他物不相似，但在知情者看来则具有明确的含义。举凡能在人心中激发起某些实际思想的东西，均可提供真实的观念。假如绘画中某种像文字一样的东西，尽管在外表上与其引出的思想毫不相干，但却能通过交流渠道来传达没有掺杂任何讹误的真实。然而，模仿则与此相反，务求与对象相似。模仿仅诉诸人的感知能力，而真实却诉诸人的思维能力。

---

① 参阅齐白石《齐白石画集序》，见汪流等编《艺术特征论》，文化艺术出版社 1984 年版，第 20 页。
② 参阅黄宾虹《黄宾虹画语录》，见汪流等编《艺术特征论》，第 20 页。

　　第三，真实的观念来自任何一种事物属性的表述，而模仿的观念则源自人们通常所能觉察到的事物属性的表象。用铅笔画在纸上的一根树枝的轮廓，那是从形式上来表述一定数量事实。这尚未达到模仿所应达到的程度，因为形式的观念在本质上不是用线条来表达的，更不是用黑色线条之间的空白来表达的。①

　　在探讨有关真实的观念过程中，有关模仿的观念不仅没有暗示出真实观念的存在，而且与真实的观念前后矛盾。凡是为了混淆真伪而模仿出来的图画，从来不是真实的作品。要知道，真实的观念是构成一切艺术的基础，而模仿的观念则是毁灭一切艺术的根源。相应地，"没有一幅凭借模仿来蒙骗观众的绘画是优秀的，出于同一原因，任何不真实的东西都不可能是美的"②。

　　美（beauty）或优美的理念，在罗斯金所推崇的伟大艺术中极其重要。这里所说的美，就是感知艺术的美，感知艺术品所表现的物象之美。在审美客体方面，美是到处存在的。在自然界里没有一个单独物象不曾具备传达美的能力。对于一切能够正确领悟外物本性的心灵来说，没有一个单独的物象不曾呈现出难以计量的、比丑为数要多的美的组成部分。事实上，在完美的自然界里，没有绝对丑陋的物，惟有程度不同的美。也就是说，有些事物在本质上要比其他事物更美，而个别事物（假如有的话）则有所属种类中最高形式的美。这种在其他方面与该物象的完美程度相互依存的最高形式的美，就是该物象的理想美（ideal beauty）。③ 艺术所要表现的正是这种美。

　　从审美主体方面讲，人作为"上帝意志的造物"，本能而必然地可从一朵玫瑰花的香味中获得嗅觉快感，从大千世界中展现上帝辉光的事物中获得精神快感。诸如此类的快感不仅与美的东西相关，而且是凭借鉴赏力凝神观照的结果。罗斯金认为，这种有别于判断力（judgment）的鉴赏力，通常在没有任何明显推理的

①　John Ruskin, *Modern Painters*, Vol. I, pp. 21—22.
②　Ibid. , p. 25.
③　Ibid. , p. 28.

情况下，能对某一物象产生一种本能性的和直接性的喜爱之感。相比之下，判断力表示明确的理性活动，适用于任何一种供作判断的议题，譬如有关和谐、真实、合理性、难点与优点的判断力等等。不过，这种区分是模糊不清的。在审美领域，罗斯金并不完全排除理智作用。为此，他把美分为"理智美"与"朴素美"。前者的"大量快感可能取决于对事物中的合理性、妥当性与彼此关系的感知情况，这种感知是微妙莫测和纯然理性的"；后者则"不存在理智的直接作用"，但能让人产生一种充实、神圣和兴奋的感觉，尽管讲不出其原因何在，也讲不出这种感觉何以产生。质而论之，这两者一旦呈现给人类的心灵，都会依据各自不同的程度，起到一种升华思想与净化心灵的作用，而心灵也往往表明人是按照上帝的旨意经常受到美的观念的影响。①

　　在罗斯金的美学思想中，"关系"（relation）这一观念的要旨在于"感知艺术品内在的理智关系"，也就是感知艺术品所表现的物象之中的理智关系。在罗斯金看来，"关系"这一术语，尽管缺乏表现力，但绝非荒谬之词。因为，这其中"包含着一切诱发人的表情、思想、情绪与本质的东西，譬如人物画或风景画（因为在描绘无生命与有生命的自然时，将会明确表现和突出发展某些特定的思想），同时也包含着所有与主体观念相关的东西，以及任何涉及其部分之间的和谐性与关系的东西；蕴含在关系中的思想观念，并非是凭借已知的与恒定的构成规律来增进各自的美，而是通过特定的方式来表现和揭示各自的内涵，从而唤起观众去开掘或欣赏其中独特的思想；例如，选择一束特别令人毛骨悚然的光线来展现一个可怕的事件，或者选择一种特殊的纯色调来表达一种精妙的情感。从更高的意义上讲，这些虚构的事件与思想，均可通过文字与绘画来表现；因为，除了那些能够暗示这些事件与思想的部分手段之外，它们完全独立于其余所有

---

① John Ruskin, *Modern Painters*, Vol. Ⅰ, pp. 27—28.

的艺术手段"①。

一般来讲，关系的观念是艺术中最为广泛和最为重要的快感之源。在尚未对历史作品进一步细分与整理的情况下，我们要想对其做出评判，那几乎是不可能的事情。这就需要从关系入手，从历史、文化、宗教、道德、人物以及事件的相关背景与关系入手。有了这方面的知识，就能帮助人们更好地把握作品的具体内涵。在此意义上，"关系的观念"一方面是用来"表达所有那些（在感知发生的瞬间）需要有劳于理智活动的快感之源"，另一方面则是用来暗示理解和欣赏艺术美的可能途径。

纵观罗斯金的艺术美学思想，尽管难以形成一个完整而严密的逻辑体系，但却包含着诸多鲜明的特点。首先，他认为绘画与诗歌属于姊妹艺术，两者的共性在于表现高贵的情感和伟大的思想，这便成为其绘画诗学的理论支点。据此，罗斯金给绘画提出了更高的要求，等于把绘画从构图绘影的一般模仿传统中解放了出来，在很大程度上促成了艺术模仿论向艺术表现论的过渡与转换。这无疑是受了浪漫主义诗学的启发和影响。其次，罗斯金认为美学与伦理学密不可分，因此特别重视艺术的道德价值与职能，甚至把鉴赏力当作一种道德品质（moral quality），把美的观念等同于道德的对象。他对艺术的态度，如同柏拉图对哲学的态度，都认为艺术与哲学都能引人向善。根据罗斯金的观点，艺术是已往伟大时代精神与本质的载体，不仅凝聚和展示着"社会与政治的德行"（social and political virtues），而且传承和体现出人类的智慧、信念、感受与情思。他之所以撰写五卷本的《近代画家》，其主要动机就是要"昭示艺术的道德职能与目的，证实艺术对整个人类思想与生活的影响，赋予艺术家一种说教的责任，激发人类心灵中的思想火花与道德意识"②。总之，这一切

---

① John Ruskin, *Modern Painters*, Vol. I, p. 29.

② John Ruskin, "Preface to the Second Edition," in *Modern Painters*, Vol. I, p. xlv.

旨在提升人类的审美鉴赏力和完善道德化的人格。对此，罗斯金一再表明，他赞同寓教于乐的方式，反对单纯而直接的说教。然而，我们认为这种道德化的艺术观念及其强调艺术说教（didacticism）的做法，很有可能限制艺术家的想象空间，与艺术发展的规律相牴牾，甚至改变或扭曲自由艺术的基本属性。罗斯金本人的艺术思想从 20 世纪的美学视野中逐渐淡出，与此不无关系。另外，在早期信仰的影响下，罗斯金格外重视艺术与宗教的关系。在他看来，无论是自然景观之美还是绘画与建筑艺术之美，都是上帝的恩赐与天国的荣耀；所有事物身上完美无瑕或可爱无比的特征，都是上帝留下的烙印，甚至是上帝的象征。人作为造物主的杰作，其基本职能与天赋使命一方面是要亲眼见证上帝之光的灿烂多彩，另一方面是要通过合理的顺从与幸福的回报来推动这种神圣之美。如此一来，艺术披上了一层神学色彩，审美与道德形而上学发生了联系，作为创作与审美主体的人也要求具备两种能力，一种是侧重欣赏典型美与活力美的观照能力（theoretic faculty），另一种是侧重艺术实践或创作的想象能力（imaginative faculty）。再者，罗斯金有关三种想象力的论述，主要是基于自己的创作经验与艺术鉴赏经验，这比一般的想象力学说更为明晰，迄今依然具有一定的参考价值。只可惜他没有继续探索，未能将其从理论上予以系统化或提升到应有的理论高度，也使他在本应出彩的地方擦肩而过，游离于其他话题上去了。最后，值得我们注意的是，罗斯金的艺术批评是相当个性化的，他习惯于从自己的宗教信仰、道德观念与审美理想出发，来分析和评判绘画、诗歌与建筑等艺术作品的价值与意义。有时候，在忘情的审美沉醉之中，这位"语言画家"挥洒着绮丽入微的文辞，不由自主地"推己及人"，把个人的体验与感悟普泛化。总体而言，罗斯金的文艺批评有时显得矫情，但却言之有物；难免有错有对，但很少附庸风雅。因此，许多读者比较看重罗斯金的这种真诚态度。弗莱（Northrop Fry）就曾指出："不管罗斯金是对还是错，他一直尝试着真诚的批评（genuine criticism）。他对莎士比亚的解释，就是依据属于自个的观念框架，而且将其仅仅应用于莎翁的剧作……他的批评方法是从伟大的圣像学传统（iconological tradition）中习得的，这种传统源于古典学术与圣经研究，其中也包含着但丁与斯宾塞的贡献。"① 在这里，我们虽然无法对罗斯金的知识谱系展开研究，但我们不怀疑他个人一贯持守的真诚态度与"真诚批评"。不过，他的宗教信仰及其"偶像崇拜"（idolatry）心理，难免会突出某些超出艺术领域之外的附加因素，譬如把万物之美强辩为上帝之光的投影或流射结果。法国作家普罗斯特（Marcel Proust）特意指出，有些虚假成分已经不知不觉地潜入到罗斯金的理智真诚性之中，故此"需要［罗斯金］用真诚性来抵制偶像崇拜，因为偶像崇拜具有虚荣心，不但使美不能尽其本分，而且使其成为非审美的东西"②。

---

① Northrop Fry, *Anatomy of Criticism*（Princeton & Oxford：Princeton University Press, rep. 1990）, pp. 9—10.

② Cf. Marcel Proust, *Contre Saint-Beuve*（Paris：Bibliothèque de Pléiade, 1971）, pp. 129—130. Also see Marcel Proust, *On Reading Ruskin*（New Haven：Yale University Press, 1987）, p. 50. Cited from Denis Donoghue, *Speaking of Beauty*（New haven and London：Yale University Press, 2003）, p. 141. "Ce besoin de sincérité qui lutte contre l'idolatrie, qui proclame sa vanité, qui humilie la beauté devant le devoire, fût-il inesthétique."

第十四章　维多利亚时期的审美文化

维多利亚时代是英国历史上最辉煌的时期。英国因为在政治、经济、科技与文化艺术等各个领域都取得了巨大的成就，因此被称为"日不落大英帝国"。面对一派繁荣的景象，英国社会上上下下弥漫着一股骄傲自大的情绪。然而，一批思想家和艺术家在盛世和荣誉面前却保持了相当冷静的头脑。他们毫不留情地批判那些所谓的社会进步，提醒世人警惕因为盲从而引起的种种混乱。除了一代文宗罗斯金之外，阿诺德和莫里斯也属于这类具有先见之明的批评家。同时，英国本土的美学思想也在继承传统理论的基础上继续向前开拓。浮龙·李、斯宾塞、鲍桑葵和布拉德雷等人，分别从心理学和哲学的角度重新诠释主流的美学思想，为英国美学的发展做出了一定的贡献。

第一节　阿诺德论文化与艺术

阿诺德（Matthew Arnold 1822—1888）是英国 19 世纪中期著名的诗人、文学评论家、社会观察家和宗教思想家。同时，他还是一位社会实践家。在担任英国政府皇家督学的三十余载里，阿诺德游历四方，足迹遍及英国本土以及欧洲大陆。

作为一位诗人，阿诺德具备了充分的艺术家气质（无论是浪漫的还是忧郁的）；作为一位文学批评家，他具备了很深的文学鉴赏和批判的功底；同时，作为一位社会观察家，他还具备了敏锐的观察和剖析社会现象的洞察力；作为一位宗教思想家，他极为关注人性本身的局限性和超越性。这一切再加上他本人所提倡的教育理念构成了阿诺德文化观的有机组成部分。

在阿诺德生活的时代，早先出现在批判语汇中的"文化"（culture）一词，也被用来形容对古希腊罗马语言的一知半解，所谓的"文化人"（man of culture），就是指书评家和文学教授，这些人有时甚至被贬为政治生活中最可怜的人。不过，阿诺德并没有采用上述流行的文化观念，而是就地取材，将自己的古典人文理念注入到"文化"概念中，借此创设他理想中的民主社会。[①]事实上，阿诺德的文化批判有别于后来由威廉姆斯（Raymond Williams）开创的文化研究，也不同于鲍德雷（John Bodley）和格尔茨（Clifford Geertz）等人提出的人类学意义上的文化概念。

阿诺德的文化观具有相当独特的内涵。无论是在《文化与无政府》（*Culture and Anarchy*）、《诗论》（*The Study of Poetry*）里，还是在《当前批评的职能》（*The Function of Criticism at the Present Time*）里，阿诺德都没有明确地提出过"审美文化"这一概念。"审美文化"（aesthetic culture）一说是由与阿诺德同时代的思想家斯宾塞率先提出来的。[②] 但是，有意思的是，斯宾塞从贬义的角度理解阿诺德所说的"文化"之后，提出了"审美文化"这个概念。他把阿诺德的"文化"称为"审美文化"。他认为，阿诺德的文化理想固然高雅，但它只不过是文明开出的美丽花朵。由于高雅文化脱离人们的生计，所以不能成为文明的基础，而只能服从那些更具原则性的东西。正是这些指导性原则，构成了文明的基础。[③]

虽然"文化"在阿诺德的《文化与无政府》中是一个核心概念，但是，在阿诺德的文化概念中是否存在审美成分呢？如果存在，那么审美在文化中的具体含义是什么呢？这些问题都是我们理解阿诺德文化和艺术观时必须澄清的问题。我们的追问和反

---

① Matthew Arnold, *Culture and Anarchy* (Yale University, 1994), p. 171.

② 参阅王柯平《中西审美文化随笔》，旅游教育出版社 1999 年版，第 124 页。

③ 参阅聂振斌等《艺术化生存》，四川人民出版社 1997 年版，第 300 页。

思可能会带来两种结果：（一）通过解剖阿诺德的文化内涵，我们可以尽可能接近文化批评史的源头；（二）不论这个源头出自何处，它都将是人们继续探讨维多利亚时期文化艺术气候的基础。

一　文化的界说及其追求

在《文化与无政府》的前言中，阿诺德这样界定文化：

> 文化大大有助于我们摆脱目前的困境。文化是一个学习的过程；在这个过程中，人们学习迄今为止被想出来和说出来的最好的东西，以求达到自身的完美。通过这种学习，陈旧的观念和习惯可以被新鲜和自由的思想之泉冲刷干净。①

在阿诺德的文化概念中，最鲜明的特征在于他把文化看成是永无止境地追求全面的完美；他的"文化"永远都处于动态和发展之中。这一动态特征表明，阿诺德所谓的"文化"既不是人们物质生产和精神生产所创造的静态的物品或由这些物品组成的静态的结构性环境，也不是具有动态特点的生活方式的总和。在阿诺德的文化概念中，艺术、哲学、诗歌、科学、历史等等，都只能被归结为文化在追求完美的过程中所使用的手段。这些精神活动的产物代表了人类最优秀的思想，它们是文化活动所要汲取的营养品和对象。我们不能把阿诺德的"文化追求"简单地理解为艺术创新或哲学探索的代名词。

根据阿诺德对文化的界定，文化活动与其对象之间也总是处在一种动态关系中。如果没有了文化，没有了对完美的追求，今天的新思想到了明天也会变成陈腐的旧势力，会阻碍更优秀的思想出现；而思想若无不断的更新，人类对完美的追求也就不可能实现。完美作为文化的目标只能是动态的，不可能是静止不变的教条。从逻辑上看，阿诺德对文化的界说在其内部是能够成立

---

① Matthew Arnold, *Culture and Anarchy* (Yale University, 1994), p. 5.

的。当然，如果把他的文化理想作为社会改良的药方放到纷繁复杂的社会现实中，则难免显得有些过于天真。

　　既然阿诺德把文化定义为对完美的追求，那么就需要解释文化活动背后的动机或者说推动力。阿诺德在《甜美和光明》（Sweetness and Light）一章中，通过详细地阐发他的文化理想直接回答了这个问题。①

　　举凡熟悉英国历史的读者，都比较容易理解阿诺德所处的英国社会当时正经历着一场"民主"变革。其中，1867 年的《改革法案》（Reform Bill）成为当时政治改革的一个高潮。《法案》扩大了英国社会的政治阶层，使得将近三分之一的人口获得了选举权。工人阶层也第一次大规模地出现在选举队伍当中。但是在阿诺德看来，这一政治景象——民主政治在一个君主立宪制社会中的出现和扩大——不仅是实实在在的无政府状态，而且代表着未来种种无政府状态；它既是精神层面的混乱，也是社会层面的混乱。精神的混乱主要表现在中产阶级在经济以及社会形式上不受束缚和自由放任，在宗教和思想上过分推崇个人主义；社会的混乱则表现为不同形式的现代民主。具体地说，正是处在上升中的非国教教徒和大部分来自中产阶层的新教各派别所表现出来的精神失序和混乱，深深触动了阿诺德文化批判的神经。

　　此外，工业革命的发生和发展，进一步激化了英国社会原本就错综复杂的问题。更值得注意的是，在阿诺德生活的时代，爆发了法国大革命。阿诺德对人类史上这一重大政治事件所做的反思，对其文化批判产生了重要而深远的影响。也就是说，阿诺德启用和阐释"文化"这一概念的动机，远远不止是逆向挑战工业革命及其产物——科技理性或科技至上思潮。在他对英国社会的混乱分裂状态所做的分析背后，隐含着他对法国大革命遗留下来的社会问题的思考。阿诺德得出的结论是：现实

---

① Cf. Matthew Arnold, *Culture and Anarchy* (Yale University, 1994), p. 166.

存在的无序状态，是政治、经济、社会、宗教各个领域中交叉性的全面的无序状态。《文化与无政府》把无序或失序视为文化的对立面，旨在提示世人从反面去把握阿诺德的文化观所包含的可能意义。

在某种程度上，阿诺德提出的文化概念，并不像有些学者所认为的那样，与我们现今对文化的理解相距甚远。这个概念的现实指向以其全面性和包容性为特征，与后来的人类学文化界说（文化即"一个民族的生活方式的总和"说）虽然有别，但也存在一定的相通之处，尤其是在追求道德完美的精神层面上。

二　文化的动机与完美的境界

阿诺德认为文化的动机主要是社会性和道德性的。他说：

> 对邻里的爱，行动、提供帮助和施善的冲动，阻止人类犯错误、澄清混乱和减少人间苦难的愿望，建设更好更快乐的世界的高尚理想——很明显，这些动机都是社会性的。它们是文化的基础，而且是主要和显著的基础。要想正确地描述什么是文化，我们就不能把文化的起源定位在好奇心上，而是要准确的定位在对完美的热爱上。文化就是学习完美。它的动力不仅仅是对纯粹知识的求知热情，也不完全是强烈的求知欲，而是对行善本身所产生的道德热情和社会性热情。①

不难看出，阿诺德绝非仅仅停留在发泄对现实社会种种丑陋的不满、愤恨、和逃避上；相反，他的的人文理想牢牢地建立在实现整个社会及其成员的福祉之上。在《为所欲为》（Doing as One Like）一章中，阿诺德剖析了由英国社会政治、经济、宗教的分

---

① Cf. Matthew Arnold, *Culture and Anarchy* (Yale University, 1994), p. 31.

裂而导致的混乱状态，申明了他对文化的这种期待："文化是对
人性完美的追求，它把甜美与光明当作是完美的两大特征。"①
简单地说，阿诺德的文化观不单单是独善其身的个体哲学，它充
满了对社会（民族、国家）尤其是社会全体成员的精神生活的
关怀。他的理想就是要建立让所有成员都能够普遍受益和均衡发
展的温和的民主社会。相应地，他的文化理想中就渗透着浓厚的
社会责任感，具有准宗教意味的理想主义人性论。

　　虽然阿诺德的文化观把完美当作是文化追求的最高目标，
但是，阿诺德从未忽略文化本身所具有的社会性特征，因为社
会性与理想主义共同构成了完美文化的有机组成部分。当他提
出文化追求的内在操作（inward operation）这一层面的意义之
后，紧接着就谈到了另一个层面——普遍完美（a general perfec-
tion）。阿诺德这样做的目的在于避免人们片面或机械地理解文
化及其目标的内部特征。在他看来，即便每一个人从其所属的
社会集团的利益出发，最大限度地学习"迄今为止被想出来和
说出来的最好的东西"，整个社会的分裂和失序仍然不可避免。
现实中，英国社会的三大阶层之间、宗教各派别之间、新旧思
想之间的对立，从反面有力地证实了阿诺德提出文化的普遍性
原则的价值所在。

　　再者，人性本身就包含了整体意识、同情心和相互间的依赖

---

　　①　"因为文化所要追寻的完美具有甜美和光明（美和智性）这两个特点，所以
文化和诗歌具备相似的精神特质，遵循诗歌的规律。我说过宗教比起诗歌是重要的
对人性的反映，就是因为它在更大的范围内追求完美，而且影响更多的人。但是诗
歌中关于美和全面发展的人性的观念作为主导观念具有很高的价值，虽然比不上宗
教以战胜动物性和发展人性中的道德能力为宗旨的实际成效，但是最终通过增加自
己的虔诚的能量，关于美和全面发展人性的这样一种观念能够改造和统辖宗教（的
观念）。例如，古希腊人最优秀的艺术和诗歌就是宗教和诗歌为一体，虽然它还只是
不成熟的尝试，还需要发展道德和宗教的元素；但是古希腊人在拥有关于美、和谐
和全面彻底的人类完美这个观念方面没有错。而我们现在的危机是我们过于依赖的
宗教机构不能提供给我们上述观念，认为我们已经在宗教中拥有了足够多的道德规
范，所以我们陷入了过高地估计机器的价值。" Cf. Matthew Arnold, *Culture and Anar-
chy*（Yale University，1994），p. 37.

性，这使得完美的普遍性不证自明。既然完美包含着普遍性范畴，那么作为对完美的学习，文化就必然遵循共同受益的普遍性原则。这一推论同样加强了阿诺德文化观的社会性维度。如同孤立的个人没有可能获得幸福一样，孤立地学习人类最优秀的思想也不可能达到和谐（harmony）、均衡（balance）、理智（reason）和灵活（flexibility）完美的精神状态。这些品质本身就足以与社会上的狂热（Fanaticism）和偏执（Jacobinism）思潮相抗衡。为此，从精神层面上，阿诺德寄希望于文化；从制度层面上，他把防范各种形式无政府状态的社会凝聚力寄托在了国家（state）身上。

此外，阿诺德还认为，文化对完美的追求具有准宗教的性质，但同时它又超越了宗教，因此，文化能够抵抗分裂和混乱从而实现完美。在阿诺德看来，文化和宗教具有一致性。二者同样将人性的完美内在化；同样将完美看作是永恒的动态发展的过程；同样要求我们把实现完美的普遍化当作是义不容辞的责任。但是，文化是以无功利的态度学习人性和人类经验，文化追求能够让人性美和人性价值及其力量获得和谐发展的完美境界，它不是牺牲一些东西而换取另外一些东西的过渡性发展方略，所以文化最终要超越宗教。

或许会有人认为是阿诺德的宗教情结促使他有意拉近文化和宗教之间的距离。① 但是，事实并非如此。他之所以用宗教对比文化，是因为他试图强调人们在精神领域追求完美时，应当具有清醒的社会意识，应当承担社会责任，应当警惕不均衡的发展。关于这一点，可以从阿诺德对英国的宗教生活和英国宗教界内部的分裂所持的批评中，找到最好的证据。在他看来，尽管宗教也代表了人类在追求完美的过程中所依赖的一种

---

① Cf. Matthew Arnold, *Culture and Anarchy* (Yale University, 1994), p. 171, "as a result this secularized religious personal ideal is clearly recognizable as a modernized adaptation of classical humanist goal."

重要形式，① 但仅仅凭借宗教信仰还不足以保证一个精神上富足的社会，因此有必要发展比宗教层次更高的文化追求来改造和统辖宗教。②

以上，我们主要是从社会性意义概括阿诺德的文化观，目的是要通过他对文化与艺术之间的关系的看法，挖掘他所谓高雅文化（high culture）的真谛所在。或者说，我们试图发现阿诺德的高雅文化是否可以等同于审美文化。譬如，阿诺德坚持认为：

> 宗教不仅指导和承认文化的伟大目的，而且宗教和文化在什么是完美和让完美成为主导力量这两点上的结论上是一致的。为了找出一个更完满和确定的答案，文化倾听在这些问题上人类发出过的所有声音，包括艺术，科学，诗歌，哲学，历史，和宗教。③

这表明，艺术和科学、诗歌、哲学、历史以及宗教处于同一层面，它们各自不能单独构成阿诺德的文化内涵。否则，文化就违背了完美所具有的全面与和谐发展的特质。也就是说，在阿诺德的文化理想中，不存在艺术的文化；文化是艺术的，它同时也是科学的、哲学的、历史的、宗教的和诗歌的；文化的涵盖面远远

---

① "因为文化所要追寻的完美具有甜美和光明（美和智性）这两个特点，所以文化和诗歌具备相似的精神特质，遵循诗歌的规律。我说过宗教比起诗歌是重要的对人性的反映，就是因为它在更大的范围内追求完美，而且影响更多的人。但是诗歌中关于美和全面发展的人性的观念作为主导观念具有很高的价值，虽然比不上宗教以战胜动物性和发展人性中的道德能力为宗旨的实际成效，但是最终通过增加自己的虔诚的能量，关于美和全面发展人性的这样一种观念能够改造和统辖宗教（的观念）。例如，古希腊人最优秀的艺术和诗歌就是宗教和诗歌为一体，虽然它还只是不成熟的尝试，还需要发展道德和宗教的元素；但是古希腊人在拥有关于美，和谐和全面彻底的人类完美这个观念方面没有错。而我们现在的危机是我们过于依赖的宗教机构不能提供给我们上述观念，认为我们已经在宗教中拥有了足够多的道德规范，所以我们陷入了过高地估计机器的价值。" Cf. Matthew Arnold, *Culture and Anarchy* (Yale University, 1994), p. 37.

② 但是，阿诺德并没有以文化代宗教的意图。

③ Cf. Matthew Arnold, *Culture and Anarchy* (Yale University, 1994), p. 32.

大于单一的艺术追求。艺术是文化追求完美所必经的途径之一，与其他的精神活动处于平行的关系。人类的精神创造及其产品作为一个综合体共同构成了文化。在文化、艺术以及完美境界这三者的关系中，与动态的文化比较而言，艺术属于静态的和实物的；而艺术创造活动则被吸纳融合在阿诺德所推崇的文化追求中。可见，艺术活动并非文化的唯一内容，文化更不是一种处于单一层面之上的活动。艺术创造和科学认知、道德考验以及宗教升华一起构成了文化活动的主干。根据以上分析，我们可以称阿诺德的高雅文化为完美的文化和内省的文化，甚至在很多方面我们可以称它是宗教的文化。但是，我们不能简单地把艺术或者审美二字冠在阿诺德的文化概念上。否则，一方面，我们对阿诺德的文化观的理解过于片面；另一方面，我们更有混淆审美和宗教的危险。

在阐发文化理想的同时，阿诺德又严厉批评了与文化追求截然对立的机械观（machinery）——一种以物观物或视物为终极目的的态度。从文化的观点看，无论是物质财富，还是身体健康，都应从属于更高层次的精神追求。出于同样的原因，阿诺德并不认同"为艺术而艺术"的宗旨。他身上强烈的政治、社会和宗教的责任感，都不会使他站在"为艺术而艺术"这样一种孤傲的立场之上。同样，精英文化或高雅文化这些预示着分裂与无序的观念，也不可能出自阿诺德的文化观。一方面，阿诺德没有单纯地把艺术等构成文化活动的人类精神创造行为的最高目的归结为政治、社会和宗教责任；另一方面，他所标举的精神目的事实上又要高于宗教目的并超越宗教目的。在他的文化概念中，艺术不是中心，也不存在中心；艺术和其他方面共同遵循的是更高、更完美的精神境界。这个规定同样也适用于科学求知。总而言之，艺术不等于文化，更不可能高于文化；诗歌、科学、哲学、历史和宗教和文化的关系同样如此，否则就会导致无序。

第二节　莫里斯论"人民艺术"

莫里斯（William Morris 1834—1896）是英国诗人，早期的社会主义者和工艺美术设计师。作为一位出色的手工艺制作家，莫里斯为家具、墙纸、彩画玻璃、编织品以及其他装饰物所做的设计，曾在英国掀起了艺术和工艺运动（Arts and Crafts Movement），并在很大程度上颠覆了维多利亚时期的艺术品味。莫里斯创作的小说有《梦见约翰保尔》和《乌有乡的消息》等，美学论文主要有《论人民的艺术》、《生活美》和《艺术和社会主义》等。

一　艺术与劳动

莫里斯的艺术观主要是受同时代文艺评论家罗斯金的影响。他们都认为，艺术之所以美，是因为人在自己的工作和劳动中获得了乐趣。如果一个人能够在工作的同时还关心自己的工作是否会让他所生活的世界变得更可爱，那么，这样的人就是真正关心艺术的人。因此，艺术不仅仅意味着艺术家和艺术作品，艺术涉及一切人造的环境、社会的发展、文明的程度以及工人阶级的生活。

像罗斯金一样，莫里斯把艺术视为全民的创造性表现，当作"人们表现劳动的喜悦之物"，假定艺术甚至就是劳动本身。作为一名社会主义实践者，莫里斯通过自己的创作宣扬社会主义理想，并把对艺术和美的理解同对现实社会的批判、对理想社会的憧憬联系起来，认为只有在理想社会中，只有当人尽其能、热爱自己的工作、没有紧张疲劳感时，才会出现自由的、人民的、旨在让生活变得快乐的艺术。这就是莫里斯"人民艺术"（people's art）的基本内容。

莫里斯指出，恰恰是在"黑暗的"中世纪，艺术成为劳动这样一种理想化的生活才得以实现。那时，艺术与生活融为一体，艺术制造者与社会之间保持着良好的平衡。相比之下，近代资本主义和商品社会的竞争带来了大规模机器制造，工人的劳动因此变得紧张疲劳而毫无快乐可言。这种工作条件实际上摧毁了艺术的劳动基础。另外，资本主义下自由竞争的商业刺激了奢侈品的制造。奢侈品是艺术的篡夺者，艺术不能与之共处。艺术追求的不是表面的光彩，而是真实的价值和教益；它是人生的必需品，是自由和快乐的标志。

不难看出，作为敏感的艺术家和批评家，阿诺德和莫里斯都批判了他们那个时代的矫饰和浮夸。但是，尽管他们对现实的批判有类似的地方，但两人的出发点和终点却截然不同。古希腊人文主义气质颇为浓厚的阿诺德极力宣扬的是典雅的趣味与完美的境界；而莫里斯则向下看，把眼光投向那些被史书遗忘了的手工艺者，那些在作坊里挥汗如雨却又乐在其中，并将生活的意义全部寄托在劳动中的手工艺者。莫里斯认为自己找到了这些工匠的劳动与高雅艺术、社会发展以及文明进步之间的契合点，并在此基础上从社会生活的角度进一步阐发自己的艺术劳动理论。

莫里斯认为，对所有人的生活来说，艺术都是某种帮助和安慰。艺术不仅包括绘画、雕塑、建筑，而且包括形形色色的家庭用品、用于耕作和放牧的田地、城镇和街道的管理及其外部环境等等。总之，大地之美就是艺术；人类生活于其中的自然和人造的环境都可以是艺术的对象。显然，莫里斯通过将艺术扩展为人类生活的全貌，脱掉了艺术的精英外衣，把艺术还给了生活，还给了所有人，还给了社会，还给了自然和人造景观，最终使艺术变成日常生活的内容，使"人民艺术"获得了坚实的社会背景作为支撑。

在莫里斯那里，艺术的社会性不仅表现在艺术与工匠之间的关系上，而且还表现在思想性艺术和装饰性艺术之间密切而健康的关系上。最好的艺术家同时也是工匠。工匠虽地位卑微，但品位不低。然而，如果一个社会系统强调个人奋斗却禁止合作，艺术家和工匠就会处于分离状态。这种分离使得艺术家与传统分离，和大众分离。更糟糕的结果是，由于这种分离，大众再也无法理解什么是艺术，更不懂得如何热爱艺术；艺术家失去了最能够理解和欣赏他们的观众。在这个意义上，艺术的生存与发展不可能仅仅依靠天才的创造。艺术有赖于在延续传统当中迸发出来的艺术灵感，有赖于工匠世代相传的知识技能，有赖于通过传统与艺术家紧密结合在一起的大众。"所有的艺术，即使是最上乘的艺术，均受到大众劳动条件的影响。任何人在任何时候试图假造艺术，自以为艺术可以独立于大众的劳动条件，都是徒劳的。也就是说，任何一种宣称自己的艺术是建立在少数人的特殊教育之上的艺术，必定是不现实的，必定是短命的。艺术旨在表达人在劳动中所得到的乐趣。"① 这段文字体现了莫里斯对艺术的起源和艺术生命力的看法。

莫里斯把人在劳动中的乐趣分为三部分，即多样性，创造的希望和因为有用而生发的自尊感。在这三个因素之外，手脚的灵活配合也能在劳动者的身体上产生快感，这种快感是一切艺术生产的基础。为了证明人在劳动中享受到的乐趣，莫里斯反问说：有谁会对重复制造一模一样的东西感到快乐呢？有谁不理解人们希望创造有价值的东西的愿望呢？有谁不理解当一个人觉得自己是有用之人时，他的劳动因此可以变得更加甜美呢？他因此断言，假如劳动者缺少了其中任何一种乐趣，其劳动品质就会下降；假如缺少了所有的乐趣，劳动者就会沦为工作机器。鉴于劳动者的劳动状况对艺术是如此重要，莫里斯顺理成章地将劳动条件和劳动状况的改善看成是艺术获得新生的契机。然而，不幸的是，所谓现代文明的进步，尤其是商业、竞争、市场扩张和以获取利润为动力的机械制造，等等，恰恰破坏了劳动者的劳动状况。在富豪统治下，劳动状况本身不断恶化，劳动者在机械劳动中逐渐失去感觉与工作乐趣，他们创

---

① William Morris, "Art under Plutocracy" in Josephine M. Guy (ed), *The Victorian Age: An Anthology of Sources and Documents*. (London: Routledge, 1998), p. 440.

造出来的只能是面目可憎的世界（以伦敦为代表）。也就是说，由于人们逐渐地失去生活的乐趣，人的艺术创造就会不断遭到摧毁，艺术本身也就会走向堕落。

莫里斯认为艺术源自劳动乐趣的观点，为艺术理论增加了一个新的实践维度。在莫里斯的分析中，机器生产带来的劳动分工使劳动单元由全面发展的个人变成一群人。工人在流水线上只能被动地工作，仅仅启用自己的某一种能力，只将能量集中在某一个微不足道的局部。这种工作若无其他人的参与便不可能进行，既缺乏乐趣和意义，更谈不上有什么思考或者创造性。机器或工场系统迫使工人沦为机器式工人，并最终被机器代替，甚至连少数操作机器的工人也会慢慢消失。由于劳动对象的不完整，工人再也无法从他所制作的精美物品中获得以往的自豪感，所有预期的乐趣均成为商业目的的牺牲品。结果，艺术过程中的浪漫情调消失了，取而代之的是平淡无奇的大规模制造，所有这些最终导致了外部生活环境的恶化，导致了闷闷不乐的社会情绪，导致了艺术的死亡，或者说产生了令人不快的艺术。

显然，莫里斯特别关注劳动者的劳动状况，这可能得益于他自己经营装饰品公司以及亲自在厂房里从事手工劳动的实际工作经验。在那里，莫里斯有机会深入地观察手工艺者的工作和生活与艺术实践之间的关系。他发现，艺术要想繁荣，劳动者理想的劳动状况决不能只是局限在工场里，工人的生活状况才是决定他是否能够在工场中愉快地劳动以及在劳动中获得乐趣的重要因素。

莫里斯的"艺术"不只是少数天才的创造，也不是富人阶层闲暇时的玩物，而是一种理想的社会组织形态和理想的生活方式；艺术甚至就是生活本身。因此，和阿诺德一样，莫里斯也不认同"为艺术而艺术"的观点。相反，莫里斯把艺术视为社会改良或改革的旗号，从艺术的角度批判社会和政治制度，这才是莫里斯发展"人民艺术"学说的出发点。莫里斯的艺术观中有很明显的社会主义倾向，他与马克思的不谋而合之处在于他们对待劳动者的态度上。更具体地说，他们都极为关注手工艺者的劳动状况。不过，马克思通过分析资本家对剩余价值的剥削找到了资本主义的罪恶根源，而莫里斯却试图回过头来在历史中寻找艺术化理想社会的模式。结果，前者展望的是新型社会，后者则转向了中世纪。

二　人民艺术的构成

莫里斯认为，中世纪的手工艺者尽管面临着物质和等级上的压迫，但他们的聪明才智和想象力无须通过市场竞争加以检验。这是因为当时的手工艺者都要加入严格的行会制度。一方面，行会之外的市场上鲜有竞争；另一方面，行会内部的劳动分工也很少。这种行会制度保证了一个人在被接纳为学徒之后专心致志地学习一门手艺，直至他最后成为行家里手。因此，在这种行会制度下，劳动的单元是具有才智的人。这种手工制造系统里不仅没有大机器生产以及劳动速度的压力，而且工艺制造往往在闲暇和思考中完成。为了制造一件物品，一个工人往往要动用自己全部的能力和精力。因此，中世纪的手工制造系统使一个人的聪明才智得到了全面的发展。手工艺者的手与灵魂都不必屈从于市场竞争带来的各种必然性；相反，个人的发展享有充分自由的空间。这种系统虽然原始，但却认定商业的目的是为了人，而非相反。这样的机制不仅创造了中世纪的艺术，而且创造了自由智慧之间最和谐的合作。基于这一逻辑，莫里斯认定：中世纪的艺术是所有艺术中唯一可以被称为自由的艺术，正是这种艺术促进了美感的普及化。意大利的文艺复兴作为天才情感的爆发，就是这种自由艺术的最好表达。因此，文艺复兴的伟大成就不是当时新兴的商业主义的结果，它应当归功于在它之前盛行了五个世纪之久的自由的人民大众艺术。事实上，随着商业竞争的迅猛发展，文艺复兴的光辉随之迅速暗淡下去。①

① William Morris, "Art under Plutocracy", in Josephine M. Guy (ed), *The Victorian Age: An Anthology of Sources and Documents.* (London: Routledge, 1998), pp. 441—442.

莫里斯看到，在中世纪的手工艺制造系统（craft-system of labor）下，劳动可以是一种乐趣。人与自身的劳动是一种和谐的关系，人与其他劳动者也处于一种和谐的关系之中。人的劳动既是他放松的方式，也是他思考的方式；劳动变成了人生的全部，变成了人的生活方式。这样的工艺劳动过程，必然促进人的全面发展。处于这种劳动状态下的劳动者，自然而然地期望其工艺具有创造性、多样性和有用性。相应地，这些劳动者创造出来的艺术，必然是有创造力的、多样化的和有用的艺术。这就是人民创造出来的人民艺术；艺术在本质上属于人民。

在莫里斯看来，人民艺术就是大众艺术。大众艺术是人民对社会生活的表达，它促成了意大利的文艺复兴。[1] 基于这一艺术观，他认为人民艺术、自然与历史都关系到一个社会的福祉；而由大机器生产催生出来的机械文化（mechanical culture）则是对人民艺术[2]的侵蚀。这种生产背后是包括商业战争在内的各种战争和对金钱的贪婪，它们不仅破坏了人们的自由、平等和博爱，而且使人失去了闲暇的生活。如果不摆脱这些困扰，人就无暇思考他的劳动，不能享受劳动的乐趣，也就不可能创造出有价值的大众艺术。这便是莫里斯向往纯真和传统的艺术与生活方式的原因，也是他极力推崇重返中世纪社会状态的原因。

莫里斯甚至认为，只有当大众化的装饰艺术健康发展时，所有伟大的艺术（甚至是文明）才有可能健康发展，因为前者

---

[1] Lloyd Eric Grey, *William Morris: Prophet of England's New Order* (Cassell and Company, 1949), p. 141. "It was in 1877, ... that Morris... lecture on his 'Von hopes and feats' regarding the necessity for a restoration of popular art, the art of the people, ... which is the expression of the life of a society."

[2] 莫里斯对"人民艺术"的表述有不同的版本，主要包括 popular art, decorative art] 和 lesser art，这是因为他理想中的手工作坊中的艺术生产主要是装饰性物品，所以和大家的作品比起来又可以叫做次要的艺术。但是对莫里斯来说，伟大的艺术和次要艺术之间的差别不仅不重要，而且二者只有紧密配合才能带来艺术的繁荣和健康发展。艺术对于莫里斯来说最重要的总是艺术实践者的劳动状况，即他的社会生存的质量。

是后者的基石。这种观点似乎有些不可思议，因为在历史画面中中世纪一向都作为人类文明的耻辱躲在黑暗的角落里。但在莫里斯眼里，与中世纪手工艺者的劳动状况相比，大机器集中生产条件下的劳动状态不是进步而是极大的倒退。只有中世纪行会作坊中的手工艺者享受到了艺术所需的闲暇和思考的空间，由他们所创造的装饰性艺术，为伟大艺术的诞生提供了良好的基础，为艺术和文明的繁荣提供了有利的条件。"真正的艺术是人民制造的艺术，也是为了人民而制造的艺术；真正的艺术对于制造者和使用者来说都应该是快乐的。这样的艺术才有助于世界的进步……［因此］不能将艺术和道德、政治、宗教分开。"①

当莫里斯把劳动作为个体社会生存的综合反映时，艺术便成为劳动的一部分。艺术不应当高高在上，大众艺术更是如此。一旦这种艺术脱离了人民，那就不可能存在和发生，更不可能为了艺术而进行艺术创作。莫里斯正是通过"人民艺术"学说，将伟大艺术诞生的可能性与整个社会制度联系起来，断言艺术并非少数天才独霸的特权，认为人民艺术是伟大艺术的铺垫。莫里斯艺术观中的"人民"，既指中世纪作坊中的工匠，也指工厂里机器旁边的工人。"人民"是一个普通人（common fellow），他属于工人阶级。人民艺术象征了这样一群人快乐的劳动，标志着社会的良性发展，构成了健康文明的基础。不难看出，莫里斯通过"人民艺术"所阐发的良好愿望，与改良措施自身包含着深刻的社会与政治意蕴。需要指出的是，莫里斯等人所推崇的审美文化及其理想追求，在保护工匠的地位及其传统手艺方面是有一定积极意义的，但因此而不加区别地完全否定机器生产则失之片面。一般说来，在传统建筑与小型艺术生产领域，机器不能取代高超的手艺以及与此相伴的神性精神和情感投入，但在放大镜与显微镜等精密仪器制作上，机器生产则有明显的

---

① Cf. Lloyd Eric Grey, *William Morris: Prophet of England's New Order*, p. 145.

优势。因此，比较理智的做法是：属于艺术家或工匠制作的应由他们去制作，而属于机器生产的应当由机器去生产。两者各得所能，不可偏废。

第三节　斯宾塞论游戏的特征

赫伯特·斯宾塞（Herbert Spencer，1820—1903）是英国实证主义哲学家，进化理论的早期倡导者，社会学有机学派的奠基人。他出身于中学教师家庭，仅上过三年学，主要通过自学成才。斯宾塞发展出一套宏大的"综合哲学"（synthetic philosophy）体系，涉及生物学、心理学、伦理学、社会学和美学等不同领域。他的美学理论具有实证论和有机论等特点。他发展了康德的自由游戏说以及席勒的游戏冲动说，从生理学角度解释了剩余精力的产生原因，同时分析了游戏与艺术活动之间的内在联系。

斯宾塞一生著作颇丰，兴趣广泛，主要代表作有《社会静力学》（*Social Statics*）、《心理学原理》（*The Principles of Psychology*）、《第一原理》（*First Principles*）、《生物学原理》（*Principles of Biology*）、《社会学原理》（*The Principles of Sociology*）和《伦理学原理》（*The Principles of Ethics*）等。斯宾塞的美学专著并不多，其美学论述主要见于一些短文以及《心理学原理》第二卷《美感》（*Aesthetic Sentiment*）之中。

一　游戏说与"剩余精力"

在西方美学史上，游戏说是一种很有影响的关于艺术和审美本质的学说。斯宾塞继承了康德和席勒的有关思想，对"游戏说"进行了新的阐发，重点论述了"剩余精力"（surplus energy）问题。根据席勒的观点，剩余精力首先表现于动物性的身体器官的游戏，继而上升为人所特有的想象力的游戏，而想象力在探索一种自由形式的过程中又导引出审美的游戏。在此基础上，斯宾塞对这一思想从生物学角度作了独到的解释，认为人与动物的游戏冲动所产生的根源都是剩余精力，而且从某种意义上讲，这种剩余精力就是游戏与艺术的共同根源。

斯宾塞显然是受达尔文进化论的影响，认为低等动物具有一种共性，即它们的精力与能量都消耗在维持生命的日常活动之中。这类低等动物朝夕营营于满足基本的生理需要，如猎食、避敌、筑巢和生殖等。相比之下，高等动物由于具有了更大的能力与更多的数量，它们消耗部分精力就能满足基本的生理需要，而其余的精力就成了"剩余精力"。诚如斯宾塞所言：

> 精神能力中的每一种，都服从于这一条规律：它的器官尽管处于消极状态的时间要比一般器官所处的时间长一些，但却以特殊的力量渴望参加活动、激发相应的感觉——动物感觉，准备随时投入相应的活动，并且当环境迫使它从事这种活动而不是从事真正的活动时，乐意醉心于真正活动的表象。由此也就产生了各种游戏，由此也就产生了使长期停滞不动的能力从事无益的练习这种渴望。①

为支持这一论点，斯宾塞列举了许多日常生活中的例子。例如，狗和其他动物的互相追逐，追扑线团的小猫一次次地扑跃等等，都是动物凶猛的本能在得不到满足的情况下的想象性满足。这种"无用"器官的"无用"行为很难被称作游戏，但斯宾塞认为，当这些行为同比较明显的情感因素相结合时，便成了我们通常所说的游戏。人亦如此。孩子们的游戏，如呵护玩偶或过家家等等，都是在模仿成年人的活动；而男孩子的一些游戏如追逐、摔跤或抓罪犯等等，则是在部分意义上出于动物的掠夺天

---

① Herbert Spencer, *The Principles of Psychology*, in *The Works of Herbert Spencer* (Osnabruck: Otto Zeller, 1966), Vol. 5, pp. 695—696.

性。这类游戏都具有一种共性，即所有的游戏目标都是为了战胜对手，取得胜利，或是为了一种满足。这样，斯宾塞对游戏作了如下界定：

> 游戏是一种非自然的力量练习，是在缺少自然的力量练习的情况下对实际行为的一种模仿。①

高等动物为了保存和发展，无须花费掉全部精力，所以就有了过剩精力发泄于无实用价值的自身模仿活动，即游戏或者艺术活动。例如，儿童没有从事建筑的机会，因而用于建筑的精力无处发泄，于是才垒砖搭木，乐于造屋的游戏。

总之，游戏和艺术都是对过剩精力的发泄，都是无功利目的的自由模仿活动。游戏使人的器官得到锻炼，艺术正是从游戏中发展起来的。高级动物的剩余精力被耗费在游戏上，即从观念上而不是实际上满足本能的过程中。从游戏得到的快感就在于对假想敌人的胜利，这等于生存斗争中的成功。依斯宾塞之见，艺术是游戏的一种，即艺术或审美活动的根源主要就在于"剩余精力"的存在。毫无疑问，斯宾塞的剩余精力说同席勒的剩余精力说有着密切的关系，可以说斯宾塞在很大程度上是受了席勒的影响和启发。但是，斯宾塞的剩余精力思想也有其独特之处。席勒只认为动物的游戏来源于剩余精力，但并未将人的审美与艺术活动也归结于剩余精力；相反，他认为剩余精力不足以解释人类的游戏，人类游戏冲动的产生基础应当是想象力与智力水平的发展。另外，席勒认为游戏是个过程，在此过程中由劳动分工决定的、人的本质决定的分散性可以得到克服。与此不同，斯宾塞认为动物的游戏同人类的游戏没有本质上的差别，可以通过观察、

---

① Herbert Spencer, *The Principles of Psychology*, *in The Works of Herbert Spencer* (Osnabruck：Otto Zeller，1966)，Vol. 5，p. 696. 英文原文为 "Play is equally an artificial exercise of powers which，in default of their natural exercise，become so ready to discharge that they relieve themselves by simulated actions in place of real actions."

分析动物的游戏来探讨人类的审美与艺术活动问题。在斯宾塞那里，游戏的能力把人置于和动物界的其他代表平起平坐的地位。而在席勒那里，人应该同美一起游戏，"只有当人游戏的时候，他才是完整的人"。①

二　游戏与审美活动的非功利性

在审美活动与游戏的基本特征问题上，斯宾塞深受康德的影响，认为游戏同审美活动一样，二者的基本特征都是非功利性或无利害性。他在《心理学原理》中这样写道："我们称为游戏的那些活动，是由于这样的一种特征而和审美活动联系起来的；那就是，它们都不以任何直接的方式，来推动有利于生命的过程。"② 换句话说，游戏与艺术和审美活动均无实用目的，二者具有本质上的相似性。

首先，斯宾塞从生理学角度阐述了这个问题，认为肉体的和精神的能力的初始作用以及伴随而生的快感，永远都是以某些最终的功利为目的，但游戏以及审美活动都与最终的功利无关，也就是说眼前的目的是它的唯一目的。斯宾塞并不否认这类活动也有可能会带来一些最终的功利，即提高正在练习的能力的强度，但他认为这种提高有别于有意的、主动的锻炼所获得的提高。在他看来，某一能力的初始作用的结果，往往是直接的正常的快感加上由于练习而对能力的保存和增强，再加上所达到的目的或者所实现的要求三者之和。而在某一游戏中或在某一审美实践中显示出来的某一能力的派生作用的结果，只能是直接的快感加上由于实践而使能力保持和增强的效应。

其次，斯宾塞认为美感与生活的重要职能无关。例如，我们很少把审美性质加在味觉上面。我们可能会认为某些糖果味道甜

----

① 席勒：《美育书简》，徐恒醇译，中国文联出版公司 1984 年版，第十五封信。Also see F. Schiller, *Letters On the Aesthetic Education of Man* (Oxford: The Clarendon Press, 1967).

② 同上书，第 693 页。

美，但不会将之归入美的范畴。这是因为味觉的快感同生理功能密不可分，总是同吃、喝联系在一起。当然，视觉与听觉与此不同。虽然二者也同生理功能有关，但这种联系并不紧密，因此，视觉与听觉所带来的享受可被视为美感。也就是说，如果感觉可以与生活的重要功能分离开来，那么它一般都具有审美的性质。但这并非是绝对的，用斯宾塞的话说："这种与非常重要的功能相脱离的性质，是获得审美性质的条件之一。"①

斯宾塞还进一步指出，美感具有非功利性的另一个证据，就是诸多美感均来自于对理想或现实事物的凝神观照（contemplation）之中。在这种观照之中，意识远离重要功能，这不仅意指伴随游戏的意识（譬如对美的色彩或声音的享受远离那些功能），而且意指凝神观照中的事物。这类事物不是我本身的"我"的直接行动，也不是事物给了这个"我"的直接印象，而只是由行为、特性和感觉的凝神观照活动引起的第二性的印象。在这里，同重要功能的脱离，达到了极端的程度。在游戏和审美感觉之中，"意识并不被最终的利益所直接或间接占领，而是由作为满足的直接来源的事物本身所占领"②。

值得注意的一点是，斯宾塞虽然强调审美的非功利性，但他并没有完全否认美与功用之间的关系。在《功用与美》（Use and Beauty）一文中，他认为我们经常会对一些过去具有实用性的事物产生美感。例如，过去修筑城堡的目的主要是防御和安全，这在社会经济中也起着重要作用。如今，近乎废墟的古城堡却呈现出装饰性的特质，成为一道令人赏心悦目的风景。换言之，功用在这里转化成了美。斯宾塞尽管仍然坚持审美非功利性的观点，认为"目前或近期具有某些积极功利性的任何事物都不具有装饰性特征，因此也就不具备审美特性"，但他同时又承认"过去

---

① 席勒：《美育书简》，徐恒醇译，中国文联出版公司1984年版，第十五封信。Also see F. Schiller, *Letters On the Aesthetic Education of Man* (Oxford: The Clarendon Press, 1967). p. 698.

② 同上书，第701页。

某一时期在社会上发挥着积极功用的事物，在以后的时期却成为装饰性的事物"。① 也就是说，美与功用之间还是存在一定联系的，在某些条件下，二者可以发生转化。这种转化的原因后来被英国美学家布洛（Edward Bullough）解释为"心理距离"（psychical distance）。但斯宾塞在此提出了自己的解释，认为对比（contrast）——如绘画中光线的明暗、色彩的显晦、音乐中强弱音的转换等——是一切美的基本的先决条件之一，为什么过去的功用可以转化为今天的美的原因就在于对比。相应地，"正是由于同当今生活形态的对比，这些过去的生活形态才显得那么趣味盎然与浪漫"。②

三　艺术的目的

斯宾塞的游戏说同他的艺术目的论有着密切的关系。在《艺术的目的》（*The Purpose of Art*）一文中，他认为现在广泛存在着一种对艺术概念和艺术目的的误解，即人们往往把艺术理解为创造性想象作品的集合，从而削弱了心理中的情绪因素，夸大了心理中的智力因素。譬如，在有关舞台艺术对生活的再现是否应当具有教育意义的争论中，快感的产生似乎成了一件无足轻重的事情。除了舞台艺术之外，在其他艺术领域（例如绘画艺术）的情形也大致如此。总之，大多数人认为，满足某种感情并不是艺术的目的，艺术的目的必须符合教育的原则。

斯宾塞对上述观点提出了尖锐的批评，认为这种错误观念的根源在于人们对心理构造问题的错误认识。以音乐为例，理智是主导部分，而情绪则是被主导部分。某些理智感知有助于音乐快感的形成，但这只是达到目的的手段而已，如果将它们看作是目的本身那就大错而特错了。当人们在欣赏音乐时，当人们不再是被动的接受者而是主动的解释者时，人们会失去聆听音乐的意识

---

① Herbert Spencer, "Use and Beauty," in *The Works of Herbert Spencer*（Osnabruck：Otto Zeller, 1966）, Vol. 2, p. 373.

② Ibid., p. 374.

而进入一种无意识的状态，这种无意识才是艺术所要达到的目的。[①] 斯宾塞的这一观点和他的游戏说有着紧密的联系，实际上进而揭示了审美的非功利性特征。总之，在斯宾塞看来，艺术同游戏一样，没有实际的目的。

斯宾塞的美学思想在美学史上具有重要的地位。从生物学角度看，斯宾塞的剩余精力说有其合理的一面。游戏的确同剩余精力有着密切的联系。就动物而言，如果它们的精力都消耗在满足生理基本需要上，那基本上不会产生游戏的冲动。人的游戏相对来说要复杂得多。但是，在人类游戏产生的诸多因素之中，剩余精力无疑起着极为重要的作用。这一点得到众多学者的不同论证。譬如，德国艺术史家格罗塞（Ernst Grosse）在考察澳洲土著人的原始舞蹈时曾经写道，"布须曼人不到他们食饱的时候是不跳舞的，食饱了以后，就在月光下到村庄的中央跳起舞来"。[②]马克思在《1844年经济学—哲学手稿》中也曾指出："囿于粗陋的实际需要的感觉只具有有限的意义。对于一个饥肠辘辘的人来说并不存在着食物的属人的形式，而只存在着它作为食物的抽象的存在；同样的，事物可能具有最粗陋的形式，并且不能说，这种饮食同动物的摄食有什么不同。忧心忡忡的穷人甚至对最美丽的景色都无动于衷。"[③] 这说明人只有吃饱肚子、有了剩余精力之后，才有可能欣赏周围美丽的景色，才有可能从事审美活动。至于艺术同游戏的关系问题，并非像斯宾塞所说的那么简单。艺术不仅仅表现人们的情思意趣，而且涉及人类的精神生产，断然把艺术的起源归属于游戏，难免有偏颇之嫌。但应看到，艺术与游戏之间的联系是不可否认的，从游戏的角度去研究艺术起源至少不失为一条重要的途径。

---

① Herbert Spencer, "The Purpose Of Art," in *The Works of Herbert Spencer* (Osnabruck: Otto Zeller, 1966), Vol. 14, pp. 31—34.

② 格罗塞：《艺术的起源》，商务印书馆1983年版，第161—162页。

③ 马克思：《1844年经济学哲学手稿》，人民出版社1979年版，第79—80页。

当然，斯宾塞的游戏说也有其明显的缺陷。首先，他顾此失彼，一方面夸大了剩余精力在游戏产生中的作用，另一方面却忽视了其他一些重要因素。例如，斯宾塞的学说无法解释游戏在物种、性别、年龄以及环境等方面的不同作用及其差异，这也成为德国美学家谷鲁斯（Karl Groos）批评此说的主要原因。另外，由于斯宾塞把艺术看成是脱离社会实践的绝对自由的纯娱乐性活动，并且偏重从生物学的意义上来看待艺术的起因，于是过分强调了艺术与功利的对立，导致了绝对化和片面性的弊病。但无论如何，游戏说强调了游戏冲动、审美自由与人性完善之间的重要联系，对于我们理解艺术在审美方面的发生具有一定价值。再者，在论述艺术发生的生物学和心理学机制之时，斯宾塞不仅把剩余精力视为艺术活动、艺术娱乐性与审美性的重要条件，而且把精神上的自由视为艺术创造的核心，这对我们理解艺术的本质也是富于启发的。总之，作为游戏说的重要代表人物之一，斯宾塞的美学思想及其意义依然值得认真研究。

第四节 浮龙·李论美丑和移情作用

浮龙·李（Vernon Lee，1856—1935）原名叫巴热（Violet Paget），生于法国，是移情说（theory of empathy）在英国的积极倡导者。她本人受过良好的教育，能够用德、意和英文进行写作，早年在欧洲的游历激发了她对新文化、艺术和美学的兴趣。她是一位多产的散文家、批评家、小说家、传记作者、戏剧家、游记作者、短篇小说家。她和汤姆生合著的美学文集《论美和丑》，将德国的移情论带进了英国的美学语汇。她在美学理论方面的成果主要反映在1913年出版的《论美》一书中。浮龙·李还卷入了19世纪的唯美主义运动，与罗塞蒂、莫里斯和王尔德等人有过来往。

一 移情说的基本内容

最早提出"移情说"的是德国心理学美学思想家李普斯。按照朱光潜的总结，移情就是人在观察外物时，设身处地地进入到外物的境地，把原来没有生命的东西看成有生命的东西，认为事物也有感觉、思想、情感、意志和活动；与此同时，人自己也受到某种错觉的影响，与事物发生同情和共鸣。移情现象的主要特征，就是将自己的生命移置到物或把物的生命移置到人，这是一种原始而普遍的现象。在德国，对移情现象的重视，通常与泛神主义和人与自然统一的思想密切相关。① 可见，移情活动被视为人类与生俱来的感知周围世界的方式之一；是人作为自然界中最活跃的一分子与其身外之物之间一种近乎本能的融合；是人将自己的思想感情意志投射到外物的过程。其次，按照朱光潜对移情现象的解释，移情现象中存在着人对事物产生的移情错觉，同时由于这种错觉又被"错误"地反射回人身上，所以移情效果得到强化。换句话说，移情说把人与物发生同情和共鸣的现象始终看作人的主体行为，因此移情说中的人物合一性相在本质上乃是人的主观想象。

移情说美学以实验心理学为方法论基础，发端于实证研究，终结于主体的表现。此说符合当代西方美学的共同特点，采纳了近代思想界的新方法，不是从有关存在本性这一问题的模糊臆断出发，也不从形而上学的某种假设出发，而是从人类对艺术和自然的实际美感体验出发，从艺术家的创造活动出发，根据归纳或经验的方法，也就是以费希纳所开创的"自下而上"的方法，对美学的基本问题——美感和艺术欣赏与实践——进行了大胆的理论尝试。虽然移情说建立在实验心理学的经验观察方法之上，但其中所表达和总结出来的理论和美学观念却具有表现论意义，或者说为表现论美学提供了心理学的基础。无论是移情说理论本

---

① 参阅朱光潜《西方美学史》，人民文学出版社 1984 年版，第 597 页。

身，还是其背后更为深刻的表现论意味，它们均被划归为主观主义美学理论。[1]

浮龙·李作为移情说的积极倡导者，虽然对移情现象的具体论述与其他移情说理论家有所不同，但在主观性这个基本问题上却是一致的。"在每一个实际例子中，使用美和丑这两个术语，均取决于我们自身对事物做出活跃反应的性质。"[2] 在处理具体视觉形状（visual shape）的审美喜好（aesthetic preference）现象时，浮龙·李主要依赖心理学基础知识作为自己的理论工具。[3] 而在针对美这个问题时，她把美视为已经存在和为人享受的对象。她认为自己的研究工作就是要分析美的存在和享受问题，具体目标就是要解释人们在使用"美"这个字眼去描述某事物时，自身对这个事物的思考和感受有何特殊之处。

浮龙·李以人们对美的赞叹作为研究起点，全盘接受和继承了以康德为代表的传统美学观。她对移情现象所做的阐释，也只是试图证实美不可能存在于主体之外，不可能是事物的本身特性，而只是人观察、注释和解释事物时所采取的一种特殊的方式。这表明浮龙·李等人实际上是通过实验心理学去印证康德的美学理论。

二　移情说的心理描述

人们一般都认为移情现象是人把自己的感情转移灌注到外物之上。不过，按照浮龙·李的论述，虽然最为典型的移情现象出现在审美主体对事物形状的观照之中，但事实上移情活动存在于主体的大脑活动中。[4] 下面这段引文可以为证：

---

① 参阅牛宏宝《西方现代美学》，上海人民出版社 2002 年版，第 157—165 页。

② Vernon Lee, *The Beautiful* (Cambridge University Press, 1913), p. v.

③ 浮龙·李认为形状还包括音乐欣赏中的听觉形状（audible shape）。

④ Vernon Lee, *The Beautiful*, p. 68.

山的腾升或耸立（The mountain rises）开始于我们意识到自己抬高了双眼和头颈；作为一种观念，山的腾升包含了上述对自我身体移动的意识。但是，对山形成耸立的概念又远远不止是人对这座山在此时此刻的腾升的观念。此时此刻的腾升是耸立这个概念的核心，但却是我们对曾经经历过的腾升和耸立的核心。所以这个观念包含的不仅仅是我们的双眼而且是我们的身体的其他部分的腾升，以及其他身体的其他部分的腾升；不仅仅是对过去的腾升经验的思考，而且是对未来的腾升经验的思考。所有这些腾升的经验，无论是被我们自己观察到的还是被别人体验到的，无论是亲身经历的还是想象中的，早已在我们的脑海中形成一张合成的相片。相片中所有的区别都被忽略掉了，所有的相似之处都得以融合和强化，从而形成了对腾升或耸立的一般观念（the general idea of rising）。①

"对腾升或耸立的一般观念"是这段论述得出的最重要的结论。从某种角度说，被积累和沉淀下来的观念将某个人的或者某一次具体的经验普遍化了。在这个普遍化概念中不仅不包含任何客体的信息，而且也不存在个性化的个体及其思想和感受。正是这种普遍化使得主客合一成为可能。移情说认为主客合一或主客融合的过程，是主体的活动被转移到客体继而成为客体的性质的过程，这一过程源于人类对自身经验的普遍化。由于这种普遍化倾向，客体在人的意识中替代人自己成为普遍化观念的主角。对此，浮龙·李接着指出：

这个始于我们对某次腾升动作的意识的……普遍适用的对腾升的观念，这个对腾升的一般观念，也就是对向上运动的观念被转移到那座山……扩充了并同时标出具体某一次

---

①　Vernon Lee, *The Beautiful*, p. 64.

对腾升所形成的单薄的意识。这个丰富化的过程是通过以往在腾升中积聚和储存的兴趣和充分的情感来完成的。换句话说，我们从自身向被观看中的山的形状所转移的（源于将知觉主体的活动和被知觉客体的性质融合的倾向）不仅仅是我们在具体观照时确实做出的腾升动作的想法，而且是早已积累在我们头脑中的对腾升的概念，也就是早已积聚在我们头脑中的想法和情感。这样一个复杂的大脑活动的过程使得我们在那个并无生气的山上，那个没有实体的形状上，赋予了被我们储存的、被平均化的基本的活动形态——也就是通过我们让山本身腾升或耸立起来的这个过程……构成了我称之为移情的活动。①

以上引文是浮龙·李描述移情现象的核心部分。这种基于视觉的移情现象大致包括以下几个方面：第一，人的视听觉不同于对颜色和声音的初级官能享受，它涉及大脑和身体双方对外界刺激所做的反应。由于这种反应属于人类自身，所以能够被储存在记忆中，在没有外界的刺激时也能够重现。视听觉的结果或对象是形状。第二，人的视听觉主要牵涉到线条（line）的运动（movement）、测量（measurement）和比较（comparison），同时也牵涉到注意（attention）和记忆（memory），通常被把握到的形状则是线条之间更抽象的关系。第三，在上述对事物形状的感知活动中，存在着身体器官和肌肉的活动、调整或相互之间的协调。第四，人在移动、测量和比较过程中，对上述活动的意识结果是普遍化的概念。在比较与瞬间的意义上，自我意识消失了，客体代替主体成为主体被普遍化了的身体活动的主角，主体的活动好像变成了客体的活动，从而完成了主体活动被转换为客体性质这样一个主客合一的移情过程。

普遍化的概念虽然抽象，但却比某个具体个体在某一具体活

---

① Vernon Lee, *The Beautiful*, pp. 65—66.

动中的单薄意识要丰富得多，因为其中充满了感情成分。应该说，这个具有普遍性的普遍概念多少有些类似集体无意识。不过，移情活动中的情感并不意味着人将自己的情感直接转移到客体之上，情感只能在部分意义上与思想一起构成被转移的普遍或抽象概念。为了更好地理解浮龙·李的移情说，《论美》中的另一段话很值得我们注意："移情并不直接处理情绪和感情，而是处理那些成为情绪和感情的一部分的生动状态。"① 换句话说，移情在先，也就是人在知觉过程中全身的投入及其活跃的状态在先，情感上的变化继后。因此，移情实属知觉把握事物形状的一个过程。据此，浮龙·李断言：移情就是人在对事物的观照中——感知事物的形状而不是事物本身——获得满足感的主要原因；② 人因为移情才会对事物产生审美的体验。

三　论美与丑

浮龙·李对美丑问题的论述早于对移情现象的解释。在《论美》一书中，她开门见山地界定了"美"的本质：美是在无利害的观照中获得的满足感。在其后她对人在感知过程中心理和生理上所发生的变化所做的细致描述中，她对美的界定也变得更为具体：

> 美意味着观照的满足，也就是对重复的感知的满足；而观照的满足的精华在于它对重复感知的欲望。③

相对而言，浮龙·李认为丑的出现是因为人们在把握形状时遇到困难。她认为人的视觉在把握形状时，其测量、比较和协调活动如果受到阻碍或无计可施，人就会产生被愚弄的愤恨感。这种感觉是人在测量与比较的活动中被习惯性的期望所愚弄的结果。在这种

---

① Vernon Lee, *The Beautiful*, p. 80.
② Ibid., p. 59.
③ Ibid., p. 53.

情况下，人无法带着满足感去观照令他失望和苦恼的客体。于是，人就会回避观照这样的事物，并把自己的回避归咎于混乱而无法感知的线条，认为这些东西太过"丑陋"。如她所言：

> 在对形状的感知中所经历的困难，使得对事物的观照变得让人不舒服和不可能，因此人们用"丑"去形容事物的那个方面。①

但是，如果把美和丑这样一对矛盾范畴联系起来看，丑的界说并不能解释美的界说，不能解释为何美是对重复感知的欲望。故此，浮龙·李提醒人们，不要以为美是由于人在感知形状时不存在困难。其实，有些被人视为丑陋的形状是非常容易把握的，而美的形状甚至要比丑的形状更难把握。这里，问题的关键就在于解释人在对形状的顺利感知中为何会有满足感？为何这种满足感需要得到重复？只有当这个问题被意识到并被提出以后，"移情"的问题才露出水面。那么，移情活动作为对形状的感知中的一个成分，与随后发生的情感变化到底有何关系？

按照浮龙·李对移情现象的分析，移情过程是将包含平均而基本的记忆痕迹的普遍性观念转移到物体之上，这个过程不会受到某一特定感知活动的阻碍。通常，不受干扰的移情就是平衡、稳定和持续的过程，能像喷泉一样不断地重复。出于同样的原因，某个人具体和特殊体验的缺失，以及"缺乏自我意识"的平均化和普遍化的概念，都使移情过程本身无所谓愉快或不快。实际上，

> 我们所完成的每一次移情对我们的生命系统（vital economy）来说，意味着增加或者减少，意味着我们身体和

---

① Vernon Lee, *The Beautiful*, p. 54.

脑力的消耗和补充之间的平衡发生变化；而当这个变化进入我们的意识后，就不仅仅是是否有趣的问题，而是愉快与不快的问题，因为这个变化意味着对我们的生命过程的促进和阻碍。①

由此看来，移情与伴随移情而来的快感或不快感，是完全不同的两回事。人在移情活动中并没有意识到自我，移情也不是把个人独特的体验转移到客体之上。否则，按照上述移情发生的机制，人的自我意识和具备一定强度的情感就会断绝主体和客体的融合。所以，移情活动过程本身原本没有快感或不快感之分。但是，当移情进入人的意识并对人的情感产生影响时，人的生命系统就会发生或多或少的变化。如果生命力得以丰富、加强、活跃与促进，那就会在人的心理上产生满足感或快感；相反，如果生命力遭到阻碍，人就会感到不快。在前一过程中，由于观照对象本身的独立性与重复性，满足感得以持续并且强化。显然，浮龙·李是通过生命系统发生的变化以及人对这个变化的意识作为桥梁，最终将移情活动和美感连接在一起。

移情活动的确是主客合一的过程，与其相应的感受能够引发审美的体验。浮龙·李进一步认为，移情活动实际上是一种生命现象，甚至是一种生命形式。移情过程中的主体，必须是一个本身就生气勃勃并且感受力很强的人。移情过程中的情感，概括地说是人对自身生命力的认可和兴趣，具体地说是对生命中两种对抗性因素的感受。这两种对抗性因素的一方是人付出的努力，另一方是人遇到的逆向抗衡。因此，人在审美体验中所感受到的东西，实际上就是人对生命系统被肯定和加强的感受；相应地，人在观照事物中对丑的体验，可以被解释为人因生命系统受阻而遭受到的挫折感。

在浮龙·李的论述中，移情的对象主要涉及视听觉的形状。

---

① Vernon Lee, *The Beautiful*, pp. 73—74.

人通过移情把握形状，这个过程实际上是通过客体描述自身肌肉运动的普遍化形态。然而，由于对事物形状的观照具有无功利性，由于不存在与事物本身有关的利害关系，所以人对生命系统的价值的兴趣只能落到对自身肌肉运动的意识上。但是，浮龙·李将移情的原始动力最终归结为器官的生理活动，这显然也是有问题的，因为它损害了美的超越性价值。再者，浮龙·李在论述中以美丑解释移情现象，再用移情现象解释美丑，这种循环反复论证的方法所引起的争论，几乎到了"剪不断，理还乱"的地步。

第五节　鲍桑葵与布拉德雷的美学观

鲍桑葵（Bernard Bosanquet，1848—1923）是英国新黑格尔主义哲学家，在哲学、政治学和社会学方面都有很深的造诣，被誉为英国一代哲学的"中心人物"。鲍桑葵促进了黑格尔唯心主义在英国的复苏，并试图将其原则用来解决社会和政治问题。在美学方面，鲍桑葵有两部重要的著作，一部是《美学史》（*A History of Aesthetic*，1892），另一部是《美学三讲》（*Three Lectures on Aesthetics*，1915）。这两部著作基本上代表了他的美学史论与美学理论。

布拉德雷（H. F. Bradley，1846—1924）也是同一时期重要的新黑格尔主义哲学家，被称为英国的绝对唯心论者。在哲学立场上，他反对经验主义，主张全面论（holism）。他与新唯实论者罗素和摩尔的论战以及他与实用主义的复杂关系，构成了哲学史上一个重要的难题。布拉德雷出色的写作风格使他在19世纪受黑格尔影响的众多作家中最为瞩目，其主要作品包括《伦理研究》（*Ethical Studies*），《逻辑原则》（*Principles of Logic*）和《表象与实在》（*Appearance and Reality*）。布拉德雷并没有系统地论述过美学问题，其美学观点主要散见于他有关形而上学和心理学的著述中。

一 鲍桑葵的美学观

鲍桑葵认为美学主要研究的是审美态度及其特殊的价值形式。也就是说，美学不是为创造美或者艺术作品提供法则，而是对感觉和想象中的愉快和不愉快的原因做出详细的解释。为了进一步解答这个问题，鲍桑葵试图将18世纪美学中强调的形式原则与浪漫主义的情感表现原则结合在一起。"在古代，美的基本理论与节奏、对称、各部分的和谐等观念息息相关。一句话，就是和多样性的统一这一总公式分不开。至于近代，我觉得人们比较注重意蕴、表现力和生命力的表露。也就是说，人们更注重特征。如果我们能够把这两个要素融合在一起，我们将会得到一个全面的关于美的定义。"① 这个定义便是：美就是被感官知觉或想象力把握到的特性或个性的表现性，但同时美又服从于同一媒介所具有的一般的表现性条件。按照这个观点，自然美和艺术美的差别只是程度上的，两者都需要经过人的知觉或想象这一中介。同时，自然美这个概念又暗含了被规范化的和普通的审美欣赏能力。对于一般人来说，自然美和艺术中的自然美诞生在人们一瞬间所把握到的事物的表象或观念中，而艺术美则依赖于天才人物的直觉。这种直觉经过提高固定下来，并被记录下来加以解释。

相对于理论态度和实践态度对事物的改造性而言，人在审美体验中对事物持有的审美态度只观照事物但从不试图改变事物，所以审美态度是静观的。鲍桑葵将审美体验总结为三个特征：第一是稳定性（stability）；第二是相关性（relevance），即在审美中体验到愉悦的情感要附着于事物的某些特征；第三是共通性（community），这个特性可以完全等同于康德所说的共通性。这三个特征表明审美态度必然具有其对象，也就是说，审美情感是具体体现在某事物之上的。

---

① 鲍桑葵：《美学史》，张今译，商务印书馆1985年版，第9页。

在此基础上，鲍桑葵提出来，审美体验中的情感是得以赋形的观点。[①] 赋形的情感，也就是通过事物体现的情感，不可能是身心在转瞬之间的反应或粗糙的感官反应。情感赋形意味着情感要服从于事物的规律。正由于情感的赋形导致了情感对事物的从属关系；也正是由于这层附属关系，审美情感体验才能稳定、持久、和谐、具有意义。其次，赋形的情感是一种新的创造，具备了更多的意义，不再是初始状态下的简单情感。当然，在鲍桑葵所说的情感赋形中，情感所附着的对象不是事物本身，而是事物的形式；情感赋形意味着情感和形式的融合。在审美体验中，对形式的审美越深刻，获取的情感就越丰富。

在审美态度问题上，鲍桑葵把它看成是想象性的。他认为，审美不等于人将其未曾赋形的情感体现在某个物体之上。想象力在把握和表达形式的同时创造了情感。所以，审美情感具有唯一性，它不可能以其他形式予以表达，更不可能以其他形式存在。[②] 在想象力问题上，鲍桑葵遵循的是康德在《判断力批判》中提出的原则——审美活动是想象力不受概念规律制约的自由游戏。这个原则在鲍桑葵的理论中进一步被明确为情感和赋形的同一：想象力赋形就是审美情感，这便是鲍桑葵一再重申情感和事物相互融合的原因。情感只能是对某事物的情感。这里所言的事物，是指知觉或想象力呈现给人的事物的样貌（appearance），不能显现的事物也就无所谓审美态度。其次，审美态度是表现性的，而不是再现性的。此外，虽然审美态度的一般特征可以归结为静观和创造。但是，审美静观并不是被动的，而是在一开始就包含了想象力的创造。创造就是想象知觉的一种形式。也正是因为想象力对事物形式的把握，才产生了对待事物的静观态度。因此，审美态度也可以说是凭借想象力自由地静观事物，使事物成

---

① 有的学者称之为"使情成体"。参见顾建华等主编《美学与美育辞典》，学苑出版社 1999 年版，第 173 页。

② Bernard Bosanquet, *The Collected Works of Bernard Bosanquet* (Thoemmes Press, 1999), Vol. 17, p. 34.

为情感的赋形。①　为此，鲍桑葵进而将审美态度界定为为了表现而被表现的情感。②

在想象力和情感的关系问题上，鲍桑葵还有过这样的表述：想象力自由追踪和追求经验的细节，是为了获得一种特殊的满足感。这种满足感不是对理论的完整性和一致性的满足，而是从情感被完整赋形中很自动地获得的满足感。③ "自动的满足感"（automatic satisfaction）这一措词的确从另外一个角度印证了鲍桑葵关于想象力赋形就是情感体验的观点。

在想象力问题上，鲍桑葵还明显地受到了同时代的艺术批评家罗斯金的影响。他认为艺术中的手工实践并不妨碍想象力的创造；相反，作为想象力和艺术的基本媒介，手工有助于强化想象力。在《美学三讲》中，鲍桑葵批评了克罗齐轻视艺术媒介在表现中的作用的观点。虽然二人都强调表现，但在对待物质媒介的参与方面观点相左。克罗齐把美与心灵联系起来，认为美意味着内在状态；美的外在物理赋形是次要的，它只能是美存在于心灵的结果。直觉或艺术家的内观是唯一真实的表现，外在媒介是表面的，因此区分各种媒介的意义不大。美学作为表现的哲学自然要划归到语言哲学当中。鲍桑葵批评了这种表现论哲学，认为它的根基在于认为事物只有在心灵的把握下才是完整的，只要事物存在于心灵中，人就把握了事物的全部，根本无需理会事物的物理存在。但是，鲍桑葵却认为不仅情感对于赋形来说是必需的，而且赋形对于情感来说也是必需的。换句话说，在心灵和实体的关系上，没有心灵，事物就不完整；没有事物的存在，心灵同样也不完整。④

在艺术的表现问题上，鲍桑葵认为，通过想象力来感知对象

---

① Bernard Bosanquet, *The Collected Works of Bernard Bosanquet* (Thoemmes Press, 1999), Vol. 17, p. 29.

② Ibid., p. 37.

③ Ibid., p. 33.

④ Ibid., p. 70.

的相貌（resemblance），需要跨越事物再现（representation）过程中的障碍。艺术精神的内在动力，来自于不带有再现成分的表达方式。如果艺术仅仅是再现现实，例如仅仅再现现实中的丑恶事物和现象，那么这种机械的再现意义何在呢？人们在现实中难道不是已经体验到了太多的丑恶吗？显然，如果艺术只是复制现实生活，不通过现实去揭示新的深度和激情的话，这个问题就无法回答。如果人们不了解事物，也就不可能"活"在再现的事物中；如果对事物的了解仅仅带来联想（association），例如一个旅行袋使人联想到曾经去过的地方，那么，艺术也就没有多少意义可言。

鲍桑葵并不忽视知识和事实对于表现的作用，他还把再现看成是表现的工具，这就涉及审美中再现和表现之间的复杂关系。对此，鲍桑葵认为，人不可能将再现性艺术品中的表现性或对自然的静观简约为类似简单图形（例如正方形）所具备的先验表现性（a priori expressiveness）。一方面，事物外观作为审美对象应当带来令人满意的情感赋形；但另一方面，事物外观的表现性要想令人满意就必须通过它所再现的事物的具体特性。为了调和这个矛盾，人在抽象图形中获得的对生命的先验感受必须被现实经验强化和扩大，才能获得更深刻的意义。人能够利用自身对事物特质的体验，帮助想象力探索可以满足情感的事物形式。虽然困难重重，但人能在想象力的层面上去把握事物，跨越再现带来的干扰。这个过程就是审美体验和艺术体验。想象必须有想象的对象，如果否认这个对象的存在，想象力所把握的事物相貌就会进入抽象思维的领域，审美或艺术也就不复存在了。

鲍桑葵对再现和表现之间的关系的论述，反映了他试图将精神和物质融为一体的倾向，这一点也许有助于人们更好地领会艺术媒介在审美和艺术中的价值。自由想象力所塑造的事物相貌，是审美形式的媒介和事物的灵魂。人可以通过想象力将抽离出来的事物的灵魂放在任何一个媒介之上。因此，事物本身不再重要，重要的是可以被剥离的外观。该外观可以脱离事物被独立地加以处理和重新创造。这就是鲍桑葵所倡导的艺术和审美方式：将事物的灵魂带走，把事物的躯壳留下。因此，在伟大的艺术之间，差别仅仅是媒介。[①] 至于说人们对再现型艺术中逼真的模仿发生兴趣，那只能说明人们最关注的仍然是艺术家征服不同媒介的技艺。人们赞叹的不是一幅风景画所再现的风景，而是艺术家使用媒介的精湛技艺。经过历代的磨合和实践，艺术家对材料和创作过程的把握也日渐精湛，达到出神入化的程度，最终使物质材料及物理过程与情感融为一体。更确切地说，艺术家对艺术材料的掌握饱含着自身生命中的奋斗精神。这就是情感和情感赋形之间相互依存的关系。对于一个画家来说，运用画笔的乐趣和生活体验全都融进了手和眼的配合之中。对笔触的兴致就是成功运用媒介的感觉，即恰如其分地满足其意念中的情感效果的感觉。

我们从鲍桑葵的艺术媒介论中不难看出其美学立场。他不仅将想象力所把握的事物相貌当作是事物的灵魂，而且坚信物质可以融合成为精神的一部分，即物质可以向精神转化，而精神可以在物质中显现。对于艺术家来说，艺术媒介是其自由想象力所必需的特殊实体，其自由想象力则是艺术媒介的特殊灵魂。因此，艺术创造是技巧性极强的使用媒介的活动。鲍桑葵的这一观点有助于人们从艺术媒介及其表现性的角度来探索审美和艺术的关系，有助于人们研究具体艺术式样的独创性及其与传统之间的关系。

二　布拉德雷的美学观

布拉德雷对美的基本认识是：美不仅意味着更高层次的知觉和快感，而且意味着更高层次的思想和意志。不过，无论是知觉和快感，还是思想和意志，都不会为了美而存在。也就是说，美

---

① 　Bernard Bosanquet，*The Collected Works of Bernard Bosanquet*（Thoemmes Press，1999），Vol. 17，p. 62.

不是知觉、快感、思维和意志的目的。但是，这四者要想完善自己，就必须将美吸收进来，化为自身的构成部分。美对它们来说是直接的感官满足，但美本身不能解决和消化思想、意志、快感与知觉之间的矛盾。美是思想的对象，意志的产物，获得快感的手段。[1] 在真善美三者的关系问题上，布拉德雷认为当善以独立的形式被实现的时候，那就是美的；当真理意味着存在和内容的统一并且让人感到愉快时，那就是美的。但是真和善本身并不是美。[2] 在美的主客体关系问题上，布拉德雷也毫无例外地采取了主观唯心主义的立场。

总的来说，布拉德雷在美学方面并无独创的见解，更多的是利用别人的理论将美学问题纳入他的哲学体系。例如，他认为美虽然可以被当成是自在的愉悦（self-existent pleasant），但不可能是自在事物享用自身的快感。倘若如此的话，根本就不需要美。因此，美意味着对于某一主体自在的快感，美为了主体而存在。但仅靠主体的感觉还不能构成美，美必须是主体的知觉。就像真理和善一样，美的前提在于与主体的关联。[3]

布拉德雷进一步提出，虽然有了主体才有美可言，美不是为了美自身而存在，但美又必须是自在的。这就将美引入一种矛盾之中。[4] 浮龙·李和鲍桑葵都非常强调在审美体验中区分事物自身与事物的形式。按照浮龙·李的观点，审美对象不是事物，而是被主体的感官运动所把握到的视觉和听觉的形状。鲍桑葵对事物形式有着不同的理解，倾向于把审美对象称为外观或相貌。布拉德雷则认为审美对象就是其自身，与事物的本源及其生产方式无关；审美对象与其本源之间的联系会破坏审美判断。另外，美的事物不是因为它和某个事物类似或相似，因为相似总暗示着美

---

① 　F. H. Bradley, *Collected Works of F. H. Bradley*. （Thoemmes Press, 1999），Vol. 2, p. 132.

② 　Ibid., p. 163.

③ 　Ibid..

④ 　Ibid..

的事物想要成为事实，如果不能成为事实，那就意味着不现实。再者，当人们发现美的事物是一个"错误的"表象时，这种发现实际上反而损伤了人们对事物之美的体验。因为，美并不具备事实所具有的那种现实性，美是非现实性的。① 一个活人总比他的画像多些东西；真实事物中的因素是纯粹表象所缺乏的。美代表事物的表象，与事物的现实性无关。当鲍桑葵把审美想象力对事物的掌握称之为事物的灵魂时，布拉德雷则认为美虽然在某种意义上和感官感受一样有助于人对事物的了解，但美不是观念性的，有别于真理或思想。

布拉德雷也论述过艺术媒介和模仿的问题。他认为艺术家的技艺就是通过对纯粹物质材料的把握以及对纯粹机械趋势的征服而达到一个更高的目的。这个目的更多的是在机械趋势中实现事物。② 精湛的工艺，也就是对艺术材料的把握，使得模仿成为一种美，因为它已经超出了被模仿的对象。模仿在这里指的是对事物的再现。在此意义上，原本让人厌恶的病痛如果被栩栩如生地复现出来，那在一个医生眼里也可能是美丽的。

布拉德雷还认为，审美态度首先意味着对象，纯粹的感受不是审美。其次，审美态度不会是实践的或理论的。审美在事实与观念上都不试图改变对象。审美对象是自在的，人只是静观它和接受它，而不在观念或者事实上去改变它。不过，人会进一步识别出审美对象所具有的某种性质，会把审美对象当作某一观念的表现，或某一典型的现实化。③ 再者，审美对象还必须涉及情感，正是自在事物的情感特征才使得它成为审美对象。在这一点上，布拉德雷也注意到审美和美之间的差别。当具有情感色彩的事物被当作是自在事物时，这样的事物就是审美的，但它不一定是美丽的。审美对象要想成为美的事物，还必须能满足情感和性

---

① F. H. Bradley, *Collected Works of F. H. Bradley.* (Thoemmes Press, 1999), Vol. 2, p. 229.

② Ibid.

③ Ibid., p. 230.

格。只有当那种满足能够呼应个体审美对象所需要的东西时,这种满足才是美的。一个让人愉快的颜色可以令人舒服、兴奋或使人镇定,但它不是美的,除非让它成为一个自在的事物。①

概言之,深受黑格尔主观唯心主义影响的鲍桑葵与布拉德雷,都以各自的方式继承了形而上学的美学传统。在叙说和分析美这个古老的命题的过程中,他们都涉及美的本质与美的事物、审美态度与审美体验、艺术媒介与艺术创造、情感与想象等等比较具体的问题。尽管他们的阐释不能令人满意,甚至存在矛盾与含糊不清的弊端,但由于英国经验主义的潜在影响,有些论述依然具有一定的启发性。尤其是他们的情感表现论无疑为后来的表现论美学提供了一定的学术和理论资源。

---

① F. H. Bradley, *Collected Works of F. H. Bradley.* (Thoemmes Press, 1999), Vol. 2, p. 231.

第十五章　法国与英国的唯美主义美学

　　唯美主义是浪漫主义向现代主义过渡期间的一股美学思潮，是现代运动的一个组成部分。同时代的其他各种各样的主义，譬如自然主义、现实主义、象征主义、印象主义、表现主义等等，虽然各自性质不尽相同，但都是西方资本主义社会晚期的美学思想形态。它们以激进的、非同凡响的美学和艺术创作观念，影响了那个时代，使西方传统文化和艺术陷入困境之中。犹如叶芝所言：一切都已分散，中心再也难保。

　　那么，这其中的唯美主义思潮是如何产生的呢？其理论基础和基本观点又有哪些呢？概而言之，唯美主义流行的时间大致在西方19世纪中后期，在70年代达到高潮，90年代渐归沉寂，其影响力慢慢地扩散到亚洲。在鼎盛时期，唯美主义运动的风暴源于法国、席卷欧美，主张为艺术而艺术，反对艺术为伦理道德或宗教等目的服务，认为艺术美在于形式，而不是某种功利或效用。艺术的目的就在于自身形式的完美，不必追求时代或现实在其身上打下什么烙印。人生活的目的不是为了某种使命感去奋斗，而是培养一种细腻地感受美的能力，使人在享受美的同时达到自我完善。

　　唯美主义的思想直指当时混乱而动荡的社会现实。19世纪的欧洲正处于封建主义没落、资本主义迅速发展的时期。第一次世界性经济危机的爆发，使社会矛盾更加尖锐复杂，社会财富两极分化现象严重，从而进一步加剧了社会危机。面对社会转型期间出现的大量矛盾和丑恶现象，一部分敏感而有富有才华的思想家和艺术家在无法舒解的苦闷和彷徨中，只好逃逸到艺术世界里寻求心灵的慰藉，以此抵御精神的焦虑和外界的敌意。戈蒂耶在《阿贝丢斯序言》中对艺术家的生活做过如此描述："斗室一方，比外界稍暖，这就是他的宇宙。炉台是他的天空，壁炉是他的地平线"。唯美的艺术家们像帕乌斯托夫斯笔下的那个老清洁工，毕其心力，精心雕琢一朵美的金蔷薇，不与庸俗的现实世界同流合污，坚定地维护艺术的纯洁性。

有不少人指责唯美主义带有严重的颓废倾向，这主要是因为该运动本身的复杂性和艺术家自身思想发展过程中某些激进、矛盾和混乱的因素所致。也许为了颠覆传统的理论和艺术形式，他们借用极端的形式来宣告古典主义的终结，认为艺术似乎从来都与"理想"、"革命"、"反叛"等类似的词汇十分贴近。譬如，戈蒂耶在法兰西剧院观赏首次公演的浪漫主义戏剧《艾那尼》时，自己身着鲜艳的红背心以示对传统的挑战，全然不在乎中产阶级的趣味如何。戈蒂耶的红背心与波德莱尔的波西米亚式的服装极具象征意味，都以此来挑战社会生活中的既成秩序和维护秩序的道德观念。他们反对上流社会所奉行的法度礼仪，因为这法度礼仪维护的是少数人的阶级利益。面对低层民众生活的贫困与匮乏，面对伪善的道德行为，波德莱尔热衷于描写城市生活的阴暗面，想要人们认清这个社会已经腐烂。所以，唯美主义艺术家并非如常人所想的那样，只注重以形式的标新立异来吸引人们的注意，他们其实要比那些从政府或富人中获得金钱和头衔的艺术家们更关注民生和社稷。但这不等于说，唯美的艺术家具备超越常人的高尚道德观念。事实上，他们的任务是颠覆而并非重建。他们无力也无心参与真正的社会变革，只是把他们对理想不可遏制的热情和对现实的批判精神移植到艺术中来，在艺术中追求纯粹的美。这种对纯粹美的爱好可以上溯到古希腊，以及文艺复兴后期的风格主义流派，诸如16世纪西班牙的贡戈拉派和17世纪意大利的马里诺派。在这些流派的文艺思想中，都有唯美的倾向，如同一些浪漫派艺术家那样，倾向于追求艺术的纯美境界。王尔德甚至宣称："只有在济慈那里，本世纪的艺术精神才最后找到了完美的体现。"[1] 显而易见，唯美主义并不是西方天空忽然飘落的一朵怪异的云彩，而是从西方文化传统中发展而来的产物，涉及柏拉图、普洛丁、温克尔曼、莱辛、康德、席勒、叔本华这条美学线索。

19 世纪 50、60 年代，唯美主义美学思想通过各种渠道传入英国。在文学方面，1866 年史文朋的诗集《诗歌与谣曲》的出版，震动了英国文坛，标志着"为艺术而艺术"运动的到来。此后，佩特的理论、王尔德的戏剧、比亚莱兹的黑白版画、新艺术运动、新英国俱乐部的成立，《黄面志》、《萨伏依》刊物的发行，一步步将英国的唯美主义运动推向高潮，在 80、90 年代达到鼎盛时期。此后，因殿军人物王尔德诉讼案发，才逐渐衰落下去。

总之，在唯美主义美学思潮风靡一时的欧洲大陆，曾出现了一批才华横溢的作家和艺术家，他们中大部分人致力于艺术创作来实现其美学主张，但理论建树寥寥。其主要代表人物是法国的戈蒂耶和波德莱尔，英国的佩特和王尔德。这四人出类拔萃，引领时潮，反抗一切对于个性的束缚，追求人生和创作上的自由，甚至甘愿为此付出沉重的代价。因此，他们的唯美主义主张，不可仅仅理解为对诗歌或文章中纯技巧要素的重视。他们确乎肯定美在于形式，但认为美是主观的。因而，创造形式旨在创造独特的审美意象，贬低文学的社会作用，忽略文学创作中的题材和情感问题，借此抬高个人飘忽的印象、虚幻的经验和一些神妙莫测的东西。就文学的纯化问题，浪漫主义的文艺理论早有提及，不同的是，唯美派成功地宣扬了"为艺术而艺术"这一口号，对后世文学艺术产生了持久的影响。

法、英两国的唯美主义者人才济济，所涉及的范围甚广、人

---

[1]　赵澧、徐京安主编：《唯美主义》，中国人民大学出版社 1988 年版，第 92 页。

物甚多。在这一章里，我们只能采取一叶知秋的方式，仅以戈蒂耶、波德莱尔、佩特与王尔德等人的主要美学思想为线索，勾画出唯美主义美学思潮的大致轮廓。

第一节　戈蒂耶论艺术与美

1965 年，西里尔·康诺利在《现代运动：英国、法国和美国一百部重要作品，1880—1950》中谈道："法国人是现代运动之父，这个运动慢慢移到海峡对岸，随后穿过爱尔兰海，为美国人最后继承下来，并把他们自己的魔力、极端主义和对异常事物的趣味带入这个运动之中。"[①] 20 世纪现代主义运动的第一代艺术家，直接从法国 19 世纪中后期流行的唯美主义、自然主义、象征主义、意象派运动中提取思想的精华。法国是唯美主义思潮的发源地。英国作家威廉·冈特在《美的历险》中如此描叙当时的景观：法国滑铁卢大战失败后，法国人对他们崇拜的平民英雄神话以及期盼的理想时代归于幻灭，时代期望着新的变化以唤醒死寂的生活，豪放不羁的波西米亚的生活方式和艺术成为最受年轻人欢迎的事物。1813 年，史达尔夫人从英国返回巴黎，带回她的著作《论德国的文学与艺术》，这部书中论及的康德美学思想，如微风吹皱一潭春水，迅速在法国知识界传播开来。这一时期流行于法国文艺界的康德思想和由此掀起的骚动，预示着唯美主义的到来，其先驱人物首推戈蒂耶。

泰奥菲尔·戈蒂耶（Theophile Gautier）出生于 1811 年，三岁时，其父带着整个家庭从塔尔波迁入巴黎。戈蒂耶从小受过良好的教育，喜爱诗歌与绘画，后受雨果的影响，弃画从文，参与浪漫主义文社，自称为"青年法兰西派"。1830 年自费出版带有浪漫主义色彩的第一部诗集。但是，戈蒂耶在浪漫

---

① 《现代主义》，上海外语教育出版社 1992 年版，第 16 页。

主义道路上并未坚持下去，他和波德莱尔一样都喜爱波西米亚式的生活理念，又接受了德国唯心主义美学思想的启发，逐渐形成了艺术至上的美学思想。在 1832 年发表的长篇叙事诗《阿尔贝丢斯》序言中，声称艺术就是对生活的最好慰藉。1835 年，戈蒂耶出版了长篇小说《莫班小姐》，其序言部分比较完整地阐述唯美主义的美学纲领，被公认为唯美主义的宣言。此后，戈蒂耶的唯美主义思想进入巴黎高等学府，成为知识精英们普遍关注和讨论的话题，由此拉开了欧洲唯美主义运动的帷幕。

一　艺术与道德

《莫班小姐》序言开篇，戈蒂耶就以泼辣、讽刺的文笔反驳所谓正统的文艺批评家，认为他们常以道德为名攻击浪漫主义文学。戈蒂耶就曾大胆地指出：古典主义艺术主张固然严正，合乎规矩，但在创作方面却不尽然。以大师莫里哀的喜剧为例，其笔下传统婚姻中的丈夫形象总是昏庸老迈、衣着不整、形貌丑陋、思维混乱；而年轻的情人却是容貌英俊、仪表堂堂、慷慨大方、脾气温柔、富有魅力、懂得如何讨取女人的欢心，结果总是无往而不胜。人皆爱美，如此背叛伦理道德，却又不忤逆众意，正是莫里哀喜剧高妙的处理方法。这说明古典主义文学形象并不足以成为世人的道德楷模，其原因不在于作家选择题材不够谨慎，而是因为文学和道德根本不是一回事。推而论之，指责浪漫主义作品导致伤风败俗显然是错误的。艺术表现美，而不是为某些寓教于乐的道德主张或空想社会主义者提倡的某种人类文明、社会进步之类的功利主义思想服务，"只有功利主义者才会拔掉花坛上的郁金香改种白菜"①。

戈蒂耶认为，"作品中是人物在说话，而非作者本人"②。

---

① 戈蒂耶：《〈莫班小姐〉序》，引自赵澧、徐京安主编《唯美主义》，中国人民大学出版社 1988 年版，第 44 页。

② 同上书，第 38 页。

不要仅仅因为一个人写了一本宣传道德的书就断言他是个正人君子，这是十分荒谬的，反之亦然。否则，莎士比亚、高乃依等悲剧作家，早该统统被送上绞刑架了。因为，在他们的作品里，犯奸作盗、谋杀流血事件比比皆是。艺术是一个虚构的世界，不同于现实世界，艺术不应负载它难以承受的使命和责任。就艺术与现实的关系而言，戈蒂耶认为艺术犹如果实，现实犹如树木。树木结果实，非果实结树木，这是自然界永恒不变的规律。艺术模仿现实，所以艺术作品中不道德的描写，根子在社会。正因为现实生活中存在着大量不道德的现象被如实地反映到艺术中来，使人产生错觉，以为艺术应背负伤风败俗的恶名。戈蒂耶的目的不在于反对道德，他承认"道德理应受到尊重，说实在的，我们也无意冒犯它"[1]。他攻击的目标是正统批评家那副处处以道德为借口，干扰和指责文艺创作的判官嘴脸。他干脆否定艺术有什么功用，"就好像一本书做不出羹汤来，一本小说也不是一双无缝的长靴，一首十四行诗不是一副注射器，一部戏剧也不是一条铁路"[2]。戈蒂耶调侃地说，小说最好的用处是让人昏昏欲睡。

二　唯美的诉求

那么，艺术存在的目的是什么呢？戈蒂耶说，旨在求美。"真正称得上美的东西只是毫无用处的东西。一切有用的东西都是丑的，因为它体现了某种需要。"[3] 美不是生活的必需品，但我们爱美，疯狂追求美。音乐有什么用？绘画有什么用？女人的美貌有什么用？生活不是仅仅填饱肚子，维持生存就足够了。戈蒂耶用揶揄的口吻说他情愿不穿靴子，也不愿没有诗歌；宁可不要土豆，也不愿放弃玫瑰。不应把美与功利混淆

---

① 戈蒂耶：《〈莫班小姐〉序》，引自赵澧、徐京安主编《唯美主义》，中国人民大学出版社 1988 年版，第 18 页。

② 同上书，第 41 页。

③ 同上书，第 44 页。

起来。

　　曾为浪漫主义斗士的戈蒂耶，却在不知不觉中转向了唯美主义。对他思想转变影响最大的是当时流行于法国知识界的康德美学。康德认为美是一个对象的符合目的性的形式。但是，感觉到事物的形式美时，并不是因为它很好地表现了这一目的。故此，美在于形式，美是超功利的或无利害的。但康德是一个道德责任感极强的人，他又把对于道德的爱好放在崇高的分析部分，提出对崇高美的欣赏涉及主体的理性内容，包括伦理力量、道德情感等。故而，美是道德的象征。这是康德对于美的双重规定，其中不无矛盾之处。接着，康德又区别了艺术与美。康德认为艺术是创造者的作品，创造者的（目的）意图是艺术的起因。艺术的本质是形式，艺术形式又是合乎目的性的，它应能将快乐与道德修养融为一体。戈蒂耶只取一点，不及其余，把康德"美在于形式"演绎成"艺术就是形式"、"艺术就在于形式的创造"。他说："艺术意味着自由、享乐、放荡——它是灵魂处于逍遥闲逸的状态时开出的花朵。"① 当然，如果艺术与道德、科学和人类的进步等宏大的主旨无关，如果艺术自身又无任何实际用途，那么结论只能是"为艺术而艺术"。艺术就是形式，目的在于享乐。这便是戈蒂耶唯美观的基本内涵。

　　戈蒂耶不关心现实世界发生的风云变化，他将艺术与现实对立起来，声称：一旦进入实际生活，诗歌就变成了散文，自由就转化为奴役，所有的艺术概莫能外。1848年，欧洲革命此起彼伏，戈蒂耶却躲进书斋，精心雕琢他的短诗集《珐琅与雕玉》。此书表现出戈蒂耶现代艺术思想的倾向，即从现实的、人性化的表现转向风格、技巧和空间形式。他的这本诗集深奥微妙、精致完美。戈蒂耶认为艺术是一种感性的美，只存在于可见的世界里，并诉诸人的感觉，包括视觉、听觉、嗅觉等。艺术家应该在享乐中培养自己丰富、细腻、微妙的感觉力，生

----

　　①　朱光潜：《西方美学史》下卷，人民文学出版社1987年版，第361页。

活是形式的源泉，对它的观照离不开人的感觉。诚如他本人所言："享受就是生活的目的，是世界上唯一有用的东西……去爱吧！上帝赐予我们比身体其余部分都更敏感的嘴巴，让我们去亲吻女人；赐予我们一双眼睛，让我们举目就可以见到阳光；赐予我们灵敏的嗅觉，让我们去闻花蕊的芬芳；赐予我们强壮的大腿，以便我们能夹住马的两肋，让马像我们所想象的那样飞奔而无需凭借铁路和蒸汽锅炉。上帝还赐给我们一双纤细的手，以便我们去抚摸猎兔的长长的脑袋、猫儿那毛茸茸柔软的脊背以及品行不端的女人那光滑的肩膀。最后上帝还将三种光荣的特权仅仅赐予了我们人类，即不渴不饮、打石取火、四季造爱。"[①]不过，英国的唯美主义者佩特则认为：感官所捕捉到的美，也需与心灵相契合，经过心灵的锻造，才能铸成感觉之花——美的艺术作品。

戈蒂耶讨厌一本正经的艺术。不过，如果仅仅据此而将他的观点理解为颓废的、肉欲的、享乐主义的，那还不够准确。他将艺术植根于日常生活经验之中，放纵感官，催生了美的花朵。这在过去的美学传统里，要么视而不见，要么视为洪水猛兽。理性的规则固然能够帮助生产合乎理想的艺术作品，但无力帮助产生饱含巨大生命力的美的作品。在艺术史上，空泛的原则常常与艺术家的创造力形成不可调和的冲突。戈蒂耶的感官之花既抵制着伪善的道德，又解放了被理性束缚的艺术。他认为艺术创作的目的是美，美超越其他可能的目的，美之外的其他目的可能造成伪善的艺术，败坏艺术中的美。艺术是在美之中形成的，并不为制作者的目的服务，不为人们一般加之在艺术上的期望服务，相反，它只服从于制作者的敏锐的感受性。戈蒂耶所强调的"感官之花"，其本意在于强调创作者应直接求助于自我的直觉，释放而不是压抑感觉力；甚至为了培养高度而又精细的感受力，不

---

① 戈蒂耶：《〈阿贝丢斯〉序》，引自赵澧、徐京安主编《唯美主义》，中国人民大学出版社 1988 年版，第 16 页。

惜投入到放纵腐败的生活之中培植美的胚芽，期许淤泥中长出的花朵会更加娇艳。戈蒂耶力图使人们理解这一点：艺术是自由的，可以自由捕捉多种多样的事物，艺术有它自己内在的发展规律。

戈蒂耶美学思想中那种浓厚的享乐主义倾向，与法兰西第二帝国的流行时尚不无关系。威廉·冈特指出："渴望感官感受，用挑剔、宗派的态度去追求奇特细腻的效果，把艺术作为与日常生活脱离的东西，悉心养护，这一切就形成了方兴未艾的辉煌时代——法兰西第二帝国风靡一时的风尚。"[①] 这一风尚可追至 18 世纪初，流行于法国贵族阶层之间的巴洛克、罗可可艺术风格，皆可说明享乐之风已经在绘画、建筑、设计等方面形成无形的艺术传统。戈蒂耶不仅是诗人、作家、艺术批评家，还是一位画家，家境优渥，敏于鉴赏的他势必深受上述时尚的影响。不过，就整个唯美主义运动而言，对人的感官的探索和发掘才刚刚开始。有趣的是，趣味优雅精微的戈蒂耶却对怪诞和滑稽之类的事物也表现出极大的热情。1844 年，他出版了专著《论怪诞》，此书重新品评了法国文学史上一些被人遗忘了的诗人和诗作，从中流露出一种令人费解的怪诞、恍惚、神秘的趣味。戈蒂耶自己的诗文中并没有类似的特点，但此后丑陋、怪诞、神秘、邪恶、忧郁等等，竟然成为唯美主义和现代主义文学艺术的主题。

第二节　波德莱尔论艺术美与应和性

波德莱尔（Charles Baudelaire 1821—1867）是法国唯美主义核心人物之一。1821 年出生于巴黎，其父约瑟夫·弗朗索瓦·波德莱尔是一位教士，思想开明，富有艺术教养。童年时期，波

---

① 戈蒂耶：《〈阿贝丢斯〉序》，引自赵澧、徐京安主编《唯美主义》，中国人民大学出版社 1988 年版，第 45 页。

德莱尔从父亲那里获得文艺启蒙。可惜，他六岁丧父。少年时期的波德莱尔聪慧敏感，个性突出，蔑视世俗，中学阶段曾因不守纪律被开除。中学毕业后，他不顾继父和母亲的反对，一意孤行，走上文学创作的道路。家庭的不理解，社会的敌意，加上他生活放荡、债台高筑、贫病交加，晚境极为凄凉，1867 年病逝于巴黎。

波德莱尔是一位杰出的艺术家和批评家，他主要的理论著作有《1845 年的沙龙》（1845）、《1846 年的沙龙》（1846）、《1859 年的沙龙》（1859）、《美学探索》（1869）和《浪漫派的艺术》（1869）等。

一 艺术论

19 世纪 40 年代初，当风华正茂的波德莱尔开始涉足文坛之时，浪漫主义已处于夕阳西下的境况。混乱复杂的法国知识界，正暗自酝酿着一场美学观念的革新。

波德莱尔少年时代就十分倾心浪漫主义作家拜伦、雪莱、霍夫曼、夏多布里昂和雨果等人，并阅读了大量的浪漫主义的杰作，可以说那一代青年人是在浪漫主义氛围中成长起来的。他坚定捍卫浪漫主义，认为"谁说浪漫主义，谁就是说现代艺术，即各种艺术所包含的一切手段表现出来亲切、灵性、色彩和对无限的向往"。[①] 不过，他对于浪漫主义文学所存在的问题有着深刻的认识。早在 1841 年出版的《论法国当代作家》一书中，他尖锐地批评浪漫派孤芳自赏、极端自我。浪漫主义文学运动在 1819 年至 1830 年间达到高潮，杰作迭出，确实改变了法国文坛一度被古典主义种种清规戒律搞得了无生气的局面。但是，随着浪漫派在政治方面所遭受到挫折与压抑，在文学方面也暴露了他们极端个人主义、夸大诗人的社会作用以及一叶障目、盲目乐观等种种毛病。但波德莱尔依然认为："对我来说，浪漫主义是美

---

① 威廉·冈特：《美的历险》，中国文联出版公司 1987 年版，第 14—15 页。

的最新近、最现实的表现。"① 那么，这"新近"、"现实"的内涵是什么呢？波德莱尔认为不是题材的选择（诸如异国风情、中世纪等等）或准确的真实（诸如描写的真实、情感的真实），而是"感受的方式"②。在他看来，浪漫主义的美，在于主观方面，是主体用感官直接感受和把握的现代生活与时代精神的一种主观精神性活动；另外，"方式"是区别真假浪漫主义的要素。假浪漫主义只会在题材、技巧、真实性等文学的外部因素上做文章，而真浪漫主义却在自我的、内部感觉上寻找"纯粹的美"，因为人的感觉方式不同，所以表现的方式、对象自然不同。他说："有多少种追求幸福的习惯方式，就有多少种美。"③可见，波德莱尔所言的"新近的浪漫主义"，实质上已经背离了浪漫主义传统，显示出唯美主义的倾向。

　　波德莱尔认为，诗歌比其他艺术样式更完美、更纯粹，其伟大而高贵的目的就是表现美，而不是为了教诲他人、移风易俗或增强人们的道德责任感。"诗除了自身之外没有其他目的……唯有那种单纯为了写作的快乐而写出来的诗，才会这样伟大，这样高贵，这样真正无愧于诗的称号。"④ 所以，诗歌不等于科学和道德，否则，诗就会衰退和死亡。波德莱尔把诗与道德和科学区别开来，表明他对艺术创作和艺术的社会作用具有客观而清醒的认识。文艺创作的首要目的是给人一种审美感受和体验，其教育目的只能在潜移默化中实现，艺术不能板着脸孔教训人。科学和道德方面的直接诉求，会干扰艺术目的的实现。如他所说："造成一首诗的魅力、优雅和不可抗拒的东西，会剥夺真实的权威和力量；如果所显示出的情绪是冷静的、平和的或无动于衷的，那

---

① 波德莱尔：《波德莱尔美学论文集》，郭宏安译，人民文学出版社 1987 年版，第 218 页。

② 同上。

③ 同上。

④ 同上书，第 74 页。

就会弄掉诗神的宝石和花朵，因此它是与诗的情绪相对立的。"①
波德莱尔并非否定道德之于社会生活的重要性，他只是反对诗人
单纯为了追求一种道德目的而减弱诗的力量。他主张道德需要
"无形地潜入到诗的材料之中，就像不可称量的大气潜入世界的
一切机关之中那样。道德并不作为目的进入这种艺术，它介入其
中，并与之融合，如同融进生活本身之中，诗人因其丰富而饱满
的天性成为不自愿的道德家"②。可见，波德莱尔反对的只是带
着功利目的去写诗，并没有否定诗在广义上的社会作用。但是，
他要求诗人应该把更多的注意力放在艺术的形式上，因为"艺
术愈是想在哲学上清晰，就愈是倒退，倒退到幼稚的象形阶段；
相反，艺术愈是远离教诲，就愈是朝着纯粹的、无为的美上
升"③。波德莱尔的上述思想，主要是受其尊师戈蒂耶和美国唯
美主义作家的影响，尤其是爱伦·坡《诗的原理》的启发。爱
伦·坡主张把诗与道德、真理区别开来，真理与智力相关，道德
重视责任感；而趣味涉及美，三者应各司其职，而不能相互取
代。即使三者之间有着千丝万缕的联系，甚至易于混同，但艺术
家应该保持清醒的头脑，将其界定清楚。爱伦·坡还认为，诗的
真正要素就是美。波德莱尔毫无保留地接受了爱伦·坡的观点，
改变了早年他认为诗有实用意义的观点，随之加入了唯美主义的
阵营。

　　客观地说，如果把社会生活中的一些必要的内容（如道德、
正义等）完全排斥于诗的表现范围之外，必然削弱诗歌的力量，
使诗歌的美变成一种纯形式上的追求。波德莱尔对此并没有深刻
的认识，只是为了匡正时弊和维护艺术自身的尊严与价值而走向
极端，决心沿着唯美主义的路子走下去。他表示："我的伟大的

---

　　①　波德莱尔：《波德莱尔美学论文集》，郭宏安译，人民文学出版社 1987 年
版，第 74 页。
　　②　同上书，第 101 页。
　　③　波德莱尔：《波德莱尔全集》第二卷，第 137 页。

导师爱伦·坡赐给我那严格的形式美，我越钻研就越要忠实于它。"① 基于这种执著的精神，唯美主义者积极探索艺术形式，极力丰富文学艺术的表现力，这对西方现代主义理论与实践具有启迪之义。富有探索精神的波德莱尔，不会让自己停留在拾人牙慧的水平上，其后，他提出"从恶中挖掘美"的思想，是对爱伦·坡（Edgar Allan Poe）美学观的补充和发展，由此奠定了他在美学史上的独立地位。

二　美丑观

什么是美呢？波德莱尔认为，美可分为绝对美和特殊美。"如同任何可能的现象一样，任何美都会包含着某种永恒的东西和某种过渡的东西，即绝对的美和特殊的美。绝对的、永恒的美不存在，或者它是各种美的普遍的、外表上经过抽象的精华。每一种美的特殊成分来自激情，由于我们有我们特殊的激情，所以我们有我们的美。"② 在波德莱尔看来，绝对美是普遍的、抽象的、非感官可以触摸和把握的。而特殊美却是具体的、变化的、成分复杂的，每个时代都有自己的特殊美。古希腊罗马的艺术固然美，但现代艺术的美也毫不逊色，巴尔扎克的《人间喜剧》可与古希腊史诗《伊利亚特》相媲美，因为它表现的是现代意义的崇高美，故美具有现代性。"现代性"在波德莱尔那里成为一个富有吸引力的概念。他不仅反对古典主义把古希腊艺术视为永恒不变的美的最高典范，而且，在《面脂颂》里，进一步否定了启蒙主义，认为 18 世纪流行的道德观和美的观念是虚伪的，因为美善并不同源，以为保持理性态度就可获得善与美的想法显然过于乐观。

在波德莱尔眼里，现代美不是浪漫主义所歌颂的大自然的诗神缪斯，而是处于都市或污浊病态的生活中行走的放荡而堕落的

---

① 波德莱尔：《波德莱尔全集》第二卷，第 599 页。
② 伍蠡甫编：《西方文论选》下卷，上海译文出版社 1979 年版，第 495 页。

缪斯。波德莱尔主张"从恶中抽出美"，与古典主义反其道而行
之，认为丑恶经过艺术的点金之笔会化为美。他认为经过艺术的
表现，可怕的东西会成为美的东西，痛苦被赋予韵律和节奏，艺
术家的心灵便可享受泰然自若的快感。他的诗集《恶之花》，把
堕落的巴黎生活和人性阴郁的一面，描写得如此迷人而又深邃，
显示出他非凡的艺术功力和独特的洞察力。阿尔贝·蒂博代曾指
出：一直到 19 世纪，诗人及其读者都生活在城市里；某种建立
在一种深刻规律上的默契，将城市生活排斥在诗之外。波德莱尔
不仅把过去人们所鄙弃的城市风景纳入诗歌创作领域，而且深层
次地发掘底层的城市生活，从放荡、堕落、邪恶之中提炼出前所
未有的、现代的诗意，在他之前还没有哪一位美学家如此深入地
研究过城市的底层生活与"恶"的性相。因此可以说，他开拓
了现代诗歌的题材和丰富的表现力，这是他对 20 世纪现代主义
美学思想和艺术创作所做出的重大贡献之一，也是促进美学和文
学艺术现代性转向的主要动力之一。

　　19 世纪中后期，在欧洲资产阶级中的一部分人和知识分子
之间，流行一种"世纪病"，其起因主要在于社会现实十分丑
恶，功利和市侩价值观泛滥，文明脆弱，理性失衡，人性异化
等，其表现征兆是忧郁、厌倦、无聊等。波德莱尔也是那个时代
的病人之一，他曾列举出十一种造就美的精神，其中大都与忧
郁、厌倦有关。他认为快感是美的最庸俗的饰物，而忧郁才是它
最光辉的伴侣，所有的美包含着不幸。故此，他极力反对用艺术
来粉饰现实，坚决主张艺术应直面丑恶的现实，应按本来的面目
描绘罪恶，而不应虚构一个光明的世界。他不在乎读者是否大惊
小怪或产生不健康的感情，在评论法国城市题材画家贡斯当丹·
居伊的作品时，他毫不掩饰地赞美恶的特殊美，认为恶的形象本
身具有道德的丰富性和启发性。在他心目中，恶之美犹如弥尔顿
笔下的撒旦之美，一种完善的雄壮美，自身意味着不屈服和反抗
的精神。

　　波德莱尔与戈蒂耶的区别在于两者对文艺创作的认识深度。

戈蒂耶的一生大抵优裕而平静，而波德莱尔的一生则艰难而不幸，因此要比戈蒂耶更熟悉底层生活、城市阴暗的角落和虚伪的人性。有人说波德莱尔自甘堕落，可是他除了自身的天才之外，并没有多少无法放弃的东西，诸如名誉、地位和金钱等等。通常，我们发现在那些易于愠怒、烦恼、谴责、痛苦的人心里，总是包着如火的热情，他们的舌头就像利剑，执意要显露真实。这可能让人不快，但他们的用意总是善良的。波德莱尔本人就是如此。他"从恶中抽出美"的观点，不是简单颓废的，而是深刻独特的。他认为由此产生的美，不是软弱的美，不是那种过于纤细而缺乏生命力的"洛可可式"的美，[①] 而是强健雄壮的美，因为这种美是从黑暗和寒冷中延伸出来的。艺术家是独立的精神世界的创造者，是与魔鬼打过交道的人，其作品亦洋溢着令人目眩的魔力——雄强而又冷峻。所以，波德莱尔欣赏雨果诗歌中裹挟着强大力量的神奇魅力和德拉克洛瓦那热情洋溢的壮丽画卷，对美与丑的深刻认识使他没有停留在享乐主义的层面，而是深入生活的阴暗面，在阅尽生命中的欲望、幻象、欢乐、失望、丰盛和衰败之后，最终采集到一粒可贵的思想果实。

波德莱尔用基督教的原罪说来论证恶是普遍存在的，是植根于人性内部的，因此，人不可避免要在恶中生活。只有顽强地与恶抗争，才有希望获得拯救，即获得善。恶的存在不完全是消极的，还有积极意义，即能起到警示、启发和净化人的作用。从恶中发掘美，才能获得完整意义上的雄壮美。波德莱尔肯定恶，其义不是否定善。1846 年他在《给青年文人的忠告》一文中这样提出：人只有通过美好的感情才能获得财富。波德莱尔引导人们走过恶的桥梁，到达善与美的彼岸。像浪漫主义诗人拜伦、雪莱和雨果等人一样，波德莱尔也把撒旦视为反抗

---

① 波德莱尔曾在《什么是浪漫主义？》一文中提到："正因为有人把它归于技艺的完善之中，我们才有了浪漫主义的罗可可，这确实是世上最难忍受的东西。"可见，波德莱尔的确反对纤弱华丽的艺术风格，他重视形式美和技巧之类，不过对此他有新的解释。

暴力的自由者的化身。

三　应和论及其他

波德莱尔艺术创作中的美学思想充满神秘主义色彩，集中表现于 1857 年发表的《应和》一诗中。[①] 在这首内涵丰富、笔触精美而又有些神秘意味的十四行诗中，诗人将自然万物与人共同组成的整体世界，视为互相应和的一座象征的森林。在这座森林里，一切都是相互关联的，彼此处于统一体内，相互沟通、相互作用、相互转换，而又不着痕迹，正可谓"大象无形、大音希声"般的神秘。诗人只有深入到世界混沌、深邃的统一体内，才能领会其中的奥妙，洞察其中的玄机。诗人以其敏锐的感觉力、丰富的想象力和专一的注意力，比常人更易理解自然的意图，更能达到物我两忘的境界，从而创造出完美的艺术作品。

波德莱尔的"应和论"（theory of correspondence）杂糅了斯威登堡的神秘论、傅立叶的相似论以及霍夫曼、拉瓦特等人的观点，其中受斯威登堡的影响最大。斯威登堡认为神祇世界和人间

---

① 波德莱尔:《应和》

　　自然是座庙宇，那里活的柱子，
　　有时说出模模糊糊的话音。
　　人们从那里走过，穿过象征的森林，
　　森林用熟识的目光将他注视。

　　如同悠长的回声遥遥地汇合
　　在一个混沌而深邃的统一体中，
　　广大浩瀚好像黑暗连着光明——
　　芳香、颜色、声音在互相应和。

　　有的芳香新鲜如儿童的肌肤，
　　柔和如双簧管，翠绿如草场，
　　——别的则腐败、浓郁、涵盖了万物，
　　像无极无限的东西四散飞扬，
　　如同龙涎香、麝香、安息香、乳香，
　　那样歌唱精神与感觉的激昂。

参见《波德莱尔美学论文集》，人民文学出版社 1987 年版，第 4—5 页。

世界是相互对立的，一切形式、运动、数、颜色、芳香，在精神上如同在自然上，都是有意味的、相互交流的、彼此应和的。波德莱尔创造性地把斯威登堡的应和理论，应用于诗歌创作领域，以诗意的方式表达了超自然界与自然界和人之间精微奥妙的关系。诗人的灵感来自于感官诱导的结果，人的感觉、心灵与大自然息息相通，构成人整体的生命体验。人借助于感官之间的沟通，以及与自然的应和，引发情感活动，进而领悟到超自然的意图。波德莱尔认为人的日常生活平庸而又琐碎，容易钝化人的感觉能力，虚伪的道德观念又进一步抑制人的活跃的感觉力，扼杀人的天赋。所以，诗人只有消除对感官的压抑，使"感官的注意力更加集中，感觉更为强烈，蔚然的天空更加透明，仿佛深渊一样更加深远，其音响像音乐，色彩在说话，香气诉说着观念的世界"①，这样才能够将隐藏在所有事物背后的应和关系表现出来。表现的方法不是再现和描述，而是表现，即暗示和象征。他解释道："一切都是象形的，而我们知道，象征的隐晦只是相对的，即对于我们心灵的纯洁、善良的愿望和天生的辨别力来说是隐晦的。那么，诗人如果不是一个翻译者、辨认者，又是什么呢？"② 如果一切知识和观念都来自我们的感觉和经验，那么，亦步亦趋地摹写自然的物象就不可能把我们感觉与体验到的一切都表现出来，尤其是感觉深处中只可意会、难以言传的部分。诚如他所言："在一定的几乎超自然的精神状态下，生活的深度才在事物上充分地展现出来；不论所观察的事物是多么平庸，此时皆变成这种深度的象征了。"③ 而富有寓意的象征，能把神性和人性奇妙地连接起来。波德莱尔十分强调"寓意"这个概念，他把"寓意"看成是"语言的点金术"。语言自身的局限性、客观的描述方法，在他看来均不足以表现诗人在探索感官世界、心灵的世界、超自然界以及一切事物之间通过直觉把握的本质。诗

---

① 参见《波德莱尔美学论文集》，人民文学出版社1987年版，第381—382页。
② 同上书，第97页。
③ 波德莱尔：《烟火》。

人要记录和表现的也不是事物本身，而是诗人由观察、体验与思考所产生的情感的震颤、灵性的思想。直抒胸臆并非优雅的艺术品位，高雅精妙的审美趣味是通过暗示和象征获得的。

波德莱尔有关感觉的思想在西方美学史上早已有之。随着17、18世纪近代科学的兴起，对人的感觉和经验的认识已经发展成系统的知识。波德莱尔的高明之处在于将已有的感觉论运用于诗学美学中，借此开拓了新的艺术表现手法，扩大了诗人从精神方面拥抱世界的能力，所以人们把波德莱尔视为象征主义流派的始作俑者，马拉美、魏尔伦和兰波等人的思想和创作，无不受其影响。

波德莱尔要求艺术形式完美而纯粹，对诗人的创作技巧要求很高。他认为一个人越是富有想象力，越是应该拥有技巧。纯熟的技巧使艺术家不受虚荣心的支配，从而使想象力放射出全部的光辉。譬如，诗歌的格律是诗歌创作的必要规则，这不但不妨碍创作者的自由和个性，而且还有助于发扬独创性，因为没有"形式的束缚，思想才会更有力地迸射出来"[1]。在诗歌创作中，仅仅依赖激情是有害的。因此，波德莱尔反对浪漫主义那种无所顾忌的夸张和宣泄激情的做法。他知道技巧是人为的，而激情是自然的，自然的东西难以驾驭，必然给纯粹美带来不和谐的、刺目的色调，乃至"败坏居住在诗的超自然领域中的纯粹的欲望、优雅的忧郁和高贵的绝望"[2]。他认为高超的艺术家应当学会克制和冷静，在这方面，诗人爱伦·坡和画家德拉克洛瓦是两个光辉的典范。

波德莱尔之所以重技巧而轻自然，这归因于他的美学观，即艺术美高于自然美的美学观。他以基督教原罪说为由，指出自然是丑的。自然的本能会让我们犯罪，而哲学、宗教等文化观念却教给我们美德，美德是人为的、超自然的，人通过教育而习得，

---

[1]　波德莱尔：《波德莱尔全集》第二卷，第627页。
[2]　波德莱尔：《波德莱尔美学论文集》，人民文学出版社1987年版，第206页。

而非本性之物。再说，"一切美的、高贵的东西，都是理性和算计的产物"①。波德莱尔以化妆为例，认为女人在脸上涂脂抹粉本不是为了模仿青春年少时自自然然的美，化妆的作用是为了美上加美，而不能美化丑陋。

自不待言，波德莱尔重艺术而轻自然的观念，背离了浪漫主义"回归自然"的美学观。他试图彻底打破浪漫主义的天真与乐观的幻想。这与他主张"美是主观的，美具有现代性"和"从恶中发掘美"的思想一脉相传。众所周知，浪漫主义"回归自然"的主张，既是对西方资本主义科技理性的飞速发展而导致人与自然关系的异化事实的反抗，又是对商业文化所导致的人性唯利是图、道德堕落事实的不满，所追求的是和谐统一的理想境界，在历史上具有进步意义，对当代的社会现实也不无启发。相比之下，波德莱尔的美学观显得矫枉过正，偏于一隅，有其自身的问题与局限。

第三节　佩特论美与艺术及其鉴赏

瓦尔特·佩特（Walter Pater，1839—1894）是英国唯美主义流派重要的理论家、艺术批评家，一生定居伦敦。青年时代入读牛津大学皇后学院，热衷于研读古希腊哲学、德国古典哲学和英法文艺理论，罗斯金的《近代画家》等美学著作激发了他对美学和艺术的兴趣。毕业后，他留校执教，无意于学者生活和行政工作，专心研究艺术，受史文朋与斯温伯恩等人的启发，开始信奉"为艺术而艺术"的信条。他注重研究艺术家和艺术作品的关系以及艺术鉴赏，1873 年，出版了《文艺复兴：艺术和诗的研究》，此书被称为英国唯美主义重要的理论著作。此外还有《幻想的肖像》（1887），《伊壁鸠鲁的信徒马利乌斯：他的感觉和思想》（1885）与《鉴赏——兼论风格》（1889）等论著。

---

① 波德莱尔：《波德莱尔美学论文集》，人民文学出版社 1987 年版，第 505 页。

一　论美

佩特提出美学家应当注重研究有关艺术个性、审美快感、艺术鉴赏等审美活动中的具体问题，避免把精力耗费在解释美的本质、美与真理及经验的关系等普遍而抽象的理论问题上。美学批评的对象是存在于自然界、人类生活和艺术中比较优美的形式，由于这些形式具有特殊性和独特性，能使审美主体产生快感，因此美在于形式。美学家的职责在于区别和分析审美对象的形式特质，并把附属于对象的其他事物区分开来，这一切只有通过严谨的工作才能达到目的。佩特敏锐地意识到观念论美学体系已成明日黄花，故需要一种新的美学批评取而代之。他无意从事学院式研究，无意追求规范的定义或建构某种理论体系。他深知美学研究的对象是艺术。在世纪末各种思想和流派层出不穷时，他撷取唯美主义的美学原则，用一种富有诗意的语言方式来思索如何使生活艺术化的可能途径。

佩特十分推崇美，因此获得"玫瑰先生"的雅号。早年他受罗斯金的影响，敌视实用主义，认为资本主义工业化是一切丑恶和庸俗的渊源。然而，在美的理想问题上，两人的态度和见解截然不同。罗斯金追随浪漫主义传统，推崇前工业时代或中世纪的艺术；而佩特认为美的存在形式是多样的，所有的时代从根本上来说没有什么差别，永恒的美只有在远离现实的人的主观精神世界中才能找到。他用优美而形象的语言这样描述自己心中的理想美："就这样如此奇异地从海边出现的精灵，有力地表达了人类千年之久一直企望的东西。她的头脑包罗了一切的思想，'世间一切目的皆由此产生'；她的眼睛微微有些倦怠。这是一种从血肉中渗透出来的美，其中每个细胞都蕴含着奇思遐想和细腻的情感。"[①]　由此可见，佩特关于理想美的认识，渗透着唯美主义的精神气质。

---

① 威廉·冈特：《美的历险》，中国文物出版公司1987年版，第69—70页。

　　佩特将艺术世界和现实世界严重对立起来，认为艺术世界以其纯粹的形式美滋养着人的心灵，而现实世界却污淖不堪，庸俗的功利主义使人堕落，大机器生产的产品败坏人的趣味。波德莱尔主张从恶中发掘出美，而佩特主张只有远离现实世界，才能将人的感觉从庸俗的生活中提升出来。他说："以艺术的精神来处理生活，是使生活成为一种其方法和结果都可被鉴定的事物；艺术和诗歌真正的道德意义，就是去鼓励对生活的这种处理。"[1]故此，成功的生活是意识到生活中完美细腻的能力，所有寻求美的人应当将此视为生活中最重要的目标。佩特针对工业技术文明所带来的生活粗鄙化的现实，提出艺术化处理生活的方法，其见解有其合理性的一面。但是，波德莱尔的"从恶中发掘美"的观点，也包含着现实主义的内容，佩特却将这些内容过滤掉了。那么，还剩下什么呢？佩特认为：一个是自我放纵，一个是艺术。艺术的作用是使人摆脱现实的干扰，寻求感官的兴奋与陶醉，增加脉搏的跳动次数，以领悟每一刹那最高的美。

　　佩特的思想有时是相互矛盾的。他在《鉴赏：兼论风格》中指出："一切美毕竟都仅仅是真实所具有的精美，或者是我们称为表现的东西，即对谈吐中的幻想作更好的调节。"[2]细加考量的话，便可察知佩特所言的"真实"并非客观世界中的真实，因为他同样又说："好的艺术与其再现那种感觉的真实程度相称。"[3]这意味着"真实"是指主观精神世界的真实。佩特之所以强调艺术的真实性，仍是由于他把"真实"视为艺术质量的关键，质量的对立面就是低劣、粗鄙、庸俗化。罗斯金也十分关注艺术真实性问题，他指出前拉斐尔画派的画家最重视从细节着手，每一笔都来自户外的事物本身。曾是前拉斐尔画派成员的佩

----

　　① 王尔德：《佩特先生的〈鉴赏集〉》，转引自《王尔德读书随笔》，张介明译，上海三联书店 1999 年版，第 89 页。
　　② 蒋孔阳主编：《十九世纪西方美学名著选》英法美卷，复旦大学出版社 1990年版，第 207 页。
　　③ 伍蠡甫编：《西方文论选》下卷，上海译文出版社 1979 年版，第 530 页。

特不可能不留意罗斯金的态度。但是，他更在意"感觉"，他认为作家所记录的不是事实，而是对世界的感受，世界和事物本身只是在记录的过程中有意无意地出现了，感觉的真实才是至关重要的。

在浪漫主义传统中，重视主观、崇尚自我的态度占据重要地位。柯勒律治曾说："艺术是属于外部世界的，因为它全靠视觉和听觉形象及其他感觉印象在起作用。"[①]蒂克表示："我的外在感觉就这样统御着物质世界，我的内在感觉就这样统御着精神世界。"[②]看来，佩特继承了这一传统。其弟子王尔德甚至断言"所有的艺术创造都是绝对主观的"。[③]虽然浪漫主义和唯美主义所强调的"主观精神"内容有所不同，但都比较偏执，代表了西方19世纪受唯意志哲学影响下的非理性主义美学思潮发展的方向，是对17、18世纪占统治地位的理性主义美学的挑战和突破，这种传统一直延续到20世纪现代主义运动。

二　论艺术创作

精于艺术研究，又深受法国唯美派影响的佩特，自然也反对艺术模仿现实的传统观念。实际上，他认为所有以这种或那种方式模仿现实的艺术，其内在精神实质已不再是单纯性模仿。艺术家在选择素材时，总是有意识地选择那些与自我的心灵状态相关联的现实，素材经过艺术家的修改和再创造，展现出的是艺术家自我的性格。所以艺术家在观察现实时十分留意现实变化无穷的形式部分。好的艺术作品和伟大的艺术作品区别在于：好的艺术作品可能增进我们的道德感，使我们变得更高尚；而伟大的艺术作品除此之外，另有一种令人心醉神迷的形式美，佩特称之为

---

① 勃兰兑斯：《19世纪文学主潮·德国的浪漫派》，人民文学出版社1982年版，第32页。

② 赵澧、徐京安主编：《唯美主义》，中国人民大学出版社1988年版，第171页。

③ 同上。

"强烈的宝石般的火焰"。①

这"宝石般的火焰"是如何形成的呢？佩特将之分为三个部分：首先，从外部形体上看，人的容貌和形体作为人的形象之基本构成部分，是多种力的组合和运动的结果，组合的方式和内容可时时更新，所以生命活动本身就如宝石般的火焰在燃烧。其次，从人的思想和情感的内心世界上看，那宝石般的火焰更为炽热。表面的平静是假象，而内心世界犹如中流急湍，其中光影、热情和思想瞬息万变。再次，艺术创作如实地记录了艺术家经历和体验世界与生活时形成的无数瞬息万变的印象、形象和感受，故创作活动犹如生命活动一样，闪烁着宝石般的火焰。由此而来，佩特总结了艺术创作的几大特征：一、艺术创作的源泉不是现实生活，而是艺术家的主观印象。现实对艺术家施加压力，艺术家只能通过反省的力量抵消压力，使印象和形象浮现出来。二、艺术家的主观印象不是一成不变的。这些印象具有不稳定、闪烁不定又互不协调的特性，它们不断涌来又不断消逝。艺术家受制于印象和感觉瞬息万变的状态，彼此之间难以传达和交流对艺术的感受。这决定了艺术家是自己心灵的囚徒，他只能孤独地保持对世界梦幻般的感觉。所以艺术创作本质上是个体性的劳动。三、所有的印象、形象、感觉都是瞬间的存在，它们不断编织和解开，存留不住，又对我们形成不可抗拒的真实感和吸引力。因此，艺术家应该抓住这有限的使脉搏贲张、心跳加速的刹那，获得人生的高峰体验，并将之转化为艺术和诗歌。佩特的艺术观不乏真知灼见。他对于艺术家的心灵状态和艺术感觉形成过程的描述是比较确切的，尤其是他把纯艺术视为提高生命质量的唯一手段，意味着对实用主义和机械性的艺术品的彻底否定。但是，佩特将艺术与现实割裂开来，将艺术家视为特殊的、孤立的一类人并与大众分离开来，将形式美视为艺术生命的根本所在等

---

① 佩特：《鉴赏·兼论风格》，转引自蒋孔阳主编《十九世纪西方美学名著选》英法美卷，复旦大学出版社1990年版，第207页。

等，又不同程度地显示出其艺术理论的局限性。

如果说佩特唯形式至上，恐怕也不够确切，有时他也强调"一切艺术的共同理想就是……外形与内容融合而不可分"①。譬如，音乐是一切艺术的典范，在音乐之中，形式与素材不可分离，主题和表现手法不可分离。另外，"一幅画只描绘一桩事件的实际细节、一处风景的原来位置、丘壑，在艺术处理上却缺少一种形式、一种精神，那么它就等于什么也没有了，这种艺术形式和方式，应当渗透到主题内容的各个部分——所有艺术都始终不懈以此为目标，并取得不同程度的成功"②。在这里，他的艺术观又显示出传统的痕迹。虽然有时不免矛盾，但可以理解，因为他没有像后来的王尔德那样走得太远。再如，他认为艺术虽非模仿自然，但也并非与自然完全无关。华兹华斯的诗歌中有一种无以言表的美，要领略这种美就需了解诗人从乡土气息、山丘河流、从自然景物与音响中所汲取的力量、色彩与特征，诗人从大自然中体会到的某种奇异而神秘的感受，是他的诗歌活的要素。可见，佩特有时在浪漫主义和唯美主义之间左右摇摆。

佩特认为艺术家之间应当互相交流，这有益于艺术创作。古希腊伯利克里时代，意大利 15 世纪文艺复兴时期，都是艺术史上的鼎盛时代。在这样的时代里，人才辈出，群星汇集，艺术作品丰富多样，艺术家之间互相交流，彼此汲取光和热，从而使艺术质量总体上得到提高。佩特把 15 世纪文艺复兴时期的艺术作为一个典型样板，提出艺术家之间的思想交流是重要的机制。由于佩特主张艺术创作基于艺术家零散的、片段的、闪烁不定的印象、形象和感觉，这便使其提倡的交流愿望难以实现。

此外，佩特提出艺术家应对创作抱有强烈的感情。强烈的情态具有解放的性质，可以把艺术家从与艺术无关的目的的束缚中以及艺术技巧的限制下解放出来。如果艺术家不能从周围的事物

---

① 伍蠡甫：《欧洲文论简史》，人民文学出版社 1985 年版，第 348 页。
② 同上。

中感受到某种热烈的情感，那无异于"不到黄昏就睡觉"的闲散习惯。热情能给予我们生命的快感、爱情的狂喜和悲哀，将我们从各种实利性的活动中摆脱出来，使我们更积极地投入生活，并创作出艺术作品。这说明佩特认识到情感是艺术作品产生审美感染力的重要因素，不能打动自己就不能感染他人，所有伟大的艺术作品之所以震撼人心，皆因具有饱满而深刻情感之故。艺术作品如果只有高超的技巧，却无感人的魅力，必将行之不远。由于佩特十分尊崇形式美，反对浪漫主义滥用情感的倾向，他所言的"灵魂的激情"只存在于风格之中，而佩特本人的文章风格就很注重得体的省略、精心的选择和自我克制的力量，王尔德因之赞美佩特的文章是"个性化与完善化之间的统一"[①]。佩特还提出"文学艺术家必须是学者"的观点，[②]认为学者与艺术家的共同特点在于冷静克制地对待自己的对象。学者的冷静克制意味着精确无误地把握事物的本质和内在规律。艺术家则需要周旋于他的材料之间，他必须保持"心灵的冷漠性和严峻性"[③]，面对各种材料之间的冲突，使思想更为明晰，且不受各种情绪、目的、态度的干扰，将所有变幻不定的印象、形象和感觉统一起来，形成一个巧妙的艺术构思，这势必也需要自我克制。克制是意志胜利的结果，犹如助产师使美的作品得到顺利诞生一样。仅就工作方法而言，佩特的观点是有道理的。

三 论鉴赏

佩特认为艺术鉴赏的目的是为了培养高雅而完善的人性。一种美酒，一块宝石，一片风景，一幅画，一本书，皆因具有美的特质而使人产生特殊的快乐印象。当这些印象不断累积起来，便从深度和多样性方面增强了人的审美感受力和鉴别力，最终使审

---

① 王尔德：《佩特先生的〈鉴赏集〉》，转引自《王尔德读书随笔》，第90页。
② 佩特：《评论集》，1922年英文版，第12页。
③ 佩特：《伊壁鸠鲁的信徒马利乌斯：他的感觉和思想》，1985年英文版，第102页。

美教育达到完善的境界。佩特对鉴赏力的重视，暗含一个命题，即反抗功利主义和技术文明使人身心粗鄙化和审美能力钝化的现实。在普遍分裂的现实面前，佩特提出审美体验和艺术鉴赏是取代宗教、完善人性的最佳途径。德国美学家席勒在其《美育书简》中也提出过类似的思想，佩特的途径探索与之不谋而合。可见，由于资本主义制度自身难以克服的痼疾，加之宗教和理性主义的衰落造成异化分裂的事实，使欧洲的思想家和艺术家普遍感到忧心忡忡，并把审美和艺术视为解决问题的良方。

　　佩特对现实强烈不满，他认为完善人性，提高大众的审美鉴赏力对改造当时的社会现实具有积极意义，今日看来也不乏启迪作用。但是，在他思想的合理性背后，也暴露出夸大审美和艺术作用的企图，即利用有限个体的美感经验解决重大的社会问题的理论缺陷。按照他的理论，艺术家和爱好艺术的鉴赏者，是"这个世界上的孩子中最聪明的一个"，[①] 而他们热爱艺术或从事艺术创作只是为了过好生活中某些"片刻时间"，那么，他们片刻的自我陶醉，对于大众的现状和思想情感有什么意义呢？如果艺术家皆是孤独的个体，他们之间难以交流和沟通，而他们的作品又仅仅记录一些自我零散的印象和感觉，那么，他们如何能影响他人以及所处的时代呢？公众应该如何评价这些艺术作品并包容这些艺术作品价值匮乏的缺陷呢？从创作实践上看，唯美派的大部分作品流于形式华美、内容空泛的弊病，盖因理论的局限性、片面性所致。令唯美主义者值得称道的佳作，无不是形式与内容融合统一的产物。波德莱尔揭露丑恶，佩特批判现实，王尔德看重社会主义理想，这都说明他们并没有拔着自己的头发去离开地面。

　　关于鉴赏，佩特认为"所有的时代、风格和鉴赏派别本身都是等同的"；[②] 每个历史时期都会有杰出的艺术作品问世。所不同的是，美的形式在不同的时代显得不同。那么，艺术欣赏就

----

① 赵澧、徐京安主编：《唯美主义》，中国人民大学出版社1988年版，第78页。
② 同上书，第75页。

要面对这样的问题，到底在谁的身上体现出时代的动荡、才能和情感的呢？使之得到提炼、升华和鉴赏的场所何在？明确这些问题有利于鉴赏者分析艺术作品的优劣点。佩特还提醒人们：艺术家毕其一生的心血创造的许多艺术作品，并非个个都是佳篇巨制，其中相当一部分被人忘却。这就要求鉴赏家能够帮助我们区别作品中哪些是特别优秀的，哪些是比较逊色的。

佩特认为鉴赏家需要具备两种素质：其一是审美气质，敏于美的存在，易受感动，在凝神观照中获得深刻的审美体验。显而易见，佩特并没有把美感等同于一般的审美快感。但是，在佩特论述审美体验与美感特征的言论中，我们发现佩特所言的美感只是对于纯形式的玩味，因为在他那里，艺术创作即形式创作。另一种素质是理论素质。佩特认为要把握瞬息万变的印象与感觉，需要借助哲学或美学理论作为批判的工具，帮助人们更好地分析和辨别那些印象中极为特殊的部分，将其分解为各种元素以便予以解释和证明。而且，哲学或美学理论还可以起到唤醒精神，推动人们更敏锐地观察美和把握美的作用。但是，如果理论本身妨碍了人的审美感受力，就可以置之不理，艺术批评亦然。按照佩特的观点，艺术批评要按照事物本来的面目来看待它，将存在于自然界、人类生活和艺术中比较优美的形式看作是产生美感的源泉，要尽一切努力去接触和观察，要"永远好奇地试验新的意见，追求新的理论，而不默然同意康德的或黑格尔的或我们自己的一种轻易得来的正统观念"。[①] 总而言之，艺术批评要通过审美体验来保持它的新鲜和准确，批评家没有必要在概念、定义或体系上做文章。

佩特反理性的美学观及其著作，为英国唯美主义运动的高涨提供了重要的理论依据和新的营养素。不过，也有人如此妙评佩特，认为他充满热忱来培育的这朵"唯美之花"，显得过于娇嫩

①　赵澧、徐京安主编：《唯美主义》，中国人民大学出版社1988年版，第77页。

了些，娇嫩得叫人碰不得，即使对艺术行家来说也是如此（威廉·莫里斯语）。

第四节 王尔德论艺术与批评

如果说瓦尔特·佩特仅仅满足于在牛津大学的讲堂上宣讲他的美的圣经，那么，其弟子王尔德则无论如何不会甘于寂寞。他四面出击，制造声势，把英国的唯美主义运动搅得风风火火，使他本人成为一时间闻名遐迩的人物，连当时的威尔士王子也感叹道：不认识王尔德先生就等于不为人所知！

奥斯卡·王尔德（Oscar Wilde，1854—1900）1854 出生于爱尔兰都柏林的一位名医之家，其父不仅医术精湛，而且对爱尔兰民间文学颇有研究。其母是一位诗人。王尔德从小含着文学的金钥匙长大，少年时代就对古典文学产生了浓厚兴趣。

1871 年 10 月，王尔德进入牛津大学学习，这是他人生的一个重大转折点，在这里他认识了罗斯金和佩特，深受他们美学思想的影响，后者将他引入唯美主义的殿堂。大学毕业后，他频繁出入于伦敦社交界的各种沙龙，自称为"美学教授和艺术批评家"，与惠斯勒、罗塞蒂、阿诺德、哈代、斯温伯恩等人过从甚密。1881 年赴美国、加拿大旅行，每到一地备受欢迎，客观上对唯美主义思想的传播和推广起到了一定的作用。1884 年以后，王尔德开始致力于文学创作，此后他的小说、戏剧、童话、诗歌等各类作品纷纷问世，在英国文艺界产生了巨大反响。1900 年病逝于巴黎。自他去世之后，英国的唯美主义运动便偃旗息鼓了。王尔德的主要美学著作有《英国的文艺复兴》（1882），《谎言的衰朽》（1889），《作为艺术家的批评家》（1890）与《社会主义制度下的心灵》（1890）等。

一 论艺术的渊源

唯美主义的基本观点之一，就是认为艺术高于一切，艺术美高于自然美。王尔德不仅继承了这一传统，而且更进一步将之发挥为自然模仿艺术，艺术是生活的源泉。王尔德的理论依据是：第一，自然是原始的，未开化的。它单调乏味，没有固定的法则，随意制造奇迹，结果不是获得我们的倾慕，而只是让人感到无所适从，不足以成为艺术效法的对象。正因为自然的不完美，促使人类发明了艺术和建筑学等等，而艺术存在的目的之一是力图调教自然取得其合适的位置。第二，自然是与文化对立的。他以浪漫派诗人华兹华斯的诗歌为例，认为他的优秀作品是返归诗歌的产物，而低劣的作品是返归自然的结果。自此，王尔德完全否认了浪漫主义"回归自然"的主张，他说，如果一个人相信浪漫主义的美是来自春天树林里的冲动，那么，这种冲动的性质是根据接受它的个人的文化气质所决定的，所以"自然不是诞生我们的母亲，相反地，自然是我们创造出来的。由于我们的才智，自然才如此生机盎然"[1]。就自然风景画而论，粗粗看来，风景画家好像是用手中的画笔模仿自然物象，实质上，是自然追随风景画家，导致误解的原因在于"事物存在是因为我们看见他们，我们看见什么，我们如何看见它，这是依靠影响我们的艺术而决定的。看一群东西和看见一样东西是非常不同的。人们在看见一事物的美以前，是看不见这一事物的……人们看见雾不是因为有雾，而是因为诗人和画家教他们懂得这种景色的神秘的可爱性。也许伦敦已有了好几世纪的雾。我敢说是有的，但是没有人看见雾，因为我们不知道任何关于雾的事情。雾没有存在，直到艺术发明了雾"[2]。第三，自然总是落后于时代，在它影响下产生的作品必然是老式的、过时的、落后于时代的。尤其是那些以事实为题材的所谓典范性作品，经不起反复的阅读。

　　王尔德对艺术与自然的关系的剖析有其合理的一面。如果把艺术视为单纯模仿自然，这势必取消艺术的独立性和独创性。考

---

　　① 赵澧、徐京安主编：《唯美主义》，中国人民大学出版社 1988 年版，第 100 页。

　　② 同上书，第 126 页。

察艺术发展史，我们可以毫不费力地发现，自然在不同的艺术家的笔下各具形貌，面目不同。康斯泰布尔笔下的英国风景辽阔而湿润，而特纳的风景却是景色与光和大气的结合。表现的不同，其根基在于艺术家的特性、视野和风格的不同。艺术家发现了常人视而不见的事物，并赋予它们人格化的面貌，使我们犹如看见自然不同的性格，艺术家通过他的画笔向我们展示了大自然的全部真相。艺术创造自然这个观点，启发了人们重新去发现和认识自然。从这点上说，《谎言的衰朽》实质上是一份艺术的独立宣言。但是，王尔德的失误在于：他把自然看成是完全被动的、杂乱无章的事物。自然神一般的无言，内涵丰富，它是艺术家取之不尽、用之不竭的题材库。英国伦敦是先有了雾，其后才有描绘雾的艺术作品，而不是相反。艺术家可以在无限的自然中找到他们所需的各不相同的东西。启蒙主义在人定胜天的乐观思想支配下，把自然视为人的无穷尽的资源库，导致人与自然关系的扭曲，结果使得当代社会遭到自然无情的报复。王尔德贬低自然的目的，旨在抬高艺术，但任意贬低自然，同样也割断了艺术与自然之间本应有的和谐互动的关系。人是自然的一部分，而不是与自然对立的、高高在上的特殊族群。再者，王尔德把一些落后于时代的艺术作品，归于受自然影响之故的做法很难令人信服。其实，自然本身无所谓过时不过时，对自然的态度取决于艺术家本人。如果艺术作品过时了，落后于时代了，一者是由于题材的原因，再者是由于艺术性的问题，即艺术性在多大程度上表现了跨越时空的、普遍永恒的自然美或人性美的问题。

基于"自然模仿艺术"的观点，王尔德进一步推论出"生活模仿艺术"的论点。如果说前者是对传统观念和浪漫主义理想的批评，那么，后者主要是对 19 世纪末现实主义美学流派的批判。发源于法国的现实主义流派主张艺术应当反映真实的人生，即表现客观存在的真实事物，而非理想或抽象的事物。这一根本性的观点恰恰成为王尔德攻击的目标，理由是生活同自然一样是原始的、粗陋的，或然的、无趣味的。再现如此的生活，只能败坏艺术。王尔德斩钉截铁地指出："学艺术的真正学校不是生活而是艺术",[①] "生活是艺术的最好的学生,艺术的唯一学生。"[②]

王尔德在考察现实主义艺术流派对生活的态度时指出,现实主义作家左拉的小说是低劣的,因为他把个人的兴趣和爱好都放在发掘底层社会各种令人不悦的事实上,而且将之照搬到作品中来。而另一位被英国人认为是伟大的现实主义作家莎士比亚也同样成问题,在王尔德看来,莎士比亚的戏剧作品中有不少地方语言粗鲁、庸俗、夸大、怪诞,甚至淫猥,这是作者因用模仿的手段来代替创作的手段所付出的必然代价。艺术家查尔斯·里德只会对当代的生活弊病狂吼乱叫,极像一名专作耸人听闻报告的记者。艺术模仿生活,就会放弃富有想象力的形式,就如英国的情节剧,台上的人物举止与生活中一模一样,但却让人觉得乏味透顶。由此,王尔德断言:现实主义艺术完全是失败的艺术。

在绘画和工艺领域里,情况也是一样,哪里有现实主义的痕迹,哪里就变得庸俗、低劣、乏味。相反,生活自觉的模仿艺术,"因为艺术能为它提供某些美的形式,通过这些形式,它可以实行积极的活动"[③]。王尔德列举古希腊时期新婚夫妇的房间里通常放着赫尔墨斯或阿波罗的雕像,目的是让新妇受艺术熏陶生出如同天使一般可爱的孩子,这是生活从艺术中取得灵性的明证。王尔德还从中世纪基督教艺术、前拉斐尔派艺术和东方艺术风格中取证,他指出中世纪基督教艺术和东方风格艺术形成的某种特定的样式,本身是个别艺术家创造出来的,与中世纪以及东方当时的生活和人物没有多少相似之处,这一切都是风格使然。

王尔德由此推论:一切坏的艺术都是返归生活和自然造成的,并且是将生活和自然上升为理想的结果。但是,王尔德的说

---

① 赵澧、徐京安主编:《唯美主义》,中国人民大学出版社1988年版,第122页。
② 同上书,第128页。
③ 同上书,第143页。

法有时也存在矛盾。譬如，他肯定巴尔扎克所代表的现实主义是好的，也主张"要自如地创作表现现实的戏剧，就必须了解现实"，[①]认为"艺术家要承认生活的事实，但要把生活的事实转化为美的形象，使其成为怜悯或者恐惧的载体，并且显示出它们的色彩、奇观以及真正的伦理含义，通过它们建造一个比现实本身更真实的、具有更崇高内涵的世界"[②]。这些观点一方面是受康德"审美不涉及利害"说和法国唯美主义美学思想的影响，也与罗斯金对资产阶级工业文明的批判观点保持一致。

二　"为艺术而艺术"

在《谎言的衰朽》中，王尔德把人类的艺术发展概括为三个阶段。其中，他最为欣赏的是第二个阶段，即能够产生优美的风格、装饰性的或理想的手法的阶段。该阶段代表着王尔德最高的艺术理念——珍奇、魅力、美和想象力。

王尔德认为艺术的美产生于艺术的内部，故不能根据形似、逼真这类的标准来判断作品的优劣，同时艺术也不表现时代特征、时代精神以及种种道德教条。他说："艺术除了表现它自身之外，不表现任何东西。它和思想一样，有独立的生命。而且纯粹按自己的路线发展，它在现实主义的时代不一定是现实的，在信仰的时代不一定是精神，它通常是和时代针锋相对，而绝非时代的产物。它为我们保留下来的唯一历史就是它自己的发展史。"[③]这是王尔德自诩的新美学原则——"为艺术而艺术"（art for art's sake）。如此，王尔德便把艺术连根拔起，仅靠艺术形式自身的稀薄的养料存活。他断言：凡是在某种程度上影响人，使人痛苦和快乐，或强烈地引起人的同情或成为生活环境的重要部分，均在艺术和美之外。如此看来，艺术只剩下形式。王尔德

---

① 王尔德：《王尔德喜剧》，第 113 页。

② 赵澧、徐京安主编：《唯美主义》，中国人民大学出版社 1988 年版，第 144 页。

③ 同上书，第 142 页。

将形式置于无出其右的崇高地位，并把英国的唯美主义运动称之
为英国的文艺复兴，认为这场运动的主旨就在于"对纯粹美的
热情崇拜，对形式的竭力追求。"①

　　王尔德秉承国唯美主义思想的衣钵，"为艺术而艺术"和唯
形式至上的美学观念均非其首创，但的确是他在英国这个保守
的国家叫得最响。这部分理论并无新意，但是他由此推导出来
的结论却让人吃惊，这也是王尔德观点中最让人诟病的地方。
譬如，王尔德宣称：所有的艺术都是不道德的，艺术追求的是
美的、不朽的、变化的事物，即使是上帝也允许艺术自由地穿
行于道德界所严格划定的真理与谬误、善与恶、谎言与真实的
边界之间。理性损害艺术，诚实与公正也是危险的，艺术家绝
不能拘泥于既定的思想习惯或者看待事物既定模式，他要用多
种形式来实现自我。所以，不诚实倒能丰富个性，"艺术家没有
伦理上的好恶"，"艺术家没有病态的，艺术家可以表现一
切"，②这些惊世骇俗的言谈，让人嗅到一股危险的、颓废的气
味。王尔德借小说《道林·格雷的画像》中的人物亨利勋爵之
口表明自己的态度。亨利勋爵认为，艺术无非是寻求刺激的一
种手段，它通过感官治疗灵魂的创痛，通过灵魂解除感官的饥
渴。在他影响下，格雷把粗野的詈骂、下流的巢窟、放荡的生
活、卑鄙的盗贼和无赖，视为胜过一切优美的艺术形式，胜过
一切仙乐幻境。追求放浪形骸、沉醉感官享乐，嗜好低级肉欲，
是唯美主义者的通病。批评家燕卜逊在评论约翰·盖伊的《乞
丐的歌剧》时一针见血地指出："拜伦主义差不多就是有意识地
把诗人视为麦基斯（该剧中的强盗）。我们不必追随从波德莱尔
到王尔德以来的这一传统，按照这一传统，艺术家犯罪是必然
的命运，仅仅因为他伟大，胆敢傲睨神明，无非就是承认自己
是悲剧性的英雄人物。如果艺术家一味这样做，那么，这古老

---

　　①　赵澧、徐京安主编：《唯美主义》，中国人民大学出版社1988年版，第81
页。

　　②　同上书，第180页。

的戏剧主题就变成一种令人讨厌的东西。"① 如果沿着这条路走下去，不仅这古老的戏剧主题是令人讨厌的，而且整个艺术也可能变成令人讨厌的东西了。

王尔德承接了自戈蒂耶和波德莱尔以来的这一传统，而且比他们更彻底、更极端。他不仅在艺术上，而且在生活上实践其理论主张，结果引火上身，身败名裂。有人将他的言行称之为对资产阶级道德准则和习俗的反叛，是一种另类的抗争，其目的是拯救文明的没落，惊醒世人的昏昧，似乎应了矫枉过正的老话。不过，这种另类的姿态是消极的，可能引人警醒，但更可能使不明世事、缺乏批判意识的年轻人在拥抱其思想的同时，堕入生活的黑暗之流。在艺术中表现丑恶与颓废的事物，与把此类事物当作令人向往或值得赏玩的对象，毕竟不是一回事。这便注定王尔德像他小说中人物道林·格雷一样，最终成为一个悲剧性的人物。

三　艺术创造与艺术批评

1891 年，王尔德所发表的小说《道林·格雷的画像》，在伦敦引起轩然大波，随即遭到正统批评家的鞭挞。为此，王尔德致信《司各兹观察者》编辑部坚决予以反驳。他说艺术家创造的目的，仅仅因为创造本身给他带来了极大的愉快，他只为他自己工作。如果人们将艺术家本人等同与他创造的人物，那是极为荒谬的。济慈和莎士比亚的作品中，邪恶的内容和善良的内容一样多，因此就可以说他们不道德吗？艺术家不仅不关心他的题材，而且愈远离他的题材，便愈能自由地创作。对于艺术的题材，艺术家不应该有偏爱、偏见和任何偏袒的感情。从这份申辩书中，我们似乎听到了波德莱尔在法庭上为他的《恶之花》辩护的声音。在一个处处小心维护伦理规范的时代，挑战公共道德和尊严

---

① 燕卜逊：《田园诗的几种变体》，1935 年，霍加斯书局 1986 年版，第 208 页。

的人，必不可免地要陷入激怒公众的致命困境。在王尔德的这份
辩护词里，所有在当时看起来比较妥当的理由，同时也是软弱无
力的。"为艺术而艺术"的原则超乎任何道德准则之上，对此王
尔德有一系列名言，比如："好人是循规蹈矩的，属于一般的类
型，因而在艺术上不吸引人"；① 但是"恶人是有趣的，他们代
表色彩、变化和奇特。好人则增强人们的理智，坏人则煽动人们
的想象力"，等等。② 从艺术的角度上说，王尔德的见解委实有
些道理，古典主义美学原则强调要节制与审慎，表现要风雅与高
尚，拒绝一切丑恶的东西进入艺术的神圣殿堂。但这不过是伪道
德的美学，善与恶、美与丑之间的联系幽妙而模糊，以至于要在
文学上，保持微妙的平衡，既不伤害公众的道德情感，又能使艺
术家放开手去自由地创作，这绝非一件易事。

　　王尔德认为，艺术家创作要经过深思熟虑。首先，他有创作
的欲望；其次，他只能以自我意识为表现对象，所以艺术创作是
绝对主观的精神活动。一种创作越是显得客观，实际上就越是主
观。艺术家的自我意识，应当自然而然的流露出来，不着痕迹，
不能硬塞给读者。莎士比亚在剧本中从不向人们表白自己，因为
"一个人大谈他自己的时候，就最不是他自己；给他一副面具，
他就会告诉你真相"③。王尔德的这个观点，与恩格斯的"作者
的见解愈隐蔽，对艺术作品来说就愈好"的文艺思想不谋而合。

　　然而，谈及艺术创作的过程，王尔德却提出作者创作的欲望
是由形式而非情感所激发的。一个人写十四行诗之前，不是先有
思想，再找相应的形式，而是受十四行诗结构美的触动，由形式
进入内容。

　　王尔德赞同波德来莱尔关于激情会毁坏艺术的观点，认为艺
术家的灵感来自于形式而非情感，形式才是一切艺术的根本。在

---

① 赵澧、徐京安主编：《唯美主义》，中国人民大学出版社1988年版，第184
页。
② 同上。
③ 同上书，第171页。

艺术的内容和形式方面，显然王尔德过于片面地强调了形式，把形式视为超乎物外的东西。他举英国戏剧和东方艺术为例，提出英国戏剧早期是从古希腊的神话史诗中获取表现的形式，而东方艺术则根本不描绘现实中的自然，只依据艺术常规来创作。王尔德所使用的"艺术常规"术语意即形式，它是艺术家对生活随心所欲的创造和发明的结果。一旦形式被创造出来，就形成固定的模式，并独立于自然和生活之外，成为一种名曰"风格"的事物。王尔德十分看中风格，并声称任何艺术的真正条件，便是风格。风格是判断艺术优劣的标准，风格包括艺术个性、形式特征、想象的方式等因素。艺术个性决定艺术风格，没有个性的作品，必然没有风格，也就失去了艺术生命力，流于平庸和无聊。王尔德认为各民族早期的神话和传说，都是有鲜明的个性特征，必定不是集体合作的产品，只能是个人创作的结果。

王尔德对艺术创造的一系列独特的见解，时有闪光之处，时有偏激之嫌。譬如，他论证东方艺术风格与自然和生活无关，只是模式化的形式运作的结果，西方人甚至无须了解东方人的生活、性格和环境，好像抓住形式，仅凭空想就能创作，这实质上是对东方艺术的误解。东方艺术所追求的最高境界不是单纯的形式，而是"法自然"、"师造化"和求"意境"。像王尔德那样种把形式、风格、想象之类的东西完全与生活和自然割裂开来的做法，最终将使所有的形式变成没有任何内容的空壳。在这方面，唯美主义的"唯形式论"与20世纪初流行的形式主义有着不解之缘。

王尔德对艺术批评也有着深刻的认识，传统的观点认为：艺术创作高于艺术批评。但王尔德否定了这种认识，他提出批评是一门特殊的艺术，批评指导创作，没有批评能力的人便不能进行有效的创作。他考察了批评的源起，指出古希腊时期和希腊化时期尽管没有现代意义上的艺术批评，但却留给后人更为宝贵的财富，即批评的精神。现代艺术形式都取自于亚历山大理亚时代的批评精神。王尔德主张主观印象式的批评，即批评家能敏锐地感受美以及美所给予的种种印象，结合自己的想象以及对形式的感悟，最后，形成对作品统一的印象。这就要求批评家要具备迥异常人的素质，这是一种并非客观、公正、理性或诚实的品质，而是一种无以名之的气质。因此，评论一件事要比做一件事更难。批评是独立的，具有创造性的工作，批评家的任务不是分析个别的作品，而是分析美本身。所以，批评家的工作，能够引导艺术家思考和创作。

王尔德预言批评属于未来。创作日益落后于它的时代，创作的主题也日益枯竭，而批评却日渐繁荣，批评的主题与日俱增。他甚至假定美学属于伦理学，美学将使生活变得更加美好，充满了新鲜的形式，并且引导生活不断进步。

第十六章　法国社会学美学与
　　　　　印象派艺术论

　　法国社会学美学在很大程度上是受社会学实证主义传统的影响。按照孔德和迪尔凯姆等人的看法，科学即实证知识，也就是具有确实根据的知识。与神学阶段（约公元1300年以前）和形而上学阶段（约公元1300—1800年）相比，科学或实证阶段（公元1800年以后）乃是人类认识发展的最高阶段。在此阶段，研究人的心理和行为以及社会状况，都要依靠实证的科学方法，其中包括观察法、试验法、比较法和历史法等。艺术作为描写人类生存状况、情感、精神与本性的创作活动，与特定的时代、社会、文化的背景与环境密切关联。因此，在维隆、丹纳和居约等人看来，研究艺术也要采用相关的科学方法和社会学观点，这样有助于揭示艺术的本质意义，有助于洞察艺术家的内心世界。

　　在近代艺术史上，发端于1874年的印象派艺术占有重要的地位。属于这一流派的代表画家包括莫奈、雷诺阿、毕沙罗、西斯莱、德加、塞尚等人，他们均以反叛者的身份和创新的姿态登上法国画坛。他们反对当时已经陈腐的古典学院画派，反对已经落入俗套的浪漫主义。在克罗和库尔贝等写实主义画风的影响下，在19世纪现代科学技术（尤其是光学理论与实践）的启发下，他们注重描绘日常的景致和自然的外物，喜好在绘画中研究和表现外光的微妙变化，追求光线在瞬息之间所产生的特殊效果，主张打破常规，走出画室，在室外阳光下根据眼睛的观察和直接的感受来构图绘影，从而开辟了绘画艺术中新的领域和新的用色方式。从他们的艺术学说或杂感中，可以窥知印象派艺术思想的要旨。

第一节　维隆的艺术表现说

欧仁·维隆（Eugène Véron，1825—1889）是法国美学家和艺术理论家。与丹纳等同时代的其他艺术家一样，维隆深受19世纪自然科学发展和达尔文进化论的影响，其理论思想有着明显的实证主义倾向。《美学》（L'esthétique，1878）是维隆的代表作。在此书中，他通过系统的分析确立了情感表现作为艺术目的和艺术产生根本原因的论点。维隆提出的艺术即表现情感的美学思想，对后来的美学研究产生过一定的影响。

《美学》一书共约30万字，分两部分谈论艺术中的美学问题。第一部分为艺术本体论，包括《艺术的起源和组成》、《审美快感的源泉及其特征》、《论趣味》、《论天才》、《什么是艺术》、《什么是美学》、《装饰性艺术和表现性艺术》及《风格》等章节。第二部分为艺术的分类论，包括《艺术的分类》、《建筑》、《雕塑》、《绘画》、《舞蹈》、《音乐》与《诗歌》等。书后附有维隆对柏拉图美学思想的评论文章。第一部分第五章《什么是艺术》是全书的核心部分，集中体现了他的美学观点。

一　艺术即情感表现

维隆以实证的分析方法，从历史角度考察了不同艺术形式的产生和发展。在追溯艺术发展的过程中，他详细考察了艺术同情感、情感同社会的关系，突出了艺术形成的社会因素。他指出，艺术和人类同时诞生，在人类初期的思想和行为中大多留有艺术的痕迹。在原始石器时代，人们在制作石器工具的过程中，将艺术因素间接地表现在石器的外形上。原始的绘画艺术和音乐（后者由史前人类穴居山洞中发现的乐器所证实）则成为艺术精神的直接表现。原始艺术只是人类某种天赋才能的无意识自发表现，不包含有任何刻意的艺术追求。古印度的吠陀梵歌是民族集体的创作，表达了远古印度河边雅利安人对黑夜恶魔的恐惧和对光明的渴求与希望。其语言直白，情感纯粹，因而具有异常的感人力量。雅利安人的诗歌虽然充满着对天空、大地、太阳、月亮、风云、曙光、祭品等客观实物的描述，但因为这些自然现象在他们眼中充满了神性，因此使得宇宙景象与风云变化在雅利安人眼中都充满了善意或恶意的情感表露，这就使得诗歌中的客观描述带有强烈的主观情感的痕迹。总之，在维隆看来，古代艺术总是带有一个民族的种种特点，用以表达这个民族的种种情感，因此，从这个意义上来说，艺术不属于任何一个特定的诗人，而属于整个一个民族，是集体创作的结果。维隆对于艺术发展与特定民族之间关系的分析，在浪漫主义时期史达尔夫人论证南北文学的划分以及丹纳提出种族影响文学发展的观点中都可见到类似的说法。所不同的是，维隆突出了情感在集体性民族艺术发展中所起的作用和发挥的影响。

维隆对近代艺术提出批评。在他看来，近代艺术形式的产生，是艺术在发展中逐渐意识到自身的存在从而与先前艺术分道扬镳的结果。由于近代艺术家愈来愈注重个性的表现，因此在虚荣心极度膨胀之下，有时竟然走到了否定艺术的地步。他直言不讳地指出，学院派艺术就是这一发展的结果，学院派艺术家抛弃了古代艺术的质朴情感，使得原始艺术自发纯真的情感让位于近代艺术的矫揉造作。他认为，只有当艺术追求真实时，才能够改变这种状况，这也就是后来雨果等人的作品能够带来艺术复兴的直接原因。维隆强调，这种真实是自发的情感，是与大众趣味和现实生活相一致的情感。他由此反对将精神现象与生理方面的原因割裂开来，反对在诗中加入诸如心理学等理论的理性分析，因为这样会违背情感的真实性和自然性。

情感是艺术产生的决定性因素。舞蹈，最初由心灵中情感作用使然，而后由身体活动的需求自发产生，并且借助节奏和模仿，使其成为艺术。音乐的最初形式则是在欢乐、痛苦、爱慕和愤怒等等情感形式之中萌芽的，其情感呼号的自然节奏纳入了声音组合与和谐的规则便产生了音乐。情感的发展也推动着艺术的发展。音乐领域的扩大，则是由于人们充分认识到声音与人类思想情感之间的密切关系。原始歌曲表达的是单一明确的情感，而现代旋律则以其灵活多变的音调丰富地表现了人的精神世界。到了 19 世纪，当时代的发展要求文学走向大众化时，17 世纪贵族阶级的戏剧和小说开始逐渐被资产阶级文学所替代，因为资产阶级的戏剧和小说扩大了描写范围，更加贴近人类社会，写作手法也大大突破了学院派陈规旧习的桎梏。

维隆对雕塑、绘画和建筑三种艺术之起源的论述，凸显了实证主义美学始终重视的社会因素在艺术发展中的作用。他认为，雕塑是最早出现的视觉艺术形式，原始时代的武器、工具和石头打磨成的装饰品，就已经是一种雕塑。此种雕塑自发地追求形式优雅和神态多样，没有什么模仿的成分。后来的雕塑逐渐走向模仿，尤其希腊的雕塑十分善于表现富有生命的形式美。这其中可见出两种传统：其一是忠实模仿对象外形，并由此见出现实主义并非人们想象的那样仅是近代的产物；其二是在雕塑中表现一个民族的宗教传说和英雄。如戏剧和史诗那样，人们在雕塑中塑造典型来表现他们心目中的神所具有的特殊品质和属性。他举例说，菲迪亚斯和波利克莱特塑造的天神显得十分庄严，但其躯干充满活力，仿佛血液在血管里奔流，以致观众会情不自禁想伸手触摸，看看它们是不是真是由大理石雕成。总之，雕塑的发展以日益增强地表现人类情感的倾向为象征。维隆以现代雕塑同表现完美人体的古希腊雕塑比较，判定前者在外形的完美上逊于后者，但在表现人物性格和精神方面，现代雕塑却远高于古希腊雕塑。绘画与雕塑一样具有久远的历史，史前时期留下的物证就可以表明，那时的人们就对各种色彩和光线的作用十分敏感。原始人出自本能的文身与涂染皮肤、牙齿和头发的习惯，也已经具有绘画因素。在维隆看来，现代绘画是表现自然景象和人的感受的最好手段。在绘画发展史中大致能够见出绘画的双重特性：一是忠实模仿并表现视觉景象，导致在艺术中取消了情感和诗意，即取消了人的因素，只剩下了技艺；二是过于强调表现，以致最终把绘画看成语言的补充，并将绘画简化并变成惯例。一个伟大的画家应当避免片面的追求，应当使绘画的这一双重特性达到高度统一。维隆同时还批评了学院派理想主义的简单化和浪漫派有时矫揉造作的奇想，特意指出公众对此已经十分厌倦，更注重现实中淳朴的真实。至于建筑，维隆承认它的产生最初是出于实用目的，就像雕塑源于打磨石斧一样，建筑也是从某种肉体需要中产生出来的。但到后来，就如同绘画和雕塑一样，人们开始借助线条、形态和色彩来表达思想和情感，结果也使建筑作为一种艺术表现形式具有新的含义。由此可见，艺术在某种程度上代表着人类文明的萌芽与发展。

二　艺术与心理

受自然科学研究方法的影响，维隆试图证明艺术同人类生理特征和心理特征之间的关系。他指出，大脑不断进行的思维活动是人类最明显不过的特征，这种特征表现在大量的作品和人们的行为中。大脑思维活动的目的和作用就在于追求一种最完美的境界，全面满足人的肉体需要和精神需要。所有的动物都有这样的本能，但它在人类身上发展得最为充分。各种技艺的产生，就是为了更好地满足肉体的需要；各门艺术的产生与发展，就是为了满足大脑思维活动本身的、精神的需要。这些真实或想象中的需要得到满足后，就产生幸福、欢乐等情感，反之则产生悲观、恐惧、失望等情感。艺术就是将这些情感以不同的方式表现出来。激情通过有节奏的手势和身体运动来表现，就创造出舞蹈；通过有节奏的音符来表现，就创造出音乐；通过有节奏的话语来表现，就创造出诗歌。"艺术仅仅是人类机体的各方面因素自然而然地造成的一种结果，而不是别的东西；人类机体就是这样组成的：它能在各种形式、线条、色彩、运动、声音、节奏和图像的某些组合中找到自身的一种特殊的快乐。不过，这些组合只有在表达人类灵魂的情感和感觉时才能给人带来快乐。"① 维隆试图通过分析人体的生理结构和心理反应来阐释不同艺术形式的形成，这显然具有一定的合理性和科学性，但他将艺术仅仅看作是人类机体的自然结果则未免过于片面和牵强。

维隆进而谈到感染力的问题。他指出，一方面，同情心使人能够切身体验到别人的欢乐或痛苦，另一方面，人具有很强的组合和表现虚构事物的能力，因此，他认为，艺术的领域是无限宽广的。在社会关系和想象中的生物和环境的影响，每个人动感情的可能性都在不断增加，这是一种自然的结果。当同情心所形成的感染力在艺术表现中日益受到重视时，它就完全改变了原始艺术的性质，创造出了一种新的几乎是纯心理的艺术，因为艺术性质上的进展终归要通过人的精神状况体现出来，这是人类智力进步的表现。例如，舞蹈最初产生于感觉神经对肌肉的反射作用。在某种精神状态中，人需要摇摆和活动身体，而舞蹈就表现了这种状态。但随着人的思想水平的提高，新的情感就逐渐加入进来，音乐和舞蹈的表现力也随之加强。就此，维隆提出，建立在感染力基础上的表现艺术是真正的现代艺术，因为它的目的在于人本身，在于研究人的激情、情感和性格特点，在于研究人偶然出现的或持久的感情，同时也在于研究人的德行或罪恶。毕竟，根据维隆的情感表现论，艺术创作中人的因素是首要的，美是次要的。因此，维隆认为，注重人的因素的现代戏剧是艺术的最高门类之一。此外，雕塑、绘画和建筑等艺术形式，也是通过运用线条、外形和色彩来满足人的视觉感官需求和精神享受本能的。

通过以上分析，维隆对艺术界定如下：

> 作为艺术的一般定义，人们可以这样说：艺术是某种激情的表现，这一激情是通过线条、外形和色彩的种种组合，

---

① 蒋孔阳编：《十九世纪西方美学名著选》英法美卷，复旦大学出版社 1990 年版，第 439 页。

或者是通过一系列具有特定节奏的动作、声音和话语而表现
出来的。[①]

可见，在维隆的艺术观中，情感表现是艺术产生的决定性因素，
是艺术的最终目的，也是艺术内涵与表现形式形成高度统一的根
本原因。因此，艺术品的价值应该首先用激情的表现力来衡量，
而且这种衡量方式是能够实现的。

由于人是艺术的出发点和目的，因此，即使不同艺术形式的
表现手法不同，它们之间也并不存在严格的界限。尽管如此，维
隆还是对诗的艺术表现形式给予了最高的评价。他认为，由于人
类非常富有想象力，因此诗可以表现所有的情感和大部分的思想
观念，有时在某种程度上甚至可以代替所有其他艺术形式，可以
通过词语对事物的描绘传递给我们外形和色彩的感受，还可以通
过词语的节奏使诗具有音乐的功能。有时，一首诗的布局和气
势，会令人想起建筑和雕塑所传达的思想观念，其风格会令人想
起伟大的画家。这显然与维隆所倡导的艺术情感表现论是一致
的。可见，在维隆的艺术思想中，包含着在浪漫主义思潮影响下
显而易见的人本主义倾向。

在对美学的阐述中，维隆明确反对将美学的概念加以泛化。
他认为，美学的研究对象应该是艺术美。他主张将艺术美同自然
美加以区别，认为只有艺术品才谈得上美，审美的意义只存在于
艺术品中。他反对将最完美的理想的典型称之为"美"，认为这
与丰富多彩的文艺创作相悖。同罗丹一样，维隆也坚持情感在艺
术表现中的首要地位，但在回答"什么是文艺创作中的美"这
一问题上，二者的看法却不尽相同。罗丹认为，在艺术创作中，
"美就是真实"；而维隆提出，如果艺术品能够反映出创作者的
个性和智慧及其创作中所富有的激情，那它就是美的。

---

① 蒋孔阳编：《十九世纪西方美学名著选》英法美卷，复旦大学出版社 1990
年版，第 452 页。

作为艺术是情感表现说的首倡者，维隆在西方美学史上占有举足轻重的位置。他的美学及艺术创作观点，对后来包括托尔斯泰在内的许多艺术创作者和艺术理论家影响颇大，这其中当然也包括 20 世纪的表现主义美学思想。

第二节　丹纳的艺术哲学

丹纳（Hippolyte Adolphe Taine，1828—1893）出生于律师家庭，是法国著名的文艺理论家和史学家。1848 年，他以第一名成绩考入著名的国立高等师范学校，专攻哲学。其间，他开始对孔德实证论产生兴趣。后来，丹纳又在医科学校学习生理学，并做解剖实习。1851 年毕业后，先任中学教员，不久以与学校当局政见不同而辞职。1853 年，获巴黎大学文学博士学位，毕业论文《拉封丹及其寓言》（Essai sur les fables de La Fontaine，1853）使他在法国学术界崭露头角。他通晓英文、德文、意大利文、拉丁文和希腊文等数种语言，不到 30 岁便已成为知名学者。1857 年至 1871 年间游历英国、比利时、荷兰、德国、意大利等国。1864 年起，他在巴黎美术学校（école des Beaux-Arts）讲授艺术史与美学，为期 20 年。1871 年在英国牛津大学讲学一年。1878 年当选法兰西文学院院士。丹纳一生过着平静的学者生活，主要著作有《19 世纪法国哲学家研究》（Les Philosophes françois du dix-neuvième siècle，1857）、《意大利游记》（Voyage aux eaux Pyrénées 1864—1866）、《英国文学史》（Histoire de la littérature anglaise，1864）、《艺术哲学》（Philosophie de l'art，1865—1869）、《论智力》（De l'intelligence，1870）、《现代法兰西的渊源》（Les origines de la France contemporaine，1871—1894）、《评论集》（1858）、《评论续集》（1865）和《评论后集》（1894）等。

一　实证科学与文艺研究

19 世纪见证了自然科学研究的重大飞跃。能量守衡及转化定律、细胞学说以及达尔文进化论三大发现提高了人们对世界的认识。丹纳尤其推崇达尔文的进化论，并接受了当时流行的孔德实证论的思想观点。孔德实证论强调，只有人的感觉才是可信的，并坚持通过实证来检验经验现象与经验事实的"确实性"。丹纳将孔德的实证论观点运用于文学艺术史的研究，以期实证存在着的事实。同时，受达尔文进化论的影响，丹纳认为一切事物的产生、发展、演变、消亡，都是有规律可循的。因此，他主张借助自然界发生发展的规律，来研究包括文艺在内的各类社会现象；主张从具体的事实出发，分析具体事例与史料，发现规律和解释事物。在他看来，实证科学的艺术研究方法必然是客观公正的，能够包容各种艺术形式与流派并将它们视为不同人类精神的表现方式。实证的文艺研究不是像旧美学那样从主义出发，而是从历史出发；不是提出法则，而是证明规律。他因此得出结论：精神科学如果采用自然科学的研究方法与原则，必然会取得很大的进步，这要求研究者应该有广博的知识和丰富的经验。丹纳所提出和论证的美学研究方法，对同时代及后来的美学研究者都产生过很大的影响。但应指出的是，他将实证的研究方法绝对化了，甚至将美学的研究方法等同于植物学研究的方法，即采取纯粹客观的研究态度，因此忽视了审美过程中主观性的一面。

丹纳在《〈英国文学史〉序言》中提出了著名的文艺发展规律，即：文化艺术的发展取决于种族、环境、时代三个要素。所谓种族，"是指天生的和遗传的那些倾向，人带着它们来到这个世界，通常更和身体的气质与结构所含的明显的差别相结合。这些倾向因民族的不同而不同"[1]。他认为人有不同的天性：某些人生来勇敢而聪明，而某些人则胆小而心存依赖；某些人有着伟大的思想和创造力，而另一些人则想法平平；某些人生来就有比其他人更特殊的才能，适合做更特殊的工作，而某些人则只能做

---

① 丹纳：《〈英国文学史〉序言》，杨烈译，见伍蠡甫主编《西方文论选》下卷，上海文艺出版社1963年版，第236页。

普通工作。不同的种族显示出不同的遗传特性。虽然历经时代变迁，但血统和智力的共同点，仍以不同的方式显现在他们的语言、宗教、文学和哲学中，将一个种族的不同支派连接起来。这种显现的力量完全可以冲破时代覆盖在他们身上的痕迹，丹纳称之为"原始模型的巨大标记"。由此，丹纳将种族看作是三要素中最丰富的源泉，是文化艺术发展中来自内部的最强大的动力。丹纳以纯生物学的角度来分析遗传特征在人类精神文化现象中的反映，这无疑有些片面或牵强。另外，他通过对自然界的分析，得出了人类不同民族精神文化差异的结果，这便使得原先已存在的民族差异观具备了客观基础，从而为种族主义者提供了理论依据。二战时期，种族主义论又被纳粹法西斯主义片面加以发挥，以优劣划分民族，造成了灭绝"劣等民族"的人间惨剧，这当然是丹纳始料未及的。

丹纳将环境看作是影响文化艺术发展的重大外部影响要素。如他所说："人在世界上不是孤立的；自然界环绕着他，人类环绕着他；偶然性的和第二性的倾向掩盖了他的原始的倾向，并且物质环境或社会环境在影响事物的本质时，起了干扰或凝固的作用。"[①]这里所说的环境，显然包括自然环境与社会环境。基于上述结论，丹纳指出：日耳曼民族之所以与希腊和拉丁的民族有着巨大的差异，就在于他们居住环境的差异：日耳曼族居住在寒冷潮湿的海岸边或森林深处，本性忧郁，易于迸发过激之举，生活中喜欢狂醉、贪食并喜欢战斗；希腊和拉丁民族住在风景美丽的海岸边，气候温和，这使他们天生快乐，他们喜欢航海或商业，对社会事物感兴趣，有着固定的国家组织，在雄辩术、鉴赏力、科学发明、文学、艺术等方面都有着蓬勃的发展。除了上述的自然环境的影响之外，包括国家政策、政治局面、军事战争、宗教信仰等的社会环境也作为一种巨大的外力对人类集体起着作用。

---

① 丹纳：《〈英国文学史〉序言》，杨烈译，见伍蠡甫主编《西方文论选》下卷，上海文艺出版社 1963 年版，第 237 页。

例如，在英国，政治秩序已存在八个世纪之久，正直可敬、自立服从的品质早已成为这个民族的本能。丹纳认为，正是这些外力给予了人类事物以规范，并使外部作用于内部，文化艺术就是在这样的规范之下产生的。例如，埃斯库罗斯、索福克勒斯、欧里庇得斯这三大希腊悲剧家的作品，诞生于希腊人通过艰苦壮烈的斗争打败波斯人并取得领袖地位的时代。当时的整个社会形势，令人感到悲壮与崇高，容易产生伟大的悲剧艺术。等到马其顿人侵入后，由于受异族统治，希腊的民族精神逐渐丧失，悲剧艺术也随之衰落。在丹纳看来，不同艺术的产生，是不同的历史条件作用的结果，因此，完全相同的艺术形式在历史舞台上的重现几乎是不可能的。丹纳通过分析大量历史材料，得出不同文学艺术形式的产生是受自然环境与社会环境影响的结论虽然有客观合理的成分，但其论证过程显然过于强调了客观因素的作用，忽略了创作者个人的艺术才能与艺术独创性。

影响艺术发展的第三要素是时代。丹纳将包括风俗习惯和时代精神的时代称之为"精神气候"，是艺术发展不可缺少的后天动力。丹纳认为，当民族性格这一永恒的冲动与特定的环境因素在对艺术发生影响的时候，并不是作用于一张白纸之上，而是作用于早年已有印记的底子之上。不同时代背景所留下的印记是不同的，所造成的效果也是不同的。譬如，高乃依时代和伏尔泰时代的法国文学，埃斯库罗斯时代和欧里庇得斯时代的希腊戏剧，达·芬奇时代和一个世纪后伽多①时代的绘画，似乎作品主题、戏剧结构及绘画的人体形态都没有大的变化，但至少存在这样一种差异：一位是另一位的前驱，后者通过前者来观察事物。显然，后者具有更加完美的细节与形式，前者却更加质朴庄严。后者的发展依赖于前者，时代只是一种后天的外在动力。在《艺术哲学》中，他进一步解释，"精神气候"并不产生艺术家，正如植物的成长必须先有种子一样，要先有天才，而天才只有在一定的精神气

---

① 伽多（Reni, Guido），意大利画家，开创浮靡画风。

候下才可能发展；天才的才干是随着气候的改变而变化的，同时精神气候会在各种才干中进行选择，只允许某些种类才干的发展而排斥别的，就像自然气候对动植物进行淘汰与自然选择一样。特定的时代决定了某种特定艺术形式的出现，悲伤的时代产生悲伤的艺术作品，幸福的时代产生快乐的艺术作品。反之，艺术家的审美趣味也会体现出时代的精神。丹纳认为，艺术家在他的时代不是孤立的，风俗习惯和时代精神对艺术家和群众而言是相同的，因此要想了解艺术家的趣味与才能就应该到群众的思想感情和风俗习惯中去找。"群众思想和社会风气的压力，给艺术家定下一条发展的路，不是压制艺术家，就是逼他改弦易辙。"①因为艺术来自生活，所以只有当艺术作品表达了时代的精神时，艺术家才能满足社会的需求，才有可能被群众接受，"我们隔了几世纪只听到艺术家的声音；但在传到我们耳边来的响亮的声音之下，还能辨别出群众的复杂而无穷无尽的歌声，像一大片低沉的嗡嗡声一样，在艺术家周围齐声合唱"②。

丹纳的三要素说法显然留有明显的达尔文进化论的痕迹。他试图以对自然界和大量历史资料的分析，通过实证与经验的方法来找到文学艺术发展的规律，探寻文艺兴衰的原因，显然有着时代的进步意义。丹纳并非是首先提出这一思想观念的人。早在 18 世纪，孟德斯鸠就曾在他《论法的精神》一书中论及地理环境和气候对人们性格影响，后来史达尔夫人又曾将他的分析开创性地运用到文学领域，认为是自然环境、传统习俗、宗教等因素的不同造成了南北文学的差异。此外，他颇为欣赏黑格尔的艺术思想，这无疑对他产生过深刻影响。黑格尔在《美学》一书的序言中称："每种艺术作品都属于它的时代和它的民族，各有特殊环境，依存于特殊的历史的和其他的观念和目的。"③前人的思想观点显然都对丹纳的理论产生了直接的作用，但无可否认，丹

---

① 丹纳：《艺术哲学》，傅雷译，广西师范大学出版社 2000 年版，第 67 页。
② 同上书，第 39 页。
③ 黑格尔：《美学》第一卷，朱光潜译，商务印书馆 1979 年版，第 19 页。

纳关于文化艺术的发展取决于种族、环境、时代三要素的理论显得更为完整严密，只是他所使用的历史材料大多集中于道德宗教与风俗习惯等上层建筑领域，因此其论证难免有失偏颇。

二　艺术的本质与目的

在对艺术本质的阐述中，丹纳认为绝对单纯的模仿不能产生美，尽管他承认模仿在艺术创作中的必要性。他认为每一个艺术家通常都会经历两个时期：第一时期是青年期和成熟期，艺术家通常都认真地研究现实、模仿现实；到了第二时期，艺术家一般会认为自己对世界有了足够的认识，于是依靠经验和技巧进行创作。一般说来，艺术家初期的作品都会好于后来的作品，米开朗琪罗的作品就是如此。在长达 60 年之久的第一时期，米开朗琪罗的作品都充满着英雄气概和力量，而他的后期作品则由于过于注重技巧而开始滑坡。丹纳将米开朗琪罗作品中所充满的恢弘气势和力量归因于画家对事物的认真研究与观察，将其作品的成功归因于对鲜活事物的模仿。在他看来，过分依赖模仿所得来的技巧，只是在制造而非创造艺术作品。法国古典主义之所以走向末路，就是因为一味地墨守成规，崇尚经典，而不去重视模仿现实世界。显然，丹纳在此处所说的模仿，是指对活生生的现实模型的模仿，而非只是对技巧的机械模仿。他强调说，完全的模仿绝对不是艺术的目的。例如雕塑，用模子浇铸是复制实物的最好方法，但显然一个浇铸品是无法与一件真正的雕塑相比的，就像摄影无法与绘画相比一样。丹纳又以罗浮宫的一幅登纳的画像为例加以说明。登纳借用放大镜工作，用四年时间来完成一幅肖像画。他画出皮肤的纹缕，颧骨上细微难辨的血筋、鼻子上的黑斑以及表皮下细小至极的淡蓝色血管，眼珠的明亮甚至可以把周围的东西都反映出来，这样的作品显示了创作者的极大耐性，但凡·代克的一张风格豪放的速写，就比登纳的作品有力得多。他指出，艺术力求形似的只是事物的某些部分而非全部，艺术家应表现的是事物内部与外部的逻辑，是结构组织与配合，是构成事物总体的各部分之间的关系。

由此，丹纳提出，艺术的目的是表现事物的本质，也就是事物的主要特征和主要属性，因为别的关系是从主要属性中延伸出来的。为此，他从自然界中寻找事例对这一观点加以证明。他从生物学的角度对狮子进行分析，指出狮子的主要特征是大型的肉食兽，它的体格与性格上的特点都是从这一点上延伸出来的。譬如，在身体方面，狮子有着剪刀般的牙齿，钳子般的上下颚，巨大的肌肉，收缩自如的利爪，粗壮的大腿以及可在黑暗中观察的眼睛；在性格方面，有着嗜血的本能，坚强的神经和昏睡的习惯。现实中的一切事物都有主要特征，艺术的任务就是找出主要特征，并把这个特征更清楚地完全表现出来，艺术应使主要特征支配一切。因此，艺术家在创作过程中，应对事物的主要特征有所选择，便于更充分地表现创作者的独特感受和精辟认识。丹纳进一步指出，现实事物的某些主要特征可能会受到其他因素的阻碍，表现得不够充分和明显，或存在种种缺陷，故此需要艺术家去加工、改造、补充。例如，当米开朗琪罗在梅第奇墓创作著名的《晨》、《暮》、《昼》、《夜》四个云石雕像时，就有意改变了人体各部分之间的真实比例关系。为了表现激奋与悲痛的情绪，故意把躯干和四肢加长，眼眶特别凹陷，额上的皱痕像怒目的狮子，肩膀上的肌肉结实有力，背上扭做一团的筋骨像要折断的铁索。米开朗琪罗以这种夸张的比例关系，描绘了激奋的英雄和心情悲愤的巨人式的处女形象。丹纳对艺术创作中创作者的主观创造与客观现实之间的关系进行了客观的概括，以此充实了当时的艺术创作理论。事实上，歌德与黑格尔对此也曾有过论述。歌德早期在《论德国建筑》中就曾指出：显出特征的艺术才是唯一真实的艺术，艺术家应从显出特征开始来实现美的理想。黑格尔在《美学》一书中断言：“诗所应提炼出来的永远是有力量的、本质的、显出特征的东西。”[①] 丹纳显然受前人的影响，将主要

---

① 黑格尔：《美学》第一卷，朱光潜译，商务印书馆1979年版，第214页。

特征作为艺术的本质给予了系统的阐述。当然，无论是本质论还是典型说，都与后来流行的纯粹的自然主义不同。自然主义主张描写现实细节，反对概括，排斥典型，而丹纳的特征说则主张选择事物的主要特征，表现事物的本质，创造典型的形象，在这一点上丹纳更接近于现实主义。

三　艺术品的价值

关于艺术品的价值，丹纳从艺术的本质出发，规定了衡量艺术品价值的如下三个尺度：艺术品表现事物特征的重要程度、有益程度和效果的集中程度。他把事物的特征分为两种：一种是属于元素的先天基本特征；另一种是外部的派生特征。艺术品旨在表现第一种特征。借助地质层结构的比喻分析，丹纳指出：最外层的流行风气是人的一切特征中最不稳定和最肤浅的。这种艺术只表现持续三四年的短暂的生活特征与思想感情，风气一变就会随着消失；而表现能持续半个世纪的思想感情的作品，至少可以被一代人认可；杰出的作品总能抓住深刻而经久的特征，即一个时代、一个民族的主要特征，尤其民族的特征，就像原始地层一样会经久不衰。艺术作品若能表现出反映民族气质和时代特点的典型，其生命力就必定比作品产生的时代甚至民族本身的生命力更为长久。唐吉诃德就是一个表现了时代与民族永久特征的永久典型，因此这个人物所表现出的特征就具有极强的价值。其次，艺术要表现有益的特征。但凡能帮助人的行为、帮助人的认识的一切意志与智力的特征，便是有益的特征。其中，"爱"是有益于别人的一种超乎一切的动力。这里，丹纳实际上提出一个道德的观念，在他看来，艺术的价值与道德是一致的。他把人类之爱奉为道德的最高标准，将宗教的人性之爱尊为艺术的顶峰，这反映出丹纳本人在艺术上的宗教情结。此外，丹纳还指出：在表现人体的艺术中，生气勃勃的健康是最有益的人体特征，而有益于人体的特征表现的完美程度也决定作品的精彩程度。第三个衡量作品价值的尺度，就是艺术家合理运用艺术品各方面的元素来表现特征的程度，即所谓的效果集中程度。一部艺术作品应该由许多元素构成，艺术家不应忽视任何一个元素的作用。以文学作品为例，首要元素就是心灵，也就是具有显著性格的人物。而性格又是在种族、遗传以及教育、榜样等因素影响下形成的。因此，艺术家就应该把构成人物性格的大量元素集中起来，来表现性格形成的必然性；第二元素是遭遇与事故，即情节因素。丹纳认为情节是用来反映性格的。艺术家应使人物的遭遇与人物的性格相一致，以故事的发展来逐步暴露人物的性格；第三元素是风格。风格是表现内容的重要的形式因素。艺术家有意识地对句子的结构、韵律等表现内容的形式因素进行选择、改变与搭配，可以使人物的性格更加突出，更富有表现力。在丹纳看来，一部作品只有将人物、情节、风格三种元素集中后，性格才能完全暴露，人物形象才会更富有典型性。丹纳的这一分析客观而富有逻辑性，符合艺术源于生活而又高于生活的艺术创作规律。

丹纳坚持认为艺术并非一个见仁见智的问题，因为每个人在趣味方面的缺陷和成见，都会在互相冲突中获得补充与平衡，逐渐使最后的看法更接近事实。因此，与艺术家同时代的人，即使对艺术品的评价褒贬不一，也不过是暂时现象，最终会趋于一致，得出客观的结论。历史上，每个时代也都会根据自己的观点对以往的艺术作品进行审查、修正与证实，使不确定的观点逐渐趋于确定，得出一个相当可靠而合理的意见，使人最终予以接受。

丹纳以实证方法论与自然规律来探求艺术发展的规律，由此得出种族、环境及时代的艺术发展三要素学说，无疑有其合理性和科学性的一面，对19世纪60年代兴起的法国自然主义的影响甚大。虽然他的分析难免存在片面性与不彻底性，甚至为了实现与其理论的契合而有歪曲事实之嫌，但不可否认，他所做的研究工作为后人提供了进一步探讨的基础。时至今日，学术界依然有人或多或少地借用丹纳的理论。

第三节 居约的艺术社会学

居约（Jean-Marie Guyau，1854—1888）生于法国的拉威，是哲学家、美学家兼诗人。她的母亲曾是作家，继父阿尔弗雷德·伏耶雷（Alfred Fouilleé）是位哲学教授，对柏拉图和苏格拉底颇有研究。居约的早期教育主要来自母亲和继父。她很早就开始接受大学教育，17 岁时获文学硕士学位，大学期间翻译并评注了公元一世纪中叶的罗马禁欲派哲学家爱比克泰德（Epictetus）所著的《杂论》（*Encheiridion*）。1874 年完成《伊壁鸠鲁的伦理学》（*La Morale d'épicure*）一书，论述了从古希腊哲学家伊壁鸠鲁到当代哲学家所持的功利主义道德观。该书在当时的哲学界引起很大的反响，荣获法兰西伦理和政治科学院颁发的奖金，奠定了居约本人作为思想家和作家的地位。1874 年，她应邀在巴黎著名的康多希中学（Lycée Condorcet）讲授哲学，伯格森（Henry Bergson，1859—1941）曾做过她为期四年的学生。

居约继承了柏拉图和康德的思想观点，同时也受到孔德、斯宾塞以及尼采哲学思想的影响。她虽然在世仅 34 年，但一生历经了数次社会变革和动荡，目睹了法兰西第二帝国（1852—1870）和巴黎人民公社（1871）的建立与消亡，亲历了德国入侵法国以及法兰西第三帝国（1870—1940）的建立。她一生著述甚丰，涉猎哲学、美学、教育、艺术、宗教等多个领域，其作品被译成多种语言流传世界，主要美学著作包括《当代美学问题》（*Les problèmes de l'esthétique contemporaine*，1884）与《从社会学观点看艺术》（*L'art au point de vue sociologique*，1887），伦理学著作包括《无义务无制裁的道德概论》（*Esquisse d'une morale sans obligation, ni sanction*，1884）与《当代英国的道德》（*La morale anglaise contemporaine*，1879），宗教著作有《未来的非宗教》（*L'irréligion de l'avenir*，1887）等。

一　论美感的特征

《从社会学观点看艺术》一书，在居约去世一年后面世。该书从社会学角度对艺术进行了考察，在美学史上首次提出了"社会同情"说。全书分为理论与应用两部分，以实证阐述方式系统地论证了社会存在对美和艺术的影响及其决定作用。

关于艺术的美感问题，居约强调主体在审美中的作用，提出感受主体的重要性并不亚于被感受的客体。因为，在她看来，审美的愉悦是一种复杂的、有意识的、包含着内在统一的多样性愉悦。她特别强调主体意识在审美过程中的作用，认为意识可以使缺乏审美意义的简单感觉和感情彼此和谐地组合起来，由此产生美的感觉。例如，在不经意间闻到一阵木樨香的一刹那，人们会产生一种快感。如果重新走近窗台，发现散发出香味的是花瓶里一棵普普通通的木樨草，就会感觉到这株生气勃勃的木樨草就如同生命的标记一样，甚至连花瓶都像是分享了这种生气，变得芬芳起来。于是，简单的快感就变成了审美的愉悦，简单愉悦与审美愉悦有可能互相转换。再如，对于并未专心听音乐的人来说，音乐只是一种会带来些许快感的声音，就像无意间闻到的一阵香气一样。但如果专注地去听，音乐就会带来审美的愉悦，因为它在意识中引起了一些反响；但若重新对此漫不经心，那么感觉就会孤立、封闭，重新变成一种简单的快感。由此，她谈到人的意志在审美过程中所发挥的主体促动作用，认为从某种程度上说，审美就是人的意志的产物。就像面对某些风景，如果要唤起审美的情感，就必须参与意识与意志。

居约总结说，美感就是对一种更紧张和更和谐的生活的直接感受。在"紧张与和谐的生活"中，只有一种审美价值的基础，还不能称其为审美。生活中的审美是必定要有意志和理智参与的。在这一感受过程中，由理智感知这种生活的和谐，意志领会其紧张。其中，人的意识必须全神贯注于这一过程，同时理智与意志自然而然地、不计较得失地参与进来。只有这样，才能获得既是感觉方面又是意志方面的享受。因此，居约认为，美是一种包含有理智和意志因素的、更为复杂和更有意识的快感。康德等人在关于美的论述中，就曾强调理性与理智在审美过程中的作用。所不同的是，居约将这一观点置于生活领域并进行了系统的论述。

既然美是理智的、有意识的快感，那它是否一定就是非功利的呢？居约首先肯定了二者之间的区别。功利是指为了将来的享乐而使用的全部手段，是对快感的追求，并非快感本身，这种追求的过程有时是艰难的。而美让人直接感受到愉悦，无须经历一个痛苦的过程。但这并不意味着二者完全相背。相反，居约认为功利感并不一概排除美的愉悦。在《当代美学问题》一书中，她驳斥了康德与一些进化论者所持的"审美非功利"或"审美无目的"说。她指出：功利有时可以感受客体中构成一种初级的美。但是，功利构成美必须符合下列条件：功利同快感不相矛盾；本身就是一种预感到的明确快感；必须使我们预先享有效果带来的快感。同时，居约还强调指出：快感和美始终是独立于功利而存在的，就像愉悦和幸福独立于利益而存在一样。因为，功利与利益终究是手段而已。凡是功利性的东西，都会因其目的性通过其本身给理智带来一种满足，从而具有某种程度的美。但是，居约反对出于赞美的目的来勉强证明美的东西有一种实用的功利。例如，人们不应先预知"一只古代花瓶的用途"，才能发现它是美的。对美学家来说，如果已经把握了美，就不必去刻意探求功利，否则就是画蛇添足了。

居约认为，功利性的美是其客体本身所固有的。当功利性的客体在以显而易见的方式产生作用并直接表现其用途时，美就显现出来。例如，箭在弦上一触即发时，是美的；蒙着七层牛皮的埃杰克斯盾，在乱军中犹如铜墙铁壁般阻挡住乱箭时，是美的；从前斯卡利杰王宫旁架在井口复杂的滑轮车，把满溢的水桶抬高到王宫最高的窗口时，是美的。那么，功利客体在表现其用途时就必然会有美的显现吗？显然不是这样。居约对功利客体与其用途的关系做了如下界定：功利所固有的美，会随着功利客体与其用途相适应的完美程度而强化，但一种功利客体越是适应一种确定的用途，就越有可能拘泥于这种用途，从而变得没有其他用处，变得令人不快，甚至干脆是丑陋的了。也就是说，一个物体的功利性越是增加，其可能的美就越有限。例如，钢笔与鹅毛笔相比，其实用性增强，但美的价值大大减少了。因为鹅毛笔洁白的羽毛会使书写这一行为变得十分生动，而钢笔则会显得生硬。

关于功利之美的论述，无疑是居约最重要的观点之一。在康德理论盛行的时代，居约公然反对"审美不计较利害"说而强调"功利美"的观点，这无疑需要一定的勇气，而且具有重要的理论意义。在关于功利美的细致分析中，她试图推倒康德的"审美无目的"说。但她再三强调，功利只有通过已经觉察到目的的理性因素和事先感到满足的感性因素，才能表现为美；当功利使人预先看到这种结局和目的时，目的性就成为一种美。康德则强调审美的无目的性，但同时又指出审美具有无明确目的、不计较利害但又合目的性的二律背反。在居约看来，"功利美"以预先觉察目的之美，消解了康德有关审美的二律背反。事实上，二者都是以承认目的性之存在为前提，那种认为二者的观点完全对立的看法显然失之客观。

功利显然具有社会性。既然肯定了功利美，也就肯定了审美的社会性。功利正是通过其社会性的一面来获得某种初级的美。其原因在于，我们同情一切具有社会目的和人类目的的事物，同情一切出于满足人类生活尤其是集体生活的需要而安排的事物。这也就是居约在美学史上首倡"社会同情"说的理论基础。在她看来，美的社会性会随着美从基础阶段逐渐到达美的最发达阶段这一过程而变得越来越重要，直至最后压倒一切。审美情感（Le sentiment esthétique）的第一阶段，就是各部分之间的自我协调一致；而最复杂和最高级的审美情感，则是指社会成员间的相互依存和普遍同情。居约进一步分析了审美情感产生的社会原因，认为审美情感源于审美愉悦，审美愉悦必定依托于一个社会的客体；理智的参与使客体人格化，使客体在想象中产生某种统一性和生命；脱离理智活动的审美情感是没有的，人们正是通过理智活动才使各种事物程度不同地拟人化。抽象事物的审美情感，存在于理智的推理和一种好斗、上进、求胜的人类意志中；而自然事物所带来的审美情感，似乎更加生动和易于感受。欣赏风景时所产生的审美情感就是如此。首先，要想领略美景，就必须把自己和这美景融为一体。其次，为了理解风景，就必须使风景和我们自己融为一体，使自然界的景物生情。最后，把一种客观的协调关系引入风景，在风景中画出某些主线，再把风景和一些中心点联系起来，使风景系统化。因此，真正的风景似乎既存在于我们的外部，又存在于我们的内部。人赋予各种静物以感情和生命，与风景进行心灵的交流，使风景成为一种心灵的状态。居约对自然感情的这一描述，与我国传统的"物我同一"思想颇有相似之处。

居约断言，既然对自然的审美感情具有社会性，那么，由其他更为复杂的事物引起的审美情感也同样具有社会性。于是，她将社会同情原则运用到道德领域，同意康德将道德感情看作一种目的性东西，并由此将道德情操与审美情感进行比较，认为审美情感并不排斥道德情操的积极性和目的性。不过，审美情感是已经存在的社会连带感情，而道德情感则是一种行将建立的社会连带感情；审美情感是一种已经感到的心灵相通，而道德情感是需要去努力谋求的心灵相通。因此，审美情感是我们心中占主导地位的社会同情，是集体生活与一般生活在我们身上的反应。有鉴于此，居约对善与美的关系做了如下总结：

> 美是已经实现了的善，而合乎道德的善是应当在个人或人类社会中实现的美。道德的善，用神学家的话来说，就是法治；而美，就是天性的统治，或者说就是仁治，因为天性就是不完全的但已经是真实的社会连带，仁则是存在于同一个人的各部分之间或存在于人与人之间的、完全的和真实的

相互依存关系，即大家存在于个人之中，个人存在于大家之中。①

居约坚持美学应当像伦理学一样，要否定利己主义，应探求生活中永恒普遍的爱。高级的美感就是逐步走向非个人化，只有含有普遍性的个人愉悦才会持久，才会成其为美。可见，她对审美情感的论述，并非停留于理论分析，与同一时期流行的"为艺术而艺术"、"艺术至上"等唯美主义的美学主张大异其趣，而是注重美的社会功用。她所提出的"社会同情说"，在很大程度上影响了日后的审美、教育以及伦理学研究。

居约从社会学角度考察艺术，认为艺术作为人类活动最重要的内容之一，与社会生活有着密切的联系，由艺术而产生的审美情感就是一种社会情感。艺术表现生活并通过下列因素使人们产生审美情感：将艺术形象与记忆中的形象相比时产生理智愉悦；作为一种倾注了创作者大量精力的劳动形式，艺术品引起同情和兴趣；对艺术家塑造的形象抱有同情时产生愉悦；艺术所带来的想象产生愉悦。在她看来，所谓艺术就是以感情为媒介把社会扩大到自然界中的存在物，甚至扩大到超自然的存在物或人在想象中虚构的存在物。简言之，艺术情感就是把个人生活范围与更广泛的一般生活结合起来。因此，艺术的最高目标，就是产生一种具有社会特性的审美情感。居约认为，艺术如同宗教一样，是人类真实社会之外的另一个拟人化世界，与人类社会紧密联系却又存在于想象之中。

二 艺术与审美

居约对艺术与审美之关系的认识，曾受赫伯特·斯宾塞艺术"游戏说"的影响。在西方美学史上，就艺术和审美活动本质关

① 蒋孔阳编：《十九世纪西方美学名著选》英法美卷，复旦大学出版社 1990年版，第 507 页。

系的阐述中，"游戏说"这一提法由来已久，从康德到席勒均有发挥。在达尔文进化论的影响下，斯宾塞又进一步发挥了席勒的说法，认为艺术活动和审美活动的本质是为人类提供发泄过剩精力的机会。显然，作为社会达尔文主义的鼻祖，斯宾塞将他的"游戏说"建立在纯生物学的基础之上，虽有一定的创新意义，但他把艺术所包含的社会因素排斥在外，未免有些偏颇。同样深受达尔文进化论影响的居约，很快认识到斯宾塞理论学说的意义。在其影响下，居约从社会的角度重新考察了艺术与审美的关系，这一阐述方式无疑对艺术与审美关系的研究提供了新的角度和方法。

通过进一步考察艺术表现社会生活的途径，居约发现艺术需要实现以下两个目的：一是借助色彩和声音等因素为欣赏者带来愉快感觉；二是创造心理感应现象，引起人们对作品中人物的欣赏、怜悯和愤慨等种种复杂的社会感情。艺术追求感觉上的愉悦，与一些科学定律有着紧密的联系。例如，雕塑艺术基于解剖学和生理学，绘画基于解剖学、生理学和光学，建筑基于光学，音乐基于生理学和声学，诗歌基于格律学等。而感觉上的快乐与不快乐，终究是受一些科学规律支配。可见，居约虽然指责丹纳等实证主义者在作品分析中过于看重环境分析，但在对艺术以何种方式表现生活的分析中，她显然是受了实证主义的影响。

不过，居约知道，若艺术仅以产生快感为目的，那它最终有可能成为一种靠科学定律来推论的技法，这会使艺术的表现范围远远不如自然界那么丰富。因此，她强调指出，艺术的真正目的就是表现生活。她将生活置于艺术表现的首位，认为伟大的艺术就是将自然和生活视为现实而非幻想。具体说来，艺术表现生活应遵从以下两个法则：支配人们主观表现的各种关系的法则和支配生活并使生活成为可能的客观条件的法则。就第一法则而论，一切艺术都如同绘画一样，需要考虑缩小和明暗的效果。例如，戏剧演员为了使观众对现实产生幻想，总会对生活中的某些特点加以夸大。至于第二法则，居约认为很难确定，不能成为任何一

门精确学科的研究对象，因为生活本身是很难用科学的方法来确
定的。生活越是个人化，就越不能通过抽象的分析来把握，而诗
人、小说家和艺术家最喜欢在作品中表现富有个性的对象。即便
如此，居约并未放弃寻求科学规律的企图。她强调说，个性心理
学仍在建立之中，还未成为完备的科学，但莎士比亚、巴尔扎克
等作家或诗人，都在本能地收集资料来建立这门学科。居约的这
一看法，或许是受了德国费希纳的实验心理学美学和李普斯的移
情说的影响，只不过居约更加强调这门学科的唯一实验者是具有
接近生活之天赋的诗人和小说家。但无论如何，我们可以从中见
出 19 世纪的艺术家试图为艺术美感寻求科学依据的想法。事实
上，能否依靠心理学为科学依据来追求美感的客观性，也是后来
美学界一直所争论的问题。

三　艺术批评

关于艺术批评，居约明确反对当时流行的丹纳等人所主张的
实证主义分析法，认为这种批评方式只是停留在对作者个人气质
（个人偏好和擅长的写作体裁等）及其赖以产生和发展的环境
（时代、社会阶级和生活遭遇等）的分析，因此缺乏对作品本身
以及作品所包含的生活质量的考察。居约认为，对作品的分析必
须首先从作者本身的观点出发，而历史批评的目的就是去确定这
种观点，指出作品中类似于作者自身生活和性质的典型，以及作
者在多大程度上在作品中实现了自己，并体现了自己生活的方方
面面。因此，对于一部作品的分析，不应只停留在对其产生环境
（与其他同时代作品所共有的特点）的分析，而是应当注意该作
品与其他同时代作品所不同的特性和思想，充分研究作品的个
性。居约将作品的个性称之为艺术品的"内在视觉"，主张批评
家应通过潜心研究去发现这种"内在视觉"。

居约反对艺术家与批评家对立的做法，认为批评家应对作品
的优点和缺点同时进行不偏不倚的和冷静的评价，而不应只是对
缺点进行刻薄的批评。事实上，评论美要比批评缺点更为复杂和

困难。她以福楼拜写给乔治桑的信为证据，借此表明自己的主张。福楼拜在信中指出：批评家不应只是 18 世纪所盛行的语法学家或 19 世纪丹纳等人主张的历史学家，而应是善于分析作品构成、风格以及作者观点的艺术家；优秀的批评家应具有伟大的想象和伟大的善意以及热情的禀性和一定的审美能力。居约将福楼拜提出的理想批评家所应具有的重要品质归纳为同情与善，并做了进一步的阐述：

> 理想的批评家应该是这样的人：他在思想和感情方面最能受到艺术品的启迪，并把自己的感受传给他人。理想的批评家就是对艺术品最不消极、最能从中发现东西的人。换言之，优秀的批评家是最善于赞赏美并最善于教导别人去赞赏美的人。①

显然，居约将其艺术审美的"社会同情说"运用到了艺术批评的领域，强调艺术批评的社会审美性。毕竟，艺术就是表现生活，而生活与人们由于同情和善所产生的感情是相同的。

总之，居约强调艺术的目的就是产生同情，通过艺术可使个体的生命与普遍意义的生命形成一致，即通过展示情感对象来启迪人们的思想和感情。因此，美不是一个纯粹的感觉问题和形式问题。她明确反对形式主义，强调艺术只是借助形式来表达思想、感情和意志的活动，是永恒的内心世界自然而坦率的表露。另外，她也反对艺术追求中的唯美主义，认为那只会扼杀艺术。

从居约的上述观点可以看出其哲学思考的出发点，即："如何在柏拉图和基督教的善、康德的绝对范畴，以及实验心理分析和永恒的进化法则之间建立起某种联系。"② 在她看来，哲学的

---

① 蒋孔阳编：《十九世纪西方美学名著选》英法美卷，复旦大学出版社 1990 年版，第 516 页。

② John A. Michon（ed），*Guyau and the Idea of Time*（Amsterdam et al：North-Holland Publishing Company，1988），p. 23.

基本问题就在于从考察自然的过程和经验中发现道德原则。根据
借助实验心理学和进化论的观点,她认为生命是建立于人类一切
道德、宗教和艺术观之上的总的指导原则。可以看出,她的哲学
思考对后来伯格森的生命哲学产生了一定影响。她从社会生活出
发来看艺术,所标举的社会同情说,反对艺术表现的形式主义以
及提倡艺术批评的审美性等观点,都对 20 世纪社会学美学的发
展具有重要的启示作用。

第四节 罗丹的艺术美学观

罗丹(Auguste Rodin,1840—1917)是法国杰出的现实主义
雕塑艺术家。罗丹生于一个贫穷的基督教家庭,其父是一名警务
信使,其母为女仆。罗丹从小喜爱美术,14 岁进入由巴黎政府
创办的制图与数学专科学校(Ecole Spéciale de Dessin et de
Mathématiques),跟随他一生敬仰的启蒙老师勒考克学习绘画。
他曾三次试图报考当时著名的巴黎美术学校(Ecole des Beaux-
Arts),但未被录取。18 岁时,师从动物雕塑家巴耶(Barye)改
学雕塑,并作为加里埃—贝勒斯(Carrier-Belleuse)的助手在比
利时布鲁塞尔创作了五年的装饰雕塑。1875 年游历意大利,深
受文艺复兴时期多那太罗(Donatello)和米开朗琪罗(Michelan-
gelo)等大师作品的启发,开始摆脱学院派的束缚,走上现实主
义的创作道路。他在雕塑创作中掺入雕塑家个人的认识与感受,
尤其注重对人性的弱点、人生的痛苦以及道德冲突等方面的思
考。

罗丹一生塑造出许多富有生命力的艺术形象,其中代表性的
作品有《塌鼻男人》(*Man with a Broken Nose*,1864),《青铜时
代》(*Age of Bronze*,1877),《雨果半身像》(*Victor Hugo*,
1888),《加莱义民》(*The Burghers of Calais*,1884—1886)和
《巴尔扎克》(*Balzac*,1891)等。罗丹在世时,他的作品大都因
新颖大胆的创作风格受到法国学院派的猛烈批评,而包含 186 件

雕塑的《地狱之门》（*The Gates of Hell*，1880—1917）的设计，也因当时官方阻挠而未能按计划实现，只完成《思想者》（*Thinker*，1880）、《吻》（*The Kiss*，1886）、《夏娃》（*Eve*）等部分作品。罗丹非常善于用丰富多样的绘画性手法塑造神态生动、富有力量的艺术形象，因而被称为是继菲狄阿斯、米开朗琪罗之后欧洲雕塑史上的第三座高峰。其后期作品呈现出印象主义特点，为20世纪现代主义雕塑开启了大门，对欧洲近代雕塑的发展影响较大。此外，他还创作了许多速写，并著有阐述其艺术美学思想的《罗丹艺术论》一书。

一　论自然与美

罗丹最重要的美学主张之一是"自然"。他所谓的"自然"，包括自然界和社会现实。在他看来，艺术家应绝对信仰自然，忠于自然，因为自然中的一切都是美的。同丹纳一样，他反对单纯的模仿自然，认为纯粹的模仿只是表现了外形，而艺术的目的是要通过外形来理解自然的内部，获得物体的深度。在个人的艺术创作中，他实践着自己的现实主义艺术创作论，反对有些艺术家根据模特刻意做出的姿态来表现某种情感，认为这是非自然的，不真实的。他自己在创作中则要求模特随意地在他的画室里走来走去，以便从活动着的模特身上获得灵感，将其称之为服从自然的指挥。

在罗丹看来，美的本身就是真理，真理就是隐藏在任何人与任何事物的外形之下的"性格"，艺术家应以锐利的眼光去发现真理，表现真理，这才是真正意义的忠于自然。因此，他强调，艺术家眼中的自然与普通人眼中的自然是不一样的，艺术家应该能够透过事物的外表来反映内在的真实，反映全面的真理而非只是表面的真实，所以"所谓大师，就是这样的人：他们用自己的眼睛去看别人见过的东西，在别人司空见惯的东西上发现出美来"①。

---

① 蒋孔阳编：《十九世纪西方美学名著选》英法美卷，复旦大学出版社1990年版，第482页。

他主张艺术家应向大师学习，学习他们对自然的爱好与真挚和对真实的不断探求，但不要一味地盲从大师，仅从模仿大师的作品中下功夫。

他强调雕塑家应该用心灵从厚度来想象形体，在起伏中思考，创作中要考虑到事物的体积及其内涵，不能只停留于表面的模仿。如他所言：

> 所有面积，好像是正在它后边推动的体积的最外露的一面。你们要设想形象正迎着你们，向你们突出。一切生命皆从一个中心上迸生出来，然后由内到外，滋长发芽，灿烂开花。同样，在美好的雕刻中，人们常常猜得出是有一种强烈的内在冲动。①

不仅雕塑如此，画家也应从深度上观察现实，外观应能够表现一定的内涵。他以拉斐尔的一幅肖像画为例，发现这位大师在表现人物的正面像时，使胸部斜侧，给人以深度的幻觉，引起人的思考。可见，罗丹十分重视艺术创作中技巧的应用，但他同时提醒人们，如果只是满足于形似和毫无意义的细节，那永远也成为不了大师。他嘲笑意大利墓地的雕塑只是精确而幼稚地模仿了刺绣、花边与发辫，反映不出艺术家任何的思想感情，没有内在的真理，因而根本谈不上真实。他强调，艺术不是意味着精确，艺术是情感。对艺术来说，体积、比例、色彩是表现情感的必要途径，如若缺少了内在真理，艺术也就不存在了。他反对依赖灵感，认为艺术家的优良品质就是智慧、专心、真挚和意志，依靠这些品质就会发现真理。艺术家应该朴素而率真地表现自己对现实事物的感受，而不是一味遵从陈规陋习。他鼓励青年艺术家坚持在作品中表达真情，勇于挑战已存的思想。这样做也许最初不

---

① 蒋孔阳编：《十九世纪西方美学名著选》英法美卷，复旦大学出版社 1990 年版，第 480 页。

被世人与朋友理解，但这很快就会过去，因为对一个人来讲是真实的东西对众人来讲也是真实的。

二 化丑为美说

罗丹的另一个重要的美学主张是：对艺术而言，自然中的一切皆是美的。在19世纪浪漫主义文艺运动中，以雨果为代表的许多文学艺术家就开始注意确立"丑"在文学艺术表现中的地位。与雨果所提出的美丑对照的创作原则不同，罗丹认为经过艺术家之手，丑的皆可变为美的。他认为生活中的丑是指形式遭到破坏的、不健康的、令人联想起疾病、衰弱和痛苦的东西，与象征正常、健康和力量的特征正好相反。所以，驼背、跛足的残疾与衣不蔽体的贫困是"丑"的；在道德和社会领域，不道德的、龌龊的、罪犯和危害社会的人们的灵魂和行为是"丑"的；那些弑亲的逆子、卖国贼和野心家们的灵魂也是"丑"的。但是，一位伟大的艺术家或者作家，如果将生活中的种种"丑"的形态作为他的素材，就足以使它变形，仿似魔杖点触之下，可以化"丑"为美，罗丹称之为艺术的点金术。他举例说，17世纪西班牙画家委拉斯凯兹，在画菲利浦四世的侏儒赛巴斯提恩时，便是通过人物极富感染力的眼神，表现出这个残疾人内心的苦痛——他为了生存不得不出卖自己作为人的尊严，变成一个活的玩物。他评价说，愈强烈地表现这个畸形人内心的苦痛，艺术家的作品就愈显得美，显得有感染力。同理，罗丹指出，在19世纪法国画家米勒的一幅画中，一个烈日炎炎下疲惫不堪的可怜的穷人，扶在锄把上喘息，如一头遍体鳞伤的牲口般地呆钝，但他脸上所露出的听天由命的神气，使这个噩梦中的人物变成人类最好的象征了。

罗丹化丑为美的艺术创作思想，曾深受诗人但丁（Dante Aligheri）和波德莱尔的影响。奥地利诗人里尔克在《罗丹论》中这样描述：

他第一次读但丁的《神曲》。那简直是一个启示。他看
见无数异族的苦难的躯体在他面前挣扎。超出于时间以外，
他看见一个给人剥掉外衣的世纪，他看见一个诗人对他的时
代的令人难以忘却的大审判。里面许多形象都支持他。……
他从但丁走向波德莱尔。在这里，既没有审判厅，也没有诗
人挽着影子的手去攀登天堂的路；只有一个人，一个受苦的
人提高他的嗓子，把他的声音高举出众人的头上，仿佛要把
他从万劫中救回来一样。而在这些诗中，有些句号简直是从
字面走出来，仿佛不是写成的，而是生成的，有些字或一组
组的兵在诗人热烘烘的手里熔作一团了，有些一行一行地浮
凸起来，你可以抚摩它们，更有些全首十四行，简直像雕饰
模糊的圆柱般支撑着一个凄惶的思想。①

从中可见，他将诗人们的思想与自己的思想融会贯通起来，创造
了他的著名的雕塑《塌鼻男人》。这是一个渐渐衰老的丑怪的人
头，那塌鼻子更强化了他脸上沉痛的神气和被命运的洪流无情冲
刷后的无奈。在这个头像上，似乎每一根线条和每一个轮廓都经
过罗丹的审视或反复的思考，都毫无重复地充满着表现力，人们
甚至可以想象哪些皱纹来得早些，哪些来得晚些，以及无数充满
了痛楚的年代怎样在这张充满褶皱的脸上留下了痕迹。在他另一
作品《欧米哀尔》中，也可以看出他化丑为美的艺术创作原则。
《欧米哀尔》是罗丹根据法国诗人维隆的诗《美丽的欧米哀尔》
而塑成的。罗丹所塑造的欧米哀尔，看上去就像是一个比木乃伊
还要皱缩的衰老妓女，她弯着腰，低着头，以绝望的目光注视着
她两乳干瘪的胸膛，满是皱纹的肚子，以及布满筋节的胳膊和
腿，仿佛在悲叹着她衰老的身体，回忆起年轻时代的娇媚，并为
今日的丑陋感到羞耻。罗丹的雕塑，似乎更加惟妙惟肖地表现了
诗人试图透过词语所传达的情感和思想。《塌鼻男人》和《欧米

①　里尔克：《罗丹论》，梁宗岱译，四川美术出版社1985年版，第10页。

哀尔》充分体现了以外部真实来表现内在真实、以自然景象来
表现灵魂、情感和思想的"双重性真实"的艺术创作思想，也
体现了罗丹再三强调的艺术家应善于见出他人所未见的敏锐观察
能力。

罗丹将自然景象的高度真实，无论美丑，称为"性格"，并
就艺术上的化丑为美原则作了进一步说明：

> 自然中认为丑的，往往要比那认为美的更显露出它的
> "性格"，因为内在真实在愁苦的病容上，在皱蹙秽恶的瘦
> 脸上，在各种畸形与残缺上，比在正常健全的相貌上更加明
> 显地显现出来。既然只有"性格"的力量才能造成艺术的
> 美，所以常有这样的事：在自然中越是丑的，在艺术中越是
> 美。在艺术中，只是那些没有性格的，就是说毫不显示外部
> 的和内在的真实的作品，才是丑的。在艺术中所谓丑的，就
> 是那些虚假的、做作的东西，不重表现，但求浮华、纤柔的
> 矫饰，无故的笑脸，装模作样，傲慢自负——一切没有灵
> 魂、没有道理，只是为了炫耀的说谎的东西。[1]

同浪漫主义运动中的许多大师一样，罗丹反对学院派严格奉
行的陈规陋习。在他看来，循规蹈矩地进行创作的主张，显然与
他崇尚自然的创作原则相悖；另外，学院派从根本上错误地理解
了古典艺术，在希腊艺术和学院派的假理想之间存在很大差异。
学院派认为，古人崇拜理想，觉得肉体庸俗卑鄙而加以轻视，在
作品中不愿意表现物质的种种细微之处。学院派错误地假定为古
人出于训诫人类的目的，故以单纯的形式创造出一种只能诉诸理
智而不愿满足感官的抽象"美"。持有这种论调的人，自以为
是，滥用古代艺术中的例子来修正自然或割裂自然，结果把自然

---

① 《罗丹艺术论》，罗丹口述，葛赛尔记，沈琪译，人民美术出版社 1987 年
版，第 23—24 页。

压缩成干枯的、冷漠的、极其平板的与真实丝毫无关的轮廓。实际上，古希腊艺术家对线的应用，是细节的集成，是一个总和；而学院派将其理解为单纯化，其结果必然是表现力的贫乏和空洞。再者，希腊人以其强烈的逻辑精神，本能地把要点表达了出来。他们特别强调人类典型的主要线形，但同时也没有忽略生命的细节。他们更乐于将生命的细节包括、融化在整体中，因为他们热爱平静，便自然地减弱了次要的起伏。在罗丹看来，古希腊人无疑对于自然充满了敬爱，因为他们所表现的总是他们所看见的。他们尤其注重在作品中表现生命，正是生命使希腊雕刻中跳动的肌肉显得灵活而温暖。相比之下，学院派艺术表现出的只是冰冷的玩偶，毫无生气。

罗丹的一生备受攻击和嘲讽，但也得到颇多的理解和支持。他以自己的全部作品证明了他所奉行的艺术创作原则，深刻揭示了人类的丰富情感。他所倡导的化丑为美的原则，力求从残破中发掘出力与美，这使他的艺术成就具备了宏大精深的品格，从而丰富了现实主义的艺术创作理论。总之，他本人身体力行的创作思想，为艺术创作提供了新的表现手法与广阔的艺术视野；他自己的作品所表现出的思想和魅力，给人以永恒而深沉的审美体验。在此意义上，罗丹承上启下，超越了浪漫主义，开启了现实主义。

第五节 印象派的艺术创作论

印象派作为一种艺术风格，勃兴于 19 世纪 60—70 年代的巴黎画坛，其矛头直指因循守旧的学院画派和日趋矫揉造作的浪漫派艺术。早在 60 年代，一群富有探索和创新精神的青年人，就开始对保守的官方沙龙压制青年创造精神的做法深感不满，他们以马奈为首，形成了一个与官方沙龙相对立的团体。这些画家经常在一起探讨艺术，并到塞纳河畔直接对景写生，其中包括莫奈、雷诺阿、毕沙罗、巴齐耶、塞尚等人。1874 年 4 月，这群青年画家以"无名的画家、雕塑家和版画家协会"自称，在巴黎举办展览，旨在与官方沙龙相抗衡。参加展出的有莫奈、雷诺阿、毕沙罗、西斯莱、德加与塞尚等近三十位画家的作品。后来，一位记者借用在展品中莫奈的油画《印象·日出》（*Impression, Sunrise*）的标题，以嘲讽的笔调在文章中戏称这次展览是"印象派画家的展览"，"印象派"也由此而得名。

印象派绘画所受的影响，首先来自 19 世纪颇为盛行的巴比松画派以及柯罗、库尔贝等写实主义画家和福楼拜等现实主义作家。巴比松画派出现在波旁王朝复辟末期和七月革命初期，主要以风景作为绘画对象。当时波旁王朝正处于极度腐化时期，一些画家希望通过对自然风光的描绘，寄托他们民族的情感和向往自由的理想。他们常常到巴黎郊外的巴比松小村去写生，人们即称这群画家为巴比松画派。巴比松画派面对自然写生，极力追求光色效果，任何一个在自然光里朴素可视的东西，都可能成为描绘的对象。在他们那里，画景是纯粹视觉经验的映象。这不仅以新的精神开辟了法国民族风景画的道路，而且成为后来印象派风景画的直接先导。此外，柯罗、库尔贝的绘画已经开始注重阳光和色彩，对后来年青的印象派画家有着一定的影响。

同时，19 世纪自然科学界对光的传播与照射的物理研究取得巨大成果，印象派的绘画也因此受到启发。自然科学界对光与色的研究表明，人们的视觉之所以能感知自然界中的物体，都是因光而显示着形。也就是说，所有的物体都是着色的形，人们就是根据不同层面的不同颜色，即从不同色面的分界才得以认知物体的形状。人们也正是根据或明或暗的颜色获得距离、透视和体积的概念。这一切使追求创新的画家们深受影响和启发，他们尝试着纯粹的"外光"描绘，以及新的色彩关系分析，并把这种自然科学的法则和他们的艺术观点结合起来进行创作。他们认为自然界的一切物体都受光的照射作用，是阳光笼罩着万物才显现出物象；而一切物象又是不同色彩的结合，如果离开了光和色彩，便没有这个世界。因此，印象派画家认为，在表现光的过程中，他们也就找到了绘画艺术的一切，所以画家的任务也就在于如何去表现光和色彩的效果。印象主义绘画的特点正是以阳光和色彩为绘画的主导，借助光与色的变幻来表现作者从一个飞逝的瞬间所捕捉到的印象。正因为如此，印象派画家提倡户外写生，直接描绘阳光下的景物，根据画家自己眼睛的观察和直接感受事物，通过光的不同来表现微妙的色彩变化，摒弃了从 16 世纪以来一直提倡的褐色调子。

印象主义绘画技法的基本原理是色彩分解，即只用光谱中的七种纯色作画，其目的是为了取消各种混合色而在画布上只并列不同纯色，观者可以凭自己的视觉对纯色加以调和，通过保持每一种纯色的新鲜和光彩，从而创造出更为强烈的发光度。在绘画艺术中，色彩对情绪的影响，以及色彩美给人愉悦的感受，是十分强大的。而大自然的美所提供给人的色彩感受，又是极为丰富的。所以，印象派在色彩上的创造，无疑是绘画领域里的一项革新。尤其是在风景画中，他们扩大了视觉感受的领域，丰富和推进了现实主义的表现力。

现实主义要求艺术真实地反映现实，印象派则忠于自己视觉的真实感受并力排先验的成见，这应该说是对现实主义的发展。但是，印象派艺术家把全部的注意力都集中在光线和空气对色彩的影响方面，片面地认为世界上任何具体的物象和事件只是传达光和色的媒介，其本身的意义是次要的。这种艺术观念和创作主导思想，不可避免地使画家对客观事物的认识停留在感觉阶段，停止在"瞬间"的特点和印象上，因此在创作中竭力描绘事物的瞬间印象，注重表现瞬间的感觉，否定事物的本质和内容。在印象派的画布上，所描绘的受光物体变得越来越不重要了。这一点在以修拉（George Seurat）和西涅克（Paul Signac）为代表的新印象主义绘画中表现得尤为明显。新印象主义们甚至要求画面比印象派更纯净，达到画面由彩色的光点组成的效果。显然，印象派画家对作品思想性的漠视和对光与色的片面追求成为一个根本性缺陷。但无论如何，印象派画家在探索阳光和分析色彩上有其重要发现，利用光色表现丰富了绘画的表现技巧。他们倡导走出画室，面对自然进行写生，以迅速的手法把握瞬间的印象，使画面充满非同寻常的新鲜而生动的感觉，揭示了大自然的五彩缤纷的景象，这是对艺术创造的一大贡献。

从印象画派开始，欧洲画家们就开始设法摆脱文学的影响，更多地注意绘画语言本身。1910 年，英国艺术家兼批评家罗杰·弗莱（Roger Fry）把那些在印象派影响之下出现的新的绘画风格，统称为"后印象派"或"后印象主义"（Postimpressionism）。其中，以塞尚、高更和凡·高最具代表性。后印象派画家画风不一，但他们大都意识到早期印象派和新印象派绘画的不足，于是逐步将描绘自然、再现自然的现实主义画风拉回到主观的世界，开始重视对精神世界和情感的表现。因此，严格的来说，后印象派并不是印象派的延续，而是对印象派的探索和超越，其代表画家也因此成为西方现代艺术的开创者。

一　塞尚：继承与发展

塞尚（Paul Cézanne，1839—1906）生于普罗旺斯地区艾克斯，其父是一位银行家。他在故乡学习了法律、学院派的绘画基础和其他人文科学知识，后又到巴黎深造，在那里接受了浪漫主义、现实主义和刚刚兴起的印象主义的熏陶。他一生的大部分时间都是在巴黎和他的出生地度过的。自从 1874 年其作品《现代奥林匹亚》问世后，他就一直是评论家们所热衷的话题。塞尚的绘画继承了印象画派的某些风格，但又有着属于自己的独特风格。他的作品被认为是现代绘画的开端，他也因此被称为"现代绘画之父"。代表作有《缢死者之屋》（*House of the Hanged Man*，1872—1873），《玩纸牌者》（*The Card Players*，1890—1892），《圣维克多山》（*Mont Saint-Victoire*，1894—1900）和《浴女们》（*Bathers*）等。

塞尚继承了印象画派开创者们对光和色的重视，并在原来的基础之上向前迈进了一大步。在他看来，印象派画家忠实于自己的视觉，服从于无处不在的光，忽视了自己的理智，而由弥漫的光点组成的氛围掩盖了物质的坚实性，使物质最终丧失了秩序。他反对印象派画家对自然的纯粹模仿。对他而言，绘画就是表达感觉的手段。但应当指出的是，塞尚的感觉有别于印象派画家的"瞬间感觉"，他想通过绘画来记录更持久的自然，而不是印象画派所表现出的表面而短暂的自然现象。因此，他主张对自然进行研究，认为艺术应赋予自然持久的崇高，使自然所蕴涵的永恒性显露出来，并且坚信绘画并不是去追随自然，而是去和自然平行地工作，将画家自己深入自然内部的视觉感受转变为坚实的可视符号。如他所说：

> 在我内心里，风景反射着自己、人化着自己，思维着自己。我把它客体化、固定化在我的画布上……好像我是那风景的主观意识，而我的画布上是客观意识。我的画布和风景都存在于我的外界，但风景是混沌的、消逝着的、杂乱的，没有逻辑的生命，没有任何理性，画面却是持久的、分门别类了的，掺加着诸观念的形态。[1]

在绘画中，他通过色彩、空间和体积来实现他对自然永恒性的表现。首先，他延续了印象画派对色彩的重视，认为色彩可以使对自然的描绘从深处延伸至表皮。色彩是伟大而本质的东西，能够体现观念和理性。在作画时，塞尚本人不去想任何东西，只看见色彩按它们的意愿通过色块形成树木、田园、房屋等形状。在他的绘画中，色彩代表着自然，而不是去再现自然。

其次，关于绘画的空间和体积，他显然是受了欧洲古典主义奠基人——17世纪画家普桑[2]的影响。作为一名理性主义者，普桑对自然有着无限的热爱，但他认为自然是混乱的，画家要描绘

---

① 加斯盖特：《塞尚》，1921年，见瓦尔特·赫斯《欧洲现代画派论画》，宗白华译，广西师范大学出版社2002年版，第22页。

② 普桑（Nicolas Poussin，1594—1665），法国画家，欧洲古典主义奠基人之一。

自然就必须首先对自然进行有序的整理。为此，他在绘画中运用水平、垂直和对角线的数学观念，来实现画面的平衡布局和空间的深度。塞尚很欣赏普桑式的古典画家："请想象一下普桑怎样在自然的基础上全部重来的——这就是我所理解的古典画家。我不能接受的是把你限制住的那种古典画家。我要的是：在经常接触一位大师的作品之后，我依然能回到我自身；而每次我看毕普桑的画，我就更清楚我是什么样的人。"① 在这里，他试图将印象画派对光的极端表现方式拉回到古典主义的轨道上来，主张在绘画中用圆柱体、球体和圆锥体来处理自然，使万物都处在适当的透视之中，使其边缘和面趋向一个中心点，以便加强物质的坚实性。此外，他还考虑到画面表现的深度问题，主张用一系列平面色块来表现深度，又用小色块和粗大的轮廓线来保证山峰、水果、桌布、树木的稳定性。为了进一步加强透视效果，他还运用几何意义的形块来体现坚固的体积，使形式与色彩的运用结合起来。与普桑不同的是，塞尚在绘画中抛弃了那些不能表现本质的细节，如树叶的形状、建筑的轮廓等，而代之以概括的形式来加强立体感和质感。这表明他笔下的自然是经过心灵加工的，是自然的恒久而坚实的状态。

总之，塞尚在运用印象派光色理论的基础上，充分发挥了绘画语言的表现力。他主张绘画摆脱文学性和情节性，强调主观感受的重要性；坚持把客观物象条理化、秩序化和抽象化。他对绘画的革新主张和实践，受到艺术家们的普遍重视，并对20世纪兴起的以毕加索为代表的立体主义绘画以及野兽派画风都产生了极大的影响。

二　凡·高:光色与性情

凡·高（V. W. van Gogh, 1853—1890）出生在荷兰一个乡

---

① 转引自吕澎《现代绘画：新的形象语言》，山东文艺出版社1987年版，第25页。

村牧师家里，其三位叔叔经营绘画，这使他很早就接触到这门艺术。1869 年，他进入一家绘画经营公司做店员，先后在海牙、伦敦和巴黎工作。1876 年，该公司以凡·高不能胜任工作为由将其解雇。其间，他观赏了大量绘画作品，尤其喜欢英国富有道德说教意味的情节性绘画。1877 年，凡·高在阿姆斯特丹学习神学，后在比利时的一个矿区做专职传教士。他与穷苦的矿工一起生活了两年，深谙他们的苦难，但却无法使他们接受宗教信条。在两年的贫困生活中，他创作了大量的以矿工生活为题材的素描画。1880 年，27 岁的凡·高正式决定成为一名画家，开始在布鲁塞尔学习解剖学和透视学。1885 年，凡·高在安特卫普美院学习绘画，在这里有机会接触鲁本斯（Peter Paul Rubens）的绘画及日本版画，开始对色彩有了新的认识，认为运用得当的色彩可以表现形体，并开始理解现代绘画。1886 年他投奔在巴黎绘画行工作的弟弟提奥，有机会结识了贝尔纳（Emile Bernard）、高更、西涅克、毕沙罗等一批青年画家，开始接受印象派的绘画风格和技法。对于凡·高而言，绘画只是他借以表达内心情感和矛盾情绪的语言，技法只是他实现自己目的的一个方式而已。因此，凡·高后来的绘画作品显然偏离了印象主义，有着独特的个人风格。他一生并未出版过专门的理论著述，对于绘画、美学以及道德等问题的认识和看法，主要集中表现于写给他弟弟提奥以及贝尔纳、罗梭、西涅克等人的信中。

毫无疑问，与同时代的其他画家一样，印象派绘画对光与色彩的充分应用给凡·高以极大的启发，使他摆脱了早期所接受的荷兰式绘画中黑色与褐色的色调，开始在自己的作品中显示出他对强烈色彩的偏爱，但很快就发现了印象派绘画的不足和前景的暗淡。他认为，印象派对光与色的过分追求，反过来束缚了绘画语言的运用，这与他将绘画视为表达情感的语言这一初衷不相一致。在他看来，真正的画家并不是对自然进行呆板的模仿和机械的反映，而是画出他对自然的感受和评价。他曾这样表达自己的艺术观：

> 艺术，这就是人被加到自然里去，这自然是他解放出来
> 的；这现实，这真理，却具备着一层艺术家在那里表达出来
> 的意义，即使他画的是瓦片、矿石、冰块或一个桥拱……那
> 宝贵的呈到光明里来的珍珠，即人的心灵。①

对于凡·高来说，真理是无须粉饰的，真理永远是美的；艺术家应在全部的自然中见到表情、见到心灵。另外，每一个形象都充满着戏剧性：风吹雨淋的普通厅堂有着独特的性格和象征意义；一个充满着痛苦的普通人也会成为独具性格的戏剧性人物；一位丑陋的、饱经沧桑的女模特是美的，因为在她的身上会发现不幸的命运所留下的烙印。他本人的许多关于大自然的作品也体现出这一点：在《橄榄树》（1889）一画里，橄榄树弯曲的树干仿佛在尽力挣脱土地，而树枝则竭力伸向天空，造成正在进行斗争的感觉。一切都向上升腾，一切都呼唤生命，一切又都无可奈何地遭受着阻挠；在《金黄色的庄稼和柏树》（1889）中，通过一道道颜色体现出的密密麻麻的、犹如狂风掀起的层层波浪，人们感受到的是呐喊疾呼的斗争风格。事实上，这也表现出凡·高内心永远无法摆脱的悲剧性狂热情绪。不过，在他的内心深处，又始终渴望着安宁与祥和。与此同时，画面近处的土地仿佛在燃烧，柏树丛像是一团燃烧的火焰，后面却是淡蓝色的山脉以及白色、淡紫色天空背景上的绿色，似乎后面的色彩与线条要使前景的激动与不安平静下来。显然，他是借自然的景物来抒发自己内心的痛苦、矛盾和渴望。

凡·高经常到大自然中去作画，面对大自然去寻求本质，寻求感觉。凡·高给贝尔纳的信中这样谈及《峡谷》（1889）一画：

---

① 《凡·高》，见瓦尔特·赫斯《欧洲现代画派论画》，宗白华译，广西师范大学出版社 2002 年版，第 36 页。

> 我正在画一幅表现峡谷的大幅油画……两座巨人般巍然
> 屹立的山崖，中间缓缓流着一条溪水，那第三座悬崖正挡着
> 这个山谷。自然，这种境界具有一种令人忧郁的奥妙之处，
> 而且除此以外，在这种荒野，不用石头把画压紧的话，风就
> 会把所有的东西都刮倒，——在这种地方画画倒也怪有意思
> 的。①

在这幅画中，有形的颤动代替了光的颤动，用以表现情绪与
情感。远处的峭壁威风凛凛，近处的山崖却显出生命的激动不
安，而那受常年流水侵蚀的峭壁则给人以阴森可怖的感觉。事实
上，他只是借助那富有韵律的线条和色彩反映出了他个人的心灵
颤动。凡·高以如此酣畅的笔触和深刻的感受来描绘自然界的威
力，确实是同时代其他画家所不及的。

在印象主义者看来，凡·高对色彩的理解很大程度上受到德
拉克洛瓦的影响。他在 1888 年写给弟弟提奥的一封信中说：

> 我在巴黎学到的东西正在离异，我已回到我知道印象主
> 义者之前的思想。如果印象主义者很快发现了我的工作方法
> 上的错误，我不会吃惊，因为我的这一方法上的错误是德拉
> 克洛瓦孕育而成的，不是印象主义者的结果。又因为我不是
> 尽力想复制眼前的东西，所以我可以更为武断地运用色彩，
> 这是为了强有力地表现我自己。②

凡·高赞扬德拉克洛瓦的绘画让人感觉到物的生命、表情
和运动，并且同意德拉克洛瓦的说法：法国南方丰富的色彩和
灿烂的光，必须通过色彩的排列对照以及它们之间的引申与和

---

① 利奥内洛·文杜里：《西欧近代画家》下，朱伯雄译，人民美术出版社 1979
年版，第 177—178 页。
② 转引自吕澎《现代绘画：新的形象语言》，山东文艺出版社 1987 年版，第
29 页。

谐来体现，而不是仅仅通过形状与线条本身来表现。对凡·高而言，色彩远远高于形与线条的作用，色彩可以反映本质，反映自己的情感。在凡·高自己的绘画中，喜欢运用夸张的色彩来暗示出某种情感与情绪来。在为一位艺术家朋友画像时，他不仅使画像画得像他本人，而且更借助于色彩来表达他对这位朋友的爱和赞叹。他用橙黄色调、黄色和明亮的柠檬色调，将他的头发夸张为金黄色，以最强烈的蓝色在人物背后画出无限天空，表现出这位朋友具有伟大的梦想，并由此产生出神秘的印象。在《夜咖啡馆》中，他用红色与绿色来表现人们火热的情绪，将画面色彩看作生活里存在的热情，用色彩来表达作品内容所透出的情绪氛围。

凡·高也试图通过对色彩的运用来创造出独立于创造者、本身就是美的对象。1888 年 8 月，他完成了最有名的作品《向日葵》。他以黄色和蓝色的对比，使向日葵好像包围在神圣的光圈里，八月阳光的色彩在画面上大放光芒。这幅作品之所以美妙而不同凡响，就在于它由色彩的对比和内容的简单而表现出一种高度集中的空间意象，让人产生狂欢般的迷乱和对自然的敬畏。事实上，这幅画也反映出了凡·高狂热的精神状态，是借助客观事物表现了自己主观感受的成功典范。"任何一个赞美《向日葵》一画的偶然的观众，即使他并不太为艺术家内心沸腾的热情及其自我牺牲的精神所感动，也会感觉到这一形象的全部魅力，从中发现一种非同寻常的、独一无二的、'前所未见'的东西。"[1]

总之，凡·高的一生，总是伴随着内心对美好的狂热追求与精神上无法摆脱的困惑与矛盾，这一点不仅成就了他在绘画史上无人可取代的地位，也导致了他最终在精神错乱中自杀的悲剧性结局。他的艺术实践早已超越了印象画派，并以自己独特的画风被后人奉为后印象派绘画艺术的巨匠。

---

① 利奥内洛·文杜里：《西欧近代画家》下，朱伯雄译，人民美术出版社 1979 年版，第 160 页。

三　高更：朴真与象征

高更（Paul Gauguin，1848—1903）生于巴黎，早年做过海员并曾在交易所工作，只在业余时间作画。1883年，他放弃自己收入颇丰的工作，开始专攻绘画。他曾在毕沙罗的指导下绘画，因而早期画风深受毕沙罗的影响，表现出较为明显的印象派写实风格。他三次到法国布列塔尼的古老村庄进行创作，对当地的风物、民间版画及东方绘画的风格深感兴趣，于是逐渐放弃了原来的写实画法。由于厌倦巴黎的都市生活和向往原始古朴的生活，1888年他应凡·高之邀到阿尔与其合作，后由于艺术志趣不同而在吵闹中不欢而散。1891年，他远赴南太平洋上的法国殖民地塔希提岛（Tahiti），与那里的土著人生活在一起。他的大多数著名的作品都是在岛上完成的，开始逐渐形成了自己的画风。1893年因经济拮据回到巴黎。1893—1895年，他来往于巴黎和布列塔尼之间，展出在塔希提岛创作的画，并撰写了题为《诺阿、诺阿》（意为"芳香的土地"）的日记。1895年，他又回到塔希提，重新过起土著人的生活。由于健康状况的恶化和巴黎方面经济支持的中断，他的精神受到极大的刺激，一度很想自杀。1901年，高更迁居到马克萨斯群岛的阿图奥纳岛，直至病故。高更在艺术史的地位在于他将文学的象征主义引入了绘画，他的艺术创作思想和绘画风格，对后来法国的象征派和野兽派都产生了极大的影响。他的主要绘画作品有《两个塔希提妇女》、《我们来自何方？我们是什么？我们走向何方？》（D'où venons-nous? qui sommes nous? Où allons nous?）等。此外，他还创作了一些版画和雕塑作品。

高更在现代艺术中的重要意义在于他对于绘画本质的认识。在他看来，绘画的本质是某种独立于自然之外的东西，是记忆中经验的一种"综合"，是心灵深处的隐秘的东西，而不是印象主义者所认为的视觉直观。因此，他反对模仿自然，坚持艺术家应当借助从自然界攫取的元素来创造新的元素。在创作上，高更主张凭记忆作画，这样就会简化并融合已得的印象，使形象失掉许多细节，重点在绘画中表现出某种关系，而不是描绘对象本身。这样，所描绘的形体就成为有着"综合作用"的形体了，从而将艺术家本人融入作品中。也就是说，艺术家通过主观选择的物质符号，表现他们的内在情感，并对观众的心理产生影响。在高更看来，人们可以详尽地阐述任何思想，但却不可能完整地表现感觉。而艺术则是一种抽象，是借助物质手段来表达精神世界的手段。不过，印象派画家只注意眼睛，忽视思想的神秘核心，并由此不可避免地陷入了科学的论证。

高更的这一思想，无疑受到当时流行的象征主义思潮的影响。象征主义肇始于文学，与左拉等人倡导的自然主义相对抗，主张以物质手段来展示精神世界。事实上，黑格尔在关于艺术美的论述中，早就提到过象征型艺术，断言"象征一般是直接呈现于感性观照的一种现存的外在事物，对这种外在事物并不直接就它本身来看，而是就它所暗示的一种较广泛较普遍的意义来看。因此，我们在象征里应该分出两个因素，第一是意义，其次是这意义的表现。意义就是一种观念或对象，不管它的内容是什么，表现是一种感性存在或一种形象"①。以波德莱尔与马拉美等人为代表的象征主义，主张放弃复制自然，坚持纯粹从"人"的地位和艺术家的观点出发，运用想象来抒发个性，进入美的境界。因此，艺术所描写对象不应是充满苦痛的、虚幻的现实世界，而应当是纯粹观念性的、永恒的世界。艺术家应通过直觉来把握这个世界，并创造出种种暗示和象征来再现这个世界。马拉美就曾表示，艺术家的任务就是捕捉对象，也就是捕捉"永恒"世界在他心灵上引起的梦幻、暗示和神秘性，"诗写出来原就是叫人一点一点地去猜想，这就是暗示，即梦幻。这就是这种神秘性的完美的应用，象征就是由这种神秘性构成的：一点一点地把对象暗示出来，用以表现一种心灵状态。反之也一样，先选定某

---

① 黑格尔：《美学》第二卷，朱光潜译，商务印书馆 1997 年版，第 10 页。

一对象，通过一系列的猜测探索，从而把某种心灵状态展示出来"①。

象征主义的思想一经提出，立即在画家和音乐家中引起共鸣，文学、绘画和音乐在创作和表现手法上彼此借鉴，使得象征主义思潮在当时十分的盛行。高更曾一度与马拉美等人交往甚密，对文学象征主义的主张颇为赞同，因此也深受象征主义作家的尊重，称他为"象征主义画家"。1897年，高更在塔希提岛创作的作品《我们来自何方？我们是什么？我们走向何方？》，就是典型的象征主义作品。该画用梦幻的记忆形式，把读者引入梦幻般的时空延续之中，象征性地表现了从生命到死亡的历程，譬如借助树木、花草、果实等植物，来象征时间的飞逝和生命的消失。在1897年写给达尼埃尔·德·蒙弗雷德的信中，他曾这样描述自己的创作经历：

> 在我临终之前，我已经把自己的全部精力都投入到这幅画中了。这里有多少我在种种可怕的环境中所体验过的悲伤之情，这里我的眼睛看得多么真切而且未经校正，以致一切轻率仓促的痕迹荡然无存，它们看见的就是生活本身……整整一个月，我一直处在一种难以形容的癫狂状态之中，昼夜不停地画着这幅画……尽管它有中间调子，但整个风景完全是稳定的蓝色和委罗奈斯式的绿色。所有的裸体都以鲜艳的橙黄色突出在风景前面。②

高更试图表现的东西，是他独自静坐在农舍旁边凝思时脑海中所呈现的幻象。看得出，人类对于"我们是谁？我们从哪里来？我们将到哪里去？"的永恒的哲学追问，曾带给他无尽的思

---

① 选自《西方文论选》，伍蠡甫主编，上海译文出版社1979年版，第262—263页。

② 利奥内洛·文杜里：《西欧近代画家》下，朱伯雄译，人民美术出版社1979年版，第155页。

索与苦恼。这亦真亦幻的景象，让人感觉到人对生命奥秘的恐惧。画中所运用的象征主义手法，在人们心中引起的震撼似乎超越了理论的分析和探索。与凡·高在绘画中借助自然表现欢乐、痛苦、困惑的情绪相比，高更的作品显示出更多的神秘主义色彩。

高更强调要创造出原始的、本能的和暗示的艺术，归根结底就是要追求艺术表现的原始性。他认为原始社会是理想的艺术表现对象，是从精神里产生出来的，是完全符合自然的。另外，原始艺术所含有的质朴、天真的情趣和神秘感才是真正的美。他认为自己具有赤子般的和原始野人的气质，因而自称为"幼稚而粗鲁的野蛮人"，以此抵制所谓的文明人。高更厌恶现代文明，他放弃优越的生活只身到塔希提岛，就是为了从过着原始生活的土著人身上寻找精神上的慰藉，寻找艺术真正的源头。在塔希提岛，他虽然过着贫困的生活，但他却获得了在文明社会所难以感受到的精神愉悦。无疑，在他身上体现着在现代文明社会中人类本能的对原始主义的追求，而绘画是高更所找到的一种适合他的表达方式。通过绘画，高更得以表现他远离西方文明社会，回到史前人类和野人生存状态中的梦想，从而达到对真理的追求。这与黑格尔将象征艺术称作是艺术前的艺术，是理念走向真正艺术的初始阶段的观点似乎有着某种不谋而合。按黑格尔的观点，高更就是在试图从艺术的源头去寻求艺术表现的真实。

在表现手法上，与凡·高一样，高更喜欢用强烈的色彩和富有节奏的线条来表现激烈的情感。受德拉克洛瓦对绘画和音乐关系分析的启发，高更运用绘画和音乐的类似性，把色彩、色彩之间的和谐以及线条当成表现抽象的手段。他还从心理学的角度对线条和色彩进行了分析，发现有高尚和虚伪两种线条，不同的线条有着不同的象征意义，直线象征无限，曲线限制创造。相比之下，色彩的表现力更为复杂，可以直接作用于眼睛，有着高尚的和普通的调子，存在着宁静的和谐与激情的和谐。因而，画家应完全抛开对自然的模仿，充分发挥色彩与线条表达内在感情的语言潜力。1888年，他所画的《布道后的幻象》，就是采用这种艺术处理方式的代表作之一。这幅画色彩惊人，由红、蓝、黑和白色组合而成，人物被安排在一个虚幻而生动的深红色背景之上，色彩是大面积的平涂，弯曲起伏的轮廓线产生了拜占庭镶嵌画似的效果，表现出当地农民的宗教幻想。很显然，此画似乎把色彩本身当成表现目的而不是对自然界的某种描写。就绘画手段的抽象表现而言，压缩后的空间使背景中主角们进行搏斗的红色夺目、跳跃，超出了前景中几个紧靠着的农民的头。其画法与印象派的小笔触技法趣味迥然不同，形和色彩经过主观概括和简化，服从于一定的秩序，服从于几何形的图案，体现出音乐性、节奏感和装饰效果。这幅作品在表现手法和思想性上，都体现了绘画上的"综合主义"。黑格尔认为象征型绘画起源于东方，而高更在绘画中喜欢运用的色彩平涂则是受了日本绘画的影响，这大概是他最终走向象征主义的一个重要原因。修拉等新印象派画家十分看重光影效果，高更却不注重色彩的细微变化，而是努力追求纯色的和谐，这就使他的作品在视觉上取消了深度效果，从而产生了平面装饰性的效果，再加上他在作品中体现出的幻想因素，使其象征主义的味道更加浓厚了。就此而论，高更标志了西方艺术史中的一个伟大的解放运动。

毋庸置疑，任何一件艺术品都是来自现实的印象，高更的不同凡响之处就在于他强调了艺术中与现实相关的抽象性。虽然在凡·高的作品中这一特点表现得十分明显，但高更以平面装饰效果和综合主义的绘画原则，进一步凸显出暗示的效果。在黑格尔那里，象征艺术是一种借助抽象符号来表现自我的艺术，因此无需保持古典主义艺术所固有的那种肉体与灵魂的平衡。高更对色彩和线条的大胆运用，似乎体现了黑格尔思想在实践中的运用。高更的绘画思想和绘画风格，影响了大批使用象征语言的画家，由此推动了象征艺术的发展。高更的画风无疑对20世纪的现代派艺术（特别是超现实主义），产生了相当直接的影响。

参考文献

Allesch, Christian G.: Geschichte der psychologischen Aesthetik. Untersuchungen zur historischen Entwicklung eines psychologischen Verstaendnisses thetischer Phaenomene. 1987, Goettingen. (《心理学美学史》)

Arnold, Matthew: Culture and Anarchy, New Haven and London: Yale University, 1994. (《文化与无政府状态》)

Augustine: Confessions, Harmondsworth: Penguin Books, 1961. (《忏悔录》)

Baldacchino, Lewis. A study in Kant's metaphysics of aesthetic experience: reason and feeling. Lewiston, N. Y.: E. Mellen Press, c1991. (《康德审美经验的形而上学研究: 理性和情感》)

Bergmann, Ernst: Geschichte der Aesthetik und Kunstphilosophie. Ein Forschungsbericht Von Ernst Bergmann, Privatd., Leipzig, 1914, Leipzig. (《美学和艺术哲学史》)

Bernstein, J. M.: The fate of art: aesthetic alienation from Kant to Derrida and Adorno. University Park, Pa.: Pennsylvania State University Press, c1992. (《艺术的命运: 从康德到德理达和阿多诺的美学异化》)

Bosanquet, Bernard: A History of Aesthetic, New York: Meridian Books, 1957. (《美学史》)

Bosanquet, Bernard: The Collected Works of Bernard Bosanquet, England: Thoemmes Press, 1999. (《鲍桑葵文集》)

Bradley, F. H.: Collected Works of F. H. Bradley, England: Thoemmes Press, 1999. (《布拉德雷文集》)

Clubbe, John and Earnest, J. Lovell Jr.: English Romanticism, London et al: The Macmillan Press Lid, 1983. (《英国浪漫主义》)

Coleridge, Samuel Taylor: Biographia Literaria, London: J. M.

Dent Co., 1906. (《文学传记》)

Collingwood, W. G.: The Life of John Ruskin, London: Methurn & Co. Ltd., 1911. (《罗斯金的生平》)

Donoghue, Denis: Speaking of Beauty, New Haven & London: Yale University Press, 2003. (《论美》)

Eagleton, Terry: Aesthetik. die Geschichte ihrer Ideologie. Terry Eagleton. 1994, Stuttgart. (《美学 它的理念史》)

Faas, Ekbert: The Genealogy of Aesthetics, Cambridge University Press, 2002. (《美学的谱系》)

Fry, Northrop: Anatomy of Criticism, Princeton and Oxford: Princeton University Press, 1990. (《批评的剖析》)

George, P. Landow, The Aesthetic and Critical theories of John Ruskin, Princeton: Princeton University Press, 1971. (《罗斯金的美学与批评理论》)

Guy, Josephine M.: The Victorian Age: An Anthology of Sources and Documents, London: Routledge, 1998. (《维多利亚时代：文萃精选》)

Ha, Sun-Kyu: Theologie, Teleologie und Aesthetik beim vorkritisch-en Kant. eine entwicklungs geschichtliche. Studie zu den Motiven der "Kritik der Urteilskraft". vorgelegt Von Sun-Kyu Ha (Mikrofiche-Ausg.), 1998, Berlin, Freie Univ., Diss., 1998. (《神学 前批判时期的康德的目的论和美学》)

Hammermeister, Kai: The German Aesthetic Tradition, Cambridge University Press, 2002. (《德意志美学传统》)

Harding, J. D: Principles and Practice of Art, London, 1845. (《艺术的原理与实践》)

Holzner, Johann (Hrsg.): Aesthetik der Geschichte. 1995, Innsbruck, Inst. fuer Germanistik, Innsbrucker Beitraege zur Kulturwissenschaft: Germanistische Reihe 54. (《历史的审美》)

Hough, Graham: The Romantic Poets, London: Hutchinson & Co. Ltd., 1970. (《浪漫派诗人》)

Kain, Philip J.: Schiller, Hegel, and Marx: state, society, and the aesthetic ideal of ancient Greece. Kingston: McGill-Queen's Univ. Pr., 1982. (《席勒、黑格尔和马克思：国家、社会和古希腊的审美理想》)

Kanngiesser, Gustav; Mendelssohn, Moses: Die Stellung Moses

Mendelsohn's in der Geschichte der Aesthetik. Marburg, Phil. Diss. 1868. (《莫泽斯·门德尔松在美学史上的地位》)

Karthaus, Ulrich (Hrsg.): Sturm und Drang und Empfindsamkeit. —Die deutsche Literatur in Text und Darstellung, Reclam, Stuttgart 1977. (《狂飙突进运动与情感性》)

Keats, John: Selected Poems and Letters, Boston: Houghton Mifflin Co., 1959. (《诗歌与书信选》)

Kierkegaard, Søren: Samlede Værker (1—20), Copenhagen: Gyldendals Forlag, 1962—1964. (《克尔凯郭尔著作集》)

Lee, Vernon: The Beautiful: An Introduction to Psychological Aesthetics, Cambridge: Cambridge University Press, 1913. (《论美：心理学美学导论》)

Lotze, Hermann: Geschichte der Aesthetik in Deutschland. 1913, Leipzig, Meiner. (《德国美学史》)

Lukacs, Georg: Beitraege zur Geschichte der Aesthetik. 1954, Berlin, Aufbau-Verl. (《美学史著述》)

Lukacs, Gyoergy: Hegel, Georg Wilhelm Friedrich. Hegels Aesthetik. 1965, Frankfurt a. M.. (《黑格尔的美学》)

Michon, John A. (ed): Guyau and the Idea of Time, Amsterdam et al: North-Holland Publishing Company, 1988. (《居约与时间观念》)

Morris, William and Grey, Lloyd Eric: Prophet of England's New Order, London: Cassell and Company, 1949. (《莫里斯：英格兰新秩序的先知》)

Novalis: Werke in einem Band, Hrsg. v. den Nationalen Forschungs-und Gedenkstätten der Klassischen Deutschen Literatur in Weimar, Ausgewählt und eingeleitet Von Hans-Dietrich Dahnke, Aufbau-Verlag, Berlin und Weimar, 1983. (诺瓦利斯《著作》一卷集)

Paetzold, Heinz (Hrsg.): Modelle fuer eine semiotische Rekonstruktion der Geschichte der Aesthe tik. 1. Aufl. 1987, Aachen, Rader. (《美学史的语义学重构的模型》)

Paetzold, Heinz: Aesthetik des deutschen Idealismus zur Idee aesthet. Rationalitaet bei Baumgarten, Kant, Schelling, Hegel u. Schopenhauer. 1983, Wiesbaden, Steiner. (《德国观念论美学　鲍姆加登、康德、谢林和叔本华的理路》)

Peters, Robert（ed）: Victorians on Literature and Art, London: Peter Owen, Limited, 1964.（《维多利亚作家论文学与艺术》）

Pochat, Götz: Geschichte der? sthetik und Kunsttheorie-von der Antike bis zum 19. Jahrhundert. DuMont Buchverlag, Köln 1986.（《美学和艺术理论的历史——从古代到19世纪》）

Quennell, Peter: A History of English Literature, London: Ferndale Editions, 1981.（《英国文学史》）

Reynolds, Joshua: Discourses on Art, in Hazard Adams（ed.）, Critical Theory since Plato, New York et al: Harcourt Brace Jovanovich, 1971.（《艺术论》）

Richards, I. A.: Coleridge on Imagination, London and New York: Routledge, 2001.（《柯勒律治论想象》）

Rosenkranz, Karl: Äesthetik des Hässlichen, Wissenschaftliche Buchgesellschaft, 1979.（《丑的美学》）

Ruskin, John: Modern Painters, New York: John & Wiley Sons, 1885.（《近代画家》）

Ruskin, John: The Seven Lamps of Architecture, New York: John & Wiley Sons, 1885.（《建筑的七盏明灯》）

Ruskin, John: The Lamp of Beauty. Ed. Joan Evans, Oxford: Phaidon Press, 1959.（《美的明灯》）

Ruskin, John: The Stone of Venice, New York: John & Wiley Sons, 1885.（《威尼斯的石头》）

Ruskin. John: The Two Paths: Lectures on Art, New York: John & Wiley Sons, 1885.（《两条路径：艺术讲演》）

Scheel, Werner（Hrsg.）: Kunst und Aesthetik. Erkundungen in Geschichte und Gegenwart. 1997, Berlin, Reimer.（《艺术和美学 历史的和当代的考察》）

Schmitt, Hans-Jürgen（Hrsg.）: Romantik I und II. Reclam, Stuttgart 1975.（《浪漫派I和浪漫派II》）

Schneider, Norbert: Geschichte der Aesthetik Von der Aufklaerung bis zur Postmoderne. eine paradigmatische Einfuehrung. 2., durchges. Aufl. 1997, Stuttgart, Reclam.（《从启蒙运动到后现代的美学史 示范性引论》）

Shelley, Percy Bysshe: Selected Poems and Prose, Oxford: Oxford University Press, 1964.（《诗歌与散文选》）

Spencer, Herbert: The Works of

Herbert Spencer, Osnabruck: Otto Zeller, 1966. (《斯宾塞文集》)

Tatarkiewicz, Wladyslaw: Geschichte der Aesthetik. 1980, Basel, Schwabe. (《美学史》)

Wiese, Beno Von, (Hrsg.): Deutsche Dichter der Romantik. (《德意志的浪漫派诗人》)

阿多诺:《美学理论》,四川人民出版社 1998 年版。

阿诺德:《文化与无政府状态》,三联书店 2002 年版。

艾布拉姆斯:《镜与灯》,北京大学出版社 2004 年版。

鲍列夫:《美学》,中国文联出版公司 1986 年 2 月第 1 版。

鲍桑葵:《美学史》,张今译,商务印书馆 1986 年版。

鲍桑葵:《美学三讲》,上海译文出版社 1983 年 11 月新 1 版。

波德莱尔:《波德莱尔美学论文集》,人民文学出版社 1987 年版。

波林,E.G.:《实验心理学史》,高觉敷译,商务印书馆 1982 年版。

勃兰兑斯,G.:《十九世纪文学主流》,人民文学出版社 1981 年版。

勃兰兑斯:《十九世纪文学主流》第四、五分册,人民文学出版社 1997 年版。

丹纳:《艺术哲学》,广西师范大学出版社 2000 年版。

德拉克洛瓦:《德拉克洛瓦论美术和美术家》,辽宁美术出版社 1981 年版。

德拉克洛瓦:《德拉克洛瓦日记》,人民美术出版社 1981 年版。

冈特:《美的历险》,中国文联出版公司 1987 年版。

古留加,阿尔森:《黑格尔小传》,商务印书馆 1978 年 1 月第 1 版。

赫斯:《欧洲现代画派论画》,广西师范大学出版社 2002 年版。

吉尔伯特、库恩:《美学史》,夏乾丰译,上海译文出版社 1989 年版。

卡莱尔:《英雄和英雄崇拜》,上海三联书店 1988 年版。

科林伍德,罗宾·乔治:《艺术原理》,中国社会科学出版社 1985 年 11 月第 1 版。

克罗齐,贝尼季托:《作为表现的科学和一般语言学的美学的历史》,中国社会科学出版社 1984 年 7 月第 1 版。

李斯托威尔:《近代美学史述评》,上海译文出版社 1980 年 6 月第 1 版。

里尔克:《罗丹论》,四川美术出版社 1985 年版。

罗丹:《罗丹艺术论》,人民美术出版社 1987 年版。

洛维特,卡尔:《从黑格尔到尼

采》，北京三联书店 2006 年版。

马克瑞尔：《狄尔泰传》，李超杰译，商务印书馆 2003 年版。

马克思：《1844 年经济学—哲学手稿》，人民出版社 1979 年版。

马克斯·德索：《美学与艺术理论》，兰金仁译，中国社会科学出版社 1987 年版。

孟德斯鸠：《论法的精神》，商务印书馆 1978 年版。

普列汉诺夫：《论艺术（没有地址的信）》，三联书店 1964 年 12 月第 1 版。

汝信、夏森：《西方美学史论丛》，上海人民出版社 1963 年 4 月第 1 版。

汝信：《西方美学史论丛续编》，上海人民出版社 1983 年 2 月第 1 版。

《悲剧的诞生——尼采美学文选》，周国平译，北岳文艺出版社 2004 年版。

史太尔夫人：《德国的文学与艺术》，人民文学出版社 1981 年版。

史太尔夫人：《论文学》，人民文学出版社 1986 年版。

斯托洛维奇，列·：《审美价值的本质》，中国社会科学出版社 1984 年 7 月第 1 版。

苏文菁：《华兹华斯诗学》，社会科学文献出版社 2000 年版。

汪培基等译：《英国作家论文学》，三联书店 1985 年版。

王尔德：《王尔德读书随笔》，上海三联书店 1999 年版。

王柯平：《中西审美文化随笔》，旅游教育出版社 1999 年版。

文德尔班：《哲学史教程》，罗达仁译，商务印书馆 1993 年版。

文杜里：《西欧近代画家》，人民美术出版社 1979 年版。

伍蠡甫主编：《西方文论选》，上海文艺出版社 1963 年版。

伍蠡甫：《欧洲文论简史》，人民文学出版社 1985 年版。

西涅克：《从德拉克洛瓦到新印象派》，人民美术出版社 1987 年版。

雨果：《论文学》，上海译文出版社 1980 年版。

周小仪：《唯美主义与消费文化》，北京大学出版社 2002 年版。

朱光潜：《西方美学史》，人民文学出版社 1987 年版。

人名索引

（此表为中译名和英文名的对照，
按英文字母顺序排列）

术 语 索 引

（按照汉语拼音顺序排列）

C

才能 Talent, ［德］ 6,9,12,13,23,
　24,26,27,39,47,50,52,54,57,
　59,65,70,74,75,92,97,98,
　101,109—113,115,128,130,
　148,170,187,188,194,202,
　206,208—212,214,216,224,
　226,229,240,242,250,251,
　256,261,270,278,285,299,
　303,318—320,322,336,340,
　346,347,349,351,352,365,
　369—371,376,378—380,399,
　411,412,415,417,420—422,
　424,428,430,434,437,445,
　446,449,451,453,456,458,
　459,465—467,472,476,477,
　486,487,490,505,509,517,
　523—527,529,531,538,553,
　559—561,567,579,581,584,
　622,633,638,639,642,648,
　654,661,665,666,675,681,
　682,686,687,690,698—700,
　702—704,706,712,724,725,
　738,761,763,764,773,783,
　785,787,788,791,803,809,
　815,817,818,820,824,836,
　843,847,849,854,860,892,
　911,913,925,932—934,937,
　938,944,956,957,959,963,
　965,966,970,972—974,985
残酷无情 cruelty, ［英］ 853
尺度 measurement, ［英］ 76,77,
　88,89,91,92,95,96,98,130,
216,228,250,283,291,307,
　352,496,563,565,584,607,
　630,638,648,666,680,685,
　691,969
崇高 sublime, ［英］ Erhabenheit,
　［德］ 18,30,45,51,71,78,
　83—106,118,154,156,223—
　225,235,259,271,291,297,
　322,344,349,351,356,377,
　378,380—383,430,434,441—
　443,457,475,477,509,513,
　519—521,529,564,565,576,
　622,644,662,671,681,684,
　691,703,704,711,729,739,
　745,746,756,807,815,820,
　821,824,825,827—830,835,
　846,850,853,854,862—867,
　869,871,924,930,949,950,
　965,990
崇高性 sublimity, ［英］ 85,97
崇高感 a sense of the sublime,
　［英］ 90,105,441—443,864,
　865
宠爱 Gunst, ［德］ 59,600,602
抽象 abstraction, ［英］ 9,21,24,
　52,117,157,179,181,185,
　188—194,196,198,200,201,
　203,207,208,211,212,214,
　219,222,225,233,240,242,
　249,252,253,278,280,282,
　296,299,311,312,320,333—
　335,343,344,351,364—366,
　369,374,376,399,405,423,
　428,429,433,436,438,439,

257，259，261，262，267，268，
270—272，275，279—281，287，
288，290，291，293，296，301—
303，311，317，318，324—326，
341，345，346，354，356，359，
361，362，364，366，368—373，
376，381，384，392，393，397，
400，402，407—409，411，414—
417，419，421，423，427，430，
434，438，446，448，449，452—
454，456，462，467，468，473，
474，478，487，499，502，505，
507，508，512，521，523，525，
527，535，543，544，548，552，
553，555—560，563，564，569—
572，580—583，585—588，592，
594，605—607，609，612，615，
616，618，636，637，643，655—
657，660，661，663，664，666，
667，670，671，674，676—679，
683—686，694，698，701，703，
704，706，707，710，713，718，
722，731，742，743，746，747，
751，753，757，760，764，767，
773，774，776，777，783，786，
796，798，799，828，832，836，
837，841—845，847—849，858，
864，865，868，870，874—876，
880，885，886，888，890，892，
896，898—900，905，907，909，
911—915，923，926，934，936，
937，946，947，956—960，968，
974—977，987，997，999

关系的观念 ideas of relation，［英］

844，875

关系点 Beziehungspunkt，［德］
65

观照能力 theoretic faculty，［英］
855，876

规范理念 Normalidee，［德］ 76—
78

规则 die Regel，［德］ 29，30，32，
33，47，48，67，74，75，77—82，
85，107—111，113，115，116，
141，203，245，290，365，412，
440，470，477，496，663，673，
676，677，684，687，802，803，
814，818，830—832，925，935，
958

国家 state，［英］ 13，15，19，172，
179，180，229，269，313，323—
325，329，406，409，411，445，
446，448，469，490，498，530，
531，540，541，666，719—721，
737，738，753，799，803，804，
883，884，950，964

H

毫无善意的谦恭 Höflichkeit ohne
Wohlwollen，［德］ 59

合目的性 Zweckmäßigkeit，［德］
6，23，25，39—51，66—69，72，
73，75—78，81—88，90，91，94，
99—102，104，108，112，115，
116，119，122，124，126—128，
236，296，425，435，436，439—
441，474，478，761，924，974

和谐 harmony，［英］ 11，13，65，

N

后　记

　　本书为汝信研究员主持的国家社科基金项目"西方美学史研究"的研究成果之第三部分：19世纪西方美学研究。本课题组的研究成果由汝信研究员主编为《西方美学史》，分为四卷书出版，本书是其中的第三卷。

　　在本书出版付印之际，谨对课题组负责人、本书主编汝信研究员邀请我们参与课题组的研究和本卷书的写作的学术信任和情谊，表示衷心的感谢！在五、六年的时间里，汝信研究员作为新中国成立以来我国美学界的著名学者，在他百忙的学术工作中，仍然拿出大量时间，对本卷的研究和写作给予了认真负责的关切和许多详尽的具体指导，他的经常不断的耳提面命，使我们通过参与这项课题的研究和写作，在学术上深得教益，提高了研究水平，从而对解决本卷所涉及到的各种历史的和现实的学术问题，能够作出如本卷文本所表现出的研究水准。汝信研究员还为本卷写了第五章，使本卷的研究者和写作者深受鼓舞。

　　我们衷心感谢深圳市社会科学院原院长彭立勋研究员！感谢深圳市社会科学院的前任和现任的领导！他们对我们的课题给予了很大的实质性的支持。彭立勋研究员从本卷拟定最初的提纲起，他就对本卷的研究和写作提出了不少指导性的意见和很有启发性的建议，使我们获益匪浅。而且，他不辞辛苦，多次为课题组和本卷的研究和写作创造了必要而良好的会议条件和研讨环境，鼓励了大家进行深入研究的兴趣和信心。

　　我们衷心感谢中国社会科学出版社的前任和现任领导以及本书的责任编辑黄德志编审对本课题的支持。作为本书的责任编辑和美学学者,黄德志先生一直参与课题组的会议和学术研讨。她经历了本卷书的几经改动的提纲的讨论工作,提出了不少很有见地的意见;而且,在几年来的课题研究和写作工作中,她给了我们许多积极而具体的鼓励、支持和鞭策,才使本卷书能够得以顺利完成和出版。

我们也衷心感谢课题组的全体学者同志,他们从各自卓越的学术特长和丰厚的学术积累,为本卷提纲的几次改动、本卷初稿的几经修改和补充,以及本卷学术问题的解决,提供了宝贵的讨论性意见和许多宏观的和微观的建议。在课题组的几次研讨会上,全课题组的同志人无分辈齿、派无分南北,围绕一个明确而崇高的共同学术目标,认真深入而融洽亲切的讨论和争辩,是本卷书的研究者和写作者获得学术长进的实际条件。在课题组的工作任务即将结束之际,我们对课题组的各位学者的学术风范都留下了宝贵的记忆,对我们一起共事的这段美好经历将令我们永远怀念。

本卷最初的写作提纲(编、章和节)由李鹏程研究员和周国平研究员草拟。在后来课题组几次会议的讨论中和会议后,进行了许多较大的调整和修改,并一步步予以详尽化,由李鹏程和王柯平研究员修改、拟定。最后,由李鹏程和王柯平根据课题组负责人的意见再修改并确定为目前这个框架。

本卷是集体研究和分工写作的学术成果。参加本书研究和撰写者的分工情况如下(按姓氏的汉语拼音字母顺序排列):

陈　　文(第十三章)

陈德中(第十章)

黄水婴(第十五章)

金慧敏(第八章)

李鹏程(第一章、第三章、第四章、第六章)

梁　　虹(第十二章、第十四章)

梁　　梅(本卷插图搜集选择和制作)

马振涛(第十一章的第四、五节和第十五章的第三节)

倪志娟（第三章，第六章、第八章）

聂　军（第七章）

汝　信（第五章）

王柯平（第十六章）

王　齐（第四章第六节）

杨俊杰（第二章）

杨淑学（第十一章的第一、二、三节）

易彬彬（第四章）

周国平（第九章）

本卷书稿的第一章至第八章和第十章由李鹏程收稿并进行学术审核和加工性修改；第九章由汝信收稿并进行学术审核和加工性修改；第十一章至第十六章由王柯平收稿并进行学术审核和加工性修改。第一章至第十章由李鹏程根据出版社要求进行"齐、清、定"的技术加工，并对部分章节的标题和小标题进行了拟定和修改。第十一章至第十六章由王柯平根据出版社要求进行"齐、清、定"的技术加工，并对部分章节的标题和小标题进行了拟定和修改。

本卷书的索引条目分别由部分撰写者附在文稿后提供。也有一些撰写者没有提供索引条目，均由李鹏程和王柯平依照文本内容查检出补齐，最后由李鹏程统编。

由于本书涉及内容繁复，且当代学术研究进展迅速，撰写者的观点也处于不断发展变化之中，所以，书中观点和资料可能会有不尽妥善之处，敬请读者不吝教正。

李鹏程　　王柯平

2006 年 10 月于中国社会科学院哲学研究所

谨上